윈도우 8부터 한글 · 오피스 활용까지

기초에서 응용까지

필수 오피스 스타팅 북

정구철 · 최인찬 지음

Required Office Starting Book

공감북스

머리말

유비쿼터스 시대를 맞이하고 있는 오늘날의 현대 과학 기술은 눈부신 발전을 거듭하고 있으며, 그 중에서도 정보통신 기술과 컴퓨터가 결합한 IT 융합 기술은 인간의 일상생활을 획기적으로 변화시키고 있다. 21세기 정보화 사회에 필수 불가결한 요소로 등장한 컴퓨터는 이미 우리 일상생활과 직접·간접으로 깊은 연관을 맺고 있으며, 과거 특수 전문가들만이 사용했던 컴퓨터가 이제는 일반인들의 보편화된 생활 필수품으로 자리매김 됨에 따라 사회 모든 분야에 걸쳐서 그 활용도가 나날이 확대 발전해 나가고 있다.

이에 현대 사회의 시대적 요구에 부응한 컴퓨터 관련 지식은 학생들뿐만이 아니라 사회 제반 영역에 종사하고 있는 모든 사람들이 배워야 하는 현대인의 필수 교양으로 인식되고 있으며, 이러한 관점에서 대학에서는 전공에 관계없이 모든 학과에서 컴퓨터 강좌를 교양 필수 과목으로 강의해 오고 있는 실정이다. 따라서 본 교재는 대학 교양과정에서 컴퓨터를 배우는 학생들은 물론 컴퓨터를 처음 배우고자 하는 일반인에게도 컴퓨터에 흥미를 갖고 스스로 독학할 수 있도록 쉽게 구성하였으며, 컴퓨터 전문가의 이론적 측면보다는 컴퓨터를 처음 배우는 초보자의 입장에서 컴퓨터를 쉽게 배우고 제대로 활용할 수 있도록 예제 중심으로 내용을 서술하였다.

본 교재는 주요 편제를 크게 4편으로 구성하였다. **제 1편 한글 윈도우 8**에서는 개인용 컴퓨터의 대표적인 운영체제인 MicroSoft 사의 한글 윈도우 8 사용법을 설치부터 네트워크 관리 등 고급 기능까지 소개하고, **제 2편 흔글 2014**에서는 대한민국의 대표적 워드프로세서인 흔글 워드프로세서의 사용법을 기초 과정부터 개요번호와 스타일 등 숙련자 과정까지 설명하고, **제 3편 한글 EXCEL 2013**에서는 스프레드시트 사용법을 기초 과정부터 데이터베이스와 매크로, 하이퍼링크 등 고급 기능까지 예제와 더불어 설명하였으며, **제 4편 한글 파워포인트 2013**에서는 프레젠테이션 사용법을 새 프레젠테이션 작성부터 애니메이션과 슬라이드 쇼 등 고급 기능까지 따라해 보기 중심으로 쉽게 터득할 수 있도록 서술하였다. 특히 2편 · 3편 · 4편에서는 마지막장에 **종합 실습 예제 프로그램**을 소개하여 각각의 응용 소프트웨어에서 배운 기능들을 서로 연계하여 복합 실습해 봄으로써 완성도를 높일 수 있도록 하였다.

20여 년간 교양 컴퓨터 강좌를 맡아 오면서 학생 제군들이 컴퓨터에 대해서 이 정도는 알아야 하지 않겠는가? 하는 욕심에 본 교재를 출간하게 되었지만 한정된 시간에 다양한 주제와 내용을 담느라 내용과 편집이 부실함을 시인하지 않을 수 없다. 독자 여러분의 아량과 질책이 함께 있기를 기대하면서 부족한 부분은 추후 수정·보완할 것을 약속한다. 특히 본 교재가 나오기까지 내용 업그레이드와 반복되는 편집 및 교정 작업을 위해 키보드와 함께 하얀 밤을 지새운 여러 분들께 고마움을 드리며, 본서가 출간되기까지 물심양면으로 애써 주신 공감북스 편집부 직원 여러분께 다시 한번 심심한 감사를 드리는 바이다.

2015년 2월

저자 일동

목차

목차

목차

제 1 장 윈도우 8의 소개

운영체제(Operation System)란 우리가 컴퓨터에게 전달하려는 의사를 기계어로 번역해 컴퓨터에게 전달해 주고, 컴퓨터가 수행한 결과를 우리가 알아볼 수 있도록 모니터 등에 표시해 주는 프로그램을 말한다. 이러한 운영체제에는 MS-DOS, 윈도우 95, 한글 윈도우 98, Windows 2000, Windows ME, Windows XP, Windows 7, UNIX, Linux, Mac OS 등이 있는데 본 장에서는 모든 태블릿 PC와 노트북 및 데스크톱까지 적용되며 사용자 위주의 운영체제로 변신한 윈도우 8의 특징과 전반적인 기능에 대해여 살펴보기로 한다.

1.1 윈도우 8의 개요

윈도우 8은 윈도우 7의 장점과 터치에 기반을 둔 모든 테블릿 PC와 노트북에 적용이 가능한 유일한 운영체제이다. 다양한 스마트폰과 태블릿 PC가 출시되면서 유저들은 스마트 기기에 친근해져 있다. 전원 버튼을 누르면 바로 사용이 가능하고 터치로 편리하게 조작할 수 있는 스마트 기기의 장점이 이번 윈도우 8에도 적용되어 스마트 기기의 장점과 운용체제의 편리함이 더해져 많은 사용자들이 만족할 것이다. 윈도우 8은 외형적으로 큰 변화를 가져왔으며, 디자인 면에서도 혁신적이고 급격한 변화를 가져왔다. 현신적인 디자인의 변화와 함께 부팅 속도, 프로그램 실행 속도 등 사용자가 작업을 하면서 느낄 수 있는 부분에서 윈도우 7보다도 훨씬 가볍고 빠르다는 것을 알 수 있다. 또한 데스크톱 컴퓨터나 노트북에서도 편하기 사용할 수 있도록 기존의 바탕화면을 계속 유지하고 있다.

1.1.1 윈도우의 역사

윈도우는 1985년 처음 윈도우 1.0x가 발표된 이래 많은 사람들이 사용하면서 발전하였다. 윈도우 2.xx(1987년)은 286과 386 컴퓨터에 사용되었다. 1990년에 윈도우 3.0x 그리고 1992년 윈도우 3.1x가 출시되면서 현재와 거의 흡사한 구성 요소로 많이 사용되었던 윈도우 3.1은 드래그앤드롭 방식을 채택하였다. 1993년 윈도우 NT 3.1은 워크스테이션에서 주로 사용할 목적으로 제작된 32비트 운영체제이다. 1995년 16비트와 32비트를 동시에 지원하는 GUI(Graphic User Interface) 방식의 운영체제를 표방하던 윈도우 95가 마이크로소프트사에 의해 발표되었고, 그 후로 윈도우 95 서비스팩, 윈도우 95 OSR(OEM Service Release), 윈도우 95 OSR 2.1, 윈도우 NT 4.0, 윈도우 98, 윈도우 98SE, 윈도우 2000, 윈도우 ME를 거쳐, 2001년 10월 26일 윈도우 XP, 2007년 윈도우 VISTA, 2009년 윈도우 7이 발표되었으며 2012년에 윈도우 8이 발표되었다.

1.1.2 윈도우 8의 Edition

윈도우 8은 각기 다른 기능을 포함하여 4가지의 에디션을 분류되고 윈도우 7과 달리 에디션의 종류를 간소화 하였다. 윈도우 8의 에디션 이름 뒤에 알파벳 K가 붙으면 한국어 버전을 나타내며 N은 미디어센터가 제외된 버전이다.

(1) 윈도우 8

윈도우 8은 윈도우 운영체제를 지원하는 컴퓨터에 사용되는 아키텍처용 기본 에디션이다. 가정용에 적합한 기능 위주로 구성되어 있으며, 라이프 타일, 시멘틱 줌, 스토어, IE10, 마이크로소프트 계정을 이용한 동기화 등을 지원하고 있다.

(2) 윈도우 8 Pro

윈도우 8 Pro는 윈도우 7 Professional과 Ultimate의 뒤를 잇는 에디션으로 고급 사용자와 비즈니스 사용자가 주로 사용한다. 윈도우 8의 모든 기능 외에 원격 데스크톱 서버로 운용, 윈도우 서버 도메인 참여, 암호화 파일 시스템, 가상 하드디스크 부팅, 그룹 정책, 비트로커(bitlocker) 등의 고급 기능을 포함하고 있다. 윈도우 미디어 센터는 윈도우 8 Pro에서만 사용 가능한 기능으로 사전 탑재가 아닌 사용자가 선택적으로 받을 수 있는 추가적인 기능을 제공한다.

(3) 윈도우 8 Enterprise

윈도우 8 Enterprise는 윈도우 8 Pro의 모든 기능 외에 IT 조직용 보조 기능을 추가로 제공하는 에디션이다. 이 에디션은 2012년 8월에 발표되었으며 소프트웨어 보증 고객에게만 제공되고 있다.

(4) 윈도우 8 Home Premium

윈도우 8 Home Premium은 컴퓨터에서 최상의 엔터테이먼트 기능을 사용할 수 있으며 최신 하드웨어의 모든 기능을 손쉽게 이용 할 수 있는 환경을 제공한다. Home Premium 에디션은 인터넷,문서 작성 등의 일반적인 컴퓨터 사용에 적합한 에디션이며 컴퓨터를 구입할 때 설치되어 제공되거나 정품 판매 업체를 통해 구입 할 수 있다. Home Premium 에디션은 32비트 버전과 64비트 버전이 제공된다.

(5) 윈도우 RT

윈도우 RT는 태블릿 PC에 적합한 운영체지이다. 태블릿 PC에 사용되는 ARM 아키택처를 지원하며, 미리 설치된 형태로만 제공된다. 터치 인터페이스에 최적화된 오피스 2013 프로그램이 기본 탑재되며 장치 암호화 기능을 제공하고 있다.

1.2 윈도우 8의 새로운 기능

윈도우 8은 기존 윈도우와 비교했을 때 외형적으로 급격한 변화가 이루어졌고 태블릿 PC와 데스크톱 PC 모두 사용 가능하도록 만들어졌다. 윈도우를 시작하면 나타나는 바탕 화면과 시작 단추가 없어지고 태블릿 PC에서 유용한 메트로 UI가 추가되었다. 이외에도 마이크로소프트 계정을 활용한 클라우드 서비스 기능들이 추가되었다.

(1) UI 시작화면

새롭게 도입된 UI 시작 화면은 다양한 앱이 실행되는 위치이다. UI화면은 타일 화면으로 구성되어 있으며 사용자가 원하는 대로 변경할 수 있다. UI 시작화면을 이용하면 날씨, 피플, 트위터, 메일, 증권 등 여러 가지 정보를 한눈에 볼 수 있으며, 듀얼모니터를 이용하면 데스크톱과 앱을 동시에 활용할 수 있다.

(2) 참(Charm) 메뉴

참 메뉴에서는 이전의 [시작] 단추를 대체하며 검색, 교육, 시작, 장치, 설정에 대한 접근 기능을 제공한다.

(3) 윈도우 스토어 앱

시작화면의 스토어 앱을 이용하면 스마트 기기처럼 자유롭게 앱을 추가하고 활용할 수 있다. 윈도우 스토어에서 메트로 앱을 구입하고 다운로드할 수 있다.

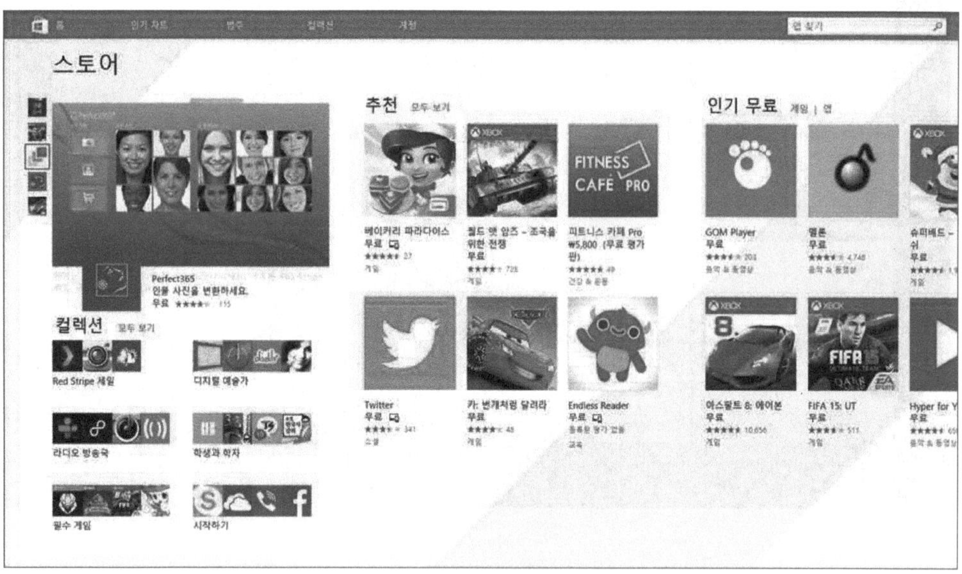

(4) OneDrive(SkyDrive)

마이크로소프트 계정으로 로그인하면 OneDrive를 무료로 사용할 수 있다. OneDrive 클라우드에 저장되는 데이터는 윈도우 탐색기를 통해 쉽게 업로드와 다운로드할 수 있으며 저장된 파일은 태블릿 PC, 스마트 폰, 다른 윈도우 기기에서도 볼 수 있다.

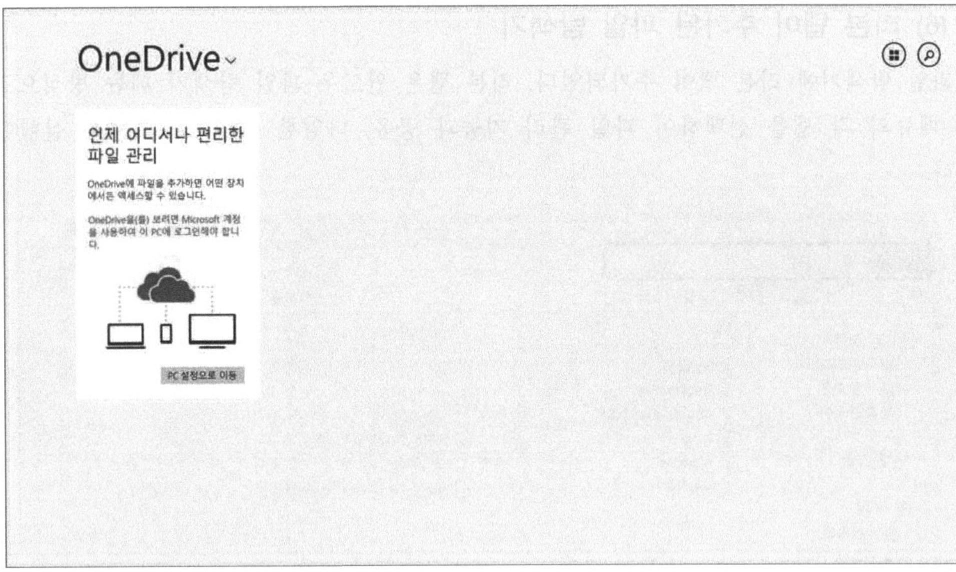

(5) 빠른 속도의 인터넷 익스플로러 10

윈도우 8에는 속도가 이전보다 월등히 빨라진 인터넷 익스플로러 10이 탑재되었다. 터치스크린에서 최적화된 인터넷 익스플로러 앱을 지원하여 좀 더 편하게 사용할 수 있다. 익스플로러 10은 태블릿 PC 환경을 고려한 것으로 화면 아래쪽에 위치하게 된 주소 표시줄을 숨길 수 있어 화면을 크게 사용할 수 있다.

(6) 리본 탭이 추가된 파일 탐색기

파일 탐색기에 리본 탭이 추가되었다. 리본 탭은 윈도우 파일 탐색기 메뉴 방식으로 리본 메뉴의 각 탭을 선택하여 파일 관리 기능과 공유, 다양한 파일 보기 등을 실행할 수 있다.

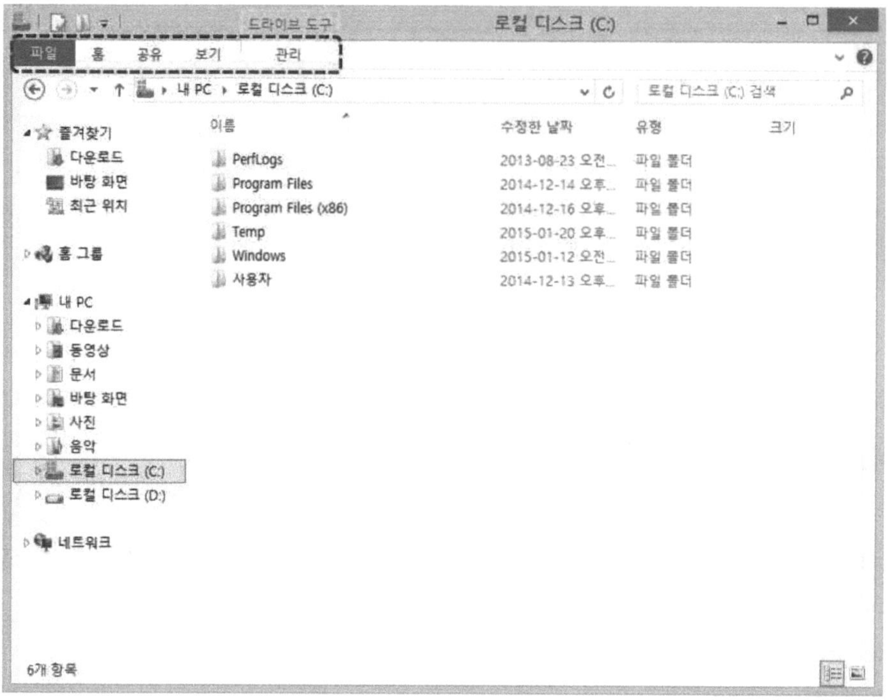

(7) 빠른 부팅 속도

윈도우 8은 이전 버전의 운영체제보다 부팅 속도가 빨라졌다. 최근 차세대 저장장치로 사용되고 있는 SSD와 함께 사용하면서 더욱 빠른 부팅 속도를 기대할 수 있게 되었다.

(8) 계정 동기화

윈도우 8에서는 계정 동기화를 이용하여 동일한 계정으로 로그인하면 어떤 기기에서든지 같은 화면을 볼 수 있다. 잠금 화면과 배경색, 테마, 웹브라우저의 즐겨찾기 및 열어본 페이지 등을 동기화 할 수 있다.

(9) 통합된 소셜 네트워킹

메트로 피플 앱을 사용해 이메일, 연락처, 사용 중인 소셜 계정의 연락처를 한 위치에서 저장하여 쉽게 액세스하고 사용할 수 있다.

(10) 윈도우 비디오 앱

윈도우 8에서는 윈도우 미디어 플레이어와 미디어 센터를 포함하고 있다. 그러나 사용법이 간단한 메트로 비디오 앱을 추가하여 비디오 기능을 강화하였다.

(11) 간소화된 시스템 설정

제어판을 통해 실행하던 시스템 설정 관련 기능을 PC 설정항목에서 간단하게 실행할 수 있다.

제 2 장 윈도우 8의 기초

본 장에서는 처음 윈도우 8을 설치하는 방법 및 윈도우 8의 시작과 종료, 마우스 사용하기 등의 기초적인 과정을 살펴보기로 한다.

2.1 윈도우 8의 설치

윈도우 8이 새로워진 운영체제라 설치작업도 어렵지 않을까 하는 걱정을 할 수 있지만 윈도우 8 설치가 기존의 윈도우 7 설치의 인터페이스와 많이 흡사하기 때문에 부담을 갖지 않아도 되며, 처음 사용자라도 설치 과정이 쉽기 때문에 걱정하지 않아도 된다. 본 절에서는 윈도우 8을 설치할 때 필요한 사양과 설치 과정을 개략적으로 살펴보기로 한다.

2.1.1 윈도우 8 설치에 필요한 사양

윈도우 8은 1GHz 속도 이상의 프로세서, 32비트는 1GB 이상의 RAM과 최소 15GB의 하드디스크 공간, 64비트일 경우는 2GB 이상의 RAM과 20GB 이상의 가용 하드디스크 공간이 필요하다. 또한 마이크로소프트 DirectX 9를 지원하는 그래픽 카드와 최소 1024×768의 해상도, 앱을 활용하기 위해서는 최소 1366×768의 해상도가 필요하다.

2.1.2 윈도우 8 설치

윈도우 8 정품 CD를 삽입하면 새로 설치와 업그레이드 설치를 할 수 있는 화면이 나타난다. 여기서 사용자가 원하는 설치유형을 선택하면 된다.

(1) 새로 설치

윈도우 8을 새로 설치하는 방법은 다음과 같다.

① CD/DVD롬 드라이브에 윈도우 8 설치 DVD를 넣고 부팅하면 'Press any key boot from CD..._' 화면이 나오는데 [Enter↵] 키를 누른다.

② 윈도우 로고가 보이면 잠시 기다린다.

③ 언어설정과 키보드 타입을 지정하고 [다음]을 클릭한다.

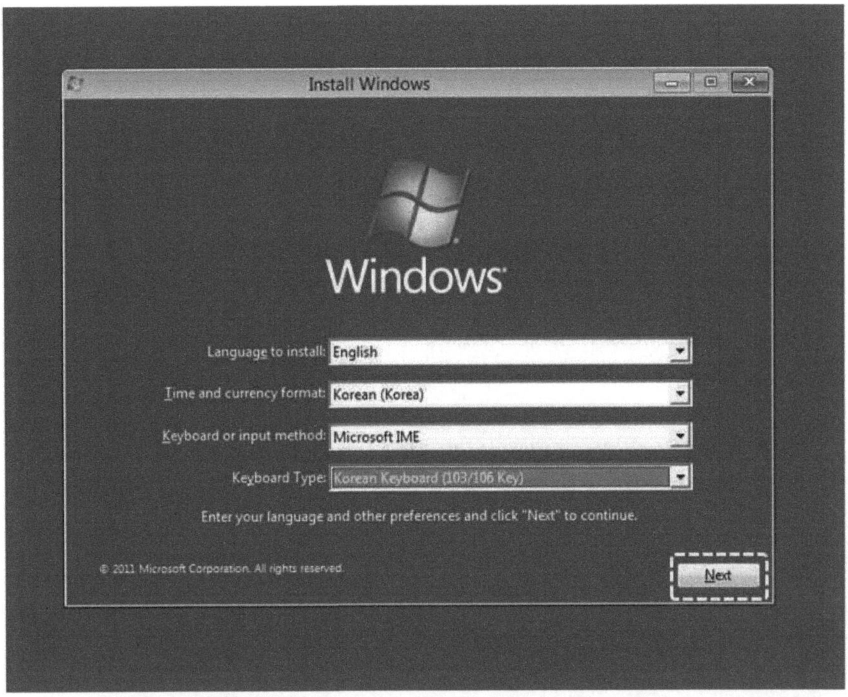

④ [지금 설치] 버튼을 누른다.

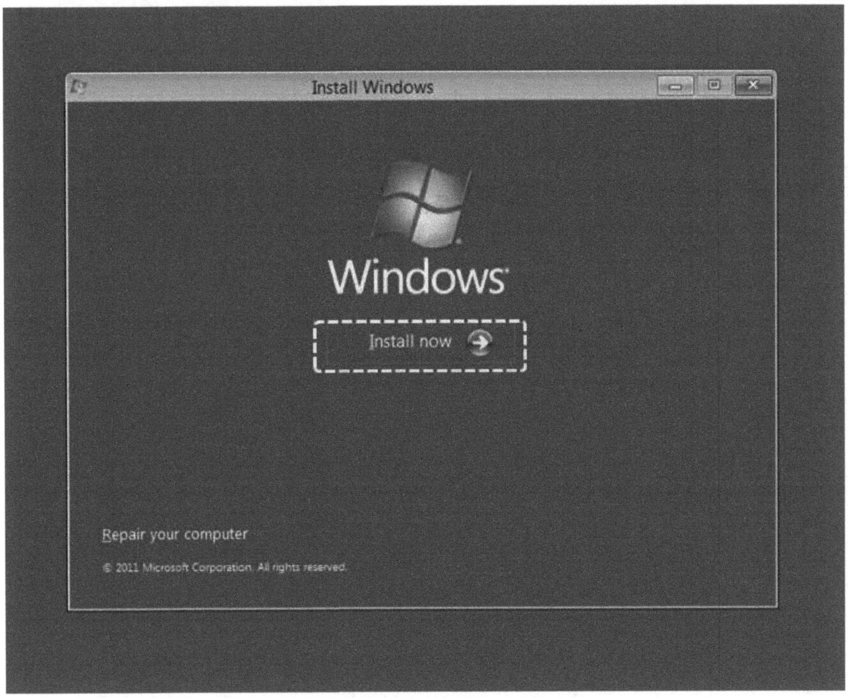

⑤ 소프트웨어 사용권 계약 화면에서 사용 조건을 읽은 뒤, [동의함]에 체크하고 [다음] 버튼을 누른다.

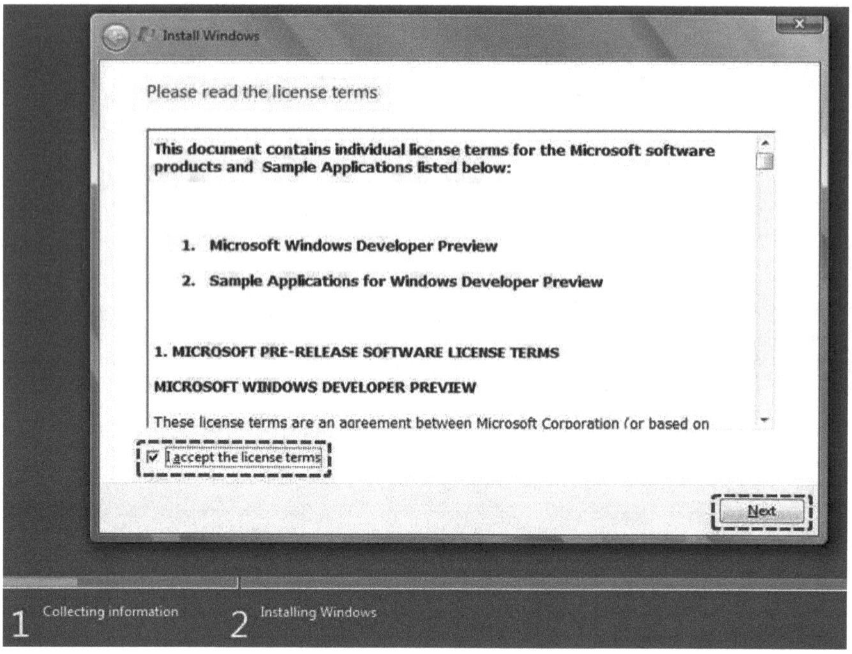

⑥ 설치 유형을 선택한다. 기본 권장사항은 "업그레이드"이고 하드디스크에 데이터를 지우고 설치하려면 "사용자 지정"을 클릭한다.

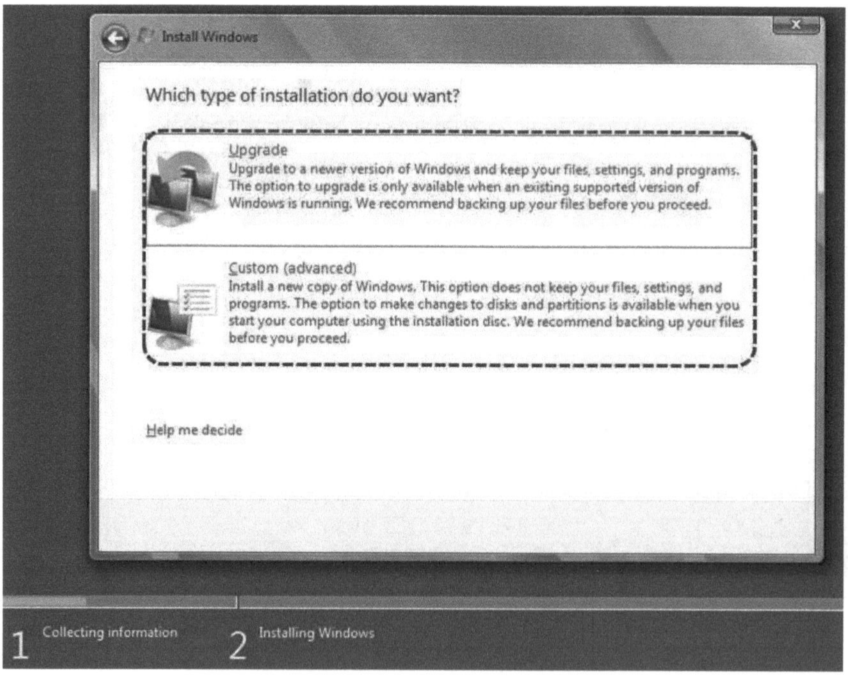

⑦ 설치할 위치를 지정한다. 사용 중인 드라이브일 경우는 포맷 후 진행하고, 새 하드디스크라면 [다음] 버튼을 누른다.

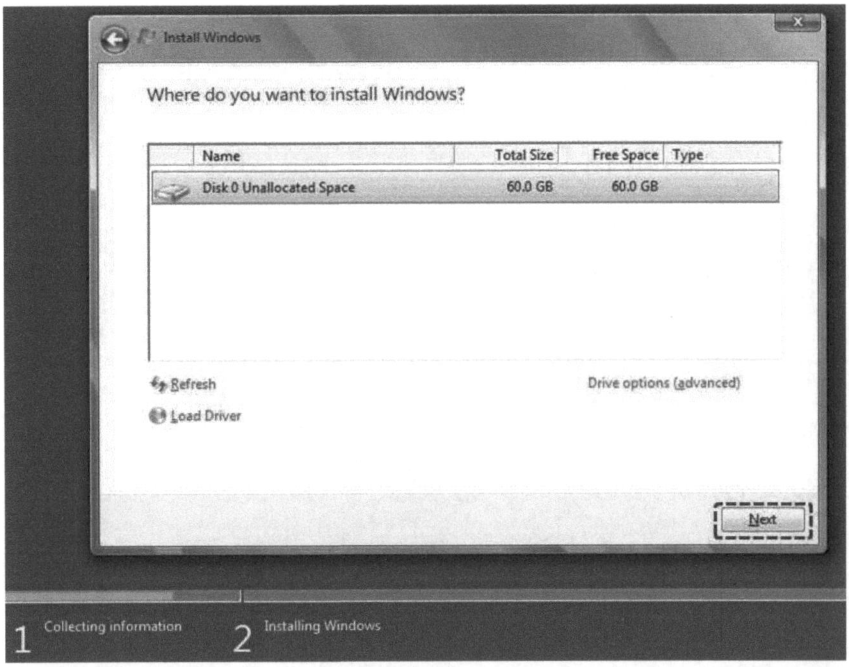

⑧ 윈도우 설치가 진행된다. 운영체제 설치 중 가장 시간이 많이 걸리는 부분이다.

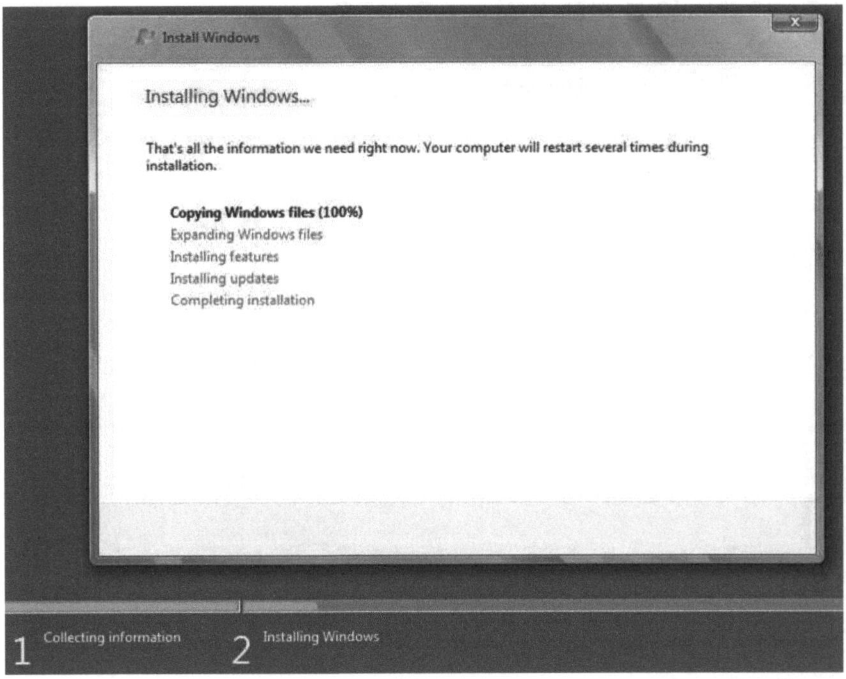

⑨ 파일 복사가 완료되면 컴퓨터가 재부팅 된다.

⑩ 개일 설정 화면이 나타나면 [이름]란에 컴퓨터를 쉽게 확인할 수 있는 이름을 입력하고 [다음] 버튼을 클릭한다.

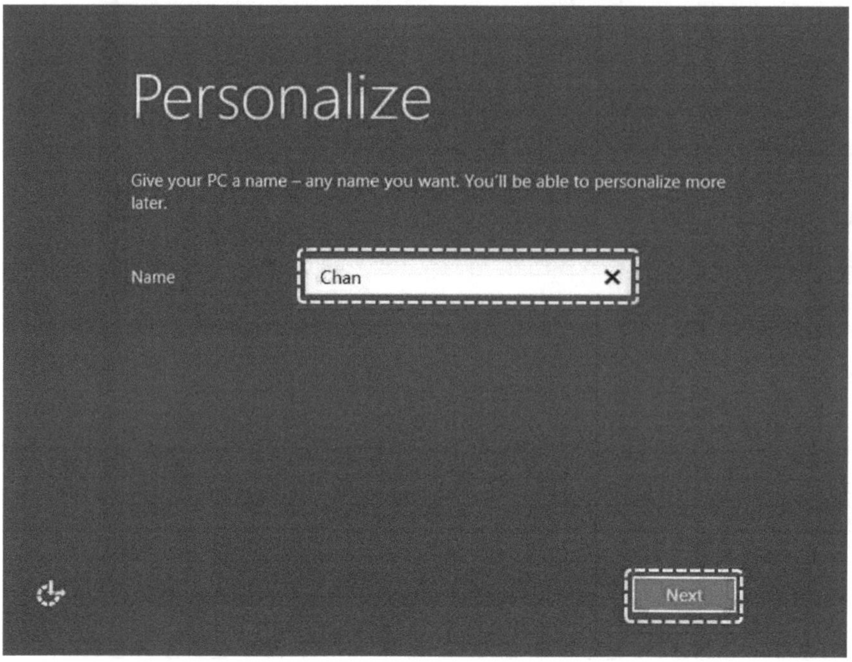

⑪ 기본 설정 화면에서 [기본 설정 사용] 버튼을 누른다.

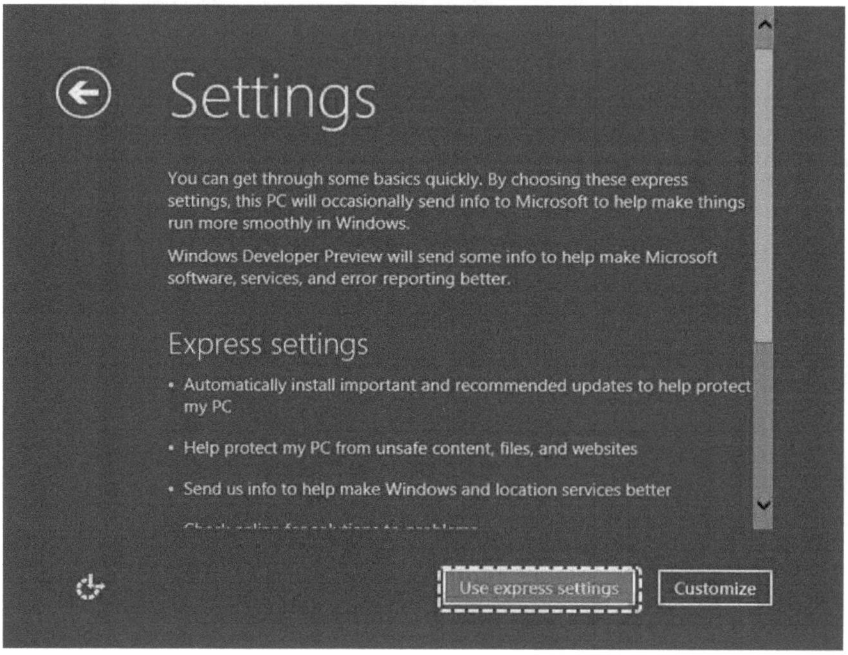

⑫ PC 로그인 설정 화면에서 마이크로소프트 계정이 있으면 계정 정보를 입력한 후 [다음] 버튼을 누른다.

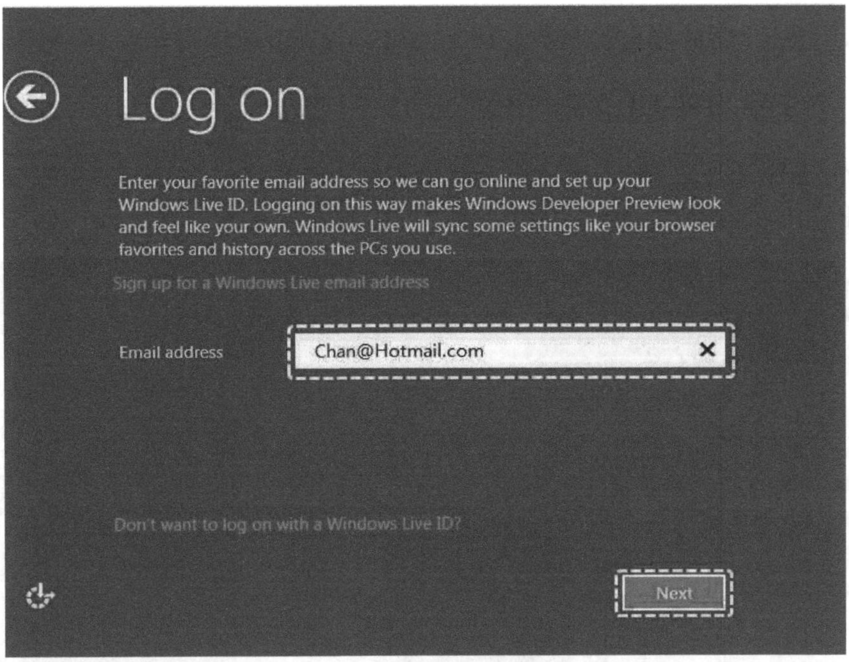

⑬ 마이크로소프트 계정 암호를 입력하고 [다음]을 클릭한다.

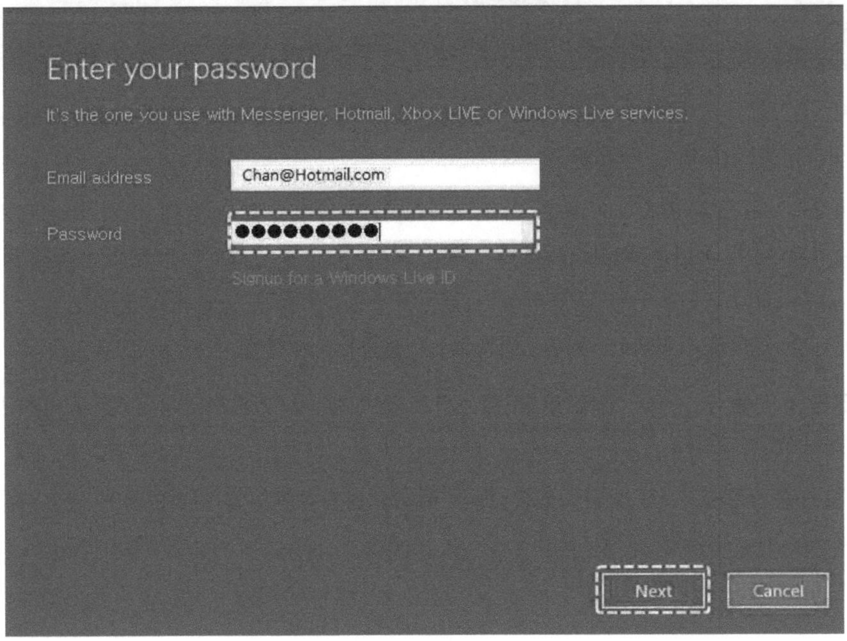

⑭ 설치가 완료되면 매트로 UI가 나타난다.

2.2 윈도우 8의 UI

본 절에서는 윈도우 8의 새로운 화면인 UI에 대한 기능에 대해서 알아보기로 한다.

2.2.1 윈도우 8의 UI 화면 구성

컴퓨터에서 전원 버튼을 클릭하면 윈도우 8이 시작되고 로그인 과정을 거치면 아래와 같은 화면이 나타나게 되는데 이 화면을 UI 화면이라 한다.

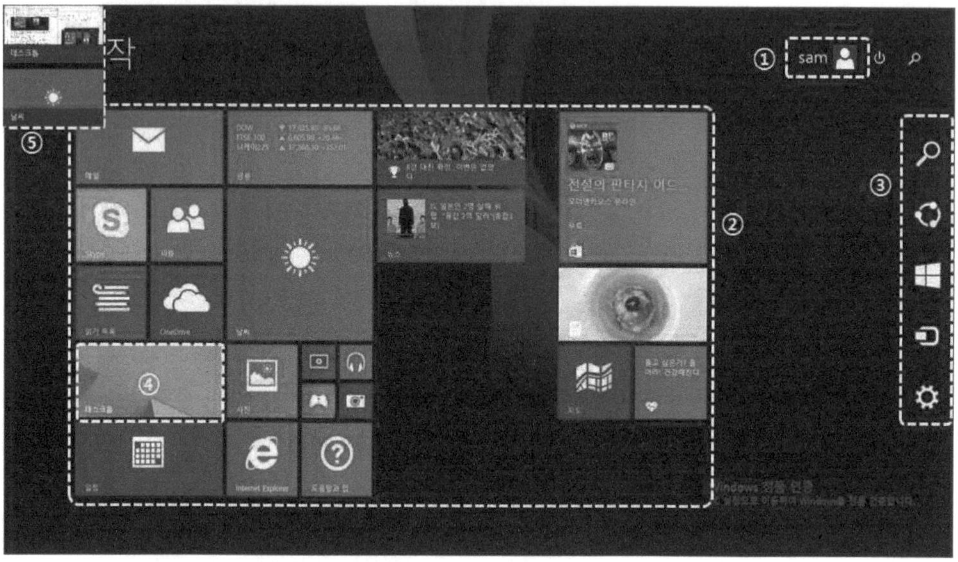

① 사용자 로그인 : 로그인한 사용자의 이름을 말하며, 이름을 클릭하면 계정 사진 변경, 잠그기, 로그아웃 기능들을 사용할 수 있다.

② 스타일 UI : 윈도우 8에서 새로운 사용자 인터페이스이며 앱 특성에 따라 실시간의 정보가 업데이트 되어 보이는 실시간 라이브 앱이 있다.

③ 참(Charm) 메뉴 : 사용자가 컴퓨터를 사용하면서 가장 많이 사용하는 대표적인 기능을 나열한 메뉴로 [검색], [공유], [시작], [장치], [설정]을 사용할 수 있는 메뉴이다.

④ 데스크톱 : 전통적인 윈도우의 바탕 화면으로 전환할 수 있으며, Esc 키를 클릭하면 데스크톱으로 전환이 된다.

⑤ 작업 표시줄 : 윈도우 작업 표시줄은 데스크톱의 바탕화면과 시작화면에서 현재 실행된 앱들을 확인하거나 이동할 수 있다.

(3) 실행된 앱 이동 및 배치

화면의 왼쪽 위 모서리로 이동하면 실행된 앱이 나타나고 마우스로 선택하여 화면 중앙으로 드래그하면 선택된 앱으로 전환된다.

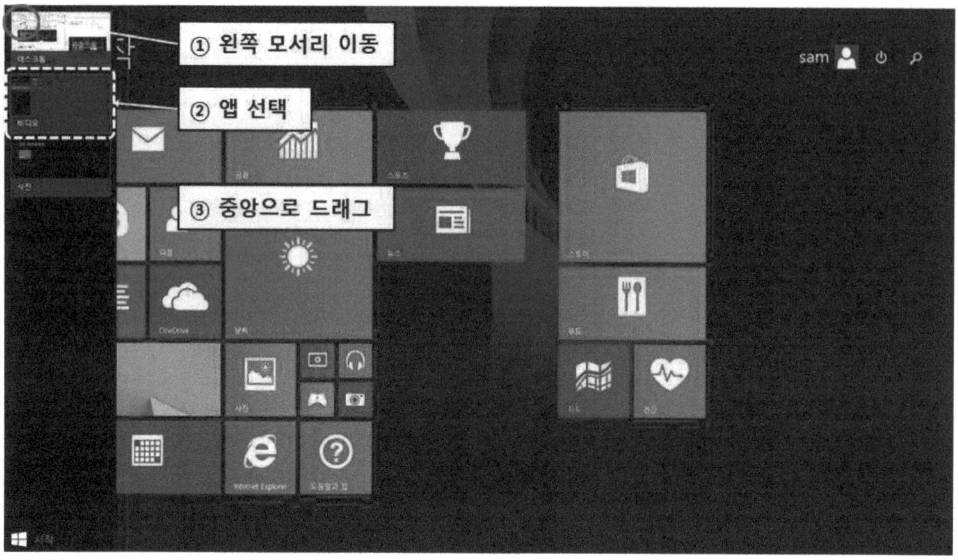

윈도우 8에서는 실행중인 2개의 앱을 화면에 배치시킬 수 있다.

마우스를 위쪽으로 이동하면 실행한 앱이름이 나타난다. 이 앱이름 부분을 클릭하면서 중앙으로 드래그 한 후, 오른쪽으로 이동하고 클릭한 마우스를 놓으면 화면이 2등분 되어 나타난다.

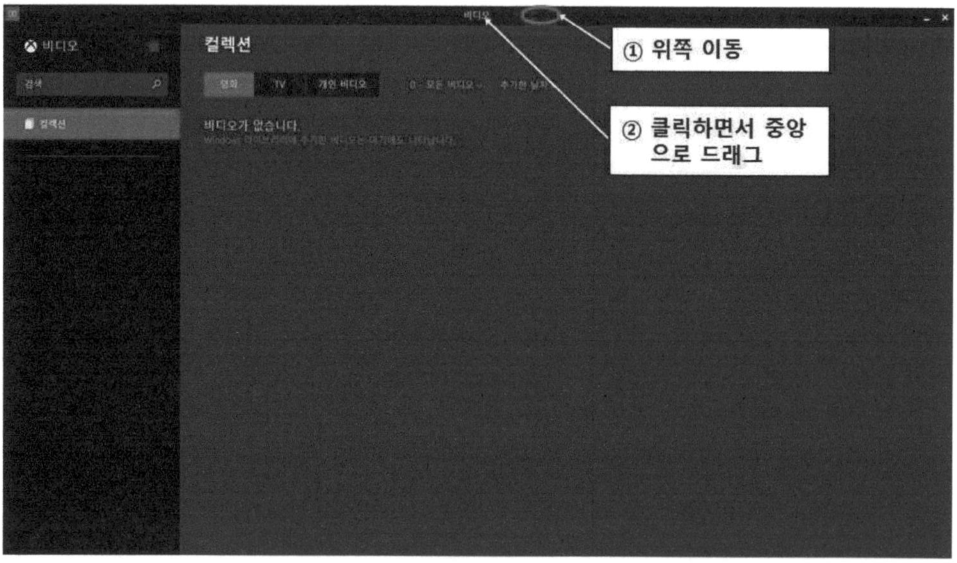

실행 중인 다른 앱을 실행하면 왼쪽의 빈 공간에 앱이 실행되어 2개의 앱을 동시에 볼 수 있다.

(4) 앱 축소

오른쪽 하단에 있는 아이콘으로 앱을 확대 또는 축소시킨다.

(5) 앱 이동

앱을 마우스로 선택하고 드래그를 통해 앱을 이동할 수 있다.

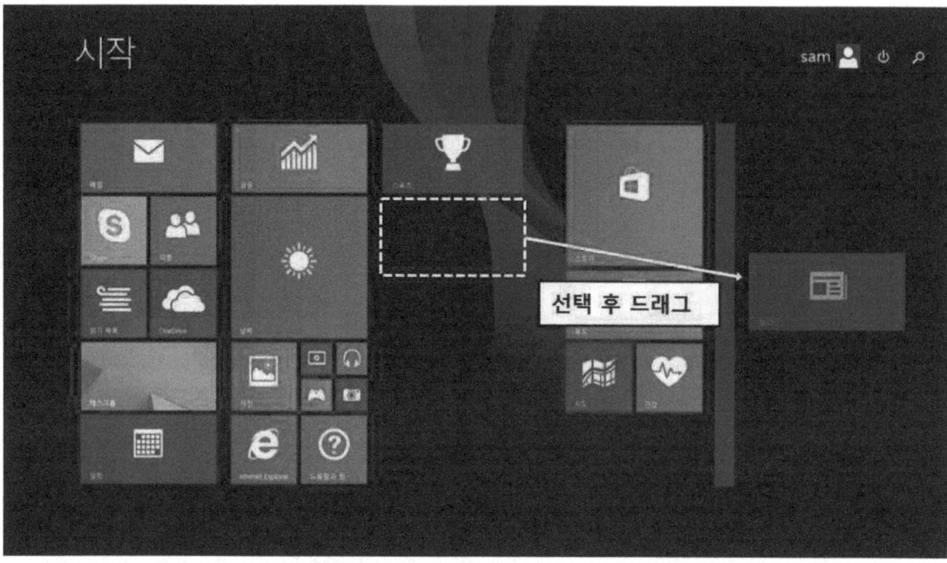

(6) 앱 종료

마우스를 위쪽으로 이동하면 실행 앱 이름이 나타나고 오른쪽에 종료 아이콘을 클릭하면 된다. 또는 실행 앱으로 선택하고 화면 아래까지 드래그 하면 실행 중의 화면이 작아지면서 화면 아래로 이동하게 되고 누른 마우스 버튼을 해제하면 앱이 종료된다.

2.2.3 윈도우 8의 종료

컴퓨터의 사용을 마친 다음, 컴퓨터의 전원 버튼을 누르지 않고 종료하는 방법을 알아본다.

(1) 컴퓨터 끄기

■ 시작화면에서 컴퓨터 끄기

① 마우스를 이동하여 [참] 메뉴가 나타나면 [설정] 아이콘을 클릭한다.

② [전원] 아이콘을 클릭하고 [시스템 종료] 버튼을 선택한다.

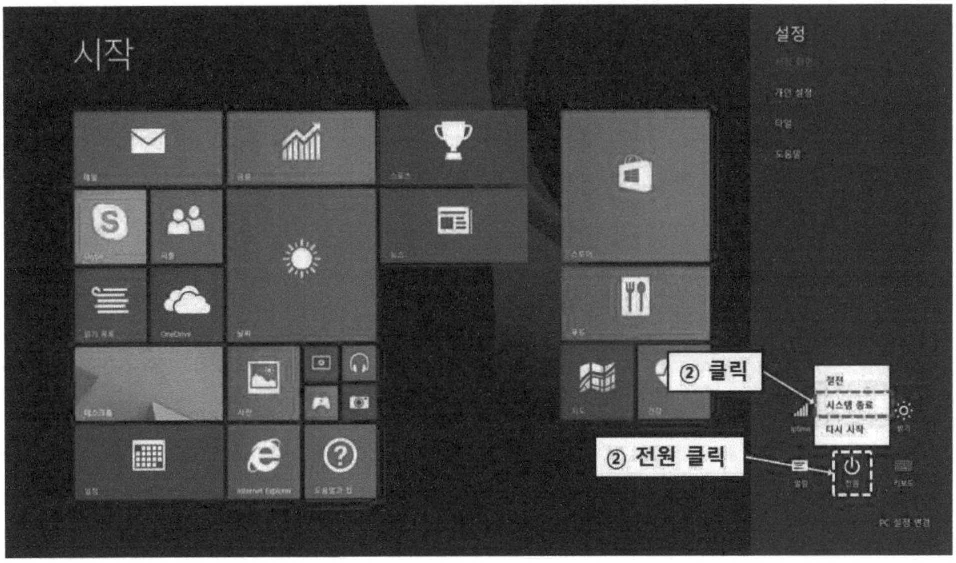

■ 바탕화면에서 컴퓨터 끄기

시작화면에서 같은 방법을 사용한다.

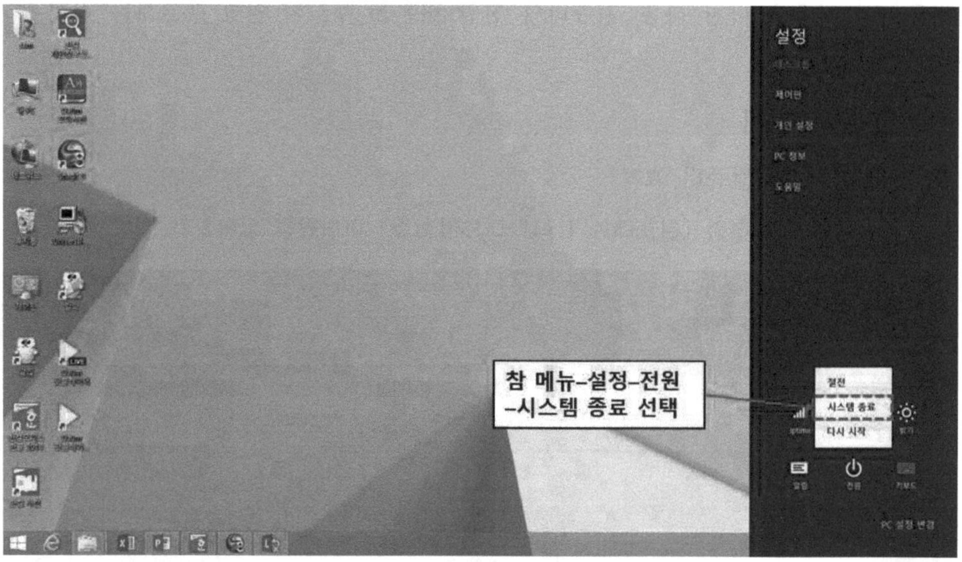

(2) 단축키를 사용한 종료

① Alt+F4를 누르면 윈도우 종료 대화상자가 나타난다.

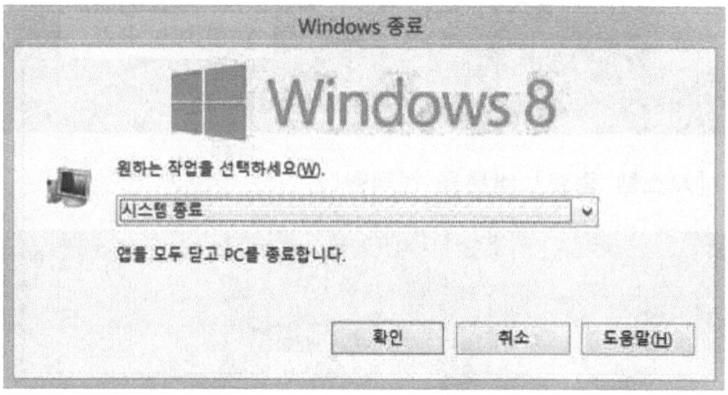

② 원하는 작업을 선택하고 [확인] 버튼을 클릭한다.

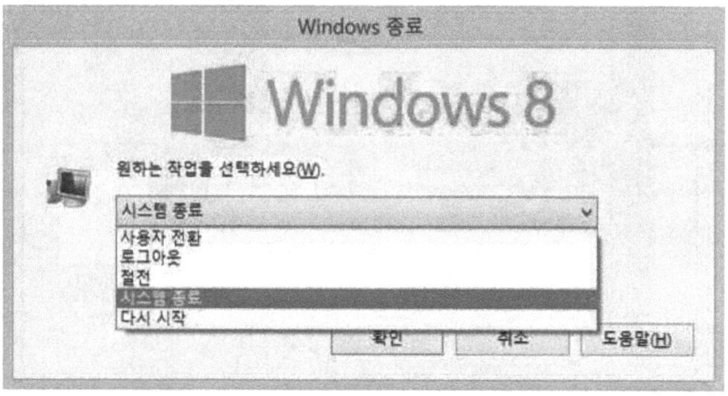

제 3 장 윈도우 8 기본 설정

윈도우 8은 윈도우 7과 같은 환경의 데스크톱에 바탕 화면이 있다. 바탕화면은 공부를 하기 위해 필요한 책상과 같은 역할을 하는 것으로 필요한 자료들을 책상 위에 올려놓고 사용하듯이 윈도우에서 작업할 때 필요로 하는 내용들이 바탕화면에 놓이게 된다.

시작화면에서 [데스크톱]을 선택하거나 Esc 키를 클릭하면 바탕하면이 나타난다.

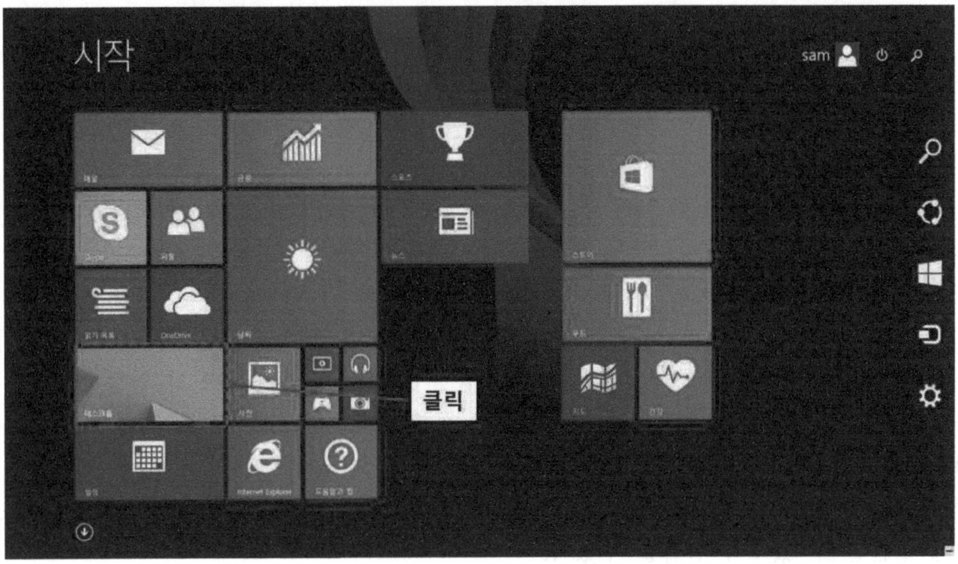

3.1 윈도우 8의 바탕화면 구성

(1) 바탕 화면

컴퓨터를 처음 켰을 때 나타나는 화면으로 프로그램의 창이나 대화상자를 표시하고 작업을 진행할 수 있는 공간을 말한다.

(2) 시작 버튼

시작 버튼을 누르면 윈도우 8에서 작업하는데 필요한 모든 메뉴가 있는 시작화면으로 이동하게 된다.

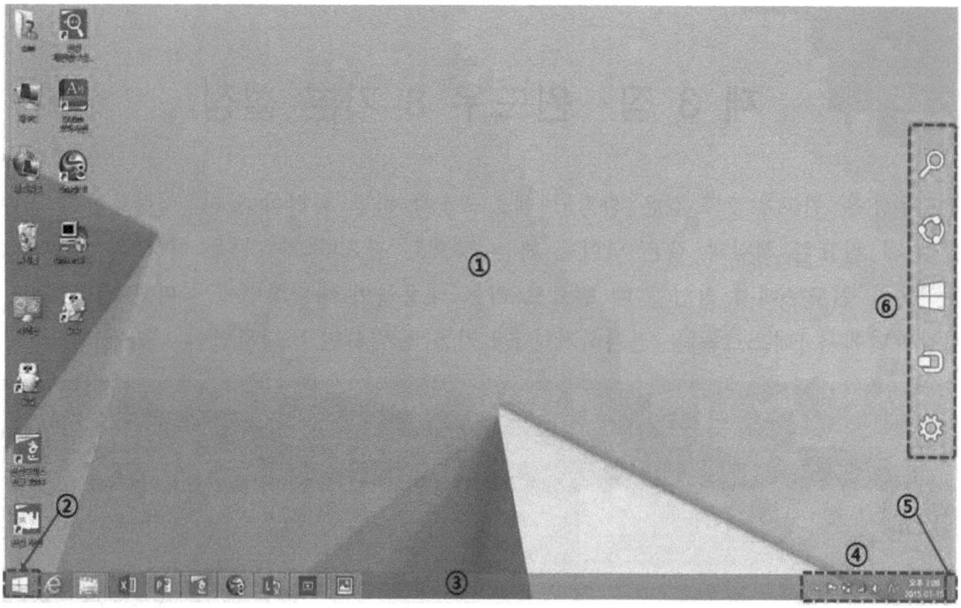

(3) 작업표시줄

기본적으로 바탕 화면의 아래쪽에 표시되는 막대이다. 작업표시줄 버튼을 클릭하여 사용 프로그램을 전환할 수 있으며, 작업 표시줄을 숨기거나 바탕 화면의 옆쪽 또는 위쪽으로 옮기거나 사용자가 다른 방식으로 지정할 수도 있다. 현재 사용 중인 프로그램의 이름이 표시되는 영역으로 윈도우7부터 사용자 편의 위주의 작업 표시줄로 탈바꿈 했으며, 작업 표시줄에 있던 빠른 실행 도구 모음을 함께 통합해 사용자가 원하는 작업으로 빠르고 쉽게 접근할 수 있도록 변화를 주었다.

(4) 알림 영역

작업표시줄에서 작업표시줄 버튼 오른쪽에 있는 영역으로 시간이 표시되며 프로그램에 빠르게 액세스할 수 있도록 볼륨 컨트롤이나 전원 옵션과 같은 바로 가기도 포함될 수 있다. 다른 바로 가기도 임시로 표시되어 작업 상태에 대한 정보를 제공할 수 있다. 시스템 시간이나 네트워크 상태, 관리 센터 등의 상태를 나타내는 아이콘이 표시되는 영역이다.

(5) 바탕화면보기

작업표시줄 내 가장 오른쪽 부분에 있는 [바탕화면보기] 단추에 마우스 포인터를 가져가면, 모든 창이 투명 처리되는 에어로 피크기능을 볼 수 있고, [바탕화면보기] 단추를 클릭하면 열려 있는 창이 모두 최소화 되고 바탕 화면이 표시된다.

(6) 참 메뉴

컴퓨터를 사용하면서 가장 많이 사용하는 대표적인 기능이 있는 메뉴로 "검색", "공유", "시작", "장치" 그리고 "설정" 기능을 사용할 수 있다.

3.2 바탕화면(Desktop)

바탕화면은 창, 아이콘, 메뉴, 대화상자가 표시되는 화면상의 작업영역이다. 바탕화면을 사용하는 방법은 기존 윈도우와 비슷하나 처음 설치하면 바탕화면에 휴지통만 보이고 기본 아이콘이라 할 수 있는 내 문서, 내 컴퓨터, 내 네트워크 환경, 인터넷 익스플로러 등의 아이콘은 숨겨져 보이지 않는다.

(1) 바탕화면에 기본 아이콘 나타내기

① 바탕 화면에 원하는 아이콘을 추가하려면 바탕화면의 빈 공간에서 마우스 오른쪽 버튼을 클릭하여 단축메뉴를 불러낸 후 [개인 설정]을 클릭한다.

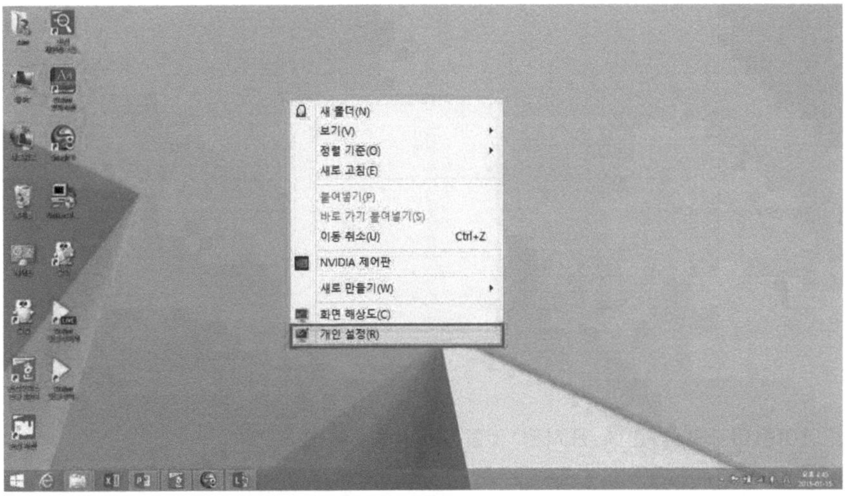

② [개인 설정]창의 좌측 메뉴에서 '바탕화면 아이콘 변경'을 클릭한다.

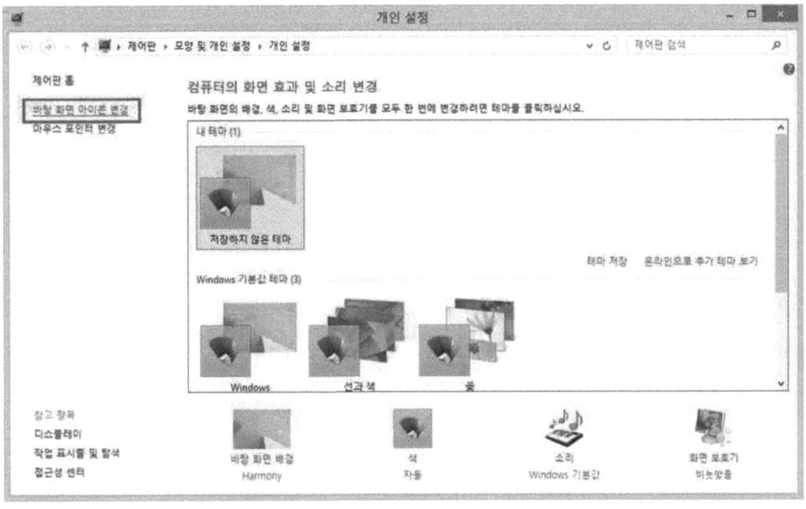

③ [바탕 화면 아이콘 설정] 창의[바탕 화면 아이콘] 탭에서 '컴퓨터', '휴지통', '문서', '네트워크'를 체크한 후 [확인] 버튼을 클릭한다.

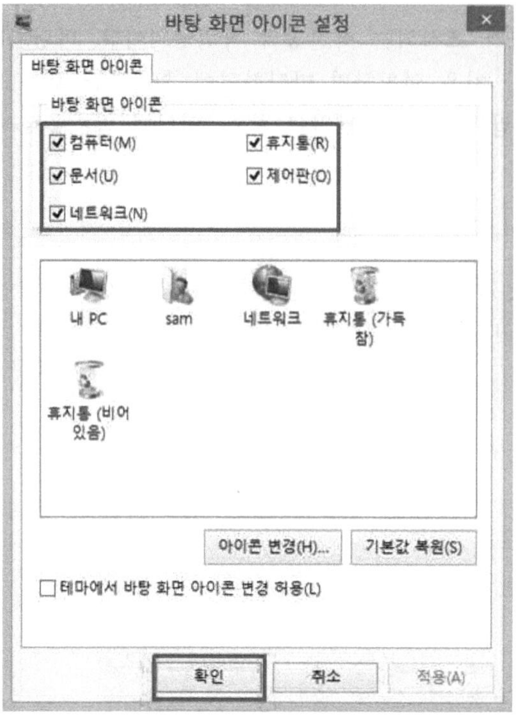

④ 체크한 아이콘이 바탕화면에 표시된 것을 확인 할 수 있다.

(2) 바탕화면 아이콘 감추기/보이기

바탕화면의 아이콘을 감추거나 보이는 방법을 알아본다.

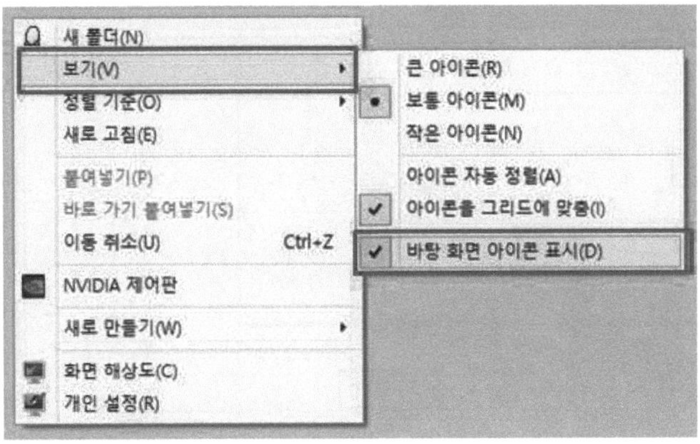

① 바탕화면에서 마우스 오른쪽 버튼을 클릭한다.

② 메뉴에서 [보기]를 선택한다.

③ [바탕화면 아이콘 표시]의 체크 여부를 확인한다.

④ 바탕화면 아이콘 표시의 체크를 지우면 바탕화면에서 아이콘이 사라지고, 체크를 표시하면 바탕화면에 아이콘이 나타난다.

(3) 바탕화면에 그림 지정하기

바탕화면에 자신이 좋아하는 이미지를 적용하는 방법을 알아본다.

① 바탕화면에서 마우스 오른쪽 버튼을 클릭하여 [개인 설정]을 선택한다.

② [개인 설정] 대화상자에서 [바탕 화면 배경] 아이콘을 선택한다.

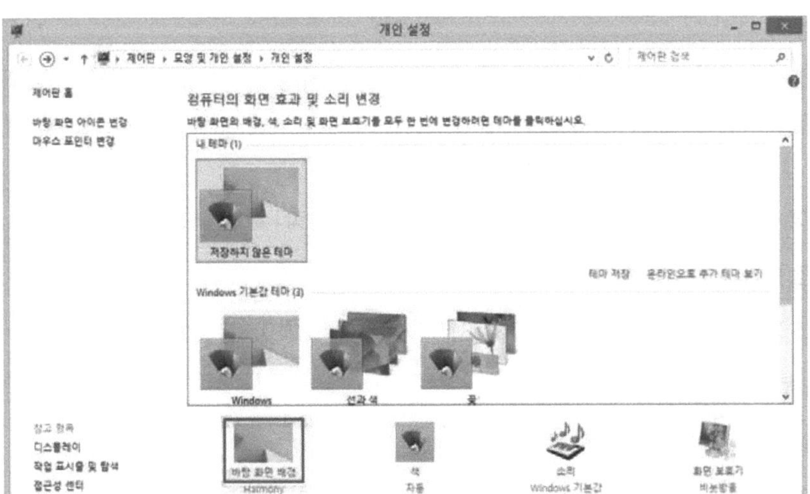

③ 배경 항목에서 원하는 형태의 그림을 선택하고 [변경 내용 저장] 버튼을 선택한다.

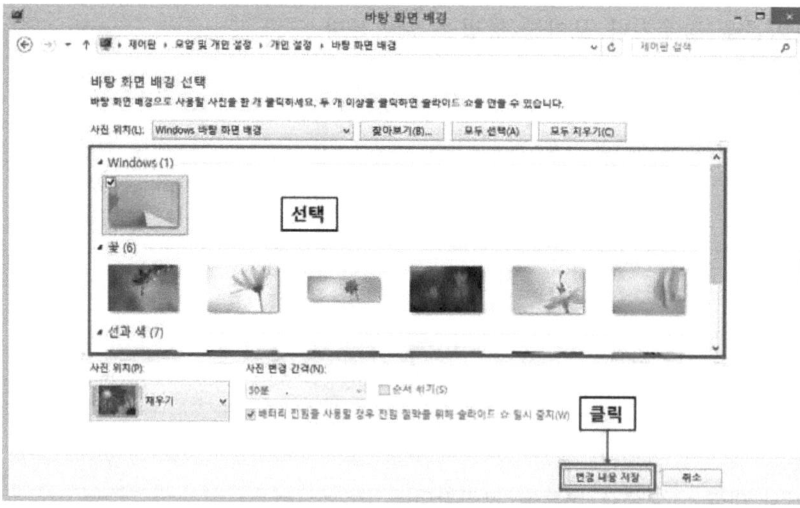

■ 인터넷에서 찾은 이미지를 바탕화면의 배경으로 지정하려면 인터넷 익스플로러에서 그림을 오른쪽 버튼으로 클릭하면 나타나는 메뉴에서 배경으로 지정을 선택하면 된다.

■ 외부 그림을 배경으로 사용하려면 찾아보기 버튼을 클릭하고 배경으로 사용할 그림을 불러온다. 외부 그림을 불러와서 적용 버튼을 클릭하면 외부 그림이 배경 그림으로 적용되는 것을 볼 수 있을 것이다.

(4) 화면 보호기 지정하기

LCD 모니터는 동일 화면을 장시간에 걸쳐서 계속 표시하면 그 영상이 모니터 유리면에 인쇄된 것과 같이 되는 성질이 있는데, 화면 보호기는 일정 시간 동안 키보드나 마우스에서 입력이 없으면 모니터 화면에 여러 가지 움직이는 화면(동영상)을 공급해서 브라운관을 보호한다.

윈도우에서는 사용자가 원하는 모양의 화면 보호기를 지정할 수 있을 뿐만 아니라, 일정 시간 이상 컴퓨터를 사용하지 않으면 전원 절약 모드가 자동으로 실행되게 지정할 수도 있다.

① 바탕화면에서 마우스 오른쪽 버튼을 클릭하여 [개인 설정]을 선택한다.

② [개인 설정] 창에서 [화면 보호기]를 선택한다.

③ [화면 보호기 설정] 창의 "화면 보호기(S)"에서 화면 보호기 종류를 선택한다.

⑤ 대기 시간을 지정한다.

⑥ 설정이 끝나면, [확인] 버튼을 클릭한다.

▪ 화면 보호기 종류에 따라서 [설정] 버튼을 클릭하면 좀 더 다양한 설정을 할 수 있다.

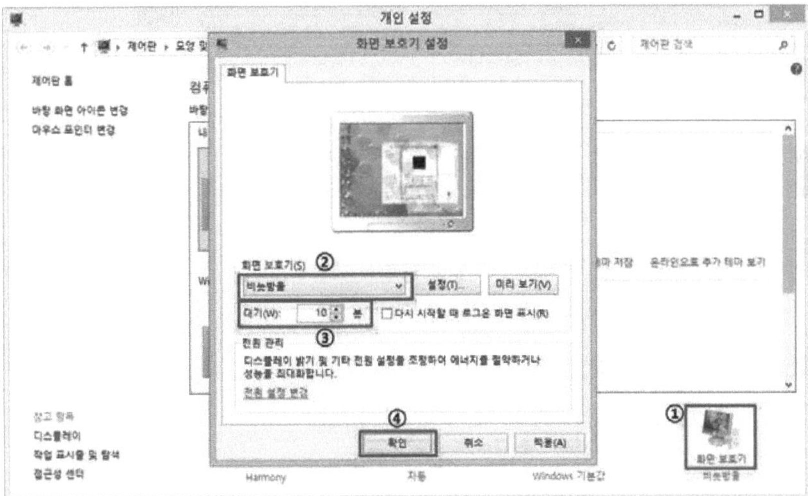

(5) 화면 배색 지정하기

윈도우의 화면 배색을 바꾸는 방법을 알아본다.

① 바탕화면에서 마우스 오른쪽 버튼을 클릭하면 나타나는 메뉴에서 [개인 설정]을 선택한다.

② [개인 설정] 창에서 하단의 중간에 있는 '바탕화면 배경'을 클릭한다.

③ "사진 위치" 항목에서 "단색"을 선택한다.

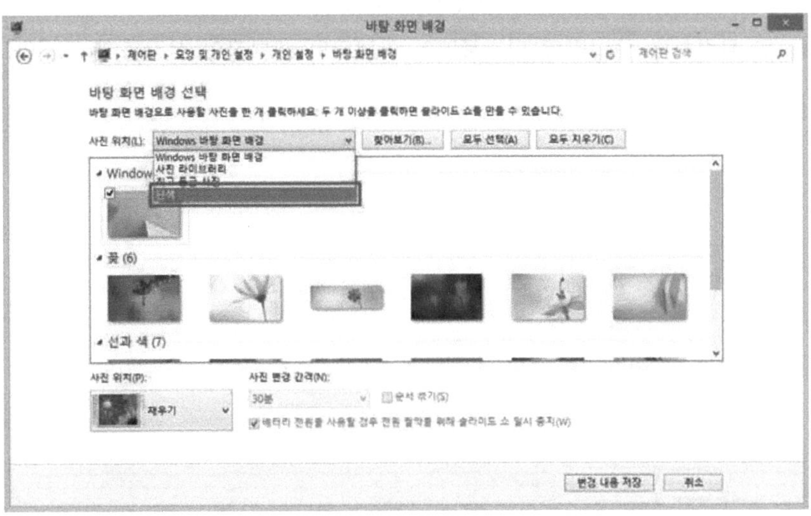

④ 원하는 색상을 클릭하고 [변경 내용 저장] 버튼을 누른다.

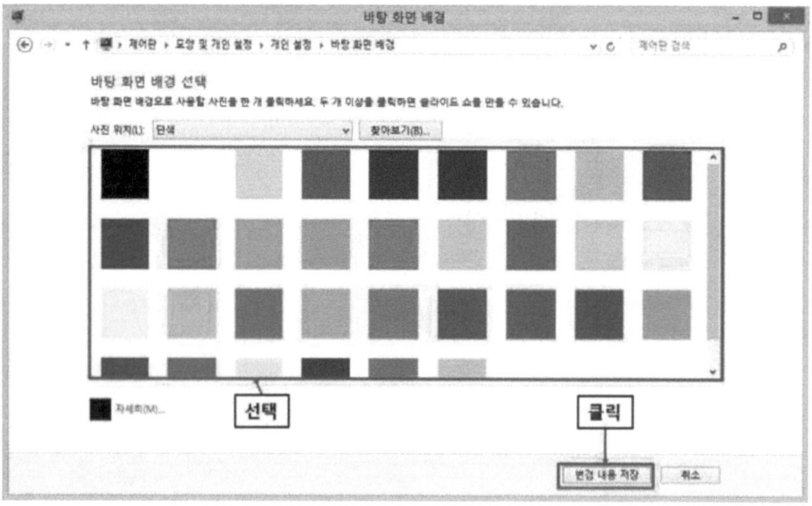

(6) 해상도와 컬러 수 조절하기

해상도와 컬러 수를 자신의 모니터에 크기나 작업 상황에 맞게 설정하는 방법을 알아본다.

① 바탕화면에서 마우스 오른쪽 버튼을 클릭하면 나타나는 팝업 메뉴에서 "화면 해상도"를 선택한다.

② [화면 해상도] 창에서 "디스플레이, "해상도"와 "방향"을 선택한다.

■ 화면 해상도는 모니터와 디스플레이 어댑터 (비디오카드)에 따라 다르다.

④ [고급 버튼]을 클릭하면 모니터와 디스플레이 어댑터의 세부적인 설정을 할 수 있다.

⑤ [확인] 버튼을 클릭하면 지정한 해상도가 나타난다.

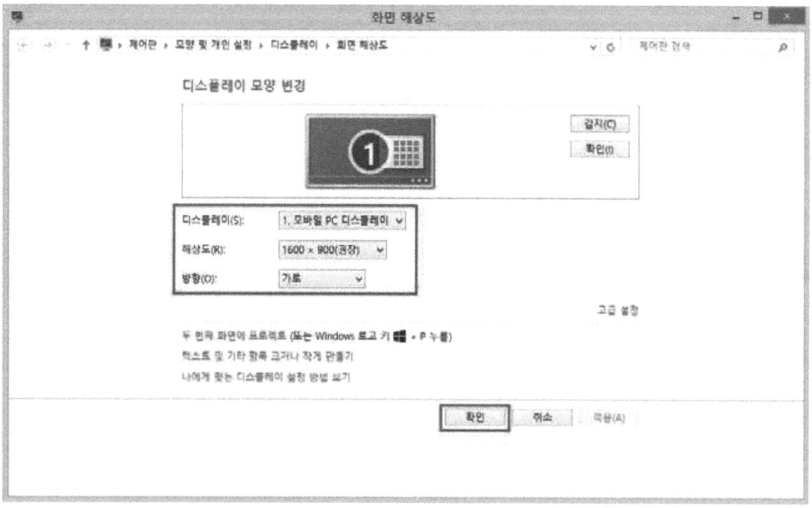

3.3 작업표시줄

윈도우 7부터 가장 큰 변화를 보인 기능 중 하나가 바로 작업표시줄이다. 이전 버전의 작업 표시줄보다 훨씬 심플한 디자인으로 변경 되었고, 프로그램 액세스 등 사용자의 작업 편의를 위한 기능은 더욱 강화 되었다. 윈도우 8에서도 그대로 적용된다.

작업표시줄은 자주 이용하는 프로그램들을 보다 쉽고 빠르게 실행하도록 하는 "빠른 실행 영역", 사용자가 실행한 프로그램의 목록이 나타나 있는 "응용 프로그램 영역" 그리고 윈도우의 시작과 동시에 실행된 프로그램들의 아이콘이 나타나 있는 "알림 영역"으로 이루어져 있다.

문서 및 프로그램 창이 여러 개 열려 있는 경우 작업표시줄 그룹화를 통해 작업 표시줄에 여유 공간이 만들어진다. 예를 들어, 열려 있는 창 10개 중 4개가 워드패드 문서인 경우 워드패드 문서에 해당하는 4개의 작업표시줄 버튼은 '워드패드'라는 하나의 버튼으로 그룹화 된다. 문서들 중 하나의 문서를 보려면 그룹화 버튼을 클릭한 다음 해당 문서를 클릭하면 된다. 작업표시줄을 말끔하게 만들기 위해 시계 옆 알림 영역에 있는 아이콘은 오랫동안 사용하지 않을 경우 감춰진다. 화살표를 클릭하면 잠시 감춰진 아이콘이 나타나며 이를 클릭하면 해당 아이콘이 다시 표시된다.

(1) 작업표시줄

① 고정 아이콘 : 작업표시줄에 고정되어 마우스로 클릭하면 프로그램이 실행된다.

② 실행 아이콘 : 작업표시줄에 고정 되어 있지는 않지만 현재 실행 중인 프로그램을 표시한다.

③ 알림 영역 : 현재 시스템의 시간이나 오디오 볼륨, 설치된 프로그램, 인쇄 상태 등을 표시한다.

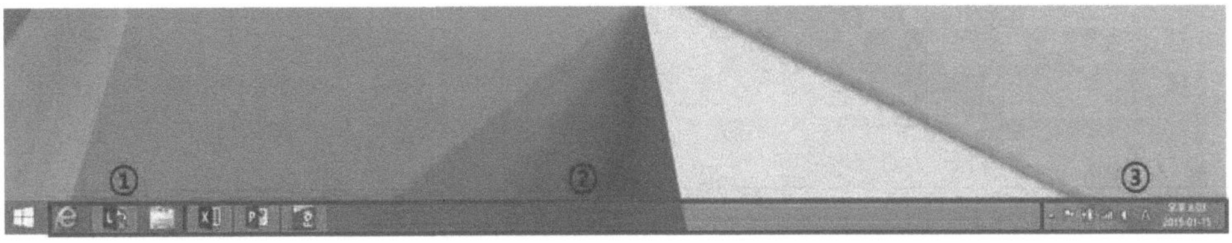

(2) 작업표시줄 옵션

작업표시줄의 빈 공간에 마우스 포인터를 올려놓은 후 마우스 오른쪽 버튼을 누르면 단축메뉴가 나타난다.

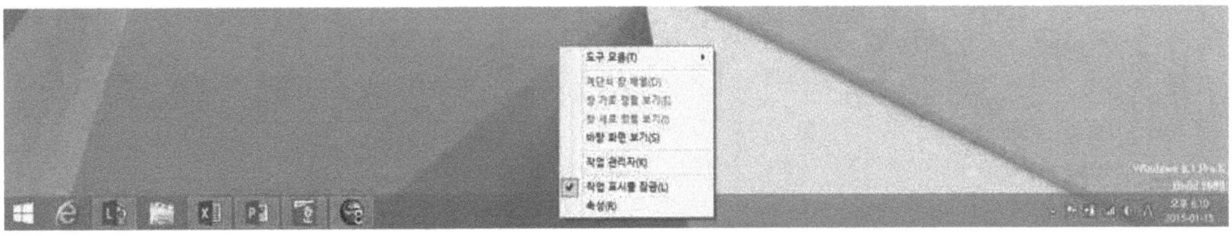

가. 창 배열과 바탕화면 보기

① 계단 식 창 배열

■ 현재 실행된 모든 프로그램들을 계단으로 정렬한다.

② 창 가로 정렬 보기

■ 현재 실행된 모든 프로그램들을 가로 형태의 바둑판 모양으로 정렬하여 나타낸다.

③ 창 세로 정렬 보기

■ 현재 실행된 모든 프로그램들을 세로 형태의 바둑판 모양으로 정렬하여 나타낸다.

④ 바탕화면 보기

■ 현재 실행되어 있는 모든 프로그램들을 아이콘으로 최소화시킨다.

⑤ 열린 창 보기

■ 모든 창을 최소화한 경우 모든 프로그램을 원래의 모양으로 복원하고자 하는 경우에 지정하는 메뉴이다. 열린 창 보기는 바탕화면 보기를 먼저 실행한 경우에만 도구 상자에 나타난다.

나. 작업 관리자

CPU의 사용률이나 현재 시스템에서 실행되고 있는 프로그램들의 상태를 쉽게 파악할 수 있다.

다. 작업표시줄 잠금

작업표시줄을 고정하여 바탕 화면의 다른 위치로 옮길 수 없게 한다.

라. 속성

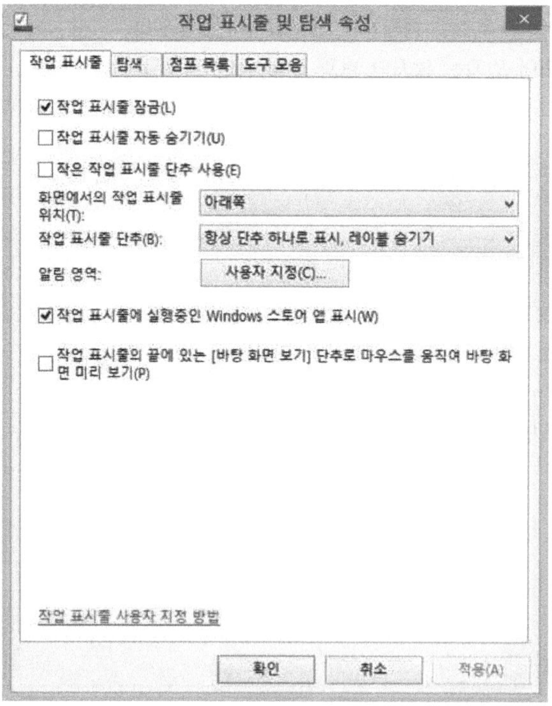

작업표시줄이 이용되는 정보에 대한 설정을 할 수 있도록 만들어 준다.

작업표시줄에 대한 환경을 설정한다.

- ■ 작업표시줄 잠금 : 작업표시줄이 이동되지 않도록 한다.
- ■ 작업표시줄 자동 숨기기 : 응용 프로그램이 실행되는 동안 작업표시줄을 숨기도록 한다.

마. 작업표시줄 아이콘 크기 변경

① 작업표시줄의 빈 공간을 마우스 오른쪽 버튼으로 클릭한 후, 나타나는 단축 메뉴의 '속성'을 클릭한다.

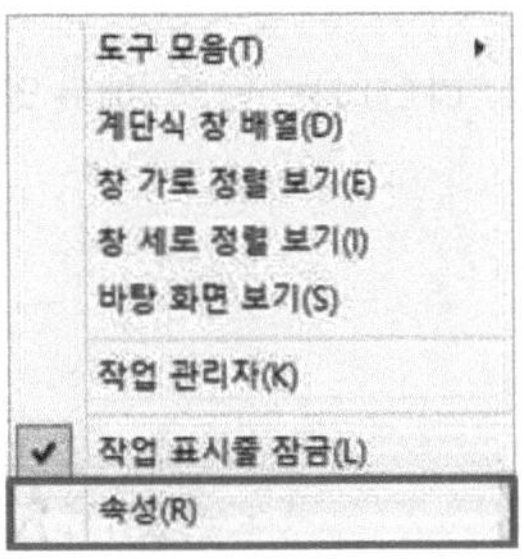

② [작업 표시줄 및 탐색 속성]창에서 "작은 작업 표시줄 단추 사용"을 체크한 후 [확인] 버튼을 클릭한다.

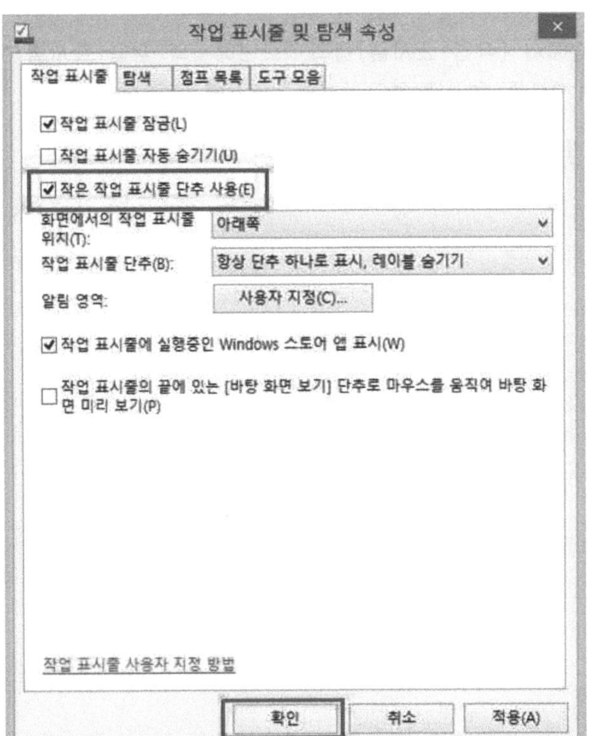

③ 작업표시줄의 아이콘 크기가 1/2 크기로 줄어든 것을 확인 할 수 있다.

(3) 작업표시줄 위치 변경하기

① 작업표시줄의 빈 공간을 마우스 오른쪽 버튼으로 클릭한 후, 나타나는 단축 메뉴의 [속성]을 클릭한다.

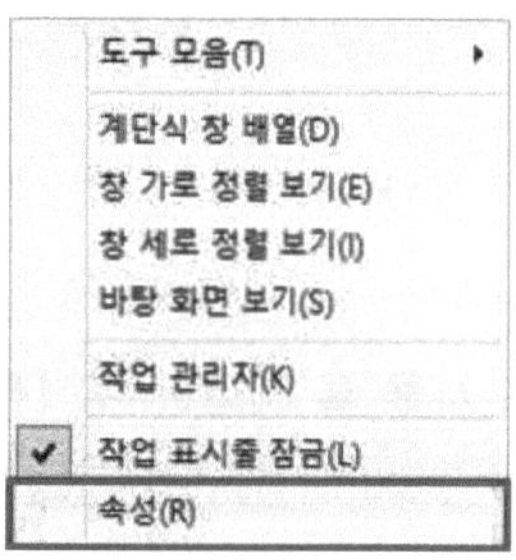

② [작업표시줄 및 탐색 속성] 창에서 [작업 표시줄]탭의 "화면에서의 작업 표시줄 위치" 항목의 드롭다운 버튼을 클릭하여 "위쪽"을 선택하고 [확인] 버튼을 선택한다.

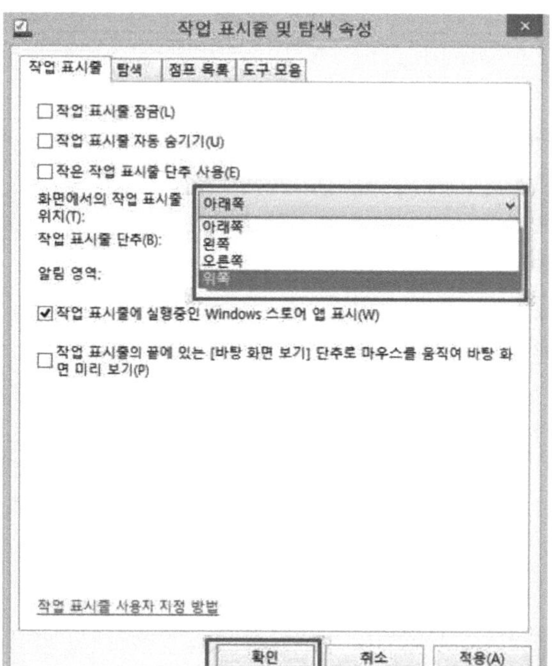

③ 작업표시줄의 위치가 '위쪽'으로 변경 된 것을 확인 할 수 있다.

(4) 알림영역

가. 알림 영역 표시할 아이콘 지정하기

① 작업표시줄의 빈 공간을 마우스 오른쪽 버튼으로 클릭한 후 나타나는 단축 메뉴의 [속성]을 클릭한다.

② [작업표시줄 및 탐색 속성] 창의 [작업 표시줄]탭에서 "알림영역"의 [사용자 지정] 버튼을 클릭한다.

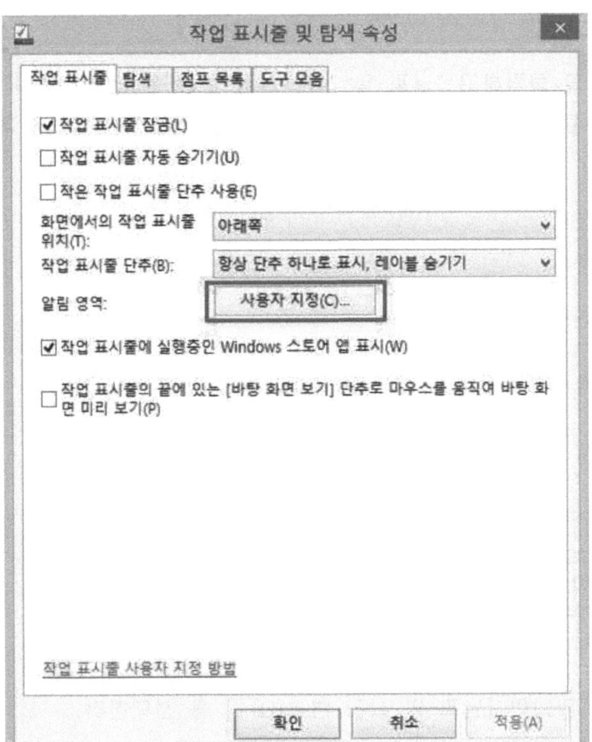

③ [알림 영역 아이콘] 창에서 '알림 영역'에 대한 상세 설정(아이콘 및 알림 표시, 아이콘 및 알림 숨기기, 알림만 표시)이 가능하고 현재 설정된 '아이콘 및 알림 표시'를 확인할 수 있다.

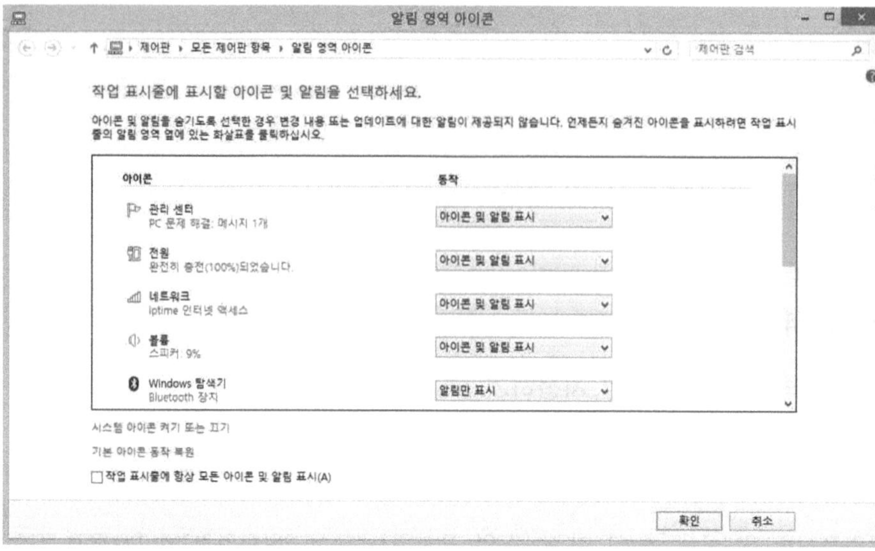

나. 날짜와 시간 지정하기

① 알림영역에 있는 "시계" 부분을 클릭하고 "날짜 및 신간 설정 변경"을 선택하거나 [참] 메뉴-[설정]-[제어판]을 차례로 클릭한 다음 "시간, 언어 및 국가별 옵션"-"날짜 및 시간"을 선택한다.

② [날짜 및 시간] 대화상자가 나타나면 [날짜 및 시간 변경(D)..] 을 선택한다.

③ [날짜 및 시간 설정] 대화상자가 나타난다. "년과 월" 목록에서 화살표를 클릭한 다음 해당 년과 월을 선택한다. "날짜"를 변경하려면 달력에서 해당 날짜를 클릭한다.

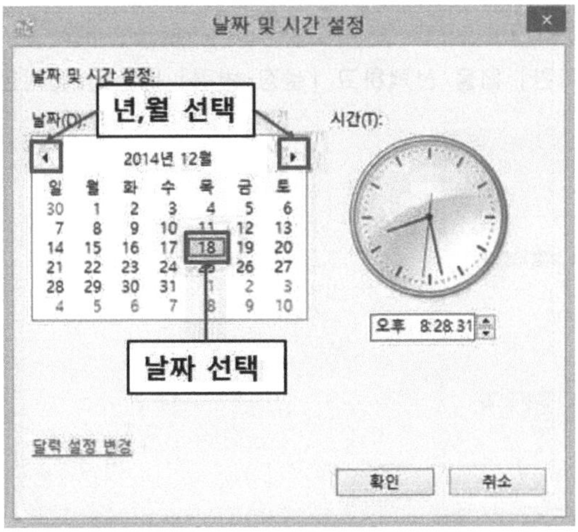

④ 시간 변경

"시"를 변경하려면 "시"를 더블 클릭한 다음 화살표를 클릭하여 값을 변경한다.
"분"을 변경하려면 "분"을 더블 클릭한 다음 화살표를 클릭하여 값을 변경한다.
"초"를 변경하려면 "초"를 더블 클릭한 다음 화살표를 클릭하여 값을 변경한다.
"오전/오후" 표시를 변경하려면 표시기를 선택한 다음 화살표를 클릭한다.

⑤ 날짜와 시간을 설정하고 [확인] 버튼을 클릭하면 컴퓨터에 날짜와 시간이 적용된다.

다. 인터넷 시간

컴퓨터 시계를 인터넷을 통하여 정확하게 맞출 수 있다. 컴퓨터가 도메인의 구성원인 경우 컴퓨터 시계는 네트워크의 시간 서버를 통해 자동으로 동기화되지만 도메인의 구성원이 아닌 경우에도 컴퓨터 시계를 인터넷 시간 서버와 동기화할 수 있다. 동기화를 사용할 수 있는 경우 컴퓨터 시계는 일주일에 한 번씩 인터넷 시간 서버와 동기화하지만 케이블 모뎀이나 DSL 모뎀을 통해 지속적으로 인터넷에 연결되어 있지 않으면 항상 자동 동기화되지는 않을 수 있는데 이런 경우 제어판의 날짜 및 시간에서 인터넷 시간 탭의 지금 업데이트 버튼을 눌러 바로 동기화시키면 된다.

① 알림영역에 있는 시계 부분을 클릭한 후, "날짜 및 신간 설정 변경"을 선택한다.

② [날짜 및 시간] 대화상자에서 [인터넷 시간] 탭을 선택하고 [설정 변경] 버튼을 클릭한다.

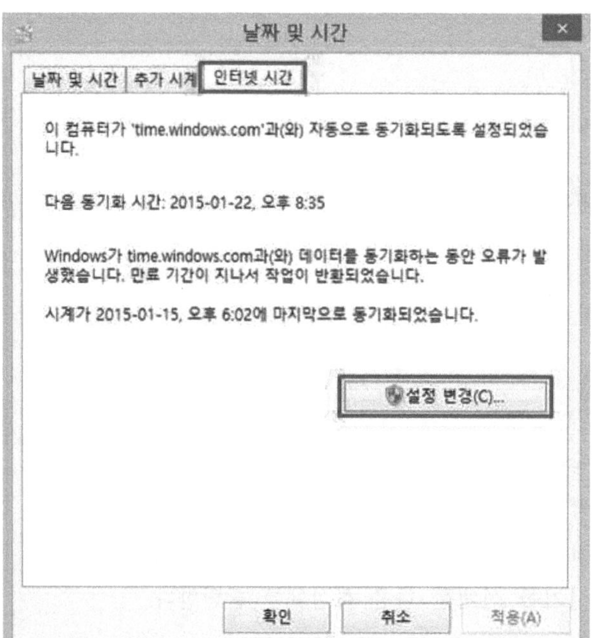

③ [인터넷 시간 설정] 창에서 "서버"를 선택하고 "인터넷 시간 서버와 자동으로 동기화" 확인란이 선택되어 있는지 확인한다.

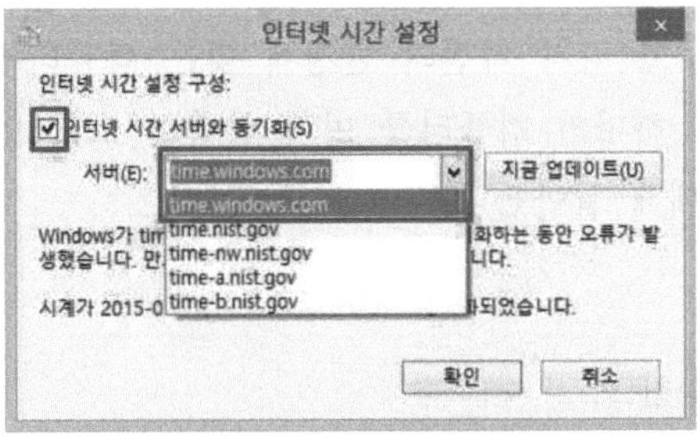

시간 서버 time.windows.com은 Microsoft사에서 운영하고, 또 다른 시간 서버인 time.nist.gov는 미국 정부에서 운영한다.

④ [지금 업데이트] 버튼을 클릭한다.

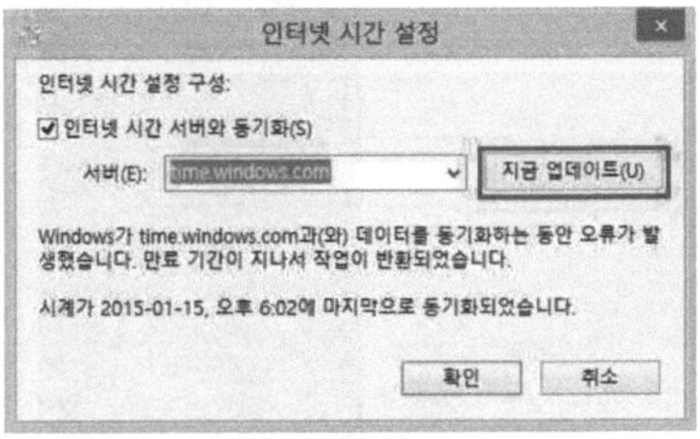

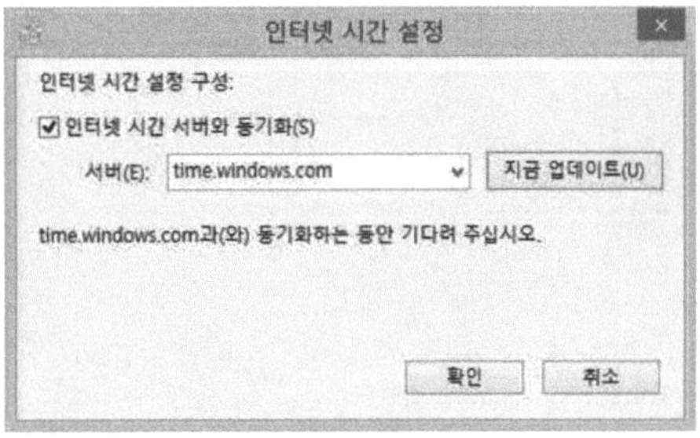

⑤ 잠시 기다린 후, 인터넷 시간 서버와 동기화 되면 [확인] 버튼을 클릭한다.

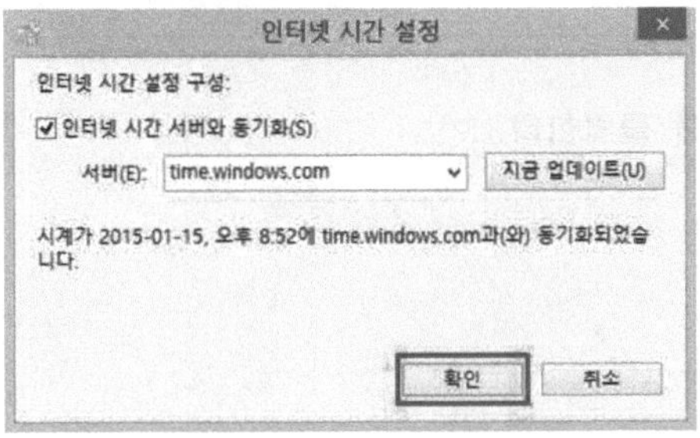

⑥ 시간 동기화가 안 되는 원인

- 인터넷에 연결되어 있지 않는 경우
- 네트워크의 방화벽이 시계 동기화를 차단한 경우
- 사용량이 많거나 다른 원인으로 인해 인터넷 시간 서버를 사용할 수 없는 경우 - 나중에 동기화를 시도하거나 작업표시줄의 시계를 더블 클릭하여 수동으로 업데이트 한다
- 컴퓨터의 날짜 설정이 정확하지 않는 경우 - 날짜가 올바르지 않으면 인터넷 시간 서버는 시계를 동기화하지 않는다.

3.4 사용자 계정

윈도우에서는 사용자마다 다른 설정을 적용해 두고 각자 자신의 환경에 맞는 컴퓨터를 사용할 수 있도록 지원하고 있다. 회사나 가정에서 하나의 컴퓨터를 여러 사람이 쓰고 있을 때 시스템 로그온과 계정 관리를 하는 방법에 대해 알아본다.

(1) 새로운 사용자 등록하기

① [바탕화면]-[참 메뉴]-[설정]-[제어판]을 선택한다.

② [제어판] 창에서 [사용자 계정 및 가족 보호]를 클릭한다.

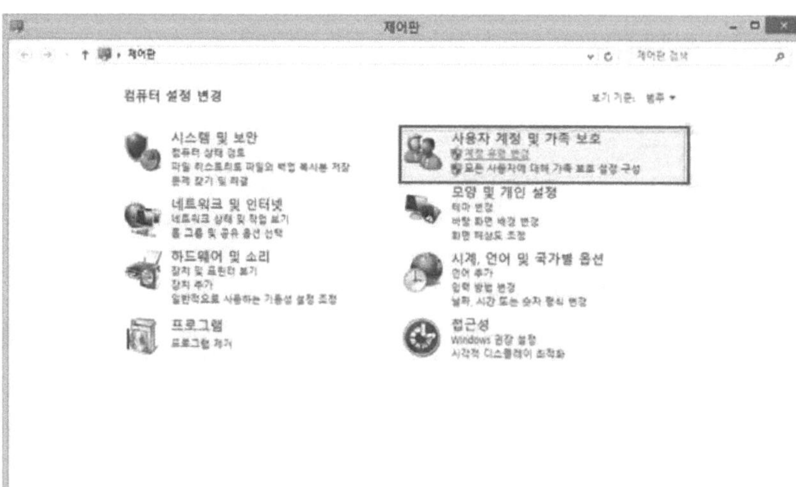

③ [사용자 계정 및 가족 보호] 창에서 [계정 유형 변경]을 선택한다.

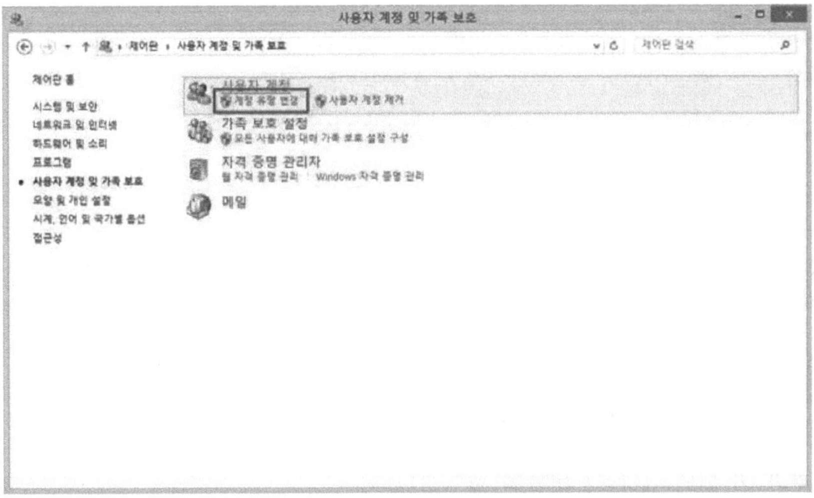

④ [계정 관리] 창에서 [PC 설정에서 새 사용자 추가]를 선택한다.

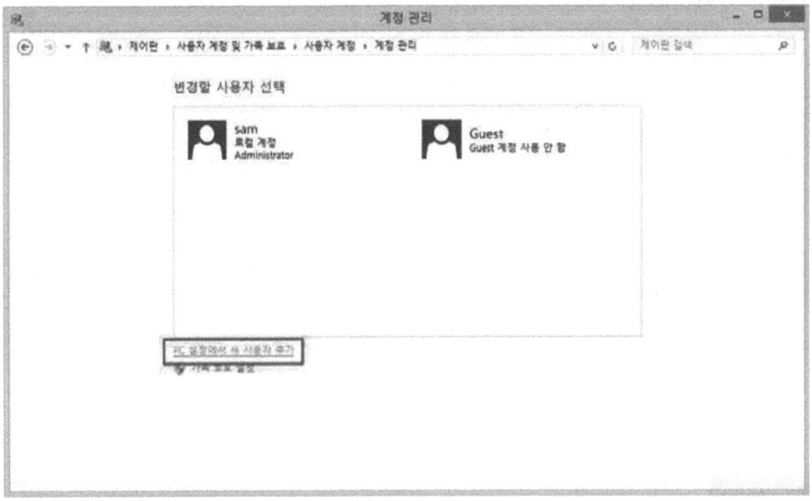

⑤ [다른 계정]-[계정 추가] 아이콘을 클릭한다.

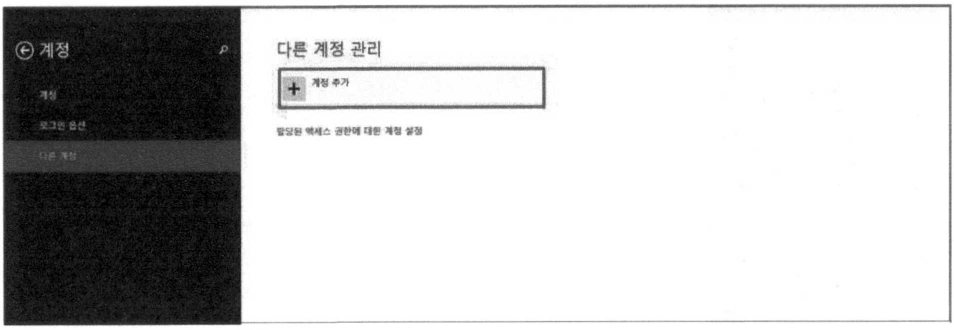

⑥ “이 사용자의 로그인 방법”에서 “이메일”을 입력하고 [다음] 버튼을 클릭한다.

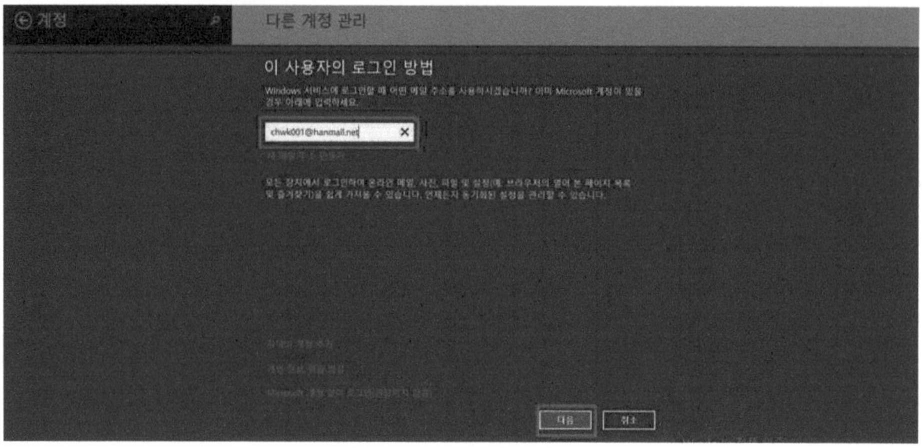

⑦ “사용자 추가”가 되면, [마침] 버튼을 클릭한다.

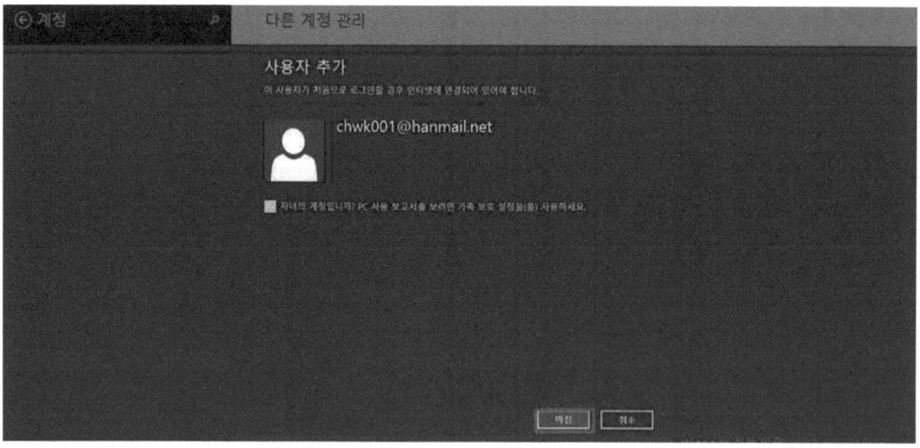

⑧ 새로운 “계정”이 추가 되었다.

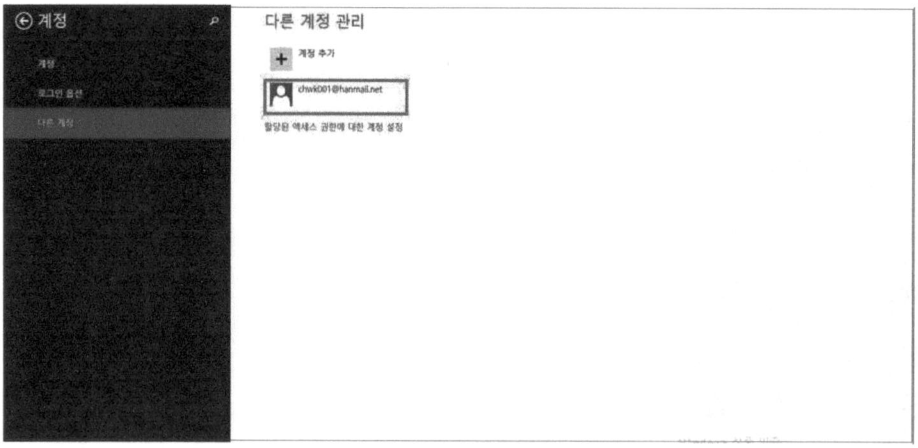

(2) 계정 삭제하기

① [바탕화면]-[참 메뉴]-[설정]-[제어판]을 선택한다.

② [제어판] 창에서 [사용자 계정 및 가족 보호]를 클릭한다.

③ [사용자 계정 및 가족 보호] 창에서 [계정 유형 변경]을 선택한다.

④ 삭제할 계정을 선택한다.

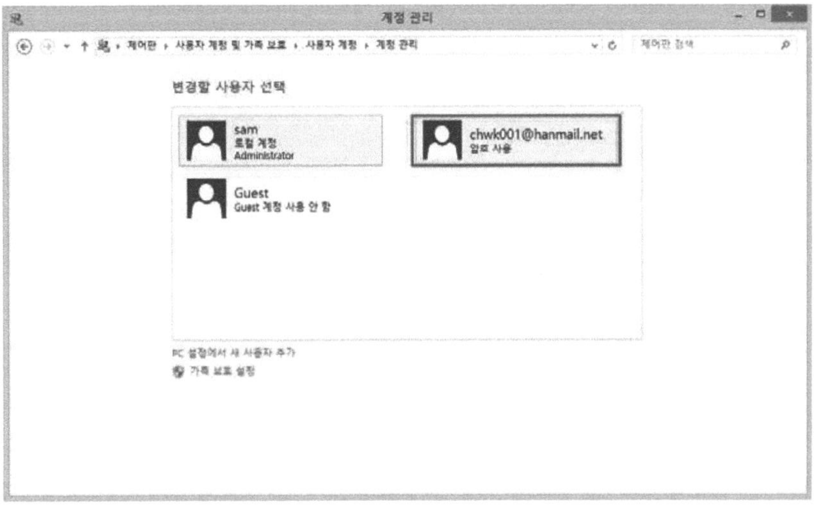

⑤ [계정 삭제]를 클릭한다.

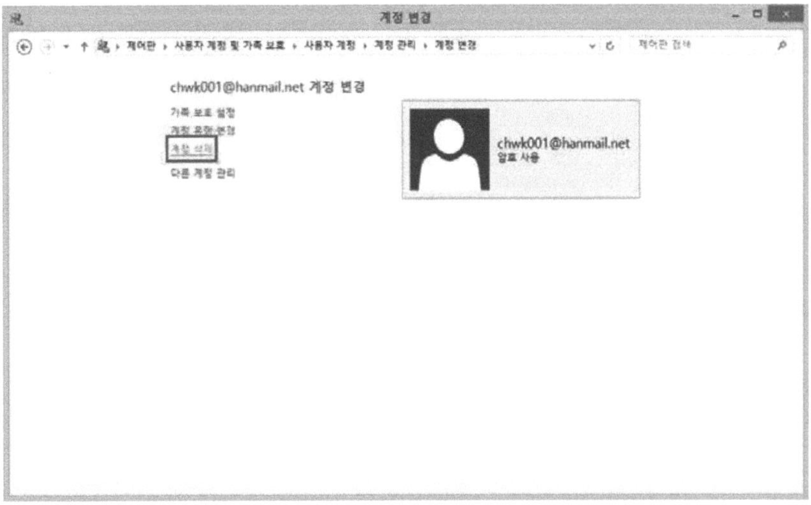

⑥ 사용자 계정을 삭제할 때는 파일유지, 파일삭제 중 하나를 선택하므로 주의해야한다. 특별한 이유가 없다면 [파일 유지] 버튼을 클릭한다.

■ 삭제하려는 계정이 로그온 되어 있으면 삭제하기 전에 그 계정에서 로그오프를 먼저 해야 한다.

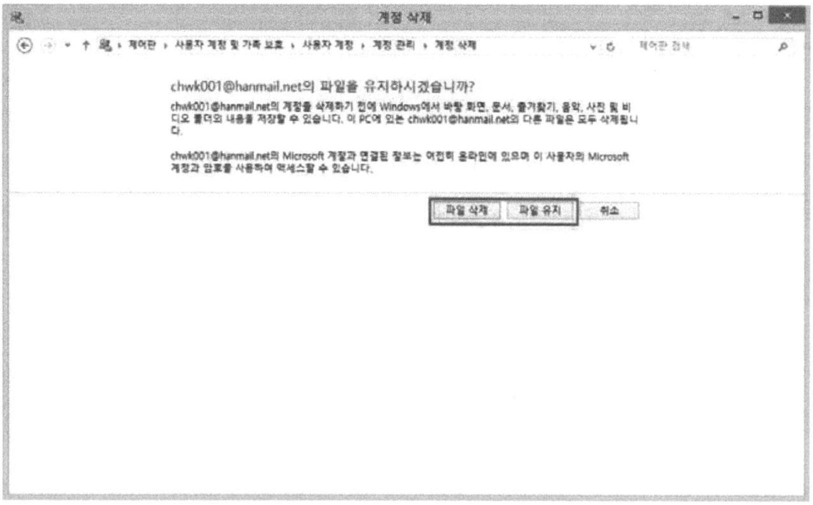

⑦ [계정 삭제] 버튼을 클릭한다.

제 4 장 폴더, 파일 관리

윈도우 8은 폴더와 파일 관리가 훨씬 편리해졌다. [내 문서]나 [내 PC]를 더블 클릭하고 파일과 폴더를 선택하면 파일이나 폴더를 복사하고, 잘라내고, 붙이는 아이콘이 화면의 좌측에 바로 나타난다. 또한 멀티미디어 파일의 재생과 미리보기가 즉석에서 가능하고, 압축 기능이 포함되어 있어 파일 관리가 쉬워졌다.

4.1 기본 구성 요소 익히기

프로그램이나 창의 성격에 따라 약간씩 다른 구성을 보이지만 윈도우의 창들은 대부분 비슷한 구성요소를 가지고 있다. 각 구성 요소의 이름과 기능에 대해 간단히 알아본다.

윈도우에서 Windows 탐색기를 선택하면 [내 문서], [내 PC], [네트워크] 등을 선택했을 때와 동일한 화면이 나타난다. 내 문서, 내 컴퓨터, 내 네트워크 환경 등은 모두 다른 성격이지만 서로 긴밀하게 연결되어 있으므로 윈도우 탐색기는 연관된 작업 환경으로 이동이 편리하고 작업도 쉽게 할 수 있도록 구성되어 있다.

[내 PC]를 더블 클릭하면 다음과 같은 "파일 탐색기"가 나타난다.

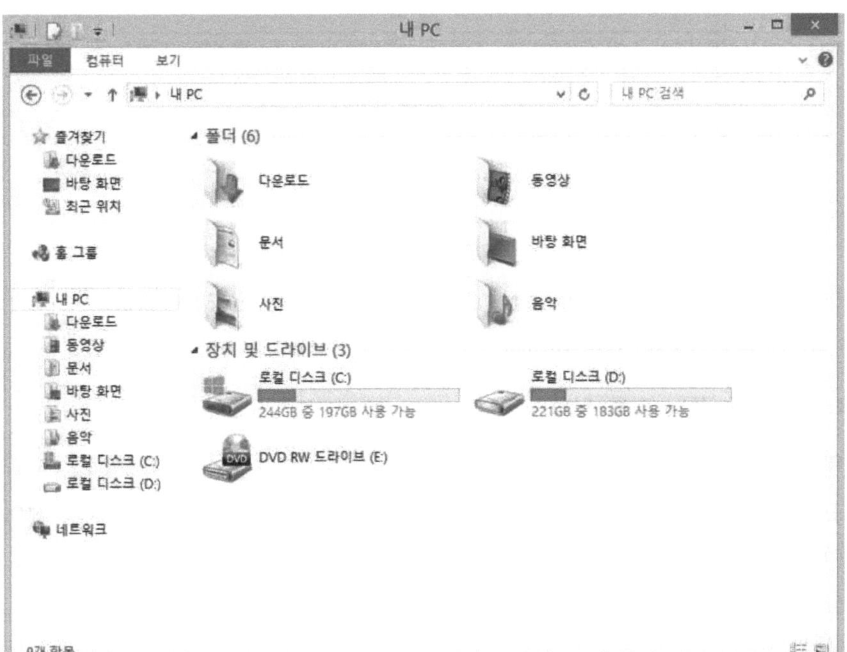

(1) 윈도우 탐색기 살펴보기

파일과 폴더 관리를 위해 반드시 필요한 윈도우 탐색기는 윈도우에서 좀 더 단순하고 사용하기 편리한 형태로 개선되었다. 작업표시줄의 빠른 실행 단추 중에서 [Windows 탐색기]를 클릭하면 윈도우 탐색기를 실행할 수 있다.

윈도우 탐색기가 실행되면 기본적으로 [라이브러리]가 포함된 창이 나타난다. 라이브러리는 이전 버전인 윈도우 7에서부터 새롭게 추가된 기능으로, 분산되어 있는 여러 파일을 가상의 폴더에 등록하여 관리하는 기능이다. 이러한 기능들을 윈도우 8에서는 더욱 발전시켰다. 윈도우 탐색기의 각 요소를 살펴본다.

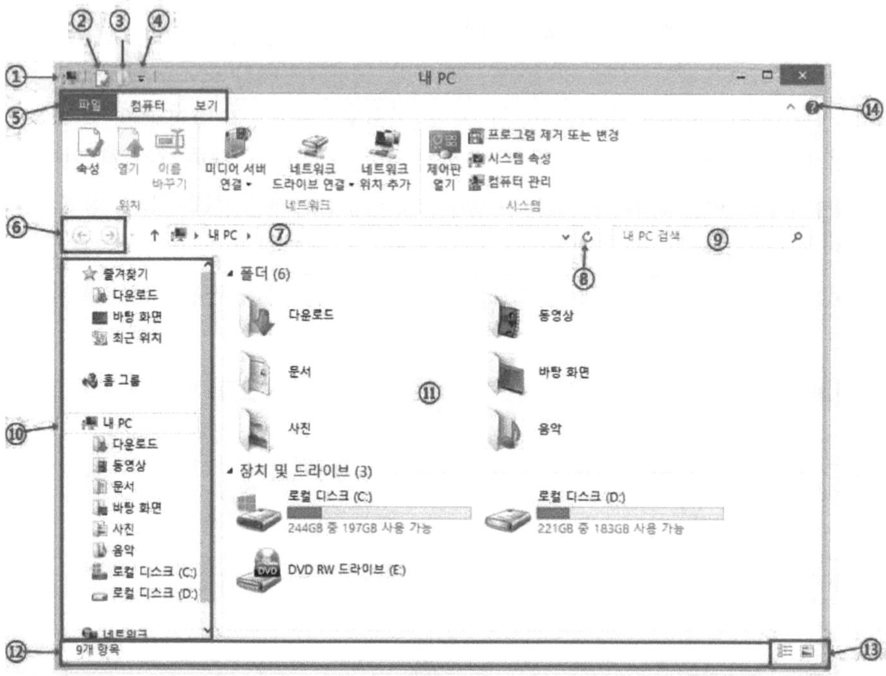

① 창 제어 : 창을 이동하거나 크기 조정, 최소화/최대화, 창을 닫을 수 있다.

② 시스템 창 열기 : 시스템 창을 연다.

③ 새 폴더 : 새로운 폴더 창을 연다.

④ 빠른 실행 도구 모음 : 빠른 실행 도구의 항목을 사용하거나 해제한다.

⑤ 메뉴 표시줄 : 선택한 폴더나 드라이브에 따라서 다르게 나타나며, 각 항목을 제어하는 다양한 메뉴가 나타난다.

⑥ 뒤로/앞으로 : 뒤로 아이콘을 클릭하면 이전에 표시했던 폴더로 이동하고, 앞으로 아이콘을 클릭하면 다시 원래의 폴더로 이동한다.

⑦ 주소 표시줄 : 현재 선택한 파일의 경로가 표시된다. 주소 표시줄에 입력된 경로를 클

릭하면 곧바로 해당 폴더로 이동한다. 이 주소 표시줄에 인터넷 주소를 입력하고 엔터를 누르면 웹브라우저가 실행되며 해당 홈페이지로 이동할 수 있다.

⑧ 새로 고침 : 현 페이지를 새로 고침 하여 갱신한다.

⑨ 검색 상자 : 현재 폴더에 저장되어 있는 파일이나 하위 폴더를 검색 할 때 사용한다.

⑩ 탐색 창 : [즐겨 찾기]와 [라이브러리], [홈 그룹] 그리고 컴퓨터의 폴더 구조가 표시되는 영역이다.

⑪ 드라이브 목록 : 컴퓨터에 연결되어 있는 장치 목록을 나타낸다.

⑫ 상태 표시줄 : 선택한 항목에 대한 정보를 나타낸다.

⑬ 자세히 보기/큰 아이콘 보기 : 파일 목록 보기 상태를 자세히 보기 또는 큰 아이콘 보기로 나타낸다.

⑭ 도움말 : 활성화된 창에 대한 도움말을 나타낸다.

(2) 파일 메뉴 살펴보기

① 새 창 열기 : 새로운 창을 연다.

② 명령 프롬프트 열기 : 명령 프롬프트 장을 연다.

③ Windows PowerShell 열기 : 반복되는 작업을 고급 명령어로 해결할 수 있다.

④ 기록 삭제 : 자주 사용하는 폴더 이동 목록을 삭제한다.

⑤ 도움말 : 현재 나타나 있는 창에 대한 도움말을 참고한다.

⑥ 닫기 : 현재 창을 닫는다.

⑦ 확장 버튼 : 세부 메뉴로 안내한다.

⑧ 자주 사용하는 폴더 : 자주 사용하는 폴더 목록을 보여준다.

⑨ 고정핀 : 핀을 활성화해 항목을 고정한다. 다시 누르면 기능이 해제된다.

(3) 컴퓨터 탭 살펴보기

① 속성 : 선택한 드라이브의 속성 또는 컴퓨터 정보를 볼 수 있다.

② 열기 : 선택한 폴더 또는 파일을 연다.

③ 이름 바꾸기 : 선택한 폴더나 파일의 이름을 바꾼다.

④ 미디어 서버 연결 : 다른 컴퓨터의 미디어 서버를 연결한다.

⑤ 네트워크 드라이브 연결 : 네트워크 드라이브를 연결한다.

⑥ 네트워크 위치 추가 : 웹 브라우저와 인터넷 연결만으로 문서와 사진을 저장하고 구성하며 공유할 수 있다.

⑦ 제어판 열기 : 제어판을 연다.

⑧ 프로그램 제거 또는 변경 : 프로그램을 제거하거나 변경할 수 있다.

⑨ 시스템 속성 : 컴퓨터 속성 창을 연다.

⑩ 컴퓨터 관리 : 컴퓨터 관리 창을 연다.

(4) 보기 탭 살펴보기

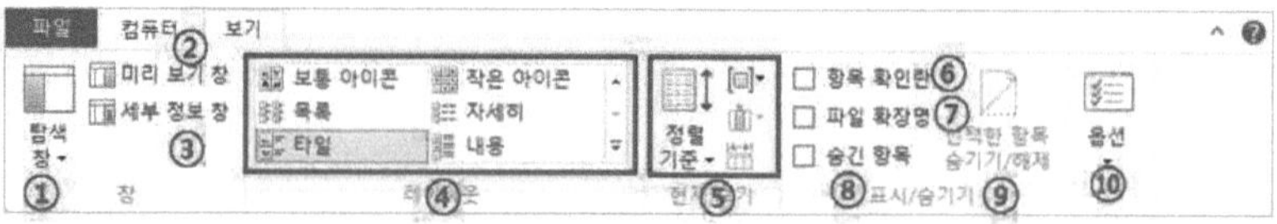

① 탐색 창 : 탐색 창이나 세부 메뉴를 활성화/비활성화 여부를 지정한다.

② 미리 보기 창 : 파일 정보의 미리 보기 창을 활성화/비활성화 한다.

③ 세부 정보 창 : 파일 정보 세부 정보 창을 활성화/비활성화 한다.

④ 레이아웃 : 파일의 보기 형태를 선택한다.

⑤ 현재 보기 : 파일의 정렬 기준을 이름, 유형별, 제목별, 크기별 등으로 정렬한다.

⑥ 항목 확인란 : 파일의 목록 앞에 체크를 위한 체크 박스를 생성한다.

⑦ 파일 확장명 : 파일 확장명을 숨기거나 보이게 한다.

⑧ 숨긴 항목 : 숨김 속성을 가진 파일을 숨기거나 보이게 한다.

⑨ 선택한 항목 숨기기/해제 : 선택한 항목에 숨김 속성을 부여하거나 해제 한다.

⑩ 옵션 : 폴더 및 검색 옵션을 변경한다.

4.2 폴더와 파일 관리

윈도우 폴더는 일반 파일 및 폴더 관리 작업에 쉬운 액세스를 제공하고 있다. 컴퓨터에서 임의의 폴더를 열 때 하이퍼링크 작업 목록이 폴더 내용 옆에 표시되므로 파일이나 폴더를 선택한 다음 이름 변경, 복사, 이동 또는 삭제 작업을 쉽게 할 수 있으며, 파일을 전자 메일로 보내거나 웹에 게시할 수 있다.

"내 그림" 및 "내 음악" 폴더에는 모든 윈도우 폴더에 제공된 기본파일 및 폴더 작업 이외에도 특수 작업에 대한 연결을 제공하고 있다. 내 음악 폴더의 모두 재생 버튼을 클릭하면 미디어 플레이어가 실행되면서 음악이 재생되고, 내 그림 폴더의 슬라이드 쇼로 보기 버튼을 클릭하면 슬라이드 쇼가 진행된다.

4.2.1 파일 표시 형식

탐색기에서 파일을 표시하는 형식은 다양하며 [보기] 탭의 [레이아웃] 메뉴에서 설정할 수 있다.

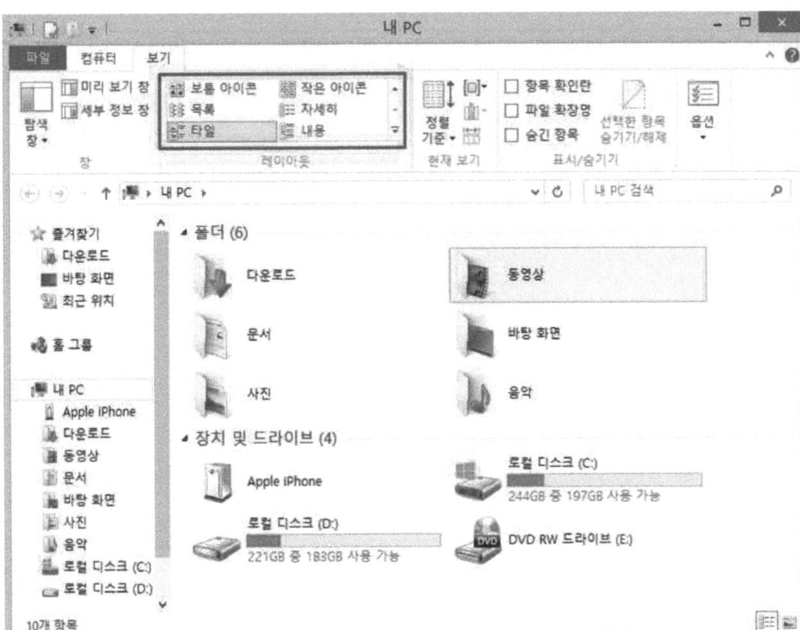

(1) 아주 큰 아이콘

그림 파일이 있는 폴더에서 유용하게 사용되는 표시 형식으로 이 형식을 선택하면 해당 폴더에 있는 이미지 파일의 내용이 아주 큰 아이콘 형태로 나타난다.

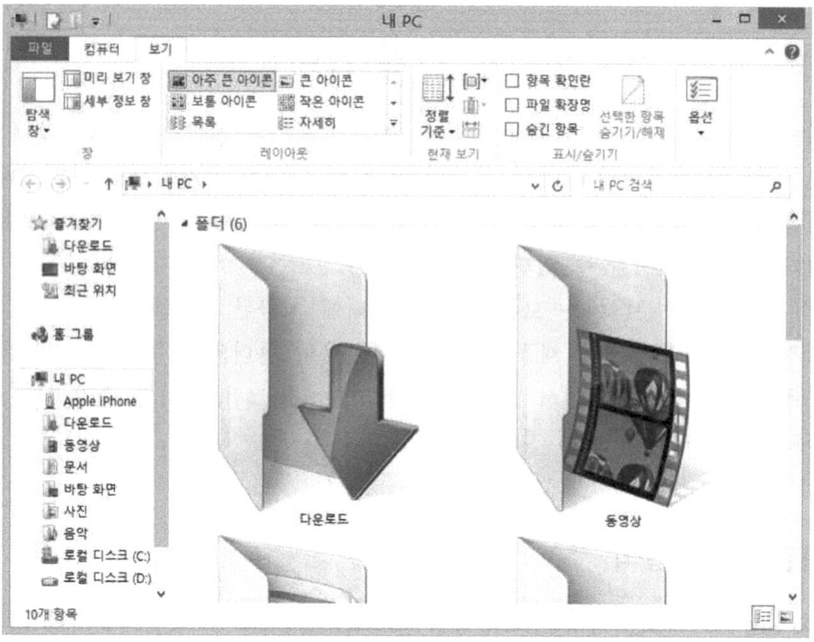

(2) 큰 아이콘

파일이나 폴더의 아이콘을 큰 아이콘 형태로 표시해 준다.

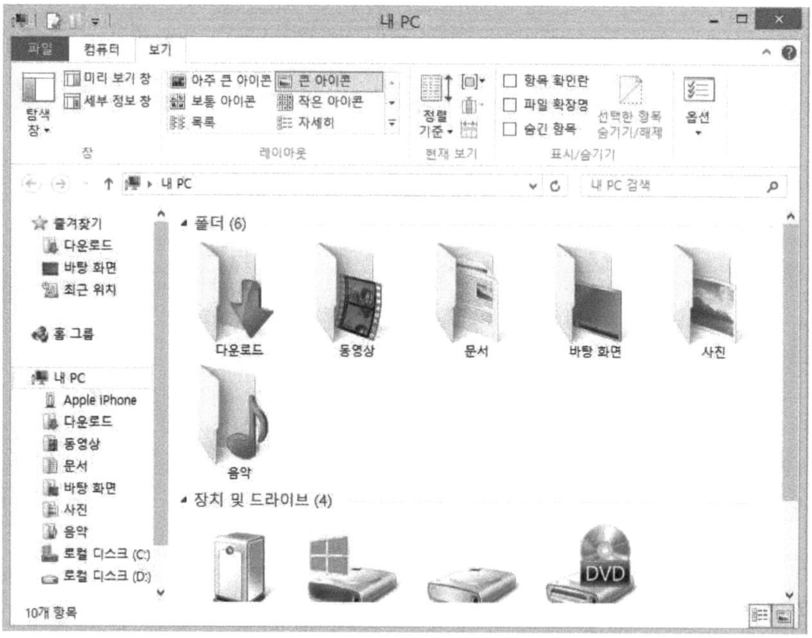

(3) 보통 아이콘

보통 크기의 아이콘과 파일의 이름만 화면에 표시해 준다.

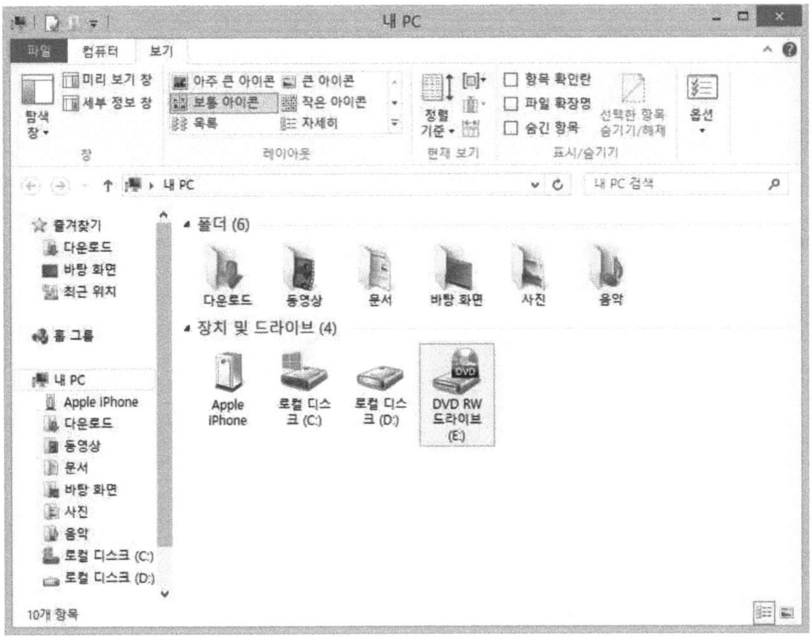

(4) 작은 아이콘

작은 아이콘과 파일 이름만 표시된다.

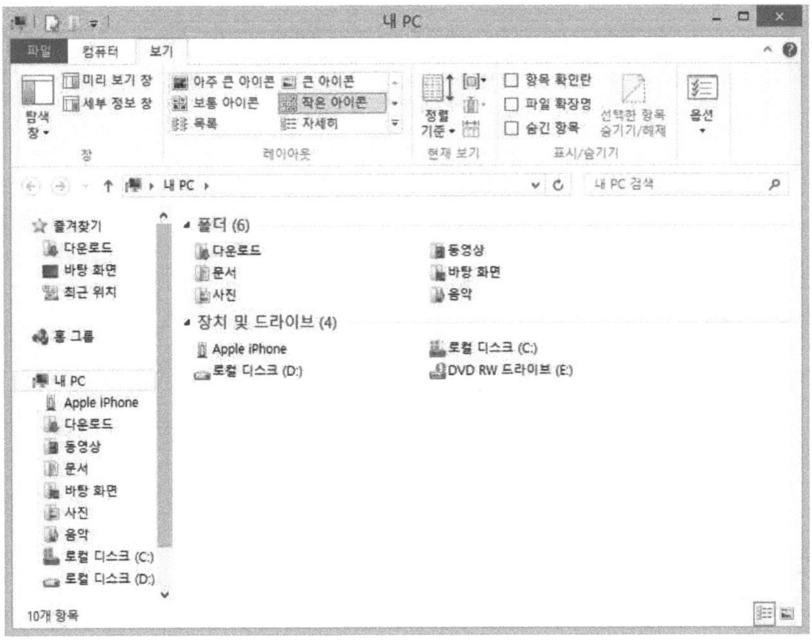

(5) 목록

작은 아이콘 목록이 표시된다.

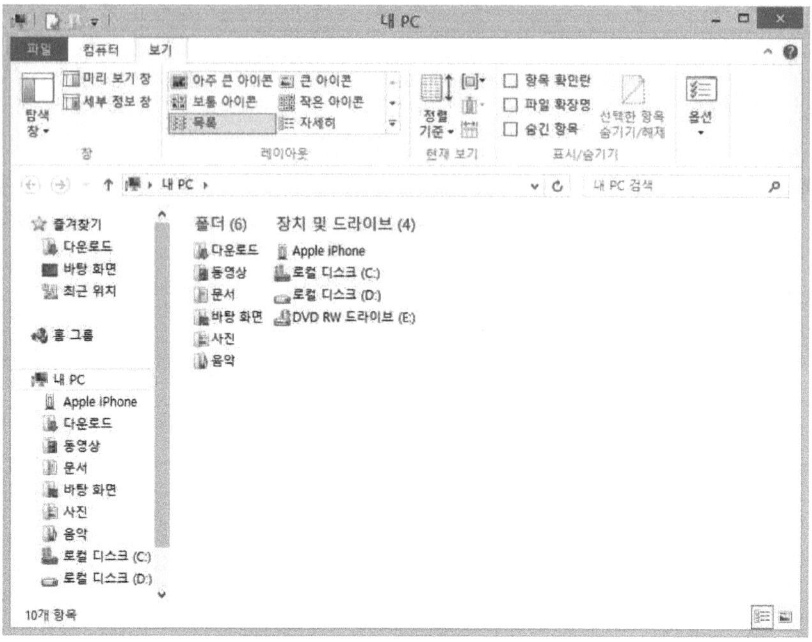

(6) 자세히

파일의 자세한 정보와 이름을 함께 보여준다.

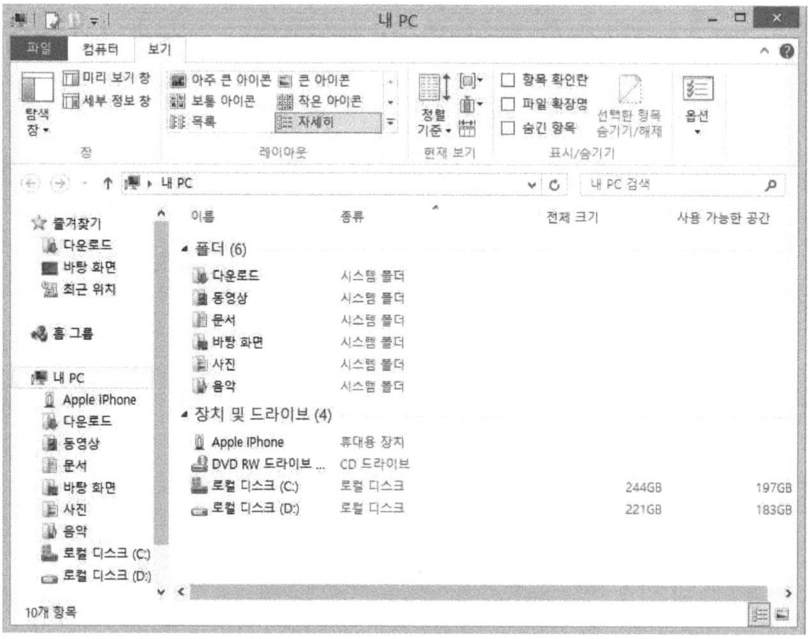

(7) 타일

파일 미리보기와 간단한 정보를 두 열로 표시하여 준다.

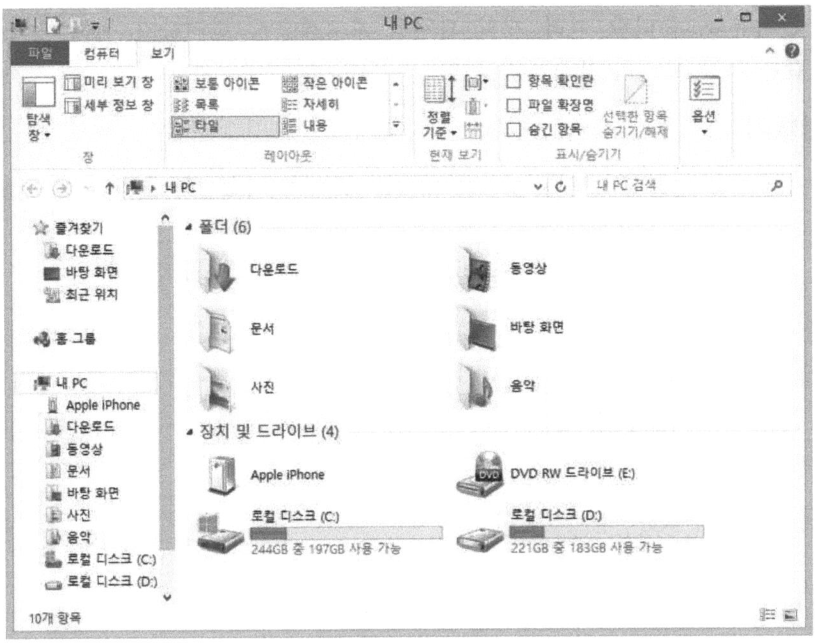

(8) 내용

파일의 자세한 내용을 표시하여 준다.

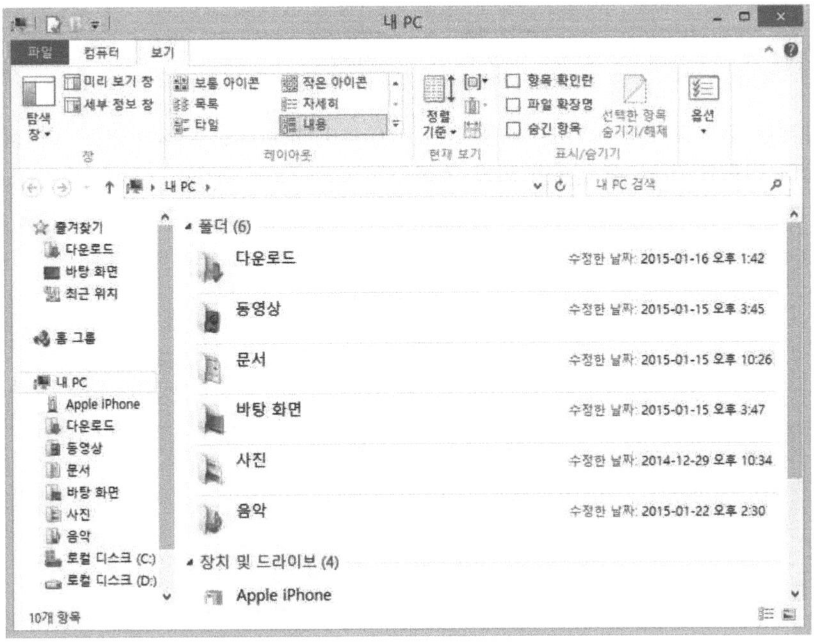

4.2.2 폴더 만들기 및 삭제

파일을 폴더에 담아 관리하면 매우 편리하다. 이 단원에서는 폴더를 만드는 방법과 삭제하는 방법을 알아본다. 폴더란 여러 개의 파일을 효과적으로 관리하기 위해 사용하는 일종의 책꽂이 같은 저장 도구라 생각하면 된다.

(1) 폴더 만들기

① 바탕화면에 폴더를 만들고 마우스 오른쪽 버튼을 누른 후, [새로 만들기]-[폴더]를 클릭한다.

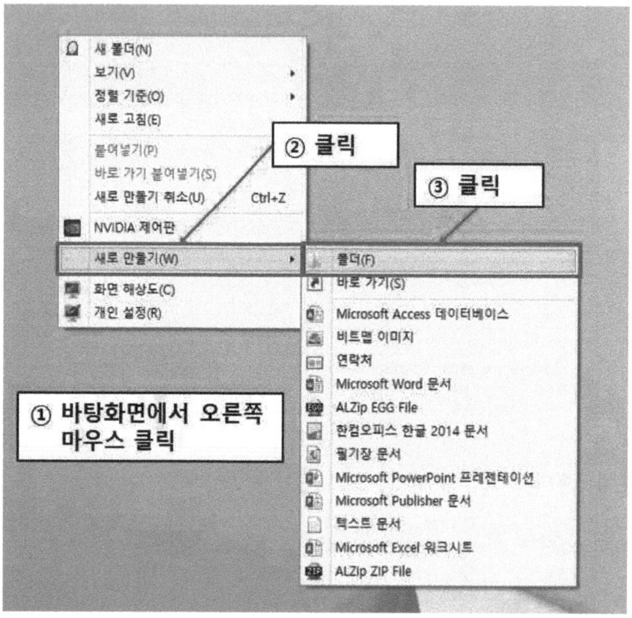

② 화면에 새로운 폴더가 만들어지고 새 폴더라는 이름이 파란색으로 깜박인다. 이 상태에서 새로운 폴더 이름을 입력 후 Enter↵ 키를 누른다.

③ 폴더를 선택하고 더블 클릭하면 폴더 이름의 탐색기가 열리고 빈 폴더인 것을 확인할 수 있다.

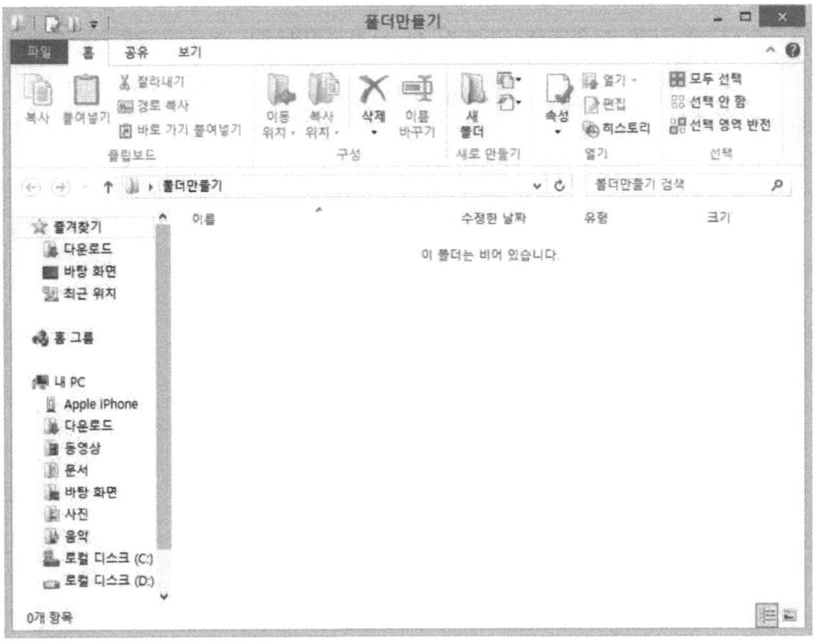

④ 폴더 안에서 새 폴더를 생성하려면 오른쪽 마우스를 클릭하고 ① 과정을 반복하거나 [새 폴더]를 클릭한다.

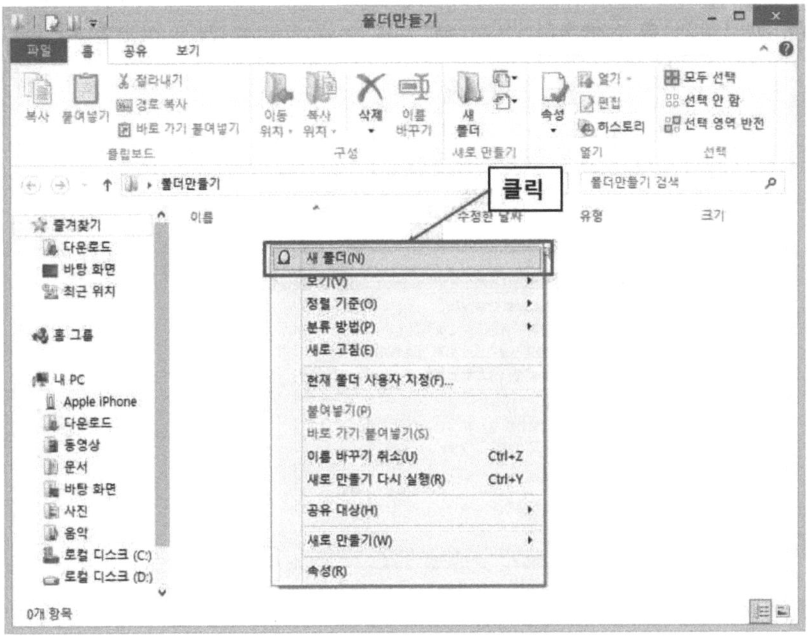

⑤ ② 과정을 반복하여 폴더 이름을 기입한다.

(2) 폴더 삭제하기

① 폴더를 삭제하려면, 삭제하려는 폴더를 선택하고 마우스 오른쪽 버튼을 누른 다음, [삭제] 메뉴를 클릭한다. 폴더를 삭제하면 안에 있는 모든 데이터가 삭제되므로 주의한다.

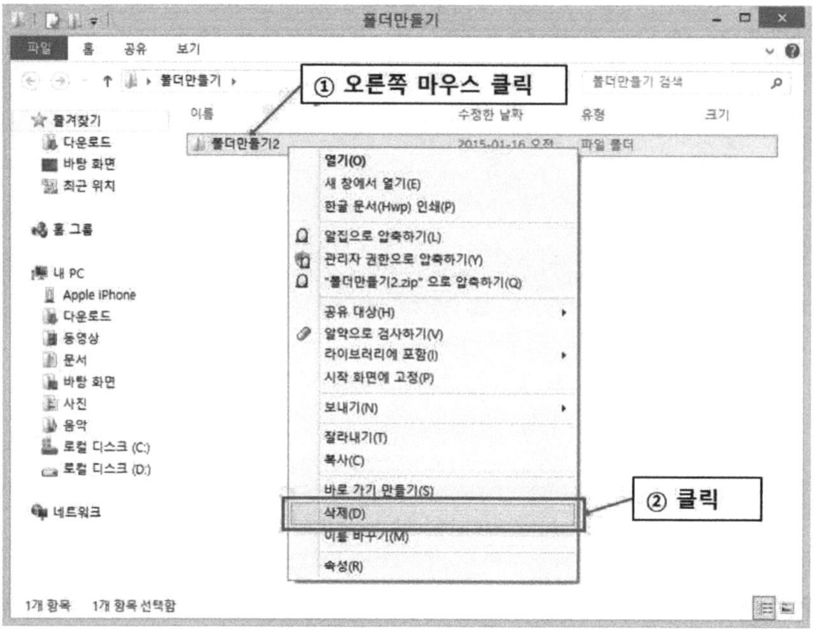

② 여러 개의 폴더를 삭제하려면, 마우스를 드래그하여 삭제할 폴더를 선택하고 오른쪽 마우스를 클릭한 후, [삭제]를 선택한다. 또는 [Delete] 키를 누르면 더욱 쉽게 삭제할 수 있다.

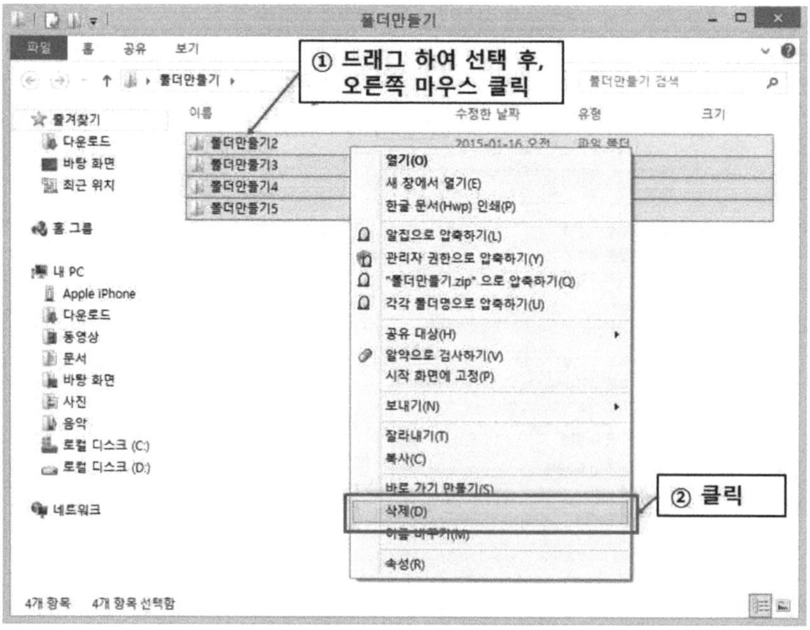

4.2.3 파일 만들기 및 삭제

(1) 새 파일 만들기

① 폴더의 빈 공간에서 마우스 오른쪽 버튼을 클릭하여 나타난 메뉴에서 “새로 만들기”를 선택하면 등록된 응용 프로그램 목록이 나타난다.

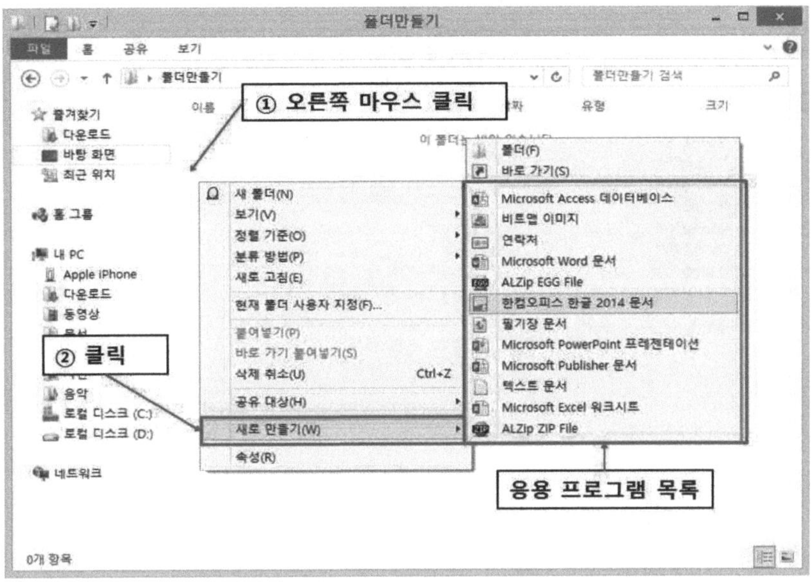

② 새로 만들 파일의 종류를 선택하면 해당 폴더에 새로운 파일이 만들어지고 파란색으로 깜박거린다. 이 상태에서 새로운 파일 이름을 입력 후 Enter↵ 키를 누른다.

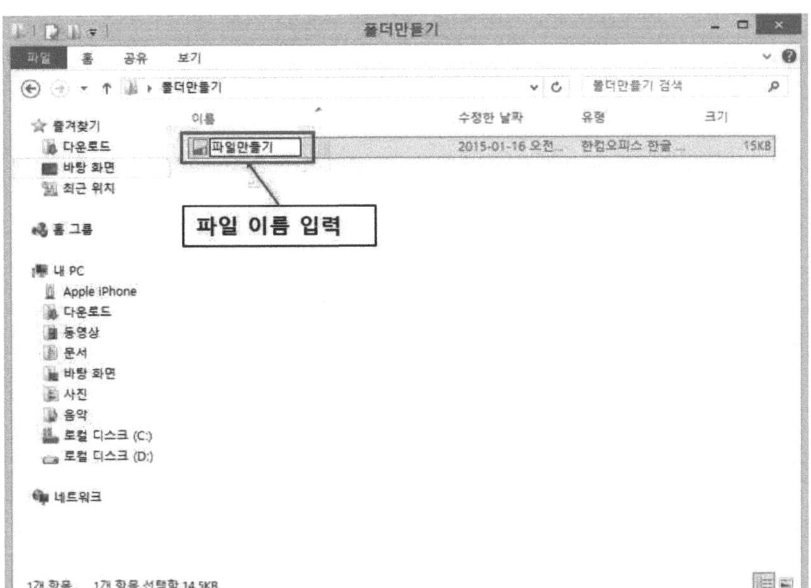

(2) 파일 삭제

① 삭제하려는 파일을 선택한다. 파일이 여러 개일 때는 드래그 하여 파일을 선택한다.

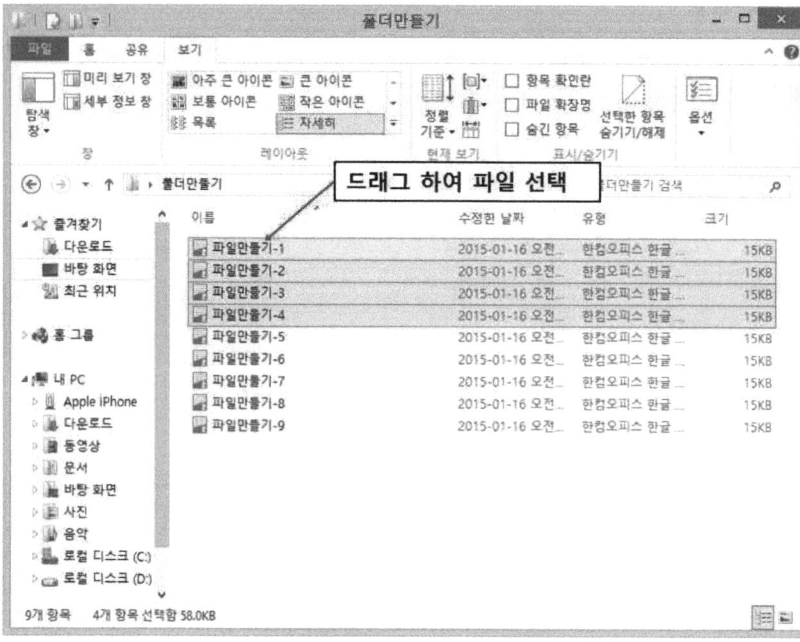

모든 파일을 선택할 때는 Ctrl+A를 동시에 누른다.

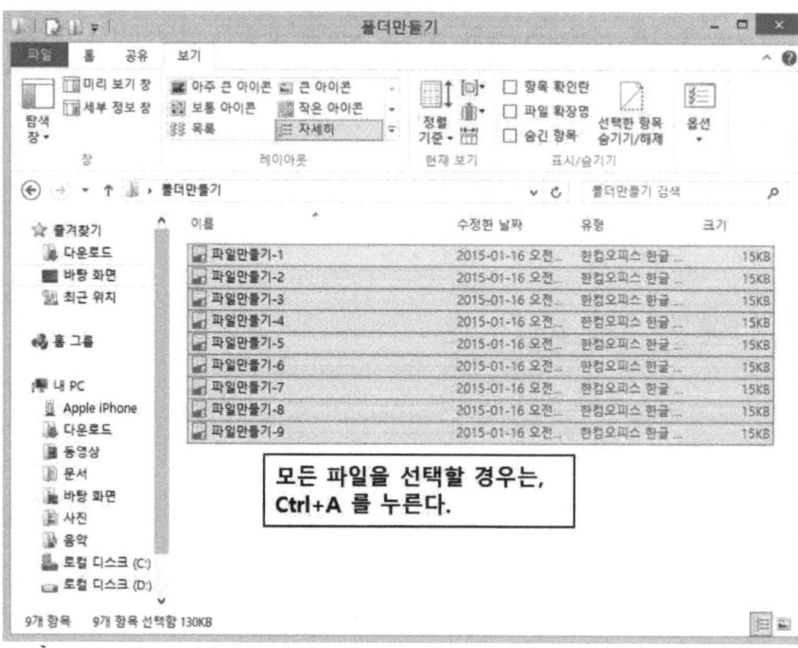

연속으로 나열된 파일을 삭제할 때는 Shift 키를 사용하고 불연속으로 되어 있는 파일을 선택할 때는 Ctrl 키를 누르고 마우스로 파일을 선택한다.

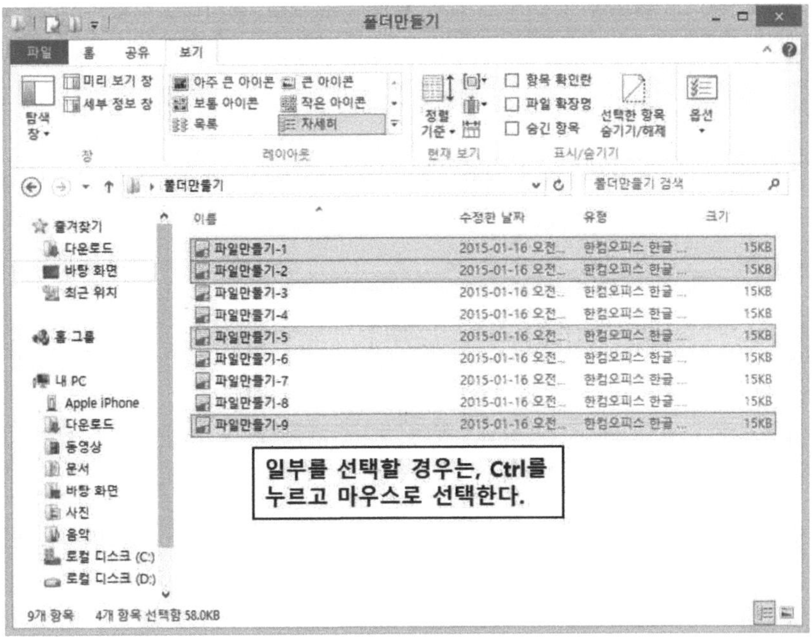

② 선택한 파일에서 마우스 오른쪽을 누른 후, [삭제]를 클릭하거나 Delete 키를 누른다.

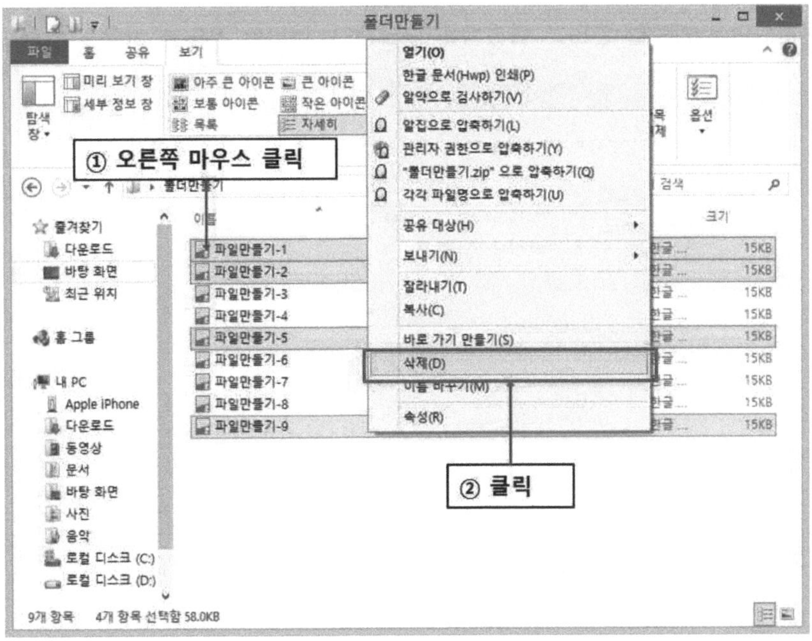

③ 선택한 파일이 삭제된 것을 확인할 수 있다. 삭제된 파일은 "휴지통 폴더"로 이동한다.

4.2.4 파일/폴더 이름 바꾸기

① 이름을 바꿀 파일이나 폴더에서 마우스의 오른쪽 버튼으로 클릭하고 "팝업창"에서 "이름 바꾸기"를 선택한다.

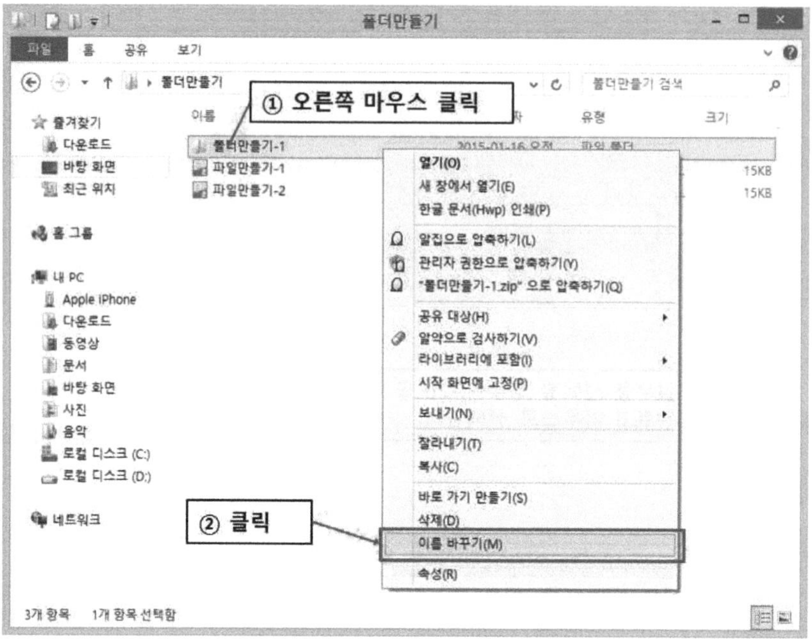

② 이름이 반전되면서 입력할 준비가 되었음을 나타낸다. 여기에 적당한 이름을 입력한다.

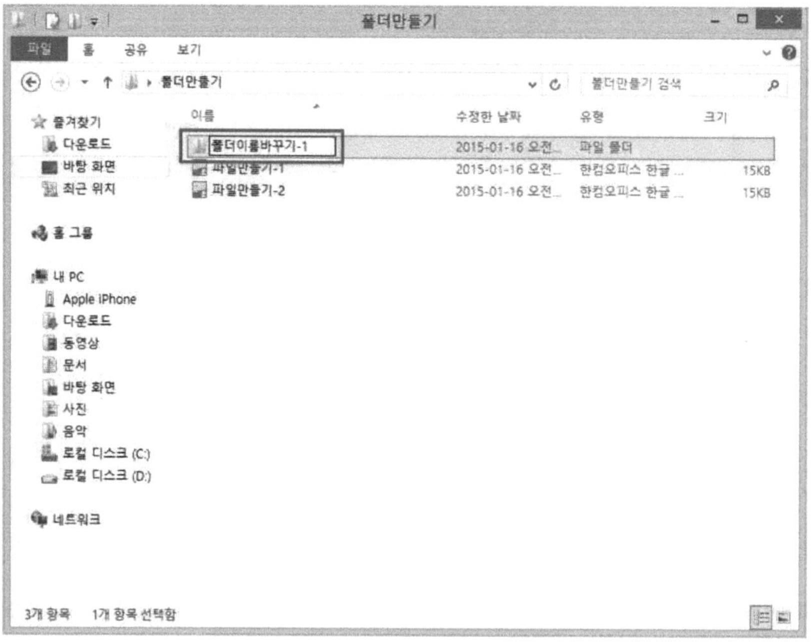

4.2.5 파일/폴더 선택하기

파일이나 폴더를 다른 드라이브나 폴더로 복사하거나 이동하기 위해서는 반드시 해당 파일이나 폴더를 먼저 선택해야 한다.

① 한 개 선택

해당 파일이나 폴더의 아이콘을 클릭한다.

② 임의의 여러 개 선택

키보드의 Ctrl 키를 누른 상태에서 선택할 아이콘을 각각 클릭한다.

③ 인접한 아이콘 여러 개 선택 방법

첫 번째 아이콘을 먼저 클릭한 후 마지막 아이콘에서 Shift 키를 누른 상태에서 클릭하거나, 사각형을 그리듯이 선택할 아이콘들 주위를 마우스로 드래그 한다.

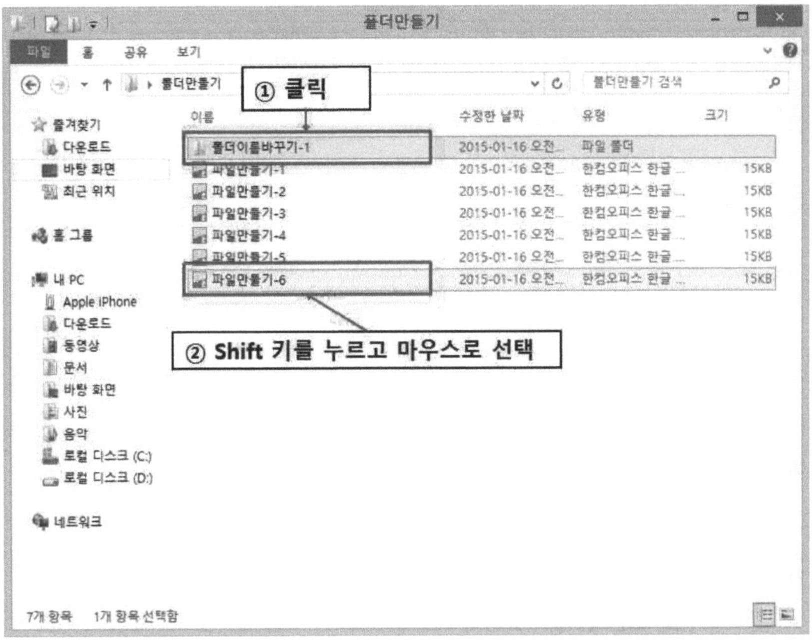

④ 모든 파일 선택하기

Ctrl키와 A 키를 동시에 누르거나 편집 메뉴에서 모두 선택을 클릭한다.

4.2.6 파일/폴더 복사하기

복사하기는 원본 파일이나 폴더를 그대로 둔 상태에서 다른 폴더에 파일이나 폴더를 붙여 넣는 것을 말한다.

① 복사할 원본 파일을 선택하고 마우스 오른쪽 버튼을 눌러 창에서 [복사하기]를 클릭한다. 또는 Ctrl+C 키를 동시에 누른다.

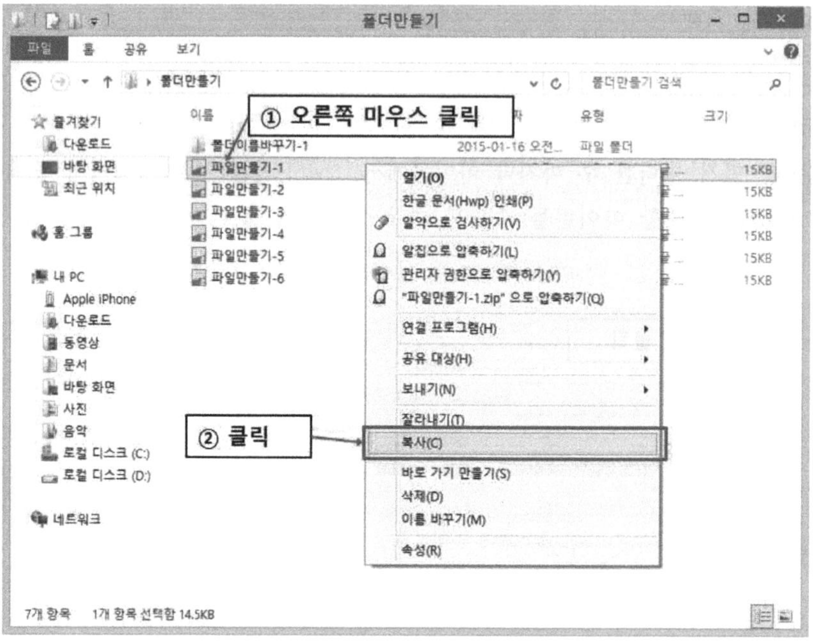

② 복사할 위치로 이동한 후에 마우스 오른쪽 버튼을 눌러 [붙여넣기]를 누른다. 또는 Ctrl+V 키를 같이 누른다.

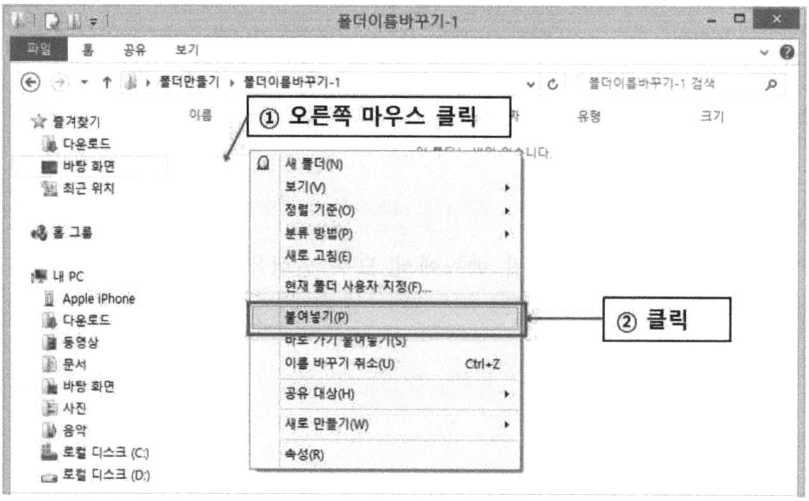

4.2.7 휴지통 사용하기

파일이나 폴더가 삭제되면 일단 휴지통에 보관되고 휴지통을 비우기 전까지는 특별한 일이 없는 한 언제든지 복원할 수 있다. 그러나 명령 프롬프트 창에서 DEL 명령으로 삭제하거나 DVD 드라이브 등에서는 사용할 수 없다. 또한 Shift 키를 누른 상태에서 삭제 명령을 실행하면 영구 삭제가 되므로 휴지통으로 이동하지 않는다.

(1) 파일 및 폴더 복원

가. 즉시 복원

파일이나 폴더를 삭제한 후, 그 즉시 탐색기 오른쪽 화면의 빈 공간을 마우스 오른쪽 버튼을 눌러 나타나는 메뉴에서 [삭제 취소] 버튼을 클릭하면 즉시 복원된다. 또는 되돌리기 단축키 Ctrl+Z를 클릭하면 삭제가 취소된다.

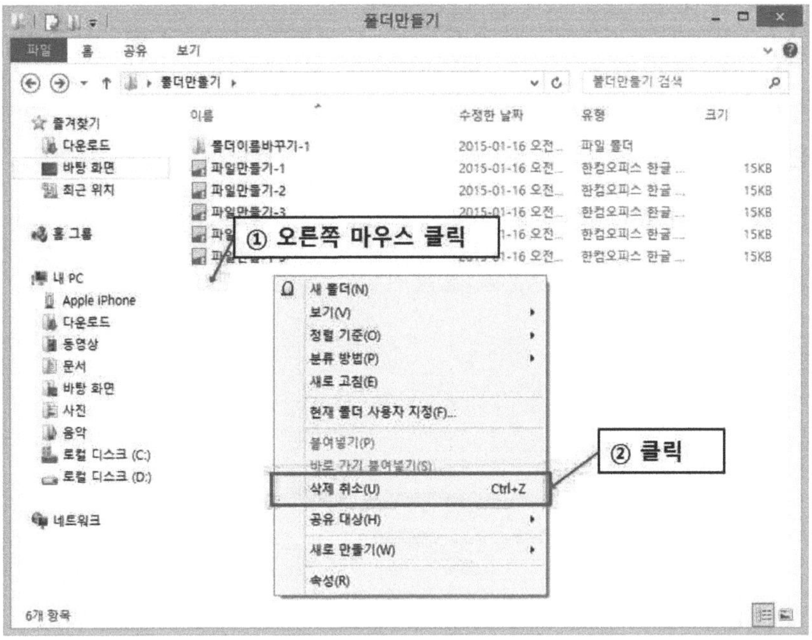

나. 일부 복원

① 휴지통 아이콘을 더블 클릭한 후 복원할 파일이나 폴더를 클릭하여 선택한다.

② 파일을 선택한 후, [휴지통 도구]-[관리] 탭의 [복원] 메뉴에서 [선택 항목 복원] 아이콘을 클릭한다.

③ 선택한 파일이나 폴더가 삭제한 위치의 폴더로 복원된다.

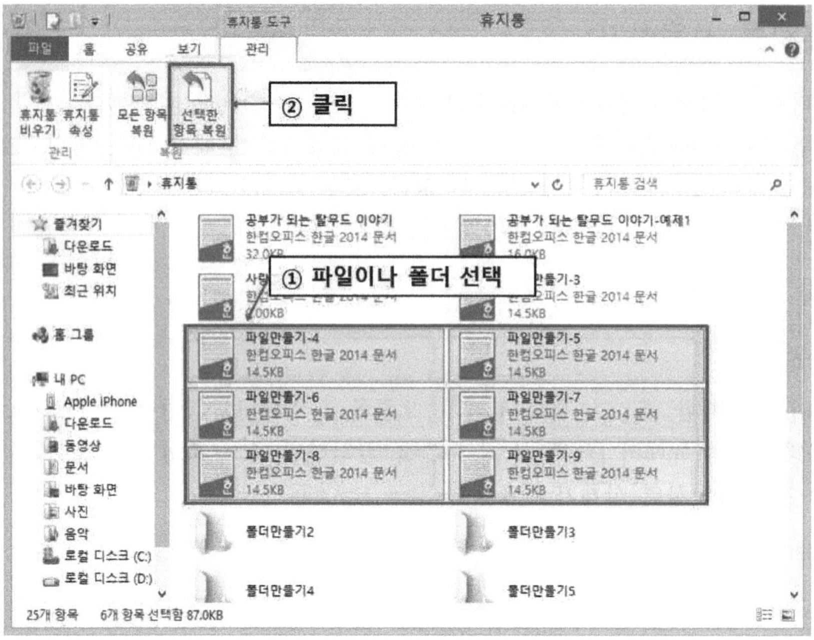

다. 전체 복원

① [휴지통 도구]-[관리] 탭의 [복원] 메뉴에서 [모든 항목 복원] 아이콘을 클릭한다.

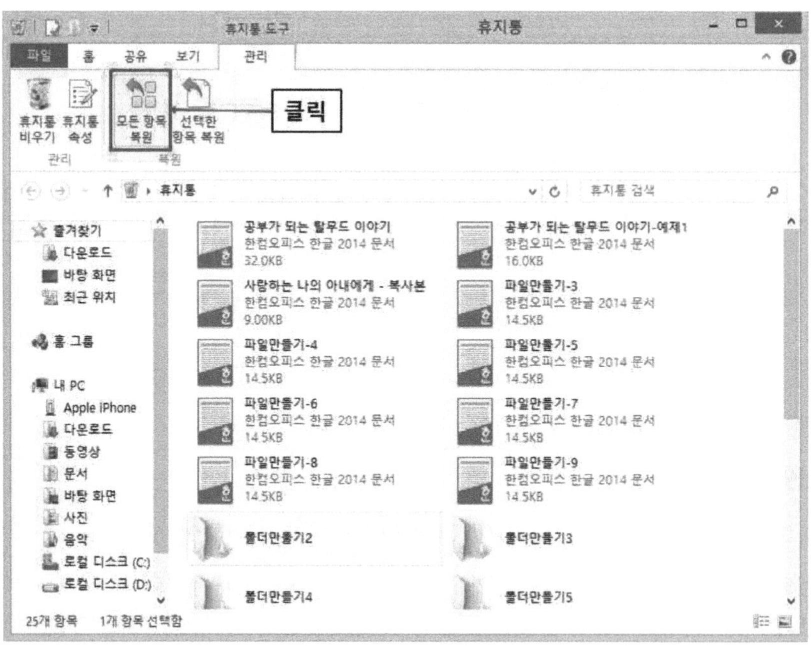

② 휴지통 안의 모든 파일이나 폴더가 복원된다.

(2) 휴지통 비우기

파일이나 폴더를 영구히 삭제하려면 하이퍼링크 목록 창에서 휴지통 비우기를 실행한다. 휴지통 비우기를 실행하여 삭제한 파일이나 폴더는 복원할 수 없으므로 신중하게 결정하여 실행해야 한다.

① [휴지통 도구]-[관리] 탭의 [관리] 메뉴에서 [휴지통 비우기] 아이콘을 클릭한다.

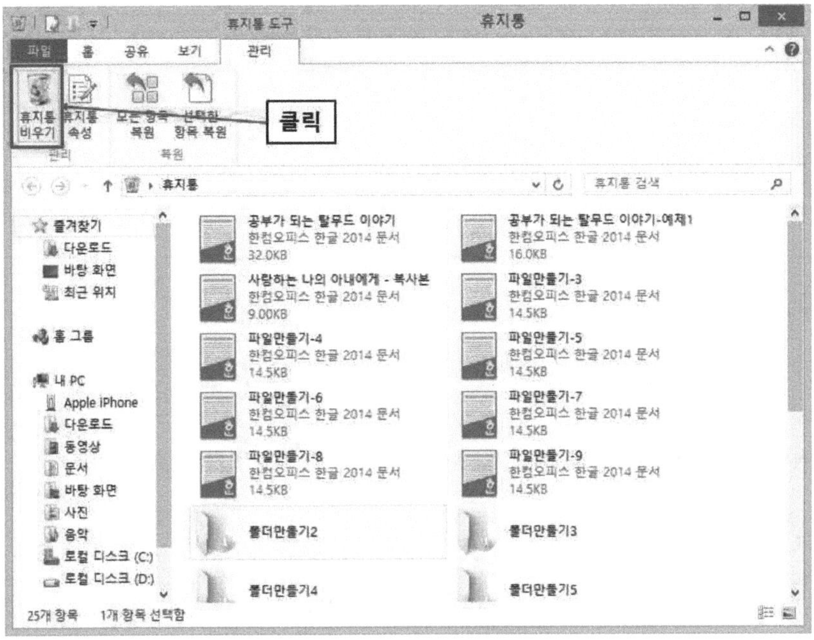

② [여러 항목 삭제] 창에서 [예] 버튼을 클릭한다.

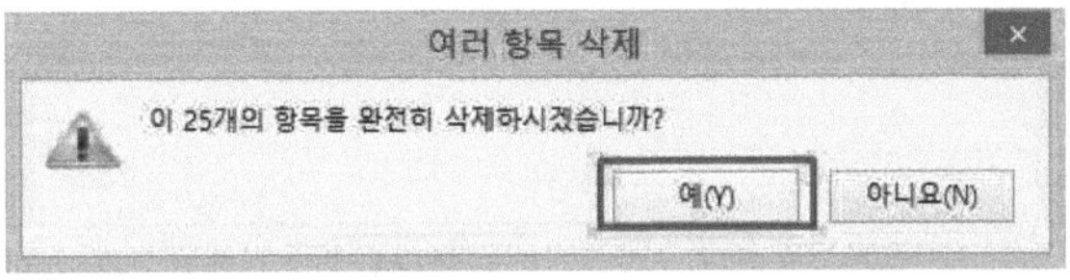

(3) 휴지통 공간 설정

휴지통의 공간은 사용 중인 하드디스크의 전체용량에 할당받는다. 이 영역은 고정되기 때문에 다른 용도로 사용할 수 없다. 휴지통의 공간을 변경하려면 휴지통의 최대크기(각 드라이브의 백분율)부분의 표시기를 원하는 수치만큼 드래그한 후 적용 버튼을 클릭한다.

① [휴지통 도구]-[관리] 탭의 [관리] 메뉴에서 [휴지통 속성] 아이콘을 클릭한다.

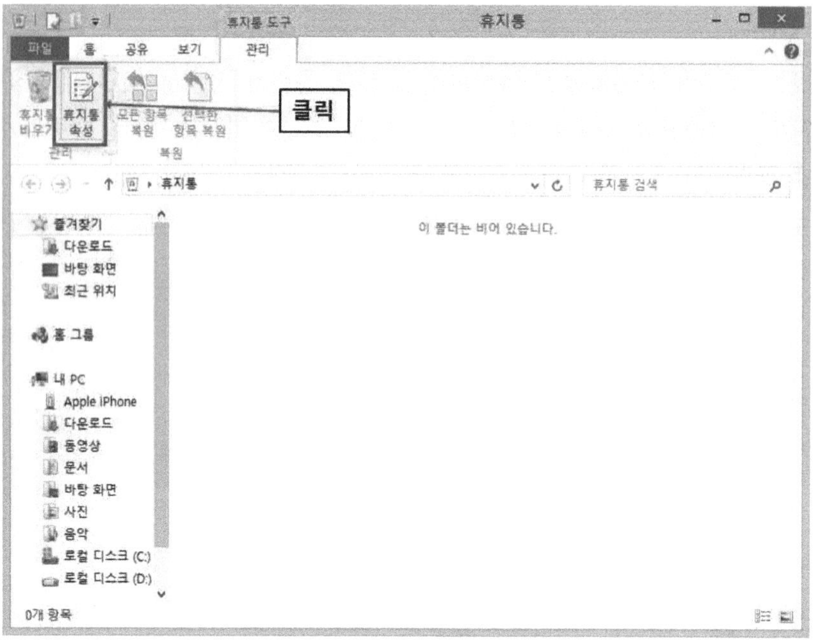

② [휴지통 속성] 창에서 휴지통의 최대 크기를 정하고 [확인] 버튼을 클릭한다.

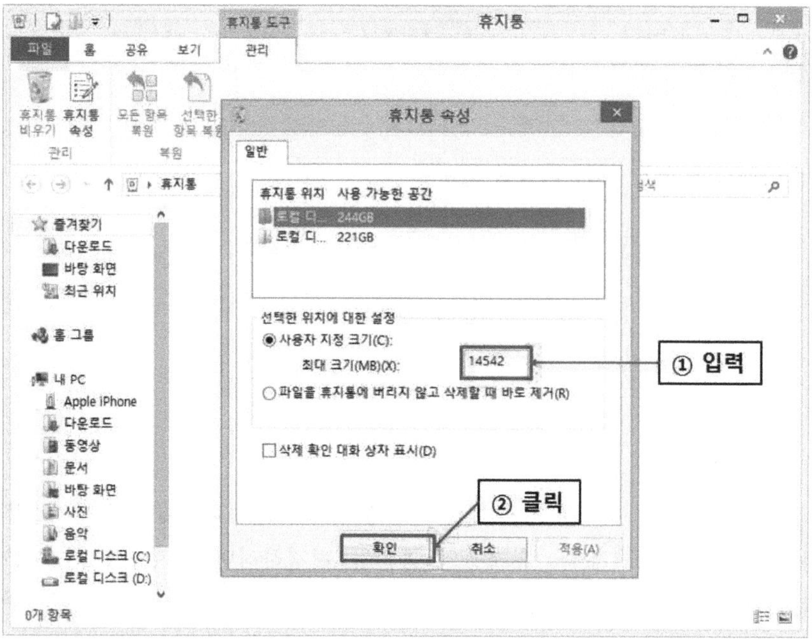

(4) 파일과 폴더 압축/해제하기

윈도우는 압축 프로그램을 따로 설치하지 않고도 압축 파일을 만들 수 있고, 해제할 수도 있다. 여기에서는 국산 프로그램인 "알집[ALZIP]"를 사용하였다.

가. 파일과 폴더 압축하기

① 탐색기에서 압축할 폴더나 파일을 선택하고 [공유]-[보내기]의 [압축] 아이콘을 선택한다.

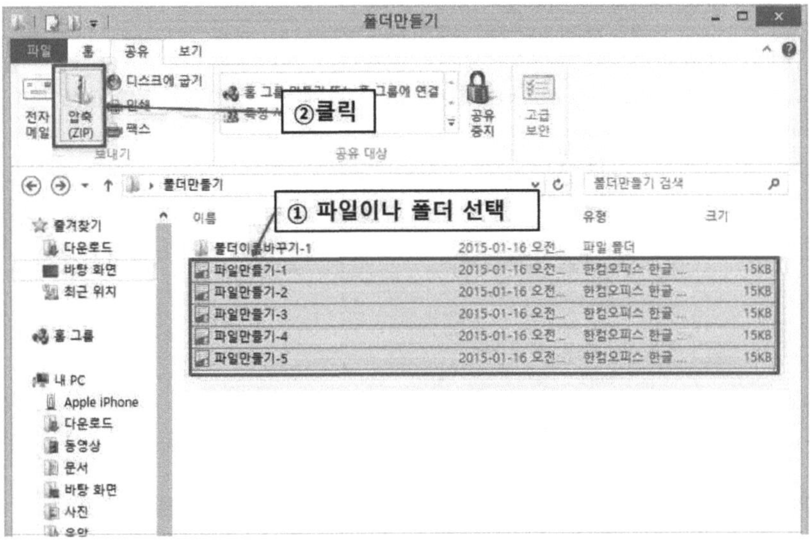

② 압축하는 중임을 알려주는 메시지 창이 나타난다.

③ 압축한 파일/폴더가 화면에 나타나면, 압축 폴더 이름을 입력하고 Enter↵를 누른다.

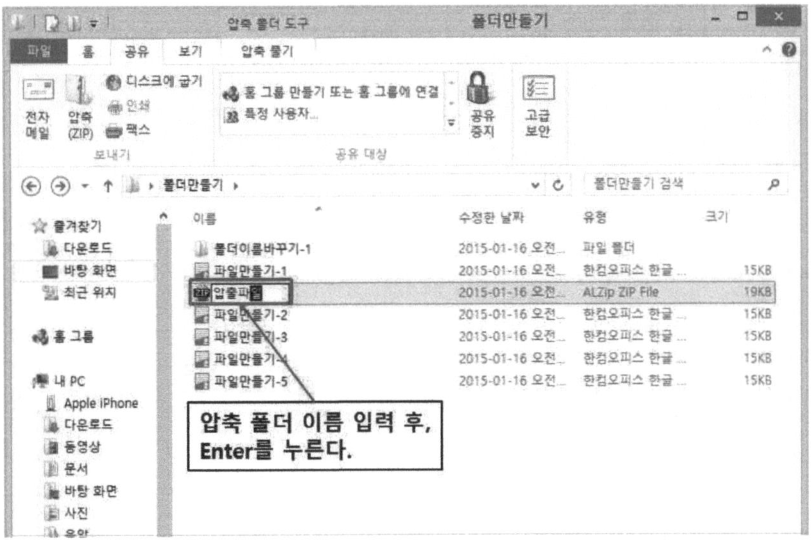

나. 압축 파일 해제하기

① 압축을 해제할 파일을 선택한 후, 마우스 오른쪽 버튼으로 클릭하고 팝업 창에서 [압축 풀기]를 선택한다. 또는 파일을 선택하고 더블 클릭 한다.

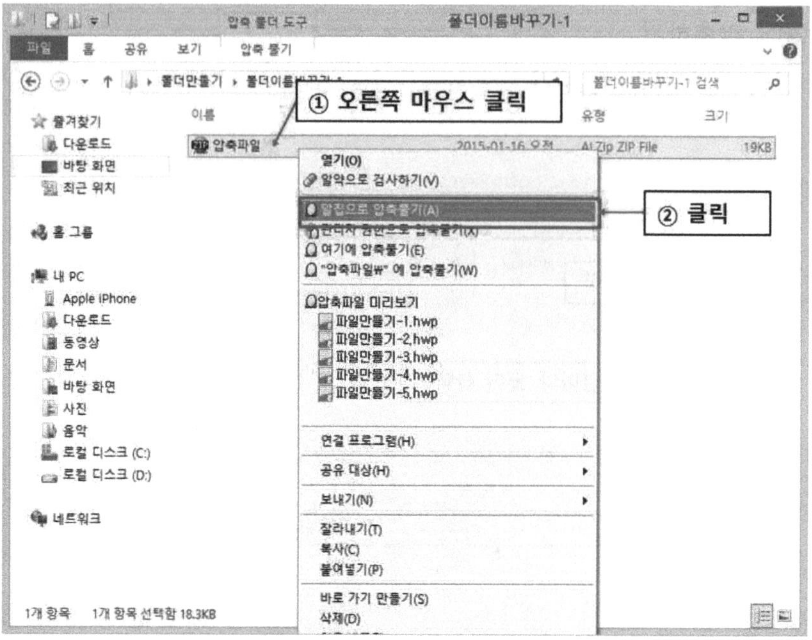

③ [압축 풀기] 창이 나타난다. 압축 풀 경로를 지정하고. [확인] 버튼을 클릭한다.

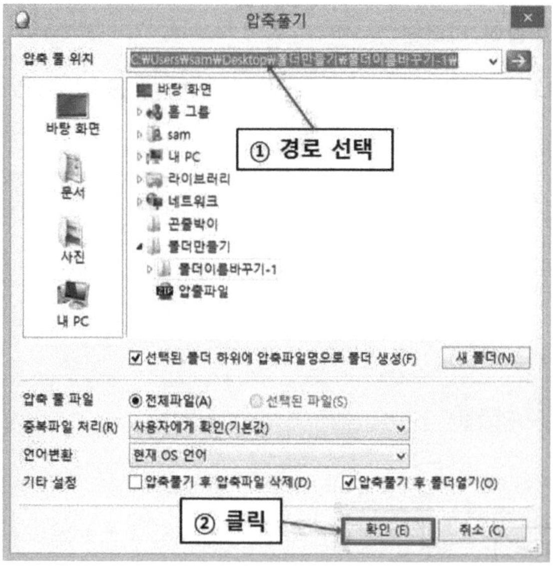

Part 1

제 5 장 윈도우 8의 응용 프로그램

윈도우에서 제공하는 응용 프로그램으로는 메모장, 워드패드, 그림판, 주소록 등이 있다. 이 장에서는 응용 프로그램의 사용법에 대하여 알아본다.

5.1 메모장

메모장은 간단한 메모를 작성하는 프로그램으로 64KB 이하의 간단한 텍스트 문서 등을 작성할 때 사용한다. 간단한 문서 파일을 작성한 뒤 저장해 본다.

① 윈도우 앱 목록에서 윈도우 보조프로그램에서 "메모장" 아이콘을 클릭한다.

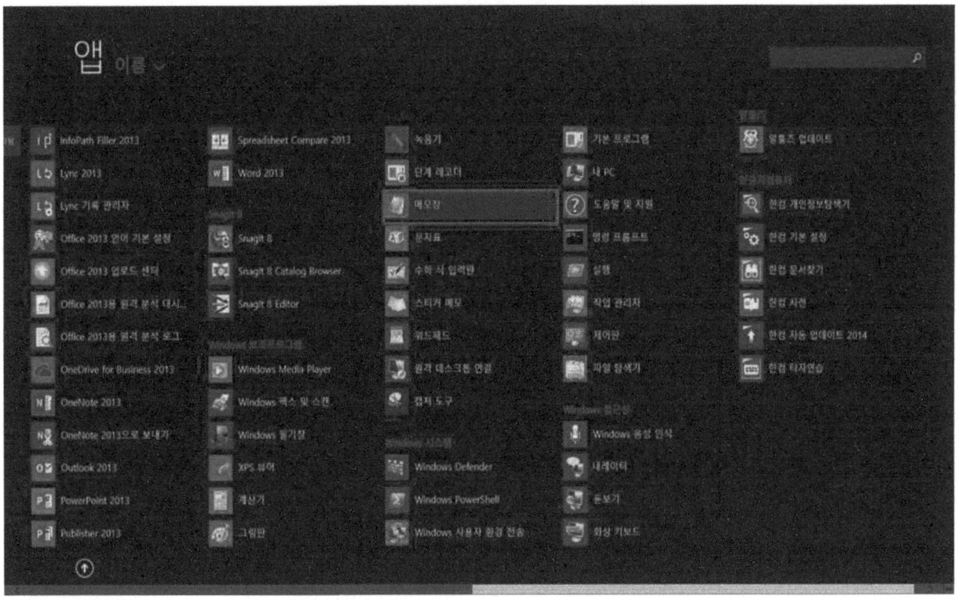

② 메모장이 실행되고 내용을 입력한다.

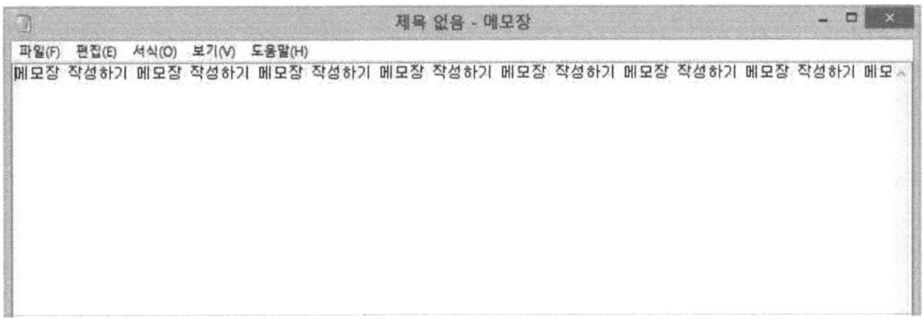

③ 입력한 글자가 자동으로 줄을 바꾸기 위해서는 [서식]-[자동 줄 바꿈] 메뉴를 클릭한다.

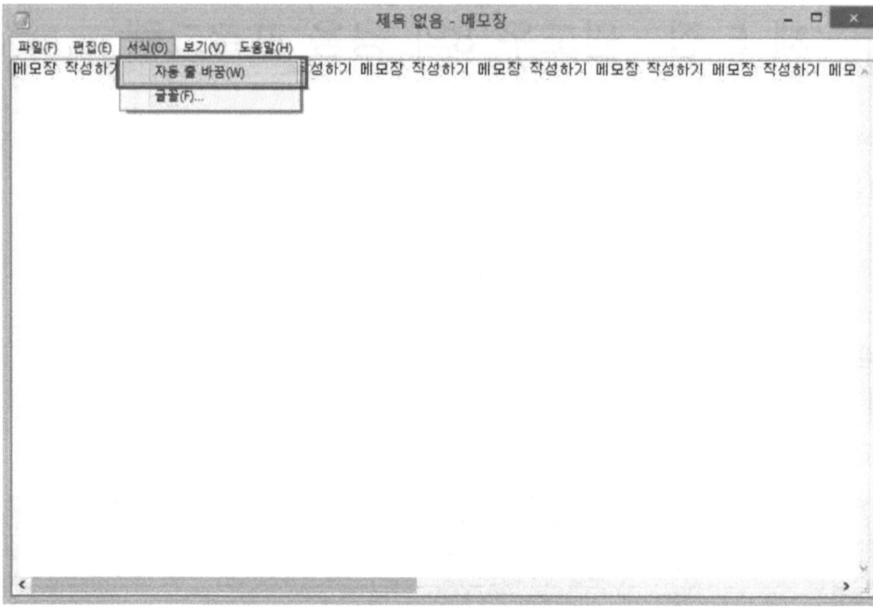

④ 자동으로 줄 바꿈이 실행되는 것을 확인할 수 있다.

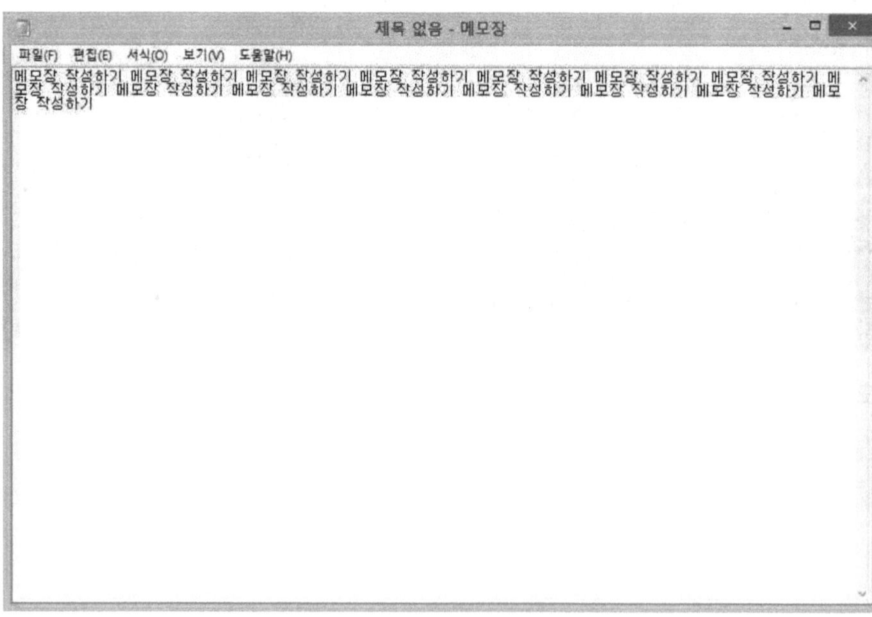

⑤ 메모를 선택한 다음, [서식]-[글꼴] 메뉴를 선택하여 글꼴과 크기 등을 설정한다.

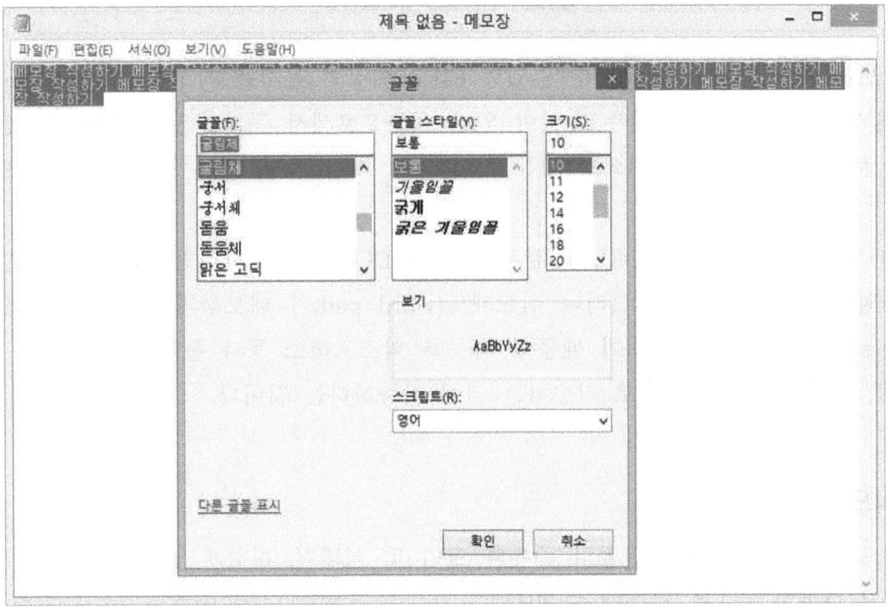

⑥ [파일]-[저장] 메뉴를 클릭하여 저장한다. 파일이름을 입력하고 [저장] 버튼을 누르면 “txt” 확장자를 가지는 메모장 파일이 저장된다.

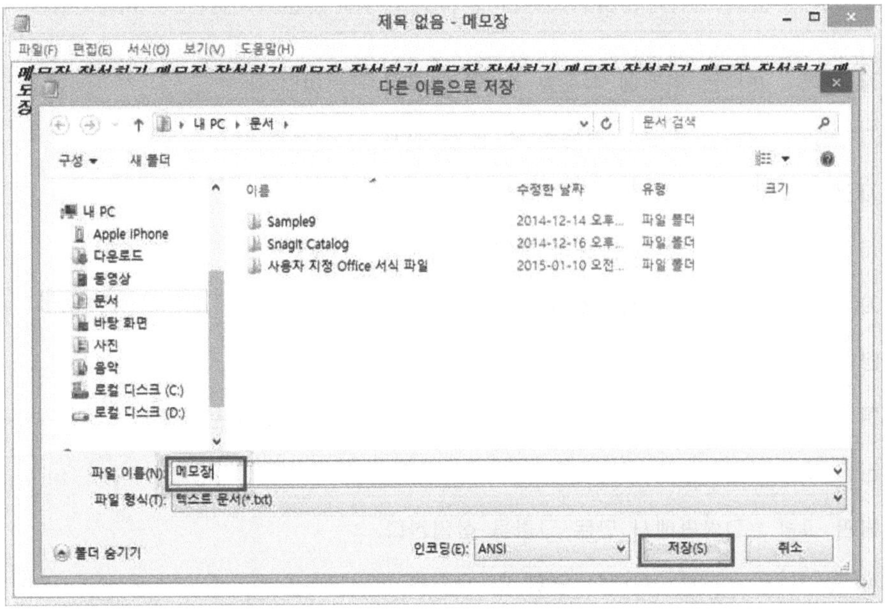

5.2 워드패드

워드패드는 메모장에서 사용할 수 없었던 64KB 이상의 문서를 작성할 수 있으며 메모장보다 훨씬 다양한 기능을 갖추고 있어 일반 워드프로세서 못지않은 다양한 작업을 할 수 있다. 문서의 작성, 편집, 인쇄의 기본 작업 외에 서식 지정, 개체삽입 등의 작업도 할 수 있다.

기본 파일의 형식은 MS-WORD와 같은 형식인 DOC를 사용하지만 메모장의 *.TXT와 *.TRF 등의 형식도 지원한다. 그러나 워드패드(word pad)가 메모장과 가장 다른 특징은 MAP(Messaging API)를 지원하기 때문에 아웃룩 익스프레스 등과 통합되어 작성한 문서를 인터넷 전자 우편이나 팩스로 전송하는 것이 가능하다는 것이다.

(1) 워드패드 메뉴

워드패드 메뉴를 사용하여 글꼴의 종류와 크기 및 이탤릭, 진하게 밑줄, 글자색을 지정할 수 있고 다양한 효과를 지정할 수 있다.

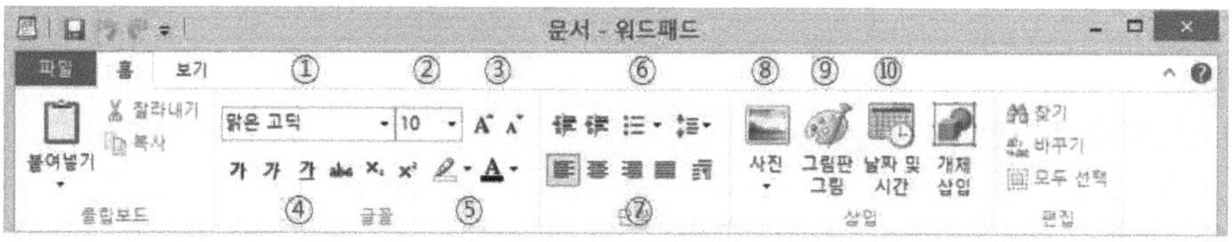

① 글꼴 목록 : 선택된 범위에 적용할 수 있는 글꼴 목록이다.

② 글자 크기 : 선택된 범위에 적용할 수 있는 글자 크기 목록이다.

③ 글자크기 조절 : 글자의 크기를 조절한다.

④ 글자 형태 조절 : 이탤릭, 진하게, 밑줄을 설정할 수 있다.

⑤ 글자 색 조절 : 글자의 색을 조절한다.

⑥ 문단 형태 : 들여쓰기, 내어쓰기를 설정한다.

⑦ 정렬 : 선택한 범위의 글자를 왼쪽, 가운데, 오른쪽으로 정렬해준다.

⑧ 사진 : 외부 사진파일을 삽입한다.

⑨ 그림판 그림 : 그림판에서 만든 그림을 삽입한다.

⑩ 날짜 및 시간 : 다양한 형태의 날짜 및 시간을 입력한다.

(2) 워드패드 실행

① [시작 화면]-[앱]-[보조 프로그램]-[워드패드]를 클릭한다.

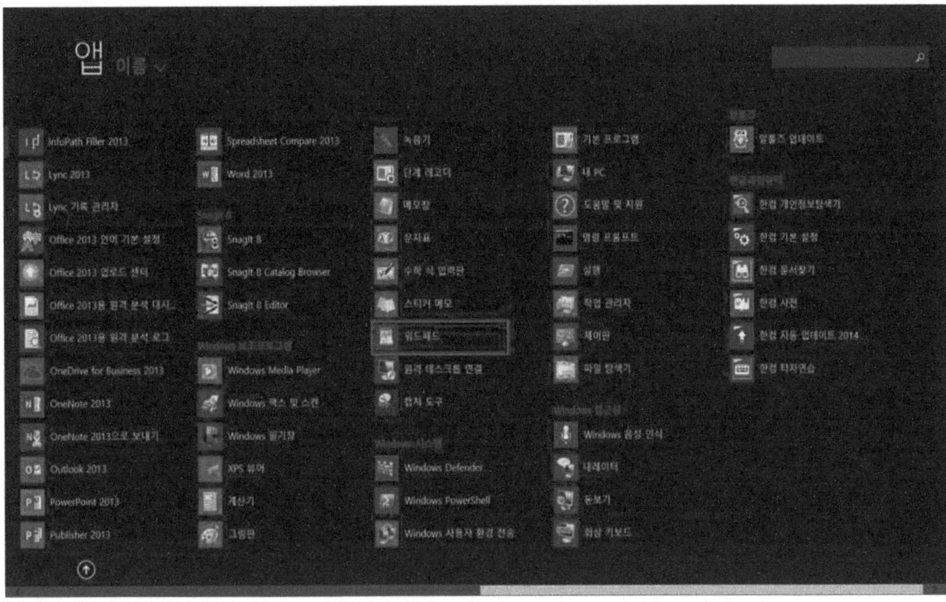

② "워드패드"가 실행되면 내용을 입력한다.

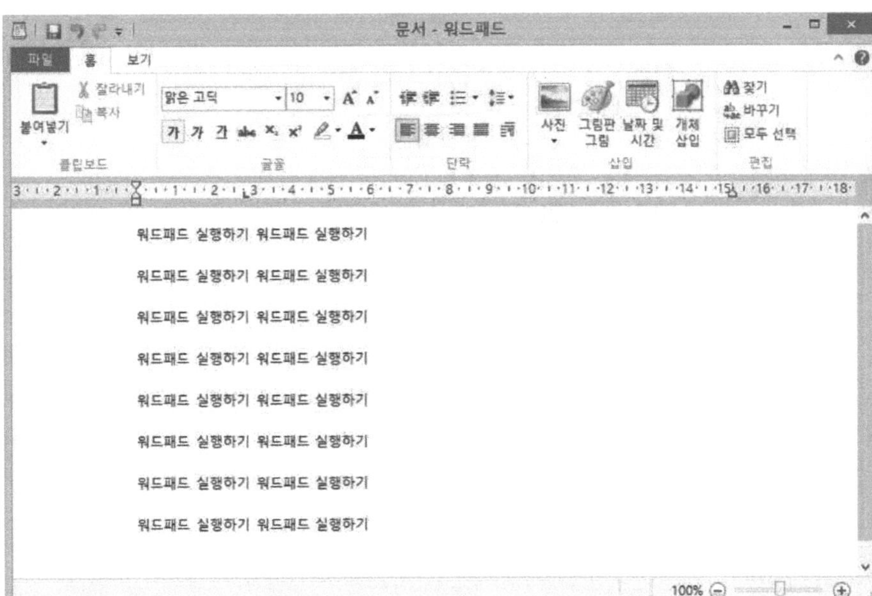

③ 변경할 내용을 지정한 다음, [글꼴] 메뉴에서 [글꼴 크기]의 목록 단추를 클릭하고 "크기"를 설정한다.

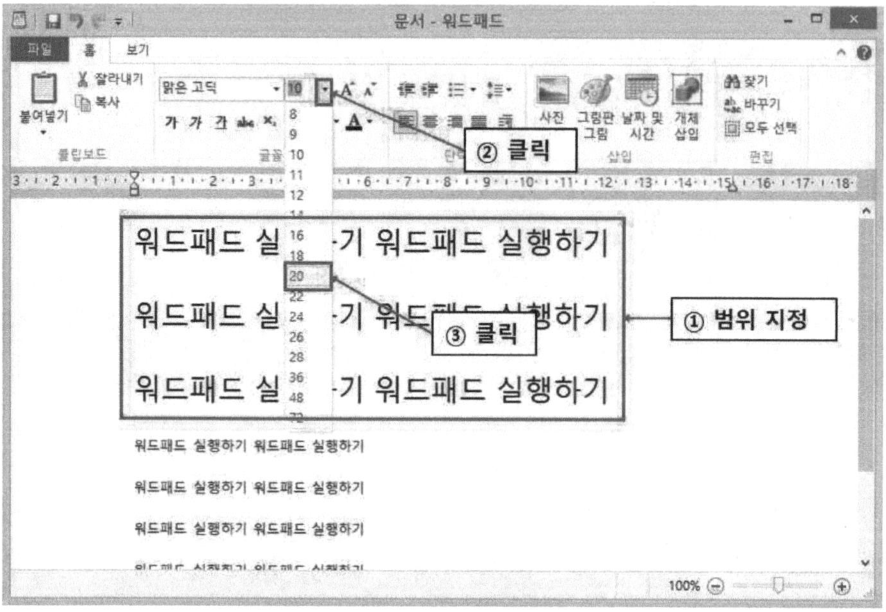

④ 범위가 지정된 상태에서 [글꼴 패밀리]의 목록 단추를 클릭하고 "글꼴" 선택한다.

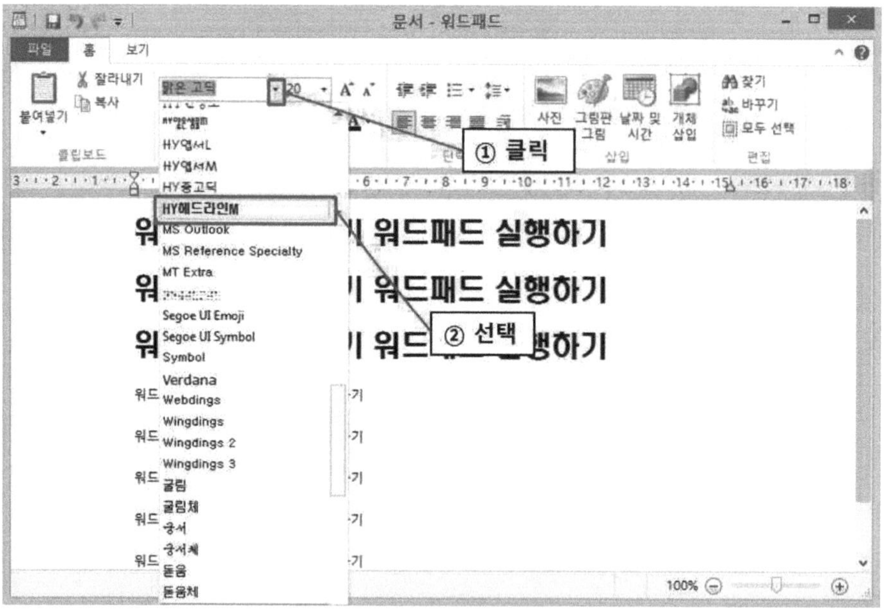

⑤ 텍스트의 색 변경은 [텍스트 색] 목록 단추를 선택하고 색 목록에서 "색"을 선택하면 글자 색이 변경된다.

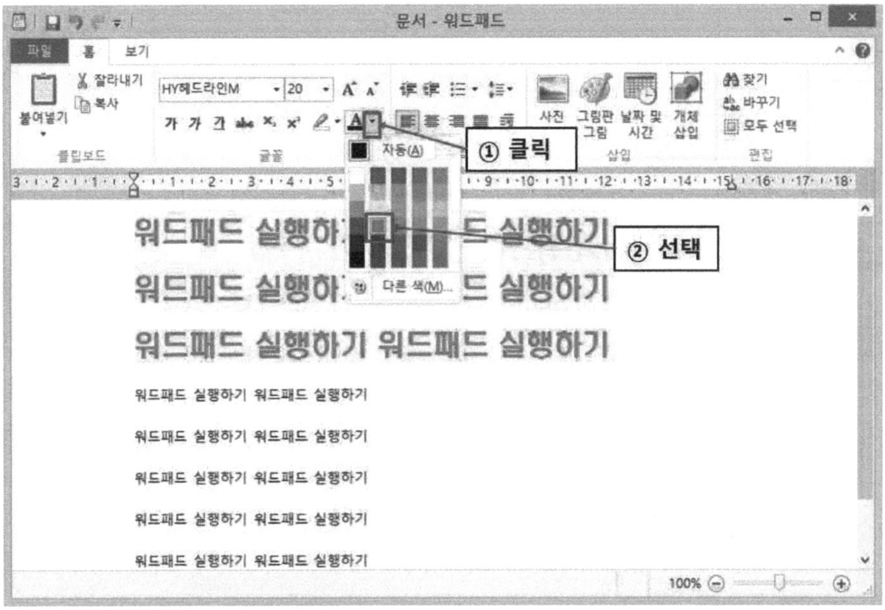

⑥ 내용 복사는 범위를 지정하고 [복사] 아이콘을 클릭하거나 Ctrl+C 단축키를 누른다.

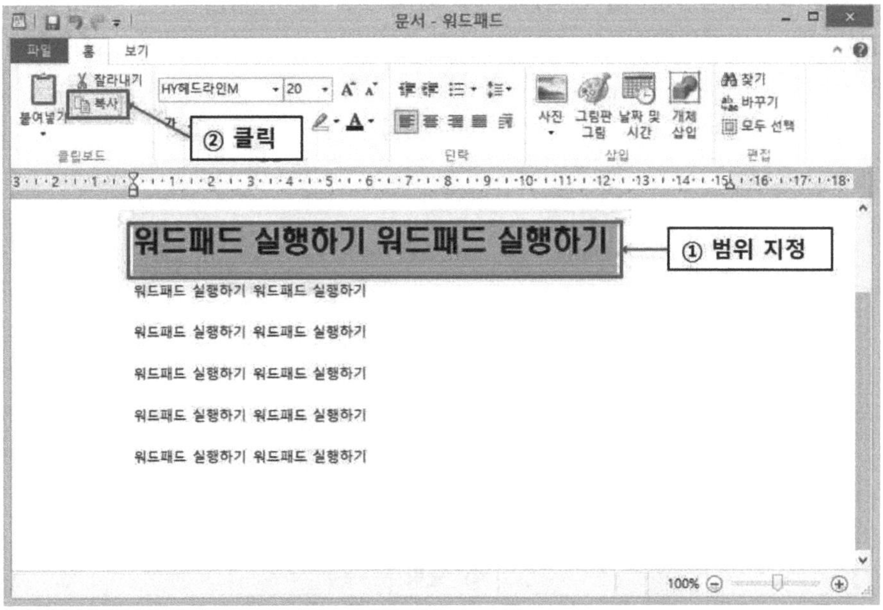

⑦ 복사한 후, 붙여 넣을 위치로 이동하고 [붙여넣기] 아이콘을 클릭하거나 Ctrl+V 단축키를 누른다.

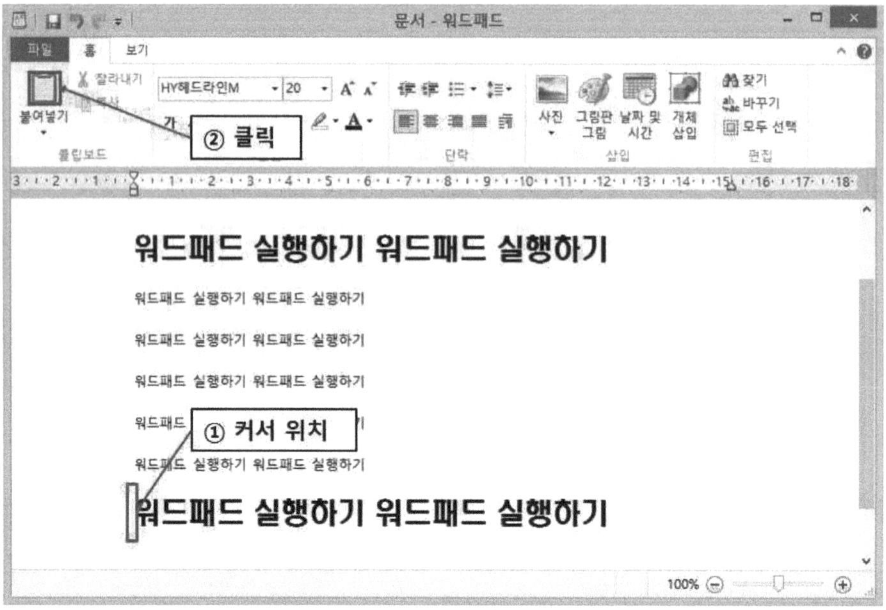

⑧ 사진 삽입은 [사진 삽입] 아이콘을 클릭하고, [사진 선택] 대화상자가 나타나면 사진이 있는 위치를 설정한 후, 사진을 선택하고 [열기] 버튼을 클릭한다.

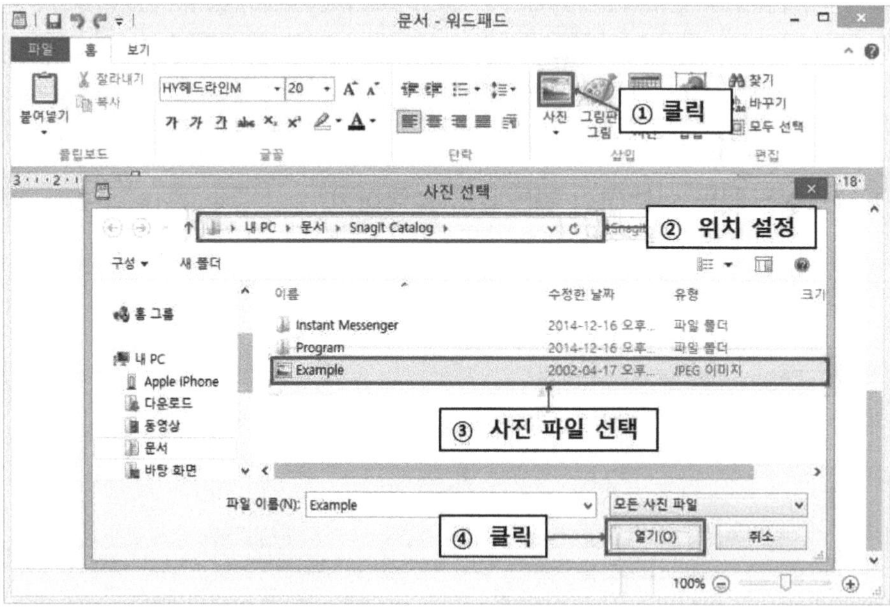

⑨ 삽입된 사진 크기 조절은 조절점을 마우스로 드래그하여 조절한다.

⑩ 문서 작성이 끝나면 [파일]-[자장]을 클릭한다. [다른 이름으로 저장] 대화상자가 나타나고 문서를 저장할 위치 설정과 문서이름을 입력한 다음, [저장] 버튼을 클릭한다.

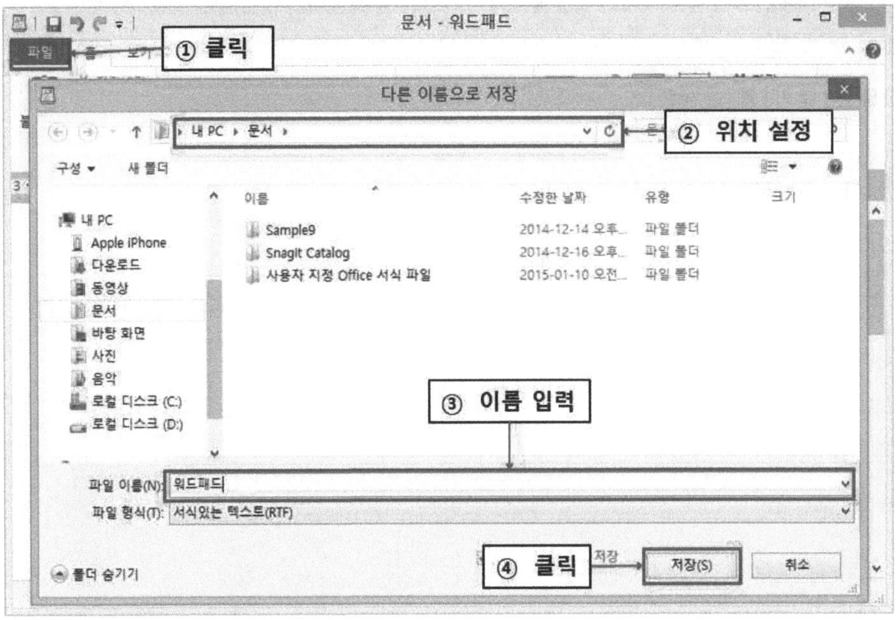

5.3 그림판

그림판은 비트맵(*.bmp) 파일을 만들거나 편집할 수 있는 비트맵 이미지 파일 편집기로 각종 도구를 이용하여 간단한 도형에서 다양한 그림을 작성하여 다른 문서에서 활용할 수 있다.

① [시작]-[앱] 창에서 그림판 아이콘을 클릭한다.

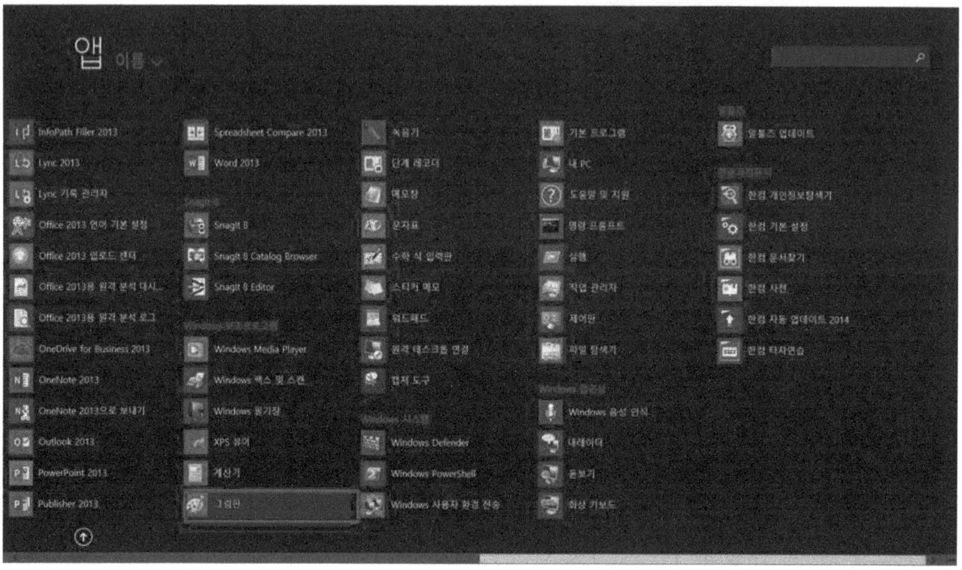

② [파일]-[열기]를 클릭한다.

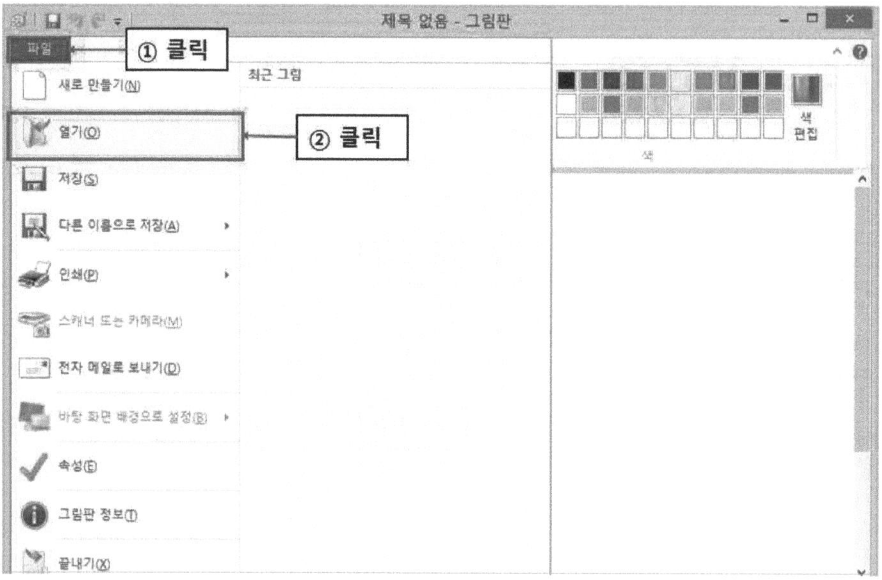

③ [열기] 대화상자에서 삽입할 사진의 위치로 이동하여 사진을 선택하고 [열기]를 클릭한다.

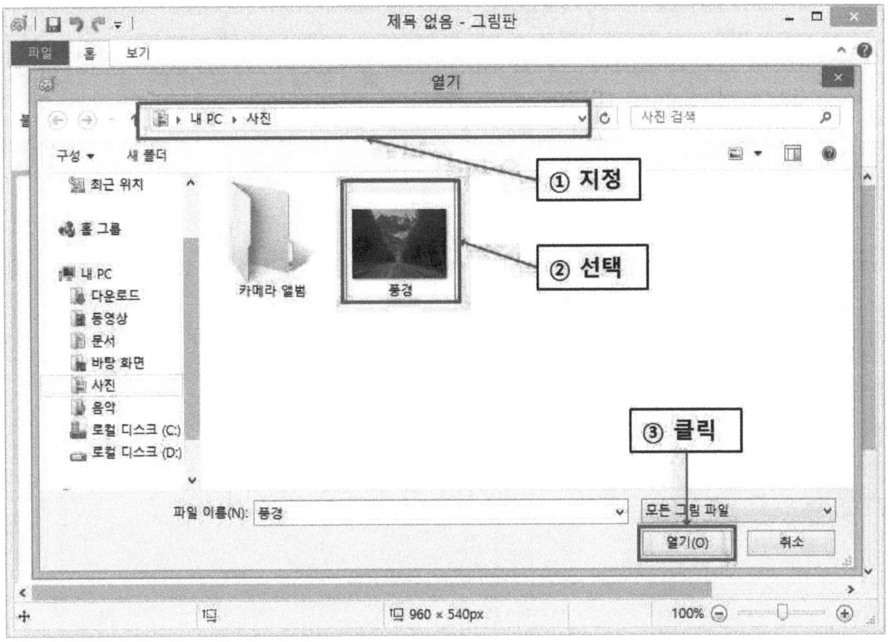

④ [홈]-[도형] 그룹에서 도형을 선택한다.

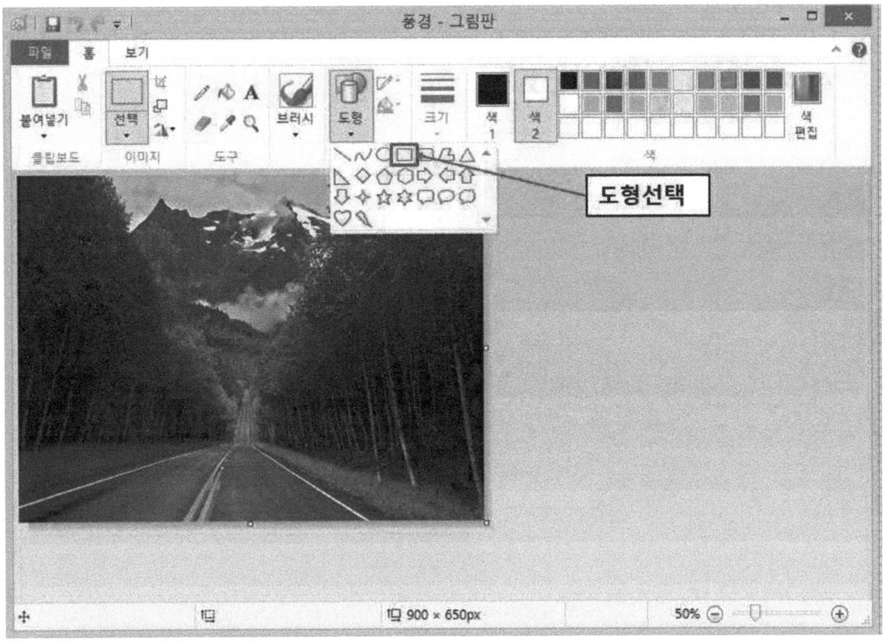

⑤ 도형을 삽입할 곳에서 마우스로 드래그하여 도형은 그리고 [도구] 그룹에서 [텍스트] 아이콘을 클릭한다.

⑥ 도형 안에 텍스트를 입력하고 [텍스트 도구-텍스트] 탭의 [글꼴] 그룹에서 글꼴, 크기 등을 설정한다.

⑦ [파일]-[다른 이름으로 저장]-[JPEG 그림]을 선택한다.

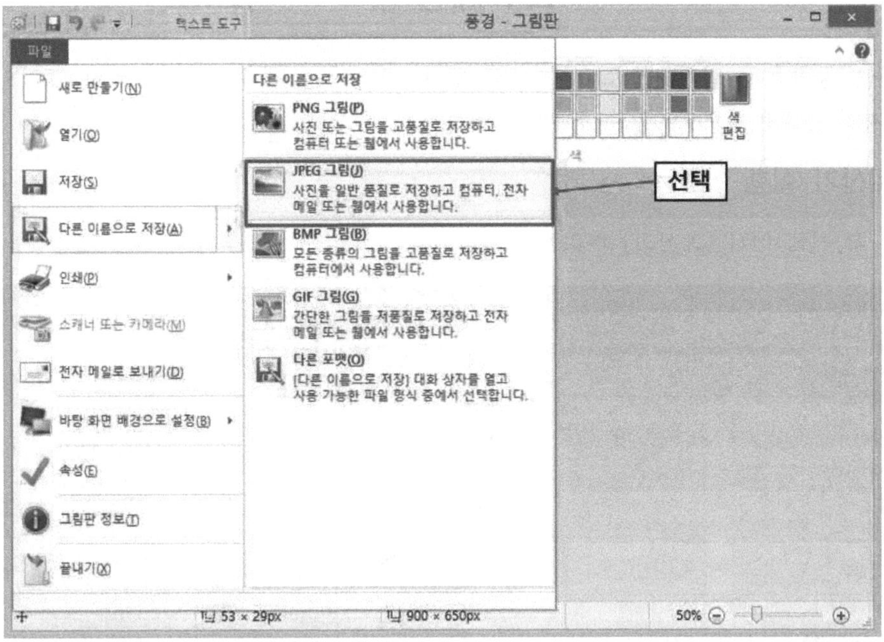

⑧ [다른 이름으로 저장] 대화상자가 나타나면, 위치를 지정하고 파일 이름을 입력한 후, [저장] 버튼을 클릭한다.

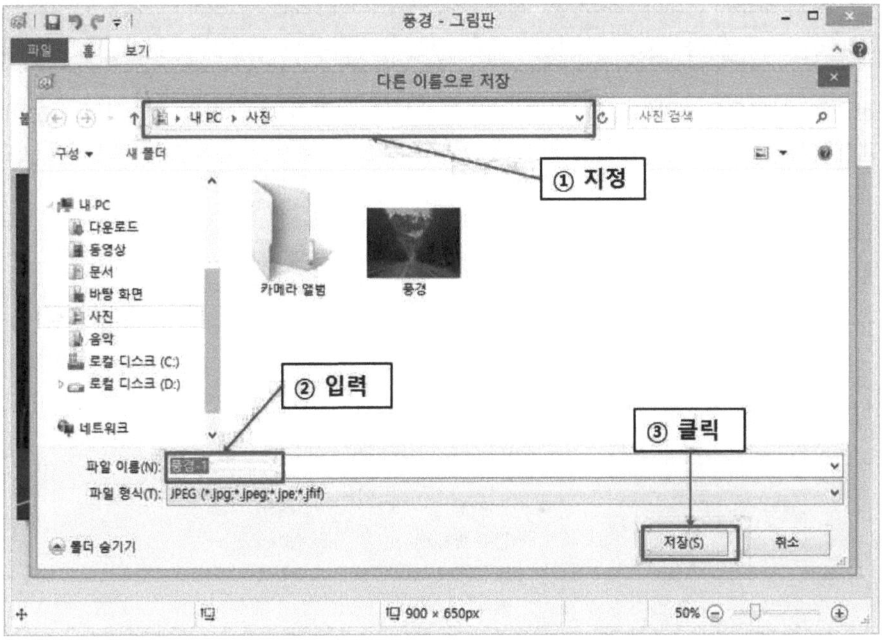

5.4 계산기

계산기는 공학용과 일반용으로 나누어져 있다. 계산기는 최대 100만조까지 표시할 수 있으며, 자리 수로는 9,999,999,999,999까지 가능하다.

(1) 계산기 실행

① [시작]-[앱]에서 [계산기] 아이콘을 클릭한다.

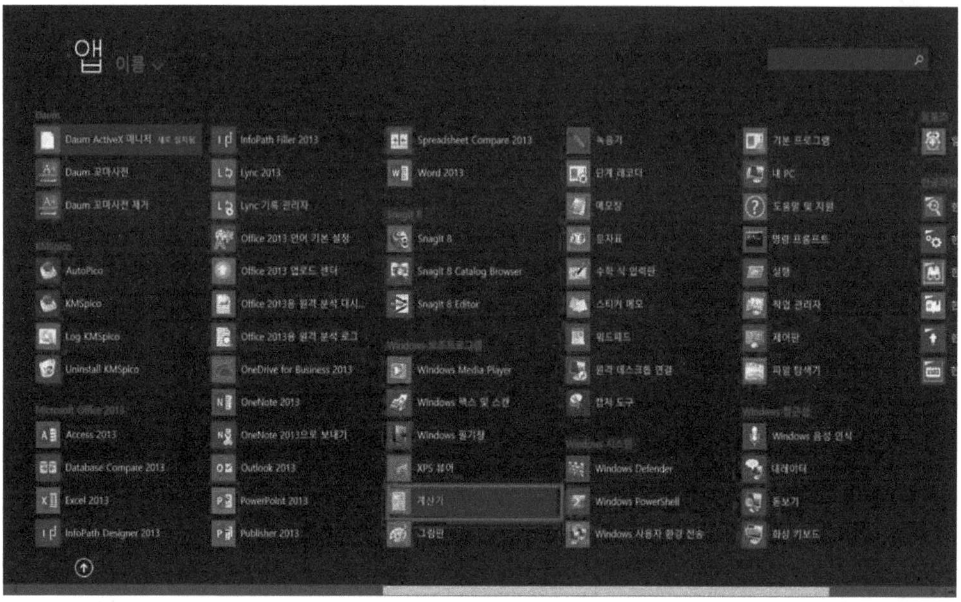

② 계산기가 실행된다. 키보드의 키패드로 계산식을 입력하여 계산할 수 있다. [보기] 메뉴를 통해 일반용, 공학용, 프로그래머용, 통계용 중에서 계산기 종류를 선택할 수 있다.

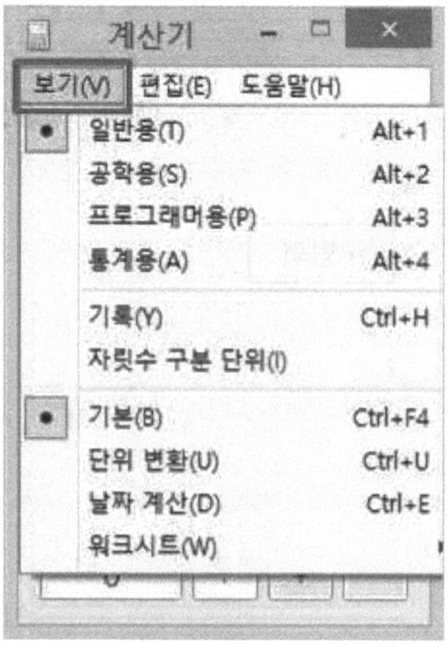

(2) 공학용 계산기

[보기] 메뉴에서 “공학용”을 클릭하여 좀 더 복잡한 계산을 할 수 있다.

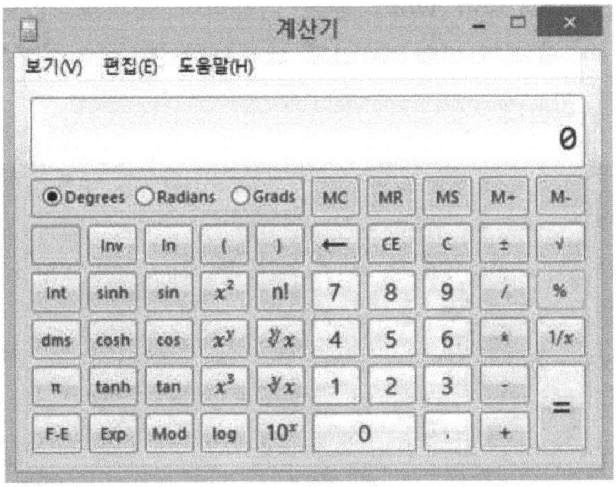

■ 일반용 계산기 키의 기능

마우스	키보드	기 능
/	/	나눗셈
*	가. *	곱셈
-	나. -	뺄셈
+	+	덧셈
±	F9	양수, 음수의 부호를 변경한다.
1/X	R	역수를 취한다.
=	Enter↵, +=	계산결과를 보여준다.
C	Esc	계산중인 수치를 지운다.
√	@	제곱근을 구한다.
%	%	백분율로 환산한다.
CE	Delete	바로 직전에 입력한 숫자만 지운다.
←	Back Space	마지막 자릿수만 지운다.
MC(Memory Clear)	Ctrl+C	메모리의 내용을 지운다.
MR(Memory Recall)	Ctrl+R	메모리에 저장된 숫자를 불러온다.
MS(Memory Store)	Ctrl+M	메모리에 저장한다.
M+(Memory Plus)	Ctrl+P	메모리에 저장된 값에 더한다.

5.5 문자표

문자표는 메모장이나 워드패드 또는 Microsoft word 등을 이용하여 문서를 작성하다 특수문자를 입력해야 할 필요가 있을 때 쉽게 입력할 수 있게 해주는 보조 프로그램이다.

① [시작]-[앱]-[문자표] 아이콘을 클릭한다.

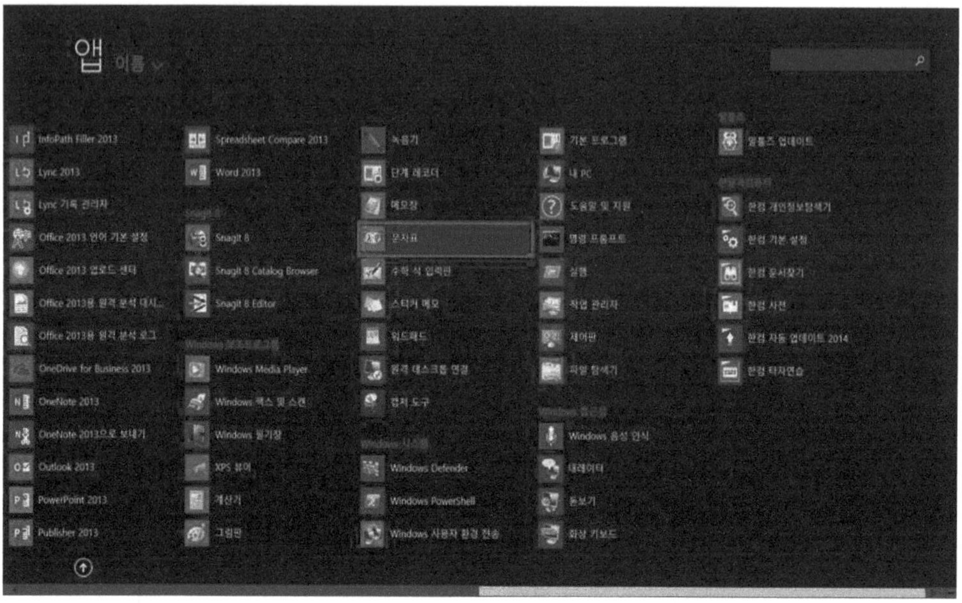

② [문자표]에서 "글꼴"을 지정하면 글꼴에 해당하는 기호 문자들을 볼 수 있다.

③ 문자를 지정하고 [선택] 버튼을 클릭하거나 더블클릭 한 후, [복사] 버튼을 클릭한다.

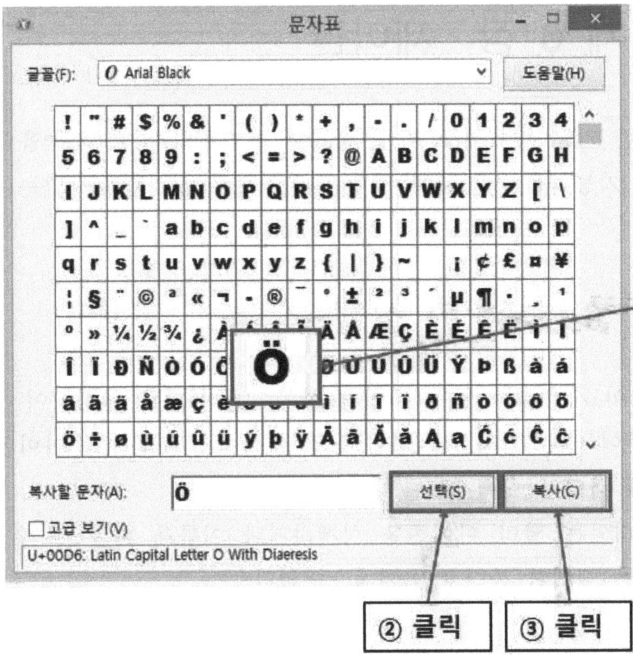

④ 복사한 문자를 메모장, 워드패드나 문서 작성 프로그램에 붙여 넣는다.

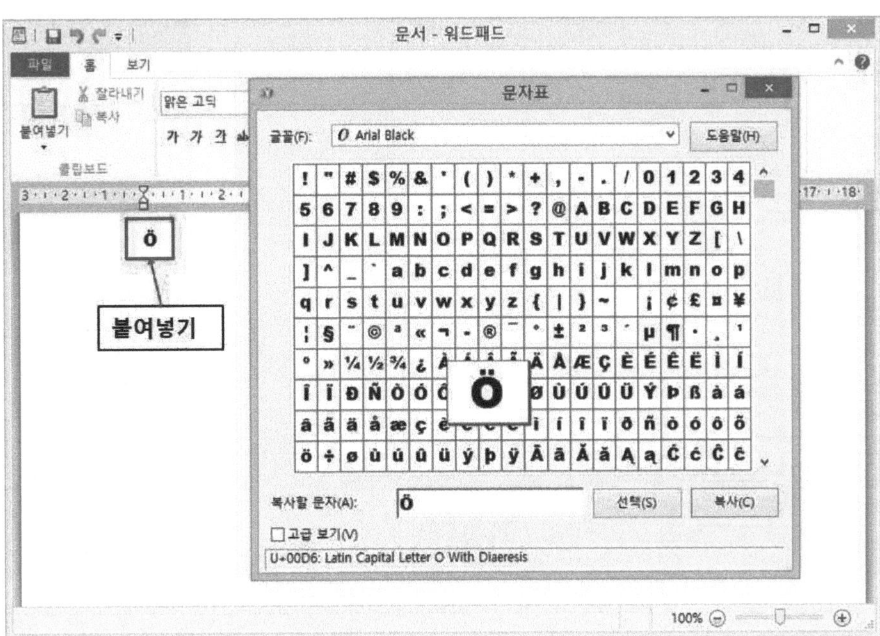

제 6 장 제어판

본 장에서는 윈도우의 다양한 기능 중에서도 아주 중요한 제어판의 주요 기능을 살펴보고, 작지만 재미있고 유용한 기능들을 자신에게 알맞은 환경으로 구사할 수 있는 제어판 설정 방법을 알아본다.

6.1 제어판 실행

제어판을 처음 열면 가장 많이 사용하는 일부 제어판 항목이 종류별로 구성되어 있다. 종류별 보기에서 제어판의 항목에 대한 자세한 내용을 보려면 마우스 포인터를 아이콘 또는 종류 이름 위로 가져갔을 때 나타나는 텍스트를 읽으면 된다.

제어판 폴더는 일반적인 폴더와는 달리 아이콘을 삭제하거나 이름을 바꿀 수 없으며 또한 다른 폴더에 있는 아이콘을 제어판 폴더로 옮겨올 수 없다.

[바탕화면]-[참] 메뉴-[설정]-[제어판]을 클릭하거나 바탕화면 아이콘을 추가하여 [제어판] 아이콘을 클릭한다.

6.2 프로그램 삭제

프로그램 추가 삭제에서는 윈도우에 설치된 프로그램을 제거하거나, 보조프로그램 등의 구성 요소 추가 및 삭제, 시동 디스크 작성 등을 할 수 있다.

① [바탕화면]-[참] 메뉴-[설정]-[제어판]에서 [프로그램 제거]를 클릭한다.

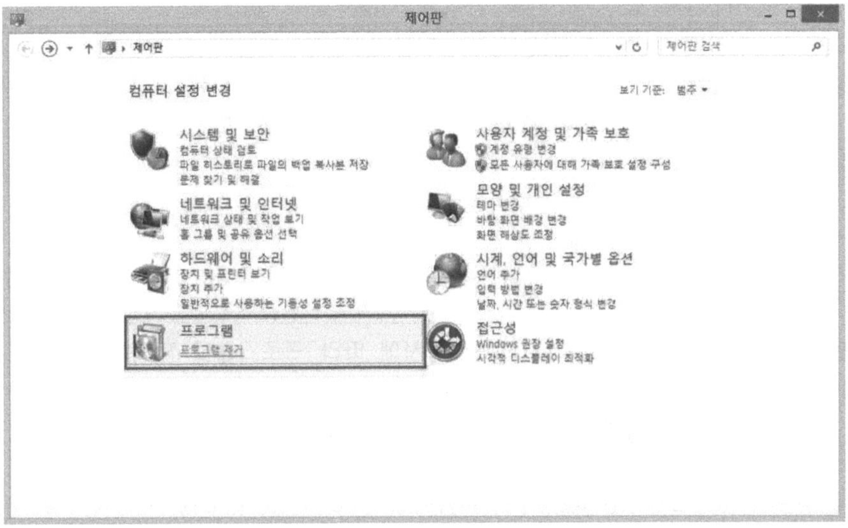

② [프로그램 및 기능] 대화상자에서 삭제할 프로그램을 선택한다.

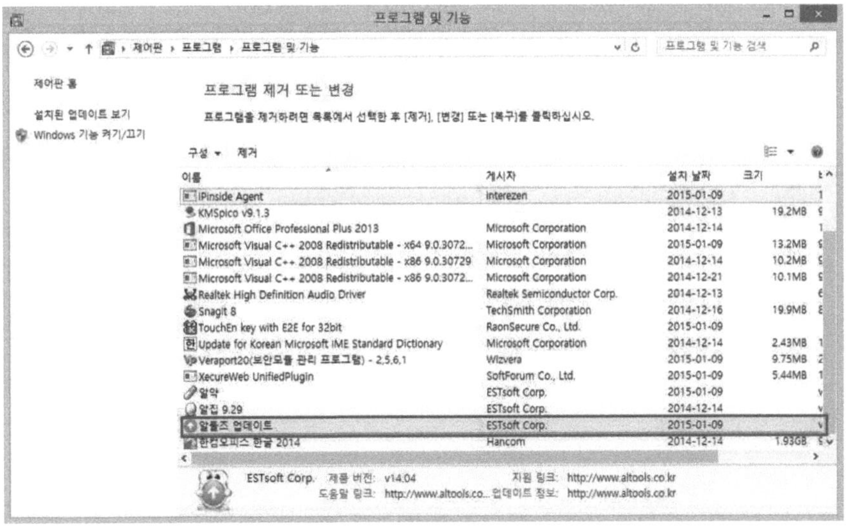

③ 프로그램을 선택한 후, [제거] 버튼을 클릭한다.

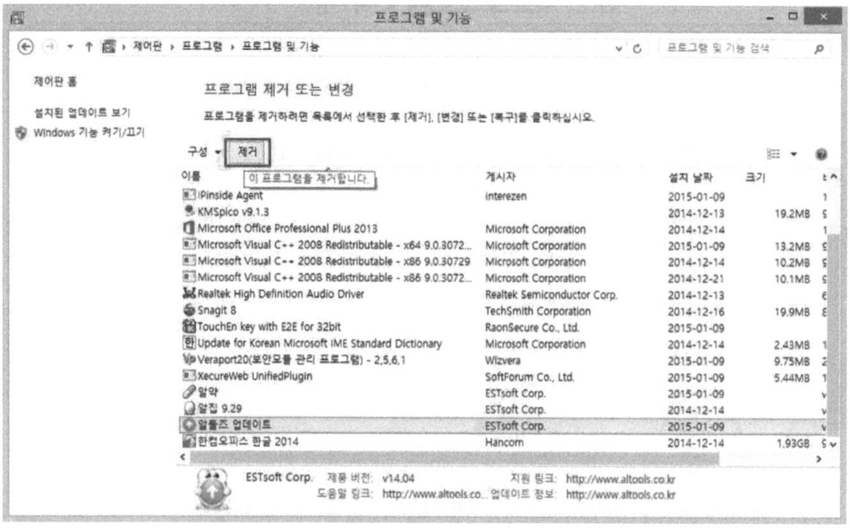

④ 선택한 프로그램의 제거 화면이 나타나면 지시에 따라 프로그램을 제거한다.

6.3 새 하드웨어 추가

윈도우에는 플러그 앤 플레이(Plug and Play)라는 기능이 있어 쉽게 하드웨어를 추가할 수 있다. 그러나 플러그 앤 플레이를 지원하지 못하는 하드웨어나 이전에 설치가 잘못된 하드웨어는 사용자가 직접 검색하여 설치해야 한다.

① [바탕화면]-[참] 메뉴-[설정]-[제어판]에서 [하드웨어 및 소리]를 클릭한다.

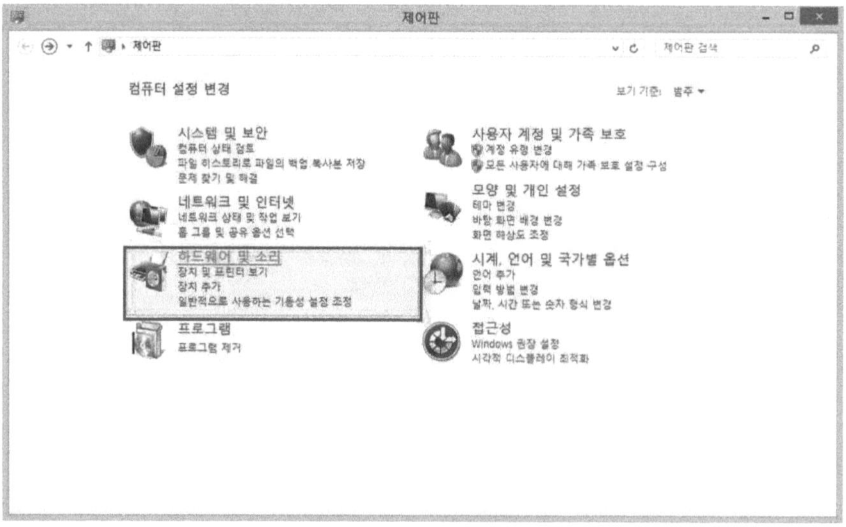

② 장치 및 프린터의 [장치 추가] 버튼을 클릭한다.

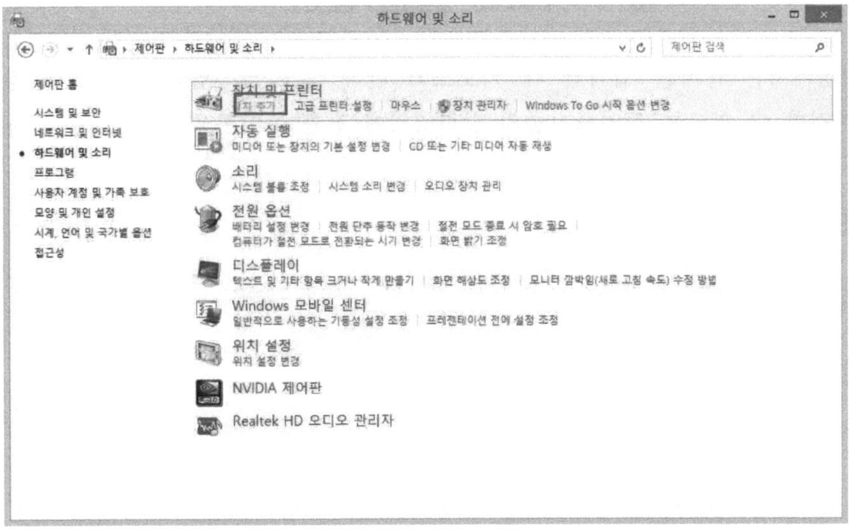

③ 연결된 장치 중 설치되지 않는 하드웨어 목록이 표시된다. 설치를 원하는 하드웨어를 클릭 하여 [다음] 버튼을 눌러 설치한다.

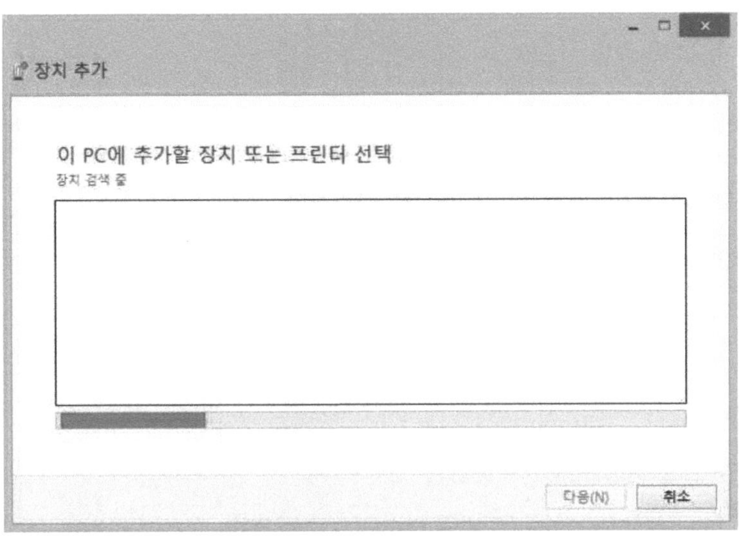

6.4 키보드 옵션 설정

키보드 설정에서는 문자를 입력할 때 키보드의 반복 속도, 키 입력시간, 커서 깜박임 속도 등을 지정할 수 있도록 작업표시줄의 알림영역에 전환 아이콘을 표시할 수 있다.

컴퓨터의 기본적인 주변기기인 키보드의 옵션 설정 방법에 대하여 알아본다.

가. 키보드 설정하기.

① [바탕화면]-[참] 메뉴-[설정]-[제어판]에서 [하드웨어 및 소리]를 클릭한다.

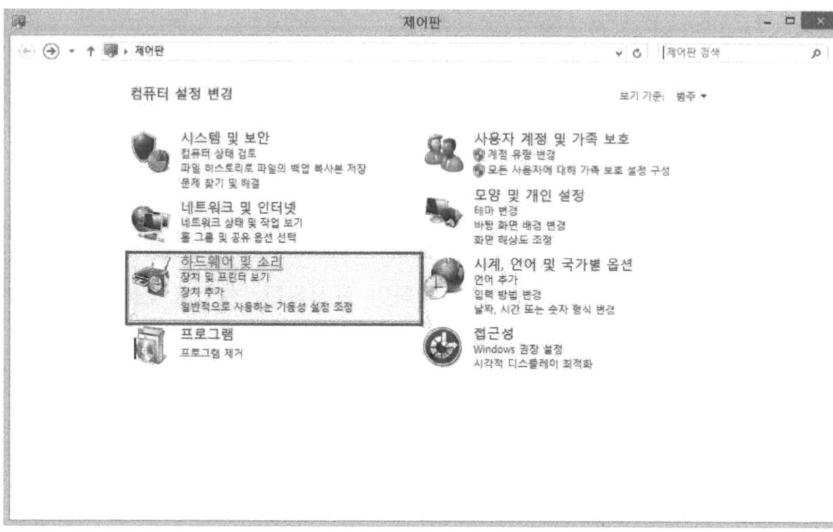

② [하드웨어 및 소리] 창에서 [장치 및 프린터]를 클릭한다.

③ “키보드”를 클릭하면 [키보드 속성] 대화상자가 나타나고 [속도] 탭에서 키보드의 재입력 시간, 반복 속도 등을 조정할 수 있다.

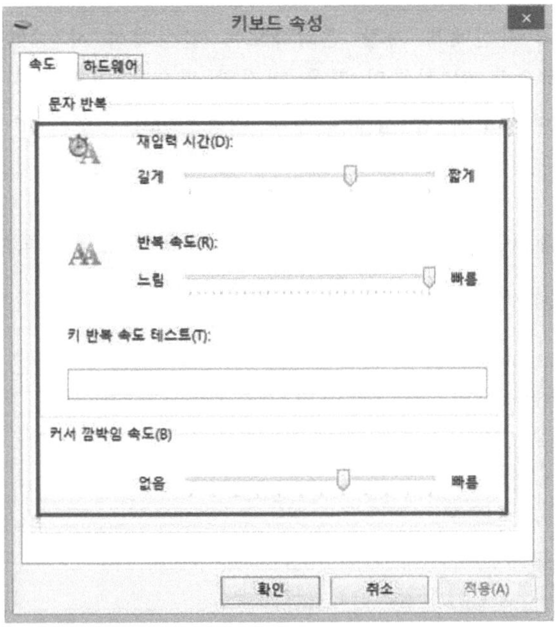

④ 조정이 끝나면 [확인] 버튼을 클릭한다.

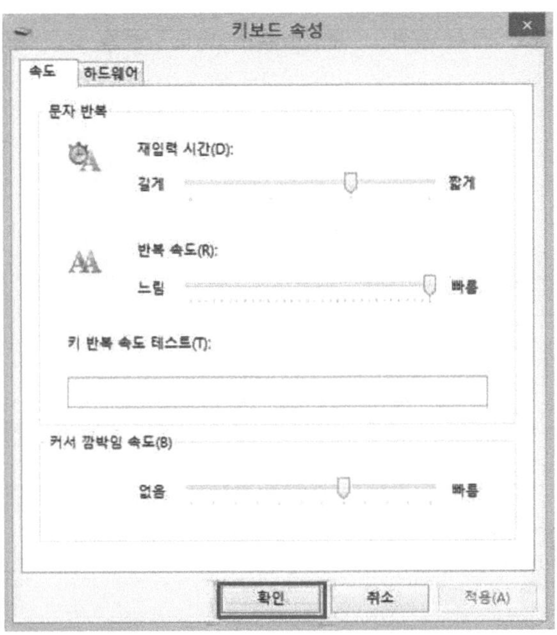

6.5 마우스

마우스는 필수적인 입력 장치이므로 자신에게 가장 편리하도록 설정해서 사용하는 것이 좋다. 윈도우를 설치한 다음 대체적으로 이 부분의 값을 변경할 필요는 없지만 사용자가 왼손잡이 이거나 마우스의 커서를 바꾸고자 할 경우에 주로 이용된다.

(1) 마우스 버튼 설정하기

① [바탕화면]-[참] 메뉴-[설정]-[제어판]-[하드웨어 및 소리]에서 [마우스]를 클릭한다.

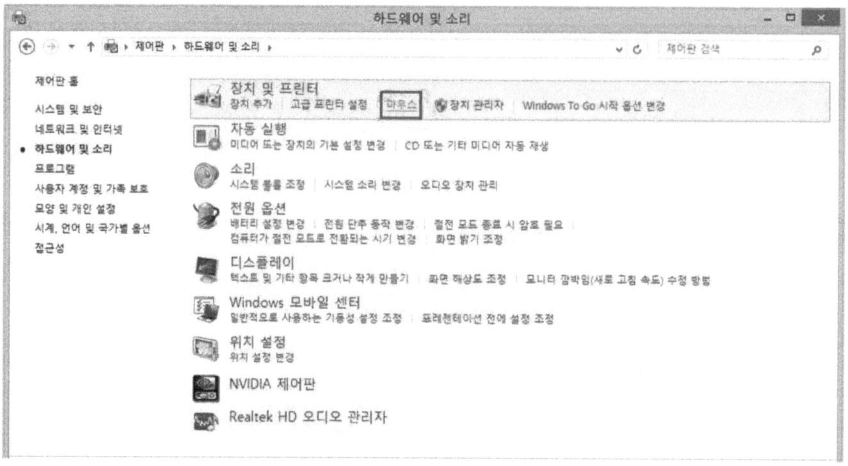

② [마우스 속성] 대화상자가 나타나면 "단추 구성", "두 번 클릭 속도" 등을 설정한다.

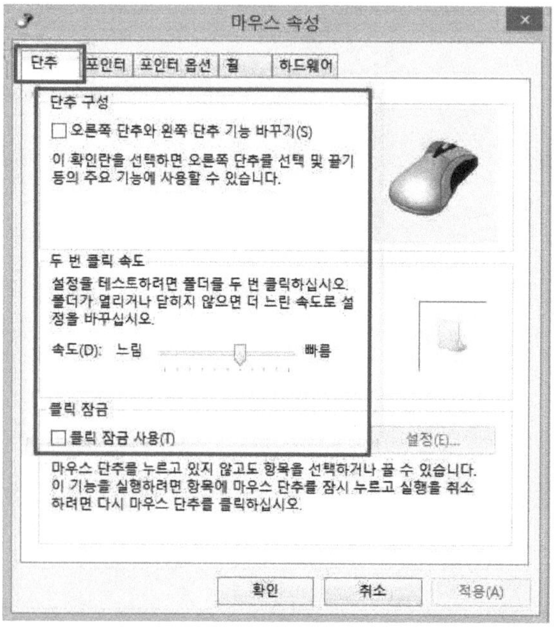

(2) 마우스 포인터 설정하기

[마우스 속성] 대화상자에서 [포인터] 탭을 클릭하여 설정한다.

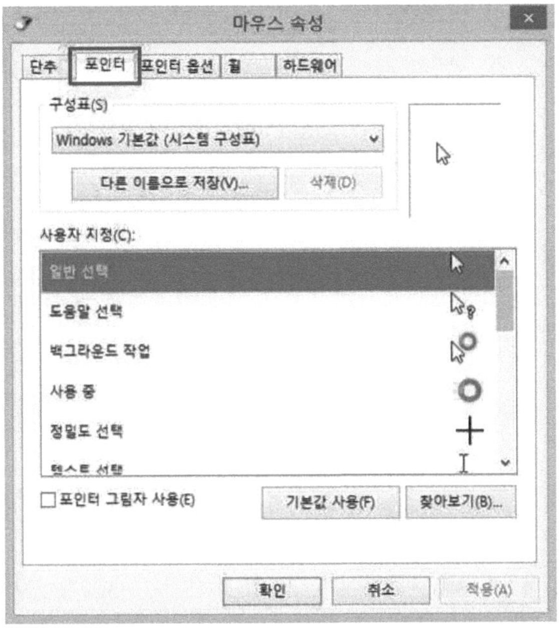

(3) 마우스 포인터 옵션 설정하기

[마우스 속성] 대화상자에서 [포인터 옵션]을 클릭한다.

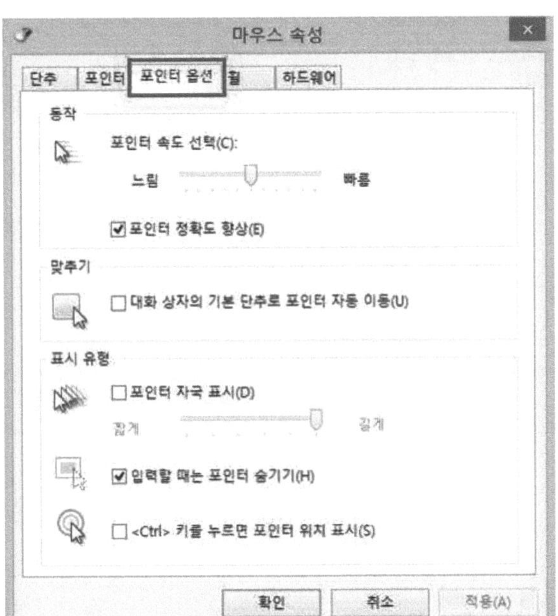

(4) 마우스 휠 설정하기

[마우스 속성] 대화상자에서 [휠]탭을 클릭하여 세로스크롤과 가로스크롤을 설정한다.

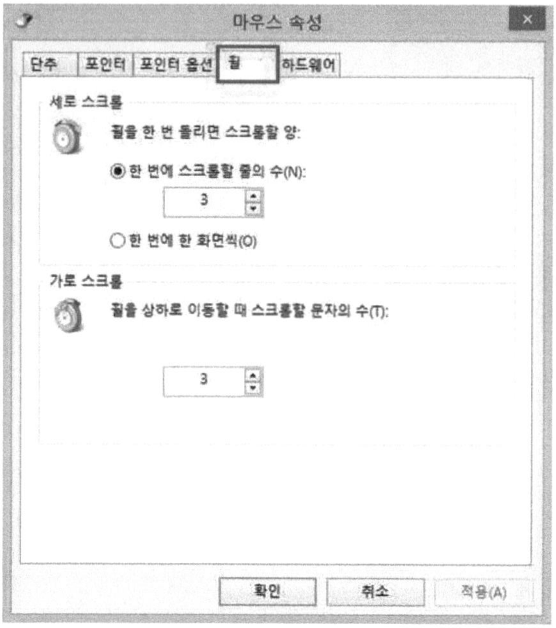

마우스 설정이 끝나면 [확인] 버튼을 클릭한다.

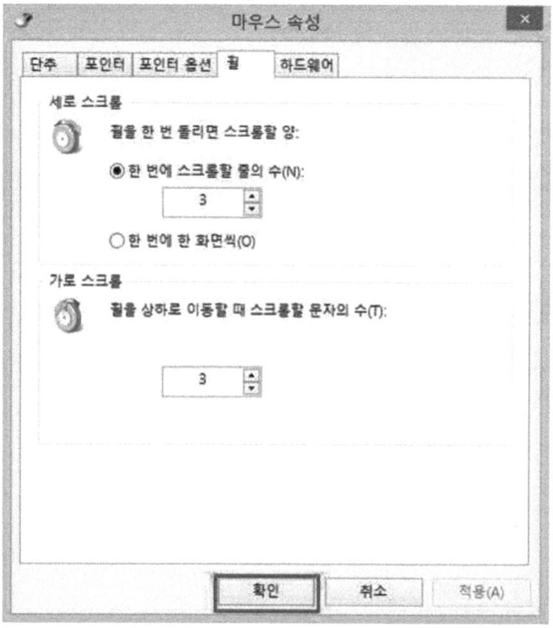

6.6 사운드, 음성 및 오디오 장치

사용자 컴퓨터에서 만드는 전체 소리 구성표 또는 개별 소리를 변경하고 스피커 및 기록 장치 설정을 구성한다. 이 단원에서는 오디오에서 볼륨을 조절할 수 있는 것처럼 컴퓨터에서도 시스템 볼륨을 조절하는 방법을 알아본다.

(1) 소리장치 볼륨 조정하기

① [바탕화면]-[참] 메뉴-[설정]-[제어판]-[하드웨어 및 소리]-[소리]에서 [시스템 볼륨 조정]을 클릭한다.

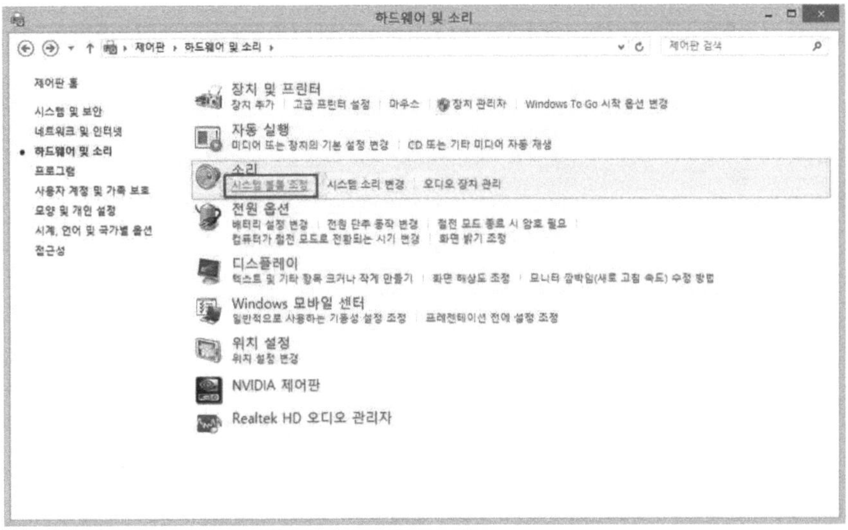

② [볼륨믹서-스피커] 창에서 슬라이더를 위/아래로 움직여 시스템 볼륨을 조정한다.

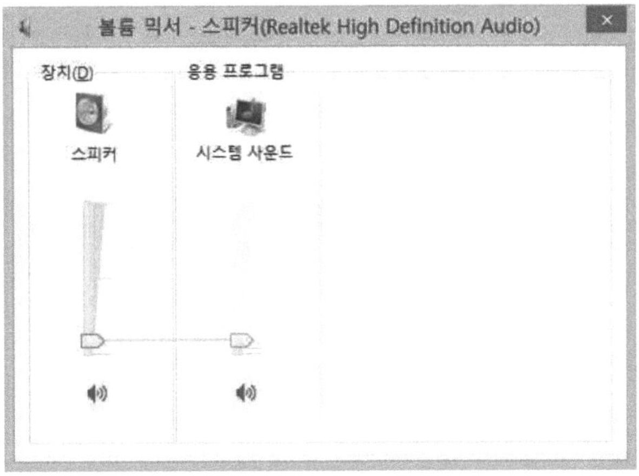

(2) 오디오 장치 구성하기

① [바탕화면]-[참] 메뉴-[설정]-[제어판]-[하드웨어 및 소리]-[소리]에서 [오디오 장치 관리]를 클릭한다.

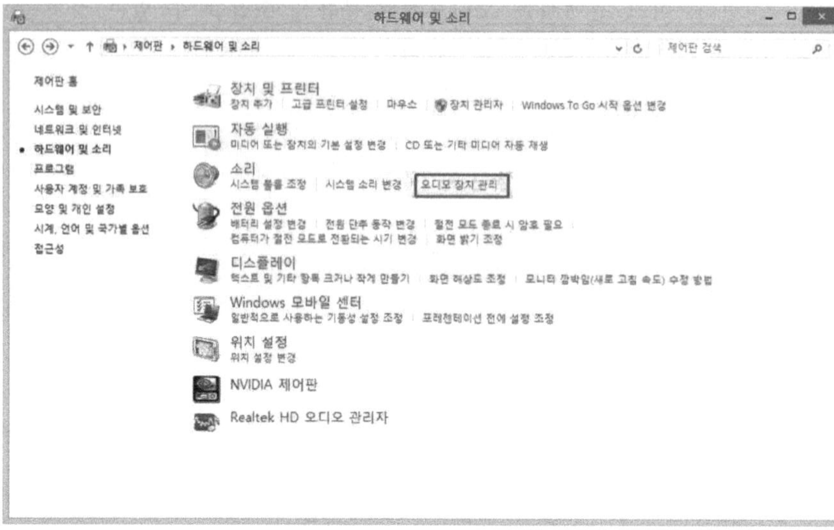

② [소리] 대화상자에서 [재생] 탭을 클릭하면 장치 연결 정보를 확인할 수 있다. 재생 장치를 선택하고 왼쪽 하단에 있는 [구성] 버튼을 클릭한다.

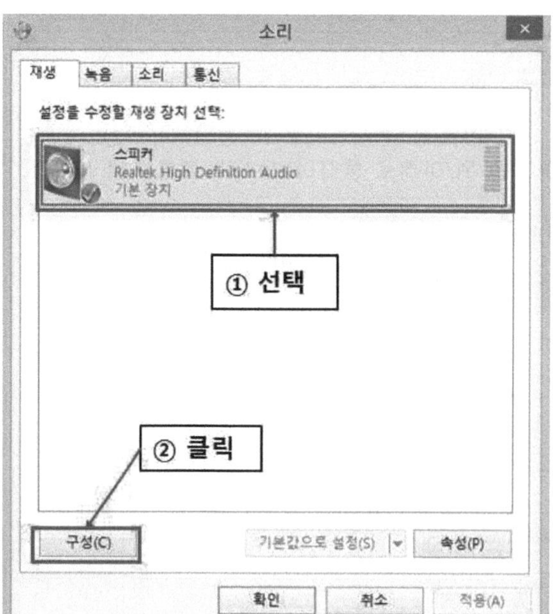

③ [스피커 설정] 창의 "구성 선택"에서 [테스트] 버튼을 클릭하거나 그림에서 스피커 이미지를 클릭하면 스피커 소리를 테스트할 수 있다. 테스트가 완료되면 [다음] 버튼을 클릭한다.

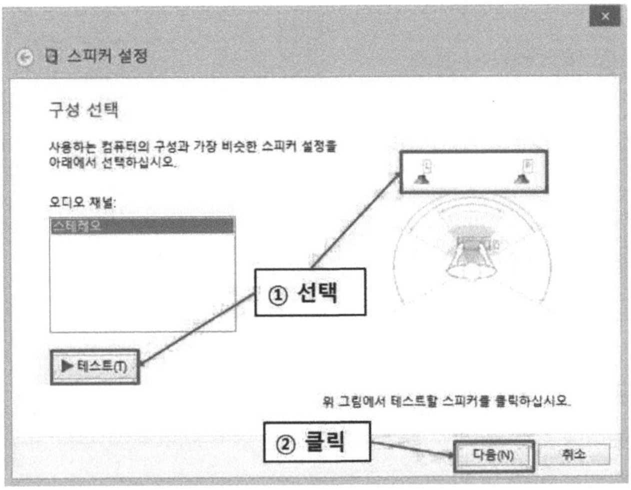

④ [스피커 설정] 창의 "풀 레인지 스피커 선택"에서 현재 사용하는 스피커에 풀 레인지 스피커가 포함된 경우에는 체크 박스에 체크하고 [다음] 버튼을 클릭한다. 그림에서 스피커 이미지를 클릭하면 스피커 소리를 테스트할 수 있다.

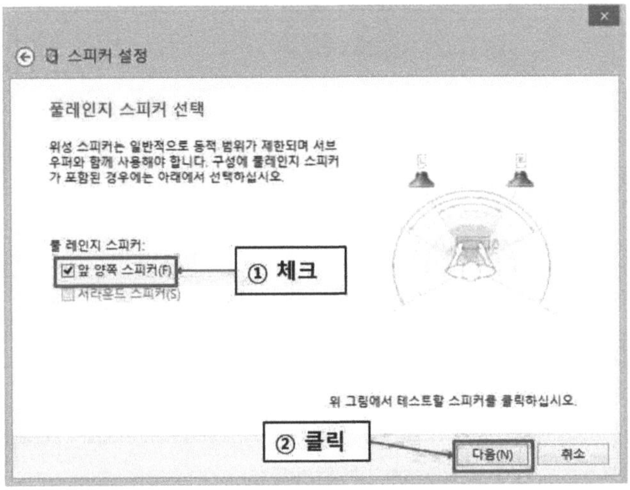

⑤ 구성이 완료되었다. [마침] 버튼을 클릭한다.

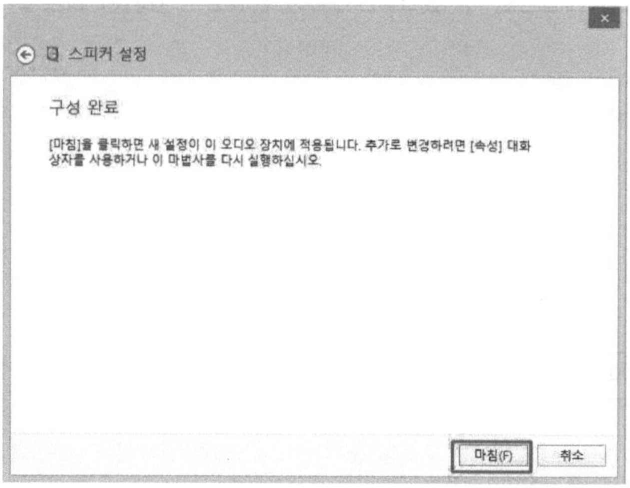

(3) 오디오 장치 속성 확인하기

① [바탕화면]-[참] 메뉴-[설정]-[제어판]-[하드웨어 및 소리]-[소리]에서 [오디오 장치 관리]를 클릭한다.

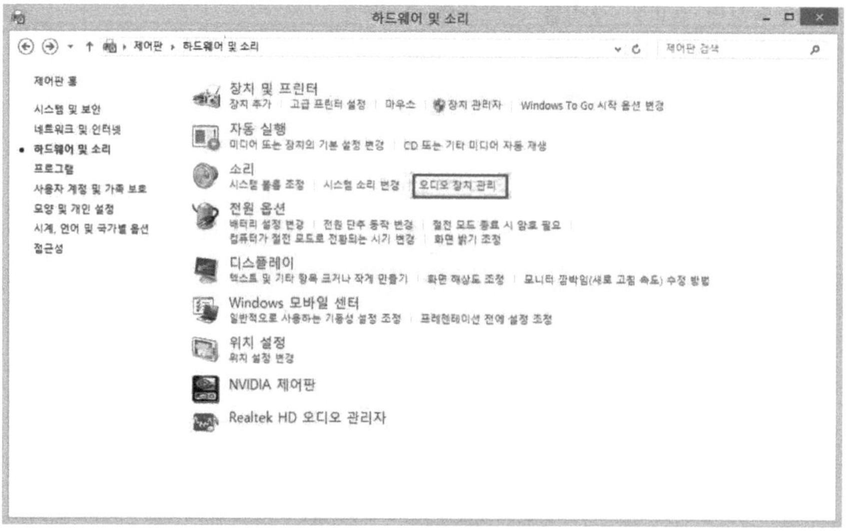

② [소리] 대화상자의 [재생] 탭에서 장치를 클릭 하고 [속성] 버튼을 클릭한다.

③ [스피커 속성] 대화상자의 [일반] 탭에서 [아이콘 변경] 버튼을 클릭하면 아이콘 모양을 변경할 수 있다.

④ [컨트롤러 정보]의 [속성] 버튼을 클릭하면 "장치상태"와 "드라이버" 정보를 확인할 수 있다.

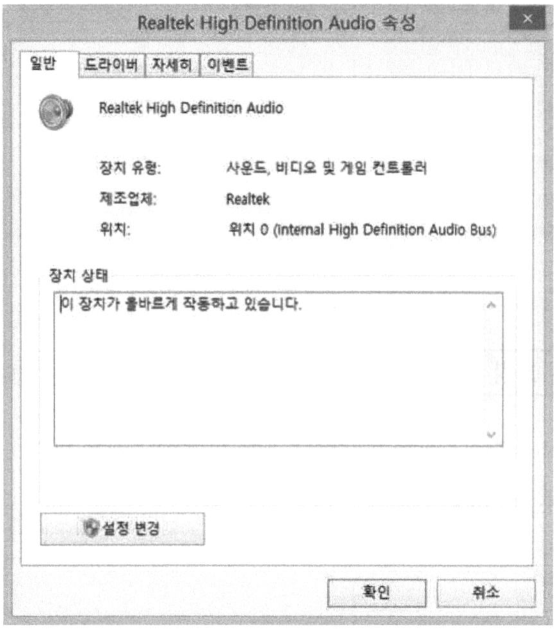

⑤ [스피커속성] 대화상자의 [수준] 탭에서 [밸런스] 버튼을 클릭하면 좌우 음량을 조절할 수 있다.

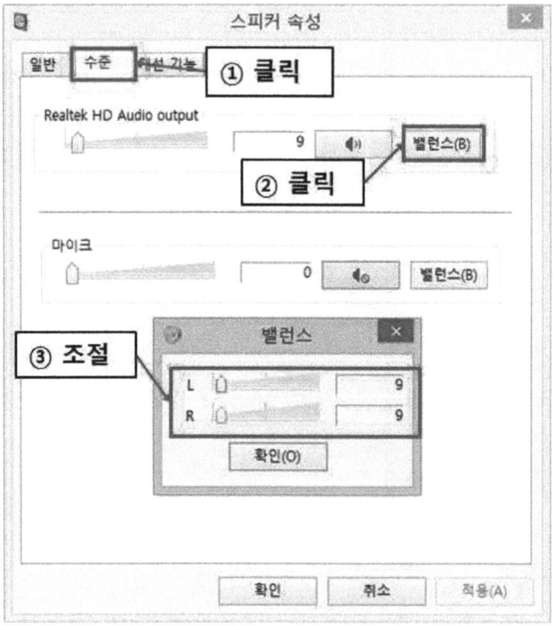

(4) 마이크 장치 속성 확인하기

① [바탕화면]-[참] 메뉴-[설정]-[제어판]-[하드웨어 및 소리]-[소리]를 클릭한다.

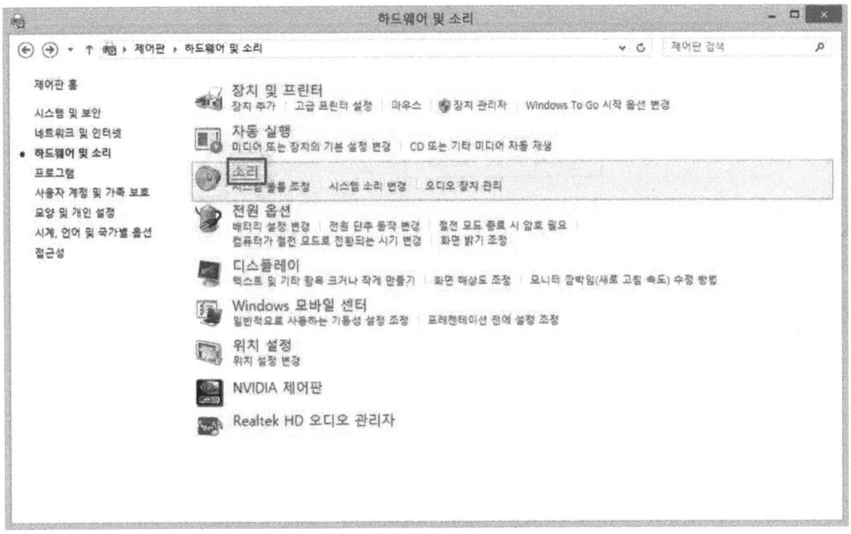

② [소리] 창의 [녹음] 탭에서 “장치”를 선택하고 [속성] 버튼을 클릭한다.

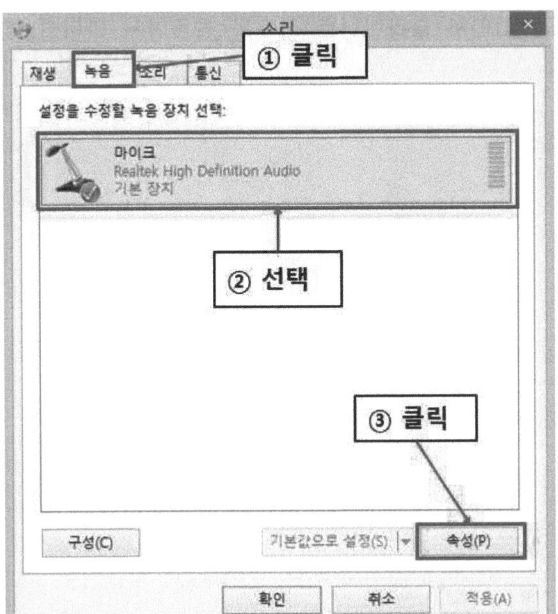

③ [마이크 속성] 대화상자의 [일반] 탭에서 [아이콘 변경] 버튼을 클릭하면 아이콘 모양을 변경할 수 있고, “컨트롤러 정보”의 [속성] 버튼을 클릭하면 장치 상태와 드라이버 정보를 확인할 수 있다.

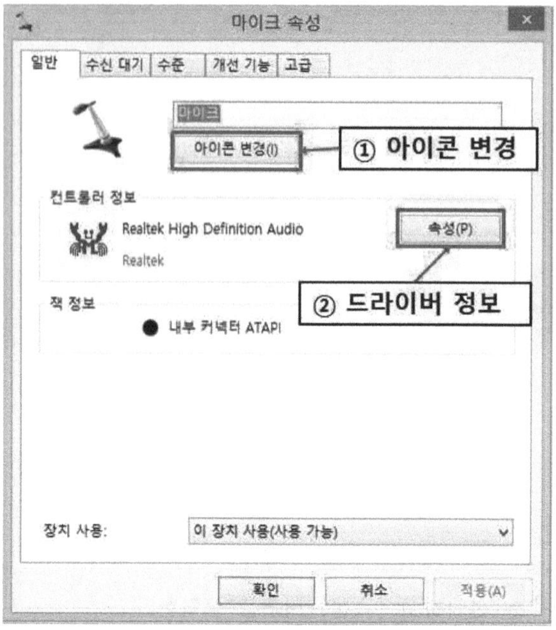

④ [마이크 속성] 대화상자의 [수준] 탭에서 슬라이더를 좌우로 움직여서 마이크 볼륨을 조정할 수 있다.

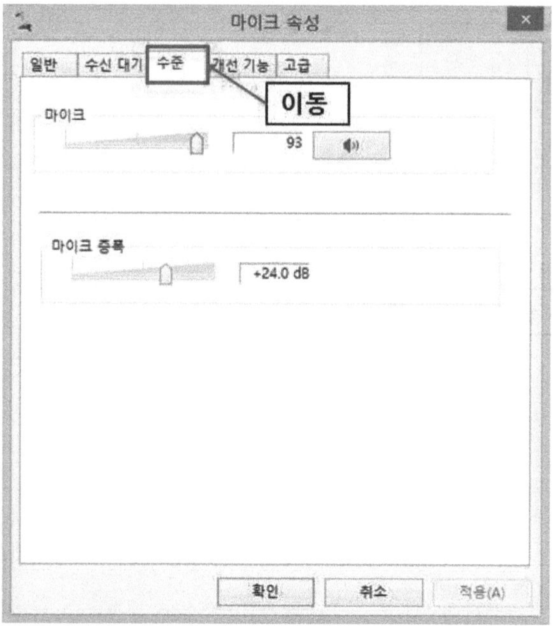

제 7 장 시스템 도구

시스템 도구는 윈도우를 보다 안정되고 최적화된 상태로 구축하고 유지하는데 이용된다. 또한 윈도우 8에 어떤 문제가 발생하였을 경우 시스템 도구를 활용하여 어느 정도 문제를 해결할 수 있다.

시스템 도구에는 디스크 검사, 디스크 조각 모음, 백업, 시스템 복원, 시스템 정보, 예약된 작업, 파일 및 설정 전송 마법사 등의 기능이 있다.

7.1 디스크 검사

디스크 검사는 디스크의 상태를 검사하고 오류가 있을 경우 이를 해결해 주기 위한 도구이다. 디스크 오류는 외부 충격에 의하여 손상을 입은 물리적인 오류와 서로 다른 파일이 같은 장소에 기록되거나, 바이러스의 감염, 시스템 충돌에 의한 오류가 있다.

(1) 디스크 검사 실행

디스크 검사로는 물리적인 오류를 해결하기에는 미흡하지만 논리적인 손상을 해결할 수 있다.

① [바탕화면]-[컴퓨터]를 더블클릭 한다.

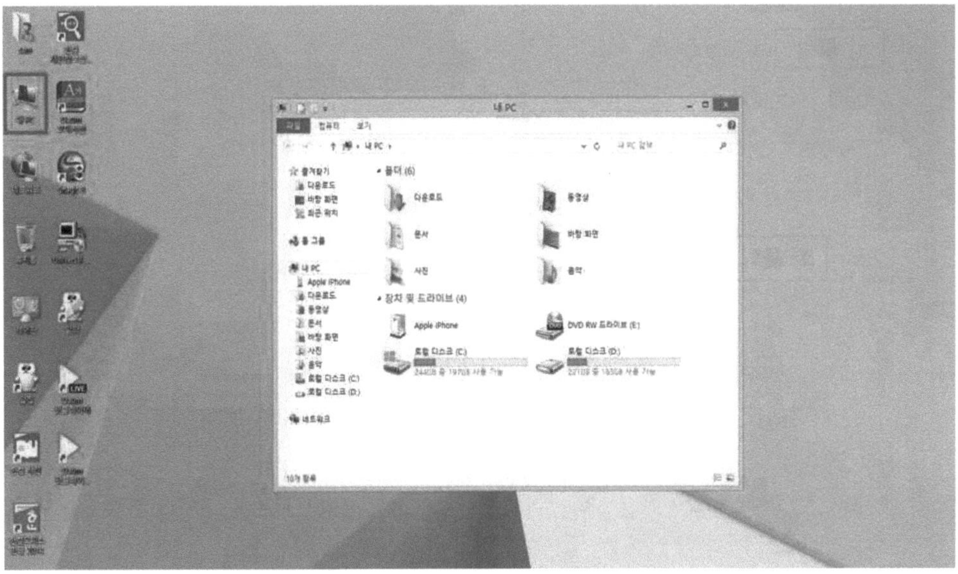

② 검사할 디스크를 선택한 후 마우스 오른쪽 버튼을 클릭하여 나타나는 단축 메뉴에서 [속성]을 클릭한다.

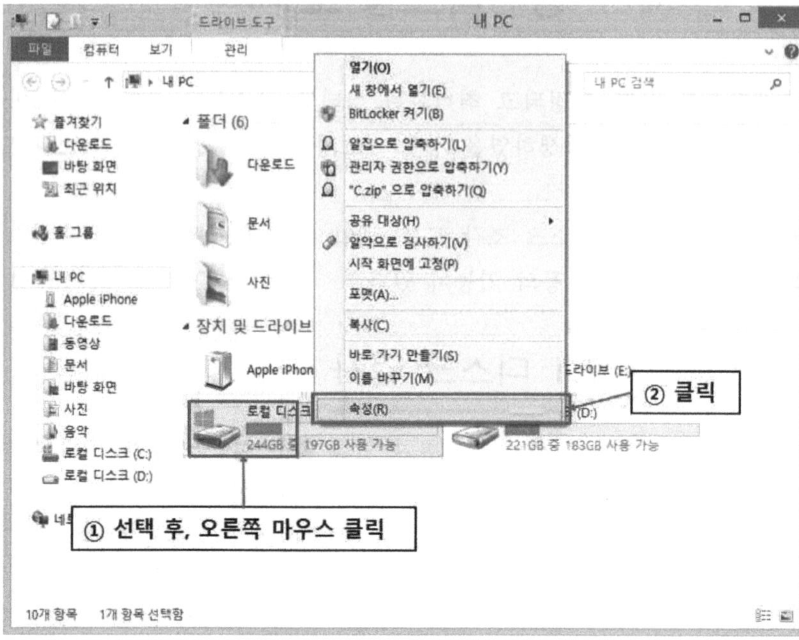

③ [로컬디스크 (C:) 속성] 대화상자에서 [도구] 탭을 클릭하고 [검사] 버튼을 클릭한다.

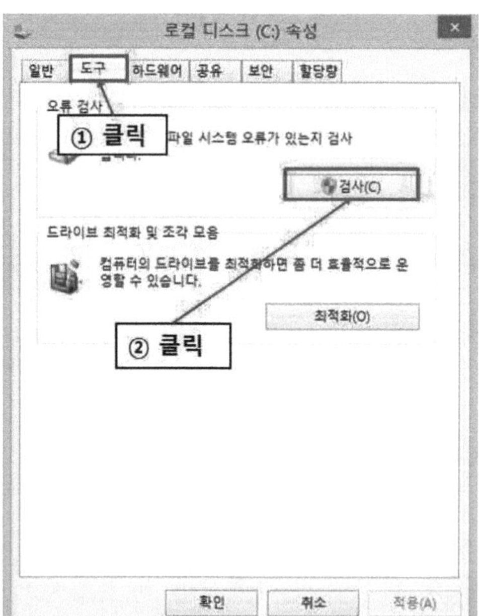

④ 오류가 없을 경우에는 "이 드라이버는 검사할 필요가 없습니다"라는 메시지 창이 나타난다.

(2) 디스크 조각 모음 일정 구성하기

일반적으로 파일이 너무 커서 디스크의 연속된 장소에 저장할 수 없게 되면 파일이 조각으로 나누어져 디스크의 여러 장소에 저장되므로 파일을 액세스하는데 시간이 오래 걸린다. 이때 디스크의 파일 영역과 빈 공간을 재 정렬하여 분산되어 저장됐던 파일을 모아 연속된 공간에 저장하고 빈 공간은 하나의 연속된 영역으로 통합하여 디스크의 액세스 속도를 빠르게 해주는 프로그램이 디스크 조각 모음이다.

① [바탕화면]-[컴퓨터]를 더블클릭 한다. 디스크를 선택한 후 마우스 오른쪽 버튼을 클릭하여 나타나는 단축 메뉴에서 [속성]을 클릭한다.

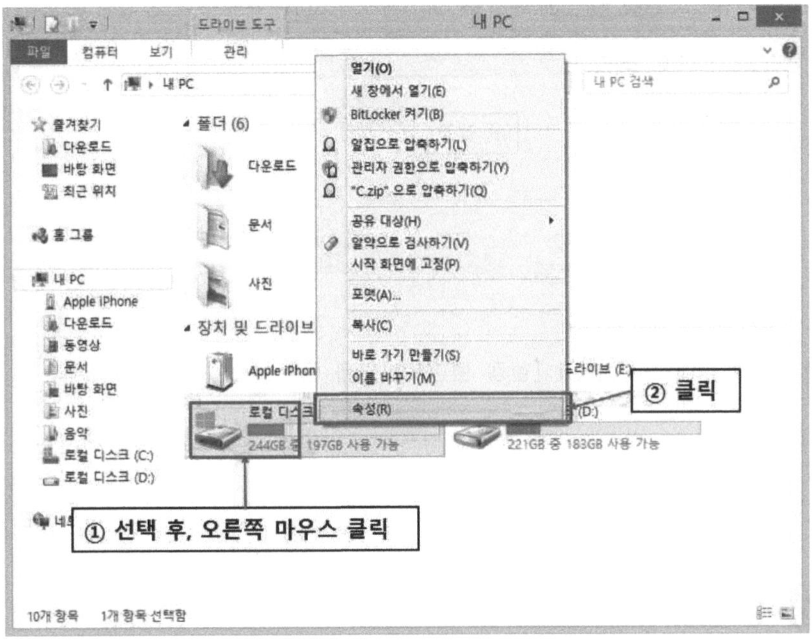

② [로컬디스크 (C:) 속성] 대화상자에서 [도구]탭을 클릭하고 [최적화] 버튼을 클릭한다.

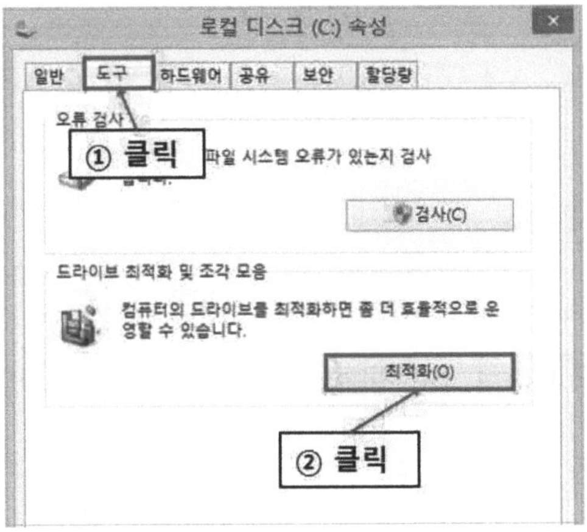

③ [드라이브 최적화] 대화상자에서 조각 모음을 실행할 드라이브를 선택하고, [분석] 버튼으로 눌러 드라이브의 현재 상태를 점검한다. 점검상태를 확인 후 [최적화] 버튼을 클릭한다.

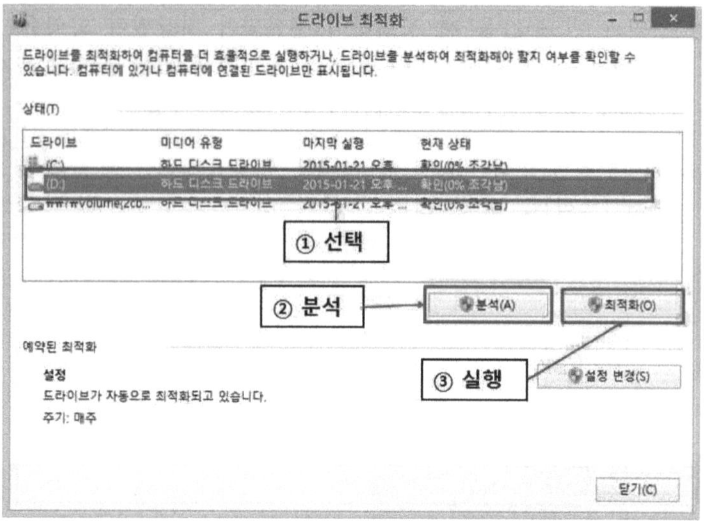

④ [드라이브 최적화] 대화상자에서 [설정 변경] 버튼을 클릭한다.

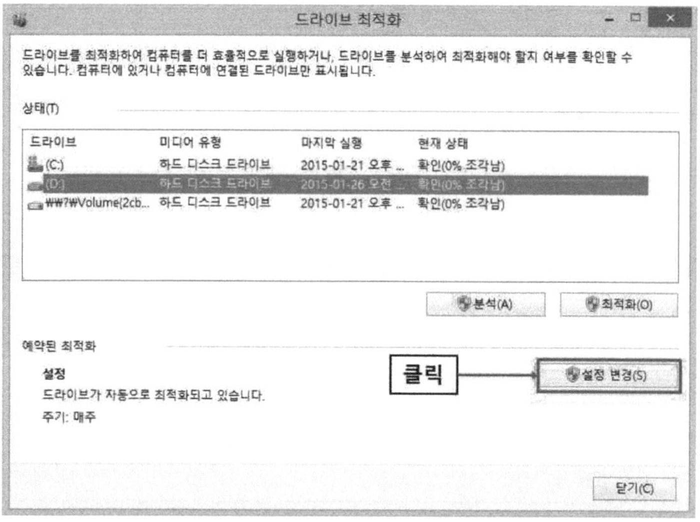

⑤ [드라이브 최적화] 대화상자가 생성되고 디스크 조각 모음을 하는 "빈도"와 "드라이브"를 설정할 수 있다. 설정이 완료되면 [확인] 버튼을 클릭한다.

(3) 디스크 정리

윈도우를 사용하다 보면 인터넷 정보를 읽어올 때 생기는 캐시 파일이나 휴지통, Temp 폴더의 임시 파일들이 하드디스크에 많이 생긴다. 이러한 파일을 정리하기란 보통 번거로운 일이 아닐 수 없다. 윈도우에는 이런 불필요한 파일들을 정리하는 디스크 정리라는 프로그램이 있다.

① 디스크를 선택한 후 마우스 오른쪽 버튼을 클릭하여 나타나는 단축 메뉴에서 [속성]을 클릭한다.

② [로컬디스크 (C:) 속성] 대화상자에서 [일반]탭을 클릭하고 [디스크 정리] 버튼을 클릭한다.

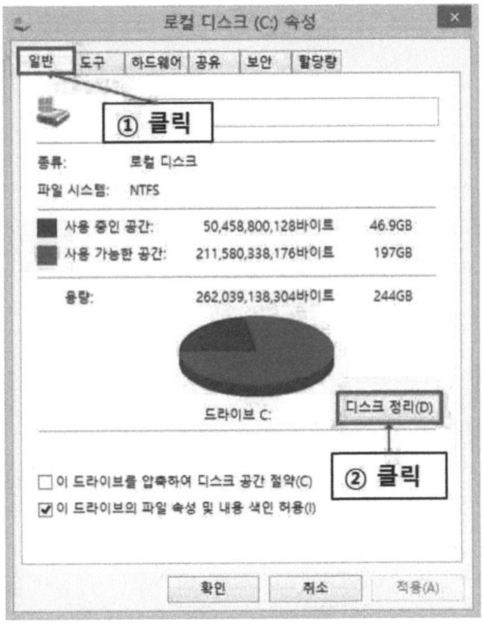

③ 선택한 디스크의 불필요한 파일을 확인하여 정리 가능한 디스크 공간을 계산한다.

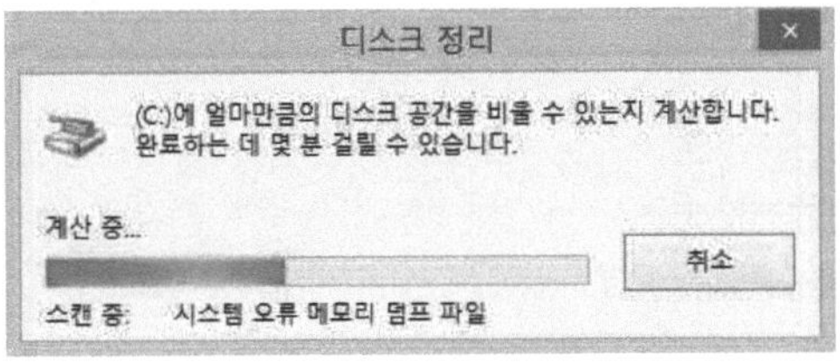

④ [디스크 정리: (C:)] 대화상자에 삭제할 파일목록이 나타난다. 삭제할 목록의 체크 박스를 체크하고, [확인] 버튼을 클릭한다. 목록을 클릭하면 하단에 목록에 대한 상세 설명이 나타난다.

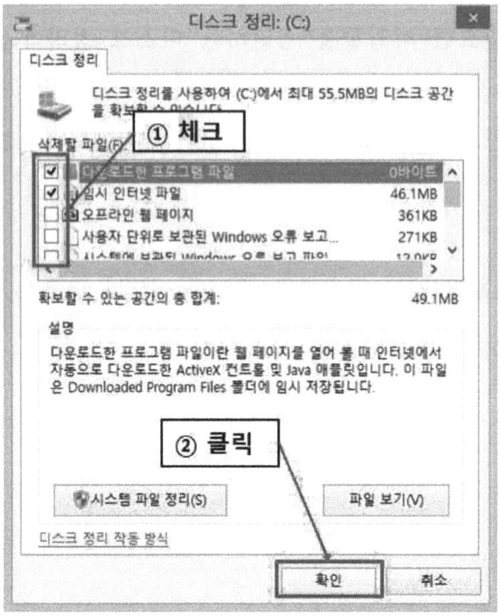

⑤ [디스크 정리] 대화상자에서 [파일 삭제] 버튼을 클릭한다.

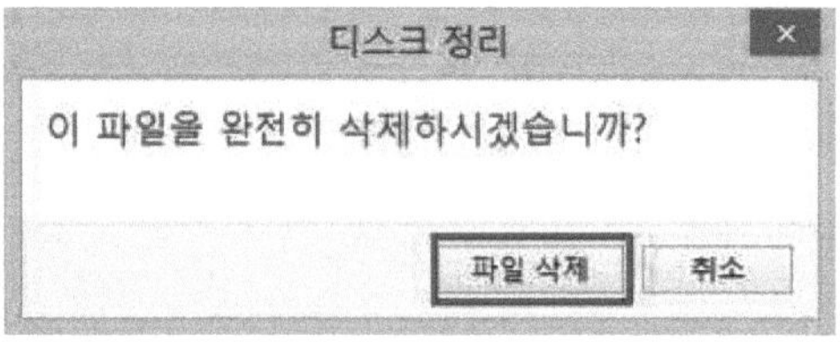

⑥ 디스크 정리가 시작된다. 완료되면 자동으로 대화상자가 사라진다.

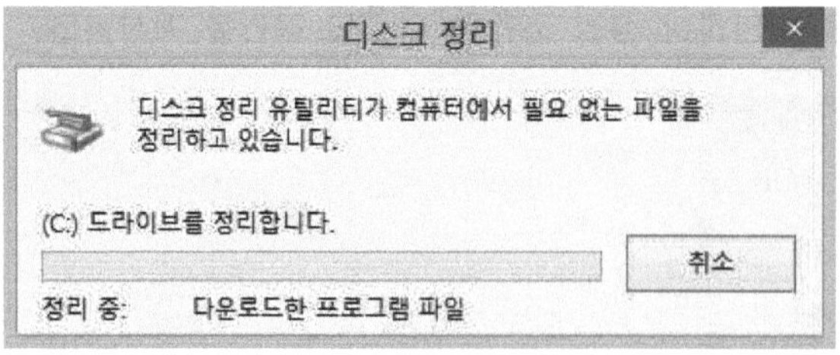

7.2 파일 백업

백업이란 예측할 수 없는 불의의 사태로 데이터의 손실 등을 대비하여 다른 디스크에 원본 파일의 복사 파일을 만들어 두는 것을 말한다.

(1) 파일 백업하기

① [바탕화면]-[참]메뉴-[설정]-[제어판]-[시스템 및 보안]-[파일 히스토리]를 선택한다.

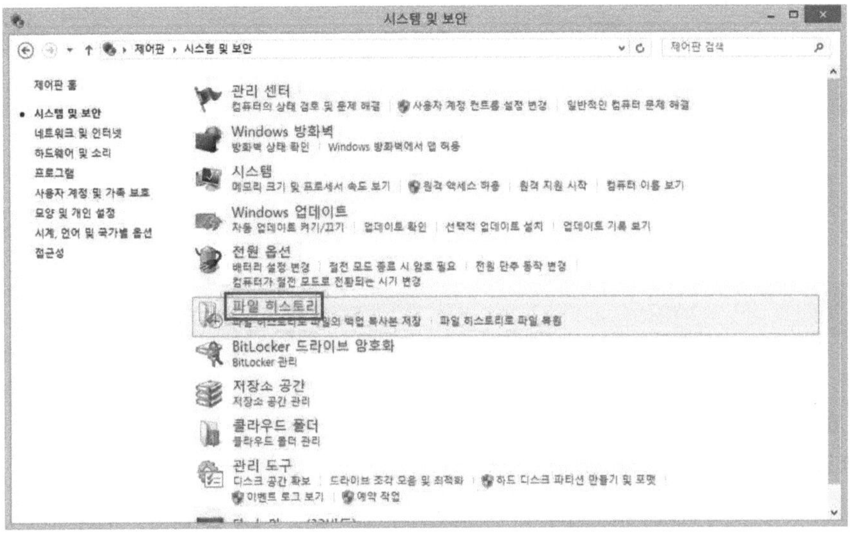

② [파일 히스토리] 창에서 파일 히스토리의 [켜기] 버튼을 클릭한다,

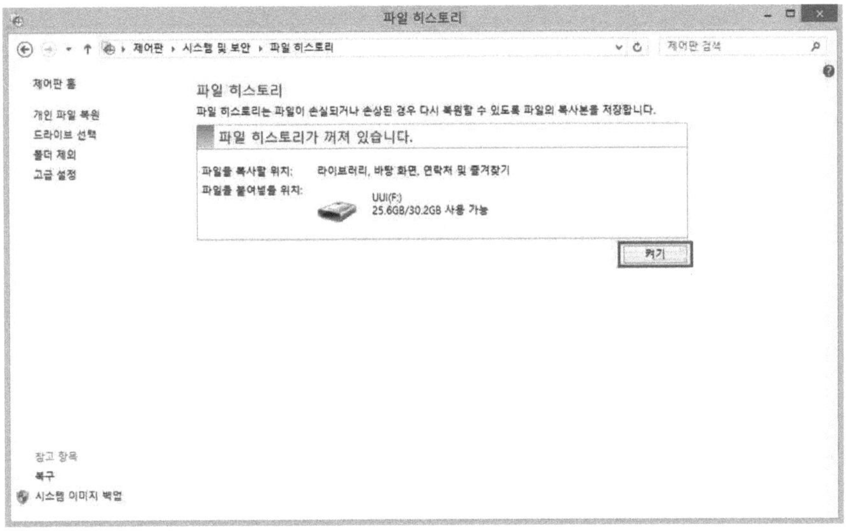

③ [파일 히스토리용 드라이브 권장] 대화상자가 나타나면 [예] 버튼을 클릭한다.

④ 파일 히스토리가 켜지면서 시스템에 연결된 외장하드나 USB 메모리 등에 파일 히스토리가 저장된다.

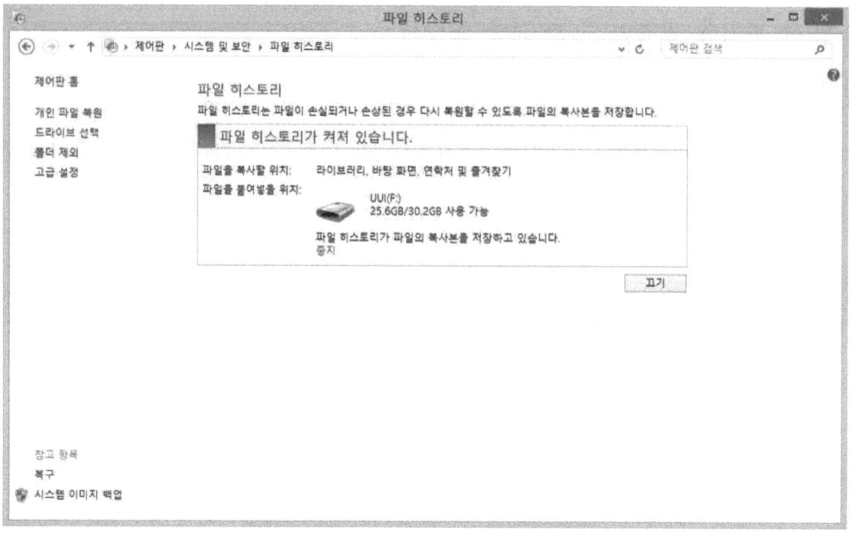

⑤ 파일 히스토리가 저장된 드라이브를 확인하면 "FileHistory" 폴더가 생기고 폴더 안에 저장된 백업 파일을 확인할 수 있다.

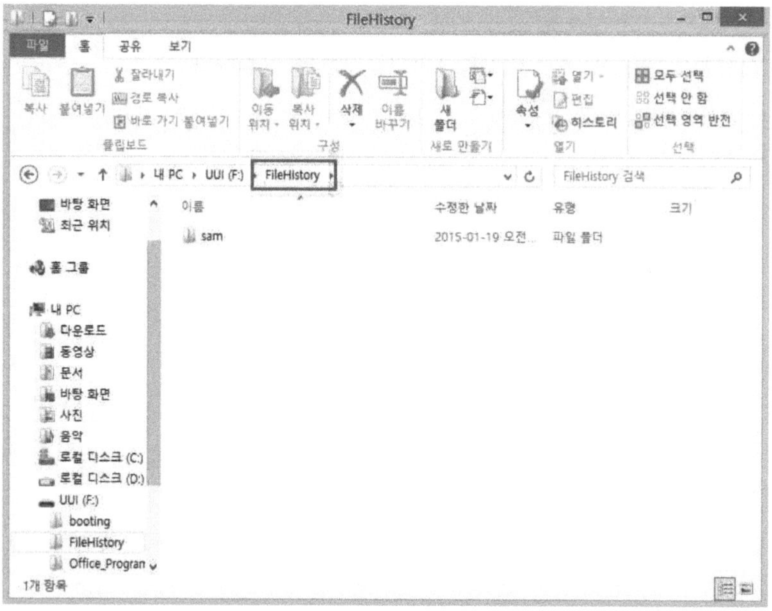

(2) 파일 복원하기

파일 히스토리를 이용하여 백업한 파일을 복원하는 방법에 대해 설명한다.

① 파일 탐색기를 실행하고 [홈]-[열기] 그룹에서 [히스토리] 아이콘을 클릭한다.

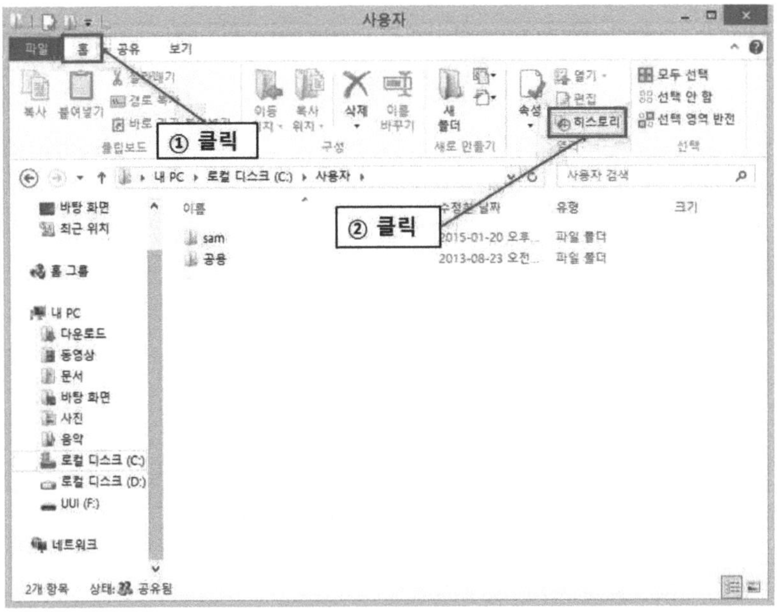

② [파일 히스토리] 창이 나타나면 복원할 파일이 있는 파일 폴더를 더블클릭한다.

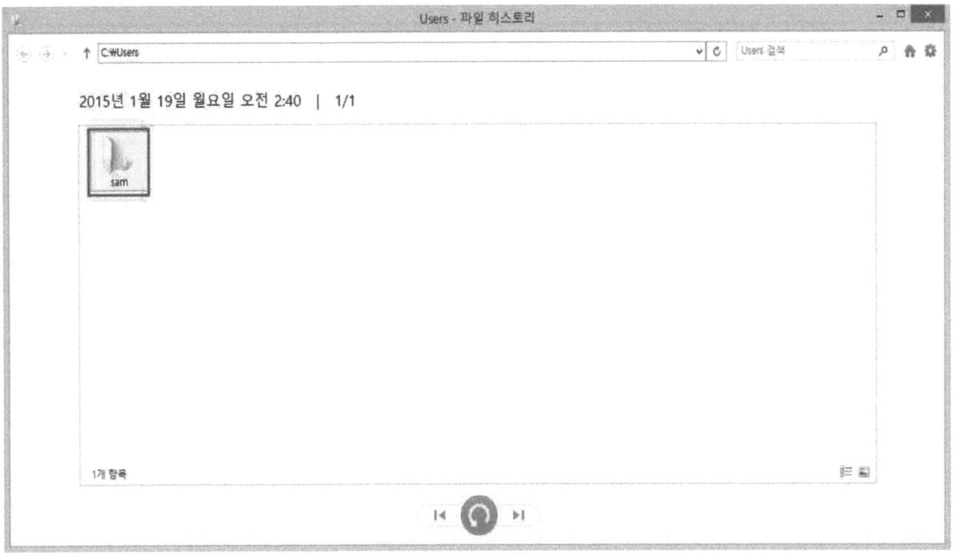

③ [복원] 아이콘을 클릭한다.

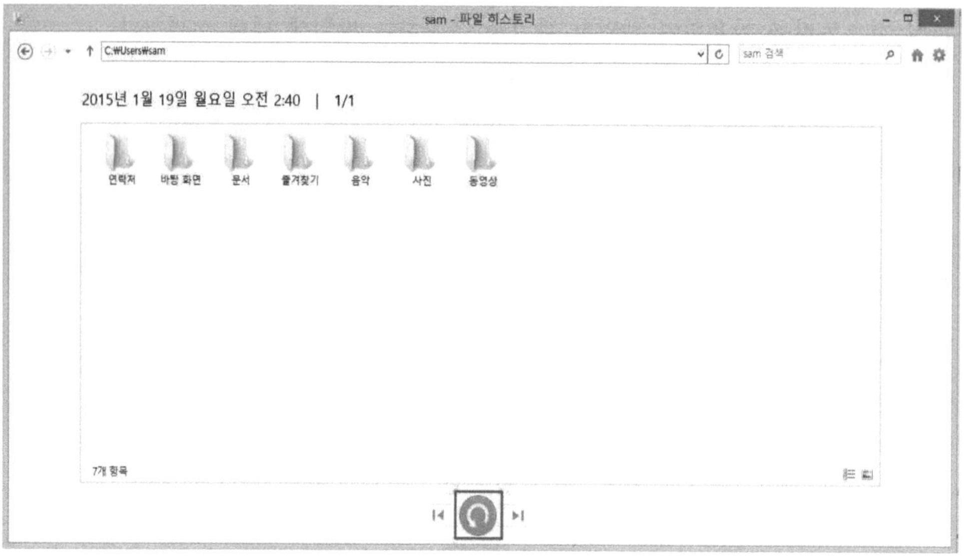

④ [파일 바꾸기 또는 건너뛰기] 대화상자에서 복사할 옵션을 선택한다.

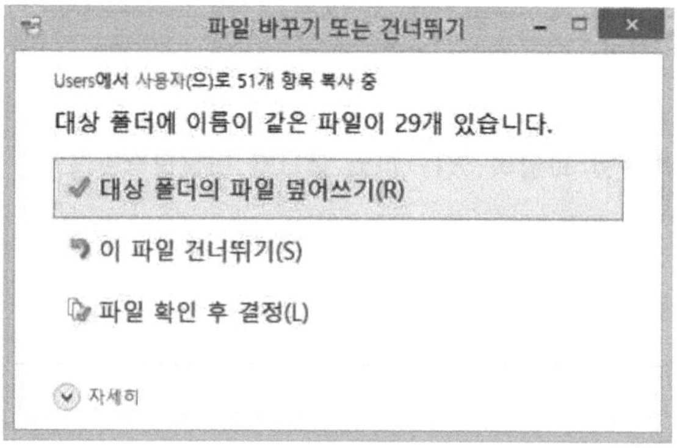

Part 1

제 8 장 윈도우 8의 다양한 기능

8.1 네트워크

네트워크란 두 대 이상의 컴퓨터가 케이블과 LAN 카드, 기타 장치(허브, 터미네이터, T 커넥터) 등에 의해 연결되어 정보를 주고받을 수 있는 상태를 말한다.

네트워크에는 반경 수Km 이내의 컴퓨터나 한 빌딩, 한 지역의 컴퓨터들이 서로 연결되어 있는 LAN(Local Area Network)과 서로 다른 지역의 컴퓨터들이 연결되는 WAN(Wide Area Network)으로 구분된다.

8.1.1 TCP/IP 네트워크 설정

윈도우는 모든 네트워크 환경을 설정할 수 있고 현재의 네트워크 위치나 연결 상태를 한 눈에 확인할 수 있어서 네트워크 변경 전이나 현재의 상태를 알 수 있다.

① [바탕화면]-[설정]-[제어판]을 클릭한다.

② [제어판]-[네트워크 및 인터넷]에서 [네트워크 상태 및 작업 보기]를 클릭한다.

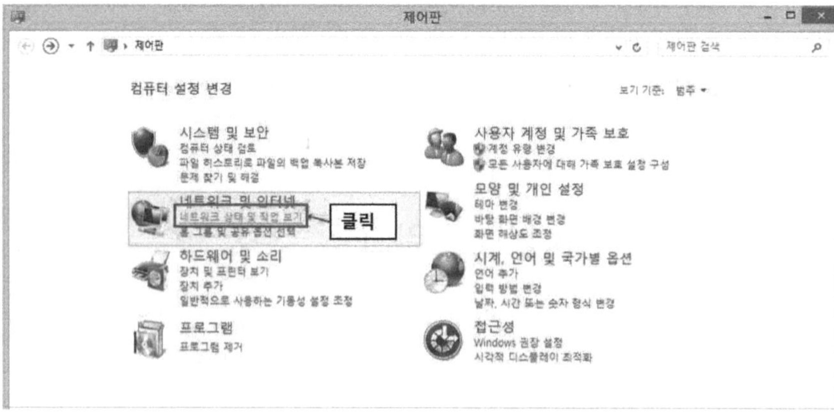

③ [네트워크 및 공유 센터] 창에서 [활성 네트워크 보기] 항목의 [연결]을 클릭한다.

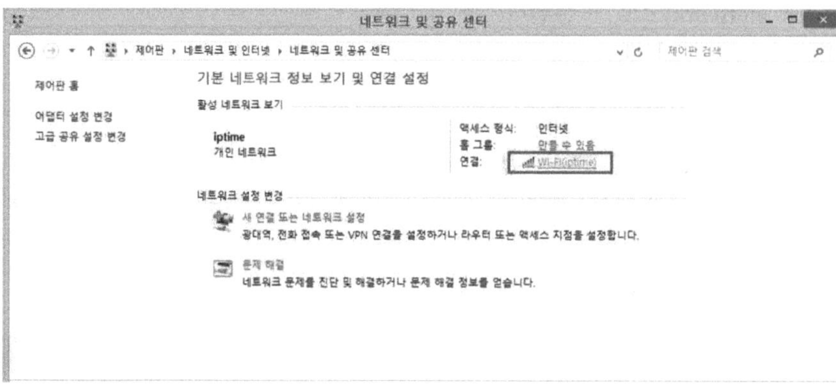

④ [로컬 영역 연결 상태] 대화상자에서 [속성] 버튼을 클릭한다.

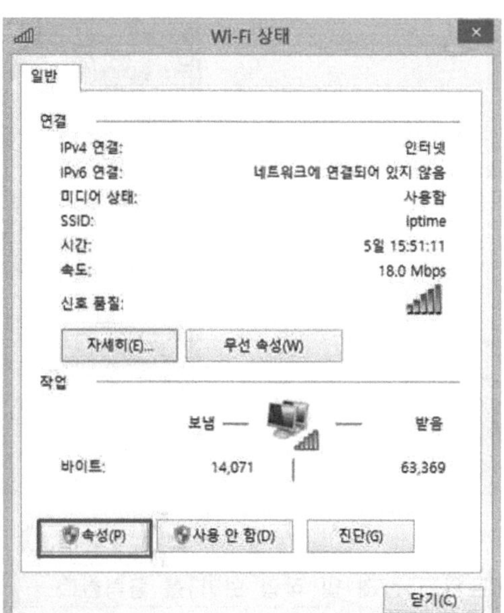

⑤ [로컬 영역 연결 속성] 대화상자에서 'Internet Protocol Version 4(TCP/IPv4)'를 선택하고 [속성] 버튼을 클릭한다.

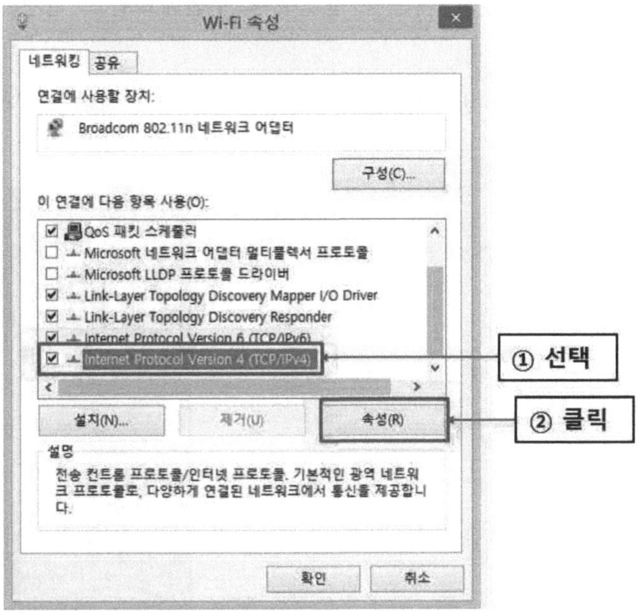

⑥ [Internet Protocol Version 4(TCP/IPv4) 속성] 대화상자에서 "다음 IP 주소 사용"을 클릭한다. 사무실, 커피숍, 도서관 등에서 할당받은 IP주소와 DNS 서버 주소를 입력하고 [확인] 버튼을 클릭하여 TCP/IP 설정을 모두 완료한다.

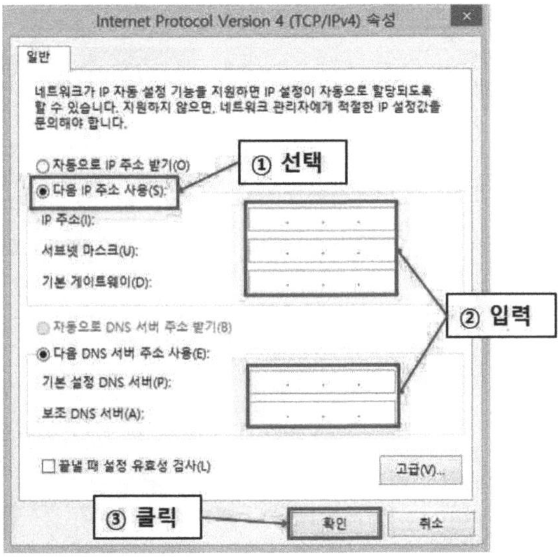

8.1.2 무선 네트워크 설정

무선 네트워크 환경이 점점 증가되고 있기 때문에 윈도우는 무선네트워크 환경 설정 및 관리하는 기능을 제공한다.

① 바탕화면의 작업 표시줄의 [네트워크] 아이콘을 클릭하면 주변에 연결 가능한 무선 네트워크 목록에 나타난다.

② 연결 가능한 무선 네트워크를 선택하고 [자동으로 연결]에 체크한 후, [연결] 버튼을 클릭한다.

③ 무선 네트워크에 암호가 있으면 암호를 입력한 후, [다음]을 클릭한다.

④ 연결한 무선 네트워크의 공유 옵션에 대한 설정이 나타나고, 현재 있는 장소에 따라 선택한다. "아니요"는 공유를 켜거나 자치에 연결하지 않을 때, "예"는 공유를 켜고 장치에 연결할 때 선택한다.

⑤ 연결이 완료되면 선택한 무선 네트워크에 [연결됨]으로 표시된다.

8.2 비디오 관리하기

윈도우에서는 음악, 비디오, CD, DVD, Internet Radio와 같은 디지털 미디어를 재생할 수 있고 관리할 수 있다. 사용자가 컴퓨터에 가지고 있거나 DVD로 가지고 있는 비디오를 감상할 수 있다.

① [시작]-[앱]-[검색창]에 “Media”를 입력하면 “Windows Media Player”가 검색된다. [Windows Media Player] 아이콘을 클릭한다.

② “Windows Media Player” 기본 화면이 나타난다.

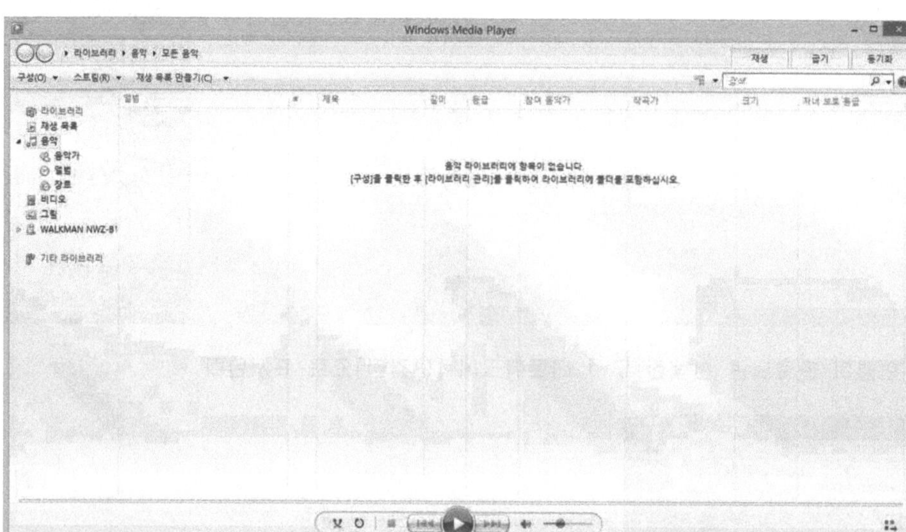

③ 윈도우 미디어 플레이어의 상단의 도구 모임에서 [재생목록 만들기]를 클릭한다.

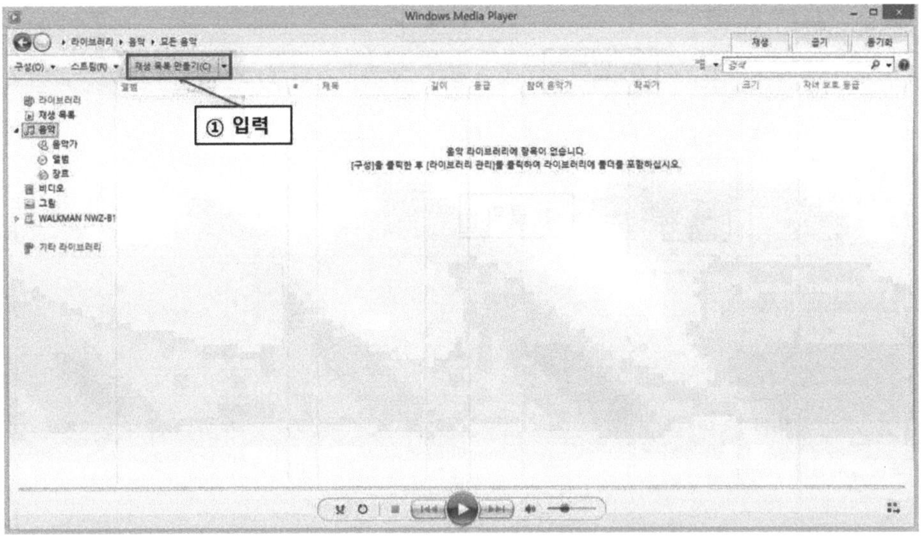

④ 왼쪽 탐색 창의 재생 목록에 새로운 재생 목록이 하나 추가되면 이름을 입력한다.

⑤ 오른쪽 상단의 [재생]을 클릭하면 오른쪽에 "저장 안한 목록"의 창이 생성된다.

미디어가 있는 파일 탐색 창에서 [비디오 도구]-[재생]을 선택하고 "파일"을 선택한 후, [재생 목록 추가] 아이콘을 실행한다.

또는 파일 탐색 창에서 "파일"을 윈도우 미디어 플레이어 창에 드래그하여 추가한다.

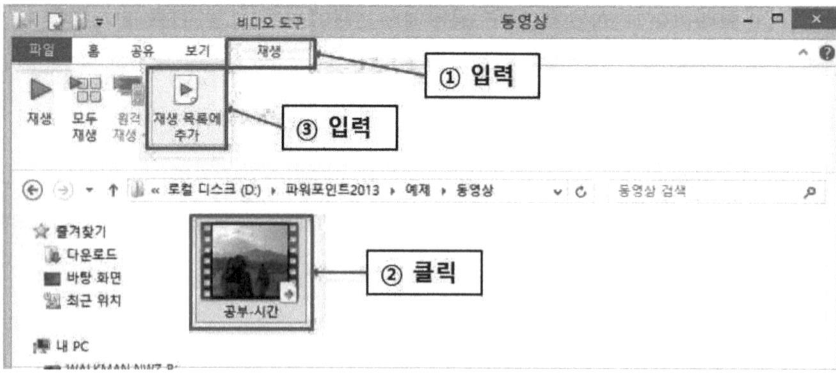

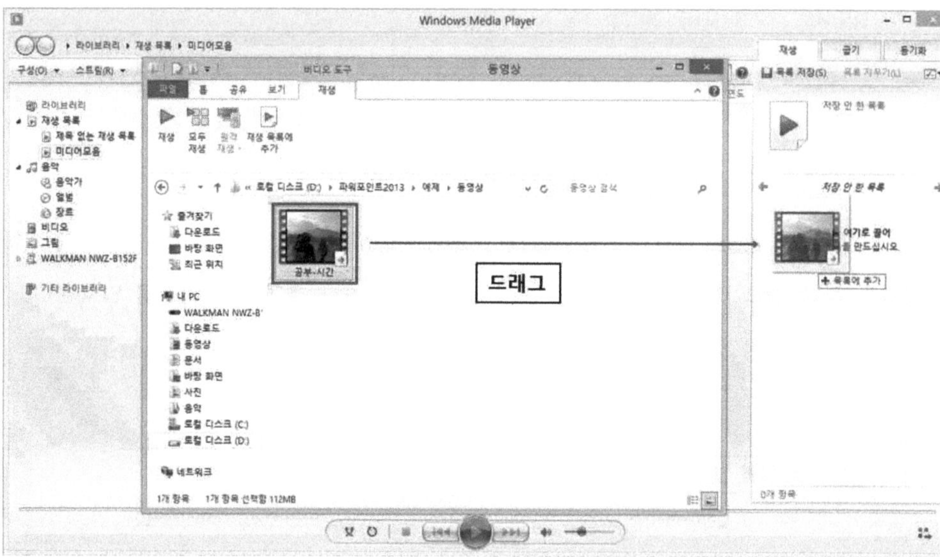

⑤ 추가한 미디어를 “재생 목록”에 드래그 하여 추가한다.

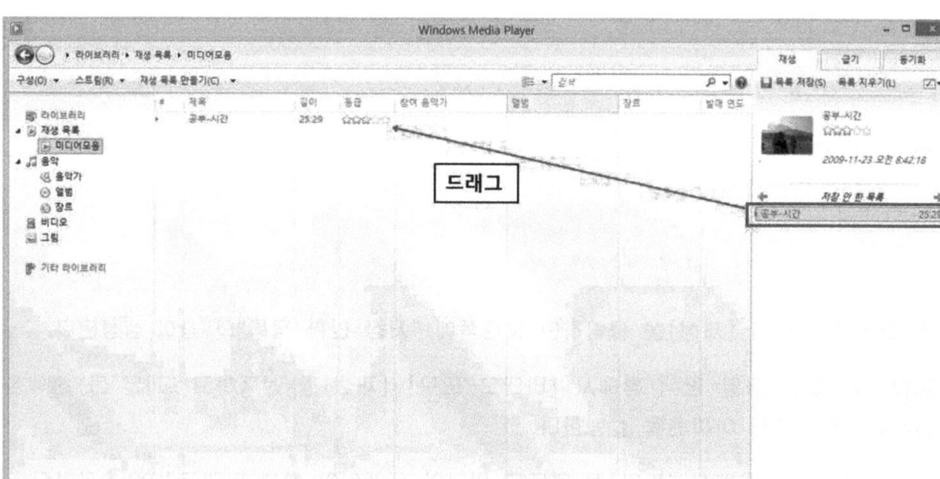

⑥ 재생 목록을 삭제하려면 삭제할 재생 목록을 선택한 후 마우스 오른쪽 단추를 클릭하고 [삭제]를 선택한다.

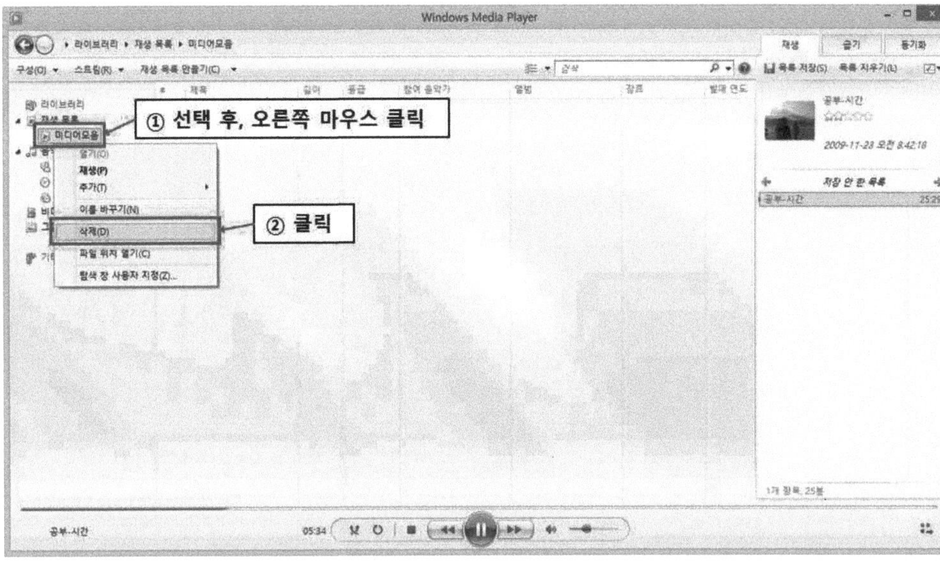

⑦ 삭제 메시지가 나타나고 원하는 옵션을 체크한 후 [확인] 버튼을 클릭한다. "라이브러리에서만 삭제"는 라이브러리에 추가된 파일만 삭제한다. "라이브러리와 내 컴퓨터에서 삭제"는 라이브러리뿐만 아니라 실제 위치하고 있는 파일을 삭제한다.

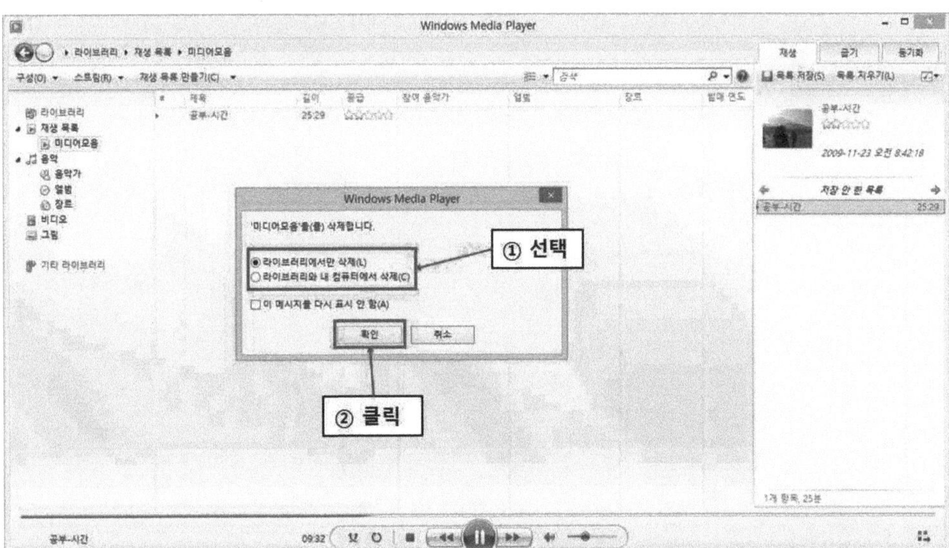

< 메 모 >

제 1 장 흔글 2014의 기초

오늘날 컴퓨터는 사무자동화, 공장자동화를 비롯하여 다양한 용도로 실생활에서 사용되고 있다. 그 중에서도 가장 큰 비중을 차지하고 있는 것은 역시 문서 작성으로 흔히 '워드'라고 말하는 워드프로세서(word processor) 기능이다. 본 장에서는 워드프로세서의 개념과 종류에 대하여 먼저 살펴본 다음, 흔글의 최신 버전인 한컴오피스 흔글 2014 워드프로세서를 실행하는 방법부터 살펴본다.

1.1 워드프로세서의 개념과 종류

본 절에서는 사무자동화 환경에서 가장 널리 사용되고 있는 워드프로세서의 개념과 종류에 대하여 알아보도록 한다.

1.1.1 워드프로세서의 개념

자판으로 문서를 입력하고, 화면을 통하여 작성된 문서의 내용을 수정하거나 보완한 후 디스크에 저장하거나 또는 종이에 인쇄할 수 있도록 도와주는 소프트웨어를 워드프로세서라고 한다. 종이 위에 연필이나 펜을 사용하여 글을 쓰거나 문서를 작성할 경우에 잘못된 곳을 수정하거나 일정한 내용을 추가 또는 삭제하려면 대부분의 경우 처음부터 다시 써야 하는 불편한 점이 있으나, 워드프로세서를 이용하여 글을 쓰거나 문서를 작성하게 되면, 자판으로 입력한 문서의 내용을 화면으로 확인하면서 손쉽게 문서를 수정 · 삽입 · 삭제할 수 있고, 화면상에서 문서가 완벽하게 작성된 후에 인쇄하거나 디스크와 같은 보조 기억장치에 보관하여 두었다가 다시 쓸 수 있어 편리하다.

1.1.2 워드프로세서의 종류

현재 가장 널리 사용되고 있는 워드프로세서의 종류를 도스용과 윈도용으로 나누어 구분하면 다음과 같다.

가. 도스용 워드프로세서

도스용의 워드프로세서로 가장 널리 사용되고 있는 것으로는 흔글 워드프로세서, 하나 워드프로세서 등이 있다.

나. 윈도우용 워드프로세서

최근에는 도스용보다 윈도우용의 워드프로세서가 널리 사용되고 있는데, 현재 가장 널리 사용되고 있는 것으로는 한글과 컴퓨터사의 흔글 2007, 흔글 2010 그리고 흔글 2014, 삼성전자의 훈민정음, 마이크로소프트사의 워드 2010과 워드 2013 등을 들 수 있다.

1.2 훈글 2014의 특징과 실행

본 절에서는 훈글 워드프로세서의 특징을 알아보고 컴퓨터에 윈도우 8 버전 운영체제가 설치되어 있을 경우 훈글 워드프로세서를 실행하는 방법을 살펴보기로 한다.

1.2.1 훈글 2014의 특징

한컴오피스 훈글 2014는 한글 윈도우 XP SP3/ Vista/ 7 / 8용 한글 워드프로세서 프로그램으로, 윈도우용 응용프로그램에서 사용하고 있는 그래픽 사용자 인터페이스(GUI)를 사용한다. 한컴오피스 훈글 2014는 사용자가 직관적으로 쉽게 이해할 수 있도록 윈도우의 표준UI(User Interface)를 지원하기 때문에, 사용자의 문서 편집 작업을 보다 편리하게 할 수 있다. 또한 한컴오피스 훈글 2014는 인터넷을 비롯하여 다른 응용프로그램과의 호환성과 확장성을 더욱 강화되었다. 훈글 2014는 PC용, MAC용, 모바일용으로 출시되어 다양한 기능이 추가되었고, 가정용, 기업용, 교육기관으로 구분되어 구매가 가능하다.

1.2.2 훈글 2014 시작하기

가. 단축 아이콘의 사용

윈도우 8의 바탕화면에 등록된 한컴오피스 훈글 2014 실행 아이콘에 마우스 포인터를 갖다 놓은 후 마우스의 왼쪽 단추를 두 번 누르면 한컴오피스 훈글 2014가 실행된다.

나. 윈도우 8 앱에서 실행

① [시작] 버튼을 클릭한다.

② [앱] 전환 버튼을 클릭한다.

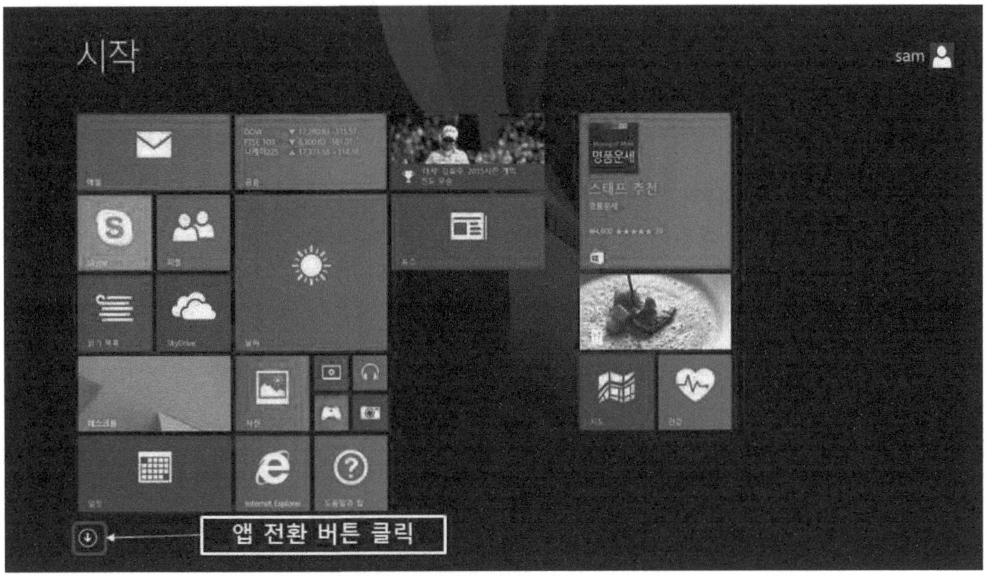

③ 한컴오피스 [훈글 2014] 아이콘을 더블클릭한다.

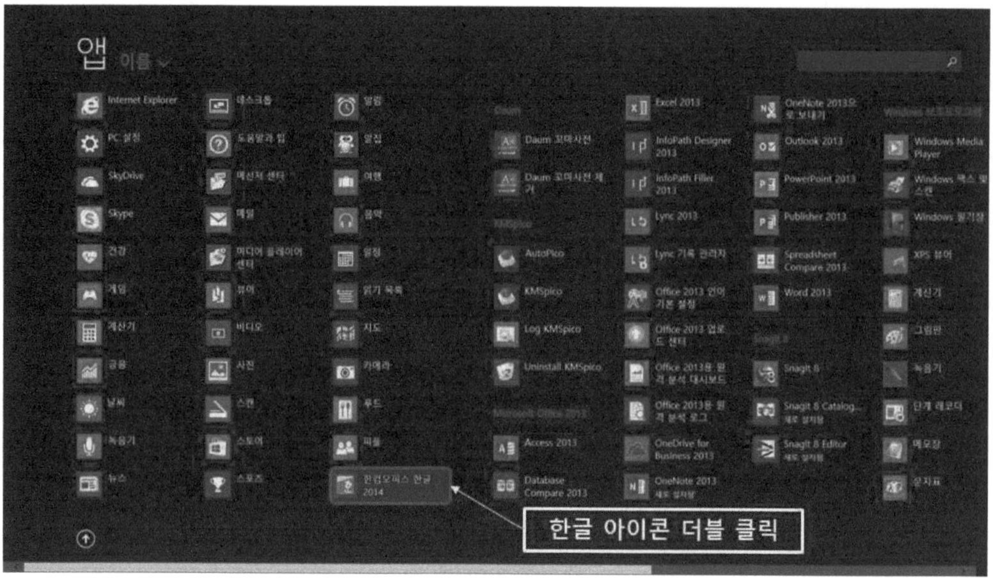

④ [앱]에서 해당 아이콘에서 오른쪽 마우스를 클릭한 후, [시작화면에 고정]과 [작업표시줄에 고정]을 통해 아이콘의 위치를 설정할 수 있다.

[시작화면에 고정]은 ②번의 화면에 아이콘이 위치하고, [작업표시줄에 고정]은 ①번 화면의 아래 작업표시줄에 아이콘이 나타난다.

위의 방법들을 통해 아이콘의 위치를 설정하여 한글 2014를 쉽게 실행할 수 있다.

1.2.3 한글 2014의 화면구성

한컴오피스 한글 2014의 화면 구성은 이전 판 한글과 호환성을 가지면서 윈도우 표준 사용자 화면을 따르기 때문에 한글에 익숙한 사용자와 처음 사용하는 사용자 모두에게 친숙하도록 구성되어 있다.

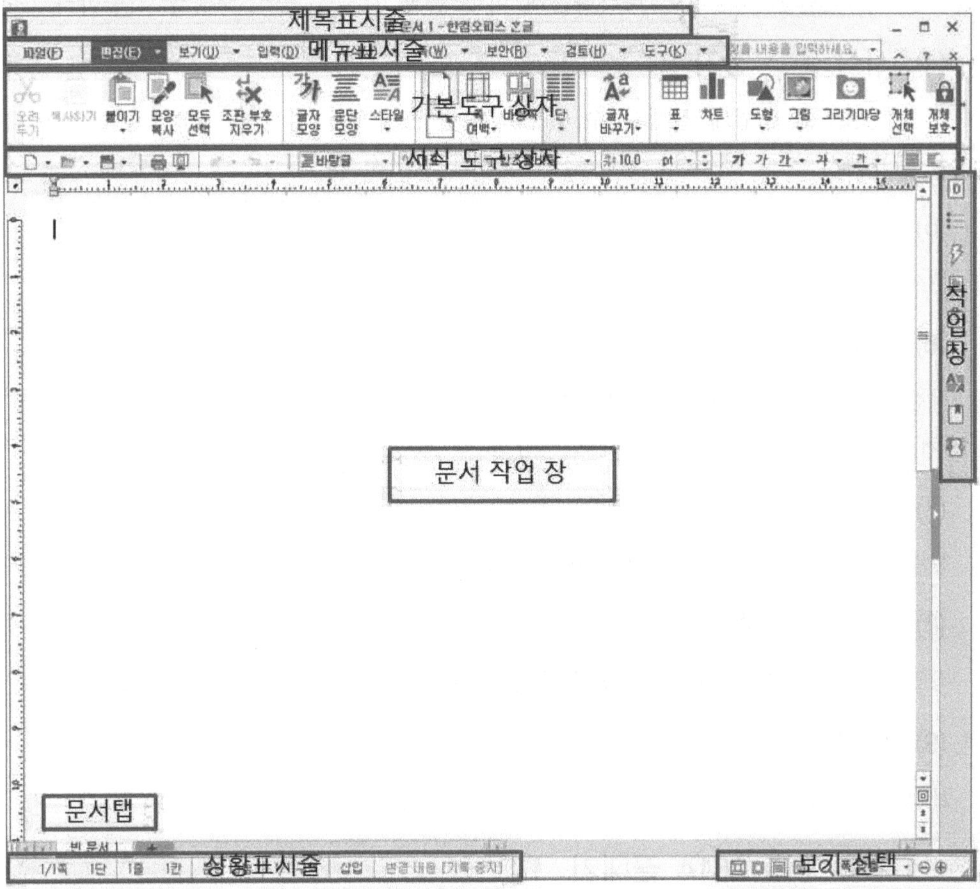

(1) 제목 표시줄

현재 작업 중인 문서의 경로와 파일명이 표시되는 줄이다. 파일 이름이 "빈문서 1- 한컴오피스 ᄒᆞᆫ글" 등으로 표시 되어 있는 것은 작성한 문서에 아직 이름을 지정하지 않았음을 뜻한다. 문서를 저장하면 문서의 이름을 요구하는데 이때 이름을 입력하면 된다.

- 한컴오피스 ᄒᆞᆫ글 2014가 실행 중임을 나타낸다. 더블 클릭하면 ᄒᆞᆫ글이 종료된다.
- 종료 버튼 : 작업 중인 한컴오피스 ᄒᆞᆫ글 2014 창을 닫게 한다.

(2) 메뉴 표시줄

ᄒᆞᆫ글에서 사용되는 각종 명령들을 풀다운 메뉴(Pull-Down) 형식으로 모아 놓은 곳으로, 호출하고자 하는 메뉴를 마우스의 왼쪽 단추로 클릭하면 그 메뉴에 따른 하위 메뉴가 나타난다. 키보드를 사용할 경우에는 F10을 누른 후 방향키를 사용한다.

(3) 기본 도구 상자

자주 사용하는 기본 및 서식에 관한 도구들을 모아 놓은 줄이다. 아이콘에다 마우스를 올려놓으면 간단한 도움말이 나타나는데 이 도움말 기능을 풍선 도움말 기능이라고 한다.

(4) 서식 도구 상자

메뉴의 명령을 손쉽게 실행할 수 있도록 관련 도구들을 한 곳에 모아놓은 상자이다. 각 메뉴에서 자주 사용하는 기능을 그룹별로 묶어서 탭 형식으로 제공한다.

(5) 문서 작업 창

문서 편집이 이루어지는 곳이다. 이곳에서 글자를 넣고 꾸미는 작업을 한다.

(6) 작업창

사전검색. 개요보기, 빠른 실행, 쪽 모양보기, 클립보드, 스크립트, 스타일, 책갈피, 오피스 커뮤니케이터를 한눈에 확인하고 사용할 수 있는 [작업창] 기능을 제공한다.

(7) 문서탭

현재 창에 열려있는 문서의 이름이 표시된다.

(8) 상황 표시줄

작업 중인 문서의 현재 위치, 전체 쪽수, 현재 구역, 삽입/수정 상태를 표시한다.

(9) 보기선택

보기 선택 아이콘을 클릭하면 원하는 보기 형태를 선택할 수 있다.

1.2.4 흔글 2014 끝내기

한컴오피스 흔글 2014의 사용을 마치려면 [파일]-[끝]을 선택하거나 Alt+X 키를 누른다. 편집 중인 문서 가운데 저장하지 않은 것이 있다면 한컴오피스 흔글 2014를 마칠 때 파일을 저장할 것인지 사용자에게 확인한다. 저장하려면 [저장(Y)] 버튼을 클릭한다.

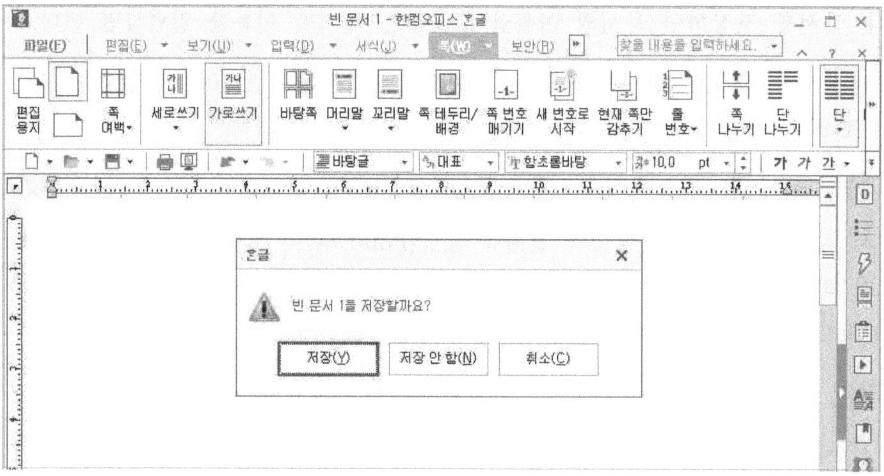

제 2 장 한글 2014의 기초 사용법

본 장에서는 한컴오피스 한글 2014 워드프로세서를 처음 사용하는 사람들과 초보자를 위하여 가장 기본적인 사용법을 개괄적으로 소개하기로 한다.

2.1 메뉴와 대화상자

본 절에서는 한컴오피스 한글 2014 워드프로세서의 메뉴 사용법과 단축 메뉴, 단축키 및 대화상자 사용 방법 등을 살펴보기로 한다.

2.1.1 메뉴 사용하기

한컴오피스 한글 2014의 메뉴는 화면 상단에 모두 9개로 구성되어 있고 각 메뉴에는 그에 딸린 부 메뉴가 있다. 먼저 메뉴 사용법은 다음과 같다.

- 키보드로 메뉴 사용하기 : F10키를 누르면 화면 상단의 메뉴 표시줄에 있는 메뉴가 활성화되면서 부메뉴 목록이 열린다. 메뉴와 메뉴 사이 또 메뉴와 부메뉴 사이의 이동은 화살표 키를 이용하고 명령을 실행하려면 Enter↵키를 누른다.
- 마우스로 메뉴 사용하기 : 마우스로 메뉴나 부메뉴를 선택할 때는 원하는 메뉴에 마우스 포인터를 놓고 왼쪽 단추를 클릭하거나 펼침 메뉴에 있는 기능을 선택하여 사용한다.

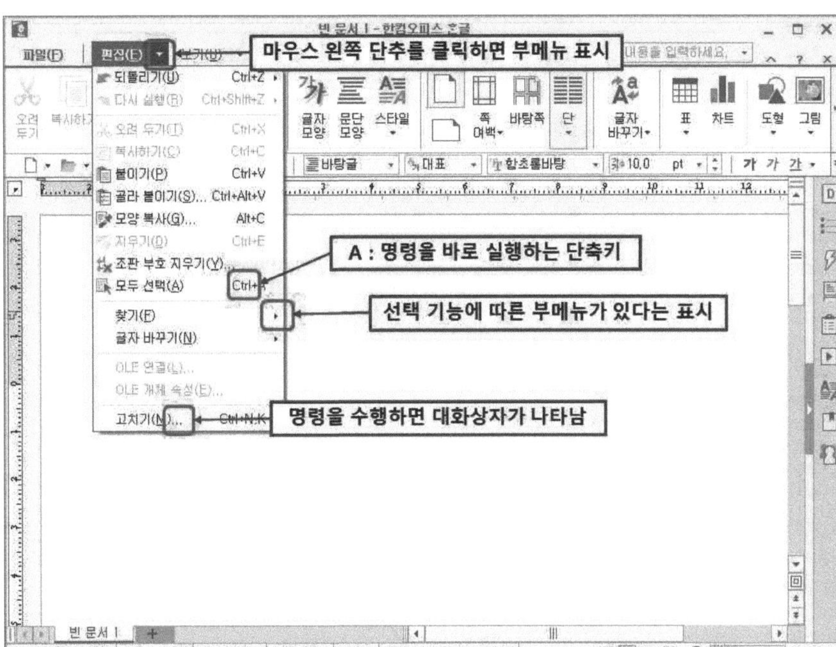

메뉴	설명
파일	문서의 저장, 불러오기, 인쇄 등 문서를 직접 다루는 기능과 인터넷 관련 기능을 모아 놓았다.
편집	글의 일부를 자르거나 붙이고 특정 문자열을 찾거나 바꾸는 기능을 모아 놓았다.
보기	화면 표시 형태나 도구 상자, 조판 부호 등 화면에 표시하는 내용을 변경하는 기능을 모아 놓았다.
입력	입력과 직접 관련된 자판의 변경이나 한자 입력, 특수 문자 입력 등을 모아놓았다.
서식	글자모양, 문단모양, 스타일 등 문서의 서식을 변경할 수 있는 도구들을 모아놓았다.
쪽	쪽 여백, 세로쓰기, 가로쓰기, 머리말, 꼬리말, 다단 등 쪽 모양을 변경할 수 있는 도구들을 모아놓았다.
보안	암호설정, 문서암호화, 전자서명 등 문서의 보안에 관련한 도구들을 모아놓았다.
검토	문서의 내용에 교정 부호를 표시하거나 사전 관련 기능, 맞춤법 검사, 변경 내용 추적 등 문서 검토와 관련된 기능으로 구성되어 있다.
도구	맞춤법 검사, 사전기능, 프레젠테이션 기능 등 문서 작성 시 편리하게 이용할 수 있는 도구들을 모아놓았다.
표	표 만들기, 차트를 만들기 위한 도구들을 모아놓았다.

(1) 팝업 메뉴

명령을 실행할 때마다 매번 메뉴를 이용하는 것은 무척 번거롭다. 한글오피스 흔글 2014에서는 메뉴 이용이 더욱 편리하도록 마우스 오른쪽 단추의 메뉴 기능을 제공하고 있다. 문서를 작성하다가 마우스 오른쪽 단추를 누르면 그 상황에서 사용할 수 있는 메뉴가 나타나는데, 이를 팝업 메뉴(Pop-Up menu : 단축 메뉴라고도 함)라고 한다.

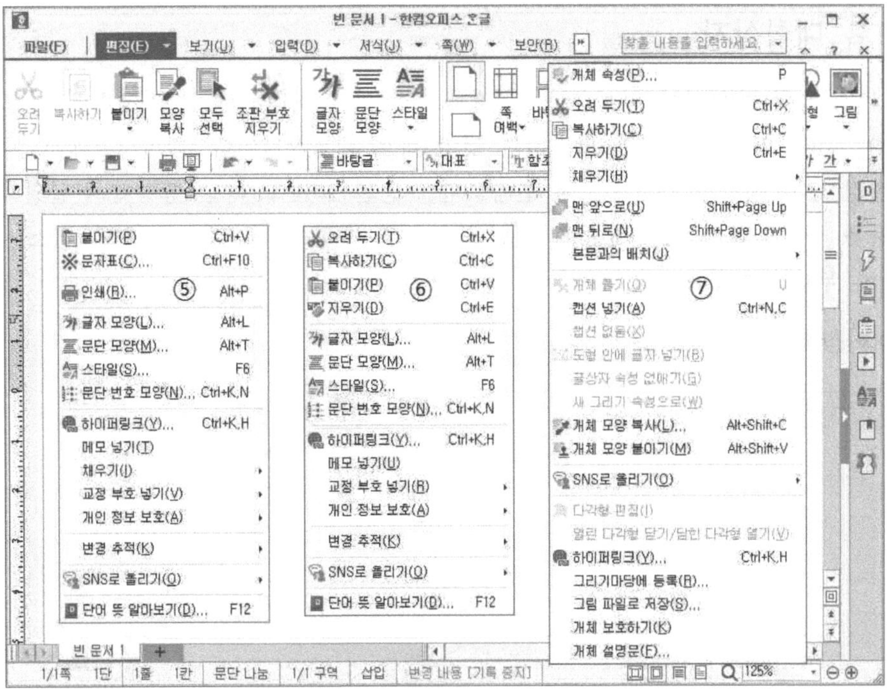

① 도구 상자 주위를 마우스의 오른쪽 단추를 클릭하면 나타나는 단축 메뉴
② 작업 영역에서 나타나는 단축메뉴
③ 상황선에서 나타나는 단축메뉴
④ 가로 눈금자 위에서 클릭하면 나타나는 단축 메뉴
⑤ 복사하거나 오려 두기를 실행한 후 나타나는 단축 메뉴
⑥ 블록 설정 후 나타나는 단축 메뉴
⑦ 글맵시나 그림 등에서 나타나는 단축 메뉴

(2) 단축키

특정 기능을 간단히 키보드의 키에 지정해 놓은 것을 단축키라 한다. 단축키의 이점은 메뉴의 여기저기를 몇 단계씩 거칠 필요 없이 한 번에 명령을 실행시켜 작업을 빠르게 처리한다는 것이다. 단축키는 메뉴 이름 옆에 표시되어 있다.

명령	메뉴	표기 방법	사용 방법
되살리기	^Z	Ctrl+Z	Ctrl키를 누른 상태에서 Z키를 누른다.
글자모양	@L	Alt+L	Alt키를 누른 상태에서 L키를 누른다.
화면확대	~+	Shift+＋	Shift키를 누른 상태에서 ＋키를 누른다.(Num Lock키 해제 후)
고치기	^NK	Ctrl+N,K	Ctrl 키와 N키를 누르고 K키를 누른다.

2.1.2 대화상자

한컴오피스 한글 2014에서 일부 명령의 경우, 조건이나 처리 방법을 자세하게 지정하여 알려주어야 한다. 이러한 역할을 담당하는 것이 바로 대화상자이다. 대화상자에서 설정한 내용은 설정 단추 등을 클릭함으로써 한컴오피스 한글 2014에 해당 명령이 전달된다. 설정한 내용을 한컴오피스 한글 2014에 전달하지 않고 대화상자를 종료하려면 [취소] 단추나 Esc 키를 누르면 된다.

가. 대화상자의 구성 요소

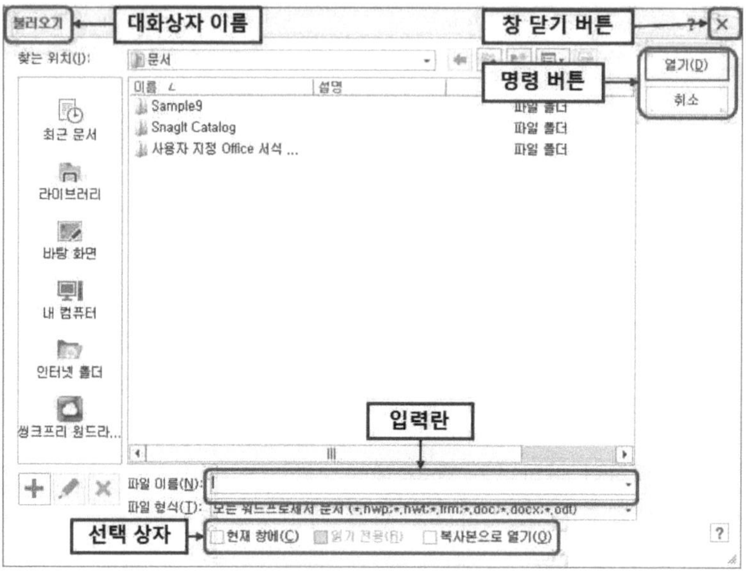

① ② ③ ④ ⑤ ⑥ ⑦ ⑧

① 마지막으로 열어 본 폴더로 이동
② 한 수준 위로
③ 새 폴더 만들기
④ 메뉴 보기(작은 그림, 아이콘, 간단히, 자세히/경로 보기, 미리 보기)
⑤ 문서 요약
⑥ 빨리 가기 추가하기
⑦ 빨리 가기 편집하기
⑧ 빨리 가기 지우기

나. 대화상자에서 항목 사이의 이동

대화상자에서는 필요한 항목을 마우스로 클릭하는 것이 편리하다. 키보드를 이용할 때는 각 항목 사이의 이동은 [⇆] 키(Tab)를 이용하고 각 항목 안의 여러 내용 사이의 이동은 화살표 키를 이용한다.

2.2 글자(한글 · 영문 · 한자) 입력

한컴오피스 훈글 2014에서는 한글과 영문글자를 입력하는 방법과 한자로 변화하는 방법, 특수 문자 입력 및 교정하는 방법 등 여러 가지 기능이 있다.

2.2.1 한글 입력과 지우기

문서를 작성하려면 먼저 키보드를 이용하여 원하는 내용을 입력해야 한다. 한컴오피스 훈글 2014 역시 한글, 한자, 영문 등의 다양한 문자를 입력할 수 있다.

① 한글을 입력하는 방법 : 초성, 중성, 종성에 해당하는 자음/모음 키를 차례대로 누른다.

[ㄱ]→[ㅏ]→[ㅇ] ➡ 강

② 빈칸을 입력하는 방법 : 필요한 단어를 입력하고 [Space Bar]를 누른다.

할→[Space Bar]→수 ➡ 할 수

③ 종성(받침) 겹자음을 입력하는 방법 : [Shift]키를 누른 상태에서 해당 자음키를 누른다.

[ㅇ]→[ㅣ]→[Shift]키를 누른 상태에서 [ㅅ] ➡ 있

④ 기호를 입력하는 방법 : [Shift]키를 누른 상태에서 해당키를 누른다.

[Shift]→[=] ➡ +

⑤ 초성 겹자음을 입력하는 방법 : [Shift]키를 누른 상태에서 해당 자음키를 누른다.

[Shift]→[ㄱ]→[Shift]를 뗀다.→[ㅔ] ➡ 께

⑥ 줄 바꿈을 하는 방법 : 줄을 바꾸려는 위치에서 [Enter↵]키를 누른다.

인간은 현대 문명→[Enter↵]→생활 속에서 ➡ 인간은 현대 문명
생활 속에서

⑦ 글자를 지우는 방법 : [BackSpace]([←])키와 [Delete]키 그리고 단축키를 이용하는 방법이 있다.

[BackSpace] : 현재 커서 앞(왼쪽)에 있는 글자를 한 자씩 지운다.

[Delete] : 현재 커서 뒤(오른쪽)에 있는 글자를 한 자씩 지운다.

[Alt]+[Y] : 현재 커서가 위치한 곳으로부터 우측 나머지 줄 지우기

[Ctrl]+[Y] : 현재 커서가 위치한 줄 전체 지우기

[Ctrl]+[←] : 커서 앞(왼쪽) 낱말 지우기

[Ctrl]+[T](또는[Del]) : 커서 뒤(오른쪽) 낱말 지우기

2.2.2 지운 내용 복구 방법(Ctrl+Z)

한컴오피스 호글 2014는 편집 작업 중 실수나 잘못 판단하여 문장이나 문자열을 삭제한 경우, 이를 되살려주는 기능을 제공한다. 즉 바로 이전에 Ctrl+Y 이나 Ctrl+T, 기타 삭제 기능에 의해 문자나 그림, 표 등을 모르고 지웠을 경우 원래 모양대로 되살리기 위해 Ctrl+Z 단축키를 이용한다. 이 경우 반드시 원상 복구시킬 지점에 커서를 위치시킨 후 명령을 실행해야 한다.

① 한컴오피스 호글 2014 주 편집화면(작업영역)에 다음의 문장을 입력해 보자.

> 공부가 되는 탈무드 이야기
>
> 종을 치지 않은 이유
>
> 유대교 랍비와 가톨릭 신부가 이야기를 나누고 있었습니다.
>
> "유대교 교회에서는 왜 종을 치지 않나요?"
>
> 가톨릭 신부가 묻자 랍비가 빙긋 웃으며 대답했습니다.
>
> "그 해답은 시장에 가면 찾을 수 있습니다. 저와 함께 시장에 가 보시겠습니까?"
>
> "그러지요"
>
> 랍비와 신부는 곧바로 시장으로 갔답니다.
>
> "갓 잡아 온 싱싱한 생선입니다. 생선 사세요."
>
> "신선한 과일입니다. 아주 맛있습니다. 어서 오세요."
>
> 시장에서 생선이나 과일을 파는 상인들은 앞 다투어 소리 높여 손님을 불렀습니다. 진열대에는 물건들이 보기 좋게 하나 가득 쌓여 있었습니다. 길을 가던 손님들은 상인들이 외치는 소리를 듣거나 가격표를 보고 발걸음을 멈췄습니다. 그리고 잠깐 구경만 할 뿐, 물건을 사지는 않고 그냥 떠나곤 했습니다.
>
> 그러나 보석을 파는 상점에서는 손님을 부르는 상인이 없었습니다. 게다가 간판은 물론이고 보석 하나 올려놓은 진열대조차 없었습니다. 그런데도 보석 상점 앞에는 늘 손님이 줄을 서 있었고, 구경하러 들어간 사람마다 결국 보석을 하나씩은 사 가지고 왔습니다.
>
> 랍비가 방긋 웃으면 가톨릭 신부에서 말했습니다.
>
> "보세요. 고급 상품을 파는 상인들은 굳이 소리를 질러대며 손님을 불러들일 필요가 없습니다. 물건이 스스로 제값을 하니까요."

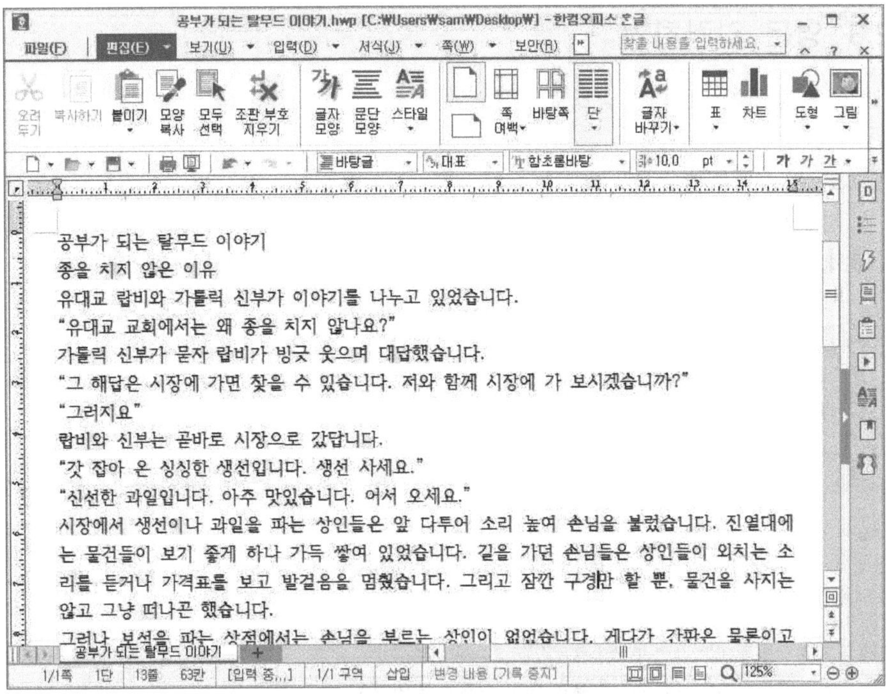

② 마우스 커서를 세 번째 줄 아무 곳에나 위치하고 Ctrl+Y를 누르면 한 줄이 지워진다.

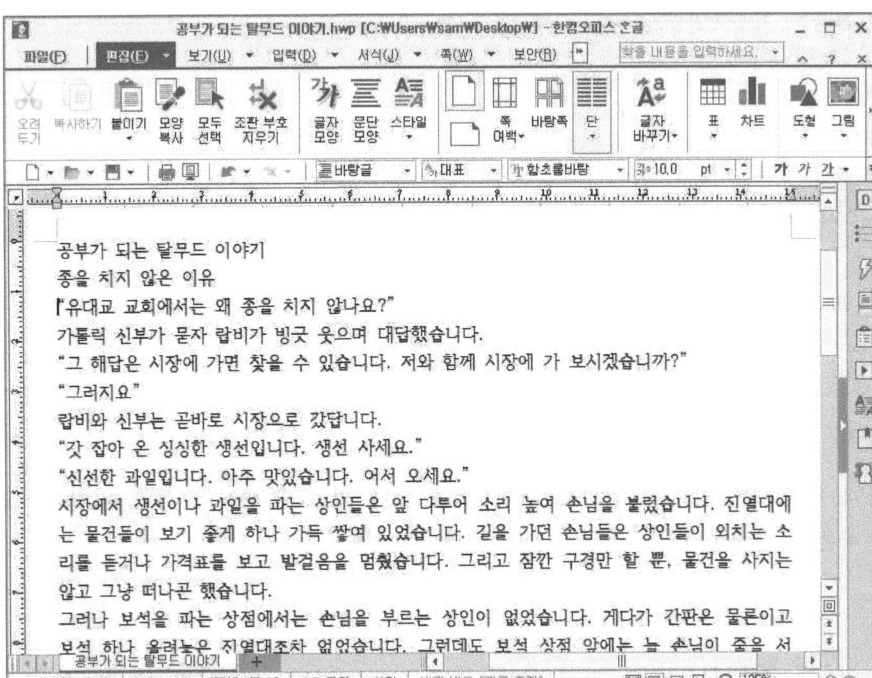

③ Ctrl+Z를 누르면 원래대로 복구된다.

2.2.3 영문 입력하기

① 한/영 키를 눌러 영문 입력 상태로 바꾼다.

② 대문자는 CapsLock 키를 눌러 입력한다.

③ 소문자와 대문자가 섞여 있을 경우 대문자는 Shift 키를 누른 상태에서 입력한다.

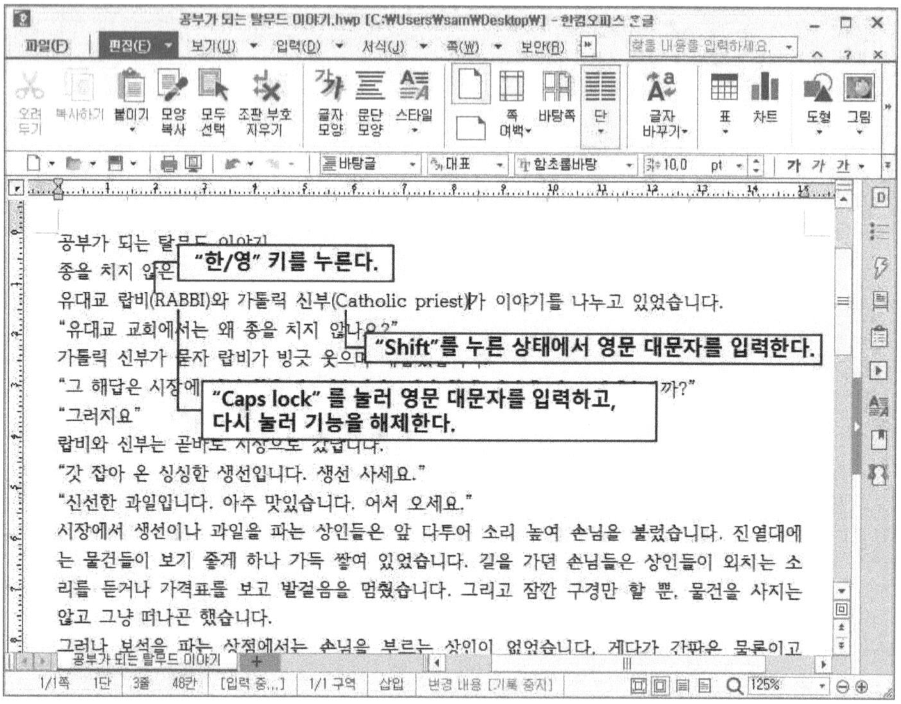

2.2.4 한자(F9)

(1) 낱자 음으로 입력하기

한 글자씩 입력하는 방법은 한자로 변환하려는 글자의 오른쪽에 커서를 위치시키고 F9나 [한자] 버튼을 클릭한다.

① "예제" 본문 '종을 치지 않은 이유'의 '종'뒤에 커서를 위치시킨다. 그리고 F9를 누르거나 또는 [한자] 키를 누른다.

② [한자로 바꾸기] 대화상자에서 해당 한자를 더블 클릭 하거나 [바꾸기] 단추를 누른다.

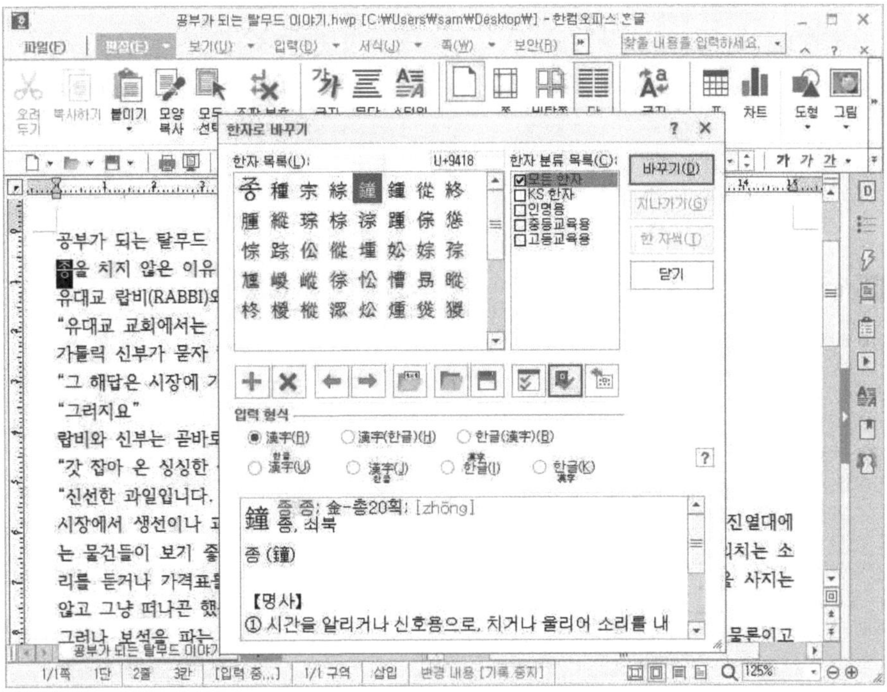

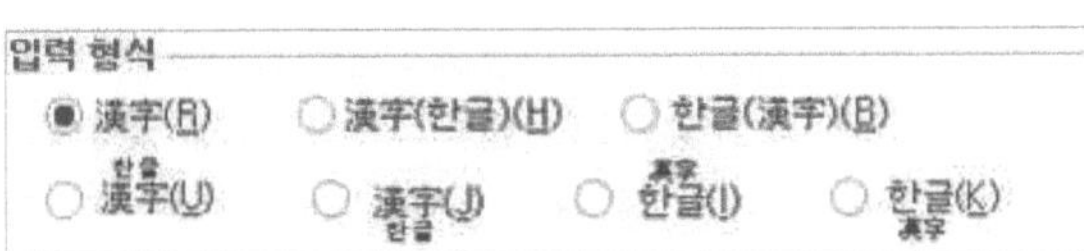

③ '종'을 한자로 변환시킬 때 한자로 변환 대화상자의 입력 형식에서 漢字를 선택하면 '鐘' 漢字(한글)를 체크하면 '鐘(종)', 한글(漢字)을 선택하면 '종(鐘)'으로 입력된다.

위의 경우는 **한글(漢字)(R)**을 선택한 경우를 나타낸다. 나머지 3가지 경우(상·하 첨자 표기)도 입력 형식에 예시한 대로 나타날 것이다. 또한 문자를 선택하면 선택문자가 확대되어 시각적으로 편하게 볼 수 있도록 한다.

(2) 단어 사전으로 입력하기

입력하려는 한자 단어의 음을 입력하고 그 단어의 오른쪽에 커서를 놓고 [한자] 변환키를 눌러 [한자로 바꾸기] 대화상자에서 변환하려는 한자 단어를 더블 클릭한다.

① 첫 문장의 '공부' 뒤에 커서를 위치시키고 [한자] 변환키 또는 F9 키를 누른다.

② [한자로 바꾸기] 대화상자에서 해당 한자어를 선택하고 [바꾸기] 버튼을 클릭한다.

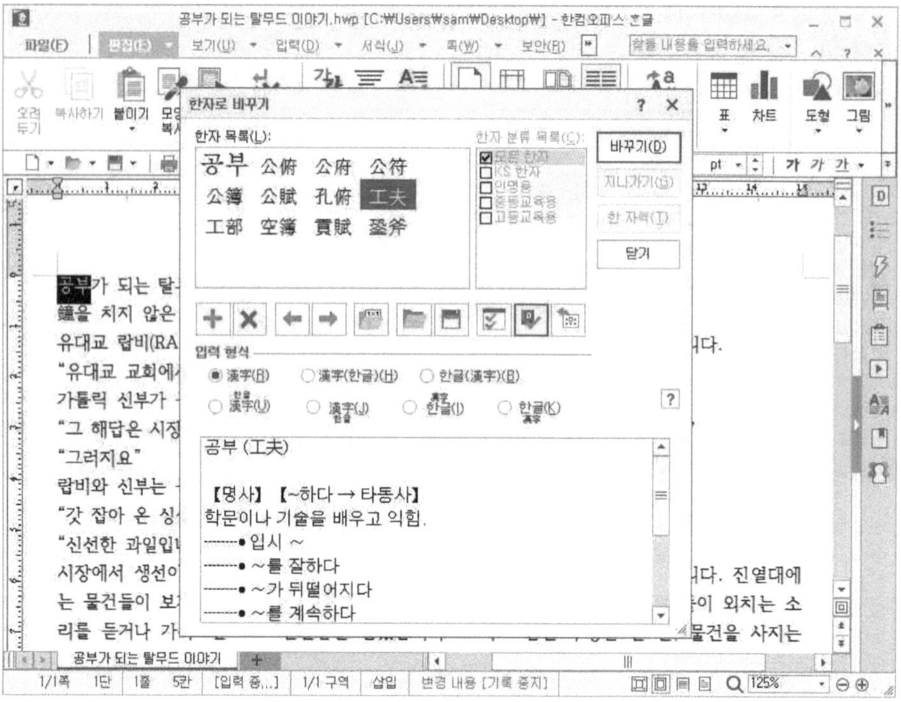

③ '공부'를 한자로 변환시킬 때 [한자로 바꾸기] 대화상자의 [입력 형식]에서 漢字를 선택하면 '工夫' 漢字(한글)를 체크하면 '工夫(공부)', 한글(漢字)을 선택하면 '공부(工夫)'로 입력된다. 위의 경우는漢字(R)를 선택한 경우를 나타낸다. 나머지 3가지 경우(상·하 첨자 표기)도 입력 형식에 예시한 대로 나타날 것이다.

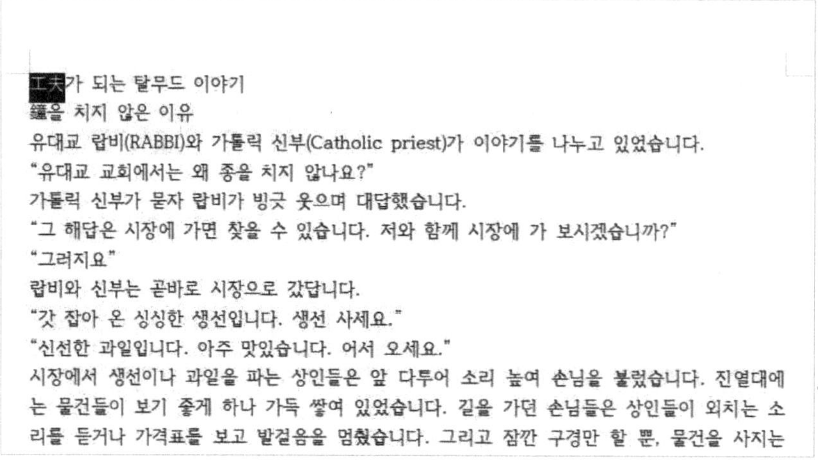
工夫가 되는 탈무드 이야기
鐘을 치지 않은 이유
유대교 랍비(RABBI)와 가톨릭 신부(Catholic priest)가 이야기를 나누고 있었습니다.
"유대교 교회에서는 왜 종을 치지 않나요?"
가톨릭 신부가 묻자 랍비가 빙긋 웃으며 대답했습니다.
"그 해답은 시장에 가면 찾을 수 있습니다. 저와 함께 시장에 가 보시겠습니까?"
"그러지요"
랍비와 신부는 곧바로 시장으로 갔답니다.
"갓 잡아 온 싱싱한 생선입니다. 생선 사세요."
"신선한 과일입니다. 아주 맛있습니다. 어서 오세요."
시장에서 생선이나 과일을 파는 상인들은 앞 다투어 소리 높여 손님을 불렀습니다. 진열대에는 물건들이 보기 좋게 하나 가득 쌓여 있었습니다. 길을 가던 손님들은 상인들이 외치는 소리를 듣거나 가격표를 보고 발걸음을 멈췄습니다. 그리고 잠깐 구경만 할 뿐, 물건을 사지는

(3) 한 자씩 한자 변환하기

① 해당 범위를 마우스를 이용하여 범위를 설정하고(검게 반전) [한자] 변환키를 누른 후, 연속적으로 한 자씩 한자로 변환하려면 [한 자씩] 버튼을 클릭한다.

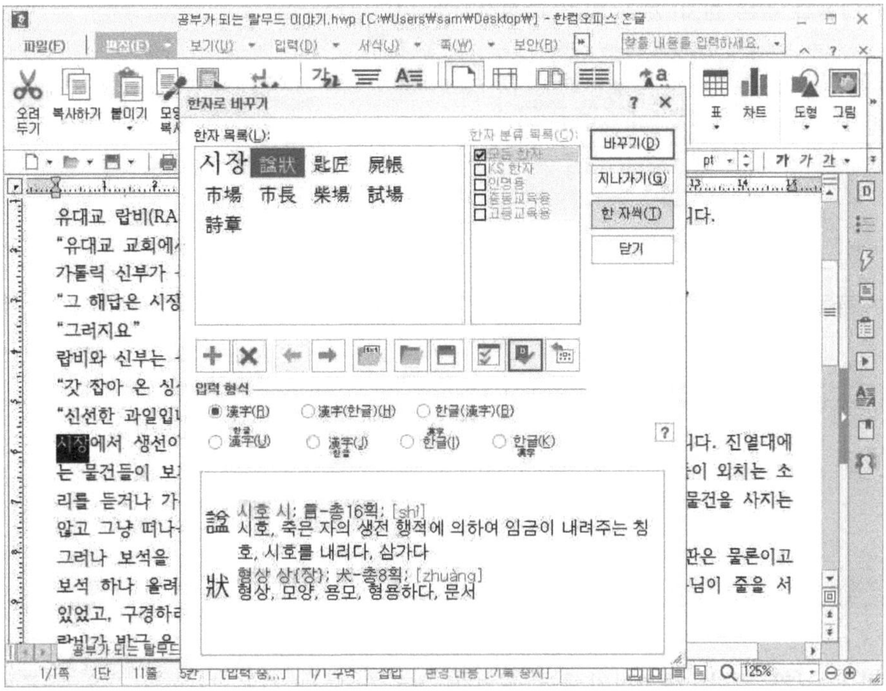

② 알맞은 한자를 선택한 후, [바꾸기] 버튼을 클릭한다.

(4) 한자 새김 입력

한자 새김 입력은 한자의 뜻과 음을 모두 입력하여 찾는 방법이다.

① [입력]-[한자 입력]-[한자 새김 입력]으로 지정하거나, 단축키 Ctrl+Alt+F9을 키보드에서 누르면 다음과 같은 한자 새김 입력 대화상자가 나타난다.

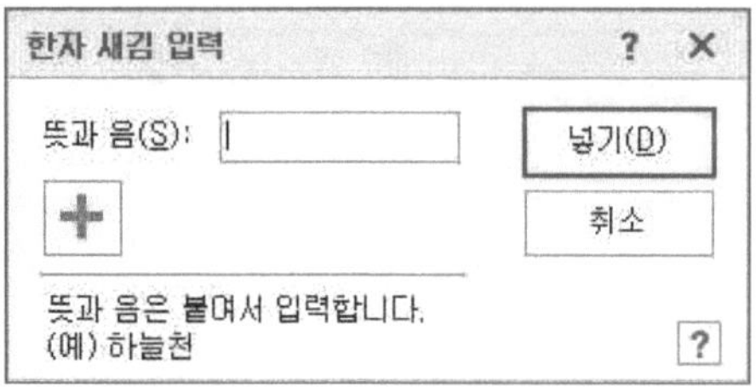

② 뜻과 음을 항목에 "큰대"를 입력하고 [넣기]단추를 누르면 "大"자가 커서가 있는 위치에 나타난다.

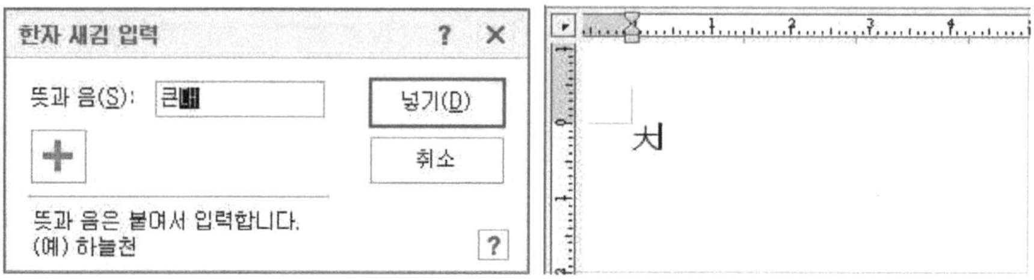

만약 [한자 새김 입력] 대화상자에서 원하는 한자가 없는 경우 다음과 같은 등록할 단어가 없다고 나타날 수 있다.

이때 원하는 한자를 한자 새김 입력으로 등록하면 다음부터는 계속하여 임의로 등록한 한자를 사용할 수 있다. 순서는 다음과 같다.

① 한자 새김 입력 대화상자에서 하단에 있는 한자 새김 입력 사전 단추를 누른다.

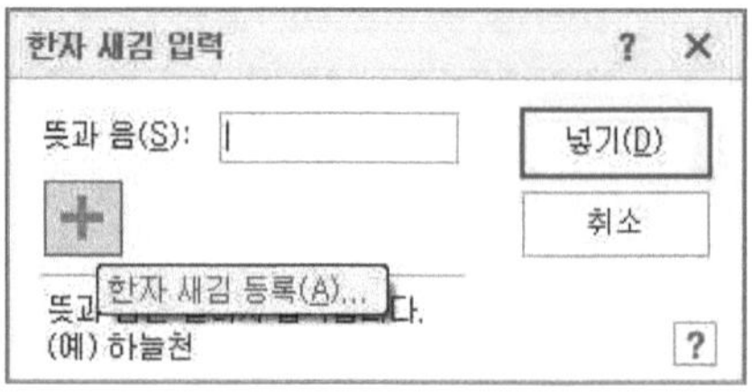

② 다음 [한자 새김 등록] 대화상자에서 [사용자 사전] 탭이 나타난다. 등록한 한자 새김 단어가 없다는 안내 메시지가 가운데에 표시된다.

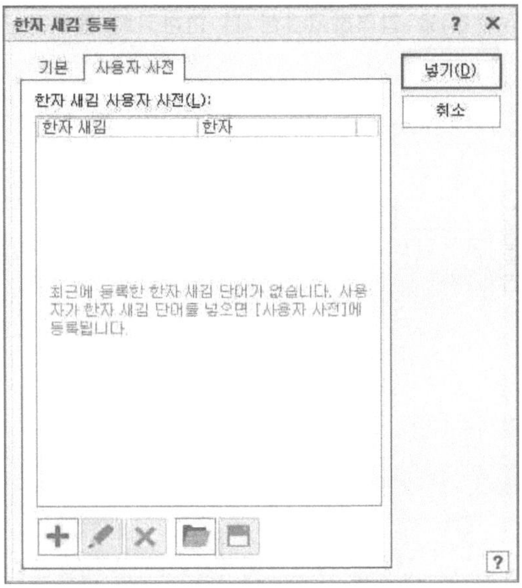

③ 사용자 사전 탭 아래의 단추 (+)를 누르면 [한자 새김 추가하기] 대화상자가 나타나며 [새김]과 [한자] 란에 각각 원하는 단어를 등록한 다음 [설정] 단추를 누른다.

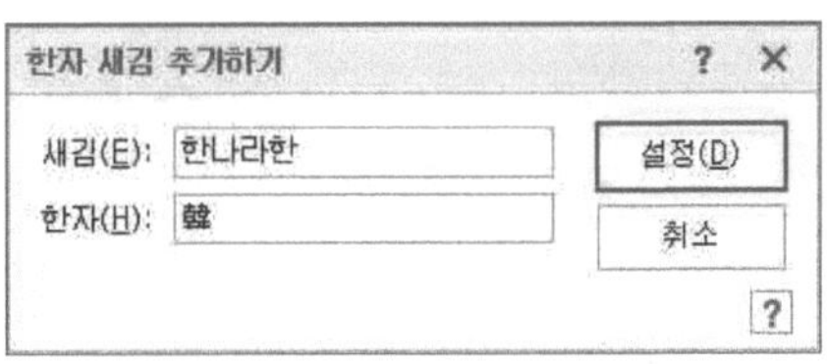

④ 새로운 한자 새김 단어가 등록되고 다음부터 본래의 입력 방식으로 검색할 수 있다.

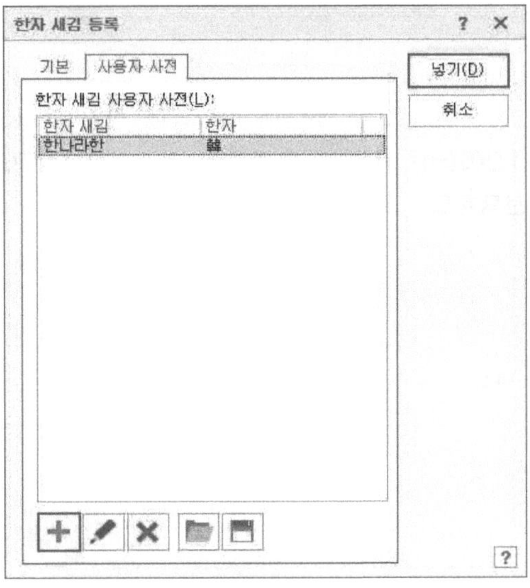

2.2.5 한자 단어 등록하기

① 한자 단어의 음(본문 첫줄 끝에 ...... 정구철)을 입력하고 [한자] 변환키를 클릭하면 [한자로 바꾸기] 대화상자가 나타난다.

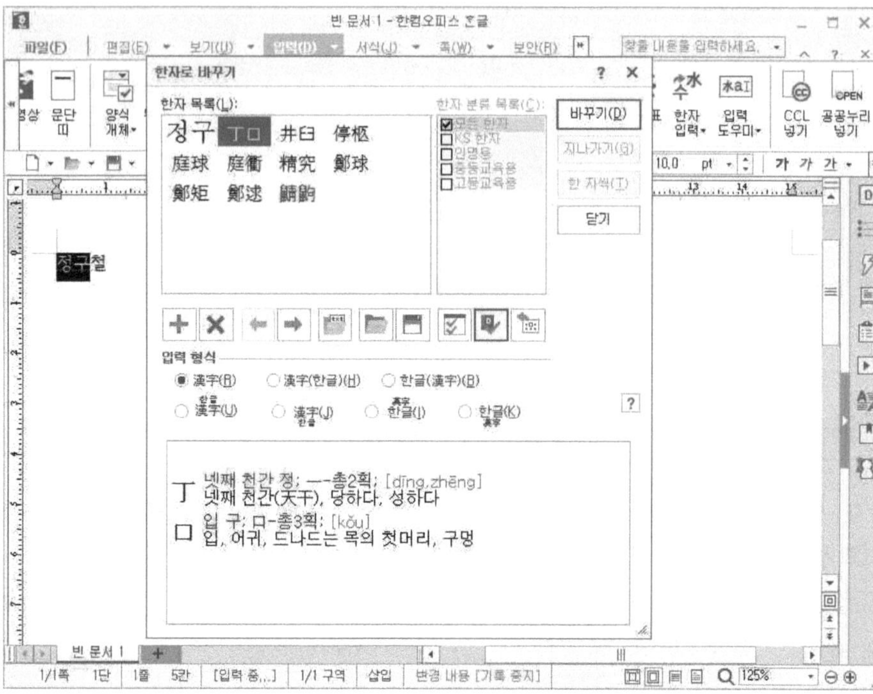

② "정구철"이란 단어 중 한컴오피스 한글 2014에서 한자 단어로 등록된 부분, 즉 "정구"에 대한 다양한 한자 단어가 나타난다. "정구철"이란 정확한 단어를 만들기 위해 하단에 있는 "한자 단어 등록" 단추를 클릭한다.

③ [한자 단어 등록] 대화상자가 나타나면 처음에는 이전 화면에 나타났던 한자 단어에 대한 한글(정구)이 나타난다. 이때 [한글(K)]와 [한자(H)] 목록 란에 정확한 한글 단어(정구철)를 입력한 다음, 글자씩 연속 변환(P)] 옵션을 선택한다.

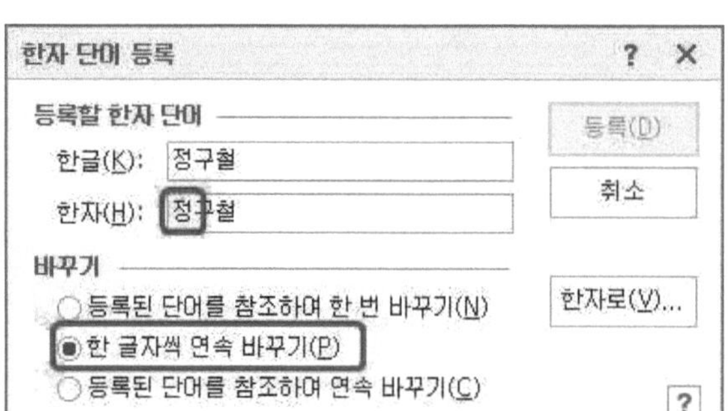

④ 한자 단어 등록 대화상자에서 적당한 입력 형식을 선택한 후(이 경우 한 글자씩 연속 변환) [한자로(V)] 단추를 클릭하면 [정]에 대한 모든 한자가 나타난다. 정확한 한자를 찾아 클릭한 후 [바꾸기(D)] 단추를 클릭한다. 계속해서 "구(求)"자와 "철(哲)"자도 같은 방법으로 변환한다.

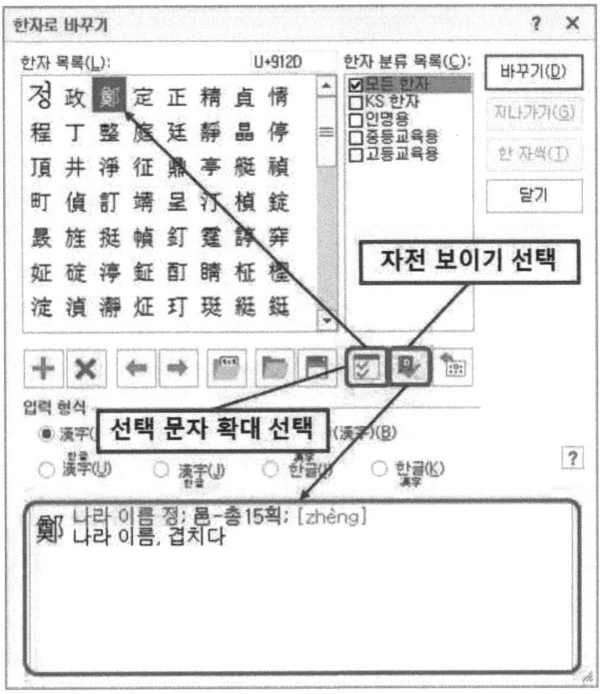

⑤ "정구철"을 모두 변환하면 화면과 같이 [한자(H)] 목록에 鄭求哲이 나타난다. 이 때 우측 상단에 있는 [등록(D)] 단추를 클릭한다.

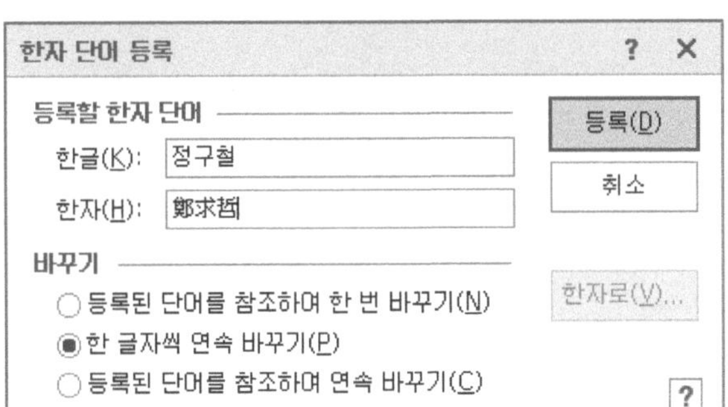

⑥ 다시 처음 "정구"가 나타났던 화면이 나타나는데 이 때 [닫기] 단추를 클릭하면 주 편집화면으로 이동한다. 주 편집화면에서 "정구철"의 끝에 입력 커서를 위치하고 F9 키를 누르면 "정구철(鄭求哲)" 한자 단어가 나타난다.

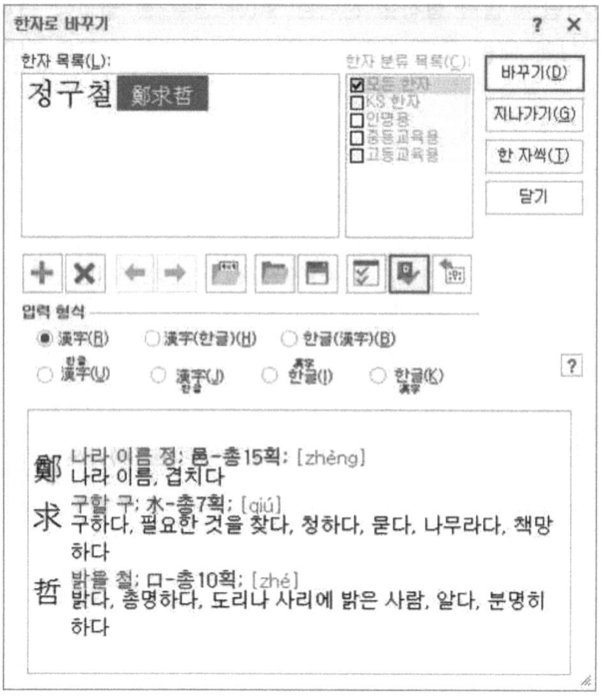

⑦ [바꾸기(D)] 단추를 클릭하면 주 화면에 다음과 같이 표시된다.

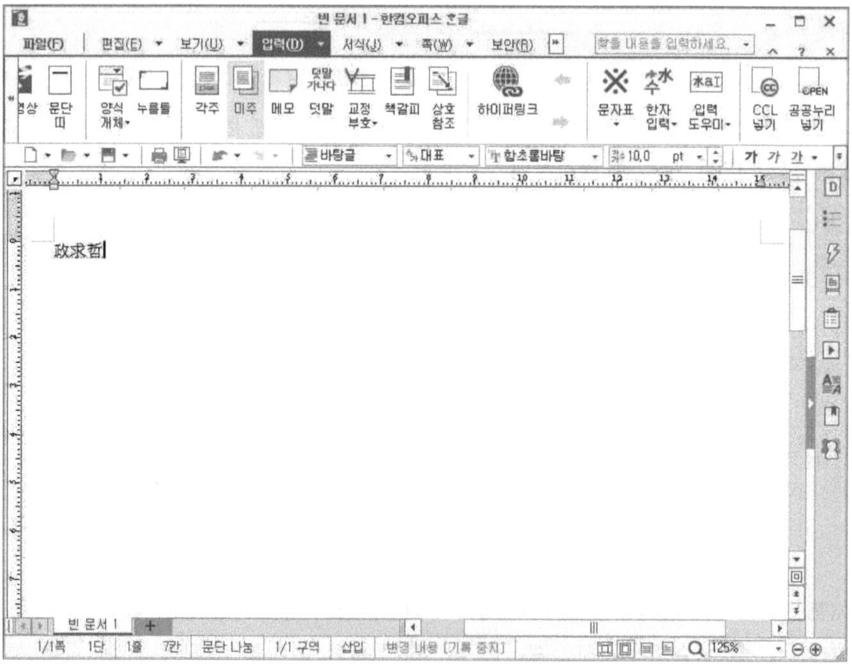

2.2.6 한자(漢子)를 한글로 바꾸기

한글을 한자(漢字)로 변환시킬 수 있지만, 반대로 한자(漢字)를 한글로 변환할 수도 있다. 변환 방법은 앞에서 배운 한자로의 변환 방법과 동일하다.

① 한자가 포함된 문서 중 한 단어를 한글로 변환시키고자 할 경우에는 마우스 커서를 한자 단어 끝 부분(大韓)에 위치하고 [한자] 변환키를 누르면 된다.

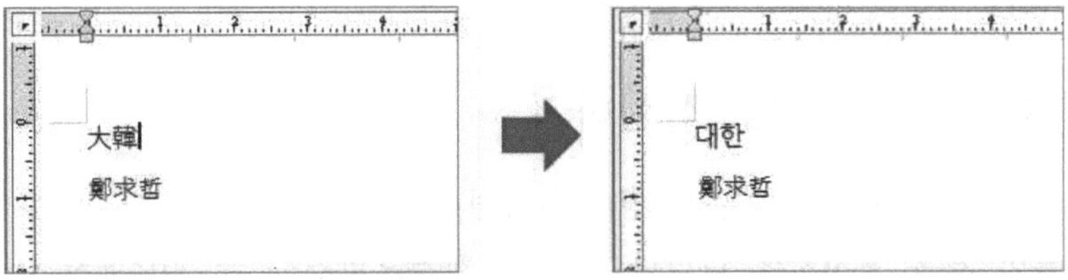

② 문장에 한자가 여러 곳에 있을 경우에는 한글로 변환하고 싶은 부분을 블록으로 지정한 상태에서 Alt+F9 키를 누르면 [한글로 바꾸기] 대화상자가 나타난다.

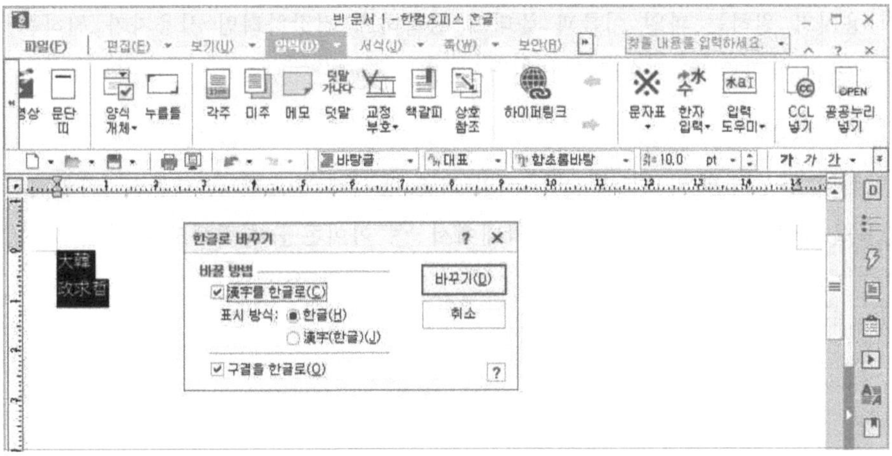

③ [바꾸기(D)]를 클릭하면 한자로 표기되었던 부분이 모두 한글로 변환 된다.

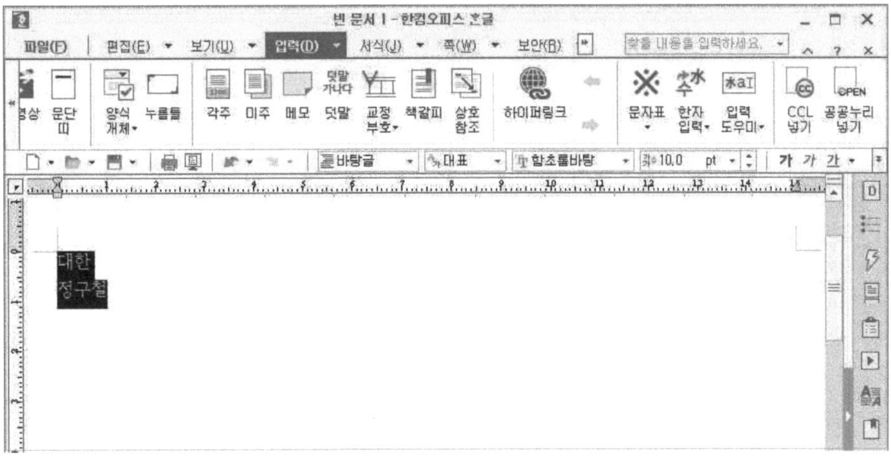

2.3 문서 저장하기

문서작성이 끝나면 컴퓨터에 저장을 하여야 한다. 문서 작성 시 가능하면 곧 바로 저장하는 습관을 갖는 것이 바람직하다. 왜냐하면 정전 등의 이유로 입력한 데이터가 한 순간에 사라질지도 모르기 때문이다. 본 절에서는 한컴오피스 흔글 2014에서 문서를 저장하는 방법을 살펴보기로 한다.

2.3.1 문서 이름(파일 이름) 작성하기

한컴오피스 흔글 2014를 실행시키면 문서 창(편집화면) 위에 "빈문서 1 - 한글오피스 흔글"이라는 문서 이름이 제목 표시줄에 나타난다. 이는 한컴오피스 흔글 2014에서 기본적으로 만들어 주는 파일명이다. 만약 사용자가 파일 이름을 저장하지 않고 저장 명령을 내렸을 경우에는 이 이름으로 한컴오피스 흔글 2014에서 제공하는 표준 폴더에 저장된다. 따라서 사용자가 원하는 파일 이름과 폴더에 정확하게 저장하려면 사용자가 원하는 파일명과 폴더 명을 입력한 후 저장하여야 한다.

(1) 문서 저장

문서 입력이 완성되면 키보드의 Alt + S 키를 동시에 누르거나, 메뉴의 [파일]-[저장하기(S)] 항목을 클릭한다. 또는 기본도구 막대에서 아이콘을 클릭해도 된다.

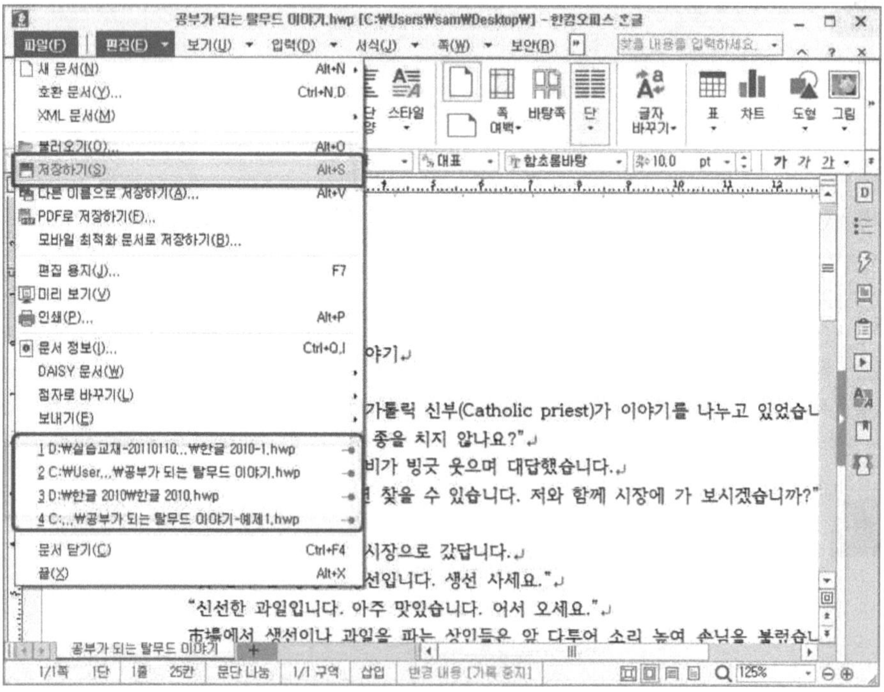

앞의 그림에서 파일 메뉴의 중간 하단에 표시된 1 2 ..... 9는 한컴오피스 훈글 2014에서 최근에 불러온 파일명을 나타내는데 마우스 커서를 번호에 갖다 대고 클릭하면 해당 문서 파일이 읽혀진다.

(2) 다른 이름으로 저장

하지만 앞의 문서처럼 빈 문서에서 입력 후 처음으로 저장 명령을 내린다면 [다른 이름으로 저장] 대화상자가 나타난다. 이 대화상자에서 파일이 저장될 폴더의 위치와 파일의 이름을 지정해 주어야 한다. 대화상자 아래 부분의 [파일 이름(N)] 입력란에 현재 문서의 가장 앞에 있는 문자열인 '공부가 되는 탈무드 이야기'가 반전되어 나타난다. 이 파일 이름을 그대로 사용하려면 [저장(D)]을 클릭한다.

그렇지 않고 새로운 파일 이름을 부여하고 싶다면 [파일 이름(N)] 입력란에 "한글예제"이라고 입력하고 [저장(D)]을 클릭한다.

(3) 암호저장

중요한 문서나 보안이 필요한 문서에는 암호를 지정하여 문서를 저장할 수 있다.

① [파일]-[저장하기]를 클릭하면 [다른 이름으로 저장하기] 대화상자가 나타난다.

② [문서암호(P)]를 클릭하면 [문서 암호 설정] 대화상자가 열리고, [문서암호(P)]와 [암호 확인(R)]란에 암호를 입력한다. 설정(D)을 누르고 저장(D)를 클릭하여 암호가 설정된 문서를 저장할 수 있다.

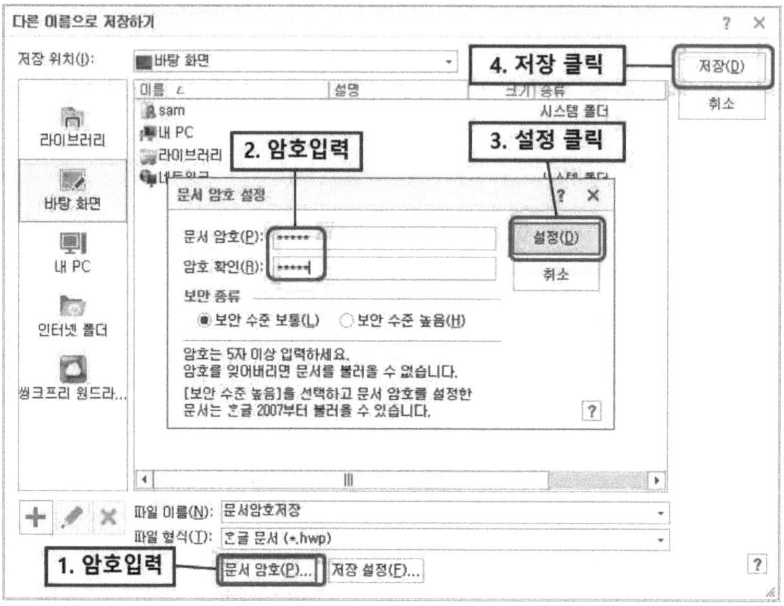

(4) 블록 저장

블록을 지정한 영역을 별도의 문서로 저장할 수 있다. 블록을 지정한 후 이 블록을 저장하기 위해 [파일]-[블록 저장]을 선택하면 블록의 내용을 저장하기 위한 대화상자가 다음과 같이 나타난다.

파일 이름을 설정하고 블록 저장을 클릭하면, 블록만 저장된다.

2.3.2 드라이브/폴더 지정하기

컴퓨터에 문서를 저장하는 매체(보조 기억장치)는 크게 내부 저장장치인 하드디스크와 외부 저장장치로 나눌 수 있다. 외부 저장장치는 외장하드, 콤팩트디스크(CD), DVD 그리고 USB 메모리 등이 있다. 대부분은 하드디스크에 문서를 저장하지만, 중요한 문서는 외부 저장 장치에 추가로 백업(Back-up)해 두는 것이 안전하다. 요즈음은 USB 메모리 저장장치가 많이 사용되고 있으며, DVD나 CD보다 비싸지만 용량은 점점 커지고 보관이 간편한 장점이 있다. 반면 CD나 DVD의 사용은 점점 줄어들고 있는 추세이다.

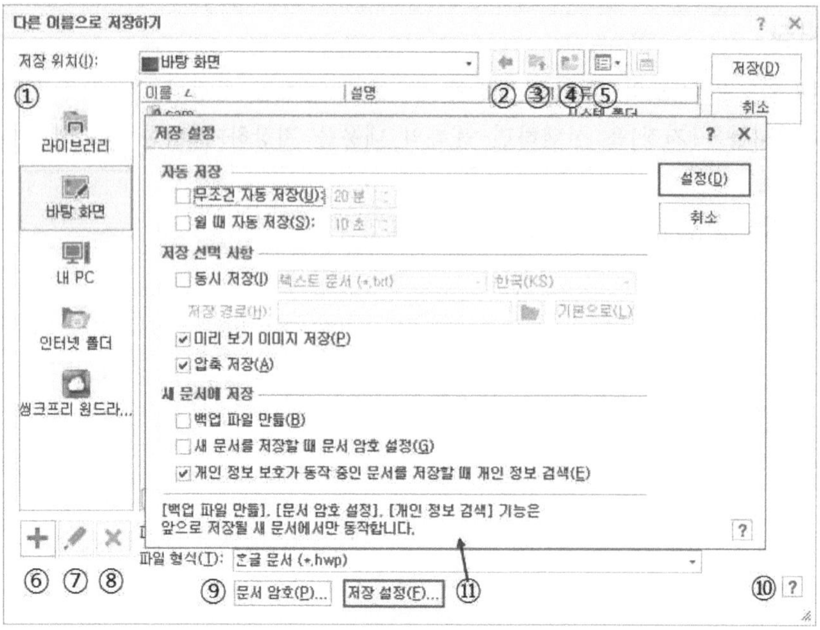

① 저장 위치(드라이브/폴더 선택상자) : 현재 선택된 드라이브 및 폴더를 지정한다.

② 마지막 열어본 폴더로 이동한다.

③ 한 수준 위로 : 아이콘을 한번 클릭 할 때마다 현재 선택된 폴더의 한 단계 위 폴더로 이동한다.

④ 새 폴더 만들기 : 새 꾸러미를 만든다.

⑤ 메뉴 보기 : 파일이나 폴더를 여러 형식(작은 그림/아이콘/간단히/자세히/경로 보기/미리 보기 등)으로 나타낸다. 메뉴보기 우측에 있는 화살표를 클릭해서 선택하면 된다.

⑥ 빨리 가기 추가하기 : 편집한 문서를 지정한 위치와 이름으로 저장한다.

⑦ 빨리 가기 편집하기 : 편집한 문서를 지정한 위치와 이름으로 편집한다.

⑧ 빨리 가기 삭제하기 : 편집한 문서를 지정한 위치와 이름으로 삭제한다.

⑨ 문서 암호 : 문서에 암호를 설정한다.

⑩ 도움말 : 저장하기에 관한 도움말을 제공한다.

⑪ 저장 설정 : 자동 저장, 백업 등 저장에 대한 옵션을 설정한다.

2.4 저장된 문서 불러오기

문서 불러오기란 하드 디스크나 외장 저장 장치에 저장된 파일을 문서 편집 창으로 읽어 들이는 것을 말한다.

2.4.1 흔글 2014 메뉴에서 불러오기

한컴오피스 흔글 2014에서 문서를 불러오기 위해서는 과거에 이미 작업했던 파일이 하드 디스크나 CD-RW 드라이브, USB 메모리 등과 같은 매체(보조 기억장치)에 보관되어 있어야 한다.

(1) 문서 불러오기

① 키보드의 Alt + O 키를 동시에 누르거나, 메뉴 막대의 [파일]-[불러오기(O)] 항목을 클릭한다. 또는 서식 도구 상자에서 아이콘을 클릭해도 된다.

② [불러오기] 대화상자가 나타난다. 이때 [불러오기] 대화상자의 폴더 및 파일명 상자 우측 하단에 있는 수평 스크롤바나 화살표 단추를 이용하여 문서를 찾는다.

③ 만약 불러오기를 원하는 파일이 내문서 폴더에 없다면 찾는 위치(I)를 클릭하여 드라이브나 폴더를 변경한 다음 원하는 문서 파일을 불러온다.

이는 마우스만으로 드라이브와 폴더, 그리고 파일 이름을 클릭해 원하는 파일을 문서 창에 띄우는 손쉬운 방법이다.

<예 제>

① 앞 절 2.3.2에서 내문서 폴더에 [한글예제] 이라는 파일 이름으로 저장해 두었으므로 그 파일(한글예제.hwp)을 읽어오도록 한다.

② 원하는 파일(한글예제.hwp)을 마우스로 선택하고 [열기(D)] 단추를 클릭하거나, 다른 방법으로 "한글예제.hwp"를 마우스 왼쪽 단추로 더블클릭한다.

③ 편집화면 문서 창에 "한글예제" 파일이 열렸음을 알 수 있다.

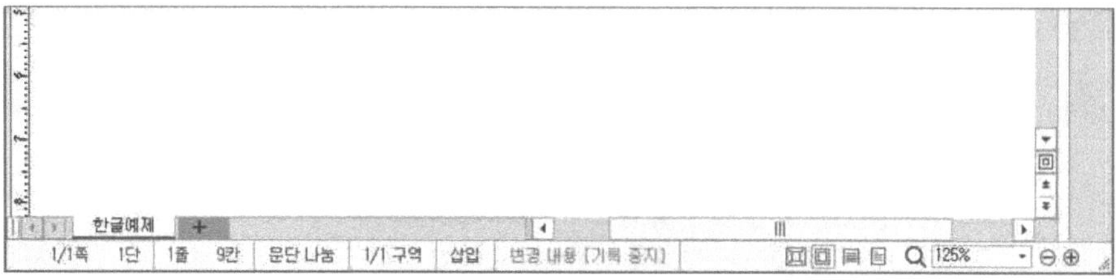

(2) 최근 작업 문서 쉽게 부르기

메뉴에서 [파일] - [불러오기]를 선택하면 "불러오기" 대화상자가 나타난다. [불러오기] 대화상자에서 찾는 위치의 "최근 문서"를 선택하면 최근에 작업한 파일이 우선순위로 9개까지 나타난다.

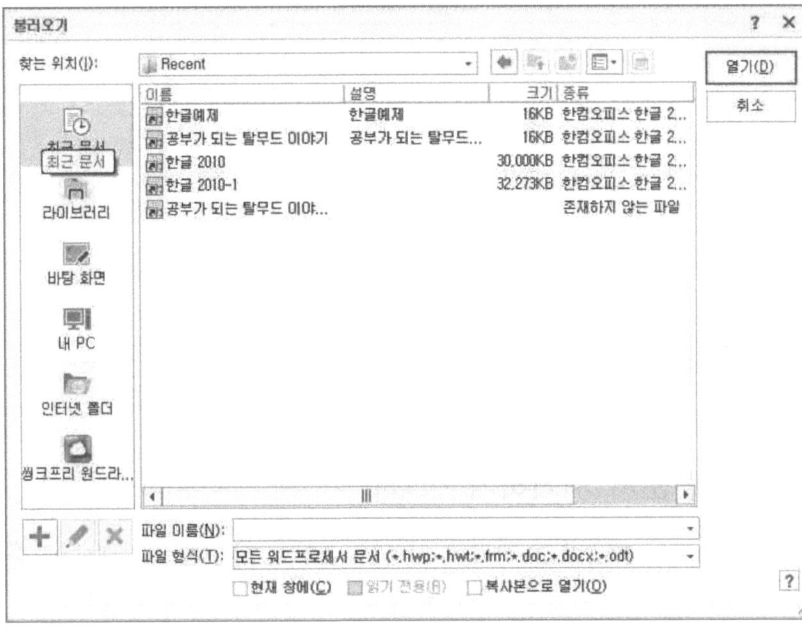

(3) 문서 요약

현재 문서에 대한 제목, 주제, 지은이, 중심 낱말(키워드), 저자, 입력자, 교정자, 내용요약, 주의사항 등을 간단히 기록해 두는 기능이다.

① "불러오기" 대화상자에서 문서요약 아이콘( )을 누르거나, 문서를 연 다음 편집 화면 상태에서 [파일]-[문서 정보]를 실행한다.

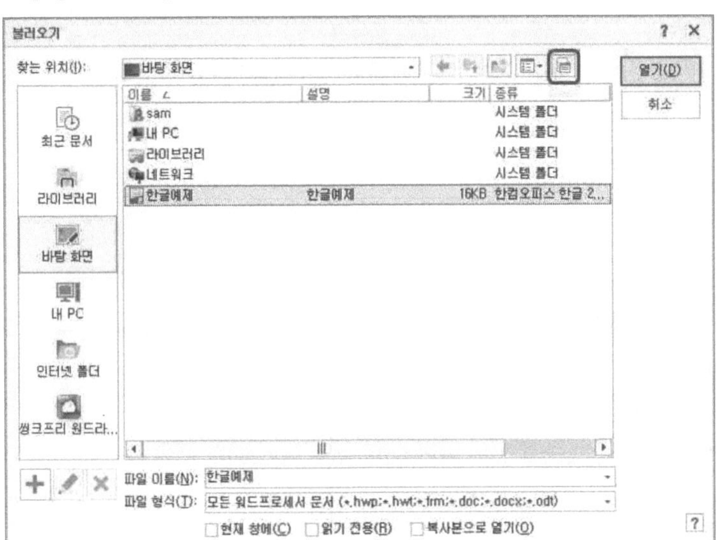

② [문서요약]-[제목] 입력상자에 현재 문서의 제목과 나머지 다른 정보를 입력하고 [확인] 단추를 누른다.

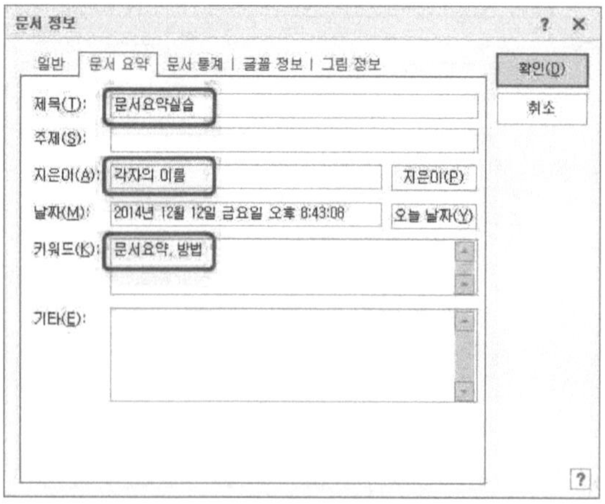

2.4.2 최근 작업 문서 제거하기

한컴오피스 흔글 2014 파일 메뉴에는 최근에 사용한 파일이 사용한 시간대에 따라 9개까지 나타난다. 사용자들은 그들 파일을 굳이 불러오기 명령을 수행하지 않더라도 파일 메뉴 하단에서 쉽게 실행시킬 수 있다. 그러나 이들 파일이 실질적으로 없는 파일인데 파일 이름만 나타난다거나 이들 파일을 제거하고 싶을 경우에는 다음과 같이 한다.

① 기본도구 막대에 있는 [불러오기] 아이콘 우측에 있는 화살표를 클릭한다.

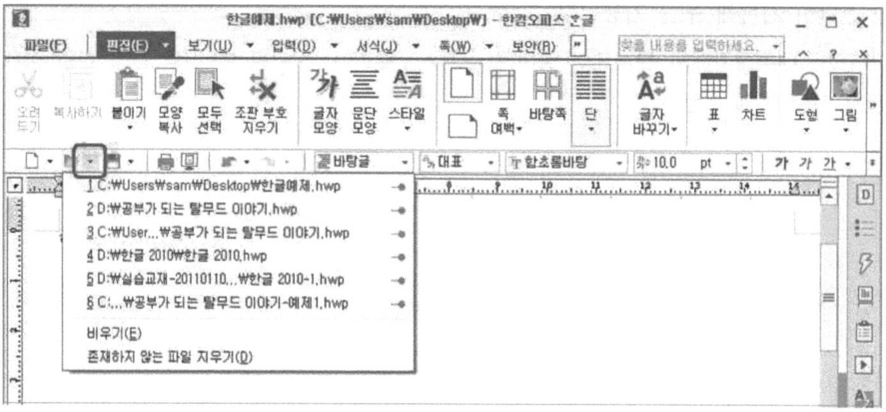

② 그러면 다음과 같이 최근 사용한 파일 목록과 더불어 비우기(E)와 존재하지 않는 파일 지우기(D)가 팝업 창에 나타난다.

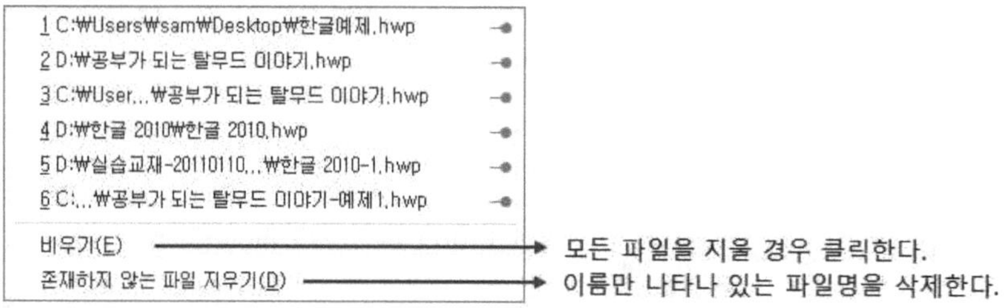

제 3 장 파일

파일 메뉴는 한글을 사용할 때 기본적으로 알아야할 기능이 모여 있는 메뉴이다. 부 메뉴에는 새 문서, 불러오기, 인쇄, 미리 보기 등이 있다.

3.1 새 문서(Alt+N)

한컴 오피스 한글 2014에서는 "새 문서"에서 "새 탭", "한글 2014문서", "한글 2007 호환문서", "MS 워드 호환문서"를 작성할 수 있다. 한글 2014 문서를 작성해 보자.

작업 중이던 문서창은 그대로 두고, 새로운 문서 작업을 위한 문서창을 하나 더 연다.

① [파일]-[새 문서]-[한글 2014문서]를 실행하거나 [파일]-[새 문서]를 선택한다.

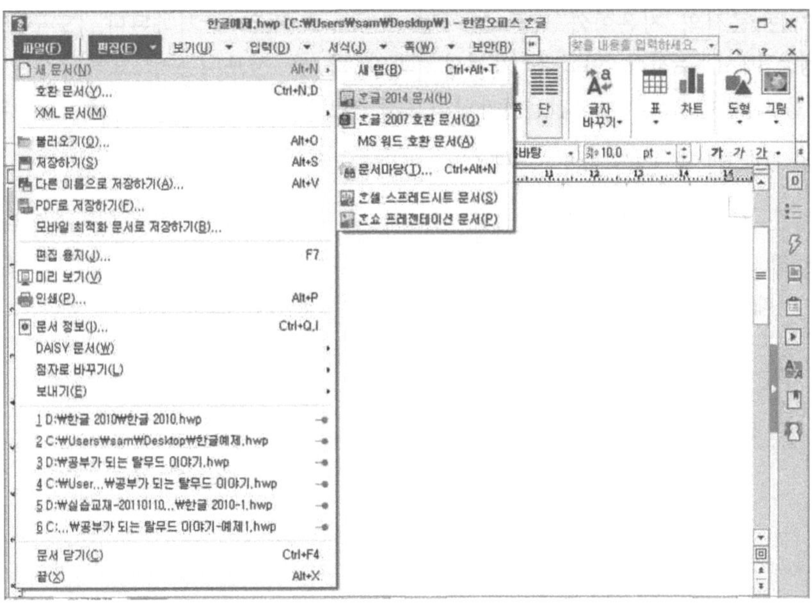

② 새로운 문서창이 열리고, 창 제목 막대와 문서탭 이름표에 빈문서1과 같이 파일 이름이 표시된다.

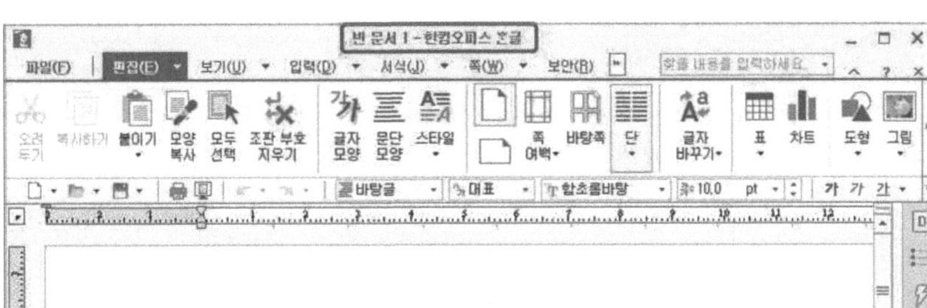

(1) 새 문서의 모양

새로 만들어지는 문서의 편집 용지, 스타일(글자모양, 문단 모양) 등은 기본 문서 형식을 따른다. 하지만 문서의 보기 상태, 문서창의 크기, 화면 확대 비율 등은 현재 문서창의 상태를 그대로 유지한다.

(2) 새 문서의 편집 용지

새 글이나 새 탭을 실행하여 빈문서를 만들 때 어떤 용지 모양을 사용할 것인지는 [파일]-[편집용지]를 선택하거나 [도구]-[환경 설정]-[새문서] 탭에서 설정한다.

(3) 문서창의 개수 제한

한컴오피스 흔글 2014에서는 동시에 열 수 있는 문서창의 개수에 제한이 없으며, 시스템 메모리가 허락하는 한 새로운 문서 창을 계속 열 수 있다.

(4) 지은이와 날짜

새로 만들어지는 문서의 지은이와 만든 날짜는 자동으로 파일에 기록된다. [도구]-[환경설정-[사용자 정보]에서 부서와 이름을 가져와 [파일]-[문서 정보]-[문서 요약]-[지은이]에 기록하고 새 글을 실행한 날자와 시간을 [파일]-[문서 정보]-[문서 요약]-[날짜]에 기록된다.

(5) 새 글과 새 탭은 모두 새 문서

새 글과 새 탭은 모두 새로운 문서 작업을 위하여 빈 문서를 새로 시작하는 것이다. 새 글은 빈 문서를 창 모양으로 만드는 것이고, 새 탭은 현재 문서창 안에 탭을 하나 덧붙여 만드는 것이다. 아래 그림은 새 글을 연속해서 선택한 후 정리한 그림이다.

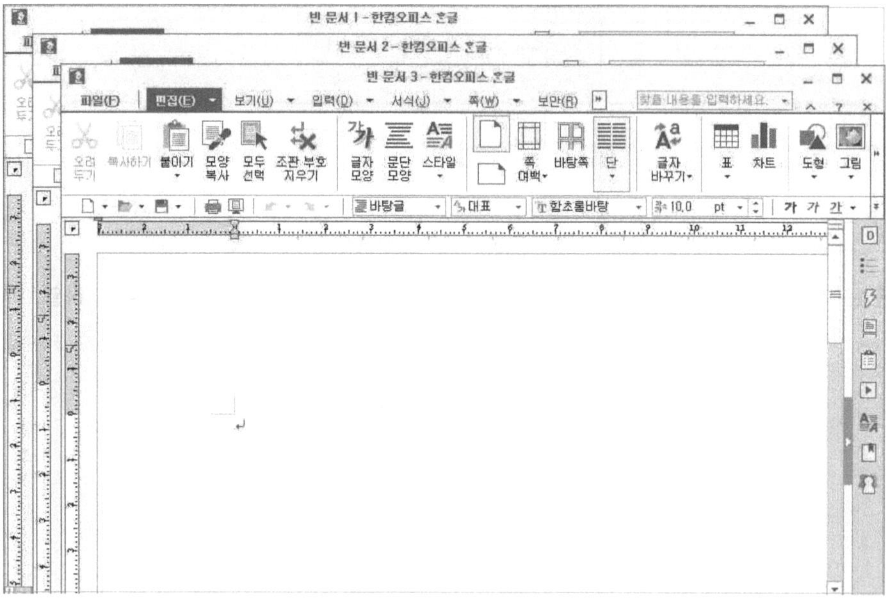

3.2 새 탭

새로운 문서를 만드는 기능이다. 지금까지 작업 중이던 문서 탭을 그대로 두고, 같은 창안에 새로운 문서 작업을 위해 현재 문서의 오른쪽에 새로운 문서 탭을 하나 더 만든다.

① [파일]-[새 문서]-[새 탭]을 실행한다.

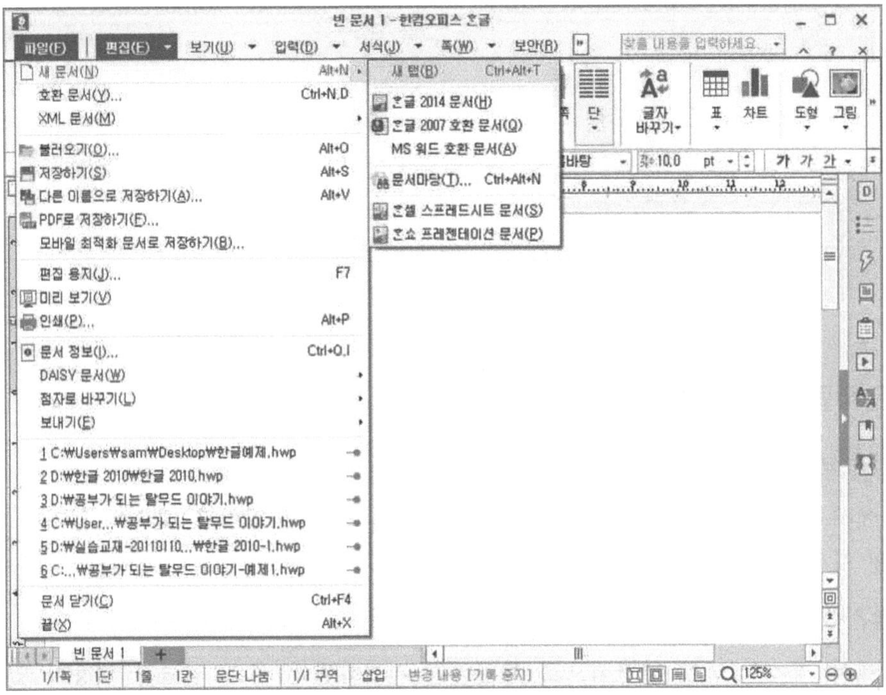

② 새로운 문서탭이 만들어지고, 문서 아래쪽의 탭 이름표에 "빈문서 2"와 같이 표시된다.

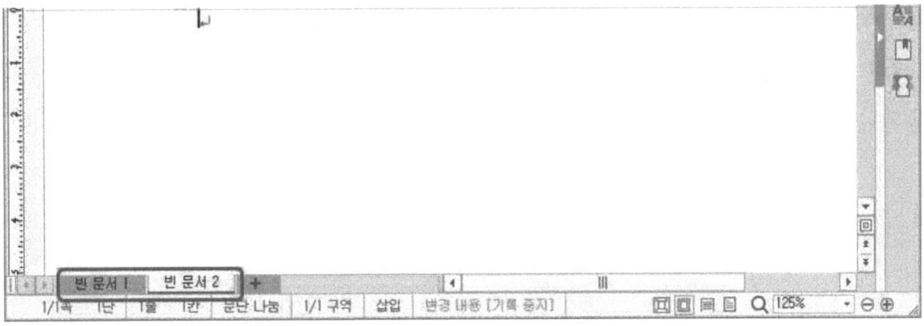

③ 하나의 창안에 여러 개의 문서탭이 있을 때, 다른 문서탭으로 이동하는 문서탭 전환은 마우스나 단축키로 할 수 있다.

- 마우스로 이동할 때는 상황선 위에 있는 탭 이름표를 선택한다.
- 단축키로 이동할 때는 Ctrl+Tab 키를 누르면 다음 문서탭으로 이동하고, Shift+Ctrl+Tab 키를 누르면 이전 문서탭으로 이동한다.

(1) 문서탭의 저장

하나의 문서창 안에 여러 개의 문서탭이 있어도 각각의 문서탭은 모두 서로 다른 파일로 구성된다. 따라서 문서를 저장하려면 각 문서탭 마다 따로 저장해야 한다.

① 저장하고자 하는 문서의 문서탭을 마우스 오른쪽 버튼으로 클릭한다.

② [팝업 창]에서 [저장하기] 버튼을 클릭한다.

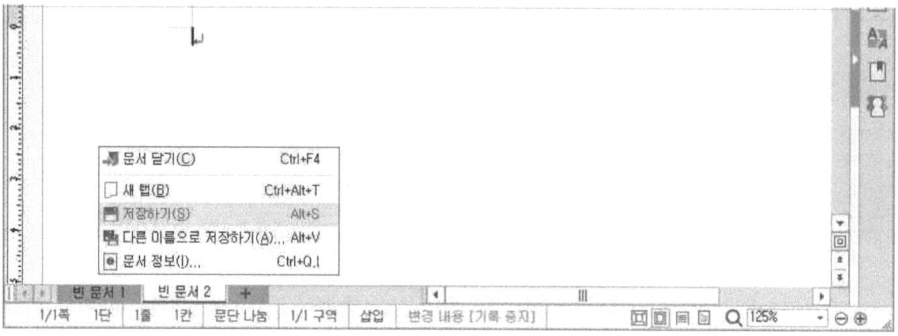

(2) 문서탭 제목의 색상 변화

가. 검정색

문서탭에서 제목 색상이 검정색으로 보인다면 편집 화면에 입력된 내용이 없거나 입력된 내용을 사용자가 직접 저장을 한 상태이다.

나. 빨간색

문서탭에서 제목 색상이 빨간색으로 보인다면 편집화면에 새로 입력된 내용이 있다는 뜻이다.

다. 파란색

문서탭에서 제목 색상이 파란색으로 보인다면 편집화면에 입력된 내용이 있고 자동저장이 실행된 것을 뜻한다.

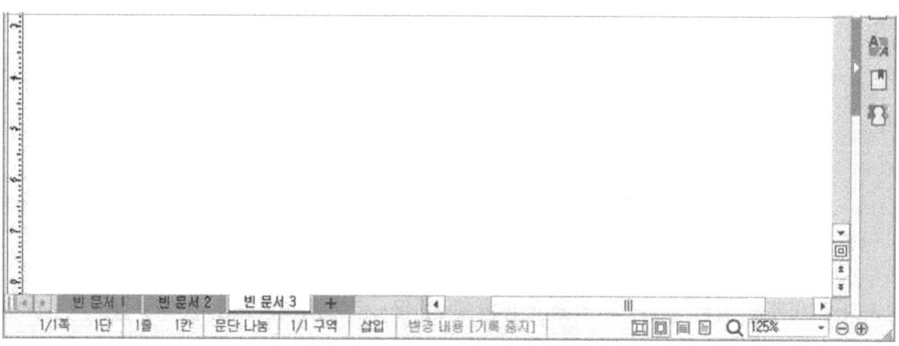

(3) 문서탭 이동

문서탭의 위치를 변경하기 위해서는 문서탭 제목을 마우스로 끌어 옮기면 된다. 다음은 "빈문서 3" 문서탭을 "빈문서 1" 문서탭과 "빈문서 2" 문서탭 사이로 이동하는 방법이다.

① "빈문서 3"을 선택한다. "빈문서 3" 문서탭 제목을 마우스로 누른다.

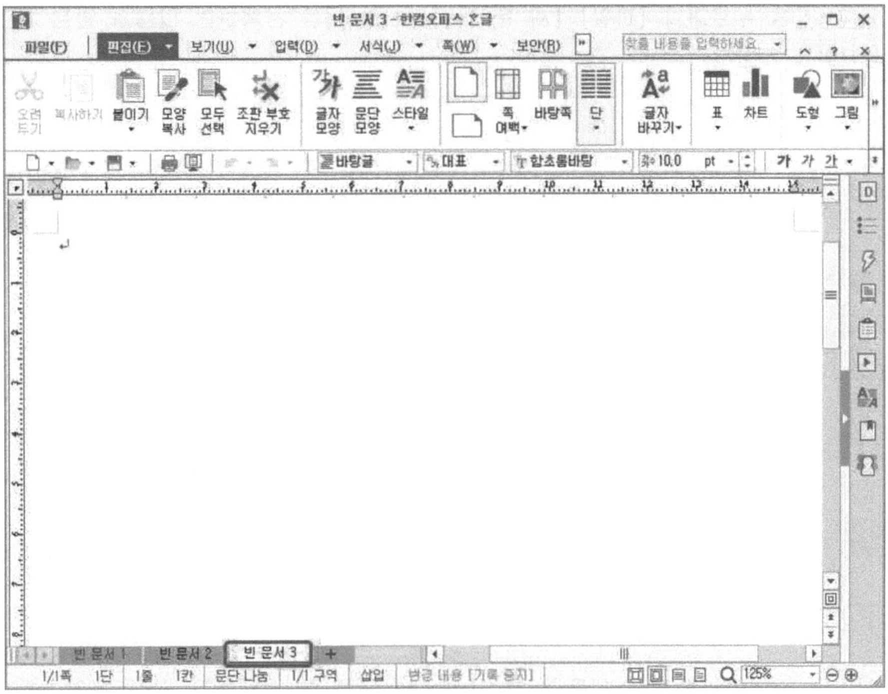

② 마우스로 "빈문서 3"을 끌어 "빈문서 1"과 "빈문서 2"의 사이로 이동한다.

③ "빈문서 1" 문서탭과 "빈문서 3"의 문서탭이 위치가 서로 바뀐다.

3.3 문서마당(Ctrl+Alt+N)

문서마당은 생활에 자주 사용되는 문서를 미리 훈글 파일로 미리 만들어 놓고, 여기에 간단한 내용만 입력하여 빠르고 쉽게 완성할 수 있는 템플릿 형태의 문서 모음이다.

① Ctrl+Alt+N을 누르거나 [파일]-[새 문서]-[문서마당]을 선택하면 다음과 같은 [문서마당] 대화상자가 나타난다.

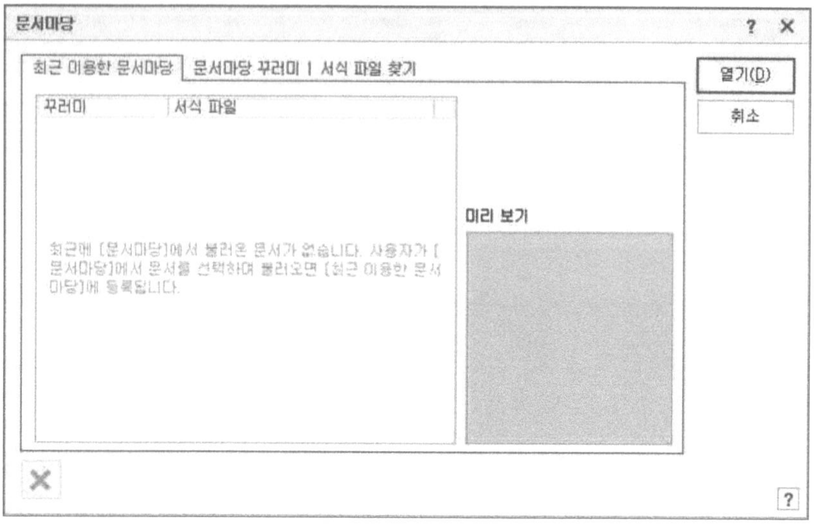

② [문서마당 꾸러미] 탭으로 이동한 후, [선생님 문서]를 선택하고 서식 파일 상자에서 [상장 모음] 목록에 마우스를 선택하면 미리 보기 창에 다음과 같이 나타난다.

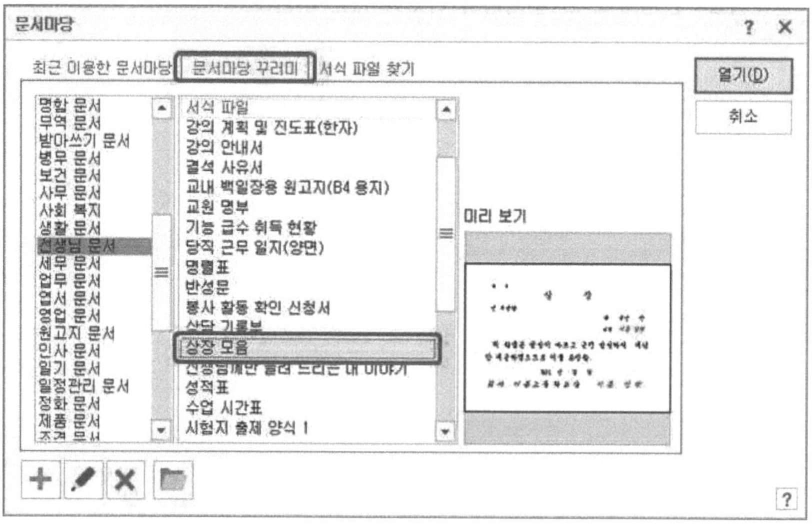

③ [열기(D)]를 클릭하면 새로운 "빈문서"에 다음과 같은 상장 샘플 내용이 나타난다.

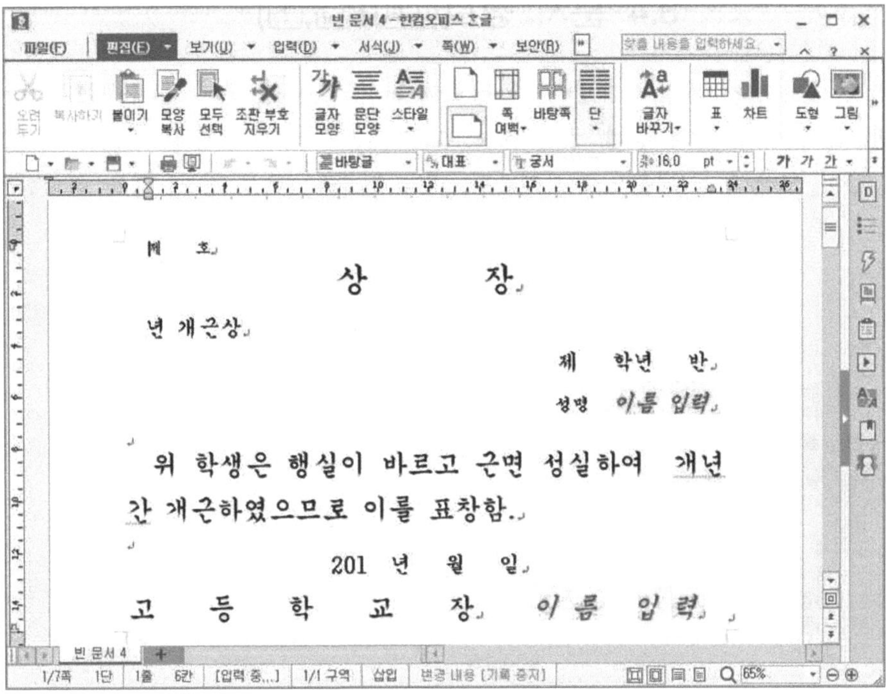

④ 이제 [성명] 부분이나 기타 내용을 일부 수정 및 보완한 다음 [새 이름으로 저장]하면 간단하게 상장을 작성할 수 있다.

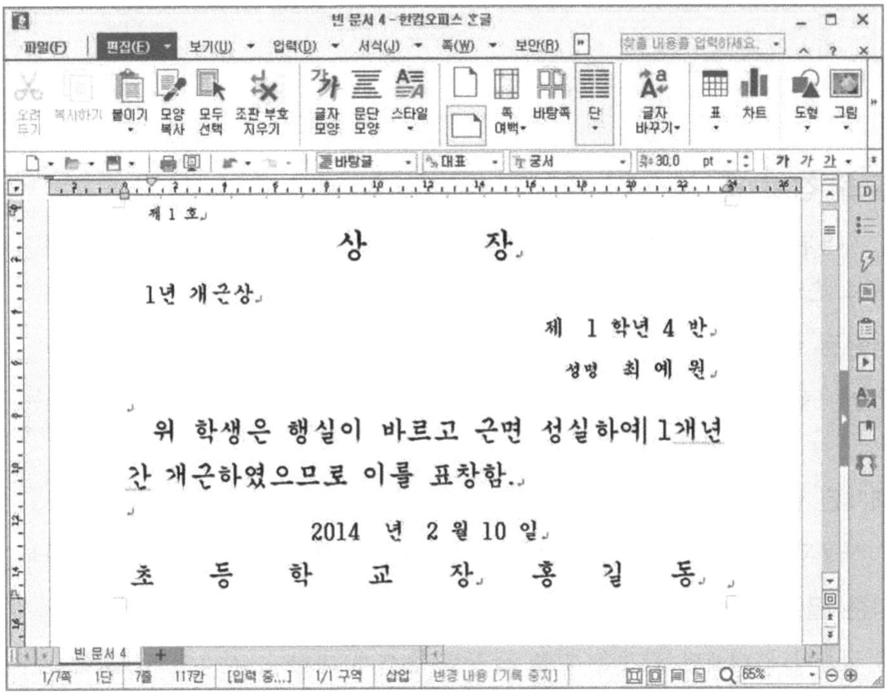

3.4 문서 정보(Ctrl+Q,I)

현재 편집 중인 문서 파일에 대한 추가 정보를 확인하거나 기록해 둘 수 있다. 문서 정보는 일반, 문서 요약, 문서 통계, 글꼴 정보, 그림 정보로 구성되며, [파일]-[문서 정보]를 실행하면 문서 요약 탭을 기본으로 보여준다. 다음 그림은 [글꼴 정보] 탭을 선택한 경우이다.

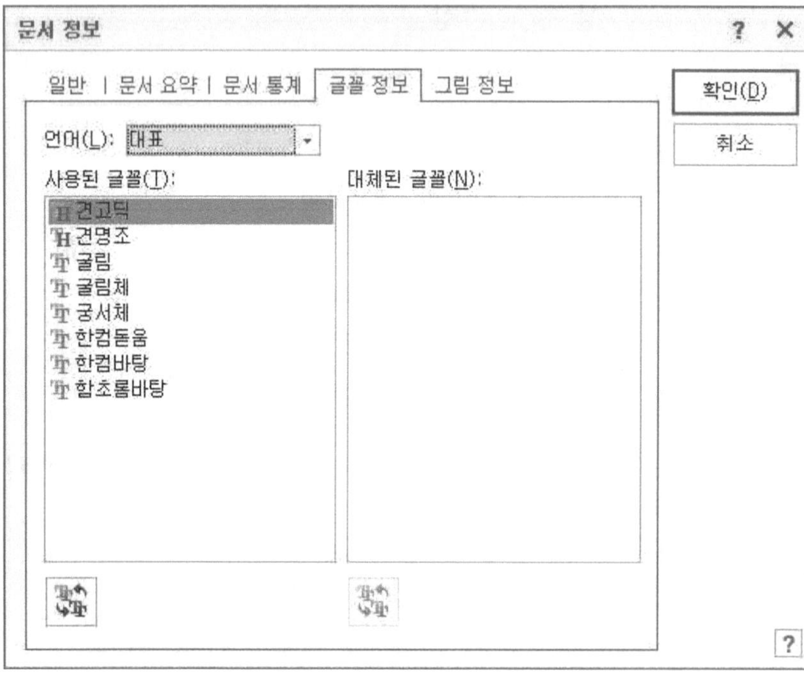

(1) 글꼴 정보 탭

문서에 사용된 글꼴이나 대체된 글꼴 목록을 확인하고, 사용된 글꼴이나 대체된 글꼴을 다른 글꼴로 손쉽게 바꿀 수 있다.

가. 사용된 글꼴

문서에 사용된 모든 글꼴 중에서 사용자의 컴퓨터 시스템에서 제대로 나타나는 글꼴 목록이다.

나. 대체된 글꼴

문서에 사용되었으나 사용자의 시스템에는 그 글꼴이 없는 경우 대체된 글꼴 목록이다.

다. 다른 글꼴로 바꾸기

사용된 글꼴이나 대체된 글꼴을 다른 글꼴로 손쉽게 바꾼다. 사용된 글꼴 목록이나 대체된 글꼴 목록 중에서 다른 글꼴로 바꾸려는 글꼴 목록을 선택하고 다른 글꼴로 바꾸기 단추를 누른다. 글꼴 바꾸기 대화상자가 나타나면, 사용자의 시스템에 설치된 모든 사용 가능한 글꼴 목록 중에서 원하는 글꼴을 선택한다.

(2) 그림 정보 탭

문서에 포함된 모든 그림 파일에 대한 정보를 확인하고, 그림 파일의 연결 상태를 쉽게 바꿀 수 있다.

가. 그림 삽입

연결된 그림 파일 하나를 선택하거나 또는 Ctrl 키나 Shift 키를 눌러 여러 개의 연결된 그림을 선택하여 한 번에 삽입된 그림으로 바꾼다.

나. 모두 삽입

현재 문서의 모든 연결 그림 파일을 한 번에 삽입 그림으로 바꾼다.

다. 그림 빼내기

본문에 삽입된 그림 파일을 연결 그림 파일로 바꾼다. 삽입 그림 파일을 선택하고 이 단추를 누르면 삽입 그림 저장하기 대화상자가 나타난다. 삽입한 그림을 빼내어 저장할 폴더를 선택하고 그림 파일의 이름을 입력하여 저장한다. 그림 파일의 형식은 현재 그림 파일 형식을 그대로 따른다.

그림 빼내기는 삽입 그림 파일 하나만 선택하였을 경우에 실행할 수 있으며, 여러 개의 파일을 선택하거나 연결된 그림 파일을 선택한 경우에는 실행할 수 없다.

라. 그림 경로 바꾸기

현재 문서의 연결 그림 파일의 경로를 다시 지정한다. 연결된 그림 파일을 선택하고 이 단추를 누르면 그림 경로 바꾸기 대화상자가 나타난다. 여기에서 현재 그림 파일의 경로를 재 지정한다.

마. 그림 파일 확장자 바꾸기

현재 문서의 연결 그림 파일의 확장자를 다시 지정한다. 그림 파일의 형식을 바꾸는 것이 아니다.

3.5 인쇄(Alt+P)

현재 편집 화면에 있는 문서를 프린터로 인쇄한다. 문서 전체나 일부를 여러 매 인쇄할 수 있고, 인쇄물의 용도에 따라 확대/축소하는 등 다양한 인쇄 조건을 지정할 수 있다.

① 현재 편집 화면에 있는 문서를 인쇄하기 위해 [파일]-[인쇄]를 실행한다.

② 편집하던 쪽(페이지)을 한 장만 인쇄하려면 [인쇄 범위]-[현재 쪽]을 선택하고 인쇄매수 1을 입력한다.

③ [인쇄(P)] 단추를 누르면 인쇄가 진행됨을 알리는 대화상자가 보이고, 편집 화면에서 커서가 있던 쪽 한 장이 프린터로 인쇄된다.

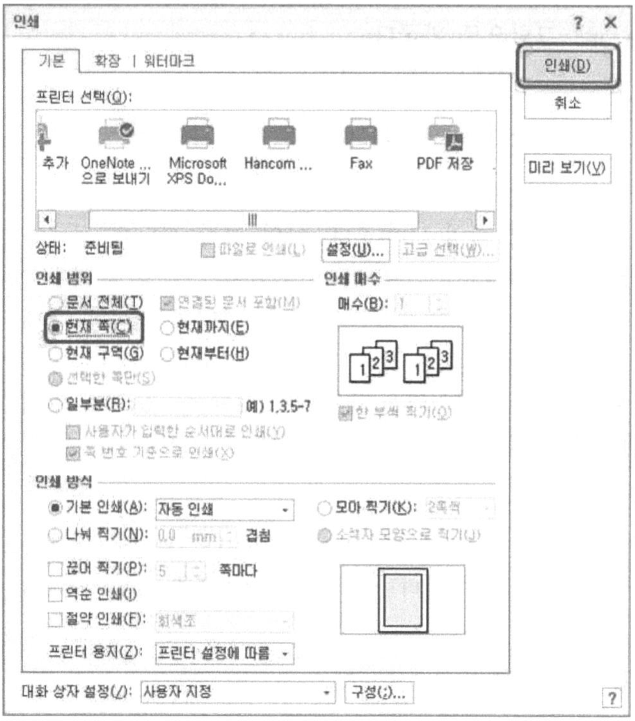

(1) 인쇄 범위

인쇄 범위를 쪽 단위로 지정한다.

- 문서 전체 : 현재 문서의 처음부터 끝까지 모든 문서를 인쇄한다.
- 현재 쪽 : 커서가 있는 쪽만 인쇄한다.
- 현재까지 : 문서의 처음부터 커서가 있는 쪽까지 인쇄한다.
- 현재구역 : 커서가 있는 구역만 처음부터 끝까지 인쇄한다.
- 현재부터 : 커서가 있는 쪽부터 문서 끝까지 인쇄한다.
- 일부분 : 인쇄할 쪽 번호나 범위를 직접 입력한다. 각 범위 사이의 구분은(,)로 한다.

(2) 여러 매 인쇄

같은 문서를 여러 부 인쇄할 때 매수와 방법을 지정한다.

■ 인쇄 매수 : 정해진 문서를 반복하여 인쇄할 회수를 지정한다.

■ 한 부씩 찍기 : 여러 매 인쇄 할 때, 1-2-3, 1-2-3, 1-2-3 쪽의 순서로 인쇄한다. 이 항목을 끄면 1-1-1, 2-2-2, 3-.3-3 쪽의 순서로 인쇄한다.

(3) 인쇄 방식

문서를 편집할 때 쓰인 편집 용지의 크기와 인쇄할 때 프린터에서 공급되는 공급 용지의 크기에 따라 편집된 문서를 종이에 어떻게 배치하여 인쇄할 것인지를 지정한다.

한 장의 종이에 여러 쪽을 모아 찍기 하거나 큰 용지에 맞추어 편집된 문서를 작은 종이에 여러 장에 나눠 찍기 할 수 있다. 보통의 경우 [자동 인쇄]로 한다.

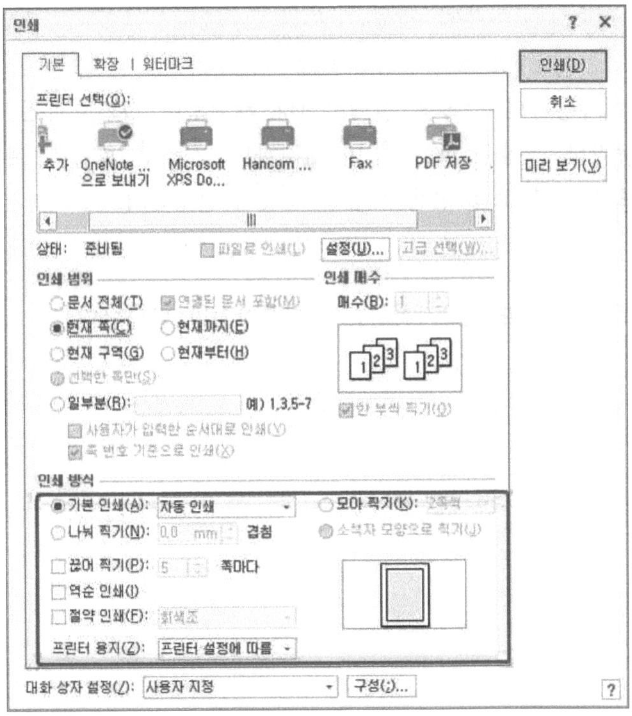

■ 자동 인쇄 : 편집 용지에서 지정된 크기와 같은 공급 용지를 사용하여, 편집된 문서 한 쪽의 내용을 한 장의 종이에 인쇄한다.

■ 공급 용지에 맞추어 : 편집 용지와 공급 용지의 크기가 서로 다를 때, 편집된 문서를 공급 용지의 크기에 맞추어 자동으로 확대하거나 축소하여 인쇄한다.

■ 나눠 찍기 : 큰 종이에 맞추어 편집된 문서를 작은 종이 여러 장에 나누어 인쇄한다.

■ 모아 찍기 : 편집 용지의 크기와 확대/축소 비율에 따라 공급 용지에 들어갈 수 있는 최대 쪽 수 만큼 한 장에 모아서 인쇄한다.

■ 역순 인쇄 : 지정된 인쇄 범위에서 끝 쪽을 먼저 찍기 시작하여 첫 쪽을 마지막으로 찍는다.

■ 끊어 찍기 : 일정한 쪽 수 만큼 인쇄한 후, 사용자에게 다음 인쇄를 위한 준비가 되었는지 확인한다.

■ 절약 인쇄 : [회색조] 또는 [연한 회색조]로 선택하면 결과물의 색이나 명암을 조절할 수 있으면 잉크 낭비를 줄일 수 있다.

(4) 프린터

가. 프린터 선택

[인쇄] 대화상자의 [기본] 탭-[프린터 선택]-[이름 목록]에 인쇄할 프린터가 제대로 설정되어있는지 확인해야 한다.-

나. 설정

용지 방향, 공급 용지 종류, 그래픽 등 선택한 프린터에 대한 등록 정보를 확인하고 설정한다.

다. 고급 선택

프린터 별 고급 선택 사항 대화상자의 항목을 선택하거나 해제하면 한컴오피스 훈글 2014에서 인쇄가 정상적으로 동작하지 않을 때 문제를 해결한다. 시스템 환경과 프린터 종류, 출력된 내용 등에 따라 프린터 별 고급 선택 사항을 알맞게 설정한다.

(5) 확장

인쇄 화면에서 확장 탭을 누르면 다음과 같은 [확장] 탭 대화상자가 나타난다.

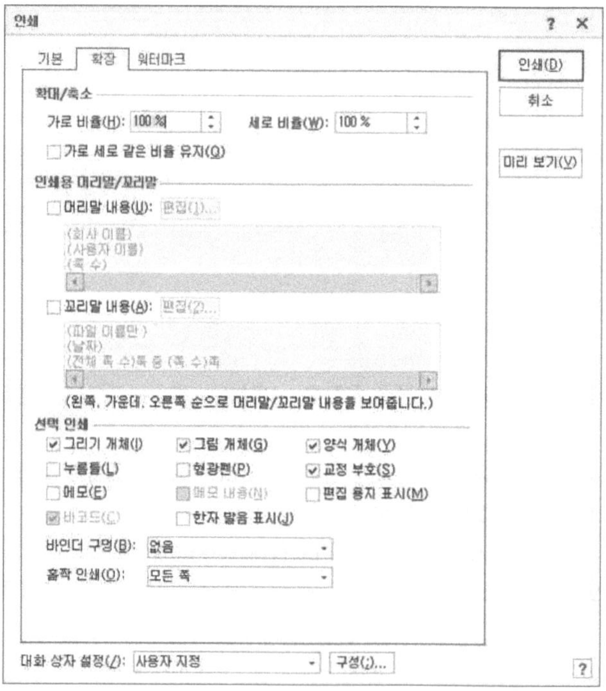

가. 확대 축소

편집된 문서를 임의의 크기로 확대하거나 축소하고자 할 때 가로 비율과 세로 비율을 사용자가 지정할 수 있다. 10~500% 사이에서 적당한 확대/축소 비율을 정한다.

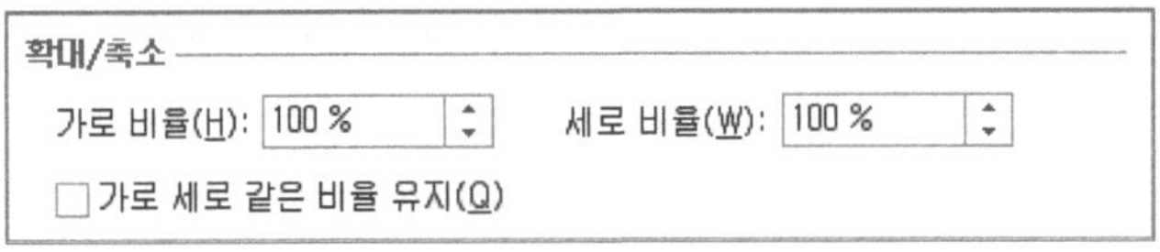

나. 인쇄용 머리말/꼬리말

머리말 내용이나 꼬리말 내용의 체크박스를 선택한 후 [편집(1)...]과 [편집(2)...] 버튼을 클릭하면 다음과 같은 [인쇄용 머리말/꼬리말 편집] 대화상자가 나타나서 용지의 왼쪽과 가운데 그리고 오른쪽에 다양한 문서의 내역에 대하여 출력할 수 있다.

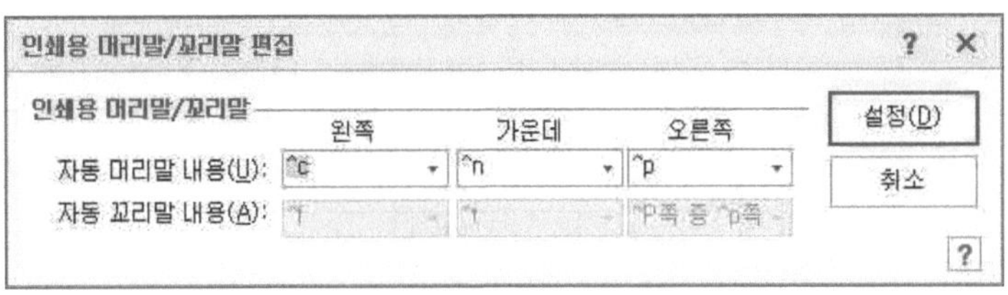

다. 선택인쇄

문서에 들어있는 [그리기 개체], [그림 개체], [양식 개체], [누름틀], [형광펜], [교정 부호], [메모], [메모 내용], [편집 용지 표시], [바코드], [한자 발음 표시]의 인쇄 여부를 지정한다.

[메모]를 선택하면 [메모 내용] 이 활성화되면서 자동으로 선택되며, 문서에 들어 있는 메모 내용 페이지의 별도로 인쇄 여부를 선택할 수 있다.

[편집 용지 표시]를 선택하면 편집 용지의 크기를 인쇄물에 표시할지 여부를 지정할 수 있다.

[바코드]는 바코드를 출력할 수 있을 때 활성화 된다. [바코드]를 선택하면 인쇄 출력물의 쪽 윗부분의 오른쪽에 2차원 바코드를 생성하여 인쇄한다.

편집용지를 지정하면 축소 인쇄를 하거나 편집 용지보다 공급 용지가 작을 경우 [편집 용지]의 크기를 표시하여, 인쇄물을 필요할 때 잘라 쓰기 쉽게 한다.

[바인더 구멍(B)]는 인쇄한 문서에 구멍을 뚫어 바인더에 철을 해두는 용도로 출력할 때 사용할 바인더의 종류에 따라 구멍이 뚫릴 자리를 표시하여 인쇄하며, 바인더 구멍의 종류는 문서를 저장할 때 함께 저장된다.

[홀짝 인쇄(O)]란 양면 인쇄를 지원하지 않는 프린터에서 양면으로 문서를 인쇄하고 싶을 때, [홀수 쪽]으로 문서 전체를 인쇄한 다음, 출력물을 뒤집어 다시 프린터에 넣고 [짝

수 쪽]으로 인쇄하여 양면 인쇄와 같은 출력물을 얻을 수 있도록 하는 기능이다.

(6) 워터마크

인쇄 기능 중에서 워터마크란 저작권 정보 등을 식별할 목적으로 원래 문서 내용의 아래에 그림이나 글씨를 겹쳐 나타내는 기능을 의미한다. 워터마크는 인쇄될 때만 표시되므로 편집 문서의 크기에 영향을 주지 않는다.

[파일]-[인쇄]-[워터마크]를 지정하면 다음과 같은 워터마크 대화상자가 나타난다.

[그림 워터마크]는 문서의 배경으로 이미지 파일을 지정하여 나타낼 수 있다.

[그림파일]은 지정할 이미지를 [열기] 단추를 눌러서 지정할 수 있으며, [채우기 유형]은 워터마킹 할 이미지의 위치를 지정한다.

[글자 워터마크]는 문서의 배경으로 확대한 글자모양을 지정하여 나타낼 수 있다.

각각의 기능 설명은 다음과 같다.

기 능	설 명
글자 입력	워터마크로 삽입할 글자를 직접 입력한다.
글꼴	글자 워터마크의 글꼴을 지정한다.
글자 색	글자 워터마크의 색을 지정한다.
워터마크 효과	입력한 글자에 워터마크 효과를 주어 음역이 -30%로 설정된 상태로 바꾸어서 나타낸다.
크기	글자 워터마크의 글자 크기를 25pt부터 354pt까지 지정할 수 있으며, 기본 값은 40.0pt이다.
각도	글자 워터마크의 각도를 0부터 360까지 설정할 수 있으며, 기본 값은 0이다.
투명도	글자 워터마크의 투명도를 설정한다. 투명도 값은 0%부터 100%사이에서 설정할 수 있다. 처음 값은 70%이다.

가. 위치

그림이나 글자 워터마크가 삽입될 위치를 지정한다.

나. 종이기준

그림이나 글자 워터마크의 위치 기준을 [종이 기준]으로 선택하면, 편집 용지 전체 크기를 기준으로 워터마크가 삽입된다.

다. 쪽 기준

그림이나 글자 워터마크의 위치 기준을 [쪽 기준]으로 선택하면, 쪽 테두리 범위 안에서 워터마크가 삽입된다.

쪽 테두리의 범위는 [쪽 테두리/배경]-[테두리]의 [위치] 항목에서 설정한 길이 값이 적용된다.

(7) 응용 방법

가. 블록 설정하고 인쇄하기

문서의 일부를 블록으로 설정하고 [인쇄]를 실행하면 [인쇄 범위]에서 "선택한 쪽만"이 처음 값으로 지정된다. 이때에는 블록이 설정된 부분이 속한 모든 쪽(페이지)을 인쇄한다. 예를 들어 3쪽짜리 문서에서 2쪽의 끝부분에서 3쪽의 앞부분 일부까지 블록을 설정하여 "선택한 쪽만" 인쇄를 실행하면, 2쪽과 3쪽의 모든 내용이 인쇄된다.

나. 쪽 번호가 연속적이지 않은 문서의 일부분 인쇄

간혹 편집된 문서의 쪽 번호가 연속적이지 않아서 [인쇄]-[일부분]에서 인쇄하고자 하는 범위를 정확하게 지정하기가 곤란한 문서가 있다. 이 경우 끊어 찍기를 활용하면 원하는 곳부터 일정량의 쪽만큼만 인쇄할 수 있다. [인쇄]-[기본]-[인쇄범위]를 [현재부터]로 지정한 다음 [끊어 찍기]에서 현재 쪽부터 몇 쪽만큼 인쇄할 것인지를 지정하여 인쇄한다.

원하는 곳까지 인쇄가 된 다음, 사용자의 확인을 기다릴 때, 더 이상 인쇄를 진행하지 않고 [취소]를 하면 된다.

3.6 미리 보기

인쇄할 문서를 프린터로 보내기 전에 인쇄될 내용을 화면에서 미리 확인하는 기능이다.

① 화면에 있는 문서를 인쇄하기 전에 서식 도구상자에서 [미리보기()] 아이콘을 클릭하거나 [파일]-[미리 보기]를 실행한다.

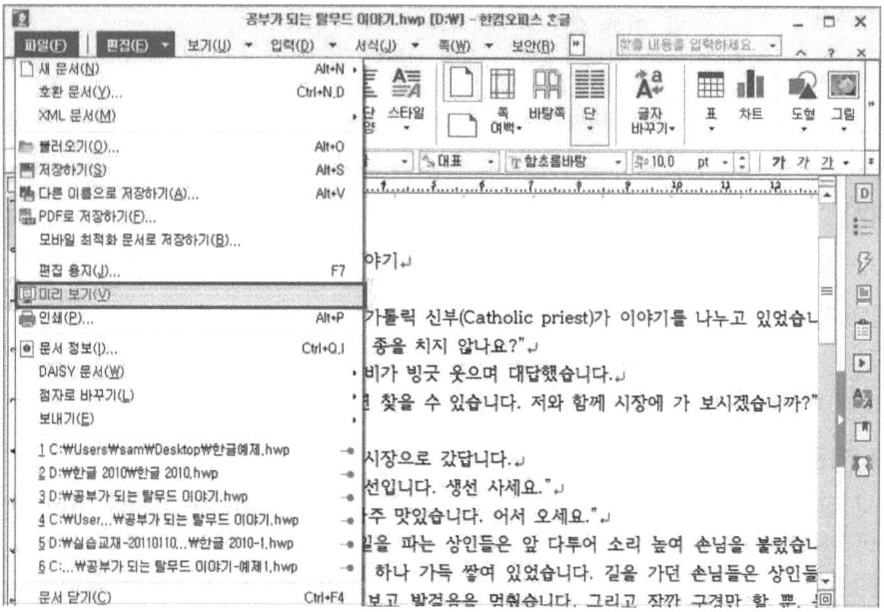

② 현재 커서가 있던 쪽의 인쇄될 모양을 화면에서 확인할 수 있다.

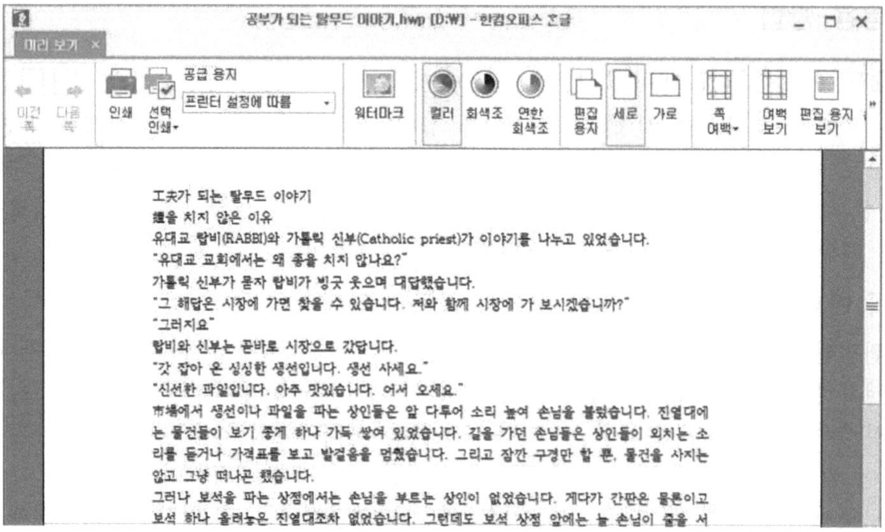

③ [닫기] 아이콘을 누르거나 Esc키를 누르면, 편집화면의 커서가 있던 자리로 돌아온다.

(1) 미리 볼 수 있는 내용

미리 보기에서는 실제 인쇄될 문서의 모든 내용을 확인할 수 있다. 그림, 머리말/꼬리말 내용과 지정한 인쇄 범위나 인쇄 방식, 확대/축소 비율 등 모두를 미리 보기에서 똑같이 확인할 수 있다.

(2) 미리 보기 창에서 할 수 있는 일

미리보기를 실행하면 다음과 같은 "열림상자"를 볼 수 있다.

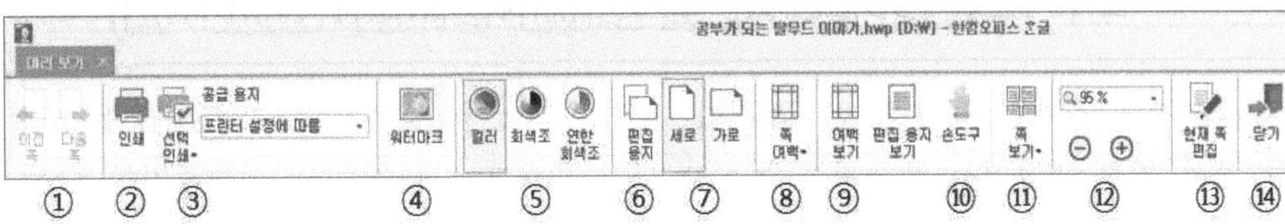

미리 보기 창은 단지 인쇄될 모양을 보는 상태이므로 문서의 내용은 편집할 수 없다. 인쇄될 문서의 모양을 결정하는 인쇄, 편집 용지와 같은 일부 기능만을 실행할 수 있다. PageUp키나 PageDown, 화살표 키, 이동 막대, 이동 단추, 마우스 휠 등을 이용한 쪽 넘겨보기 등을 할 수 있다. Ctrl+PageUp은 문서의 처음으로 이동하고, Ctrl+PageDown은 문서의 끝으로 이동한다.

명칭	기능
1. 이전 쪽/다음 쪽	화면 이동
2. 인쇄	현재 문서를 인쇄
3. 선택 인쇄	문서의 일부를 선택하여 인쇄
4. 워터마크	그림 워터마크나 글자 워터마크를 적용
5. 컬러/회색조/연한회색조	미리보기 화면과 인쇄물 색상을 선택
6. 편집용지	편집 용지 대화상자에서 용지 크기 및 방향 지정
7. 세로/가로	용지의 가로, 세로 방향을 선택
8. 쪽 여백	편집 용지의 여백 지정
9. 여백 보기	지정된 여백을 빨간색 점선으로 표시
10. 손 도구	화면에 확대되었을 때 손 도구를 클릭한 후 미리보기에서 드래그 하여 화면 이동
11. 쪽 보기	미리 보기 화면을 한쪽, 맞쪽, 여러 쪽을 선택하여 표시
12. [확대/축소]	미리 보기 화면의 크기를 선택
13. [현재 쪽 편집]	여러 장으로 구성된 문서일 때 선택한(문서의 주위가 파랑 선으로 나타난) 문서 편집
14. [닫기]	미리 보기 창 닫기

제 4 장 편집

편집 메뉴는 문서에 내용을 입력한 다음 편집할 때 필요한 되돌리기나 오려두기, 복사하기, 찾기 등의 기능이 모여 있는 메뉴이다.

4.1 되돌리기/다시 실행(Ctrl+Z/Ctrl+Shift+Z)

방금 전에 실행한 명령을 취소하거나, 입력한 내용을 지우거나, 지운 내용을 되살리는 등 문서 편집 과정에서 행해지는 동작을 다시 원래대로 되돌린다. 되돌리기를 반복 실행하면, 편집된 문서를 이전 단계로 계속 되돌릴 수 있다.

현재 편집 화면에 글을 입력하고 글자 모양을 바꾸는 편집 작업에서 다시 실행으로 원래 상태로 되돌리는 과정이다.

① 서식 도구 상자에서 글씨체를 [태 나무]로 선택한다.

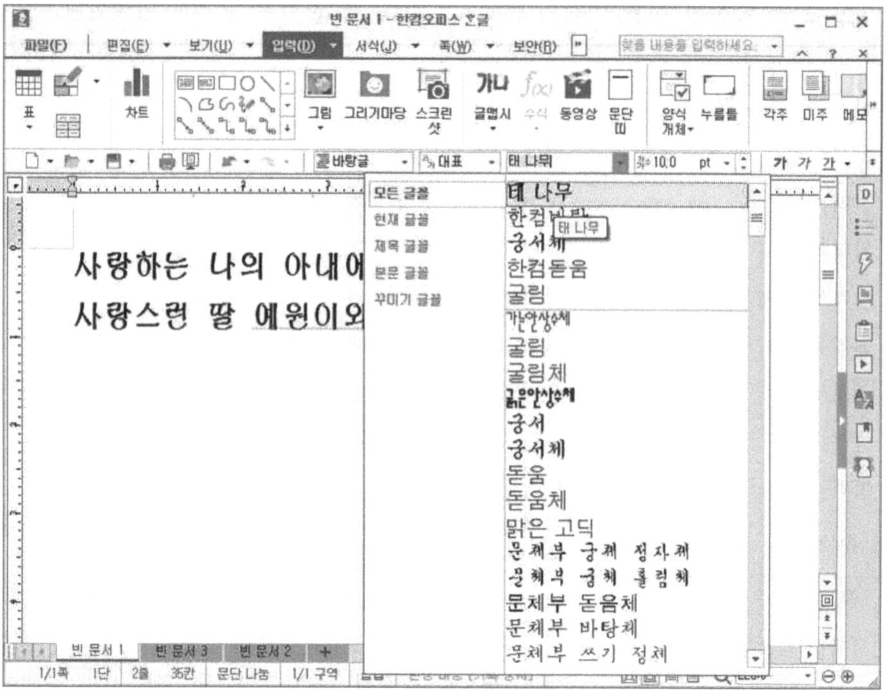

② 글자 모양이 "태나무"로 변경되었으면, [편집]-[되돌리기]를 실행하거나 서식도구상자에서 [되돌리기] 아이콘( )을 선택한다.

③ [태 나무]로 지정했던 글자모양이 변경이 취소되어 원래 글자모양으로 변경된다.

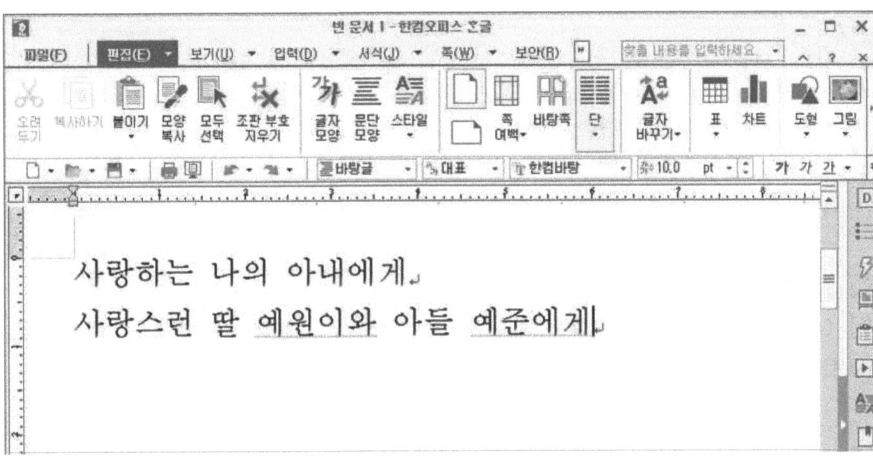

④ [편집]-[다시 실행]을 실행하거나 "서식도구상자막대"에서 [다시 실행( )] 아이콘을 클릭한다. 방금 전에 되돌리기에 의해 변경되었던 글자 모양이 [태 나무]로 다시 변경된다.

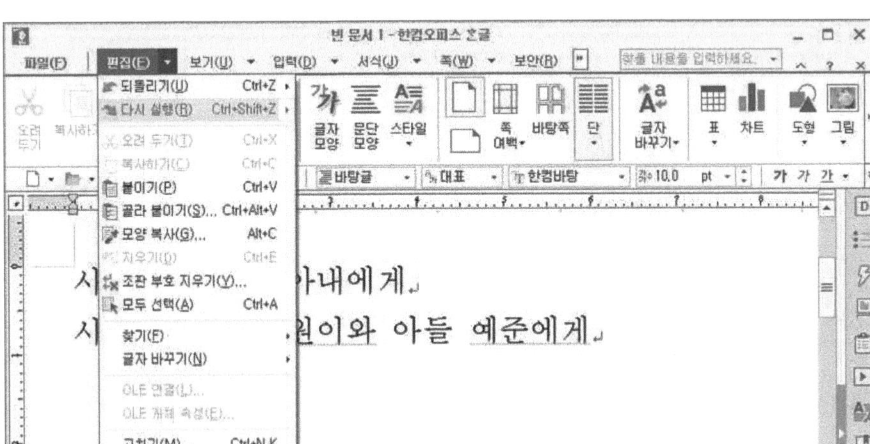

4.2 찾기(Ctrl+Q,F)

편집하고 있는 문서에서 사용자가 입력한 특정한 낱말(문자열)을 찾는다. 선택 사항을 이용하면 찾고자 하는 단어를 더욱 정확하고 다양하게 찾을 수 있다.

"찾기" 기능은 다음과 같이 실행한다.

① 메뉴에서 [편집]-[찾기] 아이콘을 실행한다.

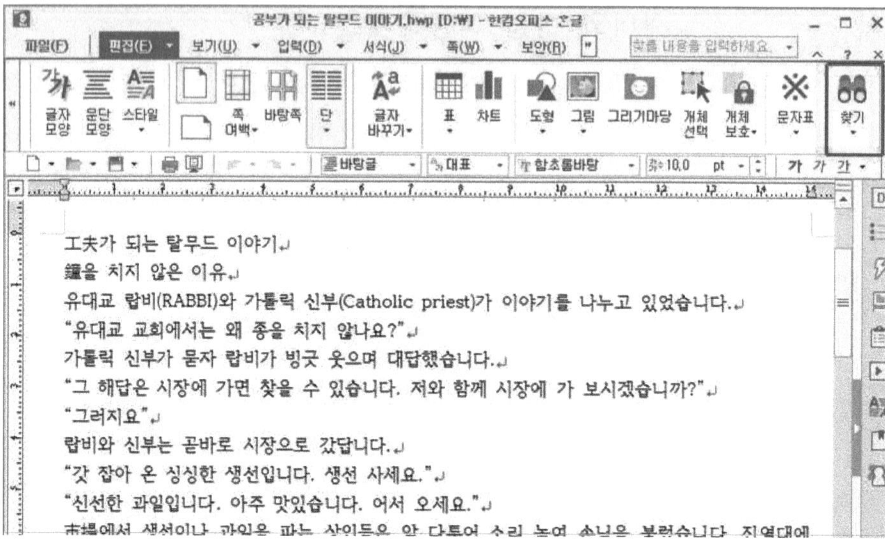

② [찾기] 대화상자가 나타나면 [찾을 내용(E)]에 문서의 내용에서 찾으려는 문자열을 입력하고, 마우스로 찾기 단추를 누르거나 글자판의 Enter 키를 누른다.

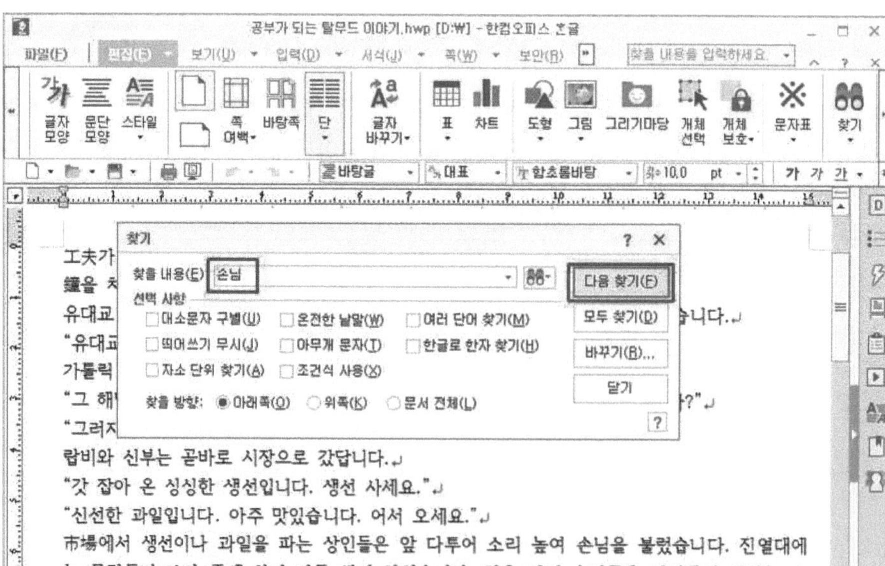

③ [찾을 내용(E)]에 해당하는 낱말을 찾아 블록으로 설정하여 보여준다. 만일 찾으려는 문자열이 없다면 찾는 내용이 없다고 알려준다.

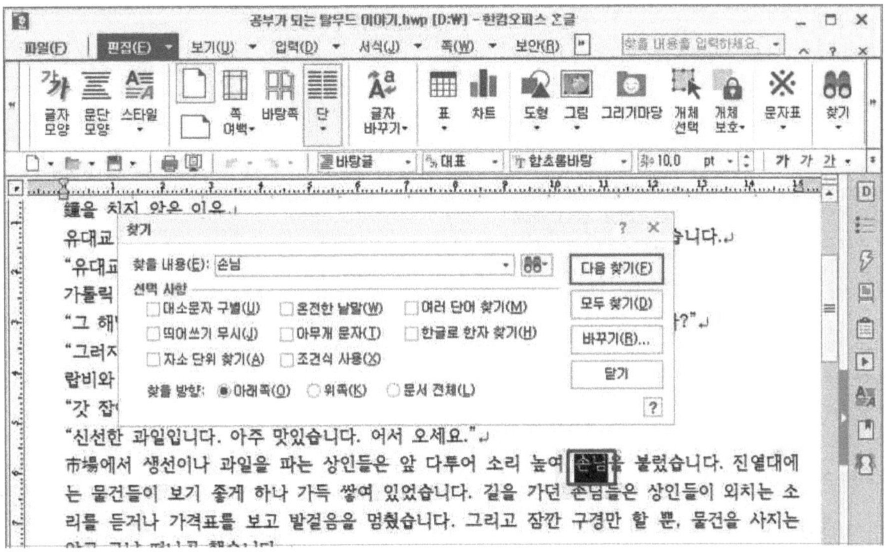

④ 마우스로 [찾기(F)] 단추를 다시 누르면 같은 내용을 다음에서 계속 찾는다.

■ 서식 찾기 : 찾기는 문자열뿐 아니라 탭이나 문단 끝, 강제 줄 나눔과 같은 특수 문자나 본문에 있는 특정한 글자 모양, 문단 모양, 스타일 등의 서식을 찾아 바꾸기를 할 수 있다.

■ 블록 설정하고 찾기 : 문서의 일부에서만 찾기를 하려면, 먼저 원하는 부분을 블록으로 설정한 다음 [찾기]를 실행한다. 블록으로 설정된 부분에서 찾기를 끝낸 뒤에는 나머지 내용에서도 찾기를 계속할 것인지 사용자에게 확인한다.

■ 실행 범위 : 현재 커서의 위치에서 [찾을 방향]에 따라 "아래쪽" 이면 문서의 끝까지, "위쪽" 이면 문서의 처음까지 찾고, 나머지 부분에서도 계속 찾을지 사용자에게 확인한다. "문서 전체" 이면, 현재 커서의 위치부터 문서의 끝까지 찾은 다음 이어서 문서의 처음부터 현재 커서 위치까지 찾는다.

서식 찾기 단추(88)를 누르면 모양을 선택하기 위한 목록이 다음 그림과 같이 나타난다.

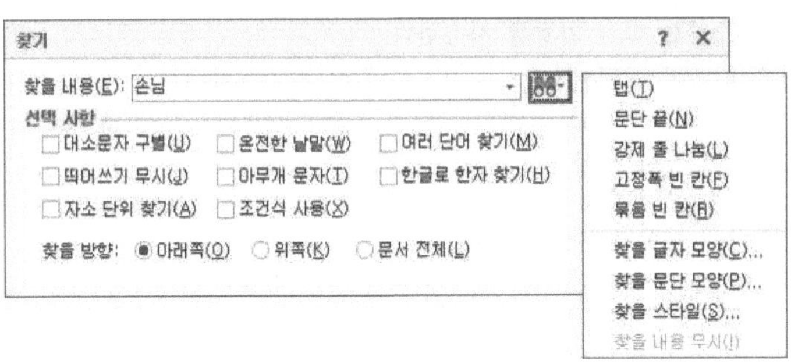

여기에서 찾을 글자 모양을 선택하면 아래 그림과 같은 찾을 [글자 모양] 대화상자가 나타난다.

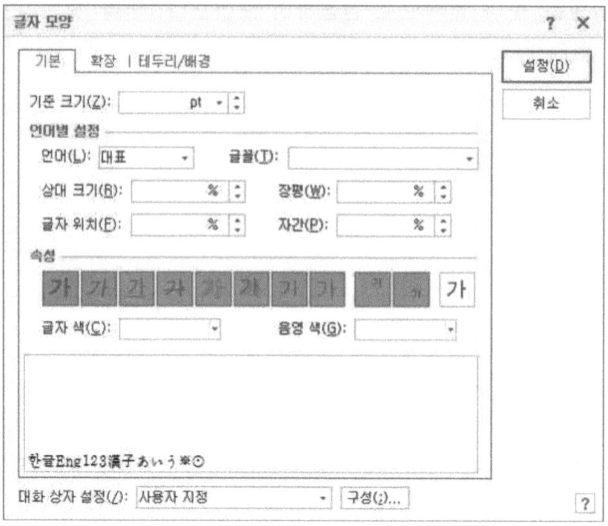

선택 사항은 찾기를 할 때 지정할 수 있는 효과를 여러 가지로 중복하여 지정하는 기능으로서 자세한 내용은 다음과 같다.

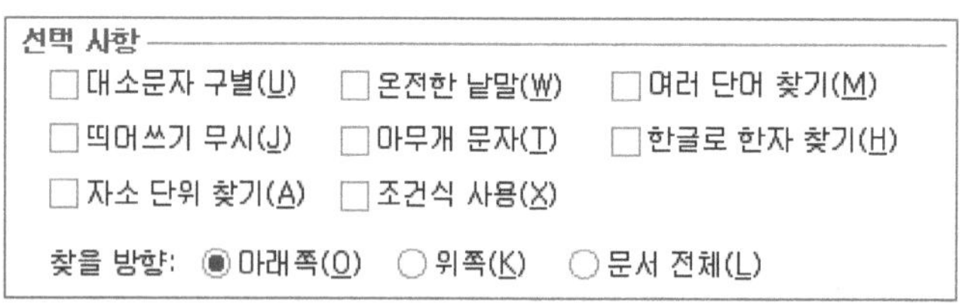

기능 제목	기능 설명
대소문자 구별	영문자의 대소문자를 구별하기 위한 선택사항으로 지정하면 대소문자를 분리하여 찾기 기능을 지정
온전한 낱말	명사만을 찾고 조사와 딸려 있는 단어는 찾지 않음
여러 단어 찾기	쉼표나 세미콜론을 사용하여 여러 단어를 한꺼번에 찾음
띄어쓰기 무시	찾을 내용에 입력된 문자를 붙여 쓴 것도 모두 찾는다.
아무개 문자	찾고자 하는 낱말의 중간에 일정하지 않은 말을 찾고자 할 때 사용하며 ? 기호 및 * 기호를 사용한다.
한글로 한자 찾기	찾을 내용에 입력된 단어를 한글뿐만 아니라 한자까지 찾을 수 있다.
자소 단위 찾기	찾을 내용에 입력된 단어의 자소단위까지 찾기가 가능하다. 이 기능은 "찾기"에서만 사용이 가능하다.
조건식 사용	' , ? * [ ] - ^ ( ) | + ₩{ } 와 같은 조건식을 사용하여 세밀한 찾기가 가능하다.
찾을 방향	사전에 찾고자하는 준비가 완료된 다음 찾는 방향을 선택하는 기능이다.

찾기 대화상자는 자동으로 닫히지 않는다. [찾기]는 주로 여러 번 반복하여 실행하는 경우가 많기 때문에 사용자가 [닫기] 단추를 눌러 대화상자를 닫을 때까지는 자동으로 닫히지 않고 화면에 계속 남아 있게 된다.

4.3 찾아 바꾸기(Ctrl+F2)

편집하고 있는 문서에서 특정한 내용을 찾아서 사용자가 지정하는 다른 내용으로 바꾸는 기능이다.

① [편집] 메뉴의 기본 도구상자에서 [찾기] 아이콘의 [찾아 바꾸기] 아이콘을 실행한다.

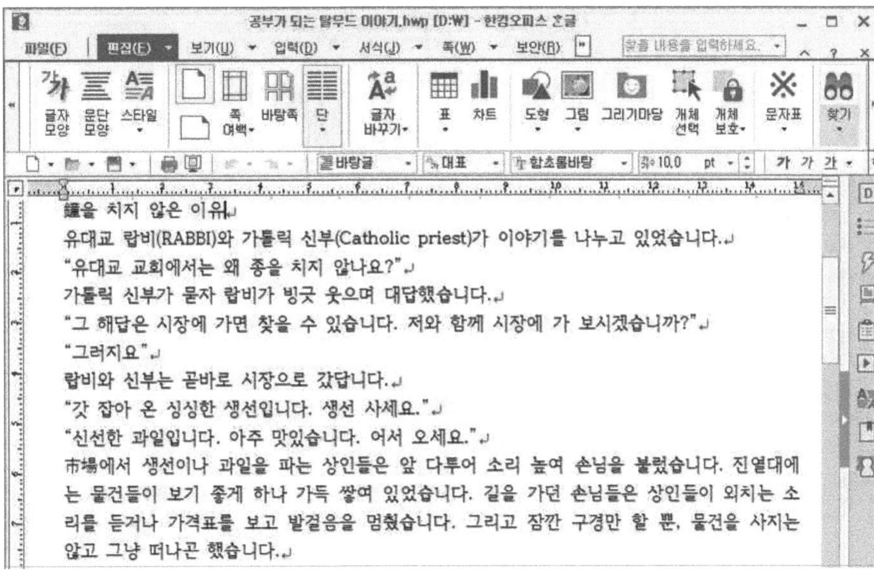

② 찾을 내용에 현재 문서의 내용 중에 찾으려는 문자열을 입력하고, 바꿀 내용에는 찾을 낱말을 바꾸어 넣으려는 문자열을 입력한다. 마우스로 [바꾸기] 단추를 누르거나 글자판의 Enter 키를 누른다.

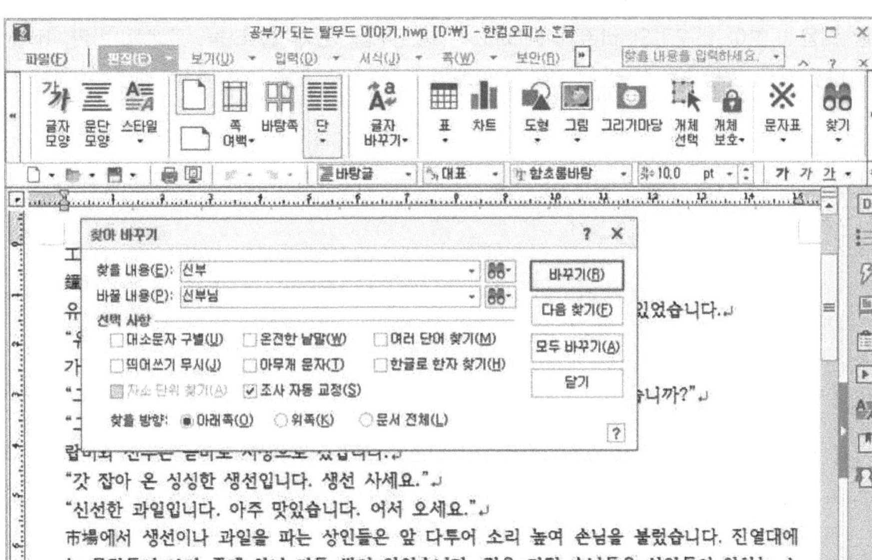

③ 찾을 내용에 해당하는 낱말을 찾아 블록으로 설정하여 보여주고 [바꾸기] 단추를 누르면 [찾은 내용]이 [바꿀 내용]으로 바뀐다.

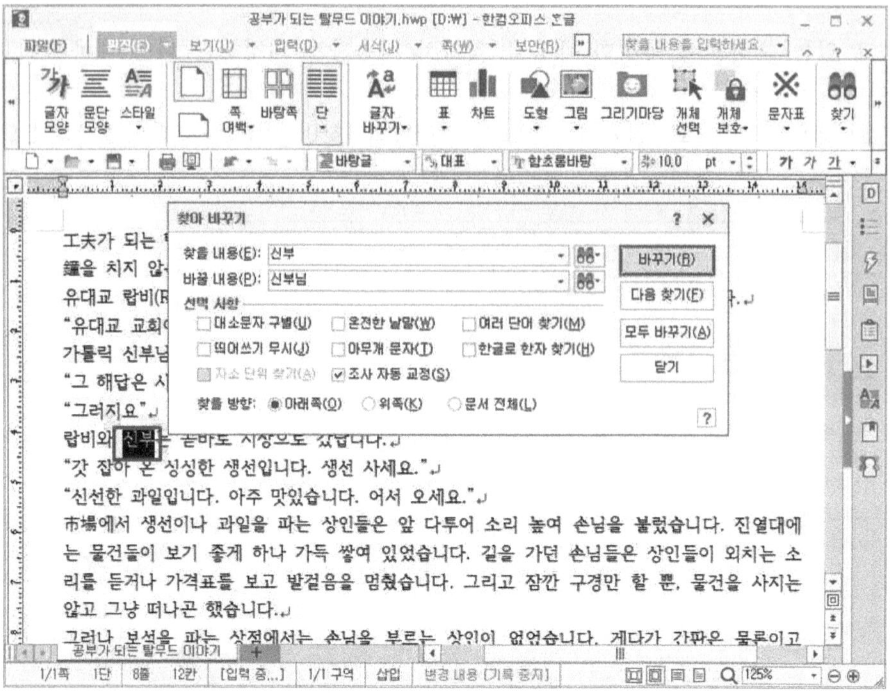

④ 찾을 내용을 바꾸지 않고 그냥 지나가려면 다음 찾기를 누른다.

■ 찾을 내용 : 문자열 외에 탭이나 문단 끝, 강제 줄 나눔과 같은 특수 문자나 본문에 있는 특정한 글자 모양, 문단 모양, 스타일 등의 서식을 찾아 바꾸기 할 수 있다.

■ 바꿀 내용 : 찾아 바꾸기의 바꿀 내용에서 탭, 문단 끝, 강제 줄 나눔, 고정폭 빈칸, 바꿀 글자 모양, 바꿀 문단 모양으로 바꿀 내용을 넣는다.

4.4 글자 모양(Alt+L, 가)

입력할 내용이나 블록으로 설정한 내용에 대한 글자 모양을 바꾼다. 글자 모양은 글꼴, 글자 크기, 장평, 자간 등을 언어 종류에 상관없이 일괄적으로 지정할 수도 있고, 한글, 영문, 한자, 일어, 외국어, 기호 등의 글자마다 각각 따로 지정할 수도 있다. 또한 글자색 바꾸기, 기울임, 진하게, 밑줄, 그림자, 양각, 음각, 외곽선, 첨자 등의 다양한 글자 속성을 적용하여 글자를 꾸밀 수 있다.

4.4.1 글자 모양 바꾸기

글자 모양은 내용을 입력하기 전에 미리 지정할 수도 있고, 내용을 입력한 다음 블록을 설정해 글자 모양을 바꿀 수도 있다. 4.6절의 [편집]-[모양 복사]를 이용하면 커서 위치의 글자 모양을 그대로 복사해 놓았다가 다른 곳의 글자를 복사한 글자 모양으로 덮어쓸 수도 있다.

① 바꿀 글자의 범위를 선택하고 메뉴에서 [편집]-[글자 모양] 아이콘을 실행한다.

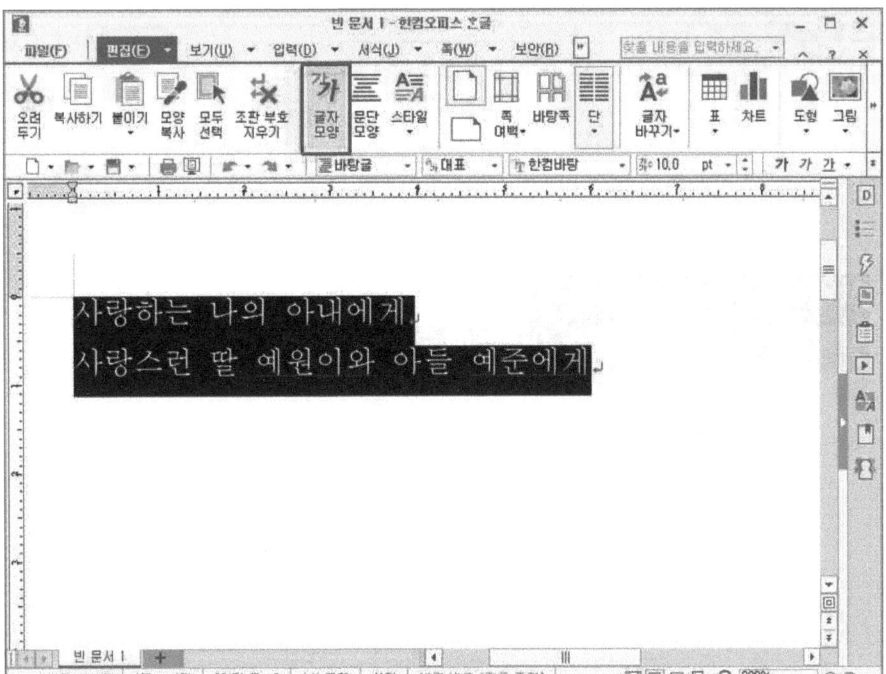

② [글자 모양] 대화상자가 나타나면 [기본] 탭의 글꼴에서 "굴림"을 선택하고 [글자 속성]에서 "진하게" 아이콘을 누르고 [그림자] 단추를 선택한 다음, [설정(D)] 단추를 누른다.

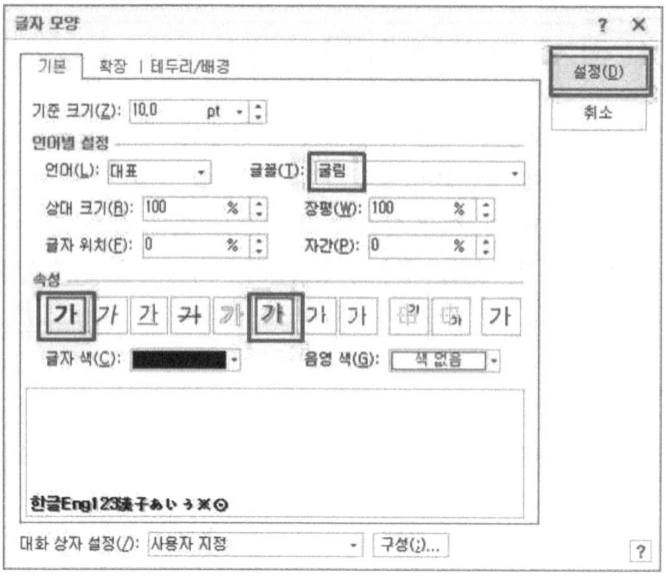

③ 곧바로 편집 화면에 굵은 글씨의 굴림 글꼴로 내용이 변한다.

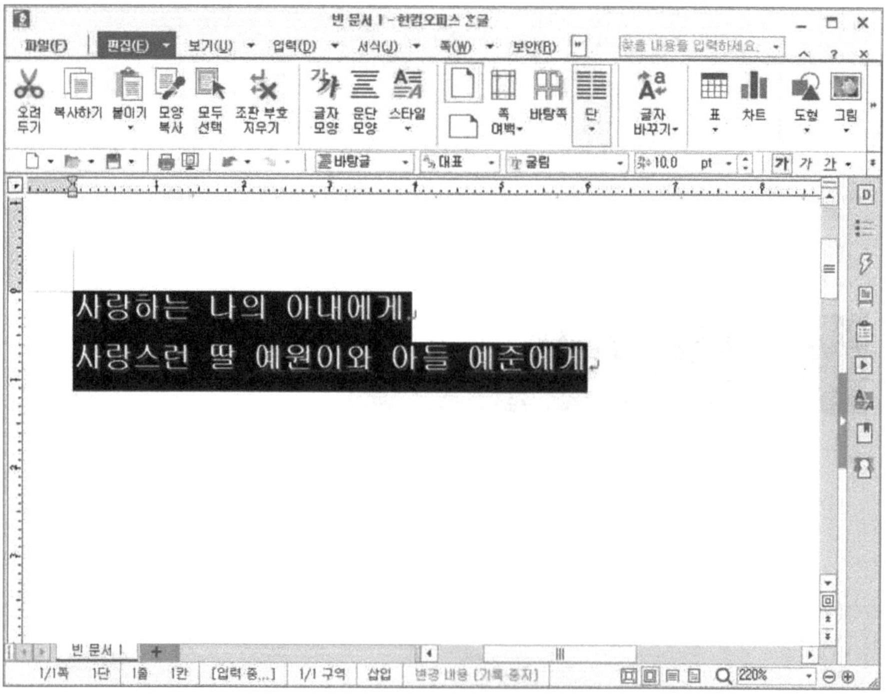

한글은 한글 전용 글꼴(HFT)은 물론이고 윈도우즈 글꼴(TTF)을 사용할 수 있다. 글꼴 목록의 글꼴 이름 앞에 H가 붙어 있는 글꼴은 HFT 형식의 한글 전용 글꼴을 나타내며, T가 붙어 있는 글꼴은 TTF 형식의 윈도우즈 글꼴을 나타낸다.

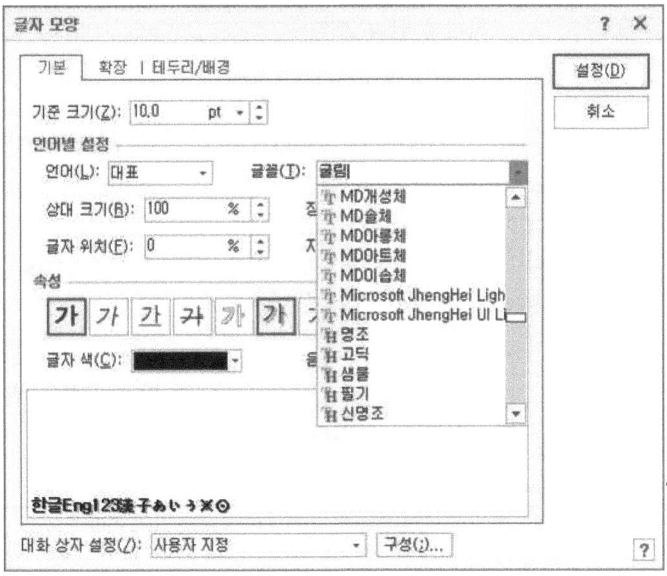

■ 장평 : 글자의 세로 크기에 대한 가로 크기로, 이 숫자가 100보다 작으면 가로의 폭이 좁아지고 100보다 크면 가로의 폭이 커진다. 장평은 최저 50에서 최고 200까지 설정할 수 있다.

장평50 장평100 장평150

■ 자간 : 글자와 글자의 간격으로 최저 -50%에서 최고 50%까지의 값으로 설정할 수 있다.

자간-30 자간0 자 간 30

■ 속성 : 첨자 아님, 위 첨자, 아래 첨자

첨자 아님 abc123 위 첨자 abc123 아래 첨자 abc123

4.4.2 글자 속성 바꾸기(Alt+Shift+영문자)

자주 쓰이는 글자 모양을 메뉴에 모아 단축키를 배당함으로써 사용하기 편리하게 만든 기능이다. 글자 속성(모양)을 바꾸려고 하는 부분을 블록으로 지정한 후 Alt + Shift를 동시에 누른 상태에서 해당 영문자를 누른다. 즉 Alt + Shift + E키를 연속해서 누르면 블록 안에 있는 글씨 크기가 6→7→8→9→10→11→12→13→14→15→16→20→24→32→48→72→112→127→254→500 순으로 모두 원래 글씨 보다 각기 한 단계씩 커진다.

글자속성	단축 키	의미와 글자 모양		비고
이탤릭	Alt Shift + I	Itailc	*한국기술교육대학교*	한 번 더 누르면 속성이 해제된다.
진하게	Alt Shift + B	Bold	**한국기술교육대학교**	
밑줄	Alt Shift + U	Underline	한국기술교육대학교	
위 첨자	Alt Shift + P	Subperscript	한국기술교육대학교	
아래 첨자	Alt Shift + S	Subscript	한국기술교육대학교	
보통 모양	Alt Shift + C	Cancel	한국기술교육대학교	
크게	Alt Shift + E	Enlarge	한국기술교육대학교	단축키를 누름에 따라 속성의 변화가 커진다.
작게	Alt Shift + R	Reduce	한국기술교육대학교	
장으로	Alt Shift + J		한국기술교육대학교	
평으로	Alt Shift + K		한국기술교육대학교	
자간 넓게	Alt Shift + W	Wider	한국기술교육대학교	
자간 좁게	Alt Shift + N	Narrower	한국기술교육대학교	

4.4.3 확장 탭

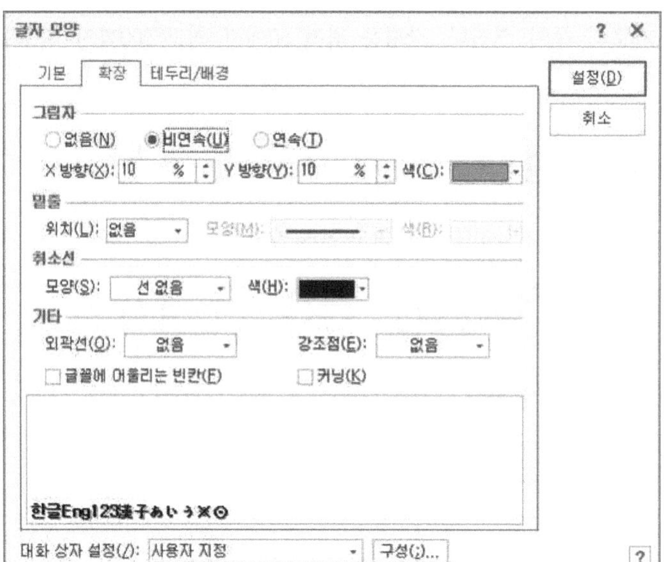

■ 그림자 : 블록 설정한 글자의 뒤에 비연속과 연속으로 그림자를 적용시킬 수 있다.

■ 밑줄 : 블록 설정한 글자의 없음, 위, 가운데, 아래에 밑줄을 설정할 수 있다. 밑줄 모양은 총 11가지이며 밑줄의 색은 모든 색을 사용할 수 있다.

■ 취소선 : 블록 설정한 글자의 취소선의 모양과 색을 설정할 수 있다. 취소선 모양은 총 11가지이면 취소선의 색은 모든 색을 사용할 수 있다.

■ 외곽선 모양 : 블록 설정한 글자의 외곽선 효과를 줄 수 있다. 외곽선 모양은 총 6가지이다.

■ 강조점 : 현재 글자의 위쪽 중앙에 점을 찍어 문자열을 강조한다. 또는 글자에 평성(平聲), 상성(上聲), 거성(去聲), 입성(入聲)의 사성점을 찍을 수 있다.

(2) 강제 줄 바꾸기

내용을 입력하다가 커서가 문단의 오른쪽 여백 끝에 닿으면 자동으로 다음 줄로 줄 바꾸기가 된다. 이때 줄 끝에서 Shift+Enter를 눌러 문단은 바꾸지 않고 강제로 줄을 나눌 수 있다.

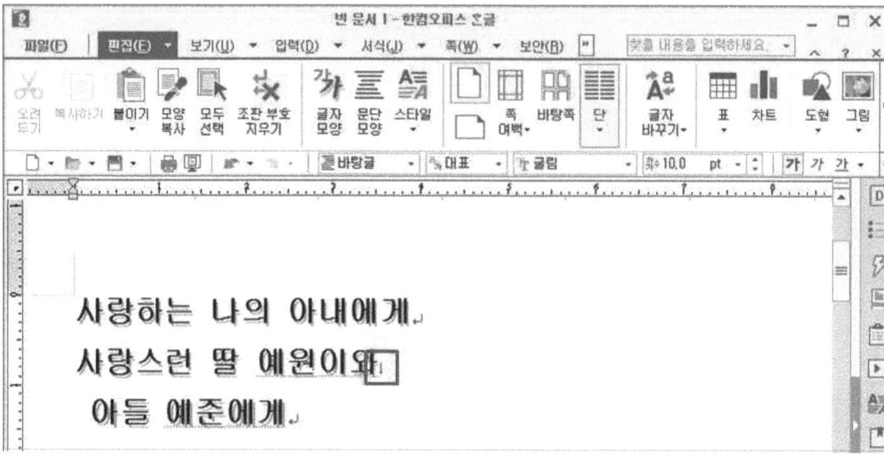

(3) 단축키

문단 정렬	
Ctrl+Shift+M	문단을 양쪽 정렬한다.
Ctrl+Shift+L	문단을 왼쪽 정렬한다.
Ctrl+Shift+R	문단을 오른쪽 정렬한다.
Ctrl+Shift+C	문단을 가운데 정렬한다.
Ctrl+Shift+T	문단을 배분 정렬한다.
오른쪽/왼쪽 여백	
Ctrl+Alt+F6 / Ctrl+Shift+G	문단의 왼쪽 여백을 오른쪽으로 한 글자 늘인다.
Ctrl+Alt+F5 / Ctrl+Shift+E	문단의 왼쪽 여백을 왼쪽으로 한 글자 늘인다.
Ctrl+Alt+F7 / Ctrl+Shift+D	문단의 오른쪽 여백을 오른쪽으로 한 글자 늘인다.
Ctrl+Alt+F8 / Ctrl+Shift+F	문단의 오른쪽 여백을 왼쪽으로 한 글자 늘인다.
들여 쓰기/내어 쓰기	
Shift + Tab	둘째 줄 이상의 줄이 커서가 있는 위치에 정렬된다.
Ctrl+F5 / Ctrl+Shift+O	문단의 첫 줄을 한 글자 내어 쓴다.
Ctrl+F6 / Ctrl+Shift+I	문단의 첫 줄을 한 글자 들여 쓴다.
줄 간격	
Alt+Shift+A / Ctrl+Shift+Q	한 번 누를 때마다 줄 간격을 10%씩 좁혀 준다.
Alt+Shift+Z / Ctrl+Shift+W	한 번 누를 때마다 줄 간격을 10%씩 넓혀 준다.

4.6 모양 복사(Alt+C,)

모양 복사는 커서 위치의 글자 모양이나 문단 모양, 스타일 등을 다른 곳으로 간편하게 복사하는 기능이다. 특정한 모양을 반복적으로 자주 지정해야 하는 경우에 유용하다.

① 복사할 글자 모양을 가진 글자 위에 커서를 놓고 [편집]-[모양 복사] 아이콘을 실행한다.

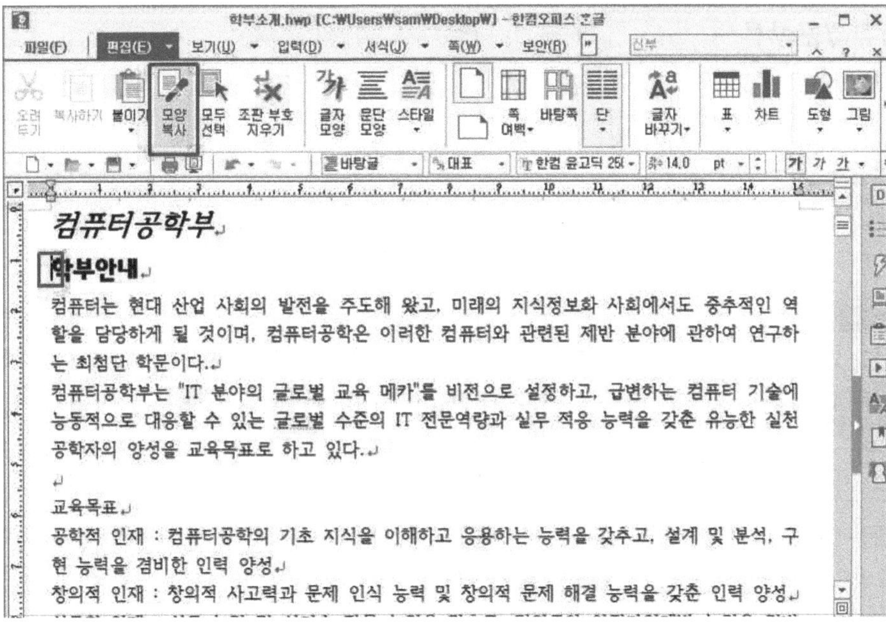

② 모양 복사 대화상자가 나타나면 "글자 모양과 문단 모양 둘 다 복사"를 선택하고 [복사] 단추를 누른다.

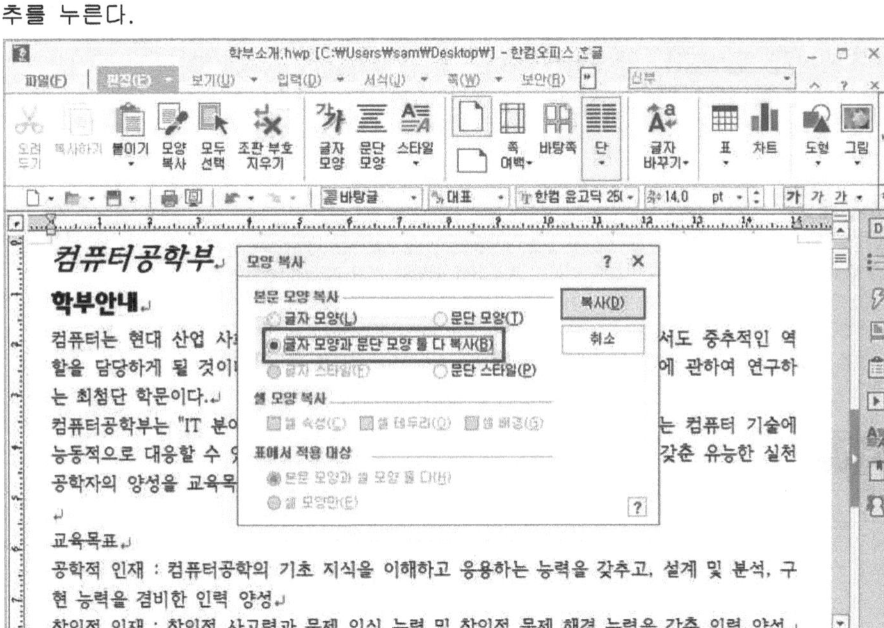

③ 모양을 바꿀 부분을 블록으로 설정한다. [편집]-[모양 복사]를 다시 실행한다.

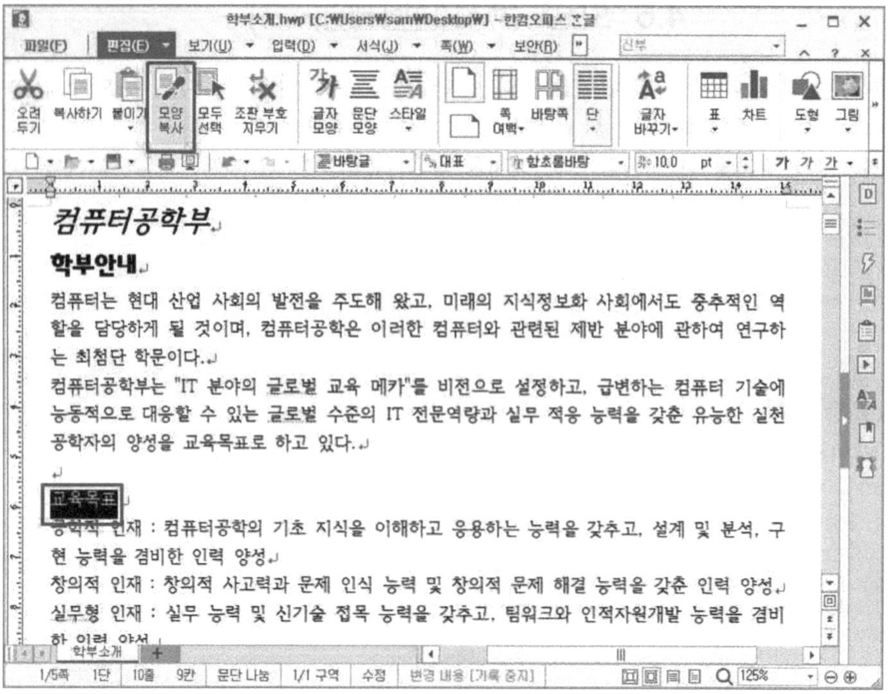

④ [편집]-[모양 복사]를 다시 실행하면 블록으로 설정한 부분의 글자 모양이 복사해 두었던 글자 모양으로 바뀐다. 단축키 Alt+C를 이용하면 더욱 편리하다.

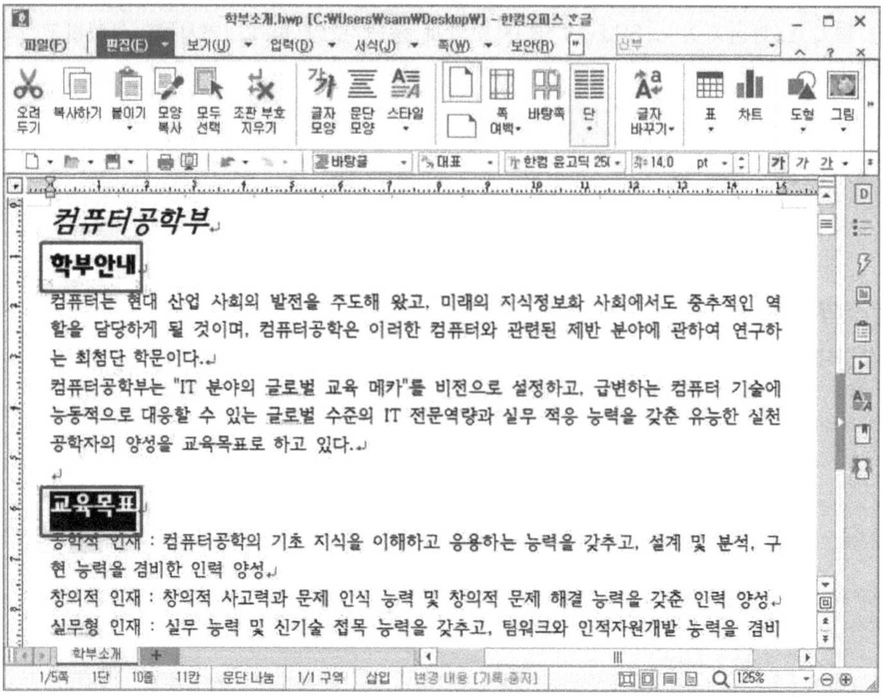

- ■ 보통 상태와 블록 상태 : [모양 복사]는 블록을 설정하지 않은 보통 상태에서는 커서 위치의 모양을 임시 저장소에 기억(복사)시키는 기능이 실행되고, 블록을 설정한 상태에서는 블록으로 설정한 부분에 기억된 모양을 덮어쓰는 기능이 실행된다.
- ■ 모양 복사 기억 : [모양 복사]를 실행해 복사할 내용을 지정하면 한글을 끝낼 때까지는 가장 마지막에 복사한 모양을 기억하고 있다. 따라서 복사한 모양은 현재 문서뿐만 아니라 다른 문서에서도 적용할 수 있다.
- ■ 표 안에서의 모양 복사 : 표 안에서는 글자 모양과 문단 모양뿐만 아니라 현재 셀의 셀 속성과 선 모양, 셀 배경까지도 복사해 두었다가 다른 셀에 그대로 덮어 쓸 수 있다.
- ■ "셀 속성 복사, 셀 테두리 복사, 셀 배경 복사" 는 표 안에서 [편집] - [모양 복사]를 실행한 경우에만 선택할 수 있다.

[스타일 사용]

한 문서에서 같은 글자 모양이나 문단 모양이 반복적으로 많이 쓰이는 경우에는 [모양 복사] 보다는 [스타일]을 사용하는 것이 유리하다. 스타일을 사용하면 문서를 다시 편집할 때에도 글자 모양이나 문단 모양을 한꺼번에 바꿀 수 있기 때문이다.

(1) 스타일 복사

글자 스타일이나 문단 스타일을 복사할 때는 현재 커서의 위치에 적용된 스타일의 글자나 문단의 속성뿐 아니라 스타일 이름까지 복사한다.

(2) 셀 복사

표 안에서의 모양 복사는 커서 위치의 글자 모양이나 문단 모양, 스타일뿐 아니라, 현재의 셀의 속성이나 테두리 모양, 셀 배경까지 함께 복사해 다른 셀에 그대로 덮어쓴다.

제 5 장 보기

보기 메뉴는 문서의 편집 화면을 사용자의 기호에 맞게 수정할 수 있는 기능을 제공한다. 화면을 확대/축소하거나 도구 상자, 격자, 상황선 등을 보이거나 감추어 편집 화면을 자유롭게 사용할 수 있다.

5.1 화면 확대

편집하는 문서의 실제 크기는 바꾸지 않고 화면에 보이는 크기만 확대하거나 축소한 상태에서 문서를 편집할 수 있다. 화면 확대는 화면 비율만을 조절하는 것이므로 어떤 화면 비율을 선택하더라도 문서 편집에는 영향을 주지 않는다.

① [보기]-[확대/축소] 아이콘을 실행한다.

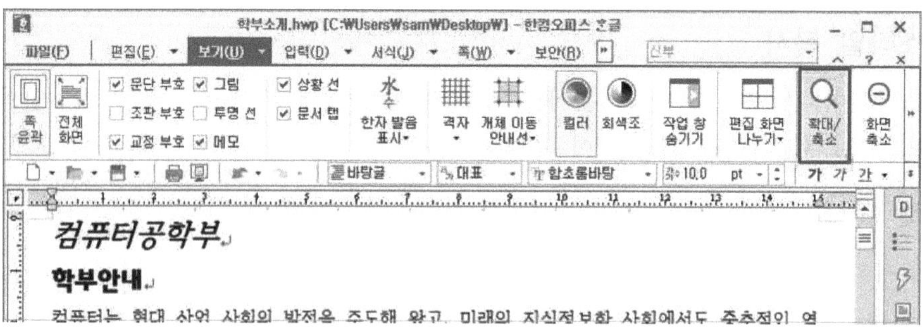

② [화면 확대/축소] 대화상자가 나타나면 [쪽 맞춤]을 선택한 다음 [설정]을 누른다.

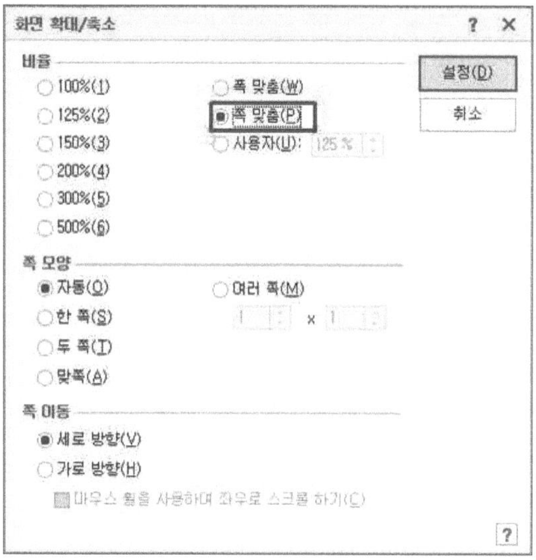

③ 현재 문서의 한 쪽 또는 두 쪽 분량이 한 화면으로 볼 수 있는 비율로 나타난다.

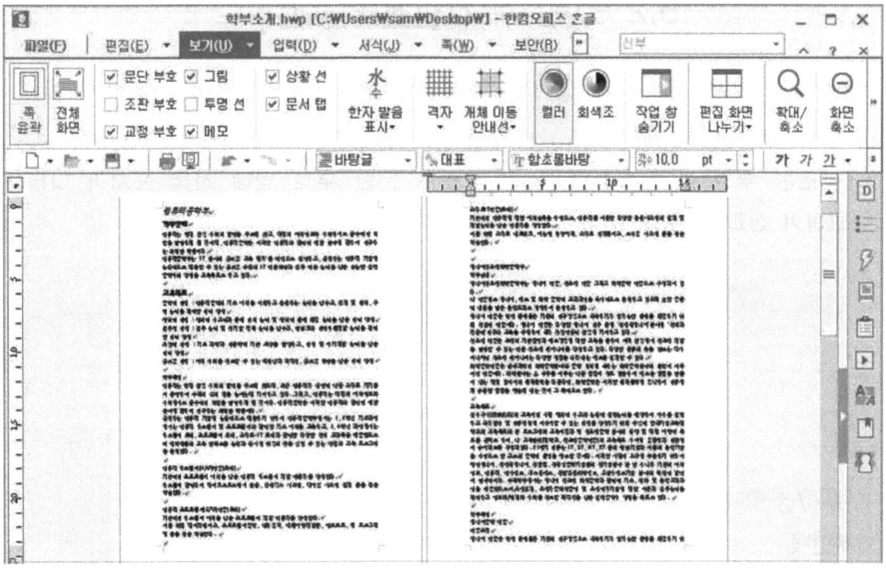

④ 다시 [보기]-[화면 확대]를 실행해 "125%"를 선택하면 원래 화면으로 돌아온다.

⑤ "쪽 맞춤"은 한 쪽을 한 화면에 볼 수 있으므로 문서의 윤곽을 볼 때 사용하고 "폭 맞춤"은 폭을 한 화면에 볼 수 있으므로 내용을 입력할 때 사용한다.

(1) 기본 도구 상자 이용하기

기본 도구 상자의 화면 확대 도구를 이용하여 확대 비율을 쉽게 바꿀 수 있다.

"쪽 맞춤, 폭 맞춤, 10%, 25%, 50%, 66%, 75%, 100%, 125%, 150%, 200% 300%, 500%, 사용자, 자동, 한 쪽, 두 쪽, 자동" 중에서 선택한다.

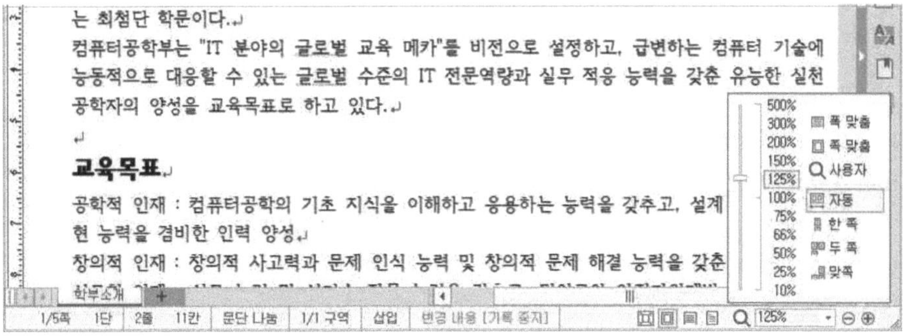

(2) 단축키 사용

쪽 맞춤	Ctrl+G, P	단계 확대	Shift + Num Lock + +
폭 맞춤	Ctrl+G, W	단계 축소	Shift + Num Lock + −
화면 100%	Ctrl+G, Q		

5.2 조판 부호(Ctrl+G,C)

흔글은 편집 과정에서 사용자가 내리는 명령을 보통의 문서창에서는 보이지 않게 조판 부호로 기록한다. 조판부호(제어 코드)는 일반적인 편집 화면에는 보이지 않는다.

① [보기]-[조판 부호]를 실행한다. 조판 부호와 문단 부호 앞에 선택 표시가 나타나면서 조판부호가 보이기 상태가 된다.

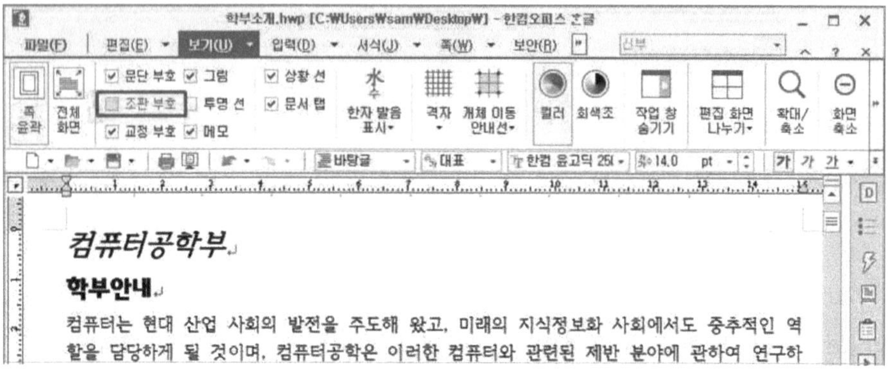

② 본문에서 표, 글상자, 그림, 머리말/꼬리말 등을 삽입한 위치에 조판 부호 표시가 나타나고 Enter↵ 키를 누른 곳에는 ↲ 표시, Space Bar 키를 누른 곳에는 ∨ 표시가 나타난다.

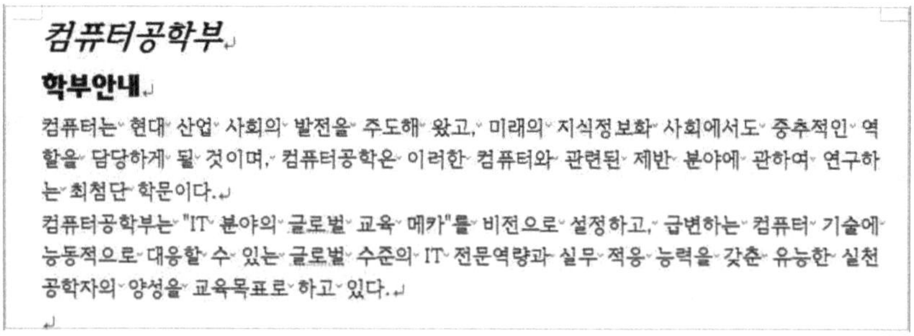

③ 다시 [보기]-[표시/숨기기]-[조판 부호]를 실행하면 조판부호와 문단 부호 메뉴 앞에 있던 선택 표시가 사라지면서 조판 부호 감추기 상태가 된다.

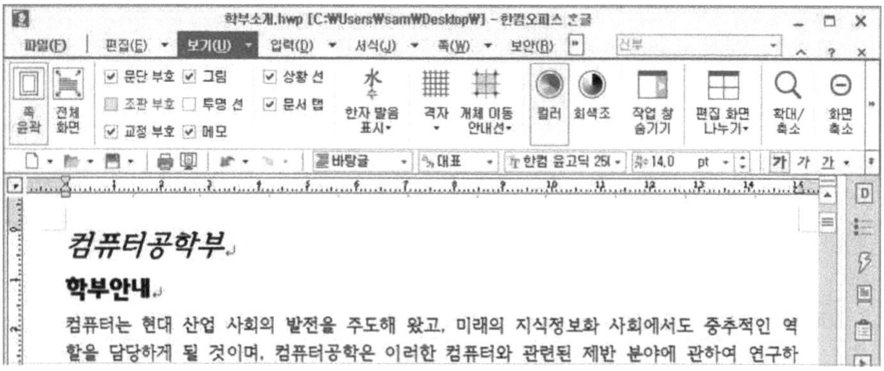

5.3 격자

격자(grid)는 편집 화면에 가로 세로 일정한 간격으로 그려진 점이나 선을 말한다.

5.3.1 격자 설정

격자 설정에서는 격자의 작동 방식과 격자 간격, 격자 모양 등을 설정한다.

① [보기]-[격자]-[격자 설정]을 실행한다.

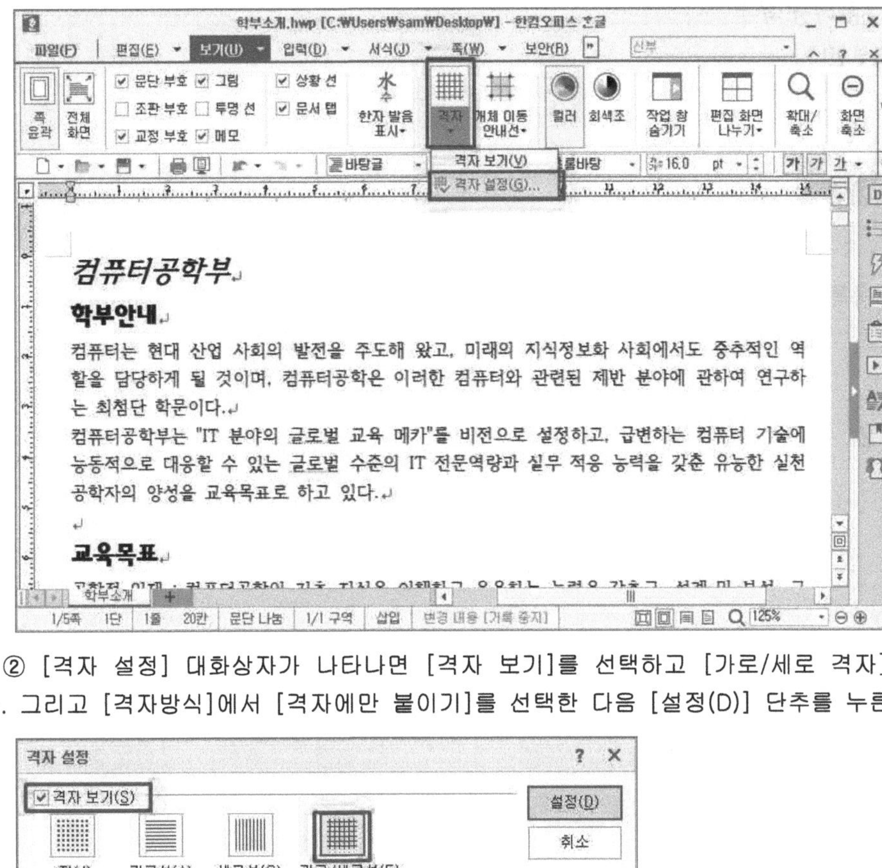

② [격자 설정] 대화상자가 나타나면 [격자 보기]를 선택하고 [가로/세로 격자]를 지정한다. 그리고 [격자방식]에서 [격자에만 붙이기]를 선택한 다음 [설정(D)] 단추를 누른다.

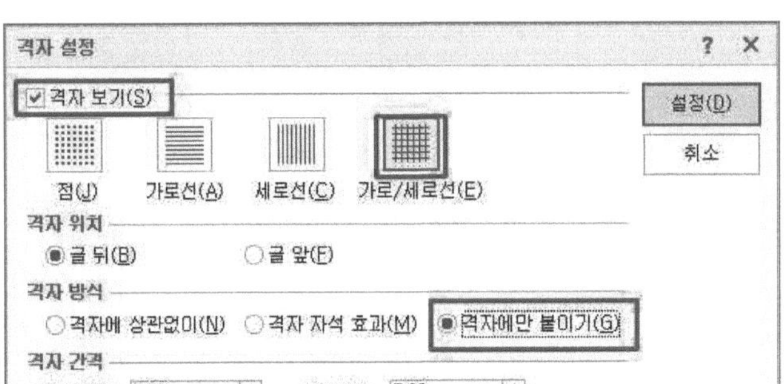

③ 편집 화면에서 개체 그리기를 하면 선 격자 사이에는 개체가 그려지지 않고 선 격자에만 붙어서 그려진다.

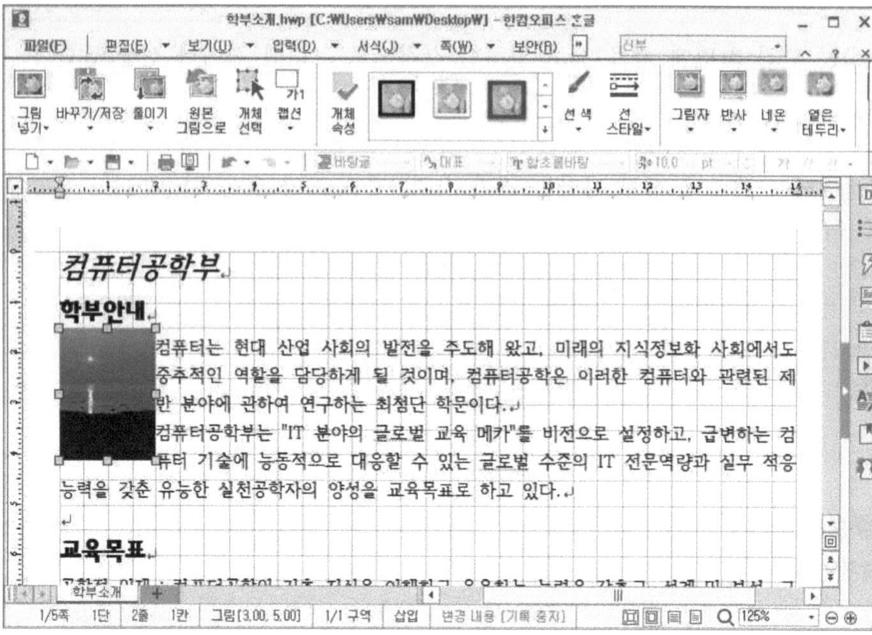

5.3.2 격자 보이기

① [보기]-[격자]-[격자 보이기]를 선택한다.

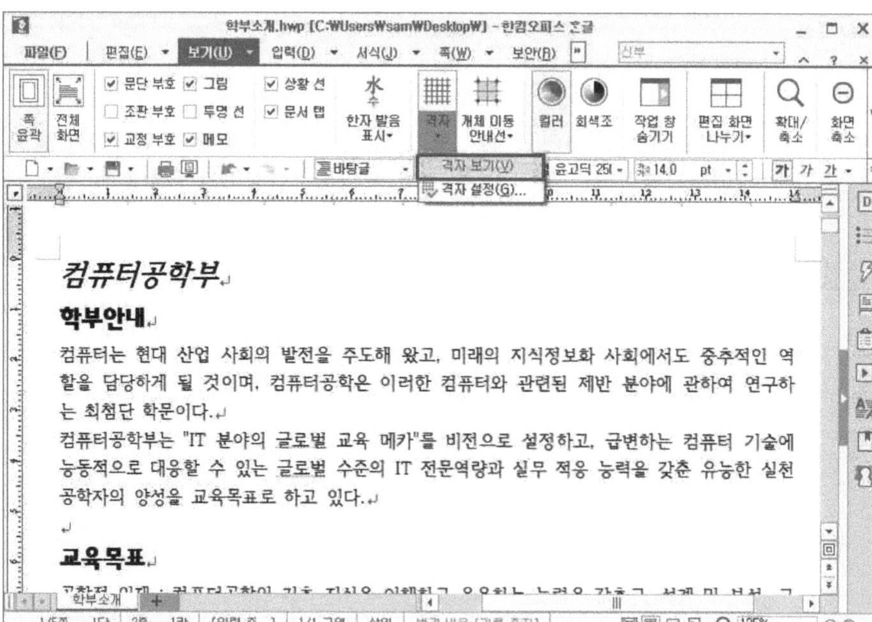

② 편집 화면에 격자 표기가 나타난다.

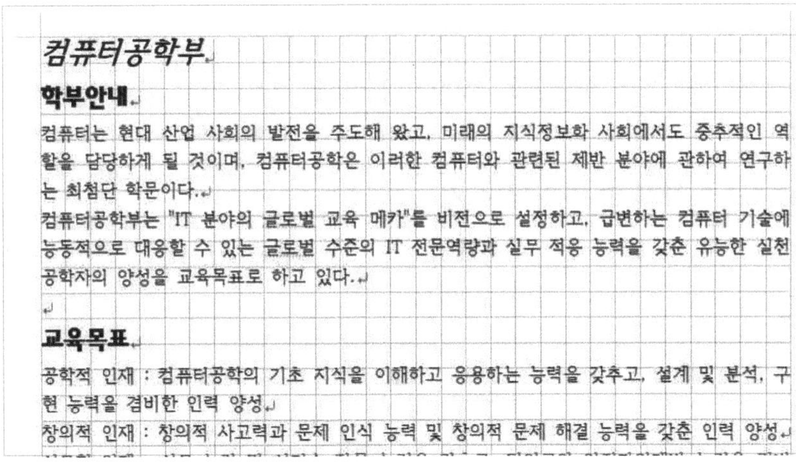

③ [격자 보기]를 다시 선택하면 메뉴 앞의 선택 표시가 사라지고 격자가 감춰진다.

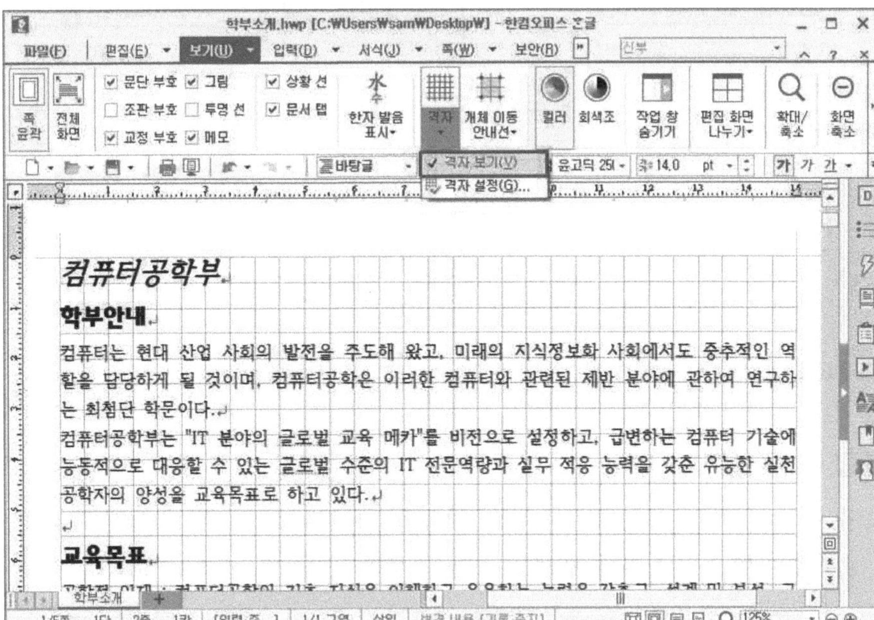

5.3.3 도구 상자

도구 상자([보기]-[도구 상자])는 문서를 작성하면서 자주 사용되는 기능들을 아이콘으로 만들어 놓은 곳이다. 도구 상자는 화면에서 보이기/감추기 상태를 정할 수 있으며, 화면의 어느 곳에도 놓을 수 있다. 또한 자주 사용하는 도구 상자는 도구 상자 편집을 통해 새롭게 구성할 수 있다.

(1) 개체에 따른 보이기 감추기와 확장 단추

한컴오피스 한글 2014에서는 문서창의 크기를 줄이거나 한 줄에 여러 개의 도구 상자를 붙여 놓아 도구 상자의 모든 아이콘을 보여줄 수 없을 경우, 가장 뒤쪽의 아이콘부터 모양의 확장 단추 안에 숨겨지며, 확장 단추를 누르면 숨겨진 아이콘들이 나타난다.

(2) 마우스로 도구 상자 보이기/감추기

문서창의 메뉴나 도구 상자의 아이콘 위에서 마우스 오른쪽 단추를 누르면 나타나는 빠른 메뉴에서 도구상자를 보이거나 감출 수 있다.

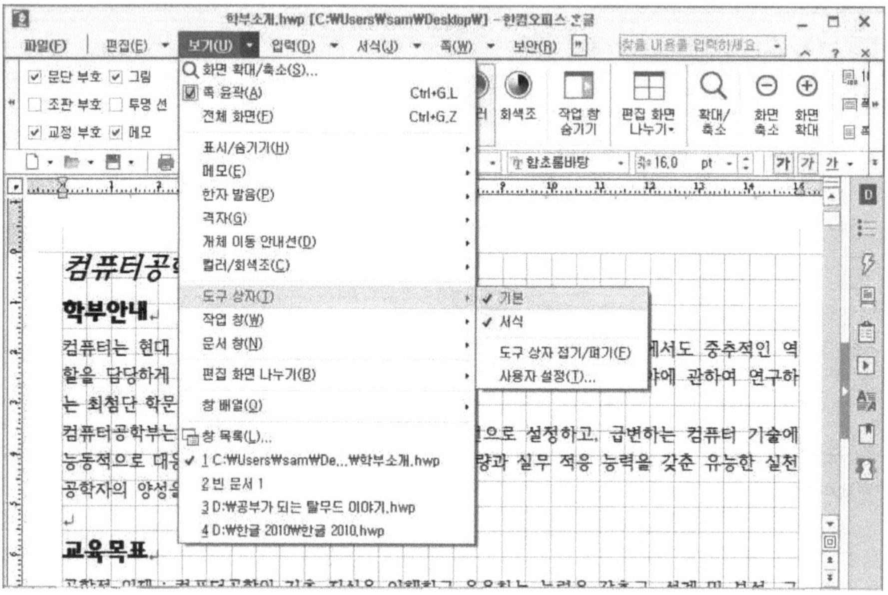

(3) 열림 도구 상자

기본 도구 상자는 자주 사용하는 메뉴의 기능을 아이콘으로 만들어 놓은 곳이다. "기본" 도구 상자의 아이콘을 누르면 쉽게 기능을 실행할 수 있다. 다음은 보기의 기본 도구 상자이다.

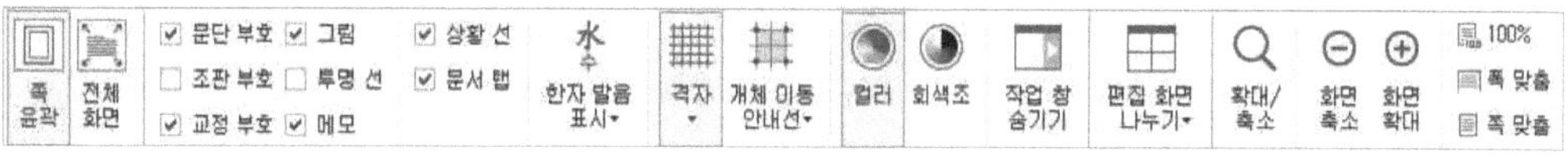

(4) 서식 도구 상자

서식 도구 상자는 문서 편집에 자주 사용하는 기능을 대화상자를 거치지 않고 한 번의 동작으로 바로 실행할 수 있도록 대화상자의 항목을 아이콘으로 모아놓은 곳이다.

5.3.4 도구 상자 편집

자주 사용하는 기능은 도구 상자의 아이콘으로 등록하거나 필요 없는 아이콘을 삭제할 수 있다. 필요한 기능만 모아 새로운 도구 상자를 만들 수 있으며, 아이콘 모양도 바꿀 수 있다.

① [보기]-[도구 상자]-[사용자 설정]을 실행한다.

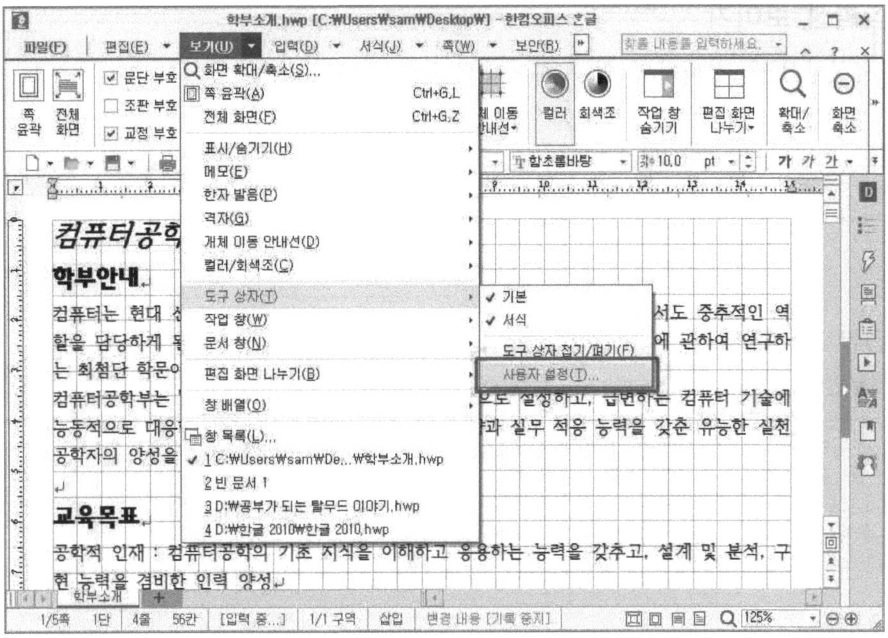

② [사용자 설정] 대화상자 나타나면 [도구 상자] 탭을 선택한다.

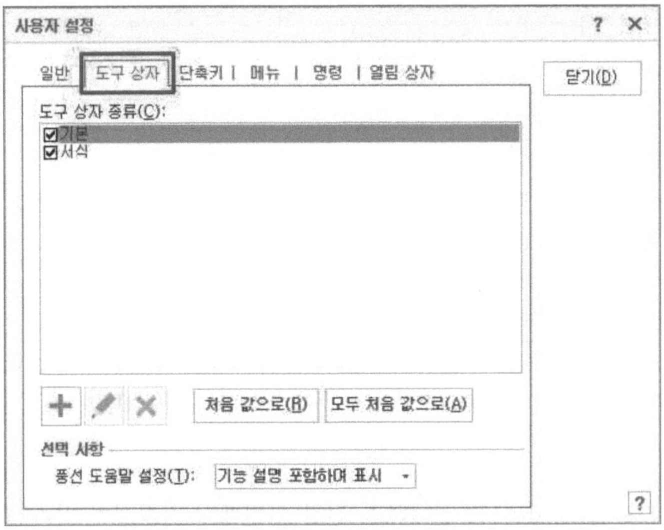

5.4 상황선

흔글 문서창의 맨 아랫줄에 있는 상황선은 커서가 있는 위치의 쪽 수/단 수, 줄 수/칸 수. 조판 부호, 구역 수, 삽입/수정 등 사용자에게 필요한 정보를 알려주는 영역이다. 상황선 내용은 흔글 2010과 거의 비슷하다.

(1) 상황선 보이기

[보기]-[상황선]을 선택하면 편집 화면에 상황선이 나타난다.

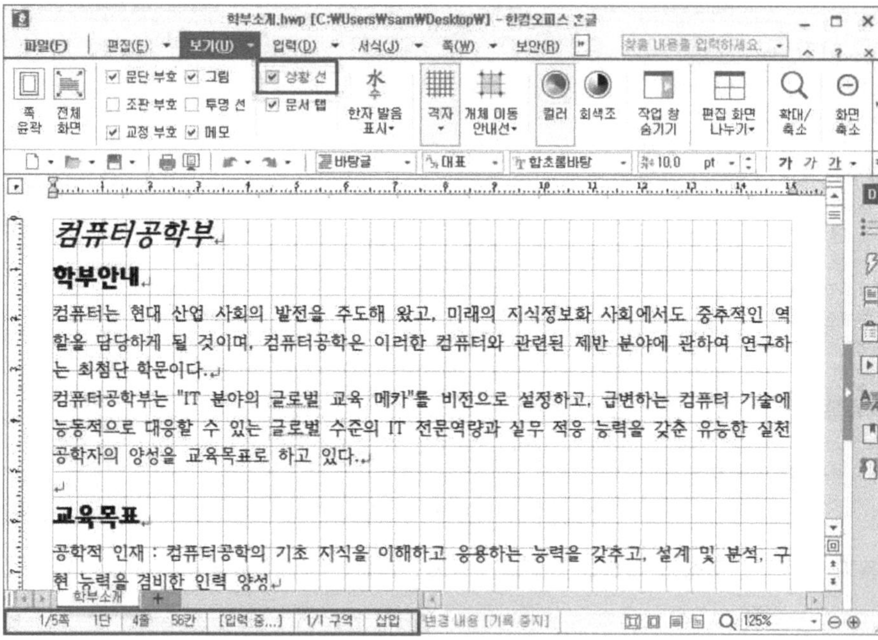

상황선 왼쪽부터 커서가있는 위치의 쪽 수, 단 수, 줄 수, 칸 수, 조판 부호, 구역 수, 삽입/수정 이 표시된다.

- 쪽 수/단 수 : 현재 커서가 있는 문서 전체 쪽(단) 중에서 몇 쪽(단)인지 보여준다.
- 줄/칸 : 현재 커서가 있는 곳이 현재 쪽에서 몇째 줄이고, 그 줄에서 몇째 칸인지 보여준다.
- 현재 편집 상태 표시 : 현재 어떤 상태인지 보여준다. 본문 편집, 블록, 개체 등의 현재 상태를 보여 준다.
- 구역 수 : 현재 커서가 있는 곳이 문서 전체 구역 중에서 몇 번째 구역인지 보여준다.
- 삽입/수정 : 삽입 상태는 커서 위치에 입력되기 때문에 이미 있던 내용이 입력된 내용만큼 뒤로 밀린다. 그러나 수정 상태는 새로 입력하는 내용만큼 커서 이후의 내용이 없어진다.

(2) 상황선 감추기

상황선이 보이는 상태에서 [보기]-[상황선]을 선택하면 편집 화면에서 상황선이 사라진다.

5.5 편집 화면 나누기

편집 화면 나누기는 여러 종류의 분할 중에서 [보기]-[편집 화면 나누기] 아이콘을 선택하는 기능으로 다음과 같은 서브 메뉴로 나타난다.

■ 나누지 않음, 가로로 나누기, 세로로 나누기, 가로 세로 나누기

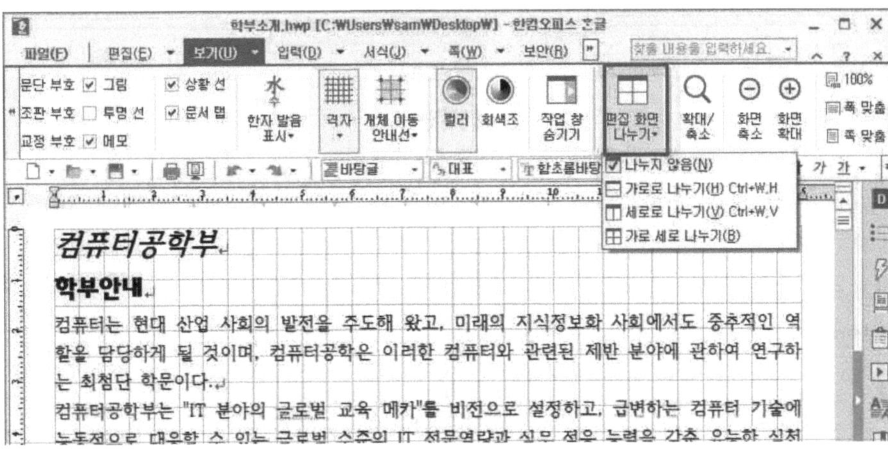

편집 화면을 나누기를 하여 한 문서의 2부분 또는 4부분을 동시에 보면서 문서 편집을 할 수 있다. 화면 나누기를 하면 한 문서 안에서 특정 부분의 내용을 참고하여 다른 부분으로 이동하거나 복사하기 등의 작업을 쉽게 할 수 있다.

다음은 [가로로 나누기] 기능에 의해 나타난 화면이다.

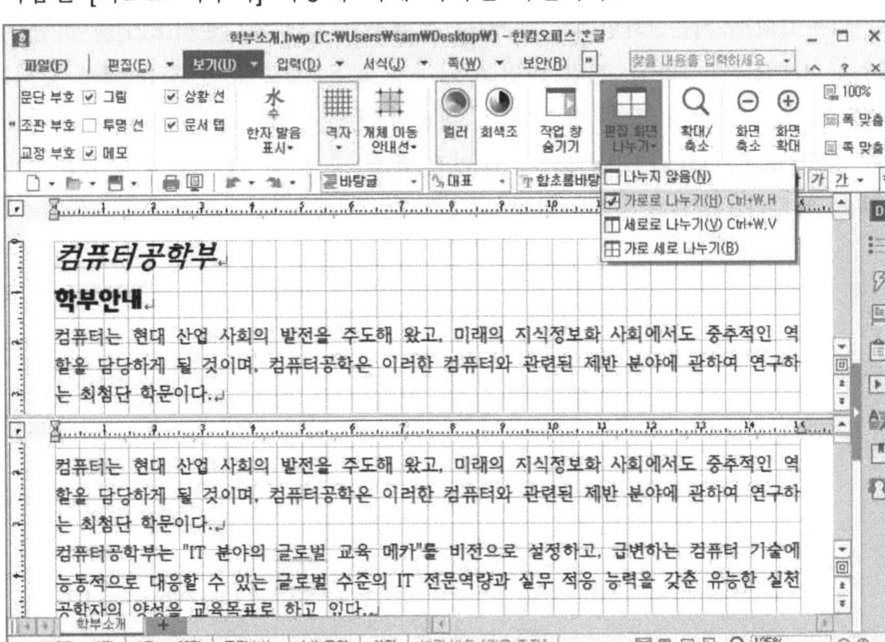

편집 화면 나누기를 한 다음 크기 조절은 화면의 경계선을 끌어 한쪽 화면을 더 크게 만들거나 작게 만들어 조절할 수 있다.

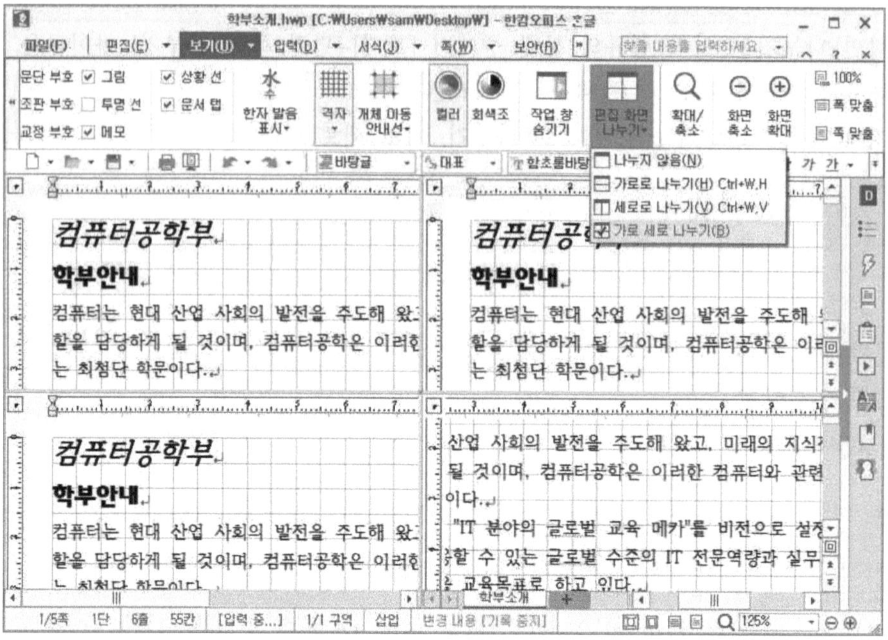

나누기된 화면에서 화면 확대 비율과 문단 부호, 조판 부호, 투명 선, 눈금자, 쪽 윤곽 등의 보이기/숨기기 상태는 나누기 된 화면마다 각각 다르게 지정할 수 있다.

편집화면 나누기의 유지는 [파일]-[새 문서]를 실행하거나 [파일]-[불러오기]를 하면 현재 화면의 나누기 상태를 무시하고, 편집 화면을 나누지 않은 채로 문서 창을 열어 준다. 이때 새로 만들어지는 빈 문서 창의 화면 확대 비율과 문단 부호, 조판 부호, 투명선, 눈금자, 쪽 윤곽 등의 보이기/숨기기 상태는 나누어진 화면 중 현재 커서가 놓여 있는 화면의 상태를 그대로 따른다.

5.6 창 목록

창 목록은 현재 열려있는 모든 문서 창의 목록을 확인하고, 창을 전환하거나 가로/세로로 배열하는 작업 등을 수행할 수 있다.

① [보기]-[창 목록]을 선택하면 다음과 같이 창 목록 대화상자가 나타나며 현재 열려있는 문서의 목록이 나타난다.

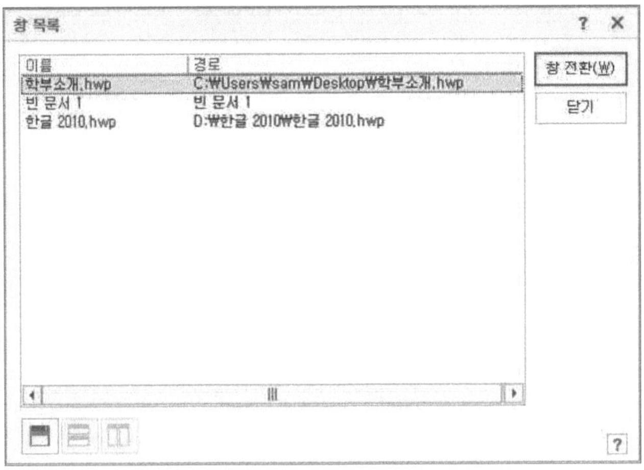

② 창 목록 대화상자가 나타나면 작업하고자 하는 창을 선택한다. [창 전환] 단추를 누르면 선택할 창이 앞쪽에 나타난다.

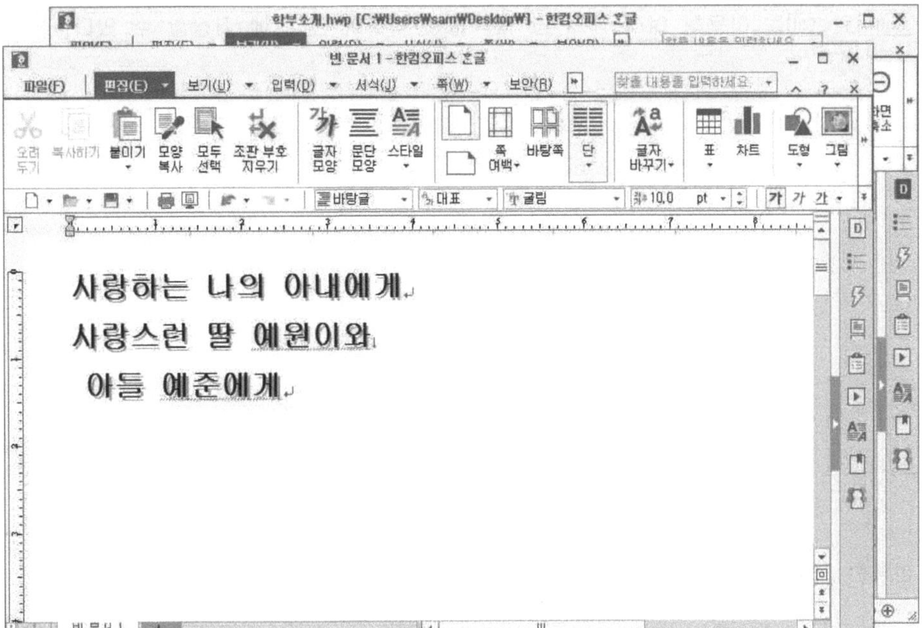

(1) 저장단추

창 목록을 이용하여 작업한 파일을 저장할 수 있다.

① [저장하기] 아이콘을 실행하여 선택한 창 목록의 파일을 저장한다.

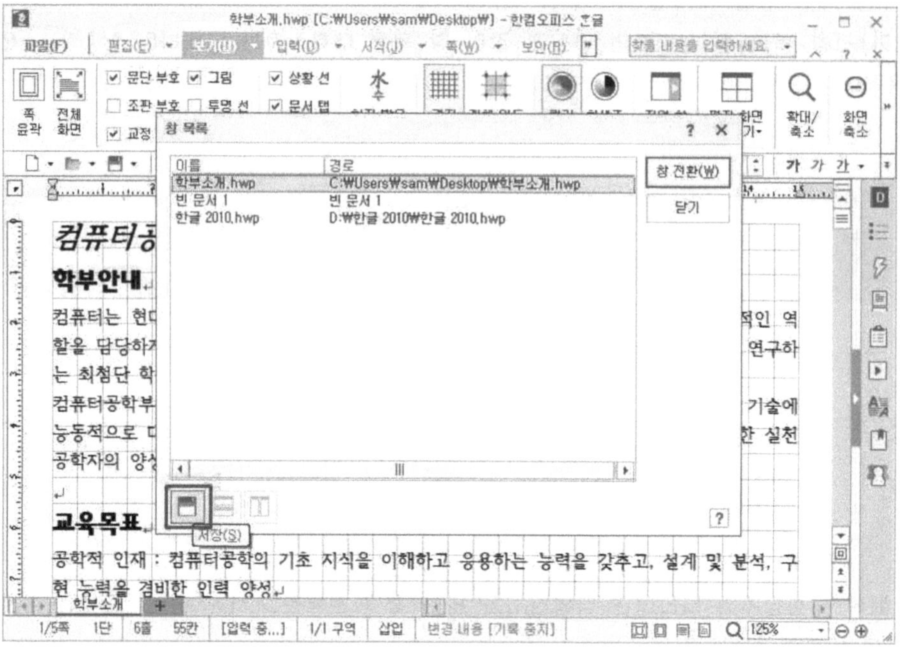

② Shift 와 Ctrl 을 이용해 여러 개의 창 목록을 선택하여 한 번에 저장할 수 있다.

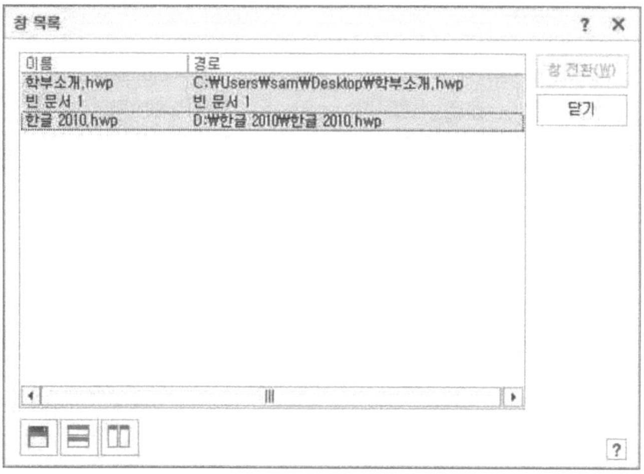

③ 선택한 문서를 [저장]한 후에도 [창 목록] 대화상자는 그대로 남아 있다.

(2) 가로로 배열

선택한 모든 창들을 화면의 크기에 맞추어 수평 바둑판식으로 정렬한다.

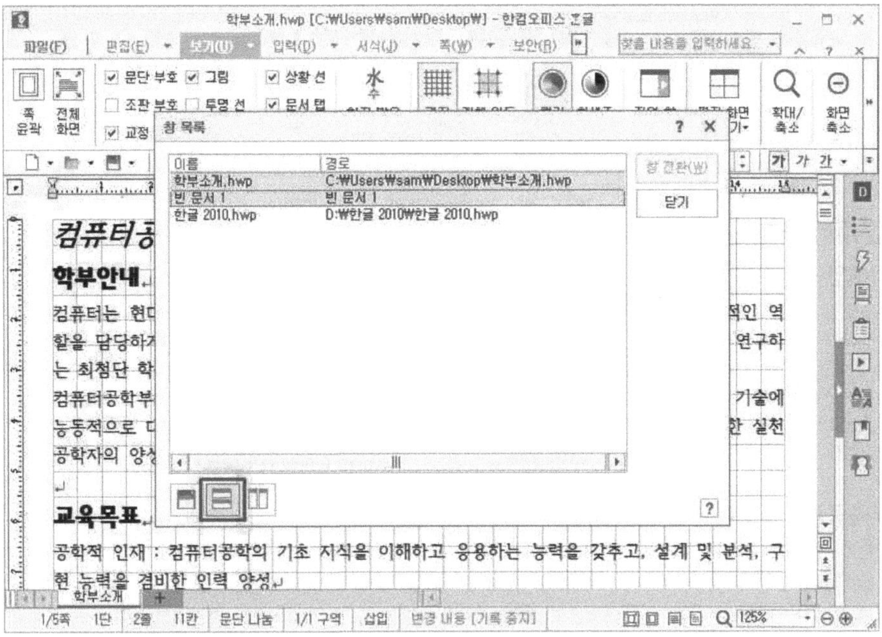

(3) 세로로 배열

선택한 모든 창들을 화면의 크기에 맞추어 수직 바둑판식으로 정렬한다.

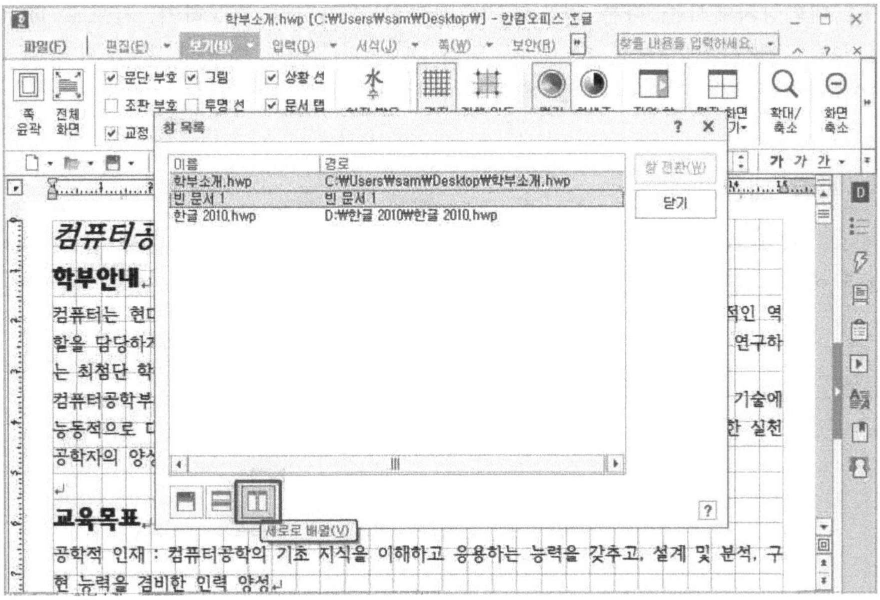

[가로로 배열]과 [세로로 배열]을 한 후에도 [창 목록] 대화상자는 그대로 남아있다.

(4) 창 목록 이용하기

현재 열려있는 창의 목록은 [보기] 메뉴 아래쪽에 최대 9개까지 보여준다.

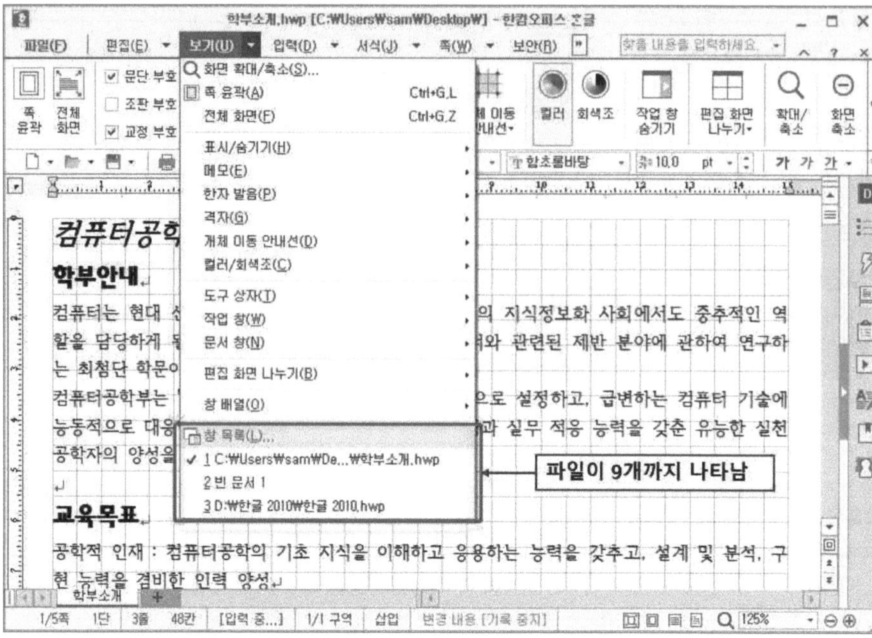

따라서 10개 이상의 창을 열었을 때 열려있는 모든 창 목록은 [보기]-[창 목록]을 실행하여 확인할 수 있다.

[창 목록] 대화상자에서는 다른 창으로 창 전환뿐만 아니라 저장하기, 가로로 배열, 세로로 배열 등을 간편하게 실행할 수 있다. 또한 Shift와 Ctrl을 이용해 여러 개의 창 목록을 선택하여 저장하기, 수직/수평으로 배열하기 등을 실행할 수 있다.

(5) 창 목록 제한

2개 이상의 창 목록을 선택한 경우에는 창 전환을 수행할 수 없다. 또한 같은 문서 창에 있는 2개 이상의 문서 탭을 선택한 경우에는 수직/수평 창 정렬을 수행할 수 없다.

제 6 장 입력

입력 메뉴는 문서에 내용을 입력할 때 사용하는 대부분의 기능들이 포함된다. 상용구, 문자표, 한자 입력, 그림, 글상자, 수식, 책갈피 등 입력에 관련된 다양한 기능을 사용할 수 있다.

6.1 표(Ctrl+N,T, ▦)

문서를 만들면서 복잡한 내용이나 수치 자료를 일목요연하게 정리하고자 할 때에는 표를 이용한다. 한컴오피스 한글 2014의 표 만들기는 표 안에 다른 표를 만들어 넣을 수 있으며, 페이지보다 큰 표를 자동으로 다음 페이지로 나누어주기 때문에 대단히 편리하다.

표 만들기 메뉴는 문서를 작성할 때 자주 만드는 표와 관련된 기능들로 구성되어 있다.

① [입력]-[표] 아이콘을 실행한다.

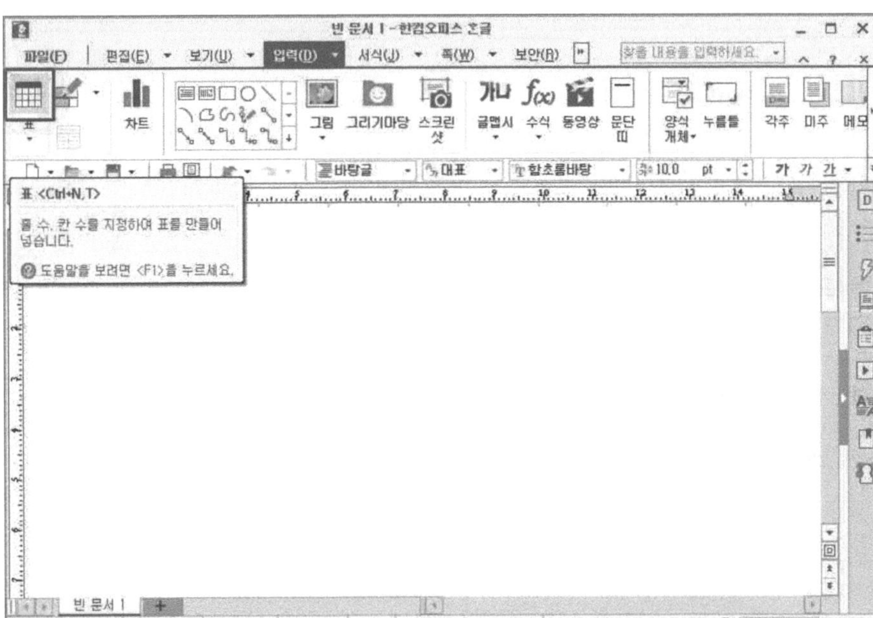

② [표 만들기] 대화상자가 나타나면 원하는 표의 "줄 수"와 "칸 수"를 지정하고 "만들기" 버튼을 누른다.

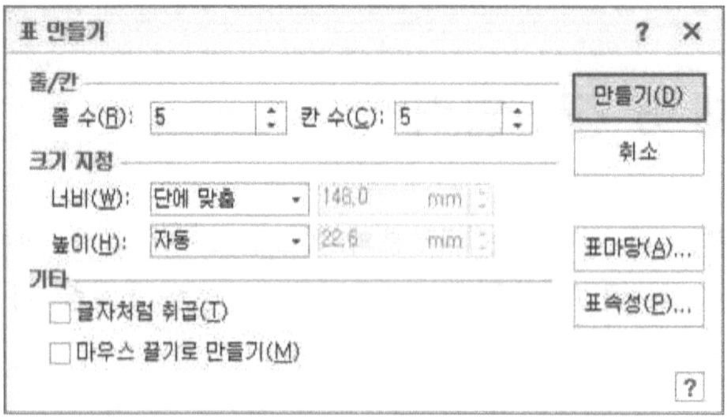

③ 지정된 줄 수와 칸 수에 따라 표가 만들어진다.

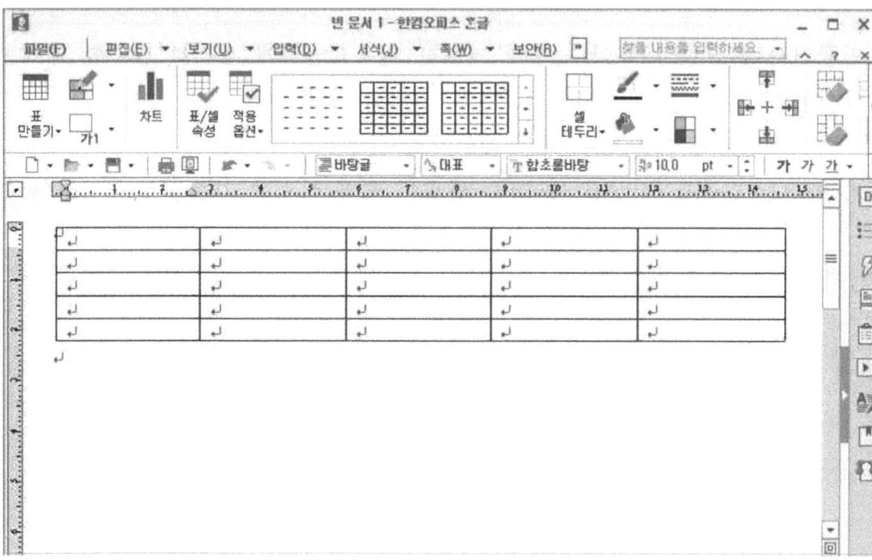

④ 커서는 표의 첫 번째 줄 첫 번째 칸에 놓여 있다. 이 상태에서 표 밖으로 나오려면 글자판의 Shift+Esc 키를 누르거나, 마우스로 표 바깥 부분을 한 번 누르면 표에서 빠져나올 수 있다.

6.1.1 표 만들기 대화상자

표 만들기 대화상자에서 설정할 수 있는 항목들에 대한 설명이다.

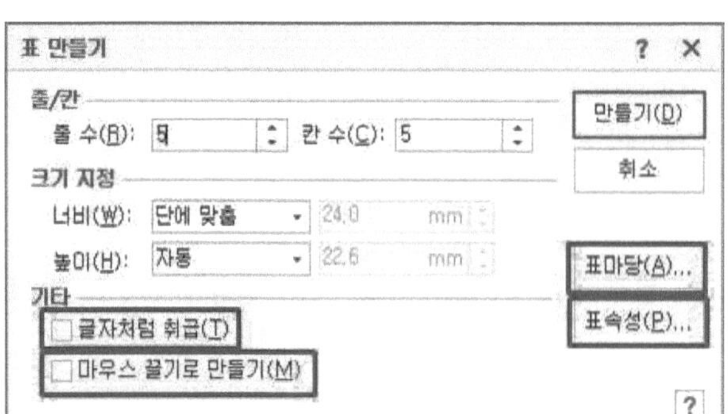

가. 글자처럼 취급

표의 배치를 글자처럼 취급하여 글을 입력하거나 지우는 대로 표의 위치가 변한다.

나. 마우스 끌기로 만들기

마우스 끌기로 표를 만들 경우 무조건 현재 위치에 만들지 않고 마우스로 위치와 크기를 지정하여 만든다.

다. 표 마당

[표 마당]에는 다양한 형태의 테두리/배경 모양을 적용한 표 서식이 들어있다. 미리 원하는 표 모양을 선택하여 표를 만들거나 이미 만들어진 모양을 쉽고 빠르게 바꿀 수 있는 표 스타일에 대한 대화상자이다.

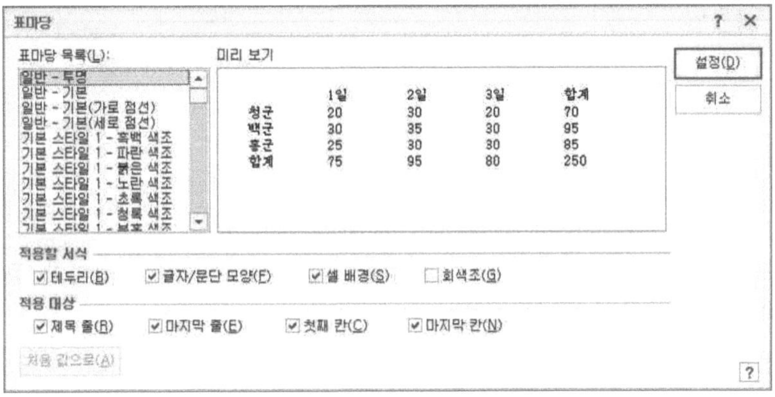

라. 표 속성

표/셀의 테두리, 배경의 속성을 미리 지정하여 표를 만들 수 있도록 [표/셀 속성] 대화상자에서 설정한다.

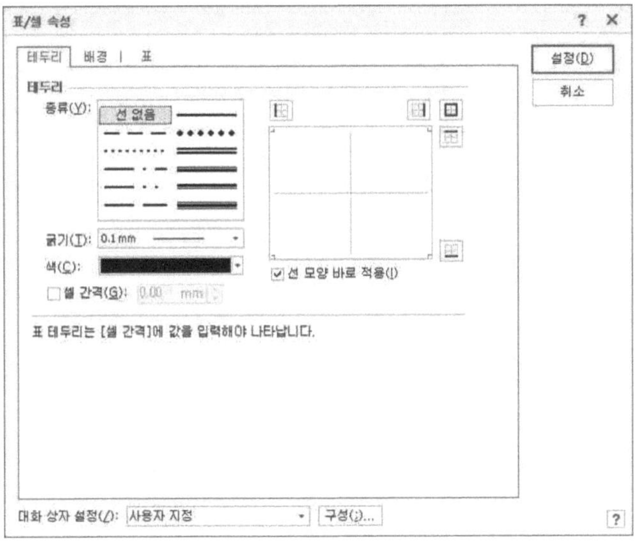

표를 만들고 선택하면 메뉴의 끝에 "표" 메뉴 탭이 생성되어 차트, 표/셀 속성, 표 마당, 셀 테두리, 삽입, 간격 조정, 합치기/나누기, 세로쓰기 등의 기능이 있어서 훈글 2010보다 더 편하게 표를 만들고 꾸밀 수 있다.

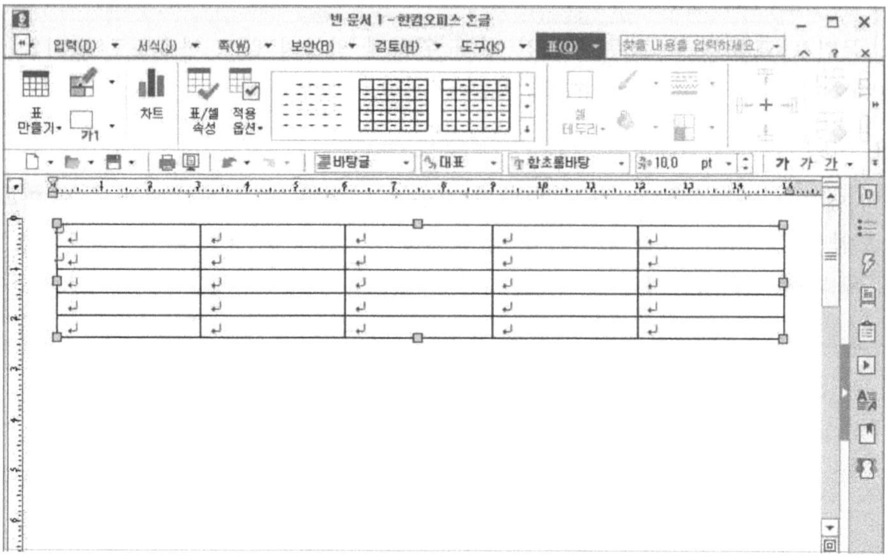

동일한 모양의 표를 여러 개 만들 경우 그 속성을 설정하여 저장해 두었다가 동일한 속성으로 표 만들기가 가능한 "대화상자 설정" 기능이 있다.

이 기능의 사용법은 다음과 같다.

① [입력]-[표] 아이콘을 선택한 후, [표 만들기] 대화상자에서 "줄 수"와 "칸 수" 등을 설정하고 [표 속성] 단추를 누르면 [표/셀 속성] 대화상자가 화면에 표시한다.

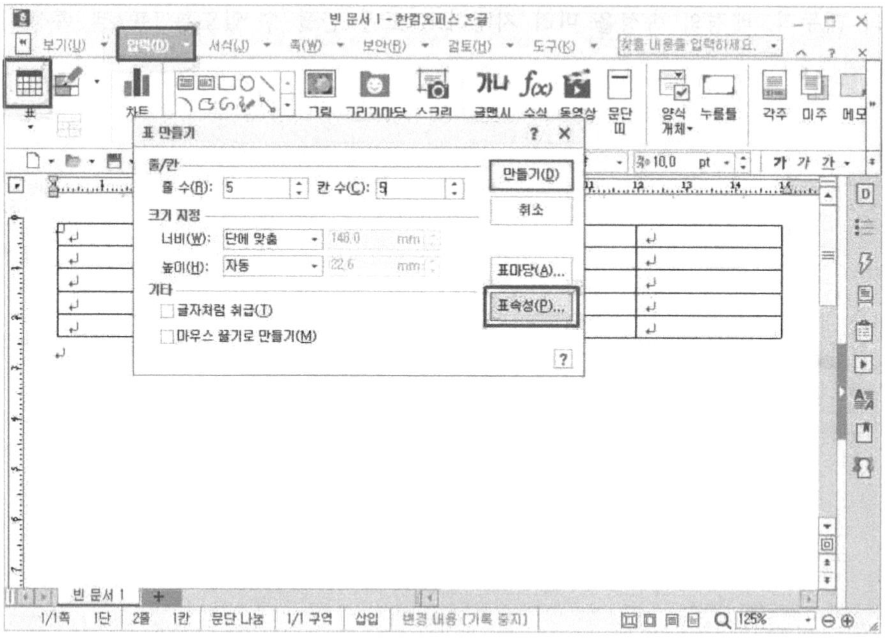

② [테두리], [배경], [표] 탭에서 원하는 모양의 표 속성을 설정한 후 하단에 있는 대화상자 설정 항목에서 [구성(:)] 단추를 누른다.

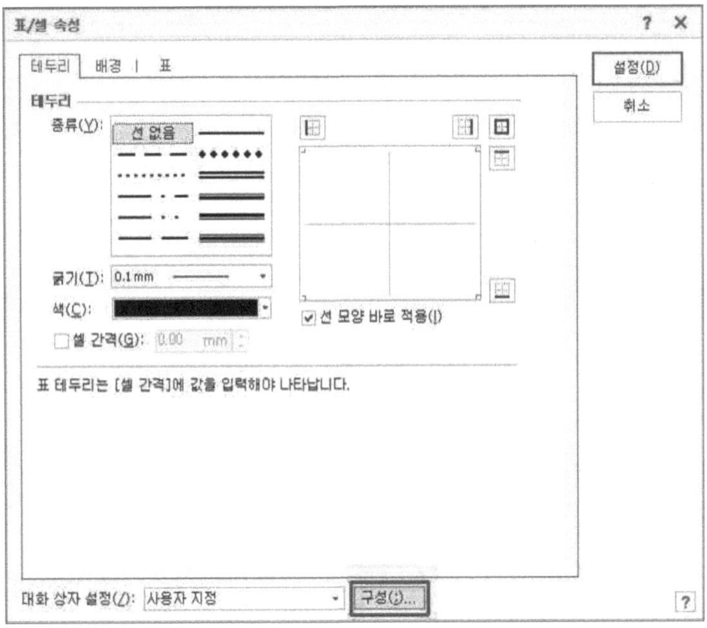

③ [대화상자 설정 구성] 대화상자에서 하단의 [대화상자 설정 추가하기] 아이콘을 누른다.

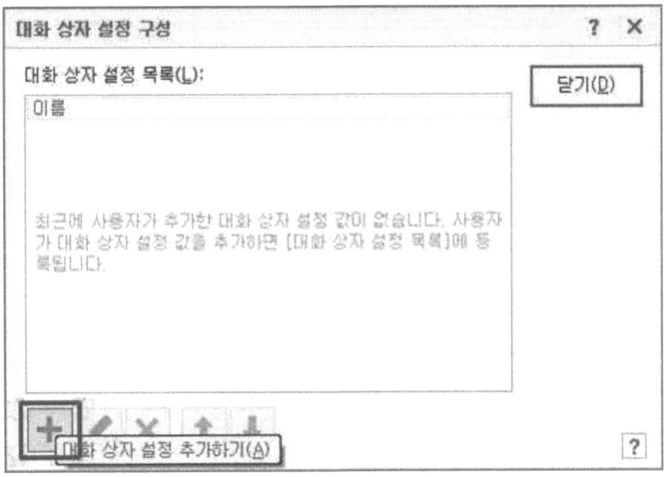

④ [대화 상자 설정 추가하기] 대화상자의 [대화 상자 설정 이름(N)]란에 표의 이름을 작성하고 설정을 누른다.

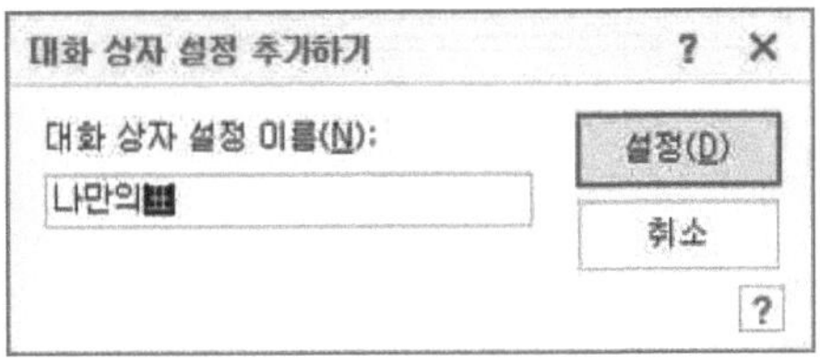

(2) 기본 도구 상자를 이용해 표 만들기

표를 만들 때 줄 수와 칸 수를 따로 입력하지 않고 도구 상자를 통해 표를 만들 수 있다.

① 기본 도구 상자에서 표 만들기 아이콘의 오른쪽에 붙은 아래 방향 삼각형 부분을 누르면, 바둑판 모양의 표 상자가 나타난다.

② 표 상자에서 원하는 줄 수와 칸 수가 될 때까지 마우스 끌기를 한다. 마우스 끌기를 하는 동안 표 상자 위쪽에 줄 수×칸 수의 형태로 줄 수와 칸 수를 보여준다.

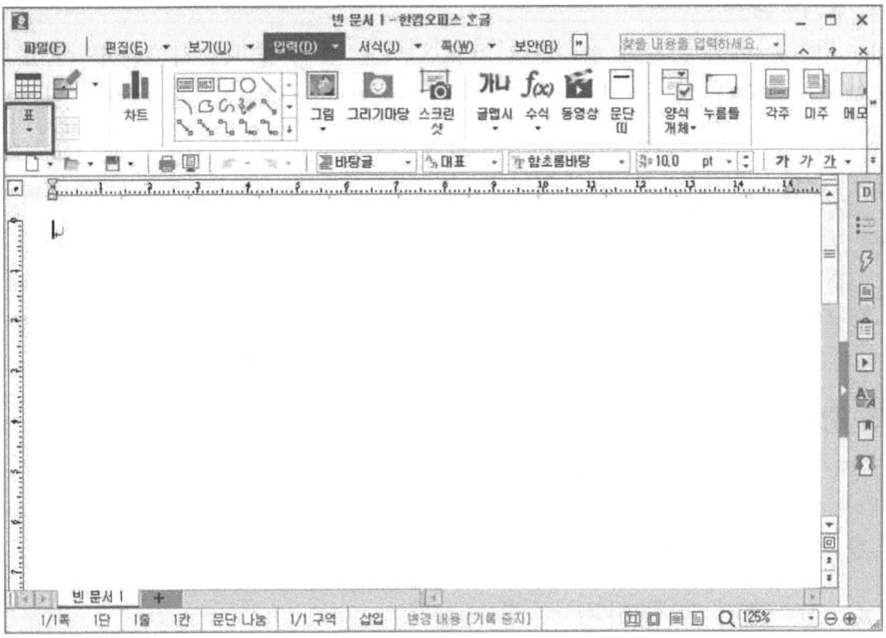

③ 원하는 줄 수와 칸 수가 되면 누르고 있던 마우스 왼쪽 단추를 놓는다. 지정한 줄 수와 칸 수에 따라 단의 폭에 꽉 차는 표가 만들어진다.

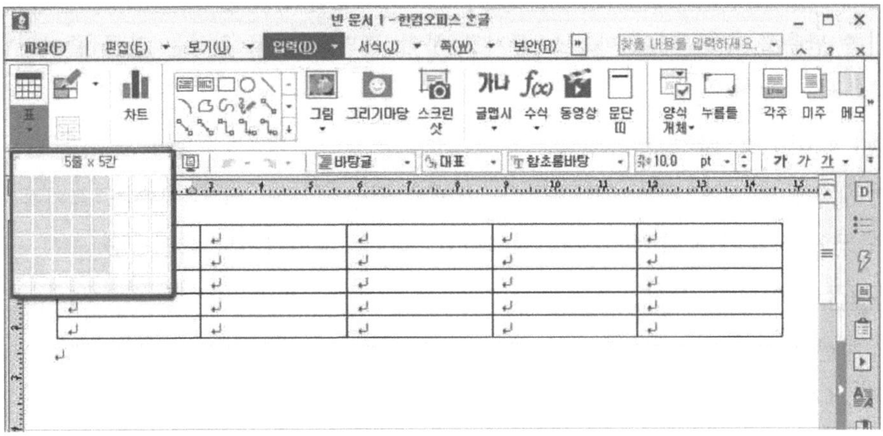

(3) 표 크기 지정

표를 만들 때 너비와 높이를 지정해 표 크기를 미리 정할 수 있다. 표의 맞춤, 문단에 맞춤, 임의 값 중에서 고를 수 있다. 단에 맞춤이나 문단에 맞춤은 커서가 있는 단이나 문단 폭에 꽉 차는 너비로 표를 만드는 것이고, 임의 값은 원하는 너비 값을 직접 입력하여 표를 만드는 것이다. 표의 높이는 자동, 임의 값 중에서 고를 수 있다. 자동은 셀의 기본 높이에 줄 수를 곱한 크기로 표를 만드는 것이고, 임의 값은 원하는 높이 값을 직접 입력하여 표를 만드는 것이다.

(4) 표 도구 상자

표를 만든 후 표 안에 커서가 위치하면 자동으로 표 도구 상자가 나타난다. 이 도구 상자를 이용해 표 만들기, 표/셀 속성 바꾸기, 셀 나누기, 셀 합치기, 셀 너비/높이를 같게 등의 표 편집 작업을 할 수 있다.

(5) 표 그리기

[표]-[표 그리기]를 사용하면 마우스를 연필처럼 움직여 표를 만들 수 있으며, 표에 줄이나 칸 추가하기, 대각선 긋기, 선 모양 바꾸기 등의 작업을 할 수 있어, 복잡한 표도 쉽게 작성할 수 있다. 표 그리기를 하면 표 도구 상자의 선 종류에 정해진 대로 선이 그어진다.

(6) 표 지우개

[표]-[표 지우개]는 이미 만들어진 표에서 줄이나 칸을 지우는 기능이다. 지우개로 지울 선을 선택한 후 마우스 끌기를 하면 해당 선이 지워진다. 만약 표 외곽의 테두리 선이나 사각 형태를 벗어나 지울 수 없는 선이 있다면 감춰지게 된다.

6.1.2 표 크기 조절하기

(1) 마우스로 조절하기

셀의 경계선에서 마우스 포인터를 놓으면 마우스 포인터의 모양이 바뀐다. 이 상태에서 마우스 왼쪽 단추를 누른 채로 마우스 끌기로 하여 표의 크기를 원하는 만큼 줄이거나 늘일 수 있다.

가. Ctrl + 마우스 끌기

표의 경계선에 마우스 포인터를 놓고 글자판의 Ctrl을 누른 채로 마우스 끌기를 하면 셀 전체의 크기가 늘거나 줄면서 표의 전체적인 크기도 늘어나거나 줄어든다.

나. Shift + 마우스 끌기

표의 경계선에 마우스 포인터를 놓고 글자판의 Shift를 누른 채로 마우스 끌기를 하면, 해당 셀의 크기만을 늘이거나 줄인다. 다만 최소 크기 제한이 있으므로, 현재 셀에 있는 내용보다 더 작은 크기로는 줄일 수 없다.

(2) 글자판으로 조절하기

셀 블록 상태에서 글자판의 Ctrl나 Alt ,Shift와 화살표 방향키를 동시에 누르면 셀 크기가 조절된다. 단, 불연속적인 셀 블록을 설정한 경우, Alt 나 Shift로 셀 크기를 조절하면 현재 셀에 대한 크기만 조절된다.

가. Ctrl + 화살표 방향키

줄이나 칸 전체의 크기를 같이 바꾸면서 다른 셀의 크기에 영향을 주지 않으려면, Ctrl 키와 화살표 방향키를 함께 누르면, 줄이나 칸의 크기를 바꾸는 만큼 표 전체의 크기가 변한다.

Ctrl + ←	셀 블록으로 설정한 셀의 세로 칸 전체 너비를 줄인다.
Ctrl + →	셀 블록으로 설정한 셀의 세로 칸 전체 너비를 늘린다.
Ctrl + ↑	셀 블록으로 설정한 셀의 가로 줄 전체 높이를 줄인다.
Ctrl + ↓	셀 블록으로 설정한 셀의 가로 줄 전체 높이를 늘린다.

나. Alt + 화살표 방향키

Alt + ←	세로 칸 전체 셀의 너비를 줄이면서 이웃한 오른쪽 셀의 너비를 늘린다.
Alt + →	세로 칸 전체 셀의 너비를 늘리면서 이웃한 오른쪽 셀의 너비를 줄인다.
Alt + ↑	가로 줄 전체 셀의 높이를 줄이면서 이웃한 아래 셀의 높이를 늘린다.
Alt + ↓	가로 줄 전체 셀의 높이를 늘리면서 이웃한 아래 셀의 높이를 줄인다.

다. Shift + 화살표 방향키

Shift + ←	한 셀의 너비를 줄이면서 이웃한 오른쪽 셀의 너비를 늘린다.
Shift + →	한 셀의 너비를 늘리면서 이웃한 오른쪽 셀의 너비를 줄인다.
Shift + ↑	한 셀의 높이를 줄이면서 이웃한 아래 셀의 높이를 늘린다.
Shift + ↓	한 셀의 높이를 늘리면서 이웃한 아래 셀의 높이를 줄인다.

(3) 표 전체 크기

표는 다른 개체와는 달리 표를 마우스로 선택하면 나타나는 8개의 작은 네모점을 이용해 표의 전체적인 크기를 조절할 수 없다. 표는 셀의 크기를 조절해서 크기를 바꾸어야 한다.

6.1.3 표에서 세로쓰기

① [입력]-[표] 아이콘을 실행하여 표를 하나 만들고 표 안에 내용을 입력한다.

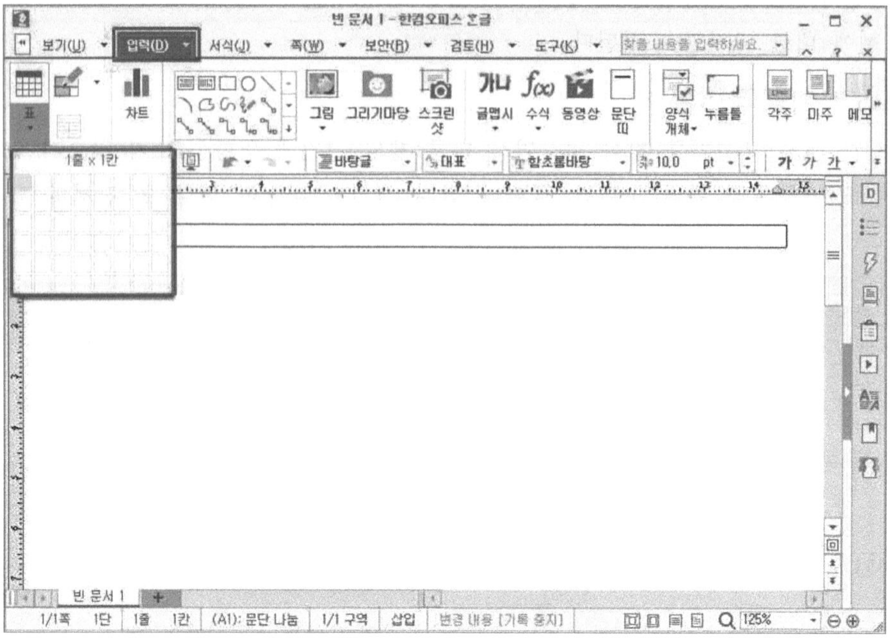

② [표]-[표/셀 속성] 아이콘을 실행한다.

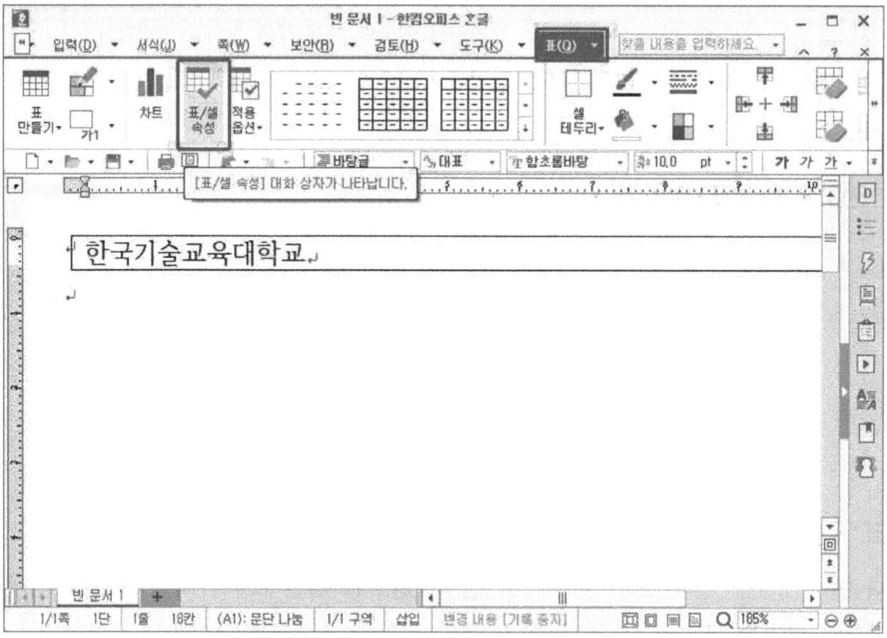

③ [표/셀 속성] 대화상자가 나타나면 [셀] 탭을 선택하고 [세로쓰기]를 체크한 후 [설정]을 누른다.

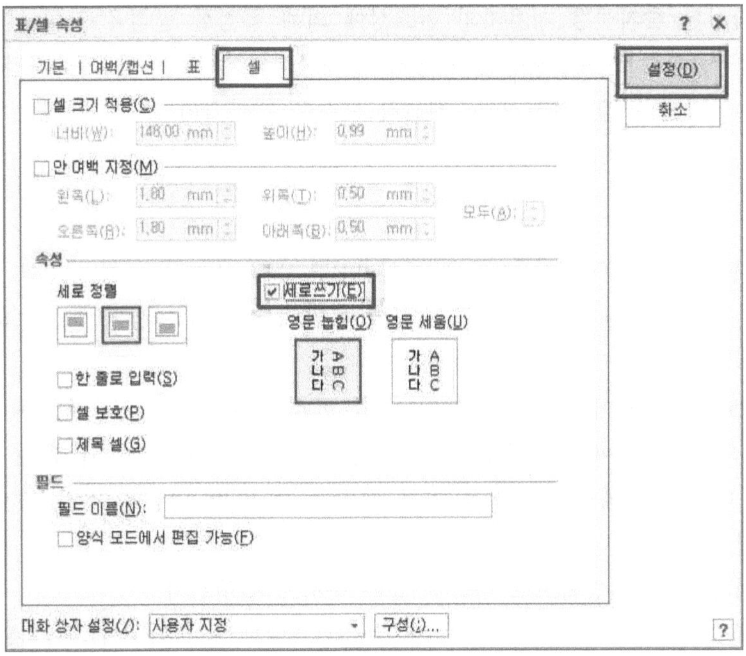

④ 셀 안의 내용이 세로 방향으로 정렬된다. 그리고 표의 크기를 조정한다.

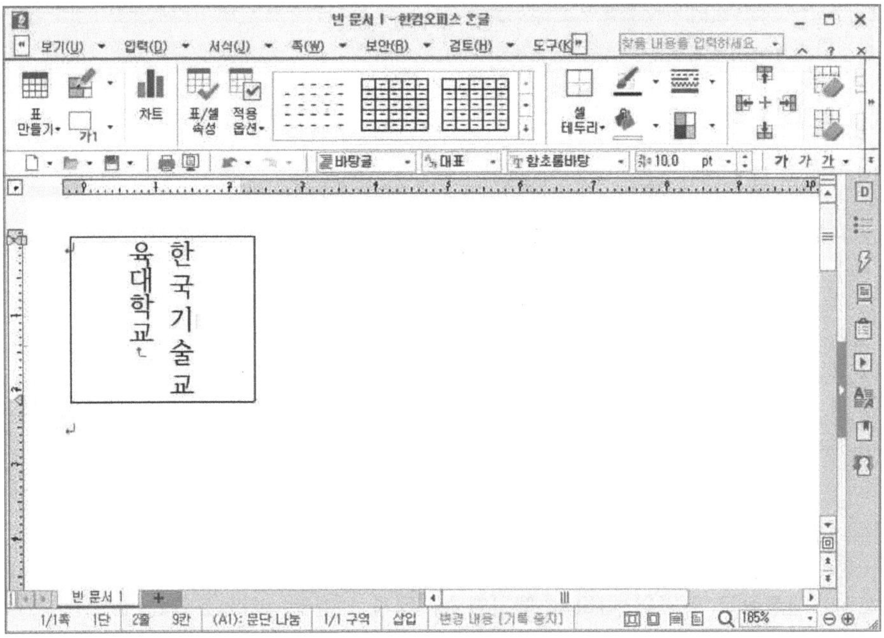

6.1.4 표의 계산식

계산식이란 표로 작성된 숫자들을 사용자의 필요성에 의해 특정한 공식을 부여하여 그 결과를 나타내기 위한 공식으로 계산함수를 사용하는 계산식과 특정한 범위를 지정하여 계산하는 블록계산식 그리고 덧셈, 뺄셈 등을 계산하는 쉬운 계산식의 3가지 계산식이 있다.

(1) 계산식

표에서도 덧셈, 뺄셈, 곱셈, 나눗셈의 간단한 사칙연산은 물론이고, sum과 avg의 시트 함수와 sum(left)등과 같은 left, right, below, above의 범위 지정자로 구성된 계산식을 사용할 수 있다.

표에서는 묵시적으로 행과 열이 합쳐져서 나타난 셀 번호가 지정되어 있으며, 즉 가로로는 A, B, C, D, E...의 순서로 이름이 정해져 있고, 세로로는 1, 2, 3, 4…….와 같은 순서로 이름이 정해진다. 따라서 표에서 계산식을 만들 때에는 셀 안의 내용을 직접 쓰지 않고 그 셀의 이름을 입력한다.

표에 계산식을 작성하기 위한 방법으로 다음과 같은 순서로 실행한다.

① 계산 결과가 입력될 셀에 커서를 놓고 오른쪽 마우스을 클릭한 후 [계산식]을 실행한다.

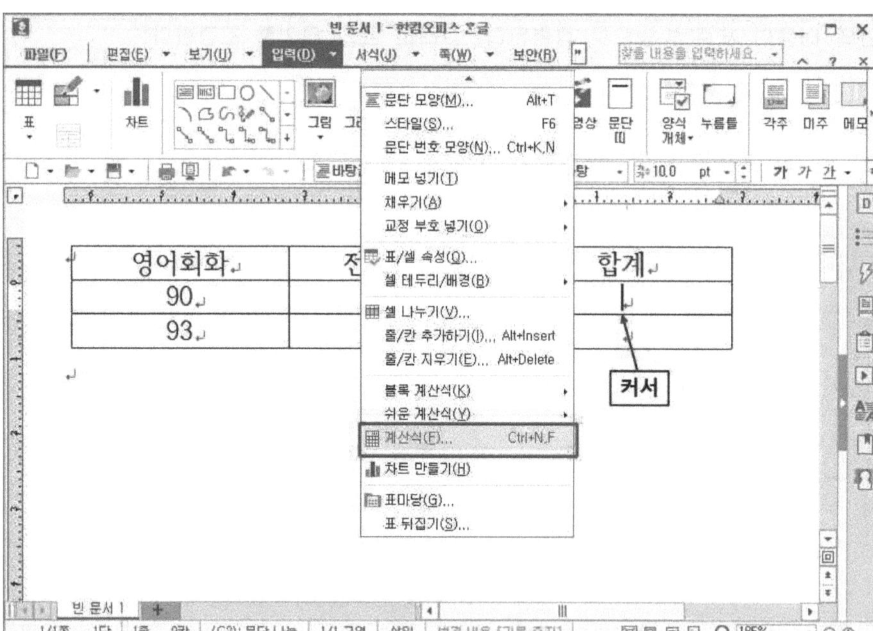

② [계산식] 대화상자 화면이 나타날 때 [함수] 목록 단추를 눌러 원하는 함수를 선택하면 [계산식] 입력 상자에 자동으로 함수명이 입력되고 괄호 안에서 커서가 깜박이며 함수명이 나타난다.

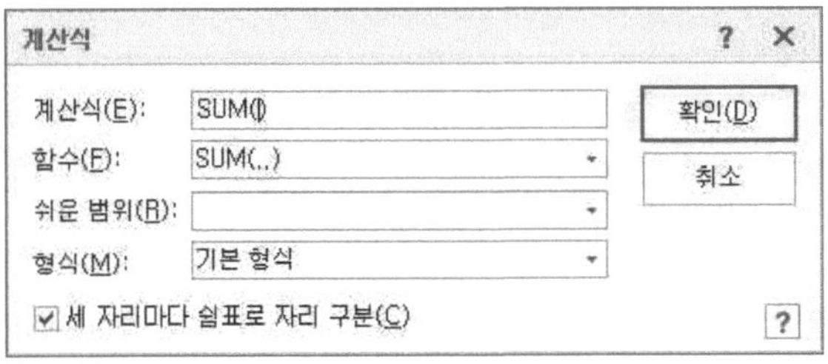

③ [쉬운 범위(R)] 에서 계산할 범위를 선택하고 [확인(D)] 단추를 누른다.

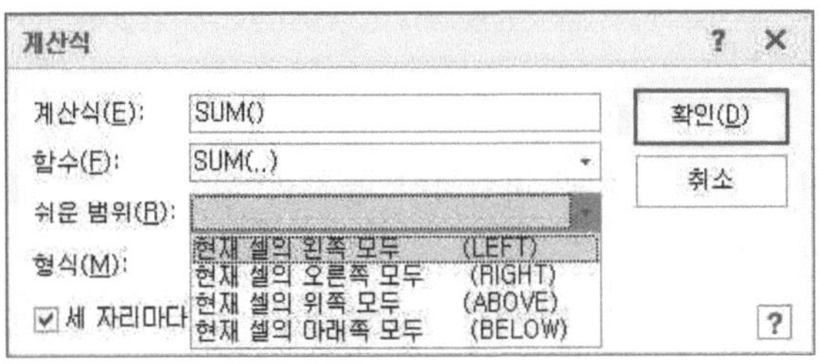

④ 커서가 위치한 셀에 계산 값이 나타난다.

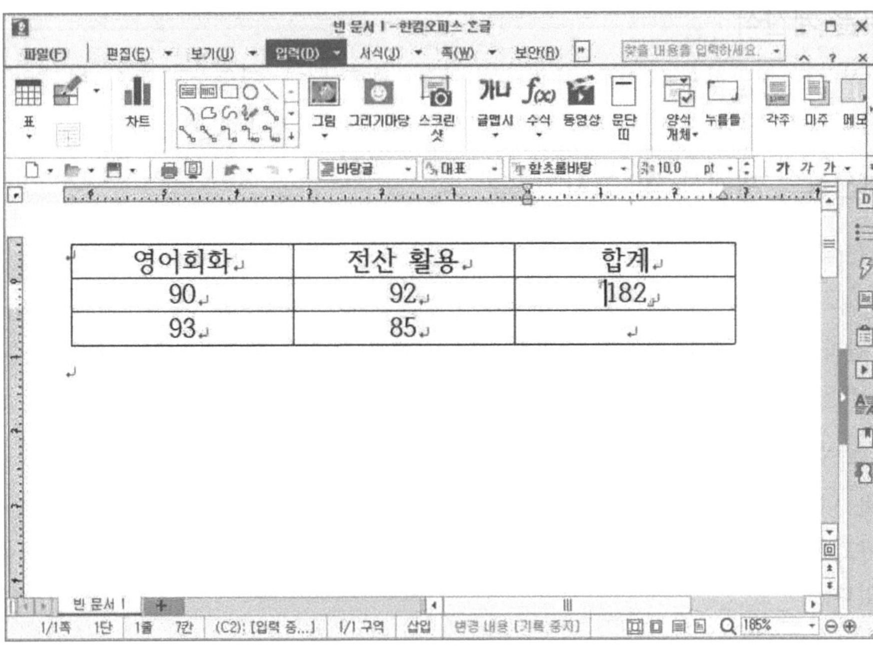

계산식 대화상자에 나타나는 항목의 의미는 다음과 같다

가. 쉬운 범위

- 현재 커서가 놓여있는 셀을 기준으로 맨 왼쪽부터 현재 셀까지(LEFT)
- 현재 셀부터 맨 오른쪽까지(RIGHT)
- 맨 위부터 현재 셀까지(ABOVE)
- 현재 셀부터 맨 아래까지(BELOW)

나. 형식

계산 결과를 어떻게 나타낼 것인지 형식을 결정하는 형식으로 "기본 형식, 정수형, 소수점 이하 한자리, 소수점 이하 두 자리, 소수점 이하 세 자리, 소수점 이하 네 자리" 중에서 선택한다.

다. 세 자리마다 쉼표로 자리 구분

이 항목을 선택하면 계산 값을 입력할 때 계산 값의 세 자리마다 콤마(,)를 자동으로 입력하여 준다.

(2) 블록 계산식

블록 계산식은 표의 셀에 특정한 영역을 블록으로 지정하여 블록의 합계, 평균, 곱셈을 나타내기 위해 사용되는 계산식을 의미한다.

블록 계산식을 사용하기 위해 블록을 지정할 경우 결과가 들어갈 셀까지 블록으로 지정해야 한다.

(3) 쉬운 계산식

쉬운 계산식은 일반적으로 자주 사용되는 가로, 세로 합계, 평균, 곱 등의 수식을 계산할 때 사용하며, 이때 공식이 입력될 셀에 커서가 위치해 있어야 한다.

(4) 계산식의 재계산 및 고치기

가. 계산식 재계산

[계산식]에서 사용한 셀의 내용을 수정하면 그 결과가 자동으로 재계산되어 나타나지만, 계산 결과를 사용자가 임의로 수정한 경우, [계산식]에서 사용한 셀의 내용을 수정하거나 계산식을 다시 고치기하기 전까지는 재계산을 하지 않는다.

나. 계산식 고치기

계산식을 이용하여 계산한 공식 결과 셀을 클릭하면 값에 『』 기호가 나타나고, 메뉴에서 [편집]-[고치기]를 실행하여 계산식의 대화상자가 나타나면 공식의 값들을 수정하여 나타낼 수 있다.

(5) 계산식에서 사용되는 함수의 종류와 기능

함수의 종류	기 능
SUM	지정한 범위의 셀들에 대한 합을 계산한다.
AVERAGE(AVG)	지정한 범위의 셀들에 대한 평균을 계산한다.
PRODUCT	지정한 범위의 셀들에 대한 곱을 계산한다.

MIN	지정한 범위의 셀들에 대한 최소값을 계산한다.
MAX	지정한 범위의 셀들에 대한 최대값을 계산한다.
COUNT	지정한 범위의 셀들에 대해 공백이 아닌 셀의 개수를 정수 값으로 나타낸다.
ROUND	하나의 셀에 대하여 지정한 자릿수에서 반올림 한다.
MOD	두 개의 셀에 대한 나눗셈의 나머지를 계산한다.
SQRT	하나의 셀에 양의 제곱근을 계산한다.
DEGTORAD (RANDIAN)	도(일반각)를 라디안(호도법)으로 계산한다.
RADTODEG	라디안(호도법)을 도(일반각)로 계산한다.
COS	하나의 셀에 대한 코사인 값을 계산한다.
SIN	하나의 셀에 대한 사인 값을 계산한다.
TAN	하나의 셀에 대한 탄젠트 값을 계산한다.
ACOS	하나의 셀에 대한 아크 코사인 값을 계산한다.
ASIN	하나의 셀에 대한 아크 사인값을 계산한다.
ATAN	하나의 셀에 대한 아크 탄젠트 값을 계산한다.
ABS	하나의 셀에 대한 절대 값을 계산한다.
INT	하나의 셀에 대하여 소수점을 무시하고 정수 값만 계산한다.
SIGN	하나의 셀에 대하여 양수 값이면 1, 0이면 0, 음수 값이면 -1로 계산한다.
CELING	하나의 셀에 대한 크거나 같은 최고 정수를 계산한다.
FLOOR	하나의 셀에 대한 작거나 같은 최대 정수를 계산한다.
EXP	하나의 셀에 대한 e의 거듭 제곱 값을 계산한다.
LOG	하나의 셀에 대한 자연로그 값을 계산한다.

6.2 글상자(Ctrl+N,B)

다단 편집에서 단의 경계를 넘어서는 커다란 제목을 넣거나 본문 중간에 박스형 요약 글을 넣을 때와 세로쓰기를 할 때 글상자를 이용한다. 글상자는 위치와 크기 조절, 글상자 안의 채우기 효과, 테두리의 모양과 색깔 바꾸기 등을 설정할 수 있다.

(1) 글상자 만들기

① [입력]-[개체]-[글상자]를 실행한다.

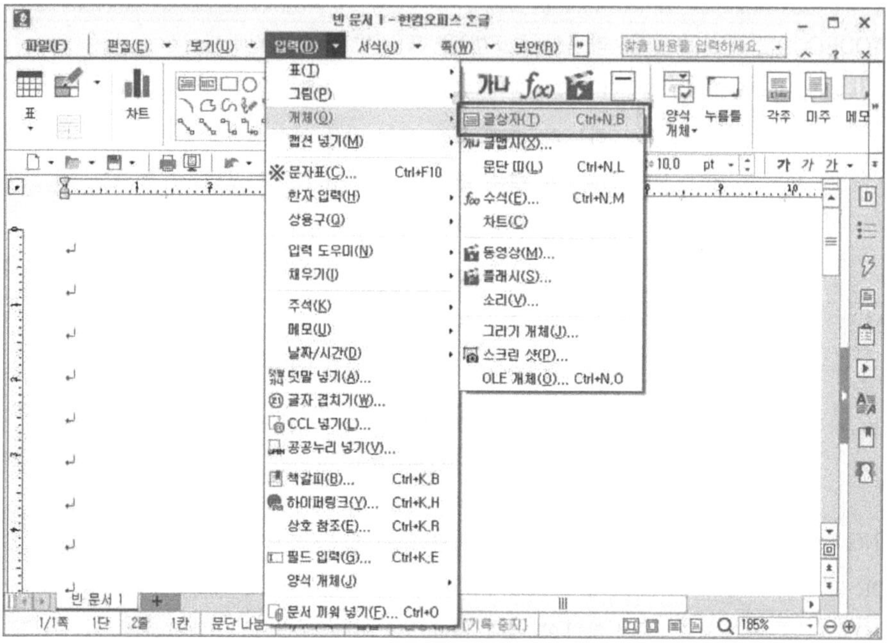

② 편집 화면으로 마우스를 옮겨 마우스 포인터가 십자 모양으로 바뀌면 글상자를 넣을 곳에 마우스를 놓고 마우스 끌기를 한다.

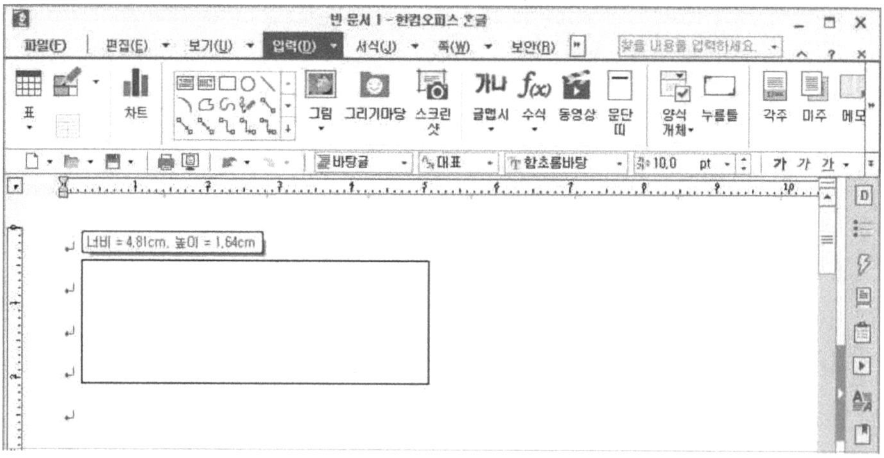

③ 사각형 크기의 글상자가 나타나고 그 안에서 커서가 깜박인다. 서식 도구 상자의 [글자 크기] 목록에서 “20”을 선택한다.

④ “한국기술교육대학교”라고 입력한다. 입력한 글이 글상자의 크기를 넘어가면 자동으로 다음 줄로 줄 바꾸기가 실행된다.

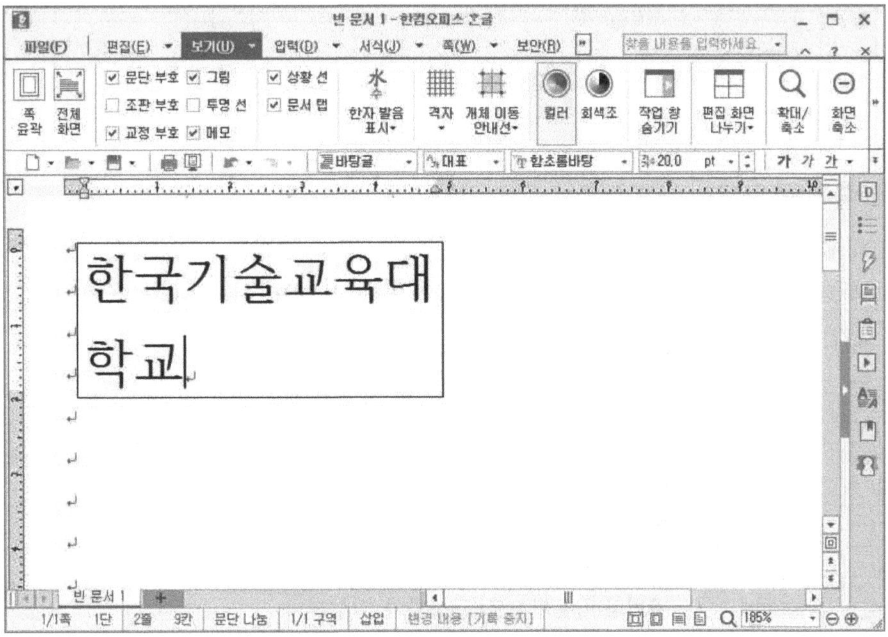

⑤ 마우스 포인터를 글상자 바깥의 편집 영역 아무 곳에나 놓고, 마우스 왼쪽 단추를 한 번 누르거나 단축키 Shift+Esc 를 누르면 글상자에서 빠져나온다.

Part 2

(2) 글상자 고치기

글상자를 선택하고 마우스 오른쪽 단추를 누르면 나타나는 빠른 메뉴에서 "개체 속성" 메뉴를 선택한다. [개체 속성] 대화상자에서 글상자의 크기와 위치, 세로쓰기, 글상자의 선 모양과 채우기 효과 등을 다시 설정한다.

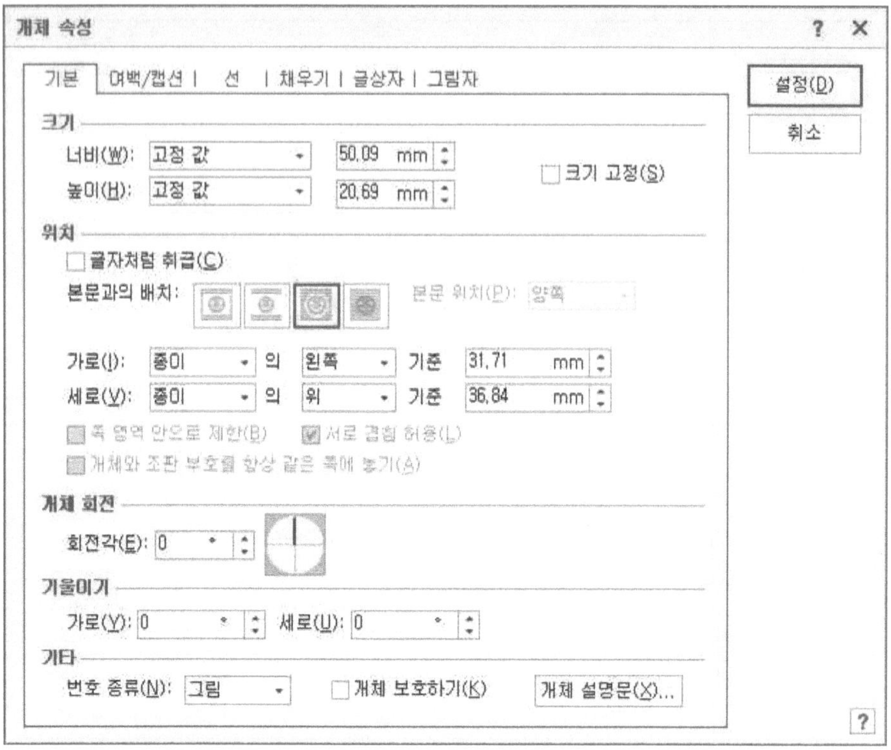

(3) 단축키로 넣기

[입력]-[개체]-[글상자]를 실행하면 마우스 포인터가 십자 모양으로 바뀐다. 이 상태에서 단축키를 누르면 마우스 끌기를 하지 않고도 글상자를 삽입할 수 있다. 글상자 크기는 가로 세로 각각 30mm의 크기로 삽입된다.

단축키	설명
Ctrl + F, Enter↵	새 그리기 속성에서 지정한 개체의 위치대로 글상자가 삽입된다.
Ctrl + D	글자처럼 취급으로 글상자가 삽입된다.
Ctrl + S	어울림/문단으로 글상자가 삽입된다.
Ctrl + A	어울림/쪽으로 글상자가 삽입된다.
Ctrl + V	어울림/종이로 글상자가 삽입된다.
Ctrl + C	자리차지/문단으로 글상자가 삽입된다.
Ctrl + X	자리차지/쪽으로 글상자가 삽입된다.
Ctrl + Z	자리차지/종이로 글상자가 삽입된다.

(4) 개체를 글상자로 만들기와 되돌리기

네모반듯한 모양의 글상자 뿐 아니라 원이나 다각형, 호 등 흔글에서 그린 그리기 개체를 글상자로 만들어 활용할 수 있다. 개체를 글상자로 만든 후에 다시 원래 모양의 개체로 되돌리고 싶을 때에는 글상자를 선택하고 마우스 오른쪽 단추를 눌러 빠른 메뉴를 부른다. 글상자 속성 없애기를 선택하면 글상자로 만든 개체를 이전 모양으로 되돌려 준다. 글상자 속성 없애기를 하면 글상자 안에 입력했던 내용이 지워진다.

(5) 제한

개체를 글상자로 바꾸는 기능은 하나의 개체에 대해서만 실행할 수 있다. 여러 개의 개체를 선택하거나 여러 개의 개체를 하나로 묶은 개체를 선택할 경우에는 그리기 개체를 글상자로 바꿀 수 없다.

(6) 글상자에서 세로쓰기

흔글에서 세로쓰기는 표와 글상자에서만 할 수 있다.

① [입력]-[개체]-[글상자]를 실행하여 글상자를 만들고 "내용"을 입력한다.

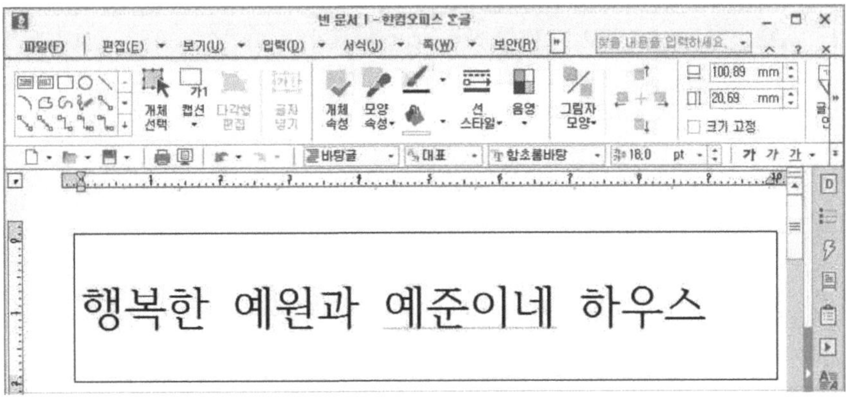

② 글상자를 선택하고 생성된 [도형] 도구상자에서 [개체 속성] 아이콘을 클릭하거나, 글상자를 선택하고 오른쪽 마우스 클릭하면 [개체 속성] 대화상자가 나타난다.

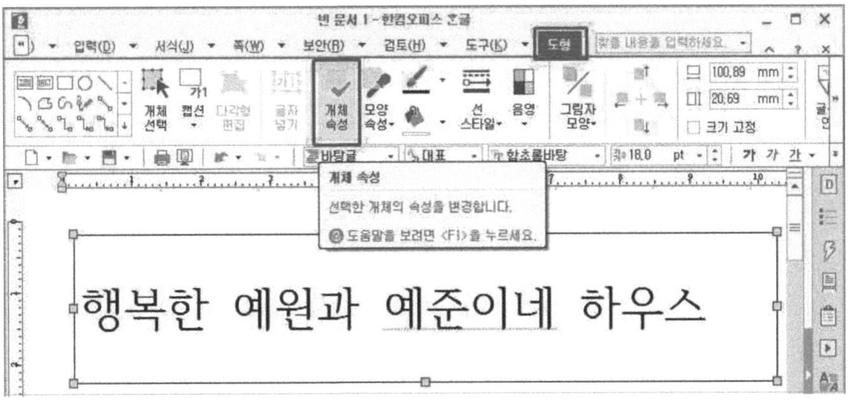

③ [글상자] 탭을 선택하여 [세로쓰기] 항목을 선택하고 [설정(D)] 단추를 누른다.

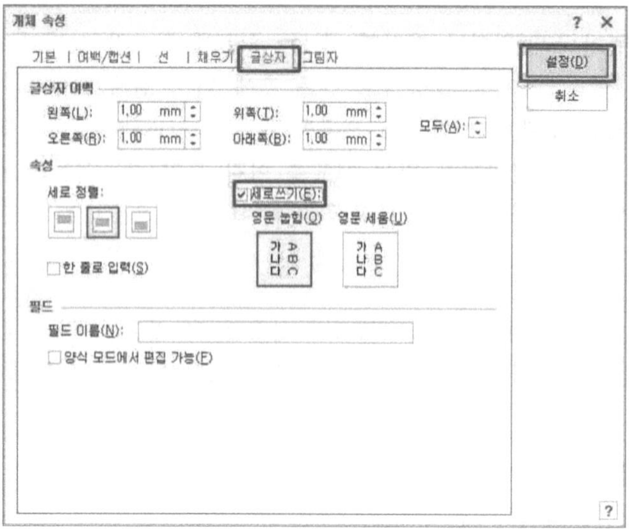

④ 글상자 안의 내용이 세로 방향으로 정렬된다.

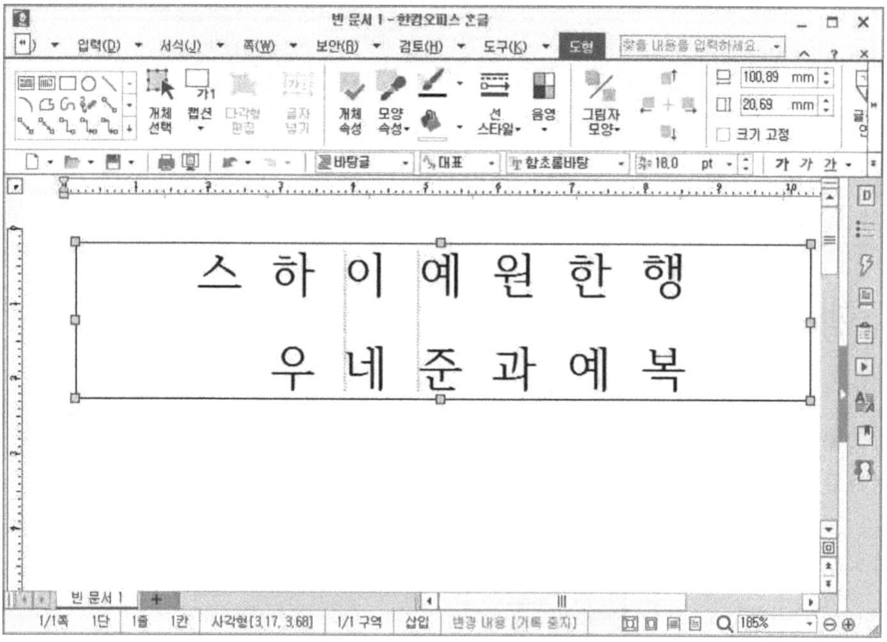

6.3 차트

ᄒᆞᆫ글 2014에서는 표 전체를 선택하거나 표의 일부분만 셀 블록으로 설정하여 쉽게 차트를 만들 수 있다.

① 차트를 만들기 위해서는 먼저 표를 만들고 차트 영역을 셀 블록으로 지정한다.

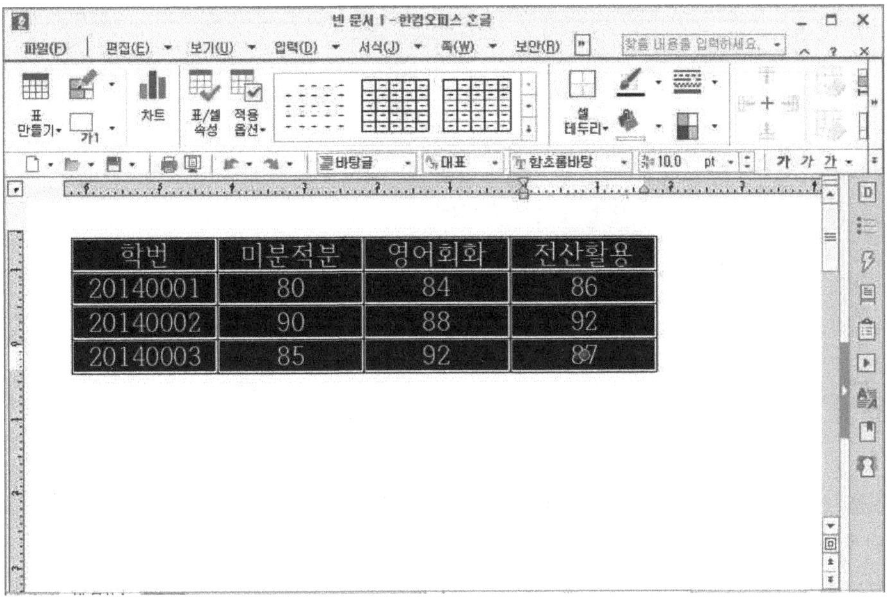

② [입력]-[차트] 아이콘을 선택한다.

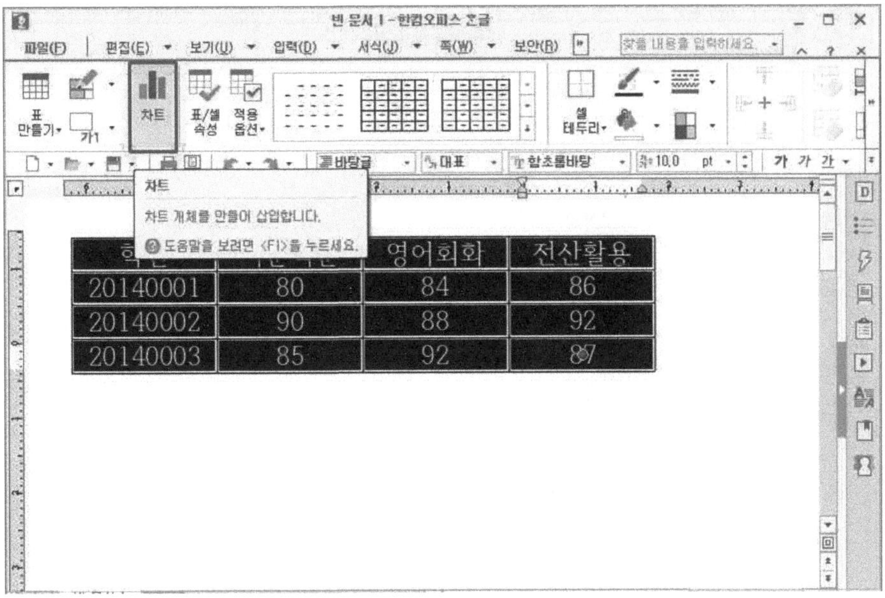

Part 2

③ 기본적인 차트 모양이 나타난다.

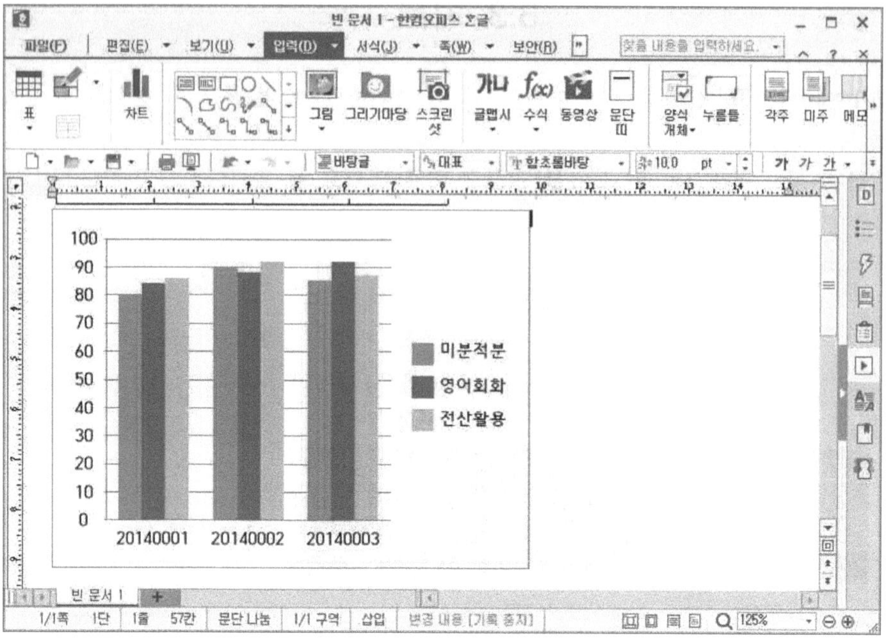

④ 차트를 선택하면 기본 도구 메뉴에 [차트] 메뉴가 생성되고 각각의 차트 개체를 수정할 수 있는 단축 메뉴들이 나타난다.

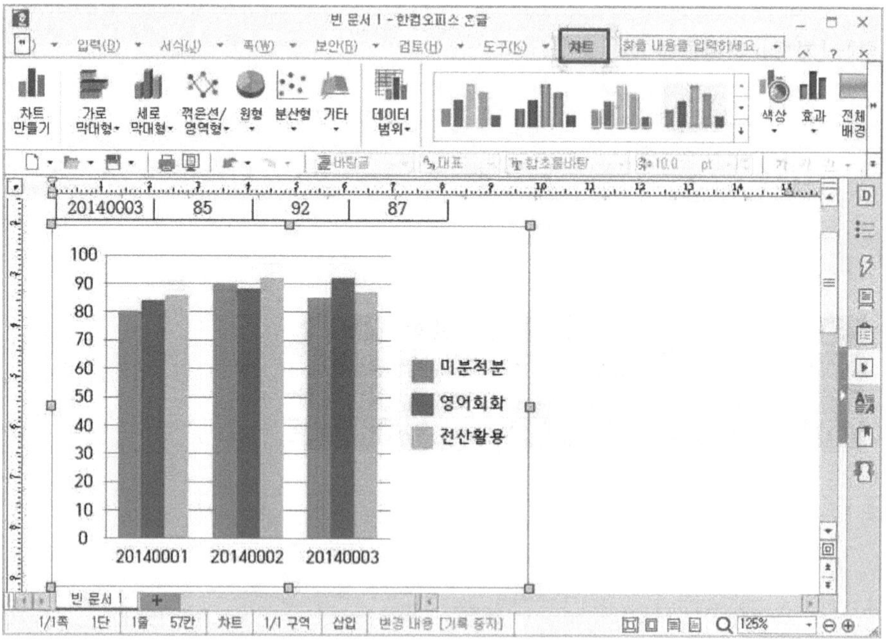

6.3.1 차트 도구

차트의 종류, 스타일, 배경, 차트 속성, 계열, 크기, 등의 차트 영역의 모양을 바꾼다. 2차원이나 3차원 모양의 차트를 선택하고 선택한 차트 모양에 해당하는 계열이나 차트의 배경 등의 모양을 바꿀 수 있다.

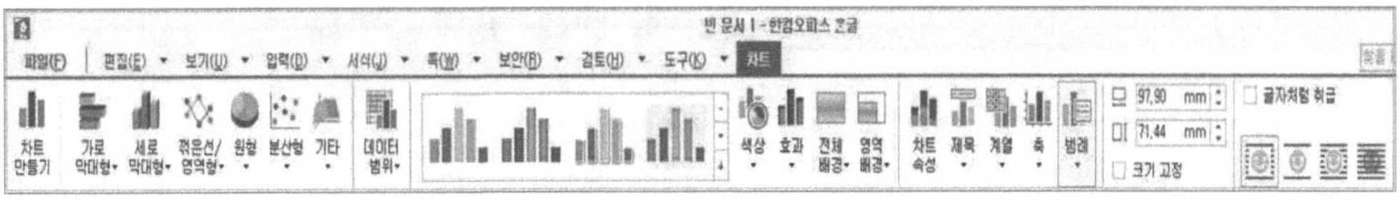

(1) 차트의 종류

[차트] 도구 상자에서 차트의 종류를 가로, 세로, 꺾은선/영역형, 원형, 분산형 중에서 선택하여 적용할 수 있다.

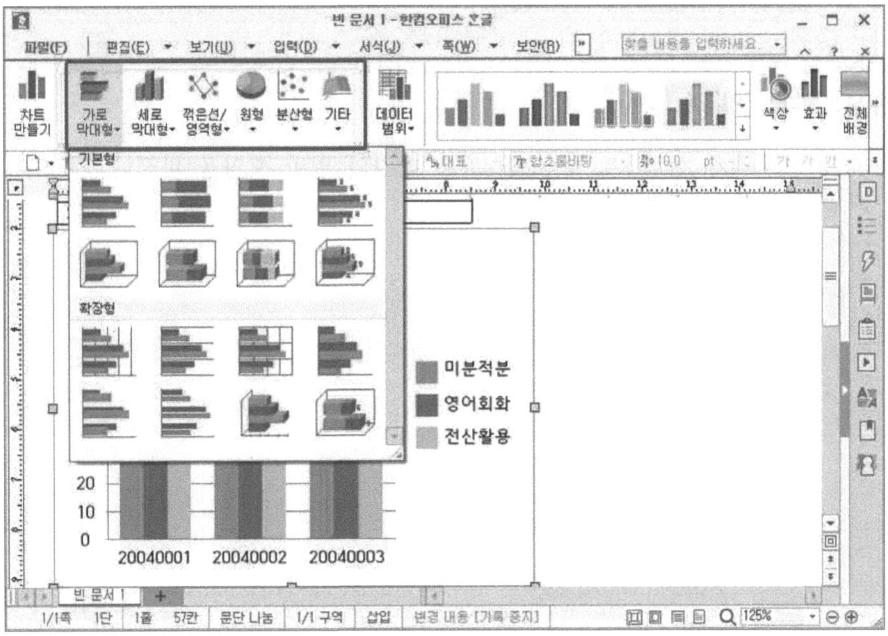

(2) 차트 스타일

개발자가 만들어 놓은 차트 스타일 모음을 활용하면 손쉽게 차트의 모양을 한 번에 꾸밀 수 있다.

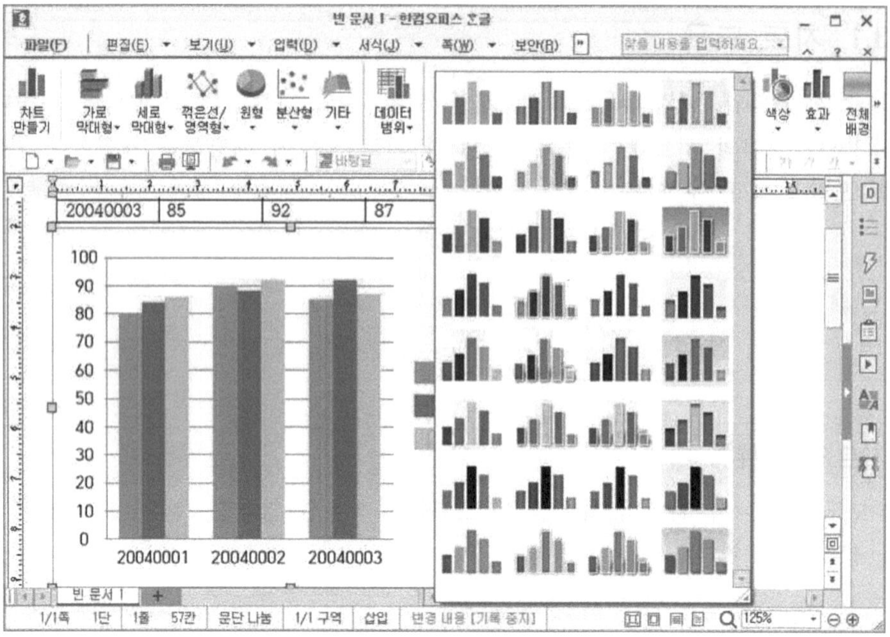

6.3.2 차트 배경

차트의 배경이나 배경 선, 차트 구성 등 차트 배경의 일반 모양을 바꾼다. 자세한 설정은 [차트 배경 설정]을 클릭한다.

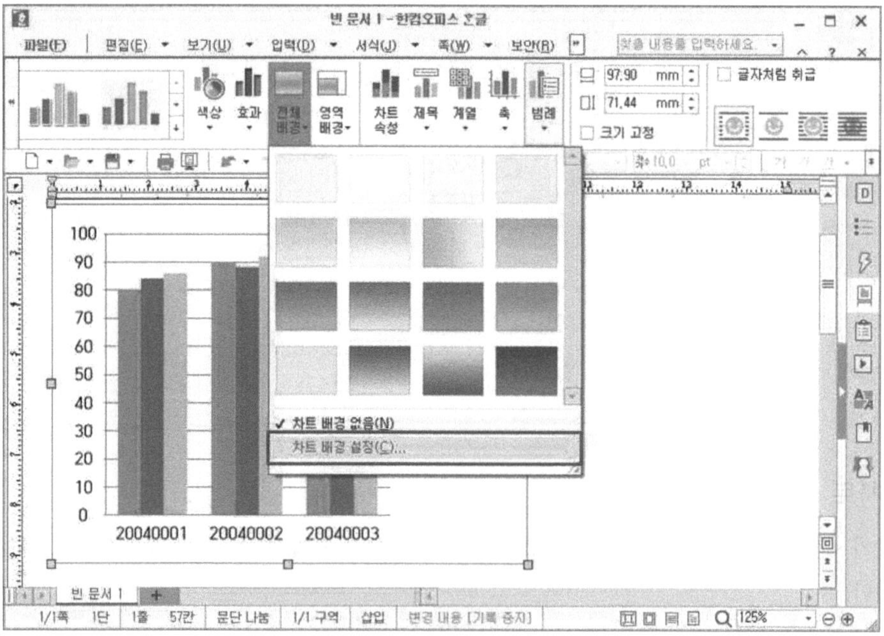

가. 배경

차트 개체 전체 배경을 무늬로 채울 것인지 다단계 색 퍼짐 효과를 주는 그러데이션으로 채울 것인지 선택한다.

나. 선택 사항

차트의 제목, 각주, 범례, 두 번째 Y축 등을 보일 것인지 감출 것인지 결정한다.

6.3.3 차트 속성

[차트 속성]을 선택하거나 차트를 마우스 오른쪽 단추로 눌러 빠른 메뉴가 나타나면 차트의 구성요소를 각각 설정할 수 있다. 이 차트 속성은 사용자가 선택한 차트의 종류에 따라 [차트모양] 에서 사용자가 설정할 수 없는 항목들을 설정할 수 있다.

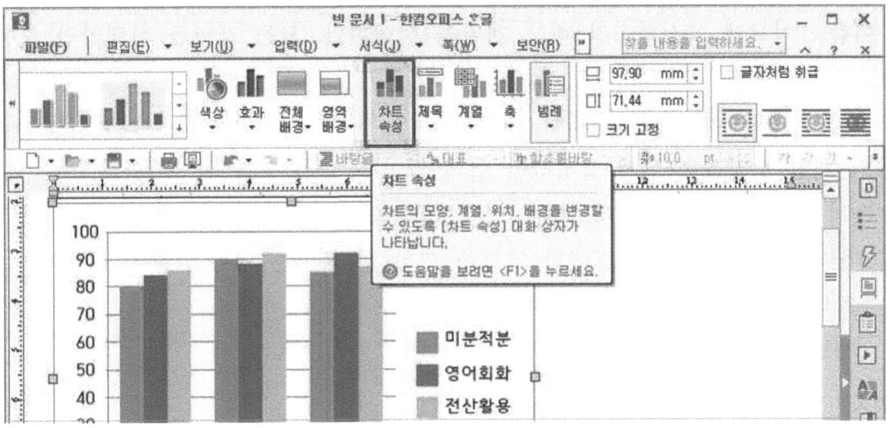

(1) 모양

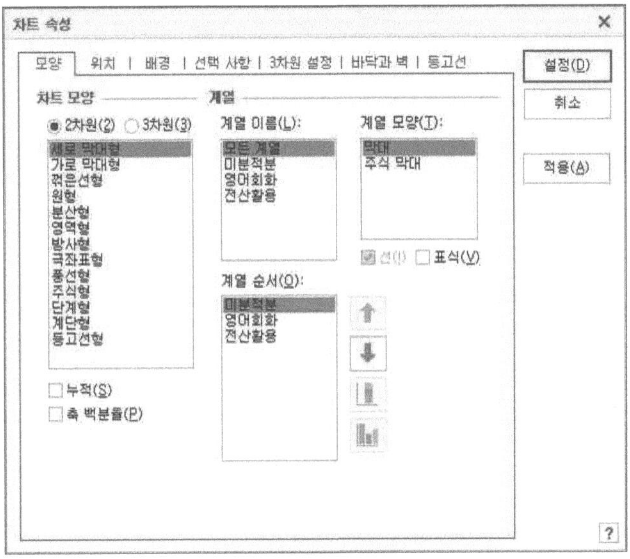

가. 차트모양

원하는 차트 모양을 선택한다. 2차원인지 3차원인지에 따라 선택할 수 있는 차트의 종류가 달라진다.

- 2차원 : 2차원 차트 모양을 선택한다. 2차원 차트 목록 중 원하는 모양을 선택하면 각 모양에 따라 지정할 수 있는 [계열 모양]이 나타난다.
- 3차원 : 3차원 차트 모양을 선택한다. 3차원 차트 목록 중 원하는 모양을 선택하면 각 모양에 따라 지정할 수 있는 [계열 모양]이 나타난다.
- 누적 : 모든 계열의 자료를 누적 값으로 표시해 준다.
- 축 백분율 : 축에 표시되는 숫자들을 % 단위로 표시해 준다.

나. 계열

- 계열 이름 : 차트에 표시하고자 하는 계열을 선택한다. 모든 계열을 선택하면 모든 자료가 차트에 나타난다.
- 계열 모양 : 계열 이름에서 선택한 각각의 계열을 어떤 모양으로 나타낼지를 선택한다. 각각의 계열 모양을 다르게 설정하여 쉽게 알아볼 수 있도록 할 수 있다.
- 계열 순서 : 계열을 선택한 뒤 [위], [아래], [쌓음], [안 쌓음] 단추를 눌러 계열 간의 순서를 바꾼다. 바꾼 순서는 차트에만 영향을 끼칠 뿐 표에는 영향을 주지 않는다.
- 선 : 차트의 자료 점들을 선으로 이어준다.
- 표식 : 자료 점들에 표시해준다.

다. 위치

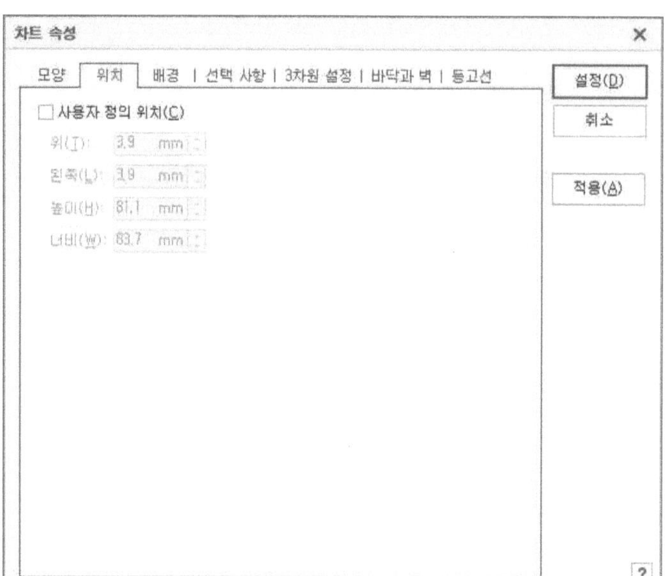

사용자가 차트의 위치를 설정할 수 있다. 이 항목을 선택해야 위, 왼쪽, 높이, 너비를 설정하여 차트의 위치를 직접 지정할 수 있다. 이 항목을 선택하지 않으면 차트는 차트 영역의 가운데에 꽉 차게 위치한다.

(2) 배경

차트 그래프 영역의 배경을 무늬로 채울 것인지 다단계 색 퍼짐 효과를 주는 그러데이션으로 채울 것인지 선택한다.

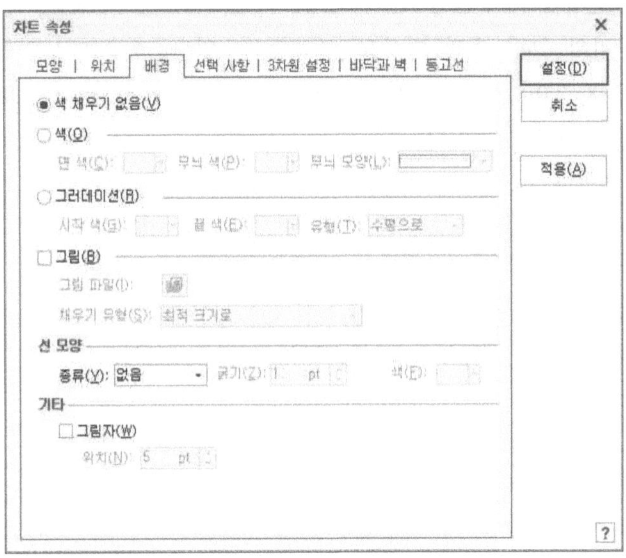

가. 색 채우기 없음

배경을 설정하지 않고 투명으로 남겨둔다. 이때 차트의 배경색은 문서의 배경색과 같다.

나. 색

[면 색] 이나 [무늬 색]의 색상 표에서 색을 선택하여 차트의 배경을 채워준다. [무늬 모양] 목록 단추를 누르면 24가지의 다양한 무늬 모양이 나타난다. 여기서 배경을 채울 무늬를 선택할 수 도 있다.

다. 그러데이션

배경을 다단계 색 퍼짐 효과를 주는 그러데이션으로 채워준다. 목록 단추를 눌러 수직, 수평, 사각형, 타원형 등의 그러데이션 모양을 선택한다.

라. 그림

차트 그래프 영역의 배경을 그림으로 채울 수 있으며, 그림을 채울 때 채우기 유형을 선택한다.

마. 선 모양

차트 그래프 영역을 표시하는 사각형 테두리의 종류와 굵기, 색등을 설정한다.

6.4 그림(Ctrl+N,I,)

그림 넣기는 훈글에서 그림을 그리는 기능이 아니라 미리 준비된 그림 파일을 커서 위치에 삽입하는 기능이다.

(1) 그림 넣기

그림을 넣을 때는 그림 파일 전체나 일부분만 잘라 넣을 수 있고, 그림을 확대/축소해서 넣을 수도 있고, 그림의 테두리와 그림 효과 여부도 설정할 수 있다. 훈글에서 읽을 수 있는 그림 파일 형식은 BMP, PCX, TIFF, WMF, WPG, PIC, AI, CDR, EPS, DXF, HPGL, PP3, PICT, DRW, CGM, PLT, JPG, HDR 등이다.

① [입력]-[그림] 아이콘을 실행한다.

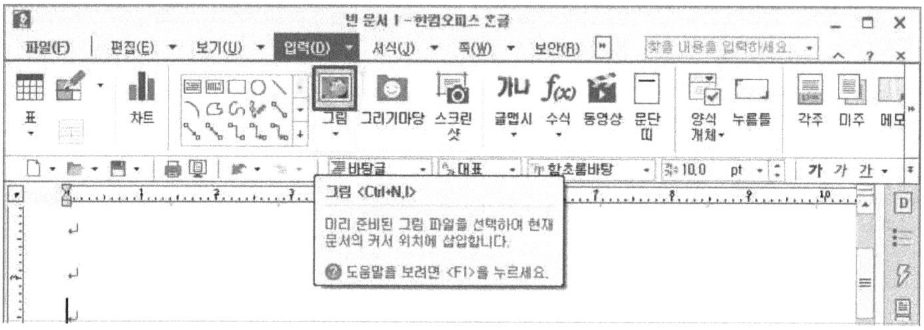

② [그림 넣기] 대화상자가 나타나면 그림 파일 이름을 직접 입력하거나 경로를 선택한 후 파일 목록에서 원하는 그림 파일을 선택하고 [넣기] 버튼을 누른다.

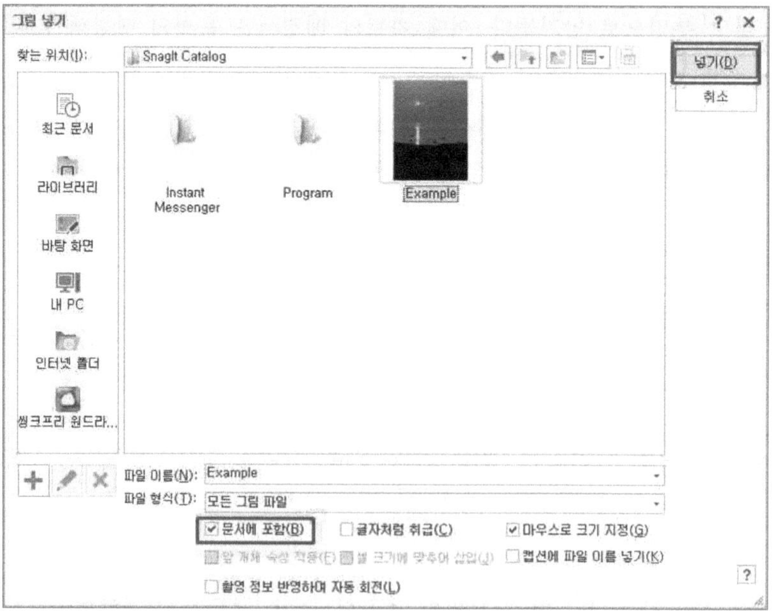

■ [문서에 포함] 항목을 해제하면 그림은 본문에 삽입되지 않고 연결된다. 연결된 그림 파일의 정보가 바뀌어 그림이 바르게 나타나지 않을 때는 [파일]-[문서 정보]-[그림 정보] 탭에서 그림의 파일경로와 확장자 등을 수정할 수 있다.

③ [넣기] 단추를 누르면 마우스 포인터가 십자 모양으로 된다. 마우스 포인터를 편집화면에서 그림을 넣을 위치로 옮긴 후 원하는 크기로 마우스 끌기를 한다. 마우스 끌기로 크기를 지정하지 않고 마우스 왼쪽 단추를 한 번 누르면 그림이 원래크기로 나타난다.

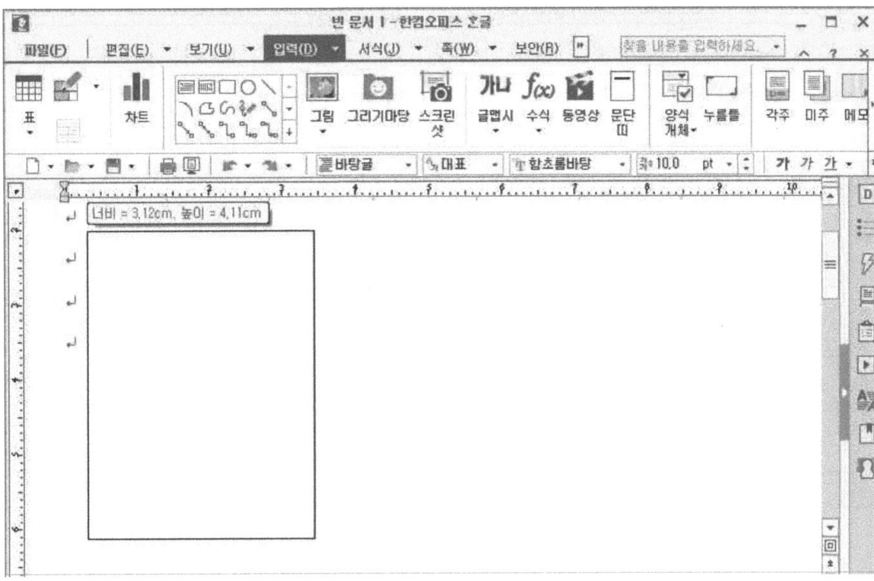

④ 마우스를 놓으면 가로 세로 같은 비율로 그림이 들어간다.

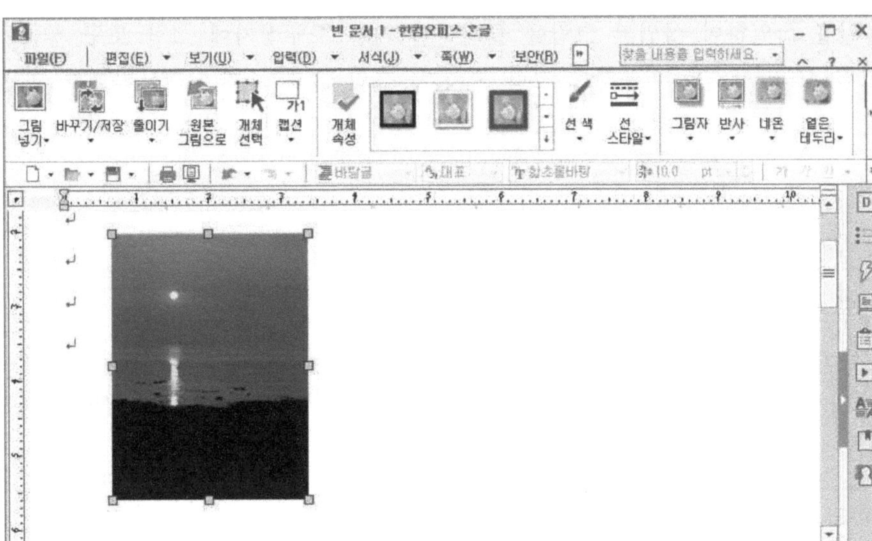

⑥ 추가한 그림을 고치려면 그림을 선택하고 오른쪽 마우스 버튼 클릭 후, [개체속성]을 선택하거나 그림 위에서 마우스 왼쪽 단추를 두 번 누른다.

(2) 그림 고치기

문서에 있는 그림 위에서 마우스 왼쪽 단추를 두 번 눌러 그림 크기를 확대/축소하기, 위치와 여백 바꾸기, 그림의 일부분만 자르기, 그림에 테두리 두르기, 그림에 효과 주기 등의 작업을 할 수 있다.

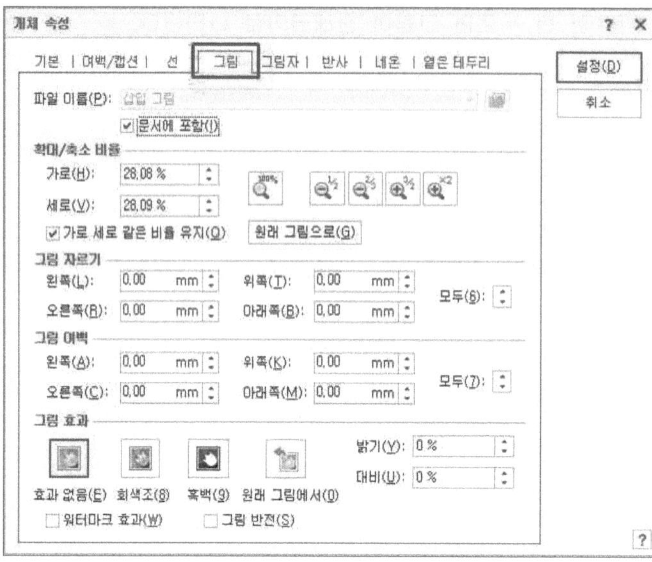

(3) 그림 도구 상자

그림 파일을 삽입하여 삽입된 그림을 클릭하면 기본 도구상자에 그림 도구 상자가 나타난다. 그림 도구 상자를 이용하여 그림 고치기, 그림 효과 주기, 그림 자르기, 캡션 넣기, 삽입한 그림 빼내기, 원래 그림으로 되돌리기 등의 그림 편집 작업을 할 수 있다.

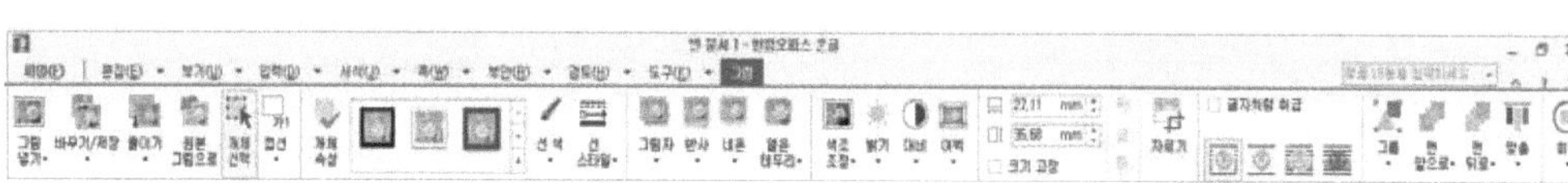

(4) 마우스로 크기 조절하기

그림의 크기를 조절할 때는 주로 마우스를 이용한다. 그림을 선택한 상태에서 그림 주위의 작은 네모점 중 하나에 마우스 포인터를 놓고 마우스 끌기를 하여 그림의 크기를 바꿀 수 있다.

① 크기를 조절할 그림을 선택한다. 그림을 선택하면 그림 주위에 작은 네모점이 나타나며, 마우스 포인터는 양쪽 화살표로 바뀐다.

② 그림의 네모점에 마우스 포인터를 놓는다. 마우스 포인터의 모양이 양쪽 방향 화살표로 바뀌면 마우스 왼쪽 단추를 누른 채 그림을 안쪽으로 마우스를 끌어 그림 크기를 줄일 수 있고 그림의 바깥쪽으로 마우스를 끌어 그림의 크기가 늘릴 수 있다.

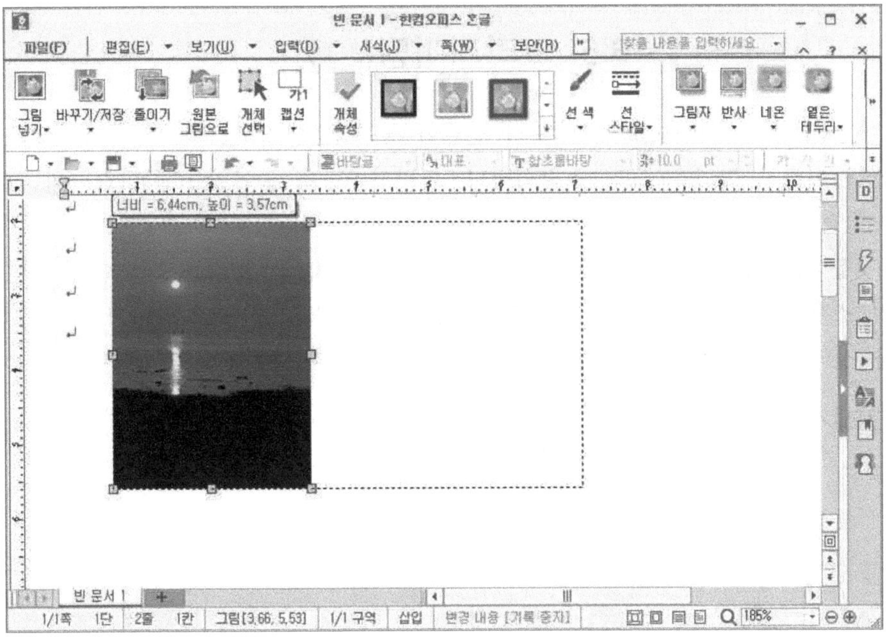

(5) 대화상자에서 크기 조절하기

그림 고치기를 실행하여 그림의 크기를 직접 지정할 수 있다.

기본 탭의 크기 입력 상자에 원하는 크기를 직접 입력하거나 그림 탭의 확대/축소 비율에 그림의 원래크기를 100%로 했을 때, 현재 그림을 얼마의 크기로 확대/축소할 비율을 입력한다.

Shift + ←	그림의 너비를 1mm 줄인다.
Shift + →	그림의 너비를 1mm 늘린다.
Shift + ↑	그림의 높이를 1mm 줄인다.
Shift + ↓	그림의 높이를 1mm 늘린다.

6.5 그리기마당( )

그리기마당은 많이 쓰이는 개체를 미리 만들어 등록해 놓고, 필요할 때마다 등록된 개체를 가져다 원하는 그림을 그리는 방식이다. 그리기마당에 들어있는 하나하나의 그리기 파일(*.drt)들을 그리기 조각이라고 한다. 그리고 같은 종류의 그리기 조각끼리 한 곳에 모아 놓은 것을 그리기 마당 꾸러미라고 한다. 한컴오피스 혼글 2014는 다양한 그리기마당의 그리기 조각과 클립아트 그림을 제공하기 때문에 그림을 그리는데 들어가는 많은 시간과 노력을 절약하여 멋진 그림을 쉽고 빠르게 그릴 수 있다.

(1) 그리기마당 실행하기

① [입력]-[그리기마당] 아이콘을 클릭한다.

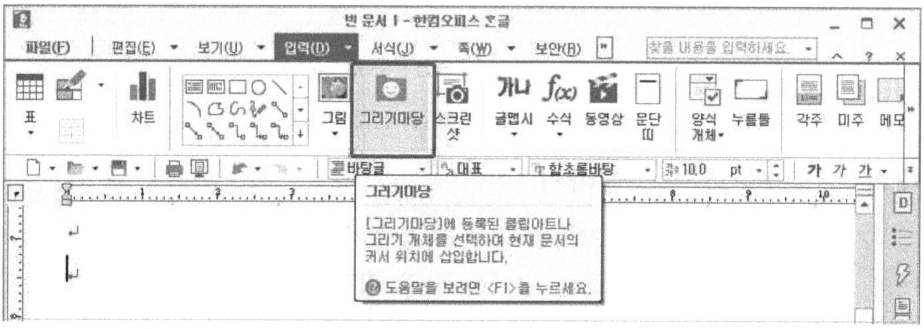

② [그리기마당] 대화상자가 나타나면 [그리기 조각] 탭을 선택한다. [선택할 꾸러미] 목록 중에서 "스포츠레저(스포츠)" 꾸러미를 고른다. 다양한 모양의 그리기 조각이 나타난다. “테니스”를 선택하고 [넣기(D)] 단추를 누른다.

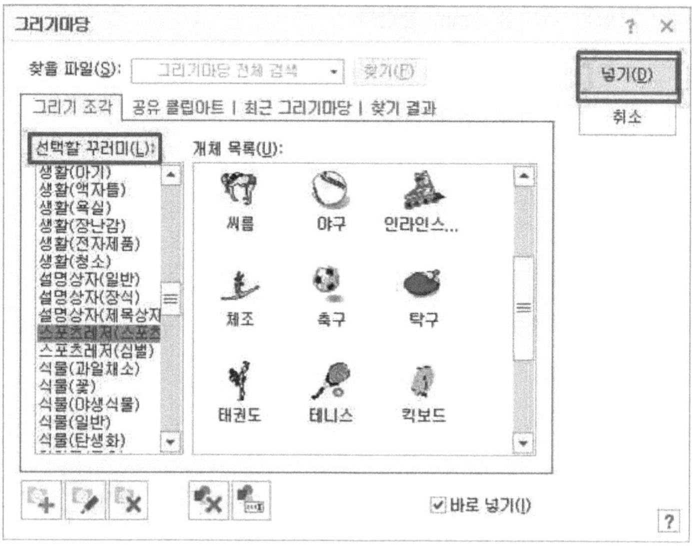

④ 십자 모양의 마우스 포인터를 그리기 조각이 들어간 곳으로 옮긴 후 마우스를 끌어 알맞은 크기를 결정한다. 마우스 왼쪽 단추를 놓으면 그림이 지정한 크기로 나타난다.

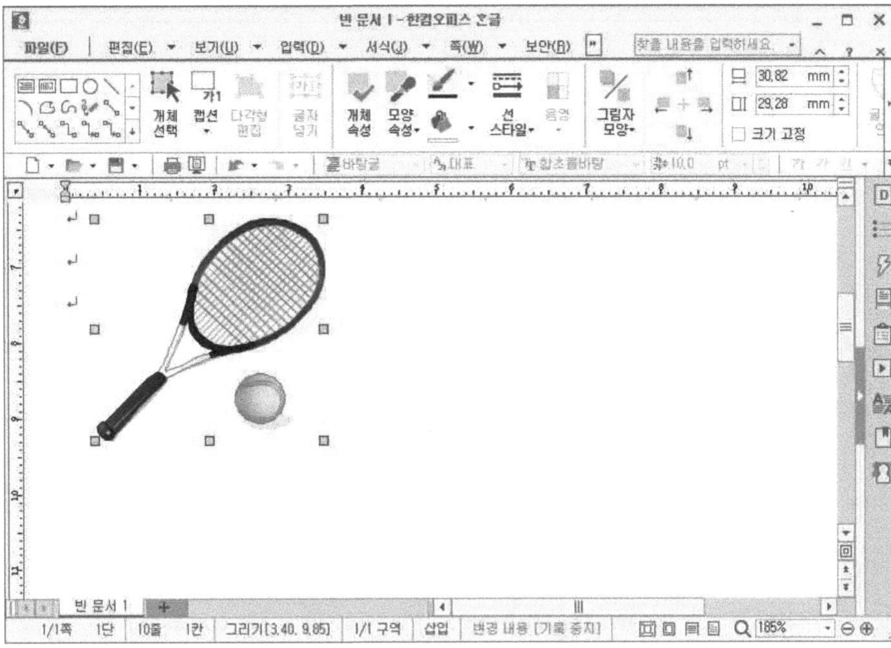

(2) 그리기마당 꾸러미 관리하기

[그리기마당] 대화상자의 "그리기 조각"이나 "공유 클립아트"의 "개체 목록 상자"에서 개채에 마우스 포인터를 놓고 마우스 오른쪽 단추를 누르면 새 꾸러미, 꾸러미 고치기, 꾸러미 지우기, 개체 지우기, 개체 이름 바꾸기의 메뉴를 가진 빠른 메뉴가 나타난다.

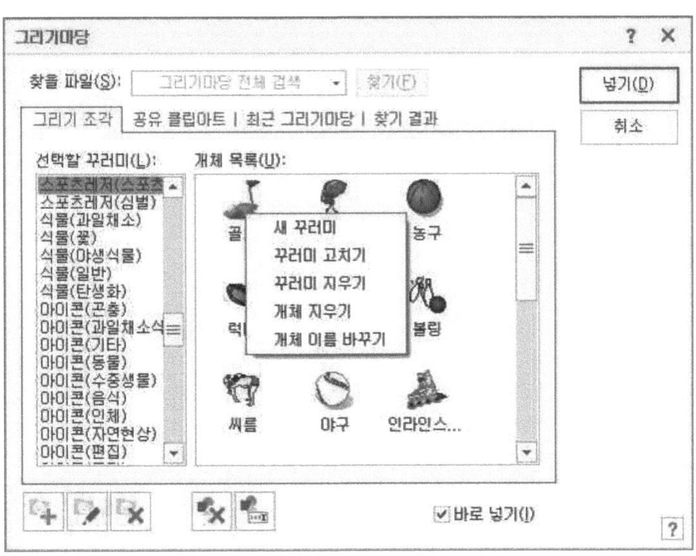

③ [글맵시]를 선택하면 [글맵시] 기본 도구상자가 나타나고 [글맵시 모양▼] 아이콘을 누르면 여러 가지 글자 모양이 나타난다. 그 중에서 원하는 모양을 선택한다.

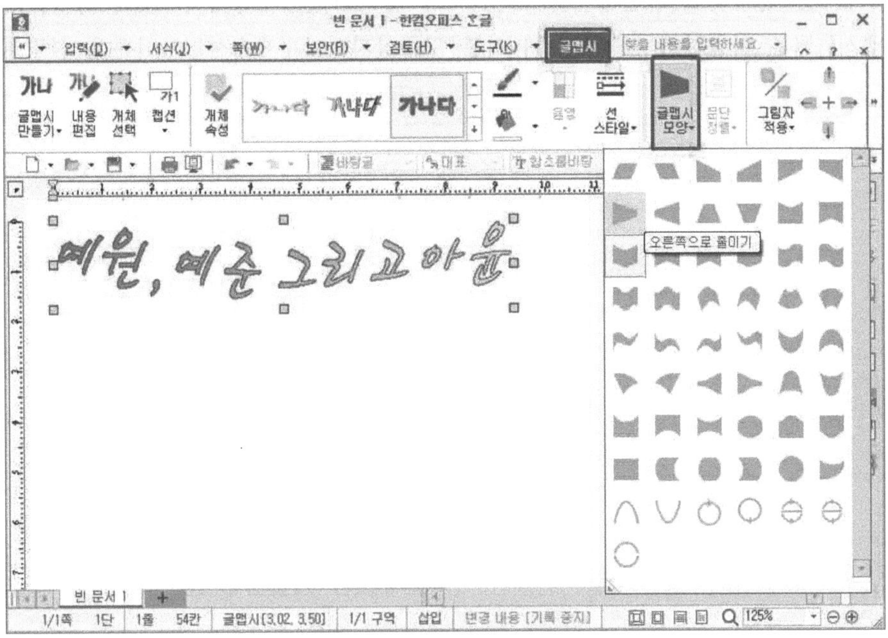

④ 선택한 글자 모양으로 글맵시의 모양이 바뀐다.

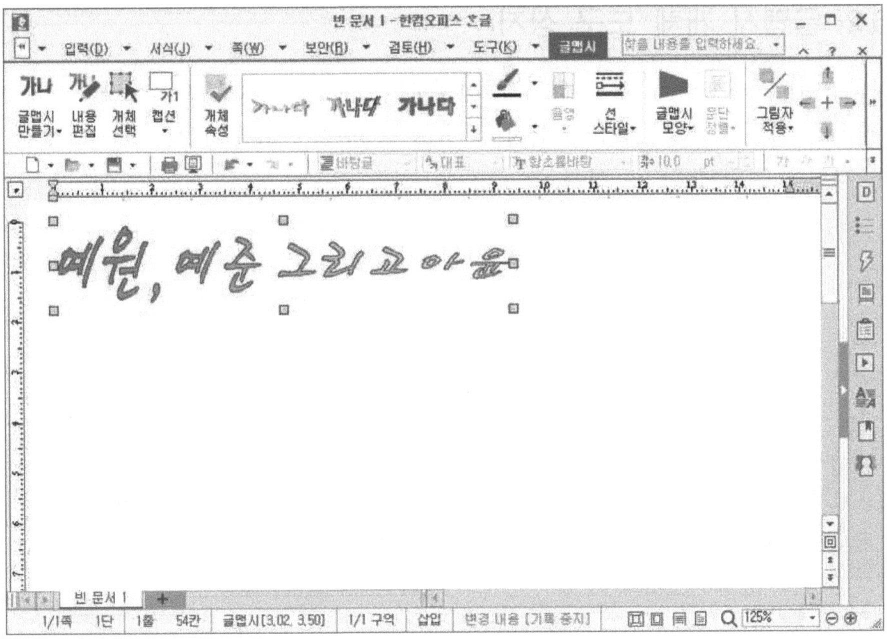

⑤ Shift + Esc 키를 누르거나 글맵시 영역 바깥쪽을 마우스로 눌러 편집을 끝낸다.

(2) 글맵시 고치기

글맵시 개체를 선택하고 오른쪽 마우스 단추를 눌러 빠른 메뉴에서 [개체 속성] 대화상자의 [글맵시] 탭을 이용하거나, [글맵시] 기본 도구상자의 [개체속성] 아이콘을 클릭한다.

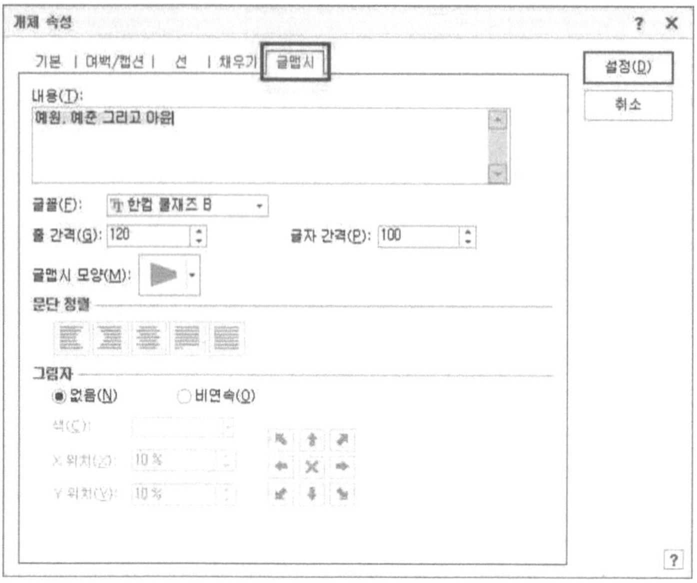

6.6.2 글맵시 개체 도구 상자

[입력]-[글맵시]를 실행해 글맵시 영역을 선택하면 [글맵시] 기본 도구상자가 나타난다. 이 도구 상자를 이용해 내용 편집, 글맵시 글자 모양 바꾸기, 채우기 색, 선 색, 개체 회전의 글맵시 작업을 손쉽게 할 수 있다.

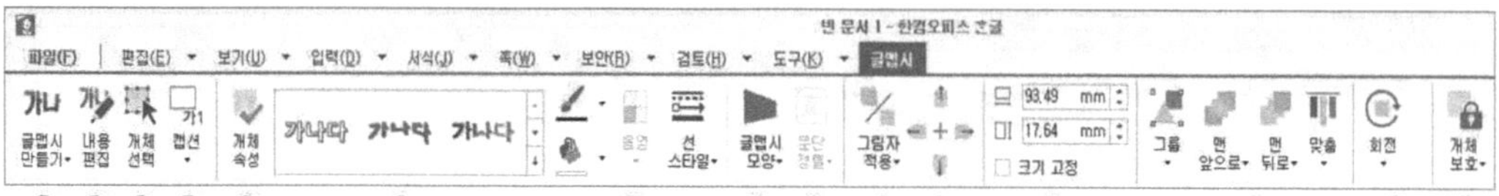

① ② ③ ④ ⑤ ⑥ ⑦ ⑧ ⑨ ⑩ ⑪ ⑫ ⑬ ⑭ ⑮

① 글맵시 만들기	② 내용편집	③ 개체선택	④ 캡션	⑤ 개체속성
⑥ 스타일	⑦ 기본 편집	⑧ 글맵시 모양	⑨ 문단 정렬	⑩ 그림자 적용
⑪ 글맵시 그림자 이동	⑫ 크기	⑬ 정렬	⑭ 회전/대칭	⑮ 개체 보호

① 글맵시 만들기

글맵시 이미지 꾸러미가 펼쳐지면 원하는 모양을 선택한다.

② 내용 편집

선택한 글맵시의 내용을 수정한다.

③ 개채 선택

[개체 선택]을 누른 다음 대각선 방향으로 끌어서 놓으면 해당 직사각형 안에 포함된 개체가 선택된다.

④ 캡션

개체의 위, 왼쪽 위, 왼쪽 가운데, 왼쪽 아래, 오른쪽 위, 오른쪽 가운데, 오른쪽 아래, 아래 방향 중 원하는 곳에 캡션을 넣는다.

⑤ 개체속성

선택한 개체의 [개체 속성] 대화상자를 통해서 "여백/캡션", "선", "채우기" 그리고 "글맵시" 등을 변경한다.

⑥ 채우기

개체의 채우기가 적용된 글맵시 개체가 제공된다. 원하는 채우기가 적용된 글맵시를 클릭하면 해당 글맵시에 효과가 적용된다.

⑦ 기본 편집

선 색, 채우기, 음영, 선 종류, 선 굵기 등의 기본 편집 도구를 제공한다.

⑧ 글맵시 모양

글맵시 글자 모양을 직사각형, 원형, 물결 등 다양한 모양 가운데에서 원하는 모양으로 지정한다.

⑨ 문단 정렬

글맵시 내용의 문단 정렬 방식을 왼쪽, 오른쪽, 가운데, 양끝 배분, 끝줄 포함 양끝배분 정렬 모양 중에서 설정한다.

⑩ 그림자 적용

선택한 글맵시 개체에 그림자 효과를 지정한다.

⑪ 글맵시 그림자 이동

그림자의 위치를 위, 아래, 오른쪽, 아래쪽으로 이동한다.

⑫ 크기

글맵시의 가로, 세로의 크기와 가로 세로의 크기 비율을 유지를 지정한다.

⑬ 정렬

정렬 방법을 지정한다.

⑭ 회전/대칭

시계방향, 시계 반대방향으로의 개채 회전과 좌, 우, 위, 아래 방향의 대칭을 조정한다.

⑮ 개체 보호

개체를 선택하여 크기를 변경하거나 위치를 이동할 수 없도록 개체를 보호한다.

6.7 수식(Ctrl+N,M)

수식을 이용하면 쉬운 계산식부터 복잡한 수식까지 쉽고 빠르게 작성할 수 있다. 한컴오피스 훈글 2014의 수식 편집기는 간단한 산술식부터 복잡한 수식에 이르기까지 손쉽게 작성할 수 있도록 한다.

(1) 수식 입력

① [입력]-[수식] 아이콘을 클릭한다.

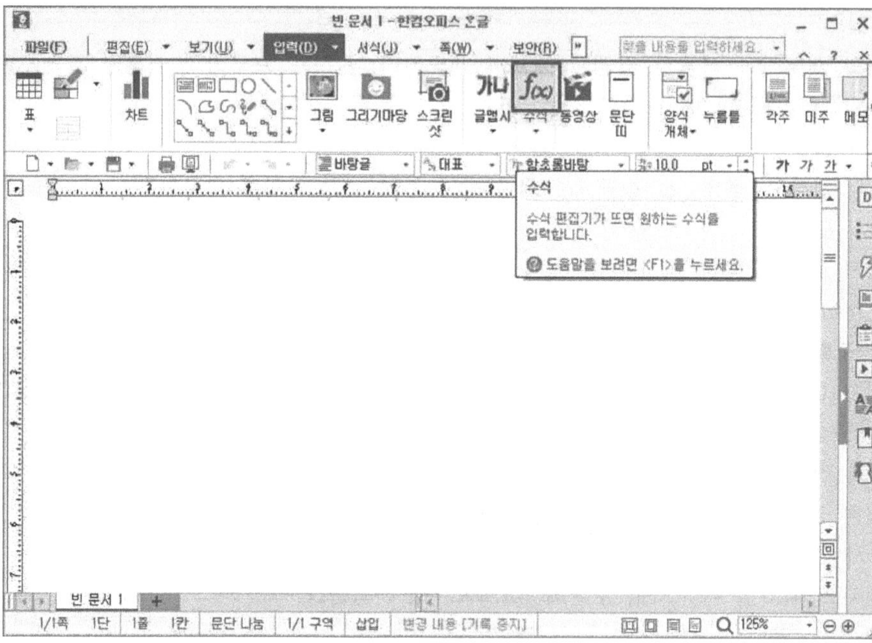

② [수식 편집기] 도구 상자가 나타난다.

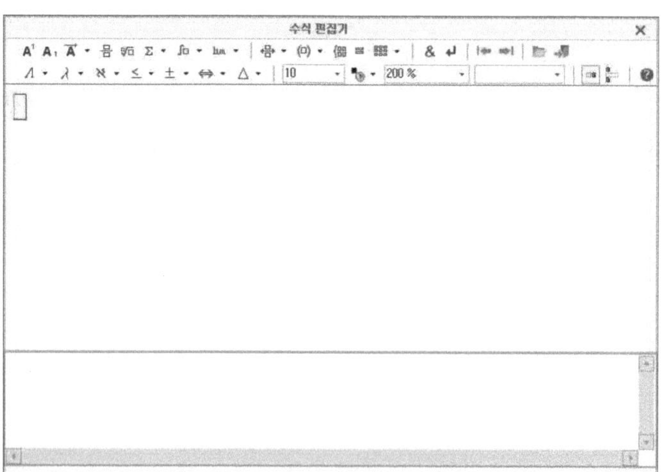

③ 수식을 입력한 후, [넣기] 아이콘을 클릭한다.

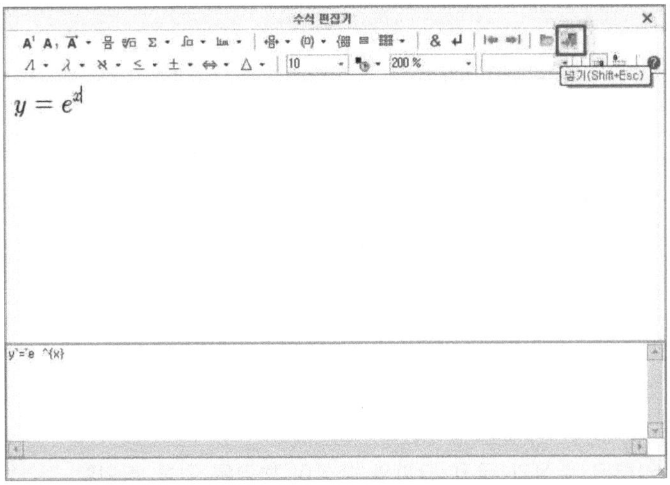

(2) 수식의 크기와 색상 변경

① 입력한 수식을 선택하고 더블클릭한다.

② [수식 편집기] 도구 상자에서 [글자 크기] 설정에서 [글자 크기]를 “15”로 변경한다.

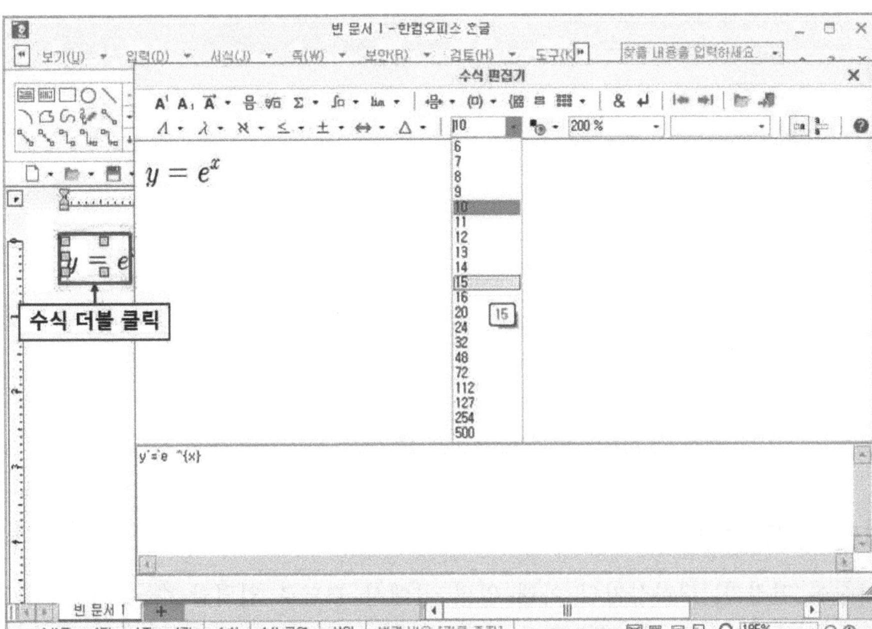

③ [수식 편집기] 도구 상자에서 [글자색] 아이콘을 선택하고 “노란색”으로 변경한다.

Part 2

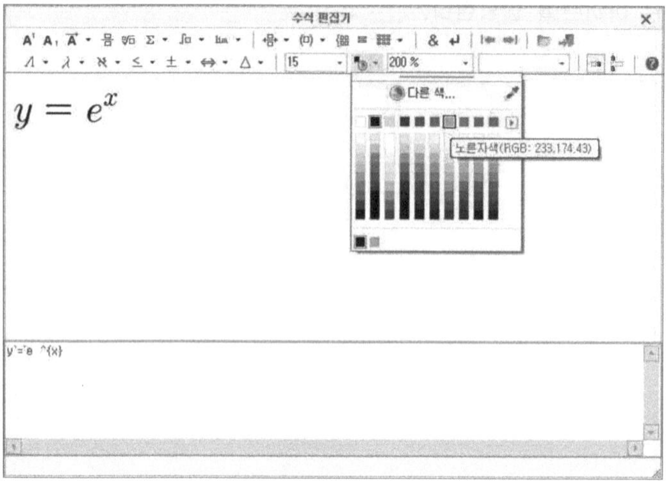

④ [넣기]를 누르면 본문에 입력된 수식의 글자 크기와 색상이 변경된 것을 확인할 수 있다.

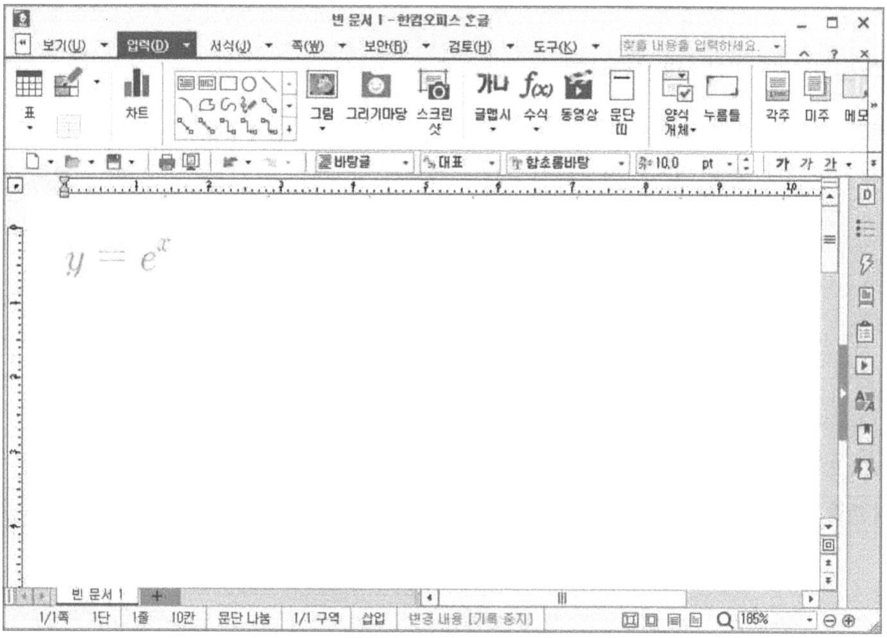

(3) 영문 글꼴 명령

수식은 [수식 편집기] 대화상자의 아래 입력 창에서 코드로 입력할 수 있다. 수식 편집기에서 입력하는 로마자들은 이탤릭체로 바뀌어 표현된다. 로만체를 쓸 때에는 먼저 명령어 입력창에서 로만체 전환 명령어인 “rm”을 입력한다.

또한, 굵은 글꼴(볼드체)을 입력하기 위해서는 명령어 입력창에 “bold”를 입력한다. 수식의 기본은 이탤릭체이다.

기본	이탤릭체
rm	로만체
t	로만체 입력 중 이탤릭체로 다시 전환
bold	볼드체
boldrm	로만체+볼드체

(4) 글꼴 속성 해제

로만체나 볼드체로 입력하는 도중에 [Tab] 키를 누른다.

(5) 기본 함수

수식에 쓰이는 기본 함수들은 이탤릭체로 변형하지 않고 로만체로 표시해 준다.
항상 로만체로 나타나는 기본 함수에는 다음과 같은 것들이 있다(대소문자 구별함).

sin	cos	coth	log	tan	cot	LG
sec	cosec	max	min	csc	arcsin	lim
LM	arccos	arctan	exp	Exp	arc	sinh
det	gcd	cosh	tanh	mod	if	for
and	horn	ker	deg	arg	dim	Pr

6.8 문단 띠

편집하고 있는 문서에서 주로 쪽(페이지) 장식용으로 사용하기 위하여 굵기나 색깔 등을 지정하여 그리는 구분선이 문단 띠이다. 문단 띠는 [직선 그리기]처럼 마우스를 끌어 선을 긋는 것과는 달리, 문단의 왼쪽 여백부터 오른쪽 여백까지 한 번에 구분선을 그릴 수 있다.

문단 띠를 작성하는 순서는 다음과 같다.

① [입력]-[문단 띠] 아이콘을 실행하면 커서가 있는 문단의 위쪽에 왼쪽 여백부터 오른쪽 여백까지 수평선이 그어진다.

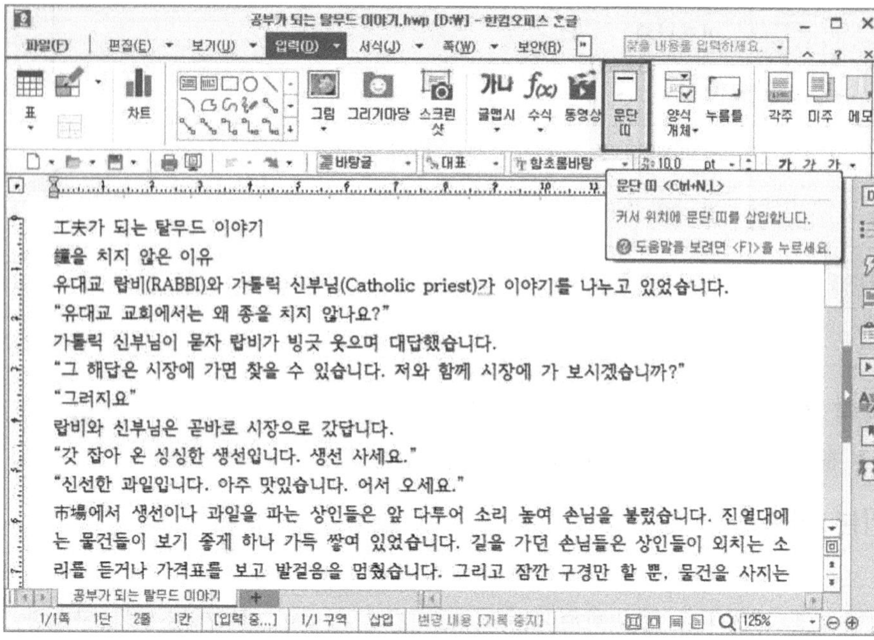

② 삽입된 문단 띠를 선택하고 [도형] 도구상자의 [채우기 색] 아이콘을 누른다.

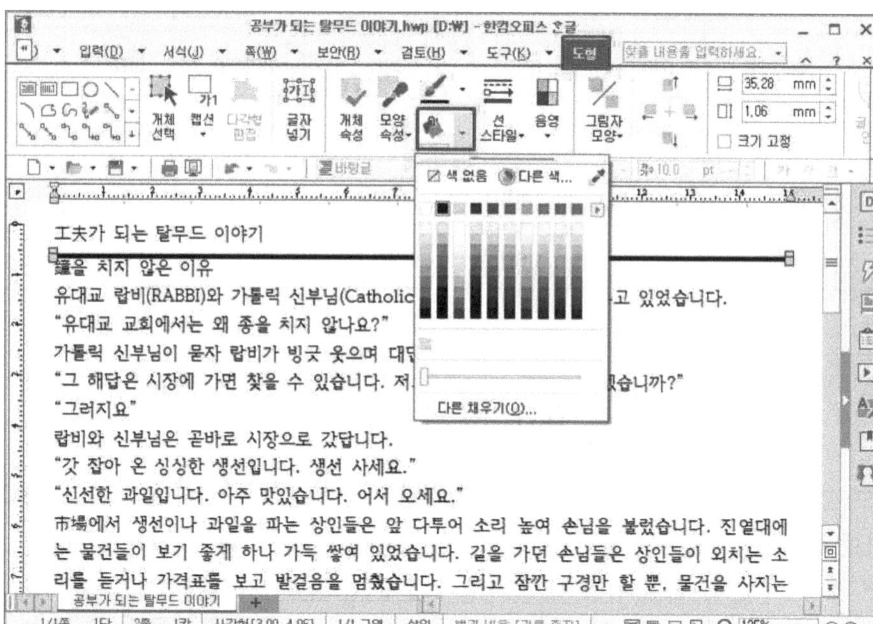

③ 색상 팔레트가 펼쳐지면 "루비색"을 선택하면, 문단 띠의 색깔이 "루비색"으로 바뀌어서 나타난다.

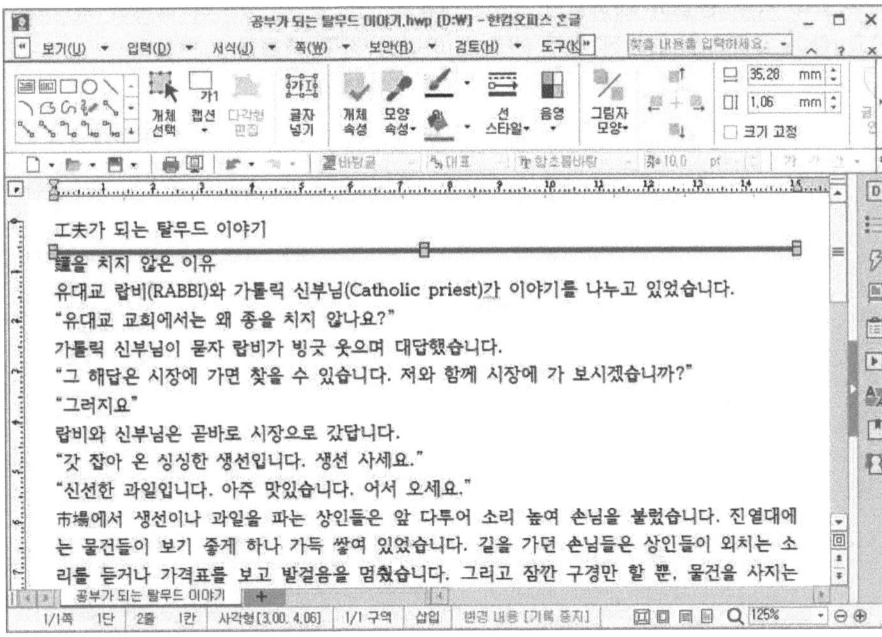

6.9 각주(Ctrl+N,N)

본문 내용에 대한 보충 자료를 구체적으로 제시하거나 인용한 자료의 출처 등을 밝히는 주석을 각주 형식으로 만든다. 각주 번호를 매긴 본문 쪽(페이지) 아래에 각주 내용이 놓인다. 각주번호의 종류나 내용을 배열하는 방법 등은 [입력]-[주석]-[각주/미주 모양]에서 지정하거나 [입력]-[각주] 아이콘을 이용한다.

① 본문에서 각주를 넣을 낱말 뒤에 커서를 두고 [입력]-[각주] 아이콘을 실행한다.

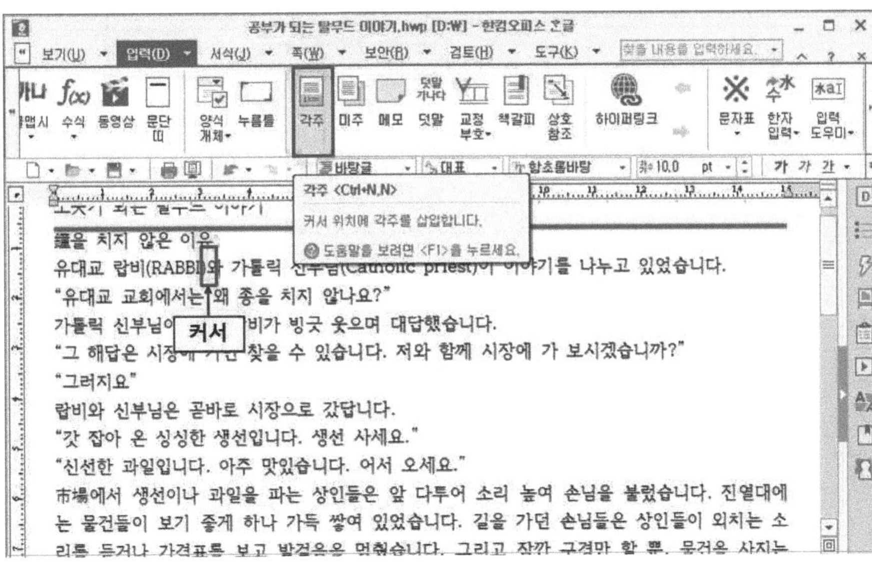

② 커서 위치에 각주 번호가 매겨지고, 각주 내용을 입력할 수 있도록 커서가 쪽 아래로 옮겨진다. 1)과 같이 자동으로 매겨진 각주 번호에 이어서 각주 내용을 입력한다.

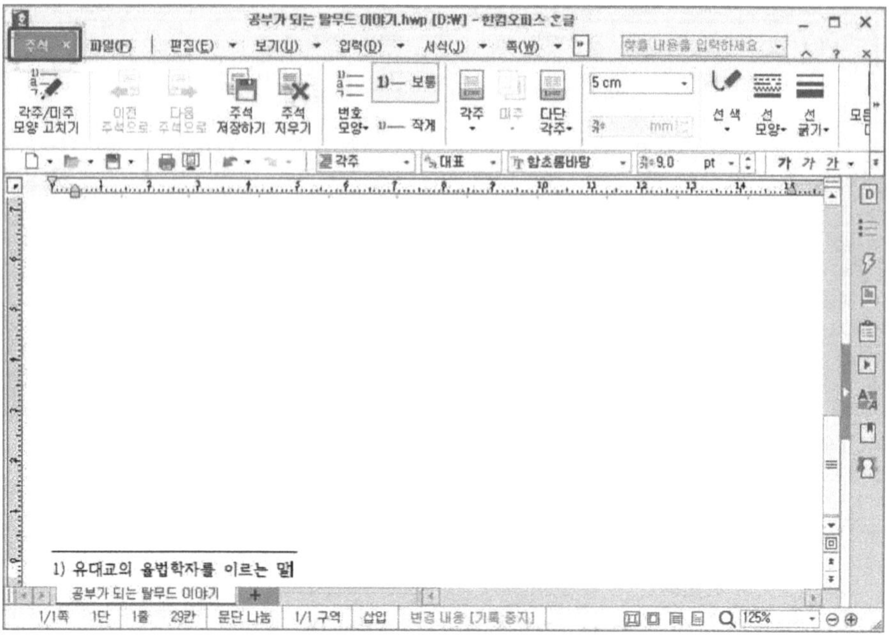

③ 기본 도구상자 앞에 생성된 [주석] 기본 도구상자에서 [닫기] 아이콘을 누르거나 Shift + Esc키를 누르면 각주를 입력한 본문으로 돌아간다.

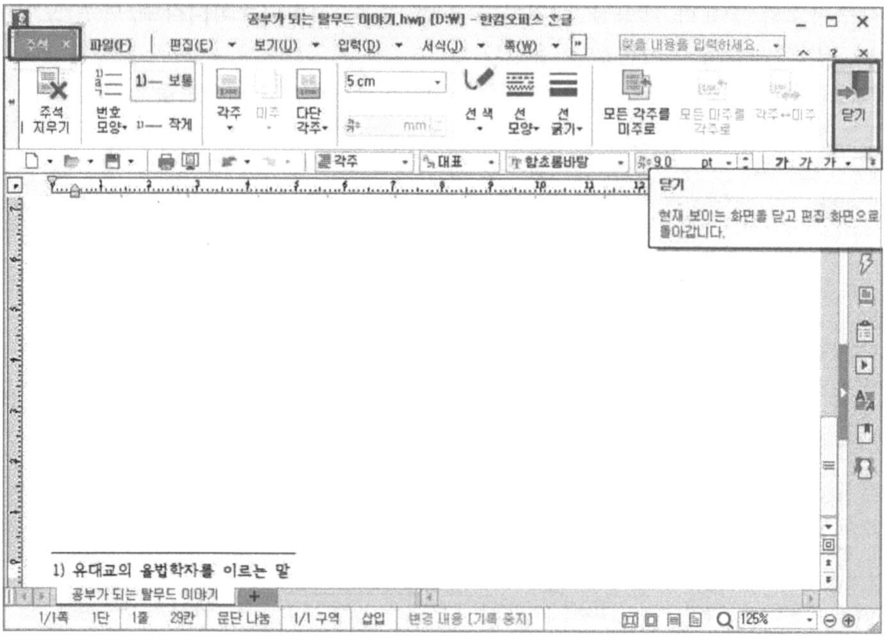

(1) 각주 내용 고치기

① 본문에서 각주 번호 위로 마우스 포인터를 가져가 마우스 포인터 모양이 각주가 있는 곳임을 표시하는 것으로 바뀔 때, 마우스 왼쪽 단추를 더블 클릭하거나 각주 번호 바로 앞에 커서를 놓고 [편집]-[고치기]를 실행한다.

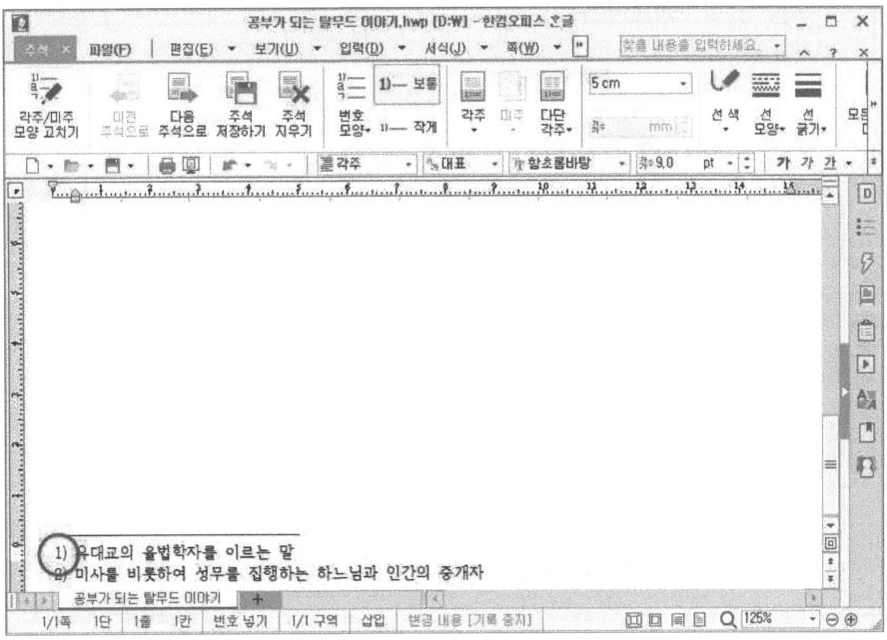

② 각주 내용에서 고치고자 하는 부분을 마우스로 누른다.

③ 여러 개의 각주가 있을 때는 [주석] 도구 상자에서 “이전 주석”, “다음 주석” 아이콘을 눌러 다른 번호의 각주 내용을 고칠 수도 있다.

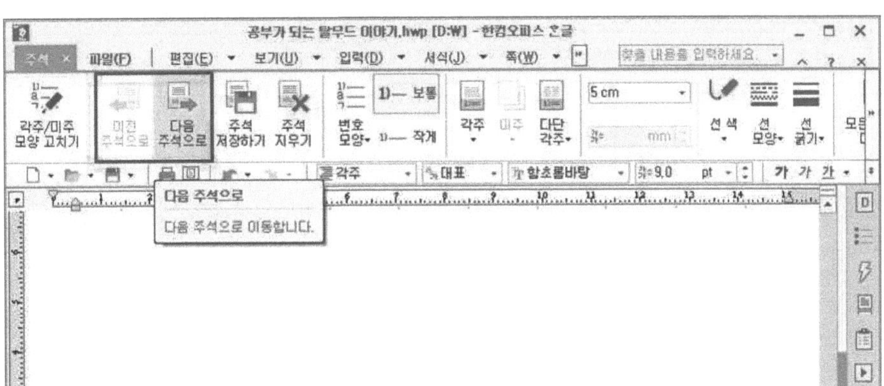

(2) 각주 번호

본문에 각주를 만들어 넣으면 각주 번호는 본문에서 각주가 있는 위치에 따라 자동으로 매겨진다. 각주 번호와 모양은 [주석]-[각주/미주 모양 고치기]에서 바꿀 수 있다.

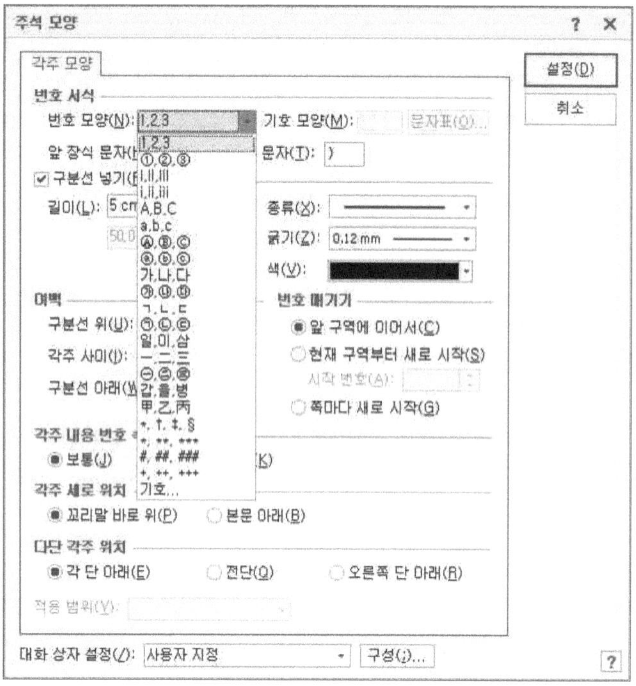

6.10 미주(Ctrl+N,E)

본문 내용에 대한 보충 자료를 구체적으로 제시하거나, 인용한 자료의 출처 등을 밝히는 주석을 그 장이나 문서 전체의 맨 뒷부분에 만드는 기능이다.

미주 입력하는 방법은 다음과 같이 실행한다.

① 본문에서 미주를 넣을 낱말 뒤에 커서를 두고 [입력]-[미주] 아아콘을 클릭한다.

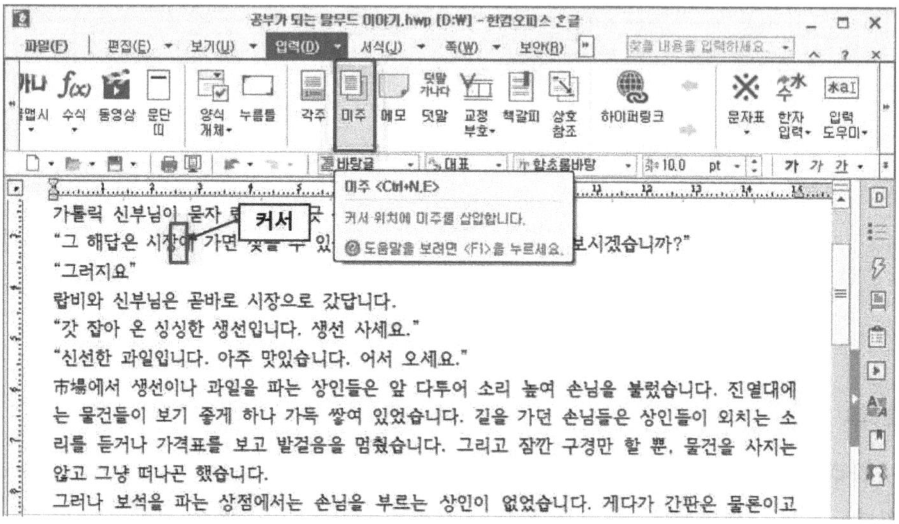

② 커서 위치에 미주 번호가 매겨지고 미주 내용을 입력하도록 커서가 문서의 끝으로 옮겨진다. 1)과 같이 자동으로 매겨진 미주 번호에 이어서 미주 내용을 입력한다.

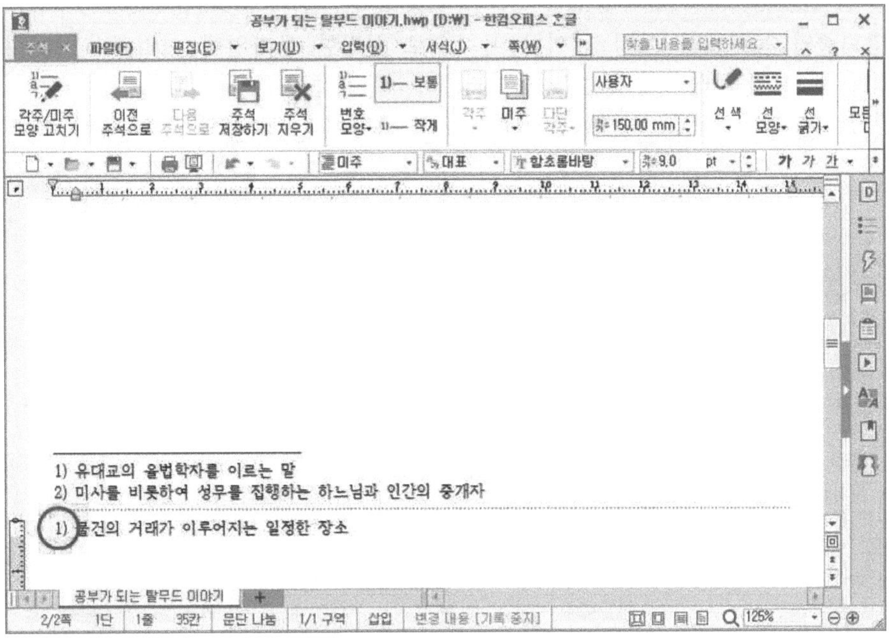

③ [주석] 도구 상자에서 [닫기] 아이콘을 누르거나 Shift + Esc 키를 누르면 미주를 입력한 본문 위치로 돌아온다.

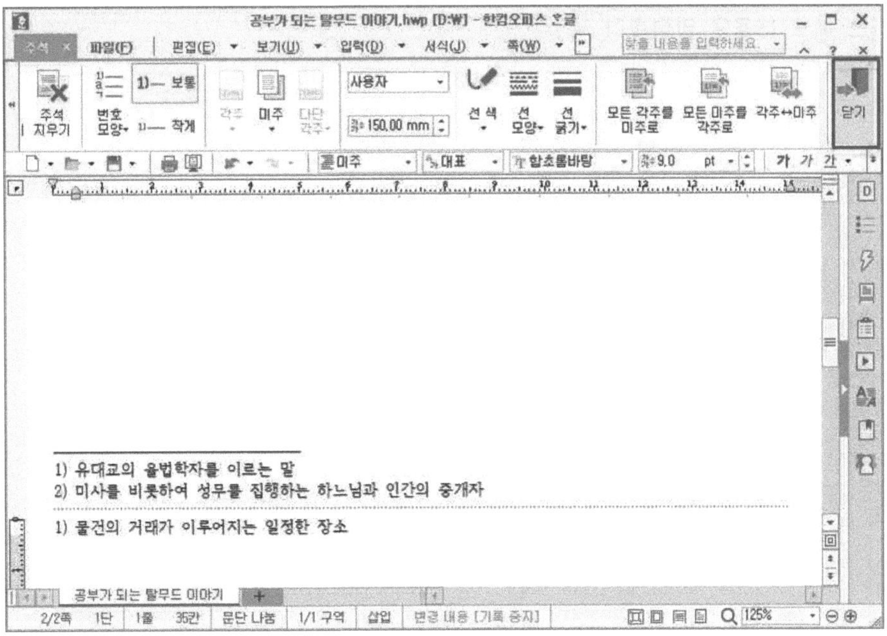

6.11 메모

현재 입력중인 문서에서 특정 단어나 블록으로 설정한 문자열에 기억해야 할 내용을 간단히 적어 메모 입력 상자에 넣는 기능이다.

① [입력]-[메모] 아이콘을 실행하면 편집 용지를 기준으로 아래쪽에 메모 입력 상자가 실행된다.

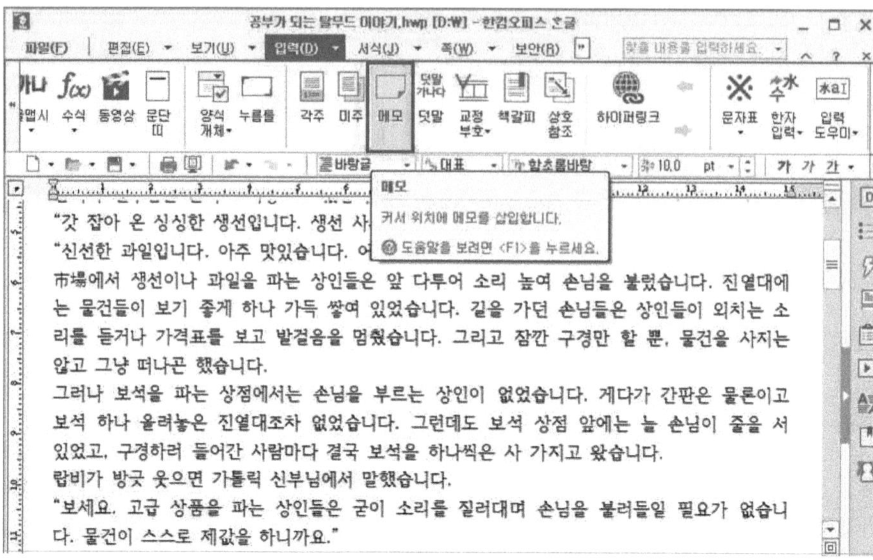

② 원하는 메모 내용을 입력한다.

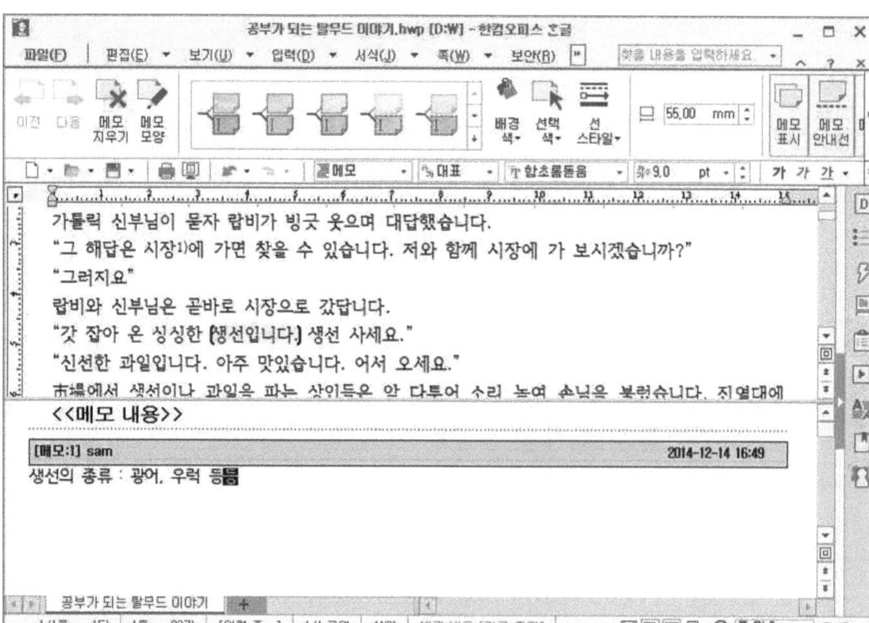

③ [메모]-[메모 모양] 아이콘을 실행하면 메모 입력 상자의 크기, 색상, 테두리 서식, 테두리 굵기, 테두리 색상을 설정할 수 있다.

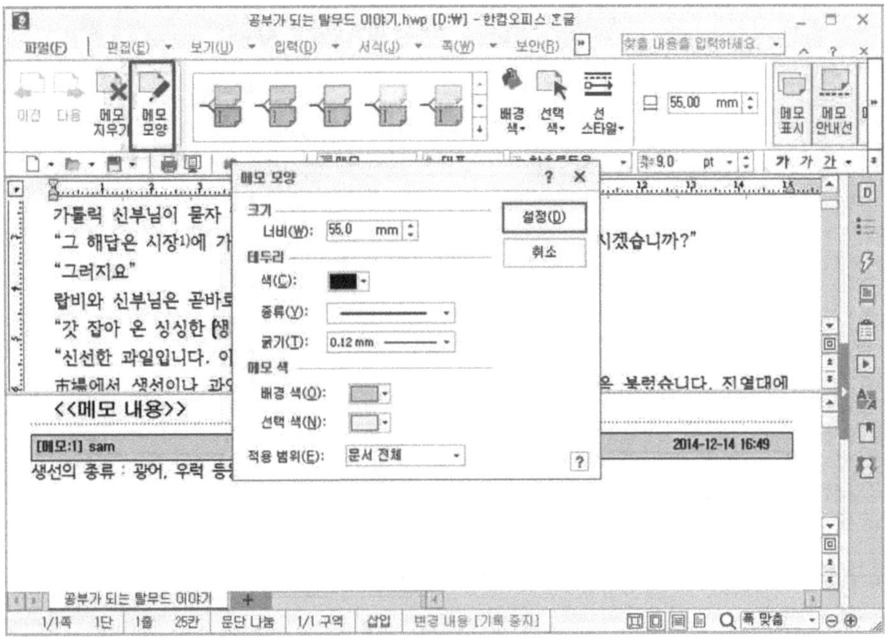

Part 2

④ 메모 넣기기 완료되면 "본문"과 "메모 내용"이 모두 나타난다.

"메모 내용"이 있으면 작업에 불편하므로 [메모]-[메모 내용 보기] 설정을 해제하면 "메모 내용"이 없어지고 "메모"가 있는 곳은 마우스 포인터를 글자위로 이동하면 아래 그림과 같은 메모 내용이 풍선 도움말 형식으로 표시된다.

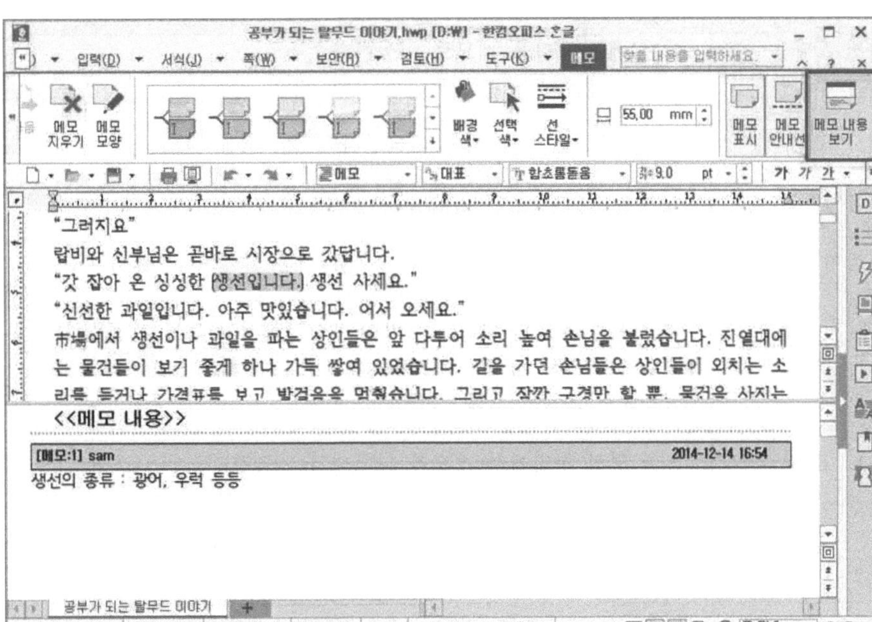

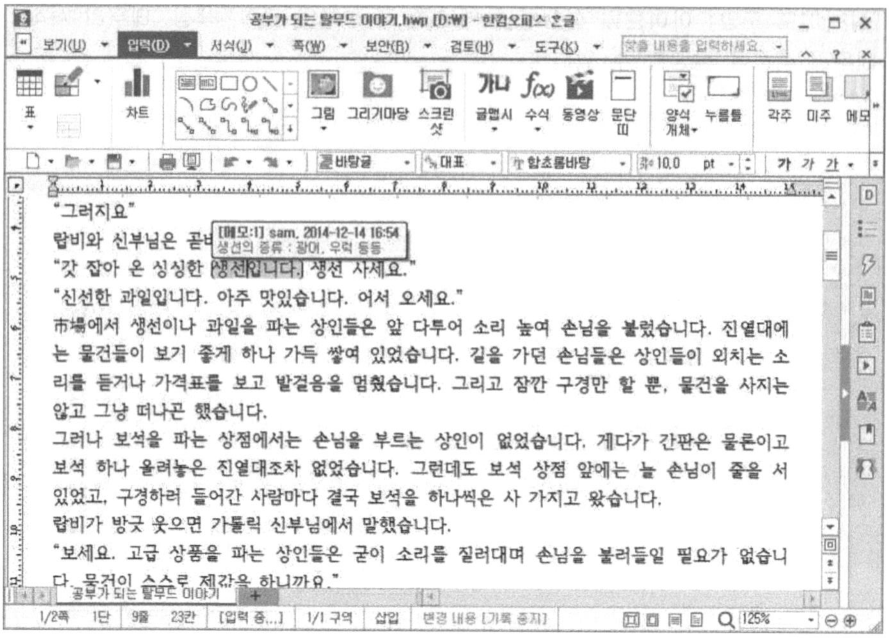

메모 도구상자의 각 아이콘에 대한 설명은 다음과 같다.

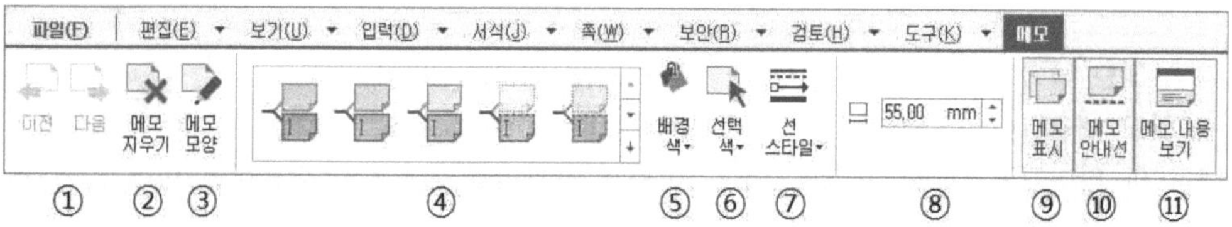

① 이전 / 다음	이전 메모 / 다음 메모로 이동한다.
② 메모 지우기	선택한 메모를 지운다.
③ 메모 모양	[메모 모양] 대화상자가 나타난다. 크기, 색상 메모 색을 설정한다.
④ 스타일	다양한 배경 색, 선택 색, 선 색, 선 종류, 선 굵기 효과가 조합된 메모 스타일 이미지 꾸러미를 제공한다.
⑤ 배경색	메모의 배경색을 지정할 수 있도록 색상 팔레트가 나타난다.
⑥ 선택 색	메모와 메모 글상자를 선택했을 때 나타나는 [선택 색]을 설정한다. 색상 표를 누르면 나타나는 색상 팔레트에서 원하는 색상을 고른다.
⑦ 선 스타일	메모에 적용할 선색, 선 종류 또는 선의 굵기를 선택한다.
⑧ 너비	선택한 메모의 너비를 지정한다.
⑨ 메모 표시	훈글 편집 화면에서 메모를 나타내거나 숨긴다.
⑩ 메모 안내선	훈글 편집 화면에서 메모 안내선을 나타내거나 숨긴다.
⑪ 메모 내용 보기	훈글 편집 화면 하단에 별도의 창을 열어 메모 내용을 나타내거나 숨긴다..

가. 메모 넣기

특정 단어에 사용자가 추가 내용을 잊지 않도록 요점을 간단히 적어 메모 입력 상자에 넣는 기능이다. 현재 커서가 놓여 있는 위치에서 [메모 넣기]를 실행하면 커서 위치의 단어에 메모를 넣을 수 있다. 만약, 여러 개의 단어를 하나의 메모로 만들고 싶다면 블록을 설정한 다음 메모 넣기를 실행하면 된다.

나. 메모 지우기

메모 입력 상자에 여러 개의 메모가 입력되어 있는 경우 필요하지 않은 메모만 지우려면 입력상자내의 지우려는 메모내용 위치에서 이 기능을 선택한다. 본문에서는 이 기능이 비활성 되어 있으므로 지우기가 불가능하다.

다. 메모 서식

메모 입력 상자의 너비, 메모 안내선, 메모 입력 상자의 테두리 색, 테두리 종류, 테두리 굵기, 메모 입력 상자의 배경색과 선택 색을 설정할 수 있다. [적용 범위]를 “문서 전체”가 아닌 “새 구역으로”를 선택하면 구역마다 메모 서식을 다르게 설정할 수 있다.

라. 메모 표시

본문에 포함되어 있는 [메모]를 보이거나 감춘다. 메모가 들어 있는 문서를 불러오면 [메모 표시]는 처음 값으로 선택되어 있다. 화면에서 메모 확인이 필요하지 않은 경우 [메모 표시]의 선택을 해제하면 메모를 제외하고 문서 내용을 보여준다.

마. 메모 안내선 표시

메모와 메모 입력 상자를 연결하는 안내선을 보이거나 감춘다. 메모를 입력하면 메모와 메모 입력 상자 사이에 연결선이 만들어지는데 이 연결선이 필요하지 않은 경우 메모 안내선 표시를 해제한다.

바. 메모 내용 보기

메모가 입력되어 있는 문서를 불러온 다음, 내용만 확인하고 싶다면 [메모 내용 보기]를 이용하거나, [보기]-[메모]-[메모 내용보기]를 실행하면 메모의 내용만 편집 문서 아래쪽에 새롭게 창을 열어 보여준다.

6.12 책갈피(Ctrl+K,B)

책갈피(bookmark)는 책의 중간 중간에 갈피를 꽂아 두고 필요할 때마다 들쳐보면 편리하듯이 긴 문서를 편집할 때, 문서의 중간에 표시(bookmark)를 해 두고 그 위치를 찾는 기능이다.

책갈피 기능을 사용하기 위해서는 책갈피 만들기를 수행해야 한다.

① 책갈피를 지정할 곳에 커서를 위치시키고 [입력]-[책갈피] 아이콘을 클릭한다.

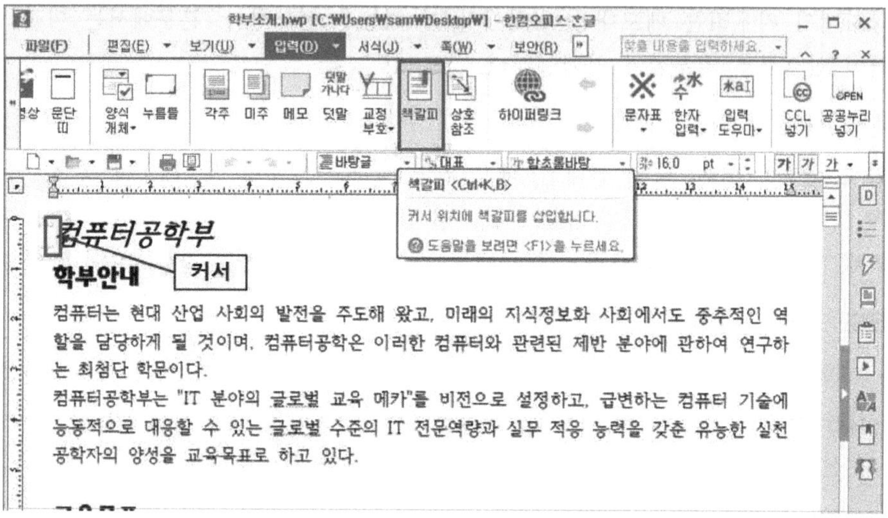

② [책갈피] 대화상자에서 "책갈피 이름"을 달아 주는 입력 상자에 적당한 이름을 입력하고 [넣기] 버튼을 누른다.

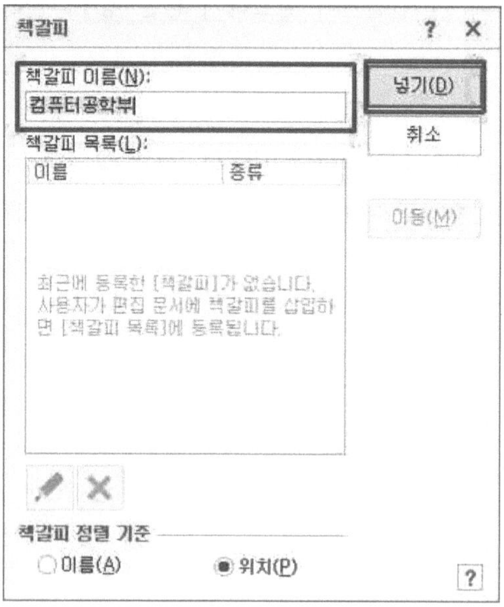

③ [입력]-[책갈피]를 실행하면 [책갈피] 대화상자의 [책갈피 목록(L)]에 그 이름이 등록되어 있다. [이동]을 클릭하면 선택한 책갈피 목록으로 이동한다.

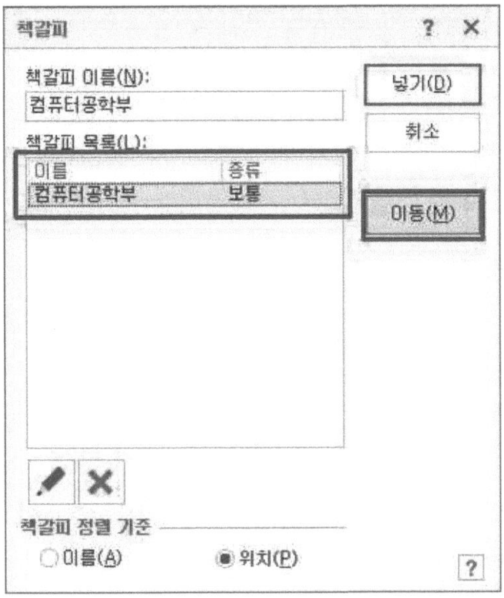

6.13 문자표(Ctrl+F10)

글자판을 통해 직접 입력할 수 없는 기호나 입력하기 불편한 각종 문자들을 사용자가 직접 선택하여 입력한다.

(1) 문자 입력

① [입력]-[문자표▼]-[문자표...]를 클릭한다.

② [유니코드 문자표]를 선택한 다음, "문자 영역" 목록에서 여러 가지 기호를 선택한다.

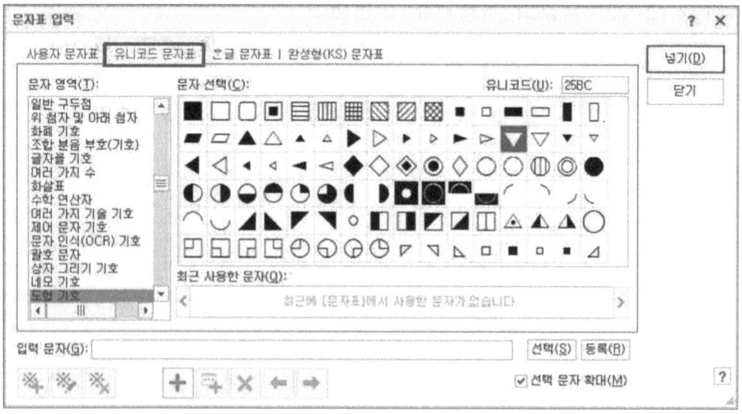

③ "문자 선택" 목록에서 ■ 을 선택한 다음 [넣기]를 누른다.

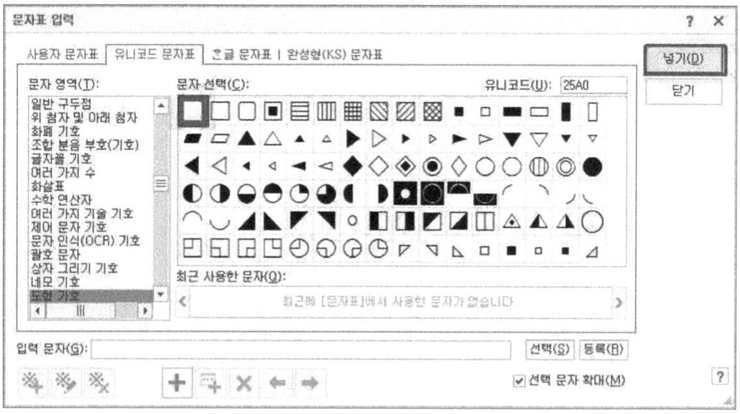

④ 편집 화면의 현재 커서 위치에 "■"이 입력된다.

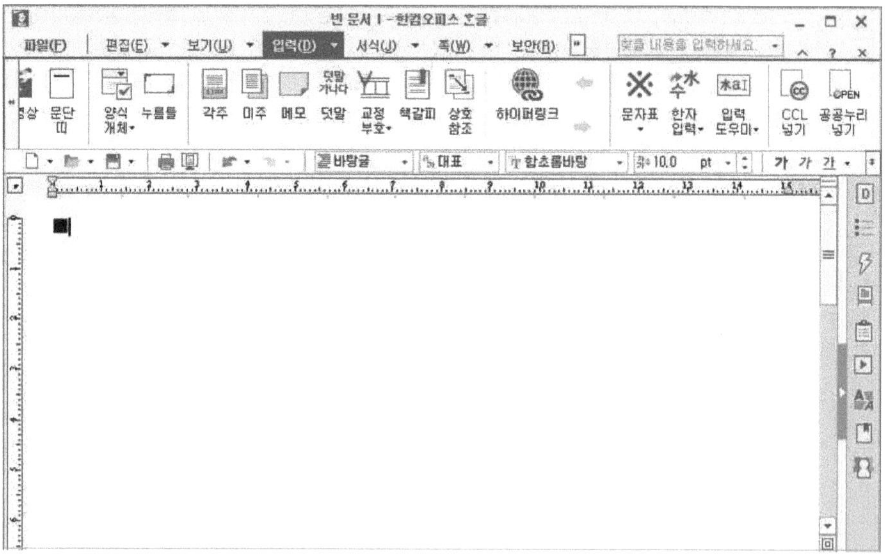

(2) 여러 문자 입력하기

여러 가지 문자를 한꺼번에 입력할 수 있다.

① "문자 선택" 화면에서 원하는 문자를 선택한 다음 [더블클릭], [선택(S)] 단추를 누르거나 Space Bar 키를 눌러 입력 문자에 원하는 문자들을 모은 다음 [넣기(D)] 단추를 누른다.

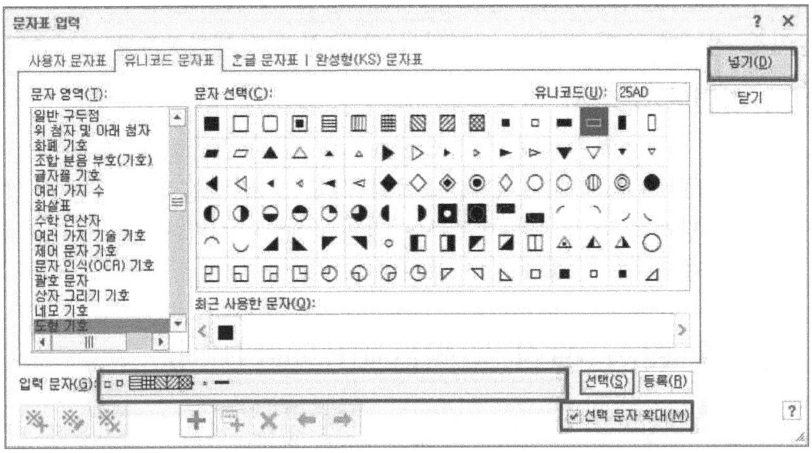

■ 문자 선택 : 마우스나 글자판의 화살표 키와 Space Bar 키로 원하는 문자를 선택한다.

■ 선택 문자 확대 : 마우스나 글자판으로 선택한 문자가 가로, 세로 2배 확대되어 보인다.

② 입력 문자에 선택되어 있는 문자들이 한꺼번에 커서 위치에 입력된다.

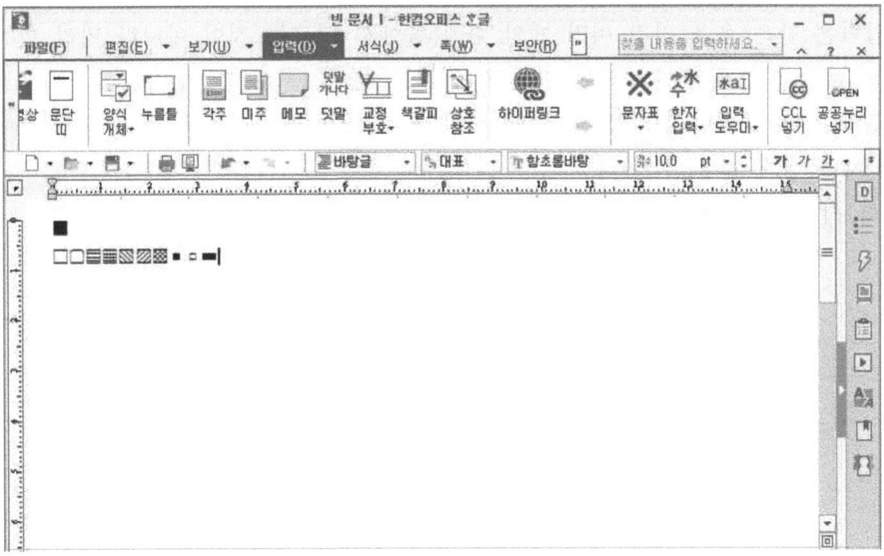

(3) 다른 대화상자에서 입력(Ctrl+F10)

기호를 입력하는 것은 본문편집 상태뿐 아니라 일부 기능의 대화상자 입력창에도 필요하다. 편집 메뉴와 찾기와 찾아 바꾸기에서 기호를 입력하려면 문자열 입력 상자 안에 커서를 두고 Ctrl + F10 키를 누르거나 마우스 오른쪽 단추를 눌러 나타나는 빠른 메뉴에서 문자표를 실행할 수 있다.

(4) 글자 모양

문자표에서 선택한 문자가 편집 화면에 입력될 때는 커서가 있던 자리의 글자크기와 속성을 그대로 따른다.

(5) 최근 문자 기억

문자표에서는 가장 최근에 쓰인 문자가 선택되어 있는 상태로 대화상자를 보여준다.

(6) 문자 선택 화면에서 커서 이동

문자 선택 화면에서는 마우스를 사용하거나 화살표 키(←, →, ↑, ↓)로 원하는 문자를 선택한다. PgUp 키나 PgDn 키를 누르면 현재 문자 영역의 목록 상자 내용에서 화면을 넘기거나 다음 문장 영역에 해당하는 문자 목록으로 넘어간다. Ctrl + ↑키나 Ctrl + ↓키를 누르면 다음 문자 영역에 해당하는 문자 목록을 보여준다.

6.14 한자 새김 입력(Ctrl+Shift+F9)

한자를 입력하는 경우 키보드를 이용해서는 입력할 수 없다. 한글로 한자음을 입력한 다음, 한자로 전환할 수 있다. 음을 모르는 한자는 한자 자전을 통해서 음을 알아야 문서에 입력할 수 있다. "한자로 바꾸기"와 "한자 단어 등록"하기는 앞 절에서 설명하였고 본 절에서는 한자 새김 입력에 대해 설명한다.

한자 입력은 같은 음을 가진 여러 개의 한자 중에서 고르는 것이 아니라 미리 한 가지로 정해둔 뜻과 음을 통해 입력하는 방법이다.

한자 뜻과 음은 알지만 한자를 모를 때 한자 새김 입력 대화상자에 뜻과 음을 붙여 입력하면 한자를 쉽게 찾을 수 있다.

① [입력]-[한자 입력▼]-[한자 새김 입력]을 실행한다.

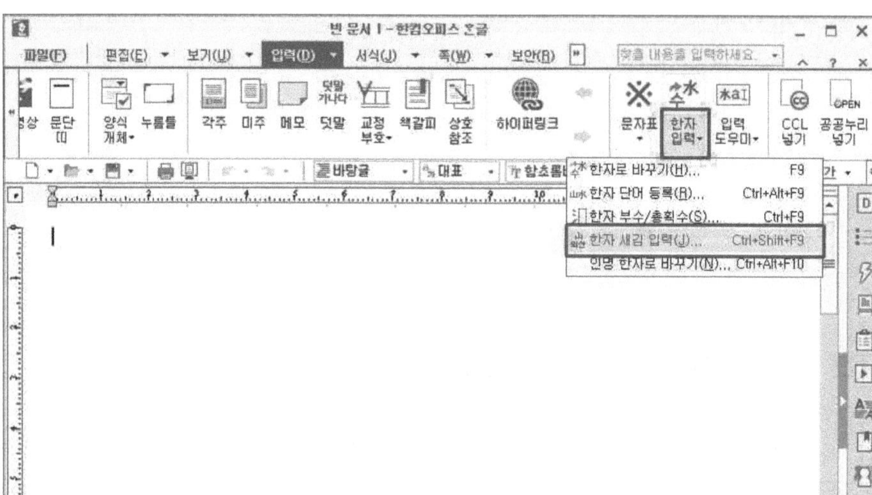

② [뜻과 음] 입력 상자에 뜻과 음을 붙여 "하늘천"를 입력하고 [넣기] 단추를 누른다.

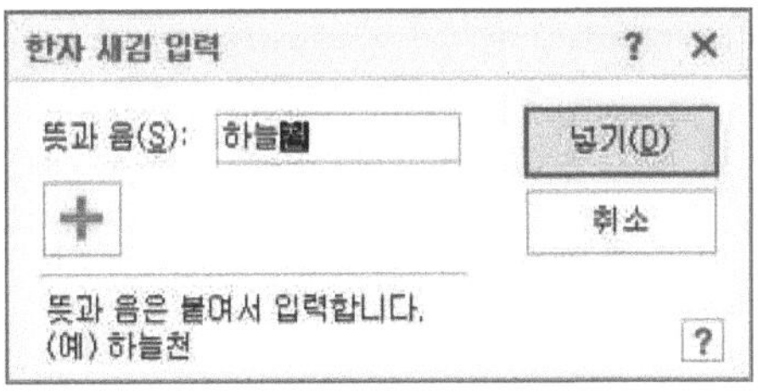

③ 편집 화면에 "하늘천"에 해당하는 한자가 입력된다.

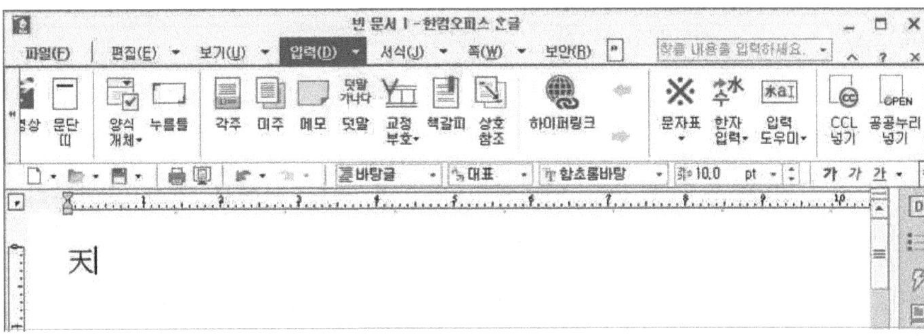

6.15 입력도우미

[외래어 표기], [로마자로 바꾸기], [글자 겹치기], [주소 찾기]와 같은 다양한 입력 도우미 기능을 이용하여 주소, 외래어, 로마자를 간편하게 입력할 수 있다.

6.15.1 외래어 표기

외래어 표기/검색 기능은 원어에 해당하는 올바른 외래어 표기를 검색하거나 특정 외래어에 해당하는 원어를 검색할 때 사용한다.

① [입력]-[입력 도우미▼]-[외래어 표기]를 실행한다.

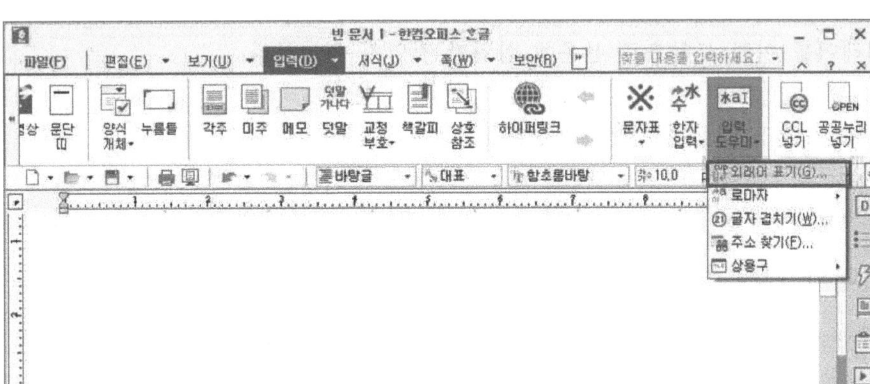

② [외래어 표기] 대화상자가 나타난다.

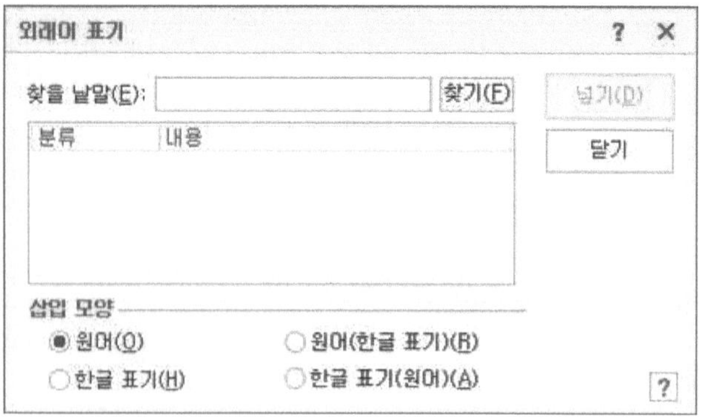

(1) 찾을 낱말

외래어의 영어 사전 발음을 한글로 입력하고 찾으면 해당 원어를 찾아 보여준다. 원어를 입력하고 찾으면 해당 원어의 영어 사전 발음을 찾아 보여준다.

예를 들어, [찾을 낱말]에 “코리아”를 입력하고 찾으면 “Korea, Corea"를 찾아주고, [찾을 낱말]에 ″Korea"를 입력하고 찾으면 "코리아“를 찾아준다.

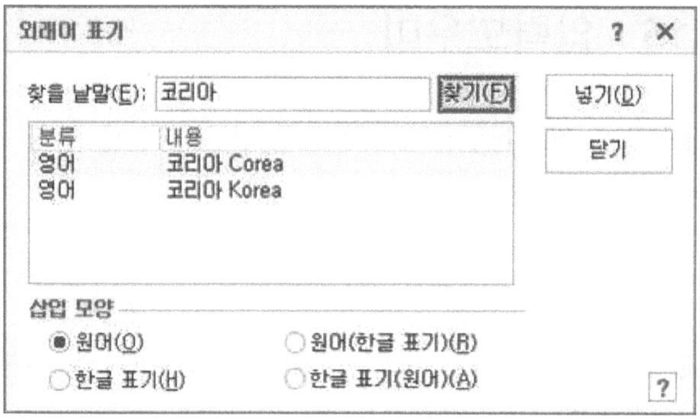

(2) 삽입 모양

찾은 외래어를 어떤 모양으로 본문에 삽입할 것인지 지정한다.

- 원어 : 원어만 삽입한다.
- 한글 표기 : 찾은 낱말의 한글 발음만 삽입한다.
- 원어(한글 표기) : 원어 뒤에 한글 발음을 괄호 안에 넣은 모양으로 삽입한다.
- 한글 표기(원어) : 한글 발음 뒤에 원어를 괄호 안에 넣은 모양으로 삽입한다.

(3) 영어와 한자어만 검색

[외래어 표기]는 영어 사전 발음을 기준으로 한 영어 외래어만 변환하며, 한자(漢字)에 대한 일본어와 중국어 표기만을 찾아준다.

가. 커서 위치의 낱말 찾기

찾고자 하는 대상을 입력하고 [외래어 표기]를 실행하면 커서 위치의 낱말을 곧바로 찾아준다. 또는 찾고자 하는 대상을 블록으로 설정한 상태에서 실행하면 블록으로 설정한 내용을 곧바로 찾아준다.

나. 외래어 표기법

"외래어 표기법"은 외래어를 한글로 표기하는 방법으로 현행 표기법은 문화체육관광부에서 2014년 12월 5일 개정 고시한 것이다.

- 외래어는 국어의 현용 24 자모만으로 적는다.
- 외래어의 1음운은 원칙적으로 1 기호로 적는다.
- 받침에는 'ㄱ, ㄴ, ㄹ, ㅁ, ㅂ, ㅅ, ㅇ'만을 쓴다.
- 파열음 표기에는 된소리를 쓰지 않는 것을 원칙으로 한다.
- 이미 굳어진 외래어는 관용을 존중하되, 그 범위와 용례는 따로 정한다.
- 고유 명사의 번역이 통용되는 경우 관용을 따른다.

Part 2

6.15.2 로마자로 바꾸기

우리말을 로마자로 표기하는 기능으로, 영문 주소를 입력하거나 사람 이름, 회사 이름 등을 영문으로 표기하는 경우에 편리하게 사용할 수 있다.

① 먼저 편집 화면에 "정구철"을 입력하고 블록을 설정한 다음 [입력]-[입력 도우미▼]-[로마자로 바꾸기]를 지정한다.

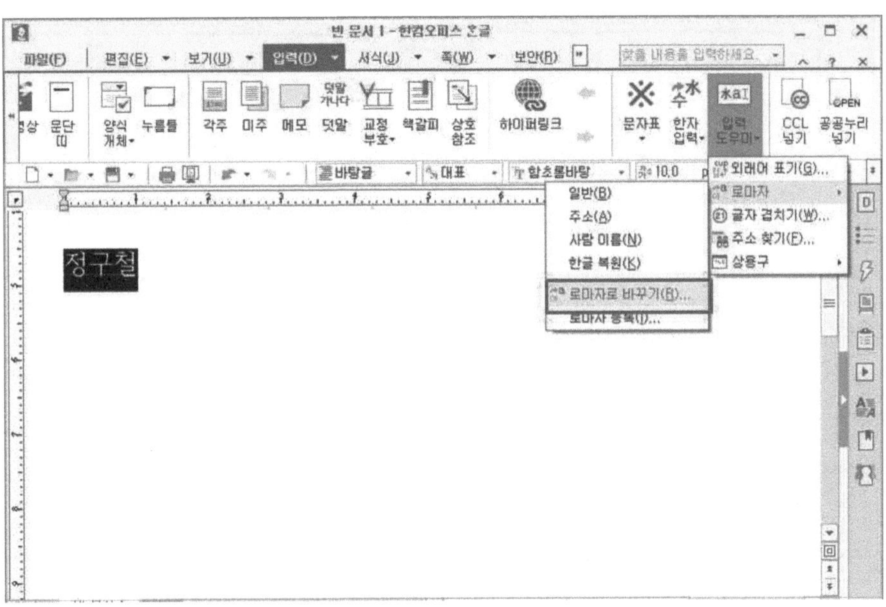

② 다음 변환할 종류를 선택하기 위한 대화상자가 나타나고 "사람 이름"을 지정한 다음 [변환(D)] 단추를 누른다.

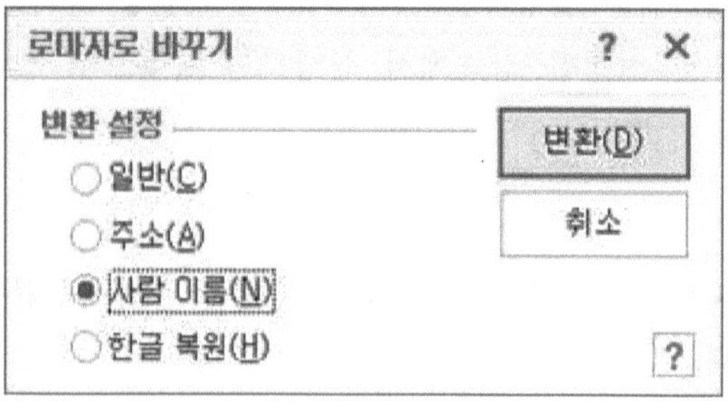

③ "정"자는 다음과 같이 5가지 종류의 로마자가 나타나며, 이 중에서 "Jeong"을 선택한 후 [변환(D)] 단추를 누른다.

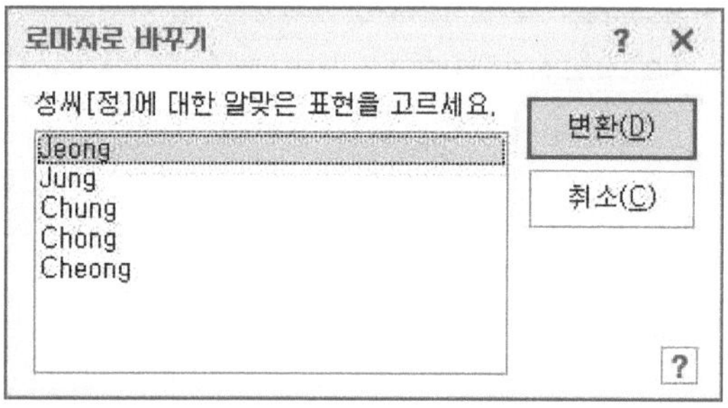

④ "구철" 과 이 표기법이 한 가지 일 경우 자동으로 변환된다. 해당 단어가 로마자로 표시되어 나타난다.

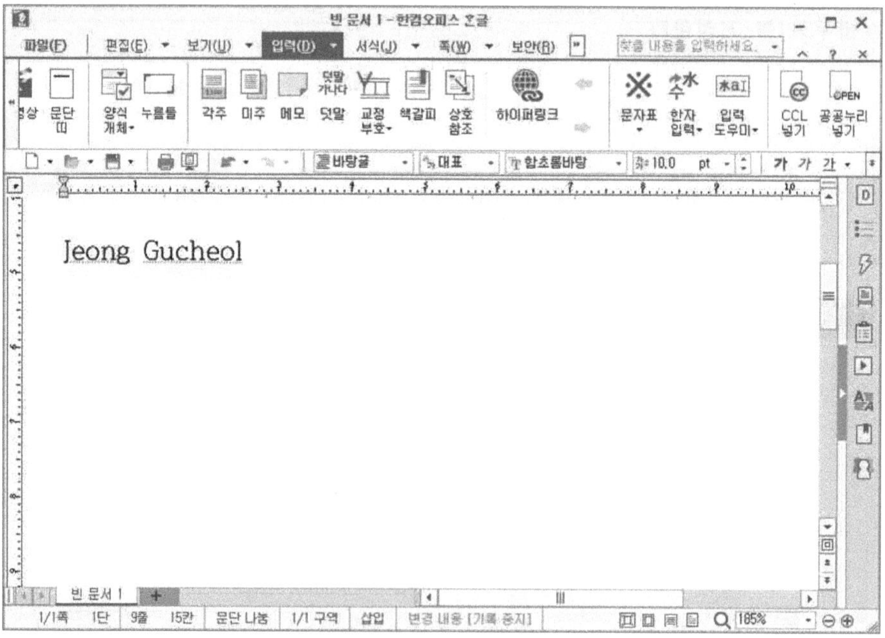

특정한 단어를 로마자로 등록하여 사용하기 위해 [입력]-[입력 도우미▼]-[로마자 등록]을 실행하면 다음과 같이 [로마자 등록] 대화상자가 나타난다.

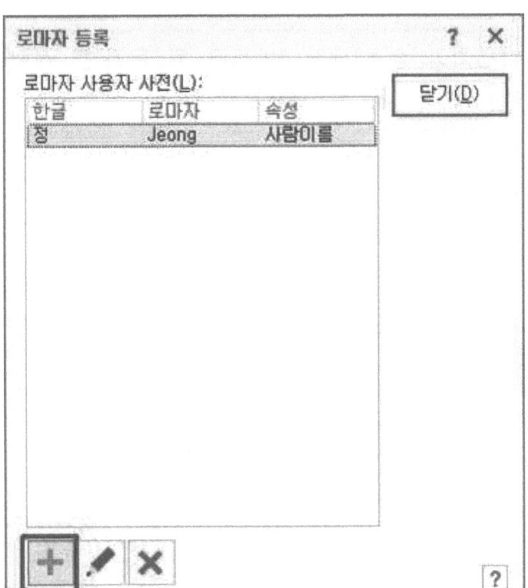

이때 로마자 추가하기 단추(+)를 눌러 나타나는 다음의 화면에서 한글 낱말과 로마자 표기를 입력하고 [추가] 단추를 누르면 해당 단어가 목록 화면에 나타나고, 다음 로마자 변환 시 적용되어 나타난다.

6.15.3 글자 겹치기

흔글에서 사용하는 문자가 아닌 경우 두세 글자 정도 겹쳐 씀으로써 새로운 모양의 글자를 만들 수 있다. 글자 겹침 기능을 이용하면 일반 글자판으로 입력할 수 없는 원문자나 사각형 문자를 입력할 수 있다.

① [입력]-[입력 도우미▼]-[글자 겹치기]를 실행한다.

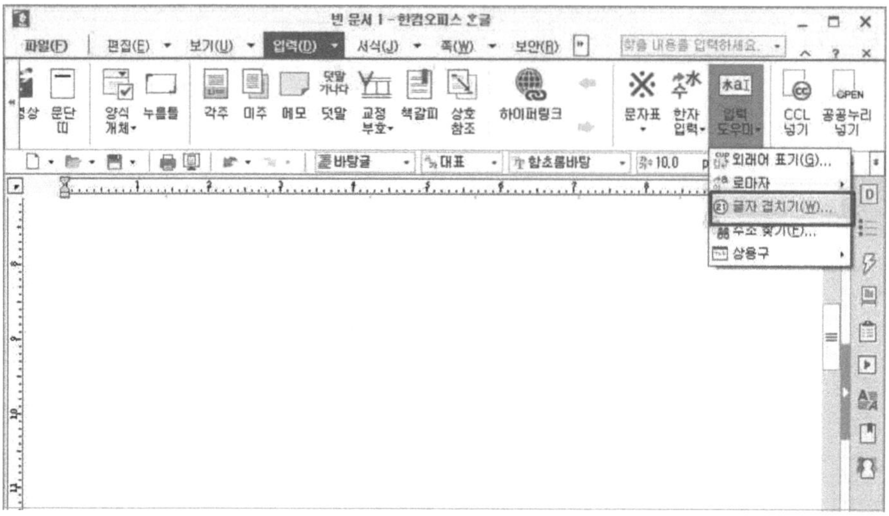

② [글자 겹치기] 대화상자가 나타나면 [겹치기 종류]에서 "반전된 원 문자"을 선택한다. [겹쳐 쓸 글자] 입력 상자에 "123"을 입력하고 [넣기(D)] 단추를 누른다.

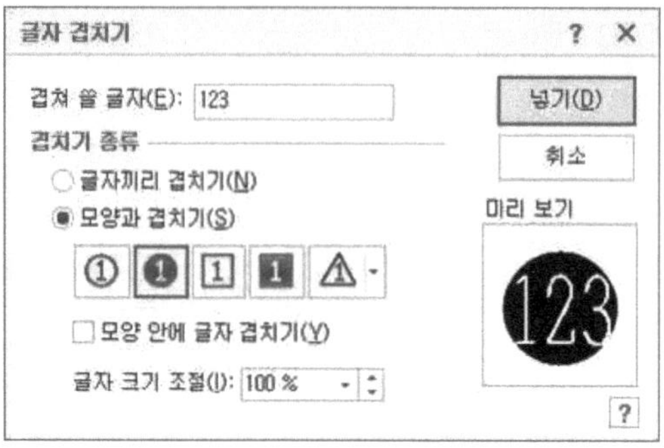

③ 아래 그림과 같이 입력된다.

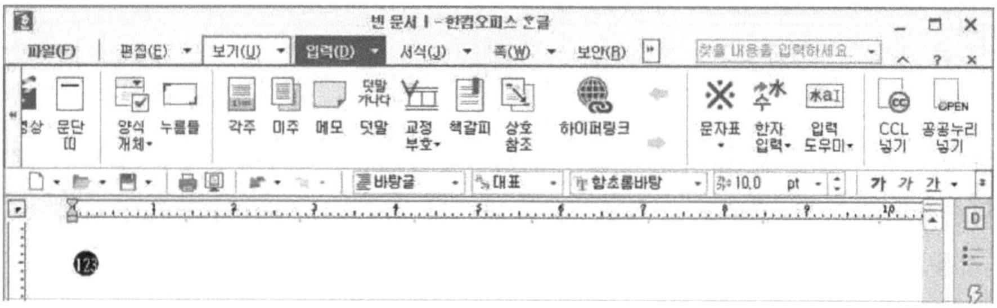

6.15.4 주소 찾기

원하는 주소와 우편 번호를 빠르게 찾을 수 있으며, 또한 찾은 주소를 로마자로 변환하여 본문에 삽입할 수 있다.

주소 찾기 순서는 다음과 같다.

① [입력]-[입력 도우미]-[주소 찾기]를 실행하면 [주소 찾기] 대화상자가 나타난다.

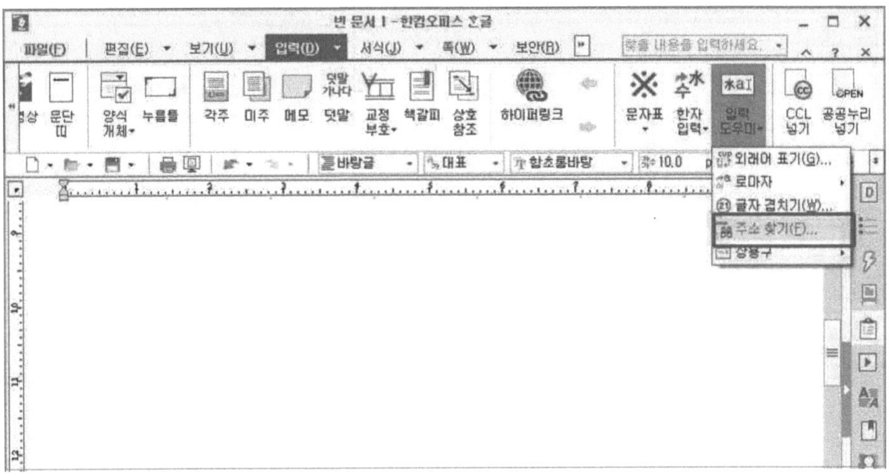

② "병천면"을 입력하고 [찾기(F)] 단추를 누르면 모든 검색 결과가 화면에 나타난다.

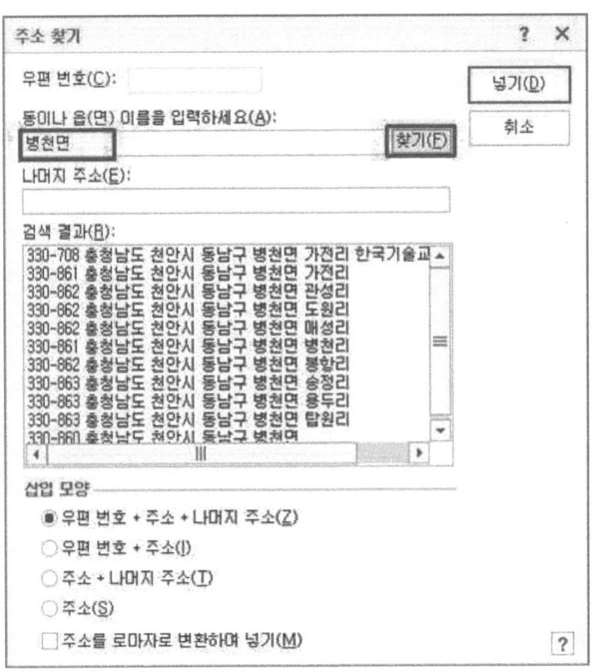

③ [검색 결과]의 첫 번째 주소를 클릭 후, 나머지 주소란에 “공학4관”을 입력하고, [삽입 모양]에서 "우편번호+주소+나머지 주소"를 선택, [넣기(D)]단추를 누르면 해당 내용이 현재 커서 위치에 나타난다.

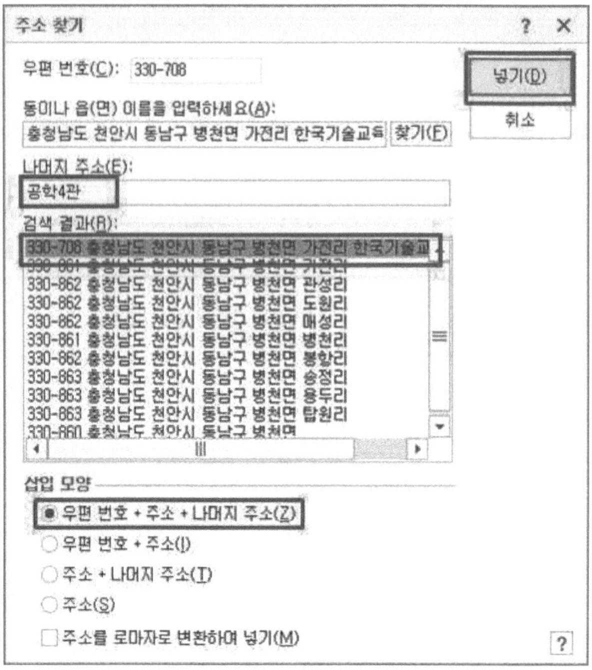

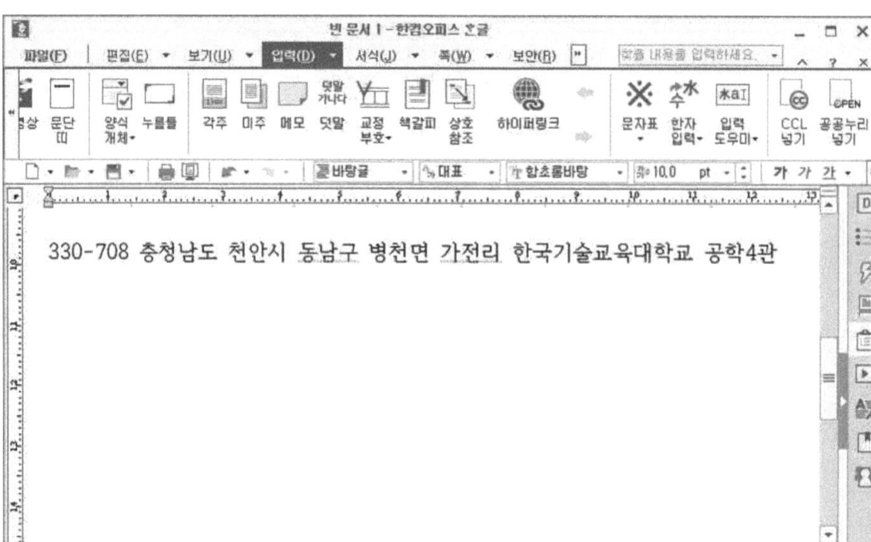

블록을 설정한 상태에서 실행할 수 있으며 [주소 찾기]는 찾고자 하는 동이나 읍/면을 블록으로 설정한 상태에서 실행하면 블록으로 설정한 내용을 곧바로 주소 찾기 대화상자에 해당 주소를 담아서 나타내어 준다.

6.16 상용구

문서를 작성할 때 특별히 자주 입력해야 하는 단어나 특수 문자가 있다. 똑같은 문자열을 매번 입력해야 한다는 것은 매우 힘들고 번거로우며, 오타가 날 수도 있는 부담이 있다. 이러한 때에 자주 쓰이는 문자열을 등록시켜 놓고 간단히 키 동작만으로 그 문자열을 입력시켜 주는 것을 상용구라고 한다.

6.16.1 상용구 등록하기(Ctrl+F3)

① [입력]-[입력 도우미▼]-[상용구]-[상용구 내용]을 선택한다.

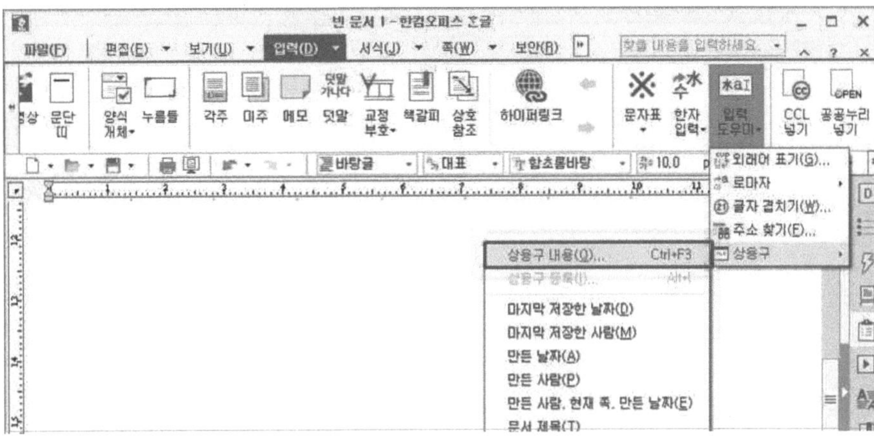

② ✚를 클릭하여 상용구 추가하기를 실행한다.

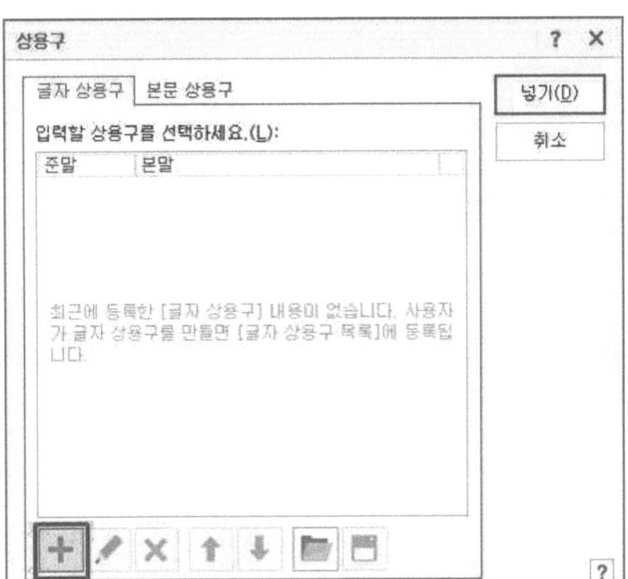

③ [준말]에 "한", 본말에 "한국기술교육대학교"를 입력하고 [설정(D)] 버튼을 클릭한다.

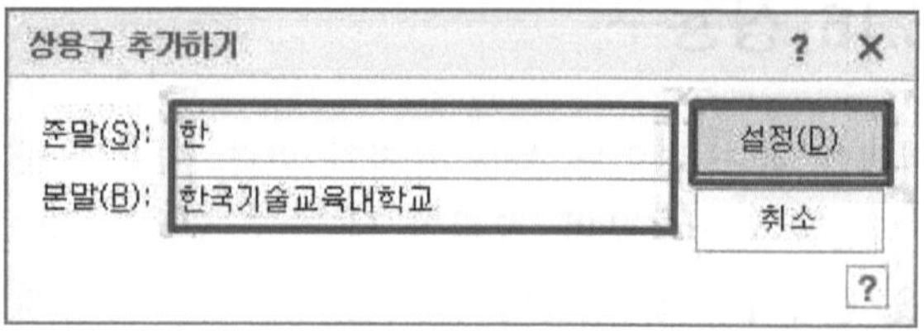

④ [상용구] 대화상자에서 [넣기(D)]를 버튼을 클릭한다.

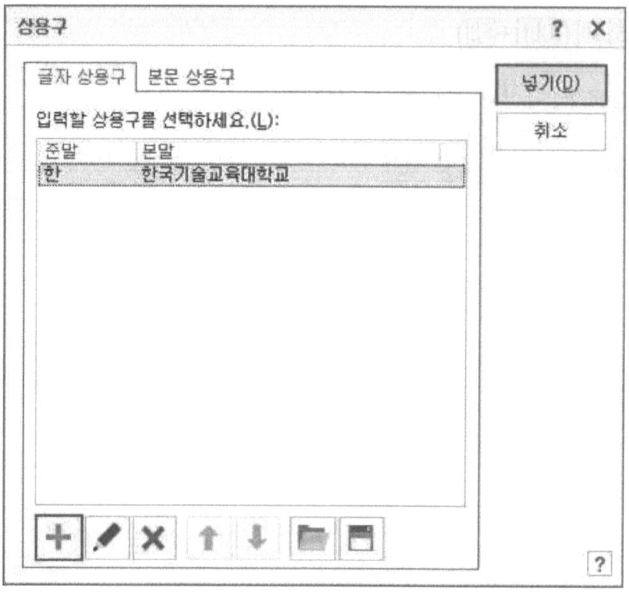

⑤ 본문의 커서 부분에 본말이 입력된다.

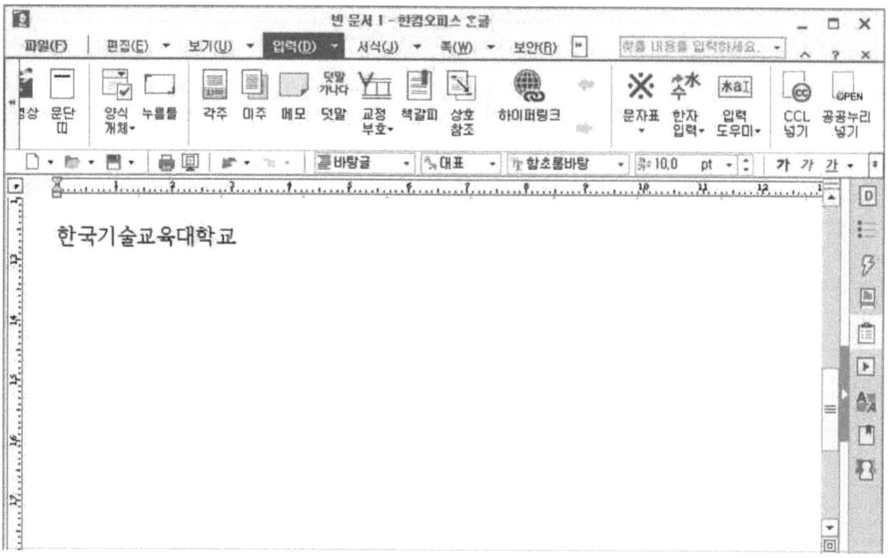

6.16.2 상용구 실행(Alt+I)

상용구는 준말, 본말, 연결파일의 구조로 이루어져 있다.

▸준말 : 단축키로 상용구를 실행할 때 처음에 입력하는 문자

▸본말 : 실제로 상용구가 실행되어 입력될 문자

▸연결파일 : 상용구 내용이 가지고 있는 글자 모양이 있거나, 그림, 표가 있는가 여부를 표시하여 준다.

■ 상용구를 만들고 편집화면에서 '한'을 입력하고 Alt+I키를 누르면 '한'이 "한국기술교육대학교"로 치환된다.

① 상용구 수행 전 - "한"만 입력

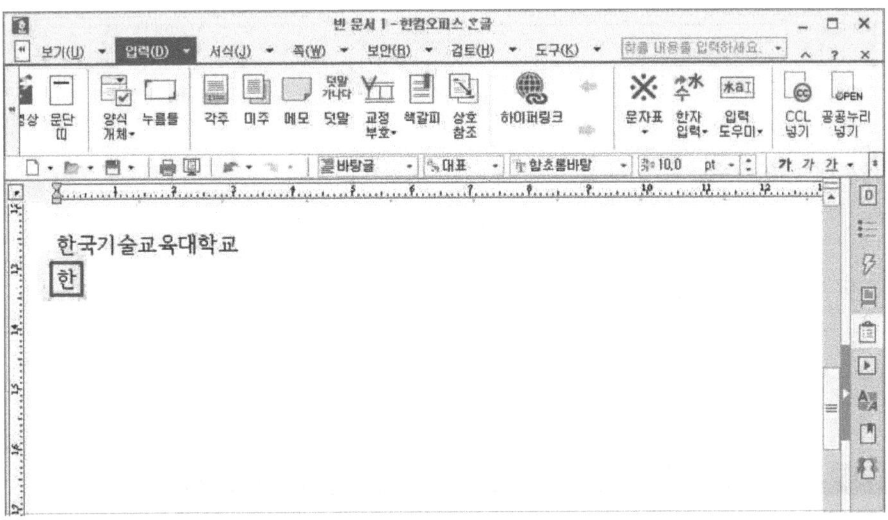

② 상용구 수행 후 - "한" 입력 후 Alt+I키를 누름

6.16.3 상용구 만들기

① 상용구에 입력시킬 글자, 그림, 표 등을 입력한다. 글자 모양까지 적용되게 하려면 글자 모양도 설정한다. 예제의 경우 진하게, 기울임, 글자색(바다색)으로 설정하였다.

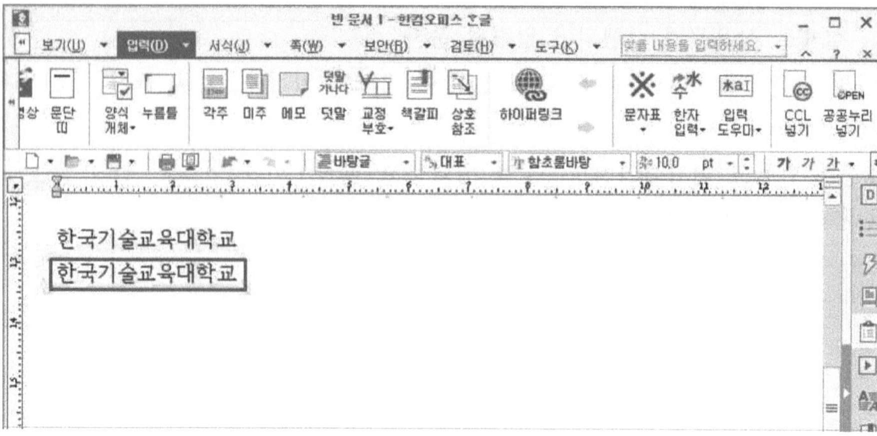

② 입력한 내용을 마우스로 드래그 하여 블록을 설정한다.

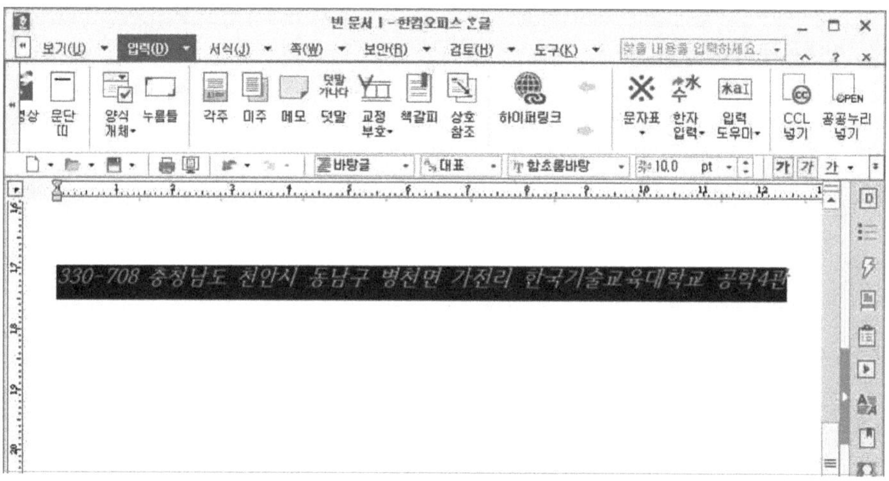

③ 블록이 설정된 상태에서 Alt+I를 누르면, “330-708 충청남도 천안시 동남구 병천면 가전리 한국기술교육대학교 공학4관”은 [설명]에 자동으로 기입되어 설정되므로 [준말]에 ‘천’을 입력하고, [등록] 버튼을 누른다.

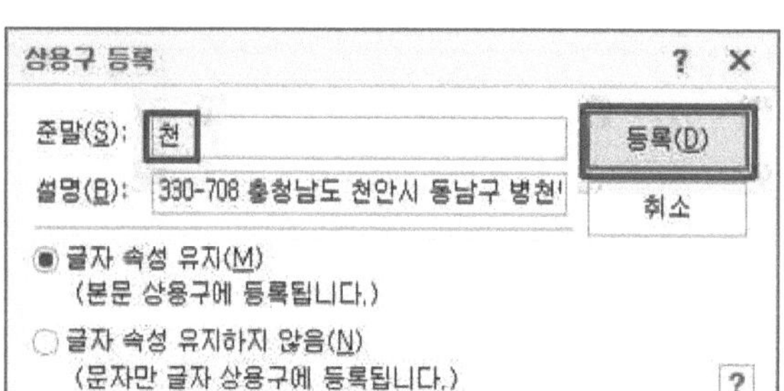

④ [입력]-[입력 도우미▼]-[상용구]-[상용구 내용]을 눌러 상용구 내용을 확인한다. 여기는 [본문 상용구]에 만들어진다.

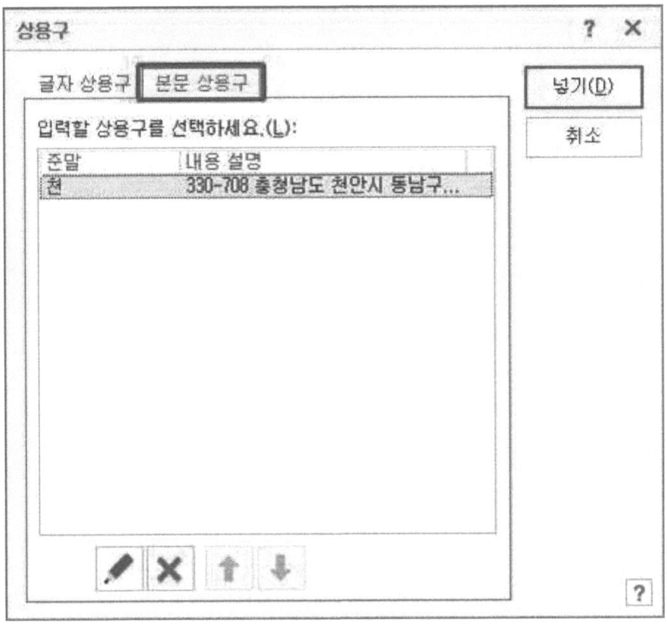

이제 한컴오피스 한글 2014에서 글자를 입력할 때 "천"만 입력하고 Alt+I키를 누르면 "천"이 "*330-708 충청남도 천안시 동남구 병천면 가전리 한국기술교육대학교 공학관*"으로 치환될 것이다.

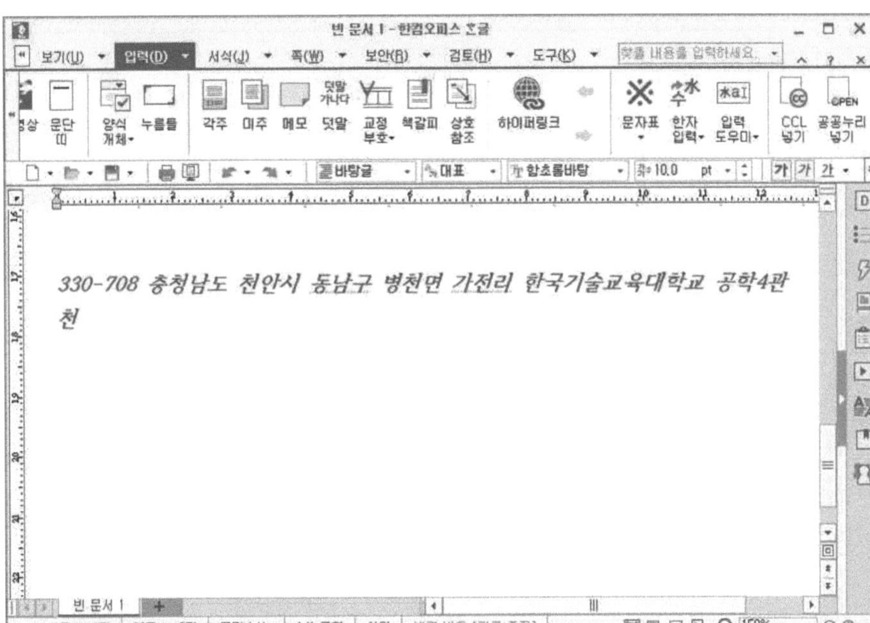

7.2 스타일(F6)

자주 사용하는 글자 모양이나 문단 모양을 미리 정해 놓고 쓰는 것을 스타일(style)이라고 한다. 스타일을 만들어 놓으면 필요할 때 그 스타일을 선택하는 것만으로 해당 문단의 글자 모양과 문단 모양을 한꺼번에 바꿀 수 있다.

① [서식]-[스타일 자세히]를 클릭한다.

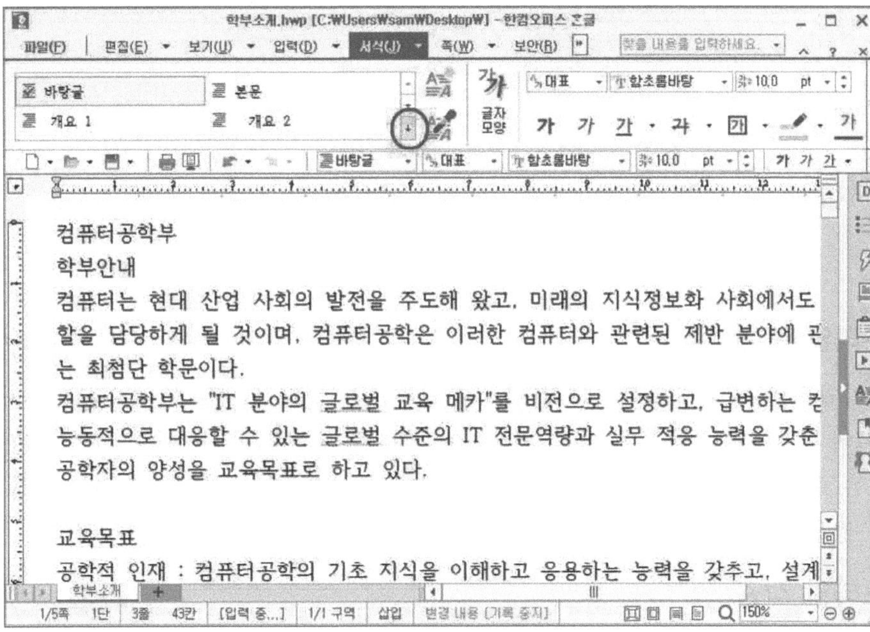

② 스타일을 클릭하거나 [서식]-[스타일] 메뉴를 선택한다.

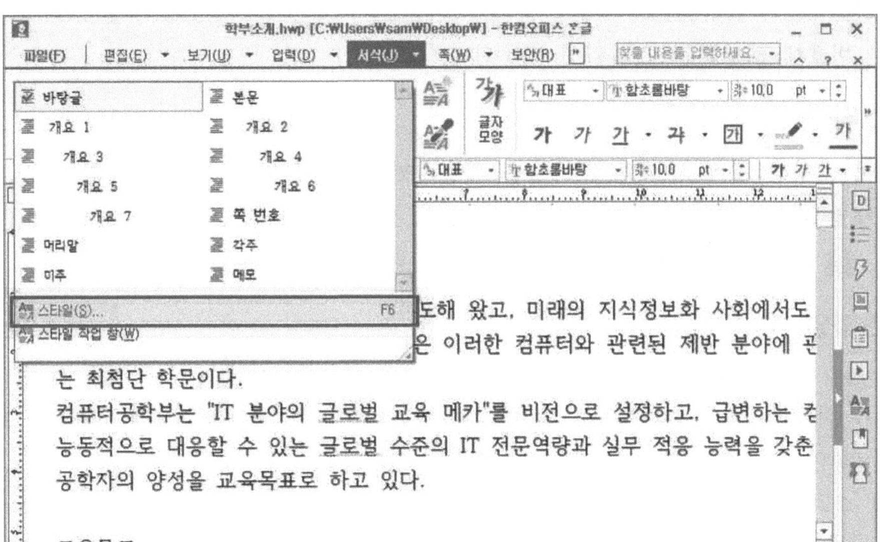

③ [스타일] 대화 상자가 나타난다.

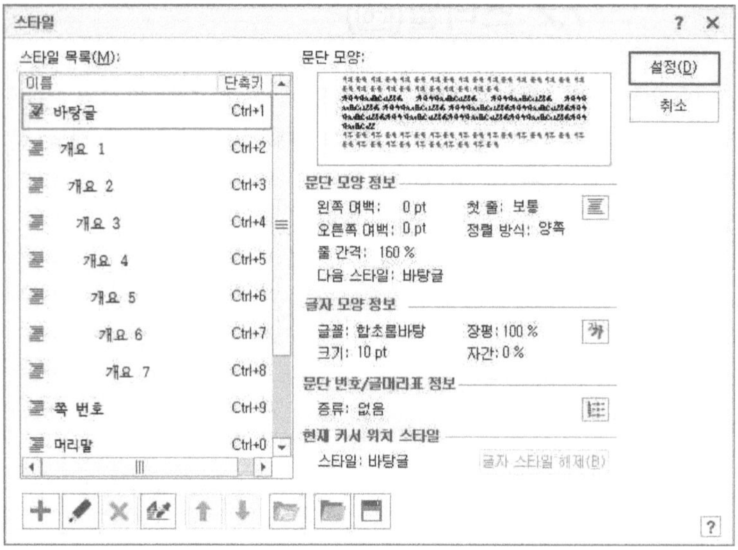

(1) 스타일 종류

문단 스타일은 하나의 문단에 필요한 "글자 모양"과 "문단 모양", "탭 설정", "문단 테두리/배경"과 같은 문서 양식을 미리 지정하여 하나의 형식으로 만들어 놓은 것이다. 글자 스타일은 글꼴, 글자 크기, 글자 속성 등의 글자 모양만 미리 지정하여 하나의 형식으로 만들어 놓은 것이다.

(2) 스타일 적용

스타일 대화상자에서 제일 앞부분에 있는 바탕글 스타일을 1번으로 해서 차례대로 10개의 번호를 갖는다. 스타일을 적용할 곳에 커서를 놓고 Ctrl 키와 함께 해당 스타일 번호를 누르면 번호에 해당하는 스타일이 적용된다.

(3) 스타일 중복 적용

스타일이 지정된 곳에서 다른 스타일을 적용시키면, 그 문단의 글자 모양과 문단 모양이 모두 새로운 스타일 내용으로 바뀐다. 따라서 스타일을 적용해 문서를 작성하면, 다른 스타일을 적용시켜 주는 것만으로도 문서 전체의 모양을 쉽게 바꿀 수 있다.

(4) 스타일 지우기

① [스타일] 대화상자에서 삭제할 스타일을 선택한 다음 Delete나 [스타일 지우기] 단추를 누른다. 본문에 지우려고 하는 스타일이 적용된 문단이나 글자가 있으면, [삭제 확인] 대화상자가 나타난다. [확인] 단추를 누르면 선택한 스타일을 지운다.

② 지울 스타일이 문단 스타일이면 [대체할 스타일은] 대화상자가 나타난다. 지운 스타일을 대신할 스타일을 목록에서 선택하고 설정 단추를 누른다.

③ 지우려는 문단 스타일이 본문에 적용되어 있으면, 지우려는 스타일이 적용되어있는 문단에 어떤 스타일을 대신 적용할 것인가를 선택해야한다.

④ 적당히 대체할 스타일이 없으면 바탕글 스타일을 선택한다. 사용자가 스타일을 지정하지 않은 모든 문단이 바탕글 스타일로 지정되어 있기 때문이다.

(5) 스타일 편집하기

스타일의 이름, 문단 모양, 글자 모양, 다음 문단에 적용할 스타일 등의 스타일 내용을 바꾸면 문서에서 그 스타일이 적용되어 있는 모든 글자나 문단의 모양이 모두 바뀐다.

① [스타일] 대화상자에서 [스타일 편집하기] 아이콘을 클릭한다.

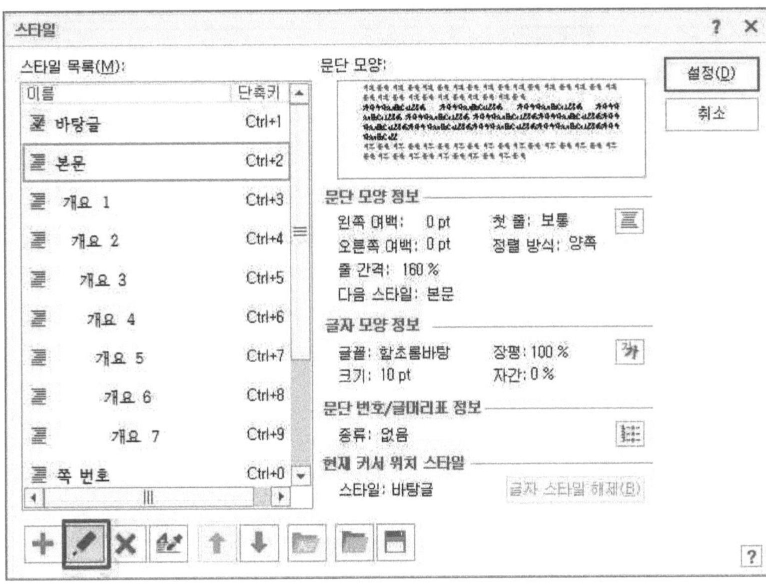

② [스타일 편집하기] 대화상자에서 "스타일 이름", "문단 모양", "글자모양" 등을 설정하고 [설정] 버튼을 누른다.

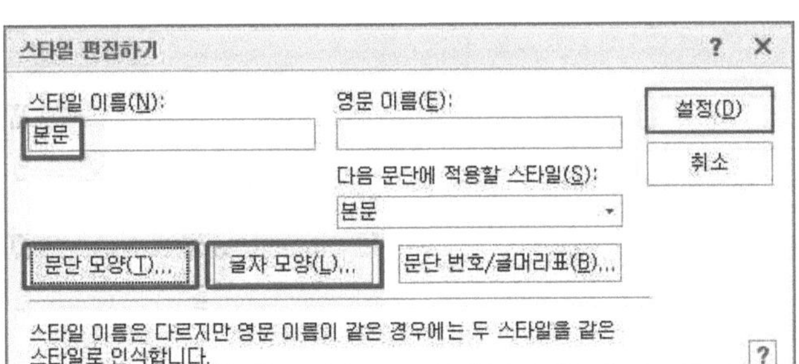

- 다음 문단에 적용할 스타일은 현재 스타일을 적용한 후 Enter↵ 키를 눌러 줄을 나누었을 때 다음 문단에 어떤 문단 스타일이 적용되도록 할 것인지 지정한다.
- 문단 스타일에 기억시킬 문단 번호 모양이나 글머리표 모양을 지정한다. 스타일에 문단 번호/글머리표를 지정하면, 문단 스타일의 문단 종류가 번호나 글머리표가 자동으로 설정된다.

7.3 문단 번호(Ctrl+K,N)

여러 개의 항목을 나열할 때 문단의 머리에 번호를 매기거나 글머리표를 붙여 가면서 입력할 수 있다.

(1) 문단 번호 입력과 삭제

문단 번호를 입력하는 방법과 삭제하는 방법을 알아본다.

① [서식]-[문단 번호▼]-[문단 번호 모양]을 실행한다.

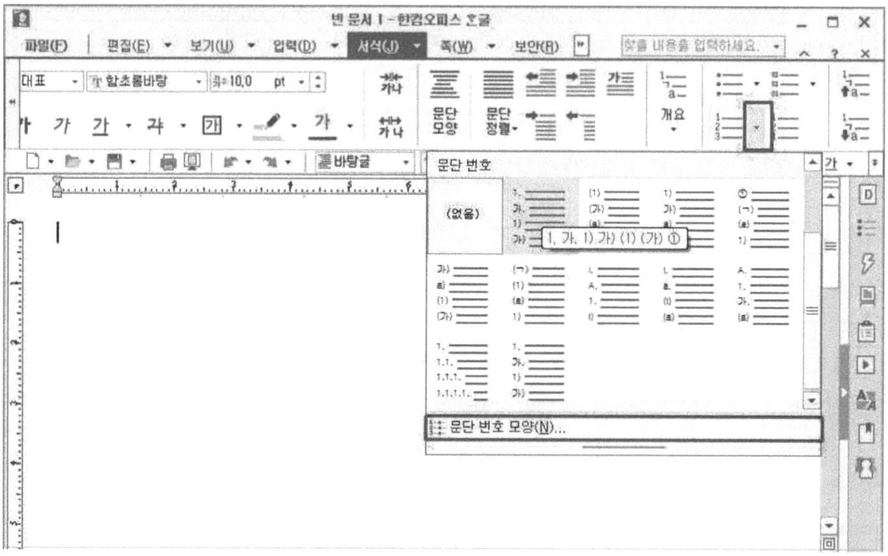

② [문단 번호] 탭의 [문단 번호 모양]에서 "1. 가. 1) (가) (1) (가) ①"를 선택한다.

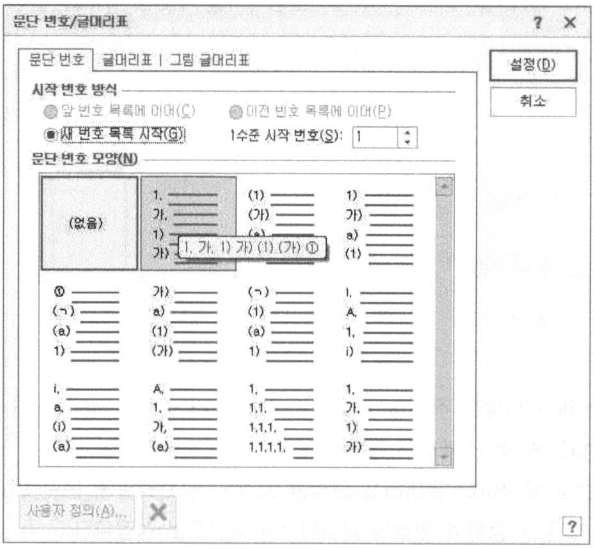

③ [시작 번호 방식]에서 "새 번호 목록 시작"을 선택하고 [설정]을 클릭한다.

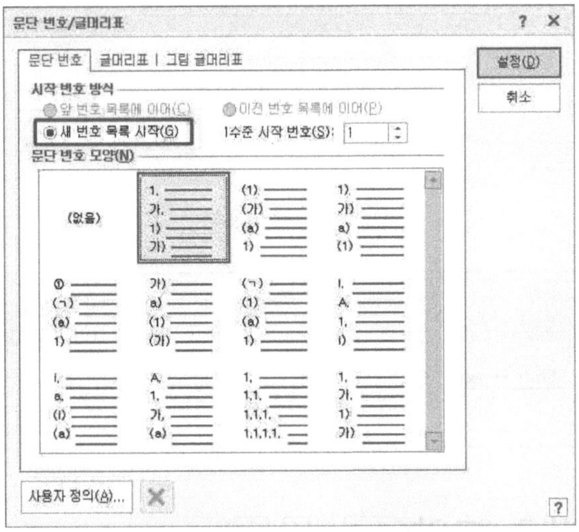

④ 내용을 입력하면 문단 번호가 편집 화면에 적용된다. Enter↵ 키를 누르면 문단 번호가 자동으로 추가 입력된다.

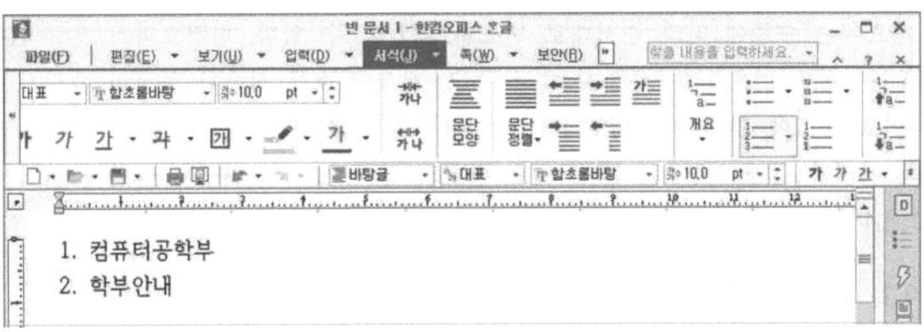

⑤ 문단 번호 [한 수준 증가]와 [한 수준 감소] 아이콘을 이용하여 내용에 맞도록 문단 번호를 적용한다.

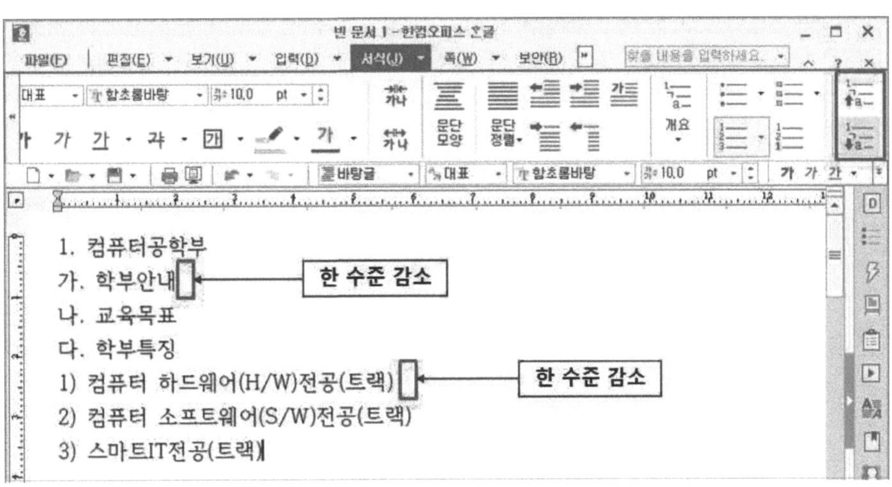

(2) 번호/글머리표 도구 상자 아이콘 설명

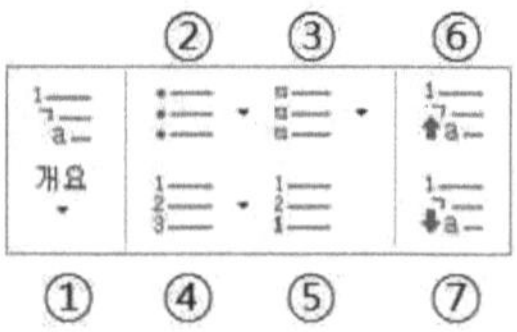

① 개요 번호 모양 Ctrl+K,O	② 글머리표 속성/해제 Ctrl+Shift+Delete
③ 개요 속성/해제 Ctrl+Insert	④ 문단 번호 속성/해제 Ctrl+Shift+Insert
⑤ 문단 번호 새 번호로 시작 Alt+Shift+Insert	⑥ 한 수준 증가 Ctrl+Num Lock+−
⑦ 한 수준 감소 Ctrl+Num Lock++	

7.4 개요 번호 모양(Ctrl+K,O)

흔글에서 "개요"를 작성한다는 말은 제목을 붙인다거나 글의 내용을 요약하는 것을 의미한다. 개요에는 수준에 따라 순서대로 번호를 매겨줄 수 있다. 한컴오피스 흔글 2014에서의 [개요]는 개요 번호를 7수준까지 매겨 주고, 개요 번호를 사용한 문장의 순서가 바뀌면 개요 번호도 그에 맞게 자동으로 바꾸어 준다. 뿐만 아니라 문단에 개요 속성을 적용하여 제목 차례를 쉽게 만들 수 있다. 개요 번호의 글자 모양을 바꾸는 방법에 대해서 알아보기로 한다.

7.4.1 개요 모양 만들기

① [서식]-[개요▼]-[개요 번호 모양]을 실행한다.

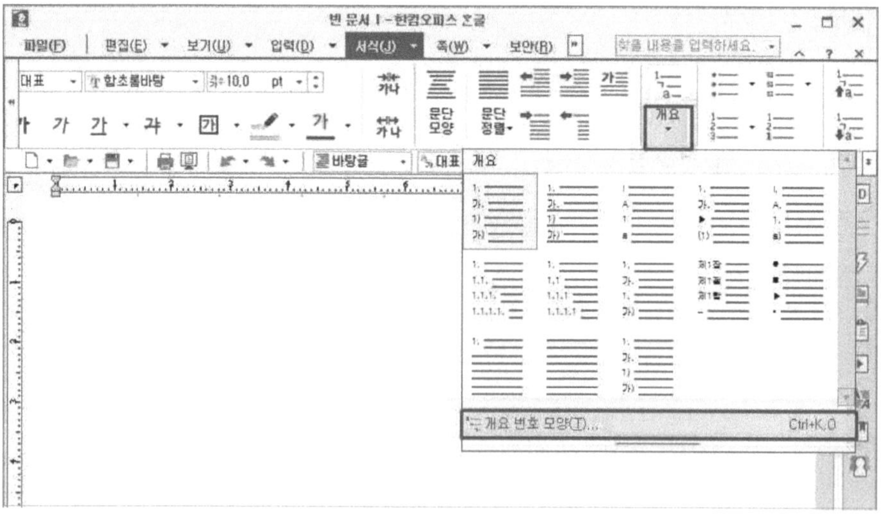

② [개요 번호 모양] 대화상자가 나타나면 [사용자 정의] 단추를 누른다.

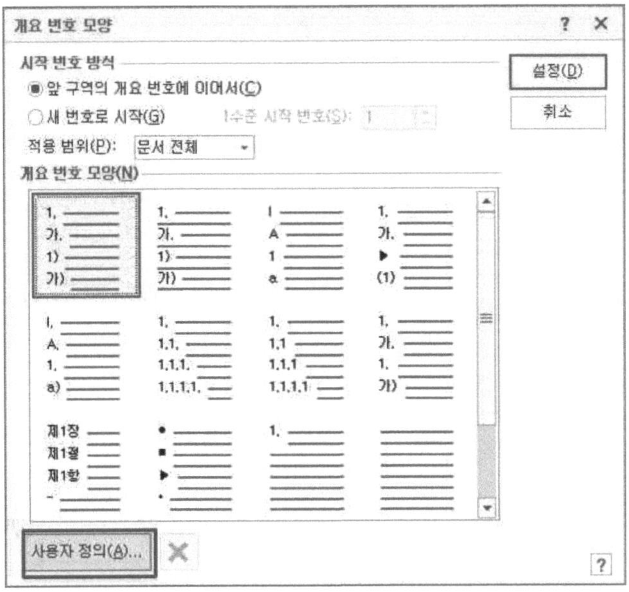

■ 개요 번호 모양 : [서식]-[개요 번호 모양]은 현재 구역에 적용할 개요 번호 모양만을 고르는 것이다. 개요 문단이 아닌 경우는 설명처럼 새롭게 개요 문단으로 바뀌지 않지만, 개요 문단에 커서가 있는 경우에는 동일 수준의 개요 모양을 변경하고 설정을 누르면 개요 번호의 모양이 바뀐다. 다만, 커서가 동일한 수준의 개요 문단에 있는 경우 지정한 개요번호 모양으로 변경된다.

■ 개요 번호 없애기 : 개요 번호를 지우려면 현재 문단의 개요 문단 속성을 해제해야 한다. [문단 모양] 대화상자의 [확장] 탭에서 [문단 종류]-[없음]으로 설정해야 한다. 개요 번호만 있고 내용이 없는 개요 문단에서 Enter↵ 키를 누르면, 문단이 나뉘지 않고 현재 문단의 개요 번호만 해제되어 보통 문단으로 되돌아간다.

③ [개요 번호 사용자 정의 모양] 대화상자가 나타나면 "시작번호"와 "번호 모양"을 설정한다.

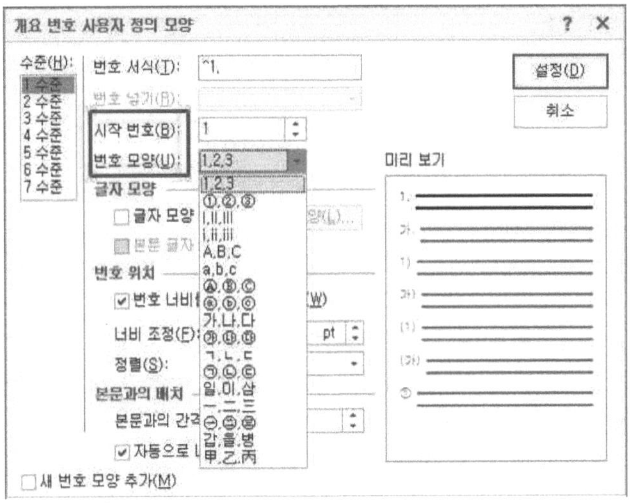

③ [글자 모양 지정] 항목을 켜고, [글자 모양] 단추를 누른다.

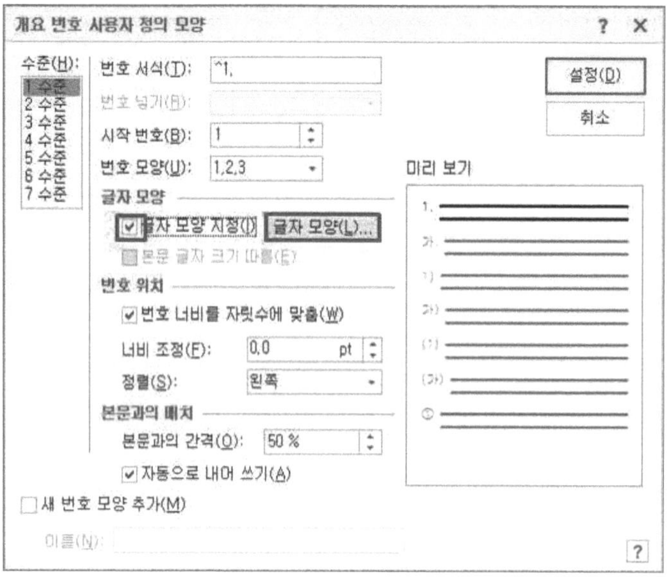

④ [글자 모양] 대화상자에서 [개요 번호]에 적용할 "글자 크기", "글꼴", "글자 속성" 등을 지정하고 [설정]을 누른다.

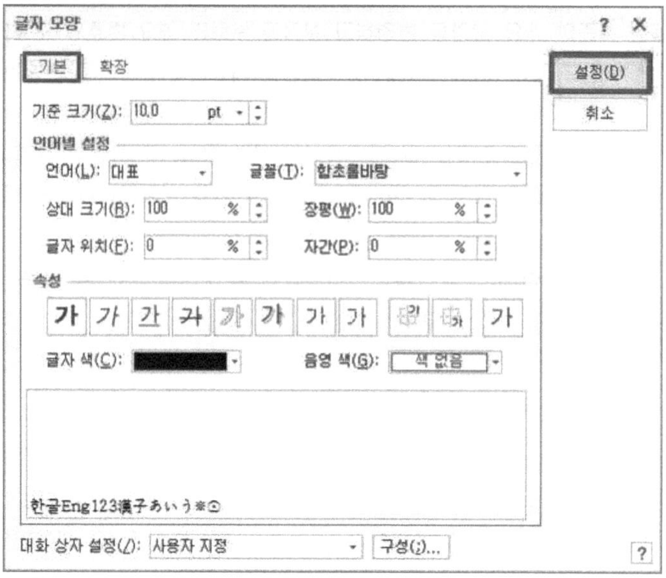

⑤ [수준]을 "2 수준"으로 변경하고 "번호 넣기"를 설정한다. "번호 넣기"에 "1 수준"으로 설정하면 개요 번호는 "1 수준과 2수준"이 같이 표현된다. 예를 들어 "번호 서식"에 "^1.^2"와 같이 표현되면 개요 번호 2 수준은 "1.1."로 표현된다.

시작 번호와 번호 모양 그리고 글자 모양 등을 앞의 방법과 같이 설정한다.

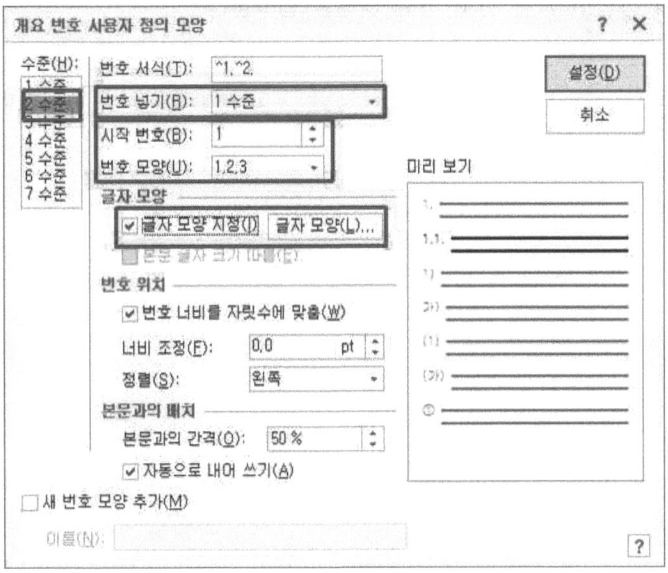

7.4.2 활용

앞 절에서는 개요 번호를 설정하는 방법에 대해 설명하였다. 본 절에서는 어떻게 개요 번호를 활용하는지에 대해 설명한다.

① [서식]-[개요] 아이콘을 실행한다.

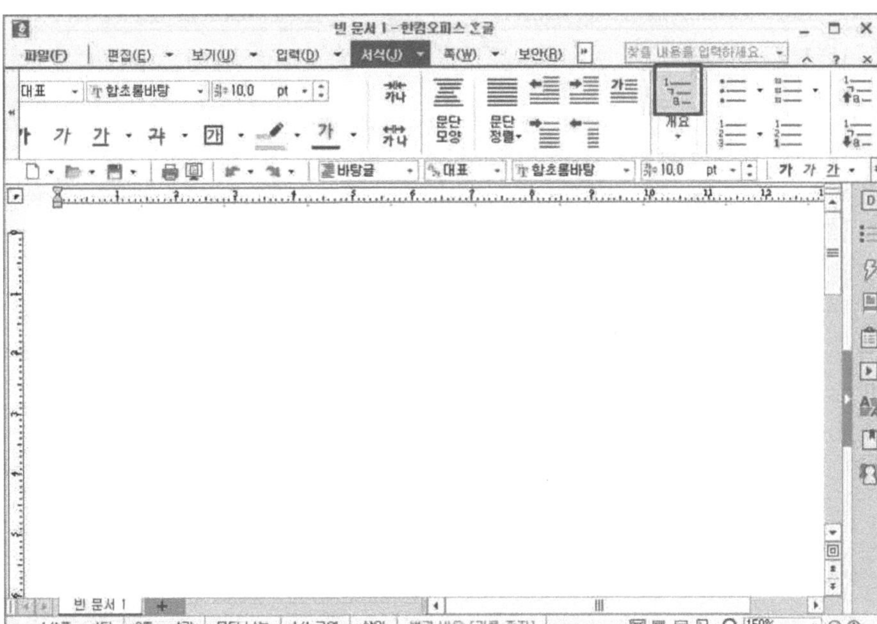

② 현재 문단에 개요 번호가 삽입되고 첫 번째 개요 내용을 입력한다.

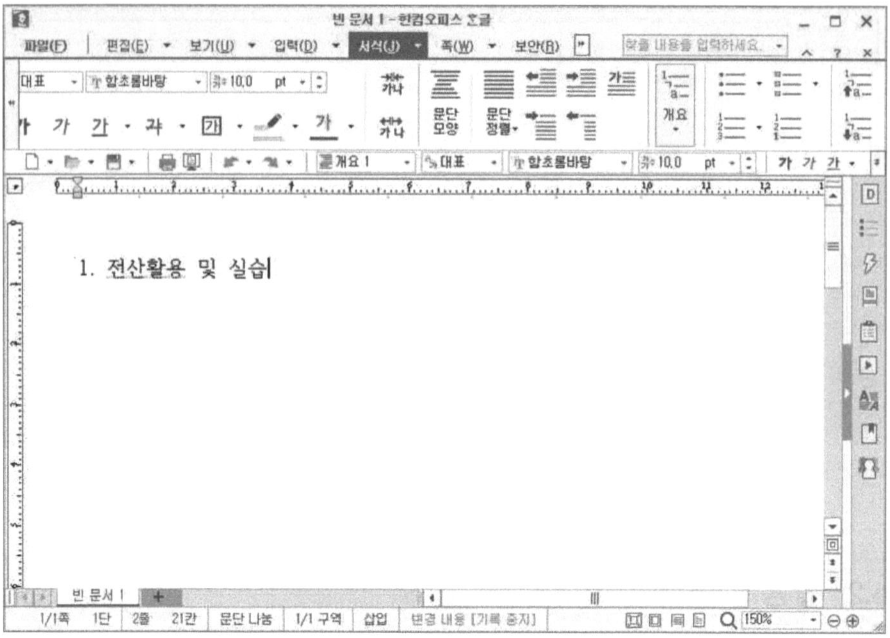

③ [Enter↵] 키를 눌러 줄을 바꾸면 다음 문단에 자동으로 개요 번호가 증가되어 삽입된다. 개요 번호에 이어 두 번째 이하 내용을 입력한다.

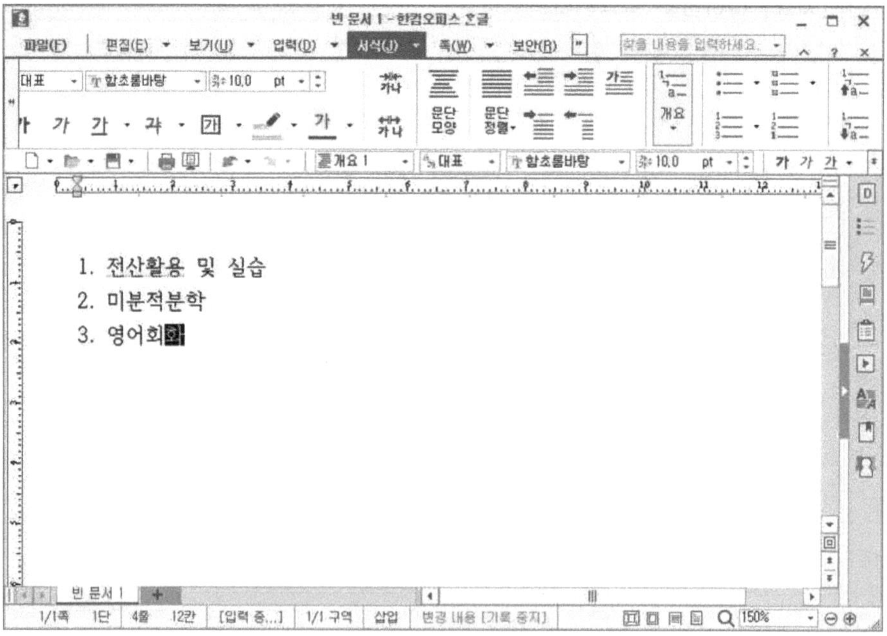

④ 개요 수준을 변경하려면 문단에서 [서식]-[한 수준 감소] 아이콘을 클릭하면 개요 번호가 "1수준"에서 "2수준"으로 바뀐다.

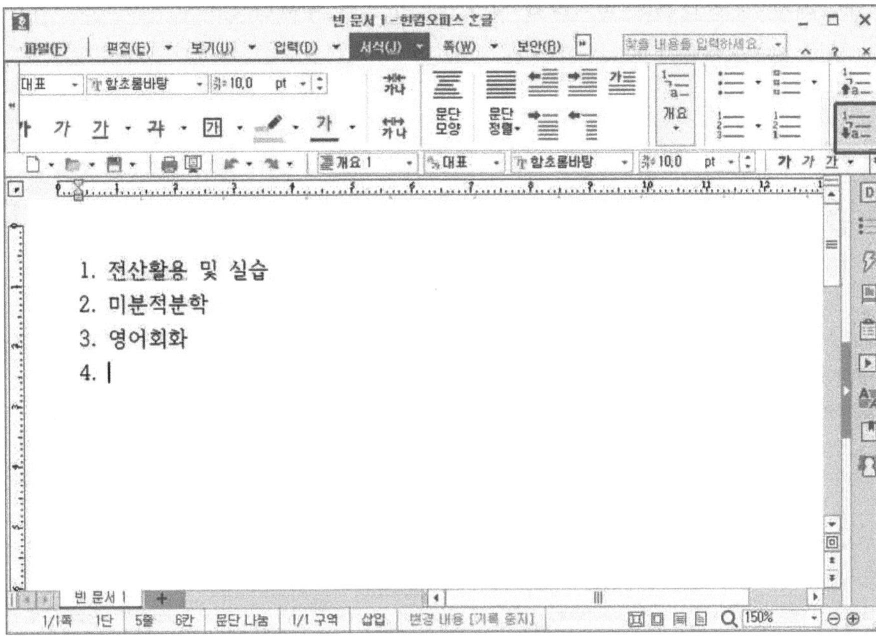

⑤ "2 수준"으로 바뀌면 내용을 입력하고 Enter↵를 누르면 자동으로 2수준 개요 번호가 삽입된다.

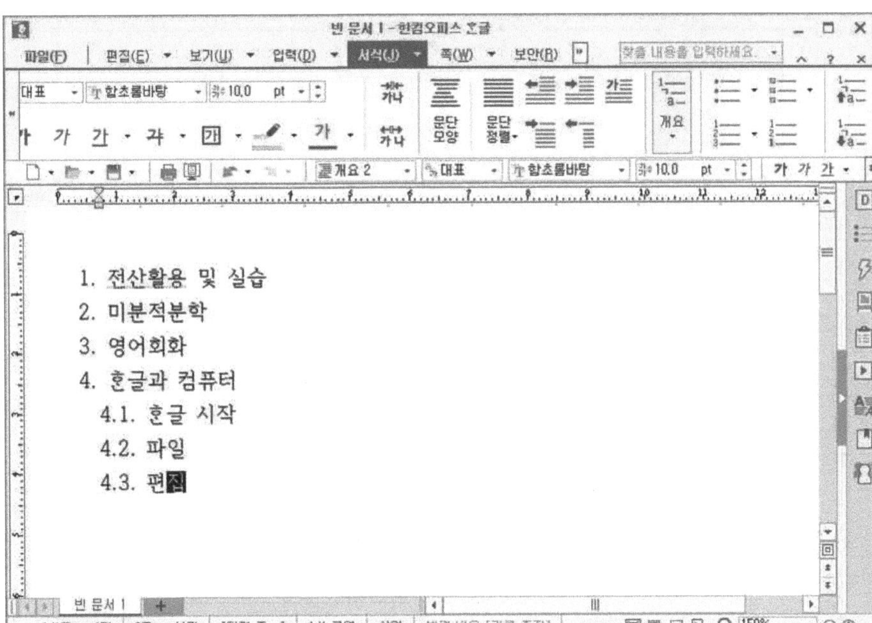

⑥ 개요 번호를 끝내려면, 마지막 문단에서 [서식]-[문단 모양] 아이콘을 클릭한 후, [문단 모양] 대화상자의 [확장] 탭에서 "문단 종류"의 "없음"을 선택하고 [설정] 단추를 누른다. 또는 마지막 문단에서 개요 내용을 입력하지 않고 Enter↵ 키를 누른다.

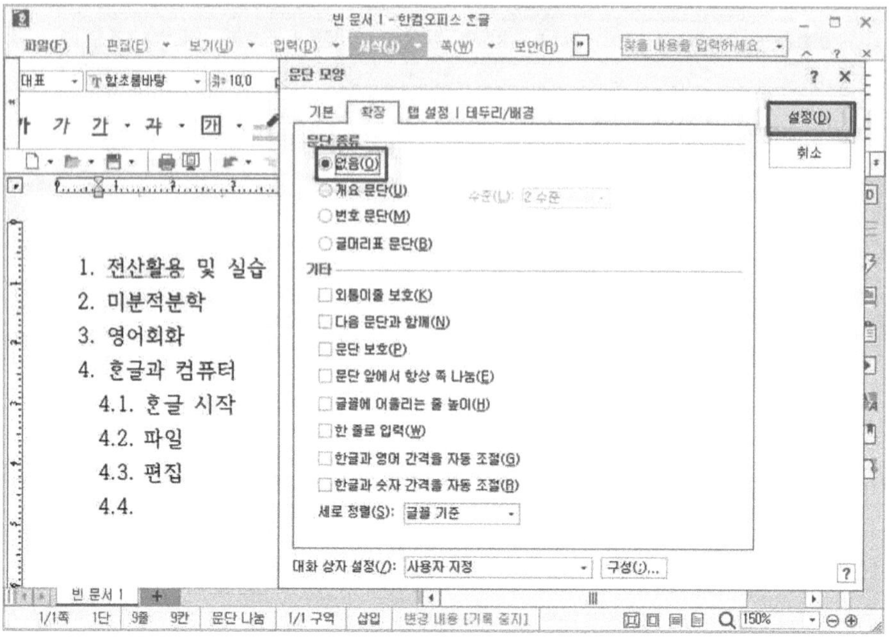

⑦ 개요 번호 기능이 없어진 것을 확인할 수 있다.

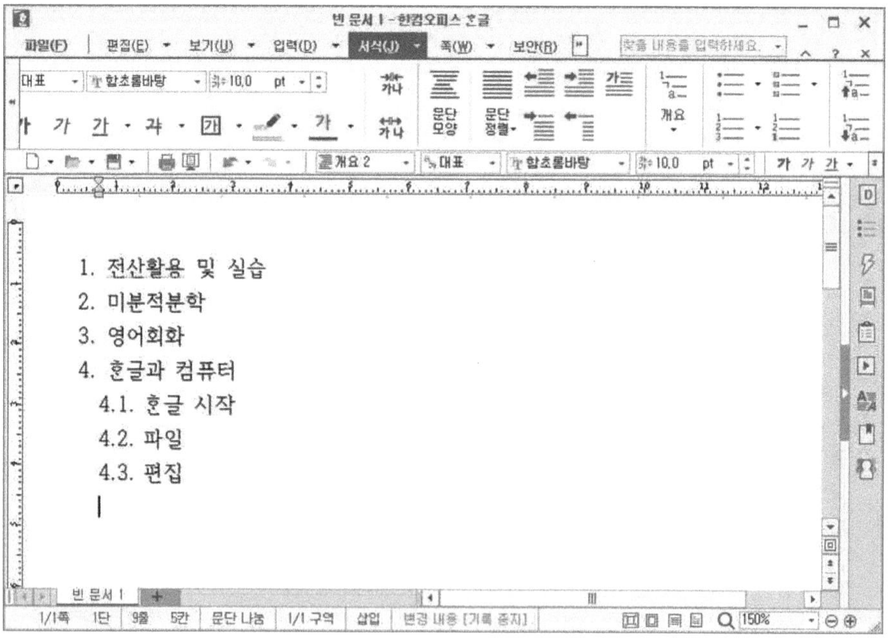

7.5 스타일 마당

스타일 마당은 문서의 종류에 따라 자주 쓰이는 스타일 묶음을 제공하여 일관성 있는 문서 작성은 물론 다양한 형태의 문서를 쉽고 빠르게 만들 수 있도록 도와준다.

① 기본 스타일을 적용해 가면서 문서를 작성한다. [서식]-[스타일마당]을 실행한다.

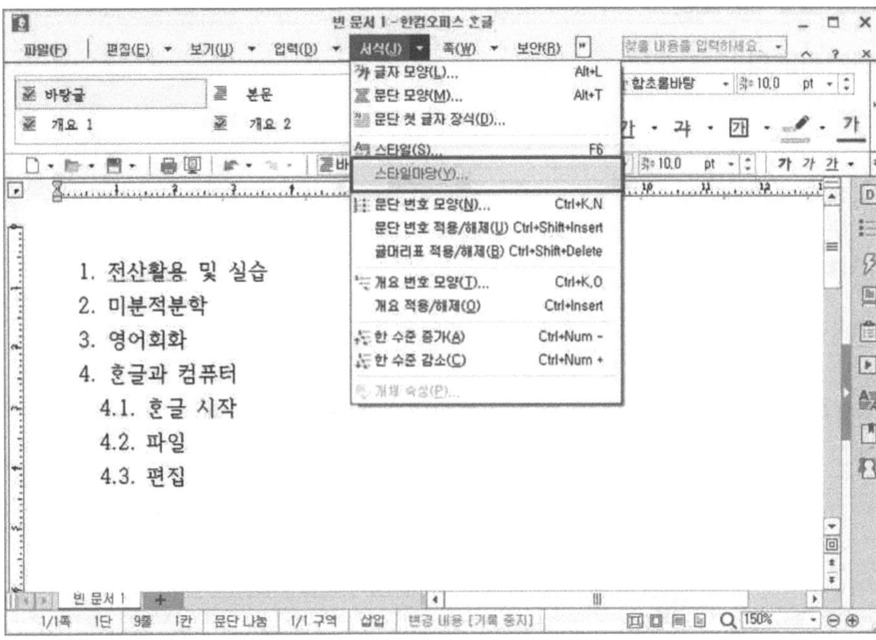

② [스타일마당] 대화상자가 나타나면 적당한 스타일을 고른 다음 [적용] 단추를 누른다.

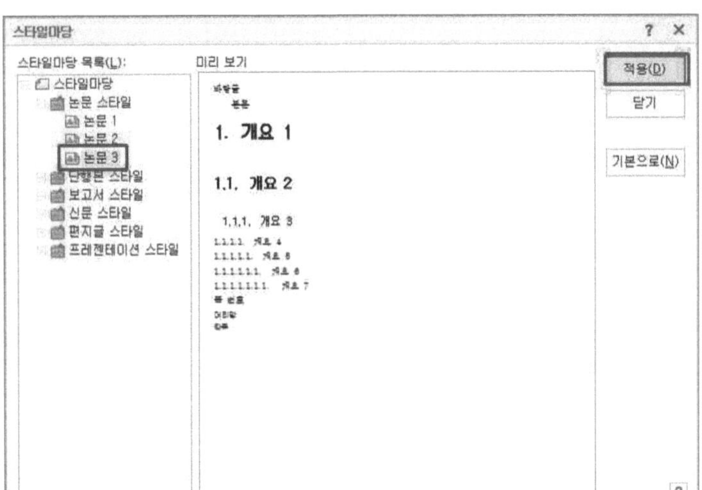

③ 기본 스타일을 적용하여 작성한 문서의 글자 모양, 문단 모양이 스타일마당에서 선택한 모양으로 한 번에 바뀐다.

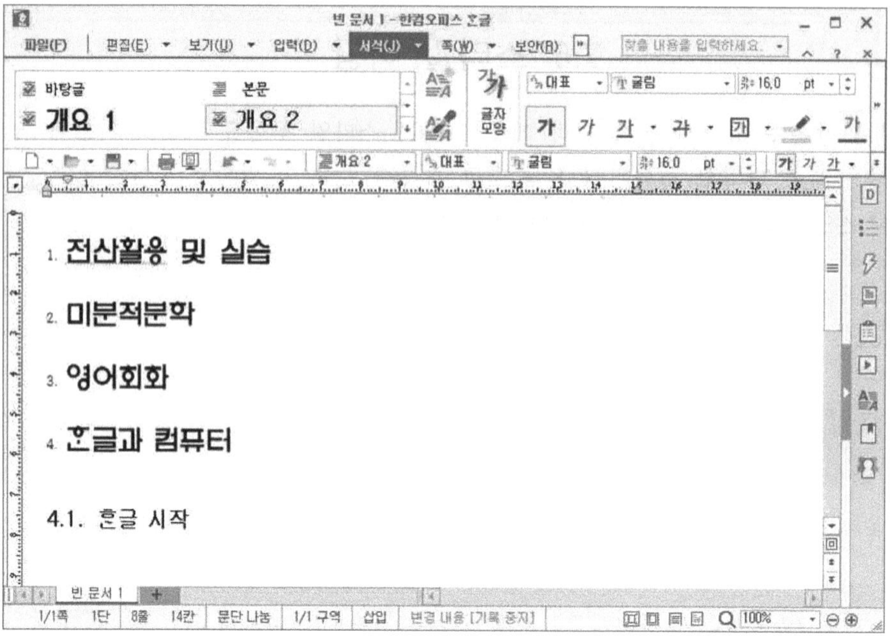

④ 바뀐 문서의 모양을 원래 스타일로 바꾸려면 [서식]-[스타일마당]을 실행한 [기본으로] 단추를 누른다.

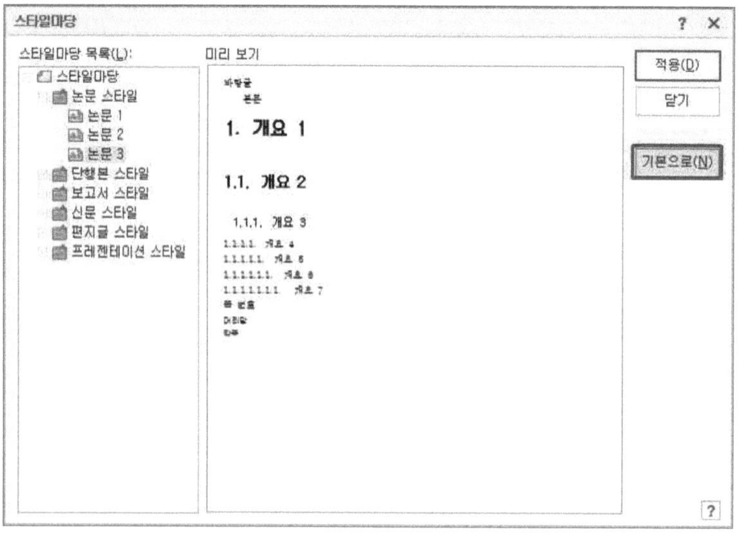

⑤ 스타일마당 대화상자에서 [적용]을 클릭한다.

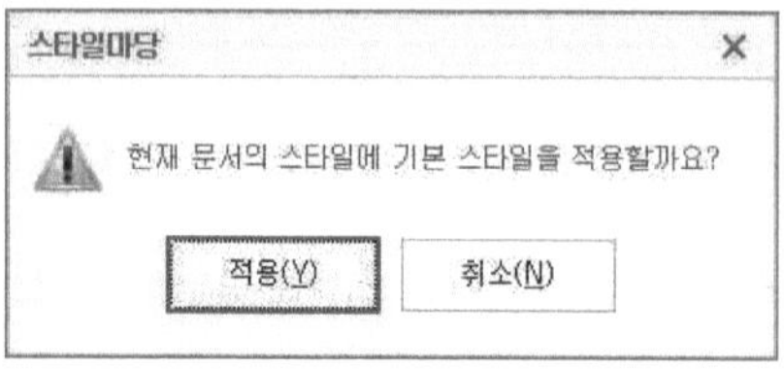

7.6 문단 첫 글자 장식

① 첫 글자를 장식할 문단 위에 커서를 놓고 [서식]-[문단 첫 글자 장식]을 실행한다.

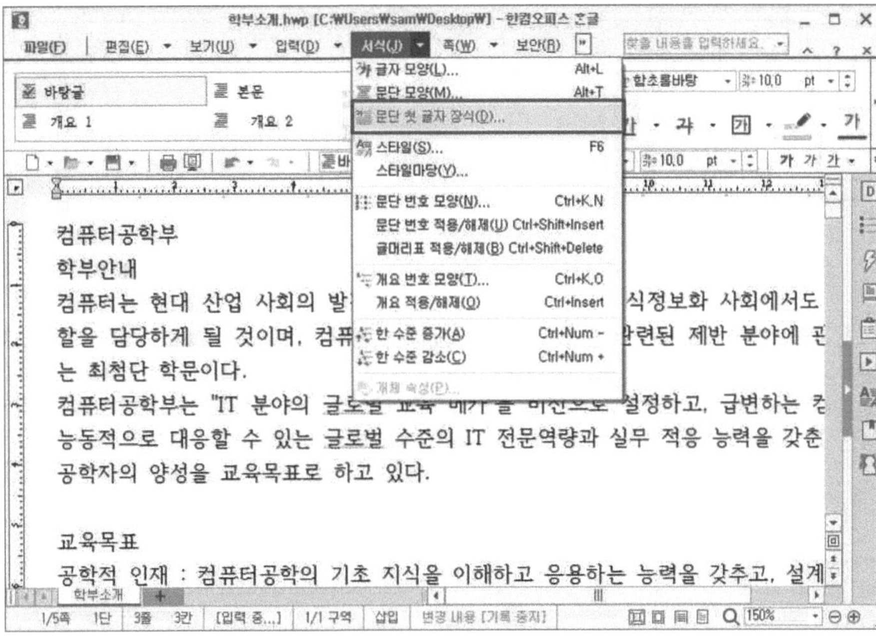

② [문단 첫 글자 장식] 대화상자에서 [모양]에서 "3줄"을 선택하고, [글꼴(F)]은 "새굴림"으로 변경한다. 모든 지정이 끝나면 [설정(D)] 단추를 누른다.

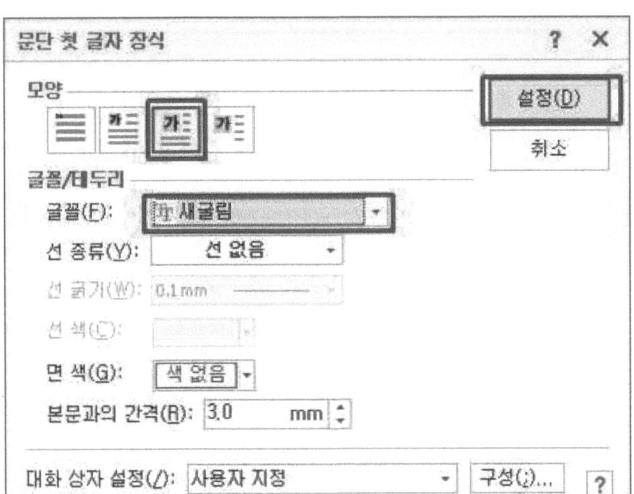

③ 문단 첫 글자가 지정한 글자 모양으로 강조되어 나타난다.

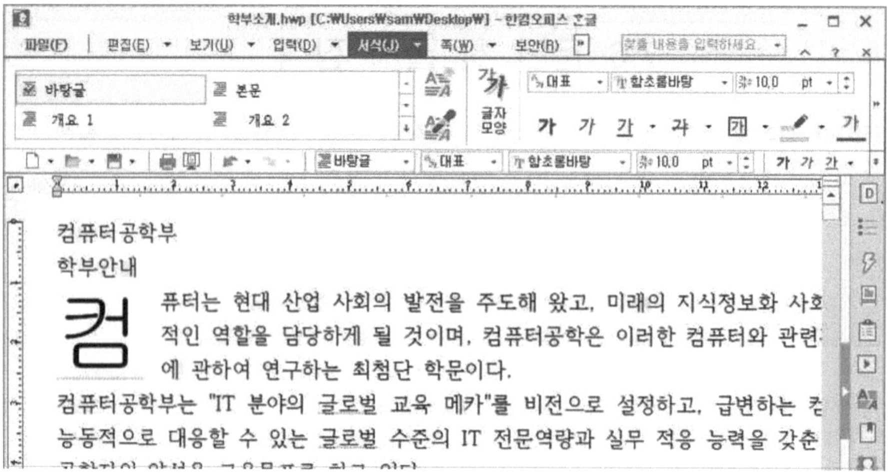

④ 문단 첫 글자 장식 해제하려면 첫 글자를 장식한 문단에 커서를 놓고 [문단 첫 글자 장식] 대화상자의 [모양]에서 "없음"을 선택한다.

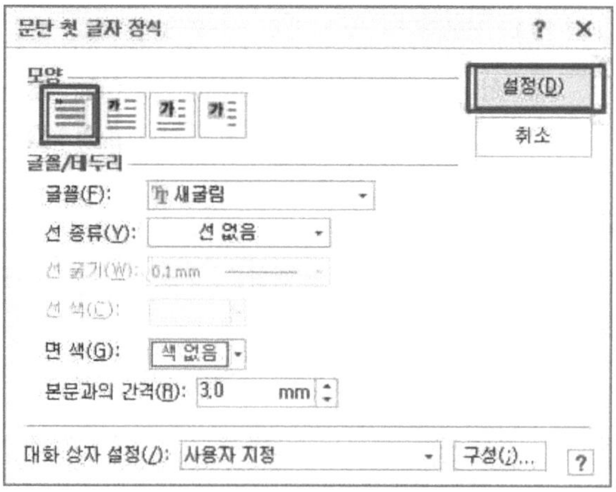

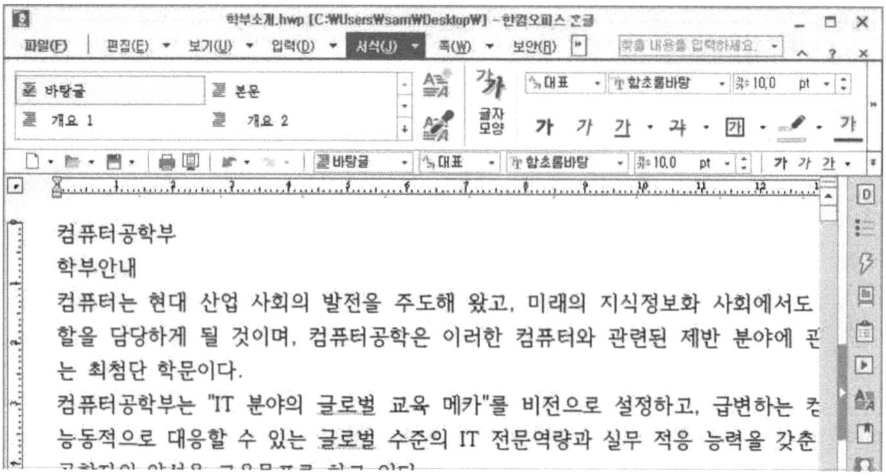

제 8 장 쪽

쪽 메뉴는 문서의 쪽 모양에 관한 설정을 하는 기능으로 구성되어 있다. 쪽 메뉴를 활용하여 편리하게 각 쪽 별로 다른 모양을 나타낼 수 있다. 본 장에서는 편집용지, 다단, 쪽 테두리/배경, 바탕쪽, 쪽 번호 매기기, 구역설정, 나누기, 원고지 기능에 대해 알아보기로 한다.

8.1 편집 용지(F7)

편집용지 설정은 문서를 어느 크기의 종이에 편집할 것인지, 종이를 좁게 쓸 것인지 넓게 쓸 것인지, 그리고 종이의 상, 하, 좌, 우에 어느 정도 여백을 남길 것인지 등을 미리 정한다.

① [쪽]-[편집용지] 아이콘을 실행하거나 F7 키를 누른다.

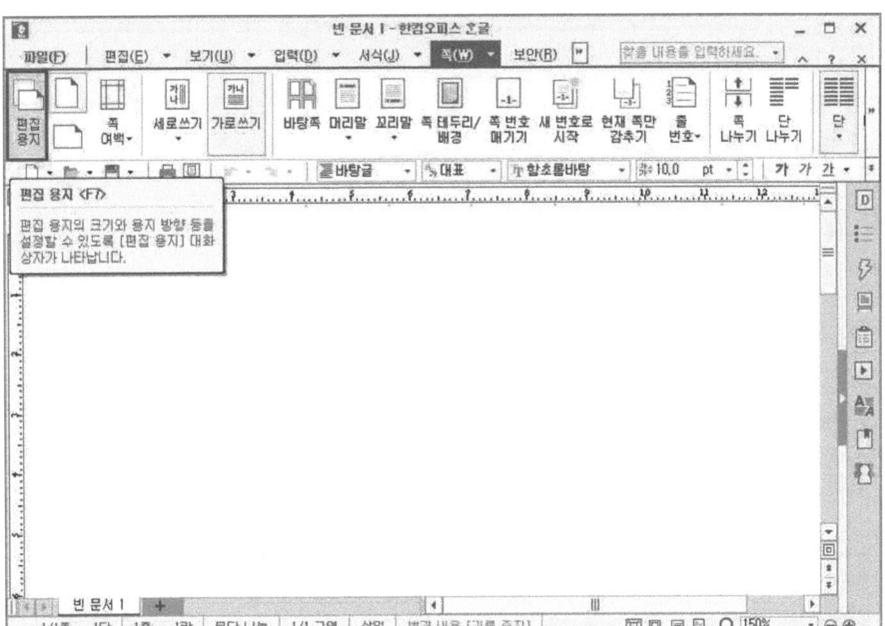

② [편집 용지] 대화상자에서 [기본] 탭을 선택해 [용지 종류] 목록 단추를 누르고 알맞은 "편집용지 종류"를 선택한다. 선택된 용지 종류에 따라 훈글이 기본적으로 여백을 다시 설정된다.

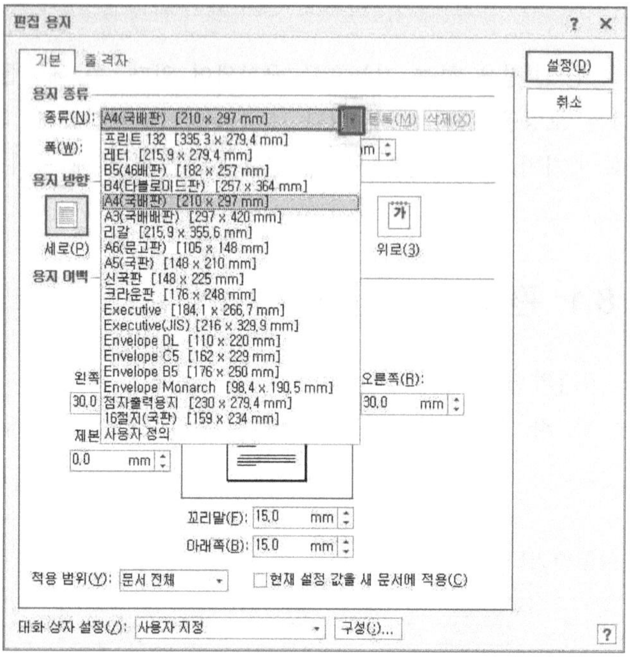

③ 선택한 용지 종류에 따라 한컴오피스 훈글 2014는 기본적으로 여백을 다시 설정한다. [용지 여백] 에서 [위쪽]에 "30mm"를 입력하고 [설정] 버튼을 클릭한다.

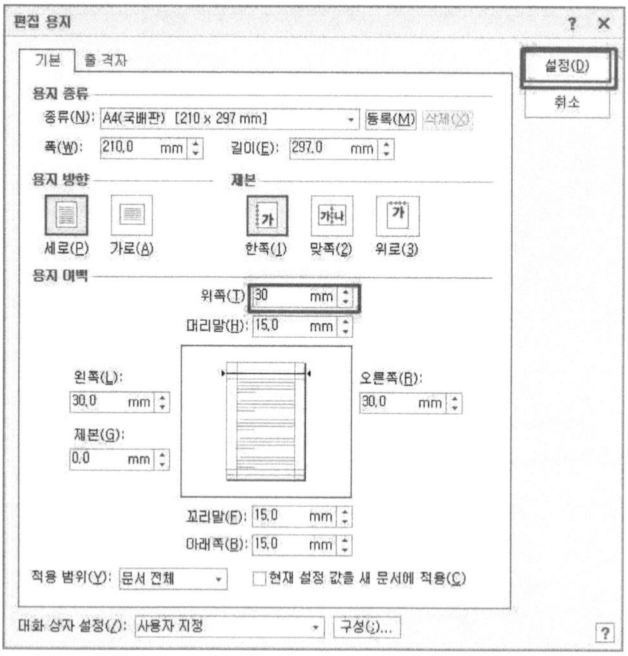

④ 용지 여백 위쪽의 길이가 30mm로 바뀌고, 본문이 그만큼 줄어든다.

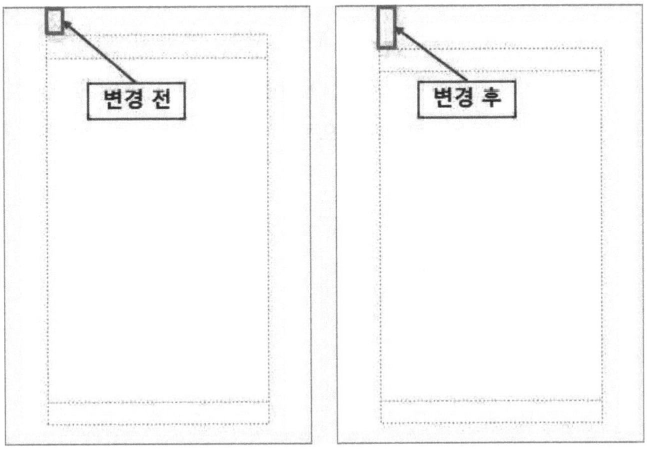

■ 편집 용지는 한 구역에 대하여 한 가지만 설정할 수 있다. 즉, 한 문서 안에서 서로 다른 편집 용지를 사용하려면 [구역]을 나누어 주어야 한다. 참고로 구역을 나누면 이후부터 작성하는 내용은 그 앞부분과 완전히 별개의 내용으로 간주되므로, 한 문서 안에서 서로 다른 편집 용지, 바탕쪽, 각주/미주 모양, 쪽 테두리/배경, 개요 모양 등을 쓸 수 있다

■ 기본 편집 용지 종류 : [새 글]이나 [새 탭]을 실행하여 만들어지는 빈문서의 기본 용지는 한글의 바탕문서에서 가져온다. 기본 용지 종류를 바꾸고 싶을 때에는 [도구]-[환경 설정]-[새 문서]에서 [용지 종류]를 수정하면 된다.

(1) 용지 종류

용지 종류	폭 × 길이(단위 : mm)
프린트 132	356×279
레터	215.9×279.4
B5(46배판)	182×257
B4(타블로이드판)	257×364
A4(국배판)	210×297
A3(국배배판)	297×420
리갈	215.9×355.6
A6(문고판)	105×148
A5(국판)	148×210
신국판	148×225
크라운판	176×248
사용자 정의	최대 1188×1188, 최소 20×20

(2) 맞쪽 편집

맞쪽은 책을 펼쳤을 때 서로 맞보는 짝수 쪽과 홀수 쪽을 서로 다르게 편집하는 것이다. 맞쪽 편집에서는 언제나 홀수 쪽이 오른쪽에 나타난다. [용지방향]-[맞쪽(2)]을 선택하면 [용지 여백]-[왼쪽]은 [안쪽]으로, [오른쪽]은 [바깥쪽]으로 바뀐다. 안쪽과 바깥쪽은 홀수 쪽인지 짝수 쪽인지에 따라 달라진다.

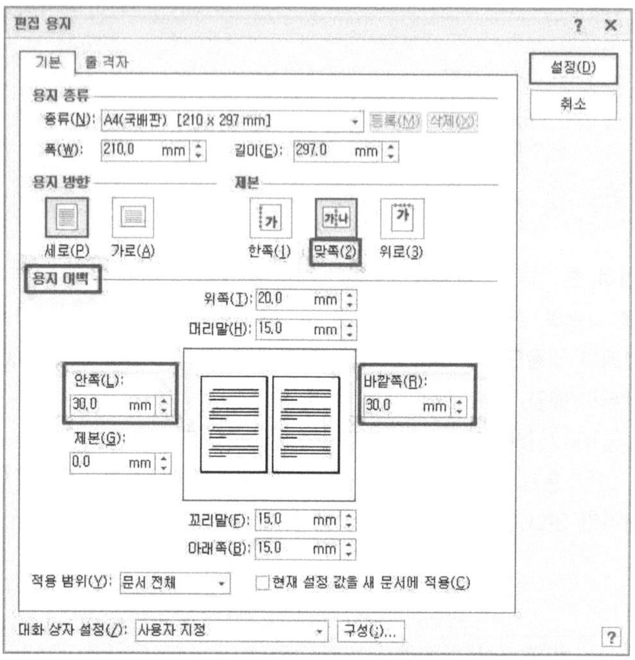

편집 용지는 문서가 자리 잡을 용지를 말한다. 이것은 프린터에 공급되는 공급 용지와는 완전히 별개로서 편집 상황에 따라 변경할 수도 있다.

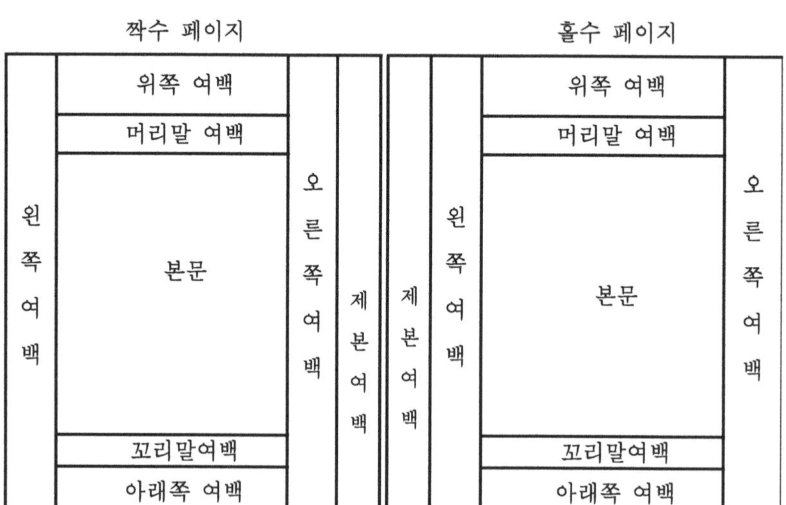

(3) 눈금자에서 여백 조절

가로 눈금자의 왼쪽/오른쪽 여백 위치와 세로 눈금자의 위쪽/아래쪽 여백 위치에서 마우스를 끌어 여백 값을 조절할 수 있다. 이때 Alt키를 누른 채로 마우스 끌기를 하면 눈금을 감추고 현재 여백 값을 보여주므로, 정확한 값을 설정할 수 있다.

세로 눈금자에서 편집 용지의 위쪽 여백 값을 줄이더라도 머리말 여백은 영향을 받지 않는다. 머리말 영역을 줄이려면 머리말 편집 화면에 들어가서 눈금자를 마우스로 끌어 머리말 여백을 조절해야 한다. 눈금자에서 여백을 조절하기 위해서는 반드시 쪽 윤곽 보이기 상태이어야 한다.

(4) 줄 격자

문서를 작성하다 보면 한 쪽에 들어갈 수 있는 줄 수를 제한해야 하는 경우가 있다. 한 쪽 에 들어갈 수 있는 최대 줄 수를 제한하게 되면, 글이나 그림 등이 줄 격자에 항상 맞추어진다. 다단 편집을 하거나 맞쪽 편집을 할 때 옆으로 줄이 맞아 보기 좋은 문서를 얻을 수 있다.

8.2 다단

다단이란 신문이나 회보, 찾아보기 등을 만들 때 읽기 쉽도록 한 쪽(page)을 여러 개의 단으로 나누는 기능으로, 다단을 사용하면 문서가 정돈되어 보이는 효과가 있고, 보다 많은 내용을 한눈에 볼 수 있다. 한컴오피스 훈글 2014에서는 각 단의 너비가 서로 다른 단을 만들 수도 있고, 한 쪽(page) 안에서 단 수가 다른 단을 만들 수도 있다.

8.2.1 다단 실행하기

① [쪽]-[다단 설정] 아이콘을 실행한다.

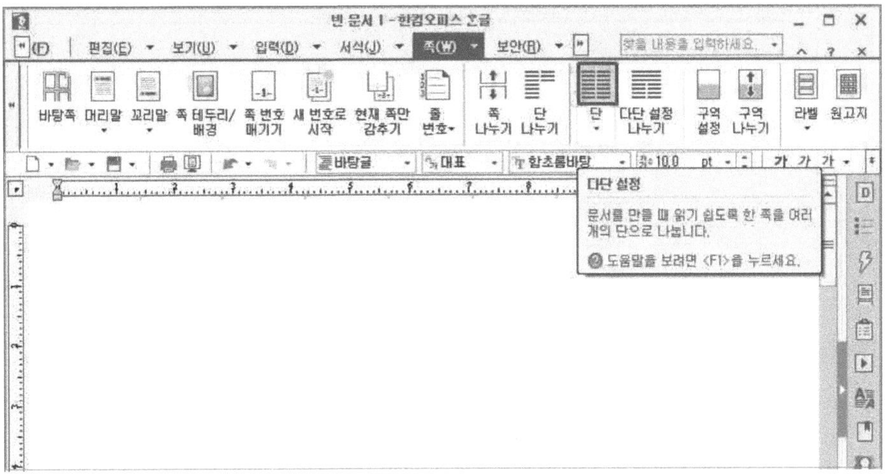

⑤ 다단 설정을 취소하려면 [쪽]-[다단 설정]을 실행해 단 설정 대화상자의 [자주 쓰이는 모양]에서 "하나"를 선택하고 [설정]을 클릭한다.

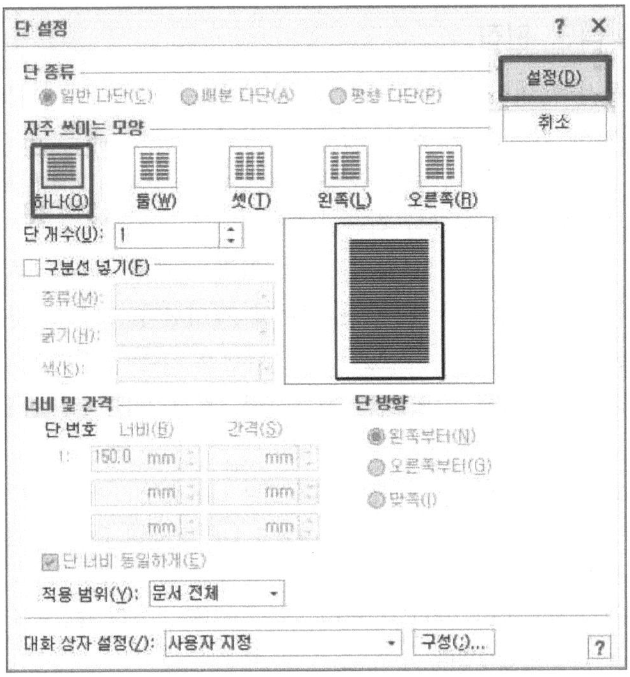

■ 배분 다단 : 잡지 등을 편집할 때 마지막 쪽에서는 내용이 마지막 단의 끝까지 채워지지 않더라도 각 단의 높이를 같게 맞추어야 한다. [단 종류]-[배분 다단]을 지정하면 마지막 쪽의 내용을 자동으로 조절하여 각 단의 높이를 가능한 같도록 맞추어 준다. 각 단의 높이를 똑같이 조절할 수 없을 때에는 가장 마지막 단이 한두 줄 정도는 짧을 수도 있다.

■ 평행 다단 : 한 쪽 단에는 용어나 제목 등의 표제어를 적고, 다른 쪽 단에는 그에 대한 설명을 적는 형식의 문서를 편집할 때에는 [단 종류]-[평행 다단]을 지정한다. 한 쪽 단에 표제어를 입력한 다음, [쪽]-[단 나누기], Ctrl + Shift + Enter↵ 키를 하여 커서를 다음 단으로 옮겨 설명을 입력한다. 다음 표제어를 입력하려면 다시 [단 나누기]를 하고 같은 과정을 반복하여 입력한다.

■ 단 너비 동일하게 : 단 너비와 간격은 [단 너비 동일하게]를 켜거나 끈 상태에 따라 각기 다른 방식으로 그 값이 서로 영향을 주며 자동으로 바뀐다. 이 항목을 켜면, 단 너비를 조절할 때 각 단의 너비가 항상 똑같이 맞추어진다. 1단의 [너비]를 줄이면, 모든 단의 너비가 줄면서 [간격]이 넓어진다. 이 항목을 끄면, 단의 너비가 서로 다른 단을 만든다. 한 단의 [너비]를 줄이면 오른쪽 단의 너비가 그만큼 넓어지지만 [간격]은 변하지 않는다.

쉬운 방법은 [쪽]-[단▼] 아이콘을 이용하여 자주 쓰이는 모양의 다단을 설정하고 기능을 해지할 수 있다.

8.2.2 다단 활용하기

(1) 한 문서나 쪽에 다른 다단 편집

한컴오피스 훈글 2014은 한 문서에 여러 종류의 다단 편집은 물론 한 쪽 안에서도 단 수나 종류 등이 다른 다단을 섞어서 편집할 수 있다. 이 경우 다단 종류를 바꾸려는 곳에 커서를 놓고 [쪽]-[다단 설정]을 실행한 다음, 원하는 모양을 설정하고, [적용 범위]-[새 다단으로]를 지정하면 커서 이후부터 새 다단 모양이 적용된다.

[다단설정]-[적용 범위]에서는 현재 편집 문서의 구역, 다단 편집 상태와 커서 위치, 블록 설정 상태 등에 따라 각각의 경우에 설정할 수 있는 범위를 제시한다. 보통의 경우 "문서 전체, 새 다단으로, 새 쪽으로" 를 선택할 수 있다. [새 다단으로]를 선택하면, 현재 커서 위치부터 새로운 다단을 설정하며, [새 쪽으로]를 선택하면, 커서 위치에서 쪽을 나누어 새로운 다단을 설정한다.

- [쪽]-[구역 나누기]를 실행하여 현재 문서가 2개 이상의 구역으로 나뉘어 있다면, [현재 구역]을 적용 범위에서 선택할 수 있다. 한 구역 안에 두 가지 이상의 다단 편집이 된 곳이 있다면, [현재 다단]을 적용 범위에서 선택할 수 있다.
- [문서 전체]를 선택하면, 현재 문서에 [구역]이나 [다단]이 여러 가지로 나누어 설정되어 있어도 문서 전체에 대하여 새로운 다단을 설정한다.

(2) 블록을 설정했을 때의 적용 범위

문서의 일부를 블록으로 설정한 다음 [쪽]-[다단설정]을 설정하면, [적용 범위]에서 "선택된 문자열을 선택할 수 있다. [선택된 문자열]을 선택하면, 블록으로 설정된 문자열만 앞, 뒤 내용과 나누어 새로운 다단으로 설정한다. 블록으로 설정한 부분에 두 가지 이상의 다단이 설정되어 있을 때에는 [선택된 다단]을 적용 범위에서 선택할 수 있다. [선택된 다단]은 블록으로 설정된 부분에 속하는 모든 다단을 새로운 다단으로 설정한다.

(3) 표나 글상자 안에서 다단

표나 글상자 안에서 [쪽]-[다단 설정]을 실행하면, 그 안의 내용을 다단으로 편집할 수 있다. 커서가 글상자나 표 안에 있을 때에는 [적용 범위]에서 "개체 전체, 새 다단으로" 를 선택할 수 있다. [새 다단으로]를 선택하면, 개체 안에서도 본문 편집에서와 같이 커서 위치부터 새로운 다단을 설정할 수 있다. 또한 개체 안에서도 두 가지 이상의 다단이 설정되어 있으면, 적용 범위에서 "현재 다단"을 선택할 수 있다.

(4) 단 사이 이동

단과 단 사이의 커서 이동은 마우스로 이동하려는 단을 누르거나, 오른쪽 단에서 왼쪽 단으로 이동할 때는 Ctrl+Alt+→ 키를, 왼쪽 단에서 오른쪽 단으로 이동할 때는 Ctrl+Alt+

⊡ 키를 누른다.

(5) 단 사이 간격

[다단 설정 나누기]를 통해 한 문서에서 서로 다른 단 모양을 만든 경우, 이전 다단과 다음 다단 사이의 간격은 [쪽]-[구역 설정]의 "단 사이 간격"에서 조절할 수 있다.

(6) 글 입력과 다단 설정

다단 편집은 문서의 내용이 어느 정도 입력된 이후, 전체적인 모양을 만드는 마무리 단계에서 설정하는 것이 일반적인 경우이다. 화면에 입력된 내용이 없으면, 다단의 모양을 정한 것이 편집 화면에 제대로 표현될 수 없기 때문에 원하는 다단을 설정하기 어렵다.

(7) 본문에 개체가 있을 때

개체(표, 그림, 그리기 개체 등)가 있는 문서를 다단 편집할 때에는 개체의 위치를 조절하여 단과 단 사이에 걸쳐서 배치할 수 있다. 이 경우 위치를 조절하려는 개체를 마우스로 선택한 다음, [입력]-[개체 속성]에서 [위치]를 조절하면 된다.

(8) 참고 사항

- 단 설정 값의 범위 : [단 개수]의 최댓값에 대한 제한은 없다. 설정할 수 있는 값의 범위는 현재 문서의 [편집 용지] 설정에 따라 정해진다. 단 [너비]와 [간격] 값의 범위는 편집 용지와 단 개수에 따라 정해진다. 최소 단 너비는 10mm이다.
- 다단 설정 나누기 : [쪽]-[다단 설정 나누기]를 실행하면, 현재 커서 위치 이후의 내용은 앞단의 단 모양을 그대로 이어받는다. 커서 이후 부분에서 [다단]을 실행하여 다른 모양의 다단 편집을 하면 된다.
- 단의 끝에서 →와 ↓의 차이 : 다단 편집으로 작성한 문서에서, 왼쪽 단의 맨 아랫줄에서 →를 누르면 다음 줄인 오른쪽 단의 첫 번째 줄로 올라간다. 그러나 ↓를 누르면 다음 줄이 아닌, 화면에서 바로 아랫줄인 다음 쪽(페이지)의 첫 번째 줄로 이동한다. 즉 다단 편집일 때의 커서 이동은 오른쪽 화살표와 아래쪽 화살표가 화면에서 보이는 대로, 오른쪽에 있는 줄과 아래쪽에 있는 줄로 커서가 이동하게 된다.
- 다단 편집에서 각주 위치 : 다단 편집된 문서에서 각주를 넣을 때에는 각 단 아래에 각주 내용을 놓을 수도 있고, 전단으로 각주 내용만 펼쳐서 놓을 수도 있다. 또한 오른쪽 단 아래에 한 쪽 안에 들어있는 모든 각주를 모아 놓을 수도 있다. 이 경우 [입력]-[주석]-[각주/미주 모양]을 실행하여 [각주 모양] 탭의 [다단 각주 위치]에서 원하는 각주 위치를 지정해야 한다. 다만, 배분 다단이나 평행 다단을 사용할 때에는 [각주 모양]-[다단 각주 위치]를 "전단" 으로 지정해야 한다.
- 단 구분선 : 이전 판 훈글에서는 [단 구분선]을 넣으면, 입력된 본문 내용과 관계없이 무조건 단 구분선이 표시된다. 하지만 한컴오피스 훈글 2014에서 [단 구분선]을 넣으면, 입력된 내용만큼만 단 구분선이 표시된다.

8.3 바탕쪽

문서의 전체 쪽에 공통으로 적용되는 쪽 모양은 바탕쪽에서 작성한다. 바탕쪽은 홀수 쪽과 짝수 쪽을 따로 지정할 수 있어, 맞쪽 문서를 작성할 때 펼쳐진 모양에 맞추어 원하는 모양대로 편집할 수 있다.

① [쪽]-[바탕쪽] 아이콘을 실행한다.

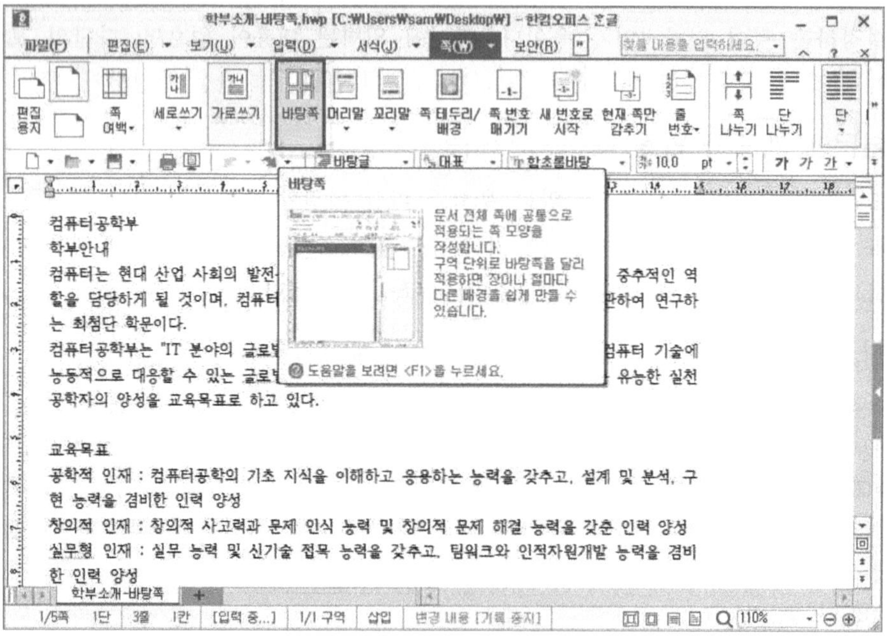

② [바탕쪽] 대화상자에서 바탕쪽 [종류]-"양쪽", [적용 범위]-"첫 구역부터"를 선택하고 [만들기] 단추를 누른다.

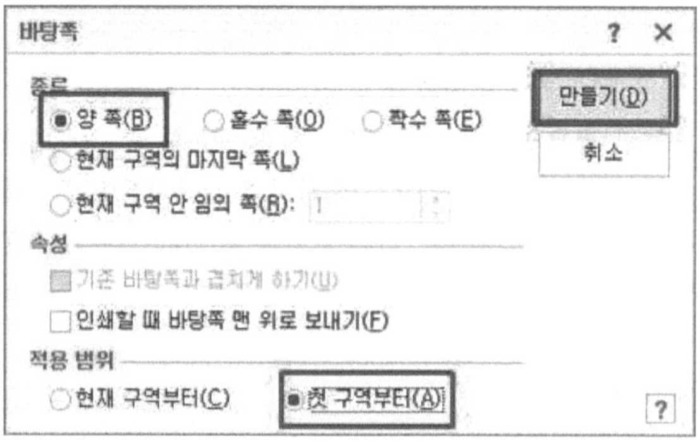

③ 바탕쪽을 편집할 수 있는 “빈 화면”과 “바탕쪽” 도구 상자가 나타난다.

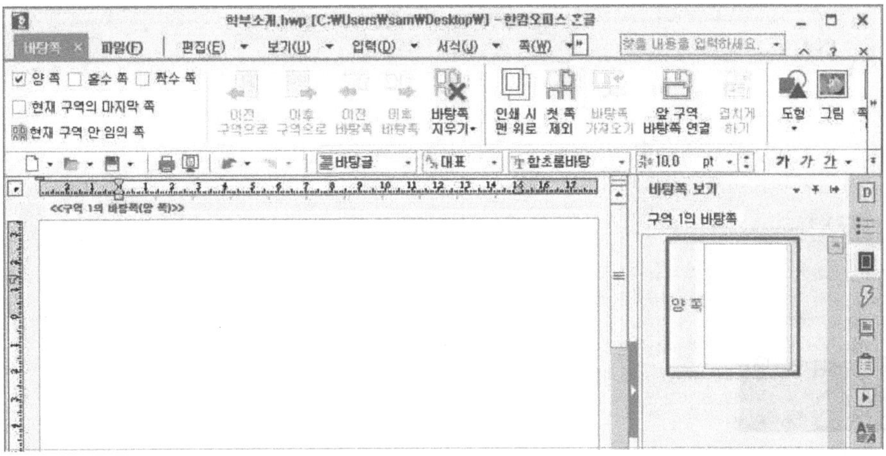

④ [입력]-[그림] 아이콘을 실행해 원하는 위치에 원하는 크기로 그림 파일을 삽입한다.

⑤ [바탕쪽] 도구 상자의 “×” 단추를 눌러 바탕쪽 편집을 끝내고 본문으로 돌아온다.

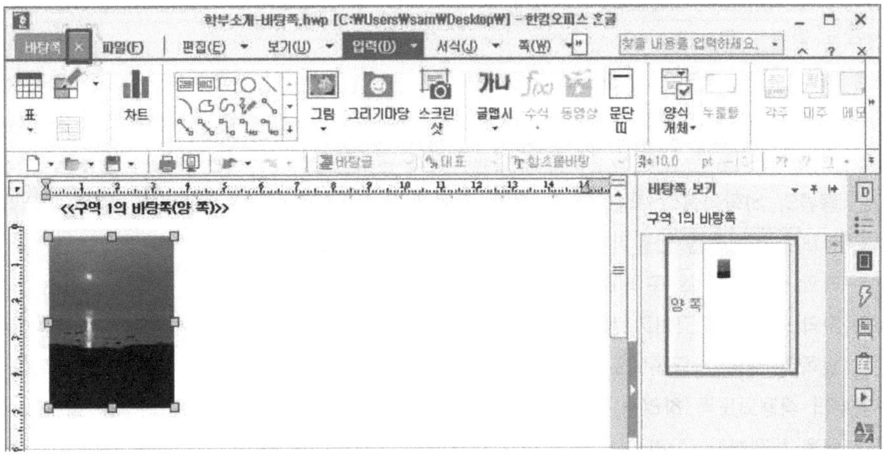

⑥ 본문에 바탕쪽이 적용된다.

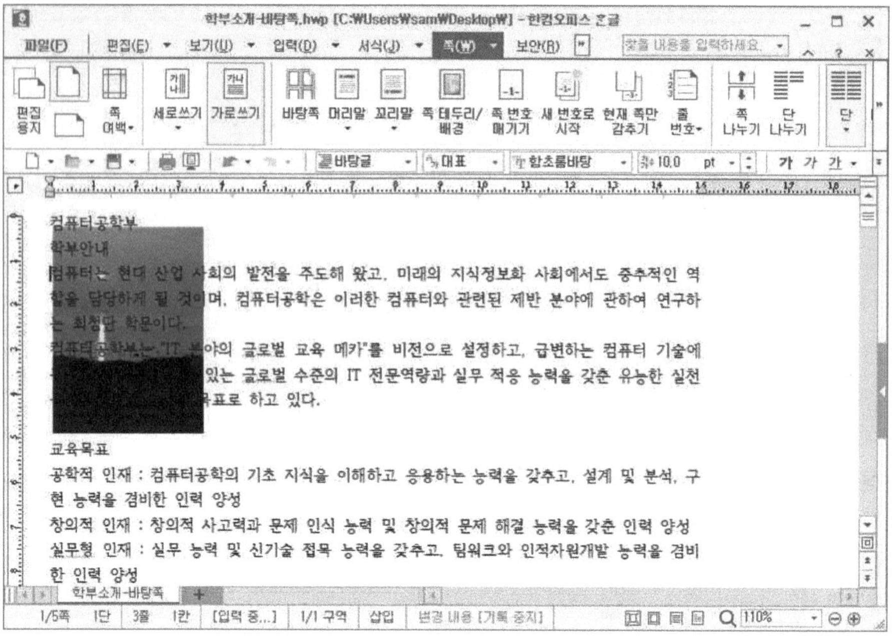

■ 바탕쪽 종류 : 바탕쪽은 구역 단위로 만든다. 하나의 구역에는 [양 쪽], [홀수 쪽], [짝수 쪽], [구역 마지막 쪽], [구역 임의의 쪽]의 5가지 종류의 바탕쪽을 만들 수 있으므로, 장이나 절마다 다른 배경을 만드는 작업을 쉽게 할 수 있다. 한 구역 안에 '양 쪽 바탕쪽'과 '홀수 쪽 바탕쪽'을 함께 만든 경우, 짝수 쪽에는 '양 쪽 바탕쪽'이 나타나고 홀수 쪽에는 '홀수 쪽 바탕쪽'이 나타난다.

■ 바탕쪽 고치기 : [쪽]-[바탕쪽]을 실행했을 때, 현재 구역에 이미 바탕쪽이 만들어져 있으면, 곧바로 현재 쪽에 적용된 바탕쪽의 고치기 상태가 된다. 현재 구역에 만들어진 바탕쪽이 없으면, 현재 구역 앞쪽으로 거슬러 바탕쪽이 적용된 구역을 찾아서 바탕쪽 고치기 상태로 만든다. 만약 현재 구역 앞쪽에도 만들어진 바탕쪽이 없을 때에는 새로 바탕쪽을 만들기 위해 바탕쪽의 종류와 적용 범위를 묻는다.

■ 다른 종류 바탕쪽 만들기 : 하나의 구역에는 [양 쪽], [홀수 쪽], [짝수 쪽], [구역 마지막 쪽], [구역 임의의 쪽]의 5가지 종류의 바탕쪽을 만들 수 있다. 새로운 종류의 바탕쪽을 만들고 싶을 때에는 [바탕쪽 도구 상자]의 [바탕쪽 종류] 목록 단추를 눌러 원하는 바탕쪽 종류를 선택한다. 다른 종류의 바탕쪽을 선택했을 때, 현재 구역에도 현재 구역 앞쪽에도 같은 종류의 바탕쪽이 없으면 새로 바탕쪽을 만들기 위해 [바탕쪽 적용 범위]를 묻는다.

■ 새 구역의 바탕쪽 : 새 구역에서 [쪽]-[바탕쪽]을 실행하면 현재 쪽의 앞쪽으로 거슬러 가장 가까운 구역의 바탕쪽 고치기 상태가 된다. 이 상태에서 바탕쪽을 편집하면, 현재 구역뿐만 아니라 문서 앞쪽의 해당 바탕쪽에도 편집한 바탕쪽이 그대로 적용된다. 따라서 고쳐진 바탕쪽이 현재 구역부터 적용되도록 하려면, 바탕쪽 도구 상자의 [앞 구역 바탕쪽 사용] 단추를 눌러 이 항목의 선택을 해제한다. 그러고 나서 현재 구역부터 적용될 바탕쪽을 새로 만들어야 한다.

8.4 쪽 테두리/배경

현재 편집 중인 문서의 각 쪽마다 다양한 모양의 쪽 테두리와 바탕색, 배경 그림 등을 넣을 수 있으며, 원하는 방향의 테두리만을 보이거나 감출 수 있다.

(1) 쪽 테두리 넣기

① [쪽] - [쪽 테두리/배경] 아이콘을 실행한다.

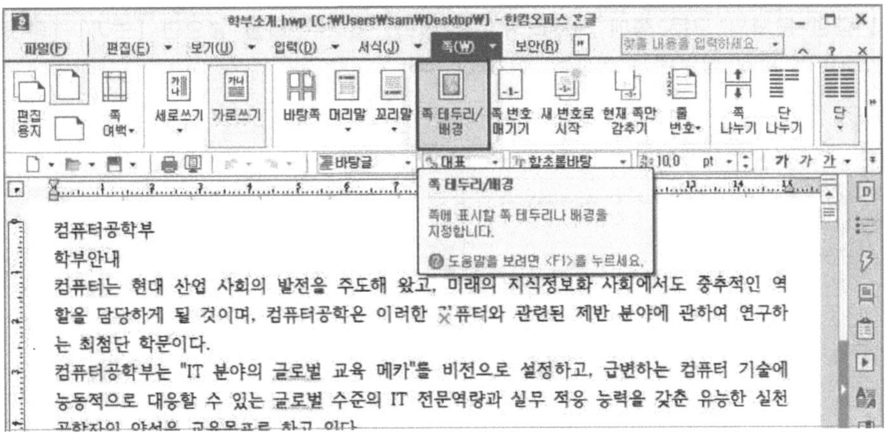

② [쪽 테두리/배경] 대화상자가 나타나면 [테두리] 탭을 선택한다.

③ "테두리 종류"의 목록 단추를 눌러 "한 줄 실선"을 선택, 선 굵기는 "0.5mm"로 지정하고 색은 "진달래"로 선택한다.

④ 테두리 미리 보기 영역에서 모두 단추를 눌러 선택한 테두리를 모든 방향에 적용한 다음 설정 단추를 누른다.

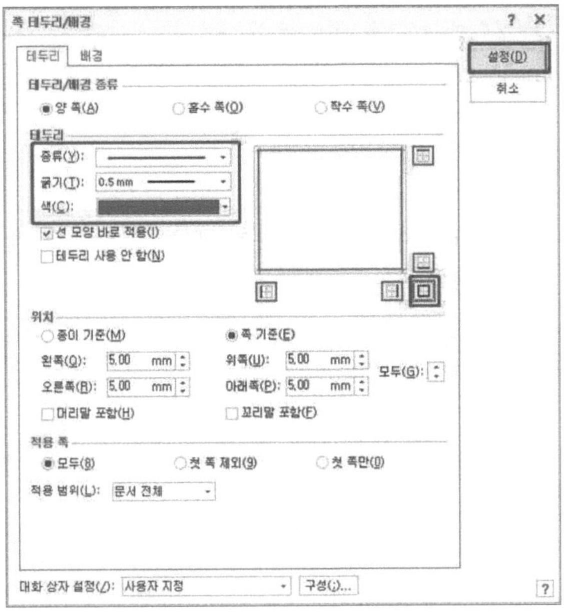

- 적용 쪽 : 쪽 테두리/배경은 구역 단위로 만든다. 하나의 구역에는 [양 쪽], [홀수 쪽], [짝수 쪽]의 3가지 종류의 쪽 테두리/배경을 만들 수 있으므로, 장이나 절마다 다른 배경을 만드는 작업을 쉽게 할 수 있다. 한 구역 안에 '양쪽 테두리/배경' 과 '홀수 쪽 테두리/배경' 을 함께 만든 경우, 짝수 쪽에는 '양 쪽 테두리/배경' 이 나타나고 홀수 쪽에는 '홀수 쪽 테두리/배경' 이 나타난다.
- 동시 지정 : 문서에 [쪽 테두리]와 [쪽 배경]을 넣을 때에는 테두리와 배경 중에서 한 가지만 넣을 수도 있고, 2가지 효과를 동시에 지정할 수도 있다. 또한 홀수 쪽에는 테두리를 넣고, 짝수 쪽에는 쪽 배경을 넣는 등 홀짝수 쪽을 구분하여 서로 다른 효과를 지정할 수도 있다.

⑤ 편집 중인 문서의 모든 쪽에 테두리가 그려진다. 쪽 테두리를 넣으면 [보기]-[쪽 윤곽]이 켜져 있어야만 편집 화면에서 확인할 수 있다.

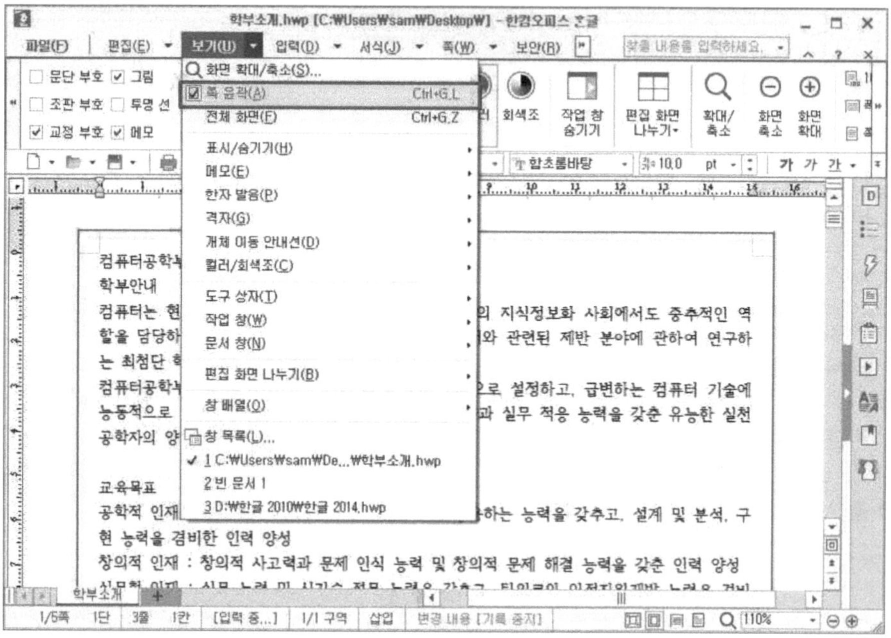

(2) 쪽 배경

문서의 배경을 색깔과 무늬로 채우거나 그러데이션으로 채우기, 또는 그림으로 채우기 등을 지정하여 다양한 채우기 효과를 낼 수 있다.

① [쪽]-[쪽 테두리/배경] 아이콘을 클릭한다. [쪽 테두리/배경] 대화상자가 나타나면 [배경] 탭을 선택한다.

② "색"을 선택하고, [면 색] 목록 단추를 누른다. 색상 창이 펼쳐지면 원하는 배경색을 마우스로 선택하고, [설정] 단추를 누른다.

8.5 쪽 번호 매기기(Ctrl+N,P)

쪽 번호 매기기는 복잡한 절차 없이 문서에 쪽(페이지) 번호를 자동으로 매겨 주는 기능이다. 쪽 번호를 넣을 때 9가지 모양의 번호 위치를 지정할 수 있다.

① 쪽 번호를 붙일 쪽에 커서를 놓고, [쪽]-[쪽 번호 매기기]를 실행한다.

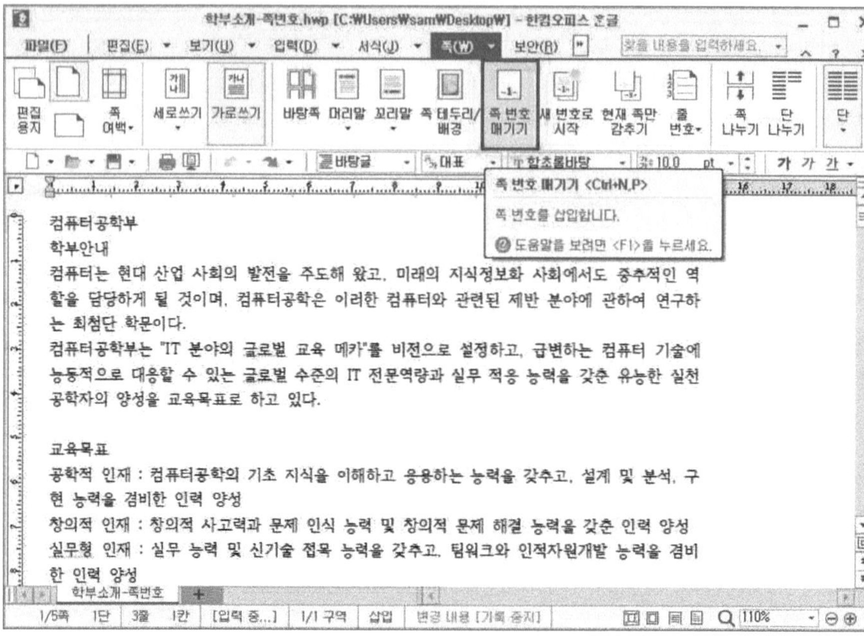

② [쪽 번호 매기기] 대화상자가 나타나면 [번호 위치]는 "가운데 아래"를 선택한다.

③ [번호 모양]은 "1,2,3"과 같은 아라비아 숫자를 선택하고 [넣기] 단추를 누른다.

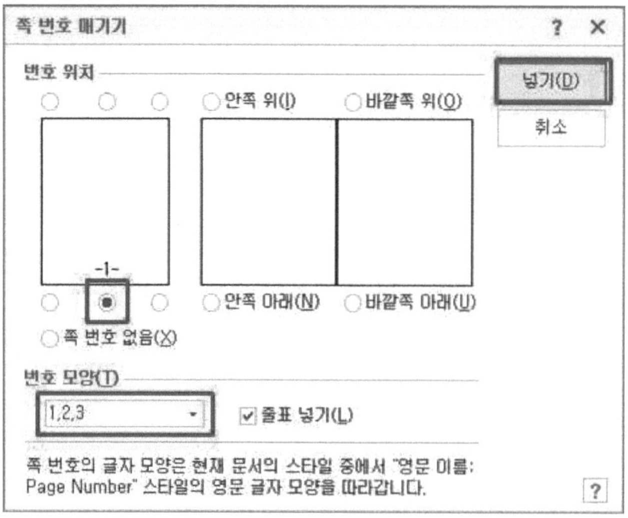

④ 현재 커서 위치에 상관없이 현재 구역의 모든 쪽 아래 가운데 부분에 아라비아 숫자로 쪽 번호를 인쇄해 준다. 서식 도구 상자의 미리보기로 확인할 수 있다.

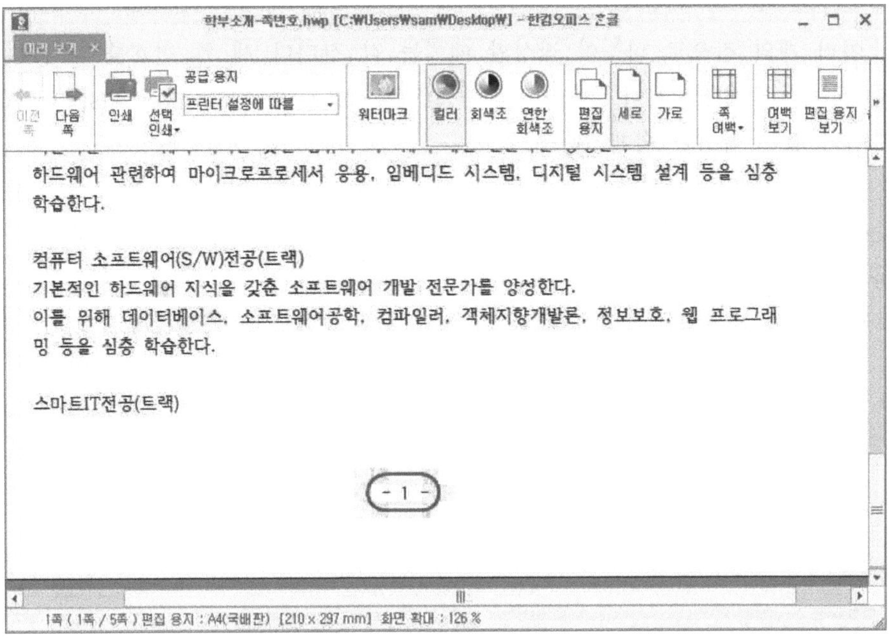

■ 감추기 : 논문이나 보고서를 쓰다 보면 중간에 속지나 빈 페이지를 삽입해야 하는 경우가 생긴다. 이럴 경우에는 해당 쪽의 쪽 번호는 넣지 않는다. 현재 커서가 놓여 있는 쪽의 쪽 번호만을 보여주지 않으려면, [쪽]-[감추기]를 실행하여 [쪽 번호] 항목을 선택한다. 그러면 현재 쪽의 쪽 번호만을 감출 수 있다.

■ 원하는 위치에 쪽 번호 넣기 : [쪽 번호 매기기]를 이용하면 10가지 모양의 번호 위치 중에서만 선택하여 쪽 번호를 넣을 수 있다. 원하는 위치에 원하는 모양의 쪽 번호를 넣고 싶을 때에는 [쪽]-[바탕쪽]을 실행하여 투명한 글상자를 하나 만든다. 그리고 글상자 안에서 바탕쪽 도구 상자의 [쪽 번호 넣기]로 쪽 번호를 직접 삽입한 다음 적당한 글자 모양을 지정하여 원하는 위치로 글상자를 옮겨 놓으면 된다.

8.6 구역 설정(Ctrl+N,G)

문서를 여러 개의 장으로 나누어 작성할 때에는 각 장마다 새 쪽 번호를 매기거나 배경 그림과 테두리 등을 각각 다르게 설정하는 경우가 많다. 한글에서는 구역(section)을 나눔으로써 위와 같은 작업을 쉽게 할 수 있다.

구역을 나누면 이후로 작성하는 내용은 그 앞부분과 완전히 별개의 내용으로 간주되므로, 한 문서 안에서 서로 다른 편집 용지, 바탕쪽, 각주/미주 모양, 쪽 테두리/배경, 개요 모양 등을 쓸 수 있다.

① 새로운 구역이 시작될 곳에 커서를 놓고 [쪽]-[구역 설정] 아이콘을 클릭한다.

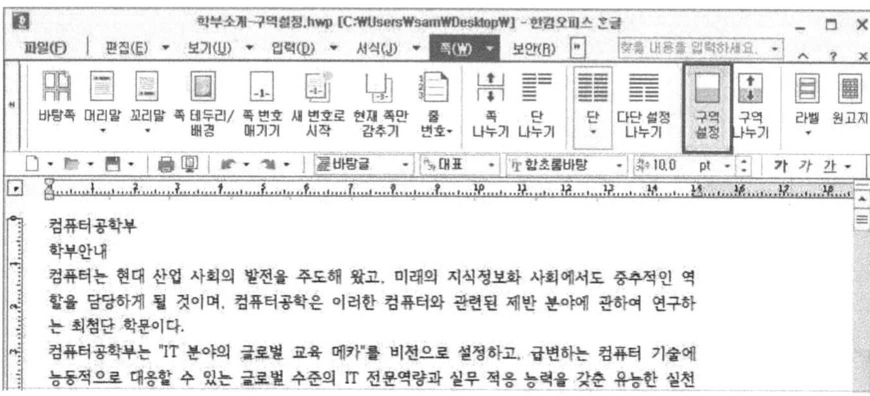

② [구역 설정] 대화상자가 나타나면 [적용 범위] 목록 단추를 눌러 "새 구역으로"를 선택하고 [설정] 버튼을 클릭한다.

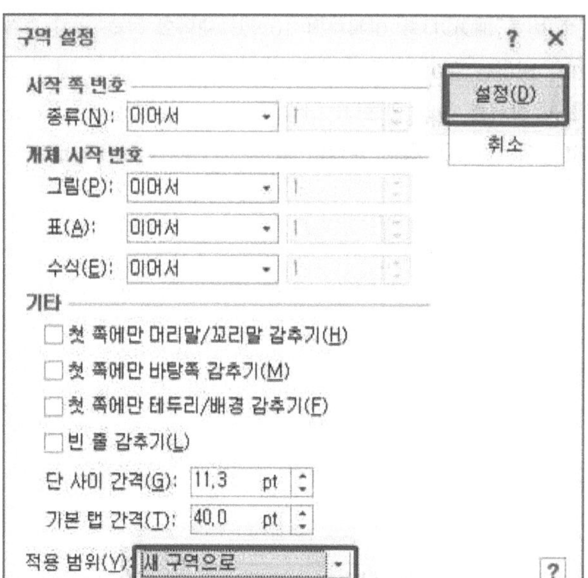

③ 구역이 나뉘면서 새로 생긴 쪽(페이지)의 맨 앞에 커서가 위치한다. 상황선에서 "현재 구역/전체 구역"을 확인할 수 있다.

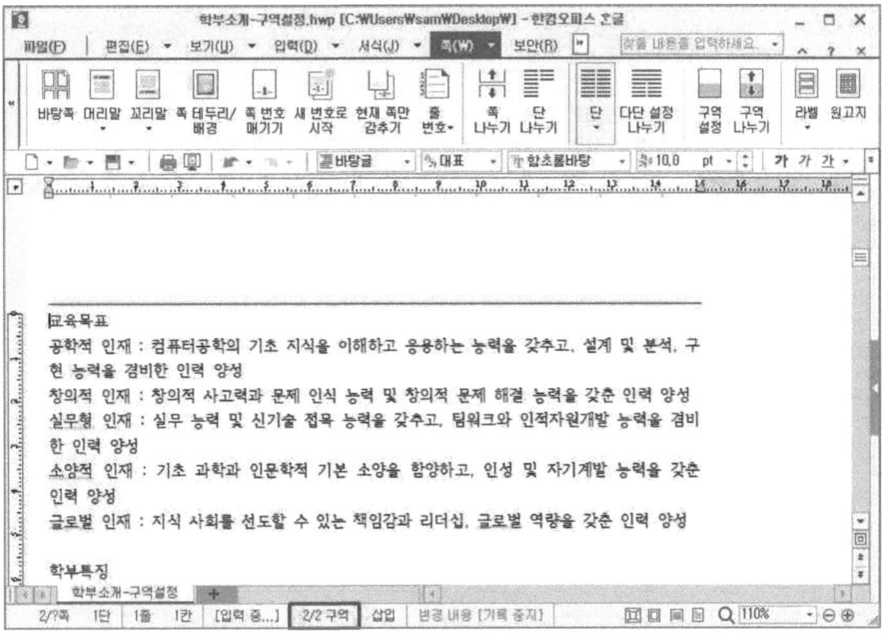

8.7 나누기

내용을 입력하다가 쪽이 다 차지 않았더라도 다음 쪽으로 넘기고 싶거나 하나의 단을 다 채우지 않고도 다음 단으로 커서를 넘기고 싶을 때, 또는 새로운 조판 모양을 정의하기 위하여 구역을 나누고 싶을 때에는 [쪽]-[쪽/단/다단/구역 나누기] 아이콘을 이용한다.

(1) 쪽 나누기(Ctrl+Enter↵)

훈글은 용지 크기만큼 입력을 하고 나면 저절로 쪽이 나누어진다. 하지만 [쪽]-[쪽 나누기] 아이콘을 실행하면 아직 쪽이 나누어질 만큼 내용이 안 되더라도 강제로 쪽을 나눌 수 있다.

가. 강제 쪽 나누기

쪽이 다 차기 전에 쪽(페이지)을 끝내고 새로운 쪽(페이지)에서 내용을 입력하고 싶을 때에는 [쪽]-[쪽 나누기] 아이콘을 실행하여 강제로 쪽을 분리시킬 수 있다.

강제로 쪽을 나누면 용지를 채우기 위한 나머지 부분만큼의 빈칸을 건너뛰고 쪽을 나누어준다. 강제로 들어간 쪽 분리선은 쪽 윤곽이 설정되어 있지 않을 때에는, 빨간 색 점선으로 표시된다.

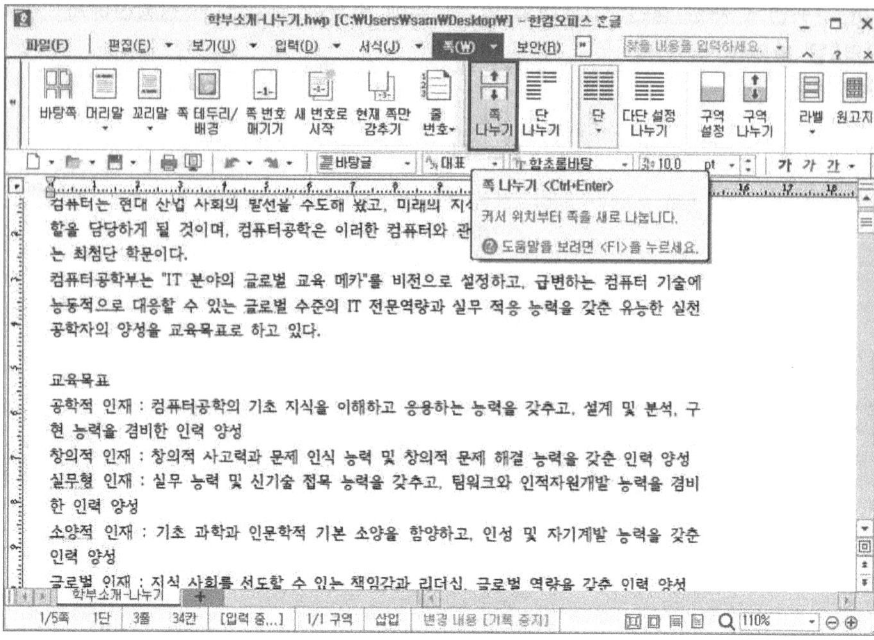

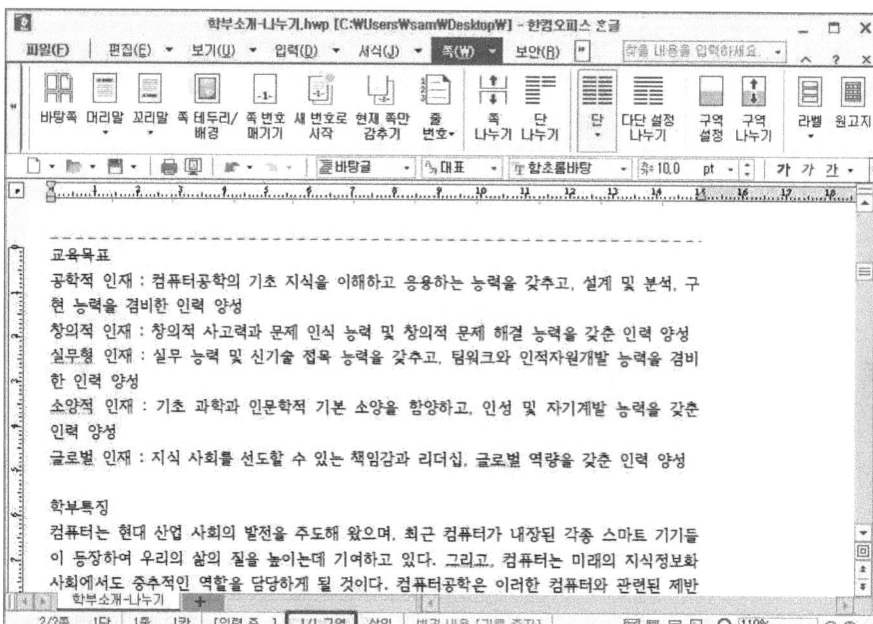

나. 강제 쪽 나누기 지우기

쪽 나누기를 한 것은 [쪽]-[쪽 나누기]를 실행한 자리 앞이나 뒤에서 Delete키나 Back Space 키를 누르면 지워진다.

(2) 단 나누기(Ctrl+Shift+Enter↵)

단의 내용이 다 차지 않았더라도 다음 단으로 커서를 옮기고자 할 때에 단 나누기를 이용해 커서 이후의 내용을 다음 단으로 분리시킬 수 있다.

① 문서에서 “단”을 “2단”으로 설정한 상태에서, [쪽]-[단 나누기] 아이콘을 실행한다.

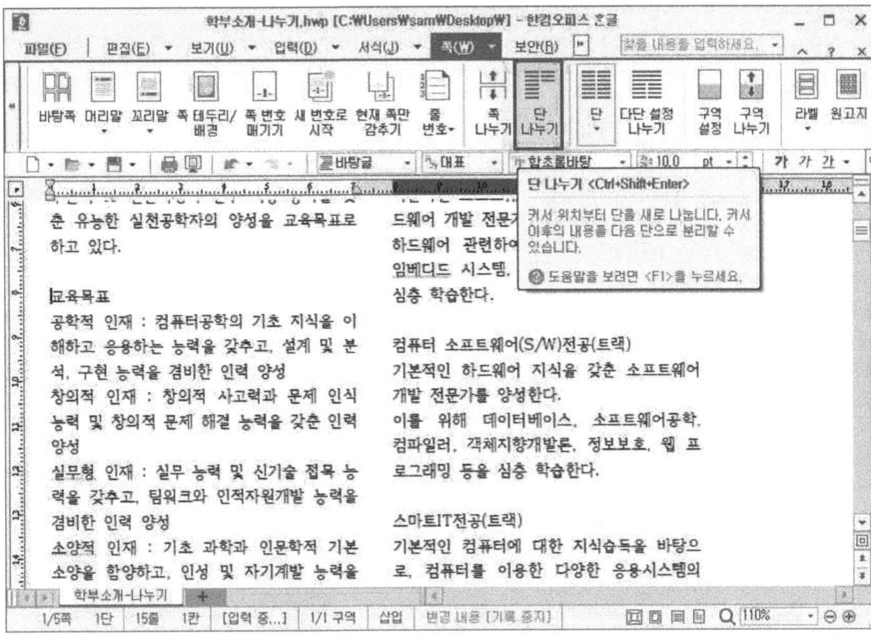

② 본문의 “교육 목표” 옆의 단으로 이동하는 것을 확인할 수 있다.

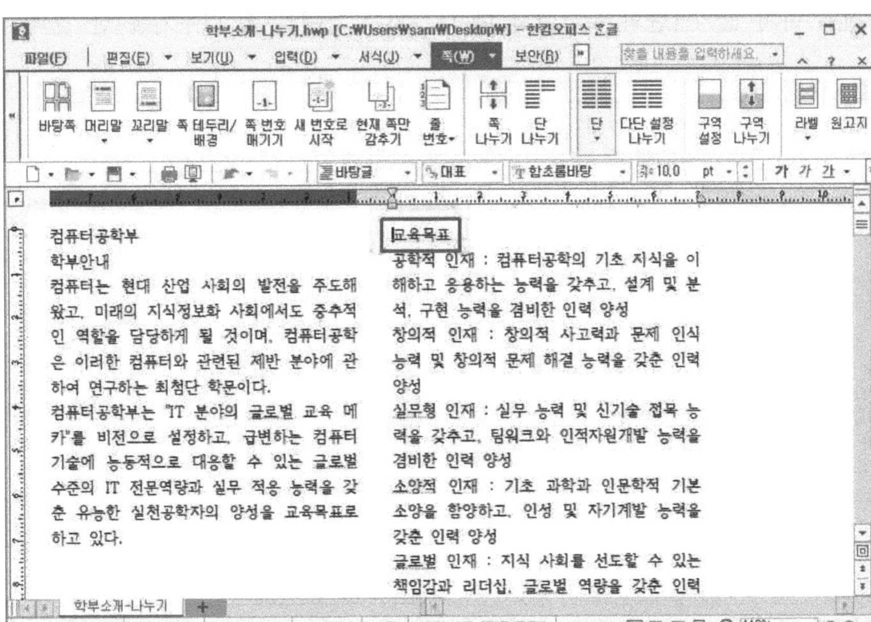

가. 강제 단 나누기 지우기

단 나누기를 한 것은 [쪽]-[단 나누기]를 실행한 자리 앞이나 뒤에서 Delete키나 Back Space키를 누르면 지워진다. 이때 강제 단 나누기 표시만 없어지고 앞뒤의 문단이 하나로 합쳐지지는 않는다.

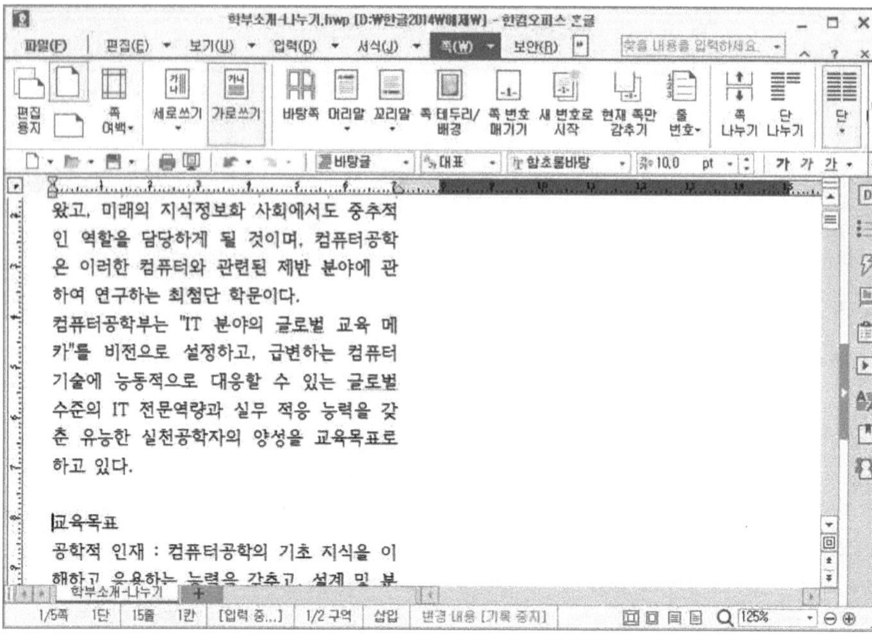

나. 1 단에서 나누기

다단 편집을 하지 않은 1단의 문서에서 단 나누기는 강제로 쪽 나누기를 한 것과 같다.

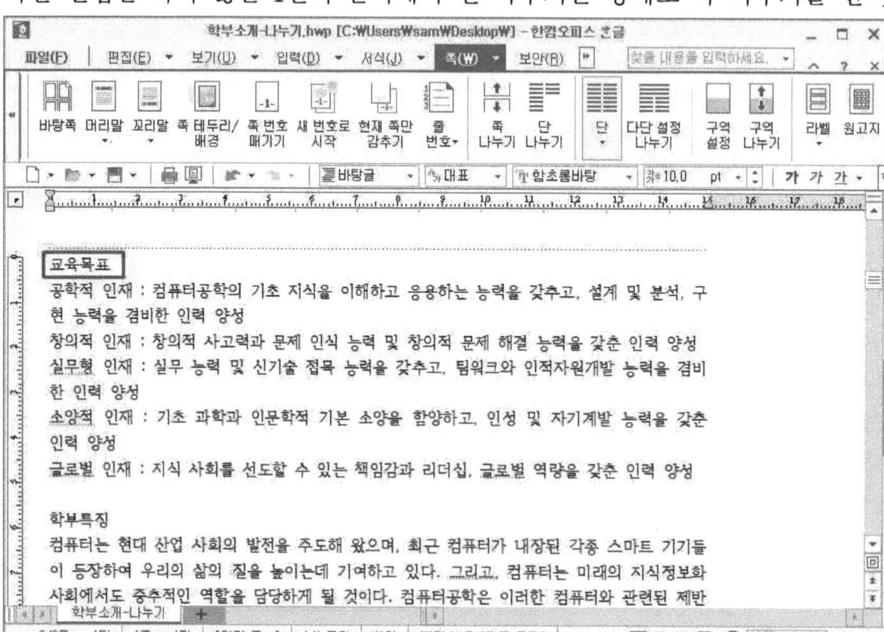

(3) 다단 설정 나누기(Ctrl+Alt+Enter↵)

한 쪽(페이지) 안에서나 하나의 문서에서 여러 개의 단 모양을 사용해 문서를 편집하는 경우가 있다. 다단 설정 나누기를 이용하면 앞 단과 관계없이 독립적인 새로운 단 모양을 정의할 수 있다. 따라서 한 쪽(페이지) 안에서 단 수를 몇 번이고 다르게 지정할 수 있다.

① 본문의 "학부특징"에 커서를 놓고 [쪽]-[다단 설정 나누기] 아이콘을 클릭한다.

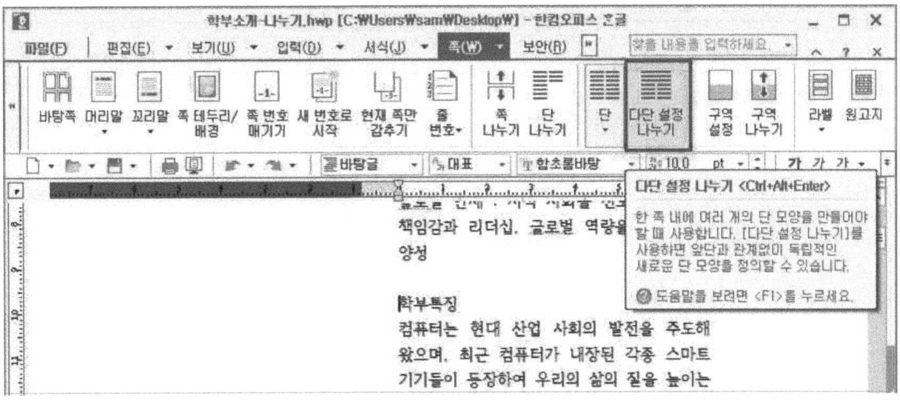

② "다단 설정 나누기"가 실행된 화면을 확인할 수 있다.

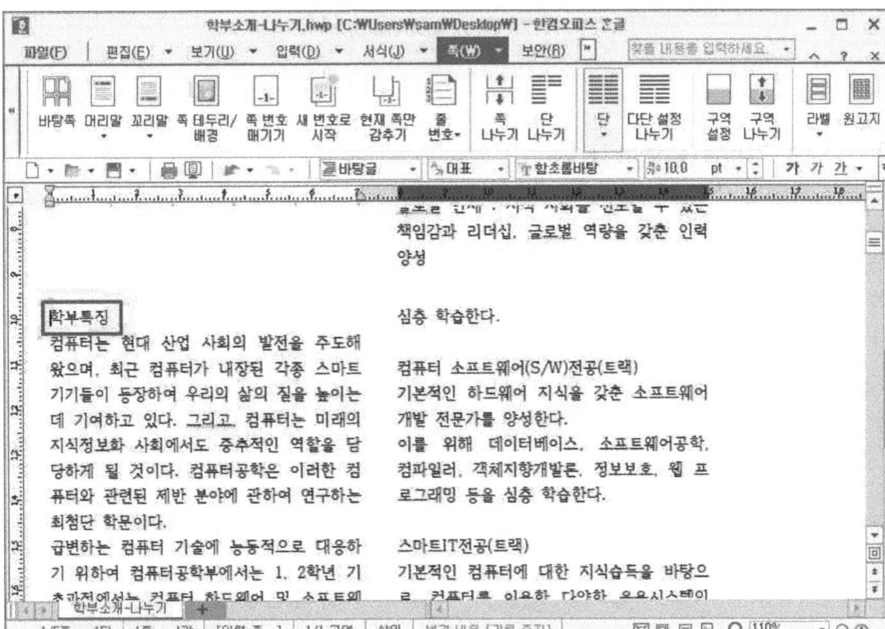

가. 속성 이어받기

새 다단을 정의하면 커서 이후의 내용은 앞 단의 단 모양뿐만 아니라 편집 용지, 바탕쪽 상태, 각주/미주 모양, 프레젠테이션 상태, 쪽 테두리/배경 모양, 구역 속성 등을 그대로 이어받는다.

나. 새 다단 설정 지우기

[다단 설정 나누기]는 [쪽]-[다단 설정 나누기]를 실행하고 자리 앞이나 뒤에서 Delete키나 BackSpace 키를 누르면 지워지며, 이 때 앞단의 단 모양을 그대로 따라간다.

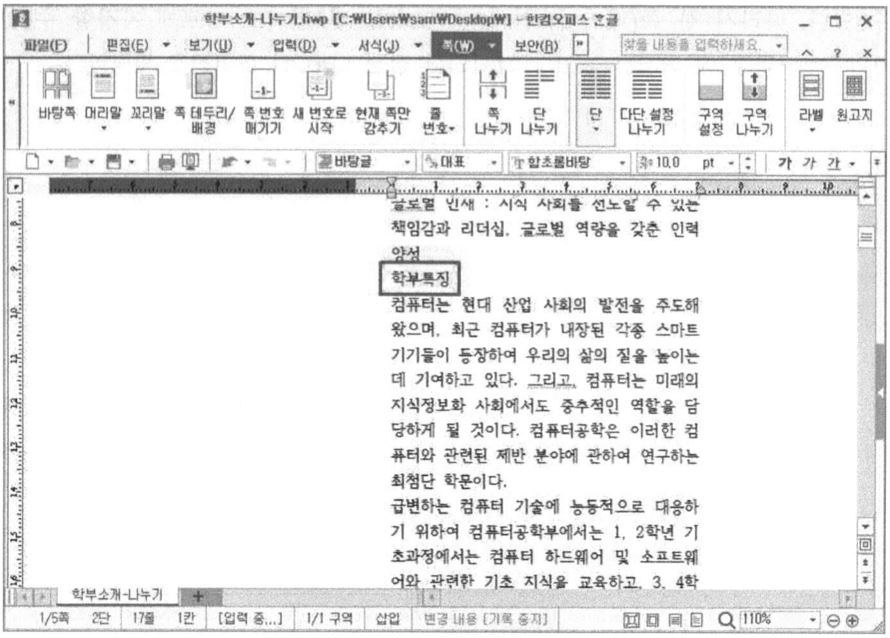

(4) 구역 나누기(Alt+Shift+Enter↵)

하나의 문서를 여러 개의 구역으로 쪼개어 구역마다 편집 용지를 다르게 설정하거나 새 쪽 번호를 매길 수 있다. 구역을 나누고 싶은 곳에서 [쪽]-[구역 나누기] 아이콘을 실행하여 새 쪽부터 새 구역으로 시작한다.

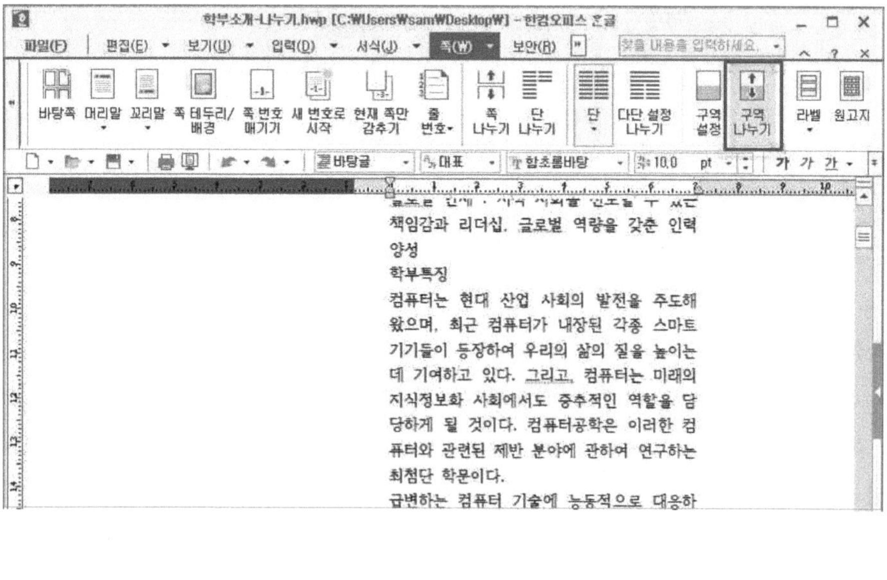

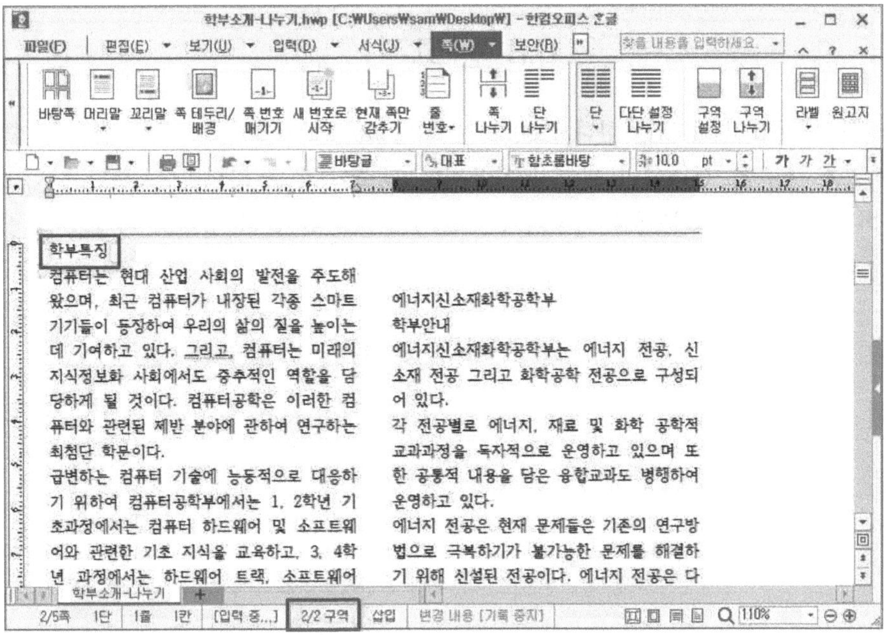

가. 속성 이어받기

새 구역을 나누면 앞 구역의 구역 속성뿐만 아니라 편집 용지, 바탕쪽 상태, 각주/미주 모양, 프레젠테이션 상태, 쪽 테두리/배경 속성, 단 모양 등을 그대로 이어 받는다.

나. 제한

머리말/꼬리말, 각주/미주, 바탕쪽, 캡션, 표와 글상자 안에서는 구역 나누기를 할 수 없다.

(5) 단축키

Ctrl + Enter	쪽 나누기
Ctrl + Shift + Enter	단 나누기
Ctrl + Alt + Enter	다단 설정 나누기
Shift + Alt + Enter	구역 나누기

8.8 원고지

원고지 위에 직접 글을 입력한다. 200자 원고지, 400자 원고지, 1000자 원고지 중에서 작성할 원고지 종류를 선택하여 원고지 사용법에 맞추어 글을 입력한다. 뿐만 아니라, 일반 편집 화면에서 작성한 문서를 가져다가 원고지에 작성한 글의 형태로 바꿀 수도 있다.

① [쪽]-[원고지] 아이콘을 클릭한다.

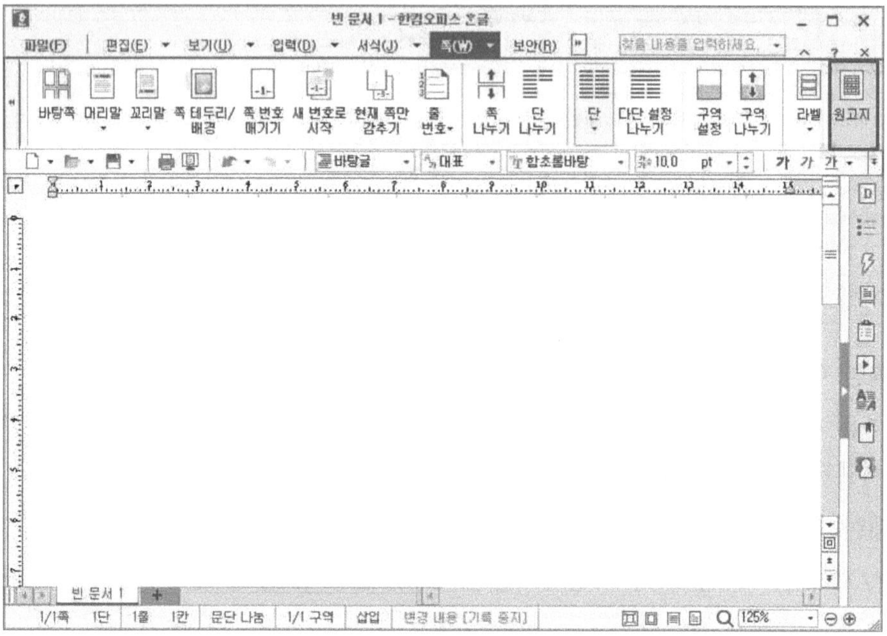

② [원고지] 대화상자가 나타나면 원고지 목록에서 "200자 원고지(B5용지) → 빨강", "현재 문서에서 내용을 가져다 채움"을 선택하고 [열기] 버튼을 클릭한다.

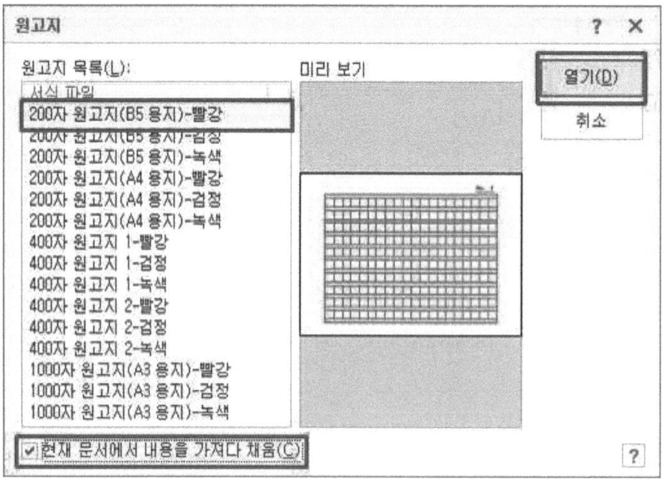

③ [열기] 단추를 누르면 새 문서창에 빨간 색상의 200자 원고지에 내용이 입력되어 나타난다. ②에서 "현재 문서에서 내용 가져다 채움"을 선택하지 않으면 빈 원고지가 나타난다.

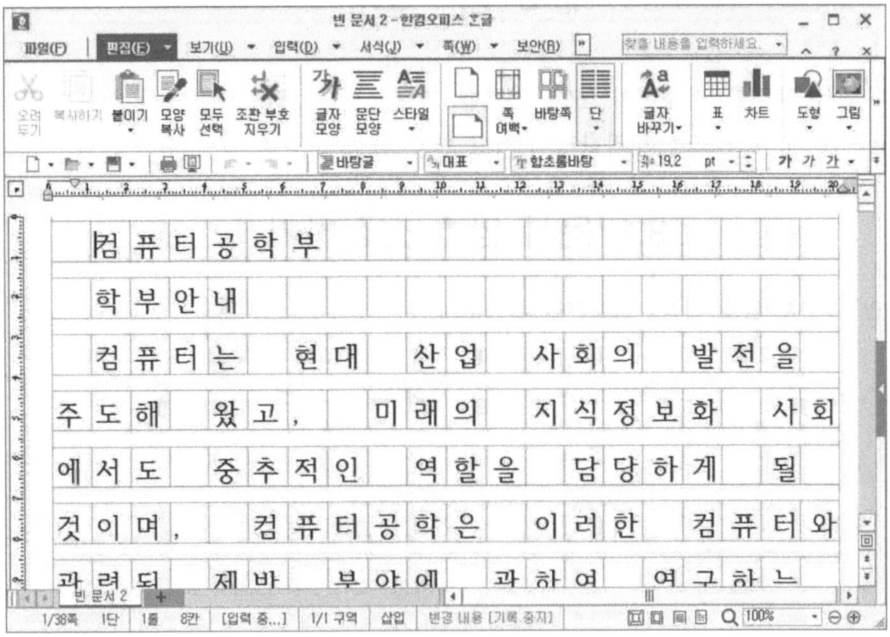

제 9 장 보안

파일에 문서 암호를 지정하여 문서 암호를 모르면 누구도 그 파일 내용을 열어볼 수 없도록 만든다. 문서 암호를 정확하게 입력할 때만 문서 파일을 열어 내용을 볼 수 있다.

9.1 문서 암호 설정하기

① [보안]-[문서 암호 설정] 아이콘을 실행한다.

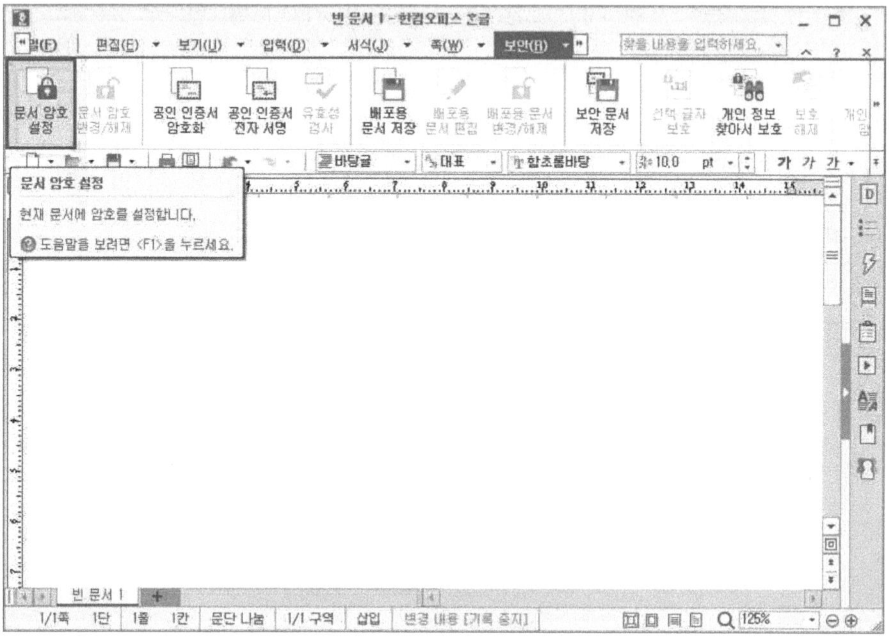

② [문서 암호 설정] 대화상자의 [문서 암호]에 원하는 암호를 5글자 이상 입력한다.

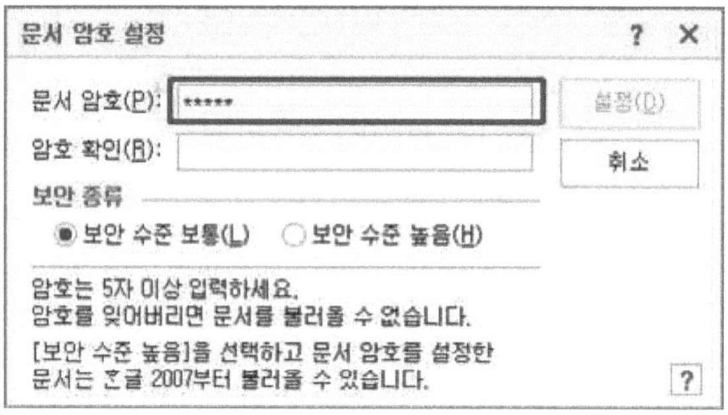

③ 암호를 정확하게 기록하기 위하여 [암호 확인]에 같은 내용을 한 번 더 입력하고 [설정] 단추를 누르면 현재 문서에 암호가 지정되었다.

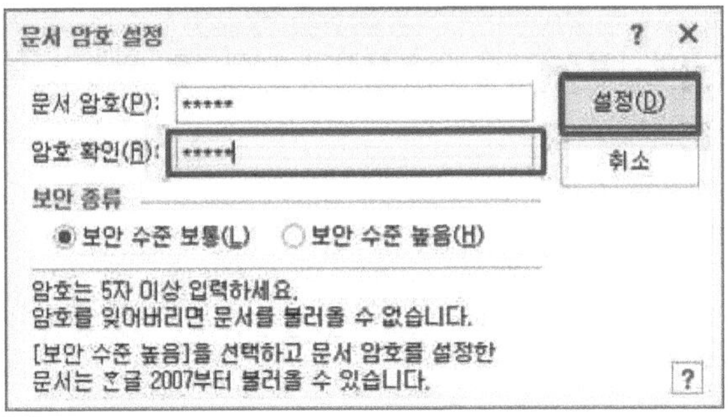

④ [파일]-[저장하기]를 실행하거나 "서식 도구 상자"에서 [저장] 아이콘을 실행하면 지정한 암호가 문서 내용과 함께 파일로 기록된다.

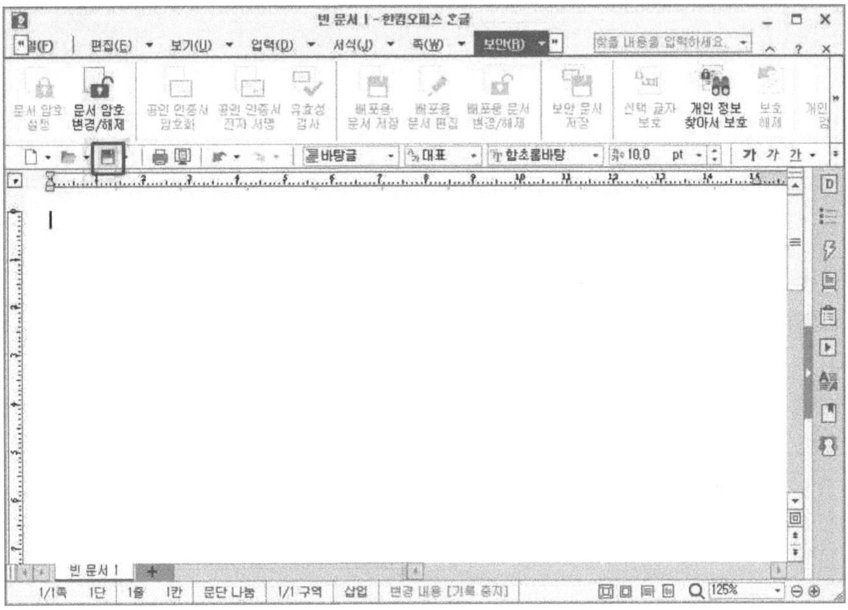

9.2 암호가 설정된 문서 불러오기

① [파일]-[불러오기] 아이콘을 실행하여 [불러오기] 대화상자가 나타나면 암호가 설정된 문서를 선택한 후, [열기]를 클릭한다.

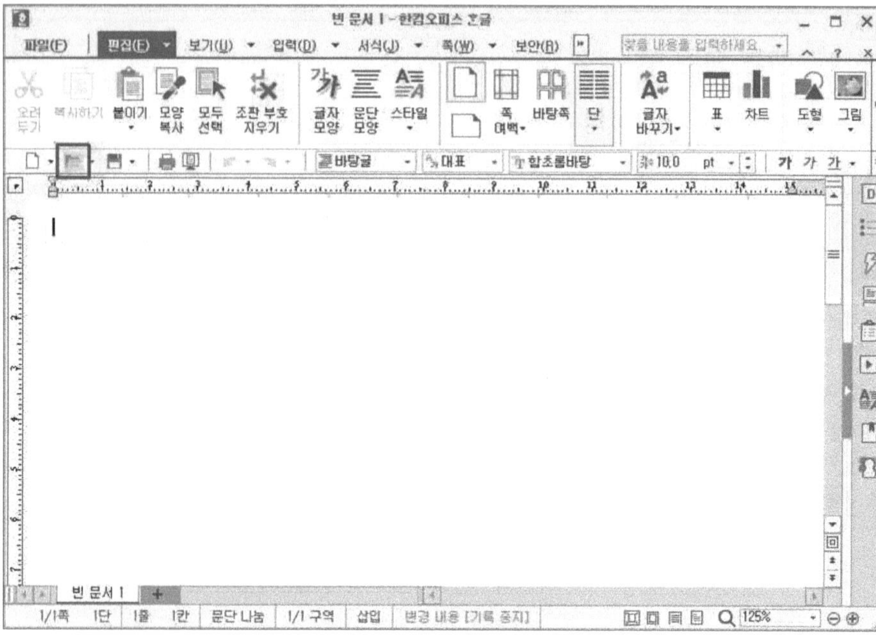

② [문서 암호] 대화상자가 나타나면 [현재 암호]에 암호를 정확하게 입력한 다음 [확인] 단추를 누른다.

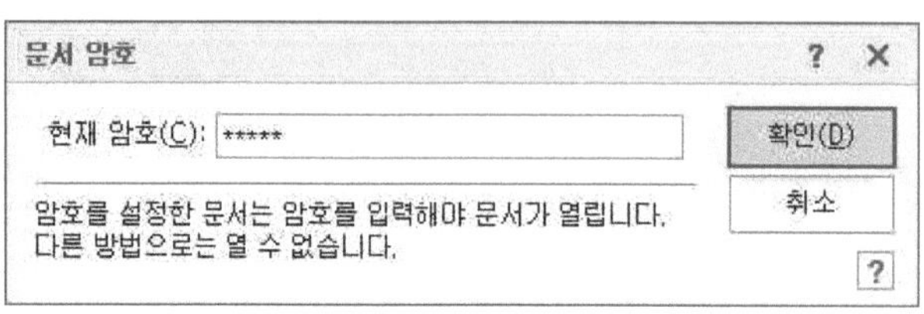

③ 입력한 암호가 맞으면 문서가 열리고, 틀리면 암호가 틀렸다는 메시지와 함께 문서가 열리지 않는다.

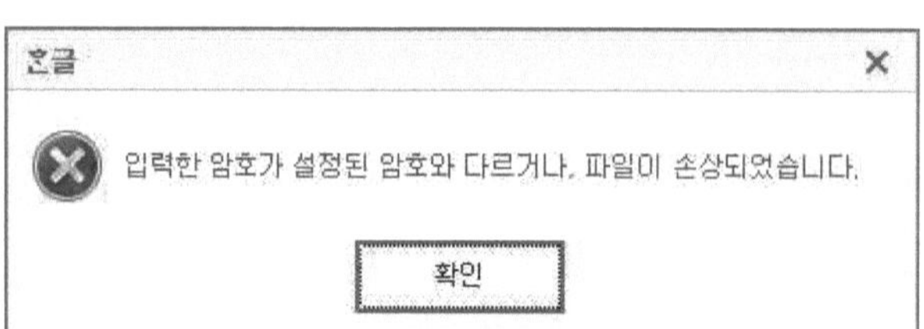

9.3 공인 인증서로 문서 암호화

[공인 인증서로 문서 암호화] 기능을 이용하면 기밀문서의 정보 유출을 막을 수 있고 개인의 문서 보안성을 강화할 수 있다.

전자 우편이나 기타 수단을 이용하여 첨부 문서를 전달하는 경우, 수신자의 공인 인증서 파일이나 식별정보를 건네받아 문서를 암호화 한 다음 문서를 전달하면 문서를 수신한 사용자는 공인 인증서의 암호를 입력하여 해당 문서를 열람할 수 있다.

공인인증서를 통해서 문서를 암호화 해보자.

① 암호화 하려는 문서를 열고 [보안]-[공인인증서로 문서 암호화] 아이콘을 클릭한다.

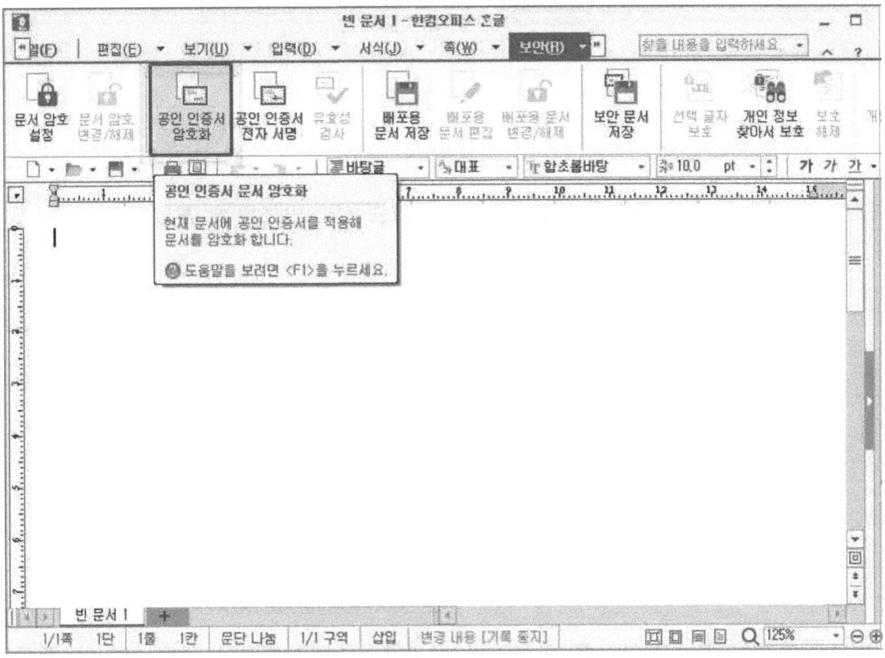

② [공인 인증서로 문서 암호화] 대화상자가 뜨면 [인증서 가져오기]를 클릭해서 저장되어 있는 공인인증서를 가져온다.

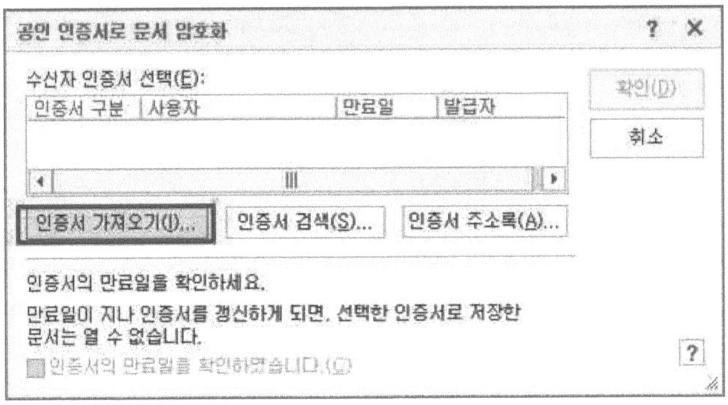

③ [인증서 가져오기] 대화 상자가 나타나면 공인인증서가 있는 위치로 이동하여 선택하고 [열기]를 클릭한다.

④ [공인 인증서로 문서 암호화] 대화상자에서 "인증서의 만료일을 확인하였습니다." 란에 체크를 하고 [확인(D)]버튼을 누른다.

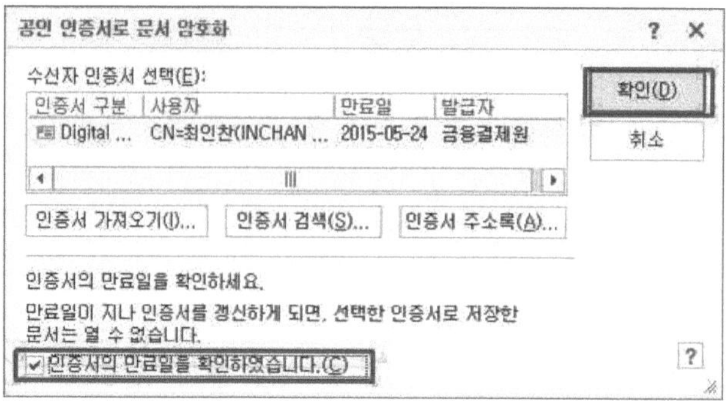

⑤ [확인(D)] 버튼을 누르면 [다른 이름으로 저장하기] 대화상자가 나타난다. 새로 저장할 파일의 이름을 넣고 [저장(D)]을 누르면 공인인증서로 암호화된 문서가 저장된다.

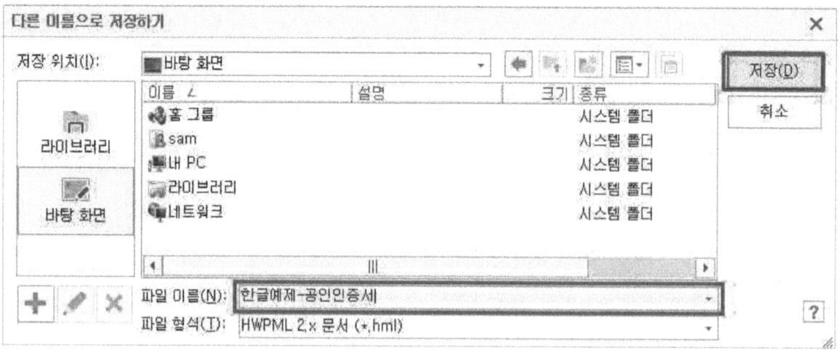

9.4 배포용 문서로 저장

한글을 사용하다 보면 간혹 문서 내용에는 아무런 변경 사항이 없이 불러와서 읽기만 할 수 있는 문서로 만들어야 할 때가 있다. 즉 내용을 복사하거나, 고치거나, 덧붙이거나 하면 안 될 문서들을 실수로 변경시킴으로써 곤란한 상황에 처할 때가 있다.

[배포용 문서로 저장] 기능은 고쳐지면 안 될 문서에 대하여 내용을 변경시키지 못하도록 만들어 준다.

① 배포용으로 만들 문서를 불러온 후 [보안]-[배포용 문서로 저장] 아이콘을 선택한다.

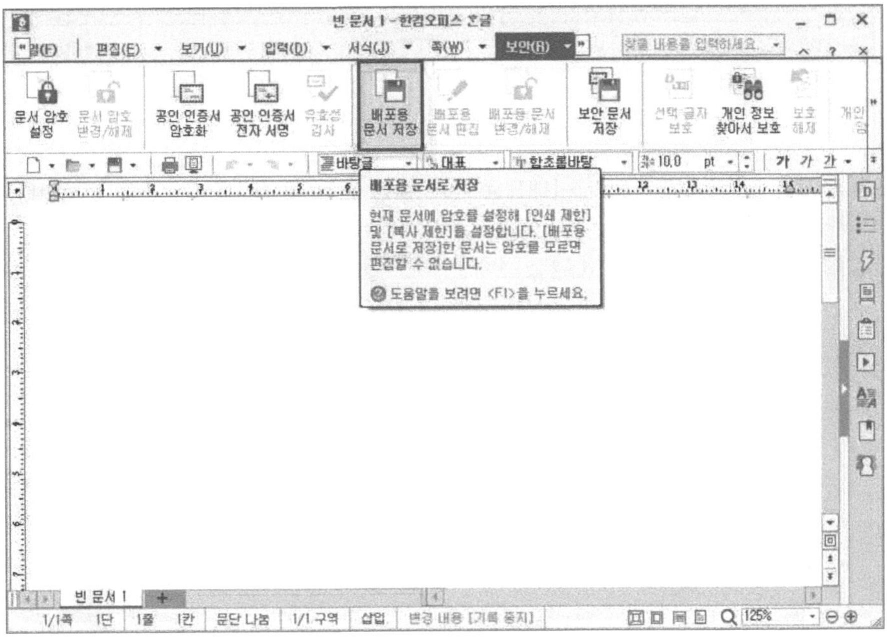

② [배포용 문서로 저장] 대화상자가 나타나면 [쓰기 암호]와 [암호 확인]란에 암호를 넣고 [저장]을 누른다.

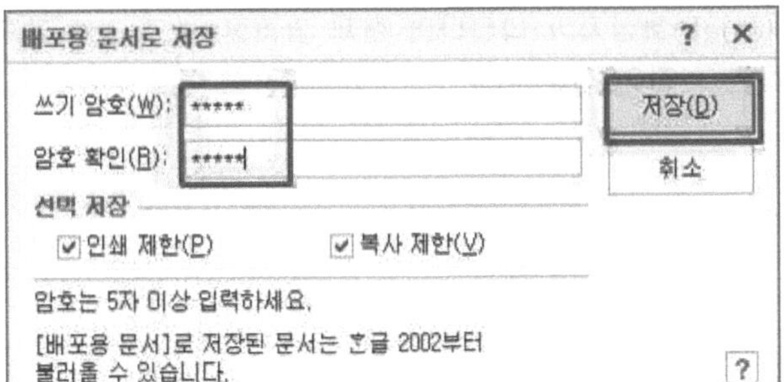

③ [다른 이름으로 저장하기] 대화상자가 나타나면 "파일이름"을 기입하고 [저장] 버튼을 누른다.

③ 저장이 완료되면 제목표시줄에 "배포용 문서"라고 나타난다.

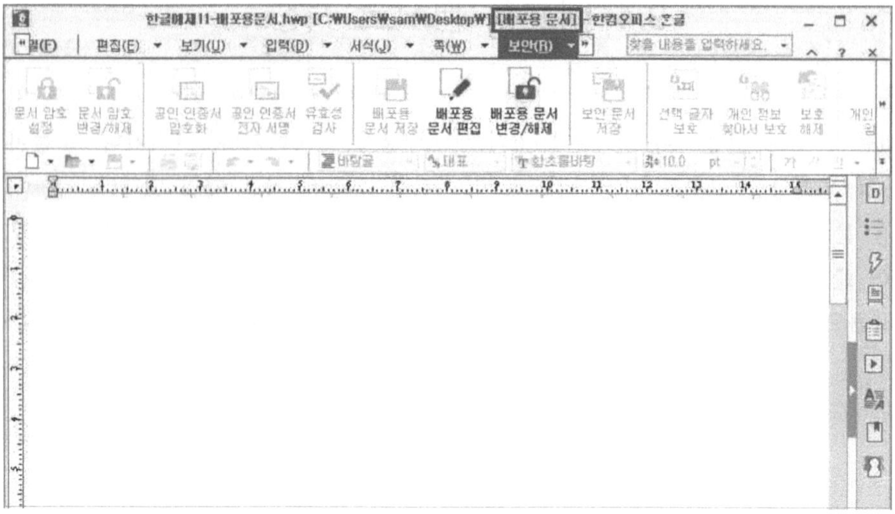

④ 배포용 문서를 해제하려면 [보안]-[배포용 문서 설정 변경 및 해제] 아이콘을 선택한다.

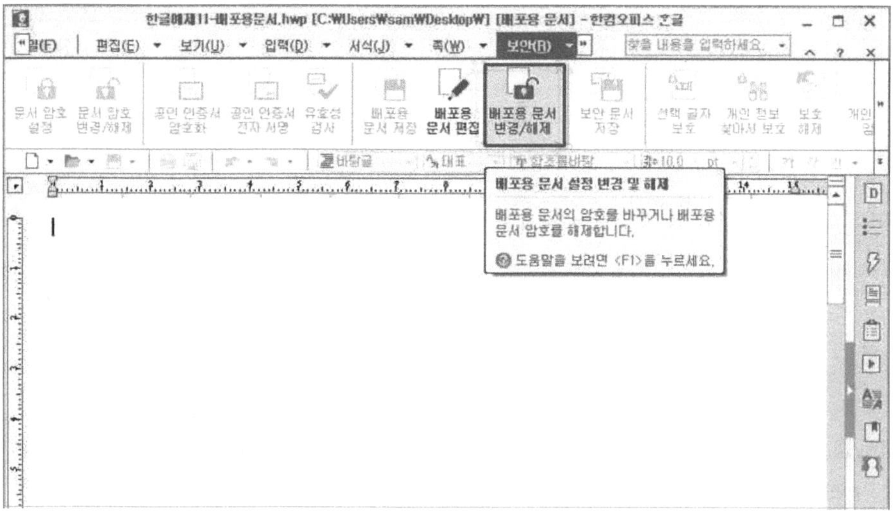

⑤ [배포용 문서 설정 변경 및 해제] 대화상자가 나타나면 현재 암호를 넣고 암호 변경 혹은 해제를 선태한 후 [해제]를 클릭하면 설정이 변경된다.

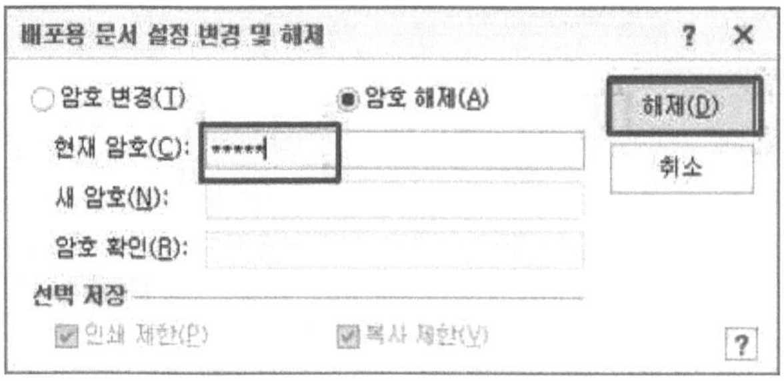

제 10 장 도구

도구 메뉴는 문서 작성에 도움을 주거나 작성한 문서를 활용하는데 필요한 메뉴들로 구성되어 있다. 도구 메뉴를 잘 사용하면 문서 편집을 빠르고 편하게 할 수 있다.

10.1 색인(찾아보기, Ctrl+K,I)

색인(Index, 찾아보기)은 본문 내의 중요한 낱말들을 책의 제일 뒤에 모아놓은 것으로 중요한 낱말들이 책의 몇 쪽에 있는지 알려 준다. 이 기능을 이용하기 위해서는 먼저 본문에 적절한 "색인 표시"를 한 다음에 [도구]-[색인]-[색인 만들기]를 실행한다.

색인을 표시하고 색인을 만드는 과정은 다음과 같다.

① 색인을 만들려면 색인을 표시할 낱말 다음에 커서를 놓고, [도구]-[색인]-[색인 표시]를 실행한다.

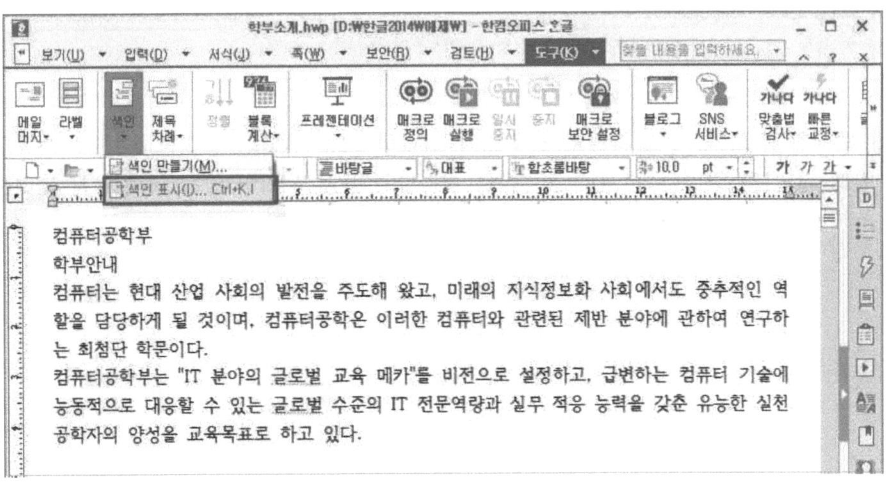

② [색인 표시] 대화상자가 나타나고 "첫 번째 낱말" 입력 상자에는 커서 앞에 있는 낱말이 자동으로 입력되어 있다. 들어간 낱말을 확인한 다음 [넣기] 단추를 누른다.

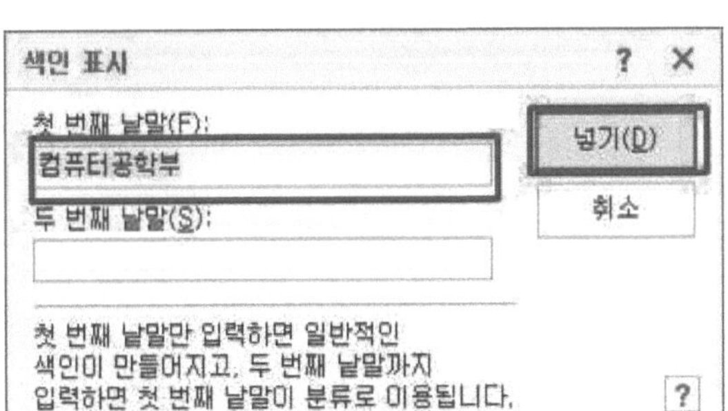

③ 색인을 만들 낱말에 대하여 ①~②번 단계를 반복한다.

④ 색인 표시를 모두 지정했으면, [도구]-[색인]-[색인 만들기]를 실행한다.

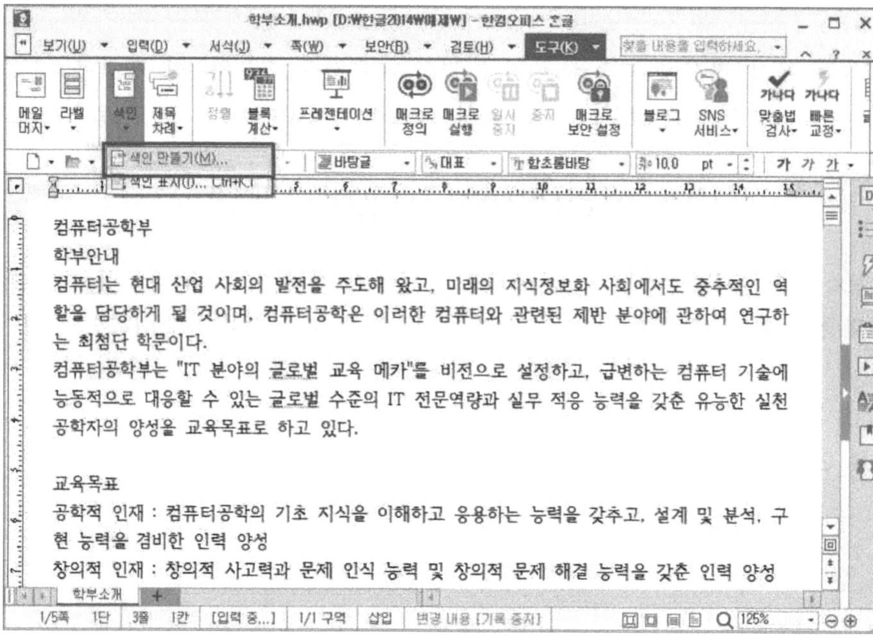

⑤ 현재 문서창에 새 탭이 열리면서 찾아보기 파일이 만들어진다. 찾아보기는 첫 번째 낱말(또는 두 번째 낱말)을 가나다 순서로 정렬하여 찾아보기 표시가 되어 있는 쪽 번호를 붙여준다.

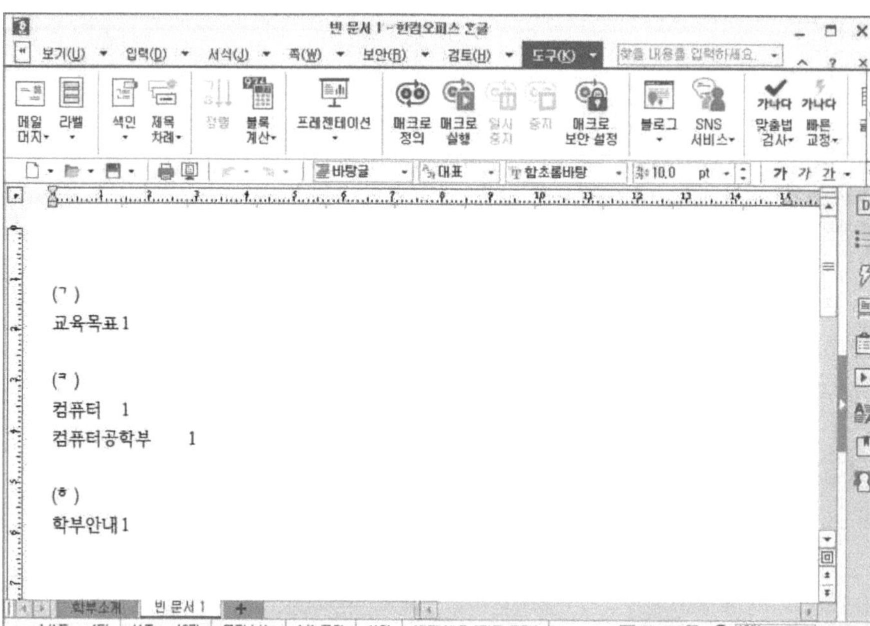

10.2 차례 만들기

차례 만들기는 단행본이나 논문 작성 등에 반드시 필요한 기능이다. "차례"는 본문의 제목, 표, 그림, 수식 등이 들어 있는 줄을 한 곳에 모아, 각 줄마다 본문 중에서 어느 쪽에 위치하는지 쪽 번호를 붙여 주는 것이다. 제목 차례를 만들려면 먼저 제목이 있는 줄이 개요 문단 속성을 가지고 있어야 한다. 즉 제목 차례는 개요 문단으로 만든 줄을 한 곳에 모아, 각 줄마다 본문 중에서 어느 쪽에 위치하는지 쪽 번호를 붙여 주는 것이다.

10.2.1 차례의 종류

한컴오피스 흔글 2014는 다음과 같이 여러 가지 종류의 차례를 작성할 수 있다.

가. 제목 차례

현재 문서의 개요 문단만 모아서 차례를 만들거나 특정한 스타일이 적용된 문단만 모아서 제목 차례를 만든다.

나. 그림 차례

현재 문서에 삽입된 모든 그림에 대하여 그림이 삽입된 순서대로 그림의 캡션 내용을 모아, 해당 그림이 본문 중에서 어느 쪽에 위치하는지 쪽 번호를 붙여 그림 차례를 만든다.

다. 표 차례

현재 문서에 삽입된 모든 표에 대하여 표가 삽입된 순서대로 표의 캡션 내용을 모아, 해당 표가 본문 중에서 어느 쪽에 위치하는지 쪽 번호를 붙여 표 차례를 만든다.

라. 수식 차례

현재 문서에 삽입된 모든 수식에 대하여 수식이 삽입된 순서대로 수식의 캡션 내용을 모아, 해당 수식이 본문 중에서 어느 쪽에 위치하는지 쪽 번호를 붙여 수식 차례를 만든다.

10.2.2 차례 만들기

한컴오피스 흔글 2014에서 차례를 만들기 위해서는 다음 순서대로 하면 된다.

먼저 차례 만들기를 실행하기 전에 본문에서 제목 차례를 표시할 곳에 앞에서 배운 개요 문단 번호를 지정하는 것이 중요하다. 개요 문단 번호가 지정된 곳만 차례로 나타난다.

① 제목으로 쓰일 줄은 개요 문단 속성을 적용해 가면서 문서를 작성한다.

② [도구]-[제목 차례]-[차례 만들기]를 실행한다.

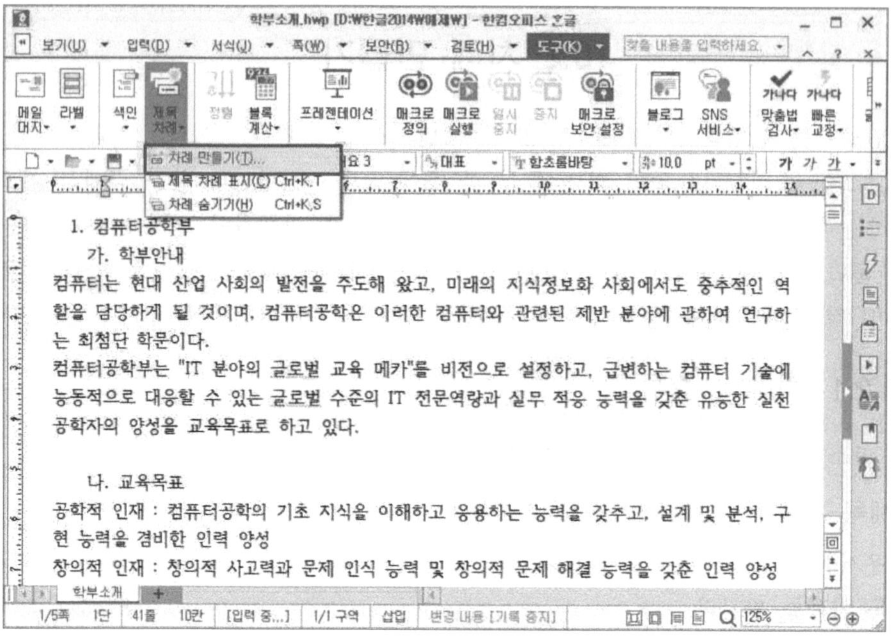

③ [차례 만들기] 대화상자가 나타나면 [제목 차례]를 선택하고, [개요 수준]을 지정한 다음 [만들기]단추를 누른다.

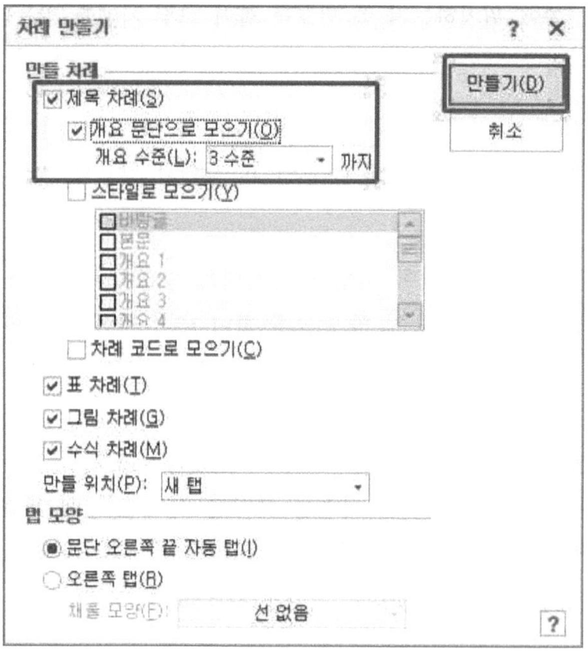

④ 현재 문서창에 새 탭이 열리고 차례 파일이 만들어진다.

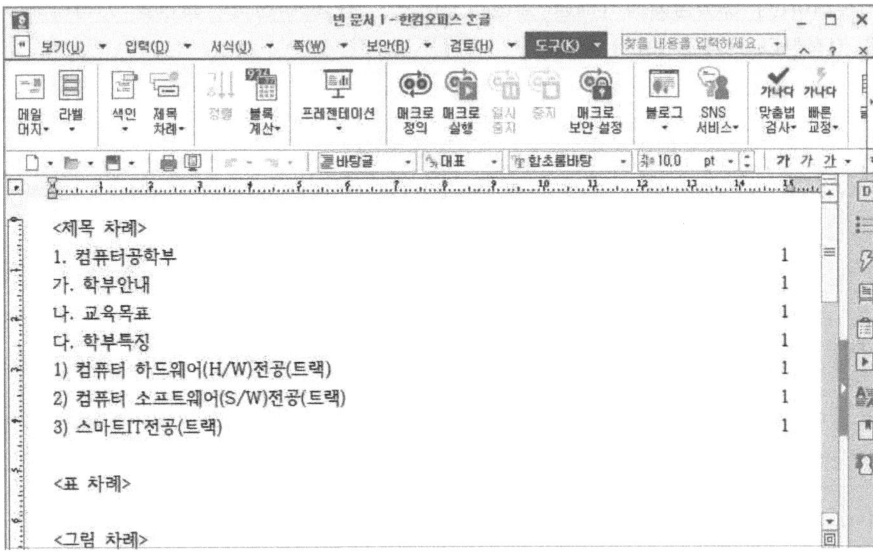

■ 개요 수준: 제목 차례를 만들 때에는 제목 차례로 사용할 개요 수준을 정해 줘야 한다. [개요 수준] -" 3수준"을 선택하면 본문 중에서 "1수준"과 "2수준", "3수준"의 개요 문단을 모두 제목 차례로 만든다. 이때, 중간의 특정 개요 수준을 제목 차례에서 제외시킬 수 없다

■ 그림 차례 /표 차례 /수식 차례 : 현재 문서에 삽입된 모든 그림에 대하여 그림/표/수식이 삽입된 순서대로 그림의 캡션 내용을 모아, 해당 그림/표/수식이 본문 중에서 어느 쪽에 위치하는지 쪽 번호를 붙여 그림 차례/표 차례/수식 차례를 만든다.

Part 2

10.3 프레젠테이션

프레젠테이션이란 한글 문서의 일부 내용을 다른 사람들에게 발표하기 위해 브리핑 자료를 만드는 기능을 의미한다. 한글에서 편집한 문서를 간단한 프레젠테이션을 이용하여 업무 보고를 할 수 있도록 그림이나 그러데이션이 깔린 배경 화면에 문서 내용을 나타내는 기능이다. 프레젠테이션을 실행하기 위해서는 먼저 프레젠테이션 설정에서 배경 화면과 화면 전환의 옵션을 지정하고 실행해야 한다.

① 프레젠테이션 설정을 위해 [도구]-[프레젠테이션]-[프레젠테이션 설정]을 실행한다.

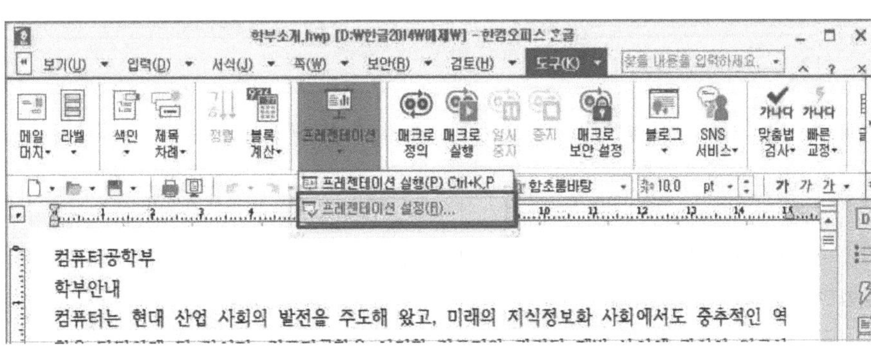

② [프레젠테이션] 대화상자의 [배경 화면] 탭에서 "그러데이션"의 옵션을 지정하거나 "배경 그림"을 지정한다.

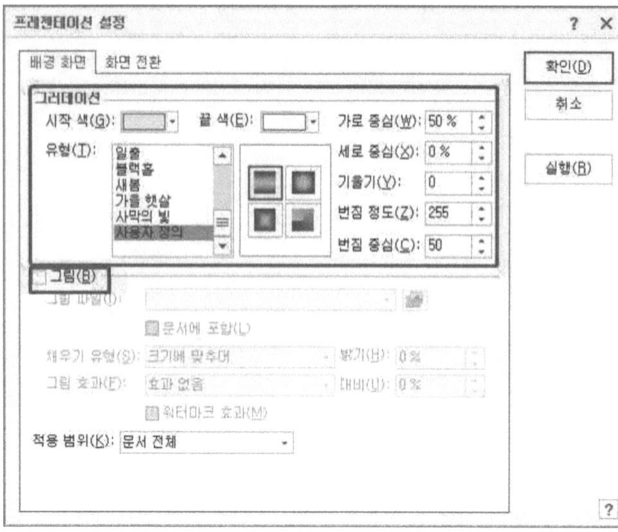

③ [화면 전환] 탭에서 [화면 전환]-[효과] 옵션을 지정하고 [실행] 단추를 누른다.

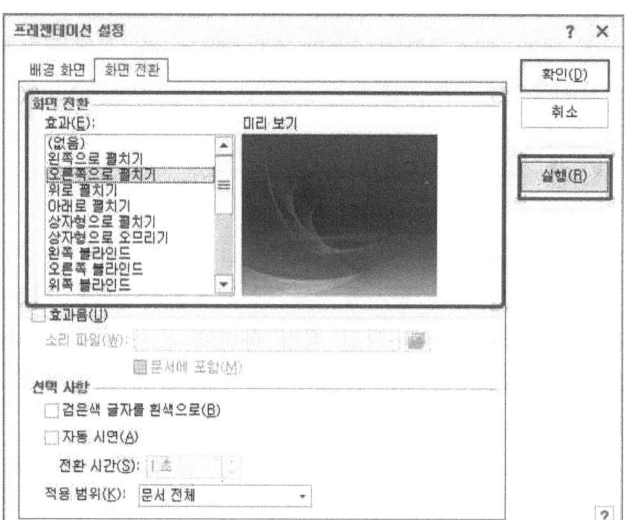

④ 현재 페이지의 내용이 프레젠테이션이 된다. 진행 중인 프레젠테이션을 중지하려면 Esc키를 누른다.

⑤ 설정이 된 후, 프레젠테이션을 다시 실행하려면 [도구]-[프레젠테이션]-[프레젠테이션 실행]을 실행한다.

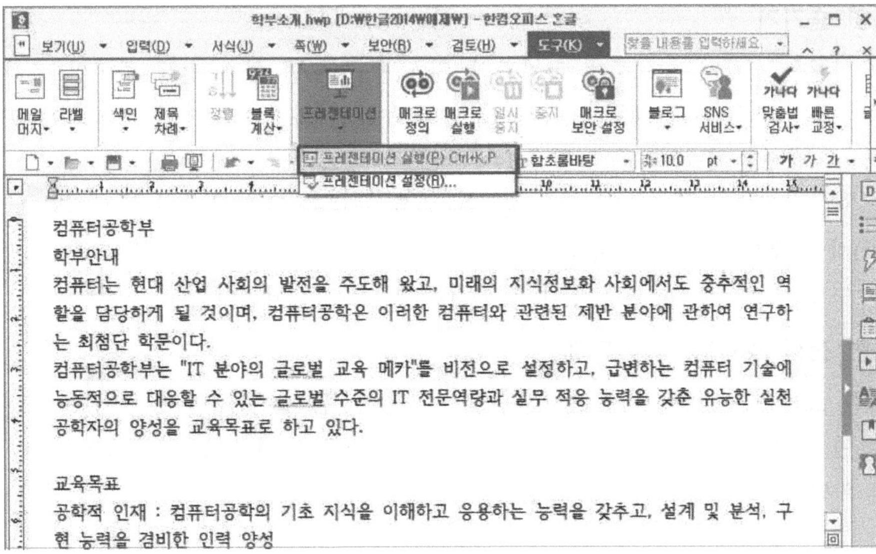

가. 프레젠테이션 구역

프레젠테이션을 실행하려면 현재 문서에 프레젠테이션의 배경 화면과 화면 전환 효과, 효과음 등의 정보를 담고 있는 프레젠테이션 구역이 있어야 한다.

따라서 프레젠테이션을 한 번도 실행하지 않은 문서에서 [도구]-[프레젠테이션]-[프레젠테이션 실행]을 실행하면, 먼저 현재 문서에 프레젠테이션 구역을 만들 것인지 묻는다.

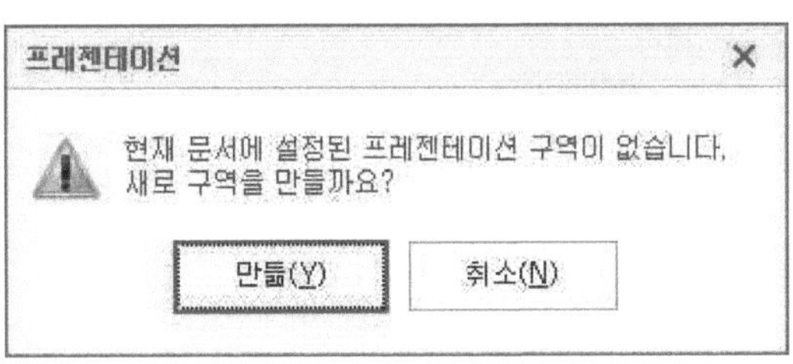

[만듦]을 선택하면 [프레젠테이션 설정] 대화상자가 나타나 프레젠테이션 배경 화면 종류, 화면 전환 효과, 효과음, 적용 범위 등의 프레젠테이션 구역 정보를 설정한다.

한 번이라도 프레젠테이션을 실행했던 문서에서 [도구]- [프레젠테이션]- [프레젠테이션 실행]을 하면 현재 구역이 프레젠테이션 구역이면 현재 구역부터, 현재 구역이 프레젠테이션 구역이 아니면 현재 구역 다음의 프레젠테이션구역부터 이전 설정대로 프레젠테이션을 실행한다.

나. 해당 문서에 프레젠테이션 설정 저장

프레젠테이션을 실행하고 나면 해당 문서에 사용자가 지정한 프레젠테이션 설정 사항이 함께 저장된다.

다. 화면 숨기기

프레젠테이션을 실행하는 도중에 글자판의 B 키를 누르면 현재 진행 중이던 프레젠테이션 화면이 숨겨진다. 이 상태에서 다시 B 키를 누르면 화면 숨기기가 해제되어 프레젠테이션을 계속 실행할 수 있다.

화면 숨기기 상태에서 Enter↵ 키 또는 PageUp/PageDown 키를 누르면 화면 숨기기가 해제되고 다음 쪽(이전 쪽)의 프레젠테이션을 진행한다.

Esc 키를 누르면 프레젠테이션을 끝내고 편집 화면 상태로 되돌아간다.

라. 화면 전환 효과음 적용 단위

화면 전환 효과음은 구역 단위로만 설정할 수 있다. 즉, 같은 구역 안에 있는 모든 쪽은 같은 화면 전환 효과음을 가진다. 따라서 각 쪽마다 쪽 단위로 원하는 화면 전환 효과음을 주기 위해서는 각 쪽을 구역으로 나누어야 한다.

10.4 맞춤법

현재 문서를 사전(한글/한자/영어 맞춤법 사전)과 비교하여 틀린 곳을 찾아 올바른 단어로 제시해 주는 기능이다. 한글의 맞춤법 검사기는 40만여 개의 표제어를 기준으로, 정확하고 올바른 단어를 제시한다.

① 맞춤법 검사를 처리하기 위해 커서를 시작 위치에 지정한 다음 [도구]-[맞춤법] 아이콘을 선택하거나 F8 키를 누른다.

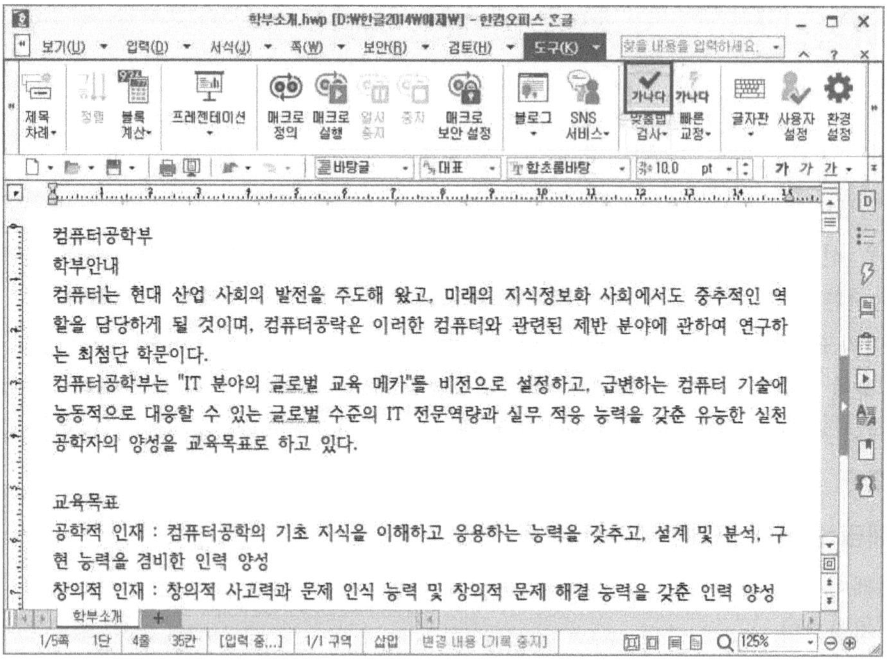

② [맞춤법 검사/교정] 대화상자가 나타나고 [시작] 버튼을 누르면 현재 커서가 위치한 곳부터 맞춤법 검사를 실행한다.

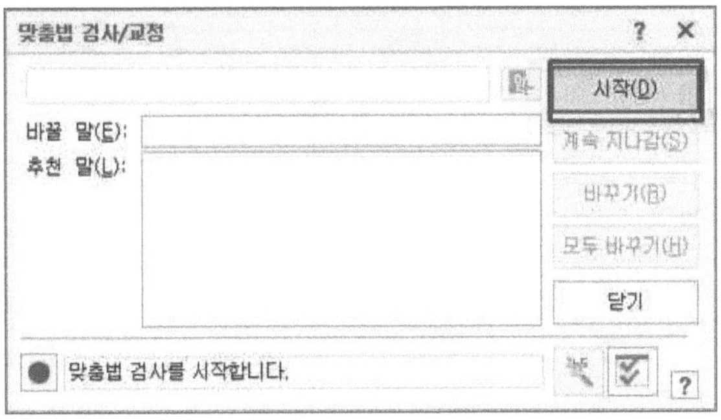

③ 맞춤법 검사 실행 중 틀린 부분이 나타나면 "바꿀 말"과 "추천 말"이 입력 상자에 나타난다. 이때 바꾸기 위한 단어의 종류가 나타나고, 이중 바꿀 단어를 선택한 후 [바꾸기] 단추를 누르면 [추천 말] 입력 상자에 나타난 단어로 바꾸어 편집하고, [지나감] 단추를 누르면 바꾸지 않고 지나가 버린다.

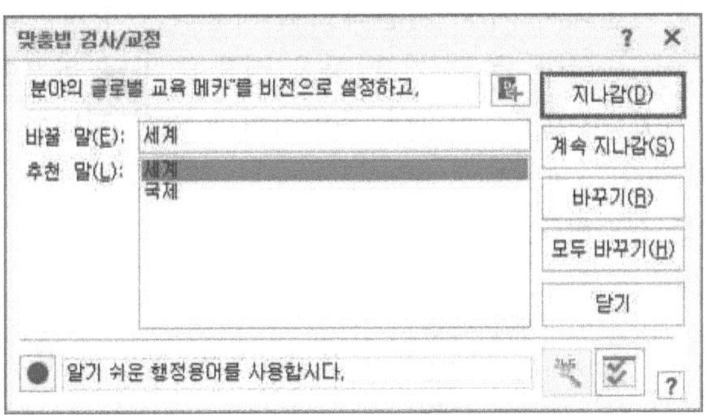

④ 모든 맞춤법 검사가 끝나면 다음과 같은 종료 화면이 나타난다.

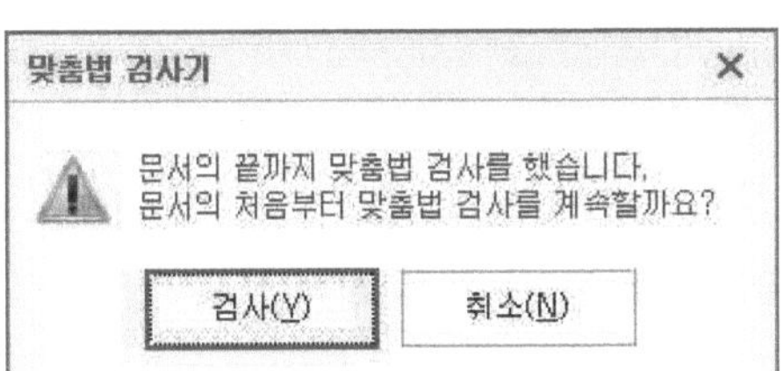

맞춤법 검사를 위해 [맞춤법 검사/교정] 대화상자에서 하단에 위치한 설정(☑)단추를 누르면 다음과 같은 [맞춤법 검사/교정 설정] 대화상자가 나타난다.

여기에서 선택 사항을 설정하기 위해 해당 부분에 '☑'를 하면 맞춤법 검사 시 선택된 속성에 의해 검사를 진행한다.

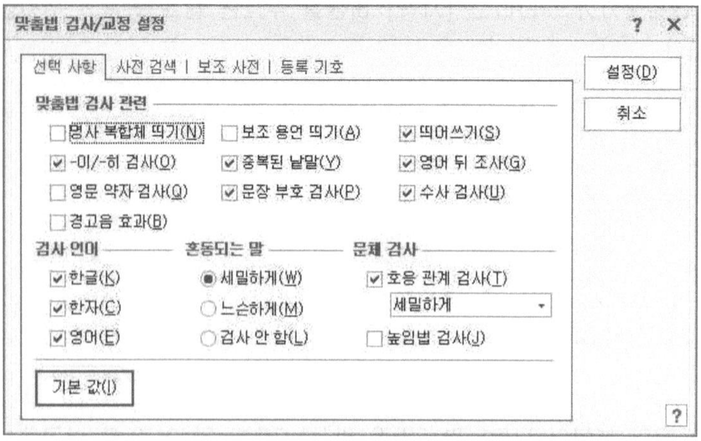

10.5 글자판 바꾸기(Alt+F2)

글자판은 마우스와 더불어 입력 장치 가운데서 가장 기본적으로 사용되는 장치이다. 흔글은 한국어 글자판은 물론 영어, 일본어, 중국어, 특수 기호 등을 상황에 따라 바꾸어 가면서 다양한 종류의 문자를 빠르게 입력할 수 있다. 한국어 두벌식이나 영어 쿼티와 같이 입력 글자판으로 사용할 글자판을 선택한다.

① [도구]-[글자판]-[글자판 바꾸기]를 실행한다.

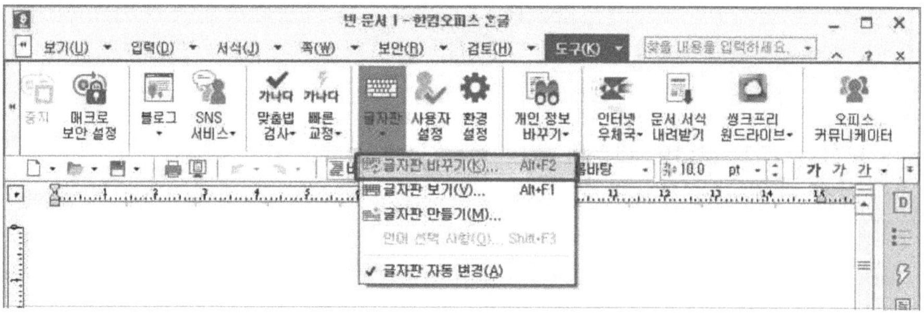

② [입력기 환경 설정] 대화상자가 나타나면 [글자판 바꾸기] 탭을 선택한다.

③ [현재 글자판]의 “윈도우 입력기”를 선택하고 [설정] 단추를 누른다. 그러면 훈글에서 제공되는 입력기 대신 운영체제에서 제공하는 입력기(IME)를 사용한다.

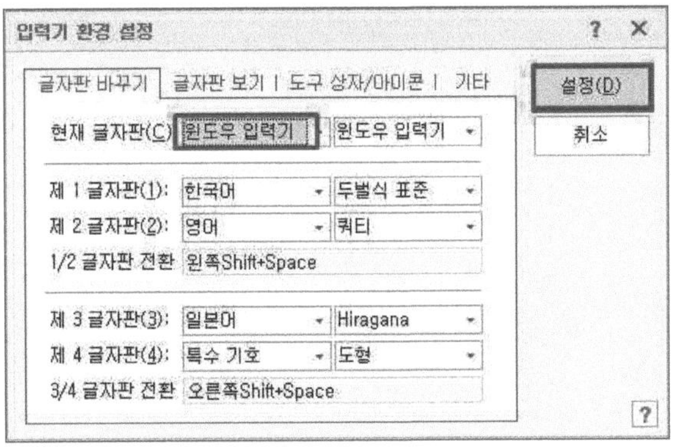

10.6 글자판 보기(Alt+F1)

사용자가 현재 선택한 글자판의 키 배열을 보여준다. 이 기능을 사용하면 현재 선택한 글자판의 키 배열 그림을 보면서 편집 화면에 내용을 직접 입력할 수 있다.

글자판을 보면서 마우스로 직접 입력할 수 있다.

① [도구]-[글자판]-[글자판 보기]를 실행하면 현재 글자판의 자판 배열을 확인할 수 있다.

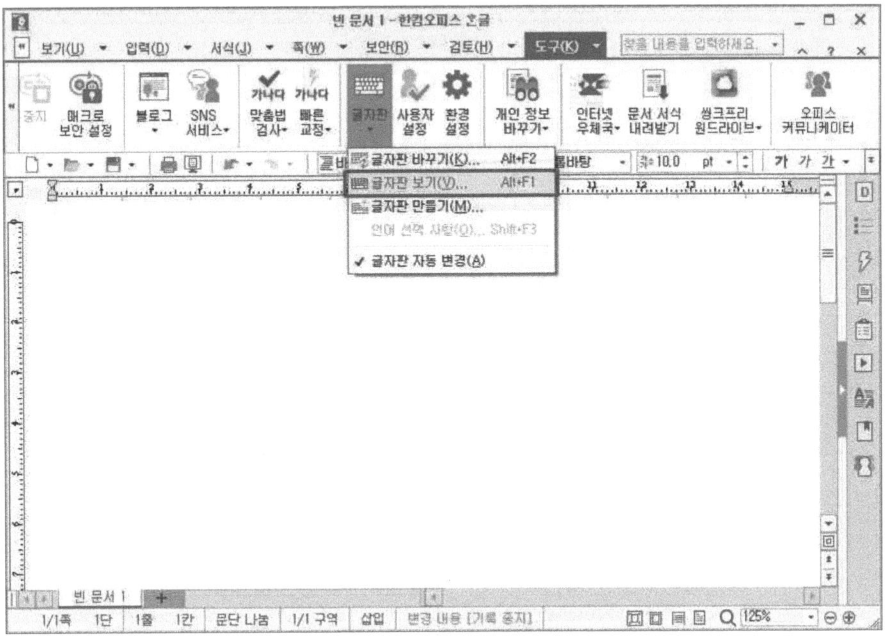

② 글자판 배열을 보면서 글자판과 마우스를 이용해서 직접 입력한다.

② [환경 설정] 대화상자가 나타난다.

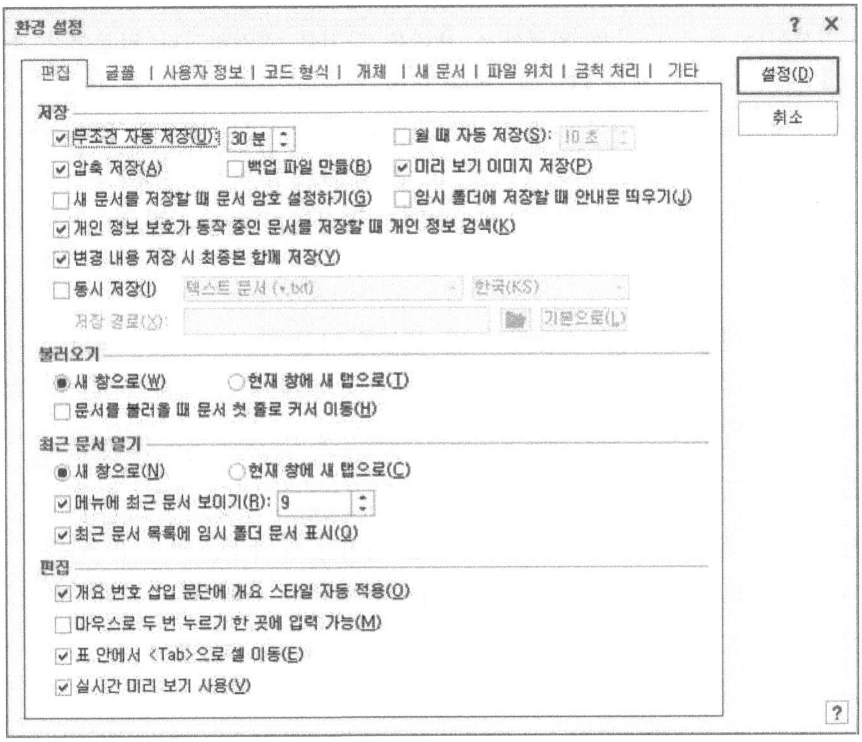

(1) 편집 탭

문서의 저장 방식, 문서를 불러오는 방식, 최근에 작업한 문서를 여는 방식 등 흔글의 편집 사용 환경을 설정한다.

무조건 자동 저장, 쉴 때 자동 저장, 압축 저장, 백업 파일 만듦, 미리 보기 이미지 저장, 불러오기, 최근 문서 열기, 개요 번호 삽입 문단에 개요 스타일 자동 적용, 마우스로 두 번 누르기 한 곳에 입력 가능, 표 안에서 [Tab]키로 셀 이동 등을 설정한다.

(2) 글꼴 탭

글꼴 탭에서는 서식 도구 상자에서 글꼴을 미리 볼 것인지와 최근 사용한 글꼴의 미리 보기 개수의 설정, 영문 글꼴을 대표 글꼴로 자동 등록할 것인지 설정, 흔글에서 사용할 대표 글꼴을 설정한다. 서식 도구 상자에서 글꼴 미리 보기, 최근 사용한 글꼴 보이기, 영문 글꼴을 대표 글꼴로 자동 등록하기, 대표 글꼴 등록하기 등을 설정한다.

(3) 사용자 정보 탭

사용자 정보 탭은 사용자의 개인 정보(사용자 이름, 회사 이름, 직책 이름, 부서 이름 등)를 입력하는 곳이다. 개인 정보 탭에서 입력한 내용은 문서마당과 문서요약 기능에서 사용한다.

(4) 코드 형식 탭

훈글에서 일본이나 중국과 같은 외국에서 보내온 문서를 편집하거나 일본어나 중국어로 작성한 문서를 외국으로 보내려할 때, 해당 언어 코드의 파일 형식으로 변환할 수 있다. 코드 형식을 이용하면 각 언어별 표준 코드로 변환할 수 있기 때문에 호환성을 극대화할 수 있다. 텍스트 읽기, 텍스트 저장, HTML 읽기, HTML 저장, 편지로 보내기, 웹브라우저로 보내기, 클립보드로부터 붙이기, 클립보드로 복사하기 기능이 있다.

(5) 새문서 탭

새문서 탭은 새 글이나 새 탭을 실행하여 빈 문서를 만들 때 어떤 용지 모양을 사용할 것인지를 설정한다. 어떤 크기의 용지 종류인지, 용지를 넓게 쓸 것인지 좁게 쓸 것인지, 용지의 상하 좌우 여백은 얼마나 남길 것인지 등을 선택한다.

(6) 기타 탭

기타 탭은 훈글을 끝낼 때 확인 여부와 맞춤법 검사를 도와주는 맞춤법 도우미 작동 여부 선택, 하이퍼링크의 색상 지정, 훈글에서 팩스를 보내기 위해 팩스 드라이버를 설정하는 목록 등이 있다.

제 11 장 종합 실습

이제까지 배운 혼글 2014의 여러 가지 기능을 이용하여 다양한 예제를 직접 실습해 보기로 한다.

11.1 표를 이용한 이력서 작성하기

다음 문서와 동일하게 작성하되 표를 이용하여 작성하시오

사 진	이 력 서			
	성 명	(인)	주 민 등 록 번 호	
	생년월일	19 년 월 일생 (만 세)		
주 소				
호 적 관 계	호주와의 관계		호주성명	
년 월 일	학 력 및 경 력 사 항			발 령 청

11.2 수식을 활용한 제품 판매 보고서 작성하기

아래와 같은 문서를 작성하되, 판매가와 제품의 총판매 수량, 총판매 금액을 산출하는 수식을 활용하시오. 제목은 중고딕, 12포인트, 가운데 정렬이며 작성자 및 작성일 정보는 중고딕, 10포인트, 오른쪽 정렬을 하시오. 일시는 자동 채우기 기능을 사용하시오.

(주) 한국무역 10월 제품판매 보고서

작성자 : 홍길동, 작성일 : 2014년 12월 31일

일 시	품 명	수 량	단 가	판 매 가
1일	제품 A	5	30,000	150,000
3일	제품 B	1	40,000	40,000
5일	제품 C	4	50,000	200,000
7일	제품 A	8	30,000	240,000
9일	제품 B	5	40,000	200,000
11일	제품 C	2	50,000	100,000
13일	제품 A	6	30,000	180,000
15일	제품 B	3	40,000	120,000
17일	제품 C	5	50,000	250,000
19일	제품 A	4	30,000	120,000
21일	제품 B	7	40,000	280,000
23일	제품 C	9	50,000	450,000
25일	제품 A	2	30,000	60,000
27일	제품 B	5	40,000	200,000
29일	제품 C	6	50,000	300,000
31일	제품 C	1	50,000	50,000
총 판매 수량				73
총 판매 금액				2,940,000

* 작성요령 : 1일 판매가를 수식으로 작성한 후에 복사하여 아래 방향으로 붙여넣기를 실행하여 자동 계산되도록 한다.

11.3 그림을 첨부한 제품 카탈로그 작성하기

제품의 카탈로그에는 다양한 형태의 그림이 삽입되고 설명이 추가된다. 아래 문서와 같이 카탈로그를 작성해 보자. 본 예제는 표를 활용하여 개체의 위치를 결정하였다.

잘 나가는 회사	(123-456) 충남 천안시 동남구 병천면 충절로 000번지 전화 : (041) 123-4567 홈페이지 : http://www.jalout.co.kr
회사 연혁	1992년 회사 설립 2004년 대한민국 신지식회사 선정 2004년 1000만불 수출탑 수상 2005년 코스닥 상장 2010년 중소기업청장상 2013년 미래창조과학부장관상

제 품 소 개

제품의 특징 | 언제 어디서나 영화를 감상할 수 있다.

대한민국디자인대상수상

기타 제품들

SK 텔레콤 교육용 로봇

자동차

판매율 1위

※ 동일하게 작성하는 것보다는 창의성을 발휘하여 카탈로그를 작성해보자.

11.4 표 편집 예제

본 예제는 표를 활용하는 방법을 연습하기 위한 예제이다. 원본 표를 수정 표와 같이 변경하도록 연습한다.

[원본 표]

항목	수량	단가
A형 자동차	2	133
B형 자동차	23	255
C형 자동차	23	650
A형 자동자 부품	25	458
기구 디자인	2	540
화학 약품 A	7	256
화학 약품 B	36	9,870
화학 약품 C	5	336

[수정 표]

항목	수량	단가
A형 자동차	2	133
B형 자동차	23	255
C형 자동차	23	650
A형 자동자 부품	25	458

항목	수량	단가
기구 디자인	2	540
화학 약품 A	7	256
화학 약품 B	36	9,870
화학 약품 C	5	336

※ 수정하는 방법은 아래 항목을 참조하시오.

표 나누기 메뉴를 활용하여 하나의 표를 두 개로 분할한다.

원본 표의 첫 줄을 블록으로 지정하여 복사한다.

수정 표의 두 번째 표의 첫 줄에서 [오른쪽 마우스 클릭]-[붙이기]를 실행하며 아래와 같은 창이 나타난다.

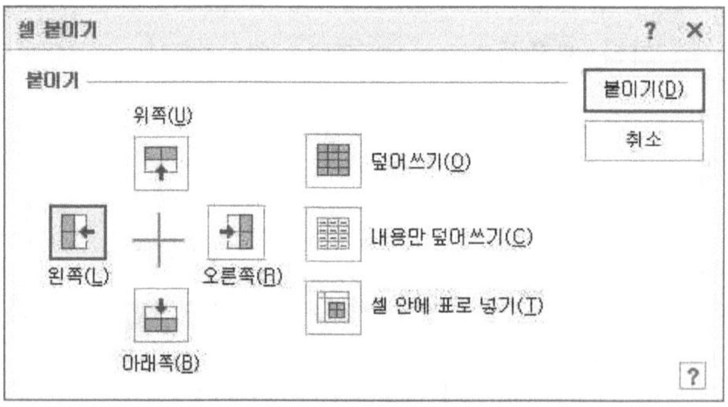

수정 표와 같이 맨 윗줄을 두 번째 표에 추가하기 위해서는 위쪽에 내용만 덮어쓰기를 선택하면 된다. 이와 같이 표는 행 단위 또는 열 단위로 복사하여 특정 위치에 삽입할 수 있다. 덮어쓰기는 복사된 셀의 내용을 지정된 위치에 그대로 덮어쓰는 기능을 원할 때 선택할 수 있다.

11.5 스타일을 사용한 문서 작성 예제

본 예제는 스타일과 개요 번호를 활용하는 방법을 연습하기 위한 예제이다. 다음을 실행하여 스타일과 개요 번호를 변경할 수 있도록 연습한다.

(1) 스타일 설정하기

① 한국기술교육대학교 홈페이지, 대학/대학원의 각 학부의 학부소개를 복사하여 편집문서를 준비한다.

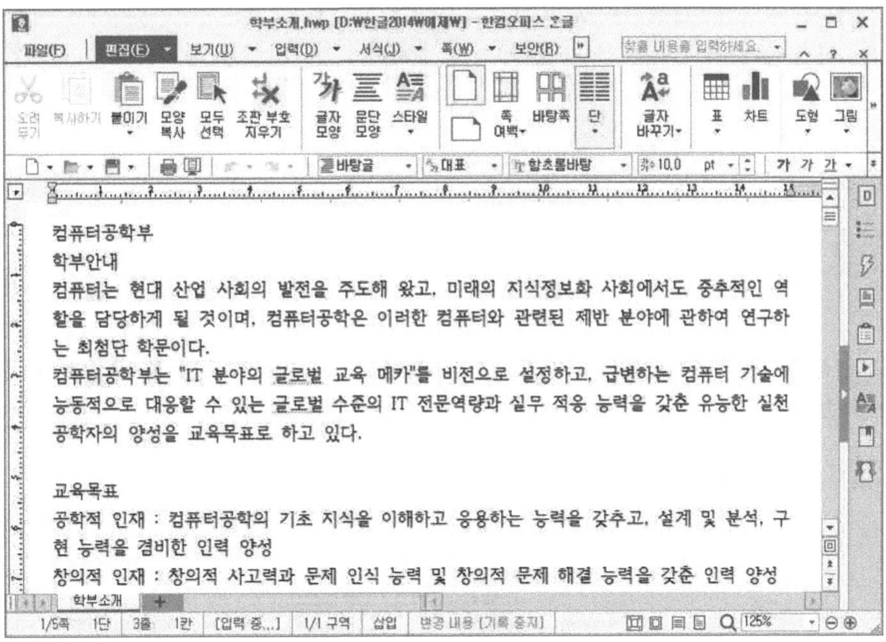

② [서식]-[스타일]을 선택하거나 기본 도구상자에 있는 [편집]-[스타일] 아이콘을 클릭한다.

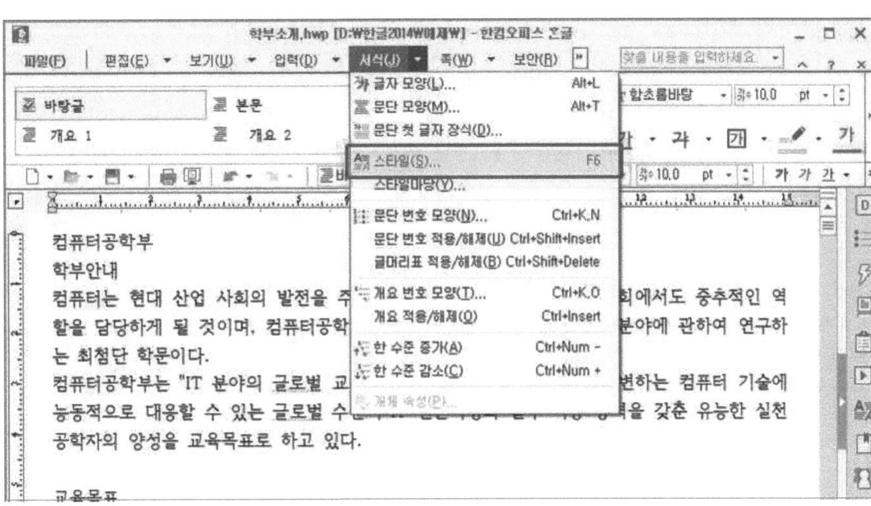

③ “개요 1”을 선택하고 [스타일 편집하기]를 클릭한다.

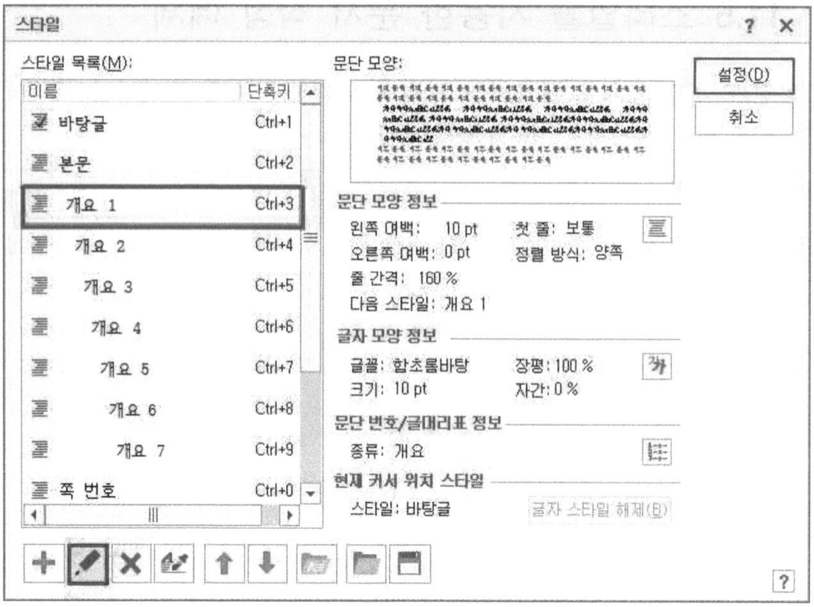

④ 개요 편집은 [문단 모양]과 [글자 모양]이 있는데 먼저 [문단 모양]을 편집한다. [문단 모양]을 선택한다.

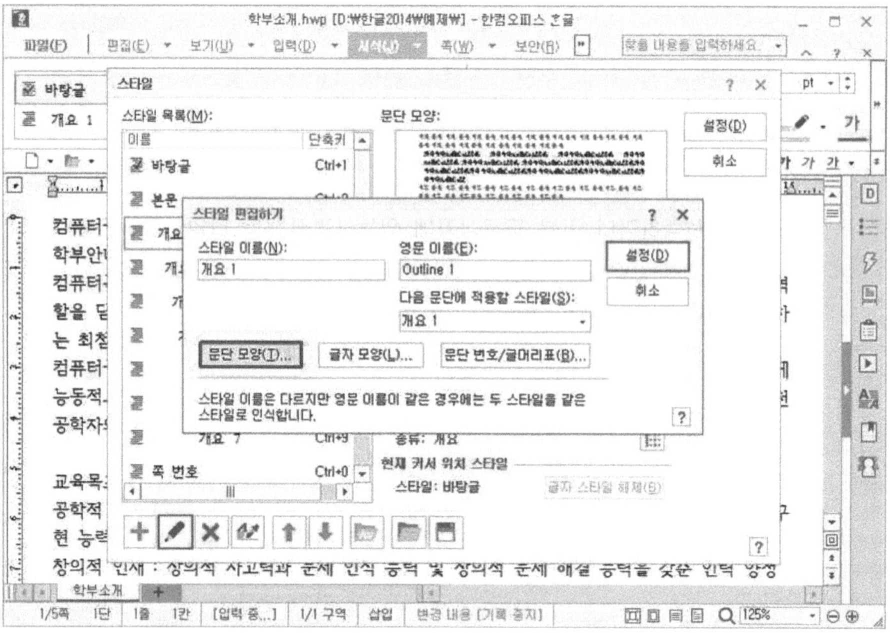

⑤ 개요 1은 가장 큰 단원이기 때문에, 정렬방식을 "가운데", 여백은 모두 "0", 간격은 문단 위/아래 모두 "5.0 pt"로 설정한다.

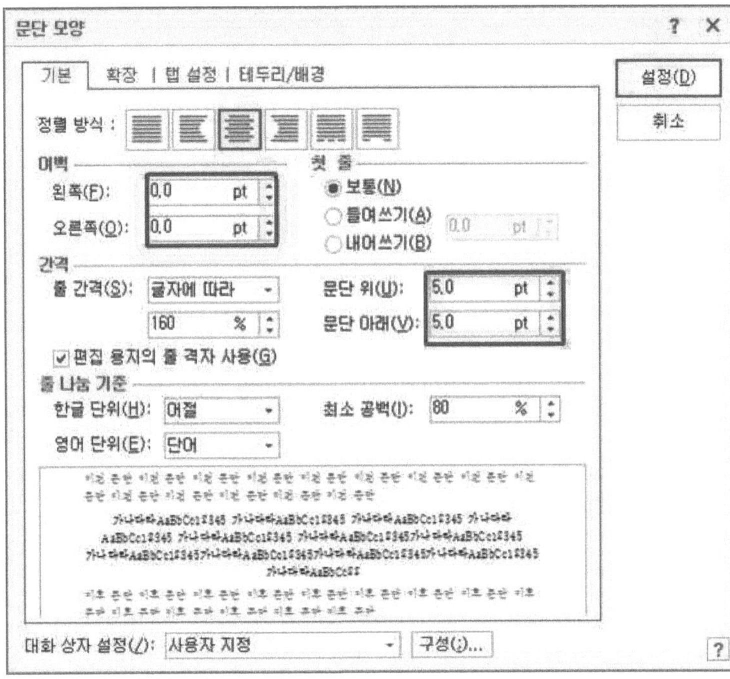

⑥ [확장] 탭으로 이동하여 "개요 문단"을 체크하고 수준을 "1수준"으로 한 다음, [설정] 버튼을 누른다.

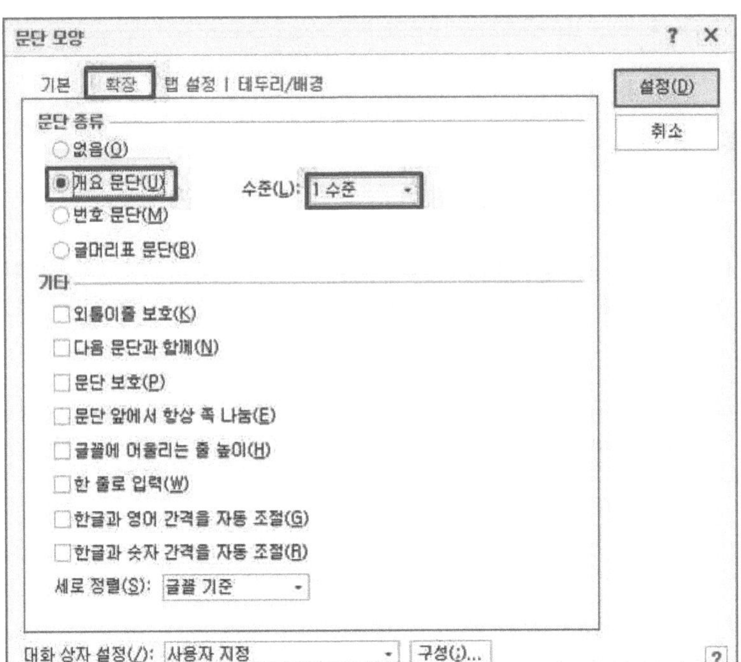

⑦ [글자 모양]을 선택하고 글자크기는 "15"로, 로 하고 [설정] 버튼을 클릭한다. 다른 글자 모양 설정들은 사용자에게 맡긴다.

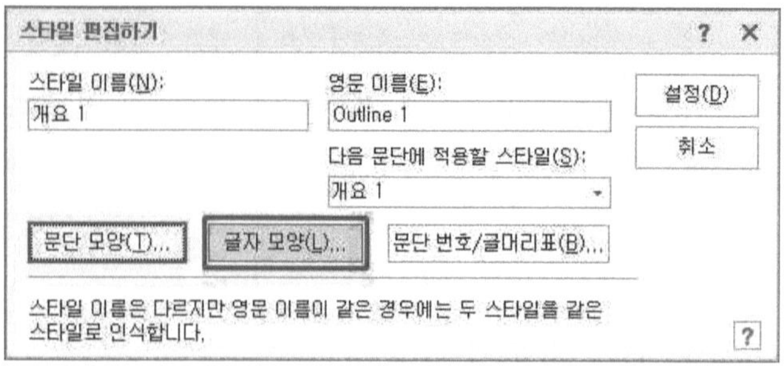

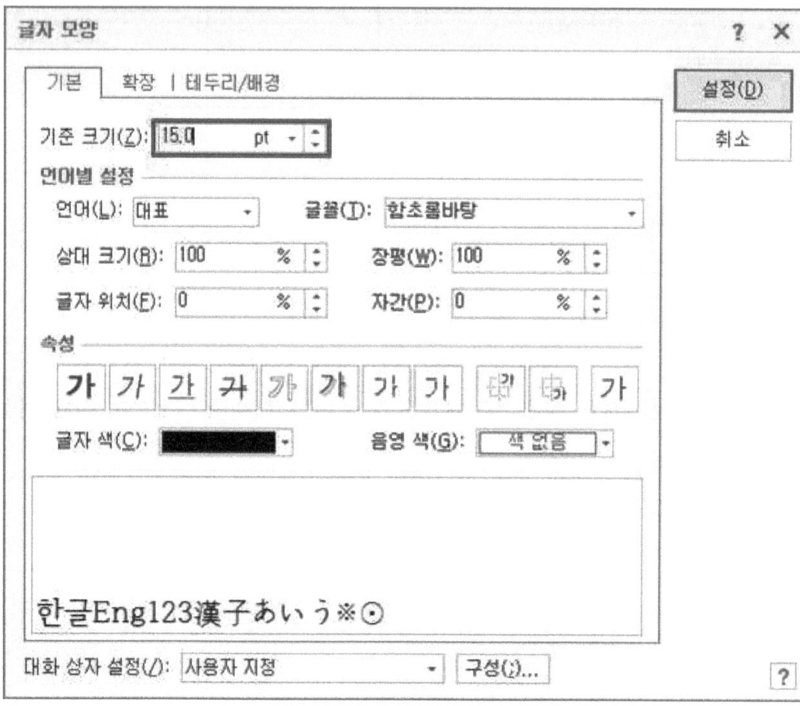

⑧ 문단 모양과 글자 모양 편집이 끝나면 [스타일 편집하기] 대화상자에서 [설정] 버튼을 클릭한다. 여기서 문단 모양 종류를 "개요 문단"으로 선택했기 때문에 "문단 번호/글머리표"는 설정하지 않는다.

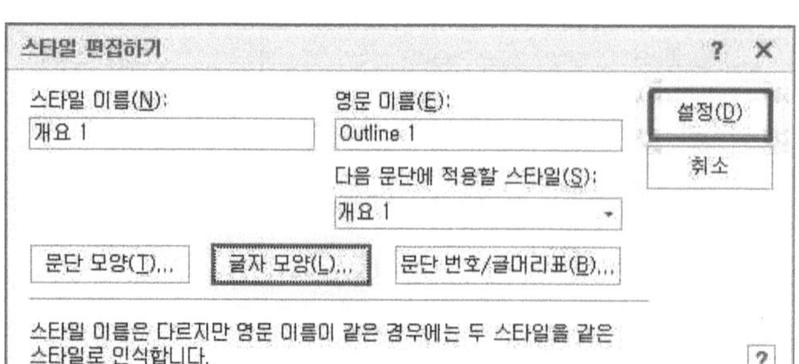

⑨ 개요 1의 정보가 처음의 개요1과는 다르게 편집한 문단 모양과 글자 모양으로 바뀌었다.

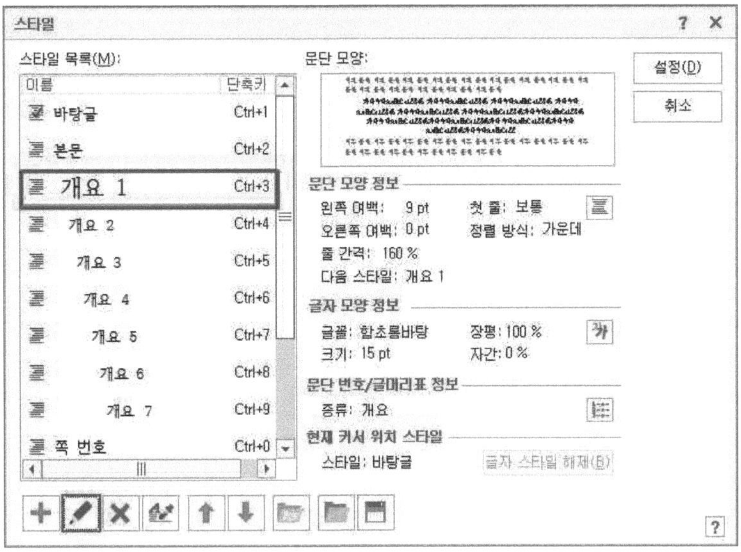

⑩ 개요 2부터는 ③부터 ⑧번까지 반복해서 작성한다.

◆ 개요 2, 3 의 문단 모양과 글자 모양은 다음과 같이 설정한다.

<개요 2 설정>

① 문단 모양

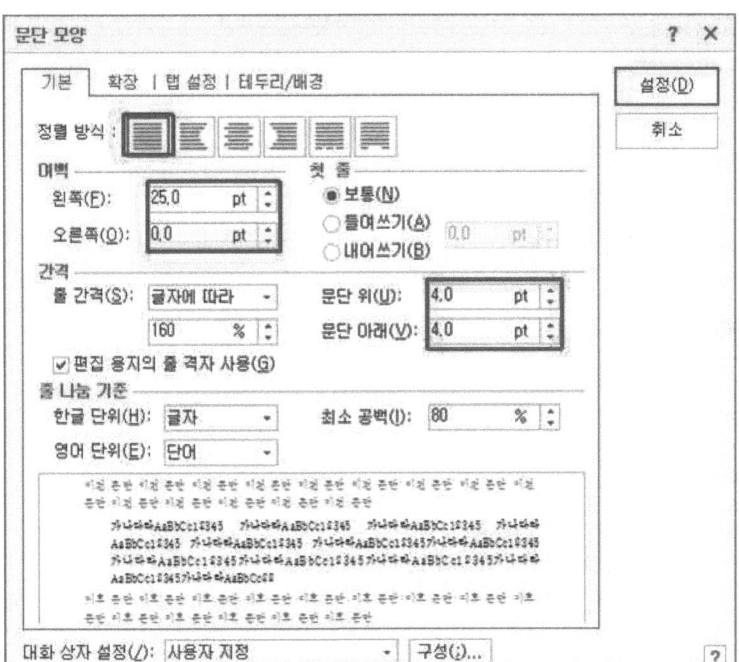

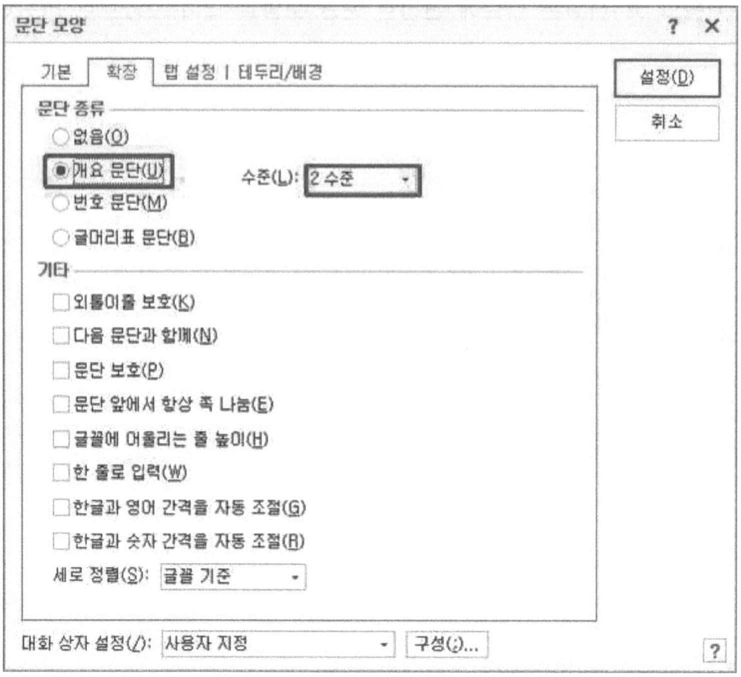

② 글자 모양

<개요 3 설정>

① 문단 모양

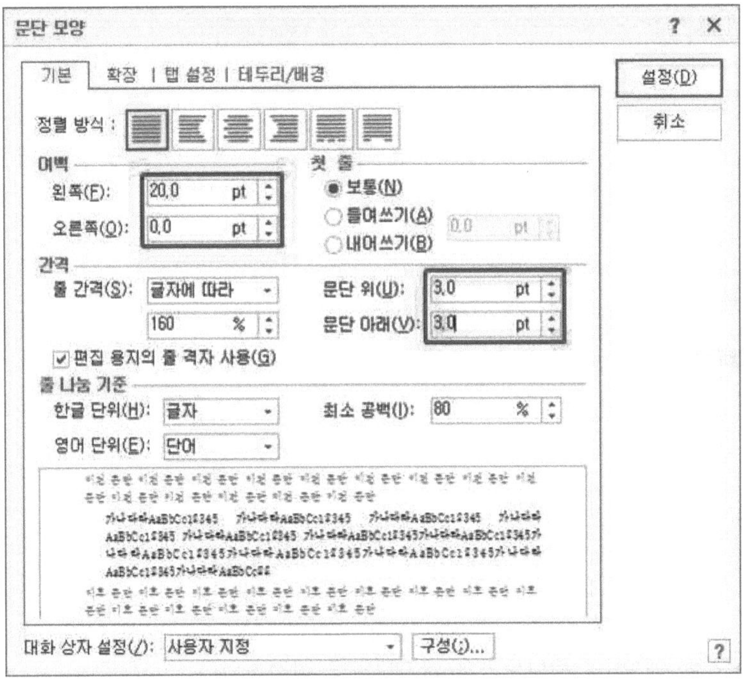

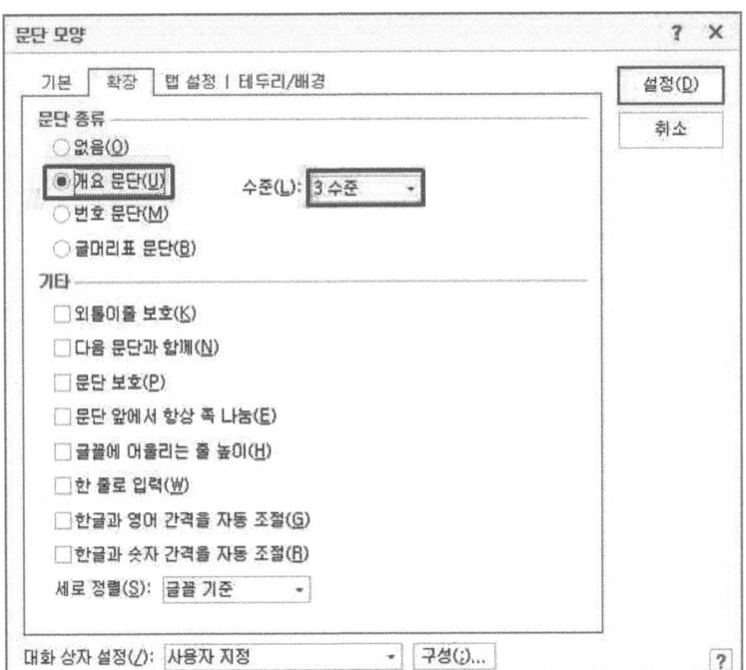

Part 2

② 글자 모양

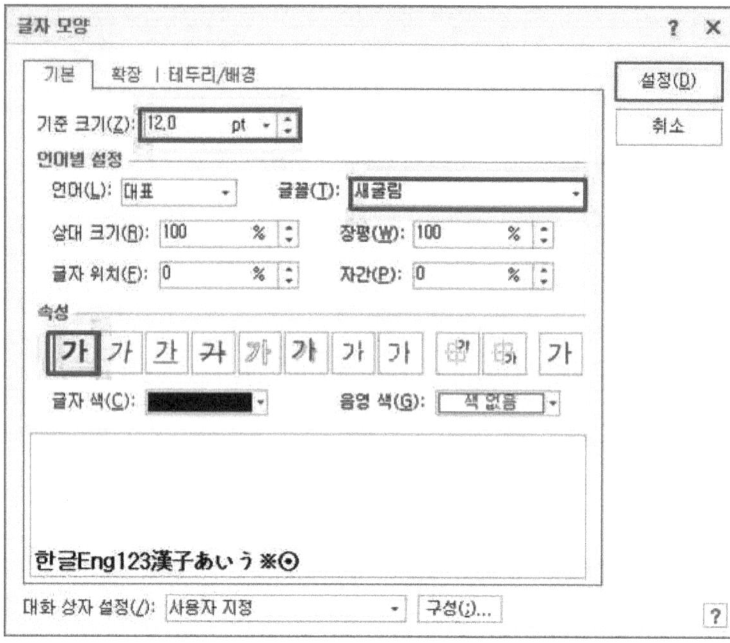

지금까지 개요 1, 개요 2, 개요3의 문단모양과 글자모양을 설정하였다.

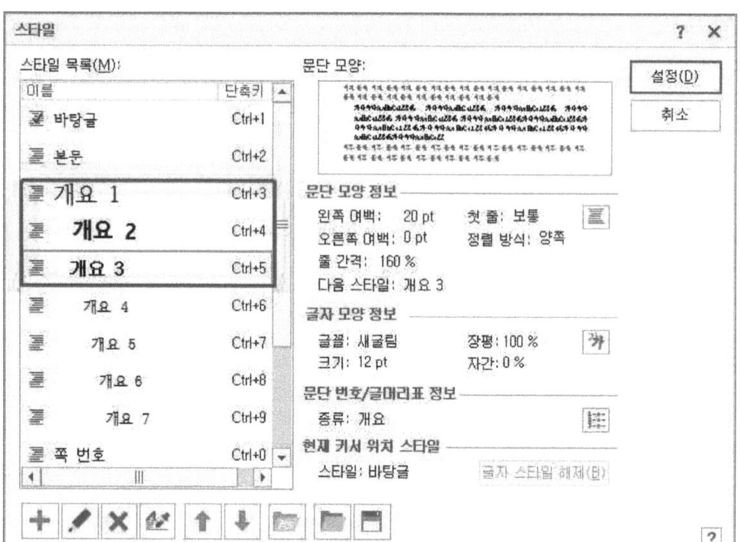

(2) 개요 번호 설정

① [서식]-[개요 번호 모양]을 선택한다.

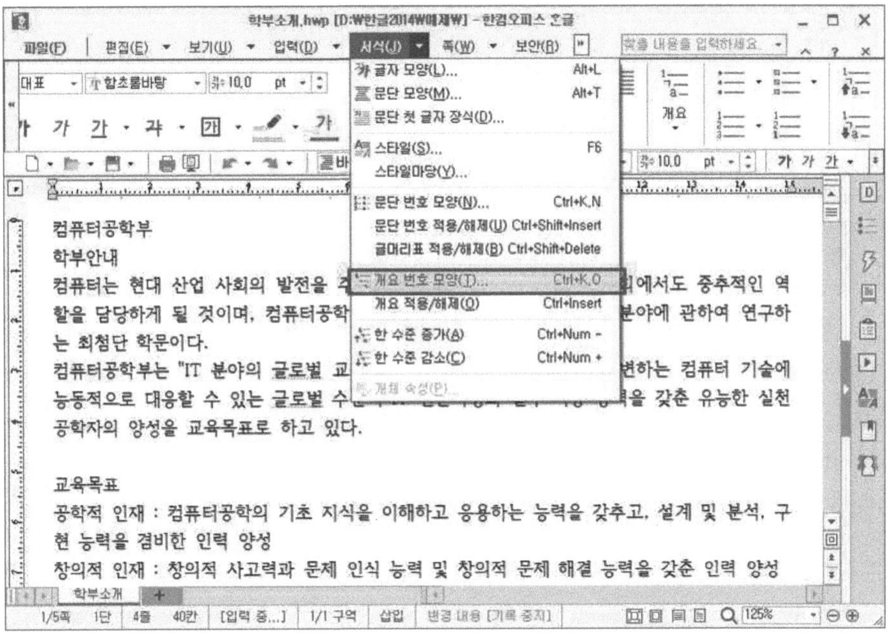

② [시작 번호 방식]은 “앞 구역의 개요 번호에 이어서”를 선택하고 [적용범위]는 “문서 전체”를 선택한다. 그리고 [개요 번호 모양]에서 하나를 선택한 후, “사용자 정의”를 클릭 한다.

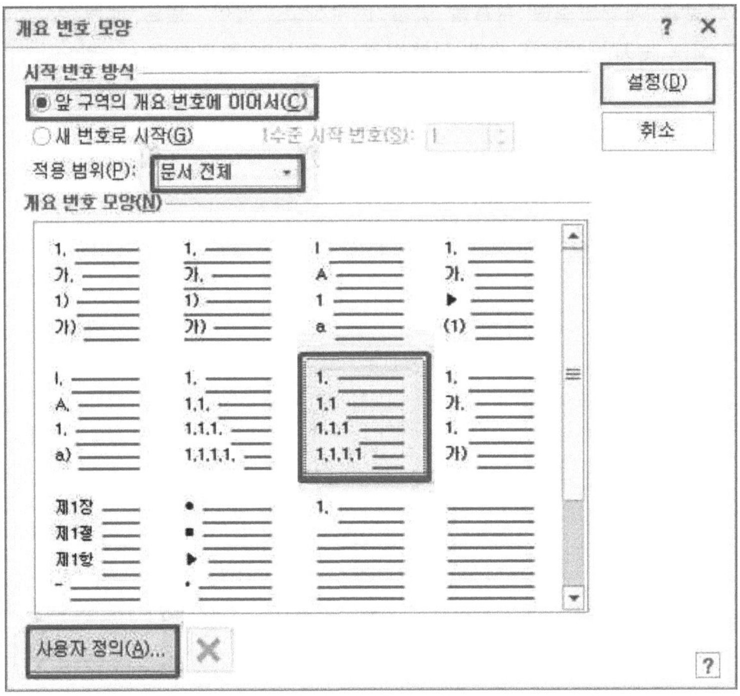

③ [개요 번호 사용자 정의 모양] 대화상자에서 "수준 1"부터 "수준 5"까지 선택한 다음, [설정]을 클릭 한다. '^1'(개요1), '^2'(개요2)는 보다 큰 수준의 개요 번호를 이어 받아 개요 번호를 사용한다.

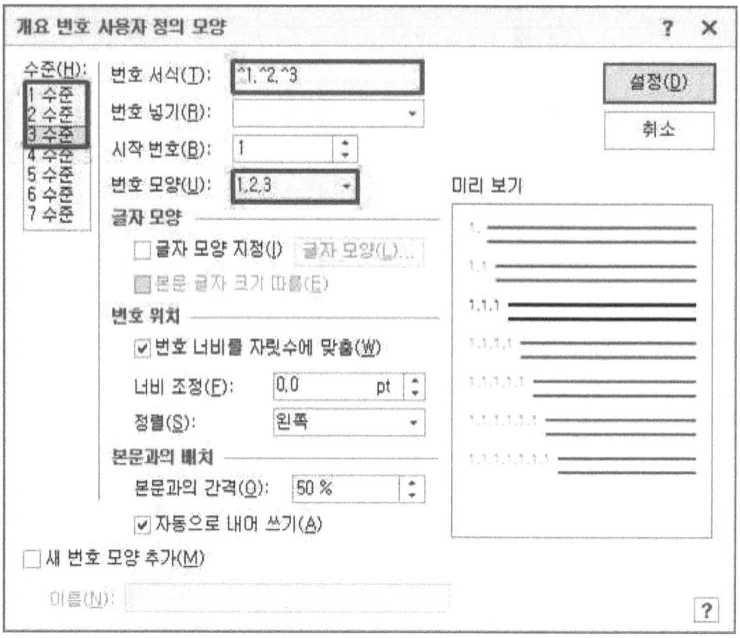

(3) 편집 문서에 적용

① 편집 문서에서 스타일과 개요번호를 적용할 곳을 선택하고 "서식" 열림 메뉴 상자의 "스타일"에서 선택하거나 "Ctrl+ 숫자1,2,3..."의 단축키를 이용하여 적용한다.

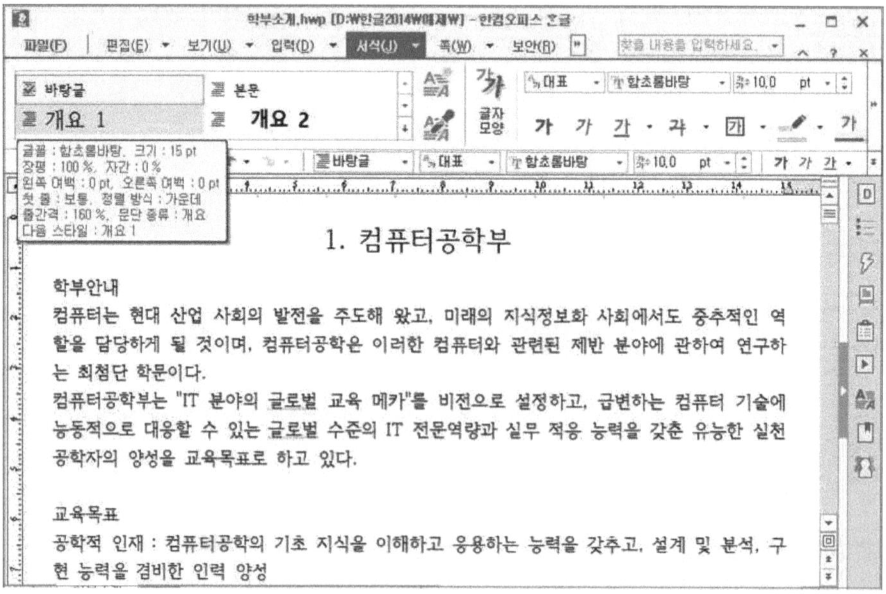

② 편집 문서에서 "스타일"과 "개요 번호"를 이용해서 문서에 적용한다.

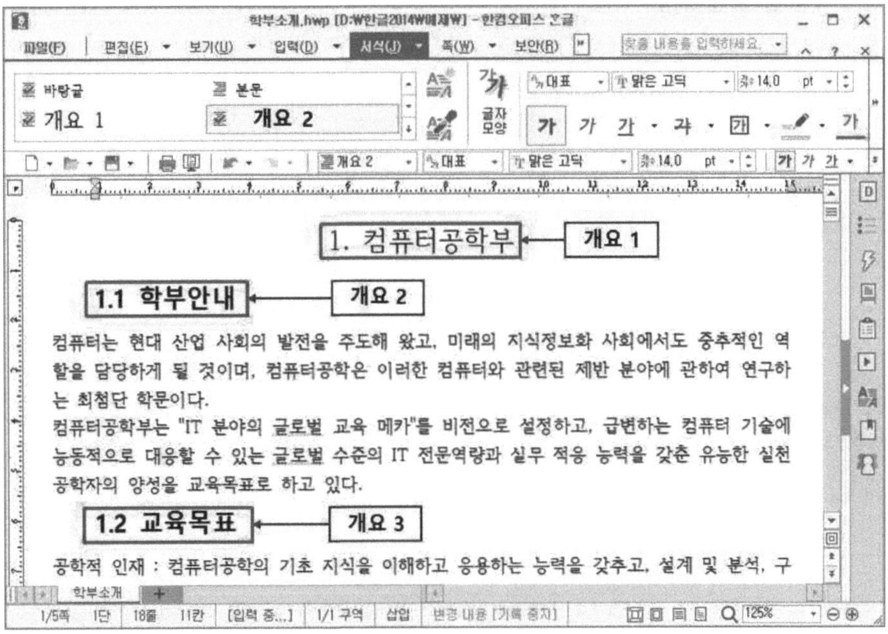

(4) 제목 차례 만들기

제목 차례를 만들려면 개요 문단 속성을 가지고 있어야 한다. 개요 문단 속성을 적용하였으므로 제목 차례를 쉽게 만들 수 있다.

① [도구]-[제목 차례▼]-[차례 만들기]를 선택한다.

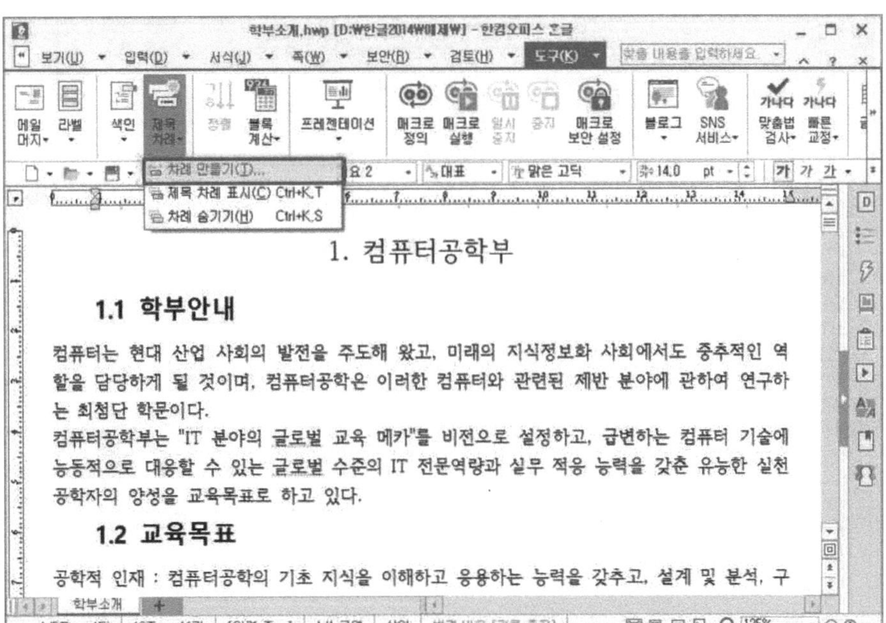

② [차례 만들기] 대화상자에서 "개요 문단으로 모으기"를 체크하고 개요 수준을 설정한 다음, [만들기] 버튼을 클릭한다.

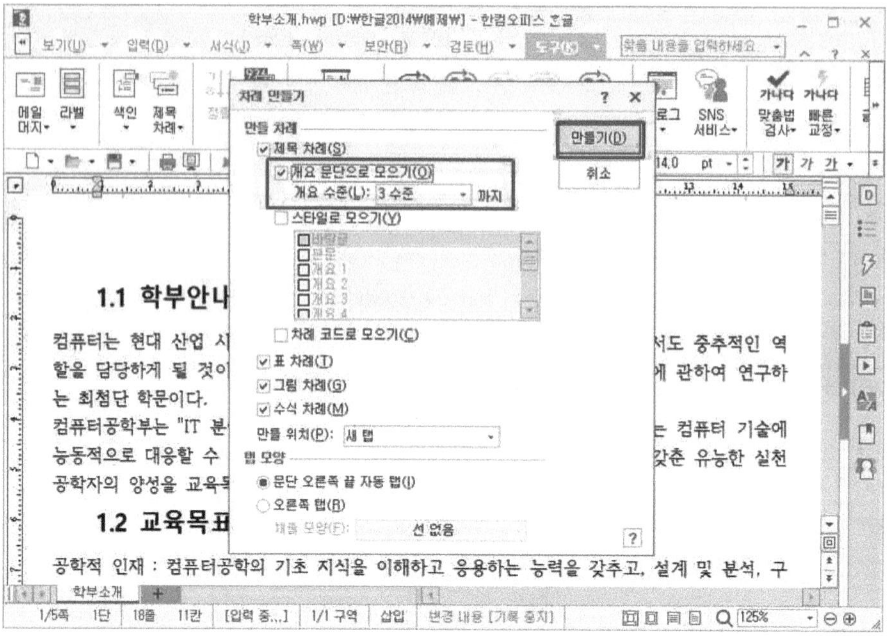

③ [새 탭]에 "제목 차례"가 만들어진다.

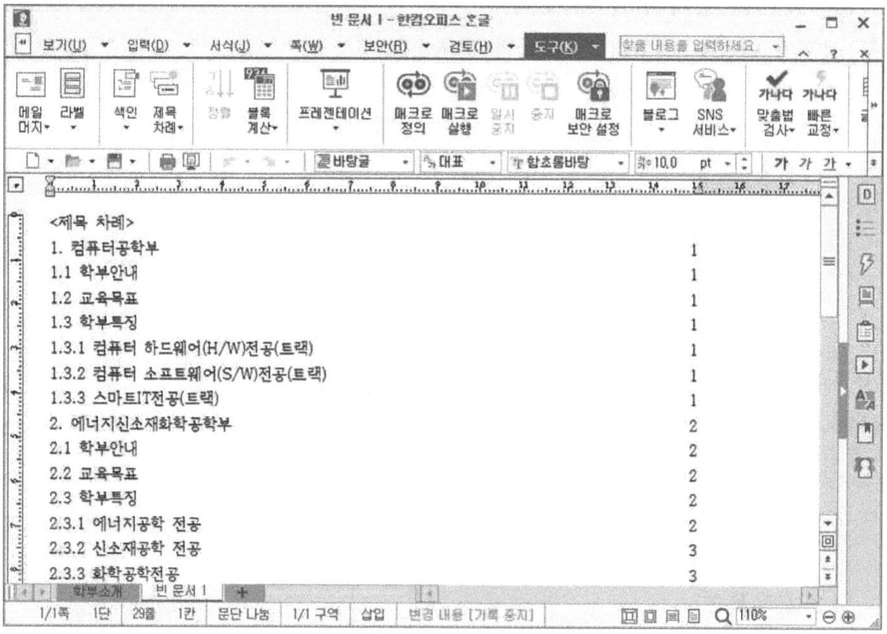

제 1 장 EXCEL 2013의 기초

오늘날 스프레드시트(Spreadsheet)는 기본적인 표 계산과 데이터 검색은 물론 장부 작성에서부터 데이터 통계처리, 그래프 작성 등에 이르기까지 다양한 기능들을 사용자에게 제공한다. 본 장에서는 한글 윈도우 8환경에서 스프레드시트(Spreadsheet)의 대명사격으로 널리 알려진 EXCEL 2013버전의 개략적인 내용을 살펴보기로 한다.

1.1 EXCEL 2013의 개요

스프레드시트용 응용 소프트웨어라고 하면 일반적으로 EXCEL 프로그램을 떠오르게 되는데, 이는 EXCEL이 가계부, 금전출납부, 영업 실적이나 판매 현황표, 통계자료 처리 등 계산이나 통계 업무 처리에 가장 적합하기 때문이다. 실제 윈도우즈 환경에서 가장 많이 쓰이는 스프레드시트 프로그램이 바로 EXCEL인데, 본 절에서는 EXCEL 2013을 기준으로 서술하기로 한다.

(1) EXCEL의 주요 기능

EXCEL은 수치계산뿐만 아니라 입력된 수치를 기본 데이터로 하여 다양한 형태의 차트를 작성할 수 있는 그래프 작성 기능, 수집된 데이터를 원하는 대로 검색, 추출, 계산할 수 있는 데이터베이스의 꽃인 피벗 테이블 기능, 자료의 분석과 계산을 한꺼번에 할 수 있는 자료 분석 및 계산 기능, 의사 결정을 하기 위한 해 찾기 기능, 간단한 문서를 작성할 수 있는 워드 프로세서 등 다양한 기능을 가지고 있는 명실상부한 통합 패키지라고 할 수 있다. 더욱이 EXCEL은 리본 메뉴라 불리는 "탭-그룹-아이콘"의 메뉴 형식을 채용하고, 그래픽 기능이 부가되고 마이크로소프트 Office와 통합 환경 체제를 구축하면서 한층 더 뛰어난 성능을 보유하게 되었다.

(2) EXCEL의 사용 환경

EXCEL을 사용하려면 윈도우즈 7 이상(Windows XP, Vista 미지원)의 운영 체제와 최소 3GB의 가용 가능한 하드디스크 공간이 있어야 한다. 메모리는 32bit에서 1GB, 64bit에서 2GB 이상의 RAM이 필요하다. Graphic Card는 DirectX 10이고 1366×64 이상의 해상도의 모니터가 필요하다.

1.2 EXCEL 시작하기

① [시작] 버튼을 클릭한다.

② [앱] 전환 버튼을 클릭한다.

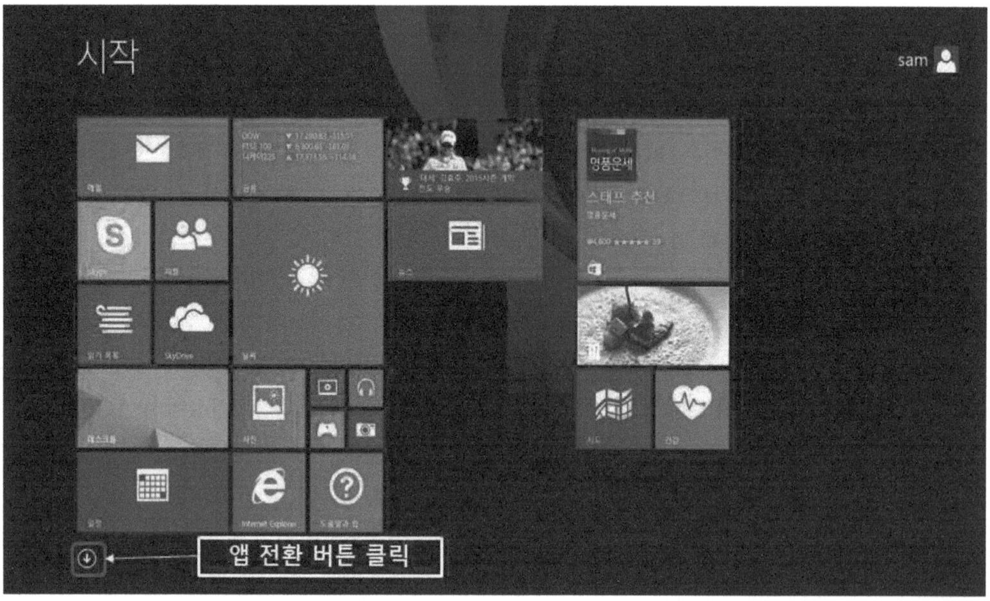

③ [Excel] 아이콘을 클릭한다.

④ [엑셀 2013]이 실행된다.

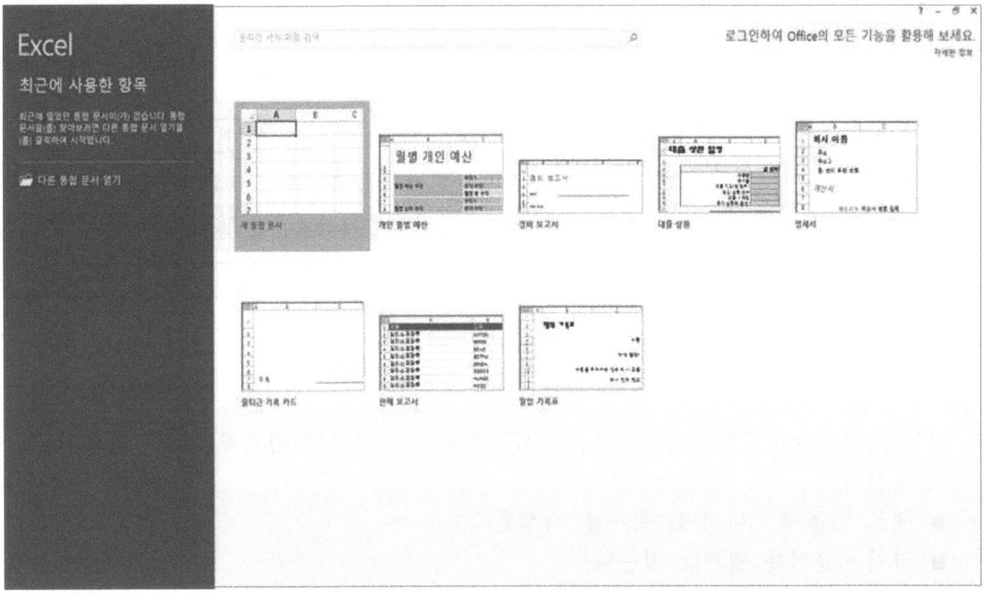

■ [앱]에서 해당 아이콘에서 오른쪽 마우스를 클릭한 후, [시작화면에 고정]과 [작업표시줄에 고정]을 통해 아이콘의 위치를 설정할 수 있다.

■ [시작화면에 고정]은 ②번의 화면에 아이콘이 위치하고, [작업표시줄에 고정]은 ①번 화면의 아래 작업표시줄에 아이콘이 나타난다.

위의 방법들을 통해 아이콘의 위치를 설정하여 엑셀 2013을 쉽게 실행할 수 있다.

1.2.1 EXCEL의 화면 구성

EXCEL 창이 열리면 아래와 같은 화면이 나타난다.

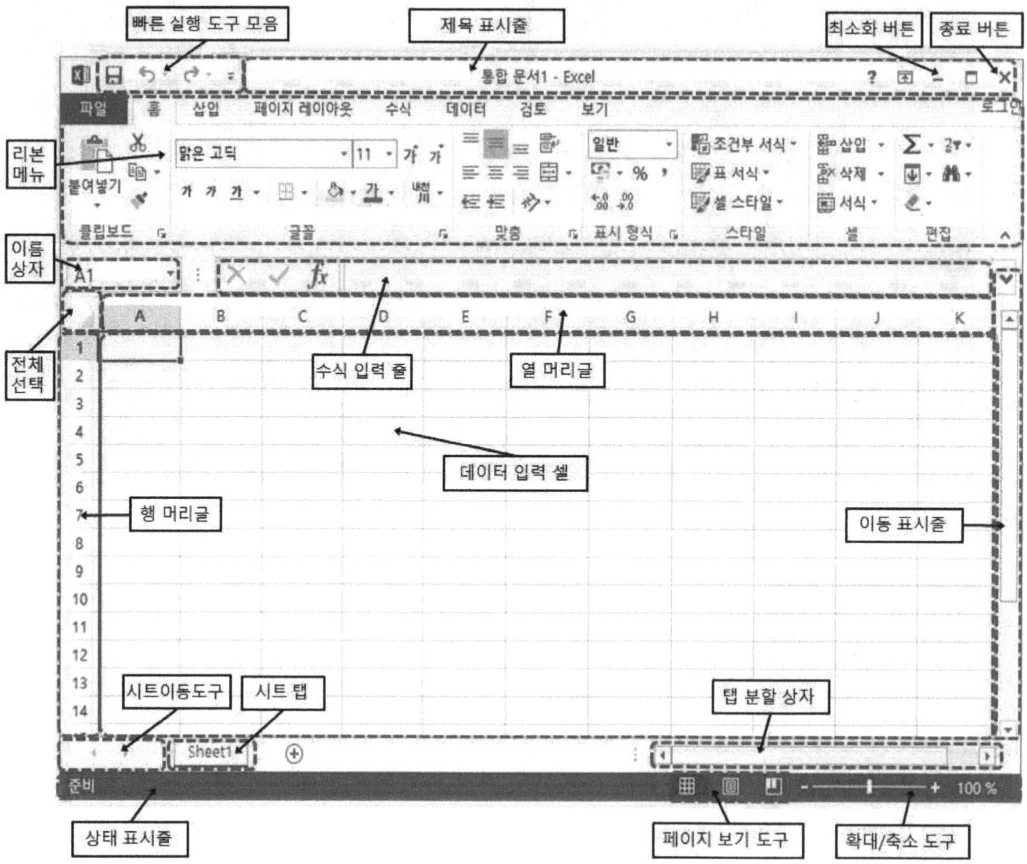

(1) 파일 단추

파일을 클릭하면 “새로 만들기”, “열기”, “저장”, “다른 이름으로 저장” 등의 파일 메뉴가 펼쳐진다.

- 새로 만들기 : 새 통합 문서를 작성한다.
- 열기 : 문서를 열거나 찾는다.
- 저장 : 작업 중인 문서를 저장한다.
- 다른 이름으로 저장 : 작업한 문서를 다른 이름으로 저장한다.
- 인쇄 : 현재 열려 있는 문서를 인쇄한다.
- 내보내기 : 문서 복사본을 다른 사람에게 보낸다.
- 닫기 : 엑셀 문서를 닫는다.

(2) 빠른 실행 도구 그룹

자주 사용하는 도구 및 즉시 실행되는 아이콘들이 있는 도구 모임이다. 기본적으로 저장, 실행 취소, 다시 실행 명령을 수행하는 도구가 있다. 빠른 실행 도구 모임 사용자 지정 단추를 클릭한 다음 자주 사용하는 다른 명령들을 선택해서 도구 모임에 추가하거나, 선택되어 있는 명령을 도구 모임에서 제거할 수 있다.

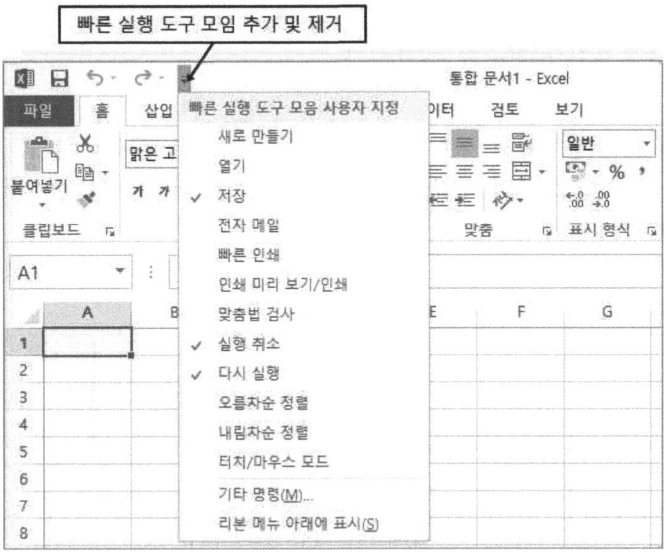

- 새로 만들기 : 새 통합 문서를 작성한다.
- 열기 : 문서를 열거나 찾는다.
- 저장 : 작업 중인 문서를 저장한다.
- 전자 메일 : 지정된 메일 프로그램에서 바로 전자 메일을 보내도록 한다.
- 빠른 인쇄 : 현재 작업 중인 화면의 내용을 바로 인쇄하도록 한다.
- 인쇄 미리 보기 : 인쇄될 모양을 미리 보여 준다.
- 맞춤법 검사 : 맞춤법 검사를 한다.
- 실행 취소 : 가장 최근에 한 작업을 취소한다.
- 다시 실행 : 가장 최근에 취소한 작업을 다시 실행한다.
- 오름차순 정렬 : 데이터를 오름차순으로 정렬한다.
- 내림차순 정렬 : 데이터를 내림차순으로 정렬한다.
- 기타명령 : 사용자 지정에 의해 다른 아이콘을 빠른 실행 도구 그룹에 아이콘을 추가하거나 제거할 수 있다.

(3) 제목 표시줄

현재 사용 중인 프로그램 이름(Microsoft Excel)과 작업하고 있는 통합 문서의 이름이 표시되는 줄이다. 파일 이름이 통합문서1 - Excel, 통합문서2-Excel 등으로 되어 있는 것은 작성한 문서에 아직 이름을 지정하지 않았음을 뜻하며, 저장을 하면 문서의 이름을 요구하는데 이때 이름을 입력하면 된다.

■ 최소화 단추 : 창을 작게 줄여 작업표시줄에 놓이게 한다.
■ 종료 단추 : 작업 중인 EXCEL 창을 닫게 한다.

(4) 리본메뉴

엑셀 2010에서 부터 많이 달라진 부분이다. 이전 버전까지 사용하던 "메뉴 표시줄-도구모임" 형식의 메뉴가 아닌 "탭-그룹-아이콘" 형식의 리본 메뉴가 적용되었다. 리본 메뉴는 기본적으로 [홈], [삽입], [페이지 레이아웃], [수식], [데이터], [검토], [보기] 등 7개의 탭으로 구성되고, 각 탭에 있는 명령들이 그룹으로 분류되어 있다.

가. "홈" 탭

엑셀을 실행하면서 기본적으로 선택하고 있는 [홈] 탭은 [클립보드], [글꼴], [맞춤], [표시 형식], [스타일], [셀], [편집] 순으로 7개 그룹이다. 홈 탭은 이전 버전의 [표준도구] 그룹, [서식도구] 그룹의 기능을 포함하고 있다.

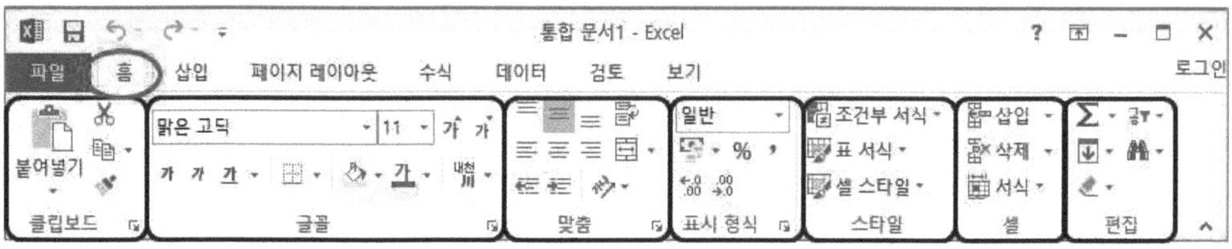

■ 클립보드
잘라내기, 붙여넣기, 복사, 서식복사 등 임시 저장에 관련된 아이콘들로 구성되어 있다.

■ 글꼴
데이터의 글꼴이나 글자 크기 등을 손쉽게 바꿀 수 있는 도구들이 모여 있다. 오른쪽 아래의 [셀 서식] 버튼을 누르면 [셀 서식 : 글꼴] 대화상자가 나타난다.

■ 맞춤
입력한 데이터의 맞춤에 관련된 기능들의 아이콘으로 구성되어 있다. 오른쪽 아래의 [셀 서식] 버튼을 누르면 [셀 서식 : 맞춤] 대화상자가 나타난다.

■ 표시 형식
표시 형식 탭은 표시 형식을 선택할 수 있는 기능들의 아이콘으로 구성된다. 오른쪽 아래의 [셀 서식] 버튼을 누르면 [셀 서식 : 표시 형식] 대화상자가 나타난다.

■ 스타일
[조건부 서식], [표 서식], [셀 스타일] 등 3개의 아이콘이 있으며 각각의 아이콘을 클릭하면 세부 메뉴가 펼쳐진다.

■ 셀
셀이나 행, 열 등의 조작에 관련된 [삽입], [삭제], [서식] 3개의 아이콘이 있다. 각각의 아이콘을 클릭하면 세부 메뉴가 펼쳐진다.

■ 편집
[자동합계], [채우기], [지우기], [정렬 및 필터], [찾기 및 선택] 5개의 아이콘으로 구성된다.

나. "삽입" 탭

이전 버전의 [삽입] 메뉴에 포함되어 있던 도구들로 이루어져 있으며 워크시트에 각종 개체 및 테이블을 삽입할 수 있다.

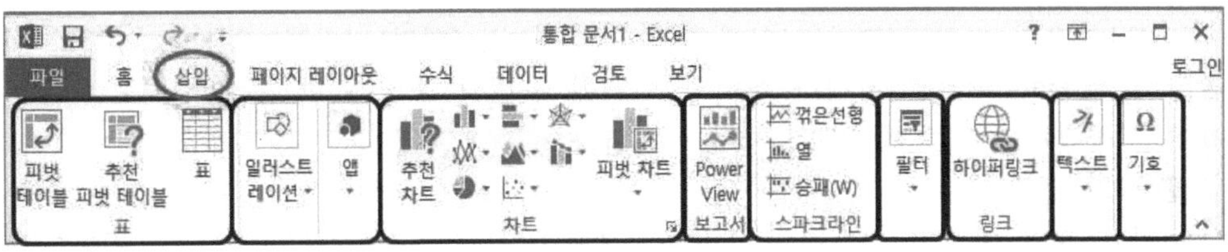

■ 표

[피벗 테이블]과 [표] 아이콘으로 구성되어 있으며, 피벗 테이블 아이콘을 클릭하면 피벗 테이블과 피벗 차트를 선택하는 메뉴가 펼쳐진다.

■ 일러스트레이션

[그림] 아이콘과 [클립아트] 아이콘, [도형] 아이콘, [SmartArt] 아이콘이 있다.

■ 차트

[세로 막대형], [꺾은선형], [원형], [가로막대형], [영역형], [분산형], [기타] 등의 7개의 아이콘으로 분류되어 있고 각 아이콘을 클릭하면 세부 목록이 펼쳐진다. 오른쪽 아래의 차트 만들기 버튼을 누르면 [차트 삽입] 창이 나타난다.

■ 스파크라인

[승패], [열], [꺾은선형] 스파크라인이 있다.

■ 필터

슬라이서를 사용하여 피벗 테이블 및 큐브 함수를 더 빠르고 쉽게 필터링 할 수 있다.

■ 링크

하이퍼링크를 삽입할 수 있는 [하이퍼링크] 아이콘이 있다. [하이퍼링크] 아이콘을 선택하면 [하이퍼 링크 삽입] 창이 생긴다.

■ 텍스트

[텍스트 상자], 머리글과 바닥글 편집을 위한 [머리글/바닥글], 화려한 글자 꾸미기를 위한 [WordArt], 서명해야 하는 사용자를 지정하는 [서명란], 개체을 삽입하기 위한 [개체], 특수문자를 삽입하기 위한 [기호] 아이콘으로 구성되었다.

다. "페이지 레이아웃" 탭

워크시트의 테마를 설정할 수 있으며 페이지 레이아웃을 설정할 수 있는 도구로 되어 있다. [테마], [페이지 설정], [크기 조정], [시트 옵션], [정렬] 5개의 영역이다.

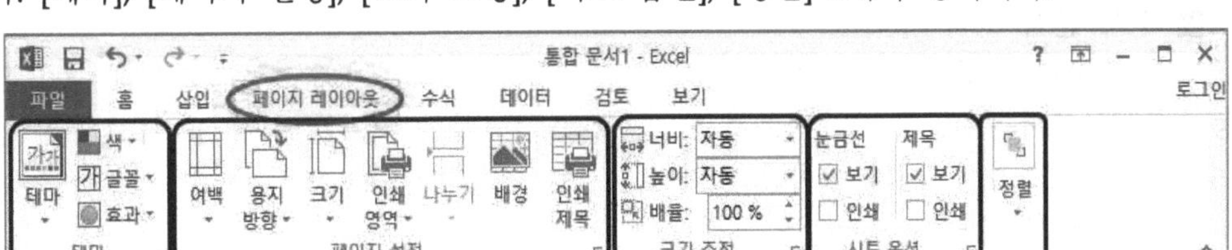

■ 테마

[테마], [색], [글꼴], [효과]의 4개의 아이콘으로 구성 되었으며, 엑셀 문서 전체에 적용될 디자인을 지정한다.

■ 페이지 설정

[여백], [용지 방향], [크기], [인쇄 영역], [나누기], [배경], [인쇄 제목] 등 7개의 아이콘으로 구성되고, 엑셀로 작성한 문서의 인쇄에 관련된 설정을 할 수 있다. 오른쪽 아래의 버튼을 클릭하면 [페이지 설정] 창이 나타난다.

■ 크기 조정

너비와 높이, 배율을 선택하여 인쇄용지보다 크기가 큰 문서를 사용자가 원하는 크기로 인쇄할 수 있도록 문서의 크기를 조정한다. 오른쪽 아래의 버튼을 클릭하면 [페이지 설정] 창이 나타난다.

■ 시트 옵션

눈금선과 머리글의 보기 여부와 인쇄 여부를 선택할 수 있는 옵션이다.

■ 정렬

문서에 여러 개의 개체가 포함되어 있는 경우에 개체들의 배치와 조작을 설정하는 아이콘으로 구성되어 있다.

라. "수식" 탭

함수 및 수식 계산에 필요한 도구로 이루어져 있으며 워크시트에 입력한 수식을 분석할 수 있다.

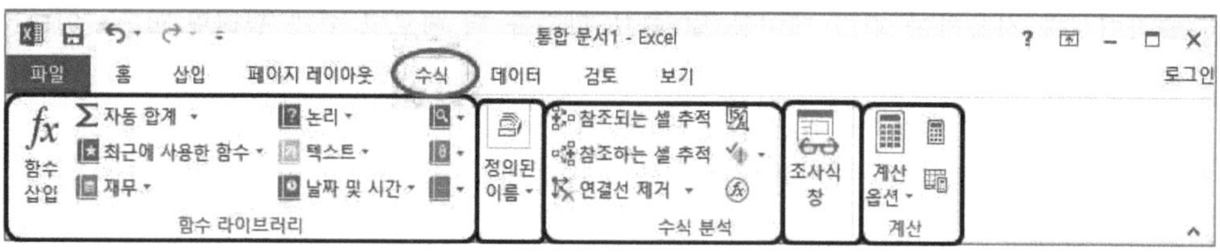

■ 함수 라이브러리

[함수 삽입], [자동 합계], [최근에 사용한 함수], [재무], [논리], [텍스트], [날짜 및 시간], [찾기/참조 영역], [수학/삼각], [함수 추가]의 10개 아이콘으로 구성되어 있다. 첫 번째 함수 삽입 아이콘을 클릭하면 [함수 마법사] 창이 나타난다.

■ 정의된 이름

문서의 특정 부분에 이름을 지정하고 지정된 이름을 관리하기 위한 [이름 관리자], [이름 정의], [수식에서 사용], [선택 영역에서 만들기] 아이콘이 있다.

■ 수식 분석

엑셀 문서에서 입력한 수식에 오류가 있을 경우 이를 찾아내고 수정하는데 유용한 기능이다. [참조되는 셀 추적], [참조하는 셀 추적], [연결선 제거], [수식 표시], [오류 검사], [수식 계산], [조사식 창]의 아이콘이 있다.

■ 조사식 창

조사식 창 목록에서 셀을 추가해 시트의 다른 부분을 업데이트할 때에도 셀 값을 계속 확인한다. 조사식 창은 위쪽에 고정되어 다른 시트에서 작업할 때에도 해당 셀을 살펴볼 수 있다.

■ 계산

수식이 적용된 데이터에 영향을 주는 다른 데이터가 변경된 경우, 계산에 대한 옵션을 설정한다. [계산 옵션], [지금 계산], [시트 계산] 아이콘으로 구성된다.

마. "데이터" 탭

데이터를 관리하거나 분석할 수 있는 도구들로 이루어져 있고 [외부 데이터 가져오기], [연결], [정렬 및 필터], [데이터 도구], [윤곽선] 으로 구성된다.

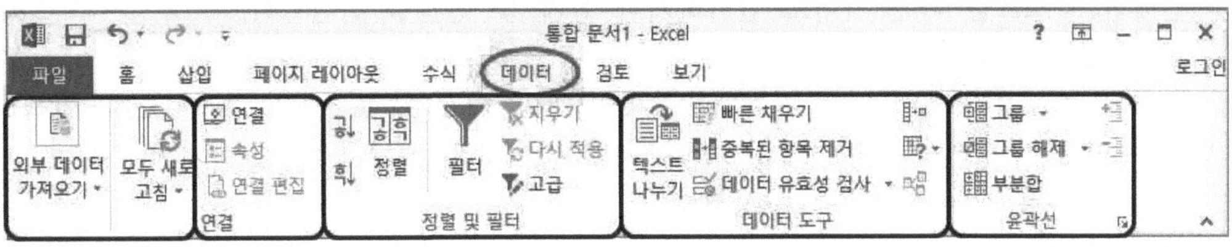

■ 외부 데이터 가져오기

외부의 데이터를 이용하여 문서를 작성하기 위한 [Access], [웹], [텍스트], [기타 원본], [기존 연결] 아이콘이 있다.

■ 연결

외부 데이터를 이용하여 작성된 문서의 원본 데이터가 변경된 경우에 변경된 내용을 업데이트하기 위한 [모두 새로 고침], [연결], [속성], [연결 편집] 아이콘으로 구성된다.

■ 정렬 및 필터

작성된 문서의 데이터를 필요에 따라 가공하기 위한 기능이 있다. [텍스트 오름차순 정렬], [텍스트 내림차순 정렬], [정렬], [필터], [지우기], [다시 적용], [고급] 아이콘으로 구성된다.

■ 데이터 도구

작성된 문서의 데이터를 정리하거나 문서에 입력할 데이터의 범위를 제안하고 여러 범위의 값을 하나의 범위로 종합하는 등의 기능이 있다. [텍스트 나누기], [중복된 항목 제거], [데이터 유효성 검사], [통합], [가상 분석] 아이콘이 있다.

■ 윤곽선

여러 셀을 하나의 그룹으로 만들거나 그룹을 해제하고 소계를 구하는 기능을 수행한다. [그룹], [그룹 해제], [부분합], [하위 수준 표시], [하위 수준 숨기기] 아이콘이 있다.

바. "검토" 탭

워크시트에 입력한 데이터의 맞춤법을 검사하거나 메모 삽입, 문서 보호와 관련된 도구로 이루어져 있다.

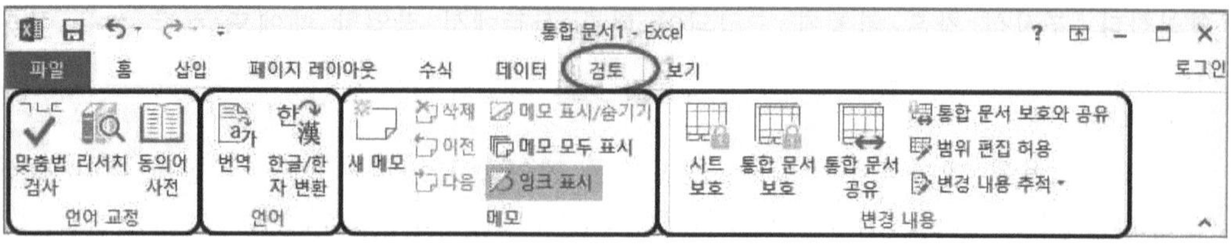

■ 언어 교정

문서의 텍스트 데이터에 대하여 맞춤법을 검사하거나 다른 언어로 번역을 하고 필요한 데이터를 검색한다. [맞춤법 검사], [리서치], [동의어 사전], [번역], 아이콘이 있다.

■ 언어

선택한 텍스트를 다른 언어로 번역하거나 한자 및 한글을 변환한다.

■ 메모

문서에 메모를 삽입하거나 삭제하고 여러 개의 메모 중에서 필요한 메모를 검색하는 등의 작업을 수행한다. [새 메모], [삭제], [이전], [다음], [메모 표시/숨기기], [메모 모두 표시], [잉크 표시] 아이콘으로 구성된다.

■ 변경 내용

통합 문서를 보호하거나 공유 설정을 하고 변경 내용을 추적하는 기능이다. [시트 보호], [통합 문서 보호], [통합 문서 공유], [통합 문서 보호와 공유], [범위 편집 허용], [변경 내용 추적] 아이콘으로 구성된다.

사. "보기" 탭

통합 문서를 사용자가 지정한 방식으로 볼 수 있는 도구들과 창 조절 도구들로 이루어져 있다. 이 탭은 [통합 문서 보기], [표시/숨기기], [확대/축소], [창], [매크로] 그룹으로 구성된다.

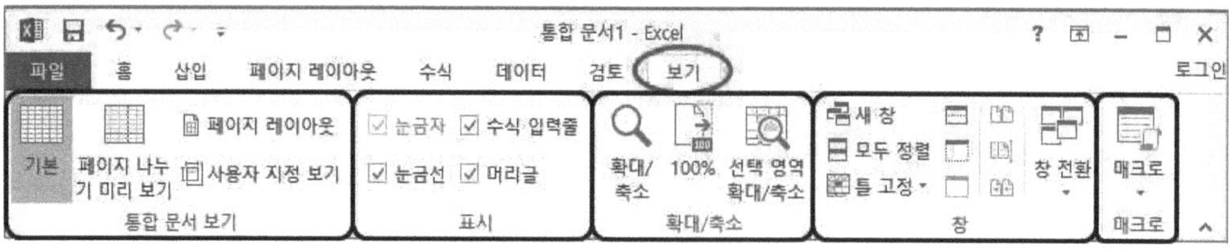

■ 통합 문서 보기

엑셀 작업 화면의 형식을 선택하여 사용할 수 있는 기능으로 구성된다. [기본], [페이지 나누기 미리보기], [페이지 레이아웃], [사용자 지정 보기] 아이콘이 있다.

■ 표시

수식 입력줄과 눈금선, 머리글, 눈금자의 표시 여부를 선택한다.

■ 확대/축소

문서를 확대하거나 축소해서 보는 기능이 있다. [확대/축소], [100%], [선택 영역 확대/축소] 아이콘으로 구성된다.

■ 창

엑셀에서 두 개 이상의 작업창을 사용하여 작업을 하는 경우에 필요한 기능들을 포함한다. [새 창], [모두 정렬], [틀 고정], [나누기], [숨기기], [숨기기 취소], [나란히 보기], [동시 스크롤], [창 위치 다시 정렬], [작업 영역 저장], [창 전환] 아이콘이 있다.

■ 매크로

매크로를 기록하거나 다른 매크로 옵션에 액세스하기 위한 기능이며, [매크로] 아이콘이 있다.

(5) 기타 화면 구성들

■ **이름 상자** : 선택한 셀의 주소가 표시된다.

■ **전체 선택** : 마우스로 클릭하면 워크시트 안의 모든 셀이 선택된다.

■ **수식 입력 줄** : 활성 셀의 실제 내용이 표시된다.

■ **행 머리글** : 마우스로 클릭하면 같은 행에 있는 모든 셀이 선택된다.

■ **열 머리글** : 마우스로 클릭하면 같은 열에 있는 모든 셀이 선택된다.

■ **데이터 입력 셀** : 현재 선택된 셀로 두꺼운 테두리가 표시된다.

■ **시트이동도구** : 워크시트 탭이 한 화면에 표지 되지 않을 때 이 탭을 눌러 원하는 워크시트 탭을 찾는다.

■ **시트 탭** : 각 워크시트의 이름을 표시하는 탭이다.

■ **탭 분할 상자** : 시트 탭이 존재하는 공간을 조정하는데 사용한다.

■ **상태 표시줄** : 지금하고 있는 작업에 대한 간단한 설명을 표시한다.

■ **페이지 보기 도구** : 엑셀 화면을 기본, 페이지 레이아웃 보기, 페이지 나누기 미리보기 형태 중에서 선택하여 볼 수 있게 해 주는 도구이다.

■ **확대/축소 도구** : 작업 화면을 확대 또는 축소해서보기 위한 도구이다. 바를 좌우의 "—' 또는 "+" 버튼을 이용하여 배율을 조절할 수 있다.

■ **이동줄 표시** : 현재 보이지 않는 부분을 보려고 할 때 사용하는 것으로 수평 이동줄 표시와 수직 이동줄 표시가 있다.

1.2.2 EXCEL의 기본 구성

EXCEL은 셀과 셀들의 집합인 워크시트로 구성되어 있다. 본 절에서는 셀과 워크시트에 대하여 살펴보기로 한다.

(1) 셀(Cell, 세포)

회계장부나 서류에는 펜으로 숫자나 문자 등을 네모난 칸에 써넣는다. 마찬가지로 EXCEL에서도 가로줄과 세로줄이 만나서 만드는 네모난 칸에 키보드를 사용하여 숫자나 문자 등을 입력한다. 이 때, 이 네모난 칸 하나 하나를 셀이라고 하며 이 셀이 EXCEL 작업의 가장 작은 단위이다.

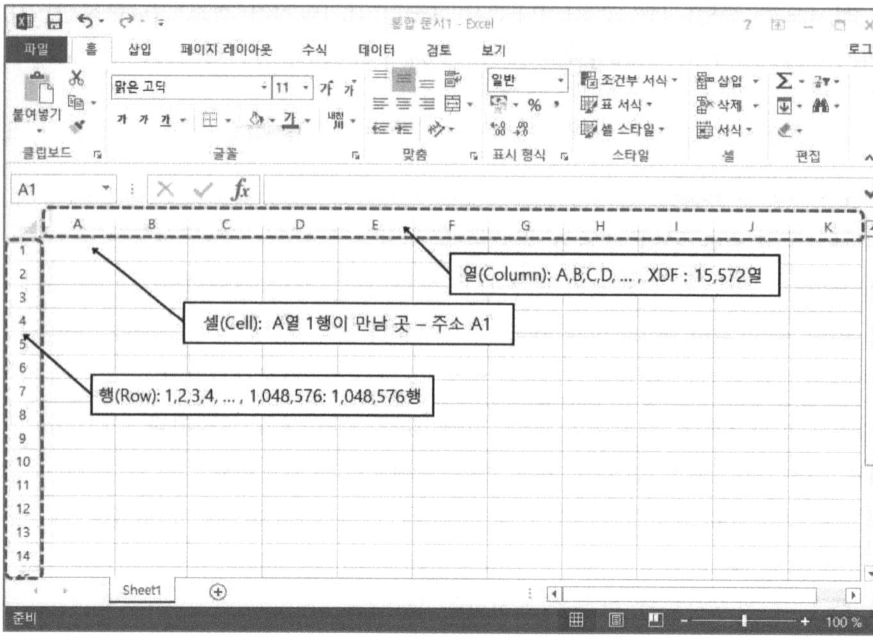

(2) 셀 주소(Cell Address)

셀은 가로 번호와 세로 번호로 이루어진 고유의 번호를 갖고 있는데 이를 셀 주소 또는 셀 이름이라 한다. 한 장의 워크시트는 16,328,425,470개의 셀로 구성되어 있다.

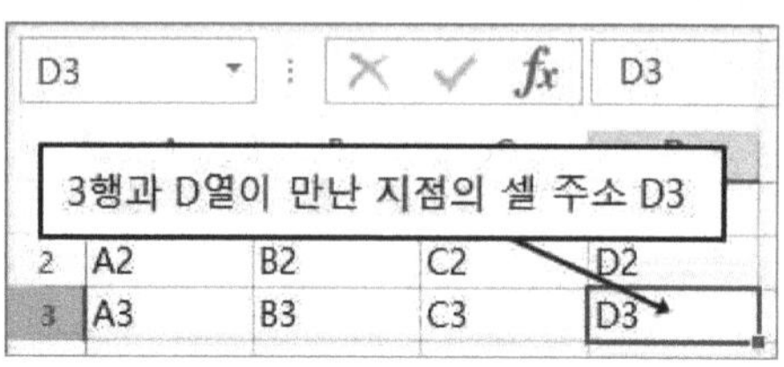

(3) 워크시트

워크시트는 실제 데이터의 입력 및 편집이 이루어지는 작업장으로 기본적으로 워크시트는 15,572열 × 1,048,576행의 셀로 구성된다. 각 시트마다 Sheet1, Sheet2,… 라는 식으로 시트 이름이 부여되어 있다. 각 시트들은 독립적으로 별도의 작업을 수행하므로 서로 다른 문서로 간주된다. 이 워크시트 하나하나가 모여서 하나의 통합 문서(*.xlsx)를 만들게 된다. EXCEL에서는 새로운 통합 문서를 열었을 때 기본적으로 3개의 워크시트가 제공되지만 사용자가 원하면 옵션에 들어가 기본 개수를 바꿀 수도 있다.

통합 문서는 그 이름이 제목 표시줄에 나타나는데 사용자가 별다른 지정을 하지 않으면 EXCEL이 자동적으로 통합 문서1.xlsx, 통합 문서2.xlsx 등으로 이름을 붙인다.

■ 워크시트 추가(삽입) : 시트 탭 오른쪽의 [워크시트 삽입] 아이콘을 클릭하면 워크시트가 삽입된다.

1.3 EXCEL의 종료

[파일] 단추를 클릭하고 [닫기]를 클릭한다.

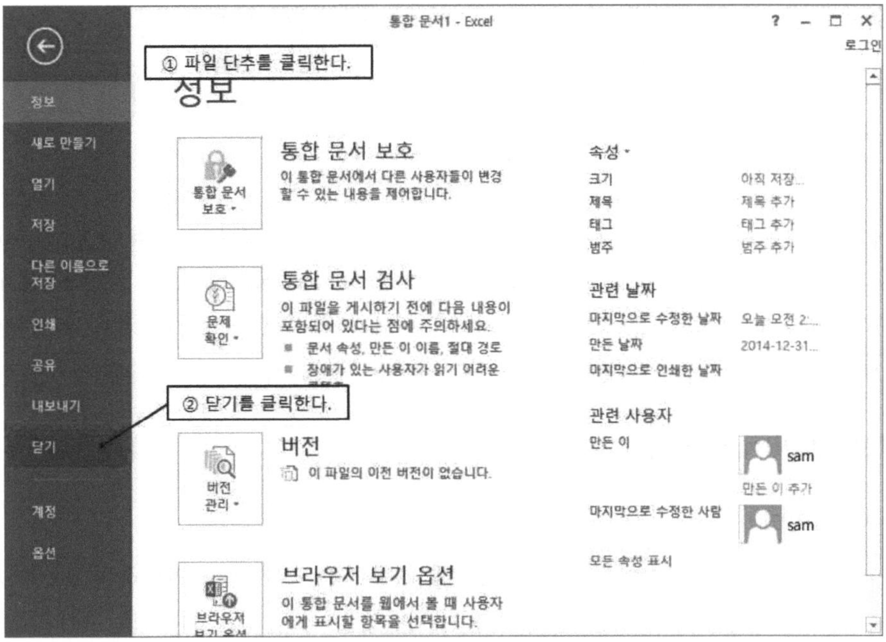

이때 작업한 내용을 저장하지 않았을 때는 작업한 내용의 저장 여부를 물어보는 대화상자가 나타나는데 저장하고 싶을 때는 [예(Y)], 저장하고 싶지 않을 때는 [아니오(N)], EXCEL 자체를 종료하고 싶지 않을 때는 [취소] 단추를 클릭하면 된다.

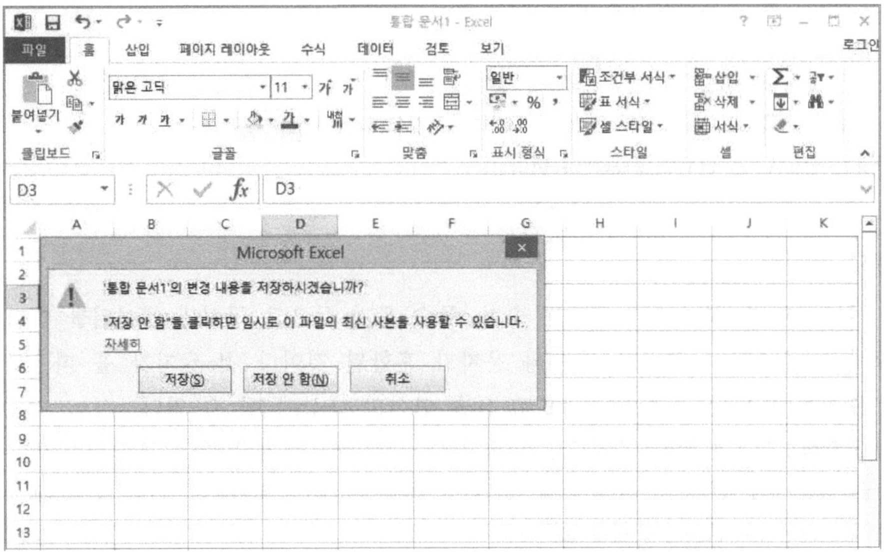

제 2 장 EXCEL 기본 사용법

본 장에서는 데이터를 입력하고 수정하는 방법과 워크시트의 복사, 이동, 삭제하는 방법 그리고 EXCEL 파일을 저장하고 불어오는 방법에 대하여 살펴보기로 한다.

2.1 입력하고 수정하기

본 절에서는 데이터의 종류에 대하여 알아보고, 연속적인 데이터의 입력 방법과 데이터를 수정하는 방법에 대하여 살펴본다. EXCEL 기능을 설명할 때 엑셀 창 크기를 작게 하면 엑셀 아이콘들의 일부가 내부에 숨어 나타나지 않을 수 있다. 이러한 경우 전체화면으로 보면 엑셀의 모든 아이콘을 볼 수 있으므로 엑셀의 모든 기능들을 살펴볼 수 있다.

2.1.1 데이터의 종류

가. 숫자 데이터

단가, 수량, 판매량 등과 같이 주로 계산할 때 사용하는 데이터를 의미하며 0~9까지의 숫자와 특수문자(+ ( ) , / $ %)를 함께 사용할 수 있으며, 입력된 데이터는 셀의 오른쪽에 맞추어 진다. 매우 큰 수나 작은 수(소수점 앞이나 뒤로 12자리 이상)를 입력할 경우에는 자동으로 지수 형태로 표시되며 천 단위로 콤마(,)를 입력하거나 소수점(.) 등을 사용할 수 있다. 숫자 데이터는 아래와 같은 경우 잘못된 입력 방법이므로 주의하여야 한다.

- ■ 영문자나 한글 등 문자가 포함되어서는 안 된다.
- ■ 숫자 중간에 공백을 사용할 수 없다.
- ■ 소수점은 한 개 이상 사용할 수 없다.
- ■ ' 를 입력한 후 숫자를 입력하면 문자 데이터로 인식한다.
- ■ 콤마는 반드시 천 단위로 사용해야 한다.

나. 문자 데이터

영문자, 한글, 한자, 문자로 사용되는 숫자, 특수 문자 등으로 구성된 데이터를 의미하며 셀의 왼쪽을 기준으로 입력된다. 숫자와 문자가 혼합된 것이나 첫 글자가 홑 따옴표(')로 시작되는 숫자는 모두 문자로 인식되므로 산술 연산의 대상이 될 수 없다.

- ■ **한자 입력하기** : 한자를 입력하고자 할 경우에는 먼저 한글로 해당 한자음을 입력한 후 커서를 한글 앞에 두고 [한자] 변화키를 클릭하면 그 음에 해당하는 한자들이 나타난다. 이때 원하는 한자를 선택하고 [변환] 버튼을 클릭한다.

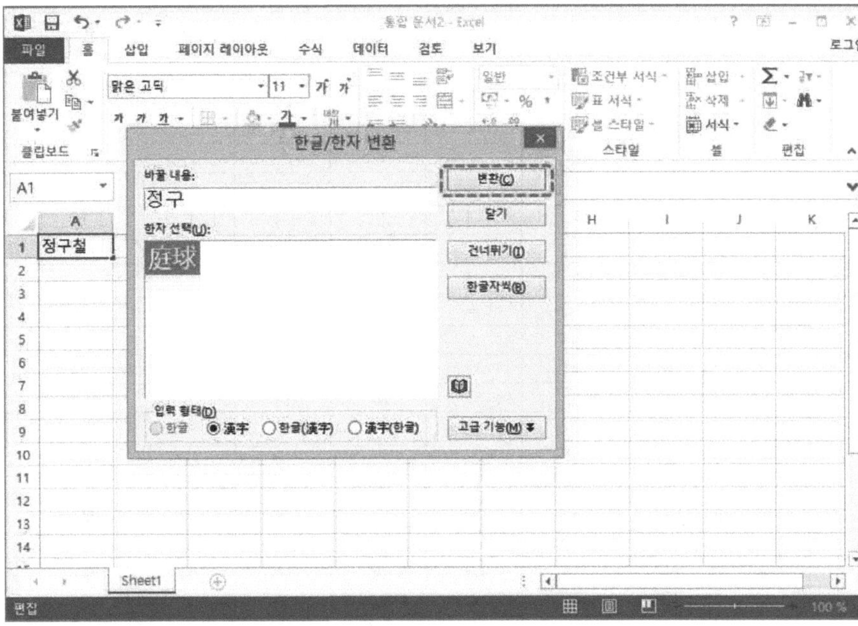

■ 특수 문자 입력하기 : 키보드에 없는 특수 문자는 한글의 자음인 “ㄱ” 에서 “ㅎ”까지 각각의 한글 자음에 등록해 두었는데 해당 특수 문자를 입력할 경우에는 먼저 입력할 특수 문자가 등록되어 있는 해당 자음을 입력한 후 키보드에서 [한자] 변환키를 누른다. 그러면 그 자음에 해당하는 문자들이 나타나고 탭을 누르면 펼쳐지게 된다. 이때 원하는 특수 문자의 번호를 키보드로 입력하거나 마우스로 클릭하면 된다.

자판	1	2	3	4	5	6	7	8	9
ㄱ		!	'	,	.	/	:	;	?
	^	_	`	|	￣	、	。	·	‥
	…	¨	〃	-	―	∥	＼	∼	´
	～	ˇ	˘	˝	˚	˙	¸	˛	
	¿	ː							
ㄴ	"	(	)	[	]	{	}	‘	’
	“	”	〔	〕	〈	〉	《	》	「
	」	『	』	【	】				
ㄷ	+	－	<	=	>	±	×	÷	≠
	≤	≥	∞	∴	♂	♀	∠	⊥	⌒
	∂	∇	≡	≒	≪	≫	√	∽	∝
	∵	∫	∬	∈	∋	⊆	⊇	⊂	⊃
	∪	∩	∧	∨	￢	⇒	⇔	∀	∃
	∮	∑	∏						
ㄹ	$	%	₩	F	′	″	℃	Å	¢
	£	¥	¤	℉	‰	㎕	㎖	㎗	ℓ
	㎘	㏄	㎣	㎤	㎥	㎦	㎙	㎚	㎛
	㎜	㎝	㎞	㎟	㎠	㎡	㎢	㏊	㎍
	㎎	㎏	㏏	㎈	㎉	㏈	㎧	㎨	㎰
	㎱	㎲	㎳	㎴	㎵	㎶	㎷	㎸	㎀
	㎁	㎂	㎃	㎄	㎺	㎻	㎼	㎽	㎾
	㎿	㎐	㎑	㎒	㎓	㎔	Ω	㏀	㏁
	㎊	㎋	㎌	㏖	㏅	㎭	㎭	㎮	㎯
	㏛	㎩	㎪	㎫	㎬	㏝	㏐	㏓	㏃
	㏉	㏜	㏆						
ㅁ	#	&	＊	@	§	※	☆	★	○
	●	◎	◇	◆	□	■	△	▲	▽
	▼	→	←	↑	↓	↔	〓	◁	◀
	▷	▶	♤	♠	♡	♥	♧	♣	⊙
ㅁ	◈	▣	◐	◑	▒	▤	▥	▨	▧
	▦	▩	♨	☏	☎	☜	☞	¶	†
	‡	↕	↗	↙	↖	↘	♭	♩	♪
	♬	㉿	㈜	№	㏇	™	㏂	㏘	℡
	ª	º							
ㅂ	─	│	┌	┐	┘	└	├	┬	┤
	┴	┼	━	┃	┏	┓	┛	┗	┣
	┳	┫	┻	╋	┠	┯	┨	┷	┿
	┝	┰	┥	┸	╂	┒	┑	┚	┙
	┖	┕	┎	┍	┞	┟	┡	┢	┦
	┧	┩	┪	┭	┮	┱	┲	┵	┶
	┹	┺	┽	┾	╀	╁	╃	╄	╅
	╆	╇	╈	╉	╊				
ㅅ	㉠	㉡	㉢	㉣	㉤	㉥	㉦	㉧	㉨
	㉩	㉪	㉫	㉬	㉭	㉮	㉯		㉱
	㉲	㉳	㉴	㉵	㉶	㉷	㉸	㉹	㉺
	㉻	㈀	㈁	㈂	㈃	㈄	㈅	㈆	㈇
	㈈	㈉	㈊	㈋	㈌	㈍	㈎	㈏	㈐
	㈑	㈒	㈓	㈔	㈕	㈖	㈗	㈘	㈙
	㈚	㈛							

자판	1	2	3	4	5	6	7	8	9
ㅇ	ⓐ	ⓑ	ⓒ	ⓓ	ⓔ	ⓕ	ⓖ	ⓗ	ⓘ
	ⓙ	ⓚ	ⓛ	ⓜ	ⓝ	ⓞ	ⓟ	ⓠ	ⓡ
	ⓢ	ⓣ	ⓤ	ⓥ	ⓦ	ⓧ	ⓨ	ⓩ	①
	②	③	④	⑤	⑥	⑦	⑧	⑨	⑩
	⑪	⑫	⑬	⑭	⑮	⒜	⒝	⒞	⒟
	⒠	⒡	⒢	⒣	⒤	⒥	⒦	⒧	⒨
	⒩	⒪	⒫	⒬	⒭	⒮	⒯	⒰	⒱
	⒲	⒳	⑻	⒵	⑴	⑵	⑶	⑷	⑸
	⑹	⑺	⒴	⑼	⑽	⑾	⑿	⒀	⒁
	⒂								
ㅈ	0	1	2	3	4	5	6	7	8
	9	i	ii	iii	iv	v	vi	vii	viii
	ix	x	Ⅰ	Ⅱ	Ⅲ	Ⅳ	Ⅴ	Ⅵ	Ⅶ
	Ⅷ	Ⅸ	Ⅹ						
ㅊ	½	⅔	⅔	¼	¾	⅛	⅜	⅝	⅞
	^{1}	^{2}	^{3}	^{4}	^{n}	$_1$	$_2$	$_3$	$_4$
ㅋ	ㄱ	ㄲ		ㄴ	ㄵ	ㄶ	ㄷ	ㄸ	ㄹ
	ㄺ	ㄻ	ㄼ	ㄽ			ㅀ	ㅁ	ㅂ
	ㅃ	ㅄ	ㅅ	ㅆ	ㅇ	ㅈ	ㅉ	ㅊ	ㅋ
	ㅌ	ㅍ	ㅎ	ㅏ	ㅐ	ㅑ	ㅒ	ㅓ	ㅔ
	ㅕ	ㅖ	ㅗ	ㅘ	ㅙ	ㅚ	ㅛ	ㅜ	ㅝ
	ㅞ	ㅟ	ㅠ	ㅡ	ㅢ	ㅣ			
ㅌ	ㅥ	ㅦ	ㅧ			ㅪ			
	ㅮ	ㅯ		ㅱ	ㅲ	ㅳ	ㅴ	ㅵ	ㅶ
	ㅷ	ㅸ	ㅹ	ㅺ	ㅻ	ㅼ	ㅽ	ㅾ	ㅿ
	ㆀ	ㆁ			ㆄ	ㆅ	ㆆ	ㆇ	ㆈ
	ㆉ	ㆊ	ㆋ	ㆌ	ㆍ	ㆎ			
ㅍ	A	B	C	D	E	F	G	H	I
	J	K	L	M	N	O	P	Q	R
	S	T	U	V	W	X	Y	Z	a
	b	c	d	e	f	g	h	i	j
	k	l	m	n	o	p	q	r	s
	t	u	v	w	x	y	z	ㅍ	
ㅎ	Α	Β	Γ	Δ	Ε	Ζ	Η	Θ	Ι
	Κ	Λ	Μ	Ν	Ξ	Ο	Π	Ρ	Σ
	Τ	Υ	Φ	Χ	Ψ	Ω	α	β	γ
	δ	ε	ζ	η	θ	ι	κ	λ	μ
	ν	ξ	ο	π	ρ	σ	τ	υ	φ
	χ	ψ	ω						

다. 수식 데이터

입력한 숫자, 셀 참조, 이름, 함수, 연산자 등을 사용하여 계산하고 체계적으로 분석하여 원하는 결과를 얻고자 할 때 사용한다. 수식데이터를 입력할 때는 반드시 '=' 기호를 입력한 후 수식을 입력해야 한다.

■ [예1] =A1+B1+C1 : 선택한 셀에 A1셀, B1셀, C1셀을 더한 계산 결과가 입력된다.

■ [예2] =SUM(A1:F1) : 선택한 셀에 A1부터 F1셀 까지 더한 계산 결과가 입력된다.

라. 날짜 데이터 및 시간 데이터

입사 일자나 생년월일 등 날짜와 시, 분, 초로 구성된 시간에 관련된 데이터를 의미하며 날짜를 입력할 때는 하이픈(-)이나 슬래쉬(/)를 사용하여 입력하고 시간은 콜론(:)이나 하이픈(-)으로 구분하여 입력한다. 이 때 입력할 시간이 오후일 경우에는 해당 시간에 12를 더하거나 시간 데이터 뒤에 PM을 붙여서 입력하면 된다.

2.1.2 데이터 입력하기

가. 데이터 입력 방법

① B1셀에 데이터를 입력하려면 우선 마우스로 B1셀을 클릭하거나 방향키를 눌러 B1셀을 선택한다. B1셀에는 굵은 테두리가 생긴다. 이렇게 선택된 셀을 '활성 셀'이라고 하는데 이제부터 키보드로 입력한 내용은 활성 셀에 나타나게 된다.

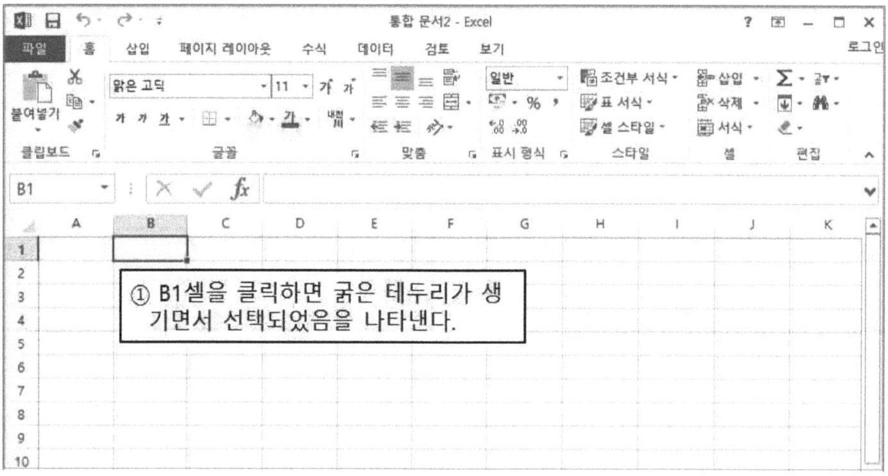

② B1셀에 "수능결과"를 입력한다.

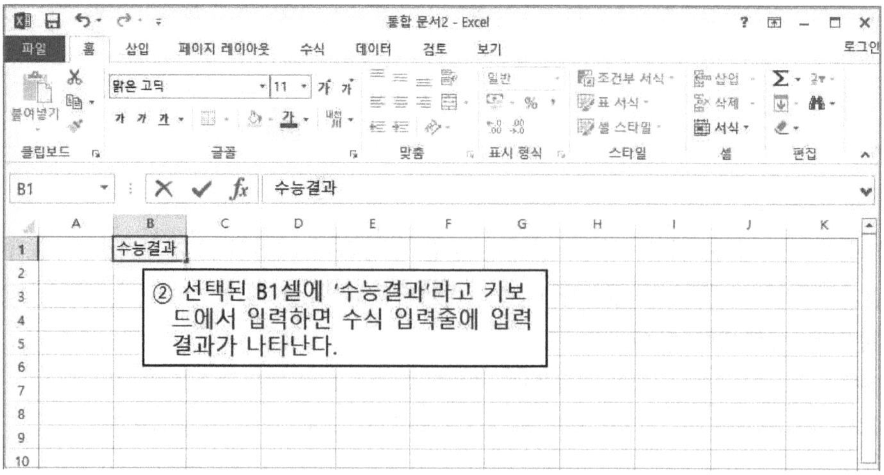

③ 셀에 데이터를 타이핑하더라도 Enter↵ 키를 누르기 전까지지는 임시로 입력된 것이므로 반드시 Enter↵ 키를 눌러 입력이 되도록 한다. Enter↵ 키를 누르고 나면 활성 셀이 B2셀로 옮겨진다.

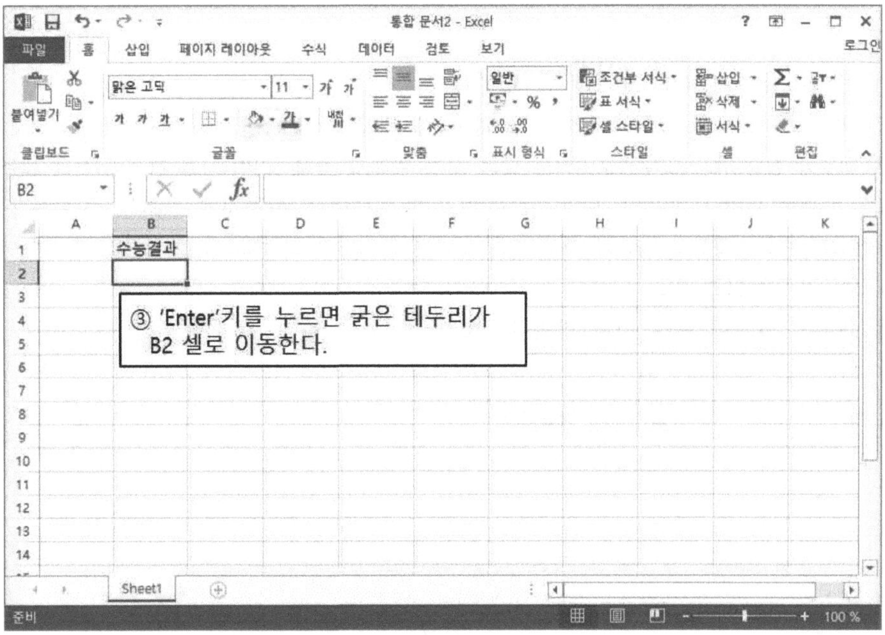

④ B2셀에 '수'만 입력해도 '수능 결과'가 나타나는데 이는 EXCEL의 자동 입력 기능 중의 하나이다. 무시하려면 계속해서 입력하려던 내용을 입력하면 되고 '수능 결과'라 재차 입력하려면 Enter↵ 키를 누르면 된다.

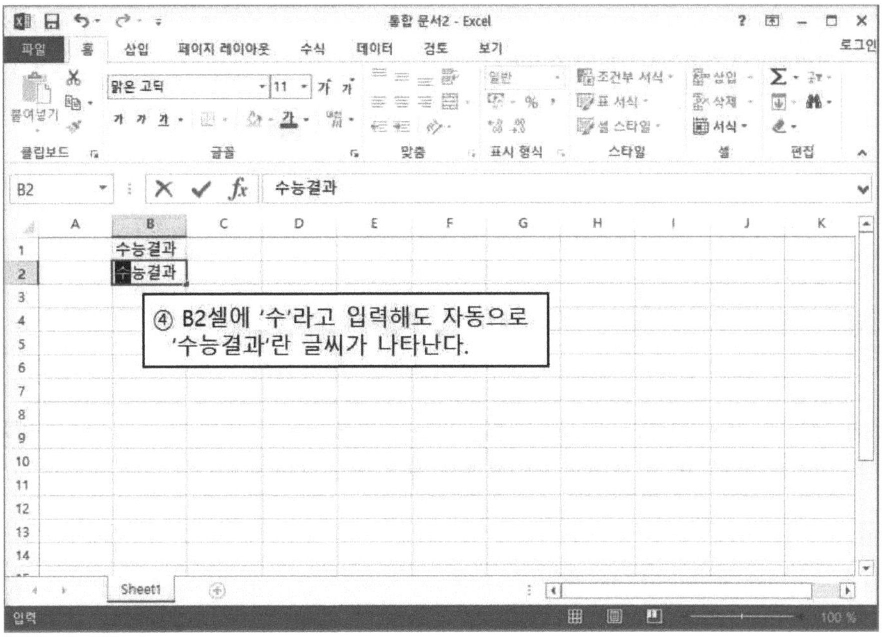

나. 연속적인 데이터의 입력 방법

같은 내용을 여러 셀에 입력하거나 일정기준에 따라 증가 또는 감소하는 숫자, 또는 일정한 순서에 따라 변하는 요일, 날짜, 시간 등을 연속적으로 입력하고자 할 경우에는 채우기 핸들을 사용하여 손쉽게 입력할 수 있다.

■ 채우기 핸들 : 선택한 셀을 자세히 보면 오른쪽 아래 모서리에 네모난 점(■)이 있는데 이것이 바로 채우기 핸들이다. 마우스포인터는 보통 시트 안에서 십자 모양(✣)을 하고 있는데 마우스를 채우기 핸들에 갖다 대면 + 모양으로 변한다. 이 상태에서 왼쪽 마우스 단추나 오른쪽 단추를 누른 채 원하는 곳까지 이동한 후 단추를 놓으면 데이터가 연속적으로 채워진다. 이 기능을 자동 채우기 기능이라 한다.

① 자동 채우기 연습을 위해 다음 화면과 같이 입력한다.

	A	B	C	D	E	F	G	H
1	2004년	1월	1일	월요일	1	1	1	10
2						2	5	7

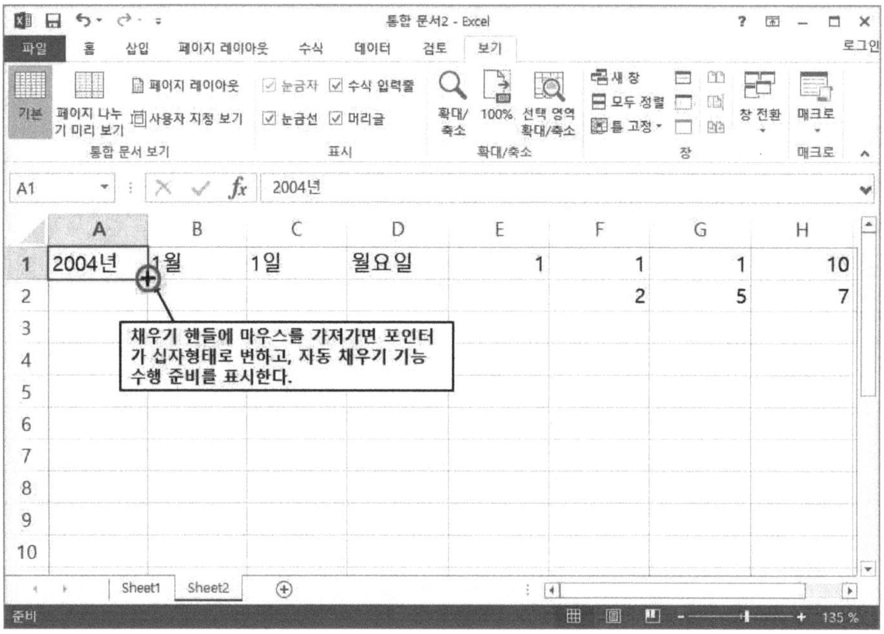

② 채우기 핸들에 마우스포인터를 갖다 대면 마우스 포인터의 모양이 +로 바뀐다. 이때 마우스의 왼쪽 단추를 누른 채 A1셀에서 A10셀까지 끌어 자동 채우기를 한다.

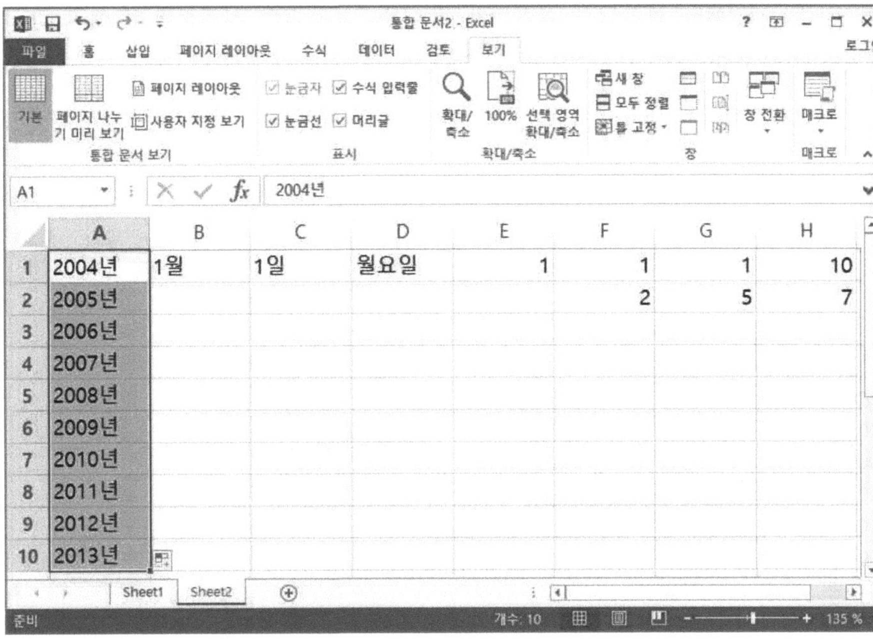

③ B열, C열, D열, E열도 ②와 같이 채우기 핸들을 사용하여 자동 채우기를 시행한다.

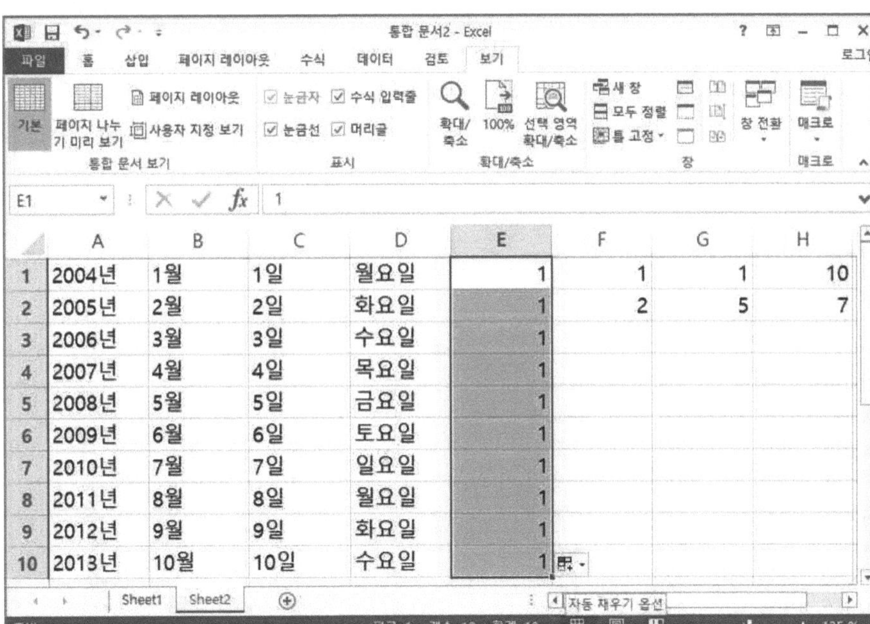

④ F열은 F1셀과 F2셀을 블록으로 설정한 다음 자동 채우기를 시행하면 F1셀의 값 1에서 F2셀의 값 2로 증가한 값 1만큼 자동으로 연속된 데이터(일정하게 증가 또는 감소된 데이터)가 입력된다.

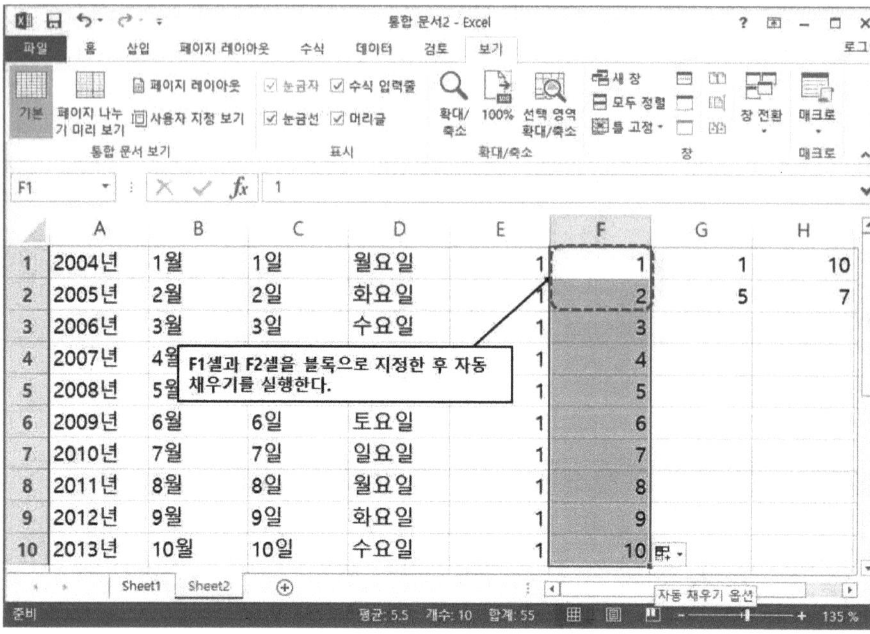

⑤ H열도 같은 방법으로 자동 채우기를 시행하면 H1셀의 값 10에서 H2 셀의 값이 7로 감소한 값인 –3 만큼 자동으로 연속된 데이터가 입력된다.

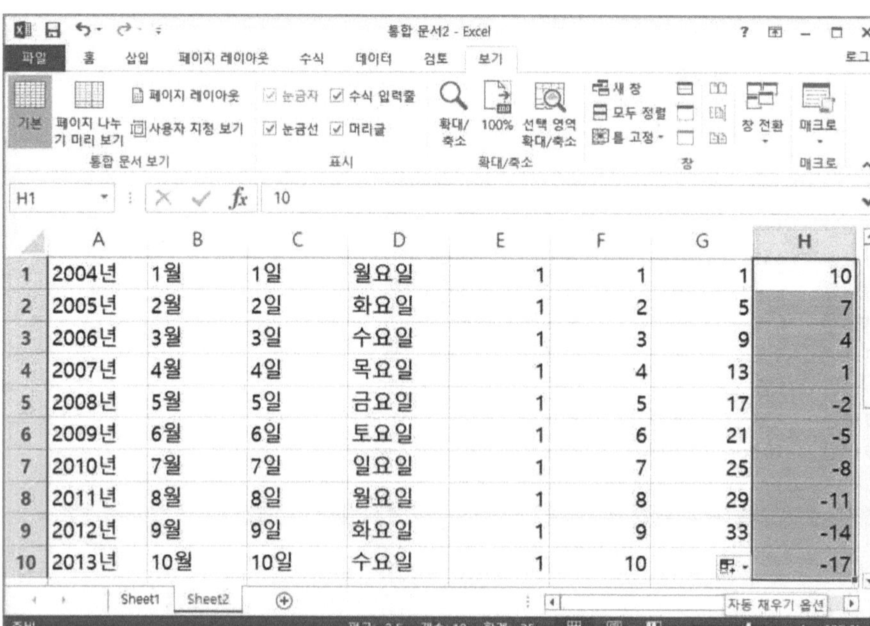

⑥ 그 외의 채우기 추가 기능

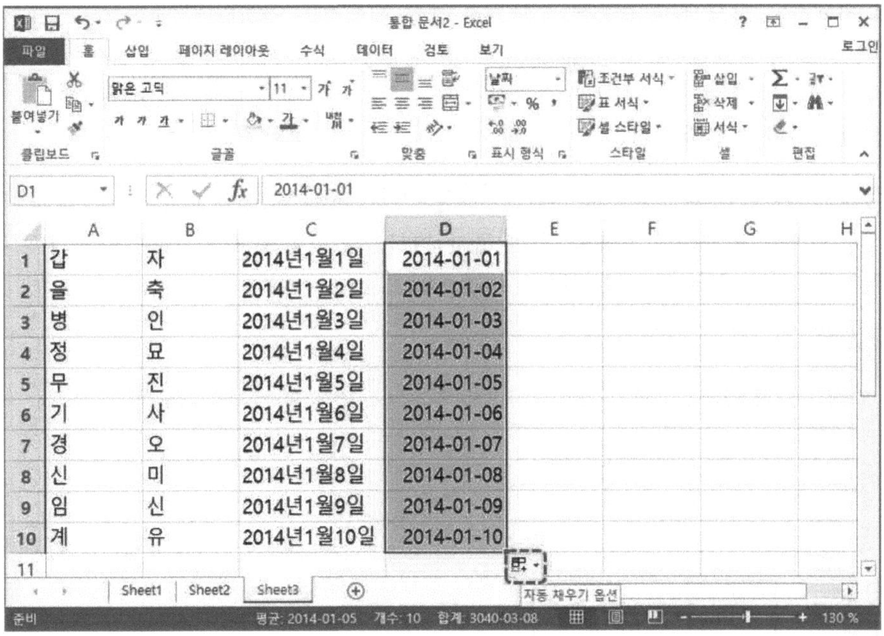

[자동 채우기 옵션](⊞)을 사용하여 선택 영역을 채우는 방법에 대한 옵션을 선택할 수 있다. 예를 들면, [서식만 채우기] 또는 [서식 없이 채우기]를 선택할 수 있다.

2.1.3 데이터 수정하기

- 셀 내용 모두 지우기 : 지울 셀을 마우스로 클릭하여 선택한 후 Del 키나 BackSpace 키를 누른다.
- 셀 내용 수정하기 : 수정할 셀을 더블 클릭하여 셀 안에서 수정하거나 셀을 클릭한 후 F2 키를 누르면 셀에 커서가 생겨 쉽게 수정할 수 있다.

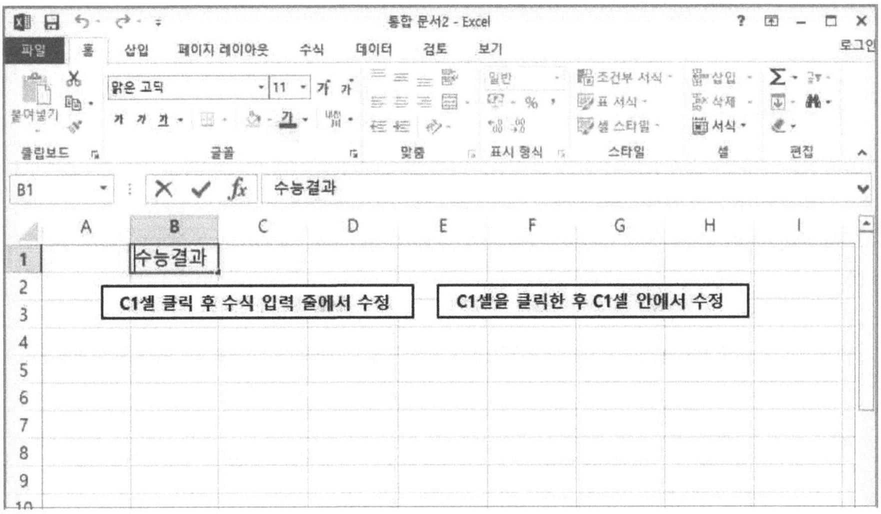

가. 셀의 이동

① 셀을 선택하는 가장 쉬운 방법은 마우스로 셀을 클릭하는 것이다.

② Enter↵ 키를 누르면 현재 활성 셀의 바로 아래 셀로 옮겨진다. 즉 활성 셀이 A1이면 A2로 옮겨진다.

③ 방향키(←↑→↓)를 이용하여 이동한다.

나. Enter↵ 키를 누르면 바로 옆 셀로 이동하도록 만들기

① [파일] 단추를 클릭하고 [Excel 옵션]을 클릭하거나, [빠른 실행 도구 그룹 사용자 지정]을 클릭하고 [기타 명령]을 선택한다.

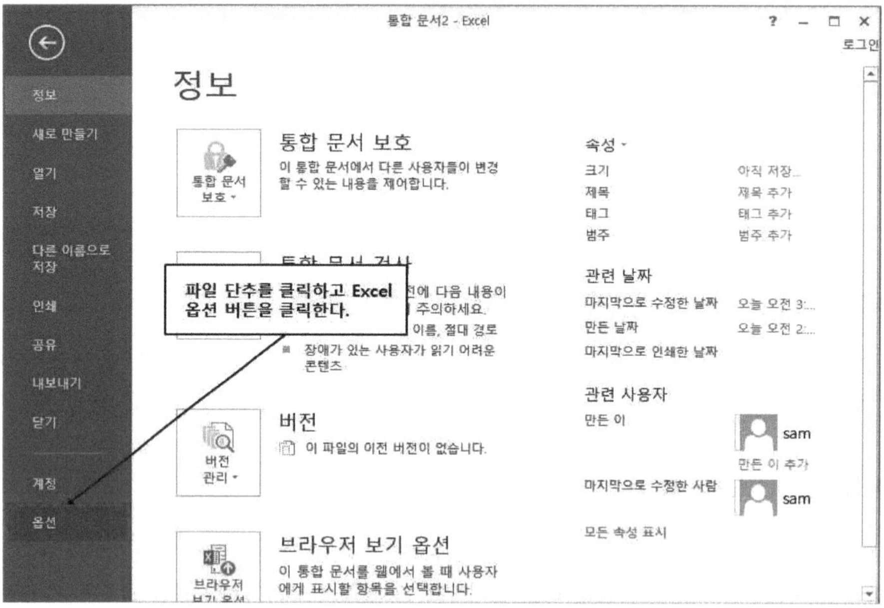

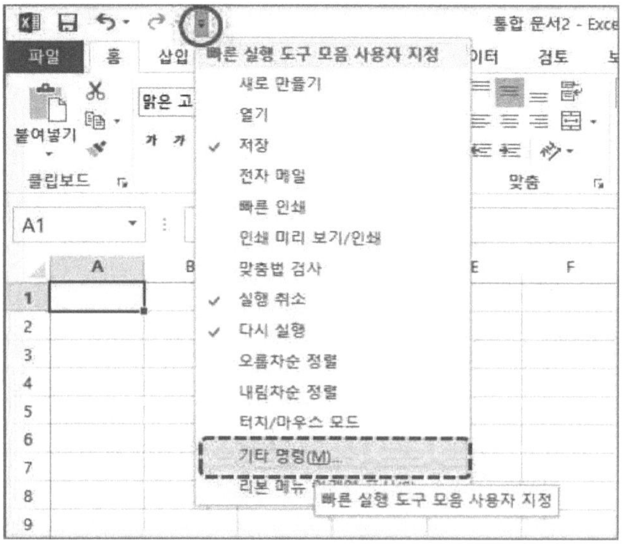

② [Excel 옵션] 대화상자에서 [고급] 탭을 선택한다. [편집 옵션]에서 [<Enter> 키를 누른 후 다음 셀로 이동(M)]에서 방향을 [오른쪽]을 클릭한다.

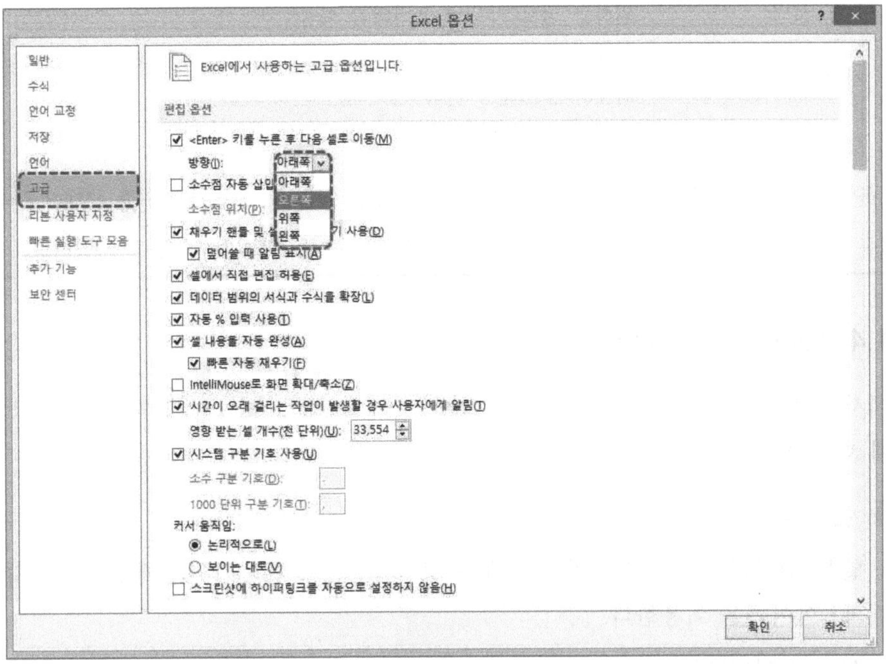

다. 셀 이동 키

키보드 키	기 능
→ ← ↑ ↓	셀 포인터를 왼쪽, 오른쪽, 위쪽, 아래쪽으로 한 칸씩 이동한다.
PageUp PageDown	셀 포인터를 위쪽, 아래쪽으로 한 화면씩 이동한다.
Alt+PageDown	셀 포인터를 오른쪽 방향으로 한 화면씩 이동한다.
Alt+PageUp	셀 포인터를 왼쪽 방향으로 한 화면씩 이동한다.
Home	셀 포인터가 위치한 행의 첫 번째 열 즉 A열로 이동한다.
Ctrl+Home	어디에서나 셀 포인터가 A1셀로 이동한다.
End, Home	문서의 작성된 마지막 행, 마지막 열로 이동한다.
Ctrl+→	빈 공간의 셀을 기준으로 오른쪽 문서의 처음 셀과 마지막 셀로 반복 이동한다.
End, →	빈 공간의 셀을 기준으로 가장 오른쪽 IV열로 이동한다.
Ctrl+←	빈 공간의 셀을 기준으로 왼쪽 문서의 처음 셀과 마지막 셀로 반복 이동한다.
End, ←	빈 공간의 셀을 기준으로 가장 왼쪽 A열로 이동한다.
Ctrl+↑	빈 공간의 셀을 기준으로 위쪽 문서의 처음 셀과 마지막 셀로 반복 이동한다.
End, ↑	빈 공간의 셀을 기준으로 위쪽 행의 1행으로 이동한다.
Ctrl+↓	빈 공간의 셀을 기준으로 아래쪽으로 처음 셀과 마지막 셀로 반복 이동한다.
End, ↓	빈 공간의 셀을 기준으로 아래쪽 행으로 이동한다.
마우스	원하는 셀을 클릭 하거나 상하 이동줄, 좌우 이동줄을 이용한다.

라. 셀 범위 지정하기

하나의 셀 선택	원하는 셀로 마우스 포인터를 이동한다.
여러 개의 셀을 선택	첫 번째 셀을 선택한 후, 마우스를 이용하여 범위를 설정하고 싶은 위치까지 드래그 한다.
전체 행과 전체 열을 선택	행 문자나 열 문자를 클릭한다.
범위를 연속적으로 선택	원하는 범위를 선택한 후 Shift키를 누르면서 범위를 드래그 한다.
범위를 비연속적으로 선택	원하는 범위를 선택한 후 Ctrl키를 누르면서 범위를 선택한다.

2.1.4 행과 열의 편집

본 절에서는 행과 열을 삽입하고 지우는 방법 그리고 행의 높이와 열의 나비를 조정하는 방법에 대하여 살펴보기로 한다.

(1) 행 삽입하고 지우기

행이나 열을 삽입하거나 지우고자 할 때 가장 간단한 방법은 리본 메뉴 [홈]-[셀]에서 [삽입], [삭제] 아이콘을 이용한다.

가. 행 삽입(추가)하기

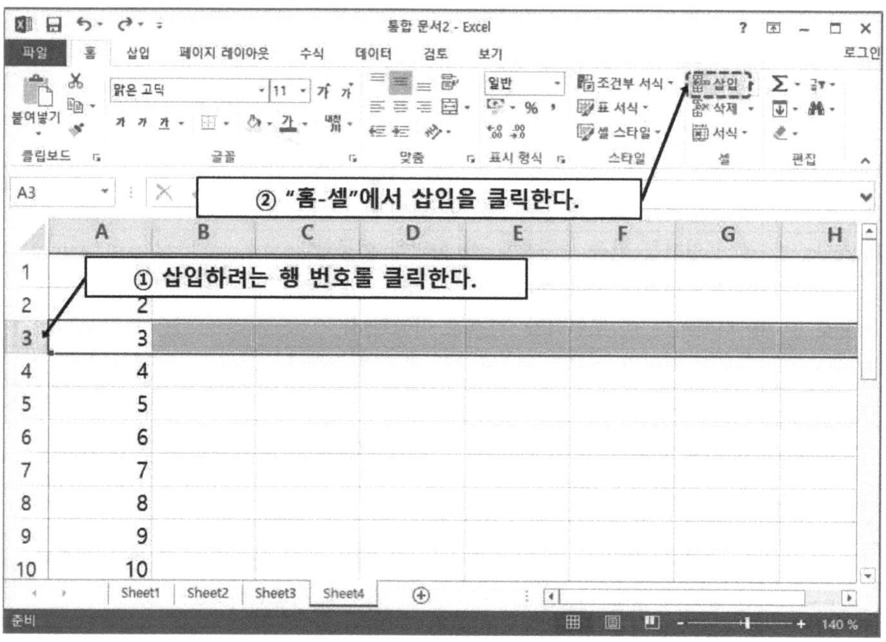

나. 행 지우기

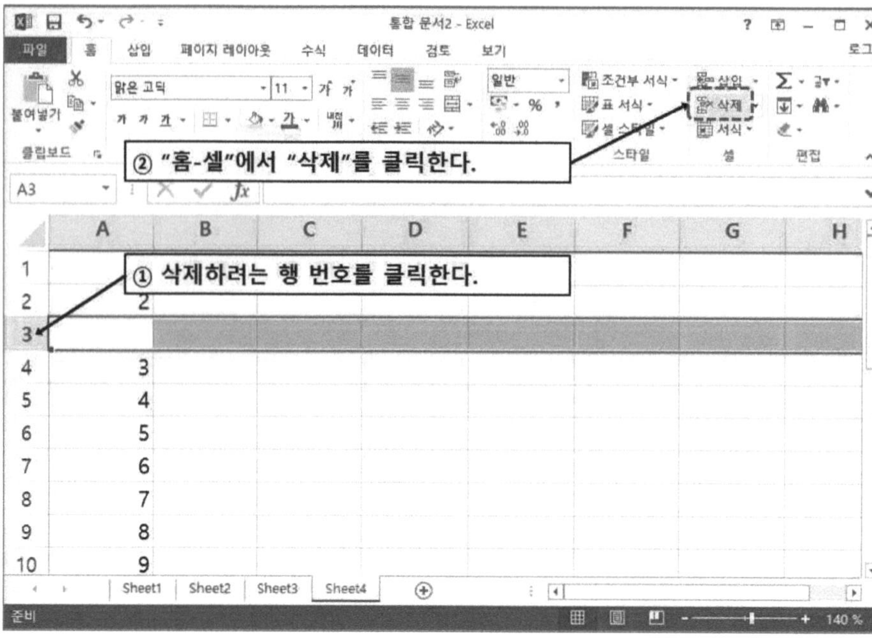

다. 행 내용만 지우기

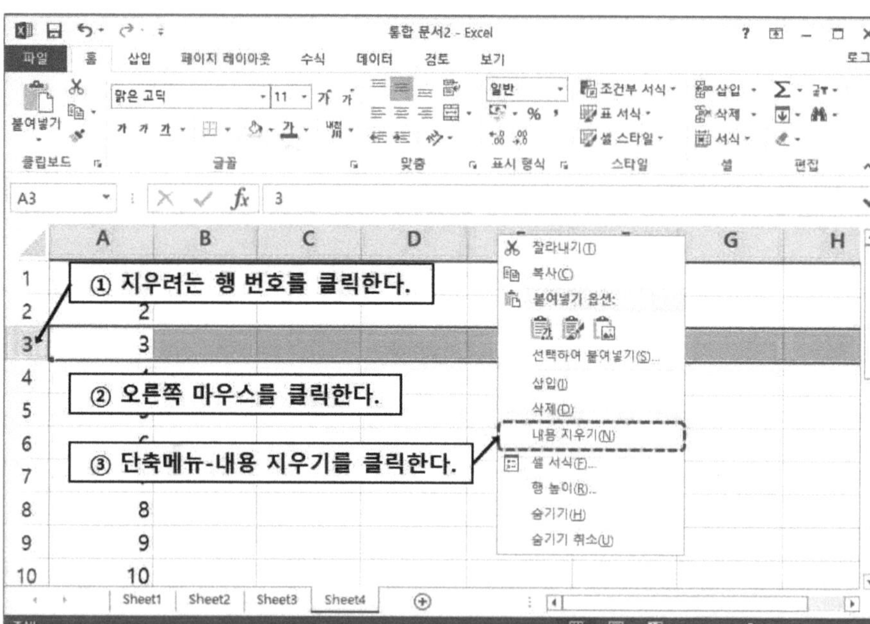

(2) 열 삽입(추가)하고 지우기

열을 삽입하거나 삭제하는 일반적인 방법은 리본 메뉴 [홈]-[셀]에서 [삽입]과 [삭제] 아이콘을 이용한다. 또한 마우스의 왼쪽 단추로 열 번호를 클릭 하거나, 마우스로 드래그 하여 범위를 선택한 다음 마우스 오른쪽 단추를 눌러 단축 메뉴를 사용하는 방법도 있다.

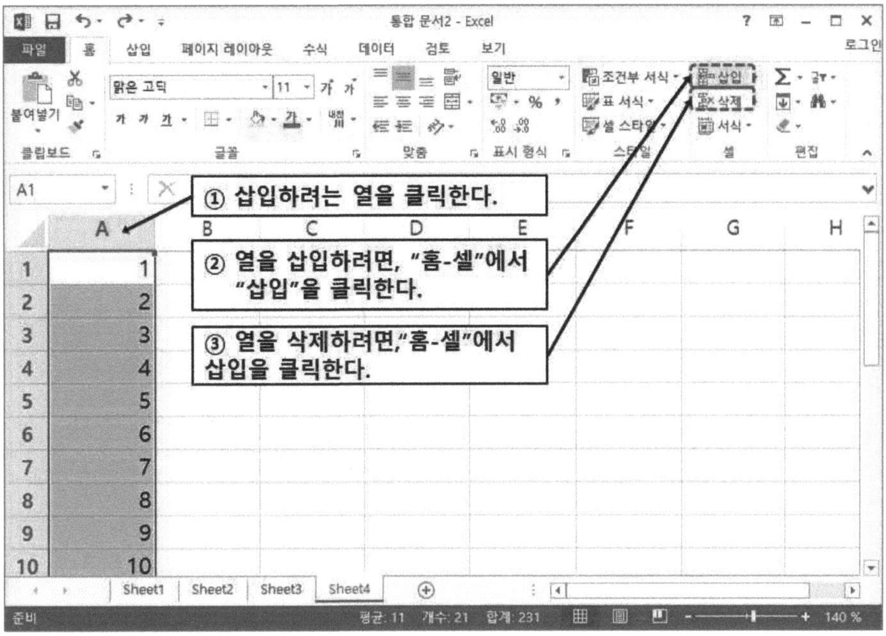

(3) 삭제나 삽입 취소(Ctrl+Z)

행과 열을 편집하다 잘못 지우거나 추가했을 때는 즉시 [실행 취소(↶)] 단추를 눌러 원래 상태로 되돌려 놓는다.

(4) 행 높이 열의 나비 조정하기

가. 행 높이 열 나비 조정하기

워크시트 내에서 작업을 하다보면 데이터의 길이가 너무 길어서 부분적으로 잘려서 보이거나 숫자가 "#"로 표시되는 경우가 종종 있다. 이때 셀의 크기를 조절하면 정상적인 데이터 표현이 가능하다.

- ■ 리본 메뉴 사용하기 : 조절하려는 행(열)의 번호에 마우스를 옮긴 후 리본 메뉴 "홈" 탭의 "셀"에서 서식을 클릭한다. 행(열)의 높이(너비) 명령을 선택한 후 원하는 높이(너비)를 입력하면 된다.
- ■ 단축 메뉴 사용하기 : 조절하려는 행(열)의 번호에 마우스를 옮긴 후 오른쪽 마우스 단추를 눌러서 단축 메뉴를 호출, 행(열)의 높이(너비)명령을 선택한 후 원하는 높이(너비)를 입력하면 된다.
- ■ 마우스로 조절하기 : 높이를 조절하고자 하는 해당 행(열)의 번호를 선택한 후 번호의 경계선에 마우스를 옮긴 후 원하는 크기만큼 끌기를 하면 된다.

나. 자동 조절하기

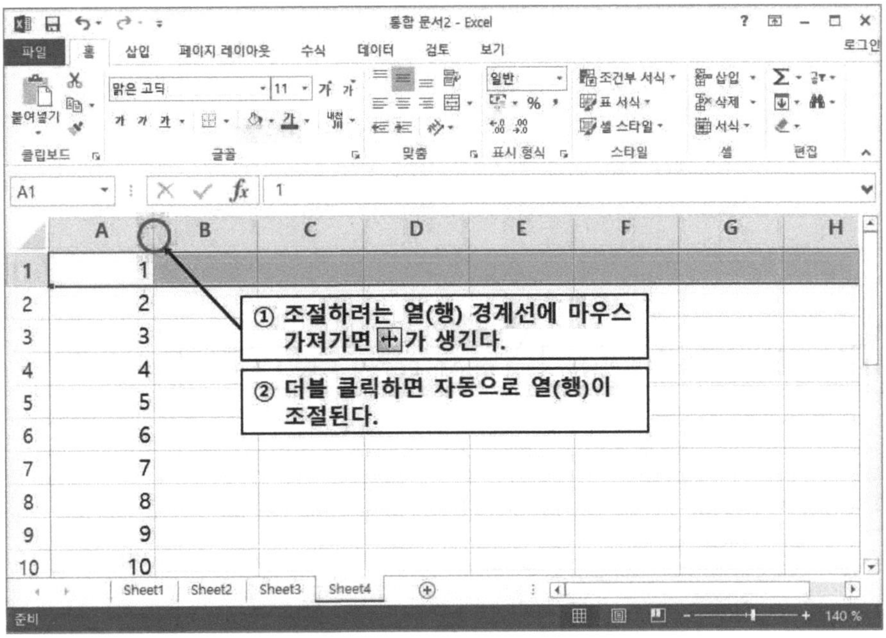

(5) 제목 만들기

다음과 같은 문서를 작성한다.

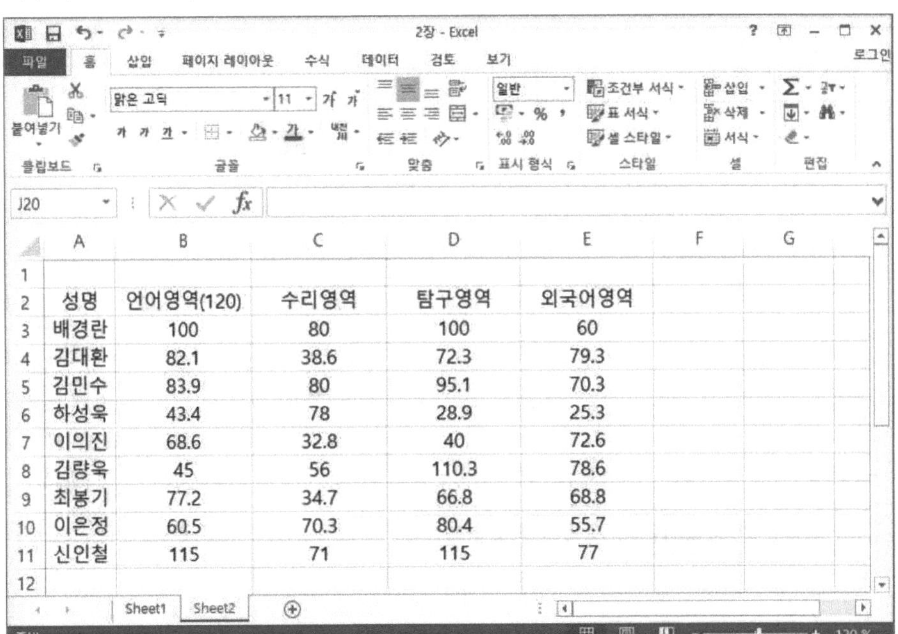

성명	언어영역(120)	수리영역	탐구영역	외국어영역
배경란	100	80	100	60
김대환	82.1	38.6	72.3	79.3
김민수	83.9	80	95.1	70.3
하성욱	43.4	78	28.9	25.3
이의진	68.6	32.8	40	72.6
김량욱	45	56	110.3	78.6
최봉기	77.2	34.7	66.8	68.8
이은정	60.5	70.3	80.4	55.7
신인철	115	71	115	77

① 제목을 넣을 행 A1 셀에 제목 '5월 모의고사 성적'을 입력한다.

② 마우스 왼쪽 단추를 A1 셀에서 E1 셀까지 드래그 한다.

③ [홈] 탭의 [맞춤]에서 [병합 후 가운데 맞춤] 단추(⊟)를 누른다.

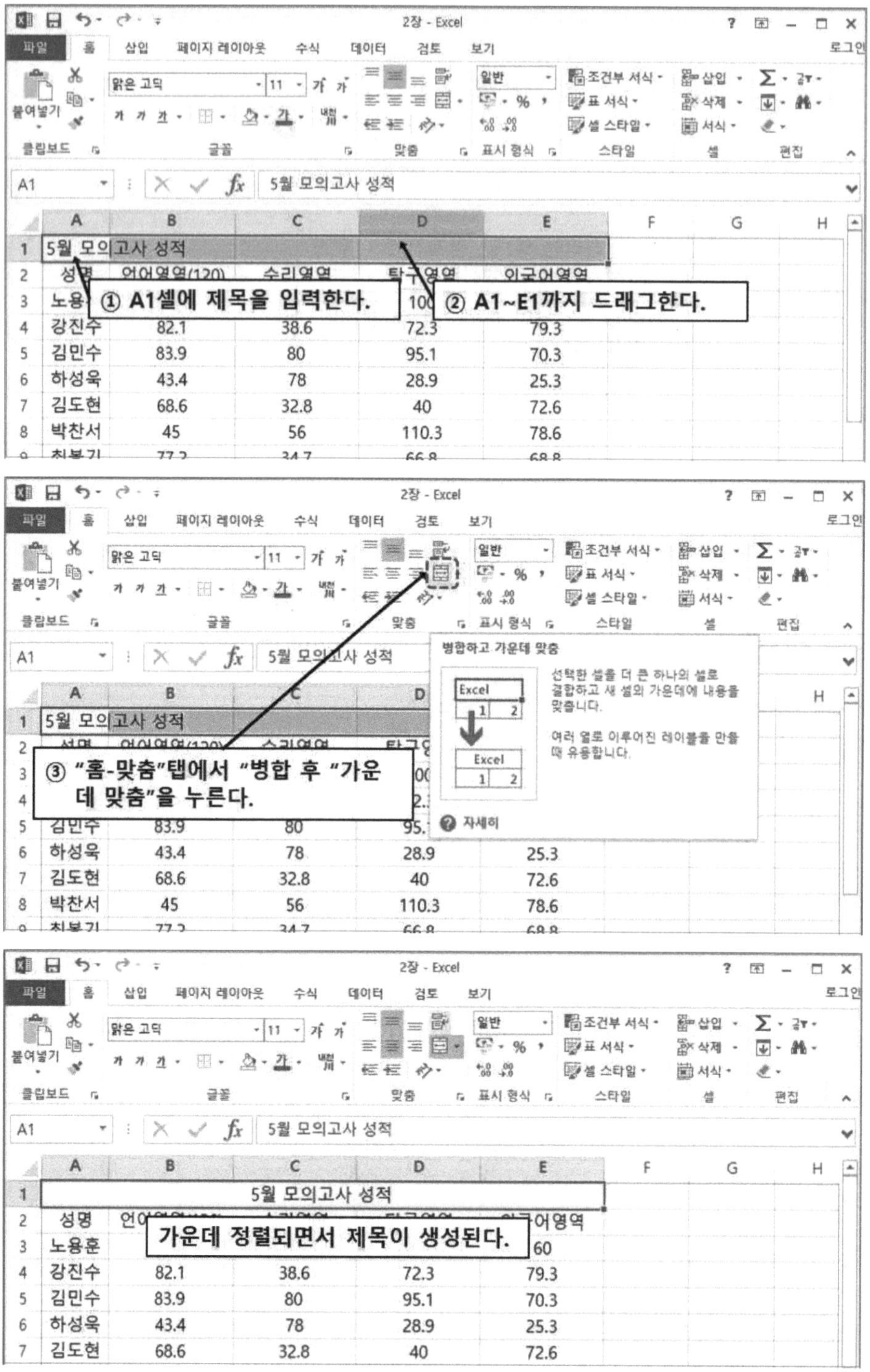

2.1.5 셀 데이터 편집

본 절에서는 데이터를 편집하기 위해서 블록을 지정하는 방법과 입력한 데이터를 복사하거나 이동시키는 방법에 대하여 살펴보기로 한다.

(1) 블록 지정 방법

가. 단일 범위 지정

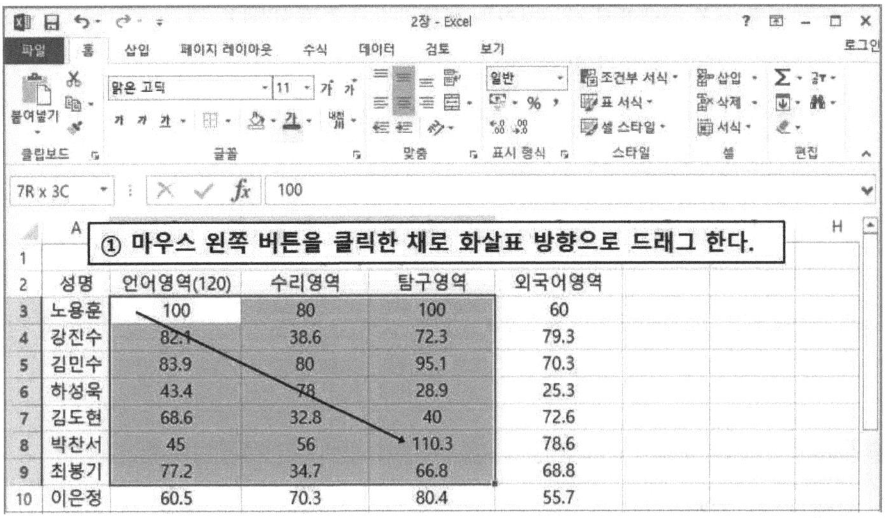

■ 연속적으로 이어진 셀을 작업 대상으로 지정할 때는 처음 시작 부분에서 마우스의 왼쪽 단추를 누른 채 원하는 곳까지 끌다가 마지막 부분에서 단추를 뗀다.

■ 행 번호나 열 번호를 누르면 행이나 열 전체의 셀이 블록으로 지정된다.

■ [Shift] 키를 이용한 블록 지정 방법

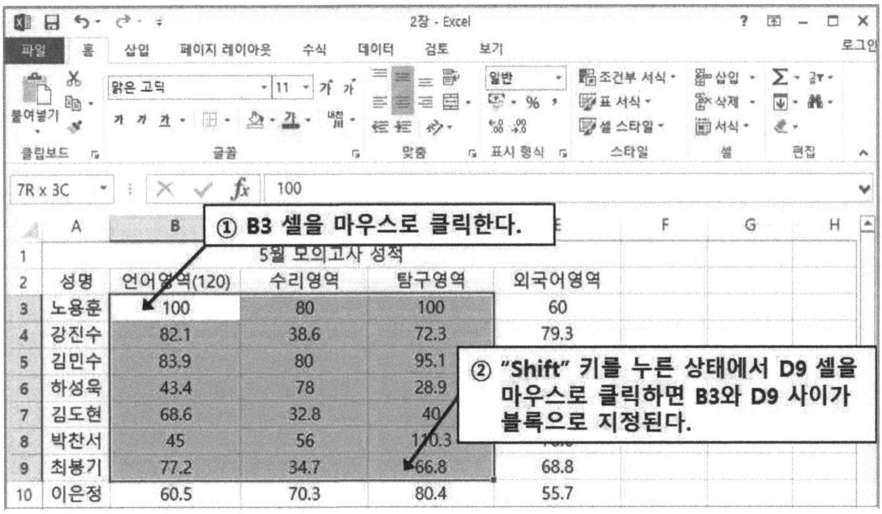

나. 다중 블록 지정

시트의 여러 부분을 작업 대상으로 지정할 때는 Ctrl 키를 누른 상태에서 원하는 셀들을 마우스 왼쪽 단추로 클릭하면 된다.

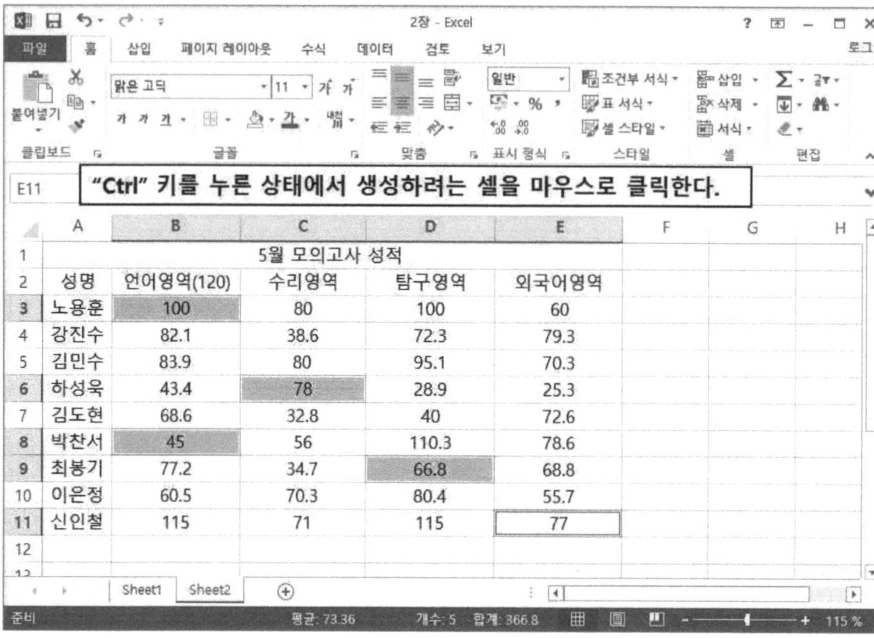

다. 셀 전체 범위 지정

셀 전체를 블록으로 지정하고자 할 때는 모두 선택 단추를 누른다.

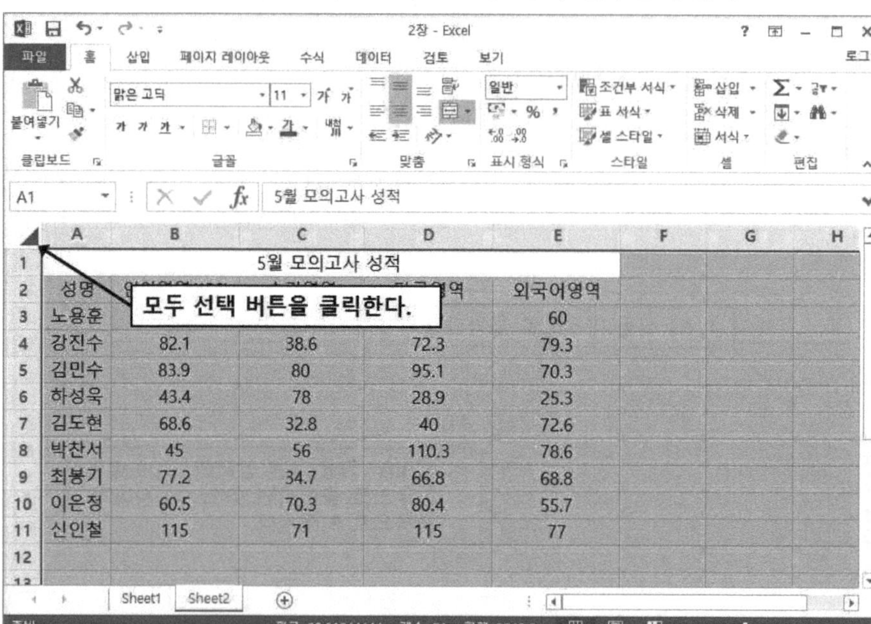

(2) 데이터의 복사

가. 복사하여 붙여 넣기

입력한 데이터를 다른 위치에 똑같이 입력할 경우에는 복사하여 붙여 넣기를 사용한다.

■ 도구 아이콘을 이용한 데이터의 복사

① 복사할 범위를 블록으로 지정하고 [복사] 아이콘을 눌러 선택한다.

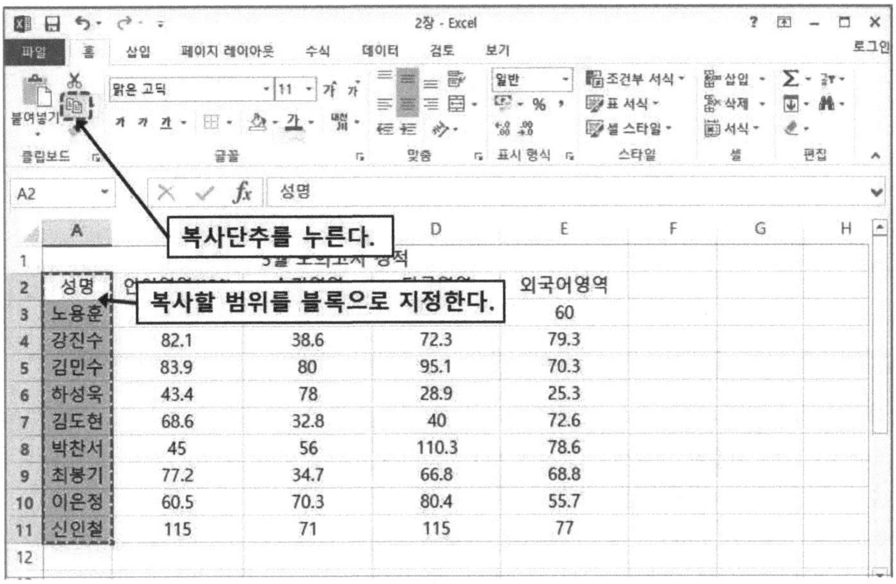

② 붙여 넣을 위치의 셀을 마우스로 클릭한다.

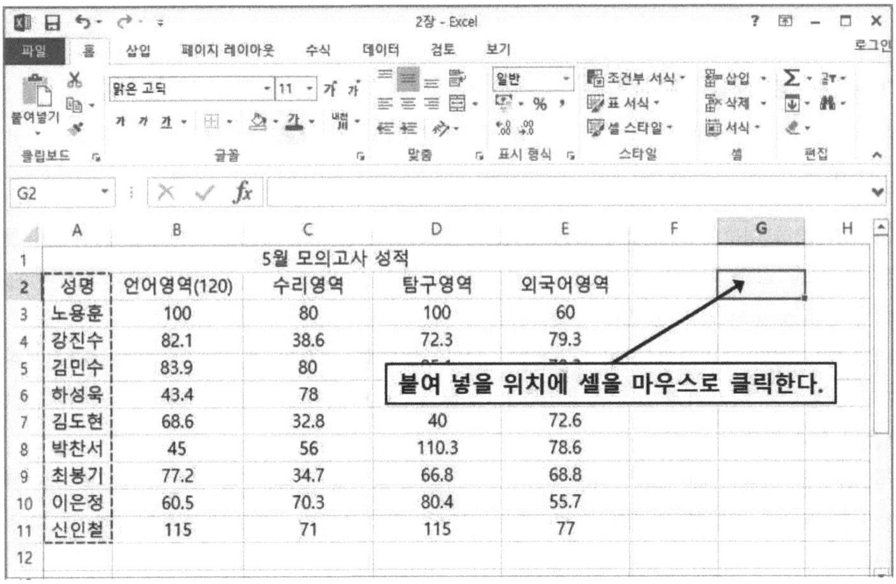

③ [붙여 넣기] 단추를 눌러 클립보드에 있는 내용을 붙여 넣는다.

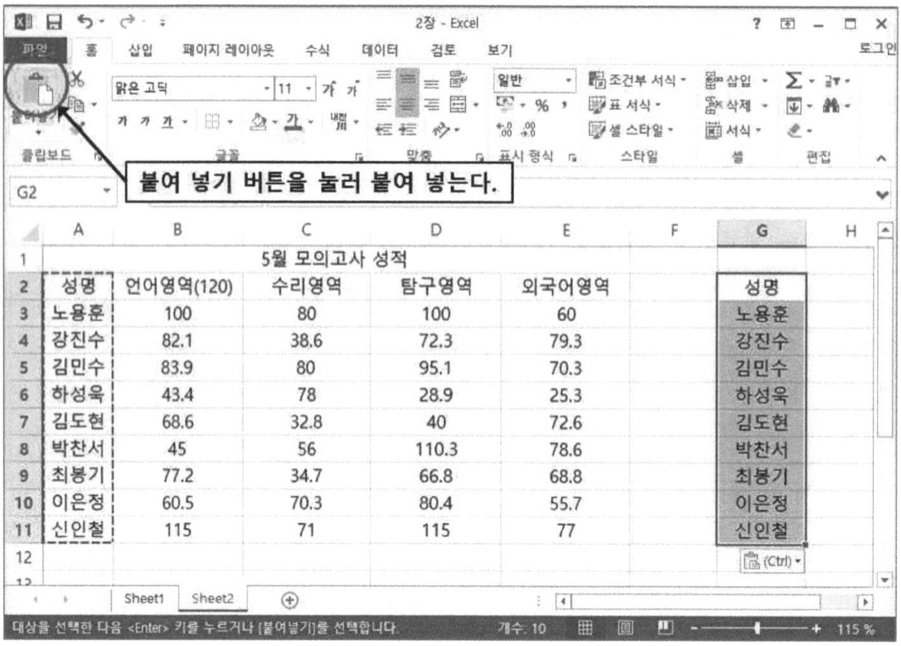

- 마우스를 이용한 데이터의 복사 : 복사할 대상의 범위를 블록으로 지정한 후 Ctrl 키를 누른 채 마우스포인터를 지정한 범위의 경계선에 위치시킨다. 마우스포인터 모양이 ↖+ 로 바뀌면 마우스포인터를 붙여 넣을 위치로 드래그 한다.
- 단축메뉴를 이용한 데이터의 복사 : 복사할 대상의 범위를 블록으로 지정한 후 오른쪽 마우스 단추를 눌러 단축메뉴를 호출, 복사를 선택한다. 복사될 셀에 마우스포인터를 위치하고 다시 단축메뉴를 호출, 붙여 넣기를 선택하면 해당 위치로 데이터가 복사된다.

나. 잘라내어 붙이기(이동시키기)

'잘라내기'는 대상 데이터를 모두 이동시키는 일이다. 따라서 데이터가 있던 곳은 빈 공간으로 남는다.

- 도구 아이콘을 이용한 데이터의 이동 : 이동할 데이터의 범위를 지정한 후 [잘라내기] 단추를 선택하면 지정 범위 부분이 점선으로 표시된다. 마우스포인터를 이동할 셀에 위치시킨 후 [붙여넣기] 단추를 클릭하면 데이터가 이동된다.
- 마우스를 이용한 데이터의 이동 : 이동할 대상의 범위를 지정한 후 마우스포인터를 지정한 범위의 경계선에 위치시켜 마우스포인터가 화살표 모양(↖)으로 바뀌면 이동할 위치로 끌어다 놓는다.
- 단축 메뉴를 이용한 데이터의 이동 : 이동할 대상의 범위를 지정한 후 오른쪽 마우스 단추를 눌러 단축 메뉴를 호출한 후 [잘라내기]를 선택한다. 붙여 넣을 셀에 마우스포인터를 위치시킨 후 다시 단축메뉴를 호출, [붙여 넣기]를 선택하면 해당 위치로 데이터가 이동된다.

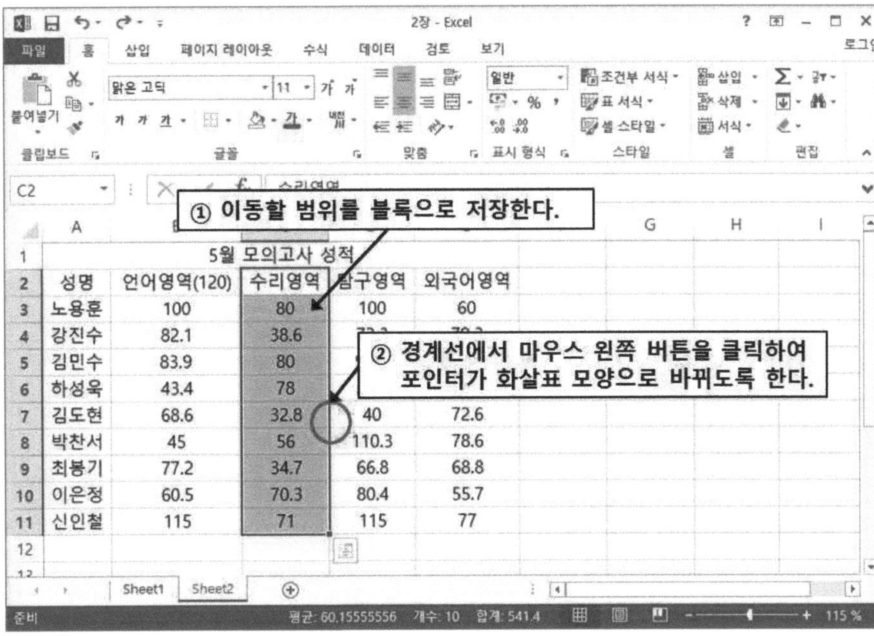
① 이동할 범위를 블록으로 저장한다.
② 경계선에서 마우스 왼쪽 버튼을 클릭하여
포인터가 화살표 모양으로 바뀌도록 한다.

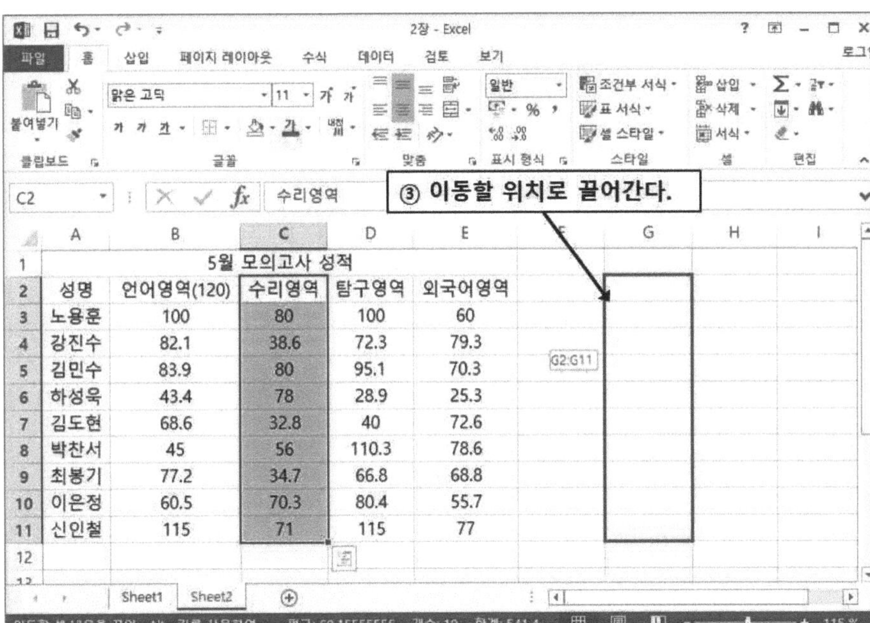
③ 이동할 위치로 끌어간다.

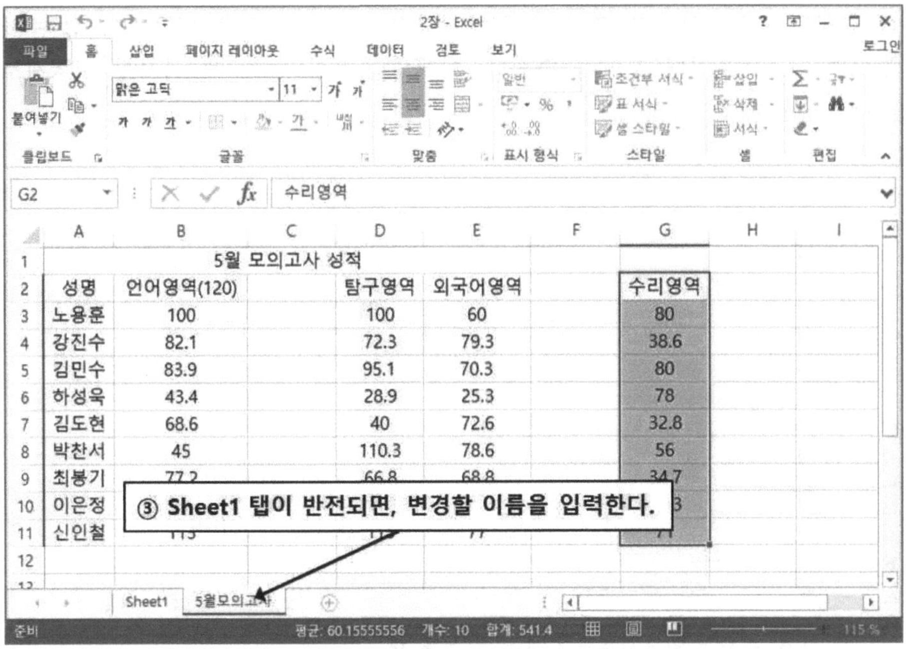
③ Sheet1 탭이 반전되면, 변경할 이름을 입력한다.

또는

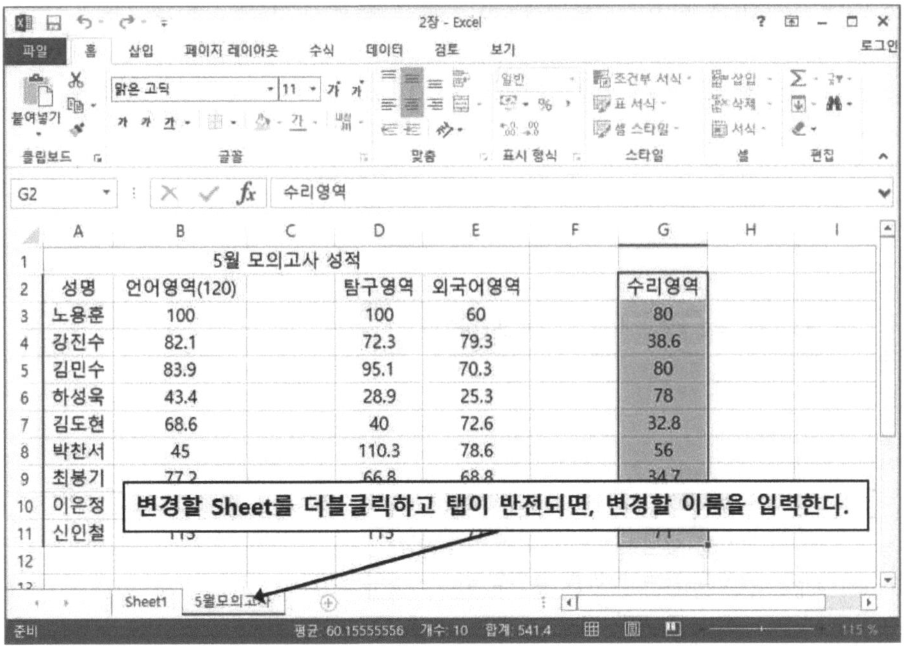
변경할 Sheet를 더블클릭하고 탭이 반전되면, 변경할 이름을 입력한다.

(2) 워크시트의 복사

똑같은 워크시트를 복사하고자 할 경우에는 복사할 워크시트 탭을 마우스의 왼쪽 단추로 길게 누르면 마우스포인터 모양이 바뀐다. 이제 Ctrl 키를 누른 채 복사할 워크시트로 끌어다 놓기를 하면 된다.

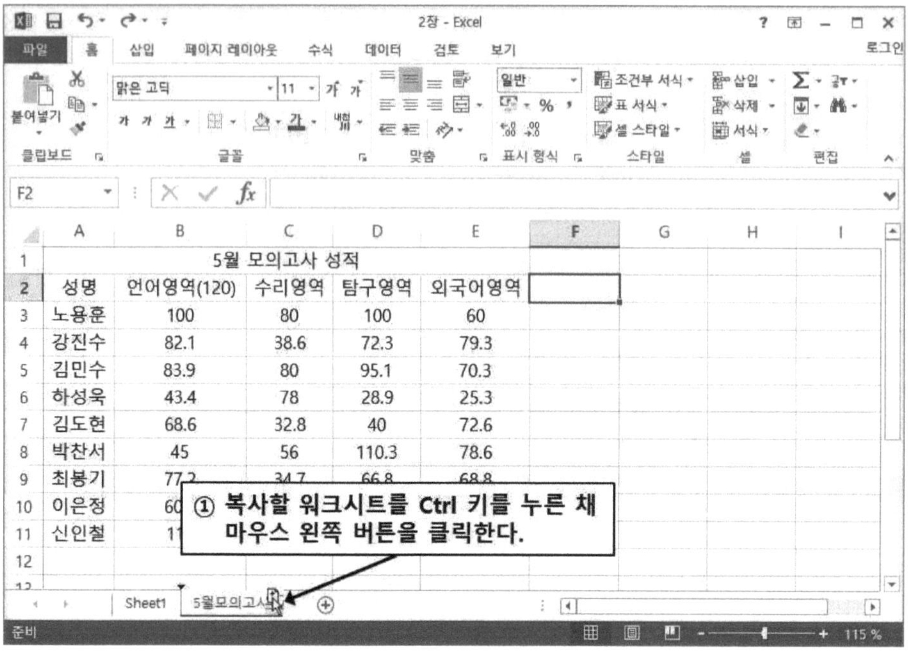

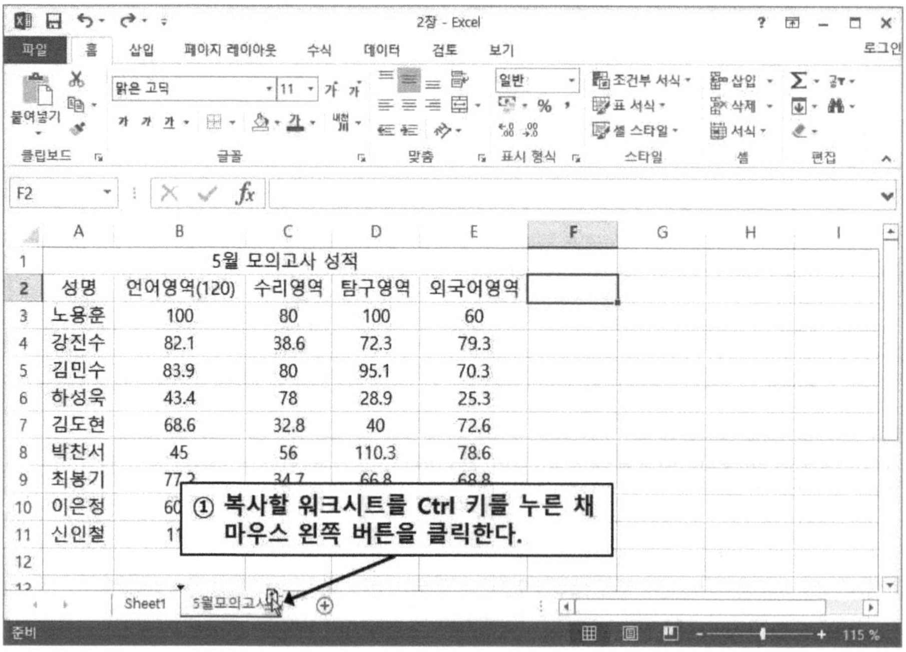

(3) 워크시트의 이동

통합 문서 안에 여러 개의 워크시트를 작성하였을 경우 시트의 순서가 맞지 않아 불편할 경우가 있을 것이다. 이때 워크시트 이동을 활용하면 손쉽게 순서를 맞출 수 있는데, 먼저 이동할 워크시트를 왼쪽 마우스 단추를 누른 상태에서 원하는 곳으로 끌어다 놓으면 된다.

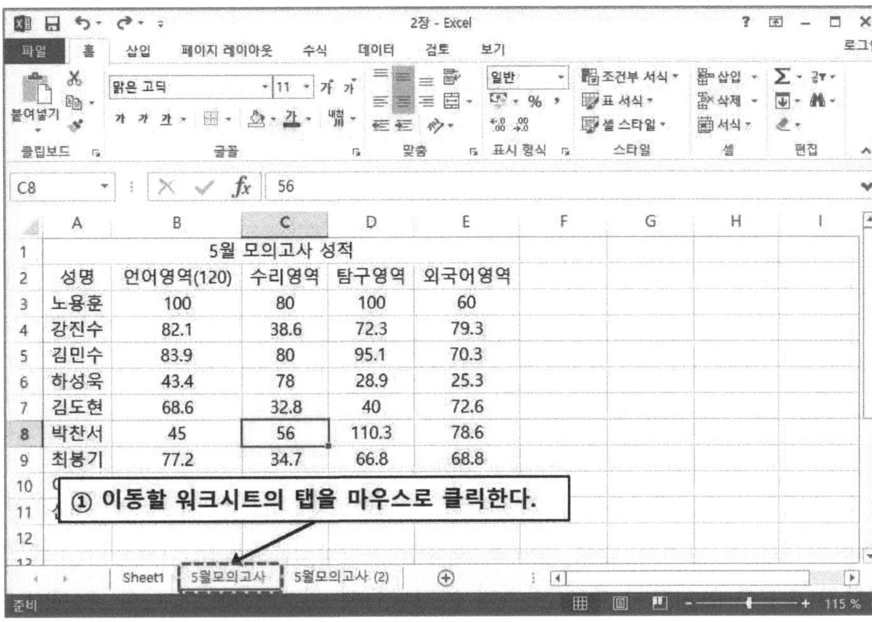

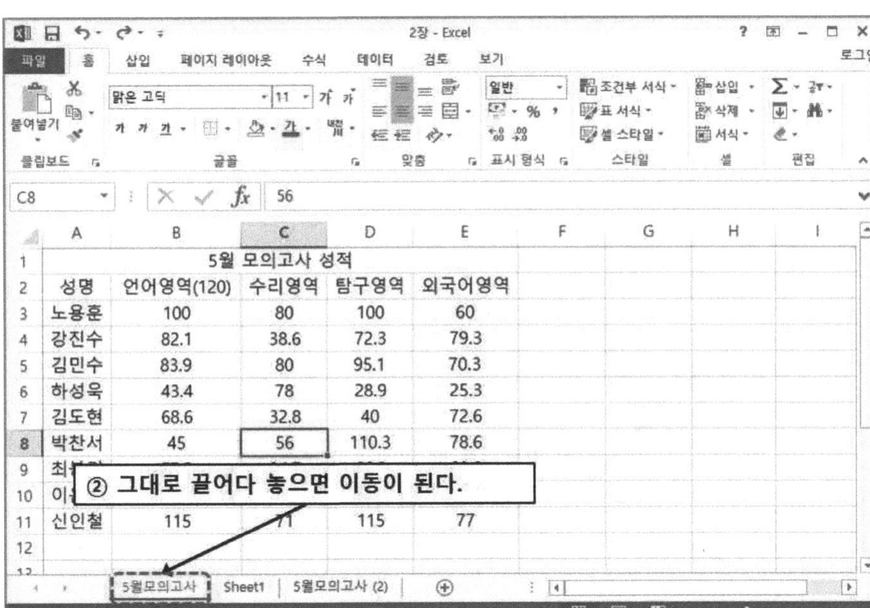

(4) 워크시트의 삽입

가장 간단한 방법은 아래쪽 워크시트 탭의 오른쪽에 [워크시트 삽입] 버튼을 클릭한다.

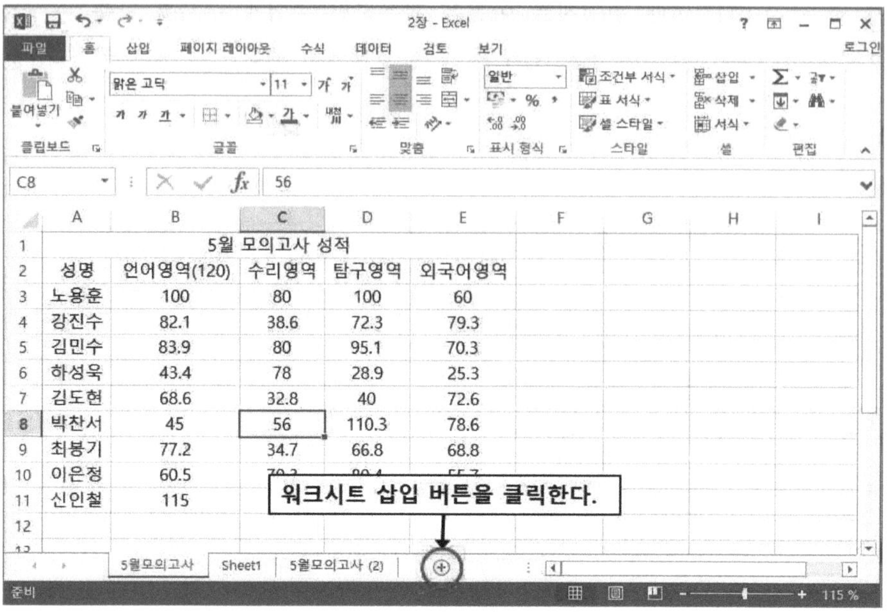

새로운 워크시트가 필요할 경우에 사용하며 삽입하고자 하는 위치에 마우스포인터를 옮긴 후 오른쪽 단추를 눌러서 단축 메뉴를 호출한 후 [삽입] 명령을 선택한다. 그러면 삽입시킬 시트의 종류를 물어보는 대화 상자가 나타나는데 워크시트를 선택한 후 확인 단추를 누르면 새로운 워크시트가 삽입된다.

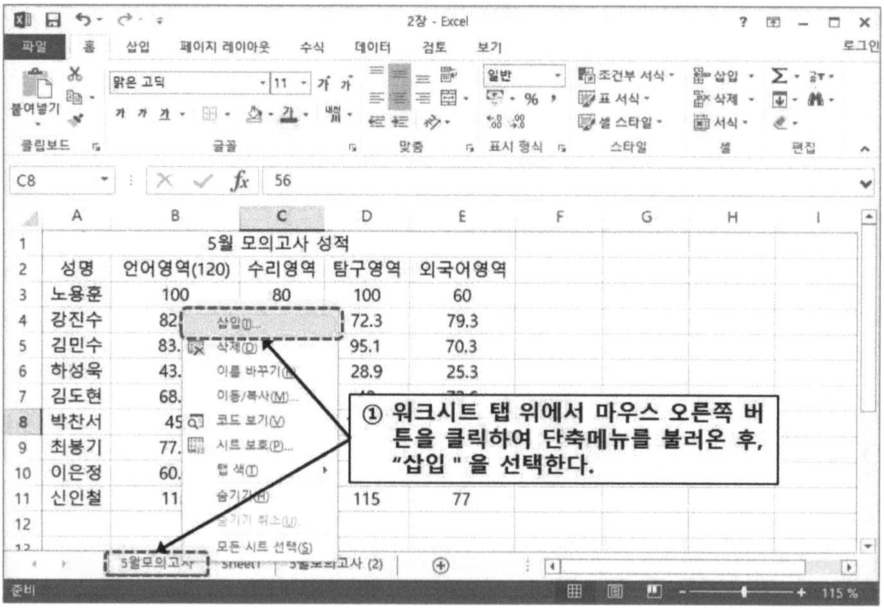

② 워크시트를 하나 삽입하고 "개인별 총점"으로 시트 이름을 변경한다.

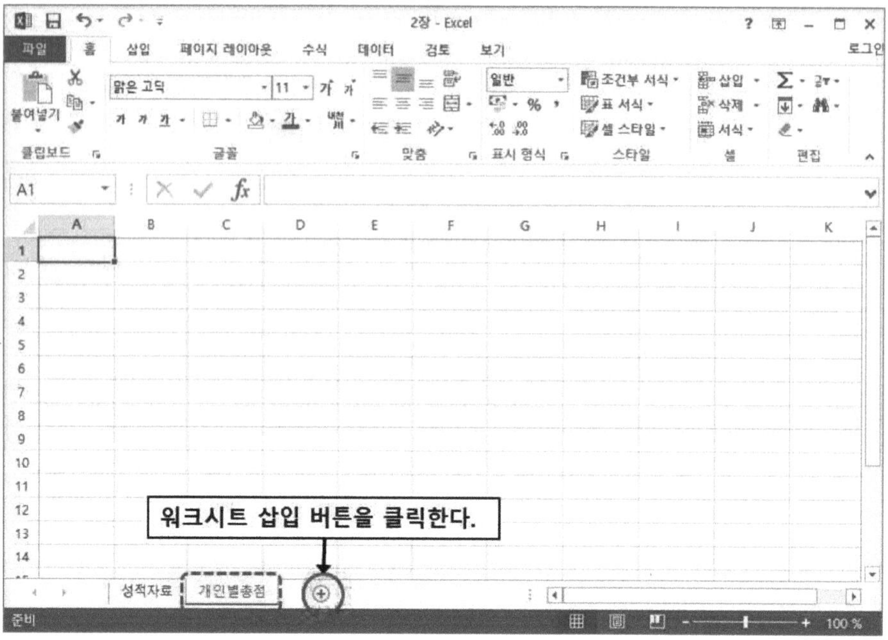

③ "개인별총점" 시트에서 "A1" 셀을 선택하고 키보드의 "="를 입력한 후, "성적자료" 시트를 마우스로 클릭한다.

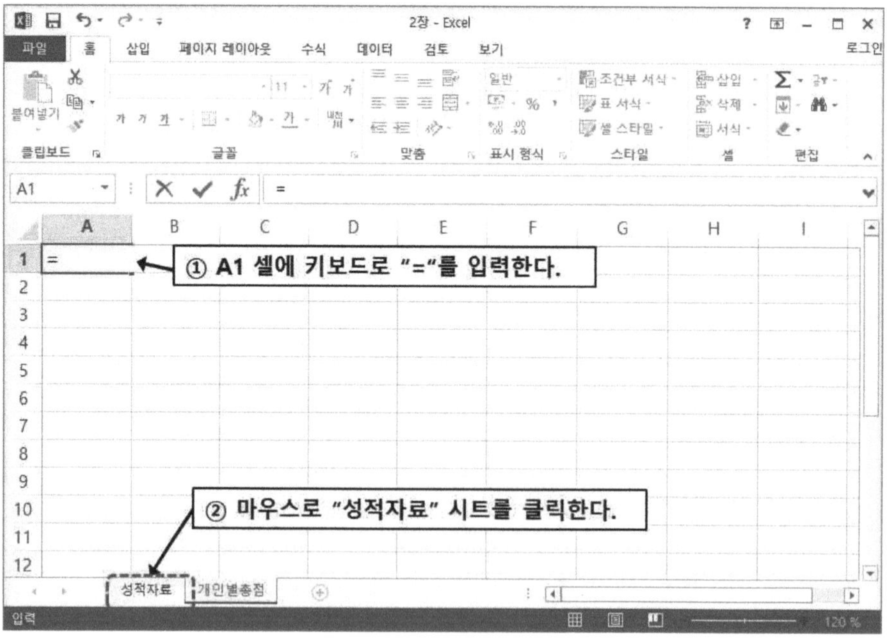

④ "성적자료" 시트의 셀 "A1"을 마우스로 한번 클릭하고, 키보드의 Enter↵ 키를 누른다.

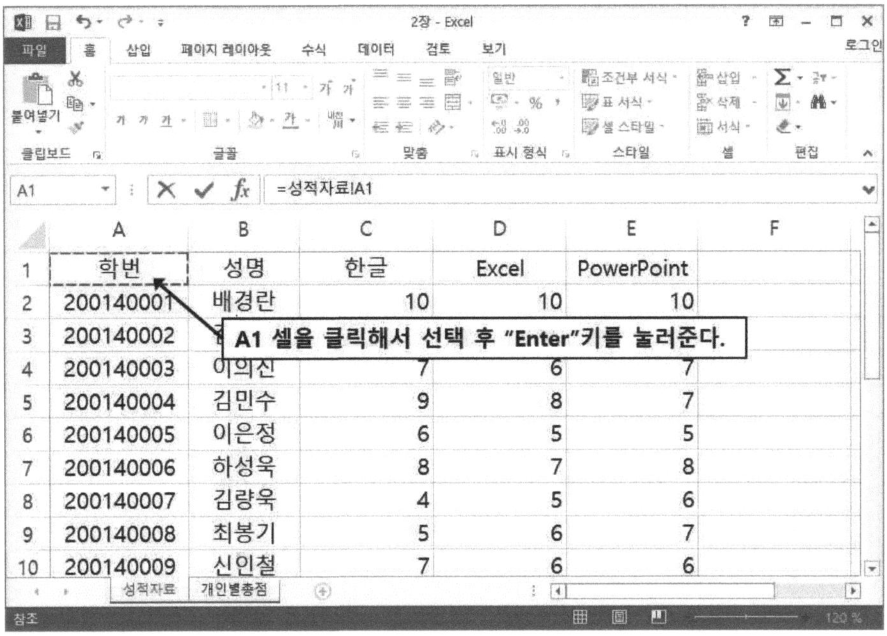

⑤ 자동으로 "개인별 총점" 시트 화면으로 변경되면서 "성적 자료" 시트의 "A1"셀에 있던 학번이 "개인별 총점" 시트에 나타난다.

⑥ 마우스로 A1셀을 선택하고 A10셀까지 드래그 해준다. 자동으로 "성적자료" 시트에 있던 데이이터가 나타난다.

⑦ A1셀에서 B2셀까지 마우스로 드래그 하고 B10셀까지 드래그 하면, 학번/성명 데이터가 모두 자동으로 나타나게 된다.

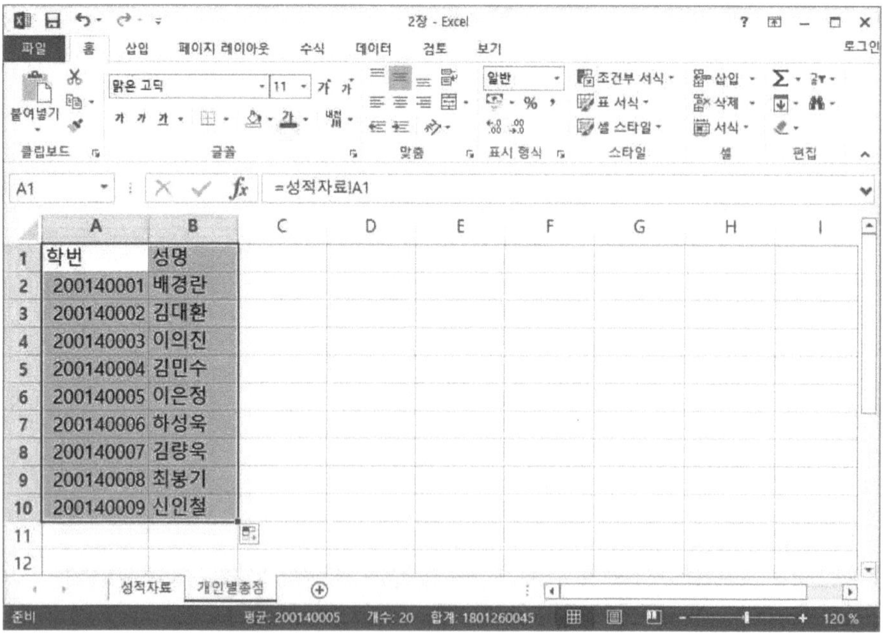

⑧ "개인별 총점" 시트의 C1셀에 "총점"이라고 적고, C2셀에는 "=SUM(" 라고 입력한다.

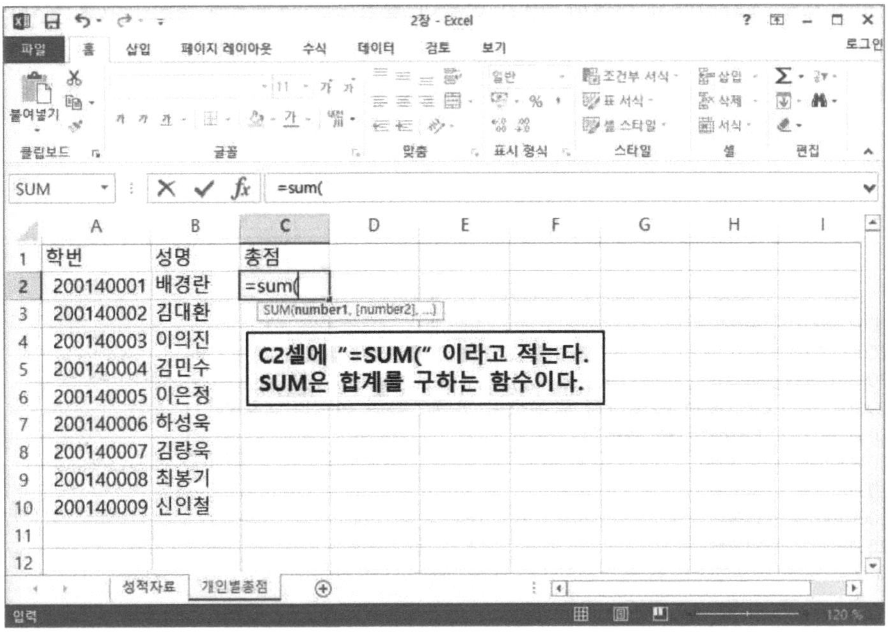

⑨ 입력이 끝났으면, 마우스 왼쪽 버튼으로 "성적자료" 시트를 클릭한다.

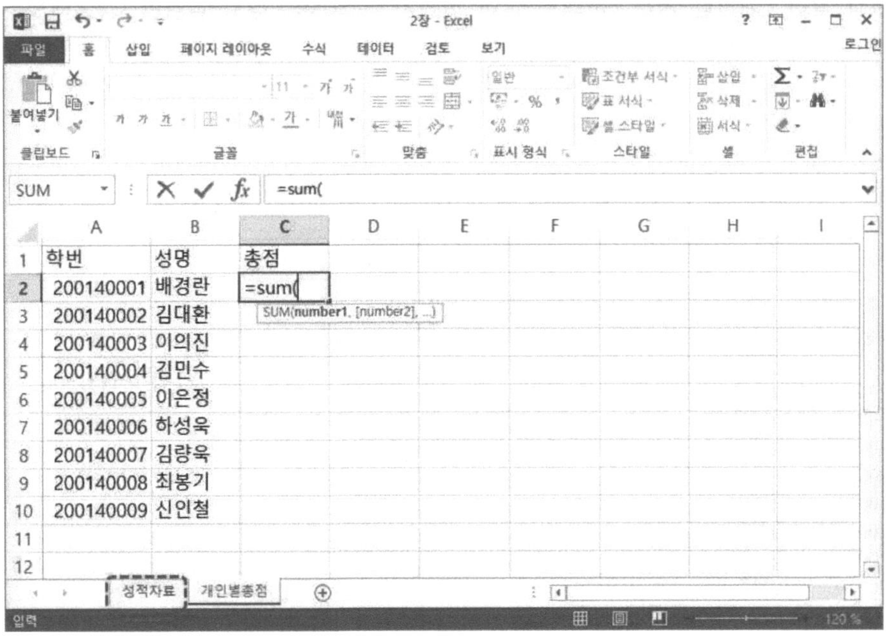

⑩ "성적자료" 시트에서 합계를 구할 데이터를 마우스로 드래그 한다. 여기서는 C2셀부터 E2셀까지 마우스로 드래그해서 선택해 준다. 선택이 끝났으면 키보드의 Enter↵ 키를 눌러준다.

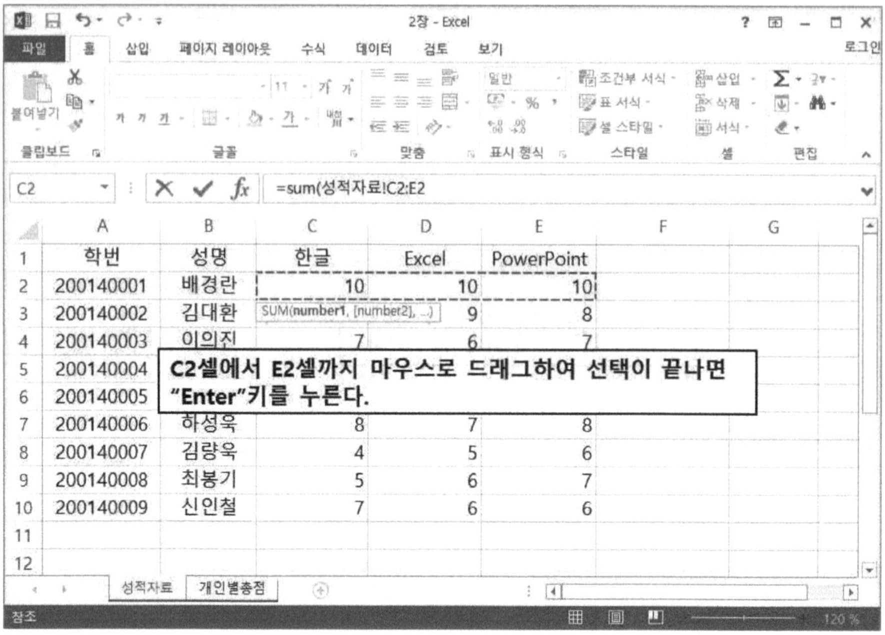

⑪ 그림과 같이 "개인별 총점" 시트로 넘어 가면서 "=SUM(" 라고 입력한 C2셀에는 "성적자료" 시트의 C2셀부터 E2셀까지의 합계가 나타난다.

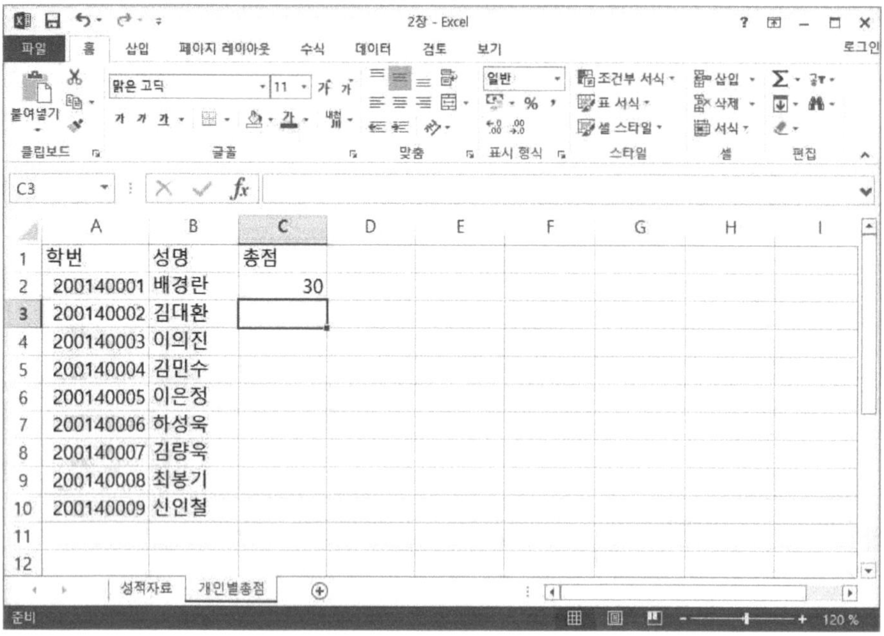

⑫ C2셀을 마우스로 선택한 후 C10셀까지 드래그 하면 자동으로 각 데이터들의 합계가 계산되어 나타난다.

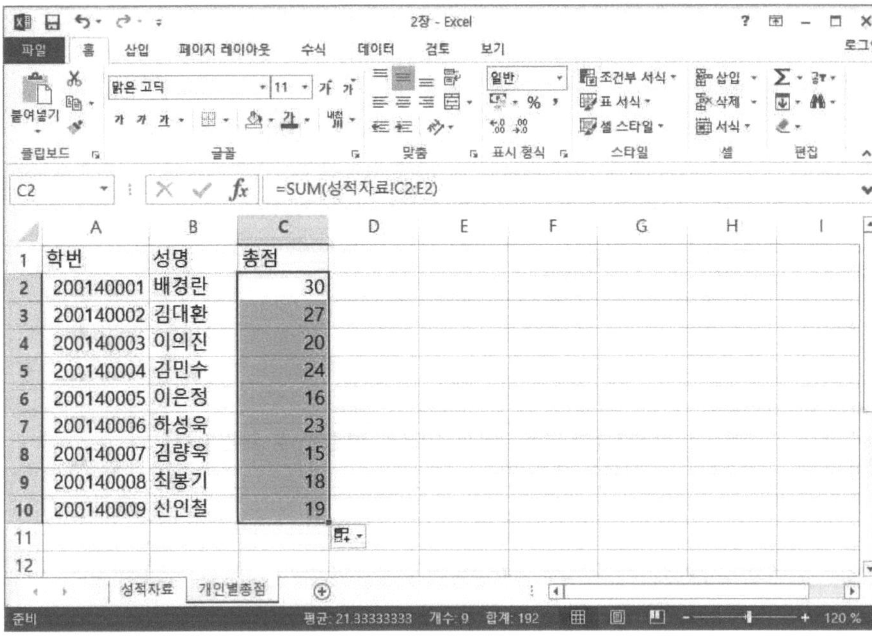

⑬ 참조가 제대로 되었는지 확인하기 위해 "성적자료" 시트로 넘어가서 값을 변경해 보도록 한다.

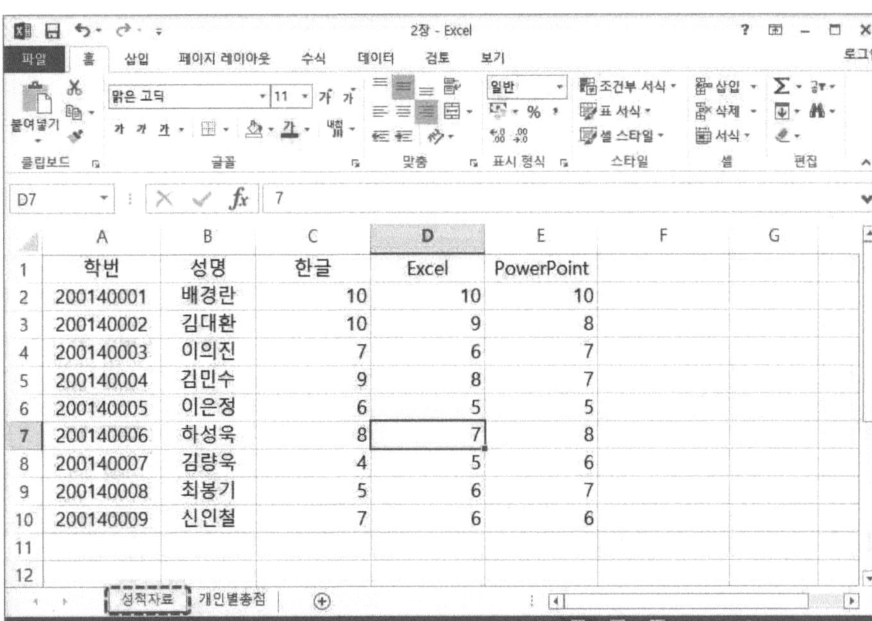

⑭ D7셀 값을 7에서 10으로 변경하고, "개인별 총점" 시트에서 값을 확인해 본다.

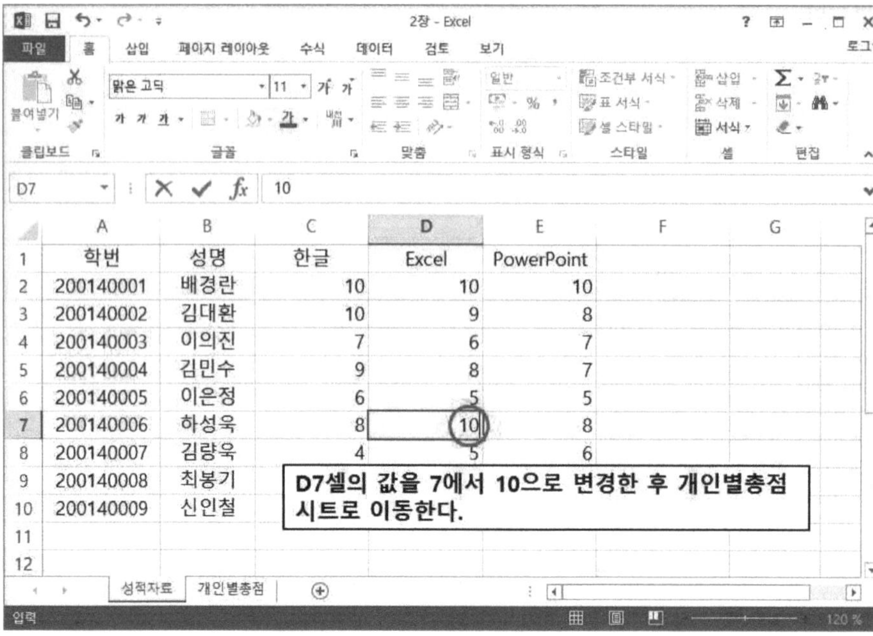

⑮ "개인별 총점" 시트의 C7의 값이 23에서 26으로 변경되었음을 확인할 수 있다.

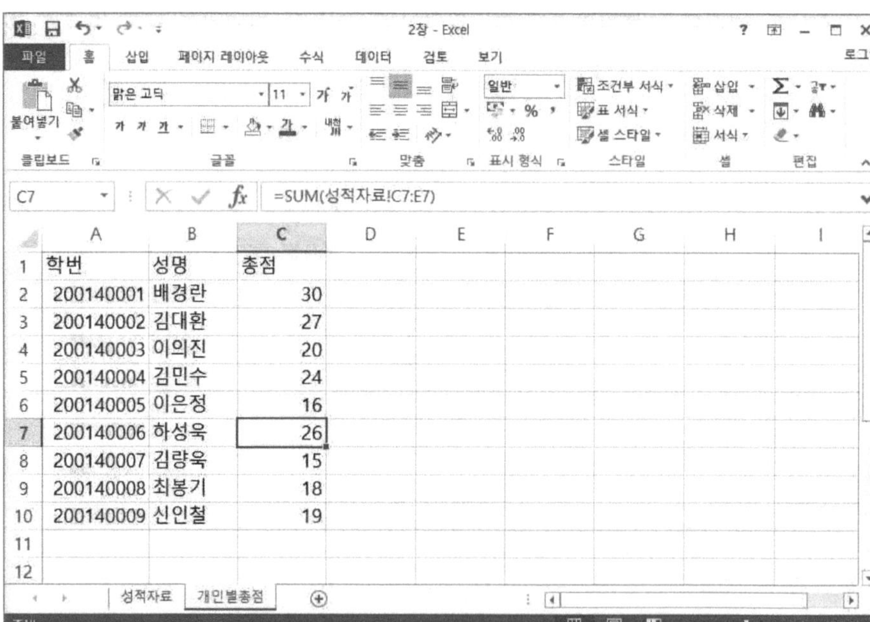

(6) 참조되는 셀과 참조하는 셀 추적하기

수식을 이용한 계산에 오류가 발생한 경우에 "참조되는 셀 추적" 기능과 "참조하는 셀 추적" 기능을 이용하면 수식의 참조 관련 오류를 보다 쉽게 찾아낼 수 있다. 이 2가지 기능은 선택한 셀의 입력된 수식의 참조 관계를 시각적으로 보여 주므로 복잡한 문서의 참조 관계를 살펴볼 수 있다. "수식" 탭의 "수식 분석" 그룹에서 "참조되는 셀 추적"과 "참조하는 셀 추적" 아이콘을 이용한다.

① E2셀에서 "= sum(" 입력하고 C2부터 C10까지 드래그하여 C2부터 C10까지 더한다.

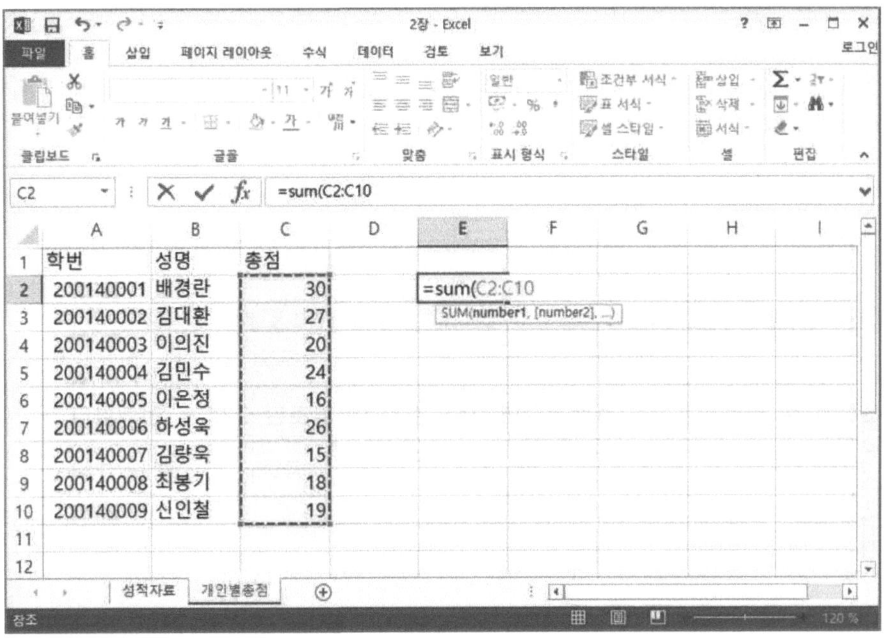

② [수식] 탭을 선택하고 참조하려는 E2셀을 클릭한다.

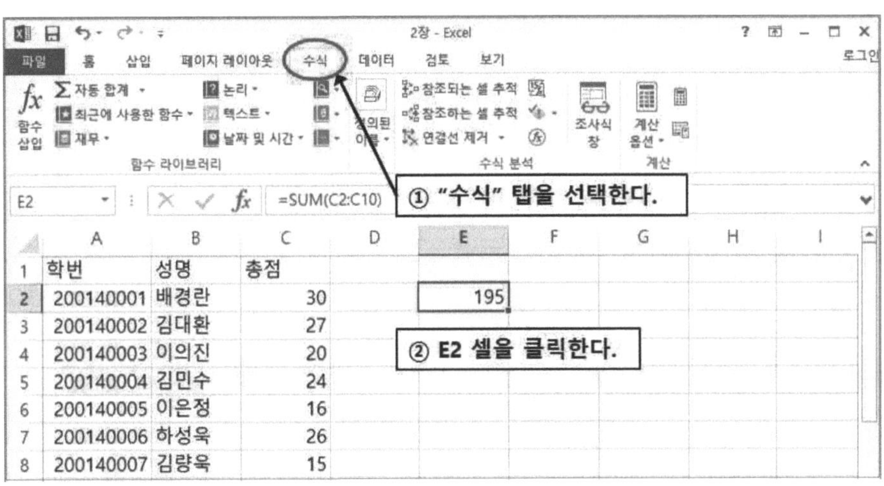

③ [참조되는 셀 추적] 아이콘을 클릭하면 E2셀에 참조되는 셀이 표시된다.

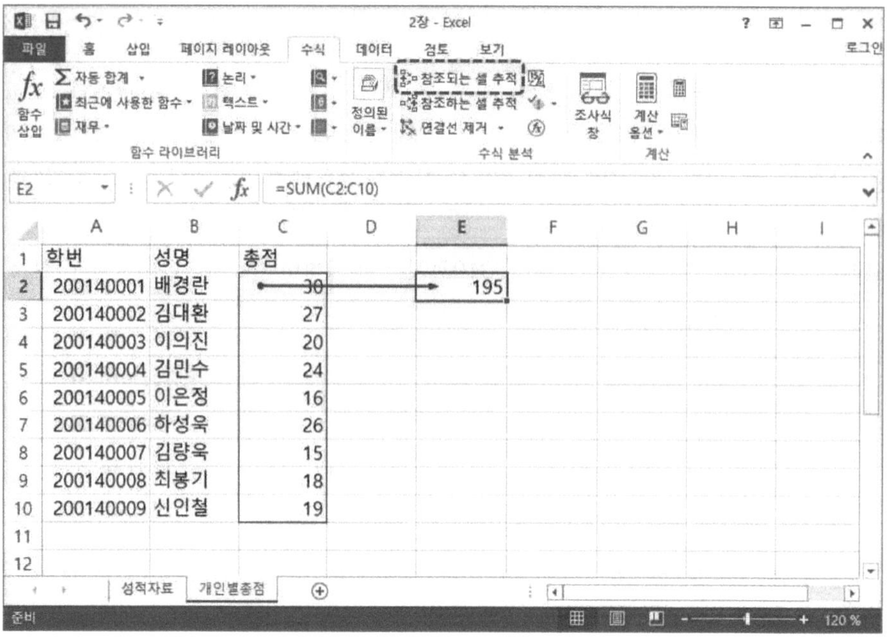

④ [참조하는 셀 추적] 기능을 수행하려면, 먼저 E2셀에 참조된 C2셀을 선택한다.

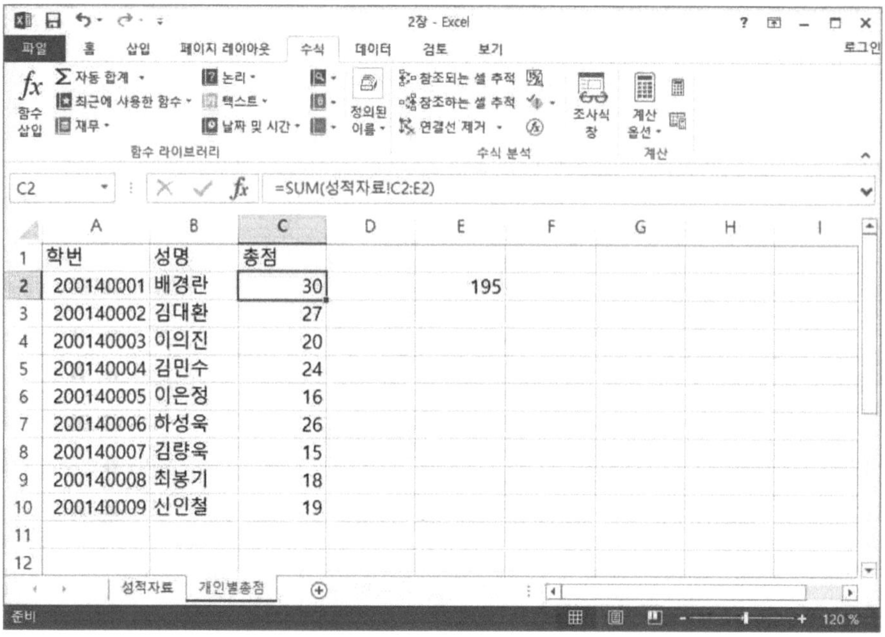

⑤ [참조하는 셀 추적] 아이콘을 클릭하면 C2셀이 참조하는 셀 E2에 연결선이 나타난다. C2셀부터 C10셀까지 이 기능을 수행하면 모두 E2셀에 연결된다.

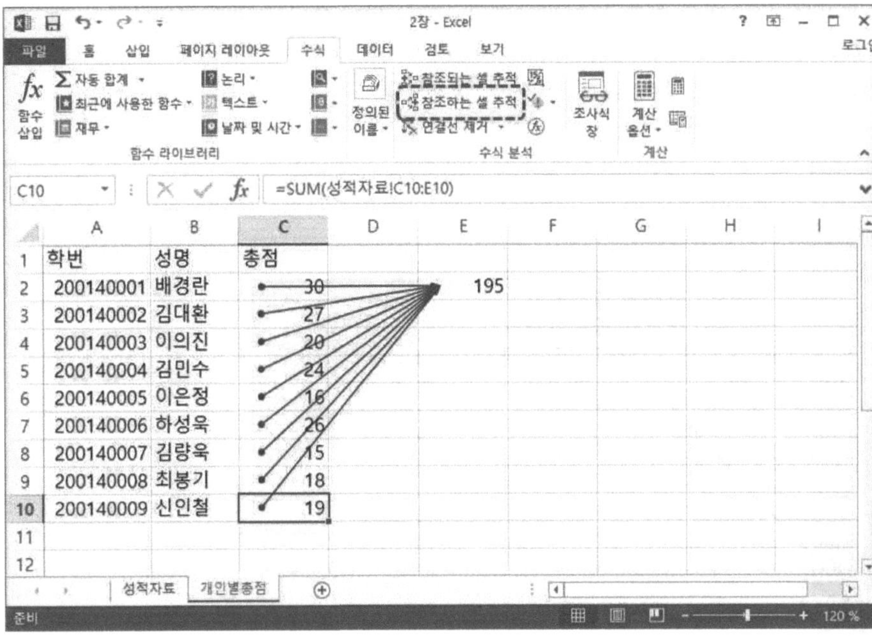

⑥ 연결선을 지우려면 [수식 분석] 그룹에서 [연결선 제거] 아이콘을 클릭한다.

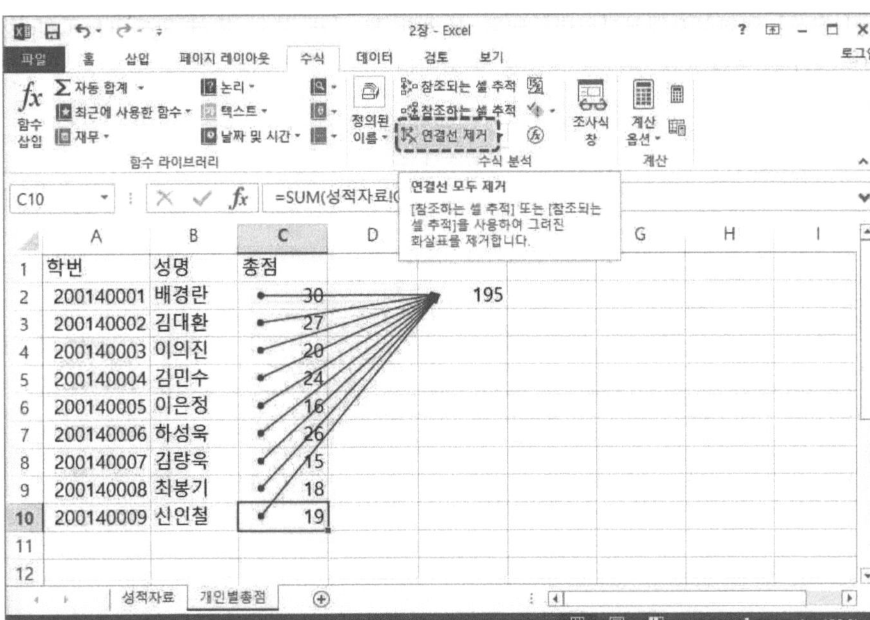

(7) 새 통합 문서의 워크시트 개수 바꾸기

새로운 통합문서를 열면 3개의 워크시트가 제공되는 것이 기본이다. 하지만 설정을 바꾸면 새 통합 문서에서 3개 보다 더 많은 워크시트를 생성할 수 있다.

① [파일] 단추를 선택한 후 [옵션] 버튼을 클릭한다.

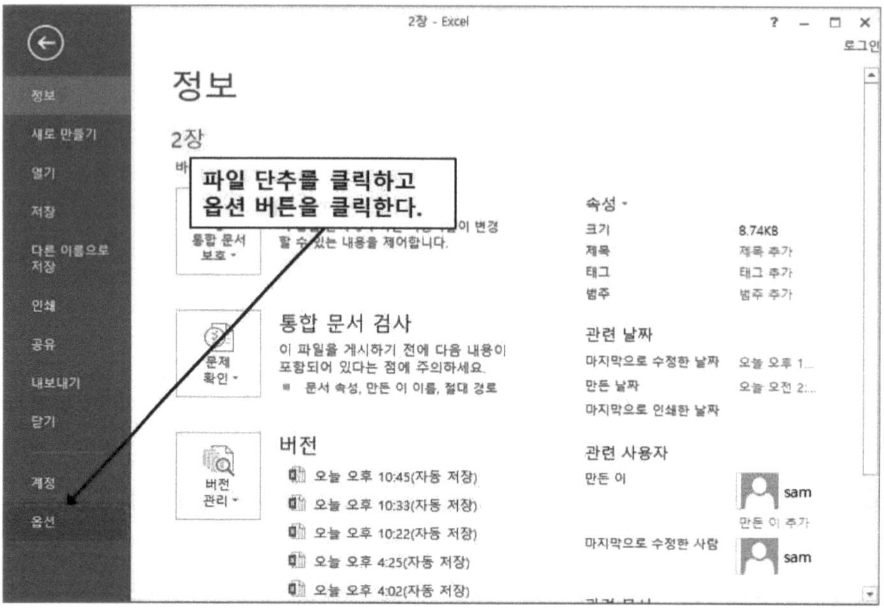

② [Excel 옵션] 대화상자에서 [일반] 탭을 선택한 후, [새 통합 문서 만들기] 옵션 안에서 [포함할 시트 수]를 변경하고 [확인] 버튼을 클릭한다.

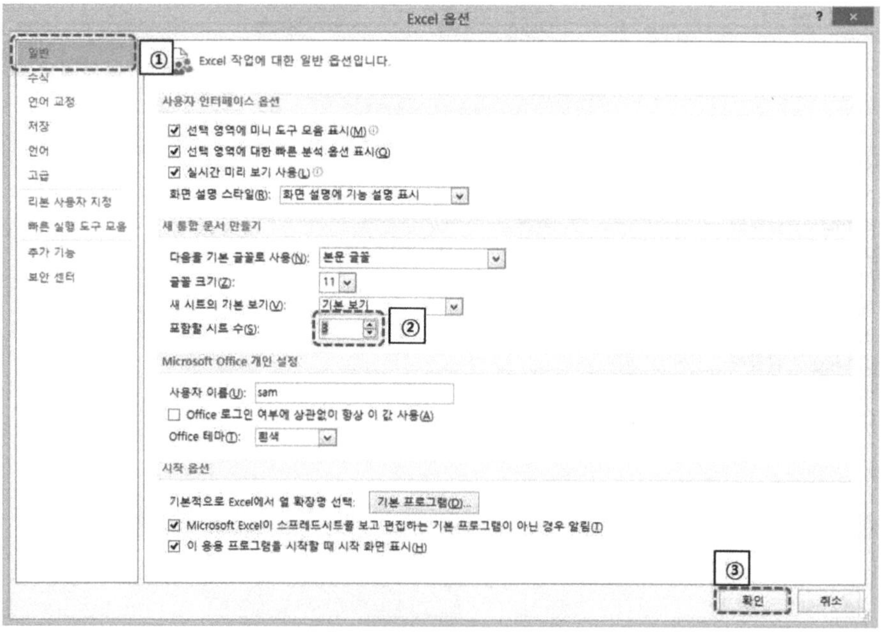

(8) 워크시트의 삭제

필요 없는 시트를 삭제하는 방법으로는 "리본 메뉴"와 "단축 메뉴"를 사용하여 삭제하는 방법이 있다. 먼저, 리본 메뉴를 이용하는 방법이다.

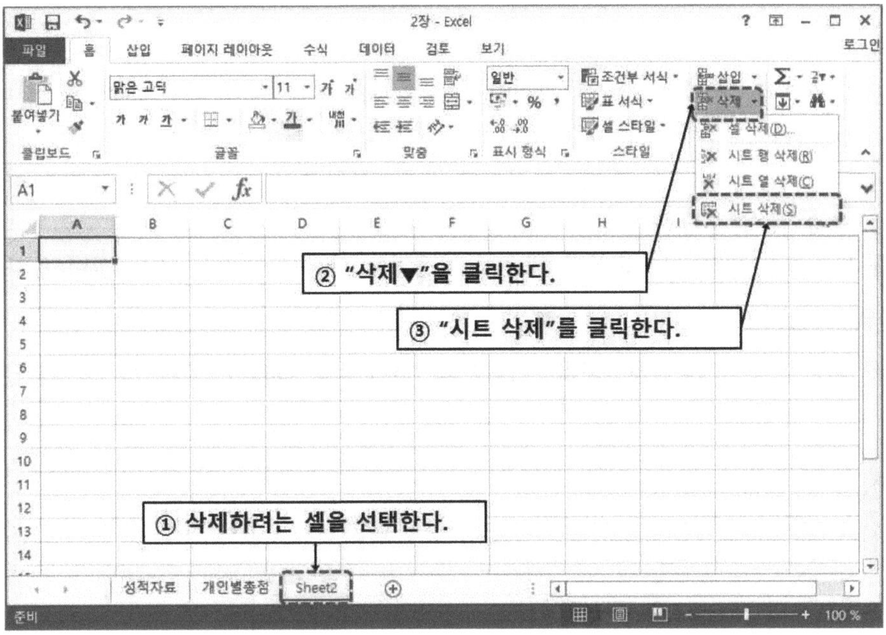

단축 메뉴를 사용하는 방법은 다음과 같다.

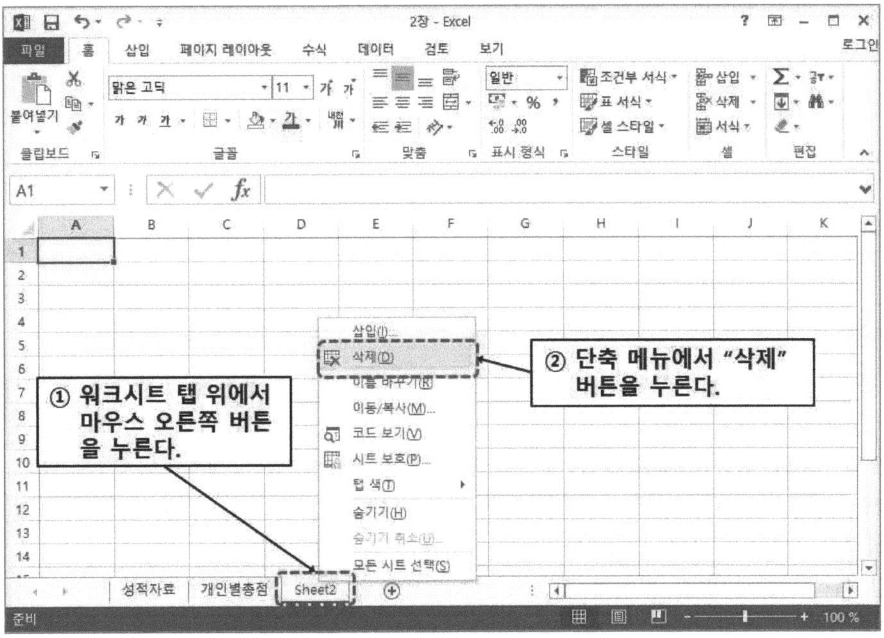

2.1.7 저장하기와 불러오기

본 절에서는 작업 중인 워크시트를 저장하거나 암호를 입력하는 방법과 다른 프로그램에서 작성된 파일을 불러오는 방법에 대하여 살펴보기로 한다.

(1) 저장하기

EXCEL 작업 중에 정전이 되거나 작업한 내용을 저장하지 않고 EXCEL을 종료하면 작업내용을 잃어버리게 된다. 따라서 현재 작업 중인 워크시트를 나중에 다시 사용하기 위해서는 반드시 저장해 두어야 한다. 그렇지만 계속 '통합문서1.xlsx'로만 저장하면 이전에 작업해 둔 통합 문서('통합문서1.xlsx')와 겹쳐서 예전 내용을 지워버리게 되므로 이와 같은 실수를 방지하기 위해서는 문서의 내용에 어울리는 이름을 지정해 주는 것이 좋다.

가. 파일 저장하기

① [빠른 실행 도구] 그룹에서 [저장] 아이콘을 선택하거나 [파일] 단추에서 [저장] 단추를 클릭한다.

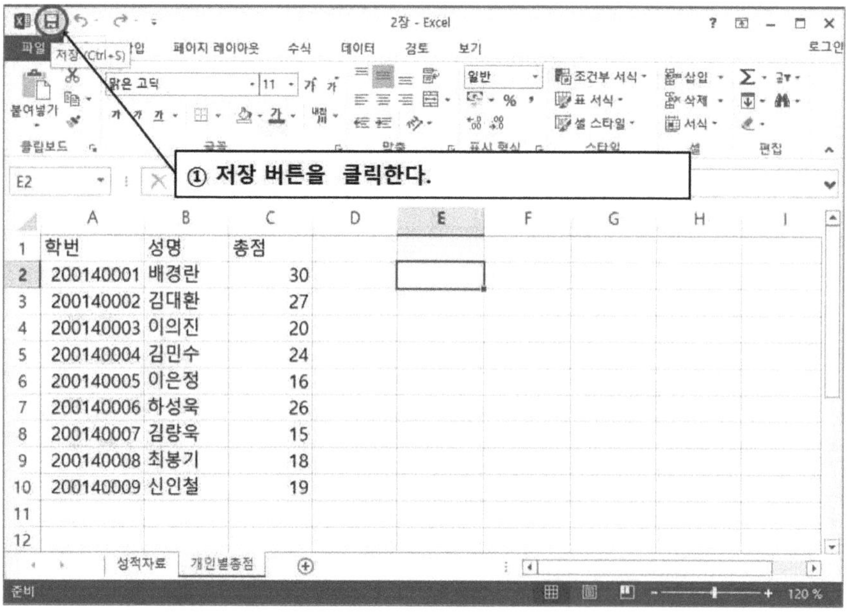

② [다른 이름으로 저장] 대화 상자가 나온다. "찾아보기" 아이콘을 선택하거나 "컴퓨터" 아이콘을 더블 클릭한다.

③ 상단의 [저장 위치(I)]에서 저장할 폴더(디렉토리)를 선택하고 파일 이름(N) 항목 옆에 있는 입력란의 '통합문서1.xlsx'라는 파일 이름 전체가 반전되는데 이 상태에서 파일 이름을 입력한다. 확장자 *.xlsx가 자동 지정되므로 파일 이름만 입력해도 된다.

④ 파일 형식(T)에서 파일 형식을 지정하는데 오른쪽에 있는 역삼각형(∨)을 마우스로 클릭하면 EXCEL에서 지원하는 각종 파일 형식이 나열된다. 특별히 설정을 바꾸지 않으면 Excel

통합 문서(*.xlsx)로 지정된다. EXCEL에서 만든 문서를 다른 응용프로그램에서 사용하려면 파일 형식을 바꾸어 저장한다. 예를 들면 데이터베이스 파일이나 로터스 파일 또는 텍스트 파일로 저장할 경우에는 각각 dbf, wk, txt 등의 파일 형식으로 저장하면 된다. 또 EXCEL 97에서 EXCEL 2010까지 동시에 사용할 경우에는 'Excel 97-2003 통합문서(*.xls)'로 저장해야 한다.

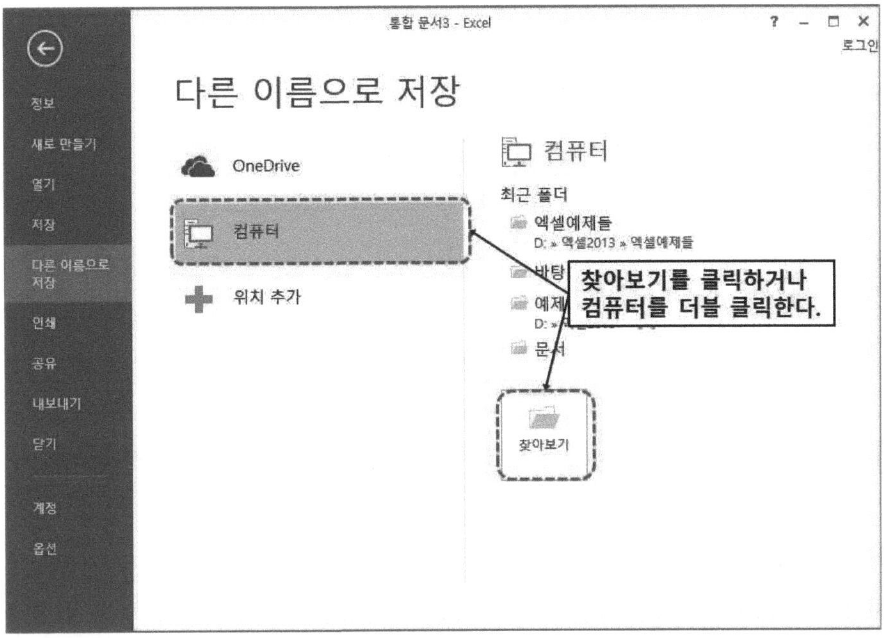

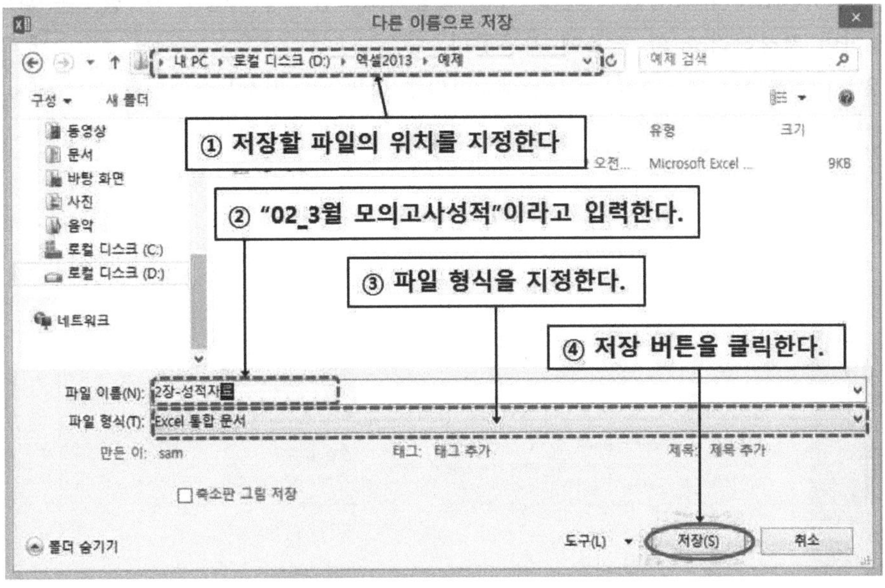

⑤ [저장(S)]을 클릭하여 지금까지 작성한 통합 문서 파일을 저장하면 제목 표시줄에 지정한 파일이름으로 변경된다.

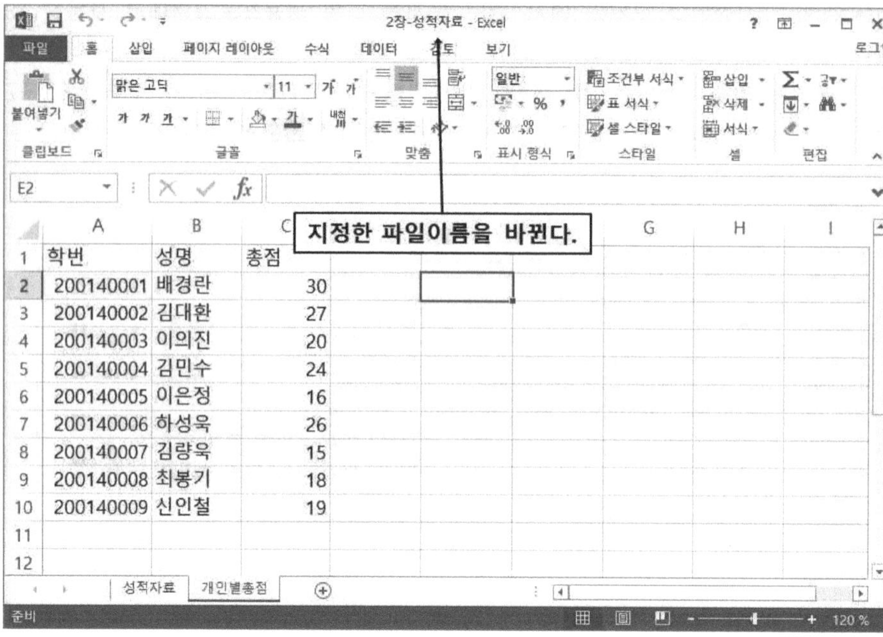

나. 다른 이름으로 저장하기

이미 저장한 워크시트를 다른 폴더 또는 다른 파일명으로 저장하거나 암호의 부여, 변경, 삭제 및 EXCEL에서 작성된 파일을 다른 응용프로그램에서 사용할 수 있도록 파일 형식을 변경하여 저장하려고 할 경우에 사용한다.

① [파일] 단추를 누르면 나타나는 메뉴에서 [다른 이름으로 저장] 부메뉴를 선택한다.

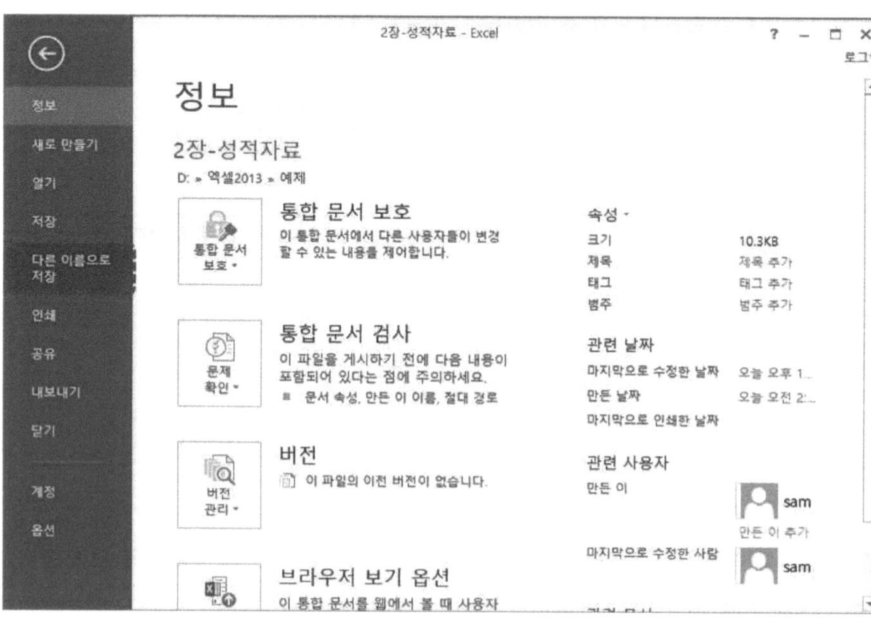

② "찾아보기"를 선택하거나, "컴퓨터" 아이콘을 더블클릭한다.

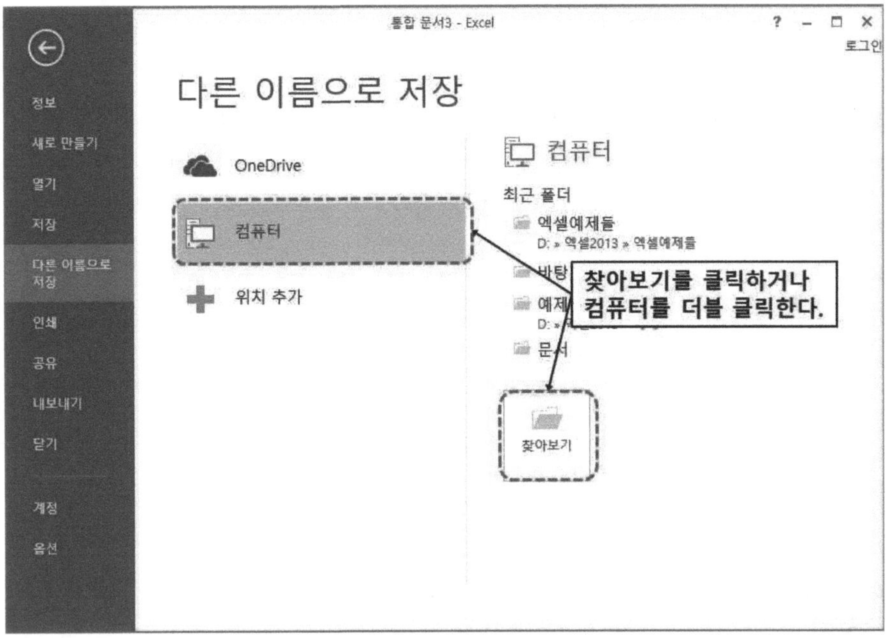

③ [다른 이름으로 저장] 대화 상자에서 파일을 저장할 위치를 지정하고 [파일 이름(N)]란에 파일 이름을 입력한다.

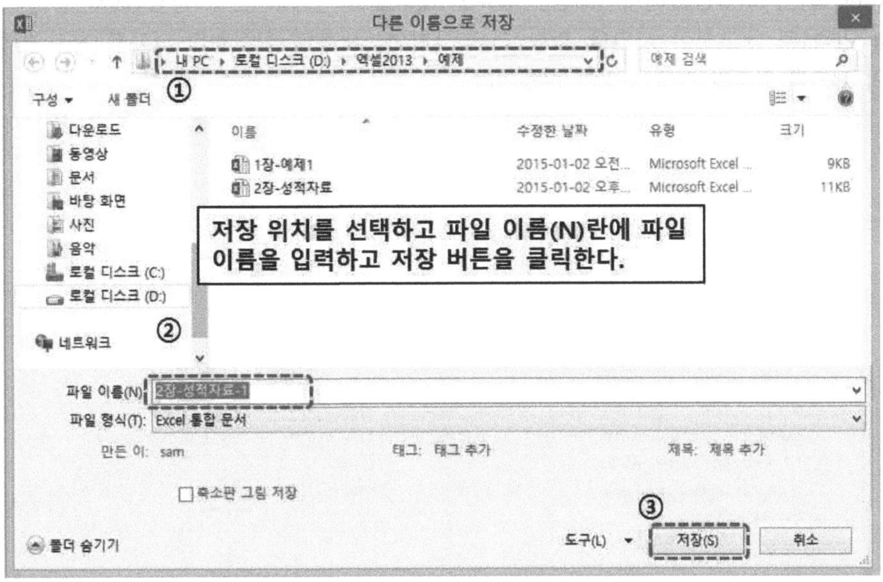

다. 자동 저장하기

EXCEL은 자동 저장하기 기능이 있어 이를 이용하면 안전하게 데이터를 저장할 수 있다. 기본 설정으로 10분을 기준으로 자동저장으로 되어있다.

① [파일] 단추를 클릭한 다음 하단에 있는 [옵션] 버튼을 클릭한다.

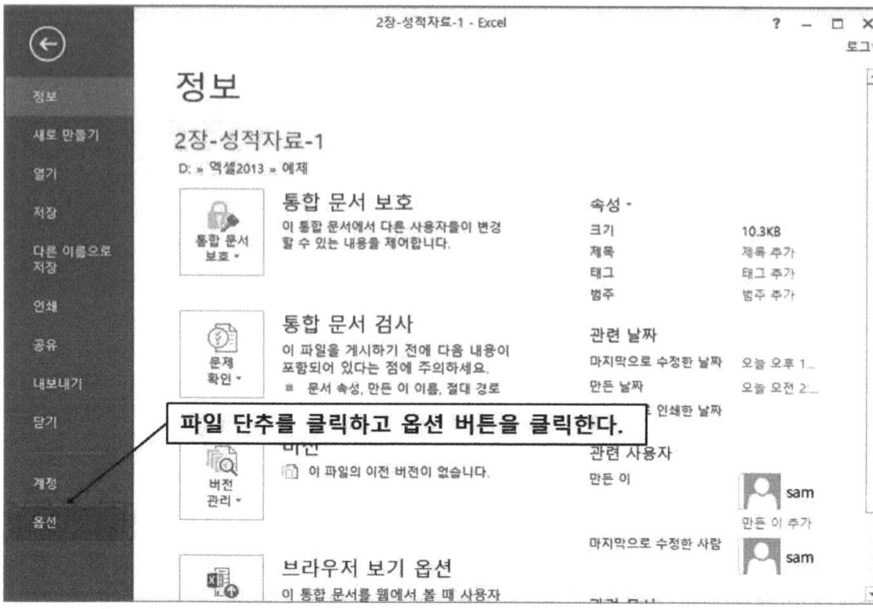

② [Excel 옵션] 대화상자에서 [저장] 메뉴를 선택한다. [통합 문서 저장]에서 [자동 복구 정보 저장 간격]을 체크하고 시간을 정한 다음, [확인] 버튼을 클릭한다. [자동 복구 정보 저장 간격]의 체크를 지우면 자동 저장이 해제된다.

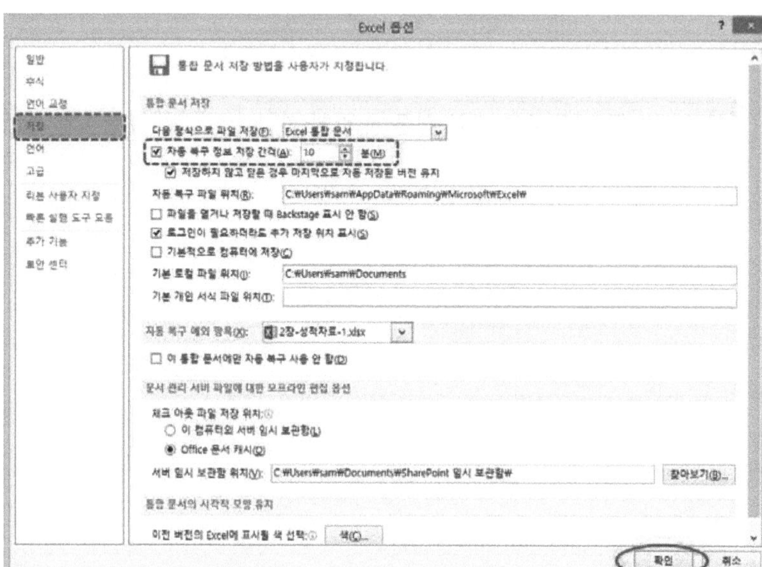

라. 백업 파일 생성 및 암호(Password)

백업 파일의 생성과 암호 및 쓰기 암호의 부여, 변경, 삭제 그리고 읽기 전용 파일 설정 등을 하려면 다른 이름으로 저장 대화 상자의 도구 항목을 선택하면 된다. 여기서 특히 주의해야 할 사항은 암호나 쓰기 암호를 설정하여 저장한 후 파일 열기를 하면 암호를 요구하게 되는데 이때 올바른 암호를 입력하지 못하면 파일을 열지 못하므로 조심해야 한다.

① [파일] 단추를 클릭한 다음, [다른 이름으로 저장(A)]을 선택한다.

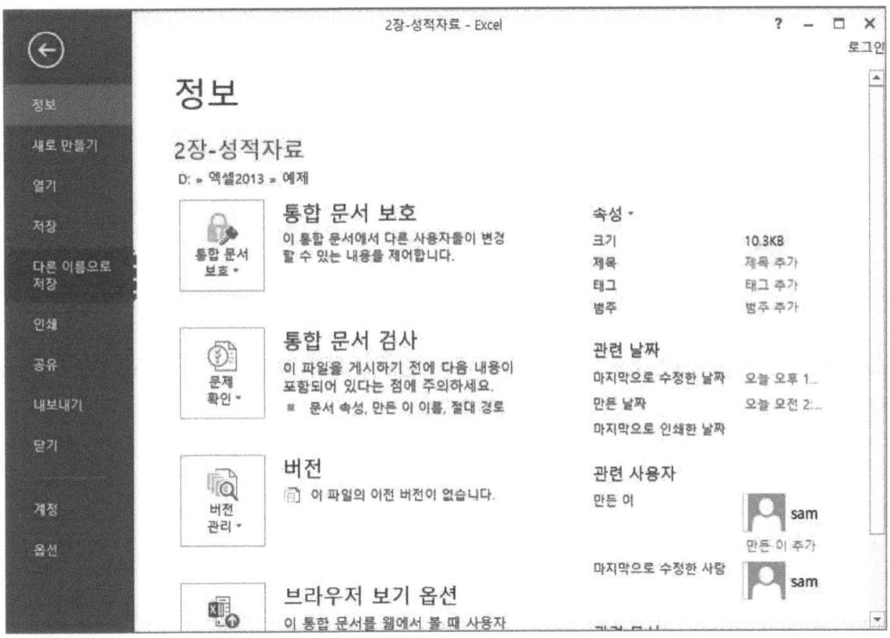

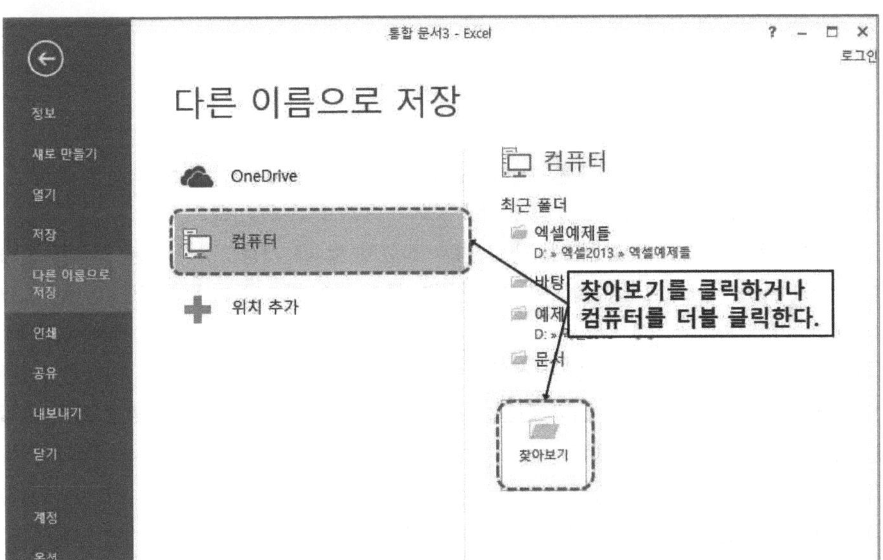

② [다른 이름으로 저장] 대화상자 왼쪽 하단에 있는 [도구(L)] 버튼을 클릭하고 [일반 옵션(G)]을 선택한다.

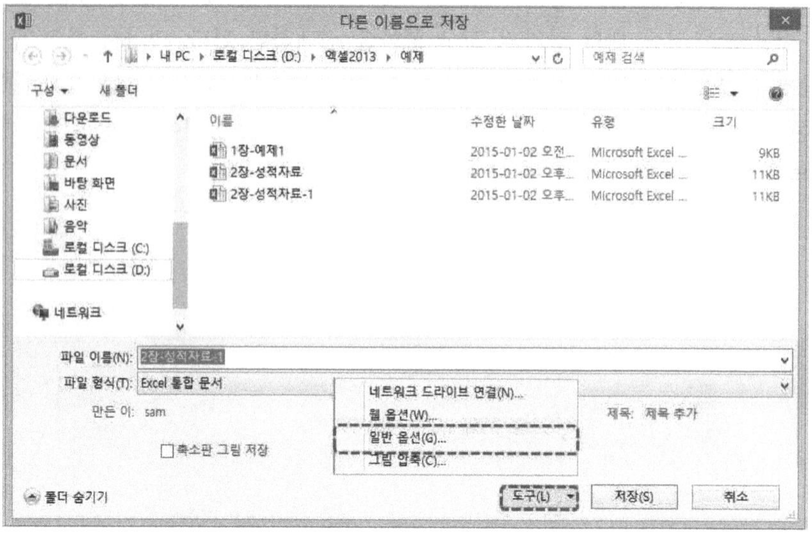

③ [일반 옵션] 대화상자에서 [열기 암호(O)]와 [쓰기 암호(M)]를 입력하고 [읽기 전용 권장(R)] 부분을 체크한 다음, [확인] 버튼을 클릭한다.

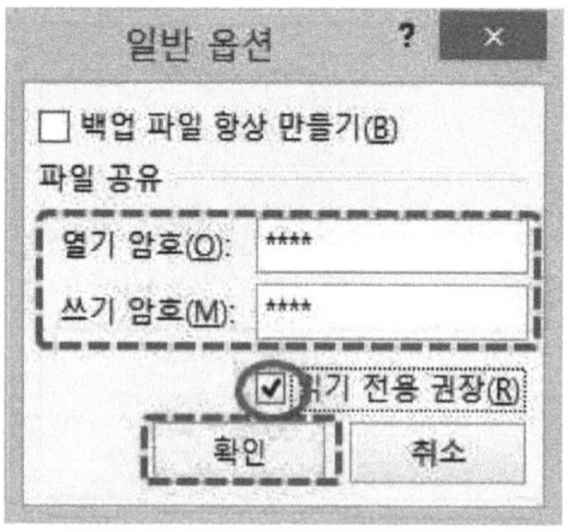

- 암호 : 중요한 내용의 문서일 경우에 암호를 지정하여 저장하면 다른 사람이 문서를 읽거나 변경하는 것을 방지할 수 있다. 암호를 해제할 경우에는 암호 입력란에 기존의 암호를 지우고 아무것도 입력하지 않으면 된다.
- 쓰기 암호 : 문서의 내용이 변경되는 것을 방지 하고자 할 때 사용하며 지정된 암호를 입력하면 읽기, 쓰기가 가능하나 그렇지 않으면 읽기만 가능하다. 즉 변경을 하면 다른 이름으로 다시 저장하여야 한다.
- 읽기 전용 확인 : 파일을 열 때 읽기 전용으로 할 것인지 아니면 읽기, 쓰기가 가능한 상태로 할 것인지를 설정할 때 사용한다. 읽기 전용을 선택하면 읽기만 가능하고 쓰기 암호처럼 변경을 하면 다른 이름으로 다시 저장하여야 한다.
- 백업 파일 작성 : 백업 파일 작성은 원본 파일이 손실되었을 경우를 대비하여 원본과 똑같은 파일을 하나 더 만들어 두고자 할 때 사용한다. 처음으로 백업 파일을 만들고자 할 경우에는 백업 파일 작성란을 체크한 후 다시 한 번 저장하여야 한다.

④ [암호 확인] 대화상자에서 [열기 암호]를 다시 입력하고 [확인]을 클릭한다.

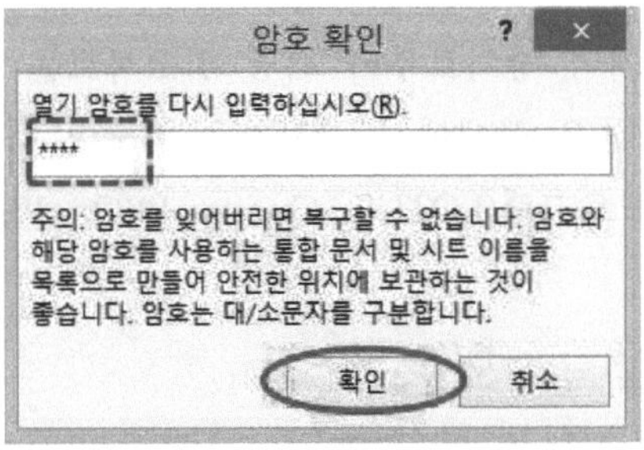

⑤ [암호 확인] 대화상자에서 [쓰기 암호]를 다시 입력하고 [확인]을 클릭한다.

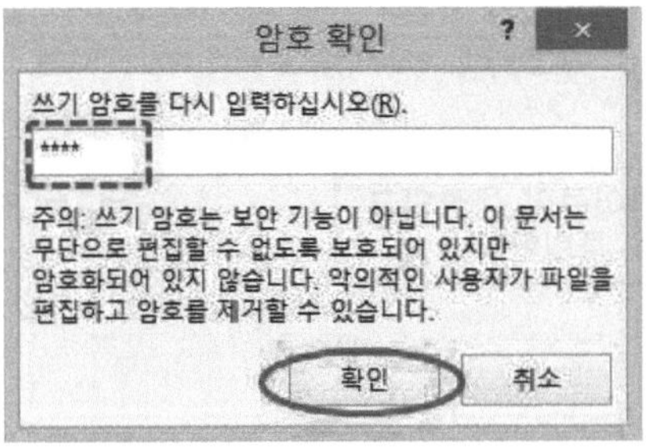

⑥ [다른 이름으로 저장] 대화상자의 [파일 이름(N)] 안에 암호가 생성된 파일이라고 표시된 파일이름으로 입력한 후, [저장]을 클릭한다.

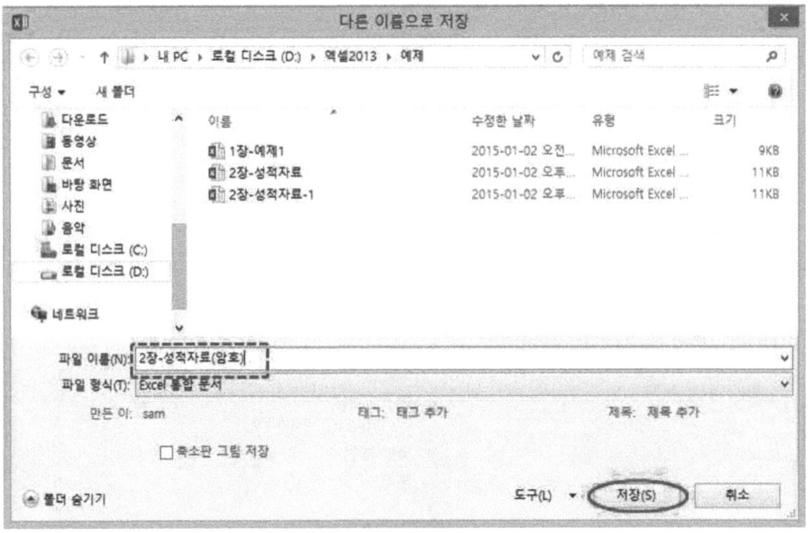

(2) 파일 열기

기존에 작성된 문서를 다시 사용할 경우 보조 기억 장치로부터 해당 워크시트를 읽어 들이는 명령으로서 여러 개의 파일을 동시에 열어 놓은 상태에서 작업창을 바꾸어 가면서 작업할 수 있다. 또한 EXCEL 이외의 다른 응용프로그램(LOTUS, Quattro-PRO, dBASE, 한글워드)에서 작성된 파일도 읽어 들일 수 있다.

가. 파일 불러오기

① [파일] 단추에서 [열기(O)]를 선택하거나 [빠른 실행 도구] 그룹 [열기]를 클릭하면 [열기] 아이콘이 생성되고 생성된 [열기] 아이콘을 클릭한다.

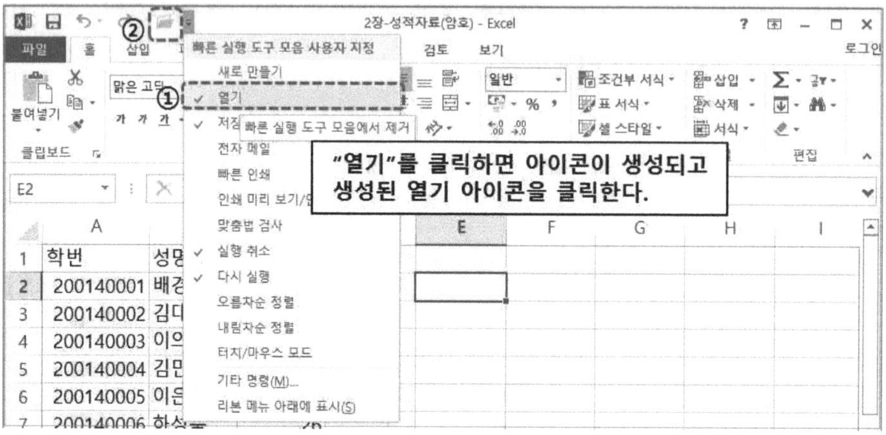

② [컴퓨터]-[찾아보기] 아이콘을 차례로 실행한다.

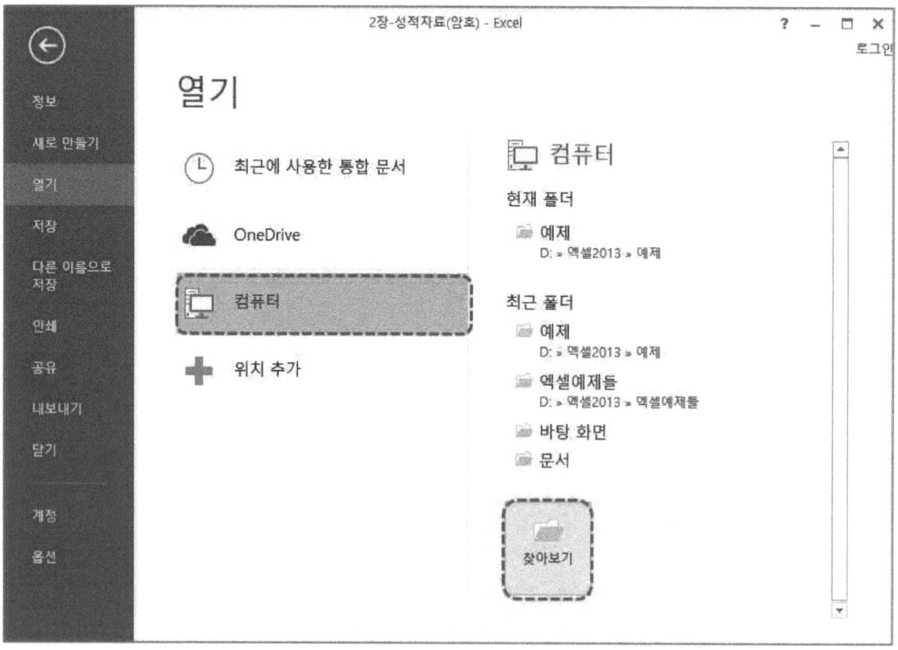

다. 최근 파일 불러오기

[파일]-[열기] 단추를 클릭하면 오른쪽에 가장 최근에 사용한 통합 문서가 나열되어 있다. 최근에 사용한 통합 문서에서 파일을 선택하면 문서를 불러올 수 있다.

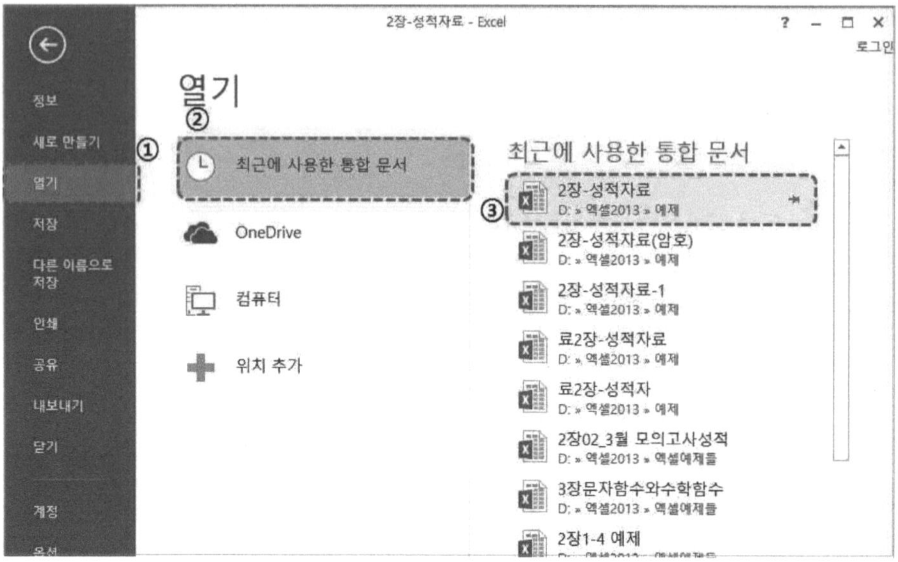

최근 문서는 최근에 사용한 통합 문서가 설정된 개수만큼 나열되는데 다음 순서로 수정하면 최근 문서의 개수를 나열할 수 있다.

[파일] 단추 ➡ [옵션(I)] ➡ [Excel 대화 상자] ➡ [고급] ➡ [표시] ➡ [표시할 최근 문서 수(R)]에서 적당한 숫자를 기록한다.

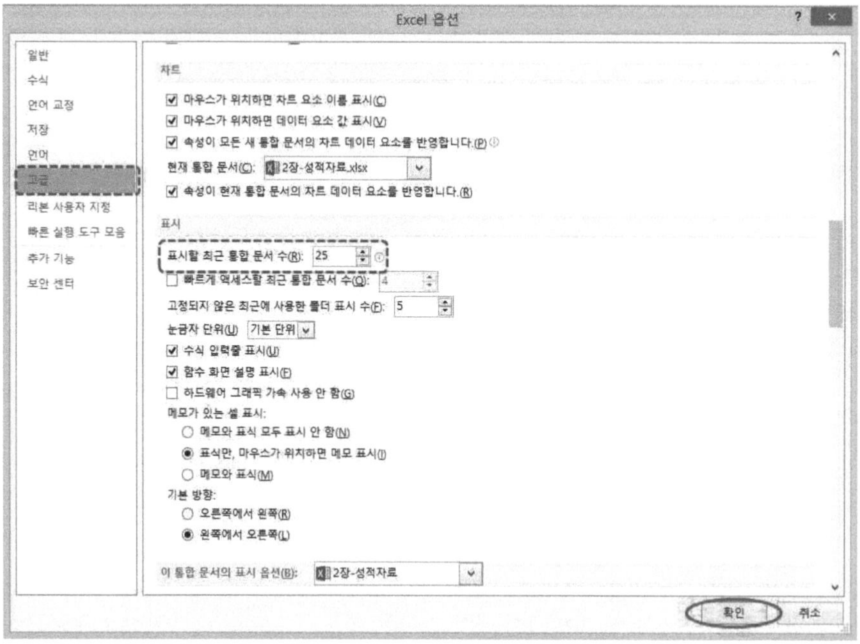

(3) 작업 상태 정렬

두 개 이상의 데이터를 한 화면에서 동시에 보면서 작업해야 할 필요가 있다. 한 통합 문서 내의 두 시트를 한 화면에 정렬하여 표시하거나 서로 다른 두 통합 문서를 한 화면에 정렬하여 표시하는 것이 가능하다. [보기]-[새창]을 이용하면 같은 통합 문서 내의 두 시트를 한 화면에 정렬하여 표시할 수 있다.

저장되어 있는 두 개의 파일을 불러온다.

① [보기] 탭-[창]-[모두 정렬]을 선택한다.

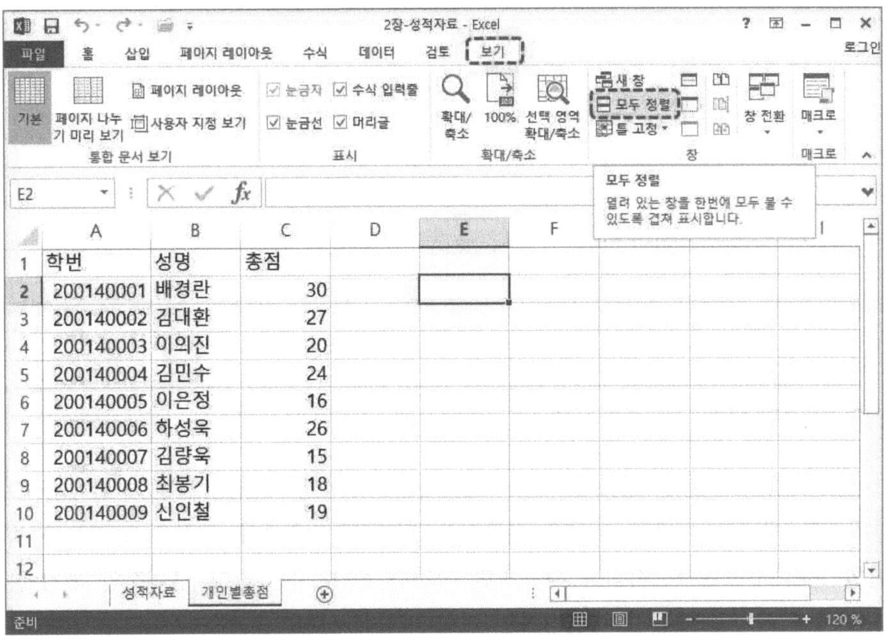

② [창 정렬] 대화상자에서 [바둑판식(T)]을 선택하고 [확인]을 클릭한다.

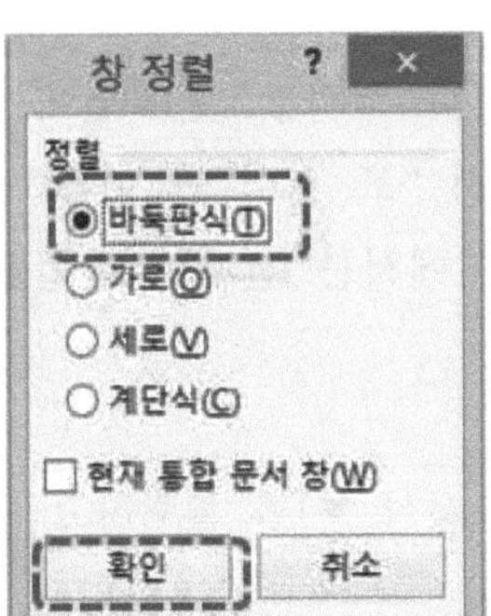

② 두 파일이 한 화면에 정렬된다. 만일 두 개 이상일 경우에는 화면에 열려 있는 모든 파일이 적당한 크기로 정렬된다.

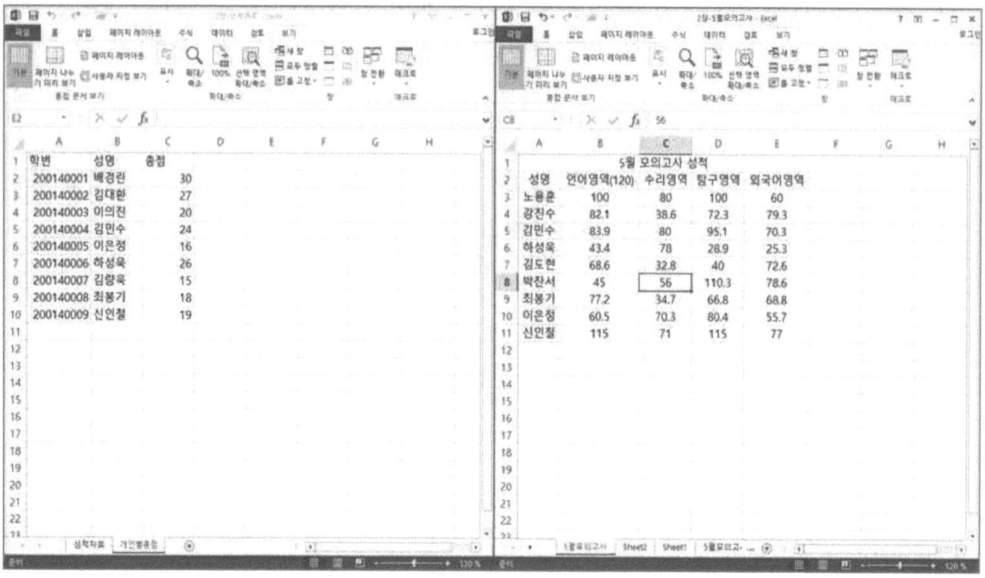

2.1.8 셀 서식

작성한 문서의 특정 부분을 강조하여 표시하거나 보기 좋게 꾸미기 위한 방법에는 EXCEL에서 기본적으로 제공하는 자동 서식을 사용하는 방법과 사용자가 서식을 변경하는 방법이 있다. 간단한 문서 꾸밈은 표 서식을 활용하면 되지만 좀 더 복잡하고 구체적인 편집을 하기 위해서는 셀 서식 기능을 이용하여 변경하는 것이 바람직하다.

(1) 표 서식 사용하기

표 서식의 종류에는 밝게, 보통, 어둡게 등이 있으며 수식이나 결과값, 문자열에 맞게 자동으로 서식이 지정된다. 방법은 "홈" 탭의 "스타일 그룹"에서 "표 서식"을 이용하거나 "삽입" 탭의 "표 그룹"에서 "표"를 선택하는 방법이 있다. 여기에서는 전자의 방법을 이용하기로 한다.

① 커서를 표 만들 범위 안에 놓고, [홈] 탭의 스타일에서 [표 서식 ▼]을 클릭하고 표 스타일을 선택한다.

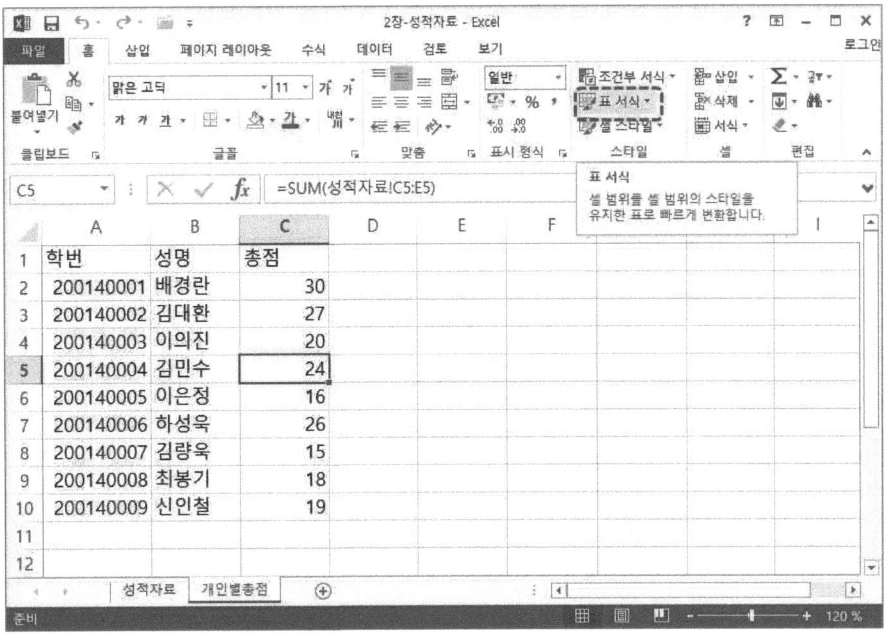

② [표 서식]에서 하나를 선택한다.

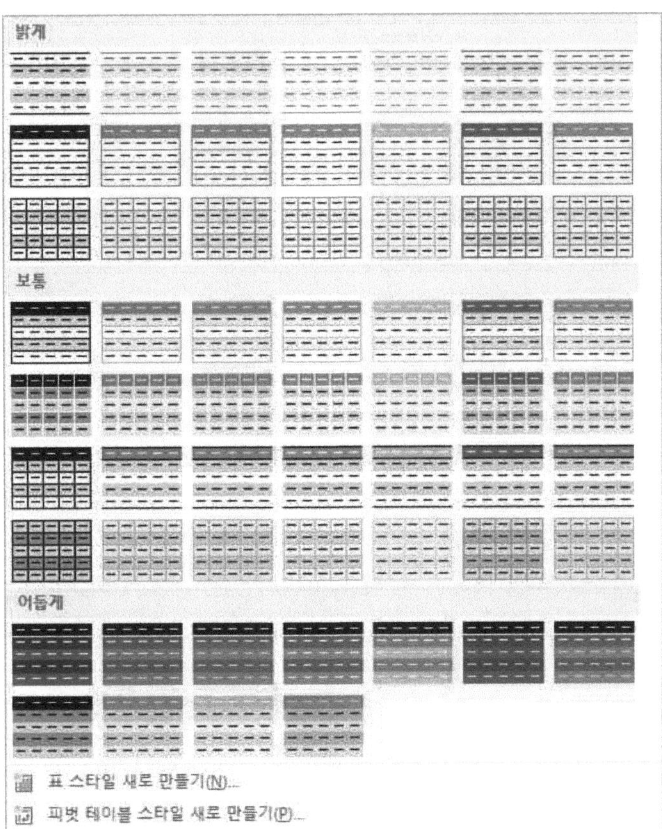

③ [표 서식] 대화상자에서 표의 범위를 정한 다음 [확인]을 클릭한다.

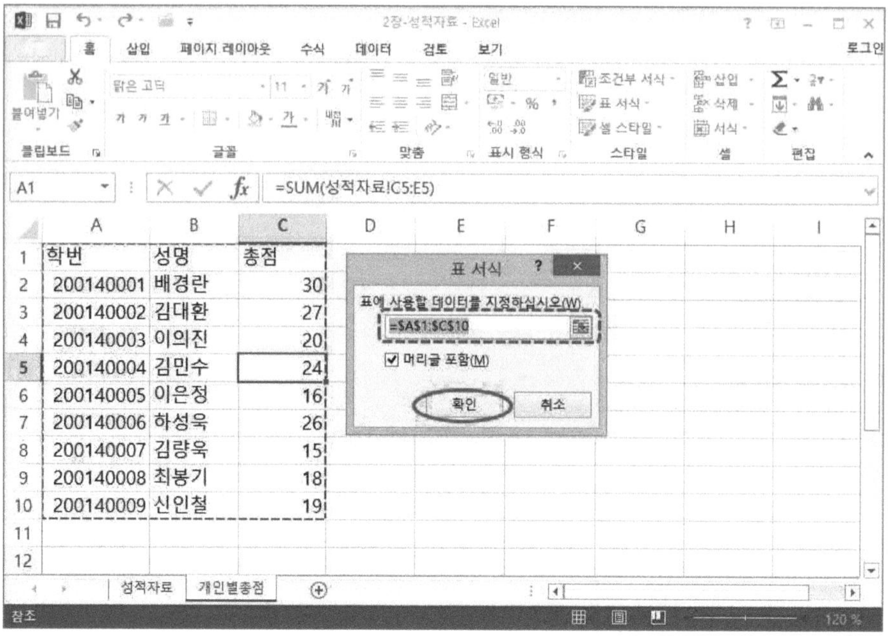

④ 표 서식이 적용 되고, [디자인] 탭이 생성되어 다양한 표 스타일을 적용할 수 있다.

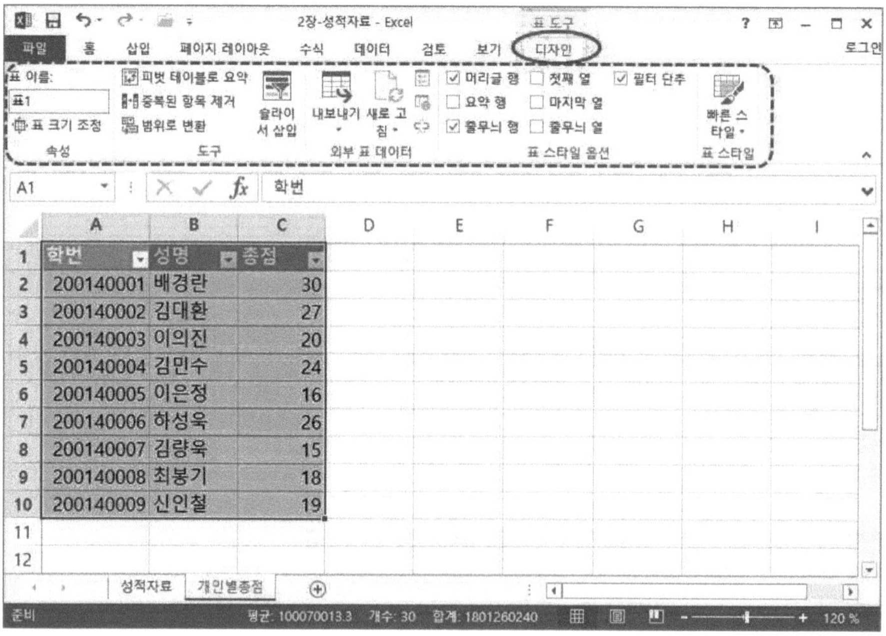

(2) 조건부 서식 사용하기

셀 범위에 조건부 서식을 지정하여 조건에 일치하는 셀들만 강조할 수 있다. 여기에서는 다양한 조건들 중에서 어느 점수 보다 큰 경우를 강조하는 방법을 실행해 본다.

① 조건부 서식을 적용할 범위를 선택하고, [홈] 탭의 [스타일]에서 [조건부 서식 ▼]을 클릭하면 다양한 조건이 나타난다.

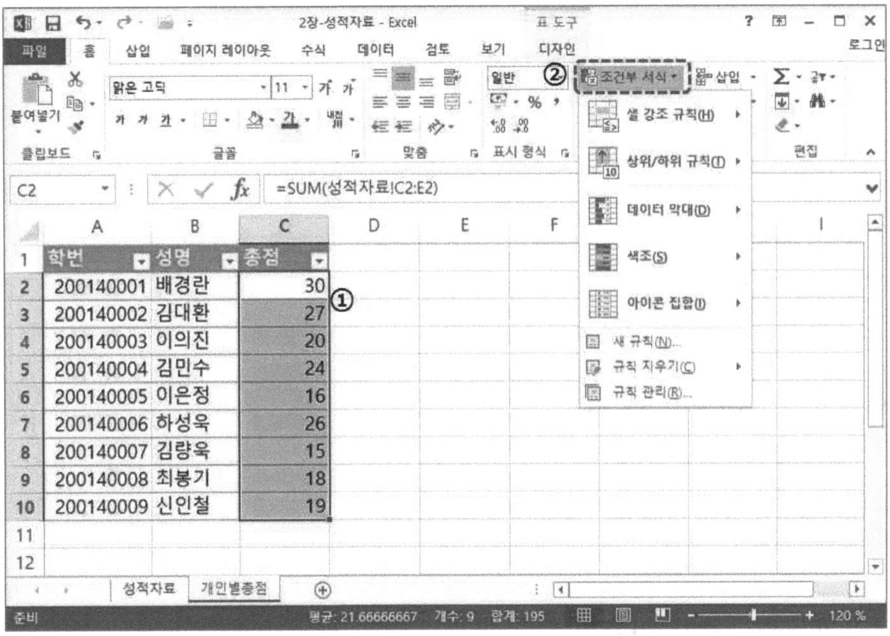

② [셀 강조 규칙]에서 [보다 큼]을 선택한다.

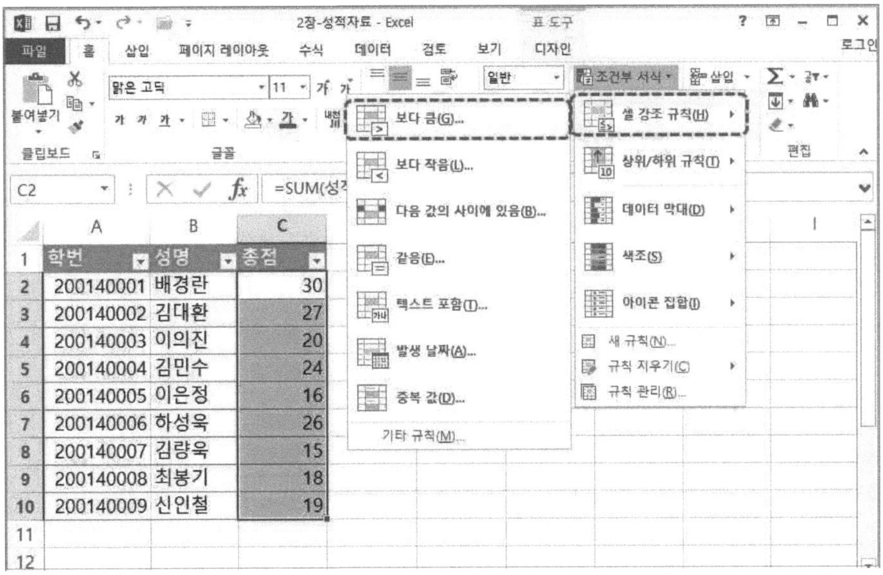

③ [보다 큼] 대화상자에서 [조건 값]을 '20'으로 입력하고 [적용할 서식]을 설정한 후 [확인] 버튼을 클릭한다. '20'보다 큰 값들이 적용한 서식에 맞게 나타난다.

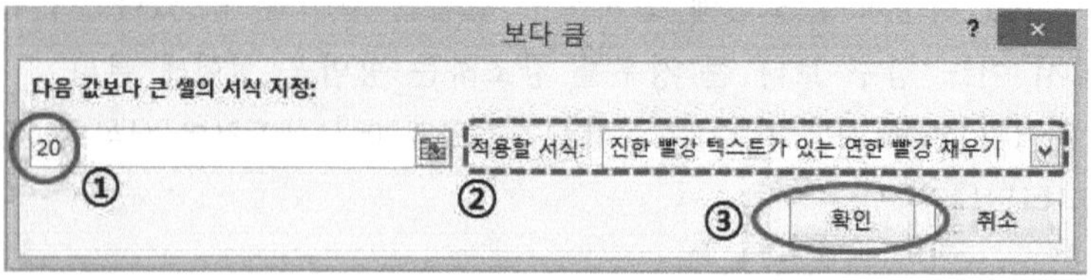

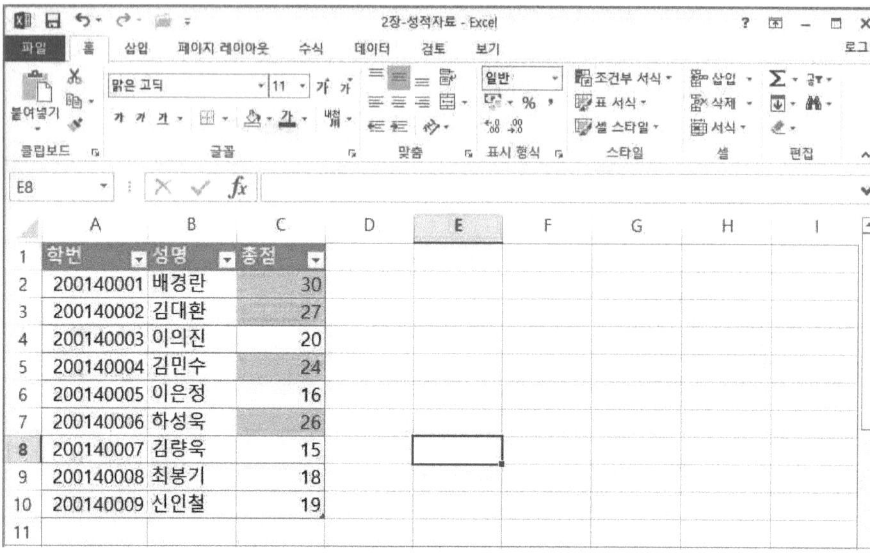

(3) 글꼴과 글자 크기 바꾸기

글꼴(Font)이란 글씨체를 말하는 것으로 EXCEL에서는 윈도우용 글꼴을 모두 사용할 수 있으며 기본적으로 글꼴은 맑은 고딕, 글자 크기는 11포인트로 지정되어 있다.

가. 글꼴 바꾸기

① 글꼴을 바꾸려는 셀을 블록으로 지정한다.

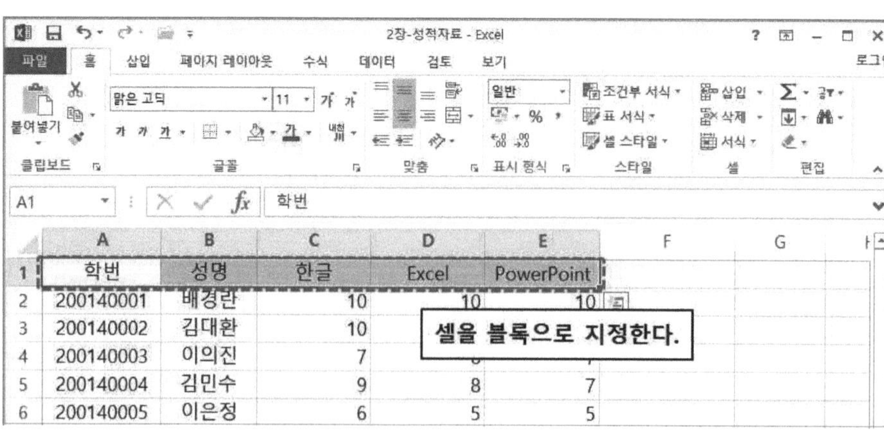

② [글꼴 상자의 ▼]를 눌러 글꼴을 선택하면 새로운 글꼴이 지정된다.

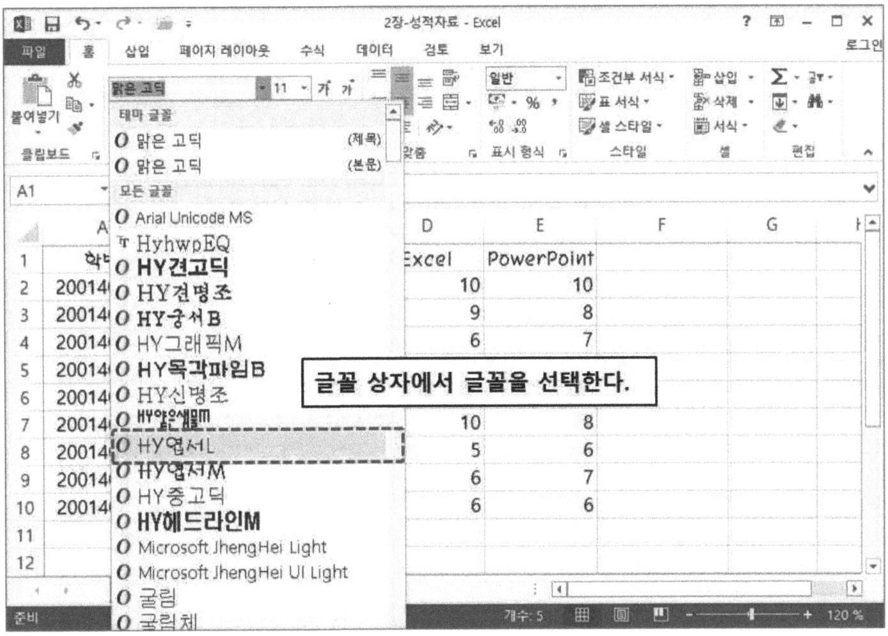

나. 글자 크기 바꾸기

① 글자 크기를 바꾸려는 셀을 선택한다.

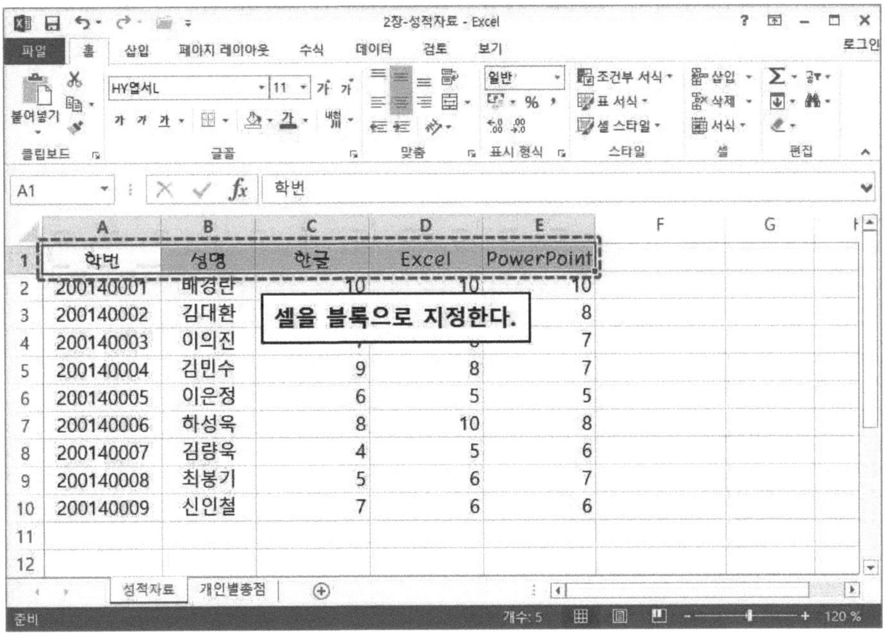

② "글자 크기" 목록 상자를 클릭하고 새로운 글자의 크기를 선택한다.

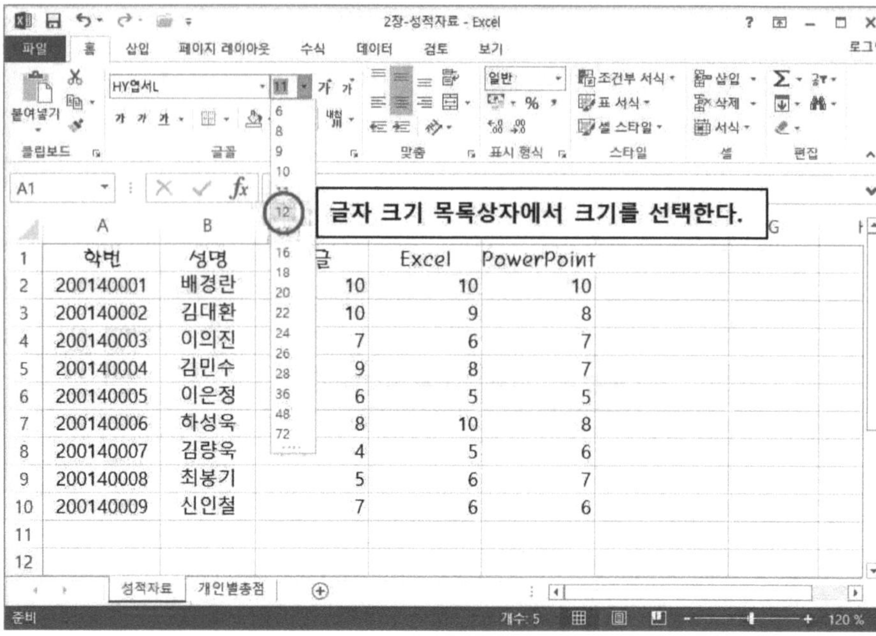

다. 진하게, 기울임체, 밑줄

"홈" 탭의 "글꼴 그룹"을 보면 글꼴의 모양을 바꿔주는 세 개의 단추가 있다.

- 굵게 : 선택한 문자나 숫자를 굵게 한다. 다시 한 번 누르면 해제한다.
- 기울임꼴 : 선택한 문자나 숫자를 기울임꼴로 한다. 다시 한 번 누르면 해제한다.
- 밑줄 : 선택한 문자나 숫자에 밑줄을 긋는다. 다시 한 번 누르면 해제한다.

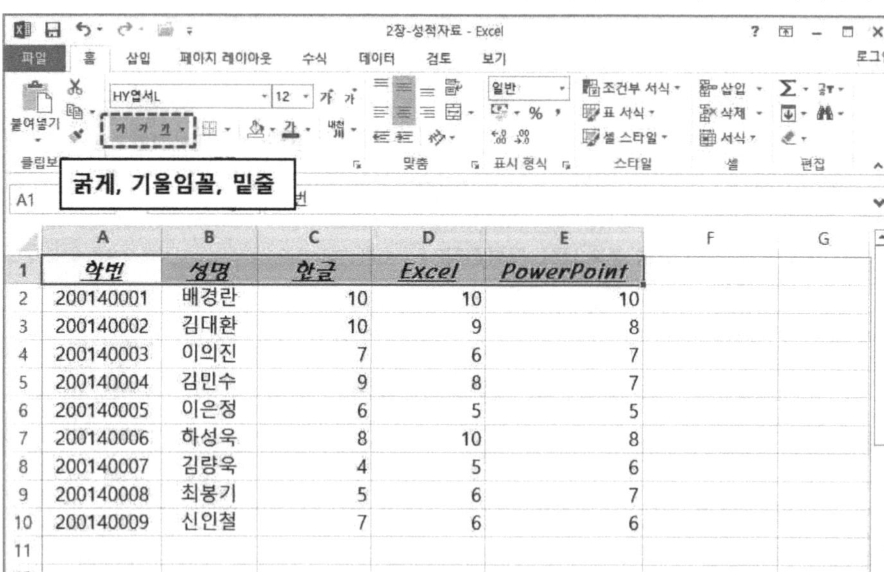

(4) 글꼴 색, 셀 색

가. 글꼴 색 바꾸기

선택한 셀이나 범위의 글자의 색을 변경하려면 [글꼴 색 상자]의 [역삼각형(▼)]을 눌러 적당한 색을 지정하면 된다.

① 글꼴 색을 변경하려는 범위를 설정한다.

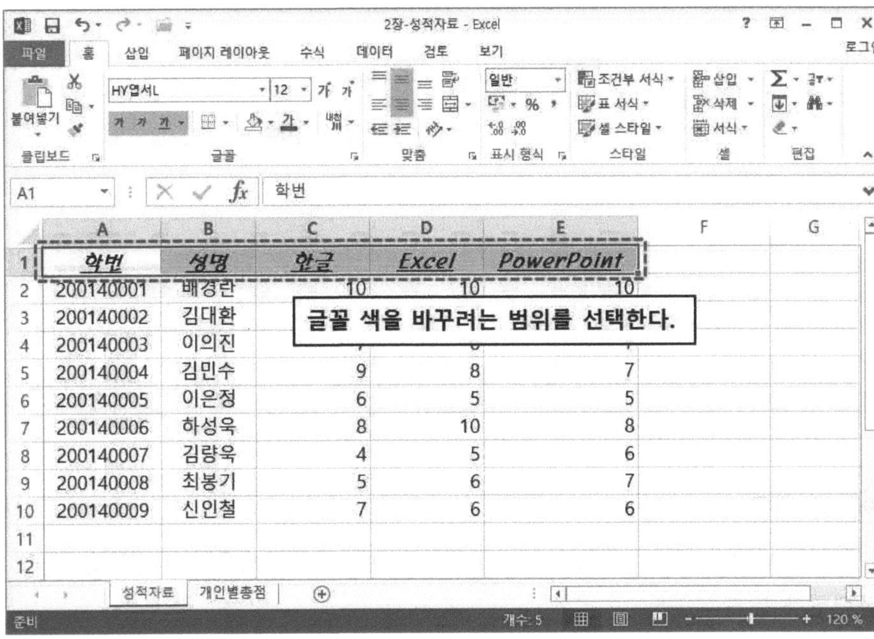

② [글꼴 색 ▼] 을 누르고 적당한 색을 지정한다. “가” 밑에는 이전에 선택한 글꼴의 색이 나타나 있다.

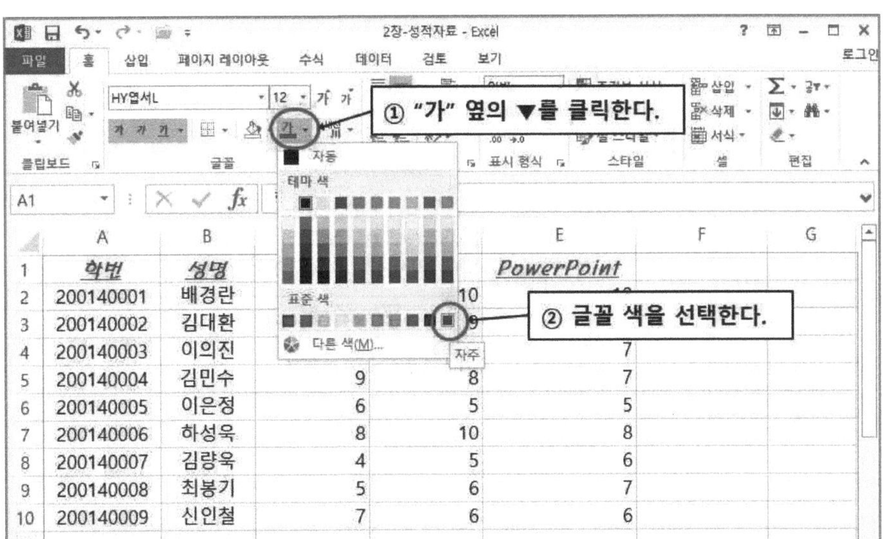

③ 선택한 범위의 글꼴 색이 변경된다.

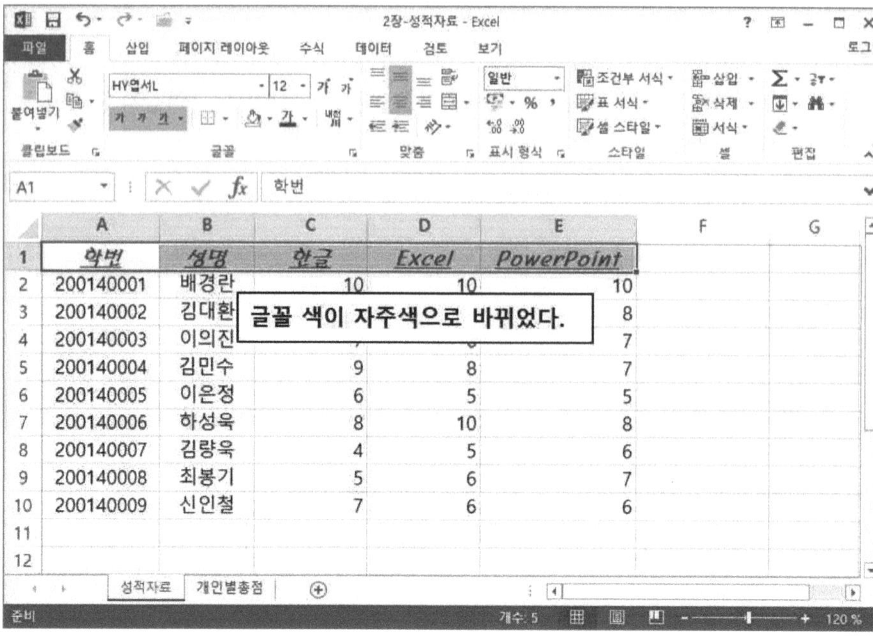

나. 셀에 색 채우기

선택한 셀이나 범위에 색을 채우려면 범위를 선택한 다음, [채우기 색 ▼]을 눌러 적당한 색을 선택한다.

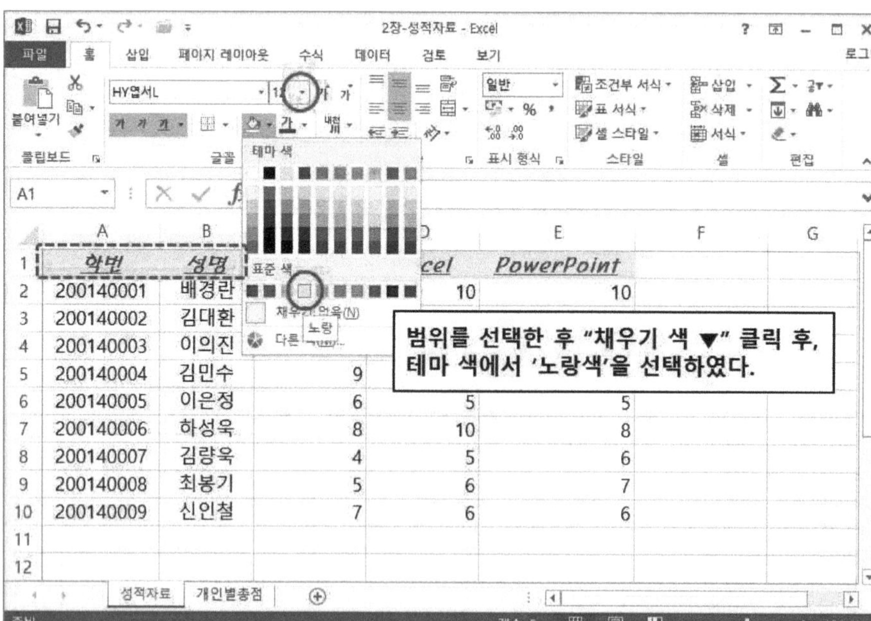

(5) 괘선 넣기

셀 구분선은 인쇄하면 나타나지 않으므로 도표를 구분하기 위해서는 테두리(괘선) 선을 선택해야 한다.

① 괘선을 넣을 부분을 블록으로 선택한 후 [테두리 ▼] 아이콘을 클릭하여 괘선을 선택한다.

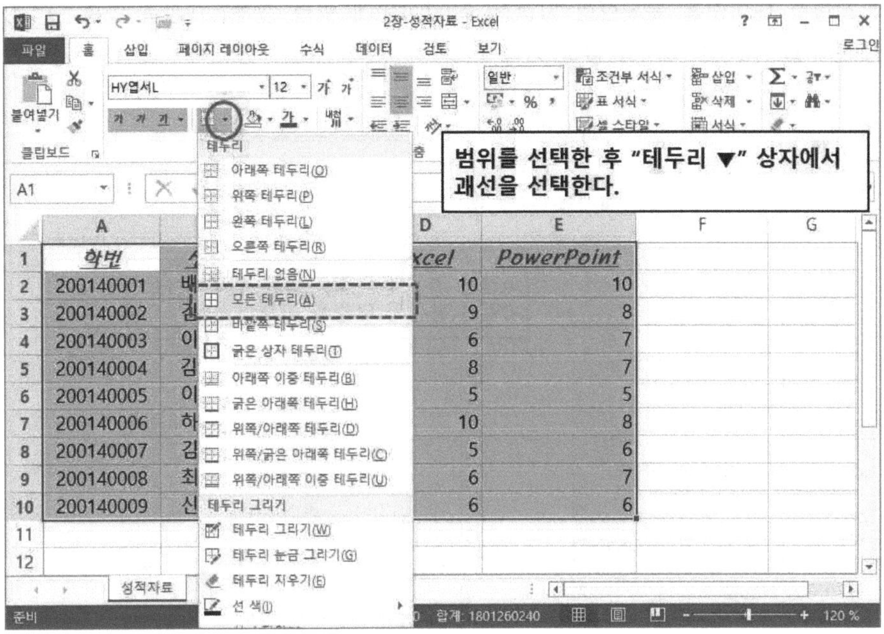

② 선택한 셀 범위에 괘선이 그려진다.

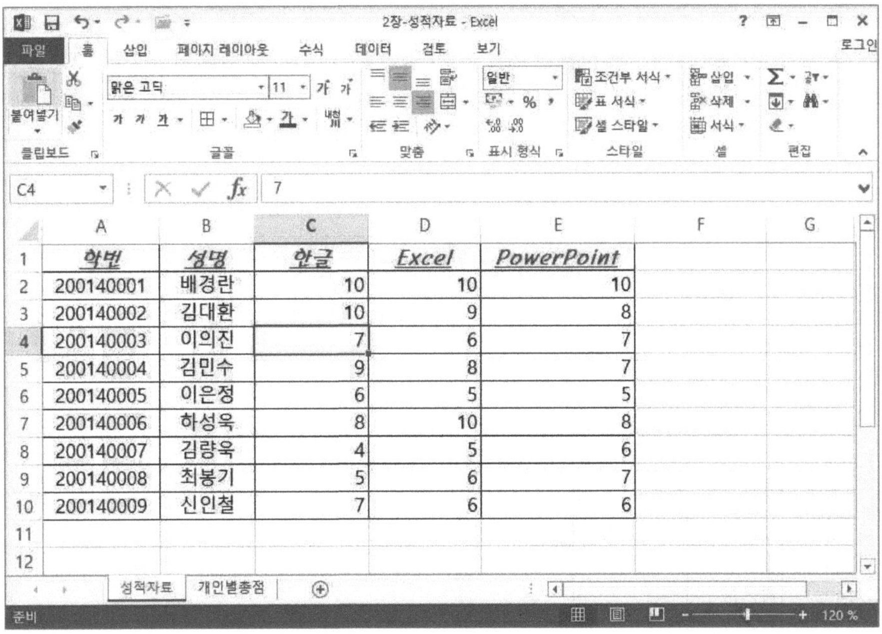

(6) 데이터 맞춤

데이터를 입력하면 기본적으로 문자열은 왼쪽, 숫자는 오른쪽, 논리 및 오류 값은 가운데에 정렬되지만 필요에 따라 데이터의 정렬과 방향을 재설정할 수 있다. 간단한 맞춤은 [홈] 탭의 [맞춤그룹] 에서 아이콘을 사용하면 편리하다.

① 각각 정렬할 데이터를 블록으로 지정한 후, [가운데 맞춤 단추], [왼쪽 맞춤 단추], [오른쪽 맞춤] 단추를 누르면 아래와 같이 정열 된다.

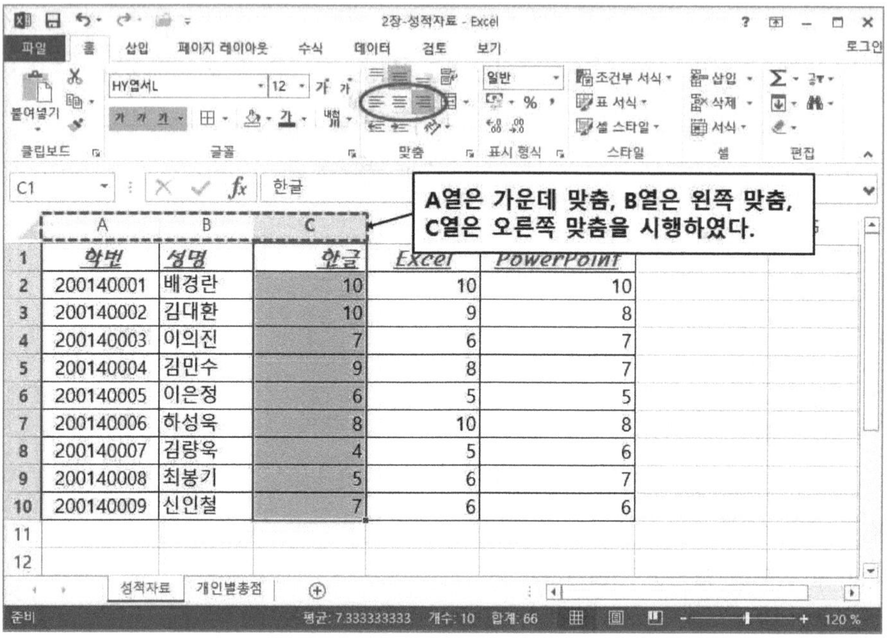

② 행을 삽입한 후, A1셀에 "전산활용 및 실습"을 입력한다. A1셀에서 E1셀까지 블록으로 지정한 후 [병합 후 가운데 맞춤] 단추를 누르면 셀이 하나로 병합되고 텍스트는 가운데로 정렬된다.

(7) 표시 형식

셀에 입력된 숫자에 여러 가지 서식을 적용할 수 있다.

도구 상자	적용 전	적용 후	설 명
회계 표시 형식	12345	₩12345	금액 데이터 앞에 원화 표시를 붙여 준다.
백분율 스타일	0.12	12%	숫자가 백분율(%)로 표시된다.
쉼표 스타일	12345	12,345	숫자 데이터의 1000 단위마다 콤마를 찍는다.
자릿수 늘림	1234.5	1234.50	소수점 이하의 숫자가 하나씩 늘어난다.
자릿수 줄임	123.45	123.5	소수점 이하의 숫자가 하나씩 줄어든다.(반올림)

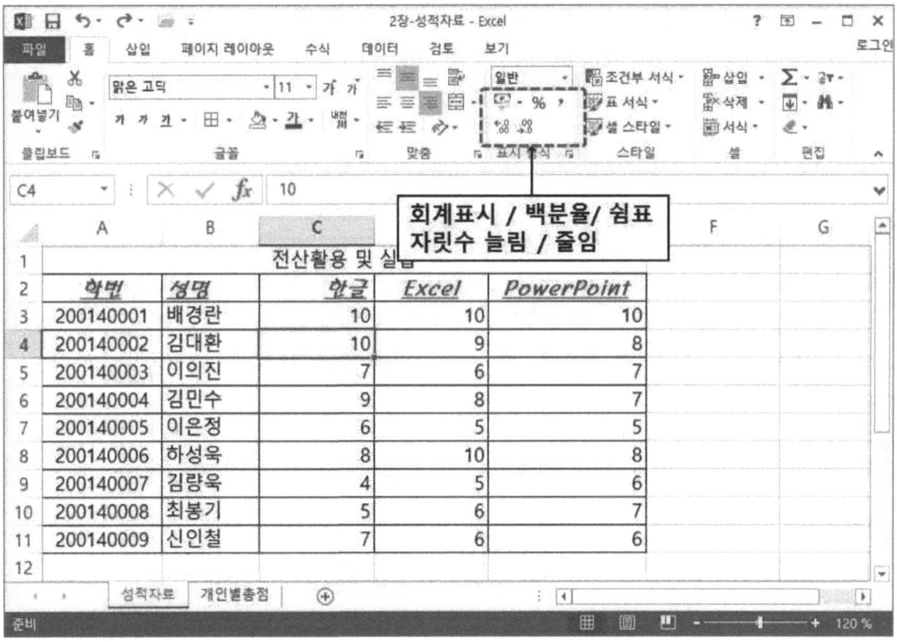

(8) 셀 서식 복사하기

서식이 지정된 워크시트에 새로운 데이터를 추가하였을 경우 [홈] 탭의 [클립보드] 그룹에서 [서식 복사] 아이콘을 이용하여 기존 워크시트의 서식만을 복사하여 추가된 데이터의 서식을 변경할 수 있다. 서식을 복사할 원본 범위를 지정한 후 [홈] 탭의 [클립보드] 그룹에서 [서식 복사] 아이콘을 클릭하면 지정된 범위가 실선으로 표시되면서 마우스포인터 모양이 붓 모양으로 변경된다. 이 붓 모양의 마우스포인터를 서식을 복사할 셀로 이동한 후 클릭하면 서식만 복사가 된다.

[서식 복사] 아이콘을 더블 클릭하면, "ESC" 버튼을 누를 때까지, 복사된 서식을 적용할 수 있다.

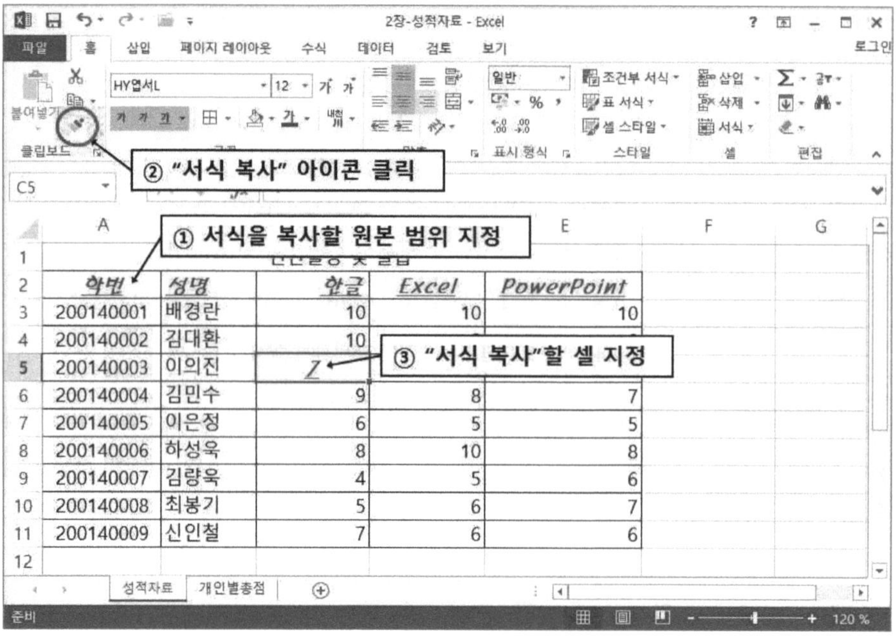

(9) 셀 서식 지우기

이 서식 지우기 기능을 이용하면 원래의 데이터는 그대로 있고 서식만 지워진다. 서식을 지울 범위를 블록으로 선택한 후 [홈] 탭의 [편집] 그룹에서 [지우기] 아이콘 옆의 [▼] 클릭한 다음, [서식 지우기]를 클릭하면 데이터는 남아있고 서식만 지워진다.

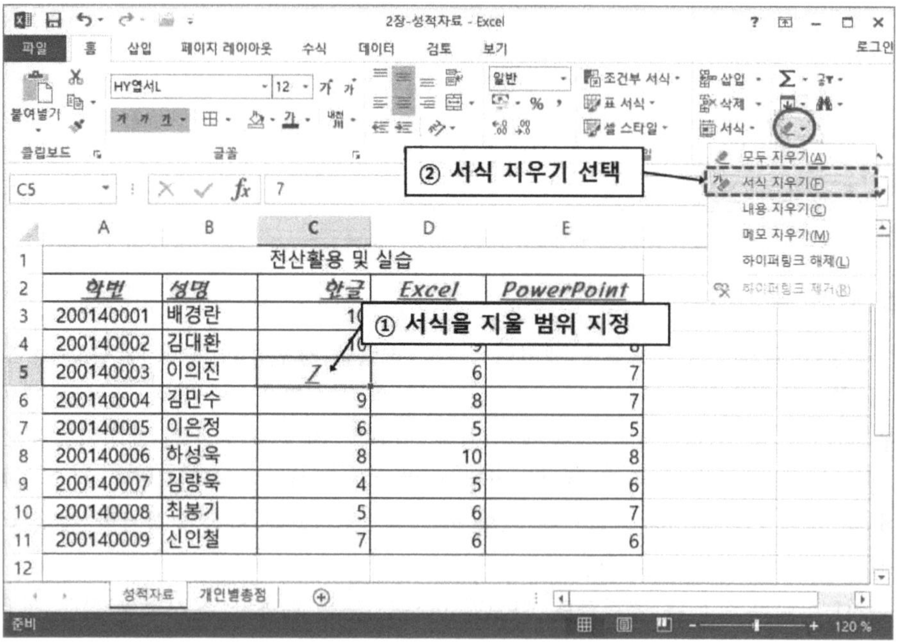

2.1.9 메모 삽입

완성된 엑셀 문서에 추가할 내용이 있다면 메모지를 붙이듯 메모지 형태로 간편하게 삽입할 수 있다. 동료와 엑셀 문서를 공유할 때 전달할 내용이 있다면 메모 기능을 이용하는 것이 편리하다.

(1) 메모 삽입하기

메모는 문서를 작성하고 나서 데이터에 대한 추가 설명이 필요할 때 사용한다.

① 메모를 삽입할 셀을 선택하고, [검토]-[메모] 그룹에서 [새 메모] 아이콘을 클릭한다.

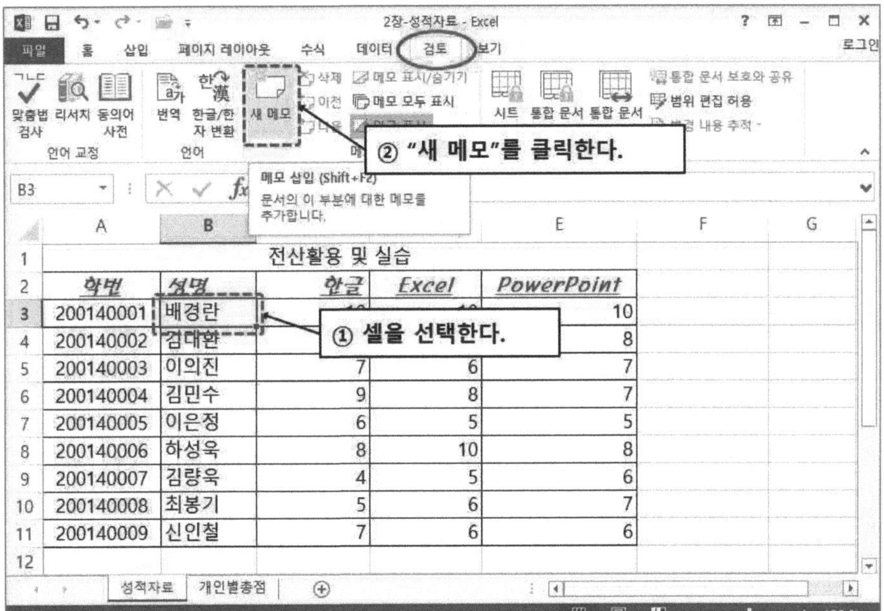

② 메모 글상자가 나타나면 내용을 입력한다. 입력을 끝내려면 아무 셀이나 클릭하면 된다.

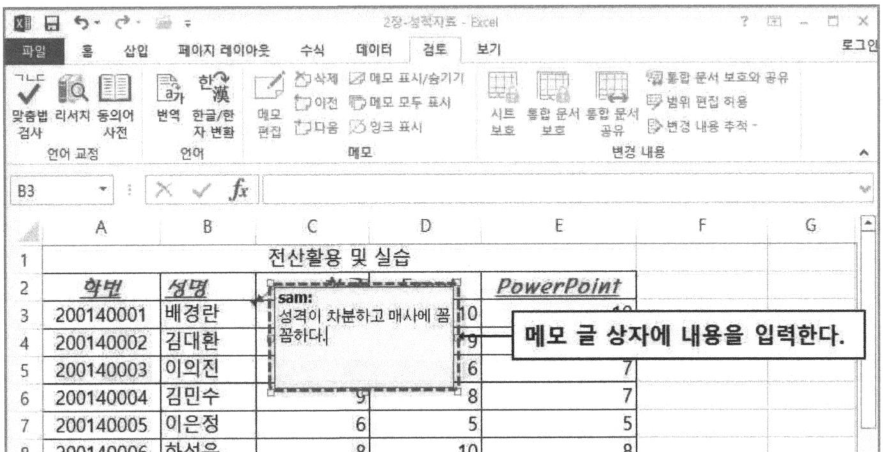

③ 메모가 삽입된 셀은 오른쪽 상단에 빨간색 표시가 나타난다. 메모를 보려면 메모가 삽입된 셀에 마우스를 위치시키면 된다.

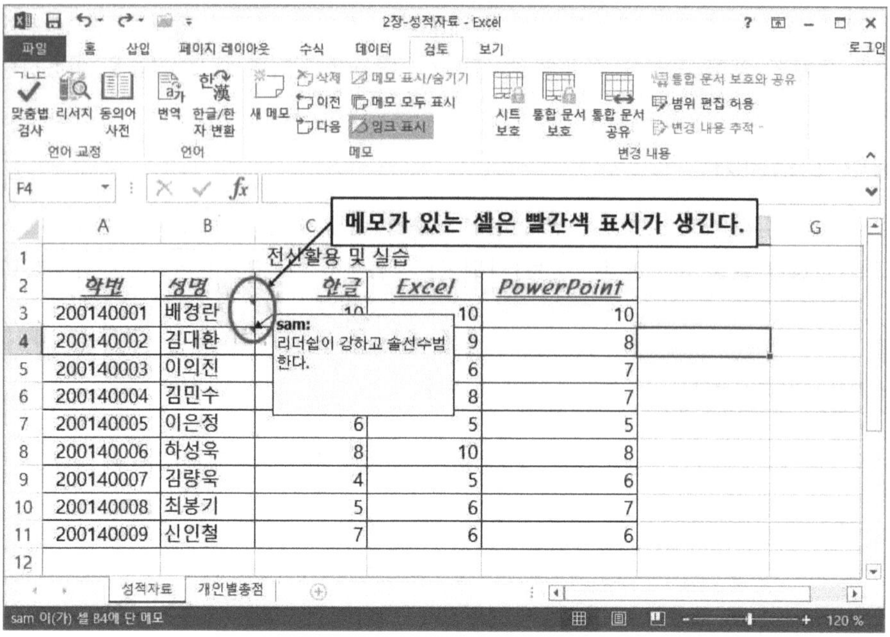

④ 메모를 차례대로 읽으려면 [검토]-[메모]-[이전]이나 [다음] 버튼을 클릭한다.

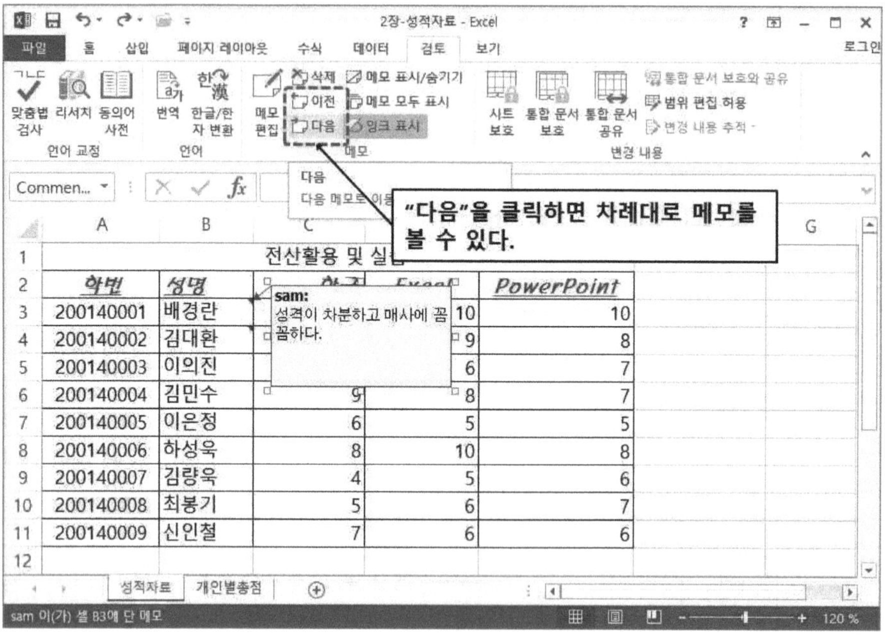

⑤ 메모를 모두 표시하려면 [메모 모두 표시] 아이콘을 클릭한다.

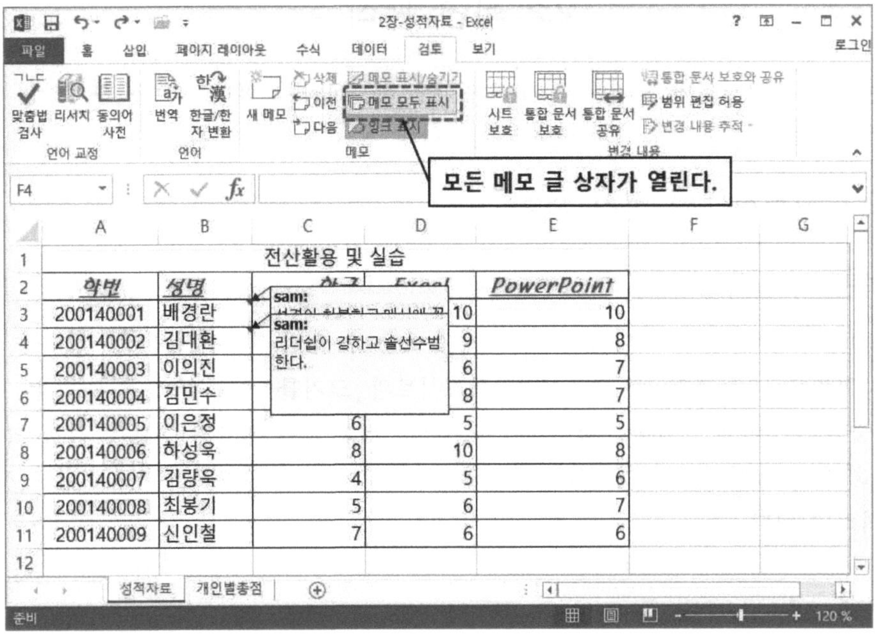

⑥ 메모를 삭제하려면 메모가 설정된 셀을 선택하고 [삭제] 아이콘을 클릭한다.

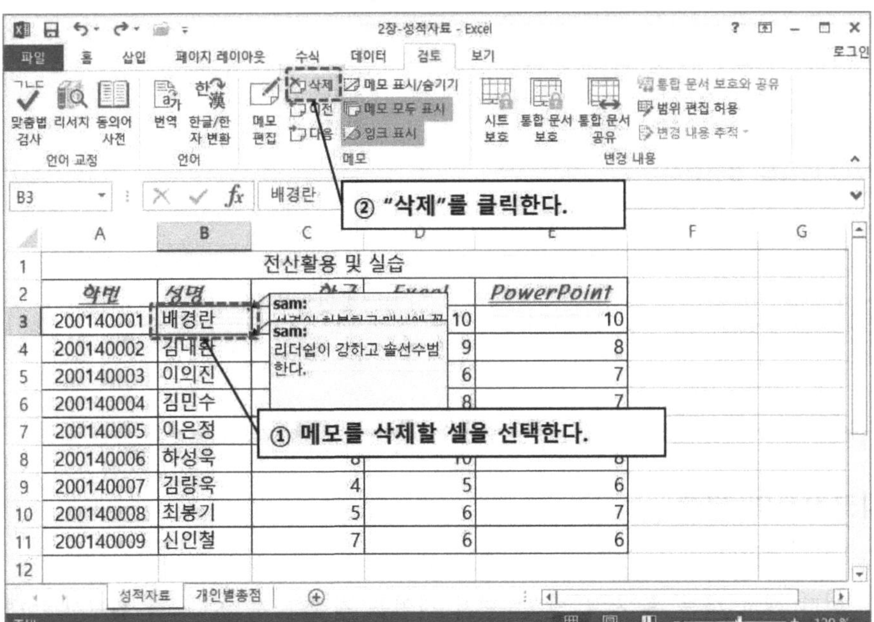

Part 3

2.2 화면 편집

본 절에서는 워크시트의 크기를 확대 또는 축소하는 방법과 워크시트를 분할하는 방법 그리고 데이터를 보호하거나 감추는 방법에 대하여 살펴보기로 한다.

2.2.1 워크시트의 크기 조절

(1) 화면 확대/축소

워크시트의 크기를 필요에 따라 확대 또는 축소할 수 있다. 즉 워크시트에 입력된 데이터를 한 화면으로 보고자 할 경우에는 워크시트의 크기를 축소하면 된다. 기본 크기 100%를 중심으로 확대는 200%, 축소는 75%, 50%, 25% 등이 있으며 선택을 전체 크기화로 하면 최대 400%까지 확대가 된다. 지정된 값 이외에 다른 값으로 지정하려면 직접 수치를 입력하면 된다.

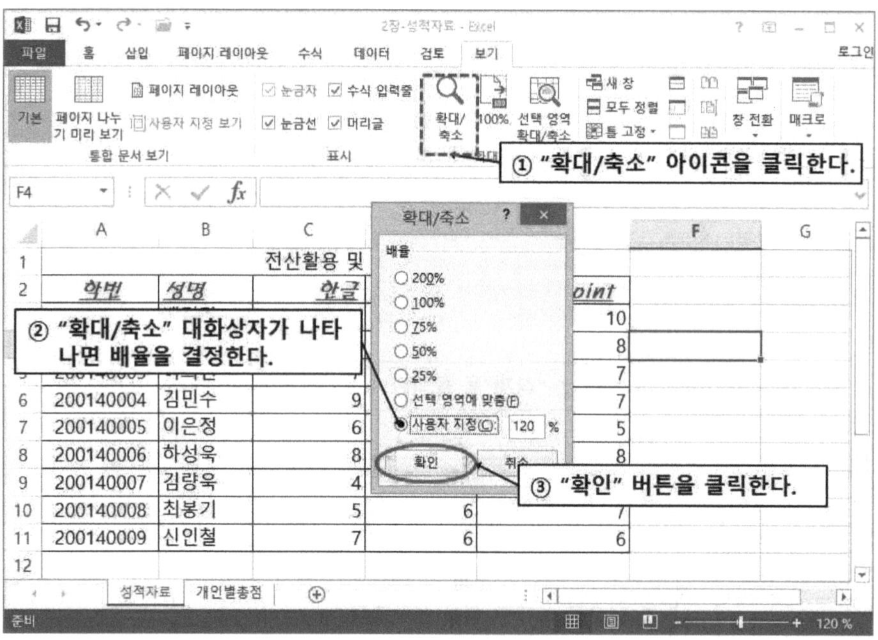

(2) 워크시트의 분할

워크시트에 데이터가 많아서 한 화면에 모두 표시되지 않을 경우, 창 나누기 명령을 이용하여 창을 여러 개로 나눈 후 서로 참조하면서 작업을 진행할 수 있다. 한 워크시트 내에서 창 나누기는 4개까지 가능하며 해제하려면 다시 한 번 창 나누기 명령을 실행하면 된다.

■ 창을 두 개로 분할하기 : A열에 위치하는 행 중에서 분할하기를 원하는 위치에 마우스포인터를 옮긴 후 [창 나누기] 명령을 실행하면 된다.

- 창을 네 개로 나누기 : A열을 제외한 나머지 열에서 원하는 행의 위치에 마우스포인터를 옮긴 후 [창 나누기] 명령을 실행하면 된다.
- 창의 크기를 조절하기 : 창 분할 경계선에 마우스포인터를 옮긴 후 원하는 크기만큼 끌기를 하면 된다.

■ 창을 두 개로 분할하기

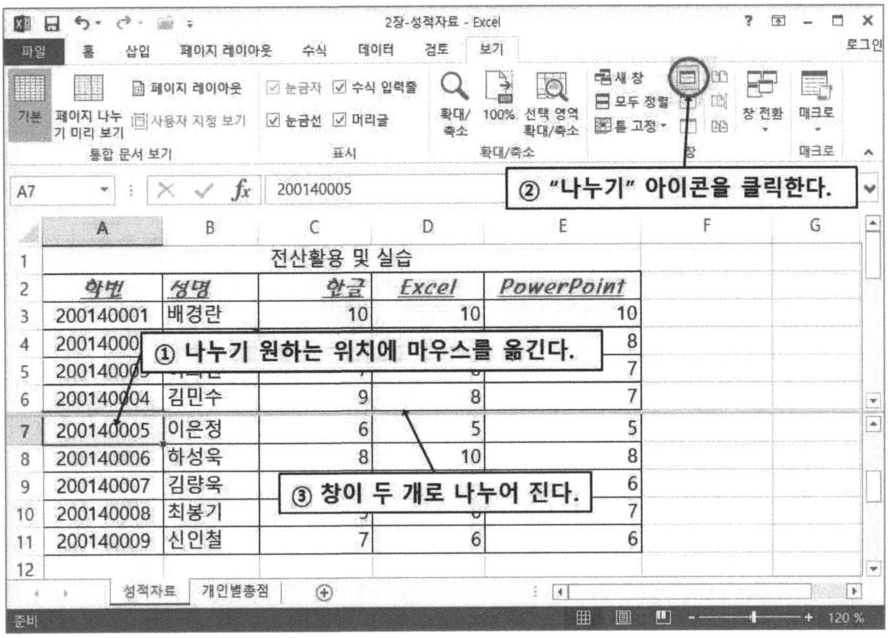

■ 창을 네 개로 나누기

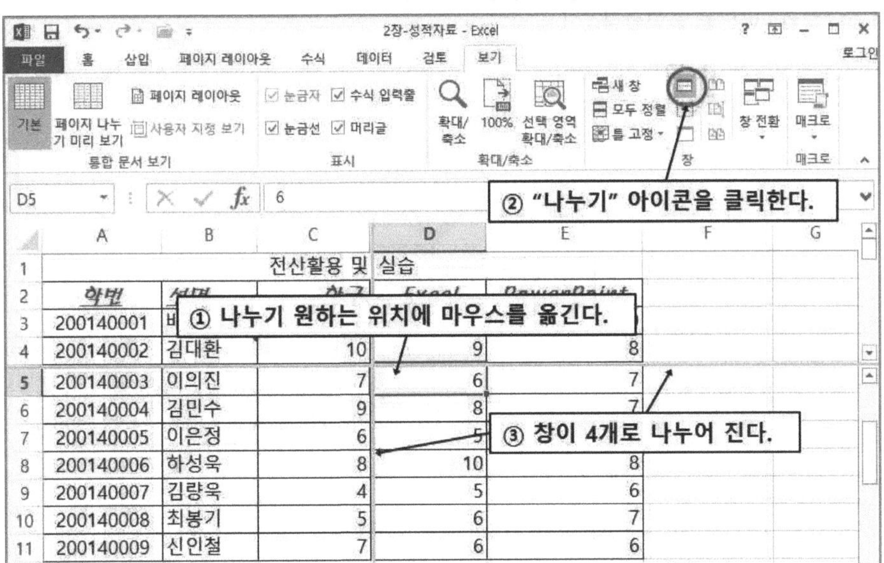

2.2.2 데이터 보호 및 감추기

(1) 데이터 보호하기

작성된 워크시트는 필요에 따라 데이터를 편집 또는 수정할 수 있다. 그러나 때에 따라 변경하고 싶지 않은 데이터를 실수로 변경할 때가 있다. 이러한 실수로부터 보호하는 수단으로 시트 보호 명령을 사용하면 된다. 보호 명령이 내려지면 데이터를 수정할 수 없다.

■ 시트 보호 명령 : [검토]-[변경 내용]-[시트 보호]

■ 시트 보호 해제 명령 : [검토]-[변경 내용]-[시트 보호 해제]

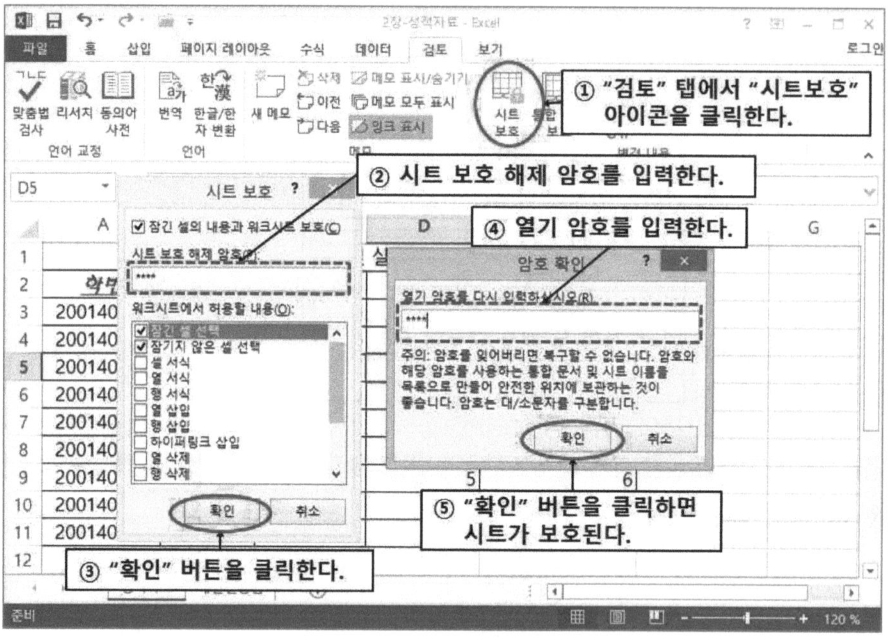

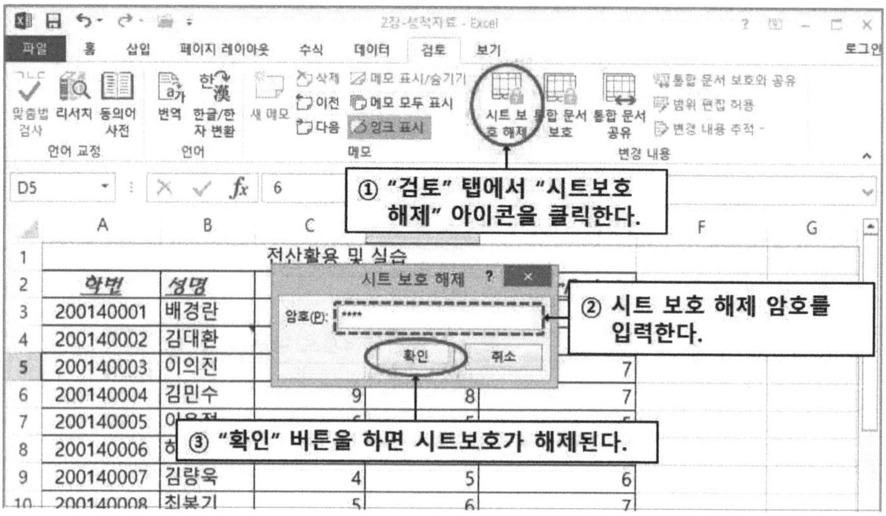

(2) 데이터 숨기기

워크시트의 내용 중에 타인에게 보이고 싶지 않거나 지금 당장 작업에 필요 없는 데이터는 숨기기 명령을 이용하여 숨길 수 있다. 먼저 숨기고 싶은 열이나 셀을 지정한 후 데이터 숨기기 명령을 시행한다.

- 데이터 숨기기 : [홈]-[셀]-[서식]-[숨기기 및 숨기기 취소]
- 데이터 숨기기 해제 : 행(열) 머리글을 클릭하고 [홈]-[셀]-[서식]-[숨기기 및 숨기기 취소]
- 숨길 행(열)을 선택한 후, 오른쪽 마우스를 클릭하면 [설정] 탭이 나타나고 [숨기기 및 숨기기 취소]를 손쉽게 실행할 수 있다.

방법 1)

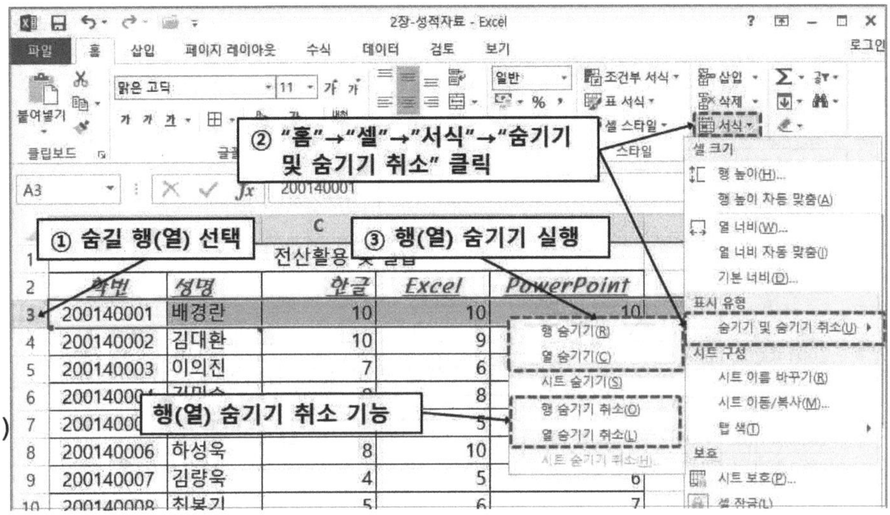

방법 2)

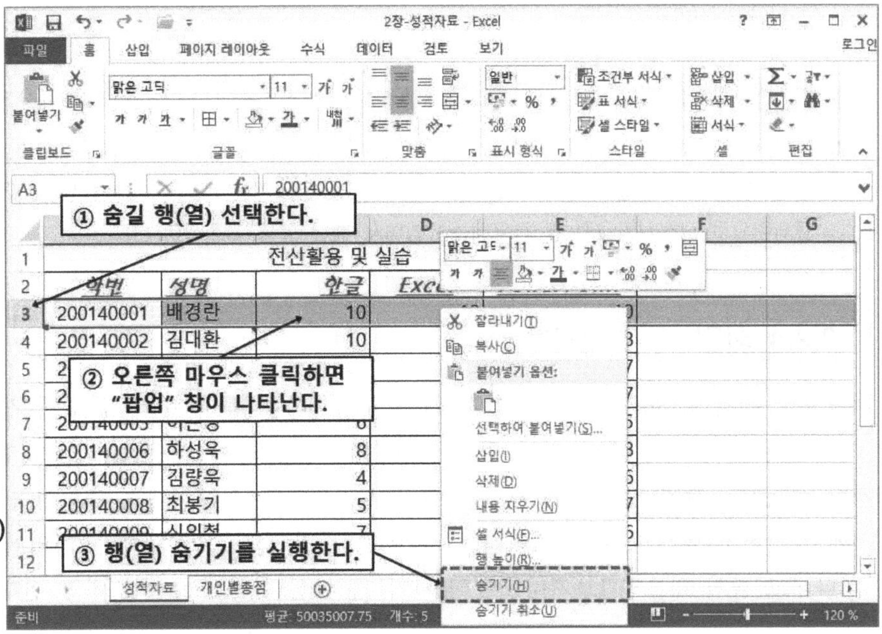

2.2.3 표제란 고정하기

워크시트의 내용이 많아서 한 화면을 넘어갈 경우에 표의 제목도 같이 스크롤 되므로 데이터 처리에 불편한 점이 많이 생기게 된다. 이런 경우를 대비하여 틀 고정 명령을 사용하면 표제란이 고정된 상태에서 작업할 수 있으므로 편리하다.

■ 표제란 고정하기 : 먼저 고정시키고자 하는 행의 표 제목 바로 다음 줄(열의 표제란을 고정시킬 경우에는 다음 열)에 셀 포인터를 옮긴 후 [보기] 탭-[창] 그룹-[틀 고정]-[틀 고정] 명령을 실행하면 실선으로 표제란이 표시된다. 표제란은 화면에만 나타나며 인쇄되지 않는다.

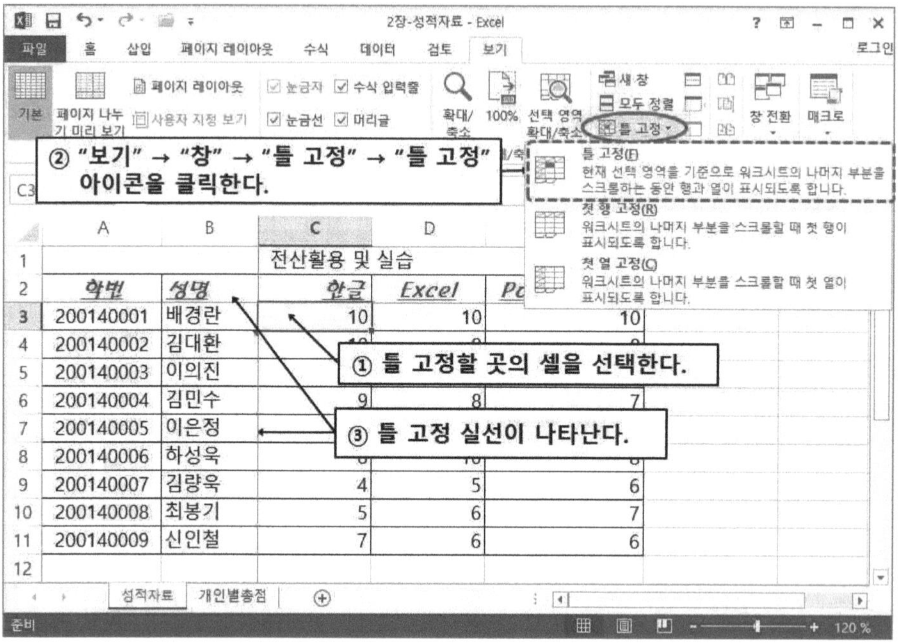

■ 표제란 고정 해제하기 : [보기] 탭-[창] 그룹-[고정 취소] 명령을 실행하면 된다. 여기서 주의해야 할 사항은 행을 표제란으로 고정시키고자 할 경우에는 A열에서 해당 행을 지정하고 열을 표제란으로 고정시키고자 할 경우에는 1행에서 해당 열을 지정해야 한다.

2.2.4 화면 표시 옵션들

워크시트 작업에 사용되는 화면의 표시 부분들, 예를 들면 수식 입력줄, 상태 표시줄, 셀 눈금선의 표시여부, 괘선 제어 등을 도구의 옵션 기능을 이용하여 작업 환경에 맞게 변경할 수 있다. 특히 셀 눈금선은 화면에서 표시되지만 인쇄시에는 출력되지 않는다. 인쇄시에 출력하고 싶으면 셀 서식의 괘선 항목에서 지정해 주어야 하며, 화면에 셀 눈금선을 나타내고 싶지 않으면 [보기]-[표시/숨기기]-[눈금선 항목]으로 취소하면 된다.

① 행 & 열 머리글이 보이지 않게 하려면 [보기]-[표시/숨기기]-[머리글] 확인란을 클릭하여 체크를 지운다.

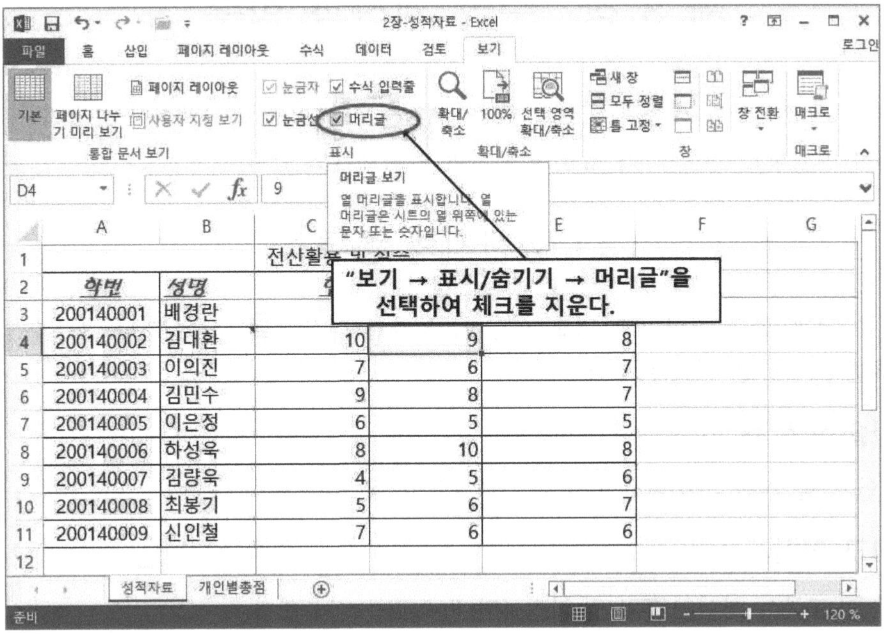

② 행 머리글과 열 머리글이 화면에 나타나지 않는다.

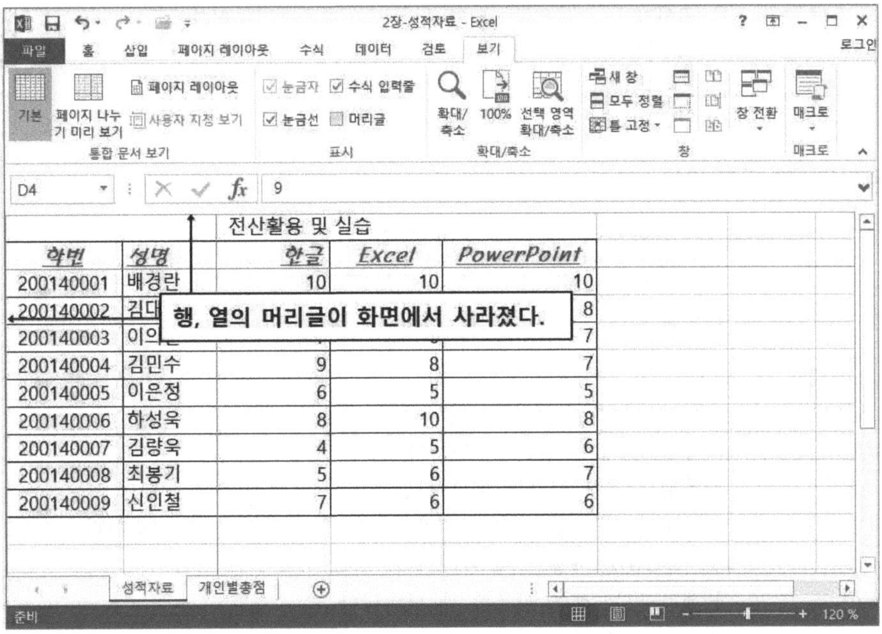

제 3 장 수식 계산과 함수

본 장에서는 연산자의 종류와 연산의 순서, 내장함수를 이용하여 계산하는 방법과 기타 EXCEL에서 지원하는 여러 가지 함수에 대하여 살펴보기로 한다.

3.1 연산자의 종류

연산자는 크게 산술 연산자와 비교 연산자, 문자열 연산자로 나누어진다. 이들 연산자들의 종류를 소개하면 다음과 같다.

(1) 산술 연산자

기본적인 산술 연산을 수행하며 숫자 값과 결합하여 숫자를 계산한다.

(2) 비교 연산자

두 값을 비교하여 참이면 TRUE, 거짓이면 FALSE를 산출한다.

	연산자	내 용
산술연산자	+	더하기
	-	빼기
	*	곱하기
	/	나누기
	%	백분율
	^	지수

	연산자	내 용
비교연산자	=	같다
	>	크다
	<	작다
	>=	크거나 같다
	<=	작거나 같다
	< >	같지 않다

(3) 문자열 연산자(&)

둘 이상의 문자열 값을 결합하여 새로운 문자열 값을 얻는다.

■ 오류값의 의미 : 수식의 계산을 올바르게 수행하지 못했을 때 오류 메시지가 나타나는데 각 오류 메시지의 의미는 다음과 같다.

오류 값	의 미
#DIV/0!	0으로 나누려고 할 때 나타난다.
#N/A	사용할 수 없는 값을 참조할 때 나타난다.
#NAME?	잘못된 이름을 사용할 때 나타난다.
#NULL!	교차하지 않는 두 범위를 교차하는 것으로 지정할 때 나타난다.
#NUM!	숫자를 잘못 사용할 때 나타난다.
#REF!	문제가 있는 셀을 참조할 때 나타난다.
#VALUE!	인수 또는 연산을 잘못 사용할 때 나타난다.
####	계산된 결과가 셀의 크기 보다 길거나 상수값이 너무 길 때 나타난다. 이때는 셀의 너비를 넓히면 값이 제대로 나타난다.

3.2 수식 계산과 함수 사용

EXCEL 2013은 통계용 패키지 프로그램 만큼 다양한 내장 함수(library function)를 제공하며, 수식을 계산하는 방법 또한 매우 다양하다.

3.2.1 수식을 계산하는 방법

본 절에서는 수식을 계산할 때 이용되는 각각의 방법을 예를 들어 설명하기로 한다.

가. 계산할 수식을 키보드로 입력하는 방법

다음 그림과 같이 표를 작성한다.

	A	B	C	D	E	F
1	5월 모의고사 성적					
2	성명	언어영역(120)	수리영역	탐구영역	외국어영역	합계
3	노용훈	100	80	100	60	
4	강진수	82.1	38.6	72.3	79.3	
5	김민수	83.9	80	95.1	70.3	
6	하성욱	43.4	78	28.9	25.3	
7	김도현	68.6	32.8	40	72.6	
8	박찬서	45	56	110.3	78.6	
9	최봉기	77.2	34.7	66.8	68.8	
10	이은정	60.5	70.3	80.4	55.7	
11	신인철	115	71	115	77	

① 결과를 저장할 셀(F3)로 셀 포인터를 이동시킨 후 먼저 '='을 입력하고 계산할 대상이 있는 셀의 주소와 연산자를 입력한 후 Enter↵ 키를 누른다.

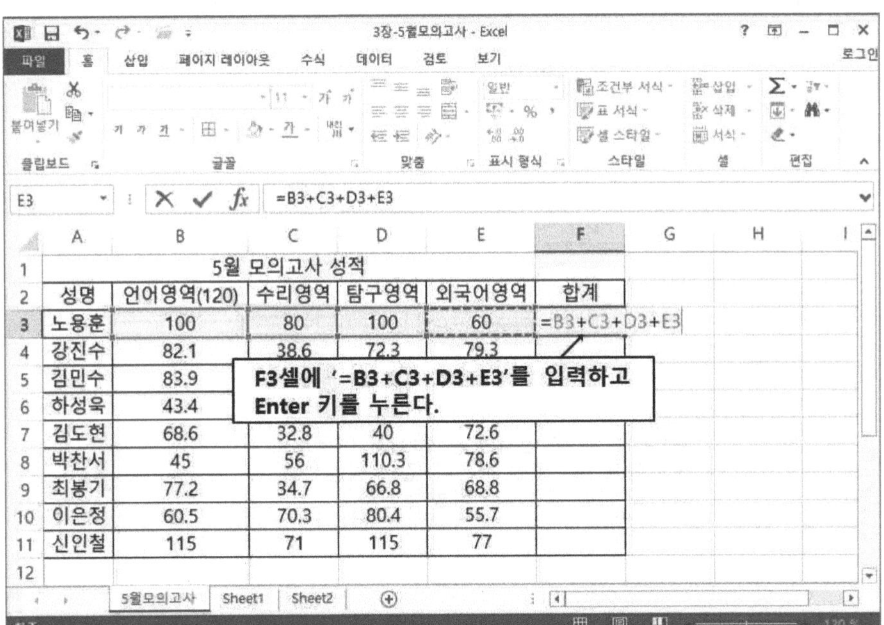

② 계산 결과가 F3셀에 입력된다.

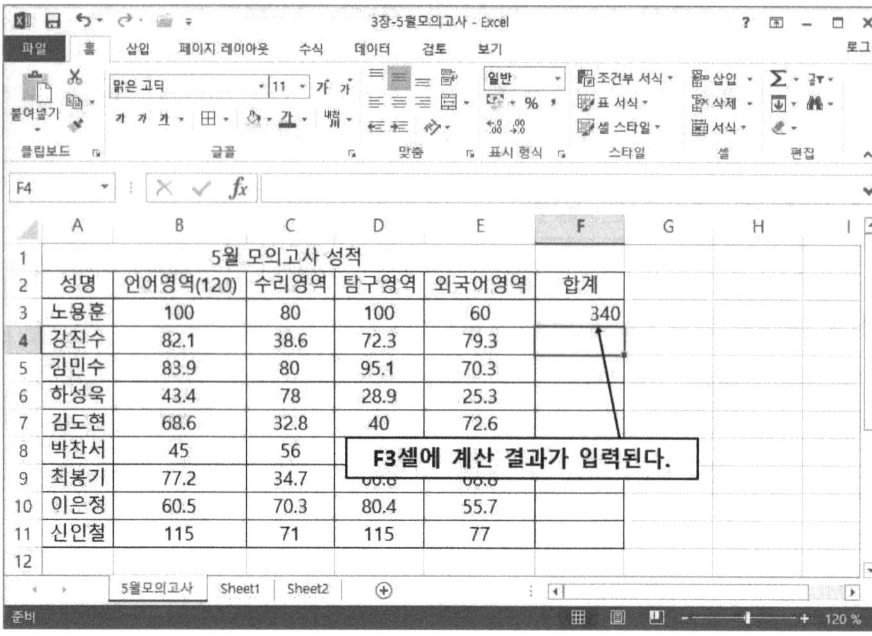

나. 마우스를 이용하여 계산하는 방법

결과를 저장할 셀로 포인터를 이동시킨 후 먼저 '='을 입력하고 계산할 대상이 있는 셀의 주소를 입력하는 대신에 해당 셀을 마우스로 클릭한다. 그러면 키보드로 입력한 것처럼 셀 주소가 입력될 것이다. 그 다음 해당 연산 기호를 입력하고 다시 계산에 포함할 다음 셀을 클릭한다. 이렇게 계산에 참여할 모든 셀 주소를 선택한 후 Enter↵ 키를 누르면 된다.

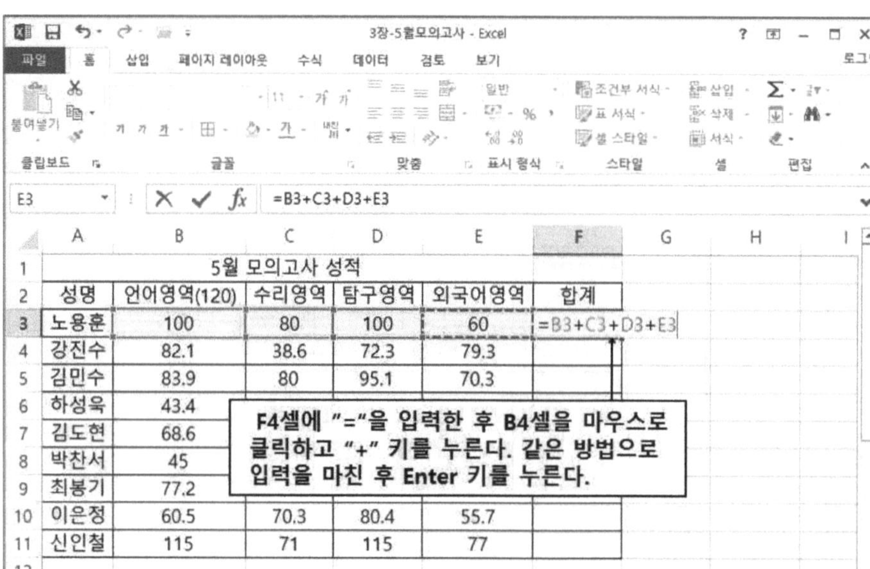

다. 수식 복사를 이용하여 계산하기

매번 같은 형식의 수식을 반복적으로 입력하여 계산할 경우 시간 낭비가 많이 된다. 이러한 경우 수식 복사 기능을 사용하면 매우 편리하다.

■ 채우기 핸들 이용하기

① F2셀로 마우스포인터를 이동시킨 후 '= B3+C3+D3+E3' Enter↵ 키를 누른다.

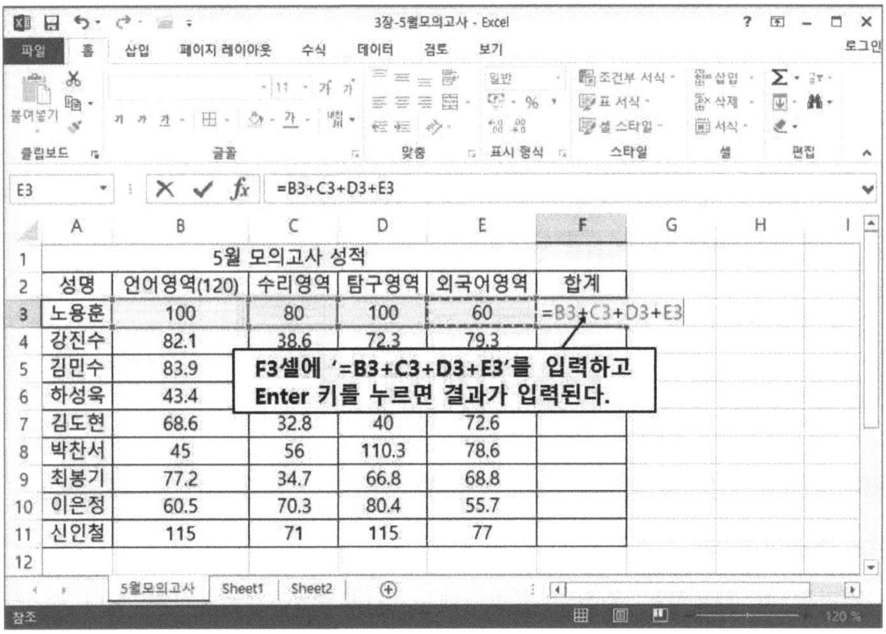

② F3에서 F11까지 채우기 핸들을 드래그 하면 선택된 모든 셀에 자동 계산된 값이 입력된다.

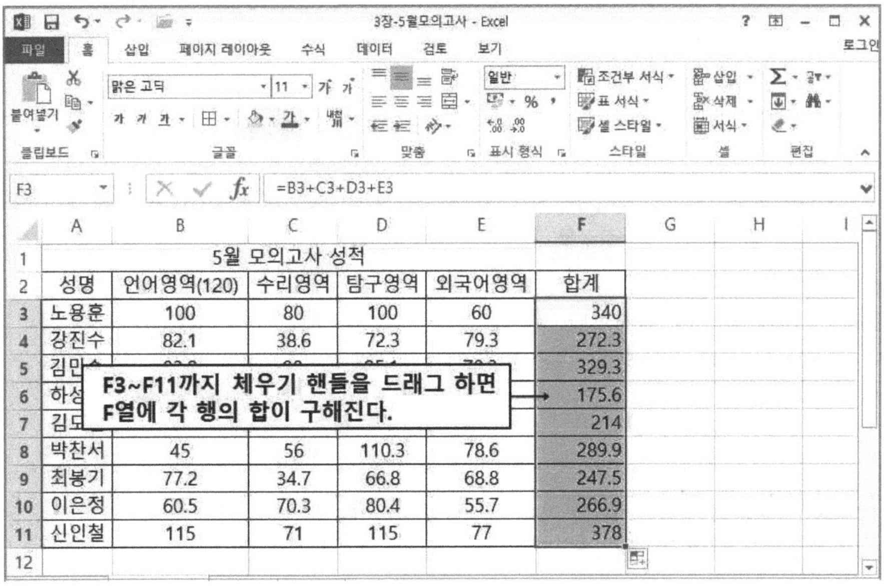

라. 자동 합계

합계를 구할 범위를 선택한 후 [합계] 단추를 누르면 자동 합계가 시행된다.

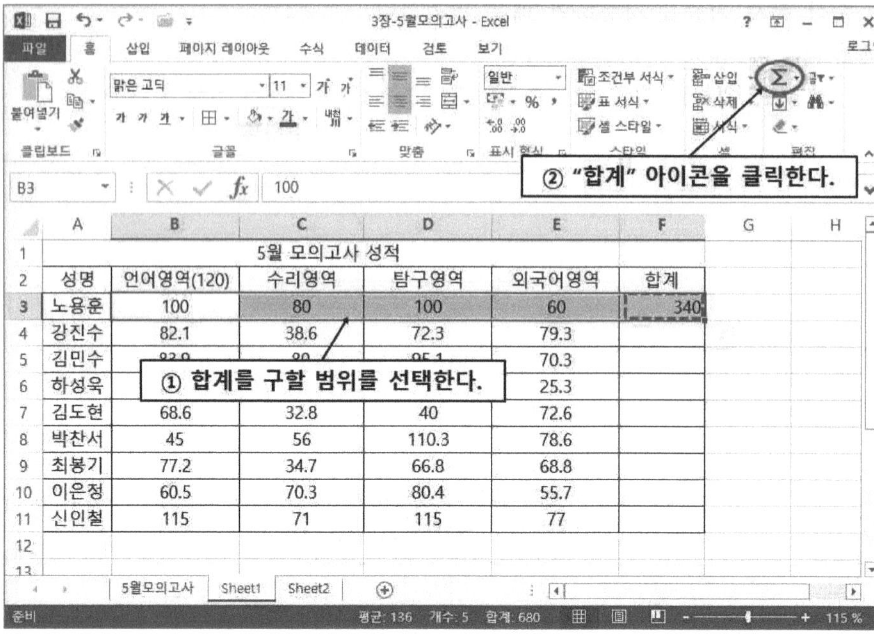

마. 상대 주소와 절대 주소

수식을 지정할 때 사용하는 주소 지정방식에는 상대 주소 지정방식과 절대 주소 지정방식 있다.

- 상대 주소 지정 방식 : 일반적으로 사용되는 수식 지정방식으로 입력된 수식을 복사할 경우, 대상 셀의 위치가 변함에 따라 그 셀의 주소도 자동적으로 변하는 주소 지정 방식을 상대 주소 지정 방식이라 한다.
- 절대 주소 지정 방식 : 상대 주소 지정 방식으로 계산할 때에는 셀의 위치가 변하면 자동적으로 셀의 주소도 변한다. 그러나 이와는 반대로 어떤 계산을 할 경우 변하지 않는 셀 주소가 필요할 경우가 있다. 이 경우에는 셀 주소를 나타내는 행과 열 표시 앞에 $ 기호를 붙이거나 "F4"를 눌러서 셀 주소를 고정시킬 수 있는데, 이러한 주소 지정 방식을 절대 주소 지정 방식이라 한다.

① C1셀에 '=$A$1*B1'라 입력한다.

$A$1은 A1셀이 절대 주소임을 나타낸다. B1은 상대 주소이다.

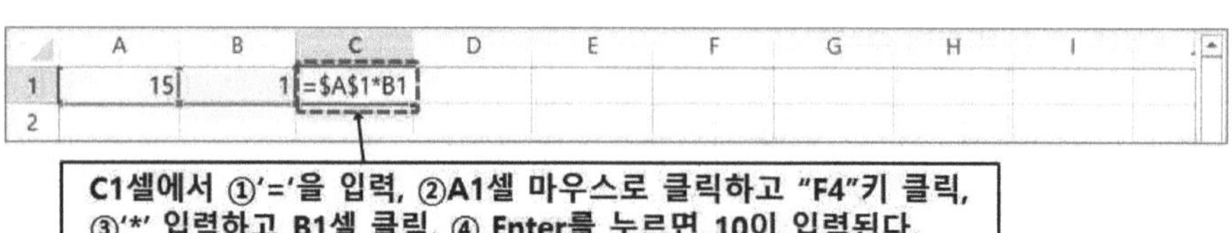

② C2셀에서 C5셀까지 채우기 핸들을 시행한다.

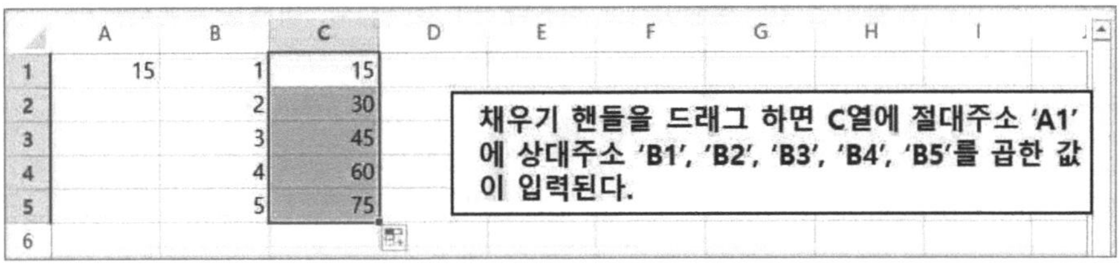

EXCEL 기능을 설명할 때 엑셀 창 크기를 작게 하면 엑셀 아이콘들의 일부가 내부에 숨어 나타나지 않을 수 있다. 이러한 경우 전체화면으로 보면 엑셀의 모든 아이콘을 볼 수 있으므로 엑셀의 모든 기능들을 살펴볼 수 있다.

바. 내장 함수를 이용하여 계산하기

에서는 자주 사용하는 수식이나 계산하기 복잡한 수식을 손쉽게 사용할 수 있도록 미리 만들어서 EXCEL내에 저장해 두었는데 이를 내장 함수라 한다.

■ 평균 구하기

① B12셀을 선택한 후 [함수 삽입] 아이콘을 클릭한다.

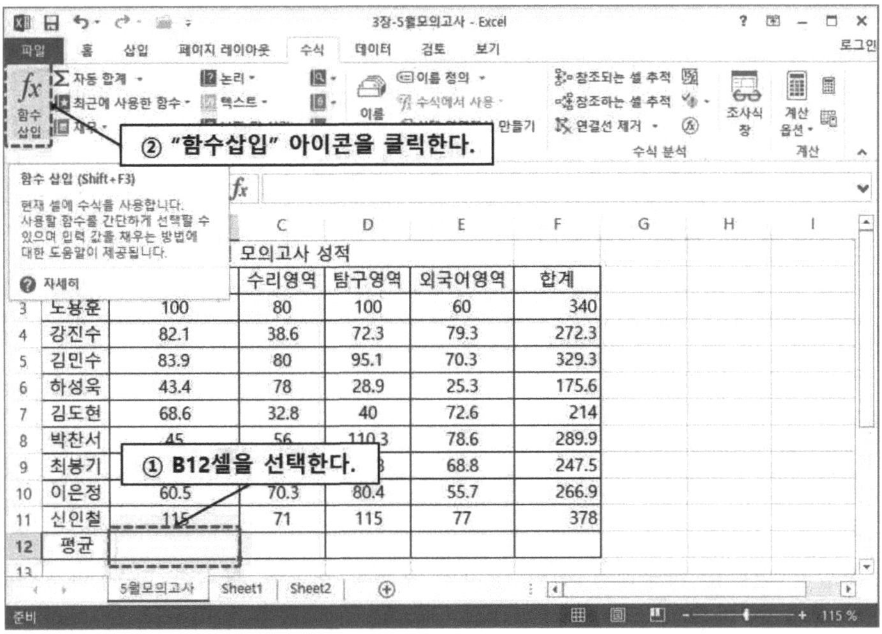

② [함수 마법사] 대화 상자에서 [함수 검색(S)]에서 "평균"이라고 적고 [검색(G)]을 클릭한다.

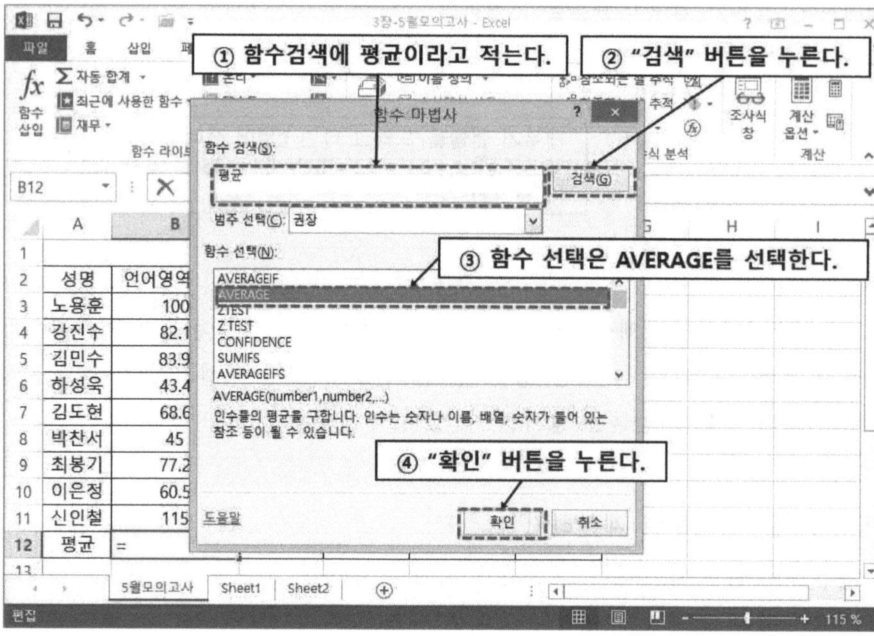

③ 각종 인수에 관한 정보를 지정하기 위한 대화 상자로 해당 항목 계산(AVERAGE)에 참여할 범위가 자동으로 선택되어 있다. 이 과정을 함수 마법사 2단계라 한다.

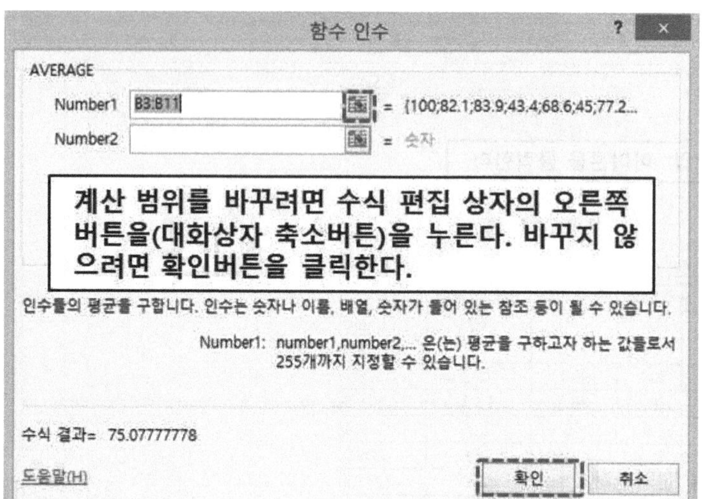

평균에 포함할 범위를 바꾸려면 편집 상자의 오른쪽 버튼을 클릭한 다음 마우스로 범위를 선택한 후 (Ctrl 키를 누른 상태에서 여러 범위를 선택해도 된다.) [수식 입력상자 확대] 단추를 누른다.

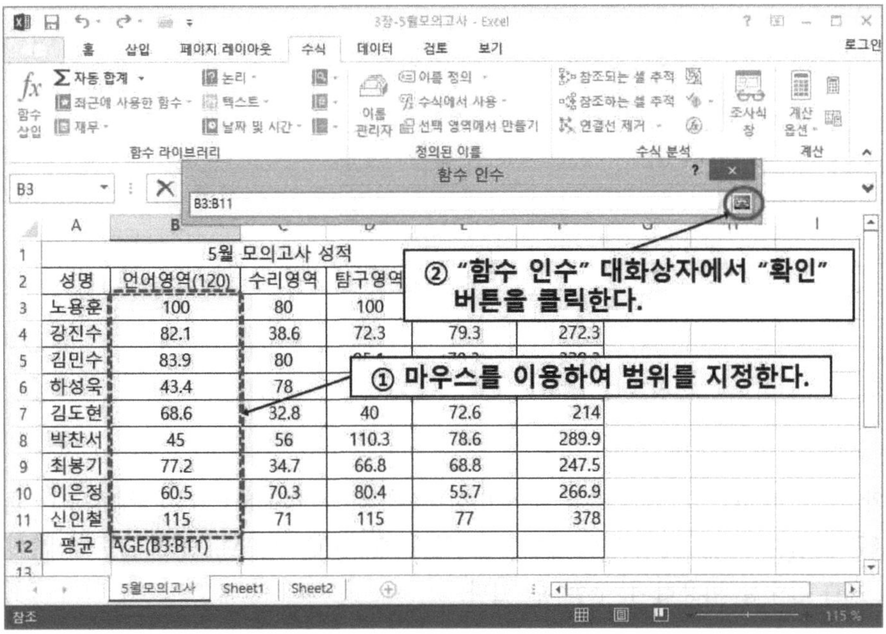

④ 다시 함수 마법사 2단계 상태로 돌아왔다. 화면에 이 평균값이 나타나 있다. 범위가 맞는지 다시 한 번 살펴보고 [확인] 단추를 누른다.

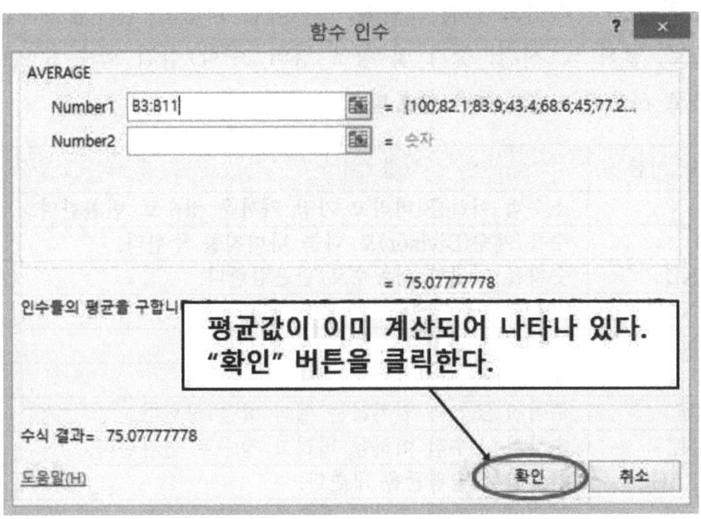

⑤ [확인] 단추를 누르면 B12 셀에 평균이 입력된다. 채우기 핸들을 끌어 자동 채우기를 시행하면 나머지 데이터의 평균도 구할 수 있다.

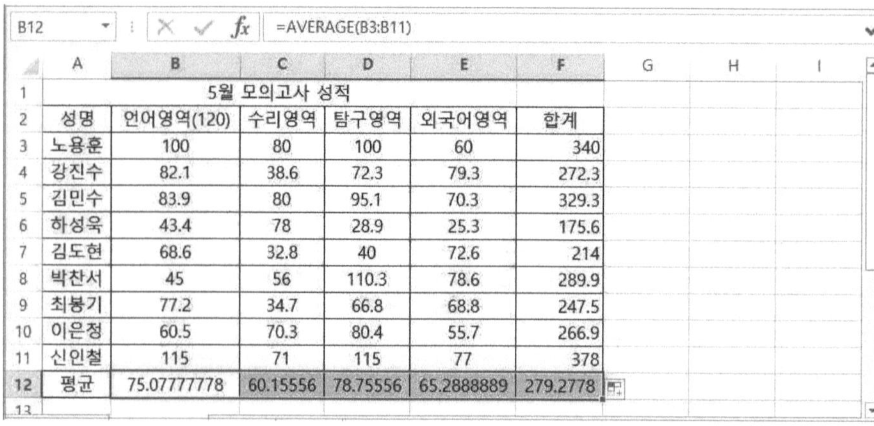

B12 =AVERAGE(B3:B11)

	A	B	C	D	E	F
1			5월 모의고사 성적			
2	성명	언어영역(120)	수리영역	탐구영역	외국어영역	합계
3	노용훈	100	80	100	60	340
4	강진수	82.1	38.6	72.3	79.3	272.3
5	김민수	83.9	80	95.1	70.3	329.3
6	하성욱	43.4	78	28.9	25.3	175.6
7	김도현	68.6	32.8	40	72.6	214
8	박찬서	45	56	110.3	78.6	289.9
9	최봉기	77.2	34.7	66.8	68.8	247.5
10	이은정	60.5	70.3	80.4	55.7	266.9
11	신인철	115	71	115	77	378
12	평균	75.07777778	60.15556	78.75556	65.2888889	279.2778

■ 위와 같은 방법으로 단계 ②의 "함수선택"에서 합계(SUM), 최대값(MAX), 최소값(MIN), 표준편차(STDEV), 데이터가 들어있는 셀의 개수(COUNTA), 숫자가 들어있는 셀의 개수(COUNT) 함수를 이용하여 구할 수 있다.

3.2.2 EXCEL에서 자주 사용되는 함수

EXCEL에서는 [수식] 탭의 [함수 라이브러리] 그룹을 이용하면 다양한 함수들을 사용할 수 있다. 재무, 논리, 텍스트, 날짜 및 시간, 찾기 및 참조 영역, 수학/삼각 함수 순으로 나열되어 있다. 다음 표는 주로 사용되는 함수들을 종류별로 소개한 것이다.

함수 종류	함수 이름	설명
수학 함수	INT	소수점 이하를 버리고 가장 가까운 정수로 변환한다.
	MOD	수를 제수(Divisor)로 나눈 나머지를 구한다.
	ROUND	숫자를 지정한 자릿수로 반올림한다.
	ROUNDDOWN	0에 가까운 방향으로 내림 한다.
	ROUNDUP	0에서 먼 방향으로 수를 올림 한다.
	SUM	셀의 합을 구한다.
	SUMIF	주어진 조건과 일치하는 셀의 합을 구한다.
	TRUNC	숫자의 소수점 이하를 버리고 정수로 변환한다.
통계 함수	AVERAGE	인수의 산술평균을 구한다.
	COUNT	인수 범위에서 숫자의 개수를 구한다.
	MAX	인수 범위에서 최댓값을 구한다.
	MIN	인수 범위에서 최솟값을 구한다.
	RANK	인수 범위에 있는 어떤 수의 순위를 구한다.
날짜/시간 함수	DATE	특정 날짜에 대한 날짜 일련번호를 표시한다.
	DAY360	년 360일을 기준으로 하여 두 날짜 사이의 일수를 구한다.
	NOW	현재 날짜와 시간에 대한 일련 번호를 표시한다.
	TIME	특정 시간에 대한 일련 번호를 표시한다.
	TODAY	현재 날짜에 대한 일련 번호를 표시한다.

■ 함수의 사용 규칙

① 함수 앞에는 반드시 '=' 기호가 먼저 와야 한다.
② 괄호 안에 입력하는 데이터를 인수라고 하며 각 함수마다 정해진 형식에 따른다.
③ 함수의 인수들은 반드시 괄호[( )]로 묶여야 한다.
④ 양쪽 괄호의 앞이나 뒤에 공백이 있으면 안 된다.
⑤ 각 인수는 콤마(,)로 구분되어야 한다.
⑥ 인수로 사용되는 숫자에 콤마(,)를 사용할 수 없다.
⑦ 함수 이름은 소문자로 입력하더라도 대문자로 인식하여 표시한다.
⑧ 함수의 인수로 다른 함수를 사용할 수 있다. 최대 7개까지 중첩하여 사용할 수 있다.

3.2.3 텍스트(문자) 함수와 수학 및 삼각 함수

가. 텍스트(문자) 함수

텍스트 함수는 문자열 중에서 특정 문자만 추출하여 계산에 이용할 수 있게 만들기도 하고 문자열의 길이를 구하거나 문자열을 숫자로 변환하기도 한다. 함수 구문은 비교적 간단하지만 응용폭이 넓은 함수이므로 알아두면 유용하다.

■ 중요 텍스트 함수

[수식] 탭의 [함수 라이브러리] 그룹에서 [텍스트] 아이콘을 클릭하면 다양한 종류의 텍스트 함수가 나타난다. 나타난 함수에서 필요한 함수를 선택하면 된다.

다음은 자주 사용되는 텍스트 함수를 셀에서 직접 입력하여 실행한 결과와 설명이다.

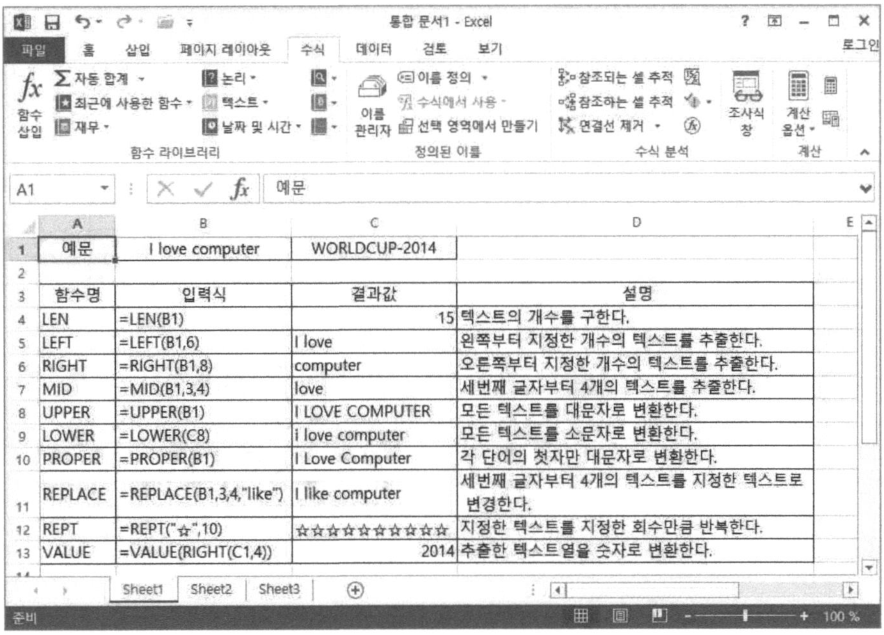

함수명	입력식	결과값	설명
예문	I love computer	WORLDCUP-2014	
LEN	=LEN(B1)	15	텍스트의 개수를 구한다.
LEFT	=LEFT(B1,6)	I love	왼쪽부터 지정한 개수의 텍스트를 추출한다.
RIGHT	=RIGHT(B1,8)	computer	오른쪽부터 지정한 개수의 텍스트를 추출한다.
MID	=MID(B1,3,4)	love	세번째 글자부터 4개의 텍스트를 추출한다.
UPPER	=UPPER(B1)	I LOVE COMPUTER	모든 텍스트를 대문자로 변환한다.
LOWER	=LOWER(C8)	i love computer	모든 텍스트를 소문자로 변환한다.
PROPER	=PROPER(B1)	I Love Computer	각 단어의 첫자만 대문자로 변환한다.
REPLACE	=REPLACE(B1,3,4,"like")	I like computer	세번째 글자부터 4개의 텍스트를 지정한 텍스트로 변경한다.
REPT	=REPT("☆",10)	☆☆☆☆☆☆☆☆☆☆	지정한 텍스트를 지정한 회수만큼 반복한다.
VALUE	=VALUE(RIGHT(C1,4))	2014	추출한 텍스트열을 숫자로 변환한다.

다음은 [텍스트] 아이콘을 이용한 방법을 소개한다.

① 함수를 입력할 셀을 선택하고 [텍스트] 아이콘을 클릭한 다음, 함수를 선택한다.

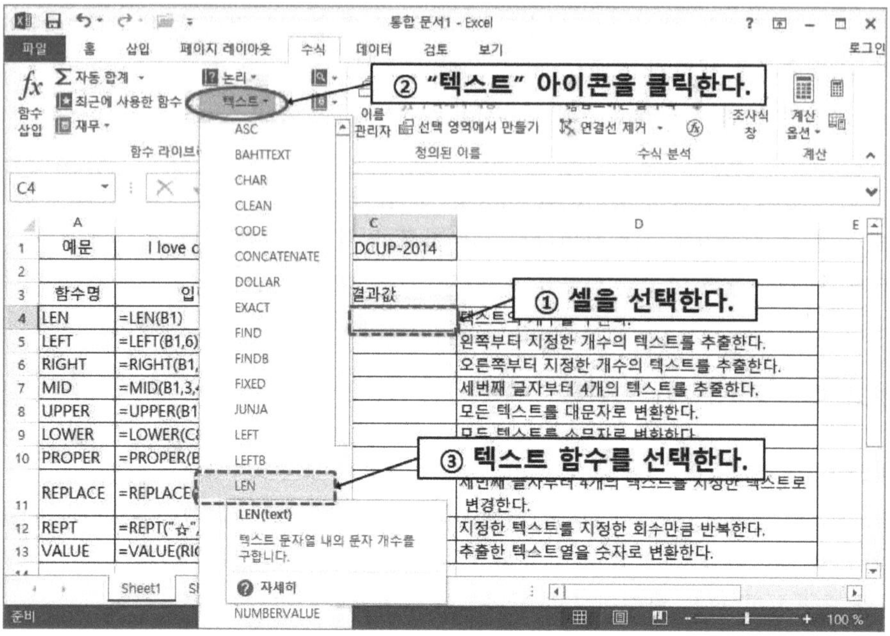

② [함수 인수] 대화상자가 나타나면, [Text]에 적용할 셀을 클릭하고 결과를 확인한 다음 [확인] 버튼을 클릭한다.

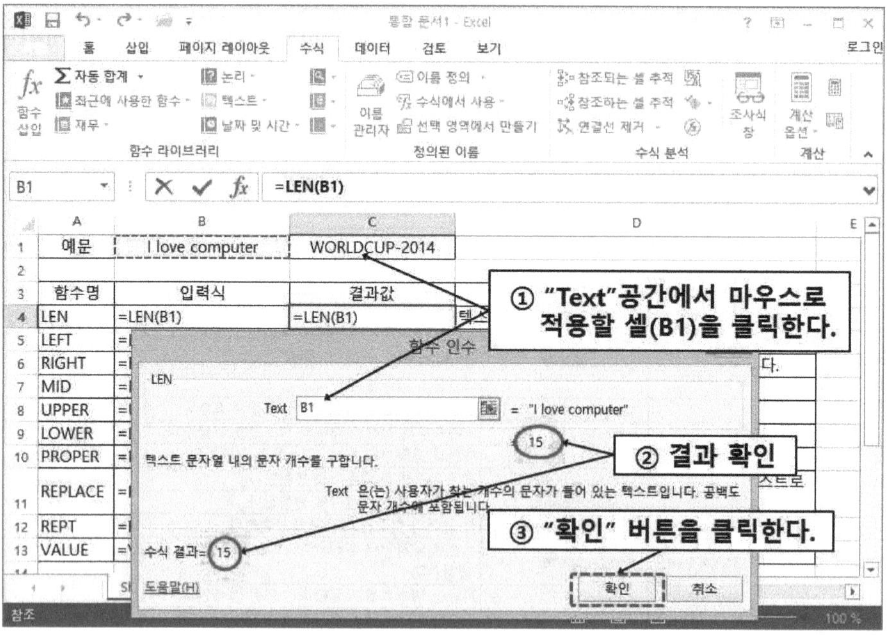

■ 논리함수 "IF"

주민등록번호 데이터를 이용하여 사람의 성별을 구하려고 한다. 주민등록번호에서 성별 구분은 여덟 번째 문자가 "1"이면 "남자"이고, "2"이면 "여자"이다. 이를 구분하는 함수는 다음과 같이 C3셀에 직접 입력하는 방법과 리본메뉴 "수식" 탭에서 "논리" 아이콘을 이용한 방법이 있다.

=IF(MID(B3,8,1)="1", "남자", "여자")

① 셀(C3)을 선택하고 [수식] 탭의 [함수 라이브러리] 그룹에서 [논리] 아이콘을 클릭한 다음, [IF] 함수를 선택한다.

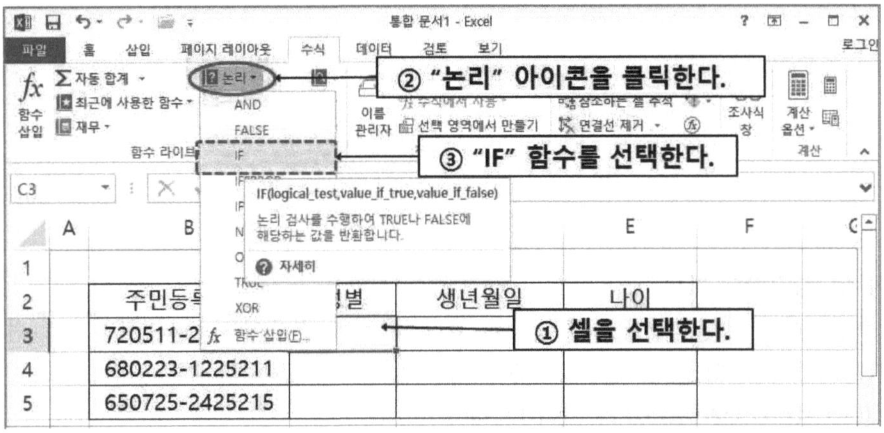

② [함수 인수] 대화상자에서 [IF] 조건, 참일 때 문자와 거짓일 때 문자를 입력하고 [확인] 버튼을 클릭한다.

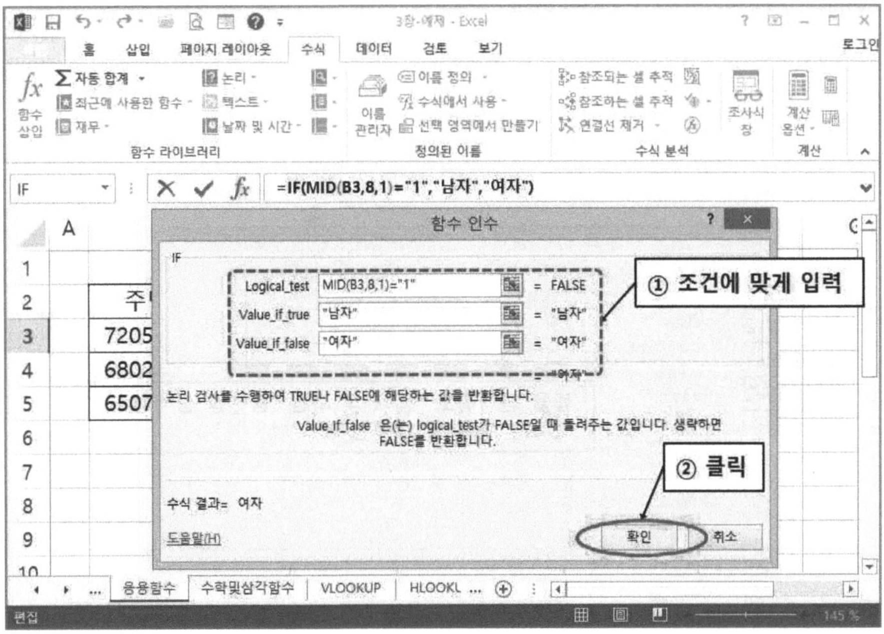

③ C3부터 C5까지 드래그 하여 자동 채우기를 실행한다.

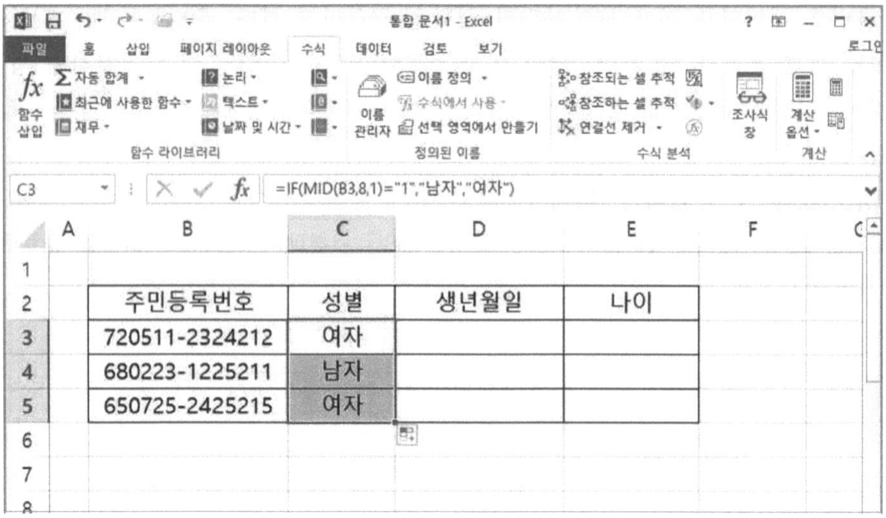

■ 날짜 및 시간함수 "DATE"

주민등록번호에서 생년월일을 추출하려고 한다. 이러한 경우에는 날짜 형식으로 변환해주는 "DATE" 함수를 이용하는 것이 편리하다. 수식은 다음과 같다.

=DATE(LEFT(B3,2),MID(B3,3,2),MID(B3,5,2))

① 셀(D3)을 선택하고 [수식] 탭의 [함수 라이브러리] 그룹에서 [날짜 및 시간] 아이콘을 클릭한 다음, [DATE] 함수를 선택한다.

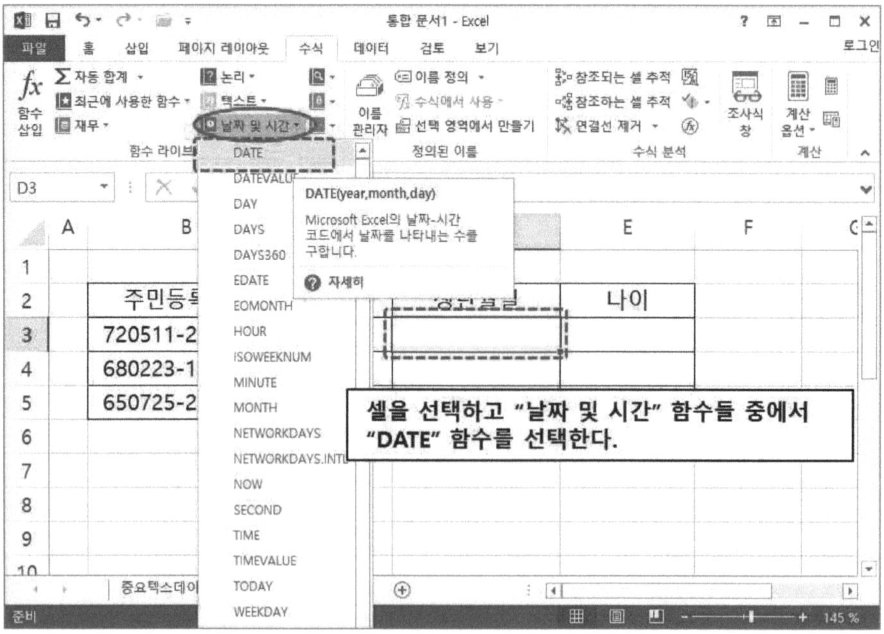

② [함수 인수] 대화상자에서 “DATE” ‘년’, ‘월’, ‘일’을 추출하는 텍스트 함수를 입력하고 [확인] 버튼을 클릭한다.

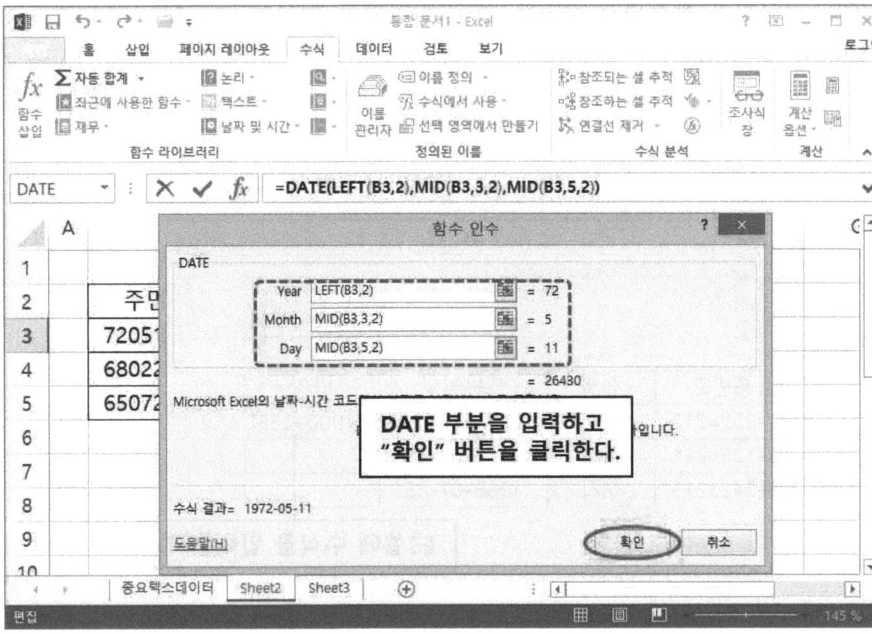

③ D3부터 D5까지 자동 채우기를 실행한다.

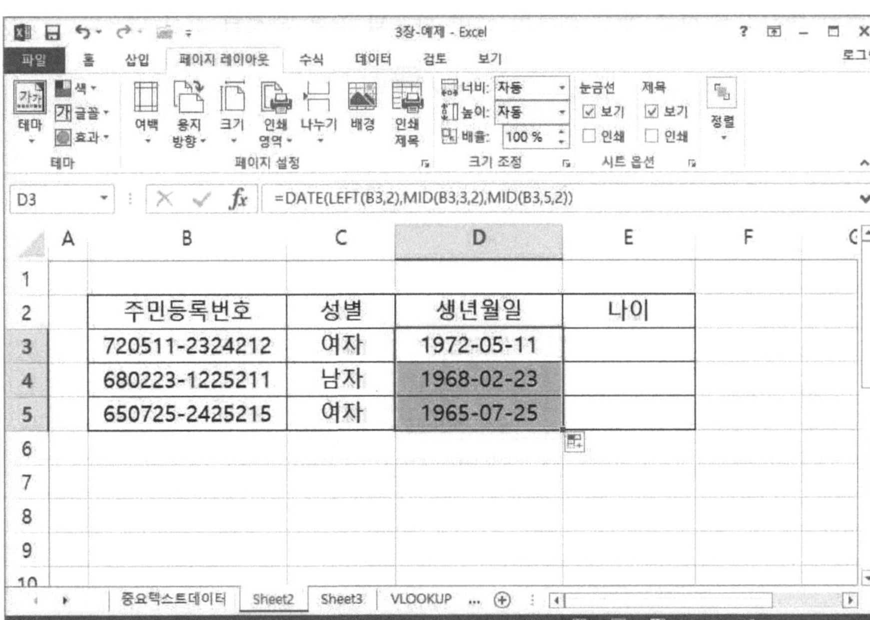

E3셀에는 주민등록번호로 나이를 계산하여 보자. 주민등록번호에서 추출된 문자는 연도의 끝 두 자리 수이므로 다음과 같이 1900을 더해서 현재 연도에서 빼 주어야 한다. 문자로 추출되지만 연산자가 붙으면서 숫자로 자동 변환되어 계산에 이용할 수 있다.

=2015-(1900+LEFT(B3,2))

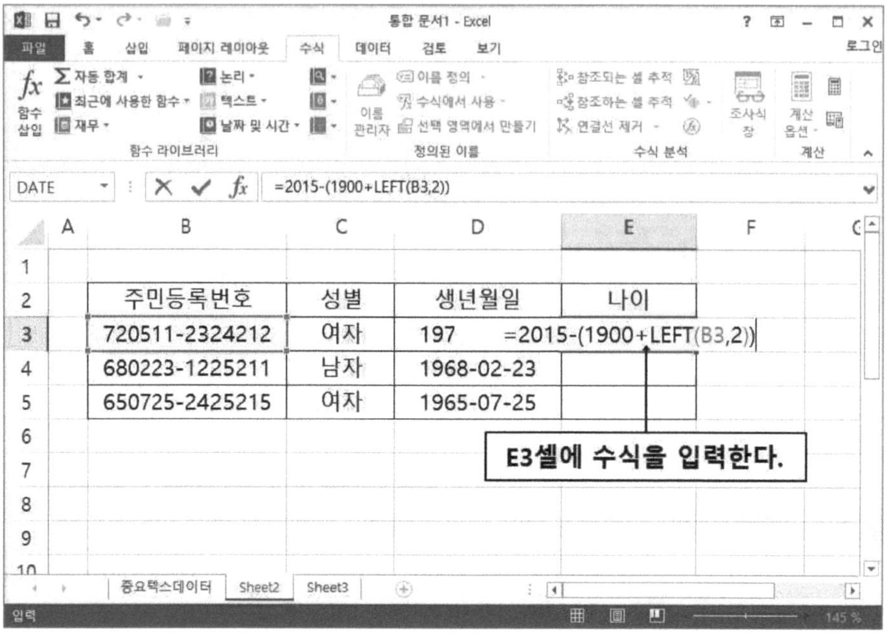

앞서 입력한 계산식을 아래 셀로 채우기 하면 다음과 같은 완성된 값이 나온다.

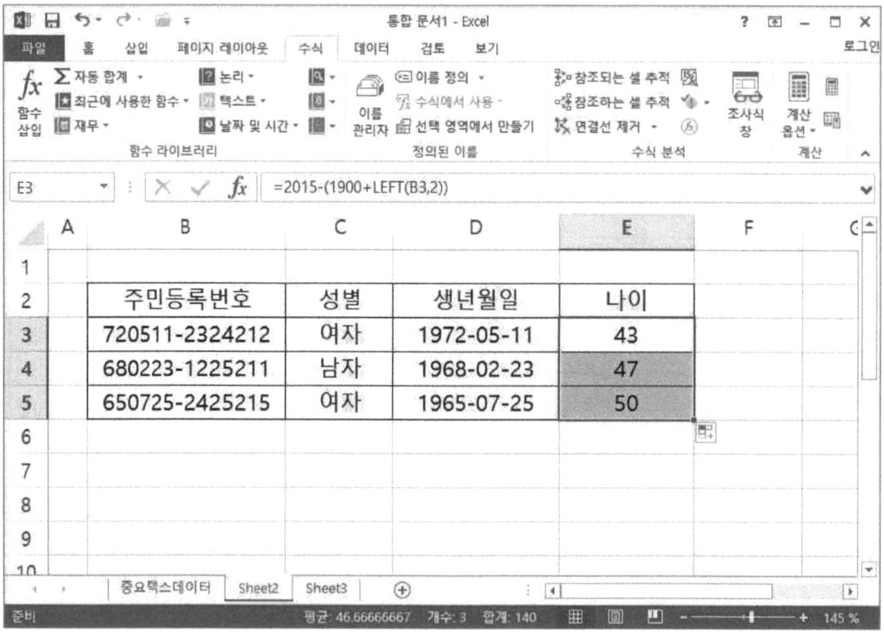

(C3)의 수식 내용 =IF(MID(B3,8,1)="1", "남자", "여자")
(D3)의 수식 내용 =DATE(LEFT(B3,2),MID(B3,3,2),MID(B3,5,2))
(E3)의 수식 내용 =2015-(1900+LEFT(B3,2))

나. 수학 및 삼각 함수

수학 및 삼각 함수는 수학 시간에 배우는 그러한 계산을 하는 함수만 모아놓은 것이라 생각하면 된다. 수학 및 삼각 함수의 대표적인 예는 SUM 함수이다. 그러나 SUM 함수는 이미 앞에서 공부했으므로 여기에서는 소수점을 제어하는 여러 함수와 그 외의 다른 함수의 사용법에 대해 알아보기로 한다.

■ 많이 사용하는 수학 및 삼각 함수

자주 사용되는 수학 및 삼각함수를 셀에서 직접 입력하여 실행할 수 있다.
다음 그림은 입력데이터에 대한 실행결과와 설명이다.

	A	B	C	D	E
1					
2		입력데이터	입력식	결과값	설명
3		35.678	=INT(B3)	35	소수점 아래를 버리고 가장 가까운 정수로 내림
4		35.678	=TRUNC(B4,1)	35.6	지정한 자리수로 내림
5		1234567	=TRUNC(B5,-1)	1234560	
6		35.678	=ROUNDDOWN(B6,2)	35.67	TRUNC함수와 동일한 용도로 사용하며
7		1234567	=ROUNDDOWN(B7,-1)	1234560	지정한 자리수만큼 무조건 내림
8		35.678	=ROUNDUP(B8,2)	35.68	지정한 자리수로 무조건 올림
9		35.678	=ROUND(B9,2)	35.68	지정한 자리수로 반올림
10		23.6	=CEILING(B10,4)	24	지정한 배수와 가까운 수로 올림
11		23.6	=FLOOR(B11,3)	21	지정한 배수와 가까운 수로 내림
12		2	=PRODUCT(B12,B11)	47.2	지정한 인수의 곱을 구함
13		32	=MOD(B13,5)	2	나누기하여 몫을 제외한 나머지 값을 구함
14		4	=FACT(B14)	24	팩토리얼 계승값을 구함
15		36	=SQRT(B15)	6	제곱근을 구함
16			=RAND()	0.119018271	0과 1사이의 무작위 수를 추출
17			=100+RAND()*899	632.5746279	100과 999사이의 무작위 수를 추출

다음은 [수식] 탭의 [함수 라이브러리] 그룹에서 아이콘을 이용한 방법을 소개한다. 위의 여러 가지의 수학 및 삼각함수가 있다. 여기에서는 첫 번째 데이터에 대해서 실행하는 방법을 설명하고 여러 가지의 수학 및 삼각함수에 대해서도 앞의 표와 같이 실행하여 비교해 보자.

함수를 적용할 셀을 선택하고 [수학/삼각] 아이콘을 클릭한 다음, 해당함수를 선택한다. 그리고 [함수 인수] 대화상자가 나타나면 조건에 맞도록 입력한 다음 [확인] 버튼을 클릭한다.

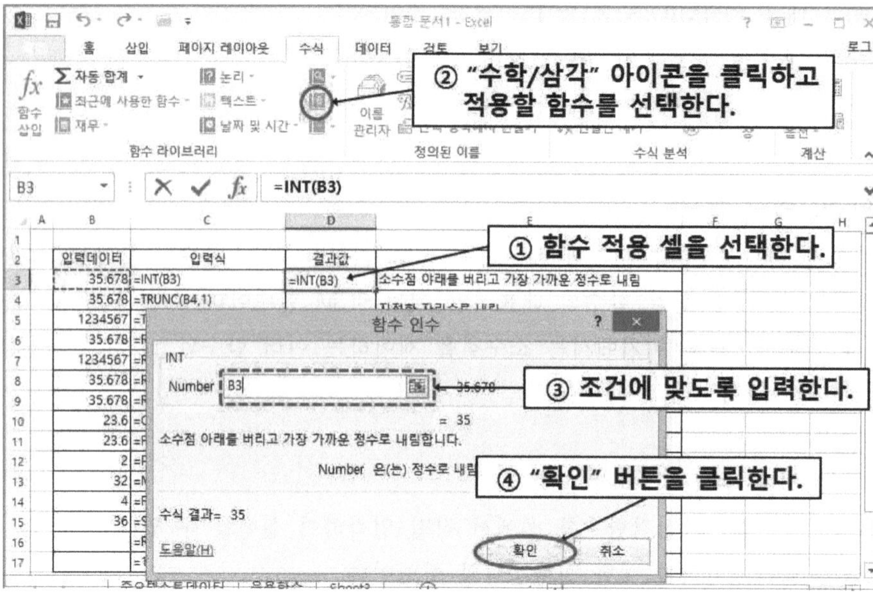

3.2.4 찾기 및 참조영역 함수

가. VLOOKUP 함수

특정 참조 셀에 대한 정보 값을 얻을 때나 데이터를 상호 비교하여 데이터를 추출해 오는 검색 함수의 경우 업무 효율화에 기여할 수 있는 중요한 함수이다. 표의 가장 왼쪽 열에서 특정 값을 찾아 지정한 열에 해당하는 값을 표시한다. 참조되는 기준표가 열 단위로 작성된 문서에서 사용된다.

■ "VLOOKUP" 형식 : 검색에 이용될 대상 값, 기준표의 범위, 기준표에서 추출할 열 번호, 일치여부

① VLOOKUP 함수를 통해 완성할 코드테이블과 데이터를 아래와 같이 입력한다.

코드테이블

코드	제품명	단가
A100	에어컨	1,800,000
A200	냉장고	1,200,000
D200	TV	550,000
D300	세탁기	800,000
V100	비디오	400,000

지점	코드	제품명	단가	수량	금액
서울	A100			135	
광주	D300			203	
강릉	A200			100	
서울	D200			250	
부산	V100			35	
대구	A100			178	

② 제품명은 코드를 이용해 코드 테이블에서 검색한다.

해당 셀에 출력하는 식을 VLOOKUP 함수를 이용하여 D11 셀에 직접 입력하는 방법과 [함수 라이브러리]에서 [찾기/참조영역] 아이콘을 이용하는 방법이 있다.

(방법 1) =VLOOKUP(C11, $B$3:$D$8, 2, 0)를 직접 해당 셀에 입력한다. C11셀의 내용을 B3:D8 범위의 첫 번째 열에서 검색하여 해당 데이터의 두 번째 열에 있는 내용을 출력하라는 식, 이때 기준표의 범위 값은 아래에 복사하더라도 변하지 말아야 하므로 절대주소 $로 변경한다. 절대주소 변경은 F4 "키를 이용하면 편리하다.

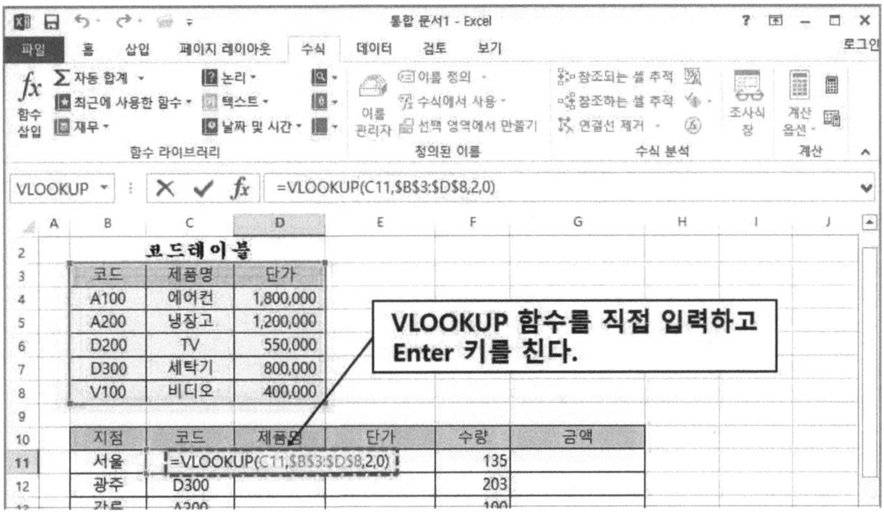

(방법 2) ②-① D11 셀을 선택하고 [수식] 탭의 [함수 라이브러리] 그룹에서 [찾기/참조영역] 아이콘을 클릭한 다음, [VLOOKUP] 함수를 클릭한다.

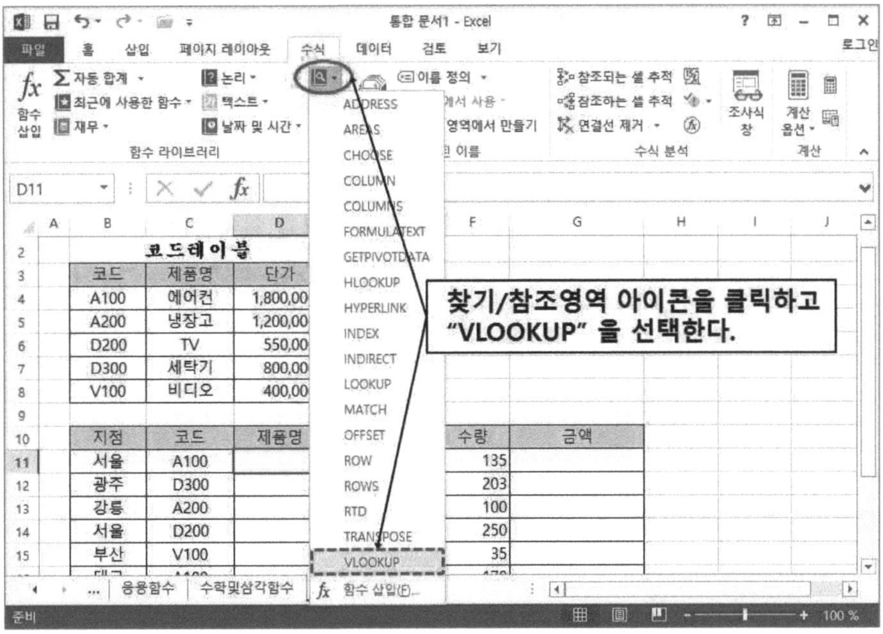

②-② [함수 인수] 대화상자가 나타나면 "VLOOKUP"에 적합한 조건을 채운 후, [확인] 버튼을 클릭한다.

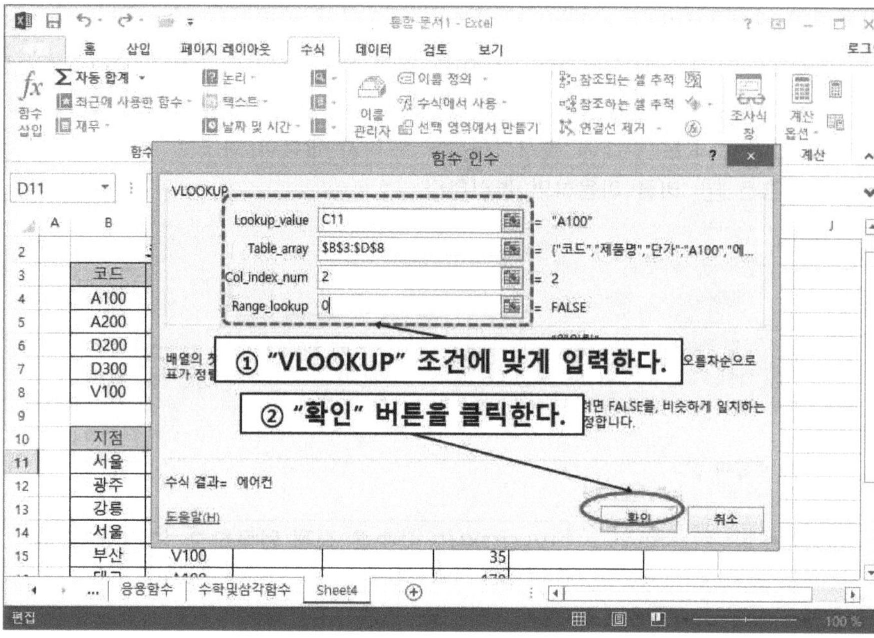

②-③ D12셀부터 D16셀까지 마우스로 드래그 하여 자동 채우기를 실행한다.

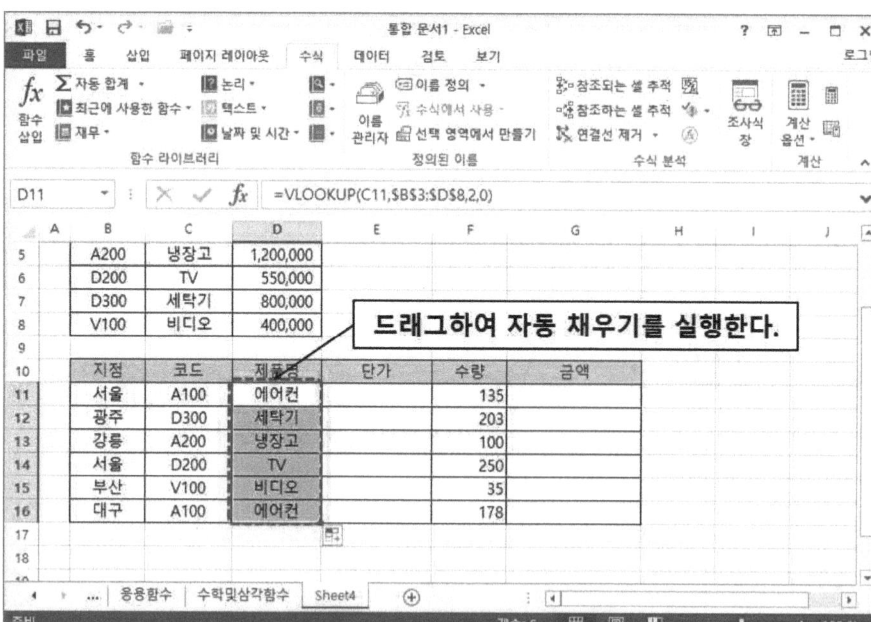

③ 제품명과 마찬가지로 단가도 코드 테이블에서 검색하여 해당 단가를 화면에 표시하고자 한다면 E11셀에 다음과 같이 식을 입력한다. 실행 후 자동 채우기를 실행한다.

=VLOOKUP(C11, $B$3:$D$8, 3, 0) : C11셀의 내용을 $B$3:$D$8 범위의 첫 번째 열에서 검색하여 해당 데이터의 세 번째 열에 있는 내용을 출력하라는 식이다.

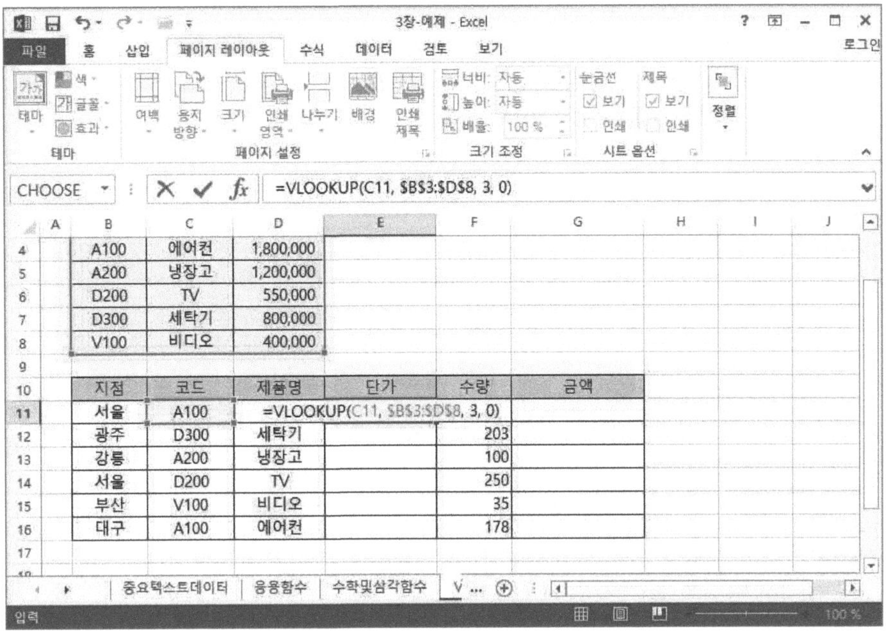

④ 금액은 "단가*수량"으로 계산하여 다음과 같이 표를 완성한다.

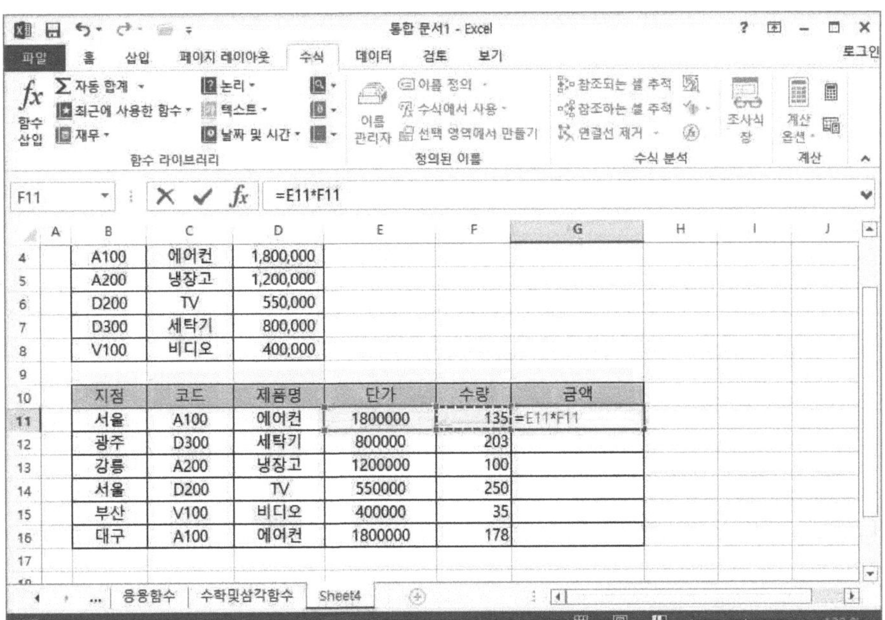

Part 3

나. HLOOKUP 함수

표에서 지정한 데이터와 기준표의 첫째 행을 비교하여 찾은 데이터의 지정한 행에 해당하는 값을 구한다. 반드시 기준표가 행 단위로 작성된 경우에만 HLOOKUP 함수를 사용할 수 있다.

■ "HLOOKUP" 형식 : 테이블의 첫 행에서 찾을 값, 데이터를 찾을 정보 테이블, 정보 테이블의 행 번호, HLOOKUP이 정확하게 일치하는 값 또는 근사값

① 다음과 같이 급여 계산서를 작성하기 위한 기초 데이터를 입력한다.

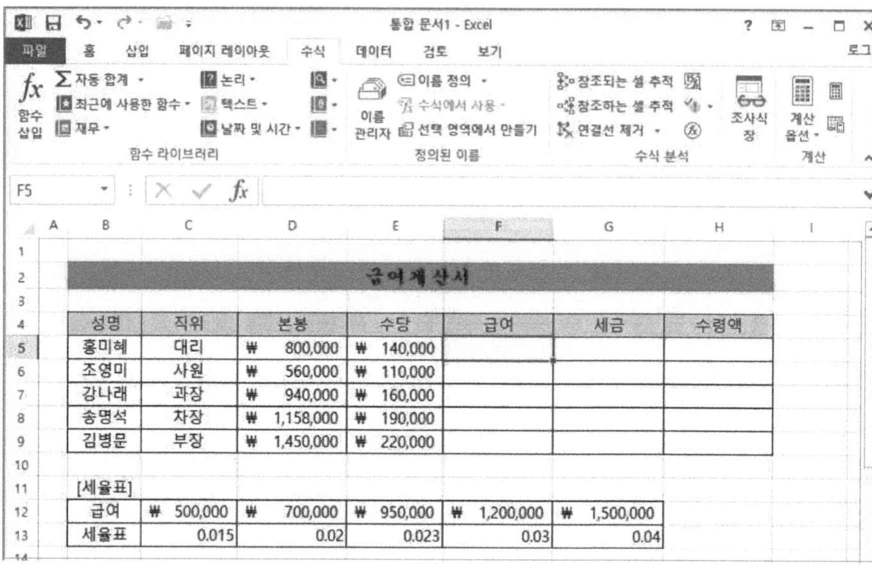

성명	직위	본봉	수당	급여	세금	수령액
홍미혜	대리	₩ 800,000	₩ 140,000			
조영미	사원	₩ 560,000	₩ 110,000			
강나래	과장	₩ 940,000	₩ 160,000			
송명석	차장	₩ 1,158,000	₩ 190,000			
김병문	부장	₩ 1,450,000	₩ 220,000			

[세율표]

급여	₩ 500,000	₩ 700,000	₩ 950,000	₩ 1,200,000	₩ 1,500,000
세율표	0.015	0.02	0.023	0.03	0.04

② 급여는 "본봉+수당"으로 계산하고 드래그 하여 자동 채우기를 실행한다.

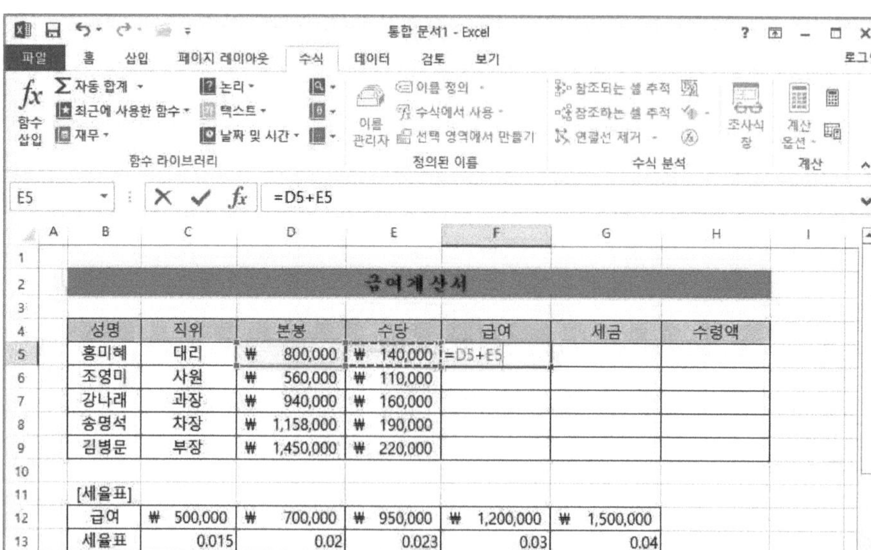

성명	직위	본봉	수당	급여	세금	수령액
홍미혜	대리	₩ 800,000	₩ 140,000	=D5+E5		
조영미	사원	₩ 560,000	₩ 110,000			
강나래	과장	₩ 940,000	₩ 160,000			
송명석	차장	₩ 1,158,000	₩ 190,000			
김병문	부장	₩ 1,450,000	₩ 220,000			

[세율표]

급여	₩ 500,000	₩ 700,000	₩ 950,000	₩ 1,200,000	₩ 1,500,000
세율표	0.015	0.02	0.023	0.03	0.04

③ 세금은 세율과 급여를 곱하여 구한다. 이때 세율은 급여에 대하여 차등 적용되며 HLOOKUP 함수를 이용하여 세율표에서 검색하여 작성해야 한다. G5셀에 다음과 같이 식을 입력한다. 자동 채우기를 실행한다.

=HLOOKUP(F5, $C$12:$G$13,2)*F5 : F5셀을 C12:G13 셀에서 검색하여 검색한 값의 두 번째 행의 값을 구한다. 이때 비교 값은 940,000이며 세율표에서 950,000은 비교 값보다 작은 값 중 가장 가까운 근사 값이므로 0.02의 값을 구하게 된다. 구해진 세율에 다시 G5셀의 급여를 곱하여 세금액을 계산한다. 근사 값으로 찾는 경우에는 기준표의 첫 행(또는 열)이 오름차순으로 정렬되어 있어야 한다.

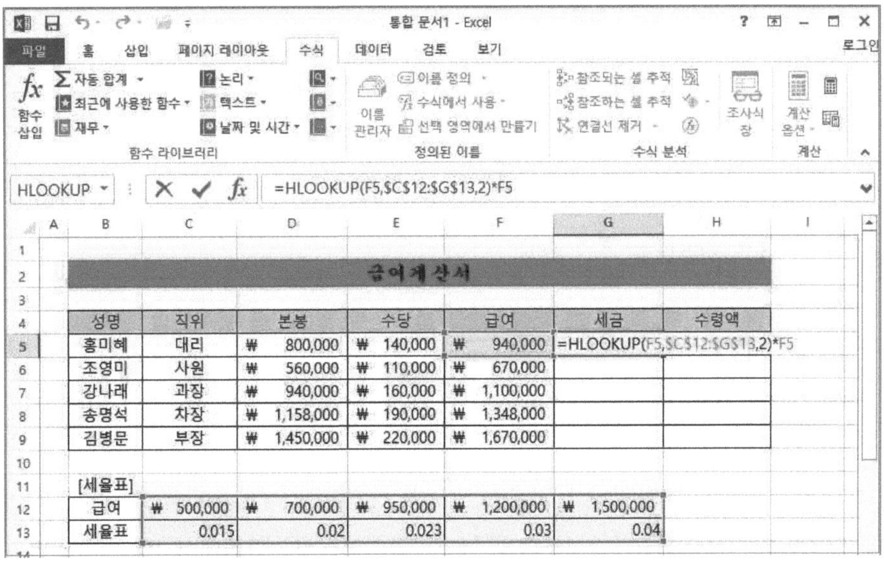

④ 수령액은 “급여-세금”으로 계산하여 다음과 같이 표를 완성한다.

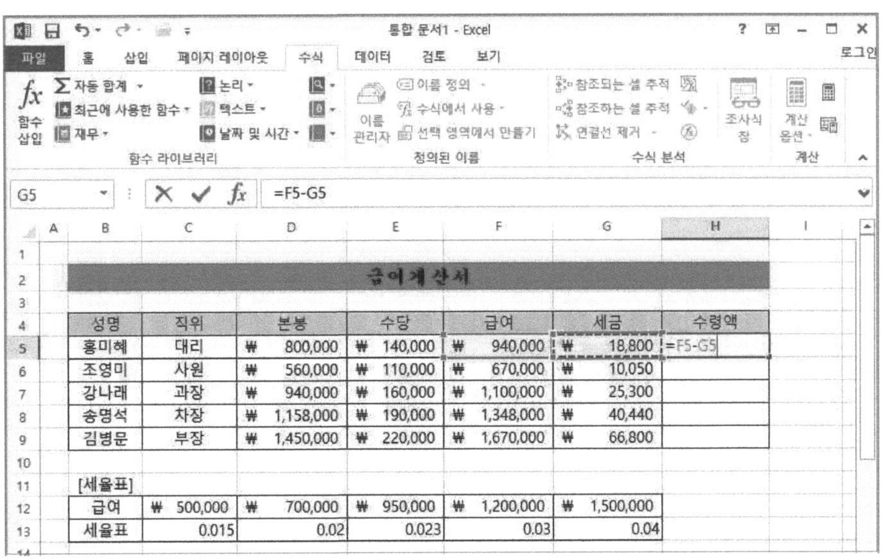

다. CHOOSE 함수

검색 숫자를 사용하여 인수 목록에서 값을 구한다. CHOOSE 함수는 최대 1~254까지의 숫자와 254개의 인수를 가지고 각 숫자에 대한 인수 값을 대치하여 해당 인수 값을 구해주는 함수이다.

■ CHOOSE : 검색숫자, 검색 숫자가 1일 때 값, 검색 숫자가 2일 때 값... 검색 숫자가 254일 때 값

CHOOSE 함수로 검색한 숫자가 1과 2가 공란일 경우는 " , "로 대체하여 사용하면 된다.

① '1'이면 "월요일", '2'이면 "화요일"과 같이 각 숫자에 대응되는 요일을 나타나도록 CHOOSE 함수를 이용해 보기로 한다. 먼저 다음과 같이 작성을 한다.

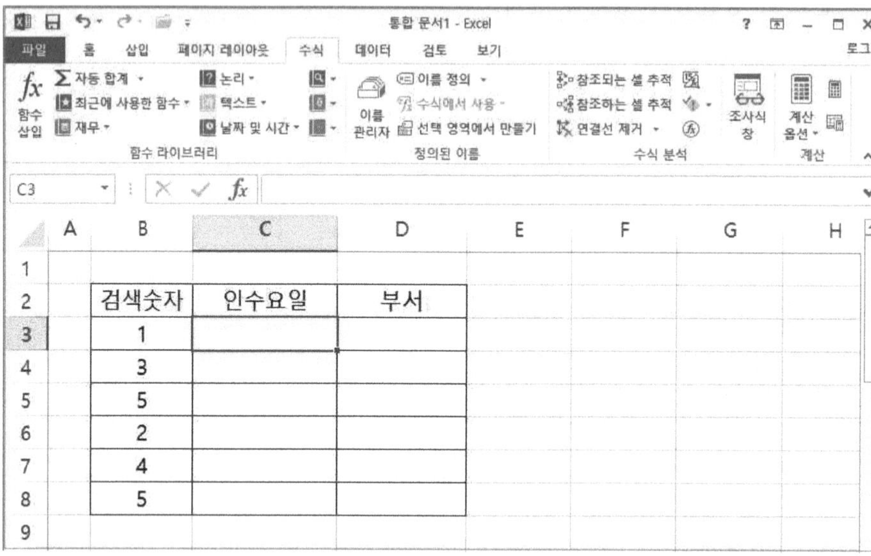

② (방법 1) C3셀을 선택하고 [수식] 탭의 [함수 라이브러리] 그룹에서 [찾기/참조영역] 아이콘을 클릭하고 "CHOOSE" 함수를 선택한다.

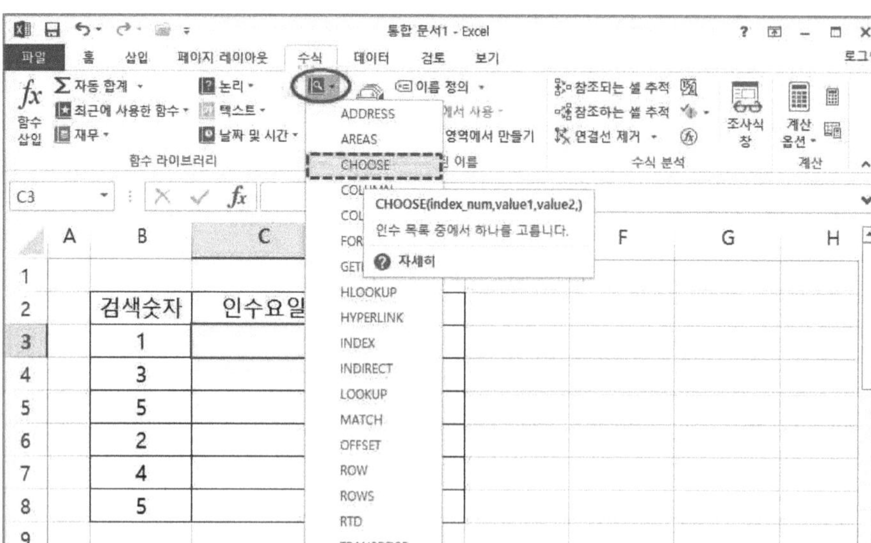

[함수 인수] 대화상자에서 'Index_num'에는 검색숫자 셀을 선택하고, 'Value1'은 "월요일", 'Value2'는 "화요일", ... , 'Value6'은 "토요일"로 조건에 맞도록 입력한 후, [확인] 버튼을 클릭한다.

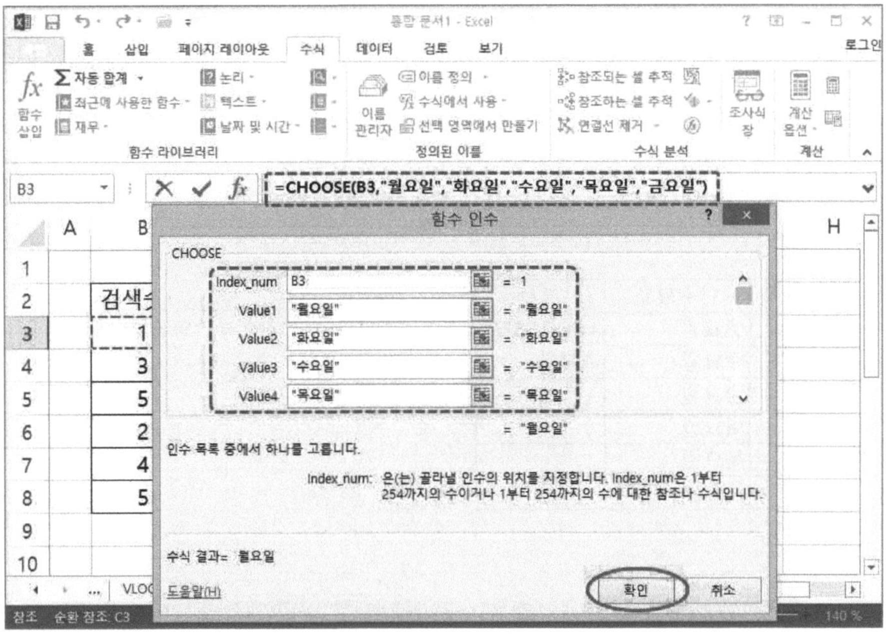

(방법 2) CHOOSE 함수의 형식을 알고 있다면 C3셀을 선택하고 다음과 같이 수식을 입력한다. =CHOOSE(B3, "월요일“,”화요일“,”수요일”,“목요일“,”금요일“)

③ CHOOSE 함수는 반드시 비교 셀의 데이터 내용이 1~254까지의 숫자이어야 한다. 각 숫자에 해당되는 부서를 지정하여 부서명을 출력하는 식을 만들어 본다. 다음과 같이 식을 입력한다.

=CHOOSE(B3, "지원부","자재부","기획부","영업부","구매부")

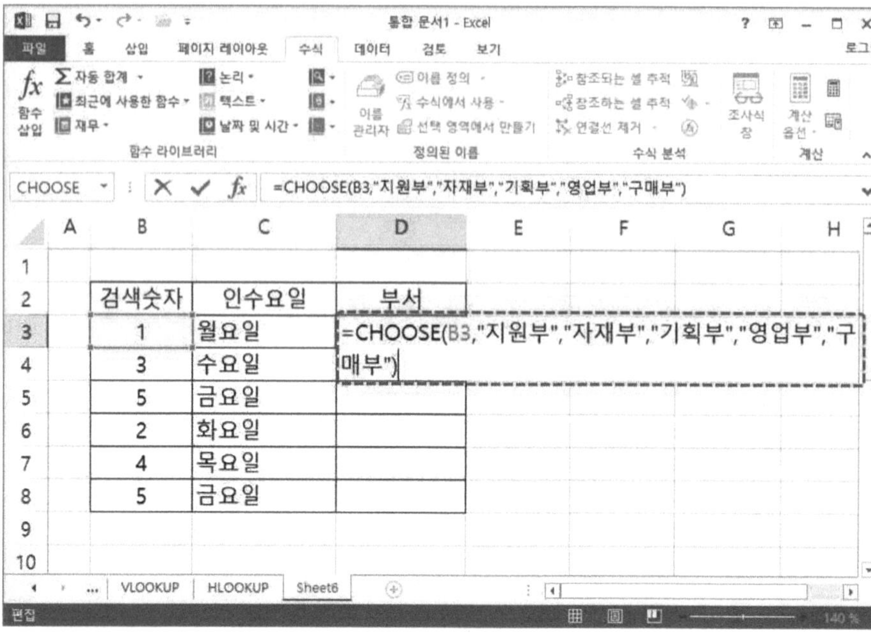

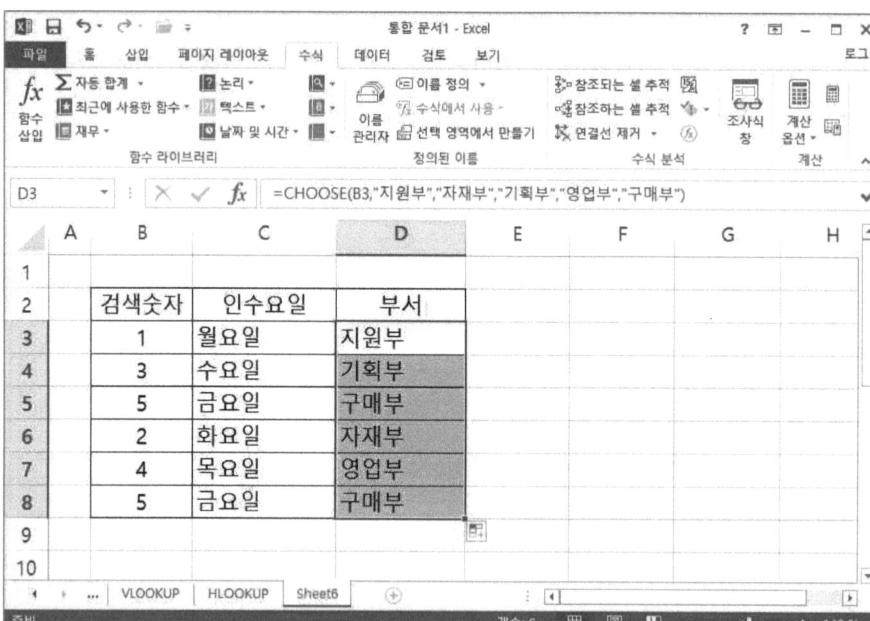

제 4 장 인쇄

본 장에서는 EXCEL에서 머리글과 바닥글을 입력하는 방법, 모든 페이지에 행 제목을 인쇄하는 방법 그리고 페이지를 나누는 방법에 대하여 살펴보기로 한다.

4.1 페이지 설정

[인쇄 미리 보기(V)] 또는 [페이지 레이아웃] 탭의 [페이지 설정] 그룹에서 오른쪽 아래에 있는 ◲아이콘을 클릭하면 [페이지 설정] 대화 상자가 나타난다. 페이지 설정에는 페이지, 여백, 머리글/바닥글, 시트로 구성되고 인쇄시 출력될 페이지의 확대/축소 배율, 여백, 머리글/바닥글, 인쇄 영역, 페이지 순서, 용지 방향 및 크기 등을 설정한다.

(1) 머리글(머리말)과 바닥글(꼬리말) 넣기

EXCEL에서 머리글과 바닥글을 넣으려면 **(방법1)** [삽입] 탭의 [텍스트] 그룹에서 [머리글/바닥글] 아이콘을 클릭하여 삽입한다. **(방법2)** [페이지 레이아웃] 탭의 [페이지 설정] 그룹에서 오른쪽 아래에 있는 ◲ 아이콘을 클릭하면 [페이지 설정] 대화 상자가 나타나고 [머리글/바닥글] 탭에서 설정한다. **(방법3)** [빠른 실행 도구 그룹]에서 [인쇄 미리 보기] 아이콘을 눌러 인쇄 미리 보기 창에서 [인쇄] 탭의 [페이지 설정] 단추를 클릭하여 "머리글/바닥글"을 삽입한다.

■ "머리글/바닥글 요소" 알아보기

① ② ③ ④ ⑤ ⑥ ⑦ ⑧ ⑨

① 페이지 번호: 머리글/바닥글에 페이지 번호를 입력한다.
② 페이지 수: 마우스로 선택한 위치에 문서의 총 페이지를 표시한다.
③ 현재 날짜: 문서를 연 날짜나 인쇄 날짜가 표시된다.
④ 현재 시간: 문서를 연 시간이나 인쇄 시간이 표시된다.
⑤ 파일 경로: 해당 문서의 파일 경로가 표시된다.
⑥ 파일 이름: 해당 문서의 이름이 표시된다.
⑦ 시트 이름: 해당 워크 시트 이름이 표시된다.
⑧ 그림: 선택한 위치에 그림을 삽입한다.
⑨ 그림 서식: 삽입한 그림의 서식을 지정할 수 있다.

(방법1)

① [삽입] 탭의 [텍스트] 그룹에서 [머리글/바닥글] 아이콘을 클릭하면 [머리글/바닥글 도구] 리본메뉴가 나타난다. 이를 이용하여 머리글와 바닥글 텍스트 상자에 입력한다.

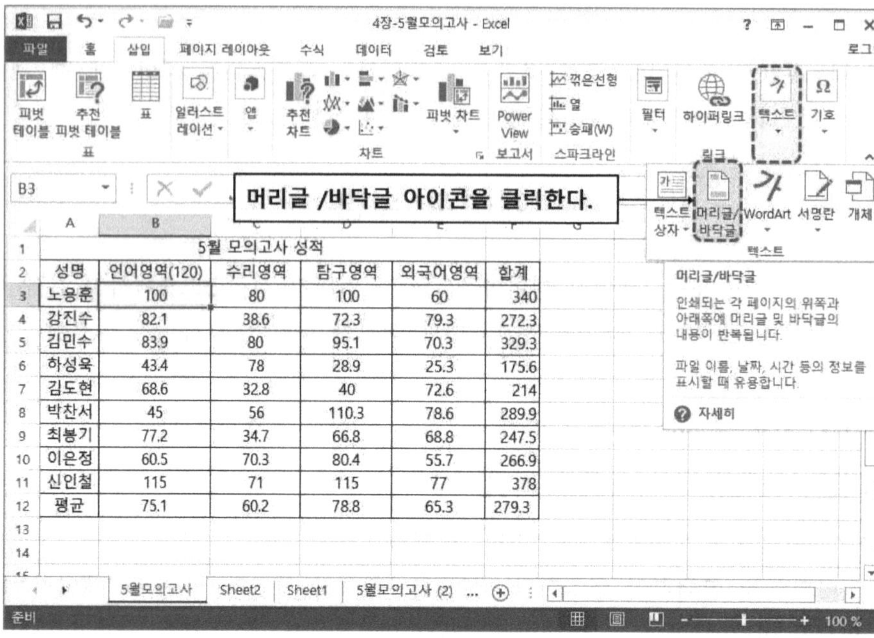

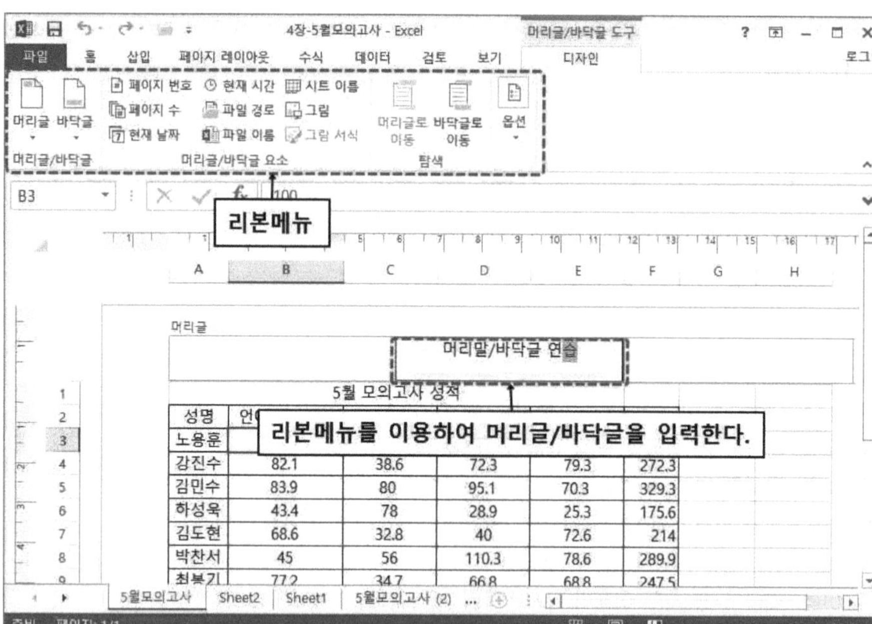

② [머리글/바닥글 도구] 리본메뉴에서 [머리글/바닥글 요소]를 이용하여 다양한 기능을 삽입하여 본다. 머리글 대화 상자의 왼쪽에 '머리글'이라 입력하고 "페이지 번호"와 "페이지 수" 아이콘을 차례로 클릭하여 현재 페이지와 전체 페이지 번호를 입력한다.

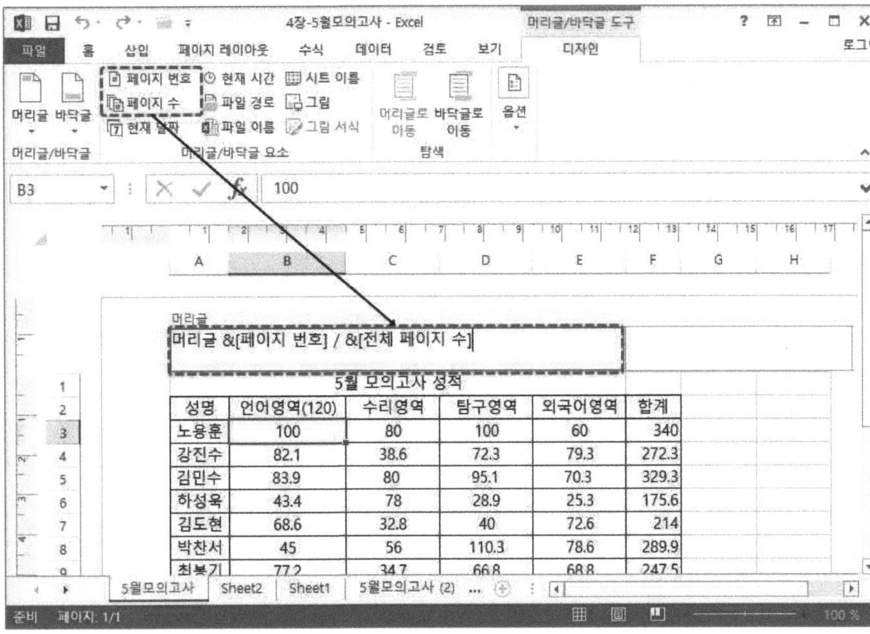

③ 바닥글로 이동하여 바닥글 텍스트 상자의 가운데에 '바닥글'이라 입력하고 "현재 날짜", "현재 시간", "파일 이름", "시트 이름"을 차례로 클릭한다.

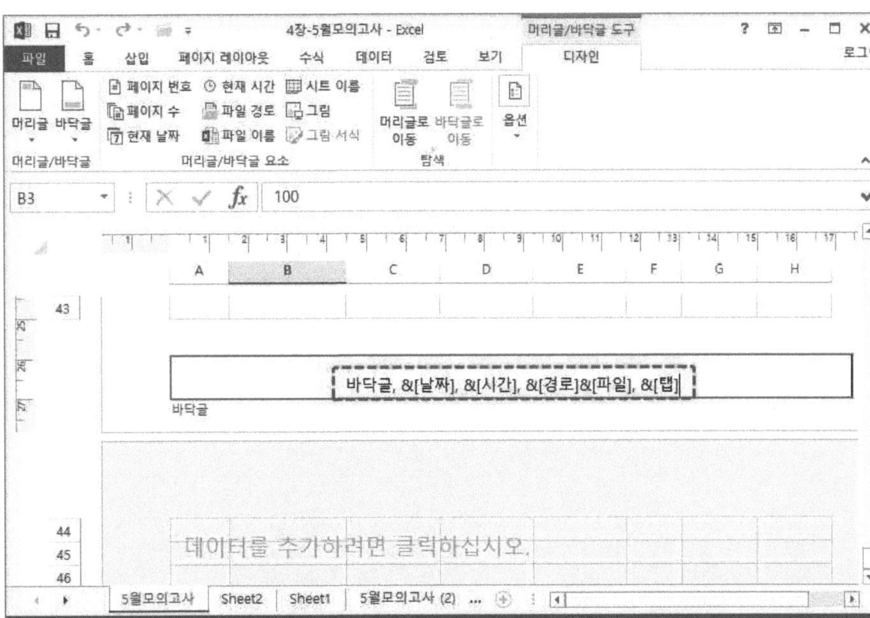

Part 3

또는

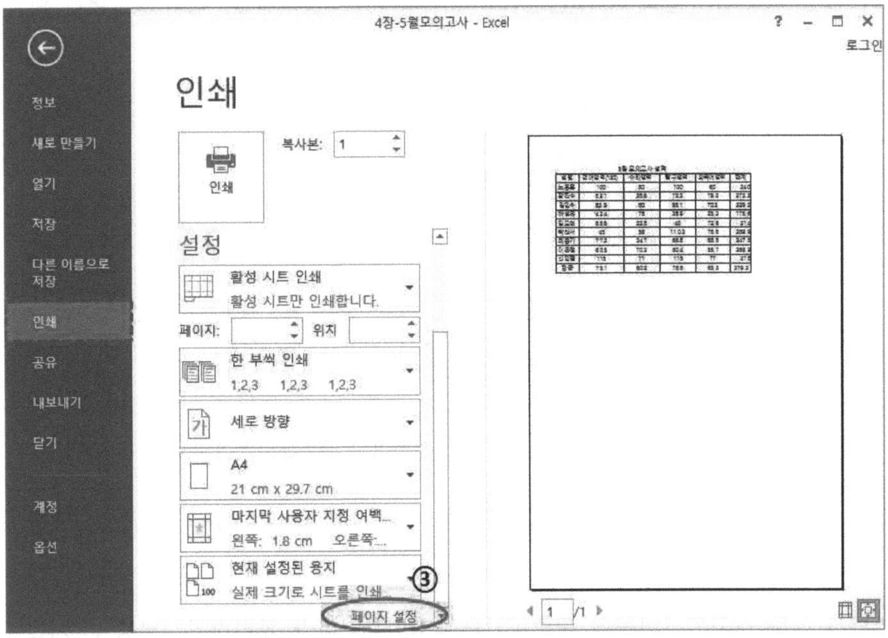

② [머리글/바닥글] 단추를 누르고, [머리글 편집]과 [바닥글 편집] 버튼을 클릭하여 편집한다.

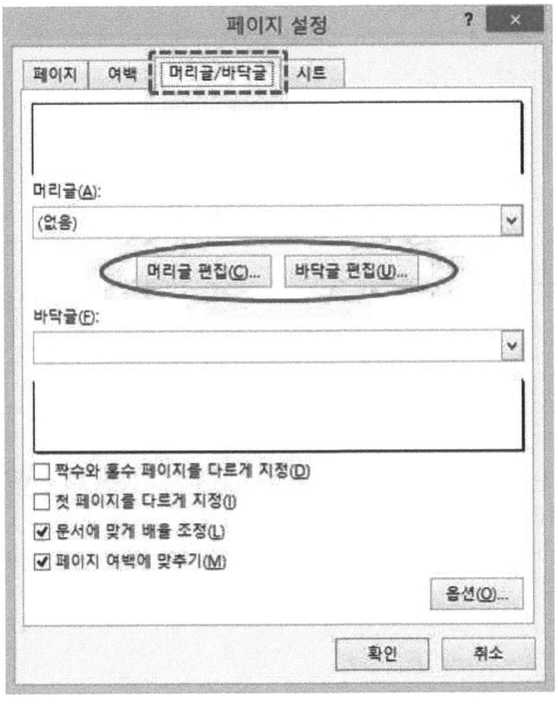

③ 머리글 편집(C) 단추를 누르면 [머리글] 편집 상자가 나타난다.
[머리글] 대화 상자의 [왼쪽 구역(L)란]에 '머리글'이라 입력하고, "페이지 번호"와 "전체 페이지 수"를 차례로 클릭한 후 [확인] 단추를 누른다.

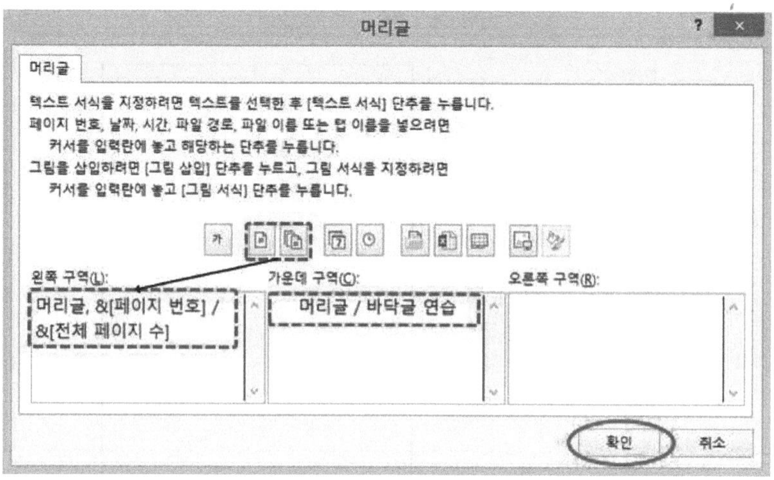

④ [바닥글] 대화 상자의 [가운데 구역(C)]란에 '바닥글'이라 입력하고 "날짜", "시간", "파일이름", "시트이름"을 차례로 클릭한 후 [확인] 단추를 누른다.

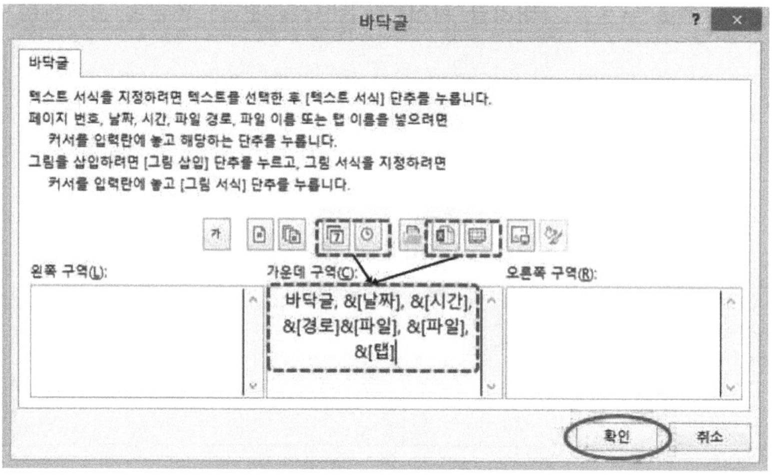

⑤ 다시 [페이지 설정] 대화 상자가 나타나면 [확인]을 클릭한다. [인쇄 미리 보기(W)] 단추를 누르면 머리글과 바닥글이 인쇄 미리 보기 화면에 나타난다.

(2) 모든 페이지에 행과 열 반복 인쇄

매 페이지마다 제목을 인쇄하고 싶으면 [페이지 설정] 대화 상자에서 [시트] 단추를 선택한 후 [인쇄 제목]란의 [반복할 행(R)]이나 [열(C)]을 누른 다음 제목으로 사용할 행이나 열의 주소를 입력하거나 마우스로 대화 상자 축소 단추를 눌러 행이나 열을 선택한 후 [확인] 버튼을 누르면 된다.

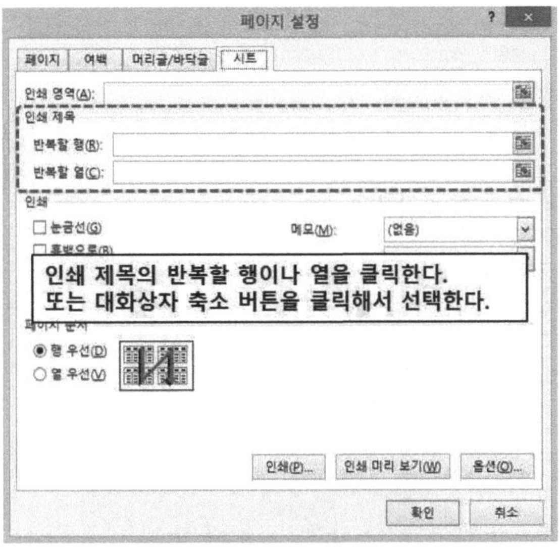

(3) 인쇄 용지 가운데에 표 인쇄하기

[페이지 설정] 대화 상자의 [여백] 단추를 클릭하여 [페이지의 가운데 맞춤]의 [가로(Z)]란과 [세로(V)란]을 체크하면 표가 용지의 한 가운데 인쇄된다.

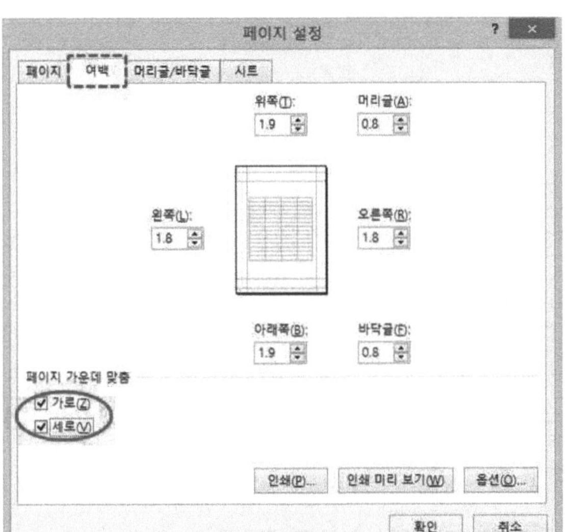

4.2 페이지 나누기

EXCEL에서는 페이지의 미리 보기에 따라 자동적으로 페이지 구분이 실행되지만 필요에 따라 강제적으로 페이지 구분을 실행할 수도 있다.

① [보기] 탭-[페이지 나누기 미리보기]를 실행한다.

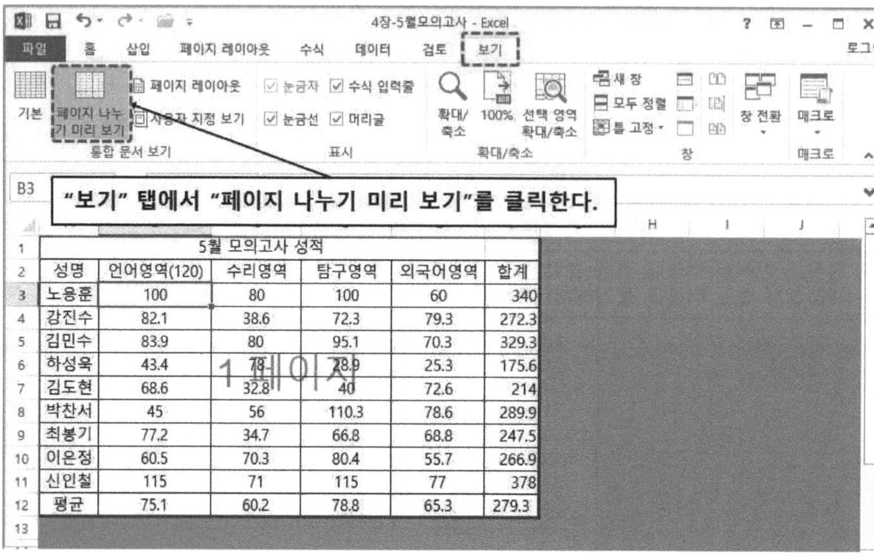

② 인쇄할 영역이 파란색 구분선으로 표시되고 인쇄 영역이 아닌 곳은 회색으로 표시된다. 파란색 경계선에 마우스를 옮기면 “↔” 생기면 드래그 하여 페이지를 나눌 수 있다.

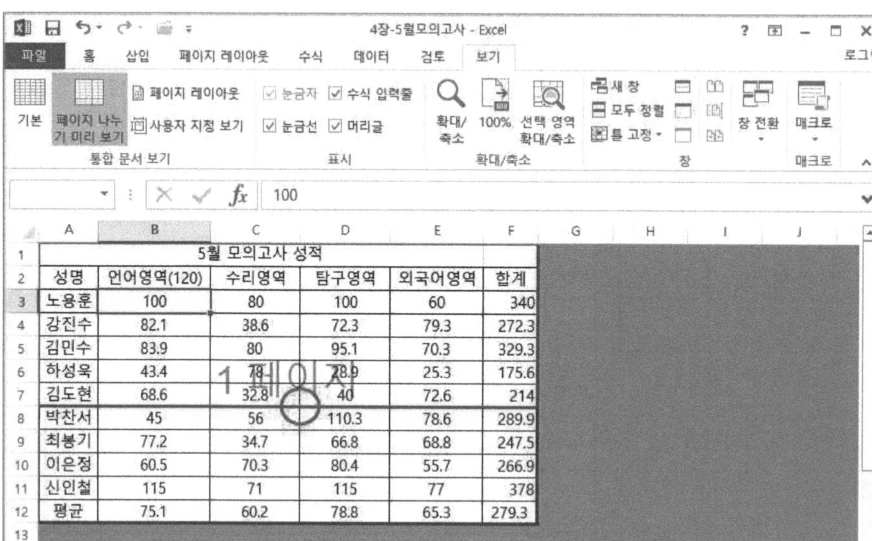

③ 원래 화면으로 되돌아가려면 “보기” 탭의 “기본” 아이콘을 클릭하면 된다.

4.3 인쇄 범위 지정과 미리 보기

본 절에서는 EXCEL에서 하나의 표를 여러 페이지로 나누어 인쇄하는 방법과 특정한 범위를 인쇄하는 방법 그리고 미리 보기에 대하여 살펴보기로 한다.

4.3.1 인쇄하기

인쇄는 작성된 통합문서를 프린터로 인쇄하기 위한 명령이다. [인쇄]를 클릭하면 인쇄 대화 상자가 나타나고 프린터 종류, 인쇄 매수, 인쇄할 범위, 인쇄 대상 등을 선택할 수 있다. 인쇄 대상에는 다음과 같이 세 종류가 있다.

■ 선택 영역 : 워크시트의 데이터 중에서 일부분만을 인쇄하고자 할 때 선택한다.

■ 선택한 시트 : 특정 워크시트만 인쇄하고자 할 때 선택한다.

■ 전체 통합 문서 : 워크시트 전체를 인쇄하고자 할 때 선택한다.

(1) 여러 페이지로 나누어 인쇄하기

하나의 표를 여러 페이지로 나누어 인쇄하려면 페이지 나누기를 실행하여 인쇄하면 된다.

① D7셀에 클릭한 후 [페이지 레이아웃] 탭에서 [나누기] 아이콘을 클릭하고 [페이지 나누기 삽입(I)]을 선택하면 표가 4페이지로 나뉜다.

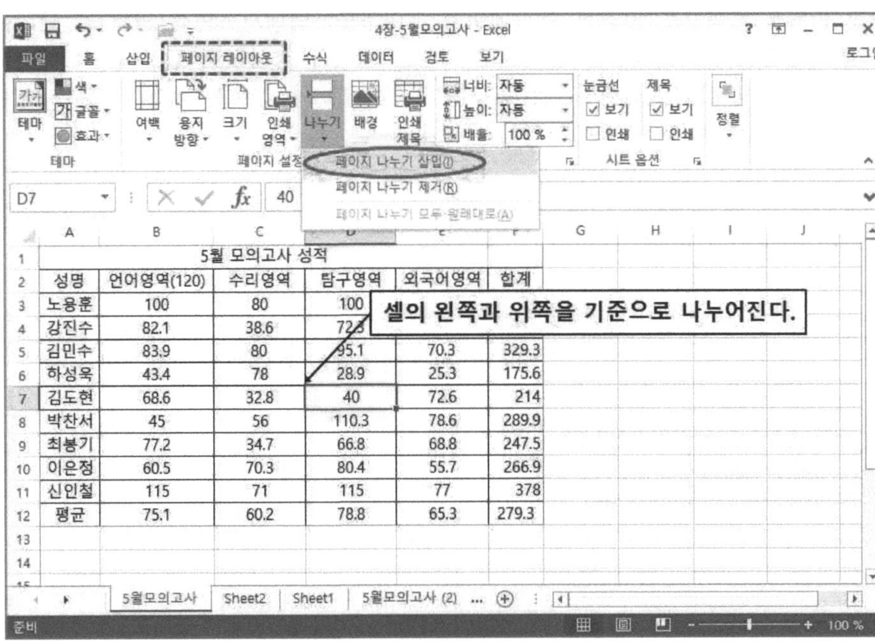

② [보기] 탭-[페이지 나누기 미리 보기]를 실행하면 4쪽으로 나누어진 표를 볼 수 있다. 이제 인쇄 명령을 내리면 하나의 표가 4쪽으로 나누어 인쇄된다.

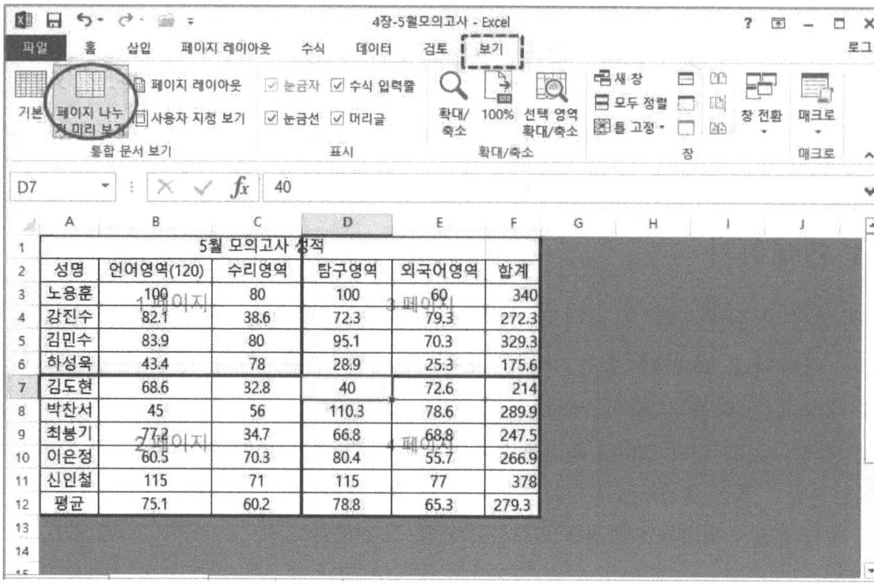

(2) 인쇄 범위 지정

특정한 범위만을 인쇄하고자 할 경우에는 미리 인쇄하고자 하는 범위를 선택한 후 인쇄 영역 설정 명령을 실행한다. 전체를 인쇄하고자 할 경우에는 인쇄 영역 해제 명령을 실행한 후 인쇄 명령을 실행하면 된다.

① 인쇄할 범위를 블록으로 지정한 후 [페이지 레이아웃] 탭에서 [인쇄 영역]을 클릭한 다음, [인쇄 영역 설정(S)]을 클릭하면 블록으로 지정된 범위가 점선으로 둘러 쌓인다. 인쇄 명령을 내리면 지정된 범위만 인쇄된다. 이 기능을 해제할 때에는 [페이지 레이아웃]-[인쇄 영역]-[인쇄 영역 해제(C)]를 선택하면 된다.

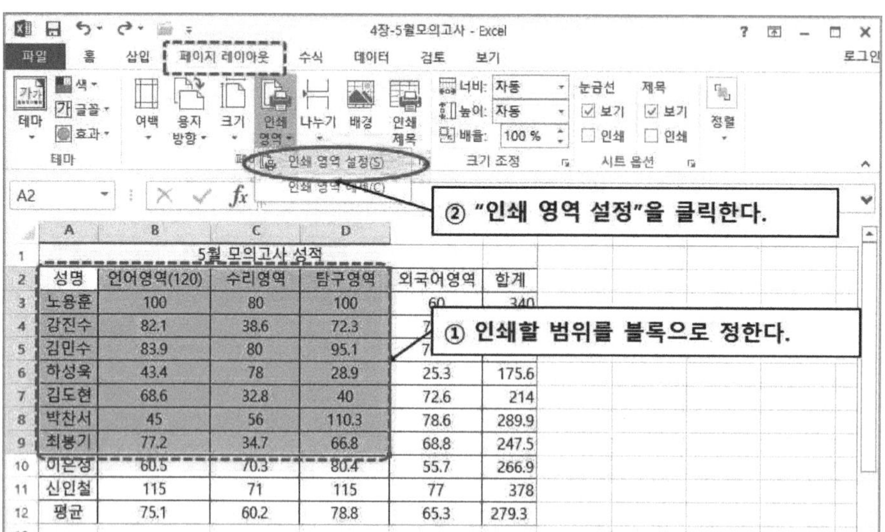

② 인쇄될 부분을 확인하기 위해 [인쇄 미리 보기] 아이콘을 클릭하면 블록으로 지정된 부분을 볼 수 있다.

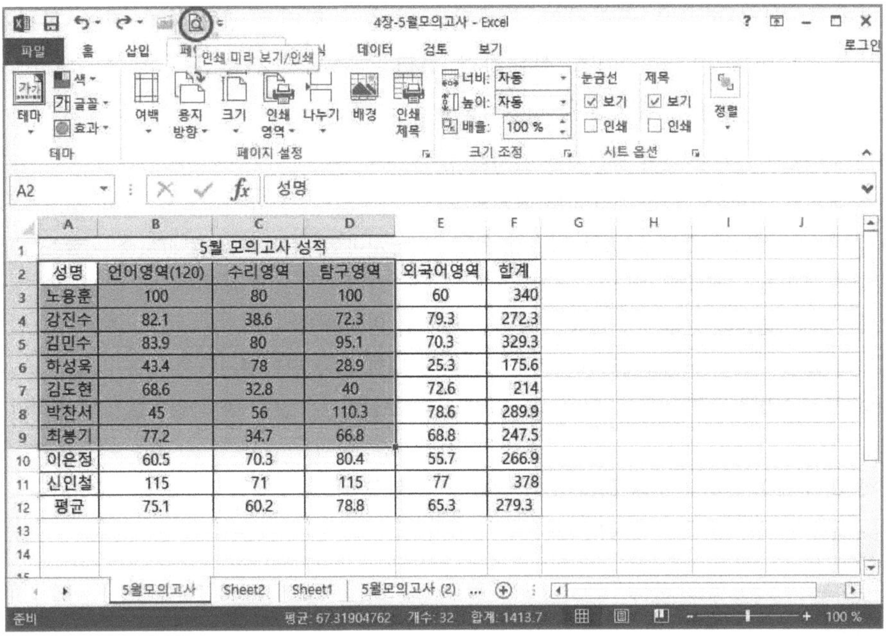

또는 인쇄할 범위를 블록으로 지정한 후 [파일]-[인쇄]-[설정]-[활성 시트 인쇄▼]-[선택 영역 인쇄]를 선택하면 블록으로 지정된 부분이 인쇄된다.

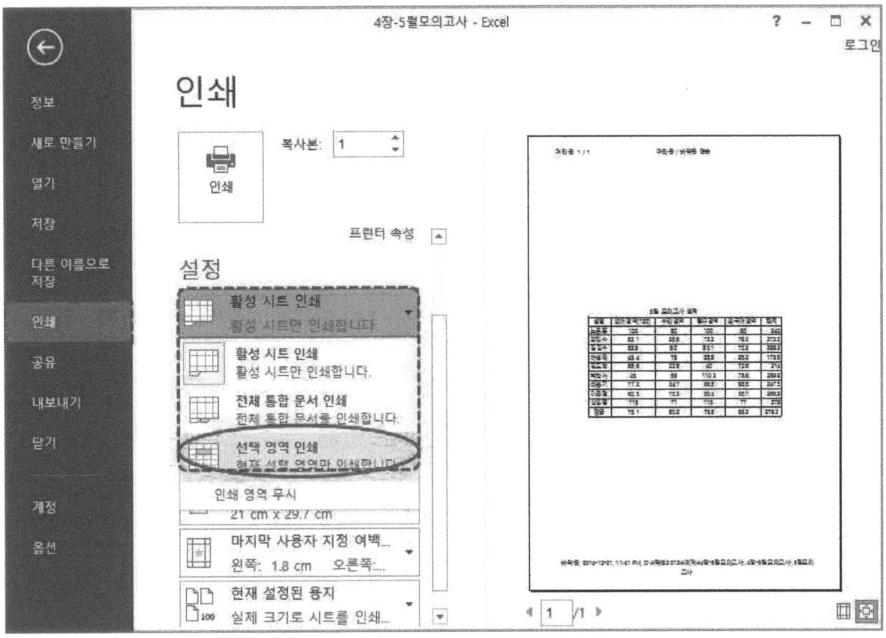

4.3.2 미리 보기

[인쇄 미리 보기] 아이콘을 클릭하면 인쇄될 내용을 프린터로 출력하기 전에 화면을 통하여 미리 볼 수 있다. 미리 보기를 선택하면 화면 상단부에 단추들이 보이는데 이 단추들을 이용하여 이미 지정한 형식들을 다시 변경할 수 있다.

- 다음 페이지 : 인쇄할 다음 페이지를 표시한다.
- 이전 페이지 : 인쇄할 이전 페이지를 표시한다.
- 확대/축소 : 시트의 전체 페이지 보기와 확대 보기 사이를 전환한다. 확대/축소 기능은 인쇄 크기에는 영향을 미치지 않는다.
- 인쇄 : 인쇄 옵션을 설정한 다음 선택한 워크시트를 인쇄할 수 있다.
- 페이지 설정 : 인쇄 모양을 조정하는 페이지 설정 대화 상자가 나타난다.
- 여백 표시 : 머리글과 바닥글 여백, 열 너비 등을 조절할 수 있는 여백 핸들을 나타내거나 숨긴다.
- 인쇄 미리 보기 닫기 : 인쇄 미리 보기 창을 닫고 현재 워크시트의 이전 보기로 돌아간다.

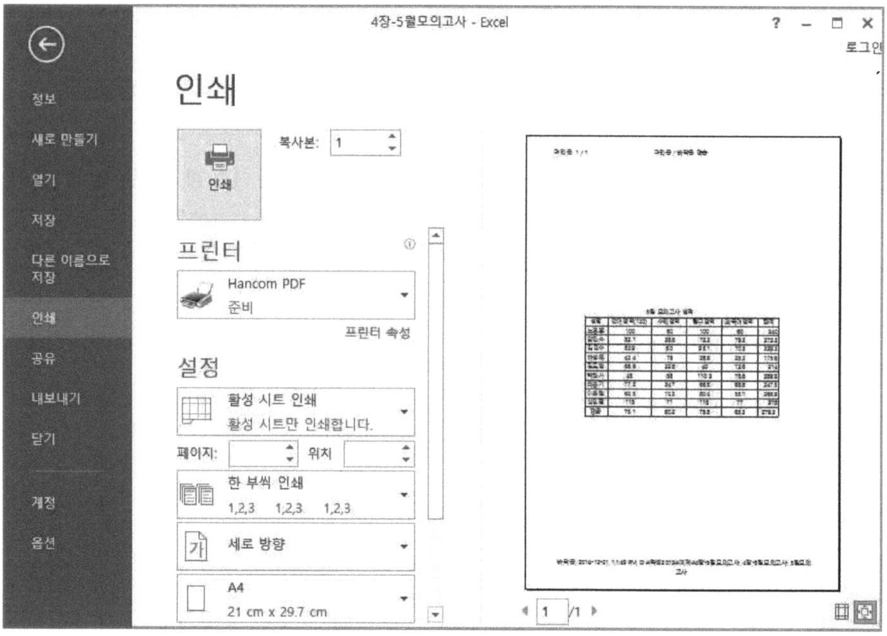

제 5 장 그리기와 차트

본 장에서는 EXCEL에서 지원하는 그리기와 차트 기능에 관계된 도구들을 살펴보고 실제 예를 통하여 익히도록 한다. 엑셀 기능을 설명할 때 엑셀 창 크기를 작게 하면 엑셀 아이콘들이 일부가 내부에 숨어 나타나지 않을 수 있다. 이러한 경우 전체화면으로 보면 엑셀의 모든 아이콘을 볼 수 있으므로 엑셀의 모든 기능들을 살펴볼 수 있다.

5.1 그리기 도구

EXCEL에서는 워크시트에 그래픽 개체를 삽입하거나 선택하면 [그리기 도구]-[서식] 리본 메뉴가 나타난다. [서식] 리본 메뉴에서는 워크시트에 삽입한 그래픽 개체에 원하는 서식을 적용 및 정렬 등을 손쉽게 할 수 있다.

[그리기 도구]-[서식] 리본 메뉴는 [도형삽입], [도형 스타일], [WordArt 스타일], [정렬], [크기] 그룹으로 이루어진다.

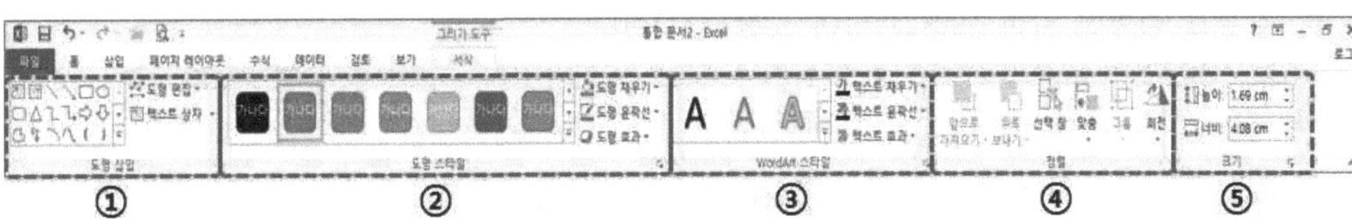

① 도형 삽입 : 도형이나 텍스트 상자를 삽입하고 삽입한 도형을 편집할 수 있다.

② 도형 스타일 : 도형 스타일을 미리 만들어진 갤러리에서 선택하거나 직접 꾸밀 수 있다.

③ WordArt 스타일 : 워드아트의 스타일을 미리 만들어진 갤러리에서 선택하거나 직접 꾸밀 수 있다.

④ 정렬 : 도형의 정렬을 지정하거나 여러 도형을 그룹화 하여 묶을 수 있다.

⑤ 크기 : 도형의 높이와 너비를 지정한다.

(1) 도형 그리기

먼저 그리고자 하는 모양의 도형을 선택한 후 원하는 위치에 마우스포인터를 갖다 놓고 원하는 크기만큼 끌어다 놓으면 된다. 직선이나 원, 사각형, 일직선 등을 정확하게 그리려면 Shift 키를 누른 상태에서 끌기를 하면 된다. 또한 Alt 키는 셀 단위로 그릴 때 사용하면 편리하다. 또 Ctrl 키를 누른 상태에서는 도형의 중심을 기준으로 도형이 그려진다.

① [삽입]-[일러스트레이션]에서 [도형] 아이콘을 클릭하면 다양한 도형 목록이 펼쳐진다. 이중에서 모서리가 둥근 직사각형을 선택한다.

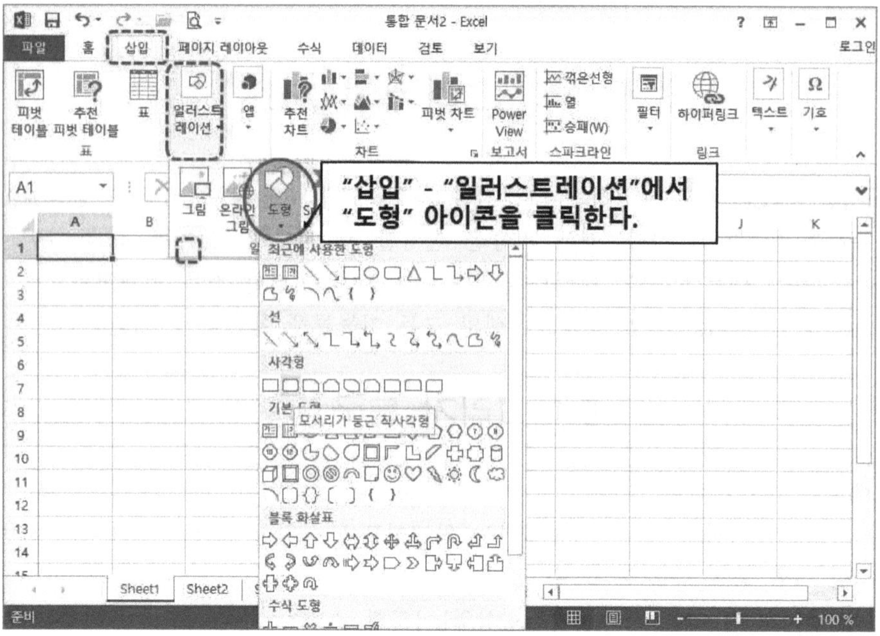

② 화살표 방향이 같이 드래그 하여 도형을 그린다.

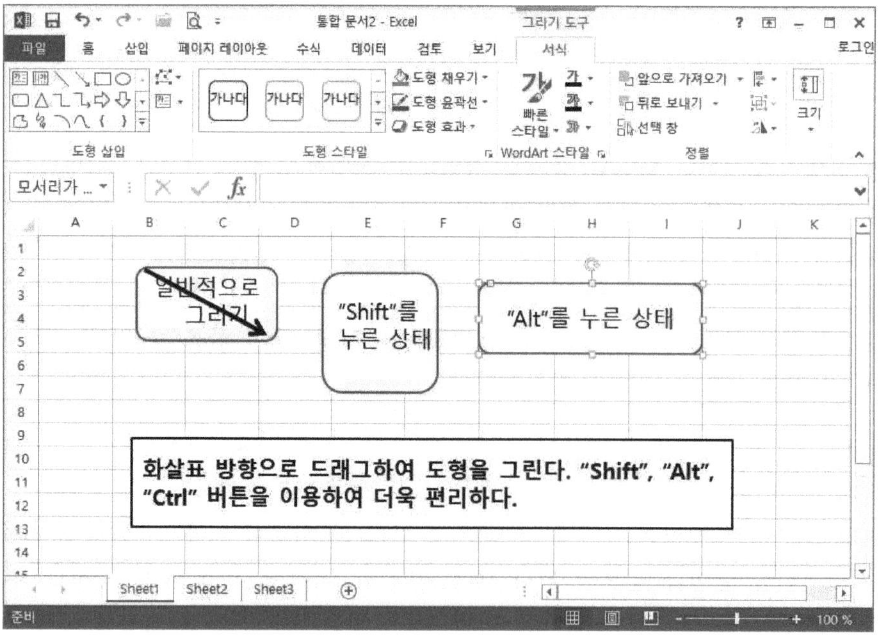

③ 도형 복사는 복사할 도형을 선택한 후 Ctrl 키를 누른 채 복사할 위치로 도형을 드래그 한다.

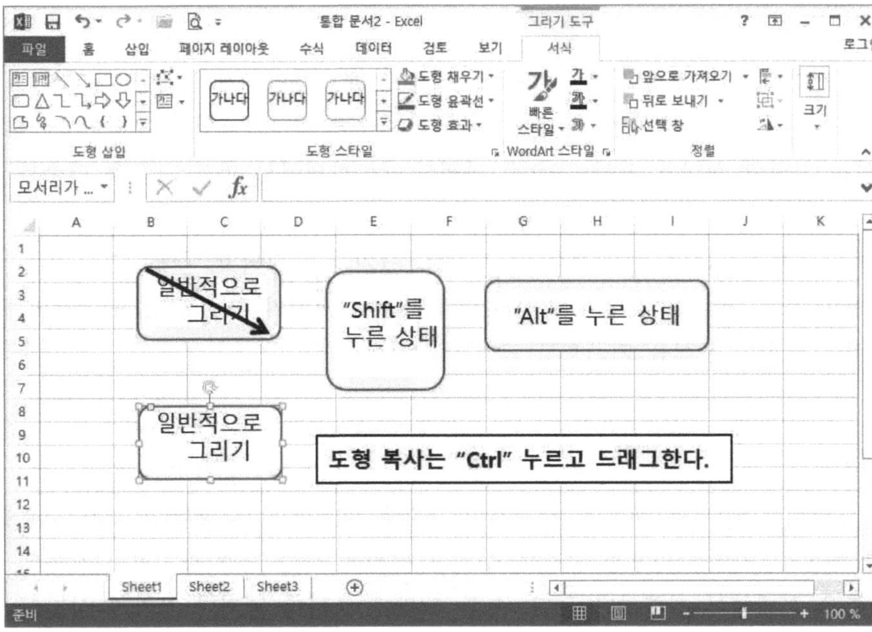

(2) 이동

이동하려는 문자열 상자나 도형에 마우스를 갖다 놓으면 마우스포인터의 모양이 ✥로 바뀐다. 이 상태에서 왼쪽 마우스 단추를 누르면 마우스포인터 모양이 화살표(✥)로 바뀌고 도형의 주변에 여러 개의 작은 사각형이 생긴다. 이제 마우스 왼쪽 단추를 누른 채 원하는 위치로 끌어다 놓으면 된다.

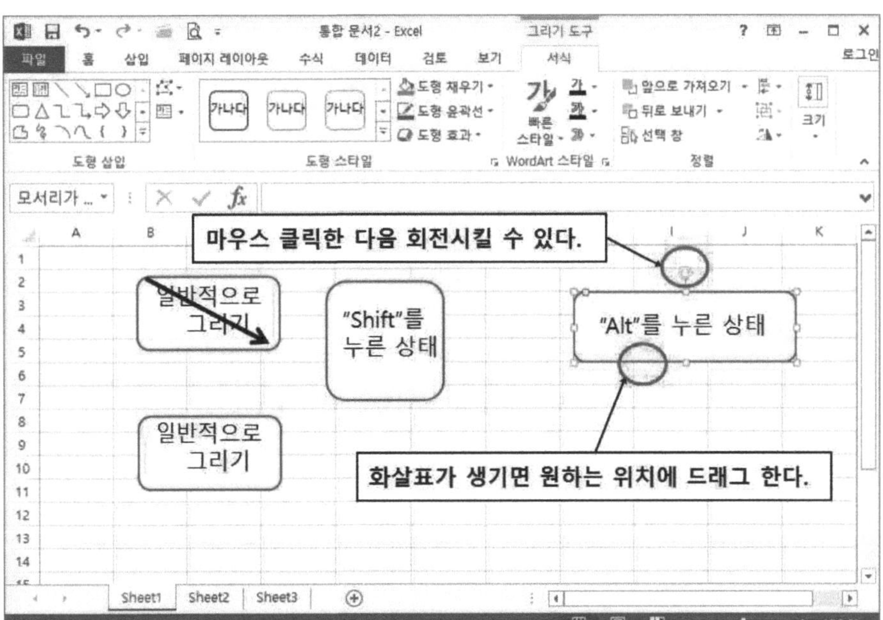

(3) 크기 조절

먼저 해당 문자열이나 도형을 왼쪽 마우스 단추로 클릭하면 8개의 작은 사각형이 생긴다. 이 각각의 사각형(조절핸들)에 마우스를 갖다 놓으면 마우스포인터 모양이 크기를 조절할 수 있는 양방향 화살표 모양(↔)으로 바뀐다. 이 상태에서 마우스 왼쪽 단추를 누른 채 끌기를 하면 원하는 크기로 조절할 수 있다.

또 Alt키를 누른 상태에서는 도형이 셀 단위로 크기가 조절되고, Shift 키를 누른 상태에서는 도형의 가로 세로의 길이가 일정하게 변하면서 크기가 조절된다. 또 Ctrl 키를 누른 상태에서는 도형의 중심을 기준으로 크기를 조절할 수 있다.

(4) 편집

[그리기 도구]-[서식] 리본 메뉴를 사용하여 도형을 편집하면 다양한 기능을 수행할 수 있다. 또한 도형을 오른쪽 마우스 단추로 누르면 편집에 관한 단축 메뉴가 나오는데 이때 원하는 부분을 선택하여 실행하면 된다. 특히 도형에 무늬를 넣거나 문자열 상자의 글꼴 등을 변경하고자 할 경우에는 [그리기 도구]-[서식]에서 [도형 스타일] 그룹과 [WordArt 스타일] 그룹을 이용한다.

▪ 그룹화 : 두 개 이상의 도형을 선택한 후, [그리기 도구]-[서식]에서 [그룹] 아이콘을 클릭한다. 또는 도형을 선택하고 오른쪽 마우스 단추로 누르면 단축 메뉴가 나타난다.

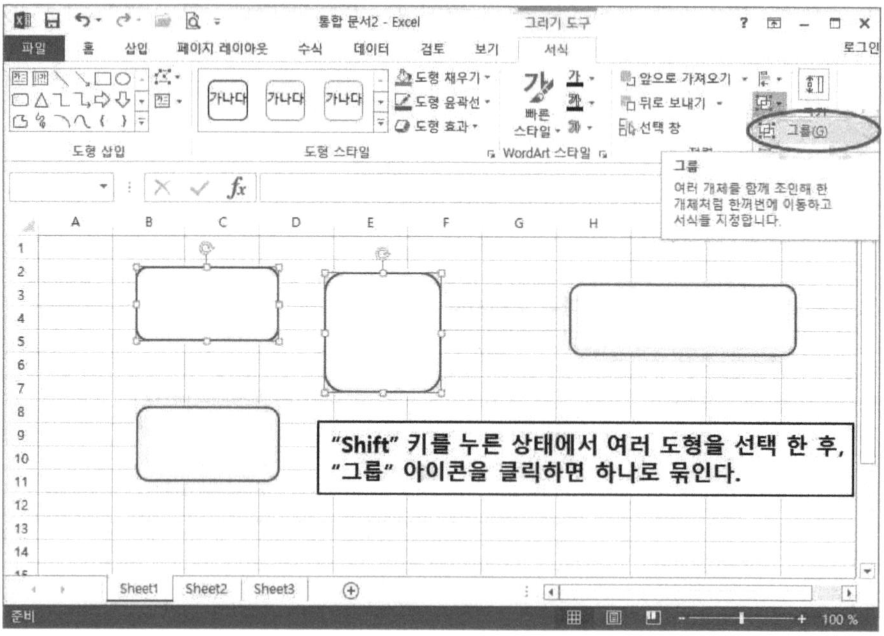

■ 텍스트 추가 : 도형을 선택한 후, [도형 삽입] 모음 [텍스트 삽입] 아이콘을 클릭하고 도형을 선택하면 도형 안에 글을 입력할 수 있다.

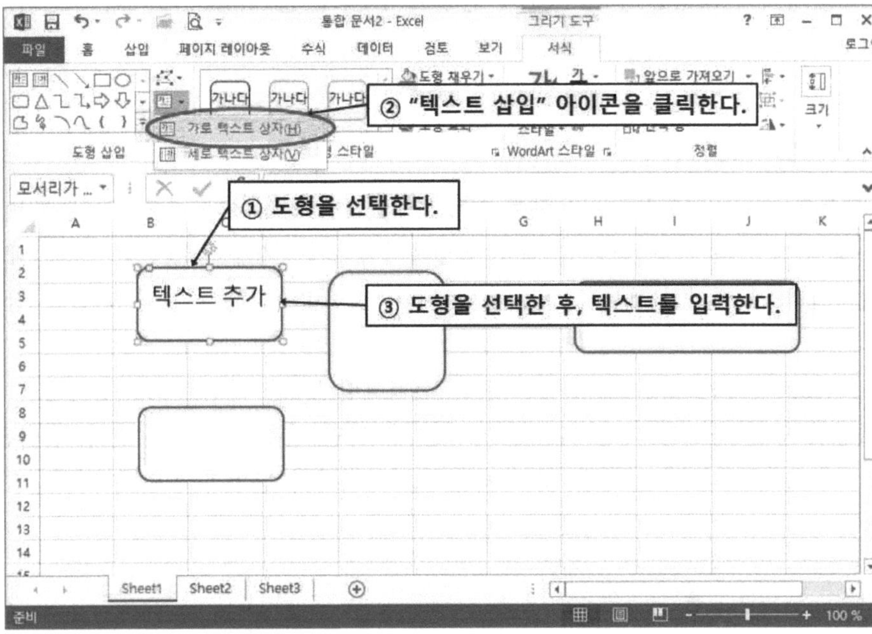

■ 도형이나 텍스트 꾸미기 : [그리기 도구]의 [서식]의 아이콘들을 이용하여 도형을 다양하게 꾸밀 수 있다.

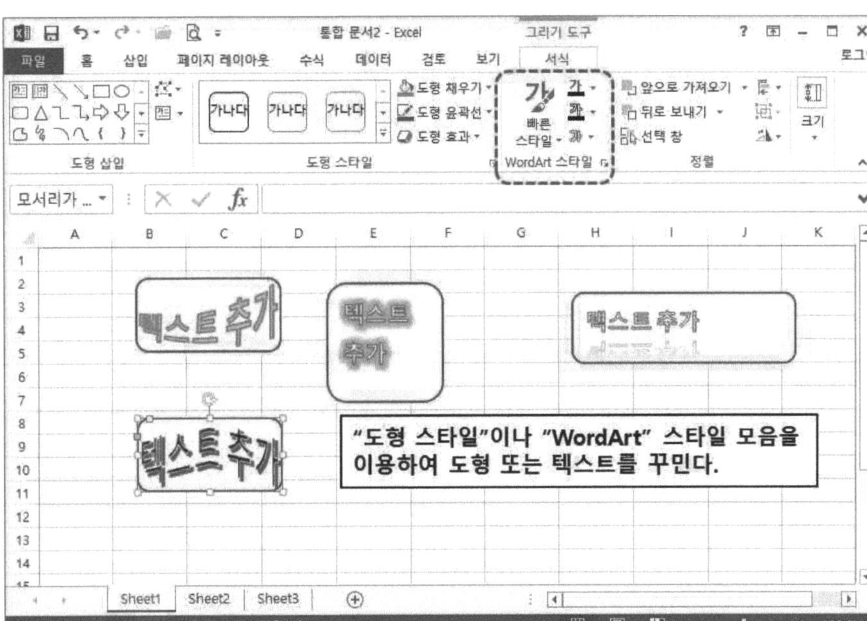

(5) 삭제

해당 문자열 상자나 도형을 왼쪽 마우스 단추로 누른 후 Delete 키를 누르거나 오른쪽 마우스 단추로 단축 메뉴 호출 후 잘라내기나 지우기를 선택하면 된다.

(6) 그림 파일 삽입하기

간단한 도형은 그리기 도구를 사용하여 그릴 수 있지만 견적서나 여러 가지 양식을 작성할 경우 회사 로고나 기타 다른 그림을 삽입하여야 하는 경우가 생긴다. 이때 메뉴에 있는 [삽입]-[일러스트레이션]에서 [그림] 아이콘을 선택하면 원하는 그림 파일을 삽입할 수 있다.

[삽입]-[일러스트레이션]에서 [그림] 아이콘을 선택하면 [그림 삽입] 대화 상자에서 원하는 그림 파일이 있는 경로와 파일 이름을 지정한 후 확인 단추를 누르면 된다. 불러온 그림 파일의 크기 조절이나 이동 방법 및 삭제는 그리기에서의 방법과 동일하다.

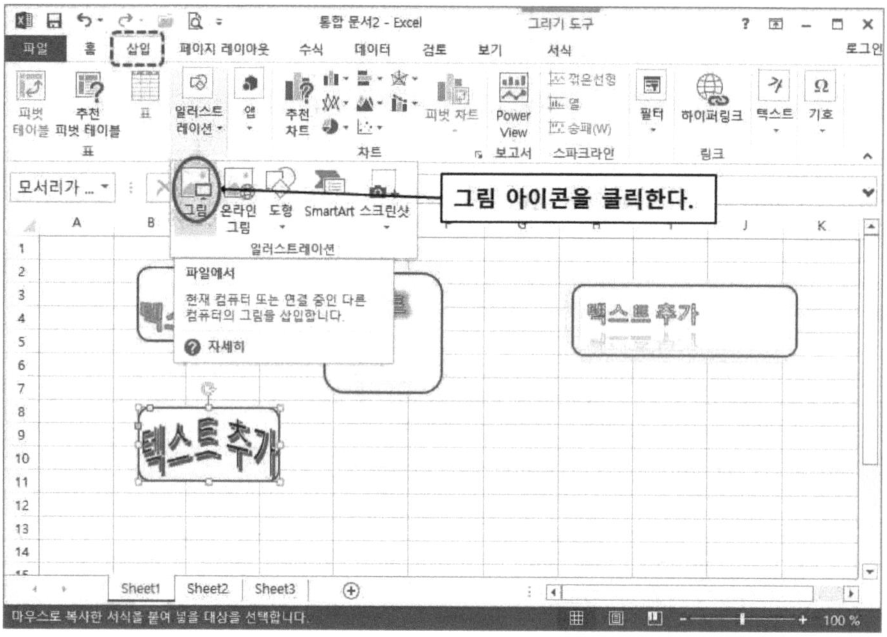

5.2 차트 작성과 이용

차트 기능은 EXCEL이 가지고 있는 강력한 기능 중 하나로 워크시트에 표시된 수치 데이터를 쉽게 비교 분석할 수 있도록 그래프로 나타내는 기능이다. 차트 종류는 세로 막대형, 꺾은선형, 원형, 가로 막대형, 영역형, 분산형, 주식형, 표면형, 도넛형, 거품형, 방사형 등 11종류가 미리 준비되어 있다. 또한 각각의 종류에는 3차원이나 쌓기 등 여러 가지 형식이 있으므로 혼합하는 방법에 따라 차트의 종류는 다양하다.

본 절에서는 차트의 개요와 차트를 작성하는 방법 그리고 차트의 수정과 삭제, 이동 등에 대하여 살펴보기로 한다.

5.2.1 차트 작성하기

① 차트 작성에 필요한 데이터의 범위를 지정한다. 범위를 지정할 때에는 반드시 데이터 항목의 제목을 포함시켜야 한다.

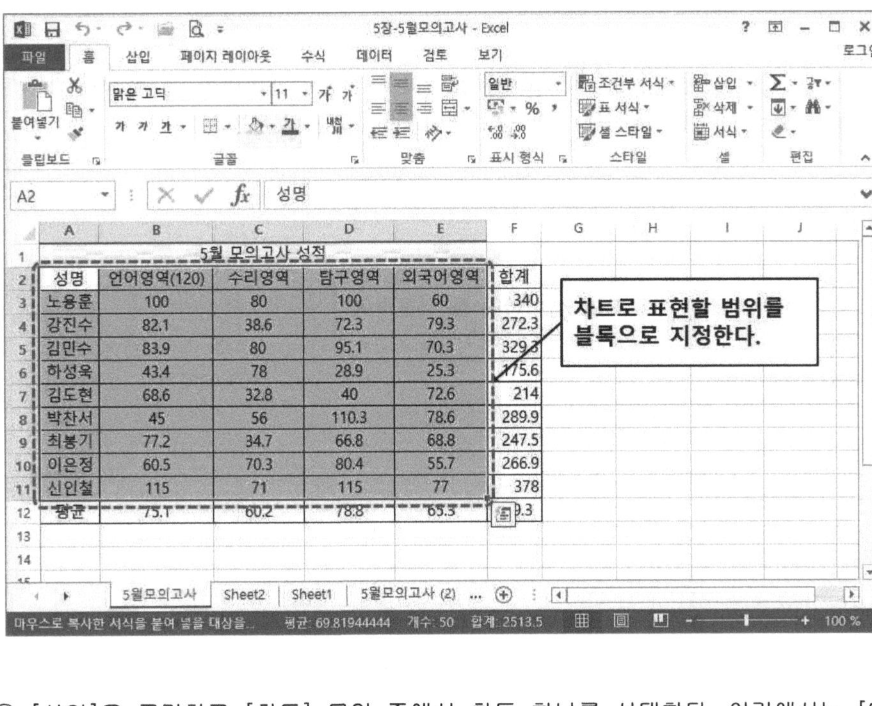

② [삽입]을 클릭하고 [차트] 모임 중에서 차트 하나를 선택한다. 여기에서는 [2차원 세로 막대형]의 [묶은 세로 막대형]을 선택한다.

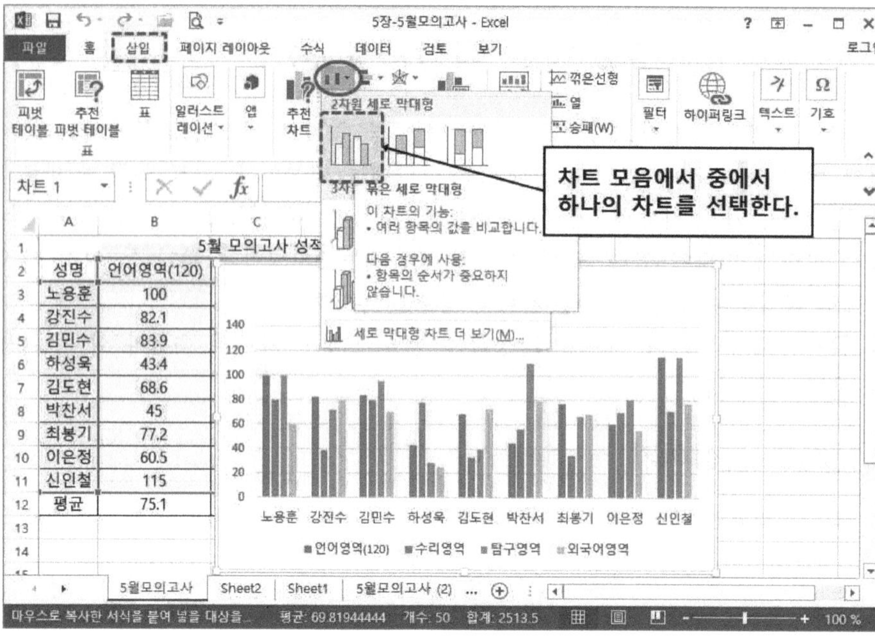

③ [차트 도구]-[디자인]-[차트 레이아웃] 그룹에서-[빠른 레이아웃]을 클릭하면 많은 차트 레이아웃을 빠르게 선택할 수 있다. 이 중 [레이아웃 2]를 선택한다.

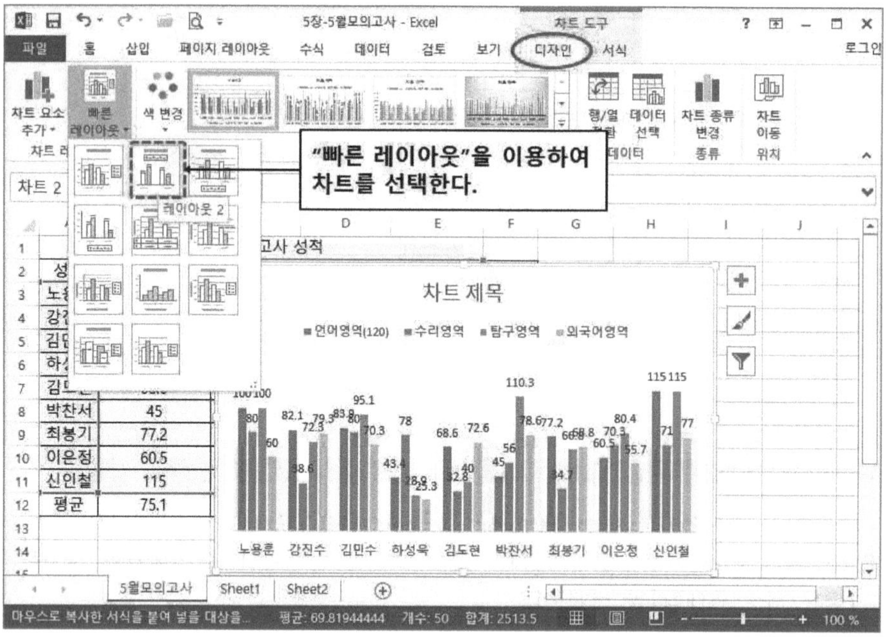

④ [레이아웃 2]가 차트에 적용되어 범례의 위치가 바뀌고 차트 제목이 삽입되었다. 차트의 행과 열을 전환하고 만들어질 차트에서 필요 없는 데이터 계열을 삭제하기 위해 [디자인]-[데이터]-[데이터 선택]을 클릭한다.

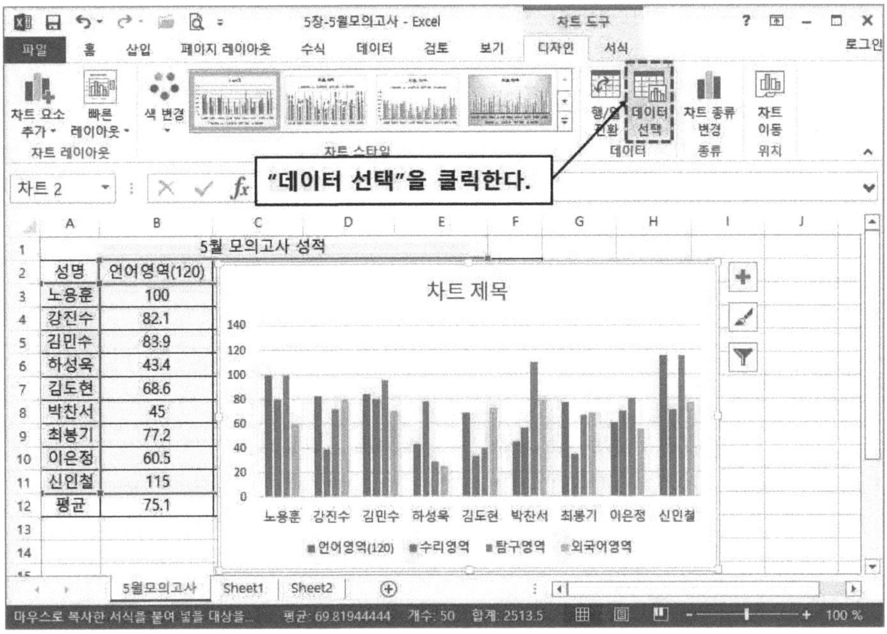

⑤ [데이터 원본 선택] 대화상자에서 [행/열 전환]과 [범례 항목]을 추가 또는 제거한 후, [확인] 버튼을 클릭한다.

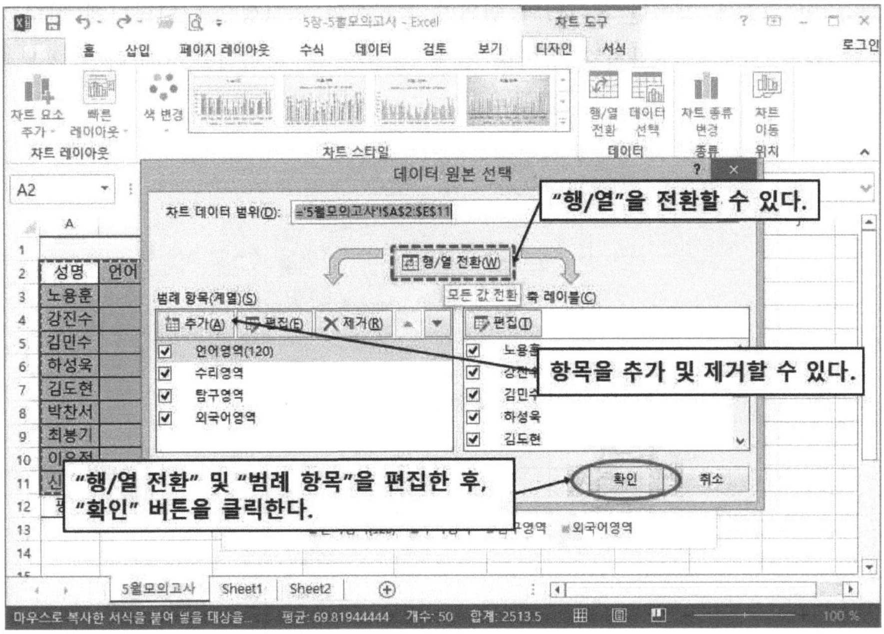

⑥ 워크시트에 영역별 성적을 볼 수 있는 차트가 삽입되었다.

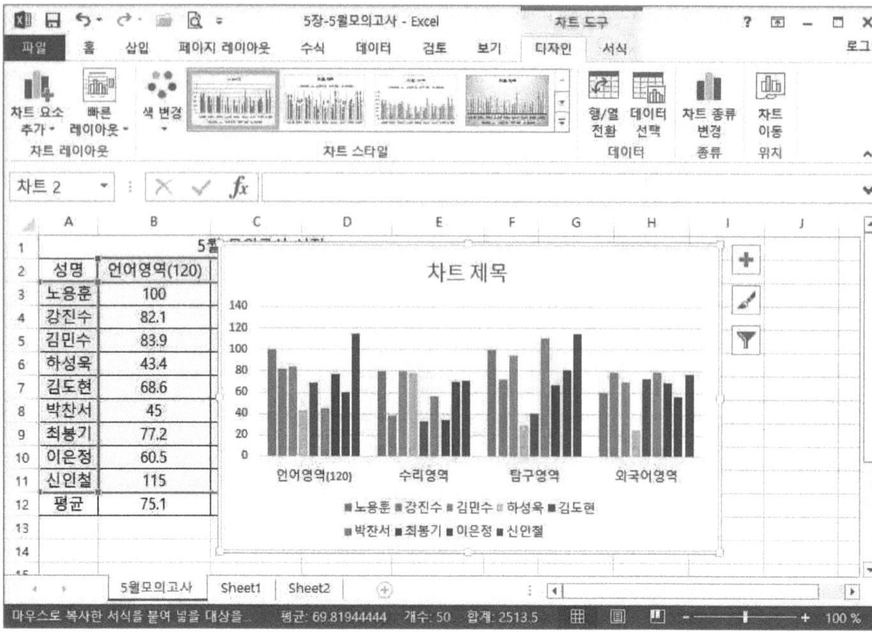

5.2.2 차트에 데이터 추가하기

새로 입력한 데이터를 차트에 포함시키고 싶을 경우에는 차트의 빈 공간을 마우스의 왼쪽 단추로 클릭하여 차트에 참여한 데이터의 범위가 둘러싸인 사각형으로 나타나게 한다. 둘러싸인 사각형 안에 차트에 추가시킬 행이나 열을 삽입한 후 데이터를 입력하면 차트에 자동으로 반영된다.

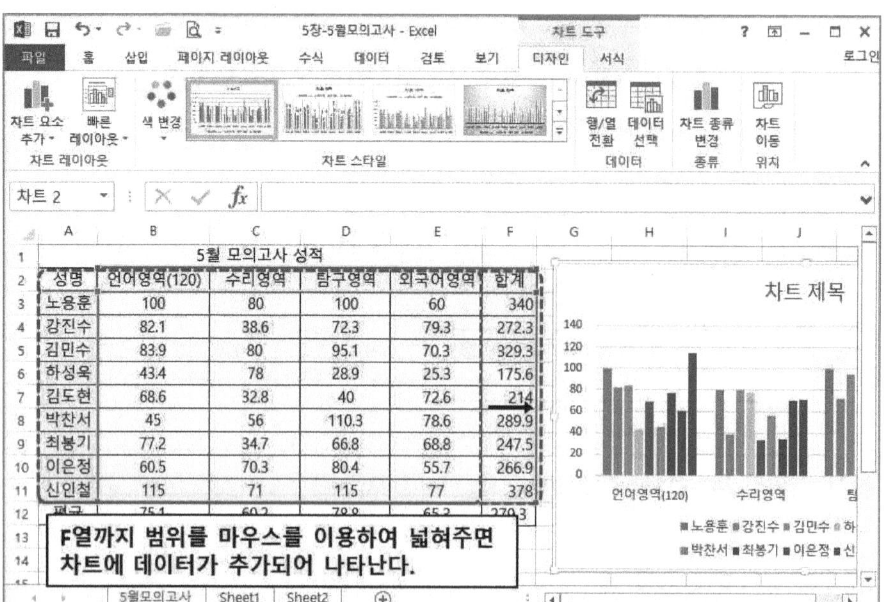

5.2.3 차트의 데이터의 삭제 및 이동

(1) 데이터 삭제

차트에서 필요 없는 데이터를 삭제할 경우는 데이터의 삽입과 같은 방법으로 먼저 차트의 빈 공간을 클릭하여 차트에 참여한 데이터의 범위가 둘러싸인 사각형으로 나타나게 한 후 삭제할 행이나 열을 지우면 차트의 내용도 같이 삭제된다.

(2) 차트의 이동

차트를 원하는 곳으로 이동시키려면 먼저 해당 차트를 마우스 왼쪽 단추로 누른다. 그러면 차트 주변에 8곳에 작은 점이 생기는데 이 상태에서 왼쪽 단추로 차트를 누른 채 원하는 곳으로 끌어다 놓기를 하면 된다. 차트 영역 내의 차트와 범례도 각각 이동시킬 수 있다.

5.2.4 차트의 종류와 서식 변경

차트나 차트 내에 표시된 글꼴이나 크기, 색상, 제목, 범례, 문자열 방향 등의 서식을 변경할 수 있다. 각종 서식을 변경하거나 지정하려면 [차트 도구]의 [디자인], [레이아웃], [서식]을 이용하거나 해당 데이터를 마우스 오른쪽 단추로 클릭하여 단축 메뉴를 불러낸다. 단축 메뉴가 나타나면 해당 명령을 선택하여 각종 서식을 정해주면 된다.

(1) 차트의 기본 구성

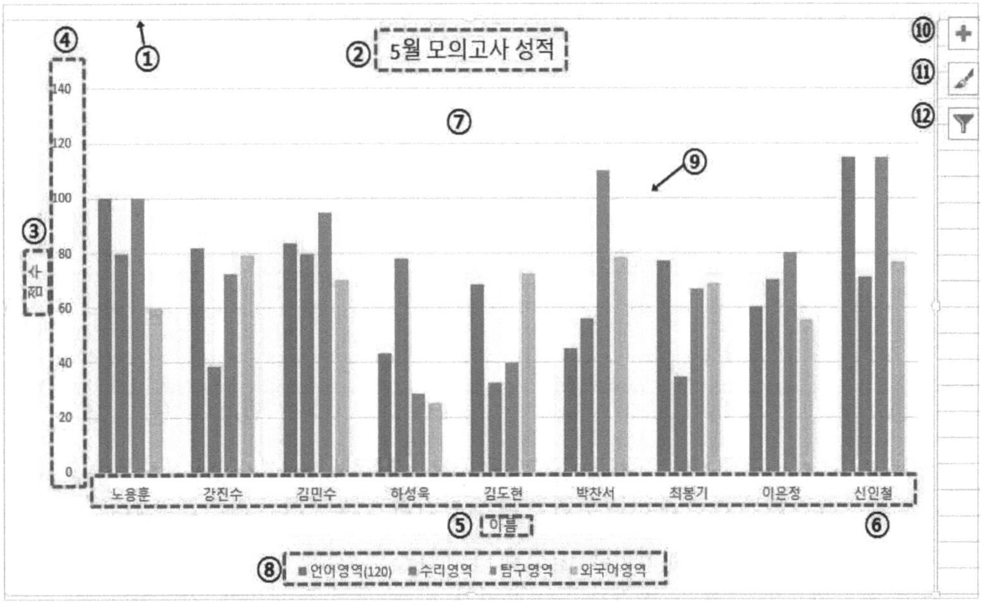

① 차트 영역 : 차트 영역 서식(O)과 차트 종류(T)가 포함된 단축 메뉴가 나타난다. 괘선의 유형, 색, 두께, 글꼴 등과 차트를 바꿀 수 있다.
② 차트 제목 : 제목 수정은 물론 괘선의 유형, 색, 두께, 글꼴, 색 채우기 등을 할 수 있다.
③ 값 축 제목 : 값 축 제목 수정 및 괘선의 유형, 색, 두께, 글꼴, 색 채우기 등을 할 수 있다.
④ 값 축 : 눈금과 글꼴, 괘선의 유형과 색, 두께, 색 채우기 등을 할 수 있다.
⑤ 항목 축 제목 : 항목 축 제목, 괘선, 색, 글꼴, 색 채우기 등을 할 수 있다.
⑥ 항목 축 : 눈금과 글꼴, 괘선의 유형과 색, 두께, 색 채우기 등을 할 수 있다.
⑦ 그림 영역 : 그림 영역 서식과 차트 종류 등이 포함된 단축 메뉴가 나타난다.
⑧ 범례 : 범례 서식에는 무늬, 글꼴, 위치 바꾸기가 있다.
⑨ 눈금선 : 축의 값을 표시한다.

차트 기본 구성들을 수정할 수 있는 다양한 기능은 다음과 같다.

⑩ 차트 요소

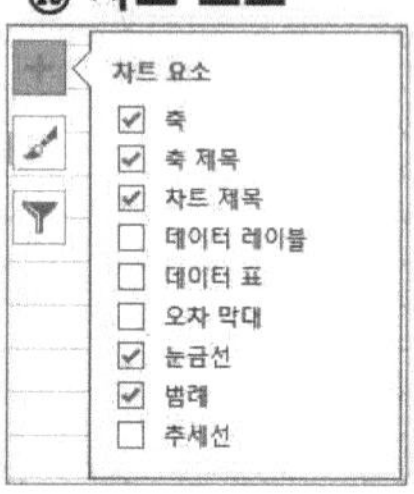

⑪ 차트 스타일

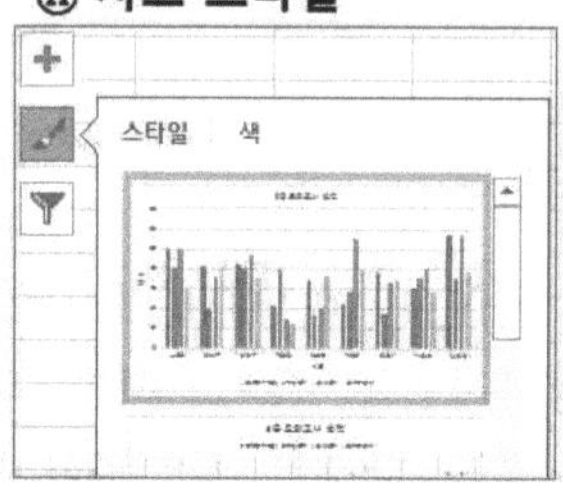

⑫ 차트 필터

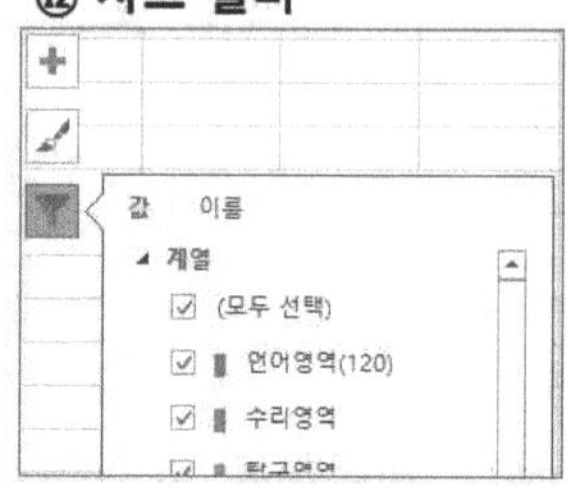

⑩ 차트요소 : 제목, 범례, 눈금선, 데이터 레이블과 같은 차트 요소를 추가, 제거 또는 변경한다.
⑪ 차트 스타일 : 차트에 대한 스타일 및 구성표를 설정한다.
⑫ 차트 필터 : 차트에 표시할 데이터 요소 및 이름을 편집한다.

(2) "디자인" 탭

[차트 도구]의 [디자인] 탭을 이용하면 차트의 종류, 원본 데이터 영역, 레이아웃, 스타일, 위치를 바꿀 수 있다.

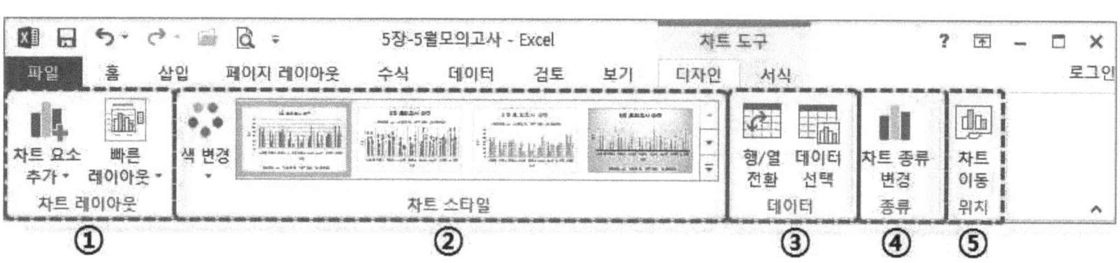

① 차트 레이아웃 : 미리 지정한 차트 구성 요소들로 이루어진 차트들을 선택한다.
② 차트 스타일 : 미리 지정한 서식으로 이루어진 차트 스타일을 선택한다.
③ 데이터 : 차트 원본 데이터를 수정할 수 있다.
④ 종류 : 차트의 종류를 변경하고 사용자가 만든 서식을 파일로 저장한다.
⑤ 위치 : 차트를 새로운 시트나 데이터가 있는 시트로 이동할 수 있다.

(3) "서식" 탭

[차트 도구]-[서식] 탭에서는 차트 구성 요소를 선택하여 서식을 수정할 수 있으면 차트와 함께 워크시트에 삽입한 그래픽 요소의 서식을 지정할 수 있다.

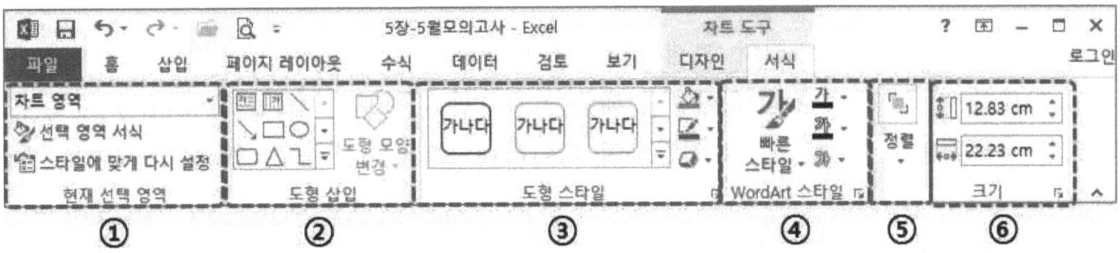

①~⑤까지는 앞에서 설명했으므로 생략하기로 한다.

⑥ 크기 : 차트의 높이와 너비를 직접 입력하거나 상·하 목록 단추를 눌러 조절한다.

< 메　모 >

제 6 장 데이터베이스 기능

데이터베이스란 성적 관리나 고객 관리 등 방대한 자료를 일정 기준에 따라 정리하여 특정 자료의 검색 및 추출을 용이하게 해주는 자료관리 프로그램으로 EXCEL에서는 워크시트의 자료들을 목록 형식으로 저장하여 데이터베이스처럼 활용할 수 있는 기능을 제공한다.

본 장에서는 EXCEL에서 데이터를 정렬하는 방법과 조건에 맞는 데이터를 골라내는 방법 그리고 피벗 테이블을 만드는 방법에 대하여 살펴보기로 한다. 먼저 데이터베이스에 사용되는 기본 용어의 의미는 다음과 같다.

- 필드(Field) : 데이터베이스 구성의 최소단위로서 항목(item)이라고도 하며 EXCEL에서는 보통 열 방향으로 입력된 데이터들을 의미한다. 예를 들면 이름, 전화번호, 주소록, 성별 등이 여기에 속한다.
- 필드명 : 각 필드에 입력된 데이터의 식별을 위하여 붙여놓은 제목을 말한다.
- 레코드 : 여러 개의 필드가 모여서 이루는 한 건의 의미 있는 데이터를 말하며, EXCEL에서는 하나의 단일 행을 말한다. 즉 각각의 행들은 레코드를 의미하며 이러한 레코드들이 모여서 데이터베이스를 구성한다.
- 자료(Data) : 데이터베이스를 구성하는 가장 기본이 되는 최소 단위로 "비디오", "TV", "21,000"와 같은 자료 하나하나를 말한다.

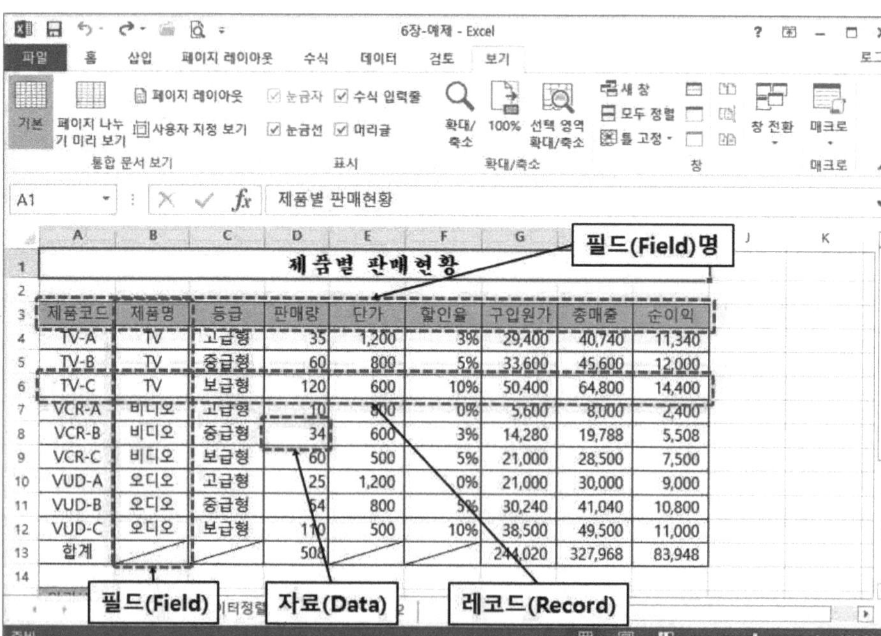

② [데이터]-[정렬 및 필터]-[정렬] 아이콘을 클릭하면 정렬 대화상자가 나타난다. [정렬] 대화상자에서 데이터 정렬 기준을 추가, 삭제 및 복사할 수 있으며, 정렬기준에서 '값', '셀 색', '글꼴 색'과 '셀 아이콘'으로 정할 수도 있다. 보통 행 단위로 정렬되지만 열 단위로 정렬할 경우에는 [정렬] 대화 상자의 [옵션] 부분을 실행한 후 [정렬 옵션] 대화상자의 [방향] 항목에서 [왼쪽에서 오른쪽]을 선택하면 된다.

만약 일부분만 정렬할 경우에는 먼저 범위를 지정한 후 정렬을 하면 되고, 목록의 첫 번째 행이 글꼴이나 맞춤 등이 다른 행과 차이가 있을 때에는 자동으로 열 이름표로 인식한다.

열 전체나 행 전체를 지정하여 정렬 명령을 내리면 해당 열과 행만 정렬되고 다른 열과 행은 정렬되지 않으므로 주의해야 한다.

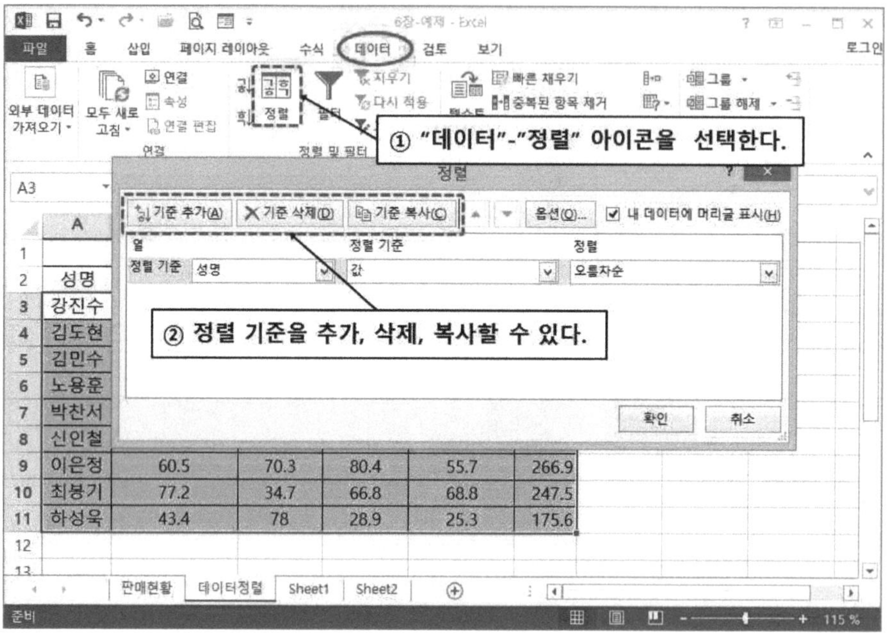

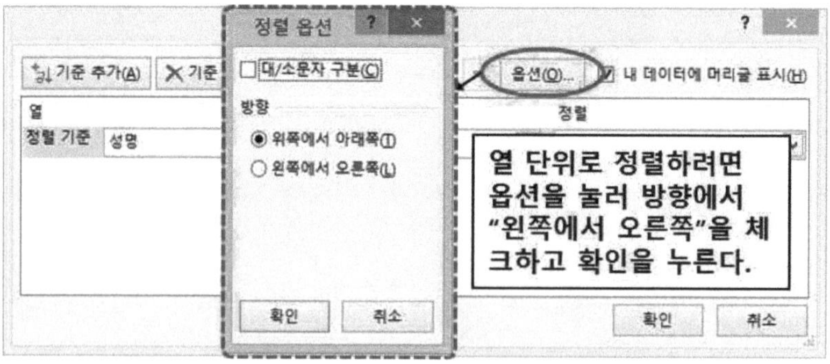

6.2 데이터의 필터

많은 데이터 중에서 조건에 맞는 데이터를 골라내는 것을 데이터의 필터 기능이라 하며 자동 필터 기능과 고급 필터 기능이 있다. 자동 필터 기능에는 사용자가 임의로 조건을 지정하는 사용자 정의 필터 기능을 포함하고 있으며 고급 필터 기능은 자동 필터 기능보다 복잡한 조건을 찾을 때 유용하다. [데이터]-[정렬 및 필터]-[필터] 아이콘을 클릭하면 자동 필터 기능이 수행되고 다시 선택하면 기능이 해제된다.

엑셀 기능을 설명할 때 엑셀 창 크기를 작게 하면 엑셀 아이콘들이 일부가 내부에 숨어 나타나지 않을 수 있다. 이러한 경우 전체화면으로 보면 엑셀의 모든 아이콘을 볼 수 있으므로 엑셀의 모든 기능들을 살펴볼 수 있다.

언어 영역 점수가 80점 이상인 사람을 자동필터 기능을 이용하여 실행해 보기로 한다.

① 언어 영역(B)열을 블록으로 지정하고 [데이터]-[정렬 및 필터]-[필터] 아이콘을 클릭하면 '언어 영역'에 드롭다운 화살표가 생긴다.

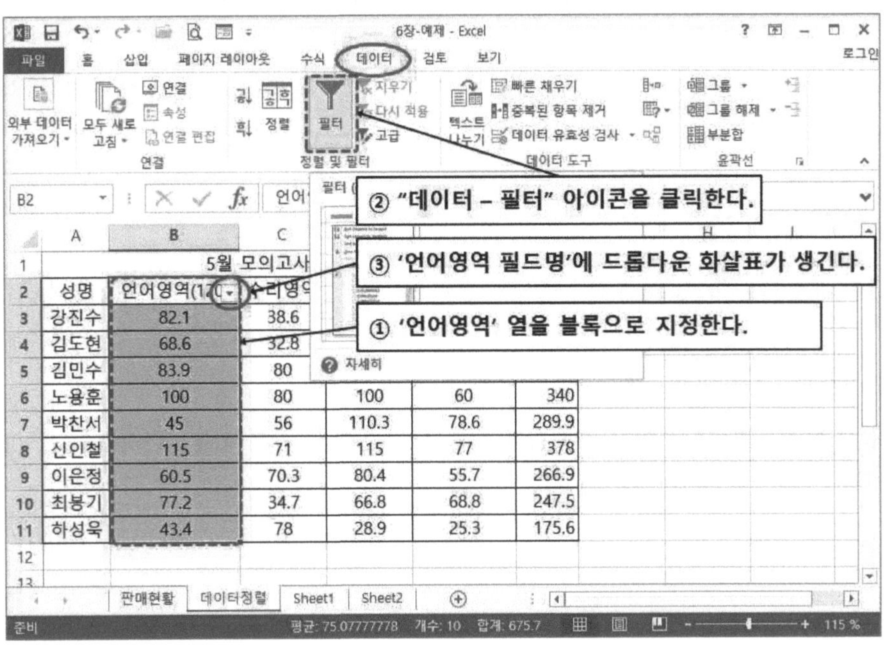

② [드롭다운] 화살표를 클릭한 다음, [숫자 필터(F)] 클릭하여 [크거나 같음(O)]을 선택한다.

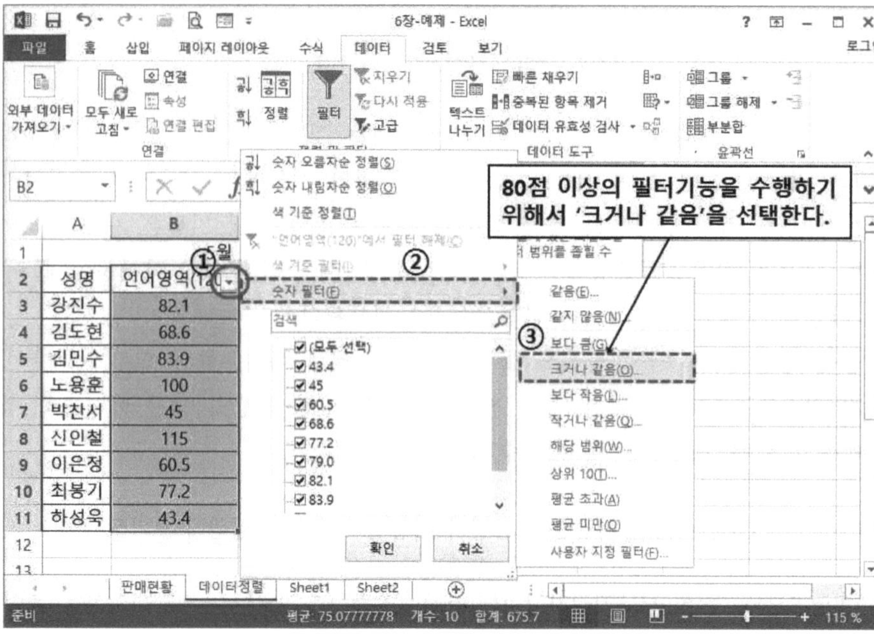

③ [사용자 지정 자동 필터] 대화 상자가 나타나면, "찾을 조건 : 언어영역"에 ">="과 "80"을 기록하고 [확인] 단추를 누른다.

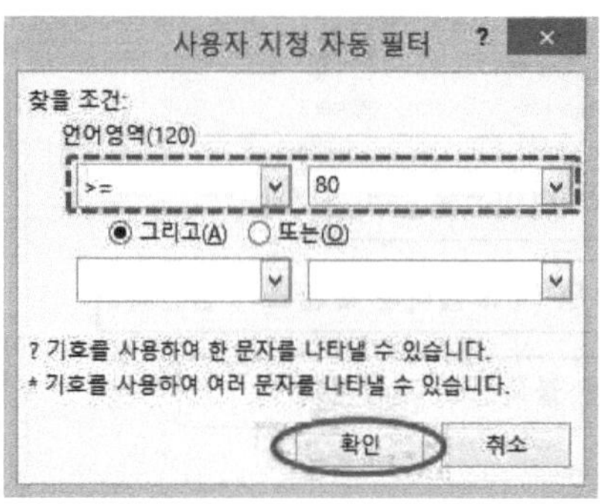

④ 언어 영역 점수가 80점 이상인 사람만 나타난다. 만약 조건을 지우려면 [지우기] 아이콘을 클릭한다.

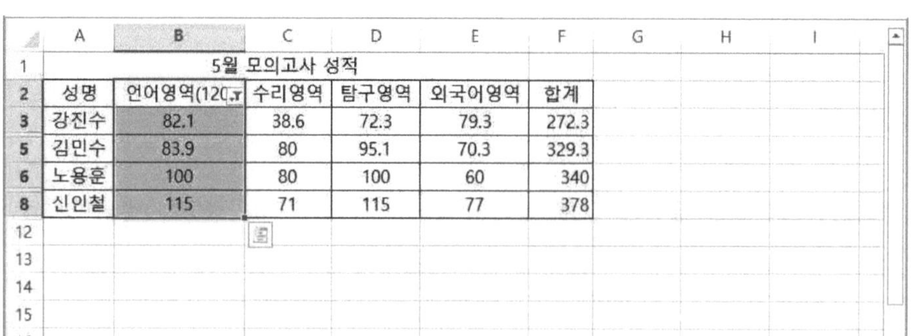

	A	B	C	D	E	F
1	5월 모의고사 성적					
2	성명	언어영역(120	수리영역	탐구영역	외국어영역	합계
3	강진수	82.1	38.6	72.3	79.3	272.3
5	김민수	83.9	80	95.1	70.3	329.3
6	노용훈	100	80	100	60	340
8	신인철	115	71	115	77	378

6.3 레코드 관리

워크시트에 입력된 데이터는 셀 단위로 작업을 진행하므로 연관된 데이터의 관리가 쉽지 않다. 이러한 단점을 보완한 것이 레코드 관리기능이다. 즉 워크시트에 데이터를 추가, 삭제, 이동, 검색 등을 할 경우 레코드 관리 기능을 사용하면 레코드들을 훨씬 효과적으로 관리할 수 있다.

① [파일]-[옵션] 대화상자-[빠른 실행 도구 모음]을 선택한다. [다음에서 명령 선택(C)]에서 [리본 메뉴에 없는 명령]을 선택한다. 그리고 [레코드 관리] 명령을 선택하고 [추가] 버튼을 클릭한 후, [확인] 버튼을 클릭하면 빠른 실행 도구 모음에 추가된다.

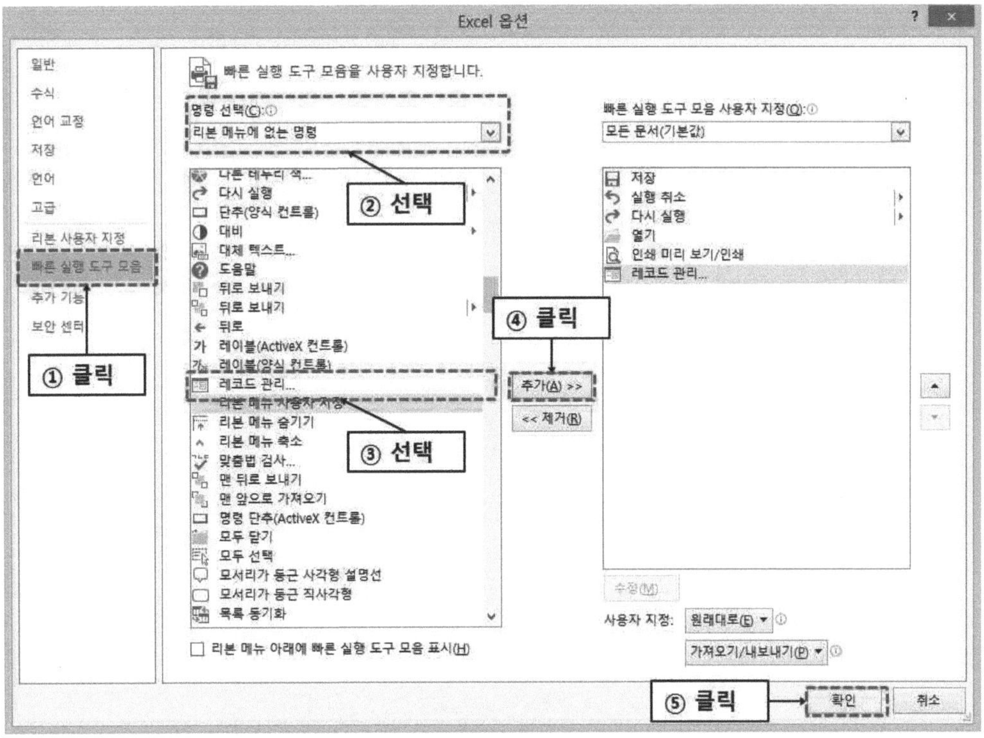

② 데이터 안의 아무 셀이나 선택하고, [빠른 실행 도구 모음]에서 [레코드 관리] 아이콘을 클릭하면 시트 이름의 [데이터정렬] 대화 상자가 나타난다. [새로 만들기(W)] 단추를 누른다.

6.4 부분합

워크시트에 입력되어 있는 각각의 데이터들을 종류별로 합계나 평균, 최대값, 최소값, 개수들을 쉽게 계산하여 주는 기능이다.

다음과 같이 엑셀에서 제품별 판매현황 표를 작성한다.

제품별 판매현황

제품코드	제품명	등급	판매량	단가	할인율	구입원가	총매출	순이익
TV-A	TV	고급형	35	1,200	3%	29,400	40,740	11,340
TV-B	TV	중급형	60	800	5%	33,600	45,600	12,000
TV-C	TV	보급형	120	600	10%	50,400	64,800	14,400
VCR-A	비디오	고급형	10	800	0%	5,600	8,000	2,400
VCR-B	비디오	중급형	34	600	3%	14,280	19,788	5,508
VCR-C	비디오	보급형	60	500	5%	21,000	28,500	7,500
VUD-A	오디오	고급형	25	1,200	0%	21,000	30,000	9,000
VUD-B	오디오	중급형	54	800	5%	30,240	41,040	10,800
VUD-C	오디오	보급형	110	500	10%	38,500	49,500	11,000
합계			508			244,020	327,968	83,948

원가비율	70%

할인율표

판매량	할인율
1	0%
30	3%
50	5%
100	10%

① 아래와 같은 표를 작성하여 B3셀을 클릭한 후 [데이터]-[윤곽선]-[부분합]을 실행한다.

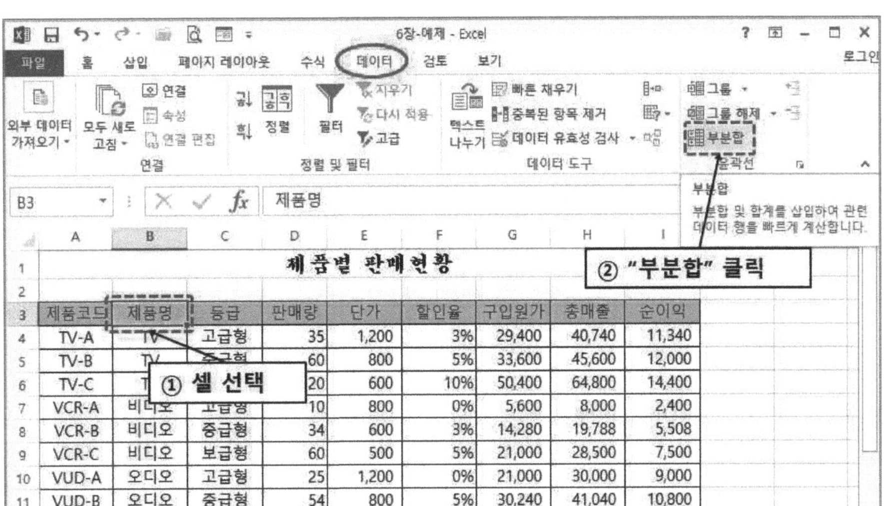

② [부분합] 대화 상자가 나타나면 [그룹화 항목]에 제품명, [사용할 함수]는 합계, [부분합 계산 항목]은 판매량, 총매출, 순이익을 기록한 후 [확인] 버튼을 클릭한다.

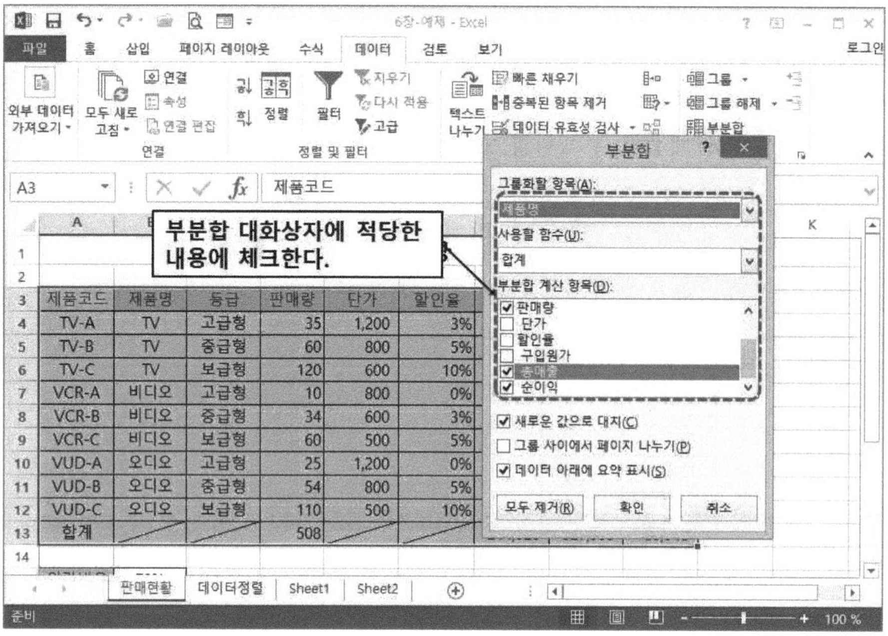

③ 각 제품의 집계가 표시된다.

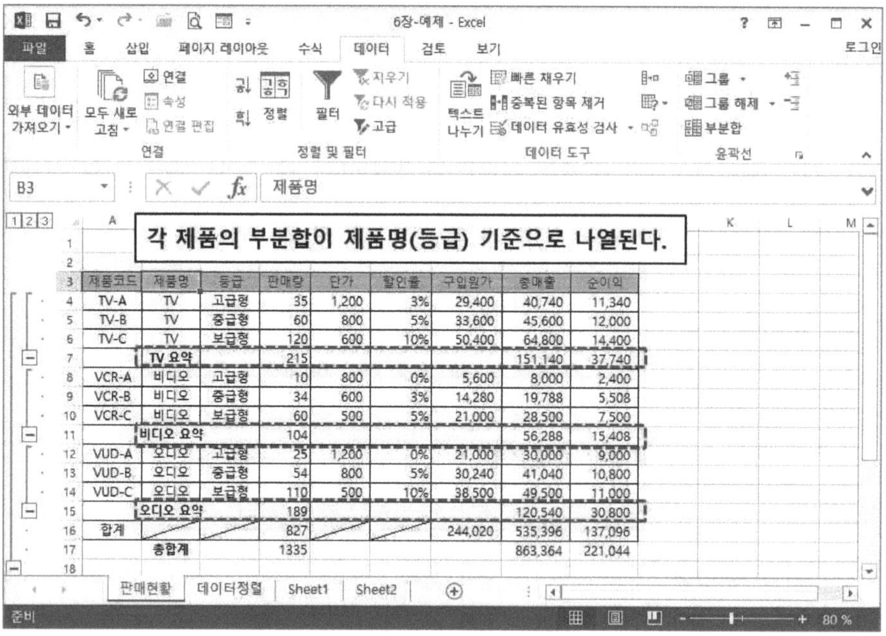

④ “2”을 클릭하면 각각 총 합계와 제품별 합계 금액이 나타난다.

	A	B	C	D	E	F	G	H	I
3	제품코드	제품명	등급	판매량	단가	할인율	구입원가	총매출	순이익
7		TV 요약		215				151,140	37,740
11		비디오 요약		104				56,288	15,408
15		오디오 요약		189				120,540	30,800
16	합계			827			244,020	535,396	137,096
17		총합계		1335				863,364	221,044
18									
19	원가비율	70%							
20									
21		할인율표							
22	판매량	할인율							

⑤ 또한 [+], [−] 단추를 이용하면 부분적으로 표시할 데이터를 선택해서 표시할 수도 있다.

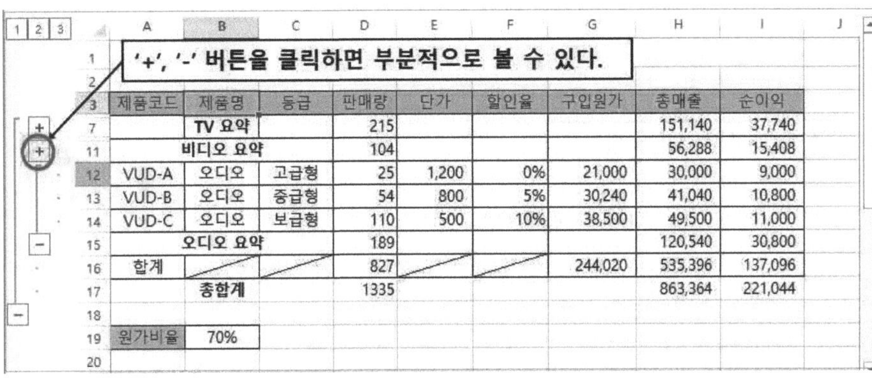

	A	B	C	D	E	F	G	H	I
3	제품코드	제품명	등급	판매량	단가	할인율	구입원가	총매출	순이익
7		TV 요약		215				151,140	37,740
11		비디오 요약		104				56,288	15,408
12	VUD-A	오디오	고급형	25	1,200	0%	21,000	30,000	9,000
13	VUD-B	오디오	중급형	54	800	5%	30,240	41,040	10,800
14	VUD-C	오디오	보급형	110	500	10%	38,500	49,500	11,000
15		오디오 요약		189				120,540	30,800
16	합계			827			244,020	535,396	137,096
17		총합계		1335				863,364	221,044
18									
19	원가비율	70%							
20									

⑥ 부분합을 취소하려면 [데이터]-[윤곽선]-[부분합] 아이콘을 클릭한 후 [모두 제거] 버튼을 클릭한다. 원상태로 복귀된 것을 확인할 수 있다.

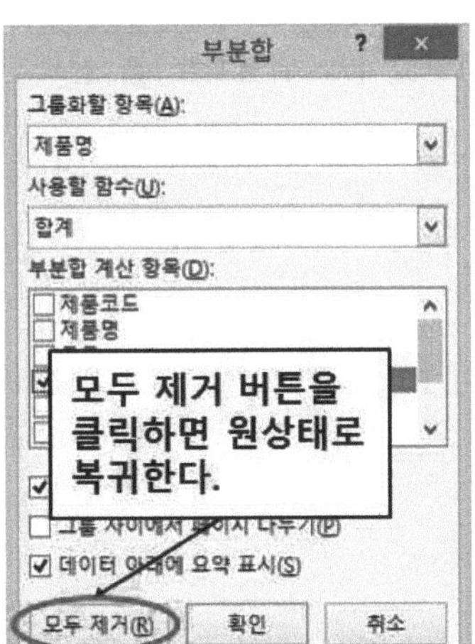

6.5 피벗 테이블

데이터의 정렬, 자동 합계, 필터 등의 데이터 관리 기능을 종합해서 하나의 통계표로 작성하여 데이터를 쉽고 빠르게 요약, 분석해주는 기능을 피벗 테이블 기능이라고 하는데 다른 프로그램에서 입력한 데이터도 분석할 수 있다. 또한 작성한 후에도 피벗 테이블에 서식을 지정하거나 쉽게 형식을 변경할 수도 있다.

6.5.1 피벗 테이블 보고서 만들기

① 셀 포인터를 요약할 데이터베이스 내에 위치(B6셀)시킨 후 [삽입]-[표]--[피벗 테이블]을 클릭한다.

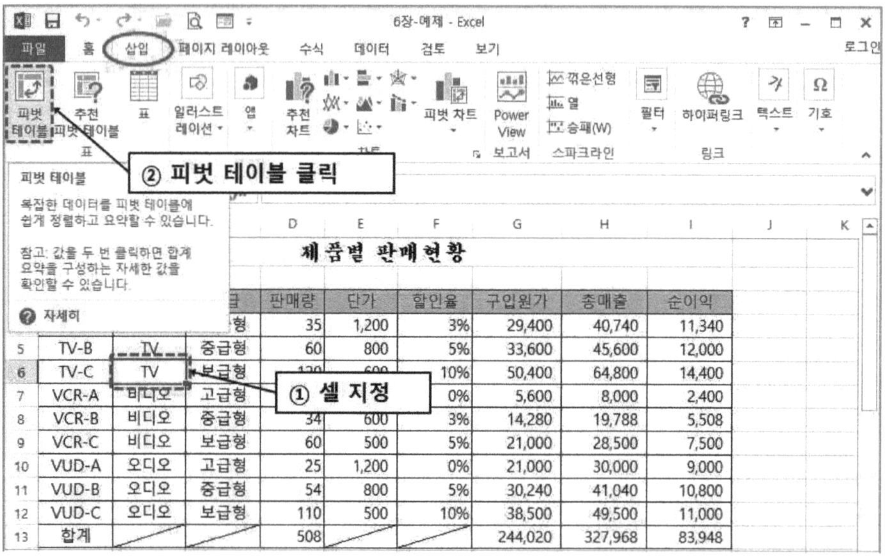

② [피벗 테이블 만들기] 대화상자에서 [표/범위]를 설정하고 [새 워크시트]를 선택한 후, [확인] 버튼을 클릭한다.

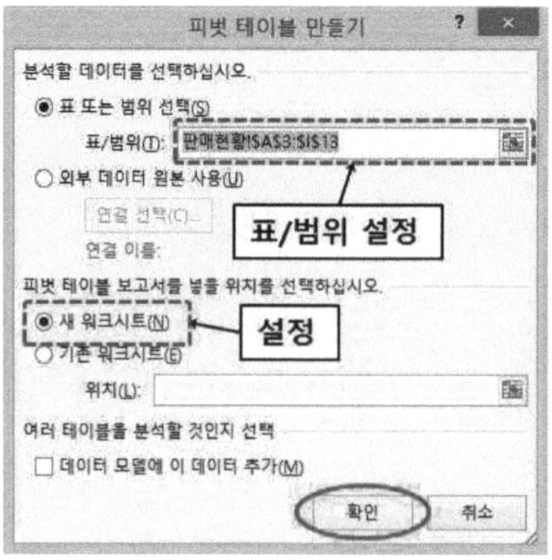

③ 다음과 같이 새 워크시트에 “피벗 테이블1”과 “피벗 테이블 필드 목록”이 표시된다.

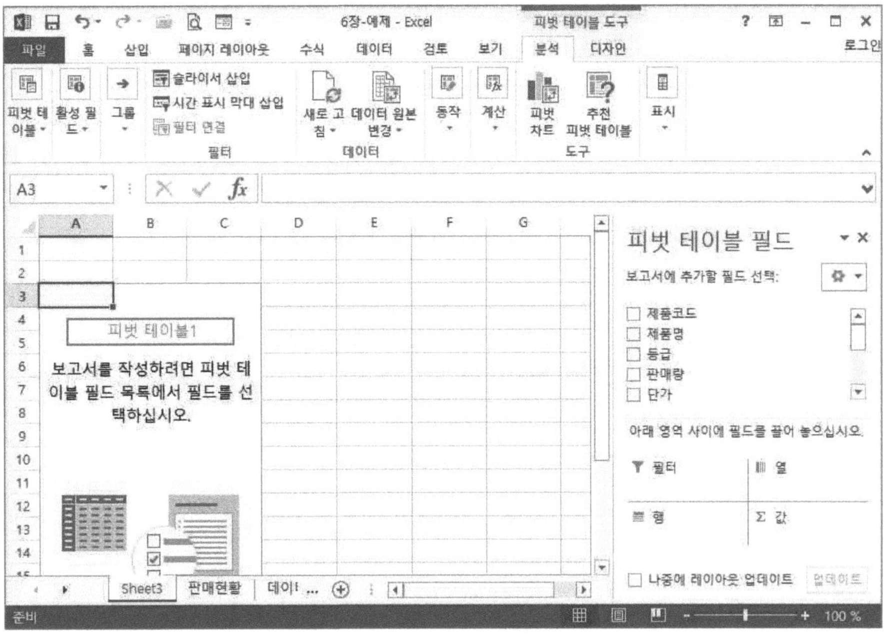

④ 그림과 같이 “피벗 테이블 필드 목록” 아래에 있는 “필터”에 “제품코드”를 드래그 하여 끌어다 놓는다.

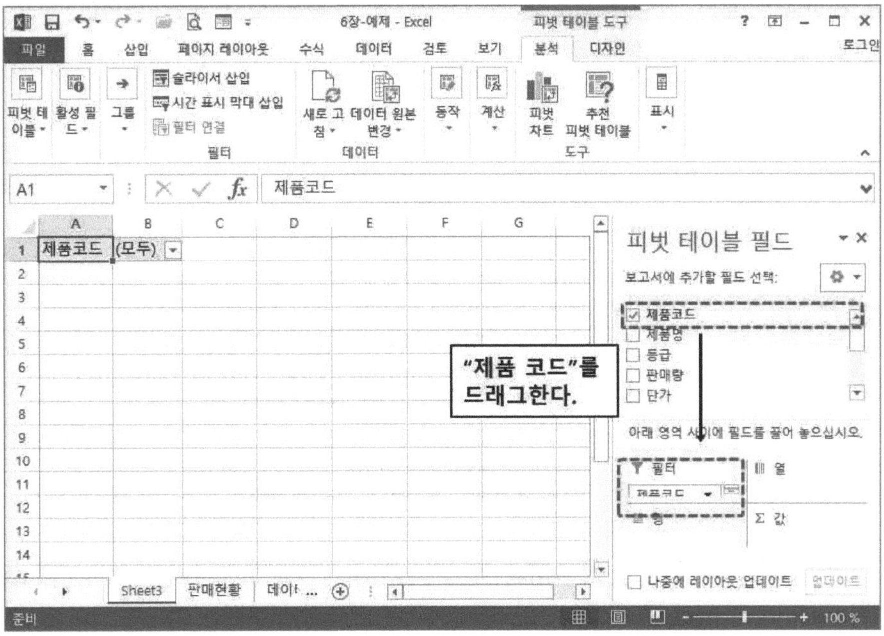

⑤ '제품명'은 '행 레이블'에 드래그하고, '등급'은 '열 레이블'에, '판매량'과 '총매출'은 '값'에 드래그 하면 다음과 같이 피벗 테이블이 표시된다. 값 필드를 열 레이블과 행 레이블 둘 중 한 곳으로 옮겨 보기 좋도록 피벗 테이블을 만든다.

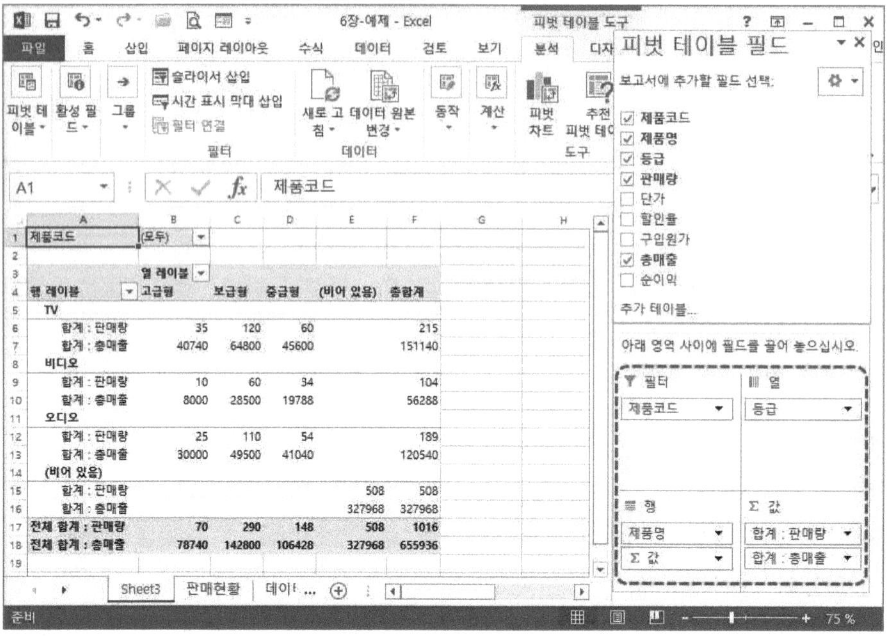

⑥ 피벗 테이블은 필터 기능과 합쳐져 있다. 필드명 왼쪽의 보고 싶은 항목만 체크한 후 [확인] 단추를 클릭한다(아래 왼쪽 그림).

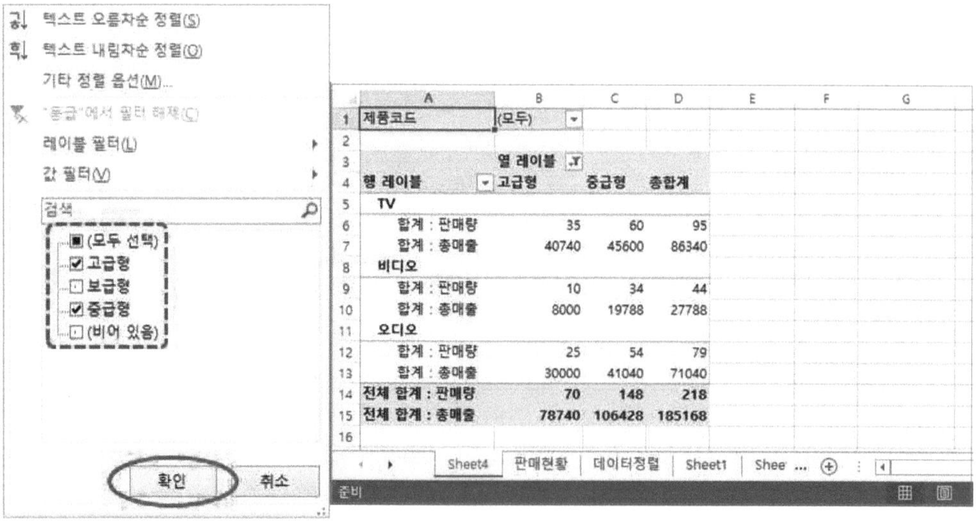

⑦ 위의 그림과 같이 선택한 제품만 표시된 것을 확인할 수 있다(위쪽 오른쪽 그림).

6.5.2 적용한 함수 변경하기

피벗 테이블 보고서를 만들면 데이터 필드에 기본적으로 합계 함수가 적용되어 있다. 이것은 필요에 따라 여러 가지 함수로 변경해서 볼 수 있다.

① [피벗 테이블 도구]-[분석]-[활성 필드]에서 [필드 설정]을 클릭한다.

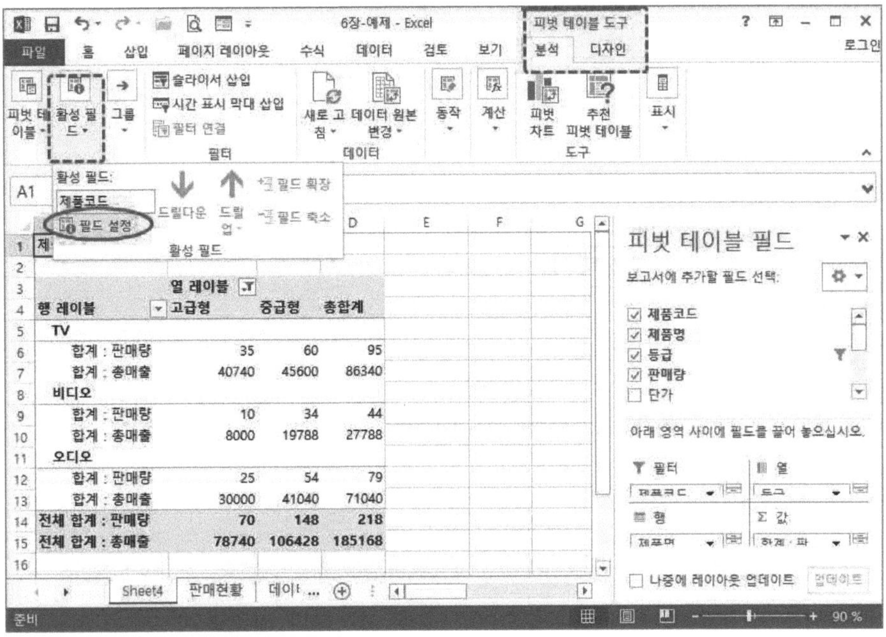

② [필드 설정] 대화상자에서 "사용자 지정"을 체크한 후, 사용할 함수를 지정하고 [확인] 버튼을 클릭한다.

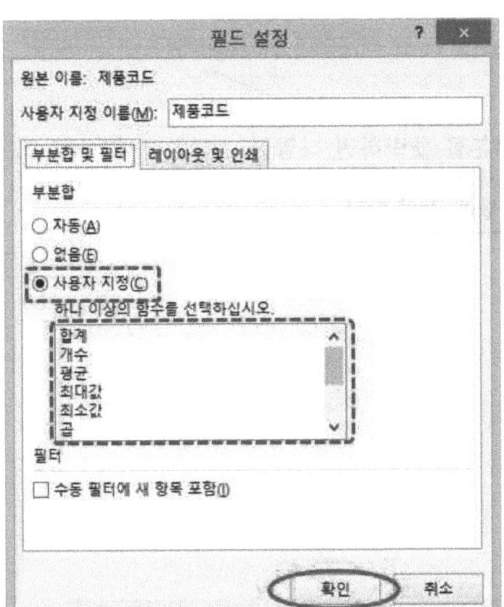

Part 3

6.5.3 피벗 테이블에 서식 지정하기

피벗 테이블 보고서도 테두리와 배경, 글꼴 등의 서식을 지정해 꾸밀 수 있다.

① 셀을 설정한 후 [피벗 테이블 도구]-[디자인] 탭을 클릭한다.

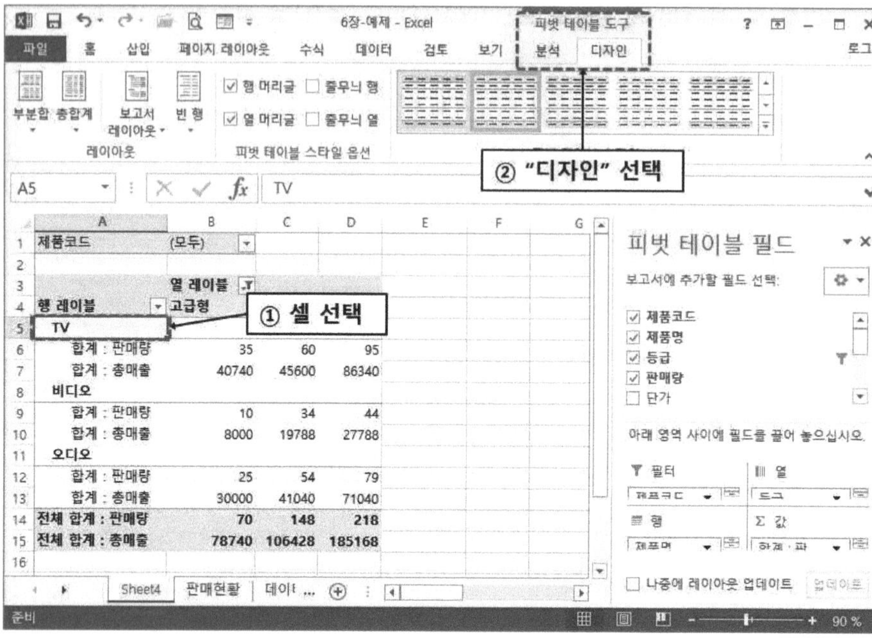

② [피벗 테이블 스타일] 그룹에서 적합한 스타일을 선택하면 테이블에 적용된다.

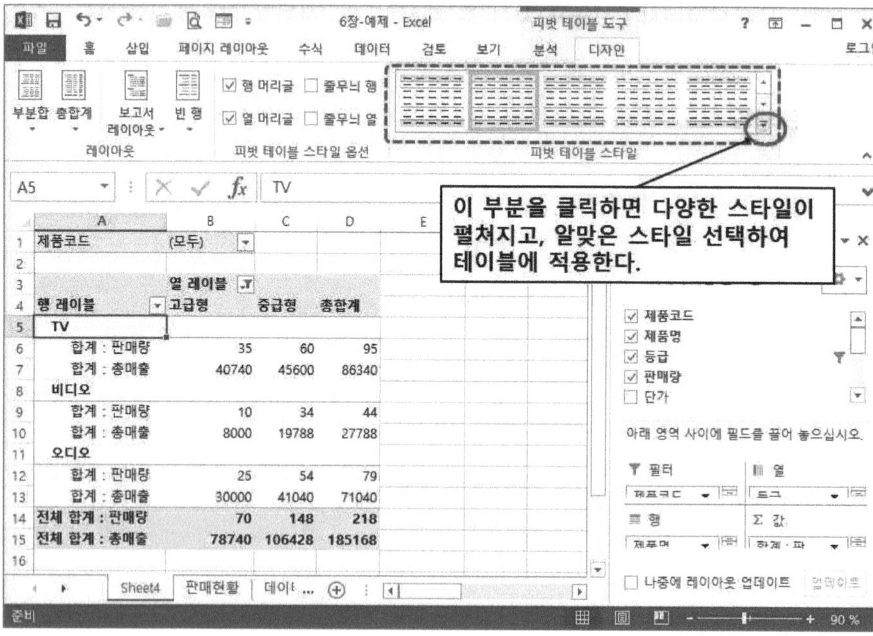

6.5.4 피벗 차트 만들기

피벗 테이블 보고서의 내용을 가지고 간단하면서도 유용한 차트를 손쉽게 만들 수 있다. 이 기능은 알아두면 대단히 편리하다.

① 다음과 같이 피벗 테이블을 만든 후, 안쪽 셀을 클릭하고 [피벗 테이블 도구]-[분석]-[도구] 그룹에서 [피벗 차트] 아이콘을 클릭한다.

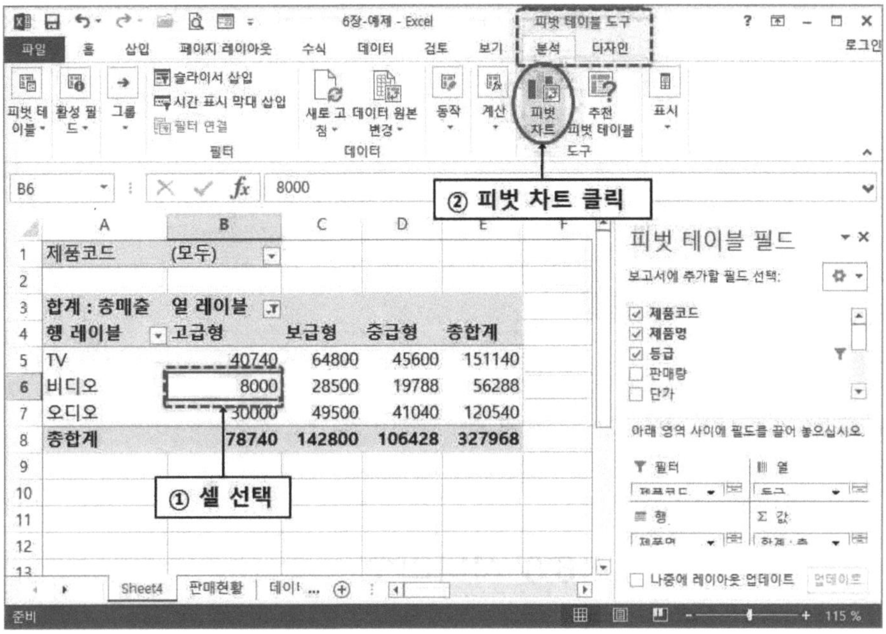

② [차트 삽입] 대화상자에서 차트 종류를 선택하고 [확인]을 클릭한다. 분산형, 주식형을 제외하고는 모든 차트 종류를 사용할 수 있다.

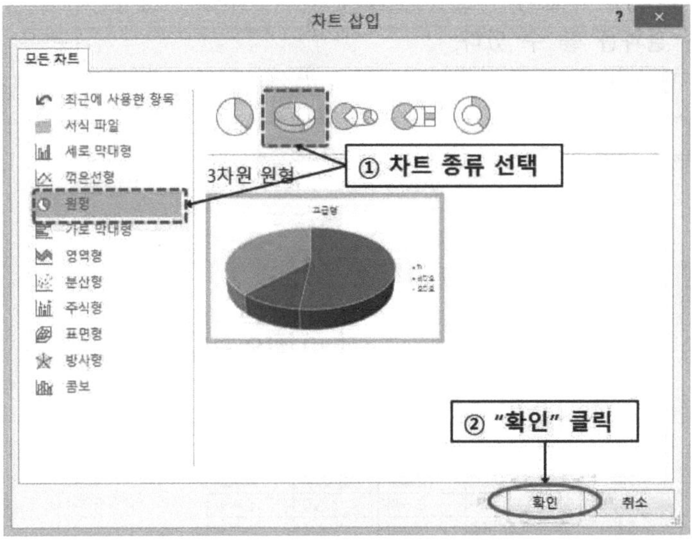

③ 피벗 차트가 완성되었다. [피벗 차트 도구]-[디자인] 리본 메뉴에서 차트 만들기와 같은 방법으로 피벗 차트의 형식을 변경할 수 있다.

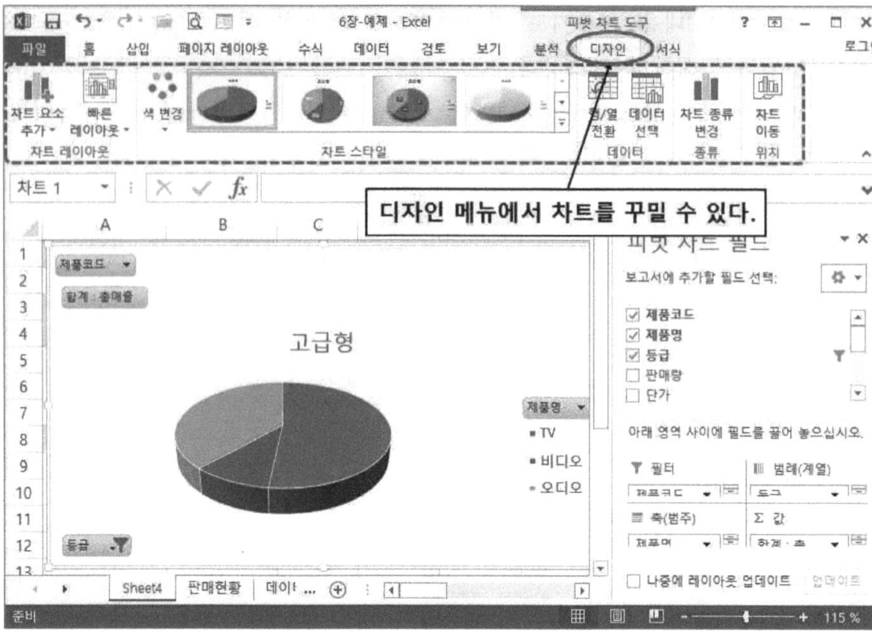

6.6 시나리오

시나리오는 what-if 분석 도구라고 하는 명령군의 일부이다. 시나리오는 워크시트에서 저장하고 자동으로 바꿀 수 있는 값의 집합이다. 시나리오를 사용하면 워크시트 모델의 결과를 예측할 수 있다. 여러 가지 값의 그룹을 만들어 워크시트에 저장한 다음, 새로운 시나리오로 전환하여 다른 결과를 볼 수 있다.

① [데이터]-[데이터 도구]-[가상 분석] 아이콘을 클릭하고 [시나리오 관리자]를 선택한다.

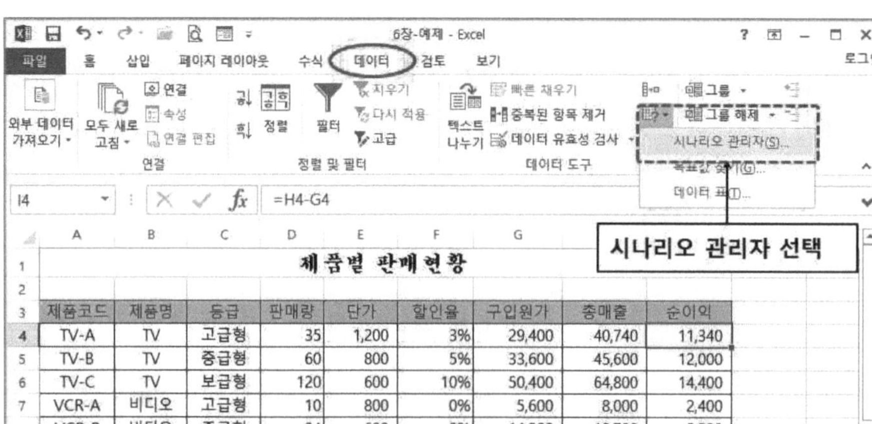

② [시나리오 관리자] 대화상자가 나타난다. 여기에서 [추가] 단추를 클릭하고, [시나리오 추가] 상자에 시나리오 이름을 입력한다. 여기서는 [구입원가 인상]이라고 입력한다.

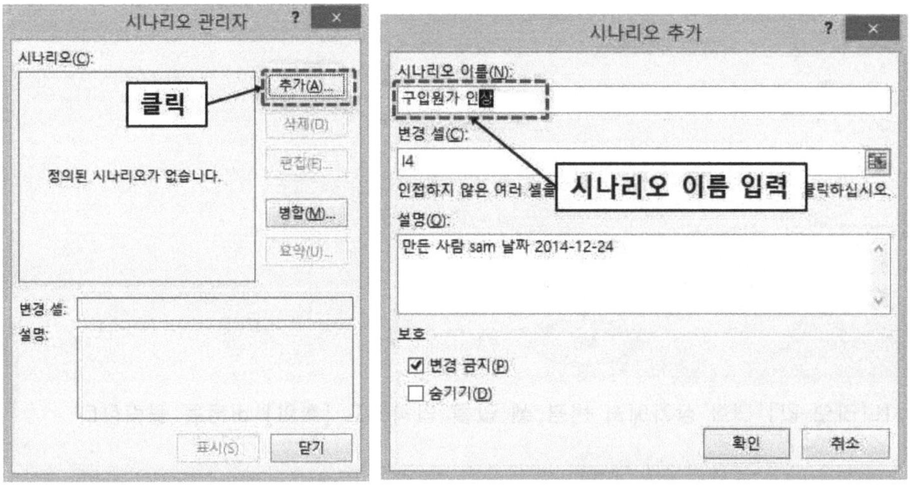

③ 변경 셀(C) 셀 상자에 변경할 셀에 대한 참조 영역[B15]을 입력한다. 설명(O)에는 "구입원가 10% 인상"이라고 적는다. 참고로 변경 셀의 원래 값을 유지하려면 값을 변경하는 시나리오를 만들기 전에 원래 셀 값을 사용하는 시나리오를 만들어 놓는다.

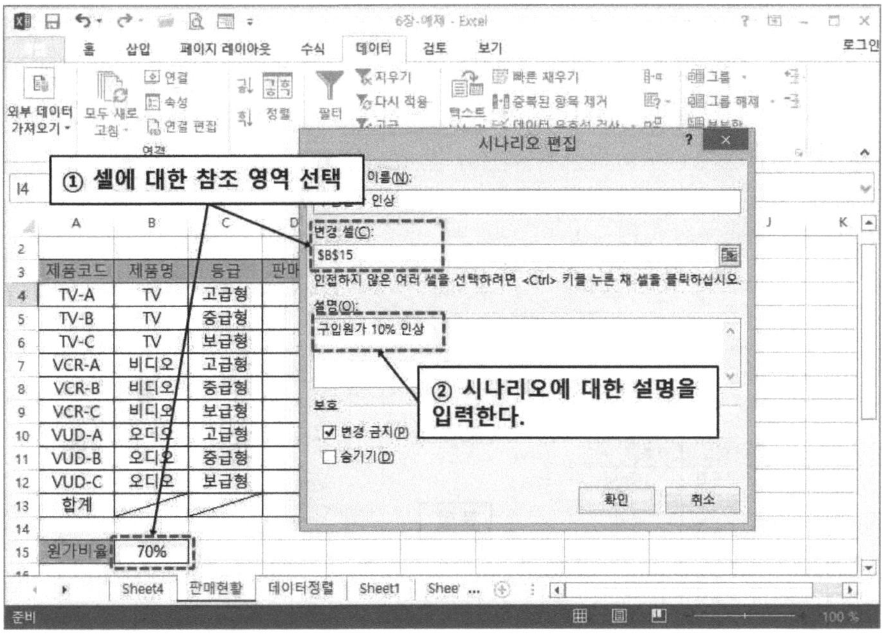

④ [보호]에서 원하는 옵션을 선택하고, [확인] 버튼을 클릭한다.

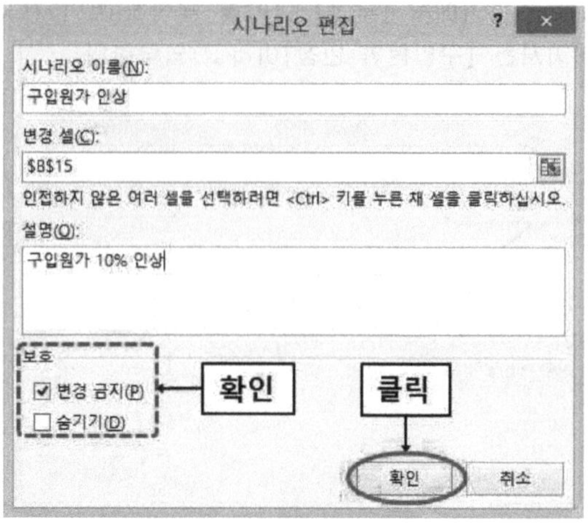

⑤ [시나리오 값] 대화 상자에서 변경 셀 값을 입력하고 [확인] 버튼을 클릭한다.

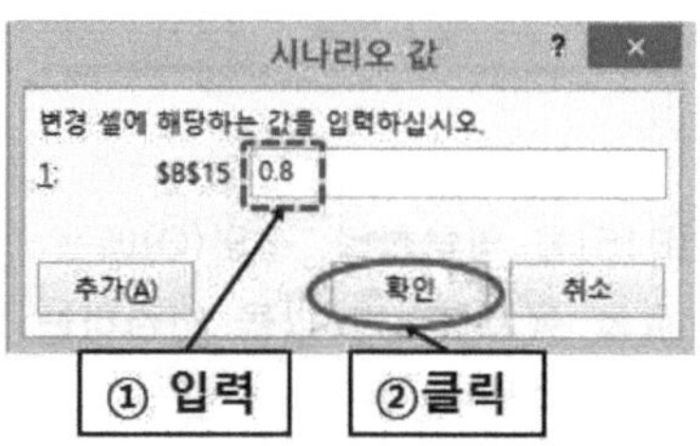

⑥ 추가 시나리오를 만들려면 [추가] 버튼을 다시 클릭하고 위 절차를 반복한다. 여기에서는 추가를 클릭하여 위와 같은 방법으로 "구입원가 인상", "구입원가 인하" 두 가지의 시나리오를 만든다. 시나리오 만들기가 끝나면 [확인]을 클릭하고 [시나리오 관리자] 대화 상자에서 [요약(U)]을 클릭한다.

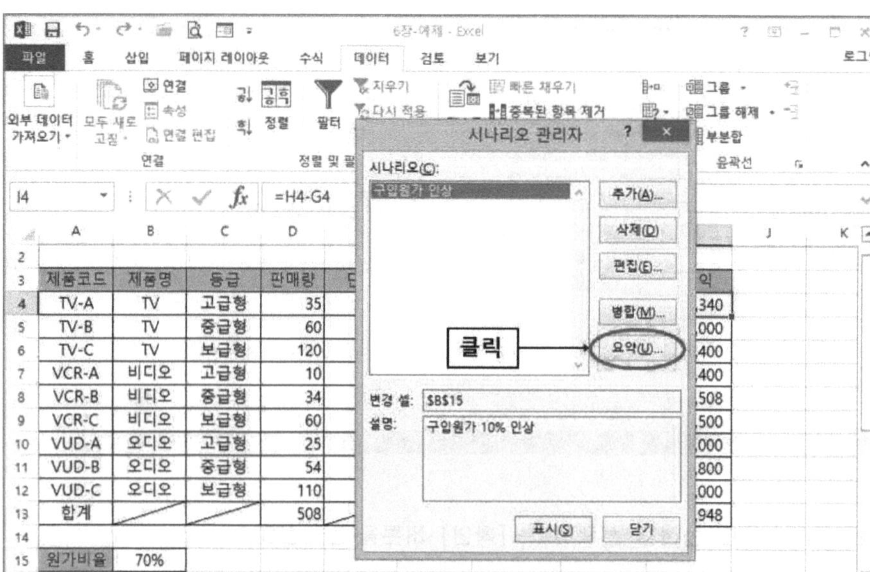

⑦ [시나리오 요약] 대화상자에서 [시나리오 요약(S)]를 선택하고, 변화될 값의 셀[$I$13]을 선택하고, [확인] 단추를 클릭한다.

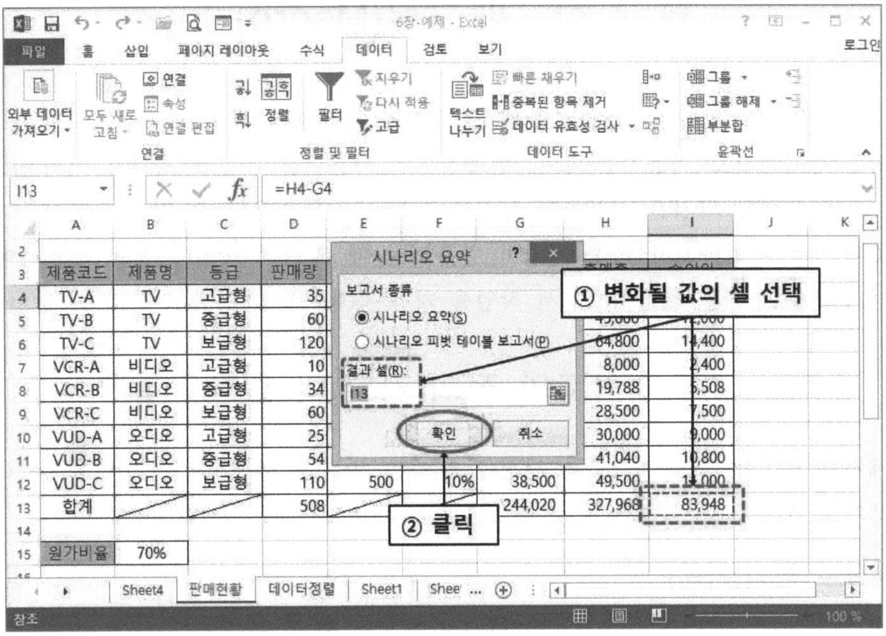

⑧ 시트가 하나 추가되면서 아래와 같이 시나리오 결과가 나타난다.

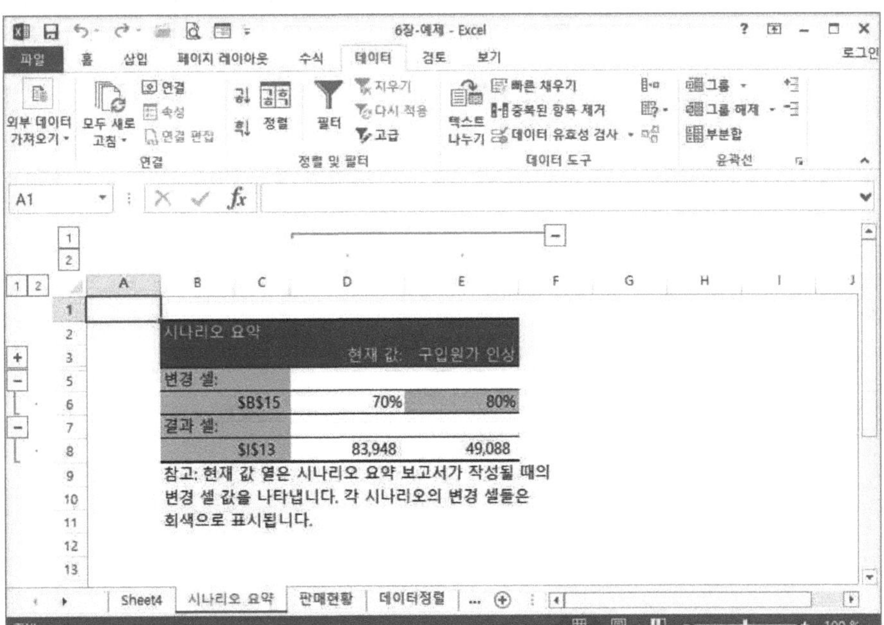

■ "구입원가 인하"의 시나리오를 추가하여 "구입원가 인상" 시나리오와 비교해 보자

제 7 장 매크로(Macro)

매크로란 사전상의 의미로 본다면 원래 프로그램 언어에서 사용되는 용어로서 동일한 작업 과정을 반복적으로 이용하는 경우, 반복적으로 사용되는 부분을 약자로 정의해 두고 반복되는 자리에 해당 약자를 사용하여 동일한 기능을 수행하게 하는 것을 말한다.

즉 EXCEL에서 처리하고자 하는 작업이 반복적일 때 일련의 작업 순서를 기억하여 단축키로 정의해 두고 이를 실행함으로서 작업을 자동 수행하는 기능을 말한다.

7.1 매크로의 정의(기록)와 실행

본 절에서는 EXCEL에서 매크로를 정의(기록)하는 방법과 실행시키는 방법을 순서적으로 살펴보기로 한다.

(1) 매크로 정의(기록)

영역별 평균 점수를 구하는 매크로를 만들어 보도록 하자.

① 매크로를 쉽게 수행할 수 있도록 개발도구를 추가한다. [파일 단추]-[옵션]-[리본 사용자 지정]에서 [기본탭]-[보기]-[매크로]에서 매크로를 선택하고 [추가]. [확인]을 클릭한다.

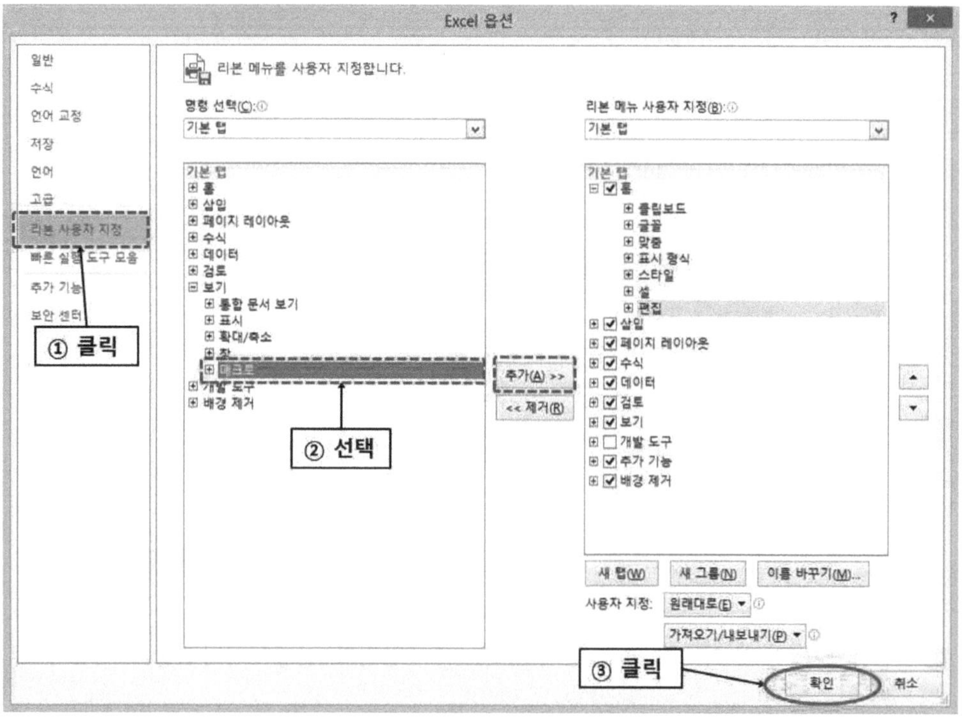

② [개발도구]-[코드]-[매크로 기록]을 클릭하거나, [보기]-[매크로]-[매크로 기록]을 클릭한다.

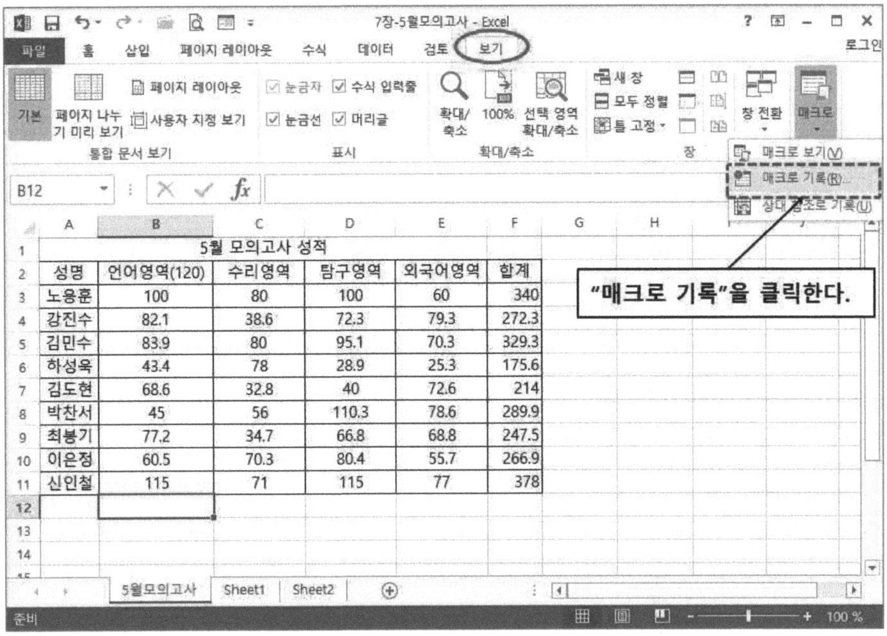

② [매크로 기록] 대화상자에서 [매크로 이름]을 입력하고 [바로 가기 키]를 입력한 다음, [확인]을 클릭한다. 매크로 이름은 띄어 쓰면 안 되며 바로가기 키를 입력할 때 기존의 단축키와 겹치지 않는 키를 입력해야 한다.

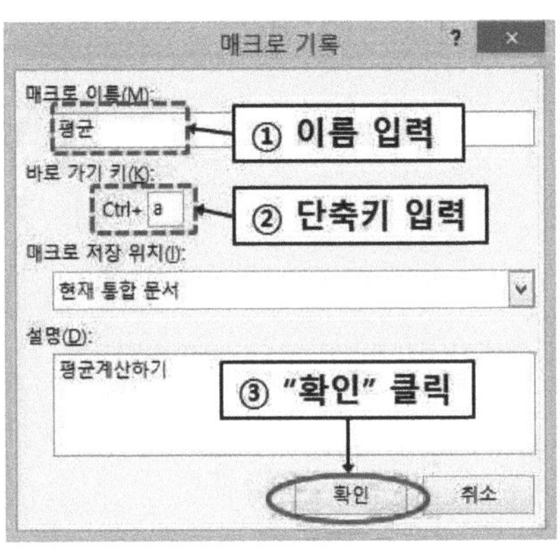

③ 이제부터는 EXCEL에서 하는 작업(키보드 입력이나 메뉴 선택 등)하나 하나가 모두 매크로에 기록(기억)된다. 그러므로 필요 없는 작업은 하지 않도록 한다.

④ 해당 셀을 선택한 다음, [수식]-[함수 라이브러리]-[함수삽입] 아이콘을 클릭한다.

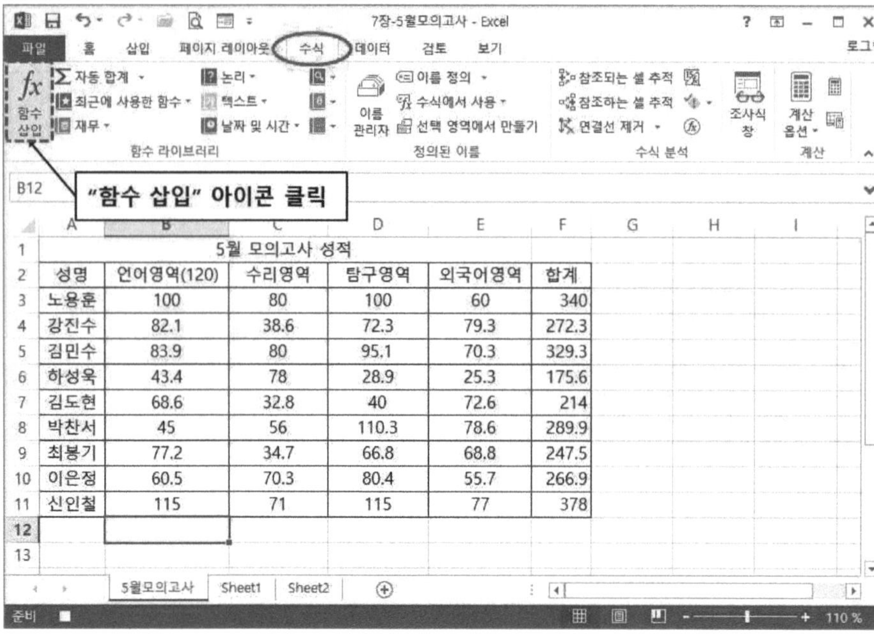

⑤ [함수 마법사] 대화상자에서 "평균"을 검색하여 "AVERAGE"를 선택한 후, [확인]을 클릭한다.

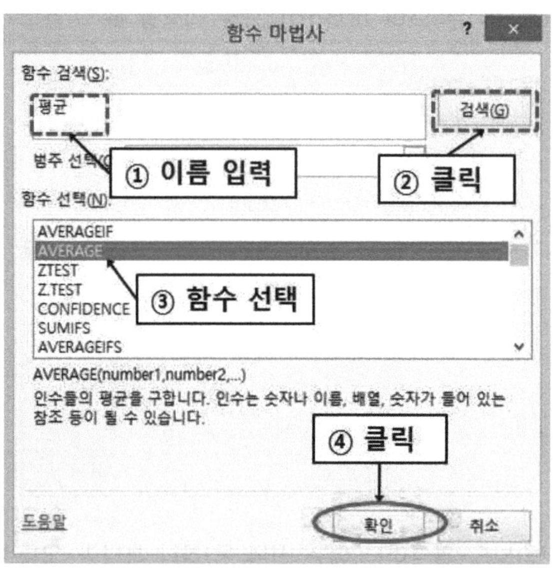

⑥ [함수 인수] 대화상자에서 범위를 지정하고, [확인] 단추를 클릭한다.

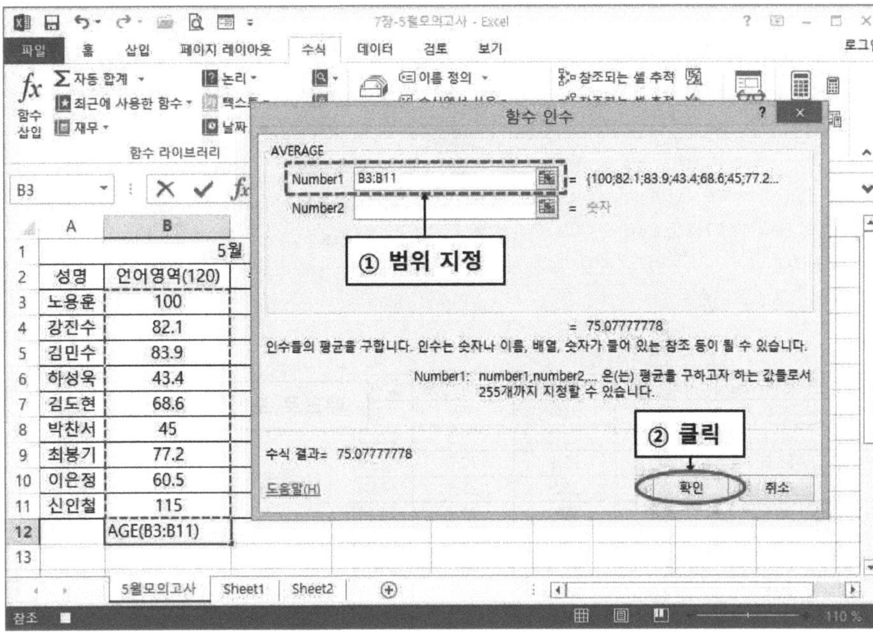

⑦ 매크로 [기록 중지] 단추를 클릭하여, 매크로 입력을 마친다. [보기] 탭이나 [개발 도구] 탭에서도 매크로 [기록 중지]를 할 수 있다.

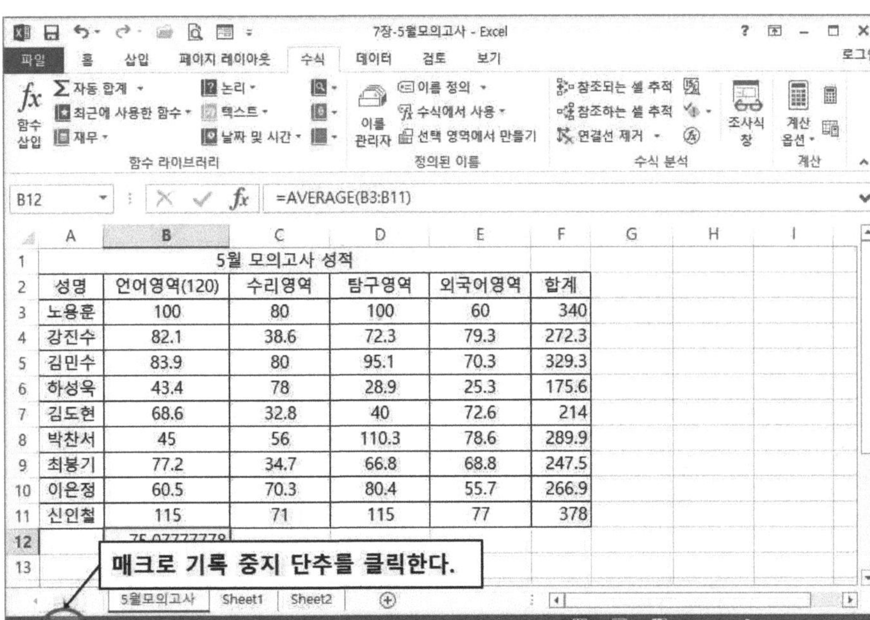

(2) 매크로 실행

① 수리영역의 평균 점수를 원한다면 'C12'셀에서 [보기]-[매크로]-[매크로 보기]를 실행한다.

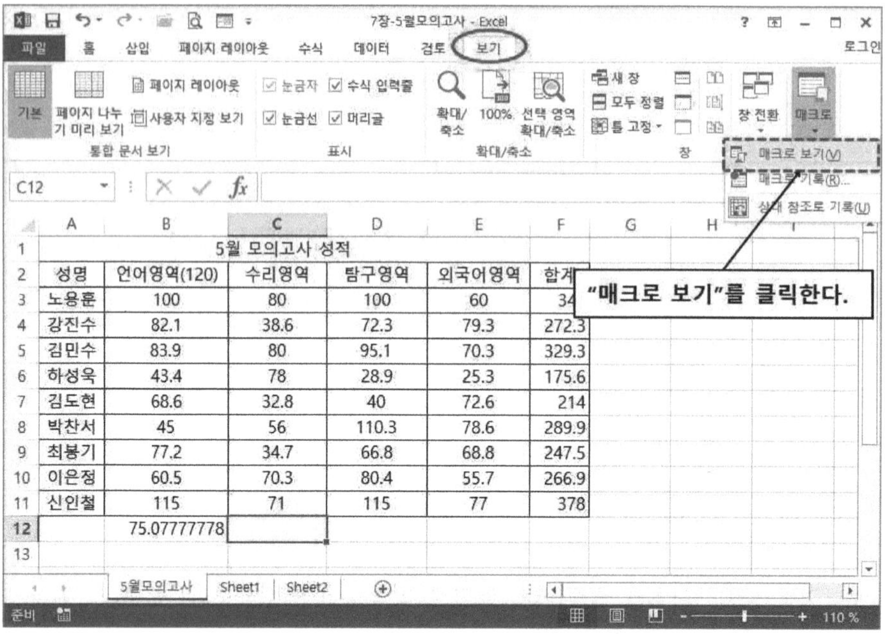

② [매크로] 대화상자에서 [매크로 실행] 버튼을 클릭하거나 또는 Ctrl+A 키를 함께 누르면 매크로가 실행된다.

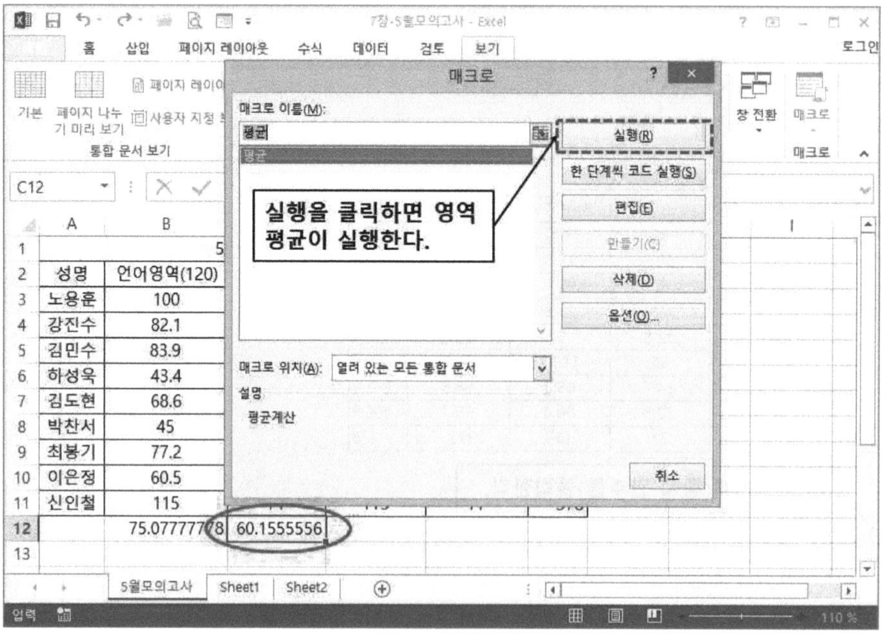

7.2 매크로 단축키 작성

본 절에서는 EXCEL에서 매크로를 보다 쉽게 사용하는 방안(작성한 매크로를 보다 편리하게 사용하기 위한 방법)으로 제공되는 즉, 매크로를 한 번에 실행할 수 있는 단추를 만들 수 있는 방법을 소개하기로 한다.

① [삽입]-[일러스트레이션]-[도형]에서 "모서리가 둥근 직사각형"을 선택하고 워크시트의 적당한 위치에 도형을 그린다.

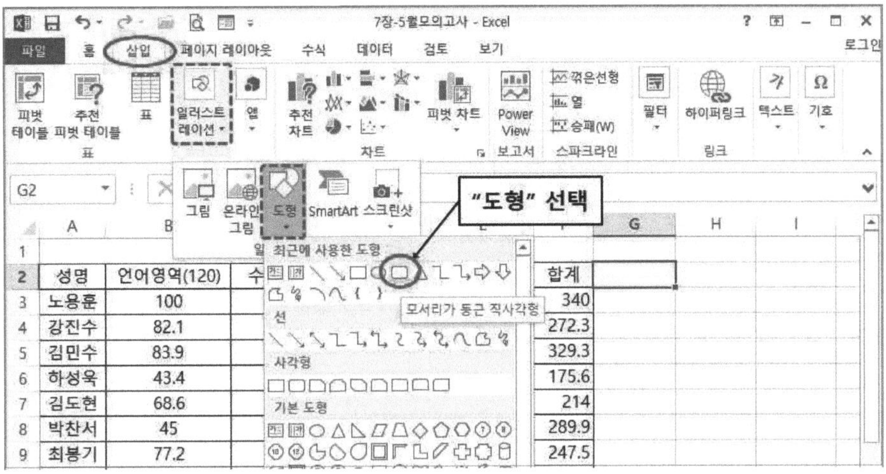

② 적당한 위치에 그린 도형을 선택하고 오른쪽 마우스를 클릭하면 팝업창이 나타난다. 그 팝업창에서 [매크로 지정]을 선택한다.

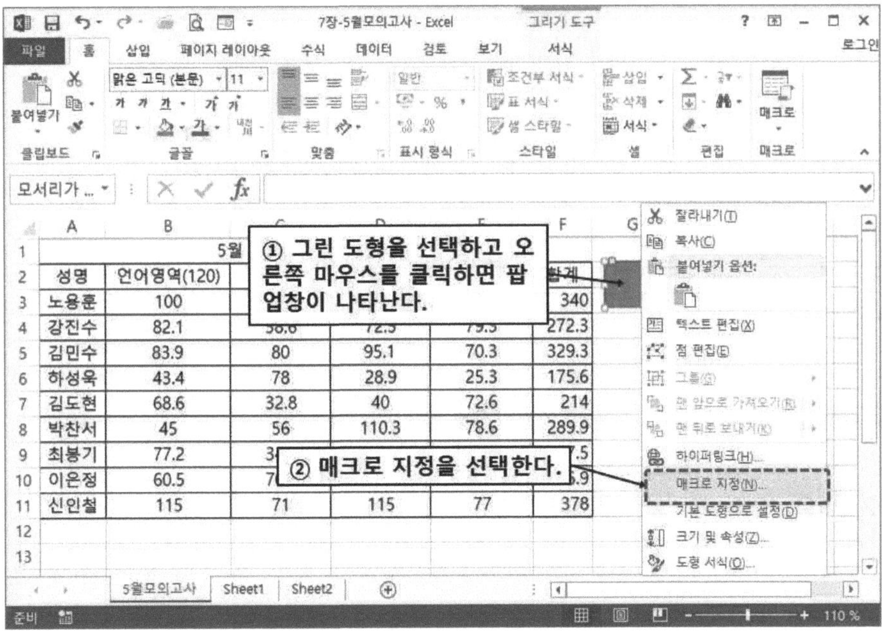

③ [매크로 지정] 대화상자에서 매크로 이름을 선택하고 [확인]을 클릭한다.

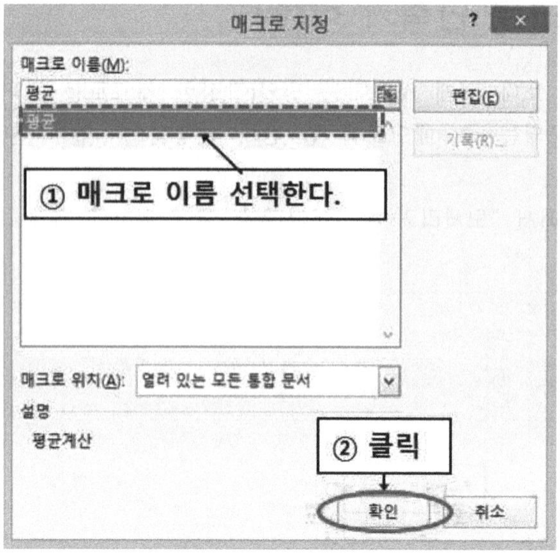

④ 도형에 “영역별 평균”으로 텍스트를 편집한다.

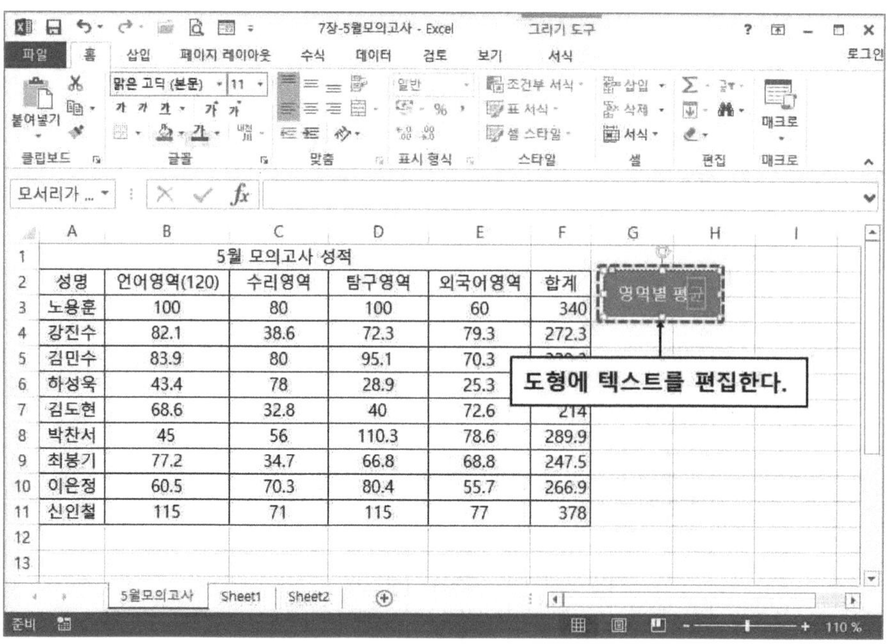

⑤ “B12” 셀을 선택하고 “영역별 평균” 도형을 마우스로 클릭하면, 평균이 계산된다.

제 8 장 하이퍼링크

문서의 링크를 클릭했을 때 다른 페이지나 파일이 열리는 경우, 그 링크를 하이퍼링크라고 한다. 링크의 대상은 주로 다른 웹 페이지가 되지만, 그림이나 전자 메일 주소 또는 프로그램이 될 수도 있다. 하이퍼링크 자체는 텍스트나 그림이 될 수도 있다.

8.1 하이퍼링크 기능

사이트를 방문한 사람이 하이퍼링크를 클릭하면 대상 유형에 따라 그 대상이 웹 브라우저에 표시되거나, 열리거나, 실행된다. 예를 들면, 페이지에 대한 하이퍼링크의 경우 웹 브라우저에 그 페이지가 표시되고, AVI 파일에 대한 하이퍼링크의 경우 미디어 플레이어에서 그 파일이 실행된다.

8.2 하이퍼링크 걸기

① 먼저 하이퍼링크를 실행할 글씨나 그림을 만든다.

② A2셀을 클릭하고 [삽입]-[링크] 탭에서 [하이퍼링크] 아이콘을 클릭한다.

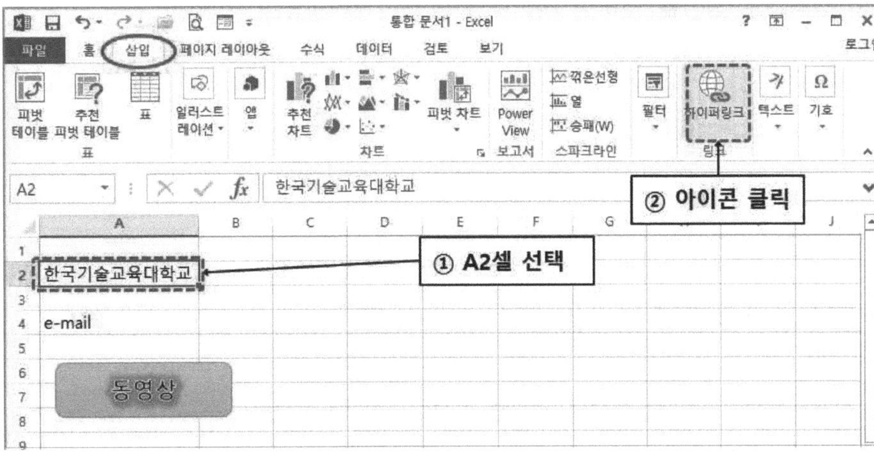

③ [하이퍼링크 삽입] 대화상자의 [주소(E)]란에 http://www.koreatech.ac.kr 이라고 적고 [확인] 버튼을 클릭한다.

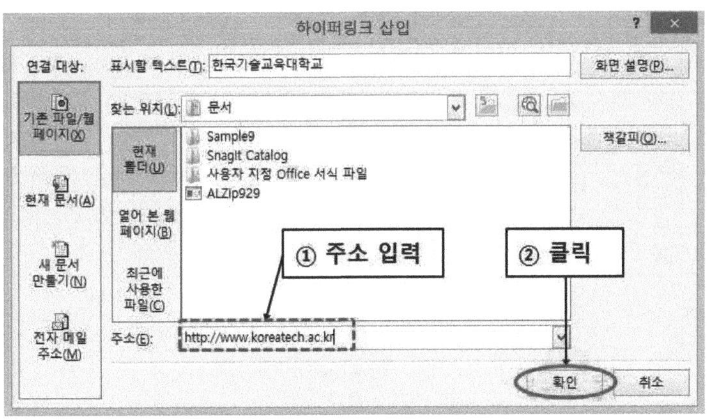

④ 아래와 같이 한국기술교육대학교에 링크가 걸리게 된다. 마우스로 한 번만 클릭하면 걸어준 홈페이지가 뜨게 된다.

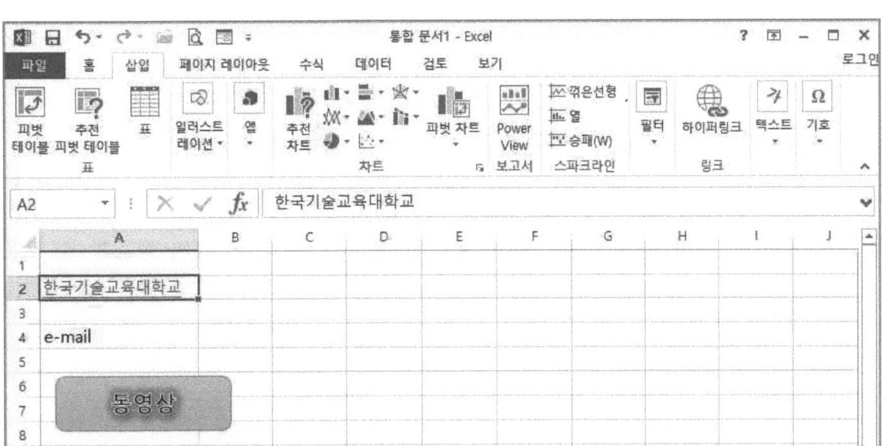

⑤ ②번의 방식대로 링크를 걸어줄 "셀"을 클릭 - [하이퍼링크] 아이콘 클릭 - 연결 대상에서 [전자 메일 주소(M)]를 클릭 - [전자 메일 주소(E)]란에 메일 주소를 적어주고, [확인] 단추를 클릭한다.

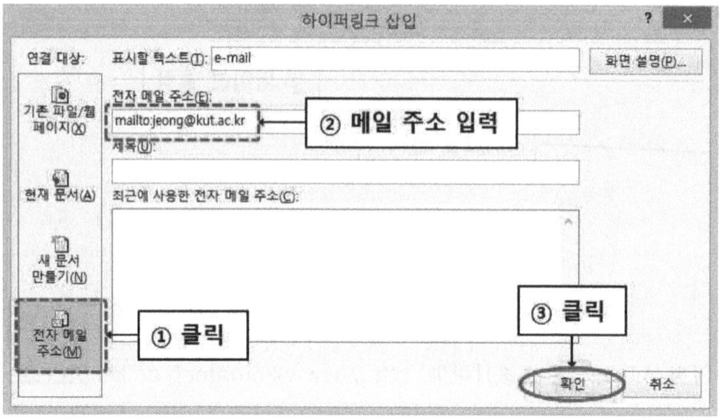

⑥ A4 셀을 클릭하면 이메일을 보낼 수 있도록 대화상자가 나타난다.

⑦ 이와 같이 간단한 방법으로 "현재 문서" 및 "새 문서 만들기"도 같이 적용할 수 있다.

제 9 장 도움말 사용법

EXCEL에서 작업을 하다 보면 예기치 못한 여러 가지 문제에 직면하게 된다. 이럴 때 궁금증을 풀어주는 것이 도움말 기능이다. EXCEL 도움말에는 웬만한 책 한 권 이상 분량의 도움말이 들어 있어 스스로 문제를 해결해 나가는데 큰 어려움이 없다.

① [파일]-[옵션]-[빠른 실행 도구 모음]을 클릭한 다음, [다음에서 명령 선택]에서 [리본 메뉴에 없는 명령]을 선택한다.

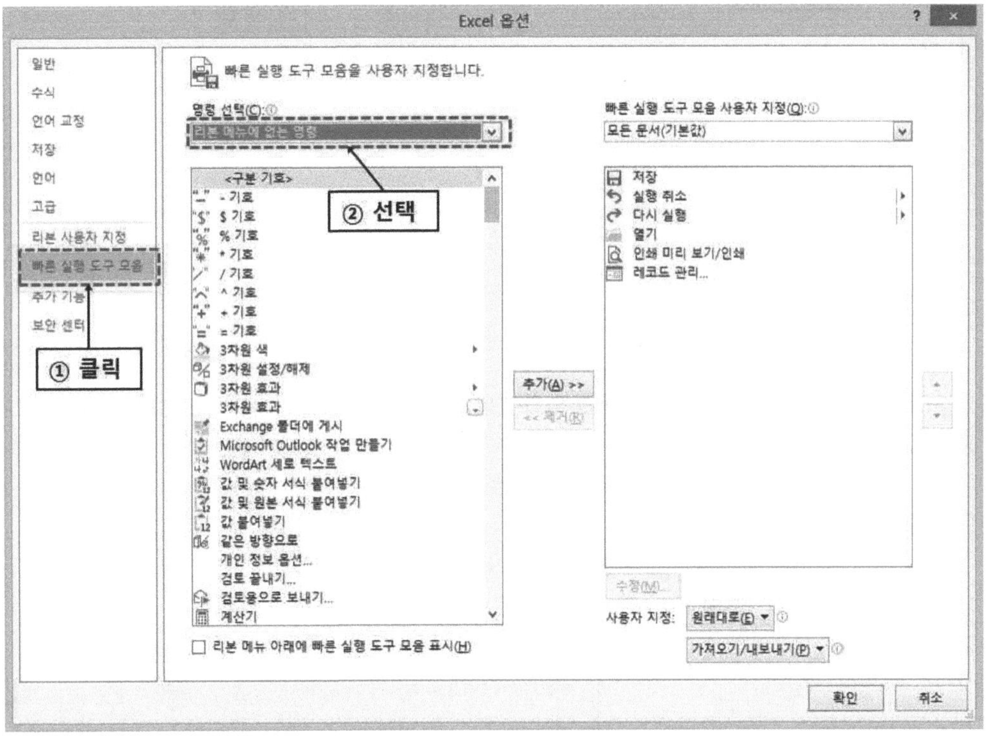

② [도움말]을 선택하고 [추가] 버튼을 클릭하여 [빠른 실행 도구 모음]에 추가한 후, [확인] 버튼을 클릭한다.

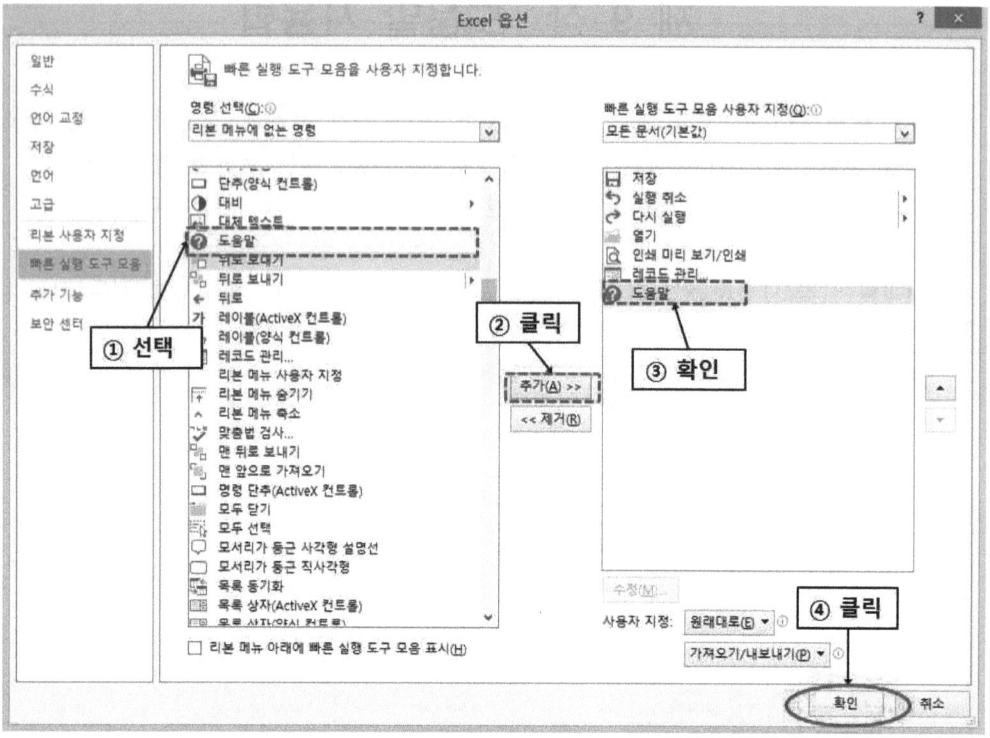

③ [빠른 실행 도구 모음]에서 추가된 [도움말] 아이콘을 클릭하면 [EXCEL 도움말] 대화상자가 나타난다.

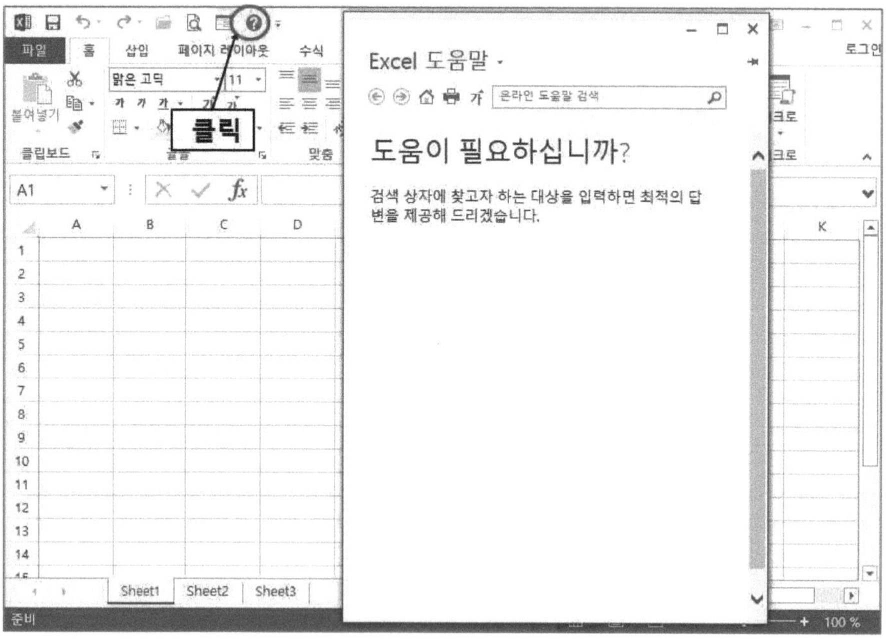

④ [검색]란에 키워드를 입력한 다음 [검색] 버튼을 클릭한다.

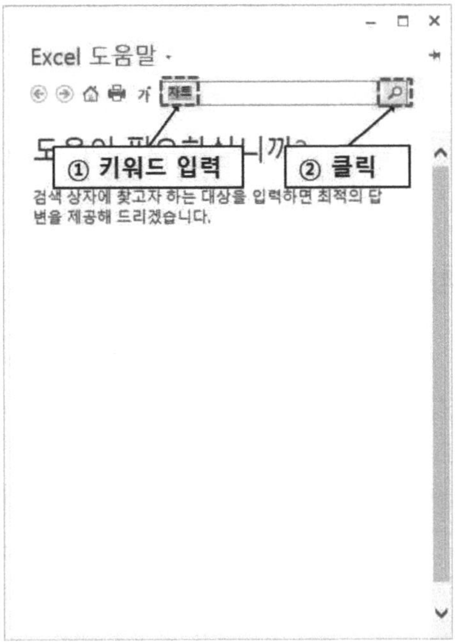

⑤ 입력한 내용과 관련된 여러 항목이 나타나고, 설명을 원하는 항목을 골라 클릭하면 해당 항목에 대한 자세한 설명이 나온다.

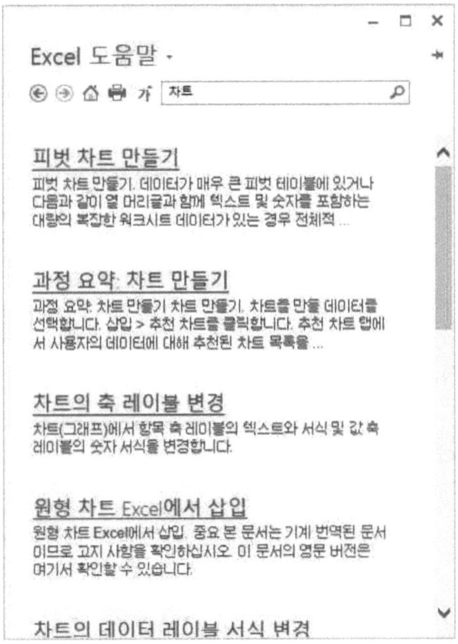

⑥ [도움말] 대화상자는 인쇄, 글자 크기 변경, 목차 등의 기능을 수행한다.

제 10 장 종합 예제

지금까지 배운 EXCEL의 여러 가지 기능들을 바탕으로 다음 문제들을 직접 작성해 보도록 한다.

10.1 총점/평균/학점/석차 배정

(1) 시트 작성

전산활용 및 실습

학번	성명	한글	Excel	PowerPoint	총점	평균	학점	석차
200140001	배경란	10	10	10				
200140002	김대환	10	9	8				
200140004	김민수	9	8	7				
200140003	이의진	8	6	7				
200140005	이은정	7	6	5				
200140006	하성욱	4	3	2				
200140008	최봉기	5	10	3				
200140007	김량욱	4	5	6				
200140009	신인철	7	6	6				
결과	평균							
	최고점수							
	최소점수							
	총인원수							

학점 결과 테이블

학점 A+	학점 수+	IF함수로 A+

성적처리 기준표

0	F	가
6	D	양
6.5	D+	양+
7	C	미
7.5	C+	미+
8	B	우
8.5	B+	우+
9	A	수
9.5	A+	수+

1. 시트의 이름을 '성적리스트'로 변경하고 위의 시트 작성
2. 제목
   가. [A1]에 '전산활용 및 실습' 제목 입력, 글꼴은 돋움, 크기 18
   나. [A1 : I1]은 '셀 병합 후 수평 가운데 맞춤'
3. 본문
   글꼴은 돋움, 글자 크기 12, 가운데 정렬
   ▶ 총점 = 한글 + Excel + PowerPoint 의 합 【SUM 함수 사용】
   ▶ 평균 = 【AVERAGE 함수 사용]
   ▶ 학점 = 【IF 함수 사용] 평균을 기준으로 9이상 A, 8이상 B, 7이상 C, 6이상 D, 이하는 F

[구문] IF(logical_test,value_if_true,value_if_false)	[예시] IF(A10<=100,"예산 미달","예산 초과")

▶ 석차 = 【RANK 함수 사용】

[구문] RANK(number,ref,order)
[예시] A1:A5에 각각 7, 3.5, 3.5, 1, 2가 들어 있다면 다 같 .
RANK(A2,A1:A5,1) = 3 RANK(A1,A1:A5,1) = 5

▶ 최고점수 = 【MAX 함수】 ▶ 최저점수 = 【MIN 함수】 ▶ 총인원수 = 【COUNT 함수】

(2) 테이블을 참조해서 학점 매기기

1. 제목 / 본문의 글자 크기 / 글꼴은 동일하다. 음과 다
2. 본문
   가. 성적리스트 시트에 [K2:M12] 까지 위의 학점 결과 테이블을 만든다.
   나. 학점 참조 영역 테이블인 성적처리 기준표를 [F18:H27]에 만든다.
   ▶ 학점 A+ / 수+ = 성적처리 기준표인 F18:H27을 참조하여 학생들의 학점을 결정한다.
   【LOOKUP 함수 사용】

[구문] LOO
LOO
[예시] LOO = 3
LOO = 2

▶ IF 함수로 A+ = 평균을 기준으로 9이상 A, 8이상 B, 7이상 C, 6이상 D, 이하는 F를 더욱 세분화 시켜서 학점을 매긴다.
KUP(lookup_value,lookup_vector,result_vector)

3. 문제지에서 음영이 삽입된 셀은 글자를 잘 알아 볼 수 있는 한도 내에서 임의로 색상으로 지정하시오.
KUP(lookup_value,array)
KUP("C",{"a","b","c","d";1,2,3,4})

구 분	수 식 및 함 수 식
총 점	=SUM(C3:E3)
평 균	=AVERAGE(C3:E3)
학 점	=IF(G3>=9,"A",IF(G3>=8,"B",IF(G3>=7,"C",IF(G3>=6,"D","F"))))
석 차	=RANK(G3,$G$3:$G$11,0)
최고점수	=MAX(C3:C11)
최소점수	=MIN(C3:C11)
총인원수	=COUNT(F3:F11)
학점 A+	=LOOKUP(G3*10,$F$19:$F$27,$G$19:$G$27)
학점 수+	=LOOKUP(G3*10,$F$19:$F$27,$H$19:$H$27)
IF함수로 A+	=IF(G3>=9,IF(G3>=9.5,"A+","A0"),IF(G3>=8,IF(G3>=8.5,"B+","B0"),IF(G3>=7,IF(G3>=7.5,"C+","C0"),IF(G3>=6,IF(G3>=6.5,"D+","D0"),"F"))))

(3) 총점/평균/학점/석차 배정 프로그램 결과

전산활용 및 실습								
학번	성명	한글	Excel	PowerPoint	총점	평균	학점	석차
200140001	배경란	10	10	10	30.00	10	A	1
200140002	김대환	10	9	8	27.00	9	A	2
200140004	김민수	9	8	7	24.00	8	B	3
200140003	이의진	8	6	7	21.00	7	C	4
200140005	이은정	7	6	5	18.00	6	D	6
200140006	하성욱	4	3	2	9.00	3	F	9
200140008	최봉기	5	10	3	18.00	6	D	6
200140007	김량욱	4	5	6	15.00	5	F	8
200140009	신인철	7	6	6	19.00	6.33333	D	5
결과	평균	7.11111111	7	6	20.111	6.703704		
	최고점수	10	10	10	30	10		
	최소점수	4	3	2	9	3		
	총인원수							9

학점 결과 테이블		
학점 A+	학점 수+	IF함수로 A+
A+	수+	A+
A	수	A0
B	우	B0
C	미	C0
D	양	D0
F	가	F
D	양	D0
F	가	F
D	양	D0

성적처리 기준표		
0	F	가
60	D	양
65	D+	양+
70	C	미
75	C+	미+
80	B	우
85	B+	우+
90	A	수
95	A+	수+

(4) 총점/평균/학점/석차 배정 프로그램 설명

① [F3]셀을 클릭 후 [수식]에서 [함수 삽입] 아이콘을 클릭한다.

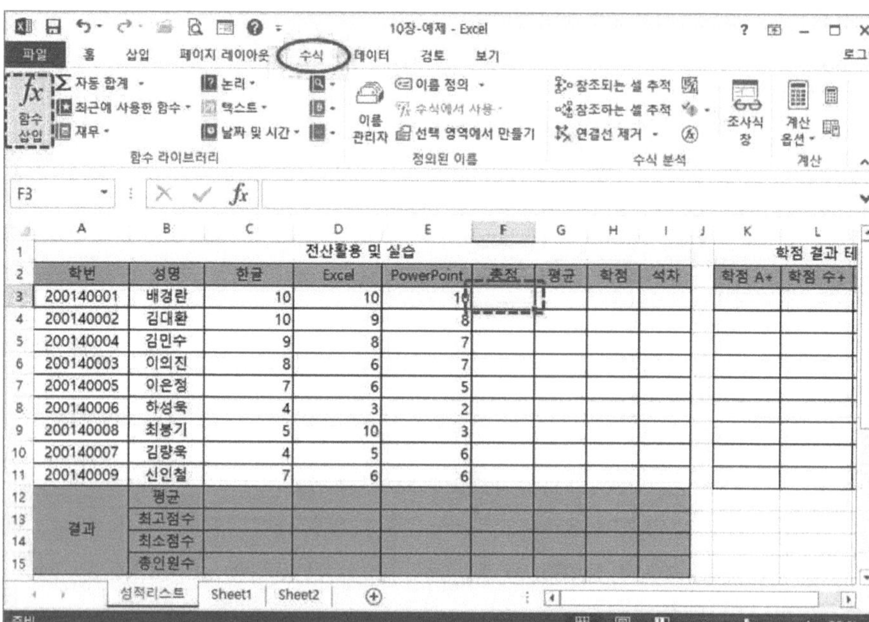

② [함수 마법사] 대화상자의 함수 검색 창에서 [SUM]을 검색 단추를 누르거나, 최근에 사용한 함수에 SUM이 있으면 선택하고 [확인] 단추를 누른다.

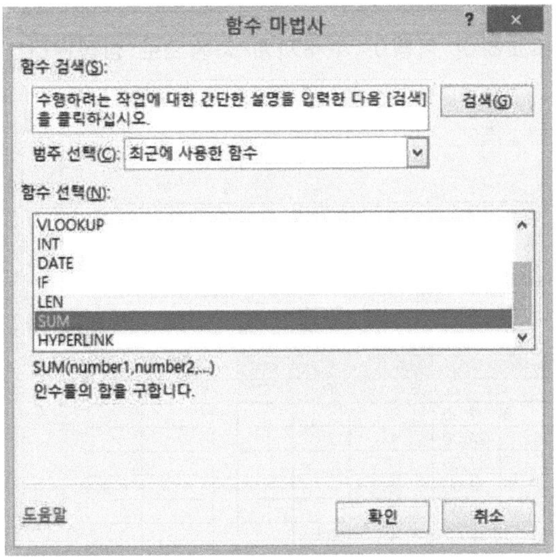

③ C3셀부터 E3셀 까지 마우스로 드래그 하여 범위를 지정하고 [확인] 단추를 누른다.

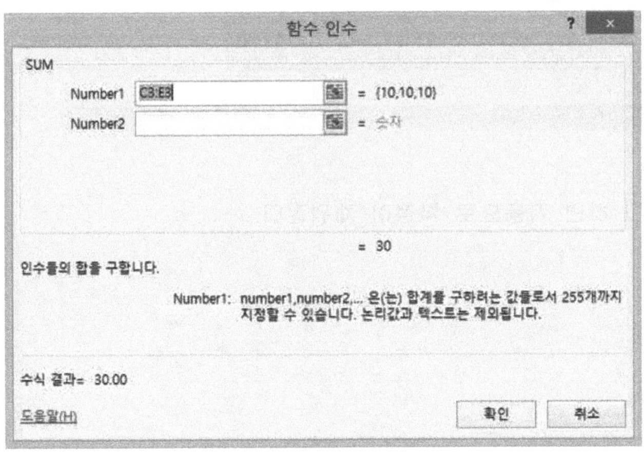

④ 총점의 결과가 F3셀에 나타나게 되고, F3셀을 마우스로 선택하고, F11셀까지 마우스로 드래그 하면 자동으로 값들이 채워지게 된다.

⑤ 평균도 총점과 마찬가지의 방법으로 G3셀을 먼저 마우스로 선택하고 [수식]에서 [함수 마법사] 아이콘을 클릭한다.

⑥ 함수를 "AVERAGE"로 선택하고 확인 버튼을 클릭한 후, 범위를 C3셀부터 E3셀까지 지정하고 확인 단추를 누르면 자동으로 평균값이 들어가게 된다. 마우스로 G3셀을 클릭하고 G11셀까지 드래그 해 준다.

⑦ 이번에는 학점을 넣어 줘야 하는데, 현재 문제에서 원하는 것은 [IF 함수 사용] 평균을 기준으로 90이상 A, 80이상 B, 70이상 C, 60이상 D, 이하는 F가 나오게 하는 것이다.

[구문] IF(logical_test,value_if_true,value_if_false)	[예시] IF(A10<=100,"예산 미달","예산 초과")

위의 구문을 이용하여, 다음과 같은 함수식을 얻을 수 있다.

```
=IF(G3>=9,"A",IF(G3>=8,"B",IF(G3>=7,"C",IF(G3>=6,"D","F"))))
```

이 함수식을 H3셀에 써 주면, 평균값을 비교하여 학점이 A~F까지 자동으로 생성된다.

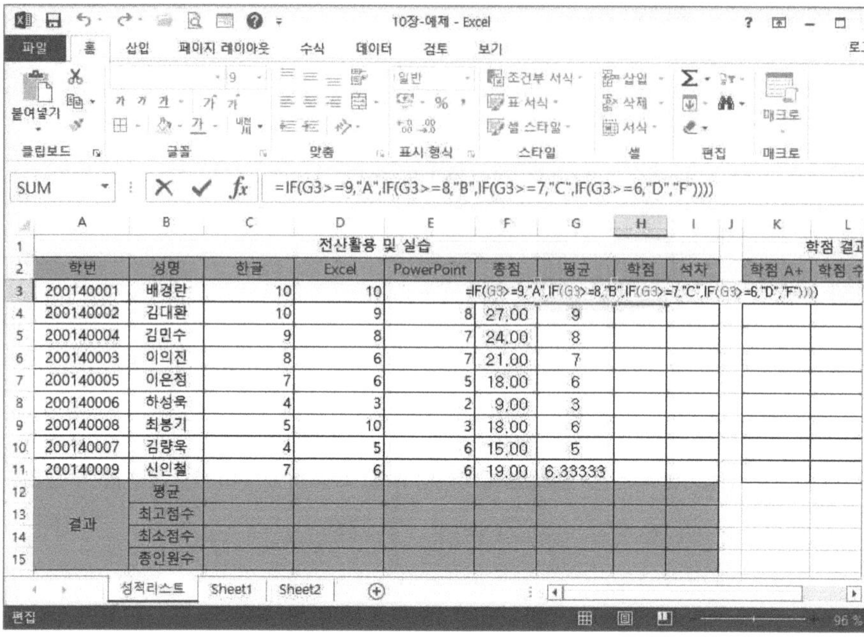

⑧ H11셀 까지 마우스로 드래그 하면 자동으로 학점이 채워진다.

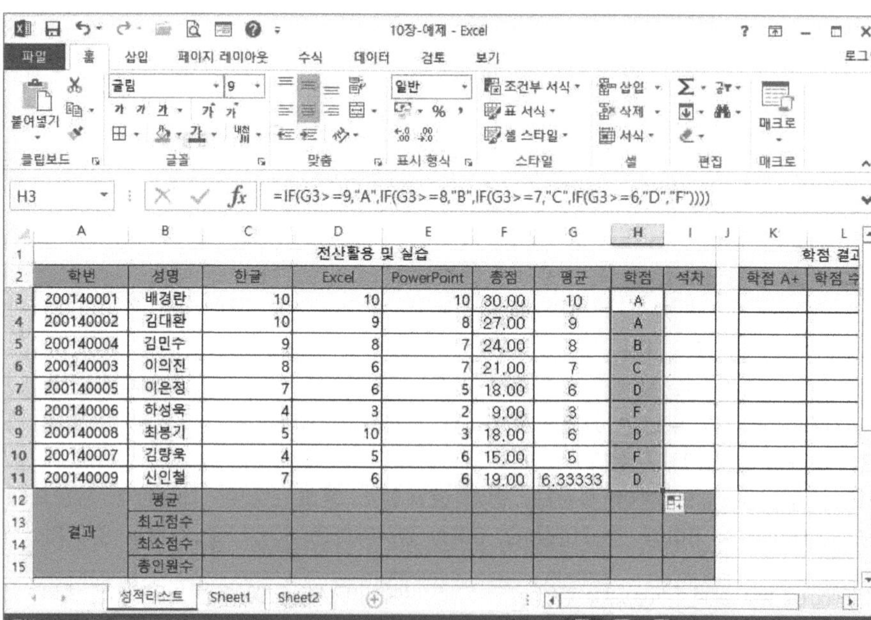

⑨ 석차는 [RANK] 함수를 사용하는데, 사용할 때 주의해야할 점이 있다.

> [구문] RANK(number,ref,order) ➡ order가 0 이냐 1 이냐에 따라서 순위의 결과가 다르게 나타난다.
> [해답] =RANK(G3,$G$3:$G$11,0)

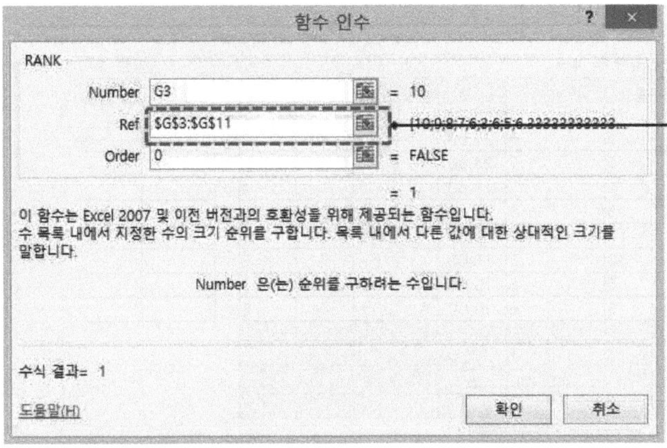

석차를 비교할 범위는 바뀌지 않도록 해 주어야 한다. 범위를 절대주소 $G$3:$G$11로 해야 한다.

⑩ I11셀까지 마우스로 드래그만 해 주면 석차도 자동으로 구해진다.

⑪ 나머지 결과 셀의 평균 / 최고점수 / 최소점수 / 총 인원수는 문제에서 주어진 함수를 사용하여 "함수마법사"를 사용하면 쉽게 구할 수 있다.

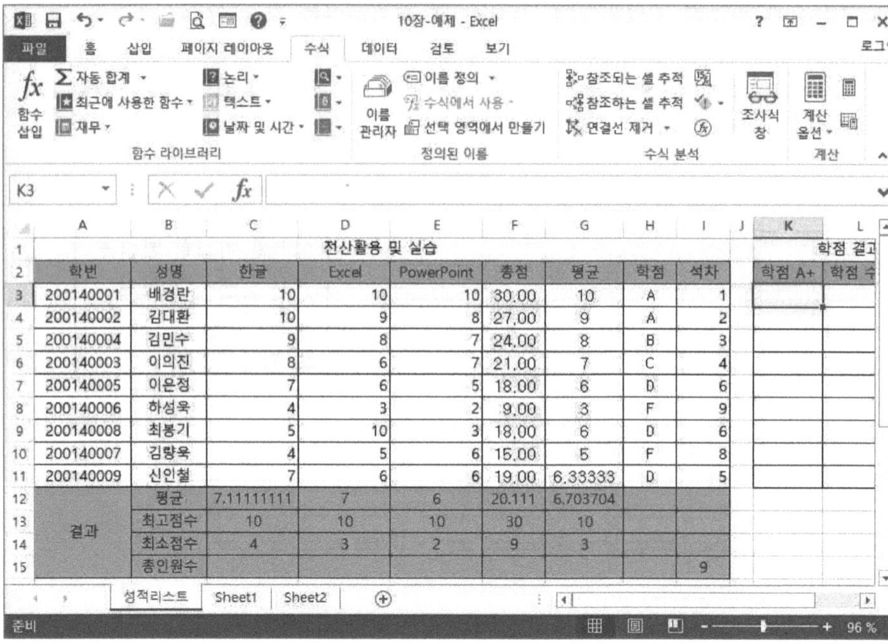

(5) 테이블을 참조해서 학점 매기기 설명

① K3셀을 선택하고 [수식]-[함수 삽입] 아이콘을 클릭한다. 테이블 참조를 위해서 LOOKUP 함수를 함수 검색에 적어주고 [검색] 버튼을 누른 후, 검색 결과가 나타나면 [확인] 단추를 누른다.

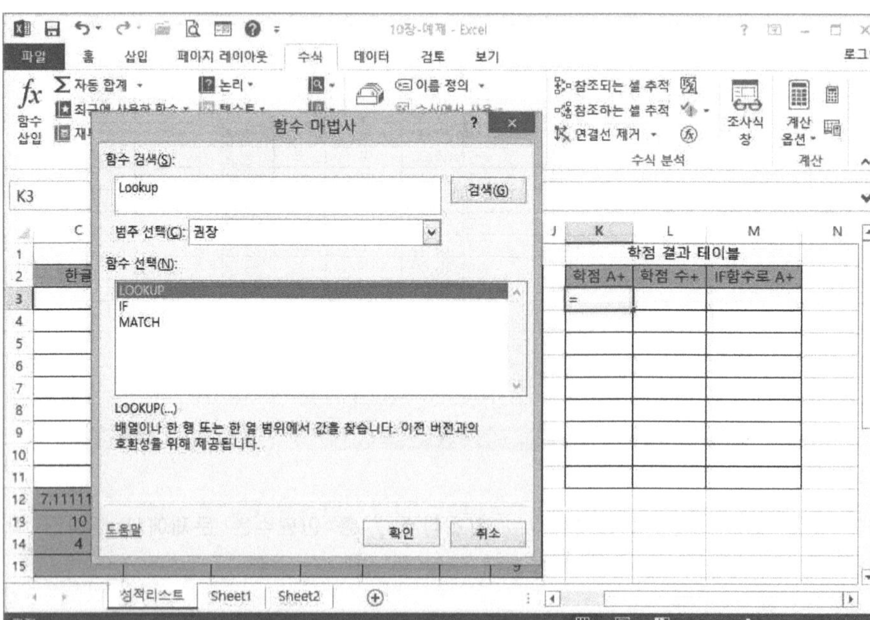

[구문] ① LOOKUP(lookup_value,lookup_vector,result_vector)
② LOOKUP(lookup_value,array)
[예시] ① LOOKUP("C",{"a","b","c","d";1,2,3,4}) = 3
② LOOKUP("bump",{"a",1;"b",2;"c",3}) = 2

② 위 [구문]의 ①번 예인 첫번째 구문을 선택한다.

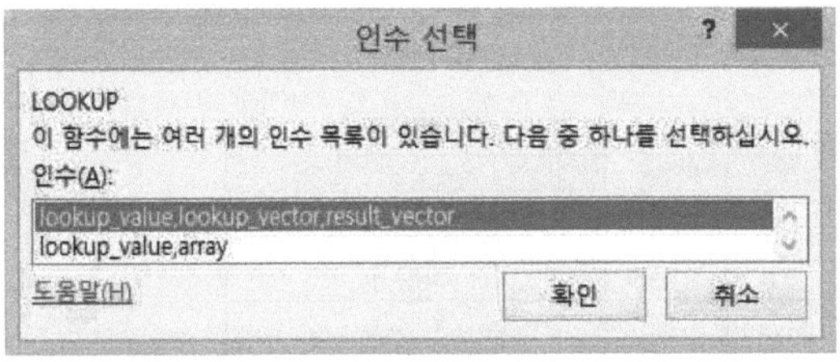

③ 테이블을 기준으로 현재 평균으로 학점을 매겨야 함으로 평균에 10을 곱해 줌으로써 테이블의 기준에 맞도록 해 준다. Lookup_vector는 비교할 값들, Result_vector는 비교해서 넘겨줄 값들이다. 비교할 값들의 범위는 변하지 말아야 함으로 F4 키를 눌러 변경되지 않도록 고정시키도록 한다.

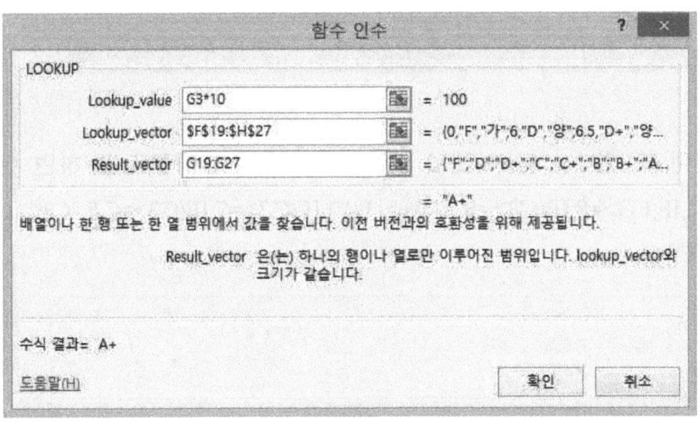

④ 학점 수+ 도 ①-③ 과정과 동일한 과정으로 하되, Result_vector 범위를 $H$19:$H$27로 변경해 준다.

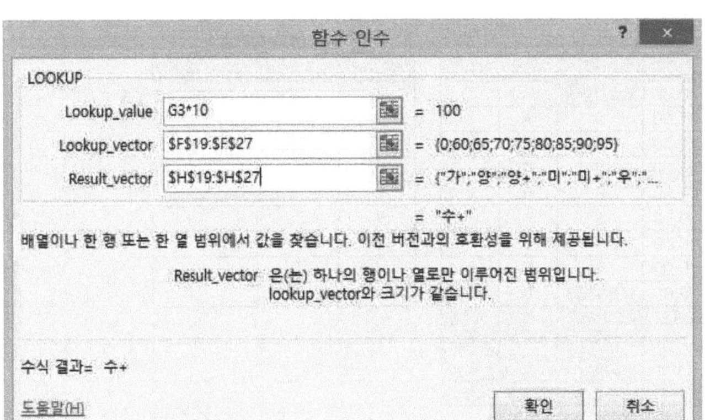

⑤ 결과가 나오면 마우스로 드래그만 해주면 자동으로 학점이 채워진다. 아래와 같이 Lookup 함수를 이용하여 학점 A+ 와 학점 수+를 매길 수 있다.

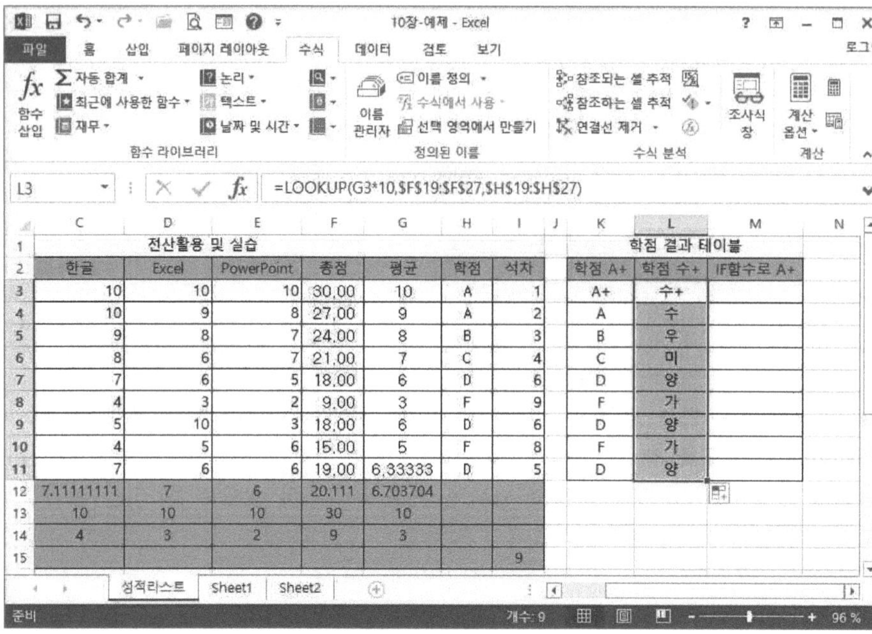

⑥ IF함수에서 A+는 앞에서 했던 IF 함수식을 아래와 같이 수정해서 넣어주기만 하면 된다.
=IF(G3>=9,IF(G3>=9.5,"A+","A0"),IF(G3>=8,IF(G3>=8.5,"B+","B0"),IF(G3>=7,IF(G3>=7.5,"C+","C0"),IF(G3>=6,IF(G3>=6.5,"D+","D0"),"F"))))

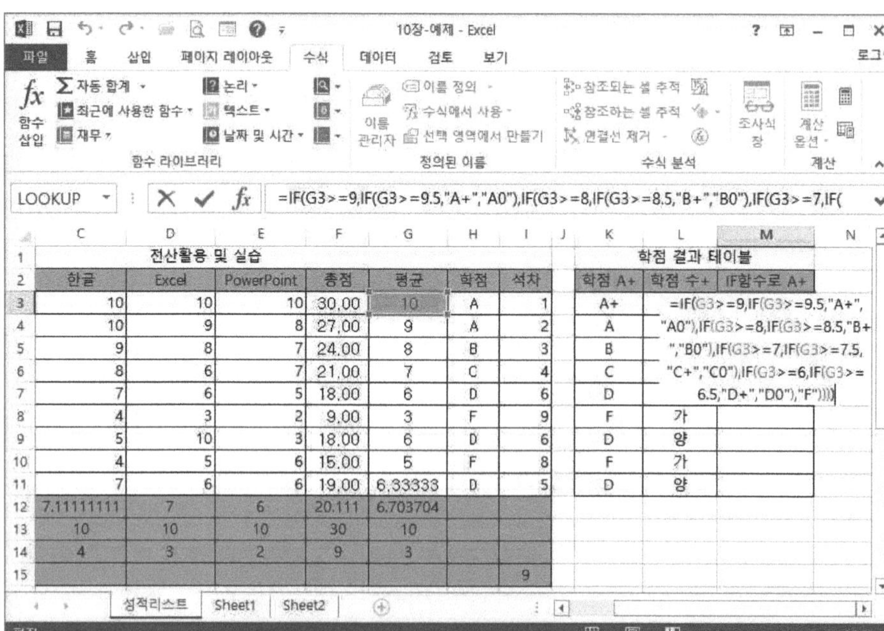

10.2 고객정보와 제품

(1) 시트 작성

	A	B	C	D	E	F	G	H	I	J	K	L
1	고객정보와 제품판매현황											
2									현재날짜:		2014-12-24	
3	고객정보					제품판매현황						
4	고객번호	고객회사	고객부서	고객이름	고객등급	판매날짜	모니터	프린터	마우스	키보드	램	CPU
5	101	삼회기업	관리부	형지영	A	2008-01-20	1	0	5	0	0	0
6	102	영풍산업	인사부	곽경호	B	2008-01-21	0	1	0	9	0	0
7	103	삼회기업	총무부	김동율	C	2008-01-22	0	0	1	0	0	0
8	104	제일광고	구매부	김성욱	D	2008-01-23	0	0	0	1	0	0
9	105	우열컨설팅	SI부	김회선	A	2008-01-24	10	0	0	0	1	0
10	106	조시스템	기획부	김승아	B	2008-01-25	0	0	8	7	0	1
11	107	재춘펀드	비서실	전지현	C	2008-01-26	2	0	0	0	0	0
12	108	조시스템	연구실	김정수	D	2008-01-27	0	2	0	0	3	0
13	109	제일광고	총무부	김준식	A	2008-01-28	0	0	2	0	0	0
14	제품별 총판매수						13	3	16	17	4	1
15												
16	품목	모니터	프린터	마우스	키보드	램	CPU					
17	단가	500,000	250,000	10,000	12,000	100,000	50,000					
18												
19	고객등급	A	B	C	D							
20	할인율	20%	10%	5%	0%							

1. Sheet1에 작성하고 워크시트의 이름을 "판매정보"로 변환하시오.
2. 제목은 A1셀에 입력하시오.
3. 제목서식에서 글꼴은 굴림체, 크기는 20포인트, 셀A1에서 L1의 중앙에 정렬하시오.
4. 3행의 고객정보, 제품판매현황은 셀A3에서 E3, 셀F3에서 L3의 중앙에 정렬하시오.
5. 4행의 소제목(A4:E4와 F4:L4)과 고객번호(A5:A13), 고객회사(B5:B13), 고객부서(C5:C13), 고객이름(D5:D13), 고객등급(E5:E13), 판매날짜(F5:F13)는 수평/수직 가운데 맞춤으로 하시오.
6. 데이터(F5:L14, B17:G17, B20:E20)는 수직 가운데 맞춤으로 하시오.
7. 현재날짜는 함수를 이용하여 구하고 수직가운데 맞춤, 수평 가운데 맞춤으로 하시오.
8. 제품별 총판매수를 마우스로 클릭하면 데이터(G5:L13)의 합계가 G14:L14에 출력되게 하시오
9. 괘선은 문제에 주어진 대로 표시하시오.
10. 문제지에서 흑백음영이 삽입된 셀은 글자를 잘 알아 볼 수 있는 한도 내에서 임으로 색상으로 지정한다.

(2) 시트 작성(참조)

	A	B	C	D	E	F	G	H	I	J
1	고객번호	고객회사	고객부서	고객이름	고객등급	판매총수	할인율 적용 안된 총 판매액	할인금액	할인율 적용된 총 판매액	판매금액순위
2	①	②	③	④	⑤	⑥	⑦	⑧	⑨	⑩
3	①	②	③	④	⑤	⑥	⑦	⑧	⑨	⑩
4	①	②	③	④	⑤	⑥	⑦	⑧	⑨	⑩
5	①	②	③	④	⑤	⑥	⑦	⑧	⑨	⑩
6	①	②	③	④	⑤	⑥	⑦	⑧	⑨	⑩
7	①	②	③	④	⑤	⑥	⑦	⑧	⑨	⑩
8	①	②	③	④	⑤	⑥	⑦	⑧	⑨	⑩
9	①	②	③	④	⑤	⑥	⑦	⑧	⑨	⑩
10	①	②	③	④	⑤	⑥	⑦	⑧	⑨	⑩

1. Sheet2에 작성하고 워크시트의 이름을 "판매결과"로 변환하시오.
2. 4행의 소제목(A1:J1)과 고객회사(A2:A10), 고객회사(B2:B10), 고객부서(C2:C10), 고객이름(D2:D10), 고객등급(E2:E10)은 수평 가운데 맞춤, 수직 가운데 맞춤으로 하시오.
3. ①에서 ⑩까지의 값은 계산식을 이용하여 구하시오(다음 페이지 표를 이용하시오).
   - ▶ 고객번호(①)는 "판매정보" 워크시트의 고객번호를 참조하시오.
   - ▶ 고객회사(②)는 "판매정보" 워크시트의 고객회사를 참조하시오.
   - ▶ 고객부서(③)는 "판매정보" 워크시트의 고객부서를 참조하시오.
   - ▶ 고객이름(④)은 "판매정보" 워크시트의 고객이름을 참조하시오.
   - ▶ 고객등급(⑤)는 "판매정보" 워크시트의 고객등급을 참조하시오.
   - ▶ 판매총수(⑥) = "판매정보" 워크시트의 모니터+프린터+마우스+키보드+램+CPU
   - ▶ 할인률이 적용 안된 총 판매액(⑦) = "판매정보" 워크시트의 (품목×단가)의 합
   - ▶ 할인금액(⑧) = "판매정보" 워크시트의 할인률 적용 안된 총 판매액×할인률
   - ▶ 할인률이 적용된 총 판매액(⑨) = 할인률 적용 안된 총 판매액 – 할인금액
   - ▶ 판매금액순위(⑩)는 함수를 이용하여 구하시오.
4. 괘선은 문제에 주어진 대로 표시하시오.
5. 문제지에서 흑백음영이 삽입된 셀은 글자를 잘 알아 볼 수 있는 한도 내에서 임으로 색상으로 지정하시오.

(3) 데이터 검색과 분석

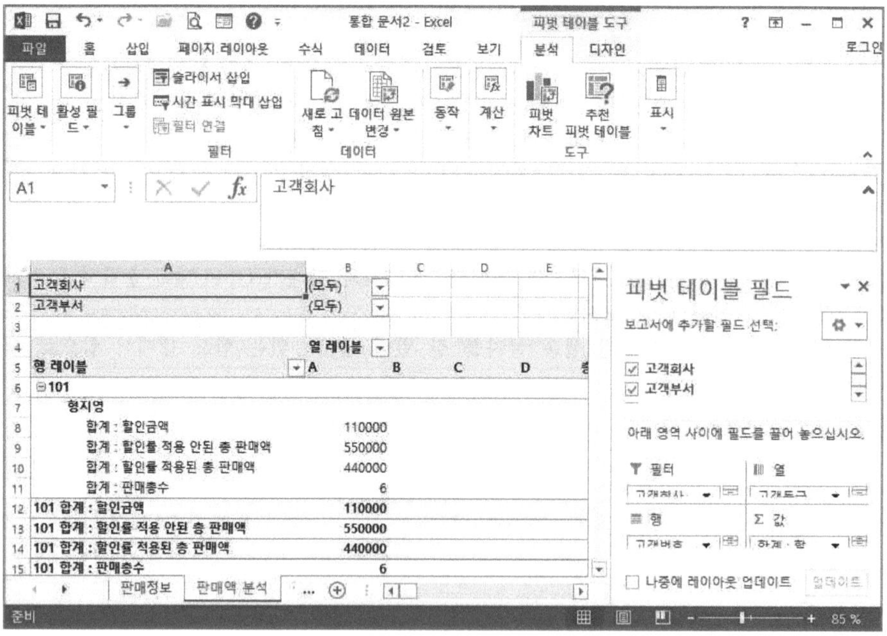

1. 피벗 테이블 작성 : 새로운 워크시트에 작성하고 시트이름을 "판매액 분석"으로 변환하시오.
2. 작성 방법 : "판매결과" 워크시트의 A1:I10 셀에 있는 자료를 이용하시오.
3. 작성 위치 : "판매액 분석"워크시트의 A1셀에서 시작하시오.

4. 필드
   - ▶ 필터 : 고객회사, 고객부서
   - ▶ 행 레이블 : 고객번호, 고객이름, Σ 값
   - ▶ 열 레이블 : 고객등급
   - ▶ Σ 값 : 할인금액, 할인율 적용 안된 총 판매액, 할인율 적용된 총 판매액, 판매총수
5. 총 합계는 피벗 테이블의 결과에 따르며, 천 단위마다 콤마(,)가 들어가는 셀 형식으로 지정하시오.

(4) 차트 작성

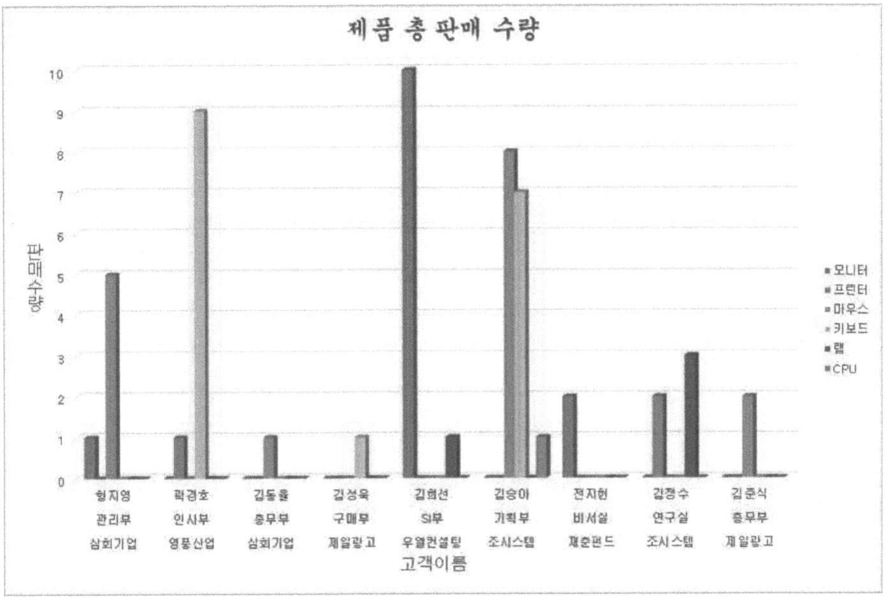

1. 차트 작성 위치 : 새로운 워크시트에 작성하고 시트이름을 "판매현황 그래프"로 변환한다.
2. 대상데이터 : "판매정보" 워크시트의 고객회사(B4:B13), 고객부서(C4:C13), 고객이름(D4:D13), 모니터(G4:G13), 프린터(H4:H13), 마우스(I4:I13), 키보드(J4:J13), 램(K4:K13), CPU(L4:L13)
3. 차트 종류 : "세로막대형 - 3차원 묶은 세로 막대통"
4. 차트 제목 : "제품 총 판매 수량"
   - ▶ 위치 : 상단 중앙 ▶ 글자 크기 : 20 포인트 ▶ 궁서
5. 가로축 제목 : "고객이름"
   - ▶ 글자 크기 : 14포인트 ▶ 글꼴 : 돋움
6. 세로축 제목 : "판매수량"
   - ▶ 글자 크기 : 14포인트 ▶ 글꼴 : 돋움 ▶ 문자열 인쇄방향 : 세로쓰기
7. 나머지 글자
   - ▶ 글자 크기 : 10포인트 ▶ 글꼴 : 돋움
8. 범례 : 모니터, 프린터, 마우스, 키보드, 램, CPU(위치 : 오른쪽)
9. 그림 영역 안의 바탕 영역은 "색 없음"으로 지정.
10. 나머지 지정되지 않은 사항은 실습자가 임의 설정함.

(5) 고객정보와 제품 판매현황 프로그램 결과

가. 시트 작성은 해당 문제 참조

나. 시트 작성(참조)

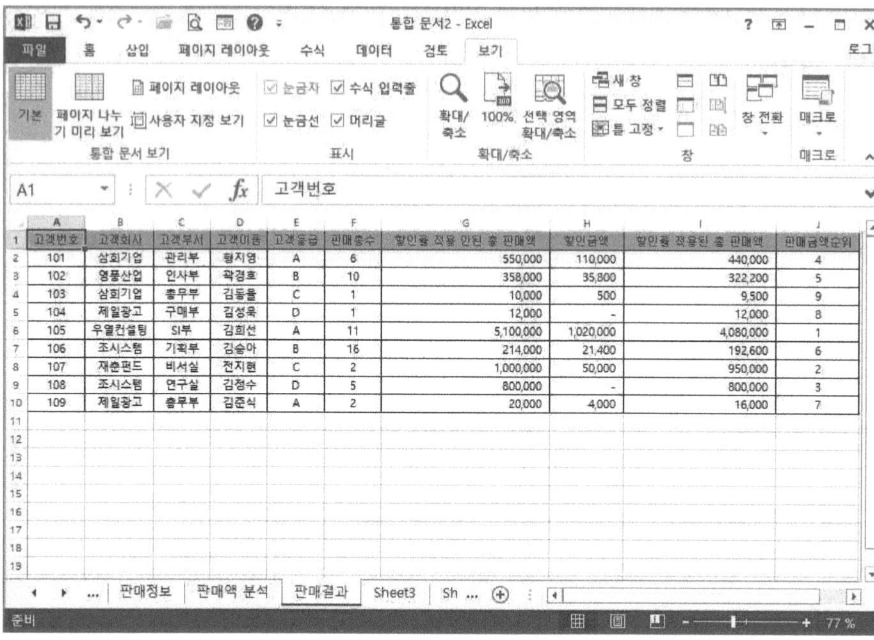

	A	B	C	D	E	F	G	H	I	J
1	고객번호	고객회사	고객부서	고객이름	고객등급	판매총수	할인율 적용 안된 총 판매액	할인금액	할인율 적용된 총 판매액	판매금액순위
2	101	삼회기업	관리부	황지영	A	6	550,000	110,000	440,000	4
3	102	영풍산업	인사부	곽경호	B	10	358,000	35,800	322,200	5
4	103	삼회기업	총무부	김동률	C	1	10,000	500	9,500	9
5	104	제일광고	구매부	김성욱	D	1	12,000	-	12,000	8
6	105	우열컨설팅	SI부	김희선	A	11	5,100,000	1,020,000	4,080,000	1
7	106	조시스템	기획부	김승아	B	16	214,000	21,400	192,600	6
8	107	재춘펀드	비서실	전지현	C	2	1,000,000	50,000	950,000	2
9	108	조시스템	연구실	김정수	D	5	800,000	-	800,000	3
10	109	제일광고	총무부	김준식	A	2	20,000	4,000	16,000	7

구 분	수식 및 함수식
① 고객번호	=판매정보!A5
② 고객회사	=판매정보!B5
③ 고객부서	=판매정보!C5
④ 고객이름	=판매정보!D5
⑤ 고객등급	=판매정보!E5
⑥ 판매총수	=SUM(판매정보!H5:M5)
⑦ 할인률 적용 안된 총 판매액	=판매정보!G5*판매정보!$B$17+판매정보!H5*판매정보!$C$17+판매정보!I5*판매정보!$D$17+판매정보!J5*판매정보!$E$17+판매정보!K5*판매정보!$F$17+판매정보!L5*판매정보!$G$17
⑧ 할인금액	=IF(판매정보!E5="A",판매결과!H2*판매정보!$B$20,IF(판매정보!E5="B",판매결과!H2*판매정보!$C$20,IF(판매정보!E5="C",판매결과!H2*판매정보!$D$20,IF(판매정보!E5="D",판매결과!H2*판매정보!$E$20))))
⑨ 할인률 적용 된 총 판매액	=H2-G2
⑩ 판매금액순위	=RANK(I2,$I$2:$I$10,0)

다. 데이터 검색과 분석

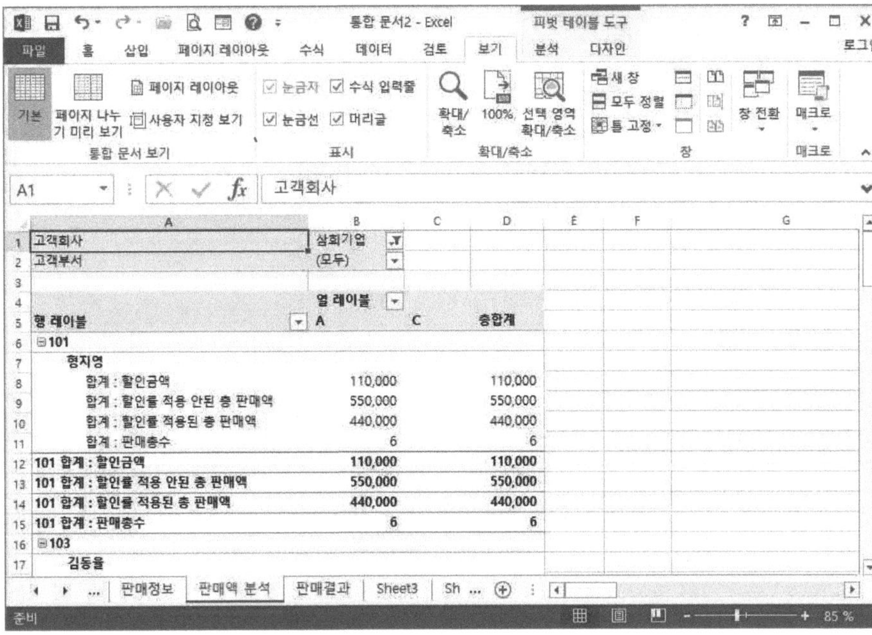

라. 차트작성은 해당 문제 참조

(6) 고객정보와 제품 판매현황 프로그램 설명

가. 시트 작성

"홈" 리본메뉴를 사용하면 시트 작성을 손쉽게 할 수 있다.

나. 시트 작성(참조)

이 책의 "다른 시트 참조하여 셀 값 구하기" 과정과 동일한 형태로 하되 문제에서 주어진 계산식을 이용하여 구하면 된다.

다. 데이터 검색과 분석

① 문제에 "판매결과" 워크시트의 A1:I10 셀에 있는 자료를 이용하여 피벗 테이블을 작성한다.

② 판매결과 워크시트 데이터 내에 커서를 위치하고, [삽입]-[피벗 테이블]을 선택한다.

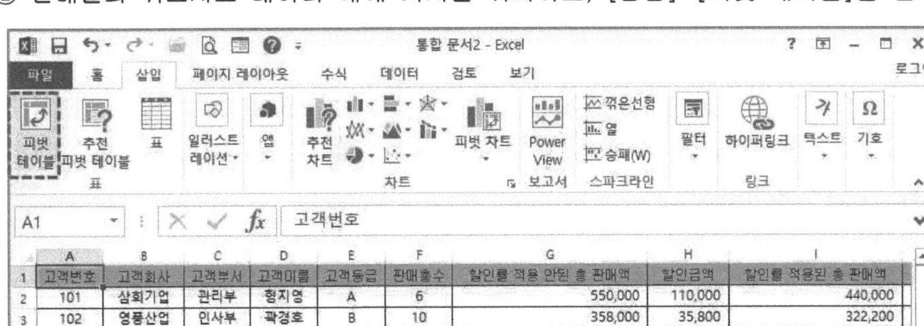

③ [피벗 테이블 만들기] 대화상자가 나타나면 [표/범위(T)]를 정한다. 여기서는 테이블 전체 범위로 사용해도 무방하다. 그리고 피벗 테이블 보고서 위치는 [새 워크시트(N)]를 선택한 다음, [확인] 버튼을 누른다.

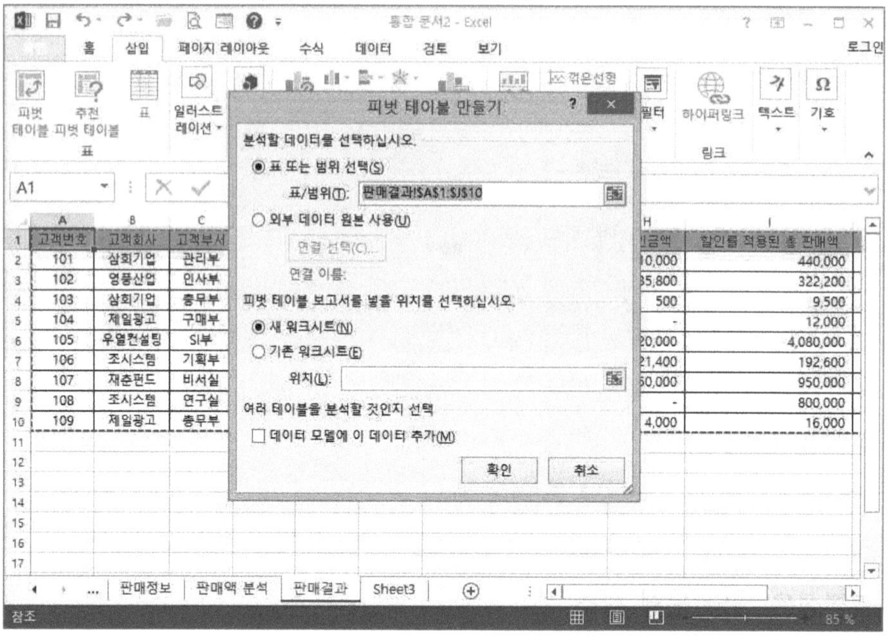

④ 문제에서 주어진 피벗 테이블 필드 목록에서 보고서 필터, 열 레이블, 행 레이블, Σ 값 필드에 드래그하여 작성한다.

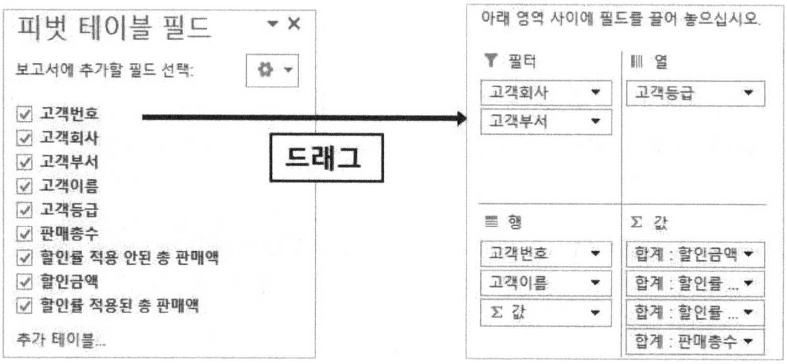

⑤ 피벗 테이블이 완성되었다. 문제에서와 같이 고객회사를 (모두)에서 삼회기업으로 선택하고 [확인] 단추를 누른다.

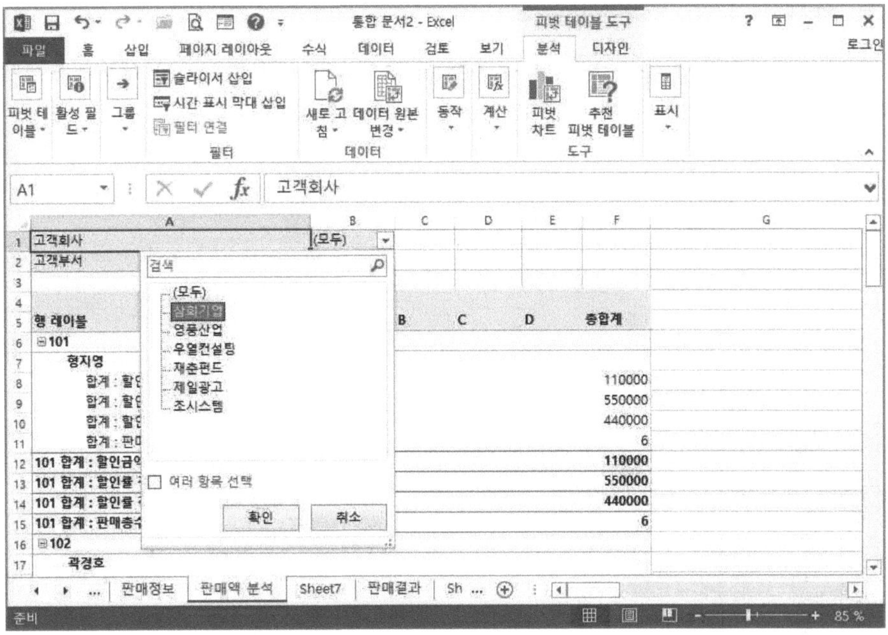

⑥ 새로운 워크시트에 작성된 시트이름을 "판매액 분석"으로 변환한다.

⑦ 총 합계는 천 단위마다 콤마(,)가 들어가는 셀 형식으로 지정하기 위해서 범위를 선택하고, [홈]-[표시형식]에서 [쉼표] 아이콘을 클릭한다.

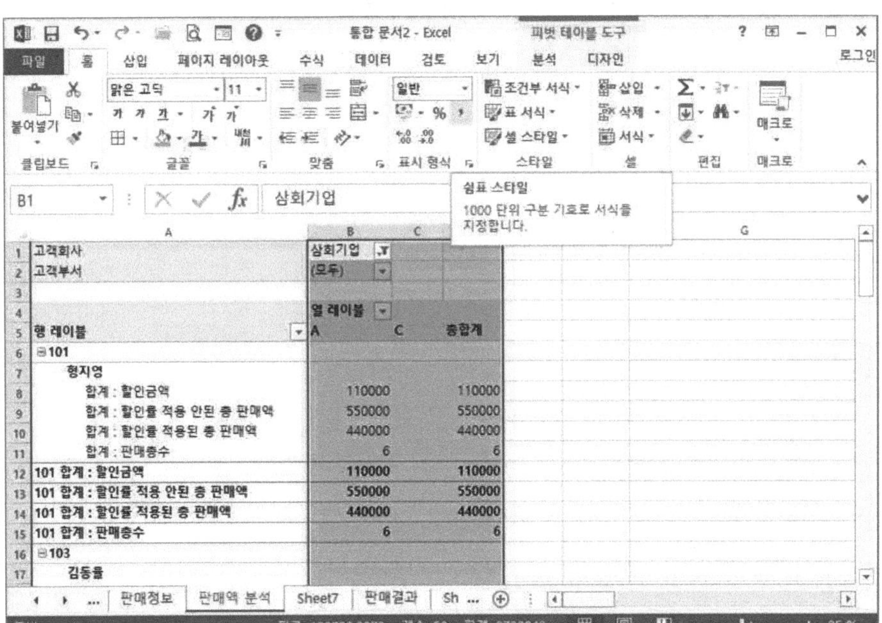

Part 3

라. 차트 작성

① 판매정보 워크시트에서 차트 범위를 설정한 다음, [삽입]-[차트] 리본 메뉴에서 차트 종류를 [세로막대형]-[3차원 묶은 세로 막대형]을 선택한다.

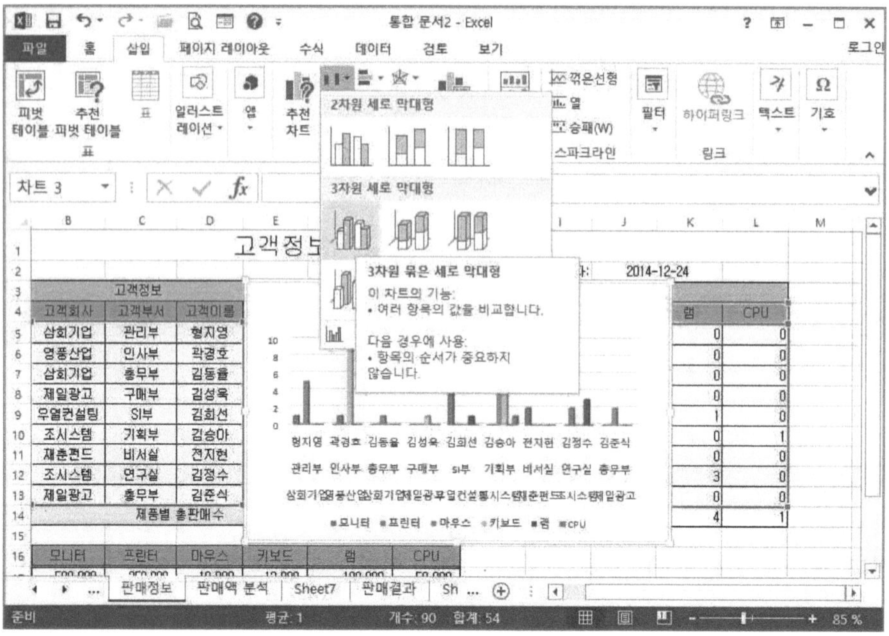

② [차트 도구]-[디자인]에서 [차트 이동] 아이콘을 클릭하면 [차트 이동] 대화상자가 나타난다. 여기서 [새 시트(S)]를 선택하고 [확인] 버튼을 누른다.

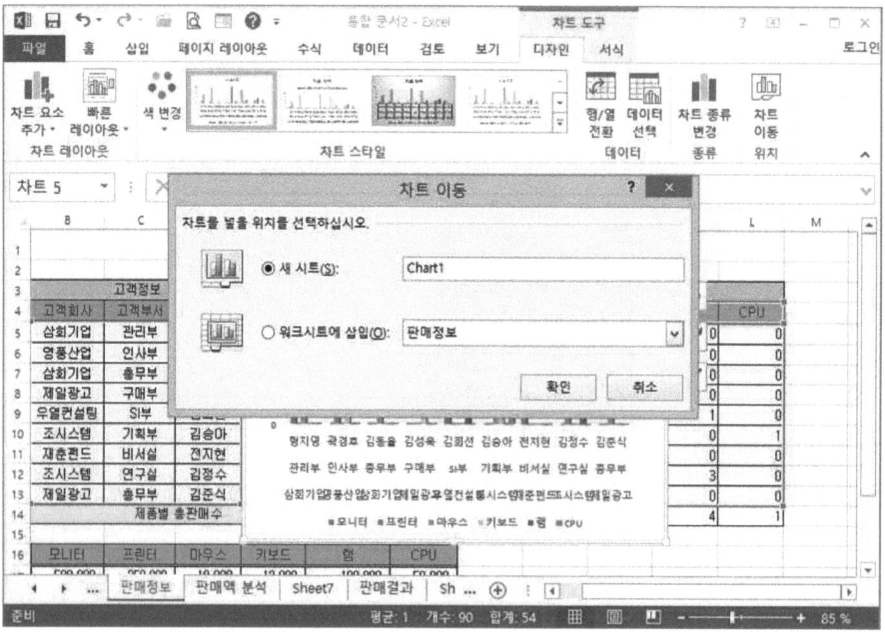

③ [차트 도구]-[디자인]-[차트 요소 추가] 선택한 후, "차트 제목/가로축 제목/세로 축 제목"을 입력하고 "범례"는 오른쪽으로 위치를 변경한다.

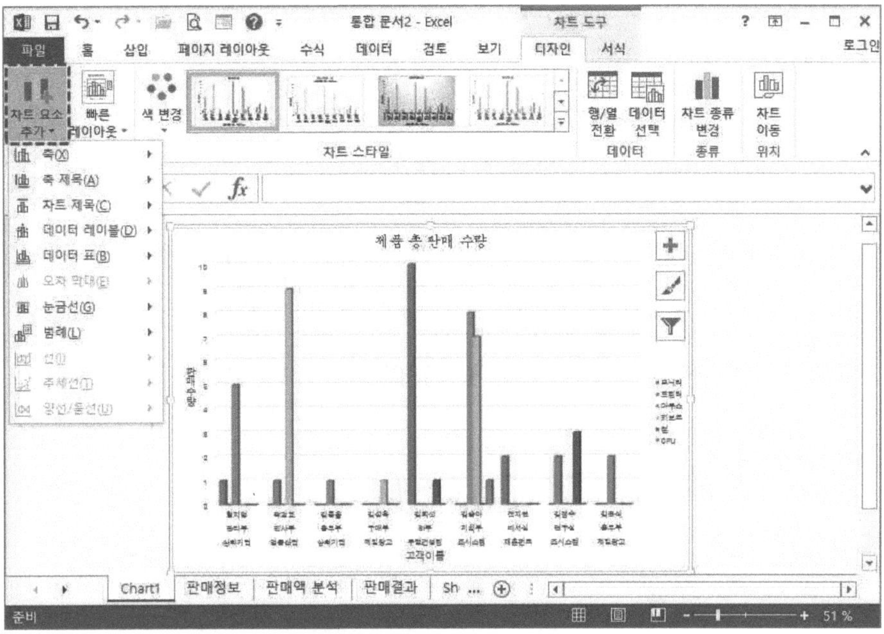

④ [홈] 리본메뉴에서 [글꼴 / 맞춤] 탭에서 조건에 맞도록 수정한다.

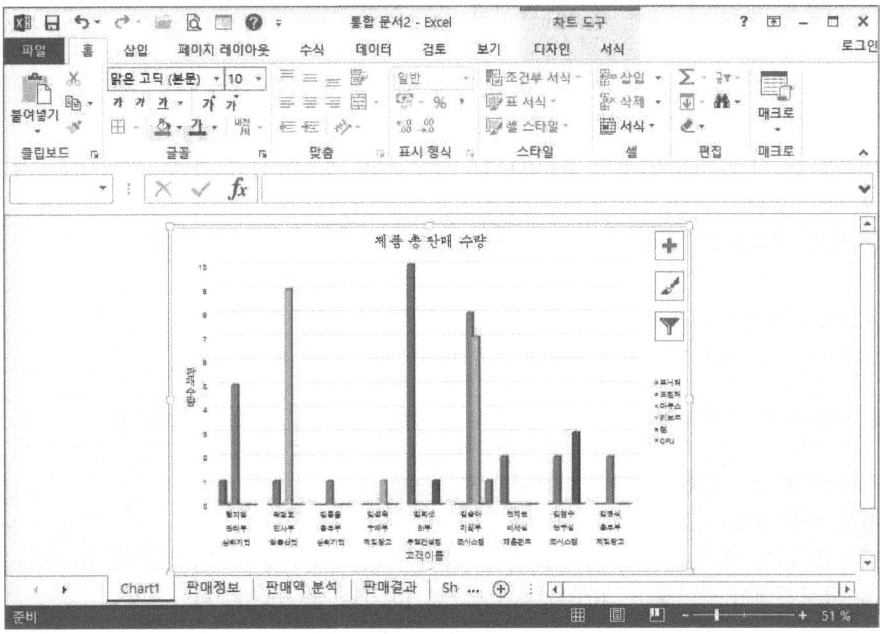

⑤ "Chart1"의 워크시트 이름을 "판매현황 그래프"로 수정한다.

10.3 컴퓨터 판매현황 프로그램

(1) 시트 작성

	A	B	C	D	E	F	G
1		판매현황 분석					
2							
3			값				
4		**행 레이블**	**합계 : P550**	**합계 : P700**	**합계 : P800**	**합계 : 총매출액**	**합계 : 이익금**
5		영업A팀	₩ 22,800	₩ 28,600	₩ 22,000	₩ 73,400	₩ 4,724
6		영업B팀	₩ 15,000	₩ 19,800	₩ 13,400	₩ 48,200	₩ 2,346
7		영업C팀	₩ 22,800	₩ 15,900	₩ 20,000	₩ 58,700	₩ 3,266
8		**총합계**	**₩ 60,600**	**₩ 64,300**	**₩ 55,400**	**₩ 180,300**	**₩ 10,336**
9							
10		고급필터 조건					
11		**합계 : P800**	**합계 : 이익금**				
12		>=20000	>=3000				
13							
14		행 레이블	합계 : P550	합계 : P700	합계 : P800	합계 : 총매출액	합계 : 이익금
15		영업A팀	₩ 22,800	₩ 28,600	₩ 22,000	₩ 73,400	₩ 4,724
16		영업C팀	₩ 22,800	₩ 15,900	₩ 20,000	₩ 58,700	₩ 3,266

* 위의 표대로 작성하고, 숫자는 '소수점 이하 자리없음'(셀서식 사용)으로 표시

1. 시트의 이름을 '판매현황'으로 변경하고 위의 시트 작성
2. 제목
   가. [B1]에 '8월 컴퓨터(PC) 판매현황' 제목 입력, 글꼴은 궁서체, 크기 14, 굵게
   [B1:J1]은 '셀 병합 후 수평 가운데 맞춤'
   나. [B2]에 위 시트와 같이 날짜 표시(DATE 함수 사용 후 셀 서식 적용), [B2:D2]은 '셀 병합 후 왼쪽 맞춤'
   다. [B15]에 '수익률표' 제목 입력, [B15:C15]은 '셀 병합 후 수평 가운데 맞춤'
3. 본문
   가. A열의 너비를 1로 지정
   나. 소속팀(①)은 '사원코드'를 이용하여 표시(IF와 LEFT 함수 사용)

[예시] 사원코드의 첫째자리 ' 이면 '영업A팀', 'B'이면 '영업B팀', 'C'이면 '영업C팀'

   다. 총매출액(②)은 'P550', 'P700', 'P800'의 합을 계산
   라. 이름 정의 ▶[B17:C20] : 범위 이름을 '이익율'로 정의
   마. 이익금(③)은 '총매출액'에 '이익율' 범위이름을 참조하여 계산(VLOOKUP 함수 사용)
   ▶ 총매출액이 1 이상 ~ 10,000 미만은 2%, 10,000이상~20,000 미만은 4%
   20,000 이상 ~ 30,000 미만은 6%, 30,000 이상은 8%
   가 A'

[예시] 이익금=총매출액×이익율

바. 순위(④)는 '이익금'을 기준으로 내림차순 계산(RANK 함수 사용)

사. 각 항목의 합계(⑤)를 계산(SUM 함수 사용)

아. 셀 서식

▶ ②, ③, ⑤는 콤마유형 적용　　▶ ④는 수평 가운데 맞춤

[중간점검] [I13]의 계　　10,33 입력 및 수식 오류 확인용)

4. 괘선 : 괘선은 문제에 주어진 대로 표시

(2) 데이터 검색과 분석

	A	B	C	D	E	F	G
1		판매현황 분석					
2							
3			값				
4		행 레이블	합계 : P550	합계 : P700	합계 : P800	합계 : 총매출액	합계 : 이익금
5		영업A팀	₩ 22,800	₩ 28,600	₩ 22,000	₩ 73,400	₩ 4,724
6		영업B팀	₩ 15,000	₩ 19,800	₩ 13,400	₩ 48,200	₩ 2,346
7		영업C팀	₩ 22,800	₩ 15,900	₩ 20,000	₩ 58,700	₩ 3,266
8		총합계	₩ 60,600	₩ 64,300	₩ 55,400	₩ 180,300	₩ 10,336
9							
10		고급필터 조건					
11		합계 : P800	합계 : 이익금				
12		>=20000	>=3000				
13							
14		행 레이블	합계 : P550	합계 : P700	합계 : P800	합계 : 총매출액	합계 : 이익금
15		영업A팀	₩ 22,800	₩ 28,600	₩ 22,000	₩ 73,400	₩ 4,724
16		영업C팀	₩ 22,800	₩ 15,900	₩ 20,000	₩ 58,700	₩ 3,266

* 위의 표대로 작성하고, 숫자는 '소수점 이하 자리없음'(셀서식 사용)으로 표시

1. 피벗 테이블 작성(위 시트 형식대로 새로운 시트에 작성)
   - 가. 시트 이름을 '분석'으로 변경하고, 피벗 테이블 위치는 [B3]에서 시작
   - 나. '판매현황' 시트의 [B3:J12]의 데이터를 이용하여 피벗 테이블작성
   - 다. [B5:F8]은 통화유형(₩) 적용
   - 라. [A1]에 '판매현황 분석' 제목 입력, 글꼴은 궁서체, 크기 14, 굵게
     [A1:F1] : '셀 병합 후 수평 가운데 맞춤'
   - 마. A열을 추가 후, 너비를 1로 지정
2. 고급필터 작성('분석' 시트에서 작업) 【10점】
   ※ 위 피벗 테이블에서 '합계:P800'이 20000이상이고 '합계:이익금'이 3000이상인 데이터 값을 고급필터를 사용하여 검색
   - 가. 제목 입력
     ▶[B10] : '고급필터 조건' 입력, [B10:C10] : '셀 병합 후 가운데 맞춤'
   - 나. 조건은 [B11:C12] 범위에 작성
   - 다. 고급필터 결과 작성
     ▶ 결과 : '다른 장소에 복사' 선택　　▶ 목록 범위 : [B4:G7]
     ▶ 찾을 조건 범위 : [B11:C12]　　▶ 복사위치 : [B14]
   - 라. 작성된 '분석' 시트를 '판매현황' 시트 바로 뒤로 위치
   - 마. 기타 기본 설정에 따름.

(3) 차트 작성

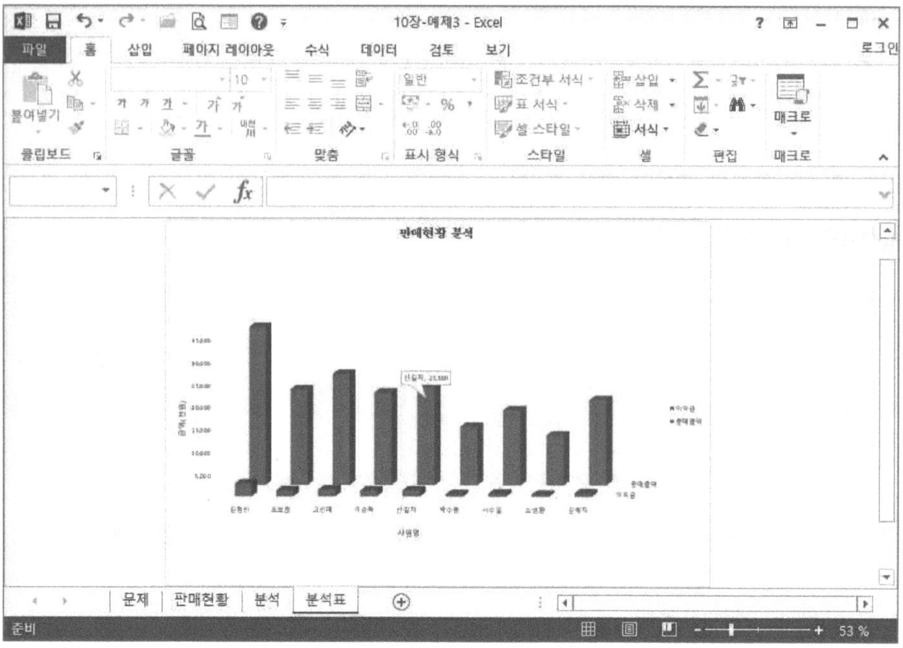

* 주어진 차트형식대로 작성

1. 데이터범위 : '판매현황' 시트의 [C3:C12], [H3:I12]
2. 차트종류 : 세로 막대형-원통형-3차원 원통형
3. 차트위치 및 시트이름
   ▶ 차트위치 : '새로운 시트로' 선택
   ▶ 시트이름 : '분석표'
4. 차트 레이아웃
   가. 제목 입력
      ▶ 차트제목 : '판매현황 분석'
      ▶ 가로축 : '사원명'
      ▶ 세로축 : '금액(천원)'
   나. 범례위치 : 차트 오른쪽
5. 서식 변경
   ▶ 차트제목 : 궁서체, 크기 16, 굵게
   ▶ 그림영역 : 채우기 없음
   ▶ 차트영역 : 괘선에 '도형 윤곽선 없음'적용
   ▶ 데이터 계열 : '신길자'의 '총매출액' 막대는 '데이터 이름표'를 '값표시' 형식으로 지정
6. 작성된 '분석표' 시트를 '분석' 시트 바로 뒤로 위치
7. 기타 사항은 차트 기본설정에 따름

(4) 컴퓨터 판매현황 프로그램 결과

가. 시트 작성

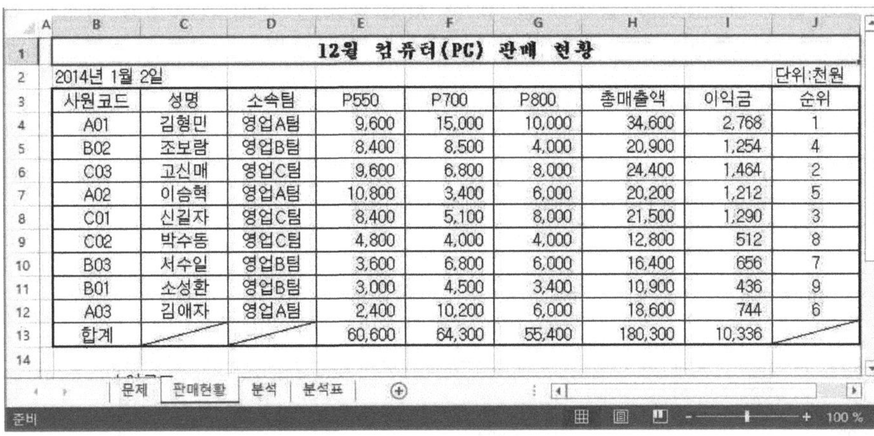

12월 컴퓨터(PC) 판매 현황

2014년 1월 2일 / 단위:천원

사원코드	성명	소속팀	P550	P700	P800	총매출액	이익금	순위
A01	김형민	영업A팀	9,600	15,000	10,000	34,600	2,768	1
B02	조보람	영업B팀	8,400	8,500	4,000	20,900	1,254	4
C03	고신매	영업C팀	9,600	6,800	8,000	24,400	1,464	2
A02	이승혁	영업A팀	10,800	3,400	6,000	20,200	1,212	5
C01	신길자	영업C팀	8,400	5,100	8,000	21,500	1,290	3
C02	박수동	영업C팀	4,800	4,000	4,000	12,800	512	8
B03	서수일	영업B팀	3,600	6,800	6,000	16,400	656	7
B01	소성환	영업B팀	3,000	4,500	3,400	10,900	436	9
A03	김애자	영업A팀	2,400	10,200	6,000	18,600	744	6
합계			60,600	64,300	55,400	180,300	10,336	

구 분	수 식 및 함 수 식
① 소 속 팀	=IF(LEFT(B4,1)="A","영업A팀",IF(LEFT(B4,1)="B","영업B팀","영업C팀"))
② 총매출액	=SUM(E4:G4)
③ 이 익 금	=IF(H4>=30000,VLOOKUP(H4,이익률,2)*H4,IF(H4>=20000,VLOOKUP(H4,이익률,2)*H4,IF(H4>=10000,VLOOKUP(H4,이익률,2)*H4,VLOOKUP(H4,이익률,2)*H4)))
④ 순 위	=RANK(I4,$I$4:$I$12)
⑤ 합 계	=SUM(E4:E12)

나. 데이터 검색과 분석

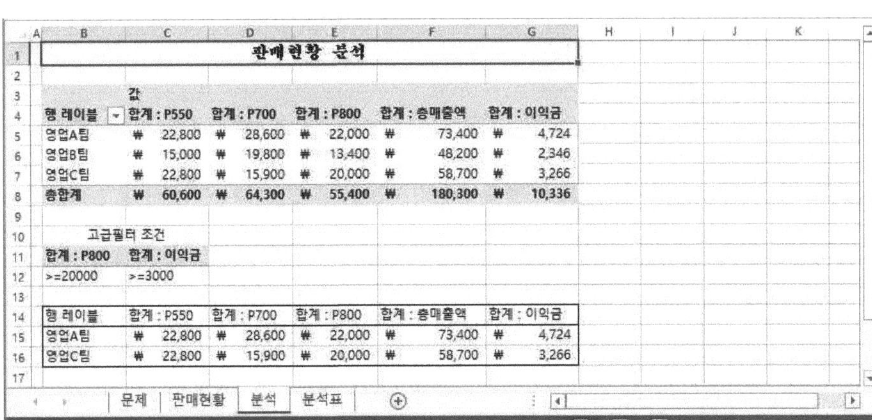

판매현황 분석

행 레이블	합계 : P550	합계 : P700	합계 : P800	합계 : 총매출액	합계 : 이익금
영업A팀	₩ 22,800	₩ 28,600	₩ 22,000	₩ 73,400	₩ 4,724
영업B팀	₩ 15,000	₩ 19,800	₩ 13,400	₩ 48,200	₩ 2,346
영업C팀	₩ 22,800	₩ 15,900	₩ 20,000	₩ 58,700	₩ 3,266
총합계	₩ 60,600	₩ 64,300	₩ 55,400	₩ 180,300	₩ 10,336

고급필터 조건

합계 : P800	합계 : 이익금
>=20000	>=3000

행 레이블	합계 : P550	합계 : P700	합계 : P800	합계 : 총매출액	합계 : 이익금
영업A팀	₩ 22,800	₩ 28,600	₩ 22,000	₩ 73,400	₩ 4,724
영업C팀	₩ 22,800	₩ 15,900	₩ 20,000	₩ 58,700	₩ 3,266

다. 차트작성 문제 참조

(5) 컴퓨터 판매현황 프로그램 설명

가. 시트 작성

① [B2]셀의 날짜 표시(DATE 함수 사용 후 셀 서식 적용)는 먼저 [B2]셀을 선택한 후 [수식]-[함수 라이브러리] 리본 메뉴에서 [날짜 및 시간]에서 [DATE] 함수를 선택한다.

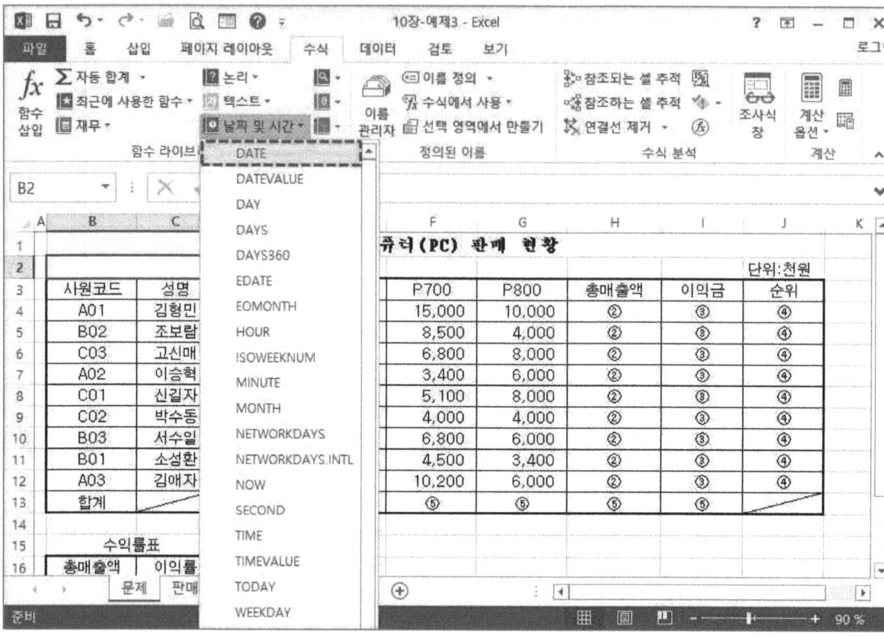

② [함수 인수] 대화상자에 Year / Month / Day를 적어주고 [확인] 버튼을 누른다.

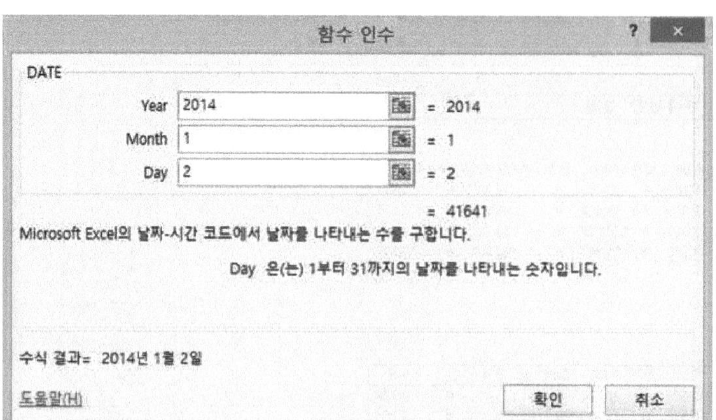

③ 마우스로 "B2" 셀을 다시 선택하고 [홈]-[표시 형식]-[오른쪽 화살표]-[셀 서식]-[표시 형식]-[날짜]-[yyyy년 mm월 dd일] 을 선택하고 [확인]을 누른다.

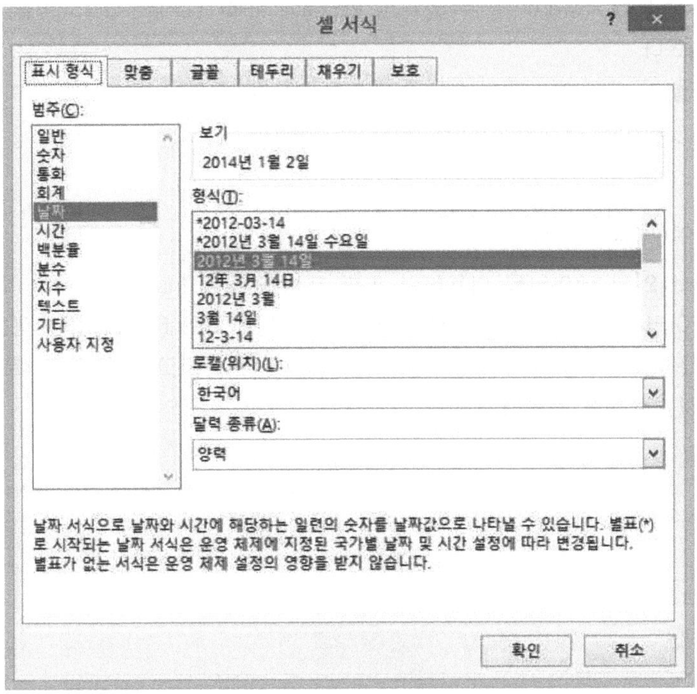

④ 소속팀(①), 총매출액(②), 순위(④), 합계(⑤)의 빈 란은 컴퓨터 판매현황 프로그램 결과에 나와 있는 수식 / 함수식을 사용하면 쉽게 채워 넣을 수 있다.

⑤ 이익금(③)은 '총매출액'에 '이익율' 범위이름을 참조하여 계산(VLOOKUP 함수 사용)

■ VLOOKUP : 표의 가장 왼쪽 열에서 특정 값을 찾아, 지정한 열에서 같은 행에 있는 값을 표시한다. 비교값이 찾으려는 데이터의 왼쪽 열에 있으면 HLOOKUP 대신 VLOOKUP을 사용한다. VLOOKUP에서 V는 "세로"를 나타낸다.

	A	B	C	D	E	F	G	H	I	J
1					12월 컴퓨터(PC) 판매 현황					
2		2014년 1월 2일								단위:천원
3		사원코드	성명	소속팀	P550	P700	P800	총매출액	이익금	순위
4		A01	김형민	영업A팀	9,600	15,000	10,000	=H4*VLOOKUP(H4,이익률,2)		
5		B02	조보람	영업B팀	8,400	8,500	4,000	20,900	1,254	4
6		C03	고신매	영업C팀	9,600	6,800	8,000	24,400	1,464	2
7		A02	이승혁	영업A팀	10,800	3,400	6,000	20,200	1,212	5
8		C01	신길자	영업C팀	8,400	5,100	8,000	21,500	1,290	3
9		C02	박수동	영업C팀	4,800	4,000	4,000	12,800	512	8
10		B03	서수일	영업B팀	3,600	6,800	6,000	16,400	656	7
11		B01	소성환	영업B팀	3,000	4,500	3,400	10,900	436	9
12		A03	김애자	영업A팀	2,400	10,200	6,000	18,600	744	6
13		합계			60,600	64,300	55,400	180,300	10,336	
14										
15			수익률표							
16		총매출액	이익률							
17		1	2%							
18		10,000	4%							
19		20,000	6%							
20		30,000	8%							

Part 3

결과에 나와 있는 수식 / 함수식을 사용하여 쓸 수 있지만, 간단하게 =H4*VLOOKUP(H4,이익율,2) 만 적어 줘도 결과는 동일하게 나온다.

=H4*VLOOKUP(H4,이익율,2) 이 식에서 이익율은 B17셀부터 C20셀까지를 이름 상자에 등록해 놓았기 때문에 범위로 나타나는 것이 아니라 이익율이라는 이름으로 나타난다.

나. 데이터 검색과 분석(피벗 테이블)

① 판매현황 시트의 [B3:J12]의 데이터를 이용하여 피벗 테이블 작성한다.

② 판매현황 워크시트 데이터 내에 커서를 위치하고, [삽입]-[표]-[피벗 테이블]을 선택한다.

③ [피벗 테이블 만들기] 대화상자가 나타난다. [표/범위(T)]을 설정하고 [새 워크시트(N)]를 선택한 다음, [확인] 버튼을 누른다.

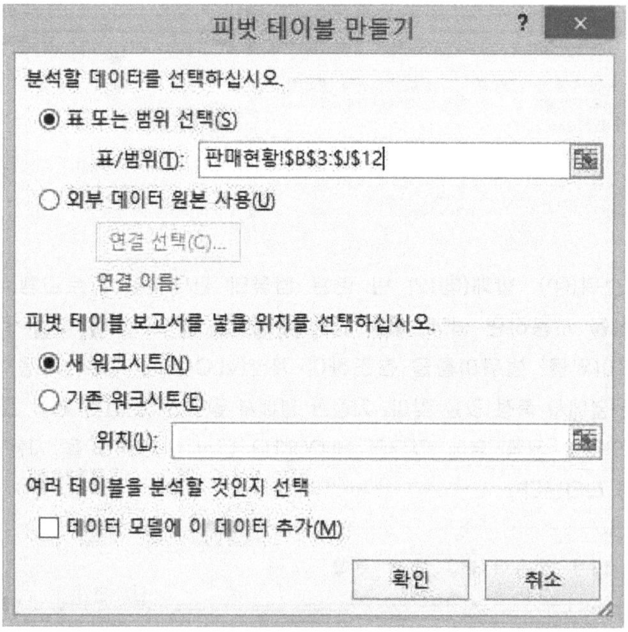

④ 오른쪽에 있는 보고서에 추가할 필드에서 아래 필드에 드래그하여 놓는다. 행 레이블에 소속팀, 열 레이블에 Σ 값, Σ 값 필드에 P550, P700, P800, 총매출액과 이익금을 드래그 한다.

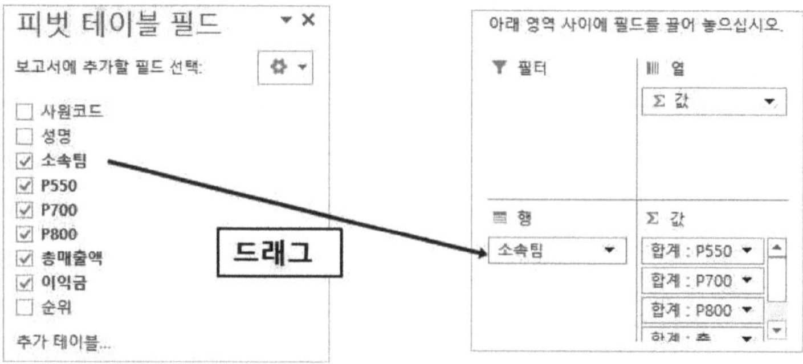

⑤ [B5:G8]범위를 선택하고 [홈]-[표시 형식]-[₩]를 클릭하면 통화유형(₩)이 적용된다.

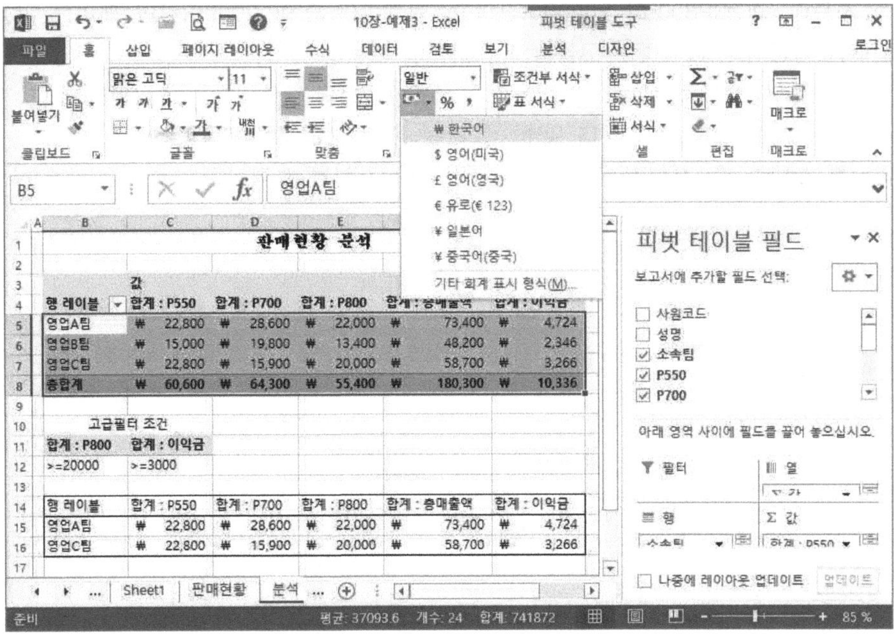

⑥ 글씨 크기 / 글꼴 정렬 / 열 너비는 문제에서 주어진 대로 적용하고 생성된 시트 이름을 "분석"으로 변환한다.

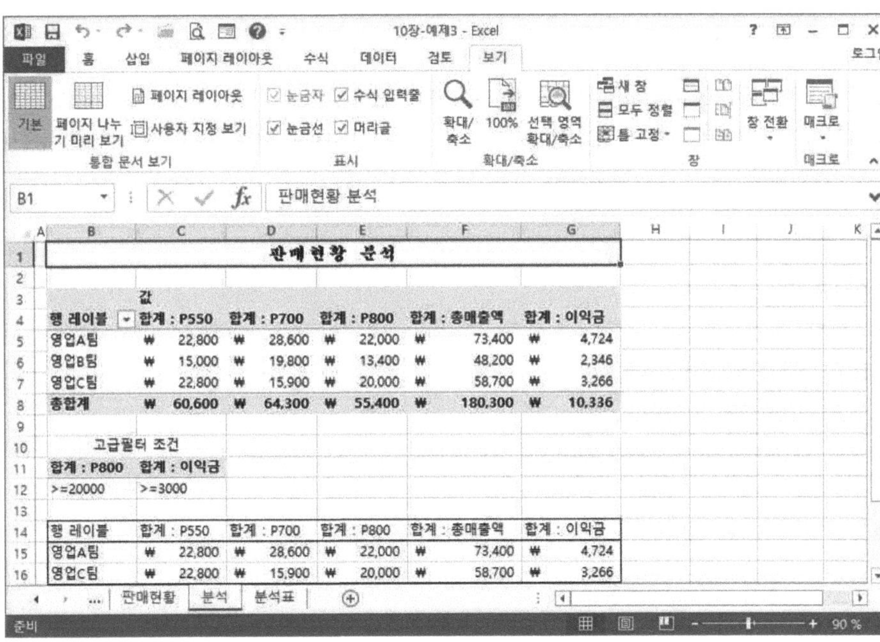

■ 고급필터 작성

⑦ 분석 시트에 '합계:P800'이 20000이상이고 '합계:이익금'이 3000이상인 데이터 값을 고급필터를 사용하여 검색하는 고급필터 테이블을 만든다.

⑧ 문제에서 주어진 제목 / 조건으로 작성을 하도록 한다. [B10] : '고급필터 조건' 입력, [B10:C10] : '셀 병합 후 가운데 맞춤' 조건은 [B11:C12] 범위에 작성한다.

⑨ 데이터를 선택한 후, [데이터]-[정렬 및 필터]-[고급]을 선택한다.

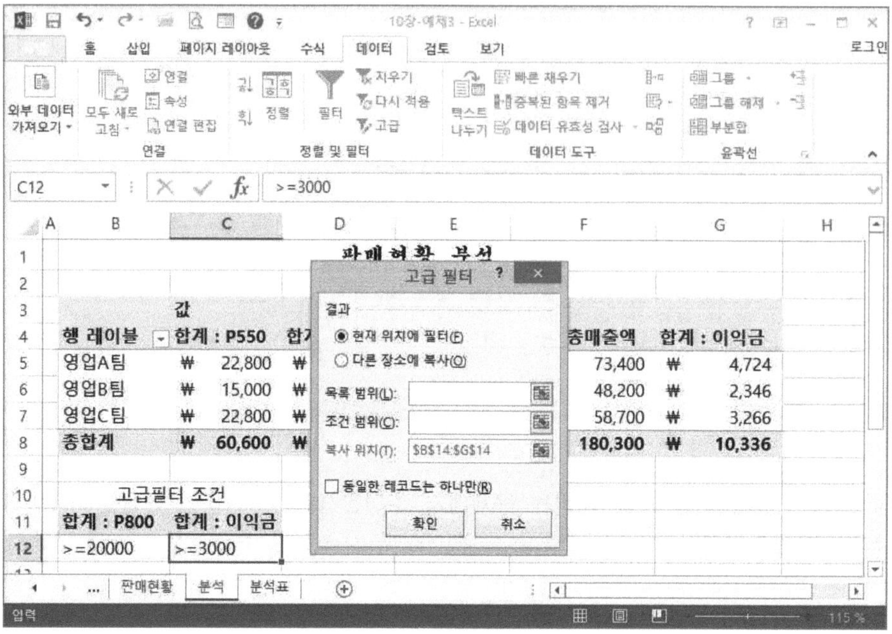

⑩ 먼저 [다른 장소에 복사(O)]를 선택한 후 목록 범위(L)은 문제에서 주어진 대로 [B4:G7] / 조건범위 : [B11:C12] / 복사 위치 : [B14]로 해주고 확인 단추를 누른다.

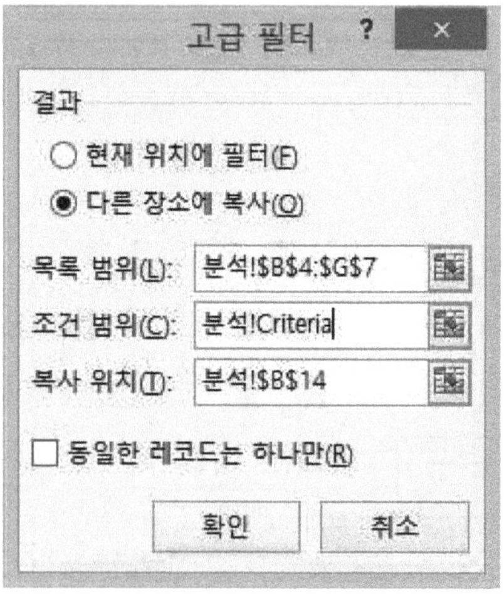

⑪ 작성된 결과는 셀 "B14"에 나타난다.

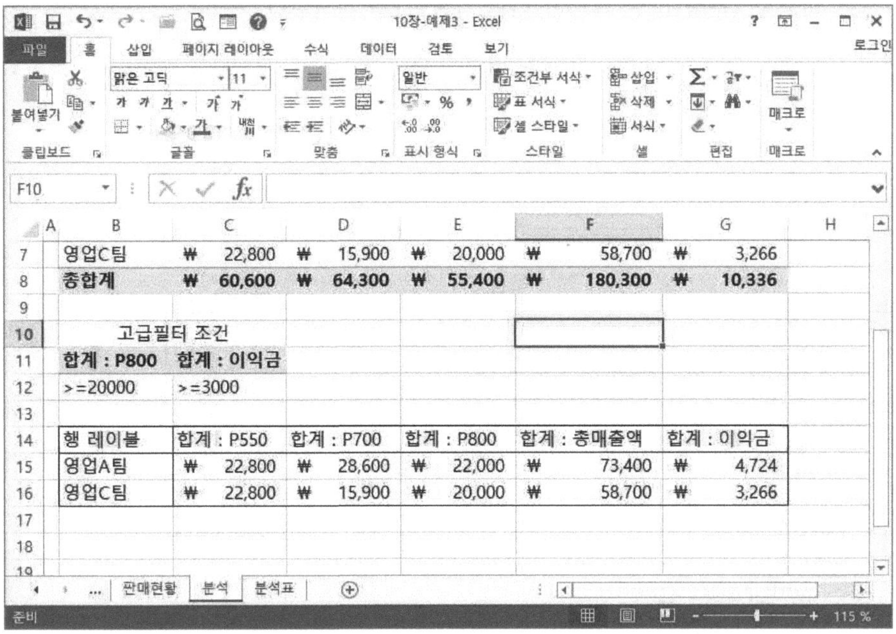

다. 차트 작성

① **판매현황** 시트의 [C3:C12], [H3:I12] 범위를 마우스로 선택한다. 선택할 때 한쪽 범위를 먼저 마우스 드래그 해서 선택한 후 Ctrl 키를 사용해 나머지 범위를 마우스로 드래그 해서 선택을 하도록 한다.

② 범위 선택이 끝났으면 [삽입]-[차트]-[세로 막대형]에서 "3차원 세로 막대형"을 선택한다.

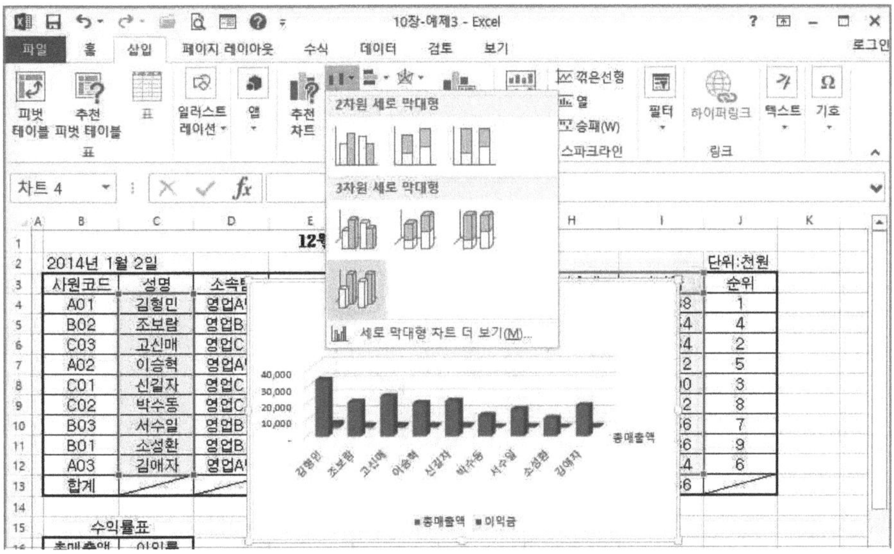

③ [차트도구]-[디자인]-[위치]-[차트 이동]을 클릭하면 [차트 이동] 대화상자가 나타나고 새 시트 이름을 “분석표”로 입력한 다음, [확인]을 클릭한다.

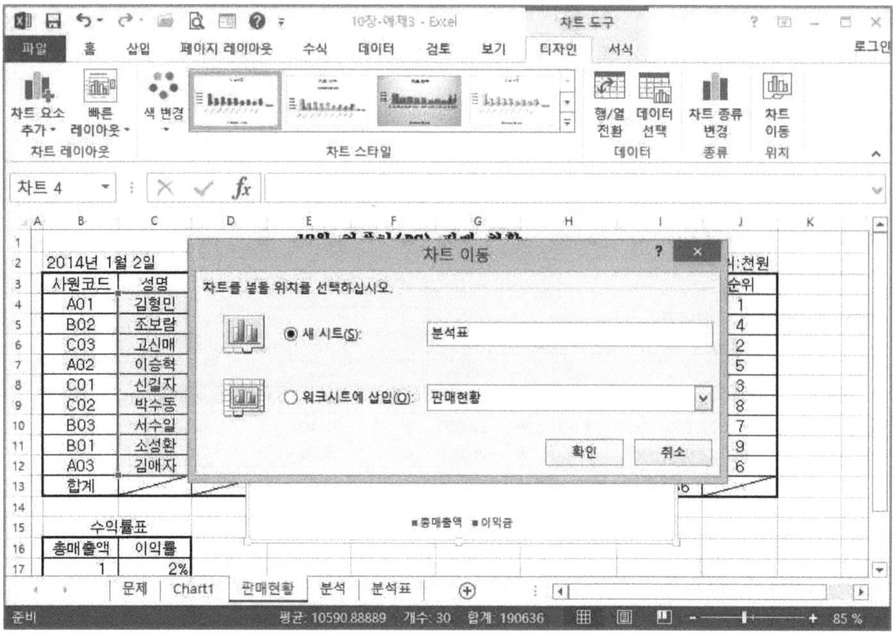

④ [차트 도구]-[디자인]-[차트 추가 요소]에서 차트제목 : 판매현황 분석, 가로축제목 : 사원명, 세로축제목 : 금액(천원), 범례위치 : 차트 오른쪽으로 설정한다.

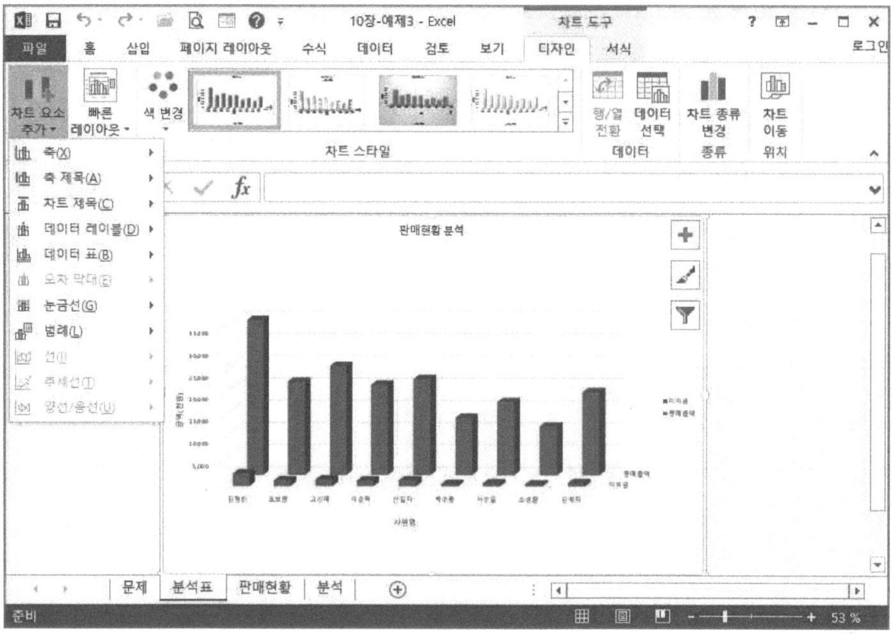

⑤ 문제에서 주어진 서식으로 변경을 하도록 한다. 서식 변경은 [홈]-[글꼴] 리본메뉴에서 변경하면 빠르게 변경할 수 있다[차트제목 : 궁서체, 크기 16, 굵게 설정].

⑥ 그림영역을 마우스로 선택 후, [차트 도구]-[서식]-[도형 스타일]-[도형 채우기]에서 "채우기 없음"을 선택한다.

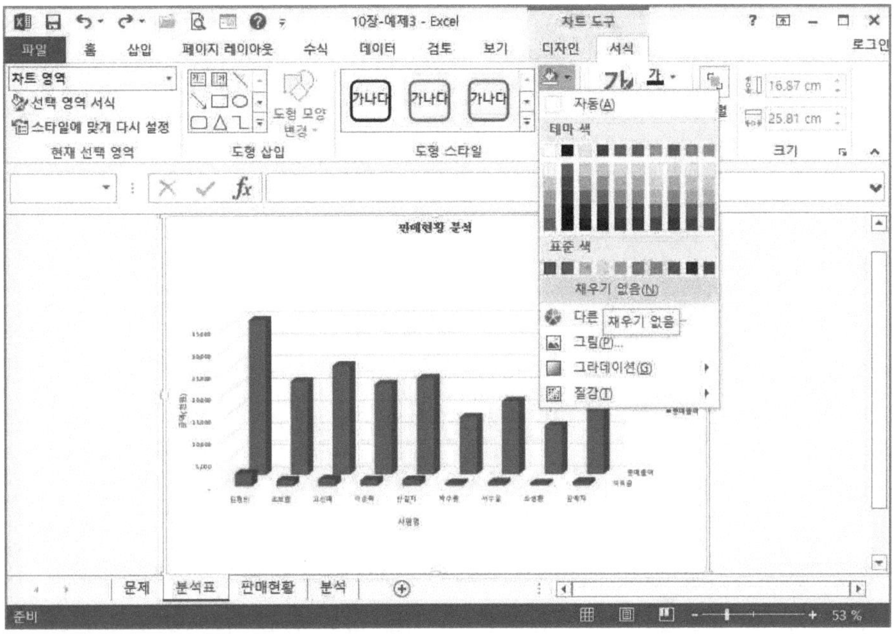

⑦ 마우스로 [세로 축 주 눈금선]을 선택한 후, [차트 도구]-[서식]-[도형 스타일]에서 "도형 윤곽선"을 선택하고 "윤곽선 없음"을 선택한다.

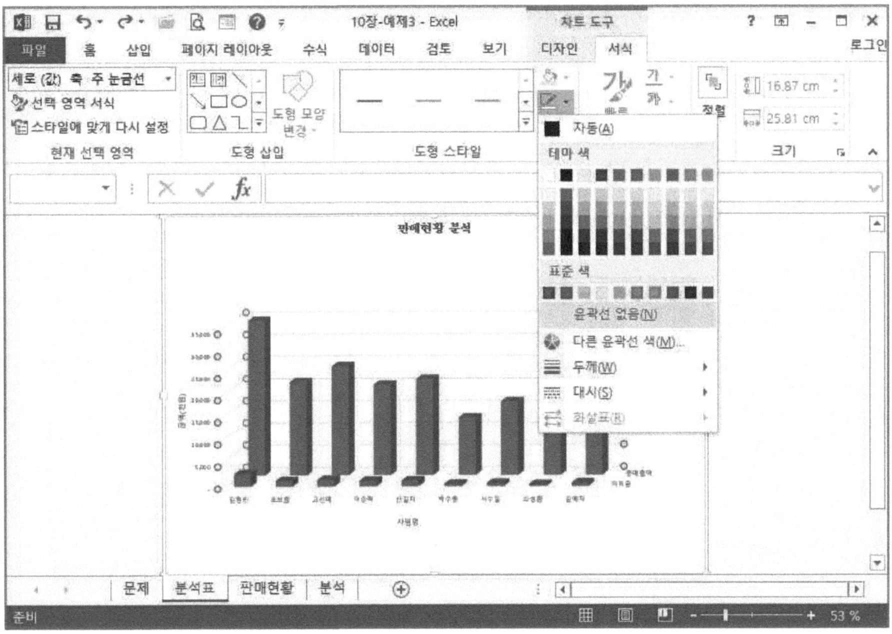

⑧ 데이터 레이블 변경은 신길자의 총매출액 막대를 마우스로 선택 후(신길자의 막대만 선택한다.), [차트 도구]-[디자인]-[차트 요서 추가]에서 "데이터 레이블"을 선택하고 "데이터 설명선"을 클릭한다.

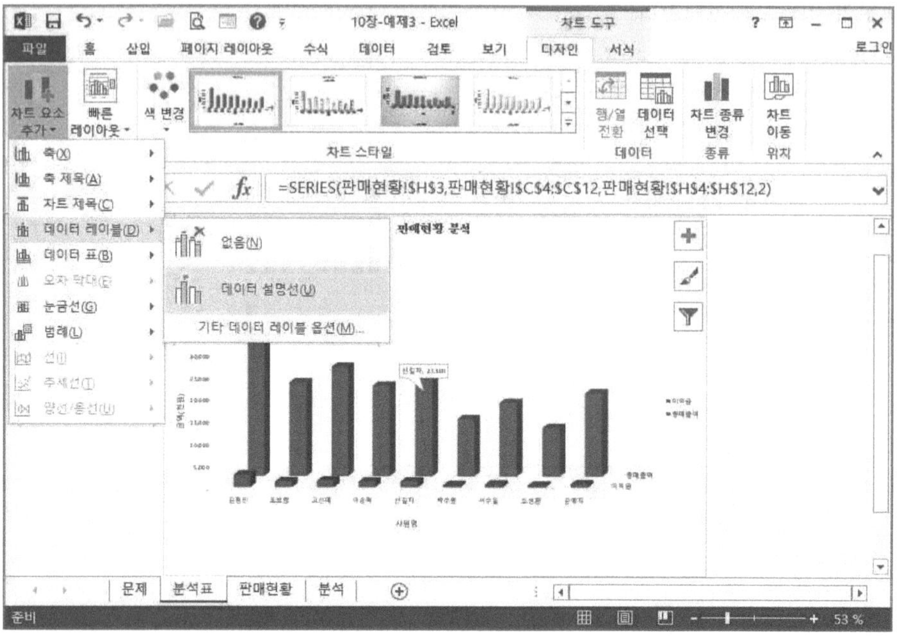

⑨ "분석표" 시트에 차트를 완성했으면 "분석" 시트 바로 뒤로 위치시키도록 한다. 마우스 왼쪽 버튼으로 분석표를 선택 후 분석 뒤로 끌어 주도록 한다.

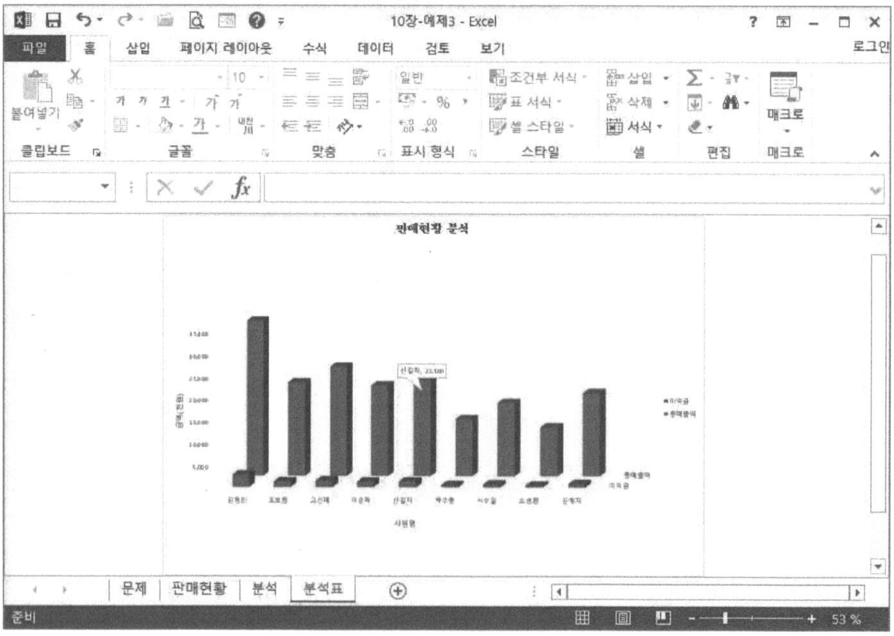

마. 수당(③) : 수당=기본급×(상여비율+특별상여율【'특별상여율' 셀 이름을 참조하여 계산】)

바. 총급여액(④)은 '기본급'과 '수당'의 합을 계산

사. 각 항목의 합계(⑤)를 계산(SUM 함수 사용)

아. 셀 표시형식

▶ [G4:G13], [I4:I13] : 콤마 유형

▶ [J4:J13] : 통화 유형(₩) ▶ ② : 백분율 유형(%)

[중간점검] [의 계 ₩13,960,500(입력 및 수식 오류 확인용)

4. 괘선 : 괘선은 문제에 주어진 대로 표시

(2) 데이터 검색과 분석

부서별 비교 분석

부서	직위	기본급	상여비율	수당	총급여액
기획부	부장	1450000	0.1	290000	1740000
기획부	과장	1350000	0.07	229500	1579500
기획부	대리	1200000	0.05	180000	1380000
기획부 요약					4699500
판매부	대리	1200000	0.03	156000	1356000
판매부	과장	1350000	0.07	229500	1579500
판매부	부장	1450000	0.07	246500	1696500
판매부 요약					4632000
홍보부	과장	1350000	0.05	202500	1552500
홍보부	부장	1450000	0.07	246500	1696500
홍보부	대리	1200000	0.05	180000	1380000
홍보부 요약					4629000
총합계					13960500

* 위의 표대로 작성하고, 숫자는 '소수점 이하 자리없음'(셀서식 사용)으로 표시

1. 부분합 작성(위 시트 형식대로 새로운 시트에 작성)

가. 시트의 이름을 '비교 분석'으로 변경

나. A열의 너비를 1로 지정

다. '급여 현황' 시트의 [C3:J12]의 데이터 참조 후 '비교 분석' 시트의 [B4]셀에 채워넣기 함

라. 부분합 처리

▶ [C], [E]열은 열 숨기기 처리

▶ [B4:I13] : '부서'를 기준으로 오름차순 정렬하고 부분합 처리

마. [B2]에 '부서별 비교 분석' 제목 입력, 글꼴은 돋움, 크기 14, 굵게
[B2:I2]은 '셀 병합 후 수평 가운데 맞춤'

바. 시트위치 : '비교 분석' 시트는 '급여 현황' 시트 바로 뒤로 위치

사. 괘선 : 괘선은 문제에 주어진 대로 표시

2. 시나리오 작성('급여 현황' 시트에서 작업)

※ '특별상여율' 변동에 따른 '총급여액' 변화를 시나리오를 이용하여 계산

가. 이름정의

▶ '급여 현황' 시트 [J13] 셀의 이름을 '총급여액'으로 정의

나. 특별상여율이 20%일 경우의 '특별상여 인상' 시나리오 추가

○ 시나리오 이름 : 특별상여 인상 ○ 변경 셀 : [C15] ○ 시나리오 값(특별상여율) : 20%

다. 특별상여율이 5%일 경우의 '특별상여 감소' 시나리오 추가

○ 시나리오 이름 : 특별상여 감소 ○ 변경 셀 : [C15] ○ 시나리오 값(특별상여율) : 5%

라. 위 두 시나리오에 의한 '시나리오 요약' 보고서 작성

▶ 보고서 종류 : '시나리오 요약'

▶ 결과 셀 : [J13]

마. 기타 기본설정에 따름

바. 작성된 '시나리오 요약' 시트를 '비교 분석' 시트 바로 뒤로 위치

(3) 차트 작성

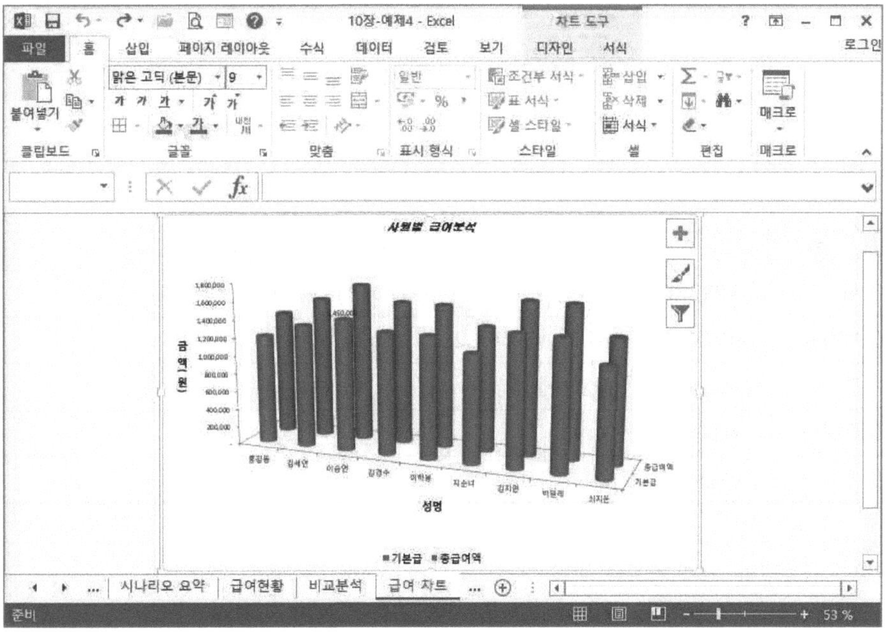

* 별도의 지시사항이 없으면 주어진 차트형식대로 작성

1. 데이터 범위 : '급여 현황' 시트의 [B3:B12], [G3:G12], [J3:J12]
2. 차트 종류 : 세로 막대형 - 3차원 세로 막대형
3. 차트위치 및 시트이름

▶ 차트위치 : '새로운 시트로' 선택 ▶ 시트이름 : '급여 차트'

4. 차트 옵션
   가. 제목 입력
      ▶ 차트 제목 : '사원별 급여분석' ▶ 가로축 : '성명' ▶ 세로축 : '금액(원)'
   나. 범례 위치 : 차트 아래
5. 서식 변경
   ▶ 차트 제목 : 굴림체, 크기 16, 기울임꼴
   ▶ 그림 영역 : 채우기 없음
   ▶ 데이터 레이블 : '이승연'의 '기본급' 막대는 '데이터이름표'를 '값 표시' 형식으로 지정
   ▶ 차트 영역 : 괘선에 '도형윤곽선' 적용
6. 작성된 '급여 차트' 시트를 '시나리오 요약' 시트 바로 뒤로 위치
7. 기타 사항은 차트 기본설정에 따름

(4) 사원별 급여현황 프로그램 결과

가. 시트 작성

사원별 급여 현황

2014년 01월 02일 단위:원

성명	부서	직급	직위	인사고과	기본급	상여비율	수당	총급여액
홍길동	판매부	4급	대리	6	1,200,000	3%	156,000	₩ 1,356,000
김세연	홍보부	3급	과장	10	1,350,000	5%	202,500	₩ 1,552,500
이승연	기획부	2급	부장	30	1,450,000	10%	290,000	₩ 1,740,000
김경수	판매부	3급	과장	25	1,350,000	7%	229,500	₩ 1,579,500
이학봉	기획부	3급	과장	20	1,350,000	7%	229,500	₩ 1,579,500
지순녀	기획부	4급	대리	18	1,200,000	5%	180,000	₩ 1,380,000
김지연	홍보부	2급	부장	28	1,450,000	7%	246,500	₩ 1,696,500
박원래	판매부	2급	부장	24	1,450,000	7%	246,500	₩ 1,696,500
최지은	홍보부	4급	대리	15	1,200,000	5%	180,000	₩ 1,380,000
합계					12,000,000		1,960,500	₩ 13,960,500

구 분	수식 및 함수식
① 직위	=IF(LEFT(D4,1)="2","부장",IF(LEFT(D4,1)="3","과장","대리"))
② 상여비율	=VLOOKUP(F4,상여지급율,2)
③ 수당	=G4*(H4+특별상여율)
④ 총급여액	=G4+I4
⑤ 합계	=SUM(G4:G12)

IF 함수 : 수행할 논리 검사를 지정
  [구문] IF(logical_test,value_if_true,value_if_false)
  [예제] IF(A10<=100,"예산 미달","예산 초과")
LEFT 함수 : LEFT는 텍스트의 왼쪽으로부터 문자를 지정한 바이트 수만큼 출력
  [구문] LEFT(text,num_chars)
  [예제] LEFT("Sale Price",4) = "Sale"

나. 데이터 검색과 분석

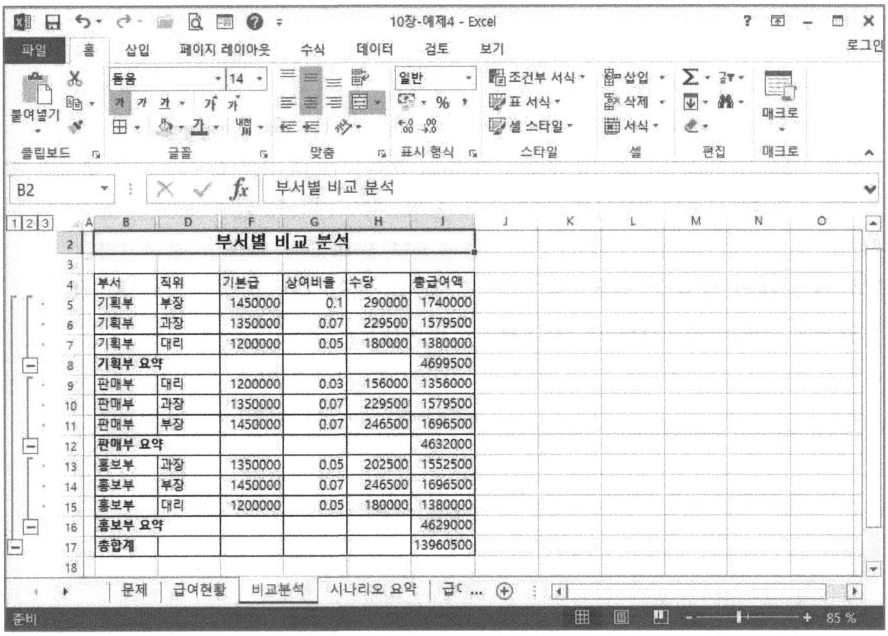

부서별 비교 분석

부서	직위	기본급	상여비율	수당	총급여액
기획부	부장	1450000	0.1	290000	1740000
기획부	과장	1350000	0.07	229500	1579500
기획부	대리	1200000	0.05	180000	1380000
기획부 요약					4699500
판매부	대리	1200000	0.03	156000	1356000
판매부	과장	1350000	0.07	229500	1579500
판매부	부장	1450000	0.07	246500	1696500
판매부 요약					4632000
홍보부	과장	1350000	0.05	202500	1552500
홍보부	부장	1450000	0.07	246500	1696500
홍보부	대리	1200000	0.05	180000	1380000
홍보부 요약					4629000
총합계					13960500

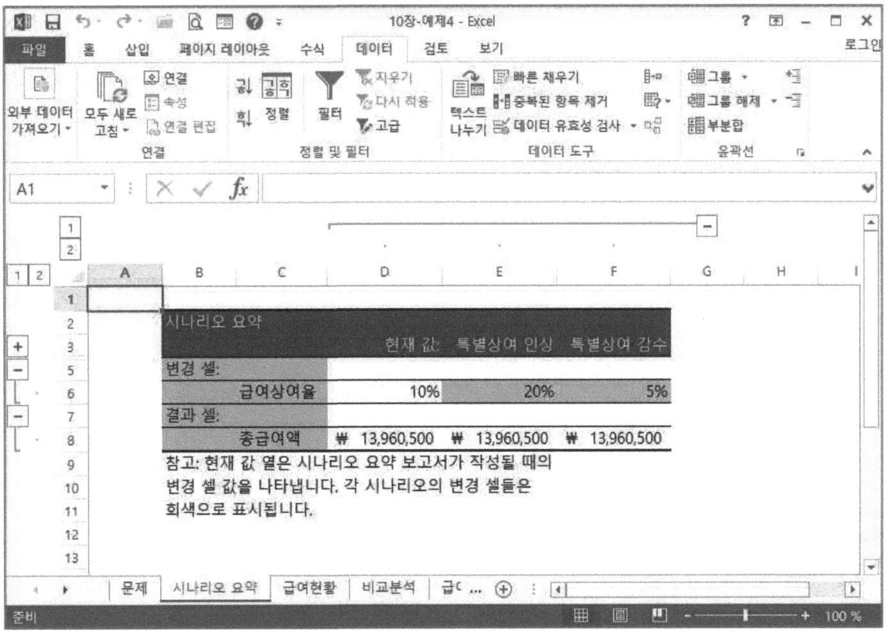

시나리오 요약

	현재 값:	특별상여 인상	특별상여 감소
변경 셀:			
급여상여율	10%	20%	5%
결과 셀:			
총급여액	₩ 13,960,500	₩ 13,960,500	₩ 13,960,500

참고: 현재 값 열은 시나리오 요약 보고서가 작성될 때의 변경 셀 값을 나타냅니다. 각 시나리오의 변경 셀들은 회색으로 표시됩니다.

다. 차트 작성 문제 참조

Part 3

(5) 사원별 급여현황 프로그램 설명

가. 데이터 검색과 분석

■ 부분합 작성

① 새로운 시트를 삽입하고 이름을 비교분석으로 변경한다. A열의 너비를 1로 지정

② 급여 현황 시트의 [C3:J12] 영역을 참조하여 비교 분석 시트의 [B4]셀부터 채워 넣기를 한다.

③ 먼저, 비교 분석 시트의 [B4]셀을 선택후 = 를 적어 주고, 급여 현황 시트의 [C3]셀을 선택하고 키보드의 Enter↵ 키를 누른다. 자동으로 비교분석 시트로 넘어가면서 급여 현황 시트의 [C3]셀의 내용이 비교분석 시트의 [B4] 셀에 나타난다. 마우스로 [B4]셀 부터 [I13]셀까지 마우스로 드래그해 자동채우기를 한다.

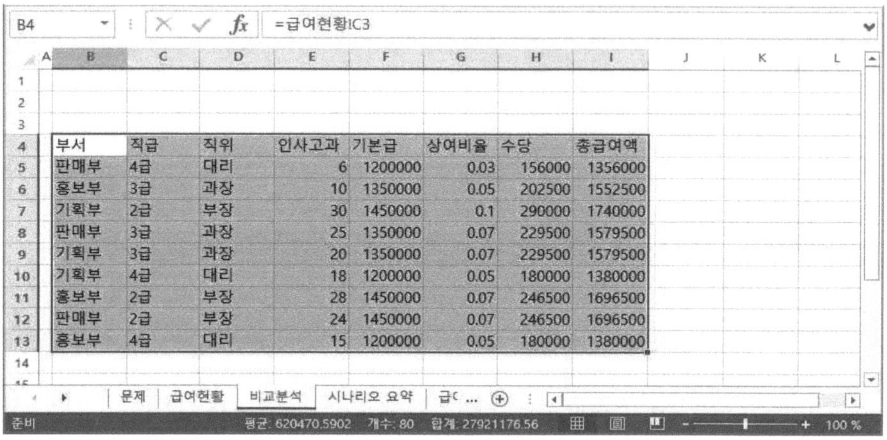

④ [C], [E]열은 열 숨기기 처리를 한다. 열 이름 선택 후 마우스 오른쪽 버튼을 누르고 단축 메뉴에서 숨기기(H)를 선택한다.

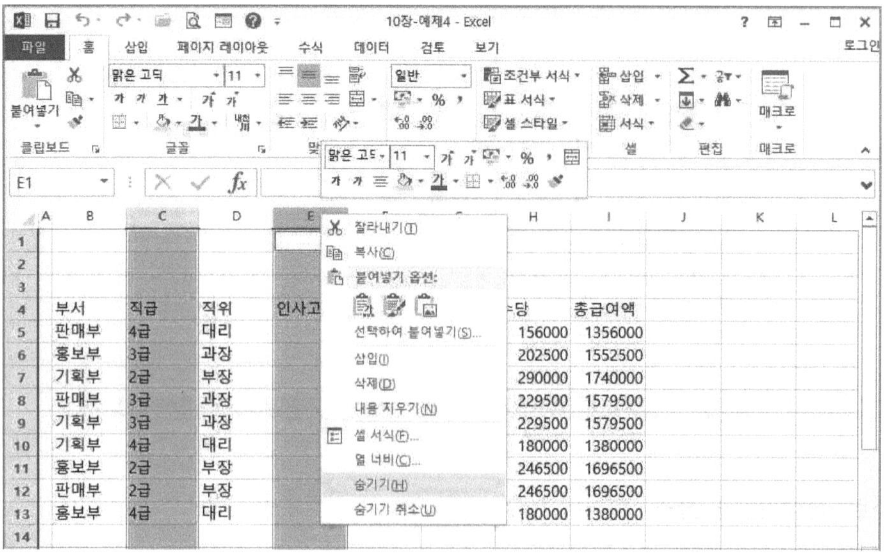

⑤ [B4:I13] 범위를 지정하고 [데이터]-[정렬 및 필터 그룹]에서 부서를 기준으로 [오름차순 정렬]한다.

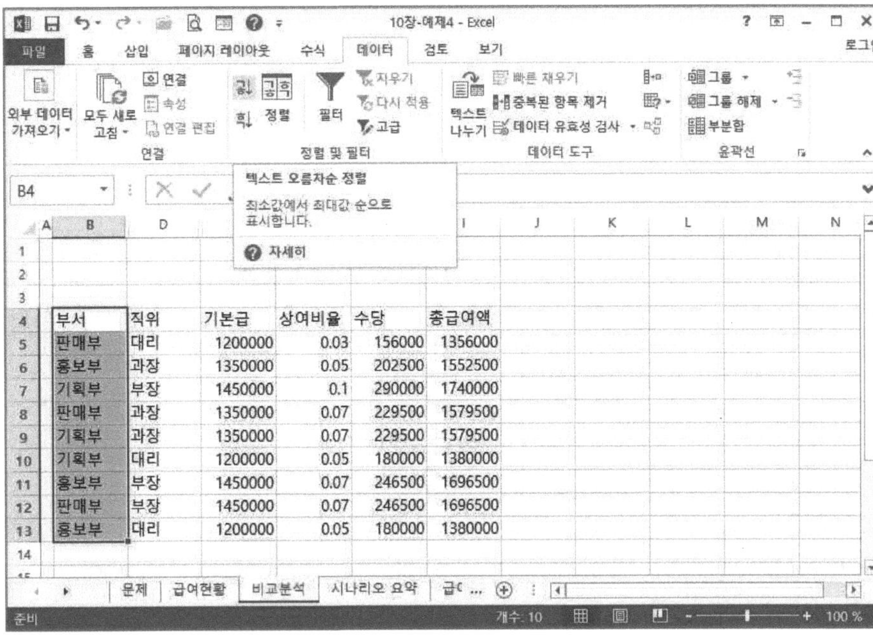

⑥ [데이터]-[윤곽선] 그룹에서 [부분합]을 선택하고 “총급여액”을 부분합 처리한다.

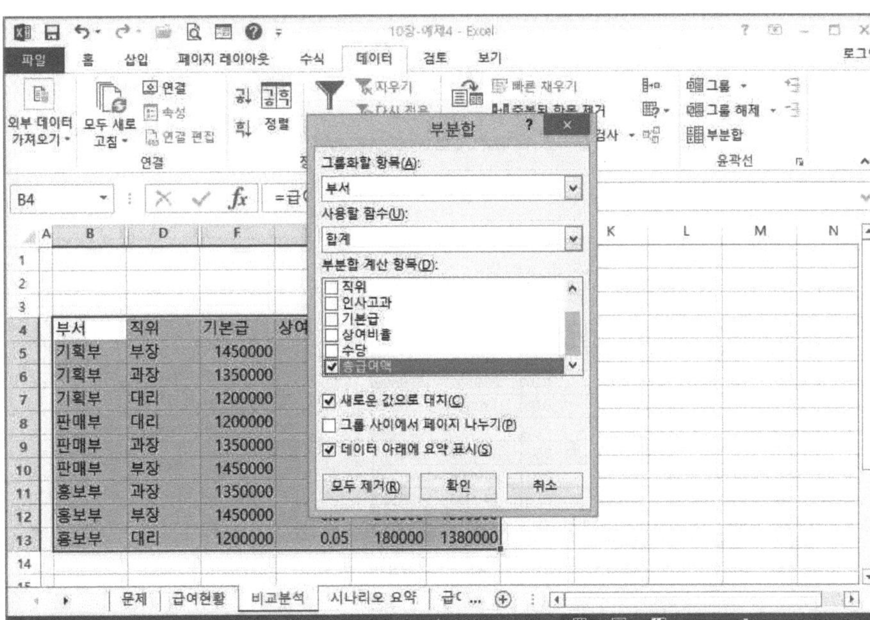

⑦ 아래와 같이 나타난다. 괘선은 문제에 주어진 대로 표시하도록 한다.

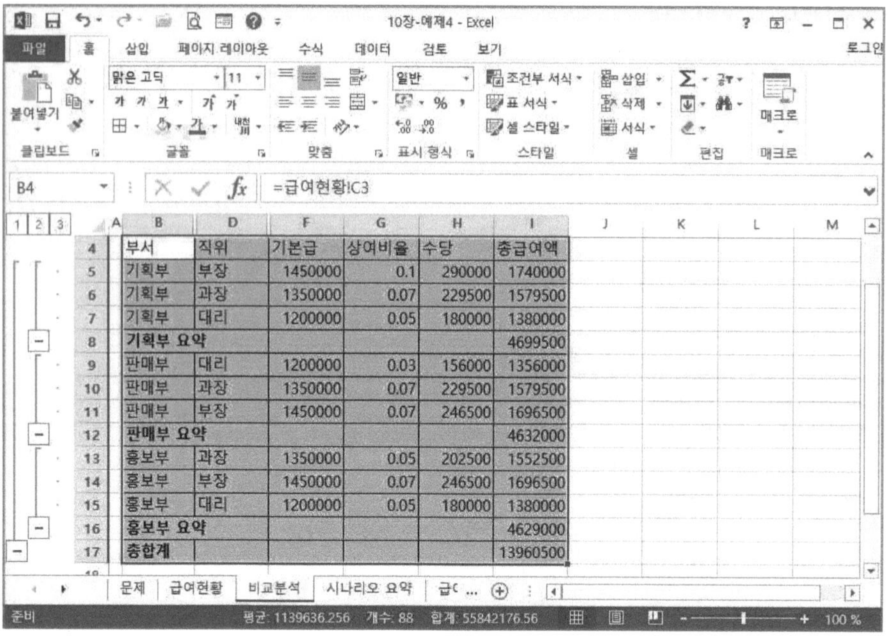

⑧ [B2]에 "부서별 비교 분석" 제목 입력, 글꼴은 돋움, 크기 14, 굵게 | [B2:I2]은 '셀 병합 후 수평 가운데 맞춤' | 시트위치 : 비교 분석 시트는 급여현황 시트 바로 뒤로 위치

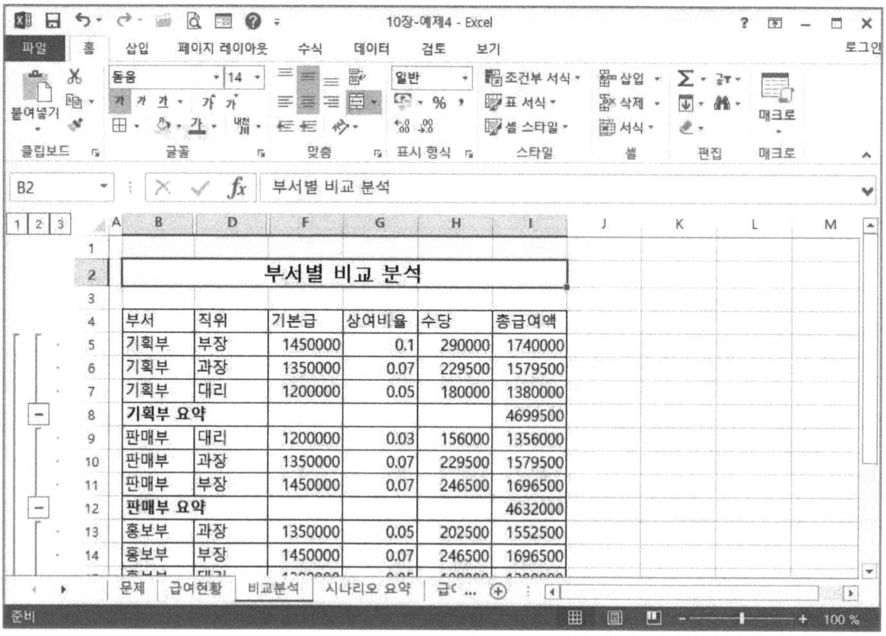

■ 시나리오 작성

① "특별상여율" 변동에 따른 총급여액 변화를 시나리오를 이용하여 계산한다. 먼저 셀에 이름을 정의해 주도록 한다. [J13] 셀의 이름을 '총급여액'으로 정의한다.

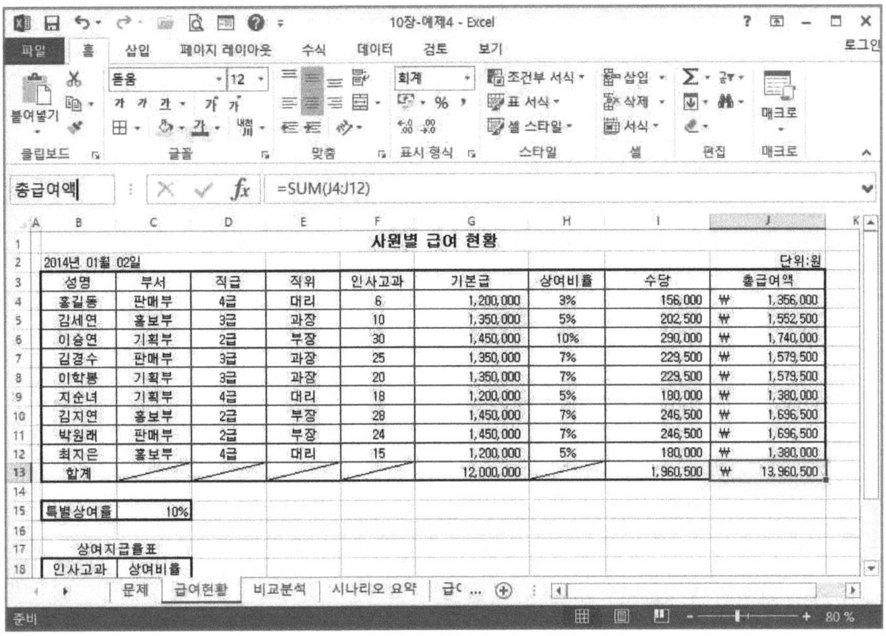

② [데이터]-[데이터 도구] 그룹에서 [가상분석]을 선택하고 [시나리오 관리자(S)]를 선택한다.

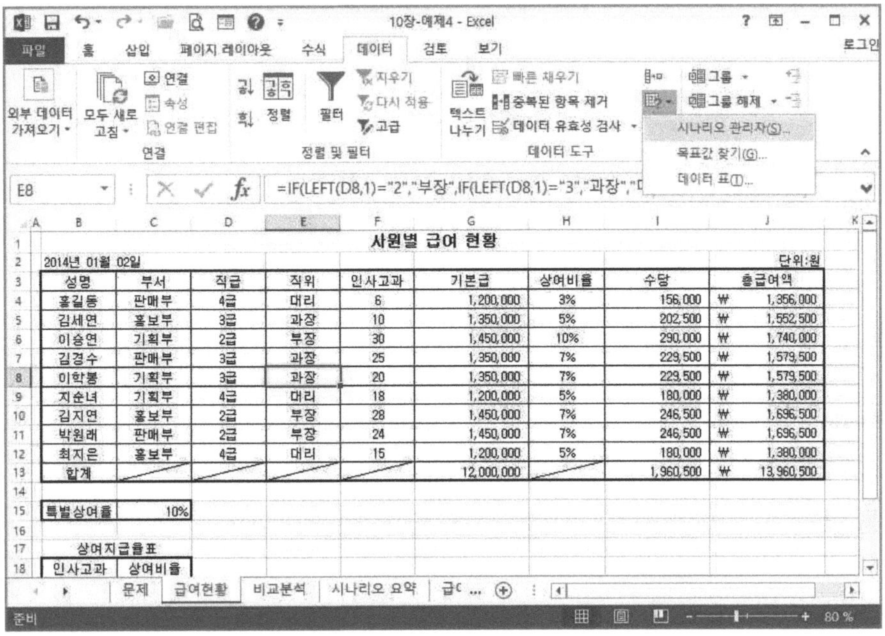

③ [시나리오 관리자]의 [추가(A)] 버튼을 클릭한다.

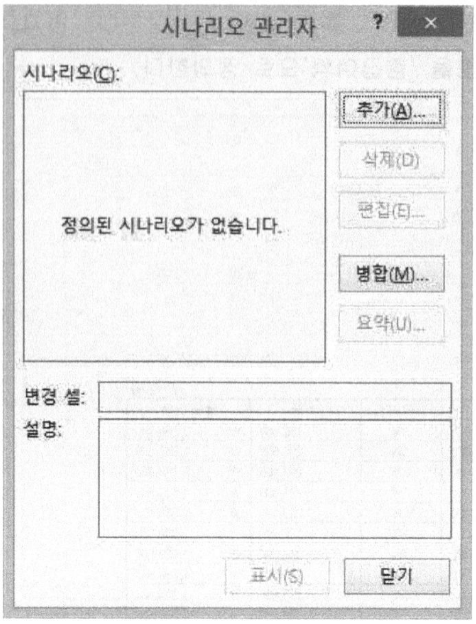

④ [시나리오 추가] 대화상자에서 "시나리오 이름"을 "특별상여 인상"으로, "변경 셀"은 "$C$15"로, 설정하고 [확인] 버튼을 클릭한다.

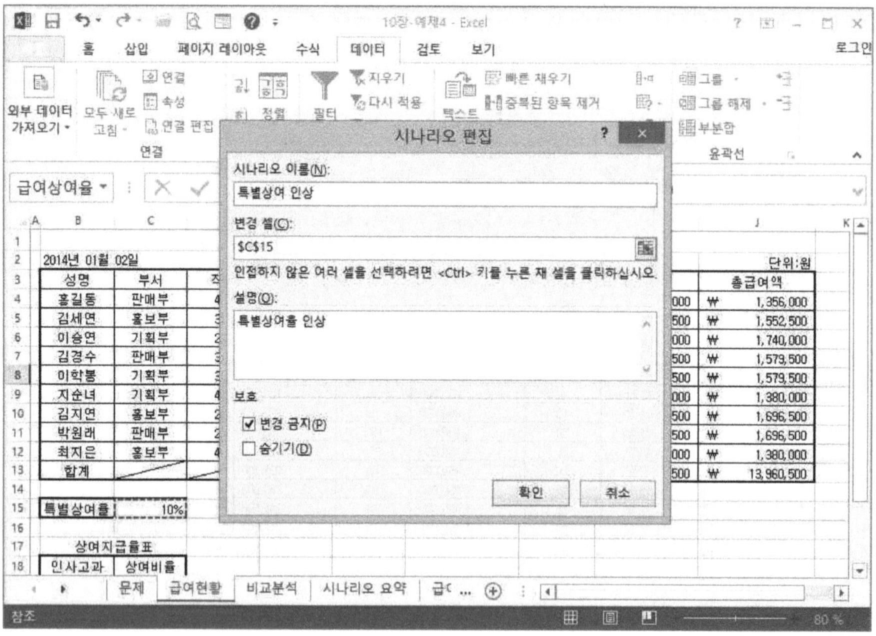

⑤ [시나리오 값] 대화상자에서 "급여상여율" 값을 "0.2"로 입력한 후, [추가] 버튼을 클릭한다.

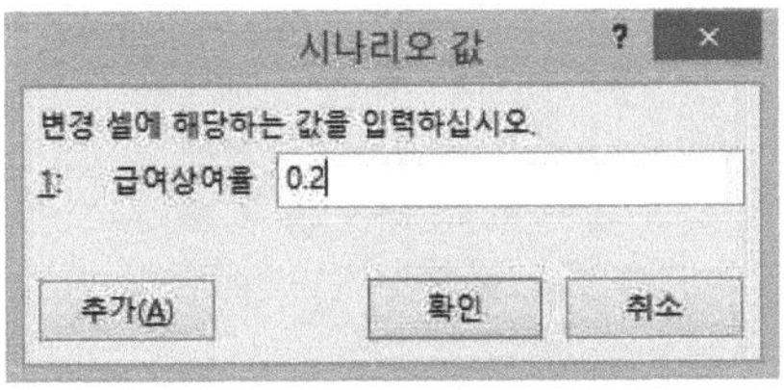

⑥ 위와 같은 방법으로 "특별상여 감소"도 작성해 준다.

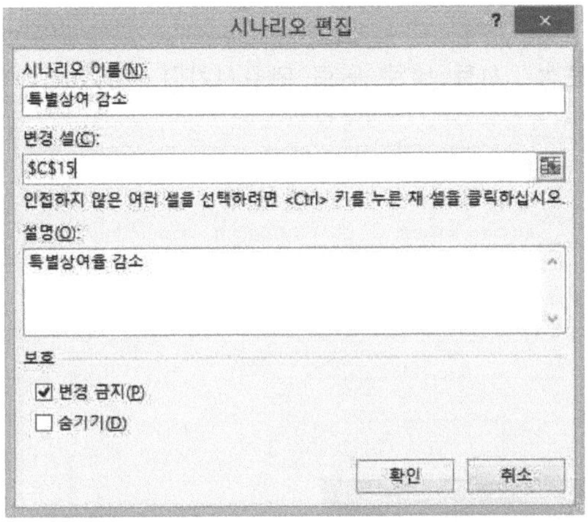

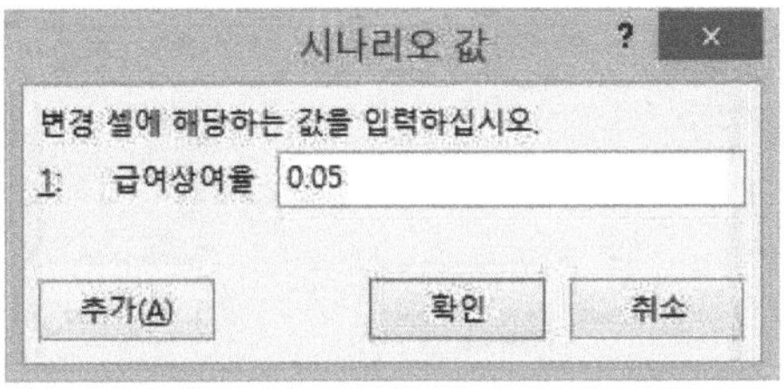

⑦ 아래와 같이 두 개의 시나리오가 완성되면 [요약] 단추를 누른다.

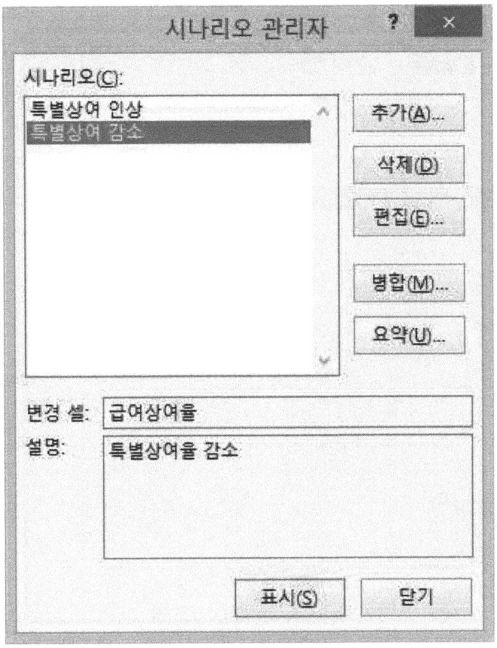

⑧ [시나리오 요약] 대화상자에서 [보고서 종류]는 [시나리오 요약(S)], "결과 셀(R)"은 [$J$13]으로 하고 [확인] 단추를 누른다.

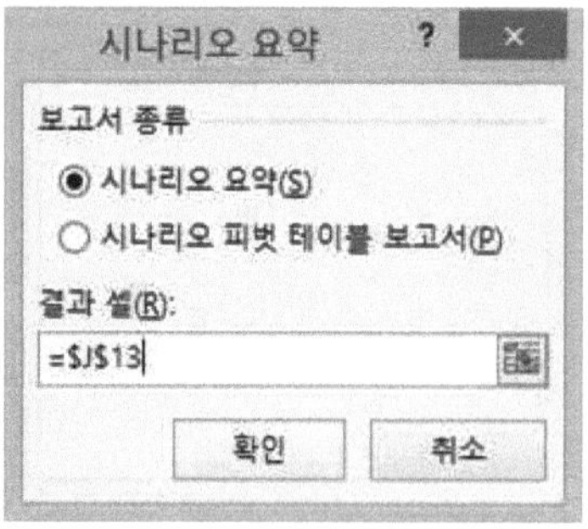

⑨ 작성된 "시나리오 요약" 시트를 "비교 분석" 시트 바로 뒤로 위치시킨다.

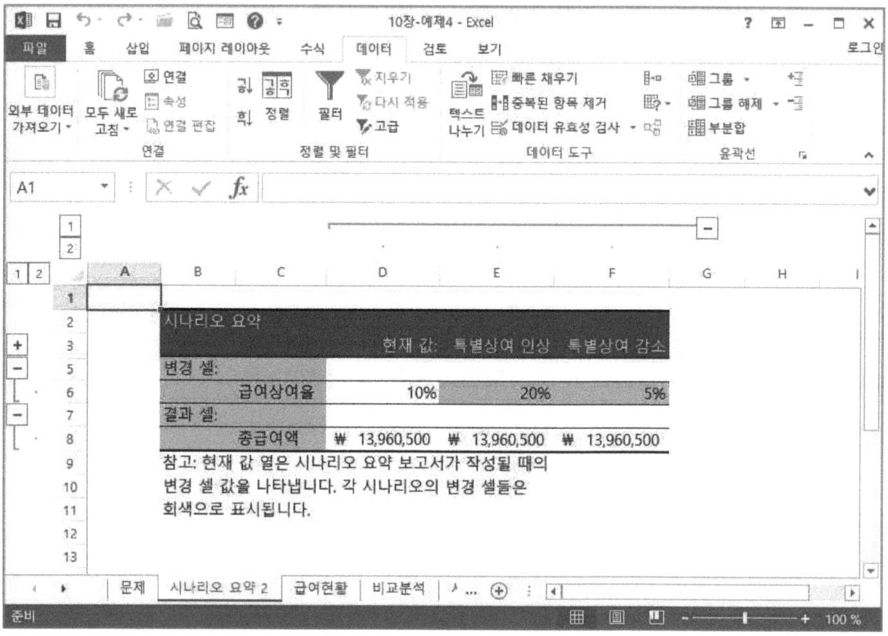

제 11 장 엑셀과 파워포인트의 연계 응용

본 장에서는 엑셀로 작업된 여러 가지 형태의 표나 그래프들을 파워포인트를 이용해 꾸민 다음, 이를 한글이나 기타의 인쇄물로 표현하는 방법에 대하여 설명한다.

11.1 시트 및 그래프 작성

① 엑셀에서 새 시트를 열고 아래와 같이 학생들의 모의고사 성적을 입력한다.

	A	B	C	D	E	F	G
1	성명	언어영역	수리영역	탐구영역	외국어영역	합계	평균
2	배경란	100.0	80.0	100.0	60.0	340.0	85.0
3	김대환	82.1	38.6	72.3	79.3	272.3	68.1
4	김민수	83.9	80.0	95.1	70.3	329.3	82.3
5	하성욱	43.4	78.0	28.9	25.3	175.6	43.9
6	이의진	68.6	32.8	40.0	72.6	214.0	53.5
7	김량욱	45.0	56.0	110.3	78.6	289.9	72.5
8	최봉기	77.2	34.7	66.8	68.8	247.5	61.9
9	이은정	60.5	70.3	80.4	55.7	266.9	66.7
10	신인철	115.0	71.0	115.0	77.0	378.0	94.5
11	합계	675.7	541.4	708.8	587.6	2513.5	628.4
12	평균	75.1	60.2	78.8	65.3	279.3	69.8

② 입력된 데이터들의 범위를 블록으로 설정하고 [삽입] 리본메뉴에서 [차트] 그룹을 이용하여 아래와 같이 그래프를 그린다.

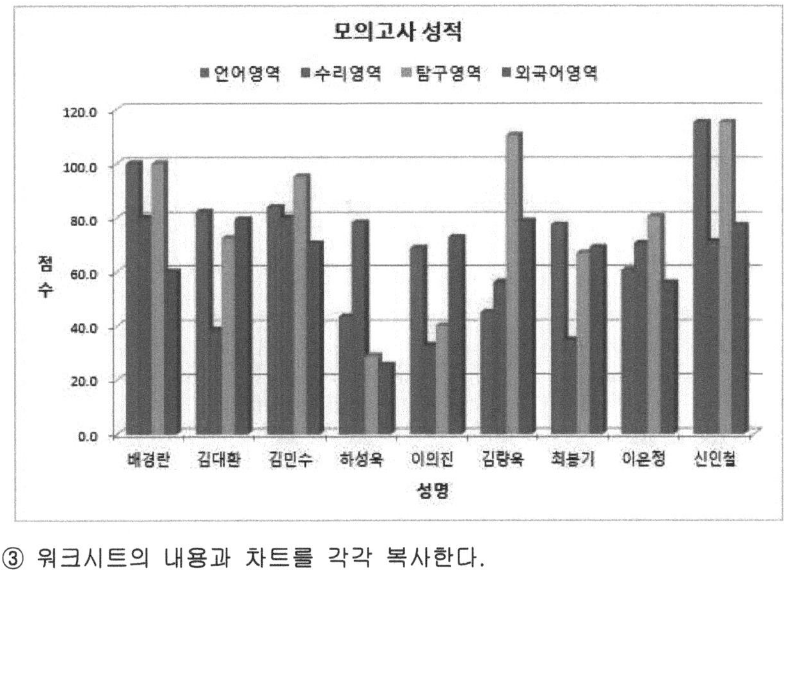

③ 워크시트의 내용과 차트를 각각 복사한다.

11.2 파워포인트에서 불러오기

① 복사한 데이터를 파워포인트 슬라이드에 붙여 넣는다.

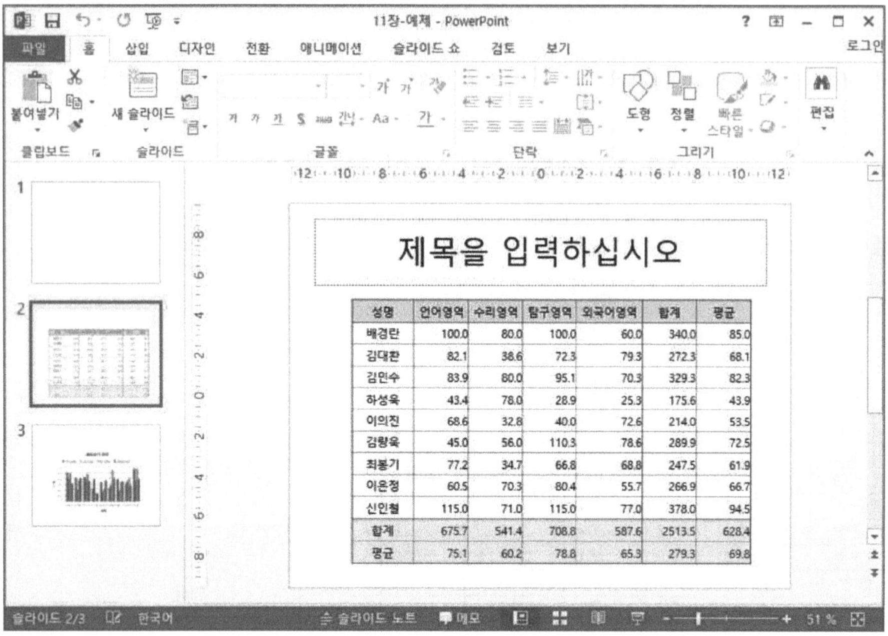

② 복사한 차트를 파워포인트 슬라이드에 붙여 넣는다.

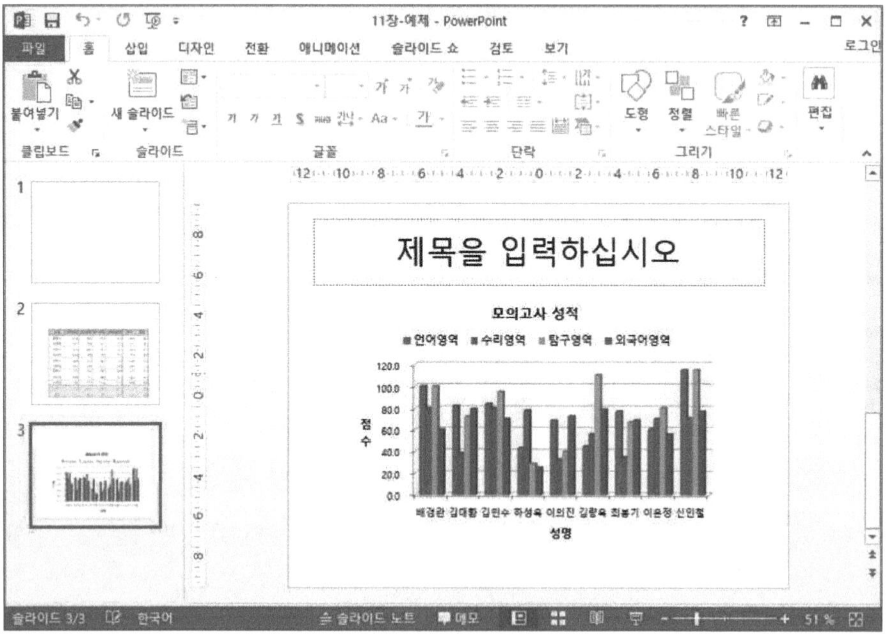

③ [홈] 리본메뉴에서 다양한 그룹을 이용하여 데이터와 차트 서식을 변경한다.

제 1 장 파워포인트 2013의 기초

첨단 정보화 사회에서 자신의 의견과 정보를 청중에게 보다 효과적으로 전파시킬 수 있는 방법은 매우 중요하다. 즉 각종 상품광고나 기업홍보, 기자회견, 영업업무, 기획안 발표, 브리핑시 자신의 의사를 신속·정확하면서도 효율적으로 전달할 수 있다는 것은 오늘날과 같은 21세기 정보화 사회에서는 생산성과도 직결되기 때문이다. 바로 이러한 이유에서 전달자의 메시지를 제한된 시간 내에 알기 쉽게 전달하고 그 결과로 상대방의 의사 결정까지 도울 수 있는 도구로써 프레젠테이션 툴(presentation tool)이 등장하게 되었다.

파워포인트(Power Point)는 윈도우즈 3.1에서 처음 발표되어 현재 윈도우즈에 이르기까지 프레젠테이션(발표, 표현, 소개, 제시, 상연)시 가장 많이 사용되는 응용 프로그램이다. 본 장에서는 자기 PR(Public Relation) 시대에서 프레젠테이션 도구로써 막강한 힘을 발휘하고 있는 파워포인트의 시작부터 종료까지의 절차 및 여러 기능들에 대해 개략적인 내용을 살펴보기로 한다.

1.1 파워포인트 2013의 개요

오늘날 컴퓨터를 이용하여 문서를 작성하기 시작하면서 작성된 문서나 그림을 프레젠테이션하는 기법도 OHP 중심에서 Project Panel이나 Beam Project를 활용하는 방향으로 변화하였다. 이렇게 발전된 프레젠테이션 기법은 과거의 어떤 프레젠테이션 기법으로도 구현할 수 없는 동적인 효과를 구현함으로써 프레젠테이션의 목적을 보다 쉽게 달성할 수 있게 되었다.

(1) 파워포인트의 주요 기능

파워포인트는 기본적인 문자 입력뿐 아니라 입력틀 이동, 슬라이드의 전환, 문자열 추가, 문자열 수준 내리기/올리기, 문자 장식, 입력 틀 크기 변경, 줄 간격 변경, 도형 그리기 및 복사, 도형의 정렬과 색깔 변경, 슬라이드 실행 기능, 표, 차트, 비디오 및 오디오 등 실로 다양한 여러 가지 뛰어난 기능을 많이 보유하고 있다. 그리하여 파워포인트는 비주얼 효과를 활용하여 청중의 시선을 장악할 수 있는 강력한 프레젠테이션 도구이다.

(2) 파워포인트의 사용 환경

파워포인트 2013 64bit를 사용하려면 윈도우즈 이상의 운영체제와 최소한 1GHz급 이상의 CPU, 2GB이상의 RAM(32bit는 1GB) 용량과 3GB 이상의 하드 디스크 용량이 필요하다. 그렇지만 파워포인트의 막강한 기능을 무리 없이 사용하기 위해서는 2GB 이상의 메모리(RAM) 용량을 보유하고 있는 컴퓨터 시스템이 적당하며 운영체제도 마이크로소프트 윈도우즈 7 이상을 이용하는 것이 좋다.

1.2 파워포인트 시작과 종료

본 절에서는 파워포인트를 구동하여 작업을 완성한 후 끝내는 방법을 간단하게 살펴보기로 한다.

1.2.1 파워포인트의 시작

파워포인트를 시작하는 방법은 [시작]-[앱]에서 [PowerPoint] 아이콘을 클릭하거나, 바탕화면에서 [PowerPoint] 아이콘으로 시작하는 방법이 있다. 또한 [앱]-[PowerPoint] 아이콘에서 [시작화면에 고정]과 [작업표시줄에 고정]을 실행하여 쉽게 실행할 수도 있다.

① [시작] 버튼을 클릭한다.

② [앱] 전환 버튼을 클릭한다

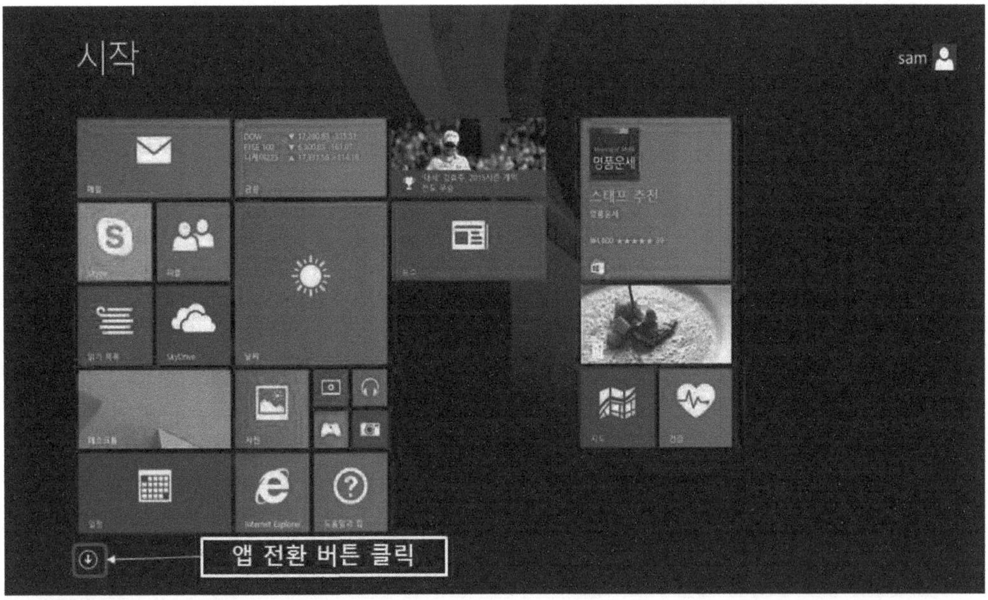

③ [PowerPoint] 아이콘을 클릭한다.

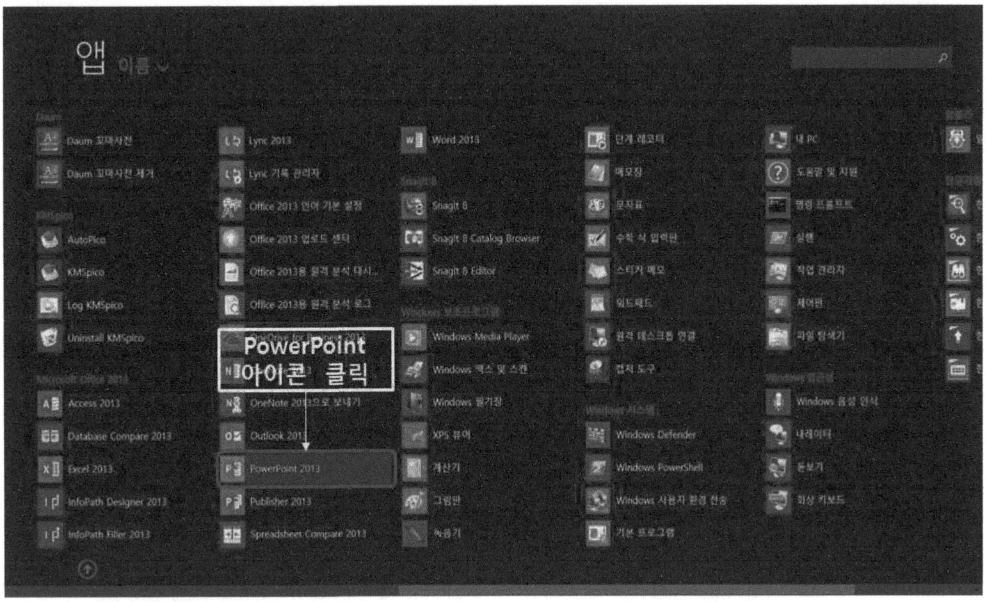

④ [PowerPoint] 실행 초기 화면이 나타나고 “새 프레젠테이션”을 클릭한다.

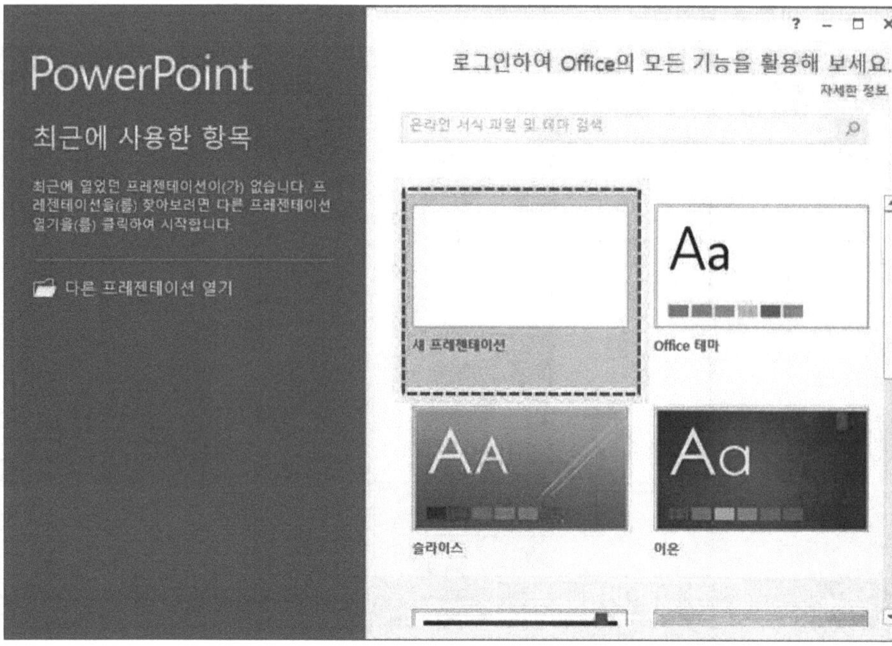

⑤ 새 프레젠테이션이 생성되고 프레젠테이션을 만들 수 있는 작업창이 나타난다.

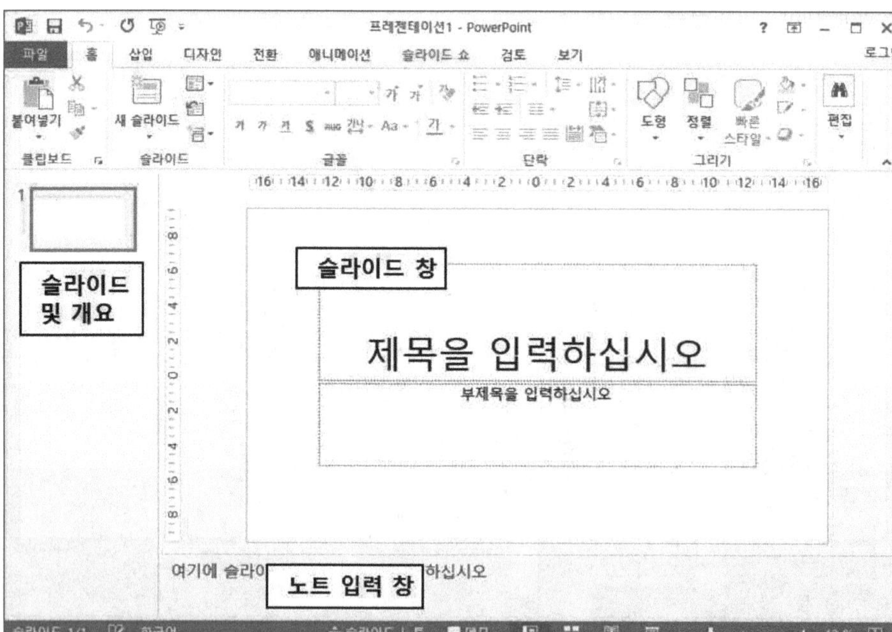

■ [앱]에서 해당 아이콘에서 오른쪽 마우스를 클릭한 후, [시작화면에 고정]과 [작업표시줄에 고정]을 통해 아이콘의 위치를 설정할 수 있다.

■ [시작화면에 고정]은 ②번의 화면에 아이콘이 위치하고, [작업표시줄에 고정]은 ①번 화면의 아래 작업표시줄에 아이콘이 나타난다.

1.2.2 파워포인트의 종료

파워포인트를 종료하기 위해서는 먼저 작업 중인 프레젠테이션 슬라이드를 저장하고 [파일] 탭을 선택한 다음, [닫기] 버튼을 누른다.

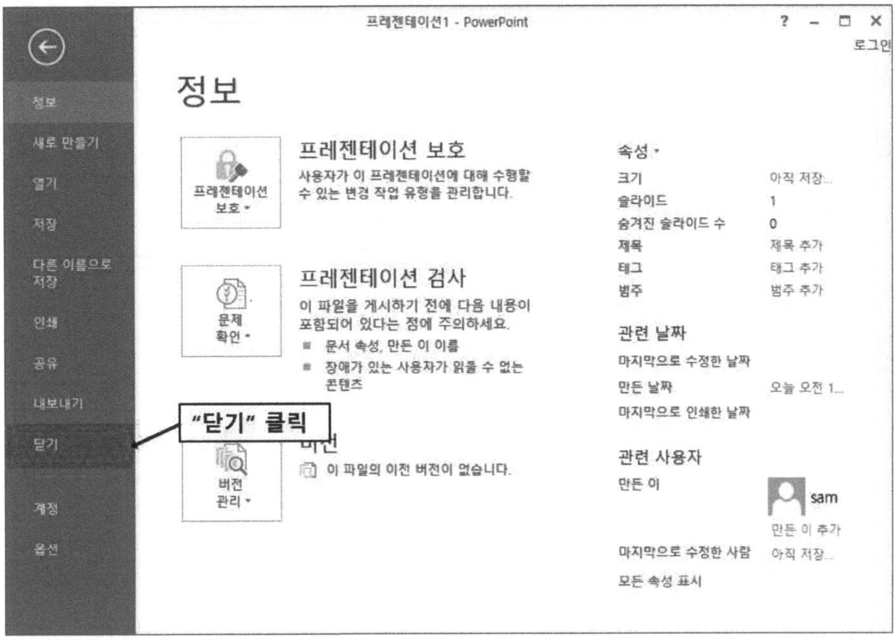

이때 작성한 내용을 저장하지 않았을 때는 작업한 내용의 저장 여부를 물어보는 대화상자가 나타나는데 저장하고 싶을 때는 [예(Y)], 저장하고 싶지 않을 때는 [아니오(N)]를, 파워포인트를 종료하고 싶지 않을 때는 [취소] 버튼을 클릭하면 된다.

간단한 방법으로는 화면 오른쪽 위 구석에 있는 [종료(X)] 표시를 마우스로 클릭하거나, 단축키로써 Alt+F4 키를 누른다. 여기서 Alt+F4 키는 Alt와 F4 키를 동시에 누르는 것을 의미한다.

1.3 파워포인트 구성

파워포인트를 실행하는 화면에서 가장 눈에 띄게 달라진 부분은 창 위쪽에 있는 리본 메뉴에서 [파일] 탭이 추가되었다. 리본 메뉴는 XP 버전에서 메뉴와 도구 모음 등을 통합한 것으로 사용방법은 엑셀 2013에도 적용되고 있다. 파워포인트의 화면구성과 메뉴에 대해 알아본다.

1.3.1 파워포인트의 화면 구성

파워포인트를 시작하여 창이 열리면 아래와 같은 화면이 나타난다.

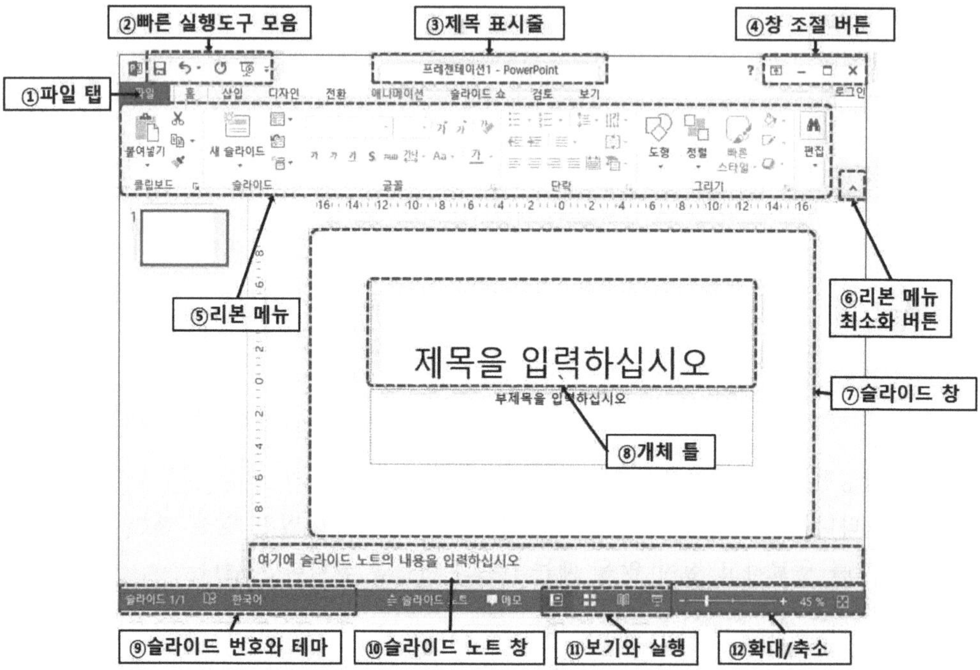

① **파일 탭**

[열기], [저장], [인쇄], [문서의 정보] 등의 기본 명령을 제공하고 문서관리에 필요한 명령을 모아 둔 곳이다.

② **빠른 실행 도구 모음**

자주 사용되고 빠르게 실행시킬 수 있는 명령을 모아둔 곳이다. 기본적으로 [저장], [취소], [반복] 등의 명령이 있다. 사용자가 임의로 도구 모음을 조절할 수 있다.

③ **제목 표시줄**

현재 오픈된 파일의 이름을 표시한다. 처음 파워포인트를 열면 프레젠테이션1, 프레젠테이션2,...와 같이 열린 순서대로 이름이 정해진다.

④ **창 조절 버튼**

파워포인트를 윈도우의 작업 표시줄에 내리거나, 크기를 복원하거나 닫는다.

⑤ **리본 메뉴 최소화 버튼**

이 단추를 클릭하면 화면에서 리본 메뉴를 숨겨 슬라이드 창을 넓게 쓸 수 있고 다시 단추를 클릭하면 원래 상태로 돌아온다.

⑥ **리본 메뉴**

기본적으로 7개의 탭으로 구성되며 각 탭에는 그룹이 있고 그룹 내에 명령 아이콘들이 있다. 파워포인트 명령들은 [탭], [그룹], [명령]으로 구성된다. 그림이나 차트 또는 텍스트 상자와 같은 개체를 선택하면 그 개체들을 조절할 수 있는 [도구] 탭이 추가로 나타난다.

⑦ **슬라이드 창**

파일을 구성하는 각 슬라이드를 표시한다. 이곳에서 슬라이드에 작업을 한다.

⑧ **개체 틀**

슬라이드의 텍스트나 그림, 차트 등 모든 개체는 개체 틀 내에 입력된다.

⑨ **슬라이드 번호와 테마**

현재 슬라이드 창에 표시되는 슬라이드 번호와 적용된 테마 이름, 사용된 언어가 표시된다.

⑪ **슬라이드 노트 창**

프레젠테이션을 할 때 참고할 노트를 작성하는 창이다.

⑩ **보기와 실행**

슬라이드를 "기본보기"나 "여러 슬라이드 보기"로 전환하고 현재 슬라이드부터 슬라이드 쇼를 실행한다.

⑫ **확대/축소**

화면 슬라이드 크기를 조절한다. 숫자를 클릭하면 "확대/축소" 창이 표시되어 사용자가 정확히 비율을 조절할 수 있다. 또한 슬라이드를 현재 창 크기에 맞추기도 한다.

1.3.2 한글 파워포인트 명령들

파워포인트를 구성하고 있는 명령들에 대해 간단히 알아본다.

(1) "빠른 실행 도구" 모음

- 저장 : 작업 중인 문서를 저장한다.
- 실행 취소 : 가장 최근에 한 작업을 취소한다.
- 다시 실행 : 가장 최근에 수행한 작업을 반복 실행한다.
- 처음부터 시작 : 발표할 수 있도록 슬라이드 쇼를 실행한다.

그 외의 새로 만들기, 열기, 전자 메일, 빠른 인쇄, 인쇄 미리 보기 등의 아이콘을 빠른 실행 도구 그룹에 아이콘을 추가하거나 제거할 수 있다.

(2) 리본 메뉴

가. "파일" 탭

새로 만들기, 열기, 저장, 인쇄, 공유, 옵션 사용 등의 작업을 실행할 수 있다. 이 탭에서 개인 정보 만들기, 저장, 검사 및 옵션 설정 작업을 수행할 수 있는 파일 및 파일에 대한 데이터를 관리하는 공간이다.

나. "홈" 탭

파워포인트를 실행하면서 기본적으로 선택하고 있는 [홈] 탭은 [클립보드], [슬라이드], [글꼴], [단락], [그리기], [편집] 순으로 6개 그룹이다.

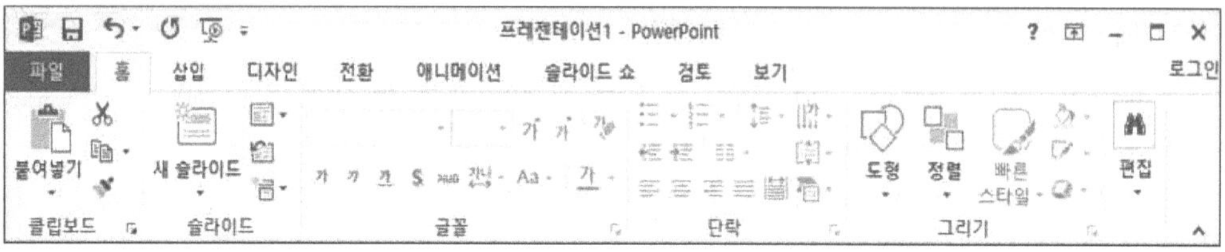

■ 클립보드 : 잘라내기, 붙여넣기, 복사, 서식복사 등 임시 저장에 관련된 아이콘들로 구성되어 있다.

■ 슬라이드 : 슬라이드 작업에 필요한 기능들이 있다.

■ 글꼴 : 데이터의 글꼴이나 글자 크기 등을 손쉽게 바꿀 수 있는 도구들이 모여 있다. 오른쪽 아래의 [글꼴] 버튼을 누르면 [글꼴] 대화상자가 나타난다.

■ 단락 : 입력한 텍스트 단락에 관련된 기능들의 아이콘으로 구성된다.

■ 그리기 : 텍스트 상자, 도형 그리기를 쉽게 할 수 있는 명령들이 있으며, 그린 것들을 쉽게 꾸밀 수 있다.

■ 편집 : 찾기, 바꾸기, 선택 등으로 3개의 아이콘으로 구성된다.

다. "삽입" 탭

슬라이드에 개체를 삽입할 때 사용되는 명령들이 위치하며, 문서의 그림, 표, 도형, 스마트 아트, 차트 그리고 다양한 개체를 삽입할 수 있다.

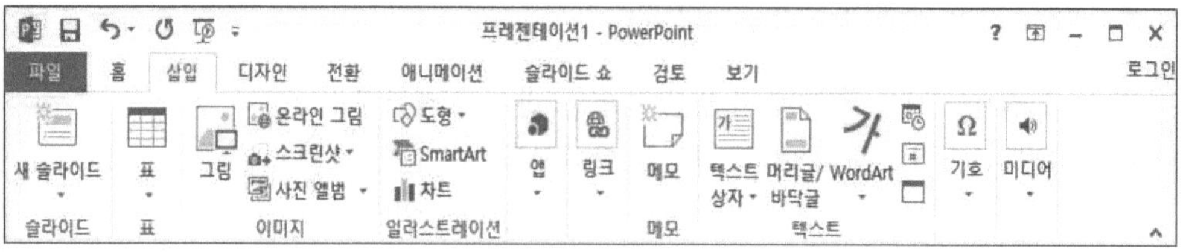

■ 슬라이드, 표, 이미지, 일러스트레이션, 앱, 링크, 메모, 텍스트, 기호, 미디어 그룹으로 구성되어 있다.

라. "디자인" 탭

슬라이드 배경을 구성하는 명령들이 위치하며 페이지 설정, 테마, 배경 그룹으로 구성되어 전체 슬라이드 디자인을 변경할 수 있다.

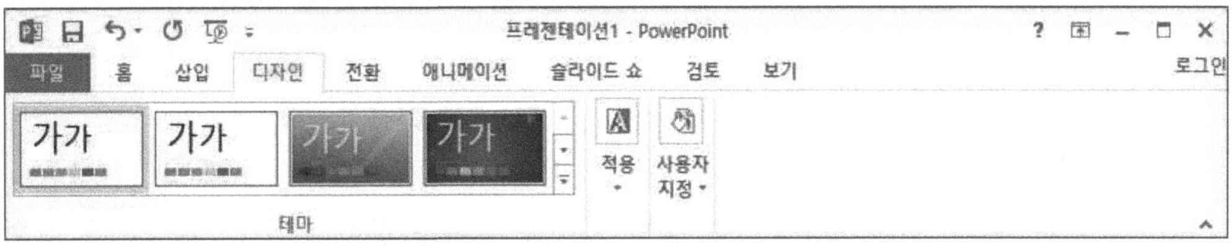

■ 테마, 적용, 사용자 지정 메뉴로 구성된다.

마. "전환" 탭

슬라이드 쇼에서 화면 전환을 구성하는 명령들이 위치해 있으며 슬라이드 화면 전환, 소리, 기간을 설정할 수 있다.

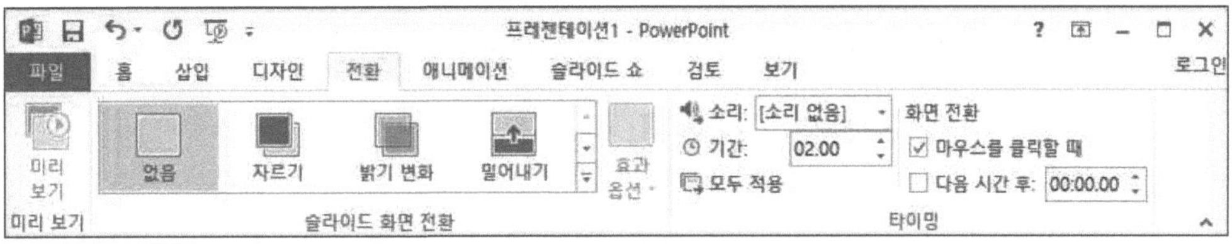

■ 미리보기, 슬라이드 화면 전환, 타이밍 그룹으로 구성된다.

바. "애니메이션" 탭

슬라이드 개체에 다양한 애니메이션 효과를 설정할 수 있는 기능이 있다. 사용자 지정 애니메이션 등 슬라이드의 움직이는 기능을 수행한다.

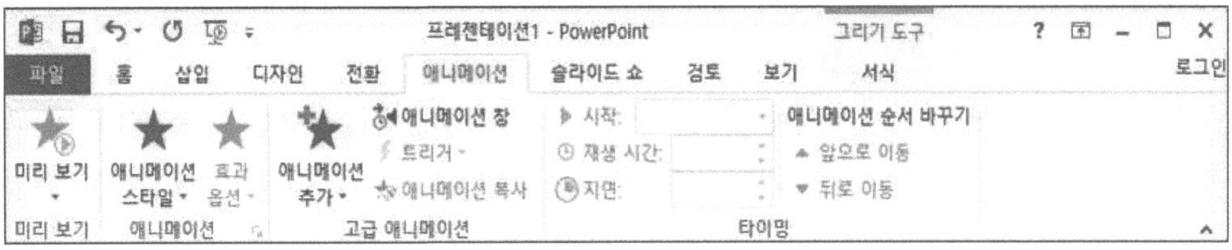

■ 미리보기, 애니메이션, 고급 애니메이션, 타이밍의 그룹으로 구성된다.

사. "슬라이드 쇼" 탭

슬라이드를 모두 작성한 다음, 청중들에게 보여주기 위한 슬라이드 쇼의 다양한 방법들이 있는 탭이다. 슬라이드 쇼가 진행 될 때 사용되는 기능들이 모여 있다.

■ 슬라이드 쇼 시작, 설정, 모니터 그룹으로 구성된다.

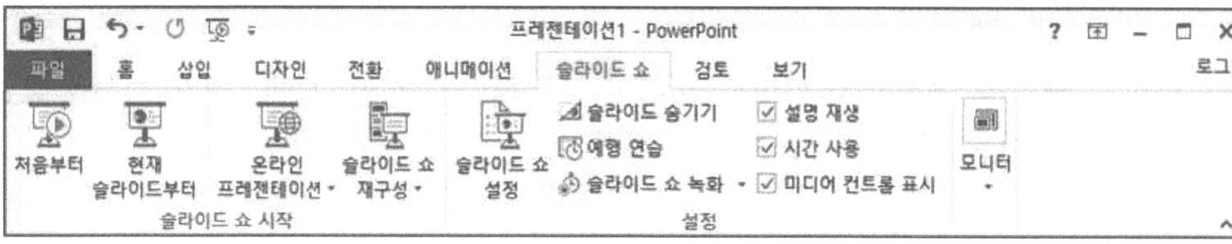

아. "검토" 탭

맞춤법 검사, 번역, 한자 변환, 비교 등의 기능을 모아둔 곳이다. 언어 교정이나 메모 또는 프레젠테이션 파일의 보호를 위한 기능을 수행한다.

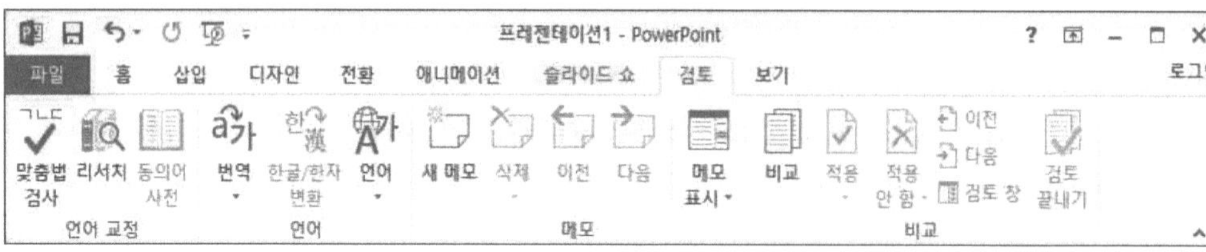

■ 언어 교정, 언어, 메모, 비교 그룹으로 구성된다.

자. "보기" 탭

슬라이드의 보기 종류나 눈금자, 눈금선, 화면 확대 및 축소 등의 기능이 있는 탭이다. 여러 슬라이드를 보거나 슬라이드 노트, 슬라이드 쇼를 진행할 수 있고 매크로 기능도 수행할 수 있다.

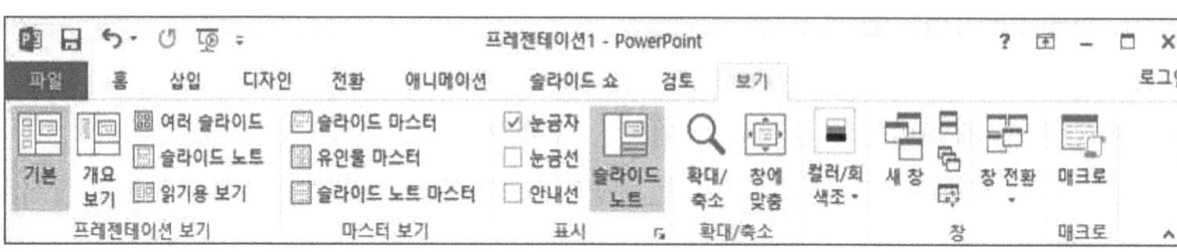

■ 프레젠테이션 보기, 마스터 보기, 표시, 확대/축소, 컬러/회색조, 창, 매크로 그룹으로 구성된다.

1.4 슬라이드 보기

프레젠테이션을 보는 방법에는 기본 보기, 여러 슬라이드, 슬라이드 노트, 읽기용 보기, 슬라이드 쇼 등이 있다. 본 절에서는 슬라이드를 보는 여러 가지 방법을 살펴보기로 한다.

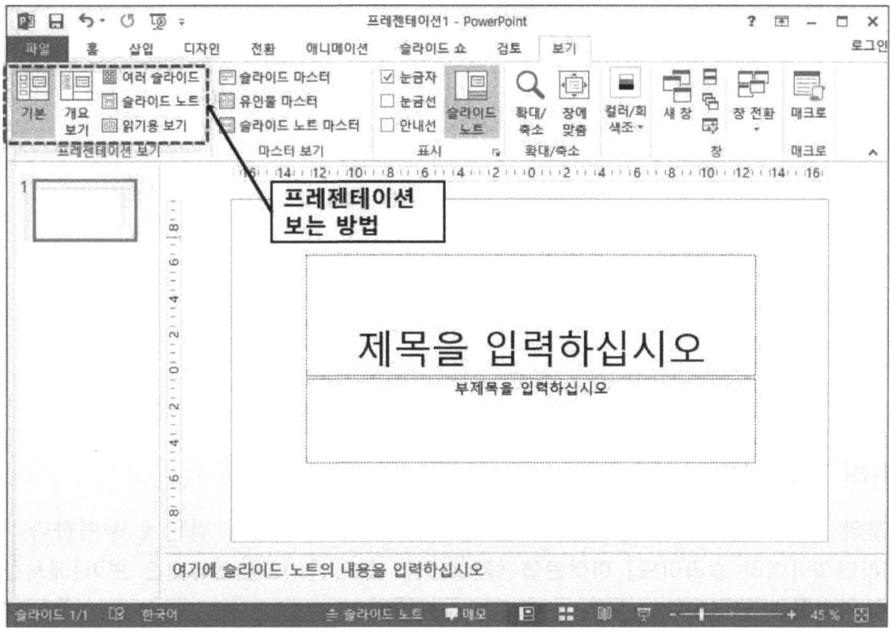

(1) 기본 보기

기본 보기를 선택하면 Microsoft Office PowerPoint 2013은 항상 기본 보기로 열린다. 슬라이드 보기, 개요 보기 및 다양한 모양의 기본 보기를 기본 보기로 선택할 수 있다.

① [파일] 탭-[옵션]-[고급]을 선택한다.

② [표시] 안의 [이 보기를 사용하여 모든 문서 열기(O)]에서 [기본] 보기에서 원하는 보기를 선택한다.

③ 기본적으로 파워포인트는 개요 탭이 열린 상태로 기본 보기를 표시한다. 이 보기에서 창의 크기나 보기 자체의 크기에 대한 변경은 변경한 프레젠테이션과 함께 저장되며 그 프레젠테이션이 표시될 때 다시 표시되지만 그 프레젠테이션 이외의 프레젠테이션에는 저장되지 않는다. 파워포인트를 열 때마다 기본 보기로 열리도록 하려면 ①② 과정을 수행하도록 한다.

④ 창 오른쪽 하단에 있는 [기본] 아이콘을 클릭하거나 [보기]-[프레젠테이션 보기]에서 [기본] 아이콘을 클릭한다.

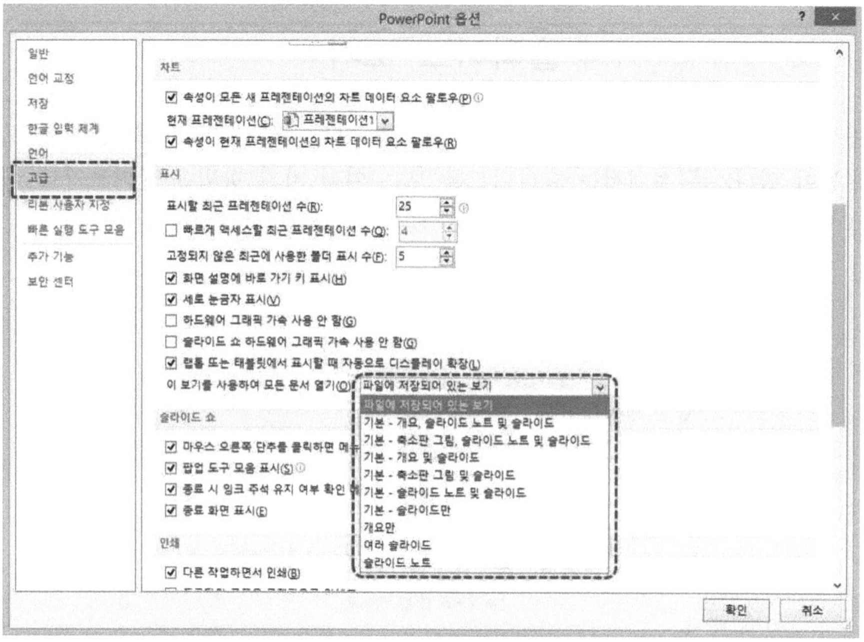

(2) 여러 슬라이드

여러 개의 슬라이드를 보여서 슬라이드의 복사, 삭제, 추가 등의 작업에 용이하다.

① 창 하단의 [여러 슬라이드] 아이콘을 클릭하거나 [보기]-[프레젠테이션 보기]에서 [여러 슬라이드] 아이콘을 클릭한다.

② 이동 또는 선택하고자 하는 슬라이드를 클릭한다.

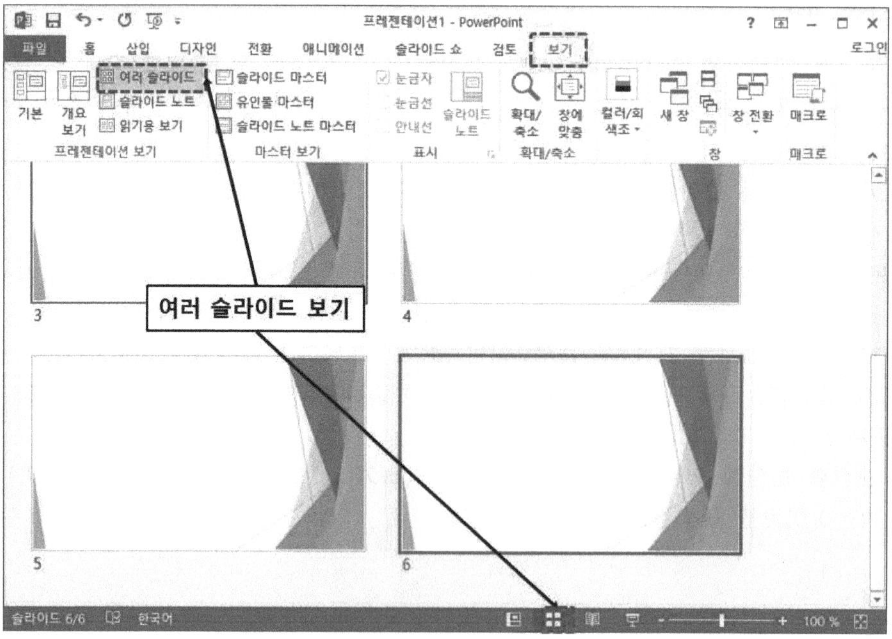

(3) 슬라이드 노트 보기

슬라이드 아래 부분에 해당 슬라이드에 대한 보충 설명을 적을 수 있다. 보통 프레젠테이션을 발표할 발표자가 발표 시 참조할 내용을 입력하여 둔다. 또한 전체 페이지 형식으로 노트를 보고 작업하려면 노트를 이용하는 것이 좋다.

[보기]-[프레젠테이션 보기]에서 [슬라이드 노트] 아이콘을 선택한다.

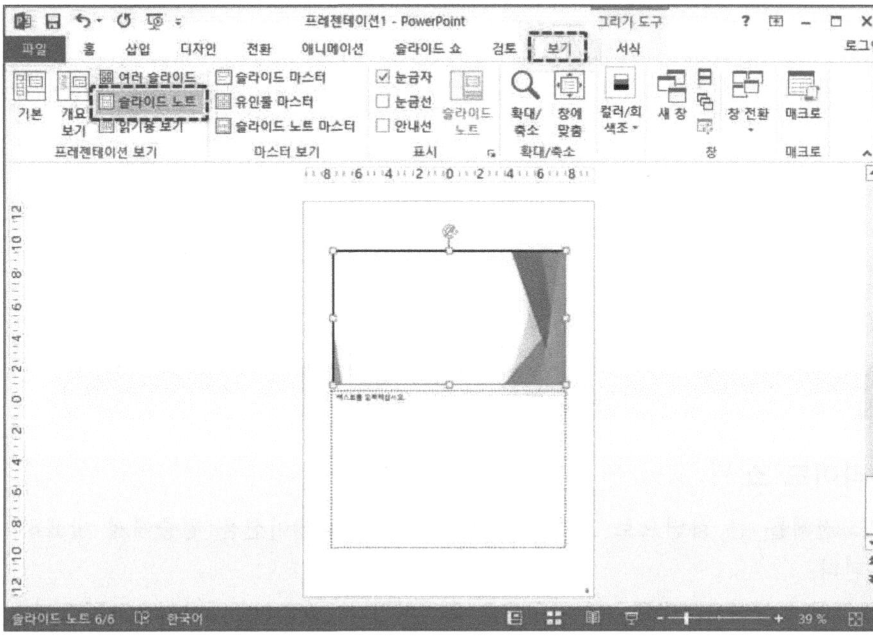

(4) 읽기용 보기

프레젠테이션을 전체 화면 슬라이드 쇼 보기가 아니라 쉽게 검토할 수 있는 간단한 컨트롤이 포함된 창에서 보려는 경우에 사용한다.

① [보기]-[프레젠테이션 보기]에서 [읽기용 보기] 아이콘을 선택한다.

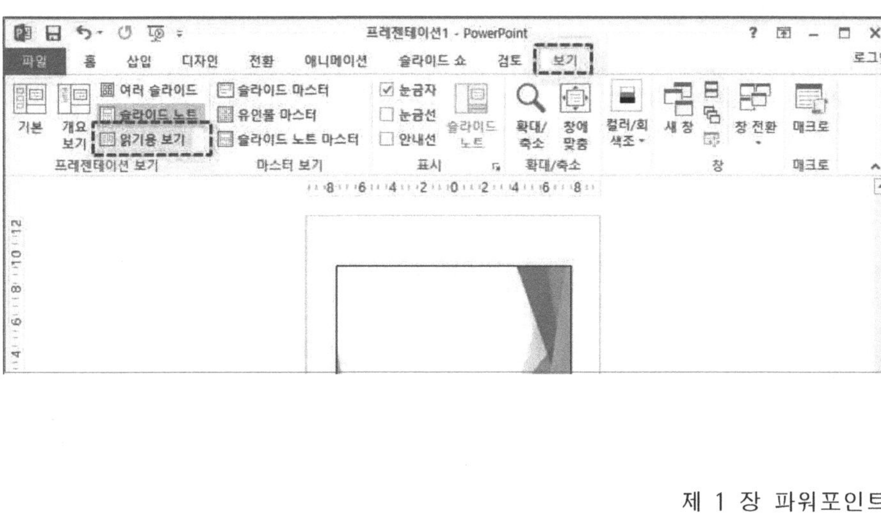

② 기본 보기로 전환하려면 오른쪽 하단의 [기본] 아이콘을 클릭한다.

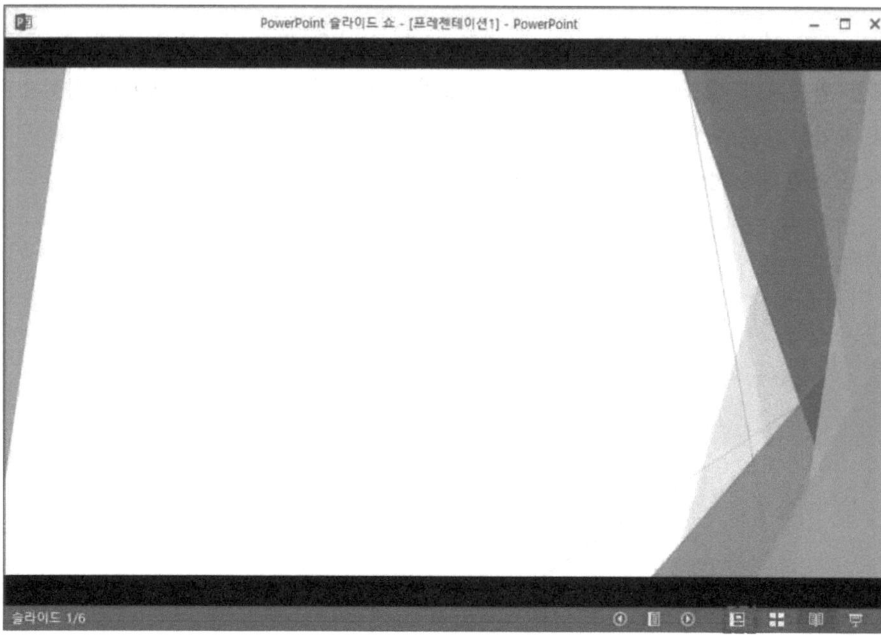

(5) 슬라이드 쇼

슬라이드 전체를 큰 화면으로 보여준다. 작성된 프레젠테이션을 청중에게 발표하기 위해서 사용된다.

① 창 하단에 있는 [슬라이드 쇼] 아이콘을 클릭하거나 [슬라이드 쇼]-[슬라이드 쇼 시작]에서 [처음부터] 아이콘을 선택한다. F5 키를 눌러도 된다.

② 다음 슬라이드로 이동하려면 마우스 왼쪽 버튼을 클릭한다.

③ 슬라이드 쇼를 멈추려면 Esc 키를 누른다.

④ 슬라이드 쇼를 실행할 때 마우스 모양을 화살표에서 펜으로 바꾸려면 Ctrl+P 키를 누르고, 다시 화살표 모양으로 바꾸려면 Ctrl+A 키를 동시에 누른다.

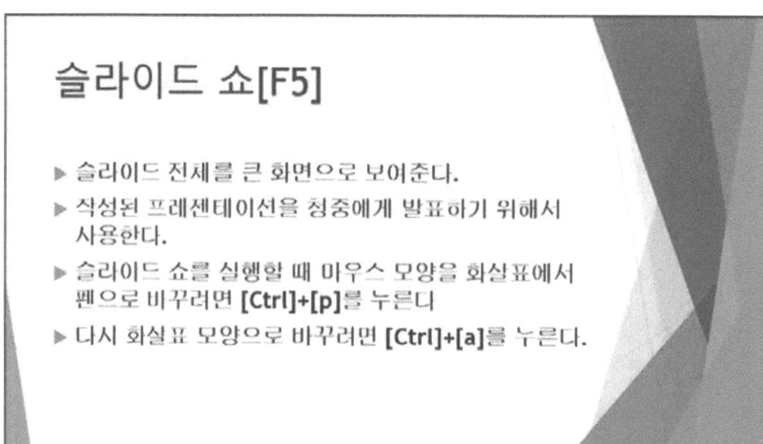

(6) 개요 / 슬라이드 보기

① [개요보기] 아이콘을 선택하면 슬라이드를 문자 형태로 바꾸어 보여준다. 슬라이드 전체의 내용을 파악하고자 할 때 사용하면 편리하다.

② [기본] 아아콘을 선택하면 슬라이드의 형태로 보여준다. 슬라이드를 수정하거나 삽입할 때 사용하면 편리하다.

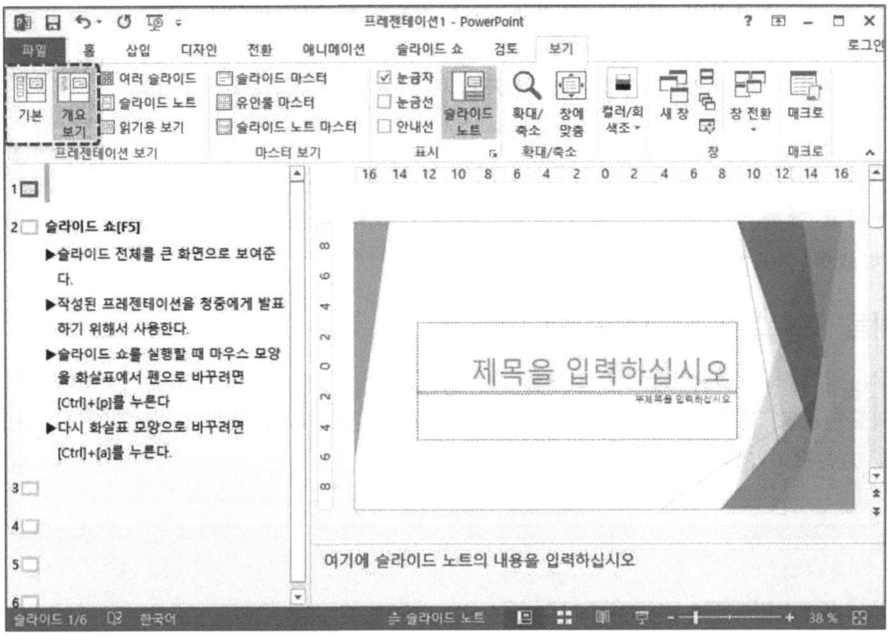

(7) 슬라이드 확대 / 축소

슬라이드의 크기를 필요에 따라 확대 또는 축소시킨다.

[보기]-[확대/축소]에서 [확대/축소] 아이콘을 클릭한다.

■ 배율 : 원하는 배율을 선택한다.

■ 사용자 정의 : 원하는 크기를 입력한다.

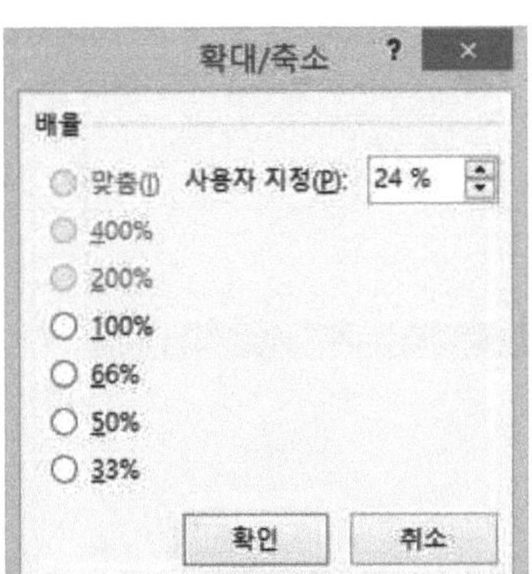

제 2 장 프레젠테이션 만들기

본 장에서는 실제로 파워포인트 2013으로 프레젠테이션을 만들어 보고, 다른 사람들 앞에서 슬라이드를 상영하기 위해서 어떻게 해야 하는지를 살펴보기로 한다.

2.1 새 프레젠테이션 만들기

파워포인트 2013에서는 프레젠테이션을 만들 때 테마 기능을 이용하여 프레젠테이션의 스타일을 꾸미고 제목 슬라이드와 몇 개의 슬라이드를 추가하여 만든다. 슬라이드 레이아웃으로 어떤 형태의 슬라이드를 작성할 것인지를 결정한다.

(1) 처음 프로그램을 시작할 때 만들기

① [시작]-[앱]-[PowerPoint] 아이콘을 클릭한다.

② 파워포인터을 처음 실행하면 다음과 같이 기본 화면이 나타난다. 이 프레젠테이션의 이름은 아직 저장하지 않은 상태이므로 "프레젠테이션1"로 표시된다.

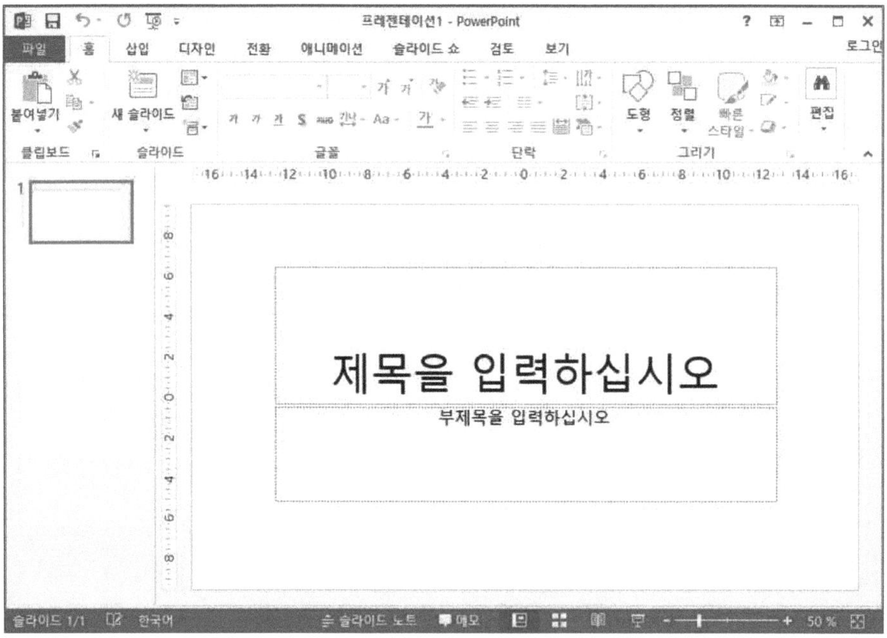

(2) 프로그램이 실행중일 때 만들기

① [파일]-[새로 만들기]를 클릭하고 [새 프레젠테이션]을 선택한다.

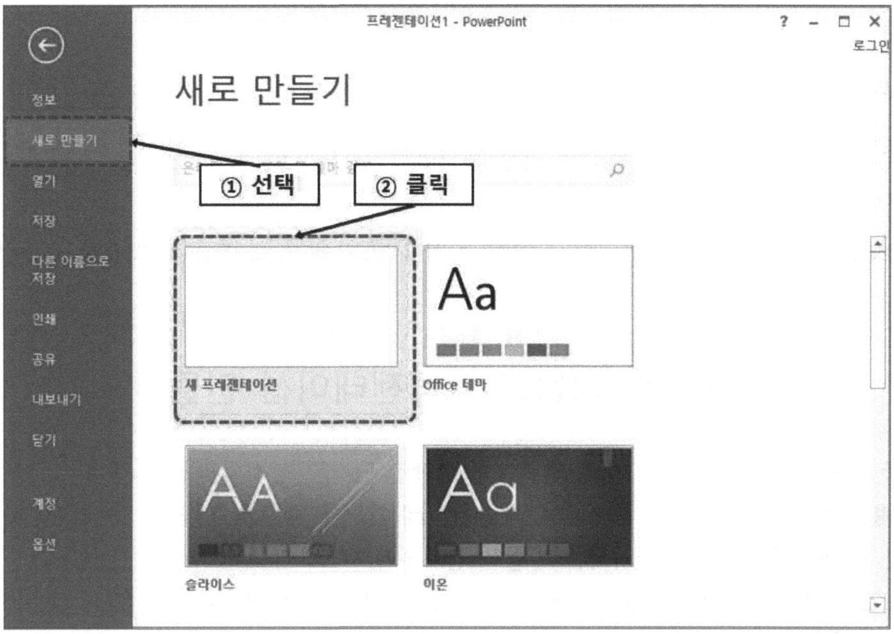

② 새 프레젠테이션이 생성된다.

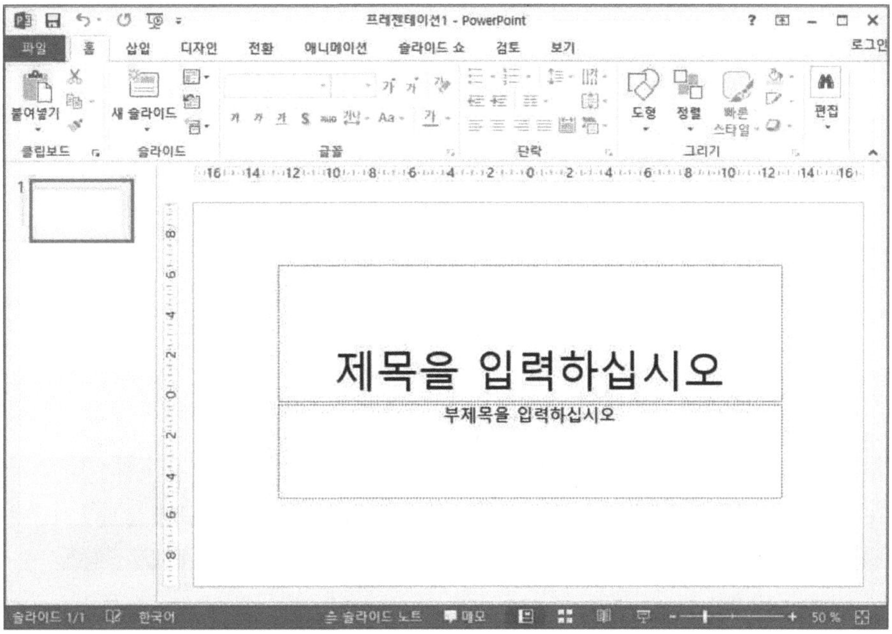

Part 4

(3) 그 외의 프레젠테이션 새로 만들기

가. 최근 서식 파일

최근에 사용했던 서식 파일을 표시한다.

나. 내 서식 파일

파워포인트에서 기본으로 제공되는 서식과 사용자가 추가한 서식 파일을 표시한다.

다. 기존 항목에서 새로 만들기

이미 작성되어 있는 프레젠테이션 문서의 서식을 가져와서 새 문서에 적용할 수 있다.

2.2 테마를 이용한 프레젠테이션 만들기

테마는 색과 글꼴, 그래픽 등 문서 모양을 결정하는 디자인의 집합이다. 프레젠테이션에 테마를 적용해서 전문가 수준의 세련된 디자인을 슬라이드에 빠르게 지정할 수 있다. 테마를 적용하여 새 프레젠테이션을 제작하는 방법을 살펴본다.

① [디자인] 탭의 [테마] 그룹에서 문서에 적용할 "테마"를 마우스로 클릭한다. 여기에서는 "슬라이스"를 선택하였다.

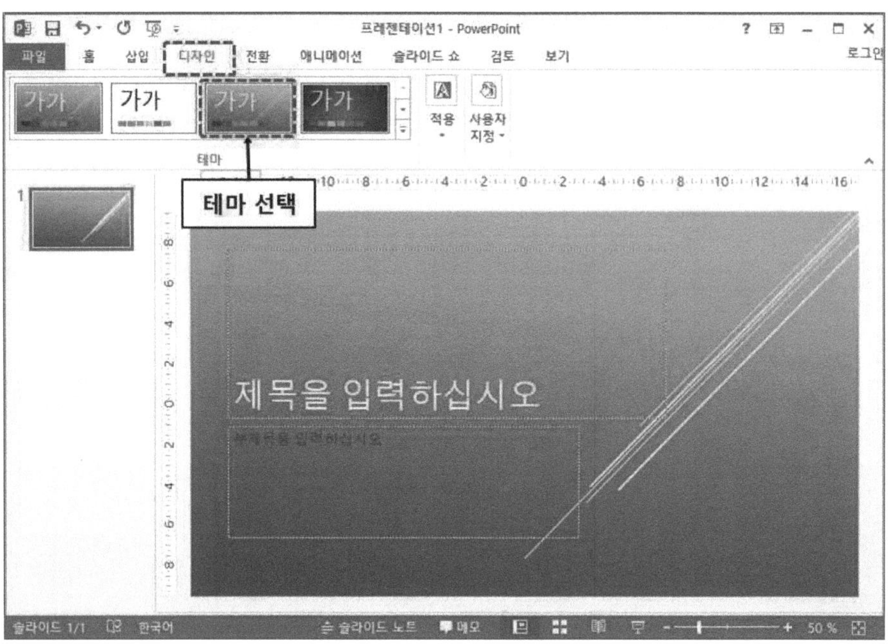

② 제목과 부제목 개체 틀을 선택한 후, 텍스트를 입력한다.

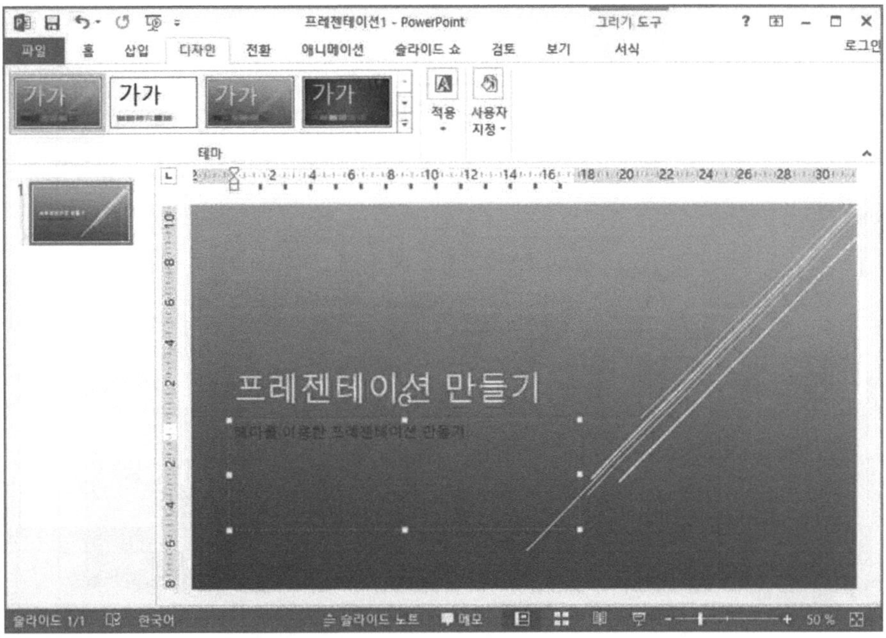

③ [빠른 실행 도구 모임]에서 [저장] 아이콘을 클릭하여 [다른 이름으로 저장]이 나타나면 [컴퓨터]-[찾아보기]를 선택한 후, [다른 이름으로 저장] 대화상자의 “저장위치”, “파일이름”을 입력한 다음, [저장] 버튼을 클릭한다.

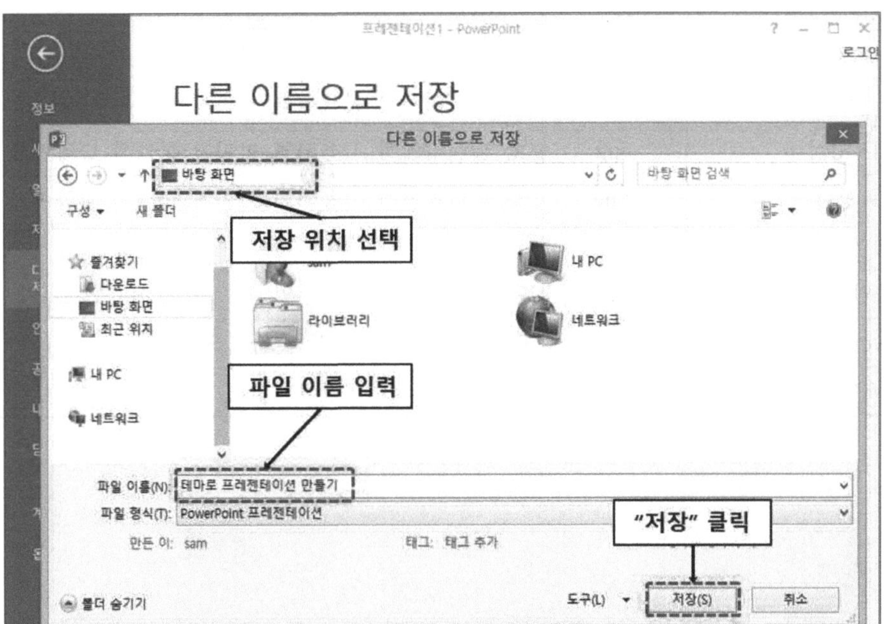

④ 파워포인트의 제목 표시줄에 저장한 파일 이름이 나타난다.

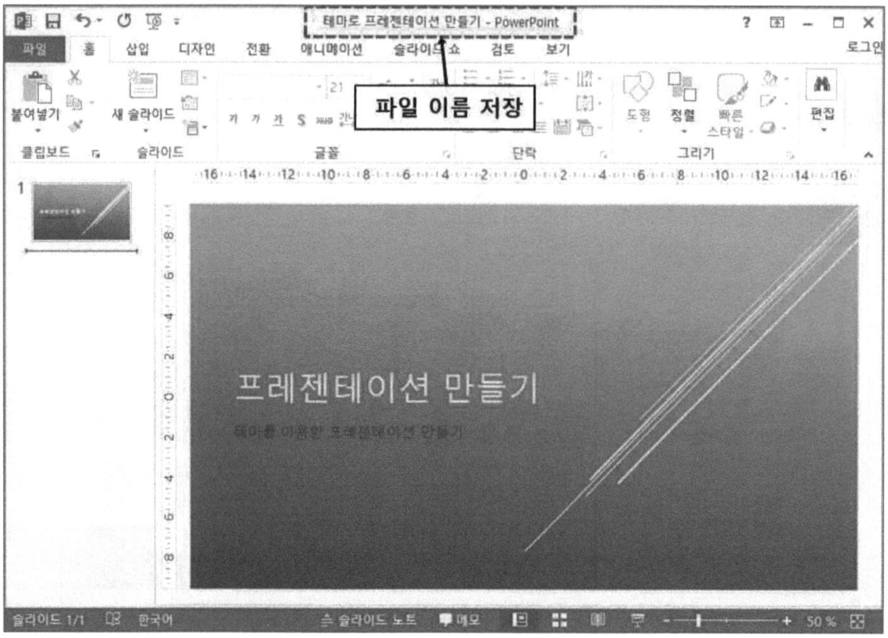

⑤ 파일 형식의 종류

파일형식	파일 확장명	용 도
프레젠테이션	.pptx	PowerPoint 프레젠테이션
Windows 메타파일	.wmf	슬라이드를 그림 파일로 사용
GIF 형식	.gif	웹 페이지에서 사용되는 이미지 형태의 슬라이드
JPEG 형식	.jpg	웹 페이지에서 사용되는 이미지 형태의 슬라이드
PNG 형식	.png	웹 페이지에서 사용되는 이미지 형태의 슬라이드
개요 / RTF	.rtf	프레젠테이션 개요를 개요 파일로 사용
디자인 템플릿	.pot	프레젠테이션 서식 파일
PowerPoint 쇼	.pps	프레젠테이션이 항상 슬라이드 쇼로만 열린다.
웹 페이지	.htm	웹 브라우저에서 볼 수 있는 프레젠테이션

2.3 Microsoft사가 제공하는 서식 파일

Microsoft사에서는 다양한 서식 파일을 계속 Online으로 제공한다. Microsoft사의 사이트에 접속해서 원하는 서식 파일을 다운 받을 수 있다. 그러나 프로그램이 정품이여야 가능하다.

① [파일]-[새로 만들기]를 클릭하고 다양한 형식 중 하나를 선택한다. 여기에서는 "프레젠테이션"을 선택한다.

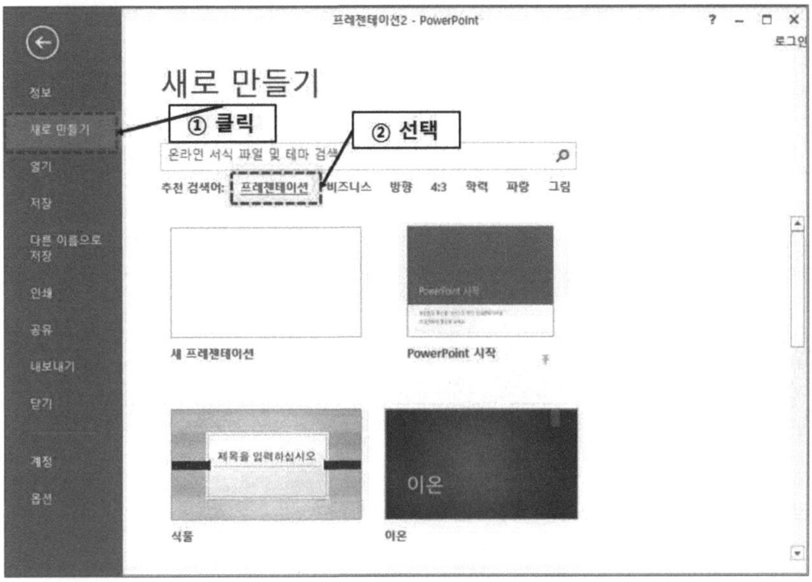

② 프레젠테이션에 해당하는 서식 파일 중에서 하나를 선택하거나 "범주"에서 사용자에 맞는 서식을 찾아 사용한다.

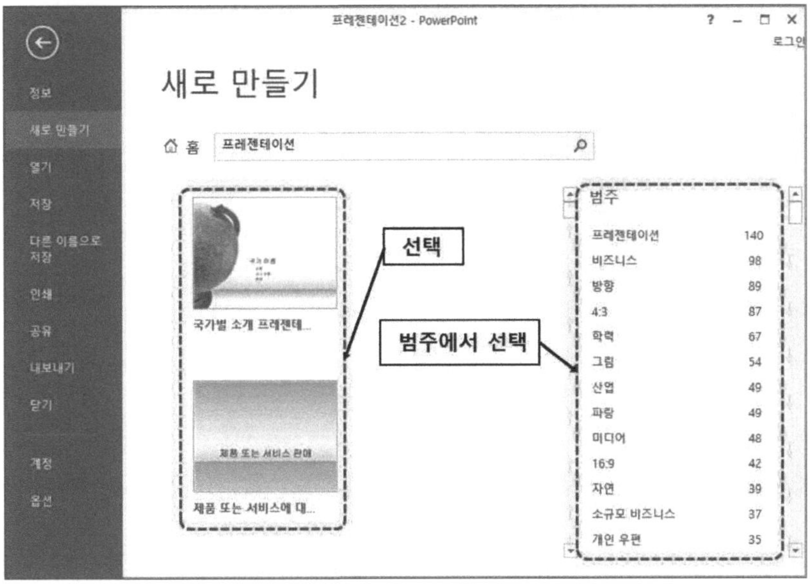

③ "국가별 소개 프레젠테이션"을 선택하고 [만들기] 버튼을 클릭하면 서식 파일을 다운 받을 수 있다.

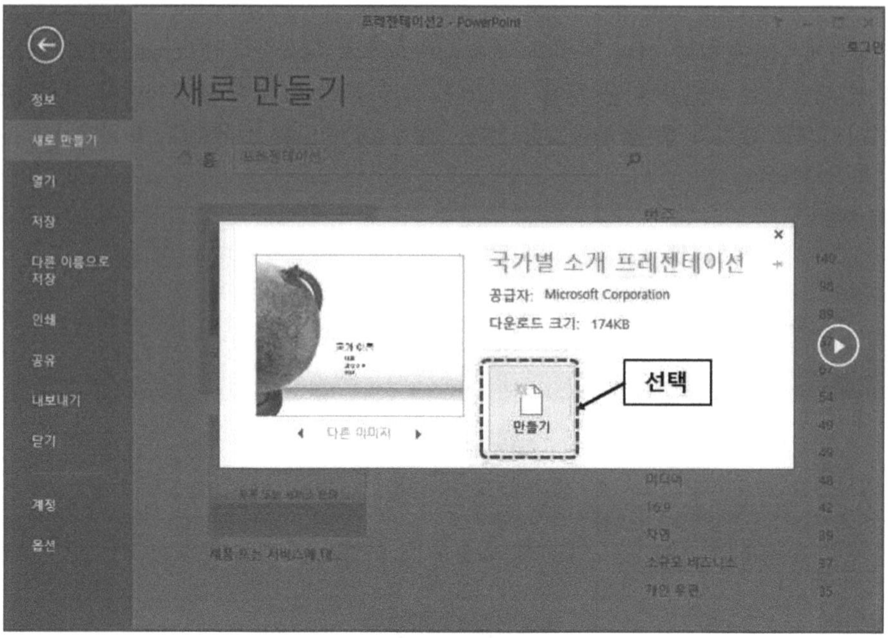

④ 다운로드 받은 프레젠테이션 파일이 나타난다.

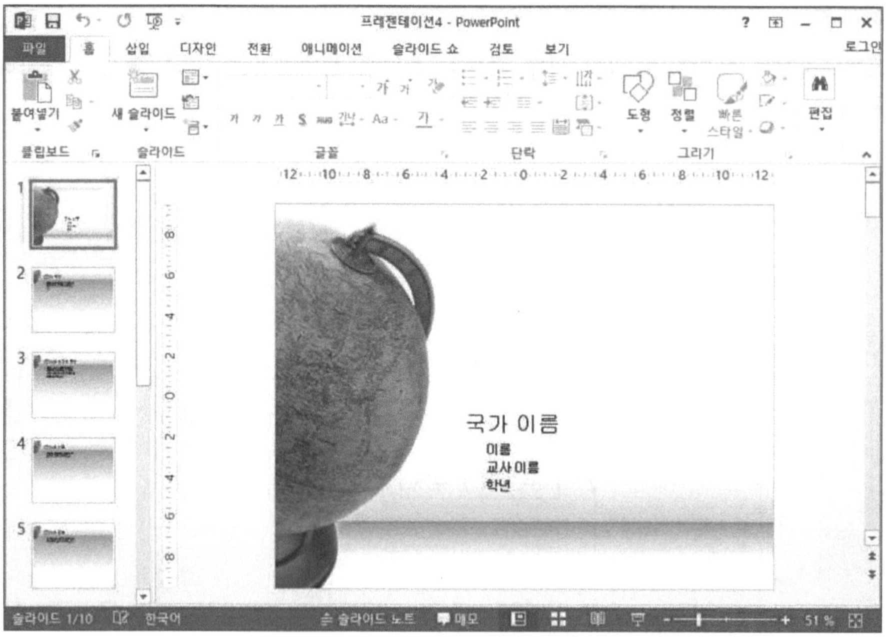

제 3 장 슬라이드 만들기

파워포인트를 실행하여 새로운 프레젠테이션 파일을 만들면 기본적으로 하나의 슬라이드가 생긴다. 프레젠테이션 파일은 이런 슬라이드가 여러 장이 모여 하나의 작업을 이루게 된다. 본 장에서는 빈 슬라이드를 삽입한 다음에 내용에 어울리는 문자를 입력하고 필요에 맞게 문자열을 편집하는 방법과 서식을 이용하는 방법, 그리고 각 슬라이드를 개성있게 꾸미는 방법에 대해 살펴보기로 한다.

3.1 슬라이드 추가 및 레이아웃

새 프레젠테이션은 새 만들기를 실행하면 제목 슬라이드 하나만 나타난다. 프레젠테이션에 새 슬라이드를 추가하여 슬라이드를 작성하고 슬라이드 형식은 사용자의 필요에 따라 "레이아웃" 기능으로 변경할 수 있다.

본 장에서는 [디자인]-[테마]-[슬라이스]로 프레젠테이션을 만들었다.

① [홈]-[슬라이드]에서 [새 슬라이드] 아이콘을 클릭하면 슬라이드가 추가된다. 생성된 슬라이드는 레이아웃이 제목 및 내용으로 구성된다.

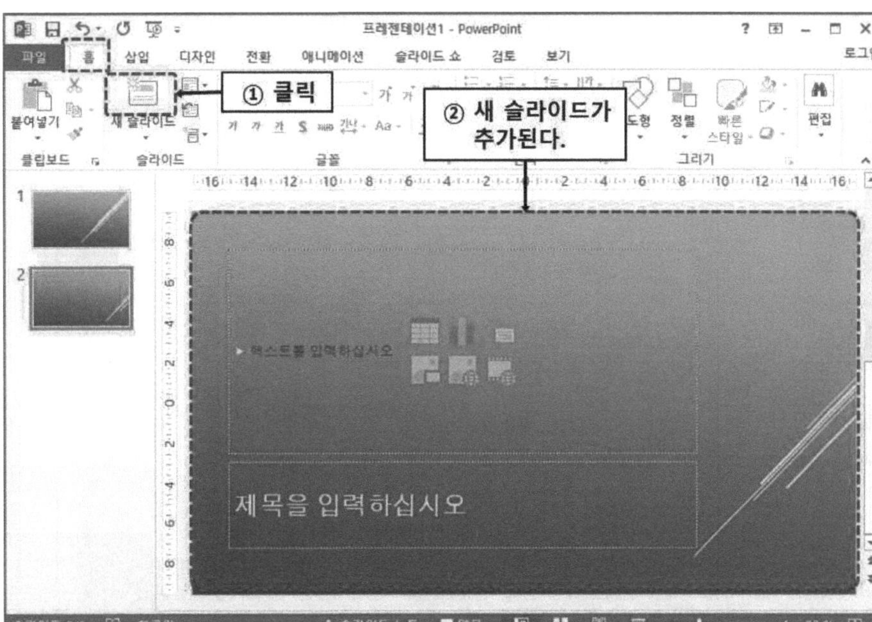

■ 또 다른 방법은 [슬라이드 창]에서 엔터키를 누르거나 오른쪽 마우스 클릭하면 나타난 팝업 창에서 이용하여 새 슬라이드를 추가한다.

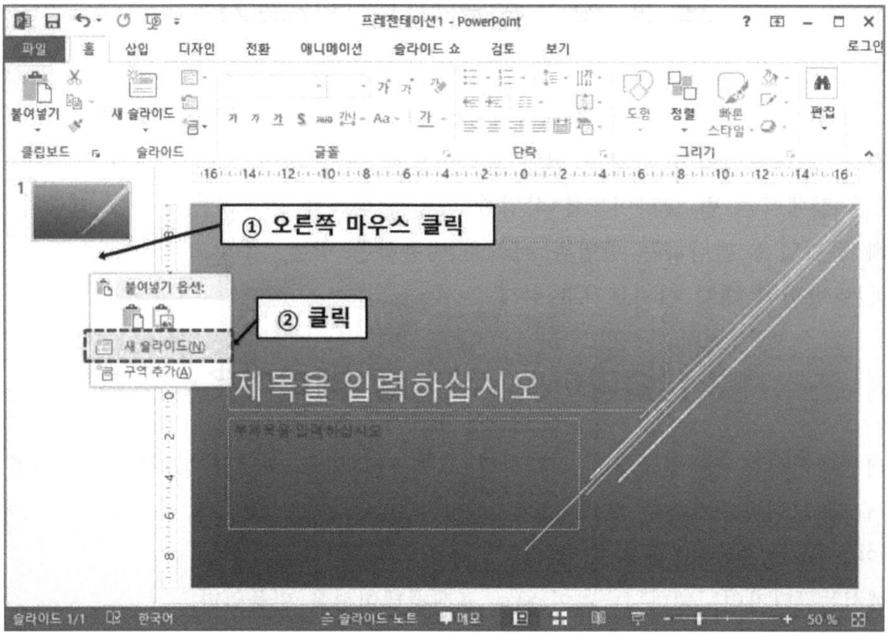

■ 새 슬라이드가 생성된다.

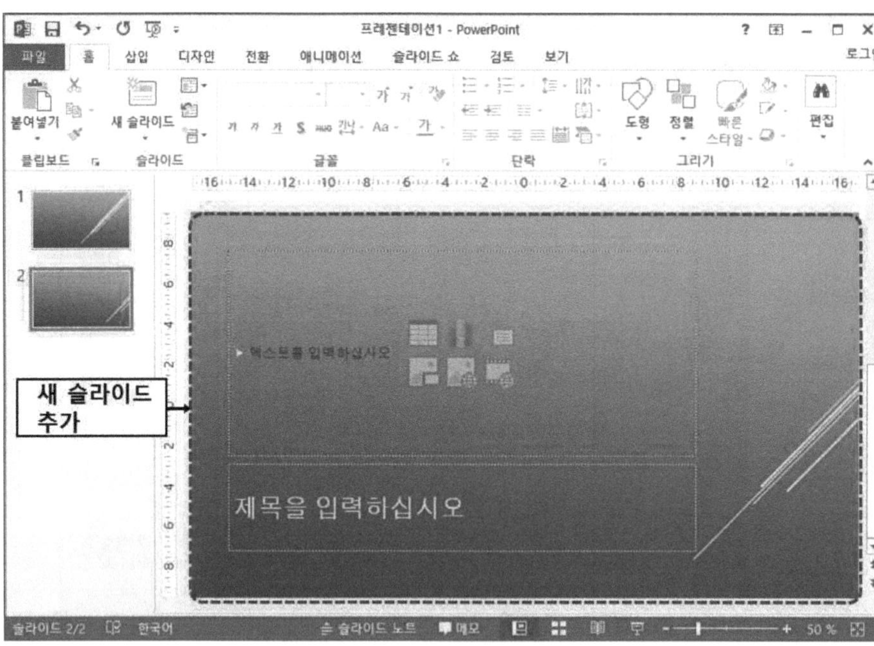

② [새 슬라이드] 아이콘을 클릭하여 새 슬라이드를 추가하고, [새 슬라이드 ▼]나 [슬라이드 레이아웃] 아이콘을 클릭하면 다양한 슬라이드 레이아웃이 나타난다.

- [새 슬라이드] 텍스트를 이용하여 슬라이드 레이아웃 변경하기-새 슬라이드 추가 후 적용

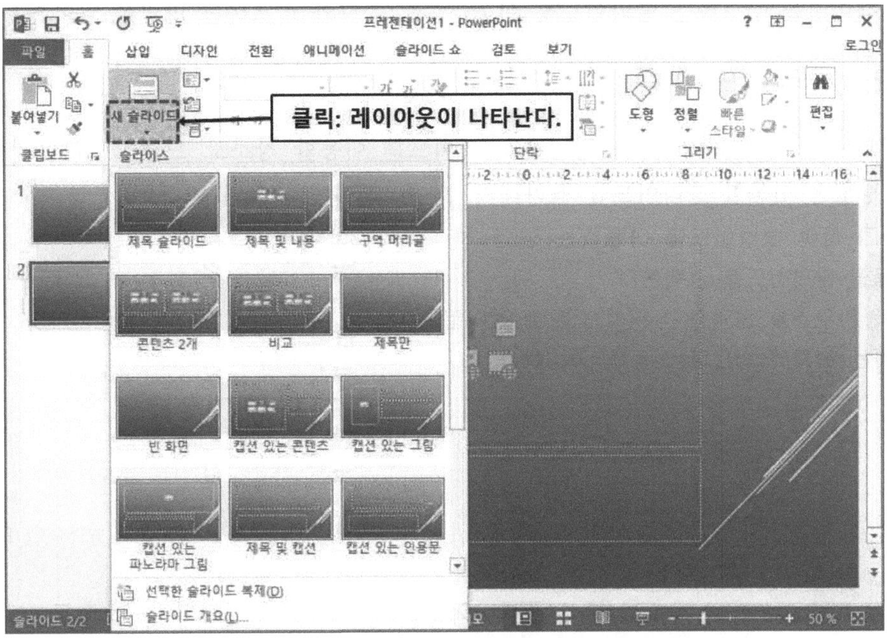

- [슬라이드 레이아웃] 아이콘으로 슬라이드 레이아웃 변경하기-기존 슬라이드에 적용

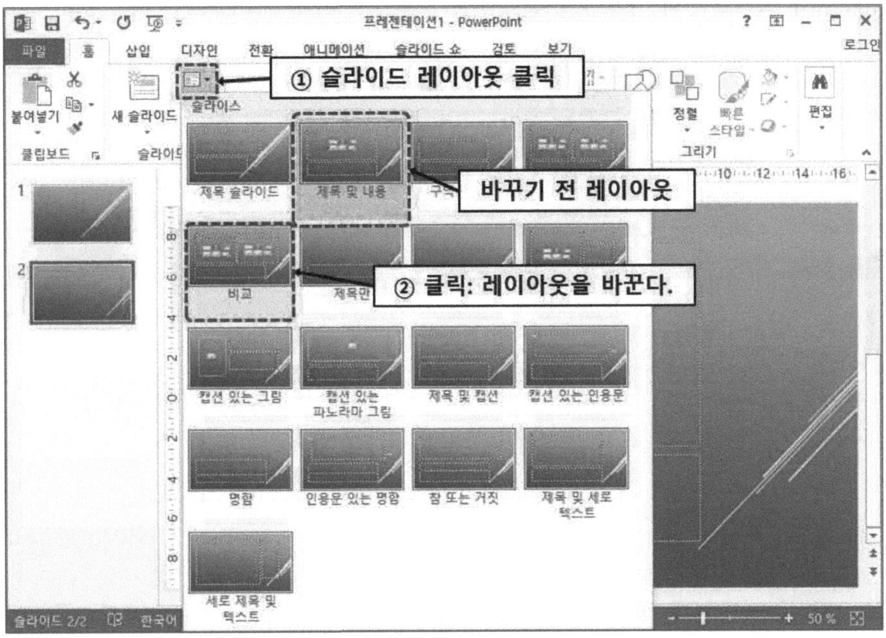

3.2 슬라이드 이동, 복제, 복사 및 삭제하기

프레젠테이션을 구성하는 슬라이드를 이동, 복제, 복사와 삭제하는 방법을 알아본다.

3.2.1 슬라이드 이동

슬라이드 이동에서 가장 쉬운 방법은 슬라이드를 이동할 장소로 드래그 하는 것이다. 또 다른 방법은 이동할 슬라이드를 잘라내기 한 후, 붙여넣기 하면 된다.

■ 드래그 하여 슬라이드를 이동하는 방법

① 이동할 슬라이드를 선택한다.

② 왼쪽 마우스를 클릭한 상태에서 드래그(이동) 시킨다.

③ 원하는 위치에 놓으면 이동이 가능하다.

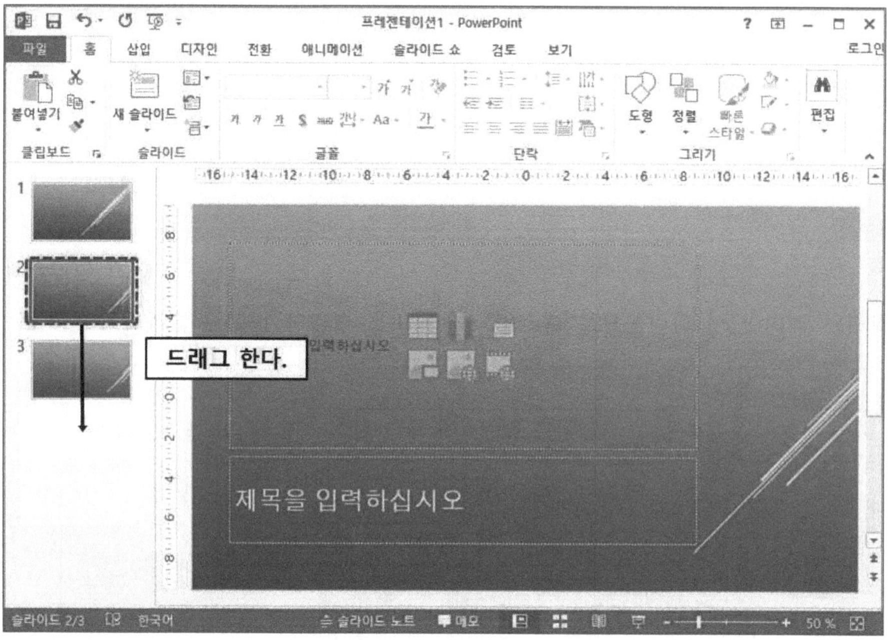

■ 또 다른 슬라이드 이동 방법

① 이동할 슬라이드를 선택하고 오른쪽 마우스를 클릭으로 나타난 팝업창에서 [잘라내기]를 선택한다.

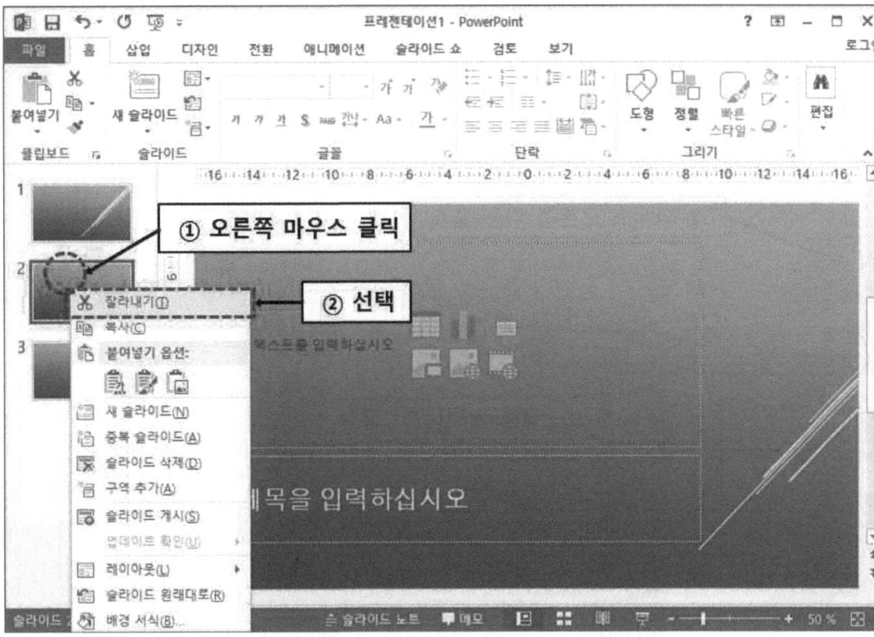

② 원하는 위치에서 오른쪽 마우스 클릭으로 나타난 팝업창에서 [붙여넣기]를 선택한다.

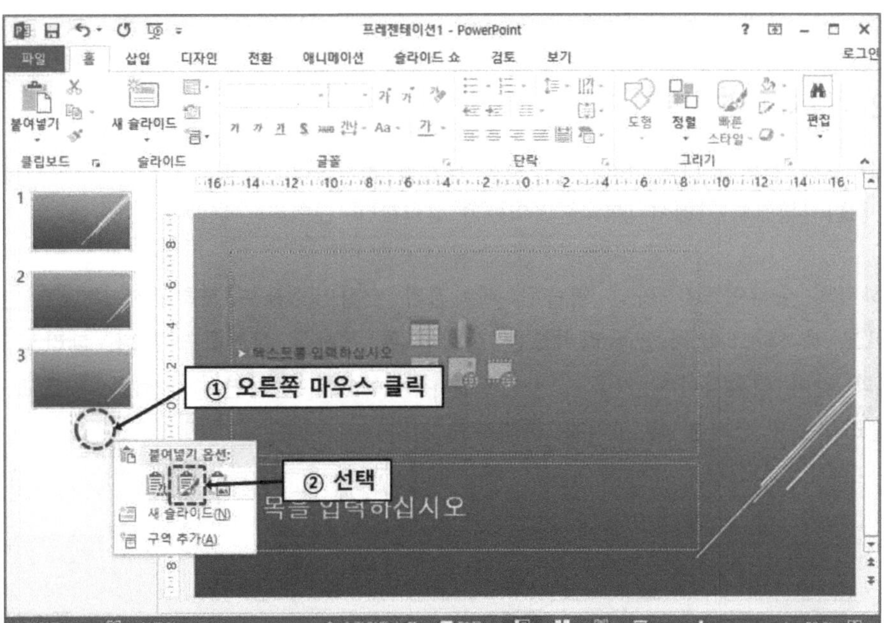

3.2.2 슬라이드 복제

복제는 제목 슬라이드 위에서 마우스 오른쪽 버튼을 클릭해서 단축 메뉴를 부른다. “중복 슬라이드”를 클릭한다.

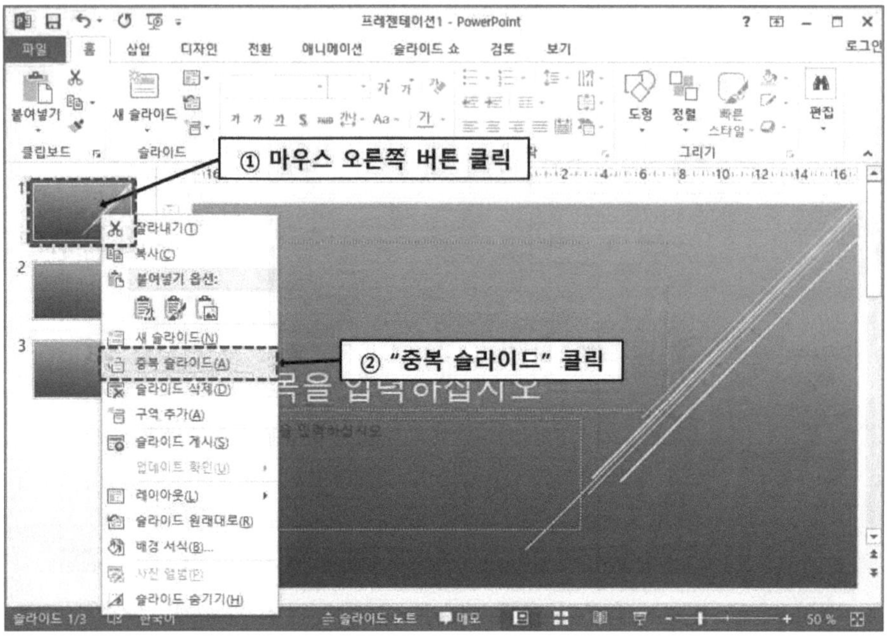

3.2.3 슬라이드 복사

① 슬라이드를 선택한 다음, 마우스 오른쪽 버튼을 클릭하여 [단축] 메뉴에서 [복사]를 클릭하거나 [홈]-[클립보드]에서 [복사] 아이콘을 클릭한다. 단축키는 [Ctrl]+[C]이다.

만약 하나의 슬라이드가 아닌 연속된 페이지의 슬라이드를 복사하고자 한다면 Shift 키를 누르고 복사하고자 하는 슬라이드를 선택한 후 복사를 실행하면 된다. 그리고 1, 3, 5 페이지와 같이 연속적이지 않은 슬라이드를 복사하고자 한다면 Ctrl 키를 누르고 해당 번호의 슬라이드를 선택한 후 복사를 실행하면 된다.

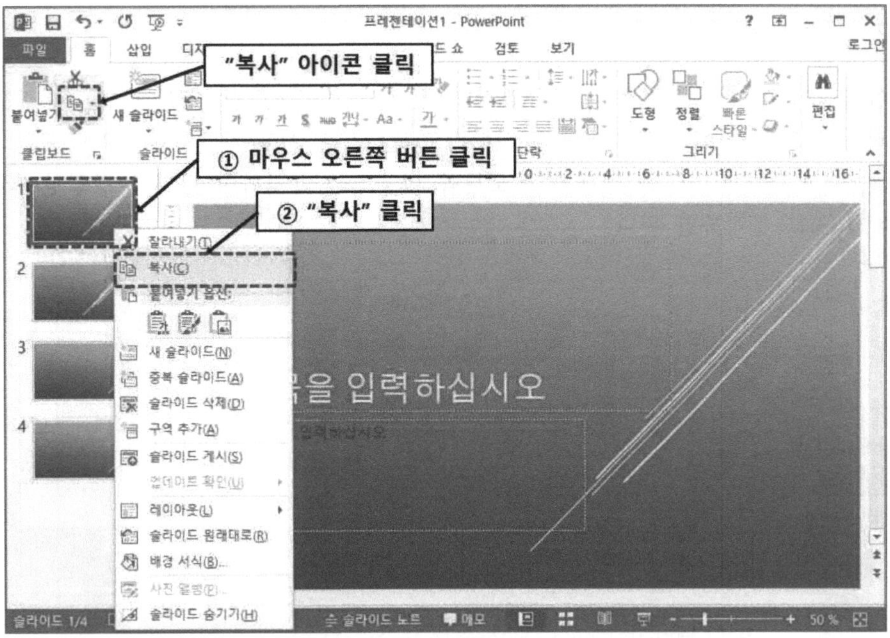

② 붙여넣기 할 곳을 선택한 후 마우스 오른쪽 버튼을 클릭하여 [단축] 메뉴에서 [붙여넣기]를 클릭하거나 [홈]-[클립보드]-[붙여넣기▼]-[붙여넣기 옵션:]의 [원본 서식 유지] 아이콘을 클릭한다. 단축키는 Ctrl+V 키이다.

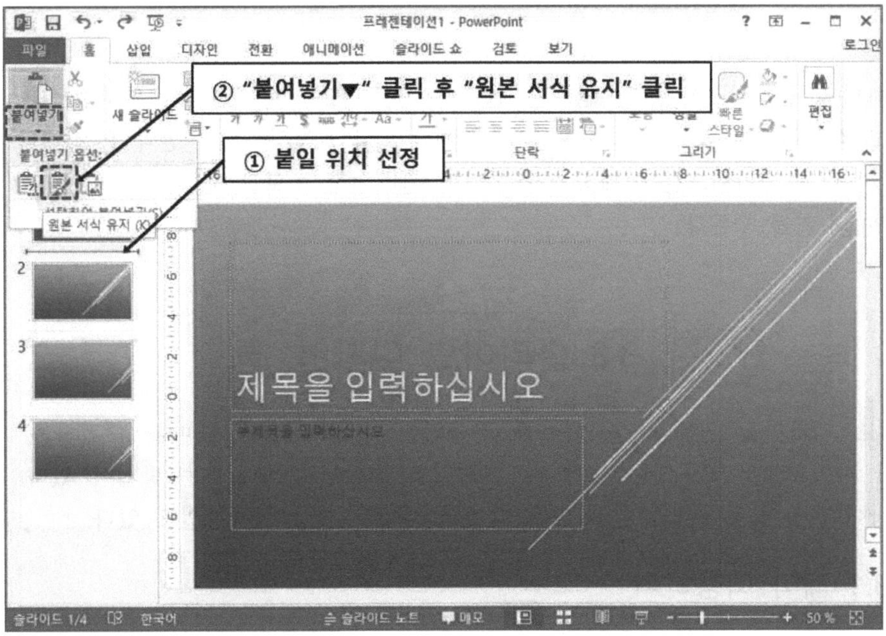

3.2.4 슬라이드 삭제

새로 삽입한 슬라이드를 잘못 삽입하였거나 필요가 없어졌다면 슬라이드를 삭제할 수 있다. 슬라이드 보기 창에서 슬라이드를 선택하고 Del 키를 눌러 삭제하면 된다. 또한 다른 방법으로는 삭제할 슬라이드를 선택하고 오른쪽 마우스를 클릭하여 나타난 팝업창에서 슬라이드 삭제(D)를 클릭하면 된다.

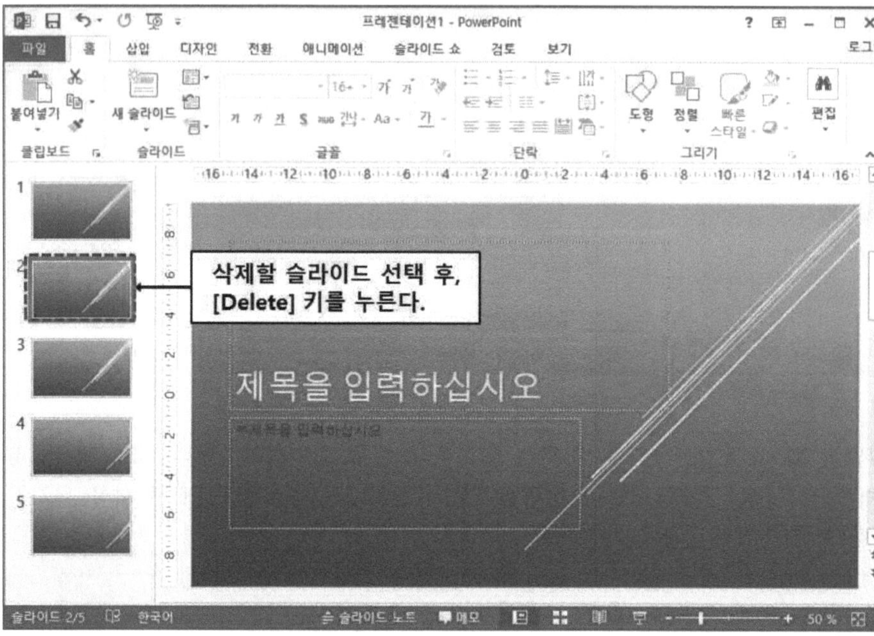

만약 하나의 슬라이드가 아닌 연속된 번호의 슬라이드를 삭제하고자 한다면 Shift 키를 누르고 삭제하고자 하는 슬라이드를 선택한 후, Del 키를 누른다. 만약 1, 3, 5번 같은 연속적이지 않은 슬라이드를 삭제하고자 한다면 Ctrl 키를 누르고 해당 번호의 슬라이드를 선택한 후 Del 키를 누른다.

3.3 슬라이드 디자인

슬라이드 디자인을 위해 기본 테마를 사용하는 방법과 기본 테마를 수정하는 방법, Microsoft 사이트에서 제공하는 예제 서식 파일을 다운받아 활용하는 방법이 있다. 또한 다른 사람이 만들어 놓은 디자인 파일을 나만의 파일로 활용하는 방법도 있다.

3.3.1 테마 이용하기

테마 이용은 디자인을 위한 가장 기본적인 방법으로 [디자인]-[테마] 그룹에서 다양한 테마 스타일을 이용한다. 먼저 간단한 기본 서식에서 다음과 같이 프레젠테이션을 만든다.

① [디자인]-[테마] 그룹에서 나타난 테마 스타일을 선택하거나 더 많은 스타일을 보려면 [▼자세히] 버튼을 클릭한다.

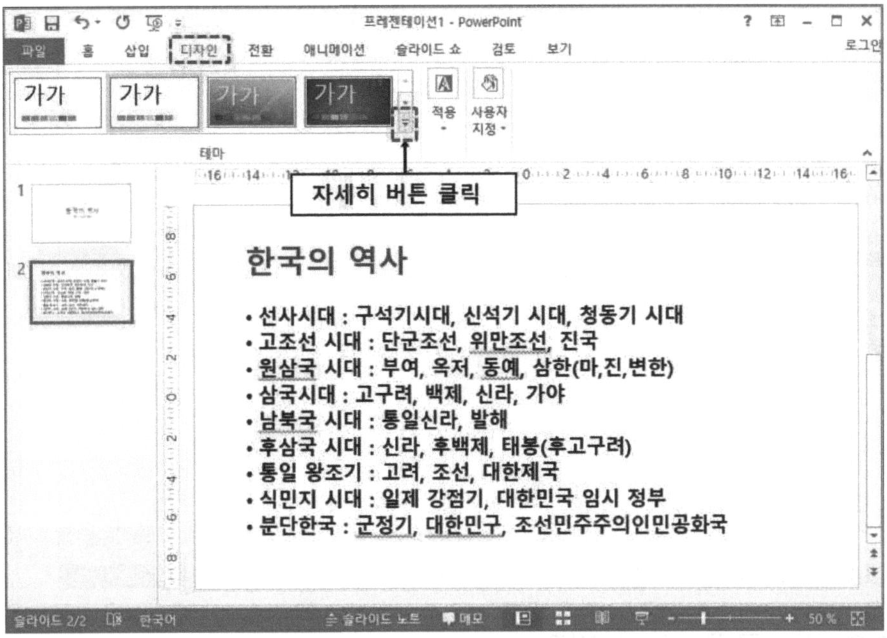

② 기본 제공하는 테마 중에서 하나를 선택한다. 여기서는 "패싯"을 선택했다.

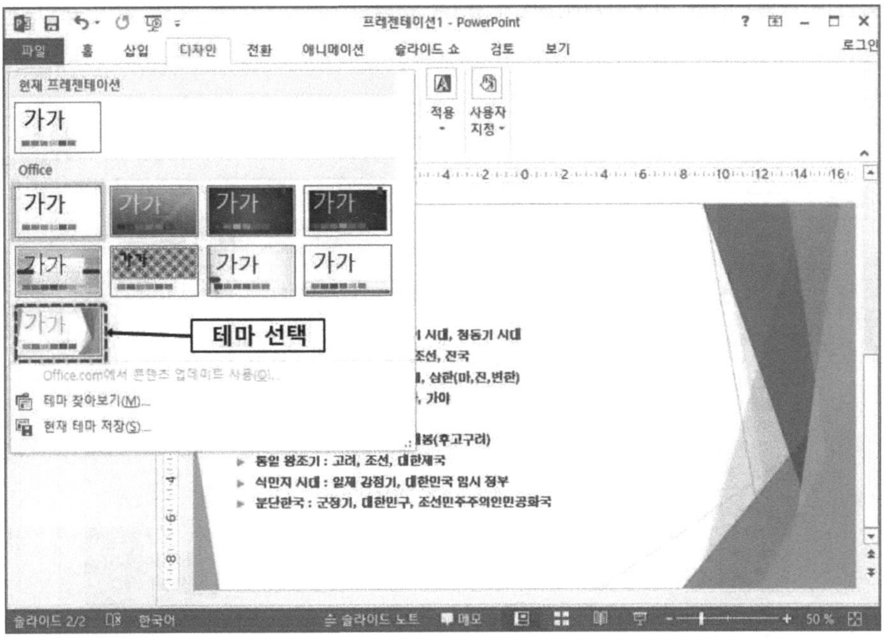

③ 모든 슬라이드에 선택한 "패싯" 테마 스타일이 적용된다.

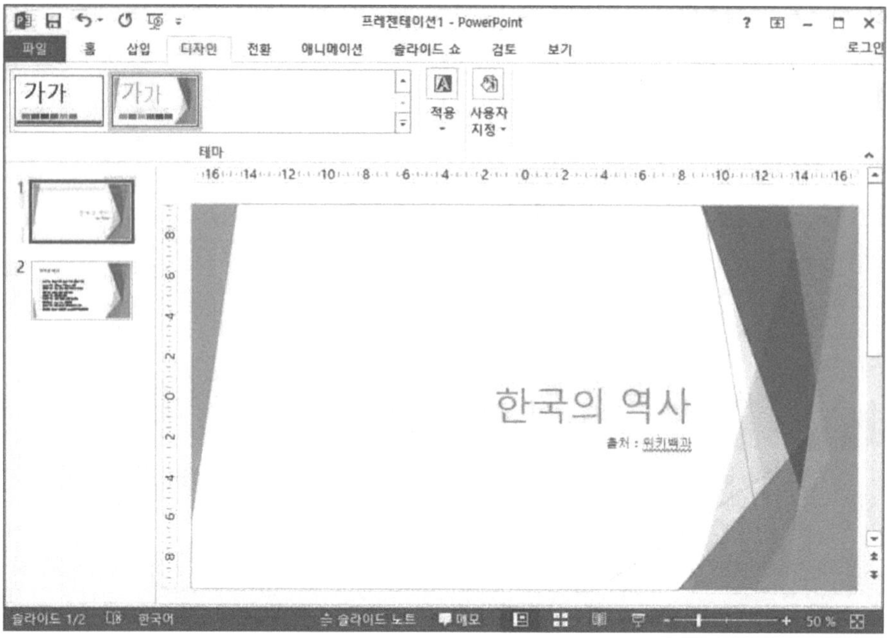

3.3.2 색, 글꼴, 효과 변경

테마 스타일을 유지하면서 테마에 포함되어 있는 색, 글꼴, 효과를 사용자가 변경할 수 있다.
① [디자인]-[적용] 그룹 -[▼자세히]-[색 ▶]을 선택한 다음, 다양한 색들 중에 선택한다.

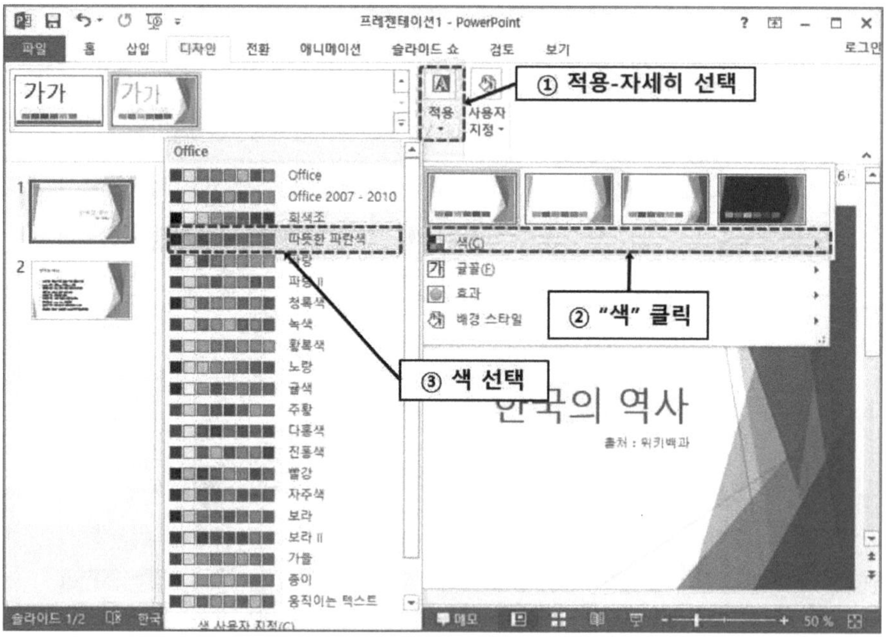

② [디자인]-[적용] 그룹 -[▼자세히]-[글꼴▶]을 클릭하고 글꼴을 선택한다.

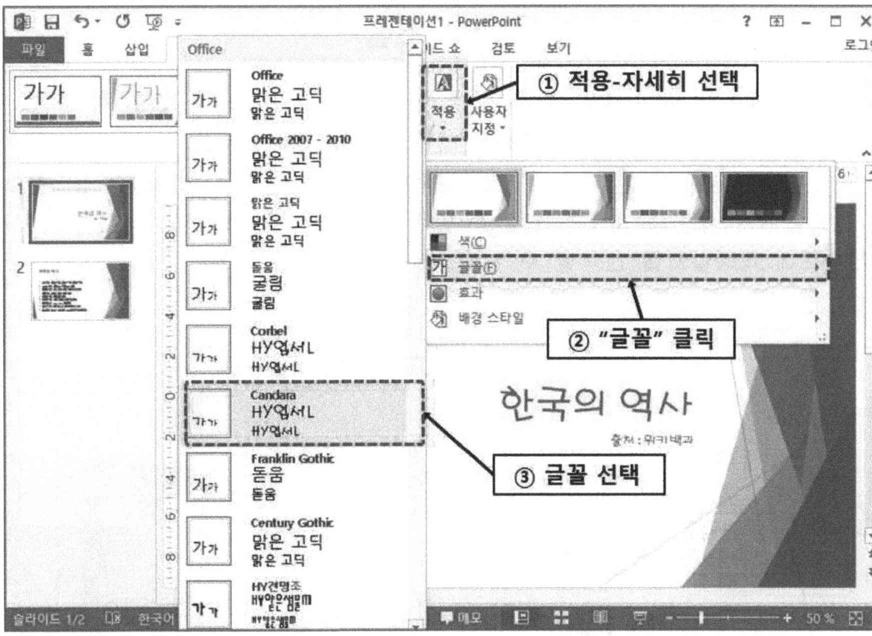

③ 슬라이드의 모든 글꼴이 "HY엽서L"로 바뀐다.

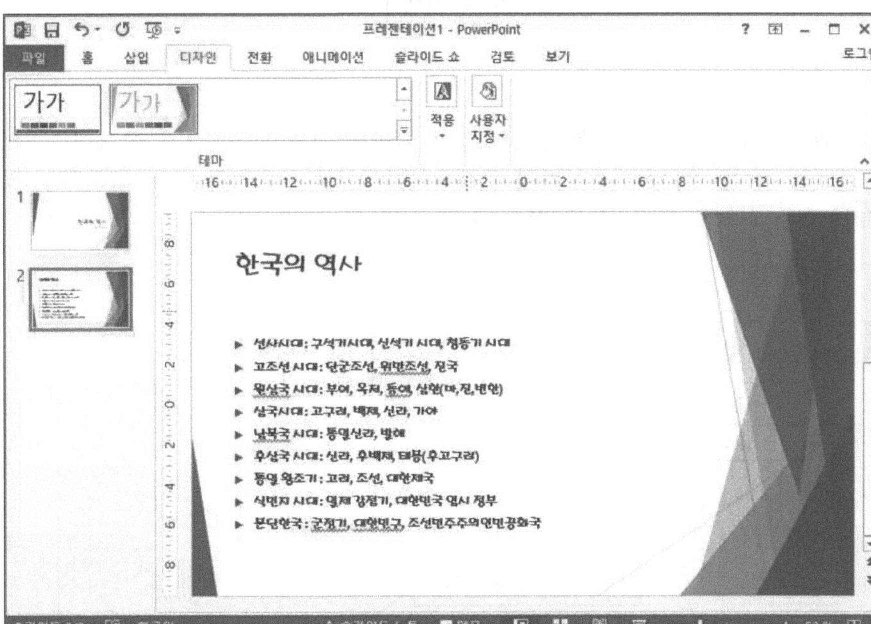

3.3.3 배경 스타일과 배경 그래픽 조절

배경 스타일은 테마 색과 배경의 농도 등을 이용해서 슬라이드의 배경 채우기를 변경하고 배경에 그래픽이 있는 경우에는 배경 그래픽을 숨길 수 있다.

① 배경 스타일 변경은 [디자인]-[적용] 그룹-[▼자세히]-[배경 스타일 ▶]을 클릭한다.

② 배경 스타일에서 오른쪽 마우스 버튼을 클릭하면 모든 슬라이드에 적용할지, 아니면 선택한 슬라이드에 적용할지를 선택할 수 있다.

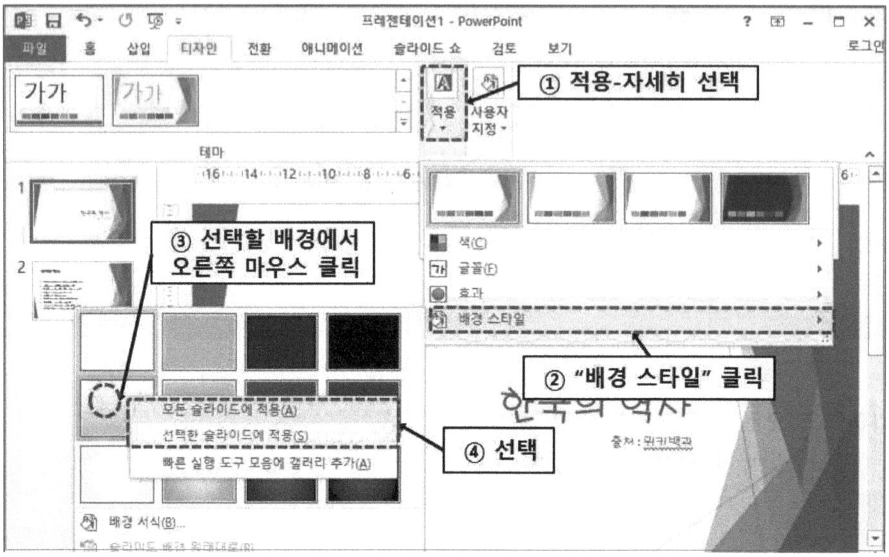

③ 배경 그래픽 조절은 슬라이드를 선택하고 [디자인]-[사용자 지정▼]그룹-[배경 서식]을 클릭한 후, [배경 서식] 작업창에서 [배경 그래픽 숨기기]를 체크하면 배경 그래픽이 없어진다. 이 기능은 현재 선택된 슬라이드만 적용된다.

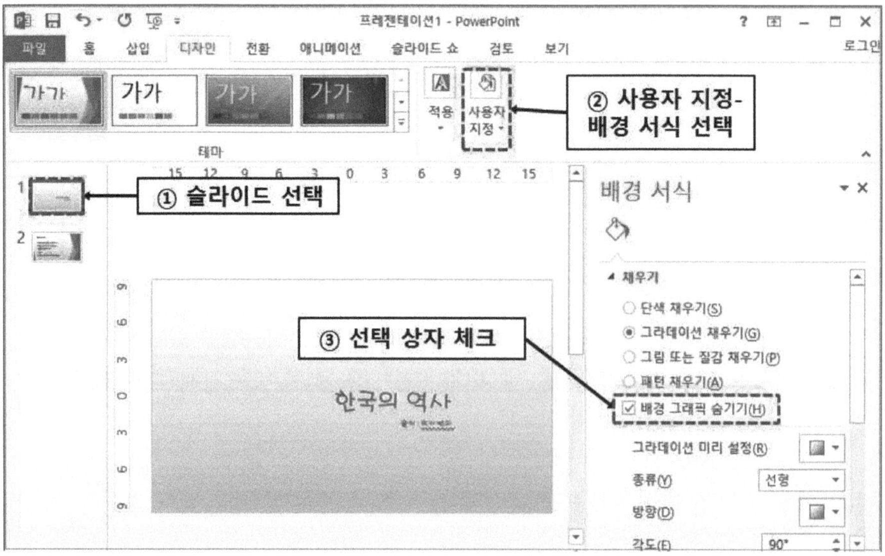

3.4 텍스트 입력과 서식 지정

슬라이드에 텍스트를 추가하기 위해서는 개체 틀을 사용하거나 텍스트 상자, 도형 등을 이용한다. 텍스트에 지정하는 서식에는 글꼴 서식, 줄 간격, 글머리 기호와 번호 매기기 등이 있다. 슬라이드에 텍스트를 입력하고 글꼴 서식을 비롯한 여러 가지 서식을 지정하는 방법을 알아본다.

3.4.1 슬라이드에 텍스트 추가

슬라이드에 텍스트를 추가하는 가장 일반적인 방법은 개체 틀을 이용하는 것이다. 슬라이드 레이아웃에 따라 개체 틀에 텍스트를 입력한다.

① 새 프레젠테이션을 만들고 [디자인] 탭-[테마]에서 스타일을 선택한다. 본 장에서는 "패킷"을 선택했다.

② [홈]-[슬라이드] 그룹에서 [새 슬라이드]를 클릭하여 슬라이드를 추가한다.

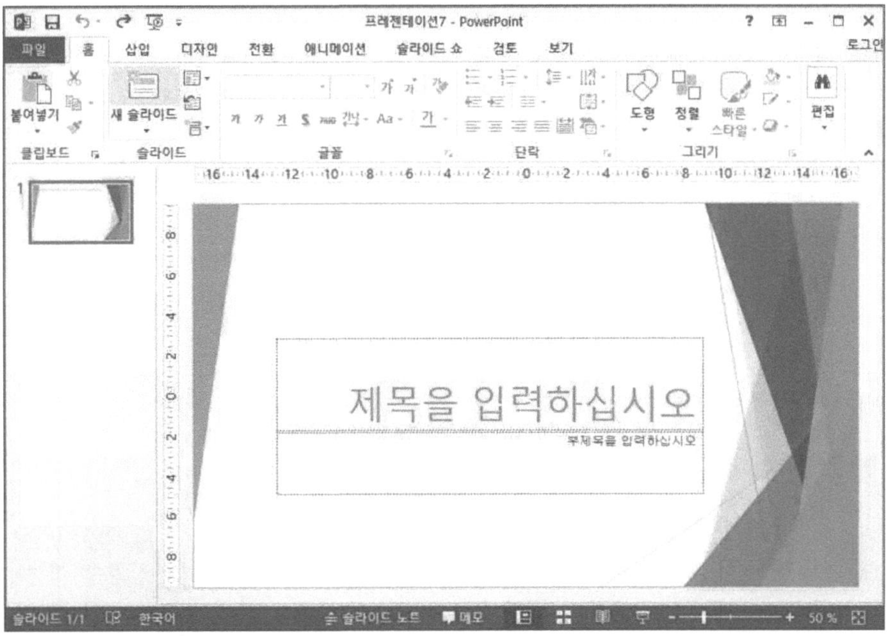

③ 제목 슬라이드에서 제목과 부제목 틀 안쪽을 클릭한 다음, 제목과 부제목을 삽입한다.

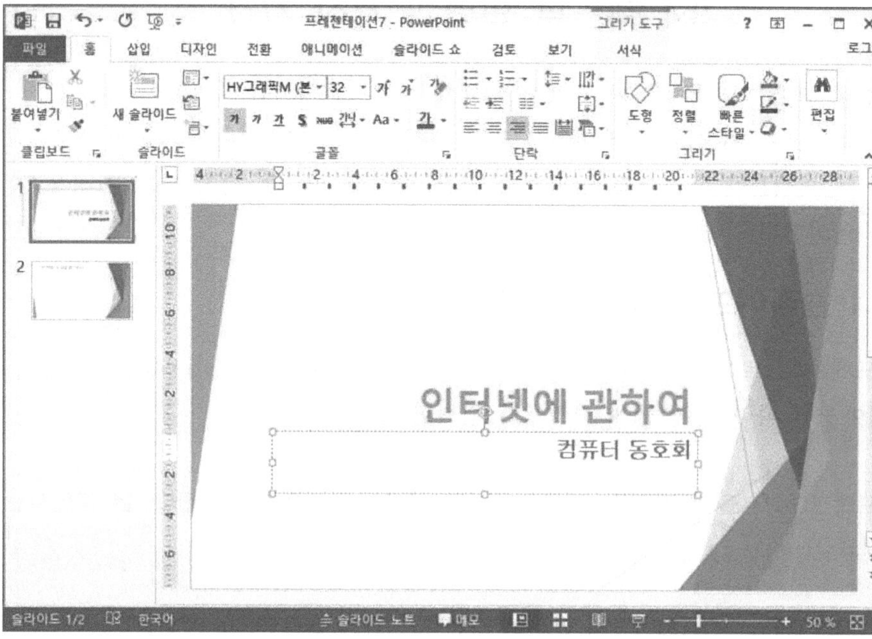

④ 추가한 슬라이드에서 제목 개체틀 안쪽을 선택 한 후, 제목을 입력한다.

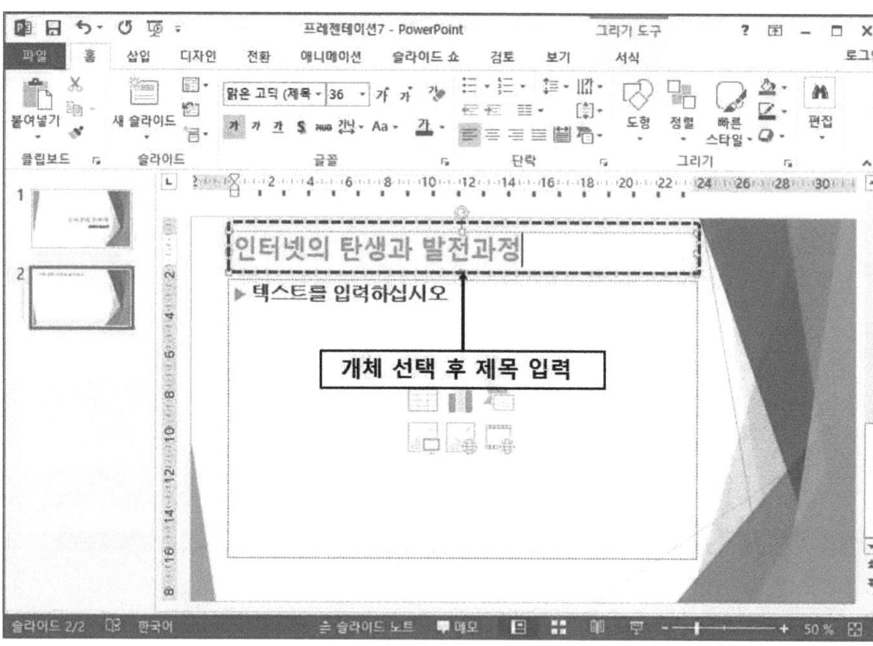

⑤ 내용 개체 틀에 내용을 입력하고 Enter↵ 키를 누른다.

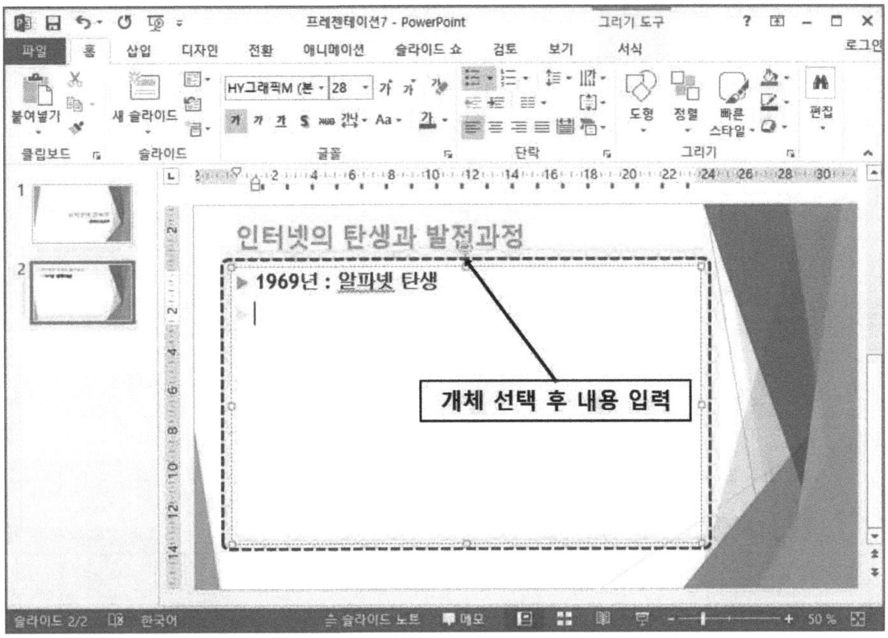

⑥ 다음 목록은 이전 목록과 같은 수준의 글머리 기호가 나타난다. 목록의 수준을 낮추려면 ⇆(Tab) 키를 누르거나 [목록 수준 늘림] 아이콘을 클릭하고 내용을 입력한다.

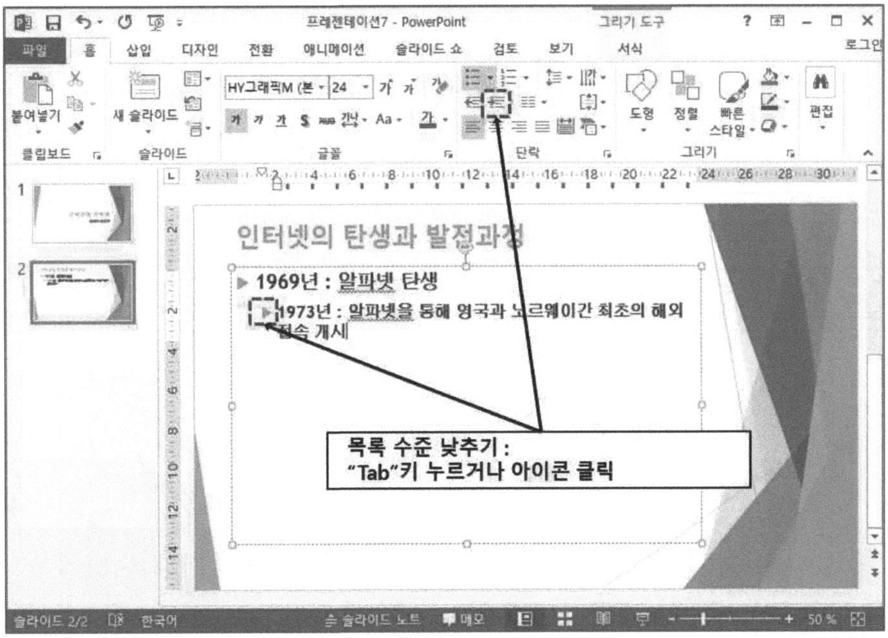

⑦ 반대로 목록 수준을 높이려면 "Shift + ⇆(Tab)" 키를 누르거나 [목록 수준 줄임] 아이콘을 클릭하고 내용을 입력한다.

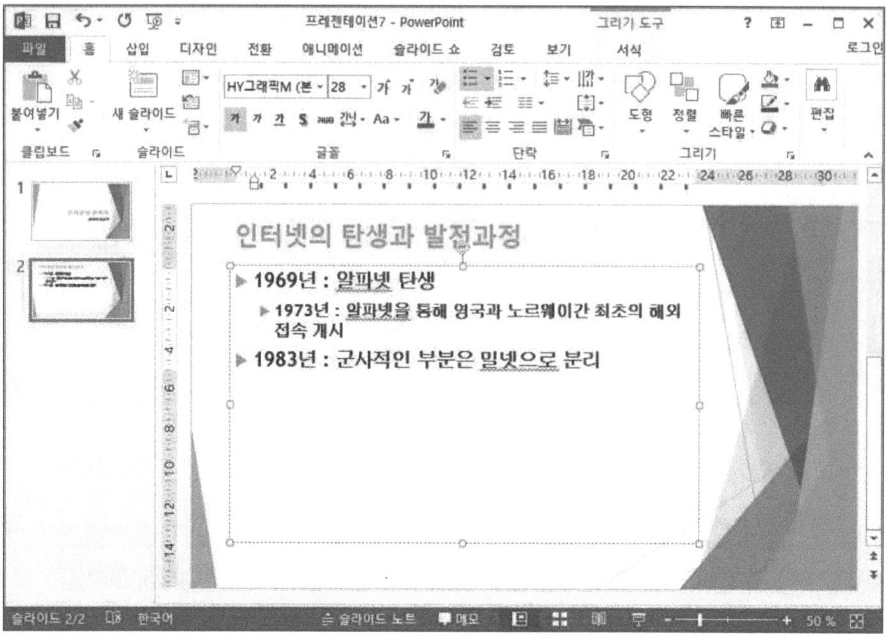

다음과 같이 입력하여 슬라이드를 완성한다.

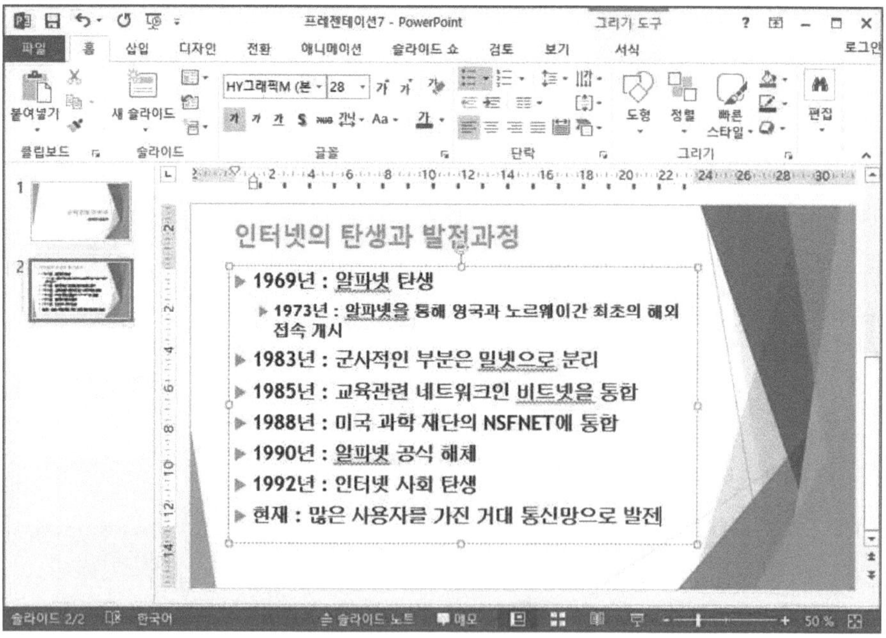

3.4.2 글꼴 서식 지정하기

텍스트 글꼴 서식을 바꾸려면 [홈] 탭의 [글꼴] 그룹에 있는 도구들과 [미니 도구모음]을 이용하여 지정할 수 있다.

(1) 리본 메뉴 이용

[홈] 탭의 [글꼴] 그룹에 있는 다양한 도구들일 이용하여 글꼴 서식을 지정할 수 있다. 글꼴, 글꼴 크기, 글꼴 스타일, 글자 색 등이 있다.

① 내용 개체에서 "알파넷"을 블록으로 정한다. 그리고 [홈] 탭 [글꼴] 그룹에서 "굵게"와 "텍스트 그림자"를 클릭하면 서식이 변한다.

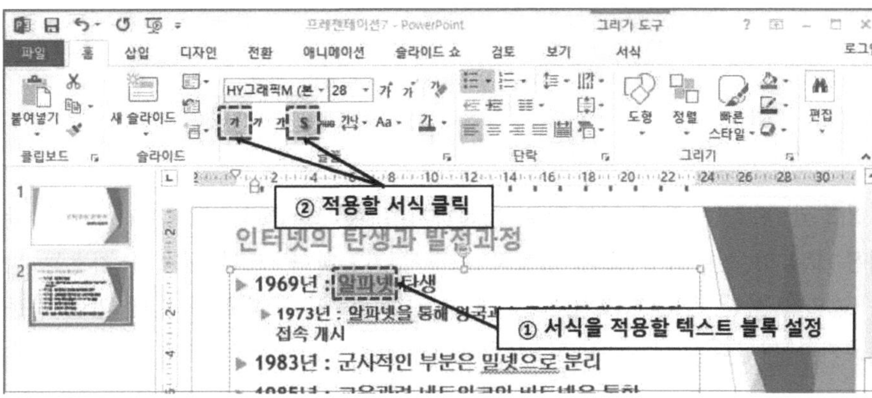

(2) 미니 도구 모음 이용

미니 도구 모음은 글꼴 서식이나 단락 서식 중 일반적으로 자주 사용하는 것들을 모아 놓은 것이다. 텍스트를 블록으로 지정할 때 흐리게 미니 도구 모음이 나타나면 마우스 커서를 미니 도구 모음으로 가져가면 진하게 나타난다.

① 내용 개체에서 "비트넷"에 블록을 정한다.

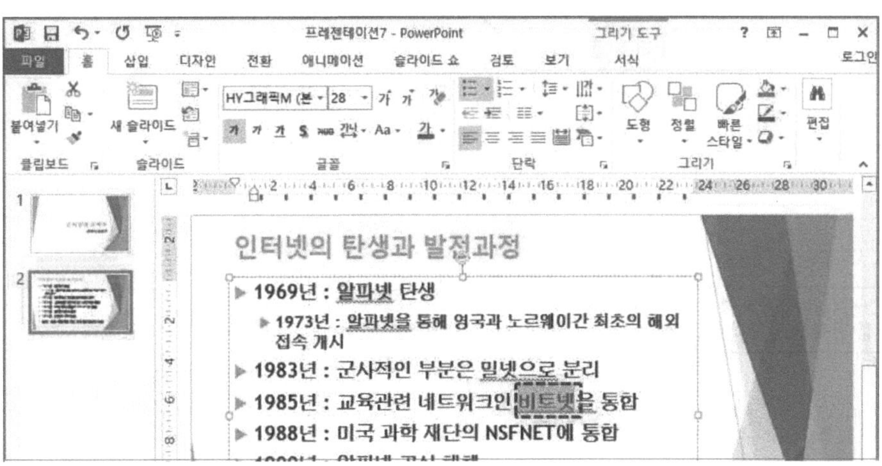

② 블록을 설정하면, 오른쪽 상단에 희미한 [미니 도구 모음]이 나타나고 커서를 옮기면 선명해진다. 미니 도구 모음에서 “굵게”와 “기울임꼴”을 클릭하여 서식을 적용한다.

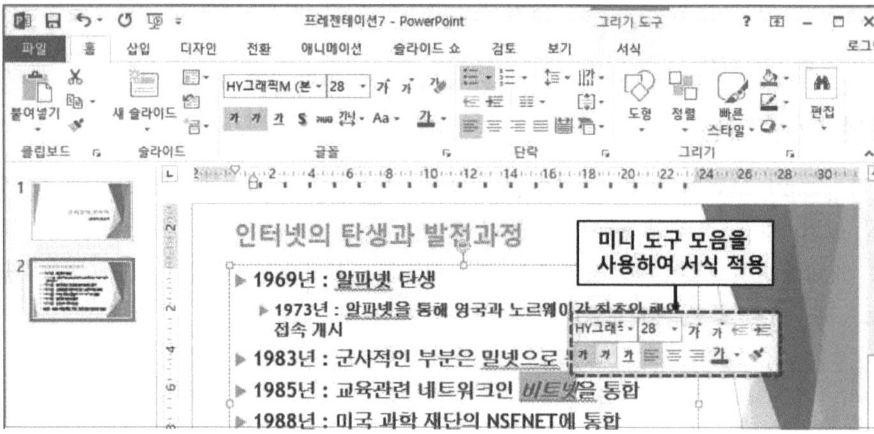

3.4.3 글머리 기호 및 번호 매기기

글머리 기호와 번호는 단락과 단락을 구분하기 위해 표시하는 기호이다. 기본 글머리 기호는 다른 모양의 글머리 기호나 번호로 변경이 가능하다. 또한 글머리 기호는 번호로 변경할 수 있으며 시작 번호나 크기, 색 등도 지정할 수 있다. 대부분 단락 앞에 자동으로 글머리 기호가 나타난다.

(1) 글머리 기호 변경하기

① 변경하려는 단락의 범위를 지정한 다음 [홈]-[단락] 그룹에서 [글머리 기호▼]를 클릭한다. 범위 지정은 연속적으로 지정할 경우는 마우스로 드래그 하면 되고, 일부분씩 지정하려면 Ctrl 키를 이용한다.

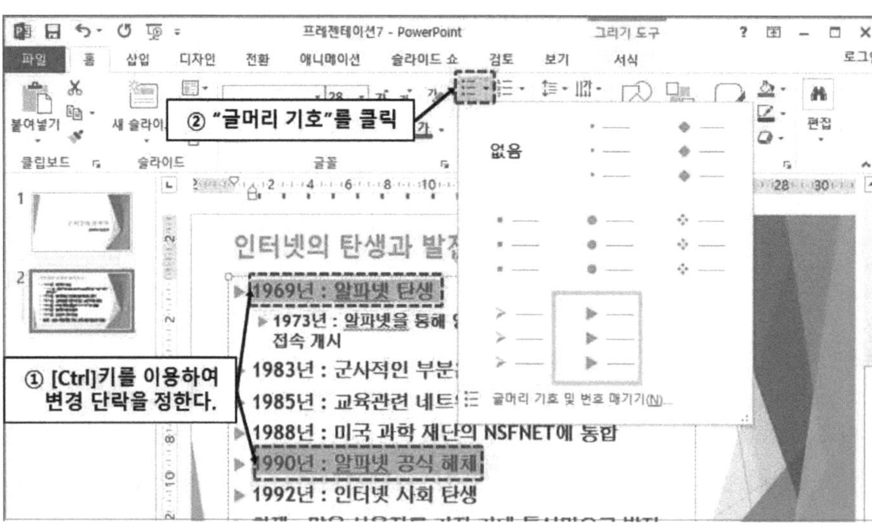

② 목록에 원하는 글머리 기호가 있으면 바로 클릭하고 없으면 [글머리 기호 및 번호 매기기]를 클릭한다.

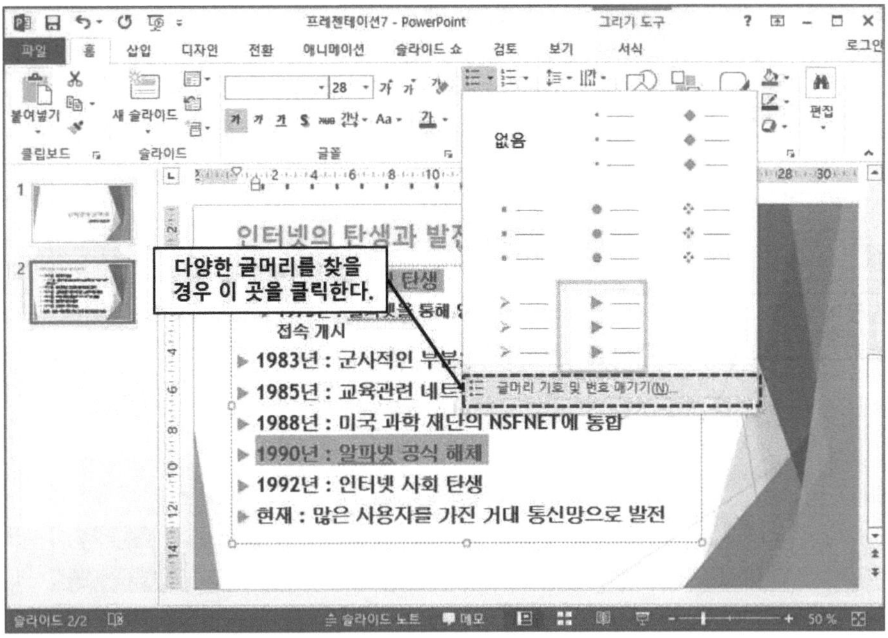

③ [글머리 기호 및 번호 매기기] 대화상자에서 "글머리 기호"를 선택하고 [확인]을 클릭한다.

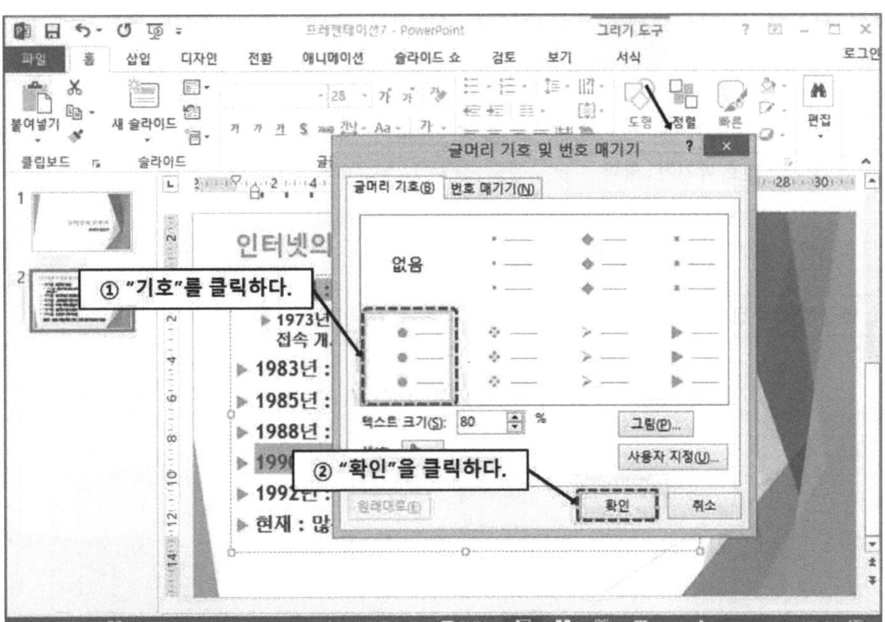

④ 선택한 곳의 "글머리 기호"가 변경되었다.

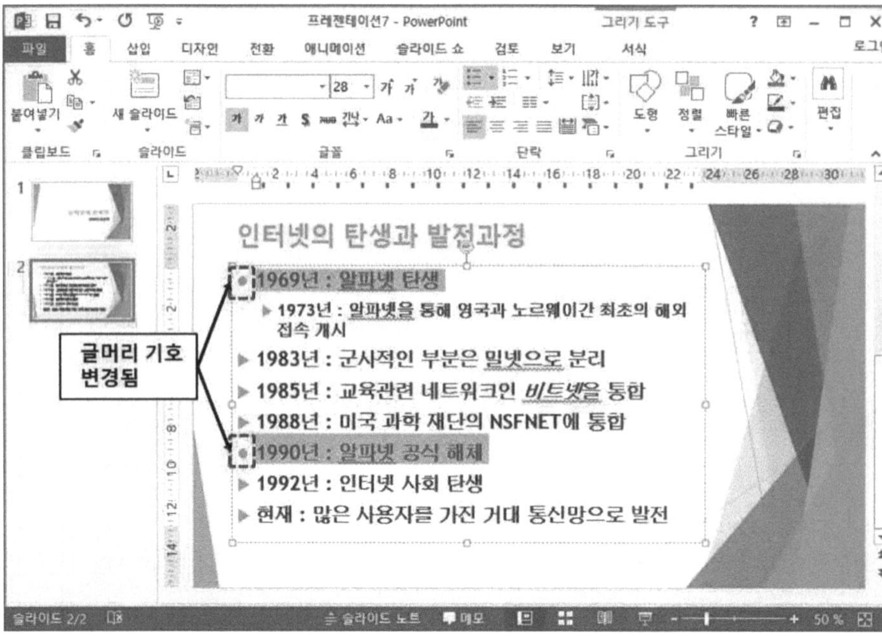

(2) 번호 매기기 변경하기

번호는 글머리 기호 대신 단락의 순서를 표시할 때 사용하는 기능이다.

① 단락의 범위를 지정한 다음, [홈]-[단락] 그룹에서 [번호 매기기▼]를 클릭한다.

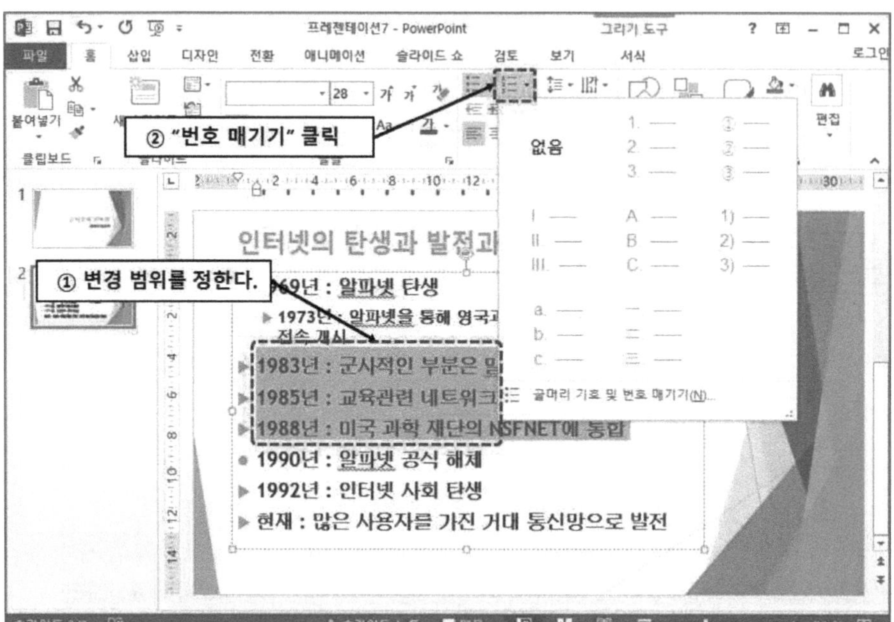

② 목록에 원하는 번호가 있으면 바로 클릭하고 없으면 [글머리 기호 및 번호 매기기]를 클릭한다. 앞에서 배운 글머리 기호화 같은 방법으로 수행하면 된다.

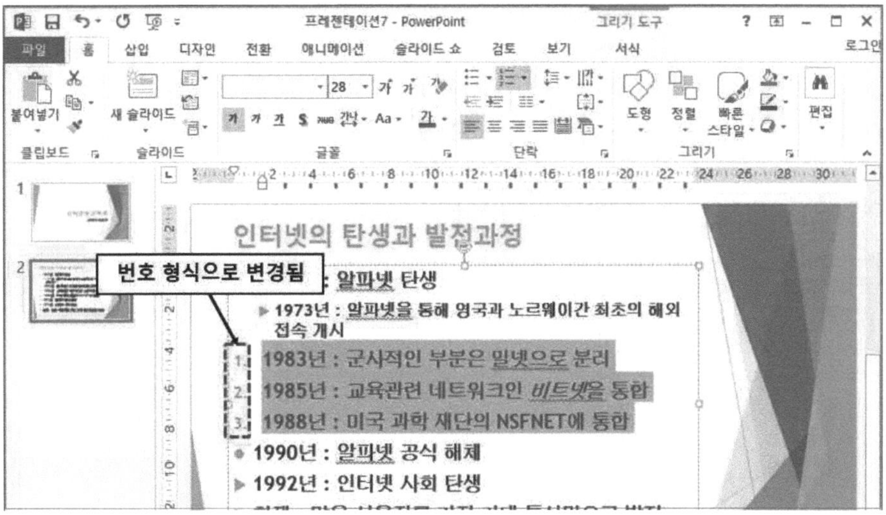

3.4.4 줄 간격과 단락 서식

단락에서 텍스트 줄 사이의 간격을 조정할 수 있다.

(1) 줄 간격 조절하기

① 내용 개체 상자의 외곽선을 마우스로 클릭하여 내용 개체 상자를 선택하면 틀이 점선에서 실선으로 변한다.

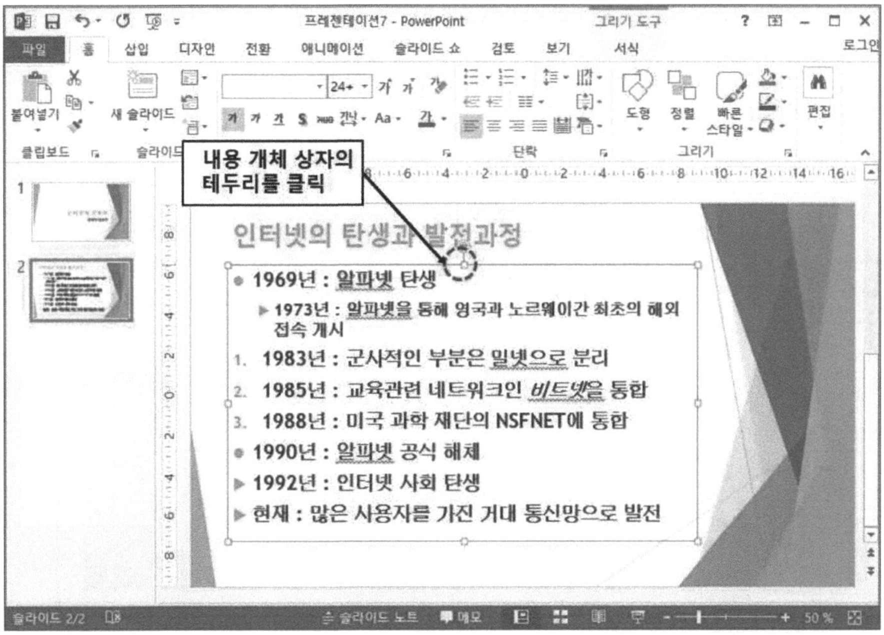

② [홈]-[단락] 그룹에서 [줄 간격▼] 아이콘을 클릭하고 변경할 단락의 줄 간격을 선택하면 내용 개체 상자의 줄 간격이 변경된다.

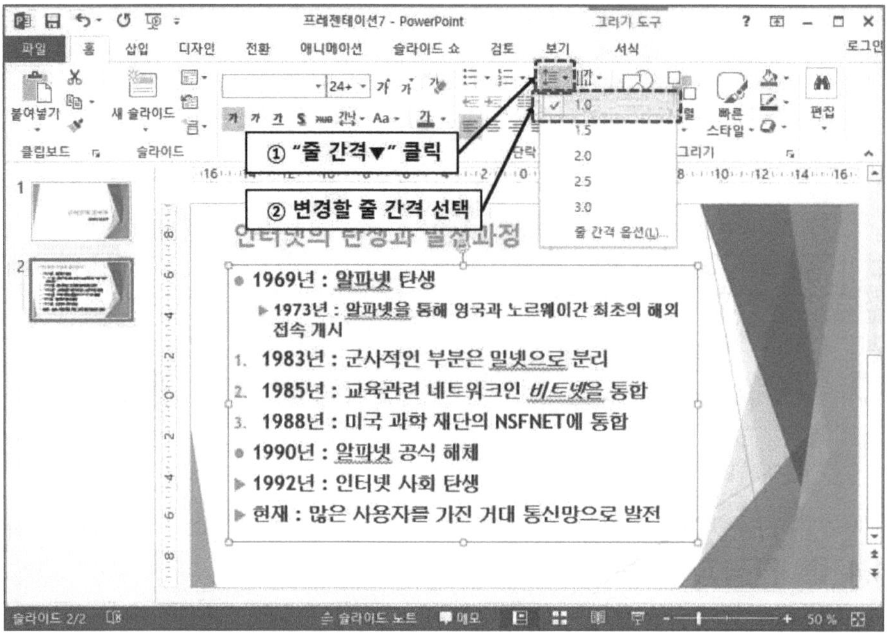

(2) 단락 서식 조정

① [홈]-[단락] 그룹에서 [줄 간격▼] 아이콘을 클릭하고 [줄 간격 옵션(L)]을 클릭한다.

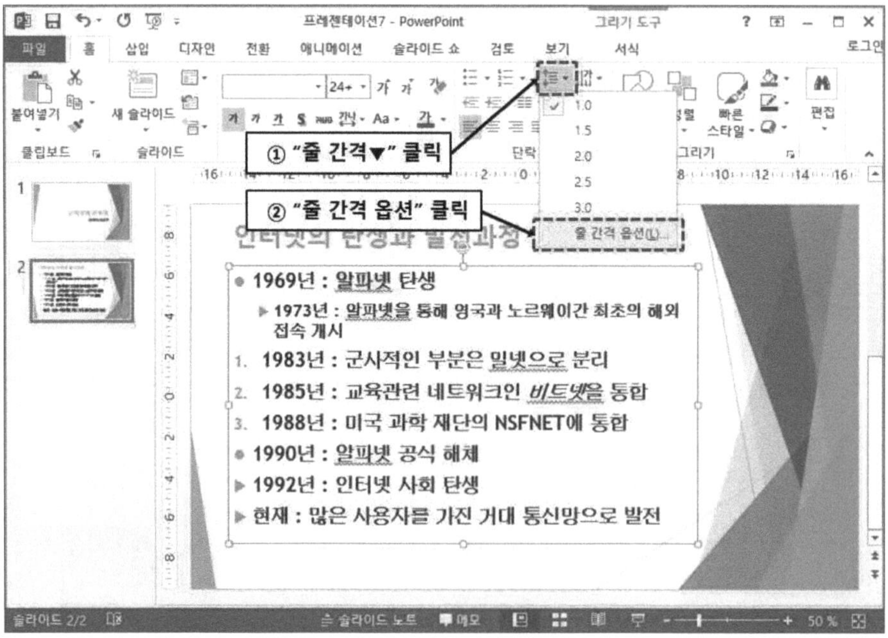

② [단락] 대화상자가 나타나고 단락의 맞춤 방식, 들여쓰기와 단락 앞/뒤의 간격 등을 선택할 수 있다.

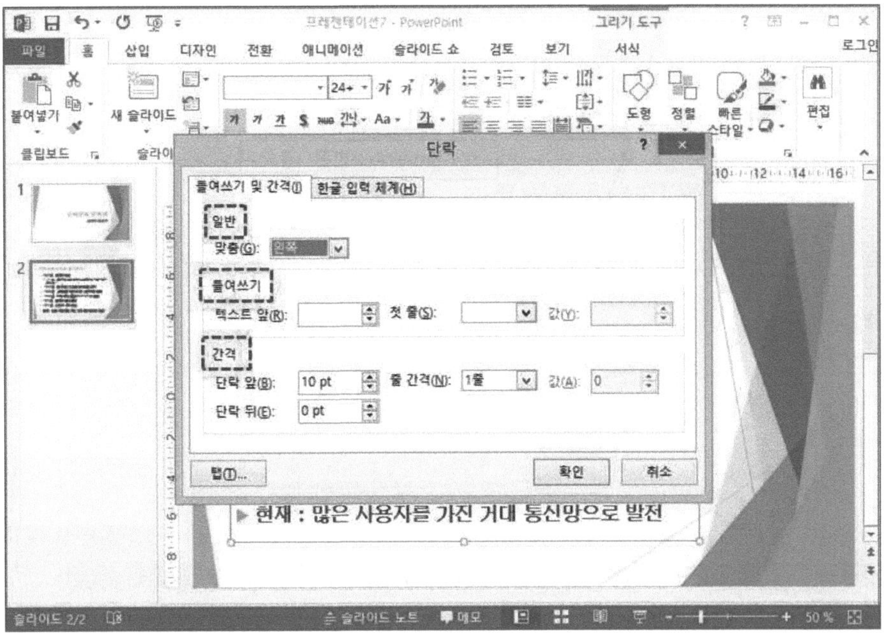

3.4.5 텍스트를 SmartArt로 변환

글머리 기호 목록으로 구성된 텍스트를 SmartArt 기능을 이용하면 파워포인트에서 메시지를 빠르게 시각적으로 변환하여 표시할 수 있고 WordArt를 이용하여 특수한 텍스트 효과를 설정할 수 있다.

(1) 텍스트를 SmartArt로 변환

이전 프레젠테이션의 세 번째 슬라이드에 다음과 같이 입력한다.

-제목 : 인터넷으로 하는 일
-내용
· 원하는 정보를 얻는다.
· 필요한 파일이나 프로그램을 다운 받는다.
· 전 세계의 뉴스를 신속하게 받아 본다.
· 인터넷에 연결된 사람들과 e-mail을 주고 받는다.
· 전 세계 어디든 원하는 상품을 구입한다.

① 텍스트 상자를 선택하고 [홈]-[단락] 그룹에서 [SmartArt] 아이콘을 클릭한다.

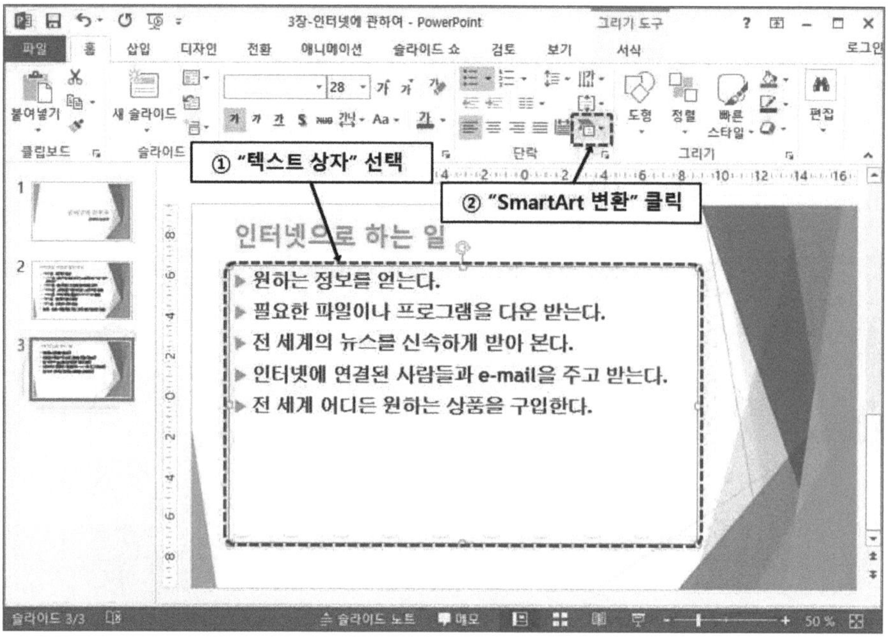

② [SmartArt] 아이콘을 클릭 한 후, [세로 글머리 기호 목록형]을 선택한다.

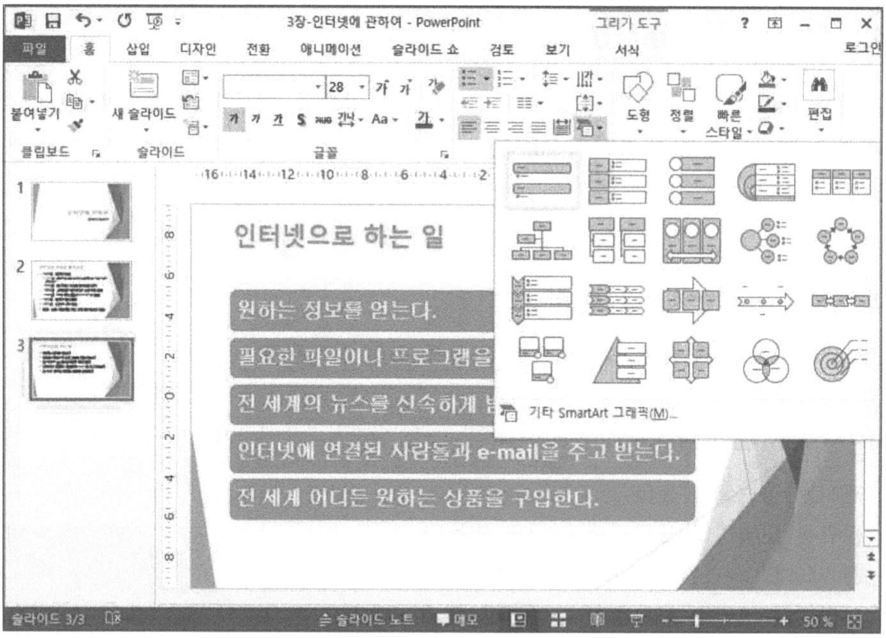

③ [SMARTART 도구]-[디자인] 탭의 [SmartArt 스타일] 그룹에서 적합한 효과를 선택한다.

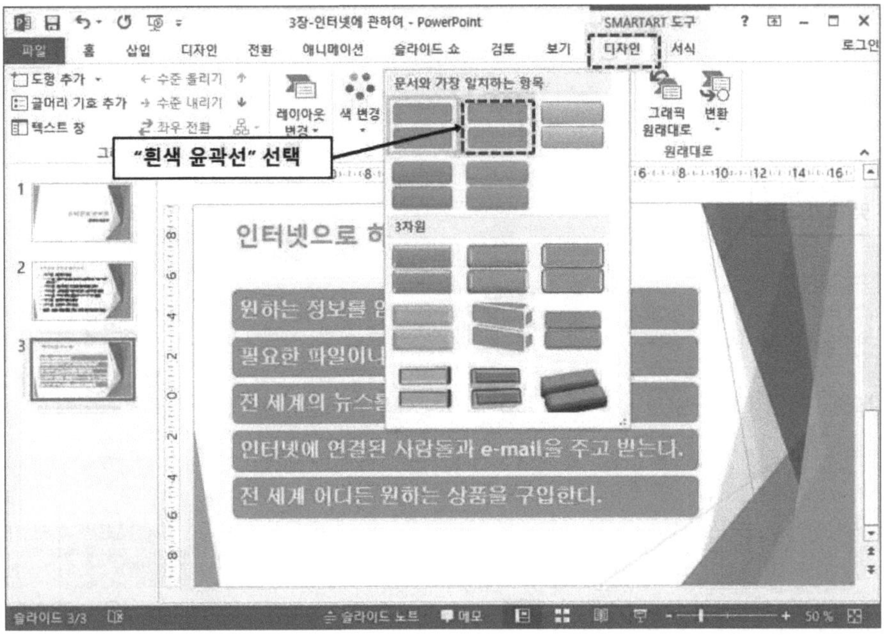

④ [SmartArt 스타일] 그룹의 [색 변경] 아이콘을 클릭하여 다양한 색상의 스타일로 변경할 수 있다. 여기에서는 [색상형]-[강조색]을 클릭한다.

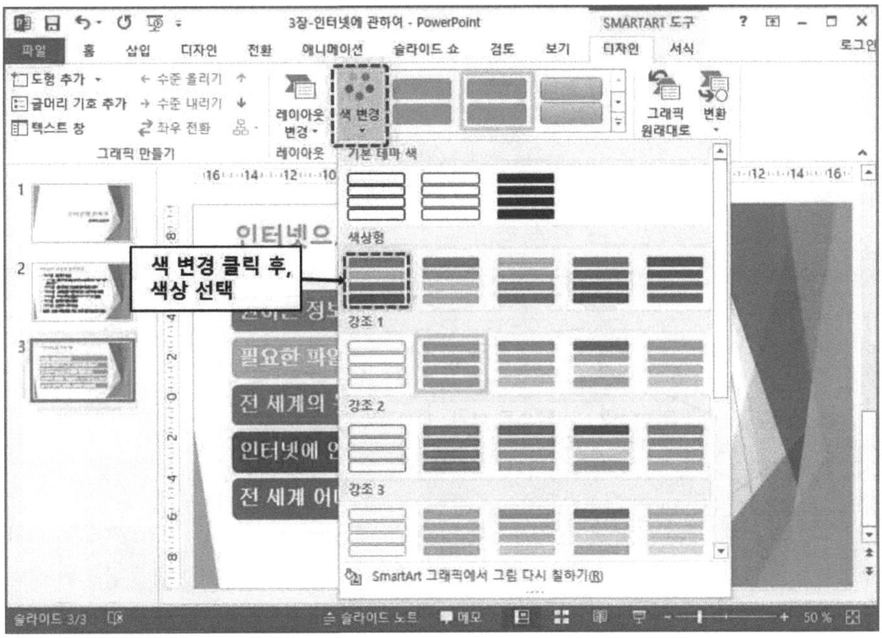

Part 4

⑤ SmartArt 테두리 안의 필요 없는 글상자를 삭제하거나 테두리의 8곳을 통해 크기를 조절하면 일반 텍스트가 SmartArt로 변환된다.

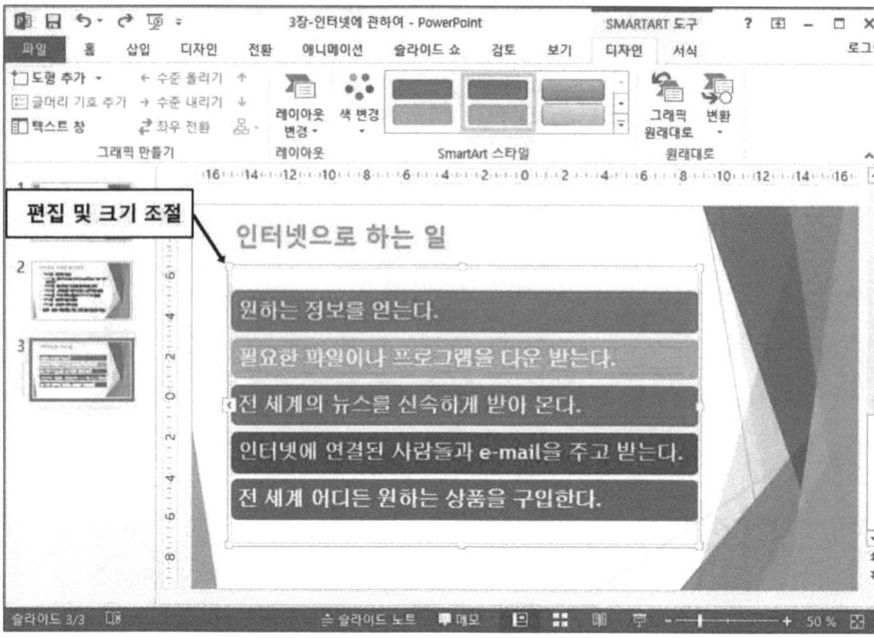

⑥ SmartArt의 목록을 추가하려면 왼쪽의 화살표를 클릭한 후, 일반 텍스트 개체처럼 Enter↵ 키를 누르고 텍스트를 입력하면 된다.

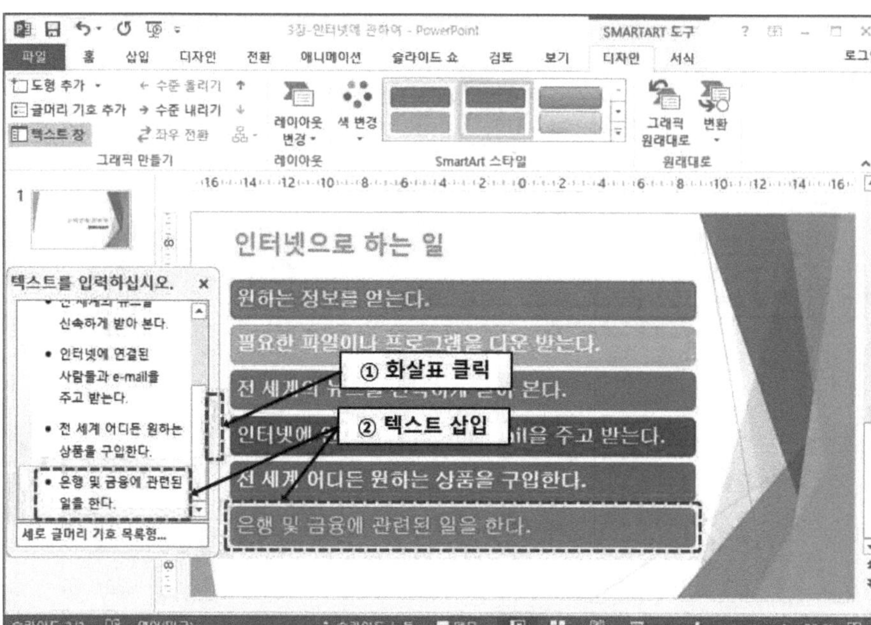

(2) WordArt로 꾸미기

① [SmartArt 도구]-[서식] 탭을 선택하고 [WordArt 스타일] 그룹에서 [자세히] 버튼을 클릭한다.

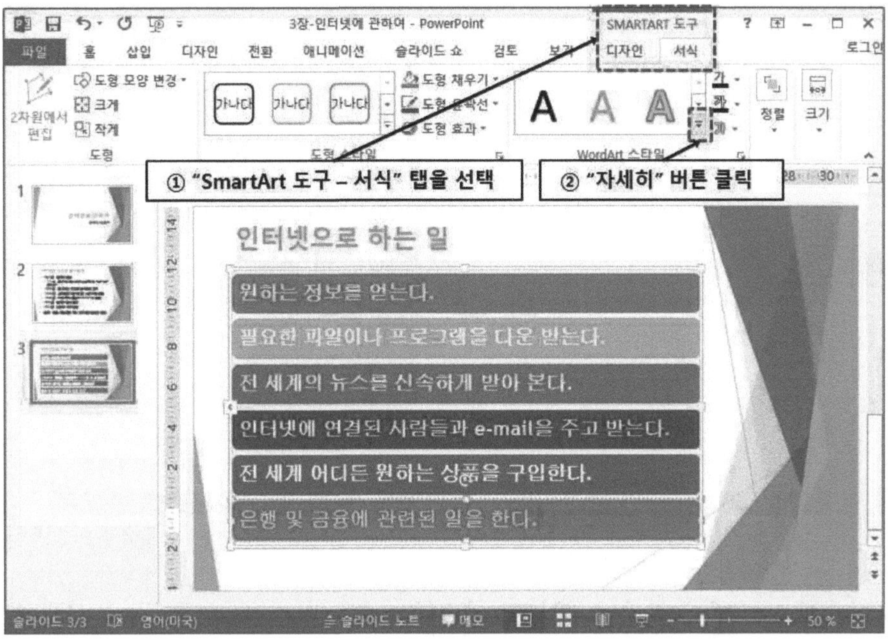

③ 다양한 서식을 적용할 수 있다. 여기에서는 “채우기 - 검정, 텍스트 1, 그림자”를 선택한다.

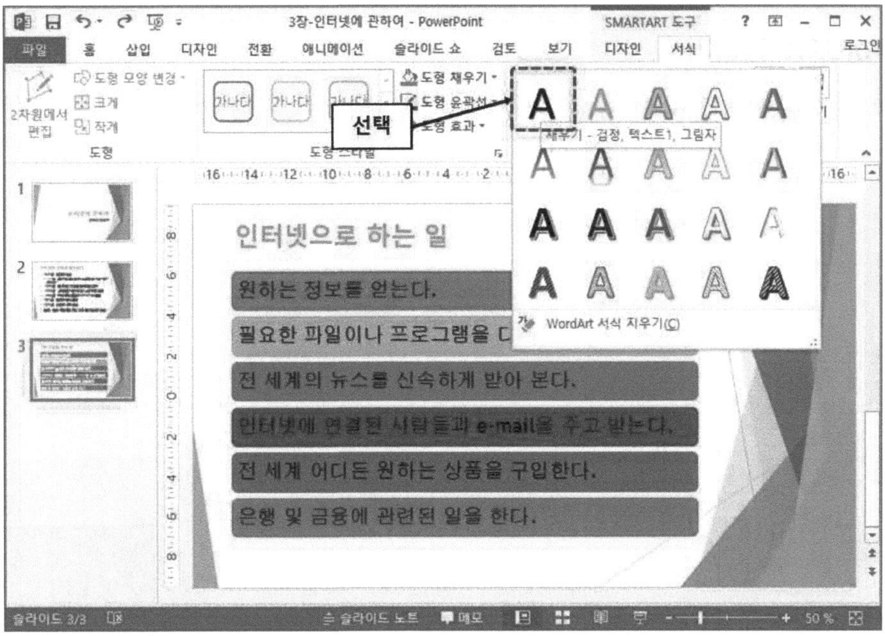

④ 글꼴을 변경하려면 [홈]-[글꼴] 그룹에서 글꼴을 변경한다. 여기서는 "HY엽서L"로 변경한다.

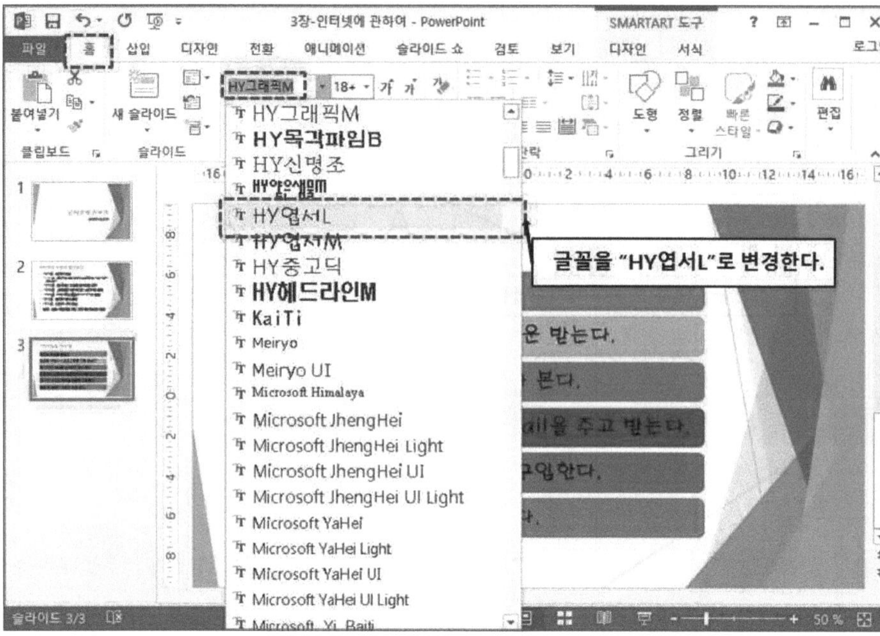

3.4.6 텍스트를 WordArt로 꾸미기

표지 슬라이드에는 워드아트를 이용하는 경우가 많고 임의의 위치에 텍스트 상자를 이용하여 글자를 입력하고 워드아트를 사용하여 디자인할 수 있다.

(1) WordArt 만들기

① 내용이 없는 제목 슬라이드를 선택하고 [삽입]-[텍스트] 그룹에서 [WordArt] 아이콘을 클릭한다.

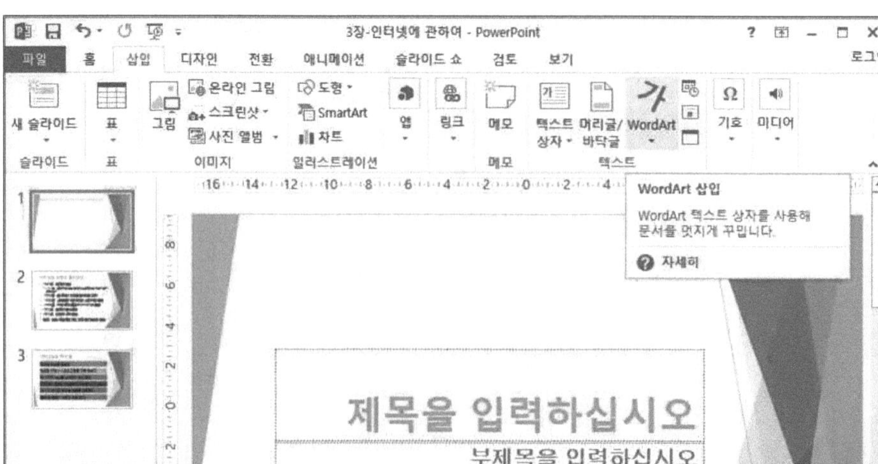

② 다양한 스타일 중에서 알맞은 WordArt 스타일을 선택한다.

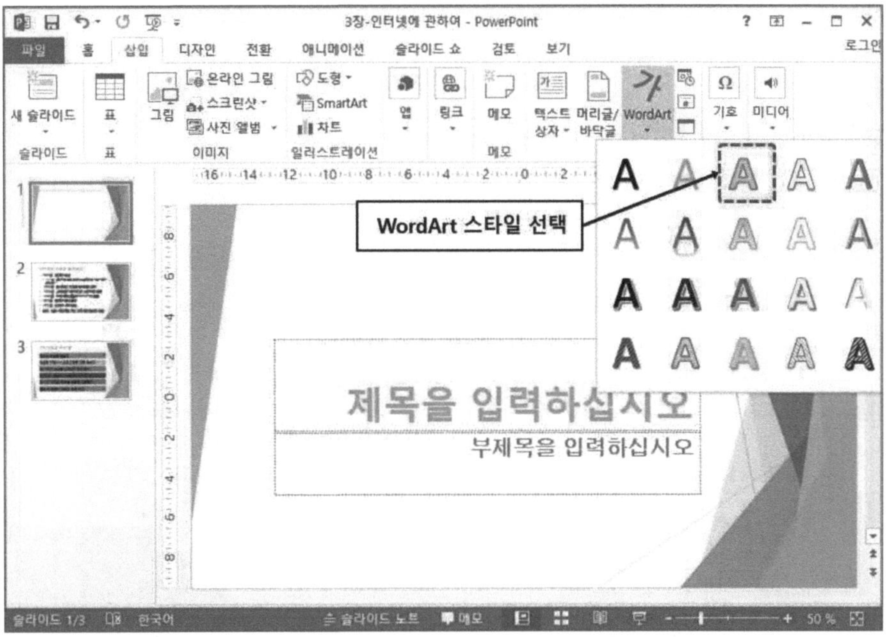

③ 텍스트를 입력하고 테두리를 클릭하여 원하는 위치로 이동시킨다.

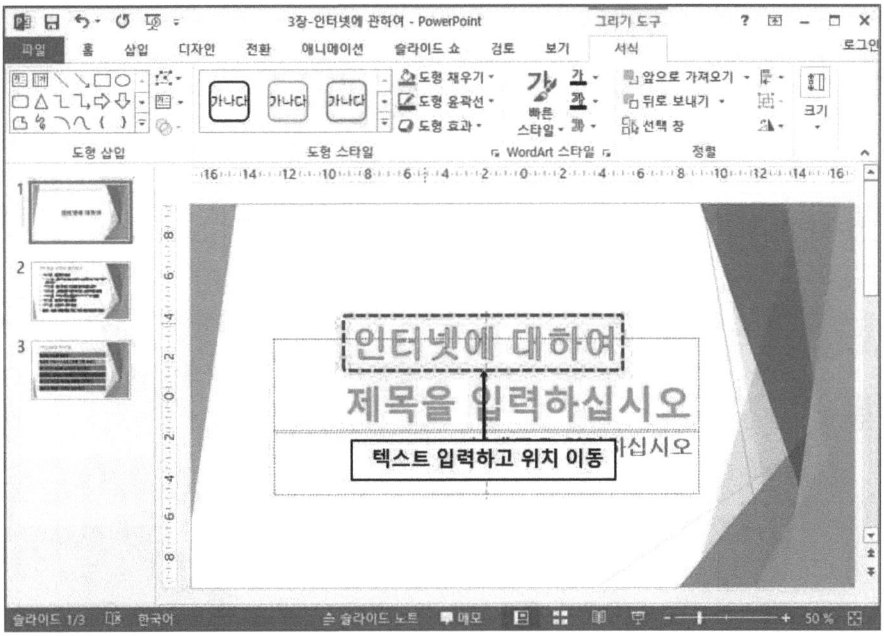

④ 글꼴을 변경하려면, [홈]-[글꼴] 그룹에서 글꼴을 지정한다. 여기에서는 "맑은 고딕"으로 지정한다.

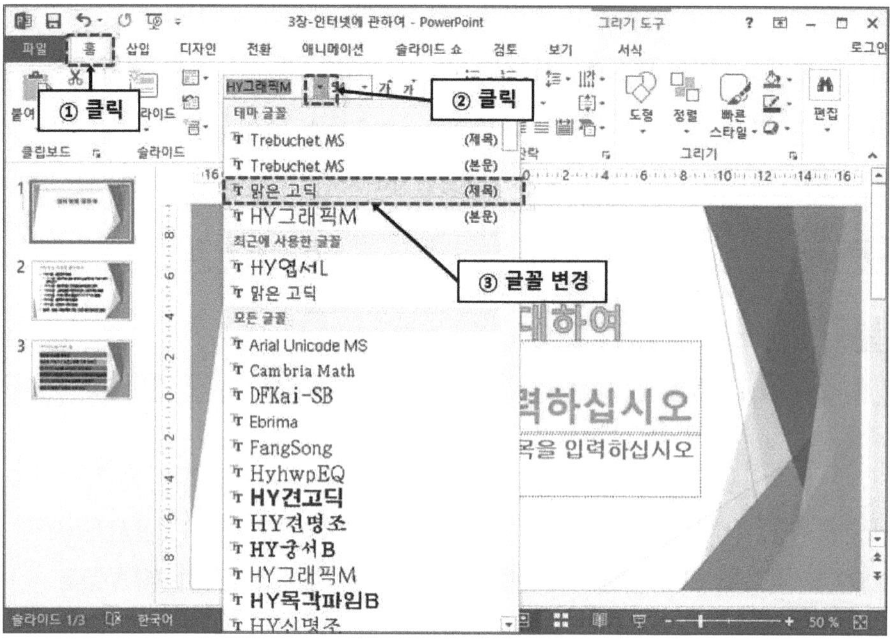

⑤ [그리기 도구]-[서식] 탭의 [WordArt 스타일] 그룹에서 [텍스트 효과] 아이콘을 클릭한다.

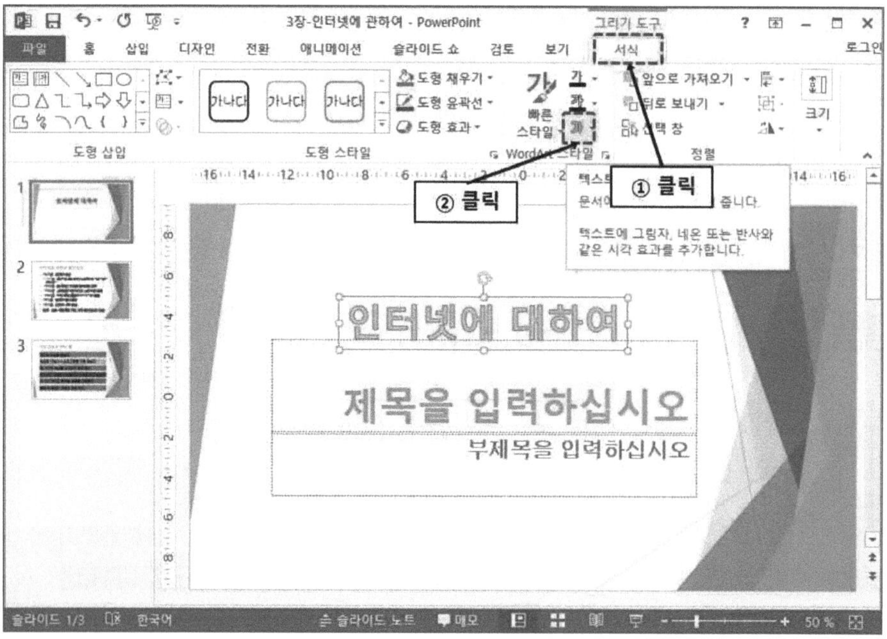

⑥ 텍스트 효과에서 "반사"-"근접 반사", "터치"를 선택한다.

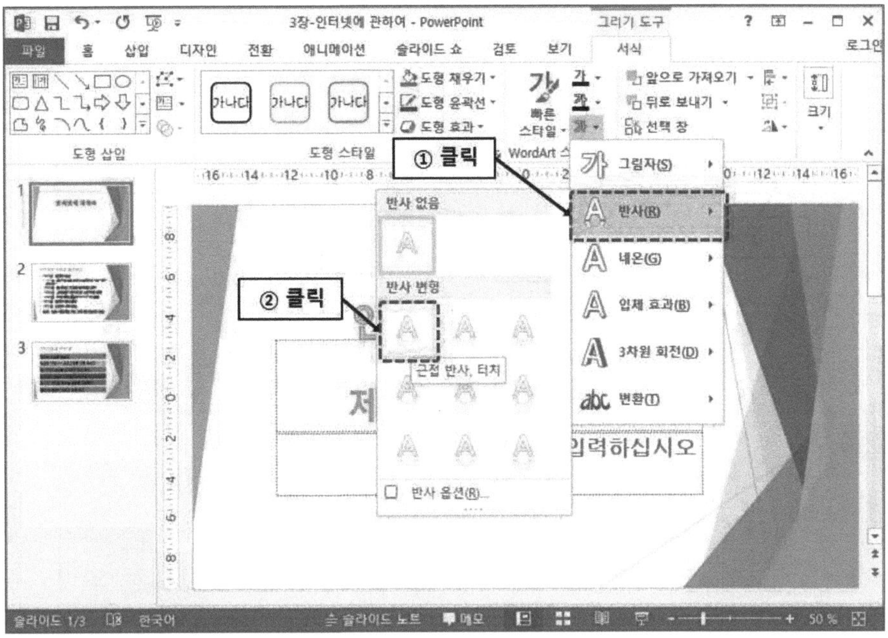

⑦ WordArt를 이용하여 제목 개체를 디자인 하였다.

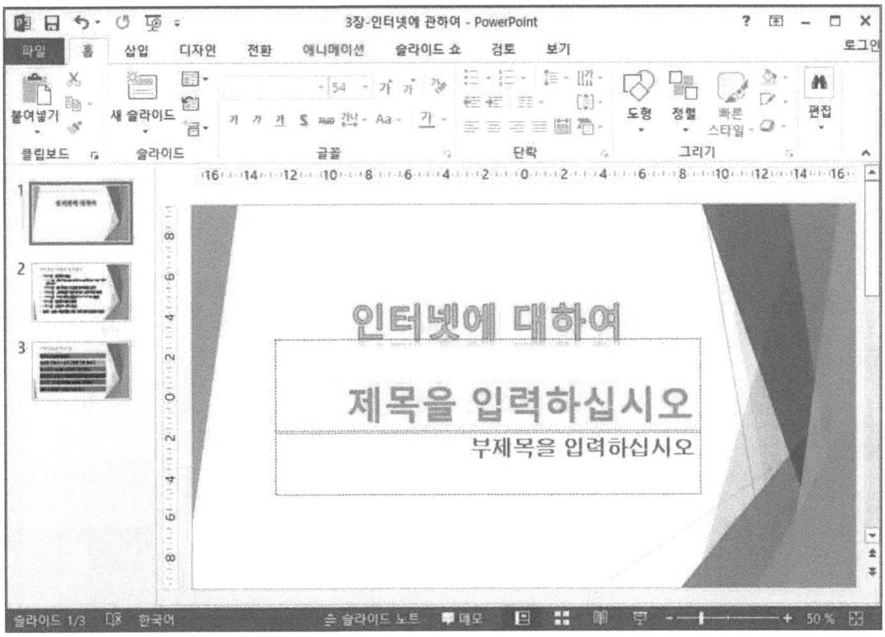

(2) 텍스트 상자를 이용한 추가

① [삽입]-[텍스트] 그룹에서 [텍스트 상자]를 클릭하고 "가로 텍스트 상자"를 선택한다.

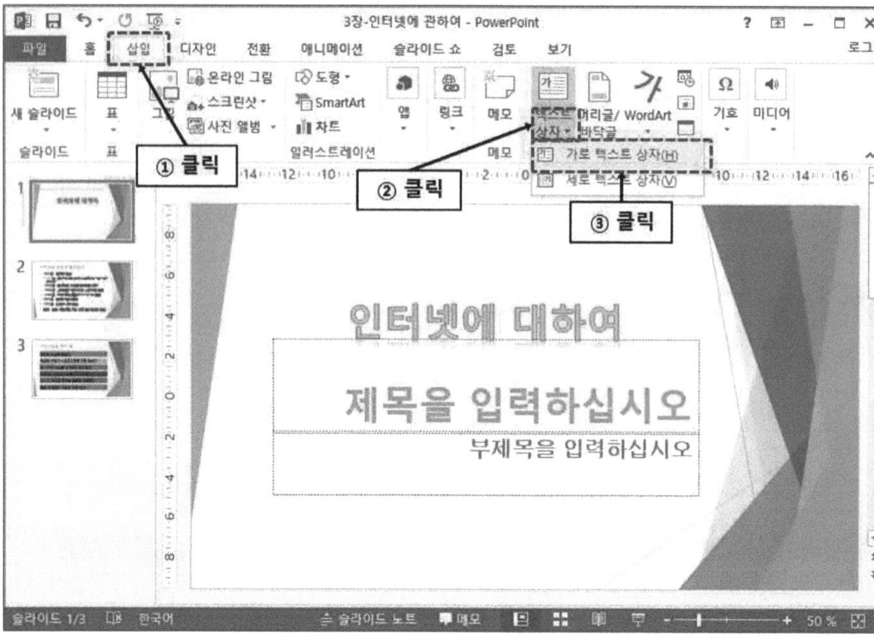

② 적당한 위치에 텍스트 상자를 그린 다음, 글상자에 "컴퓨터 동호회"를 입력한다.

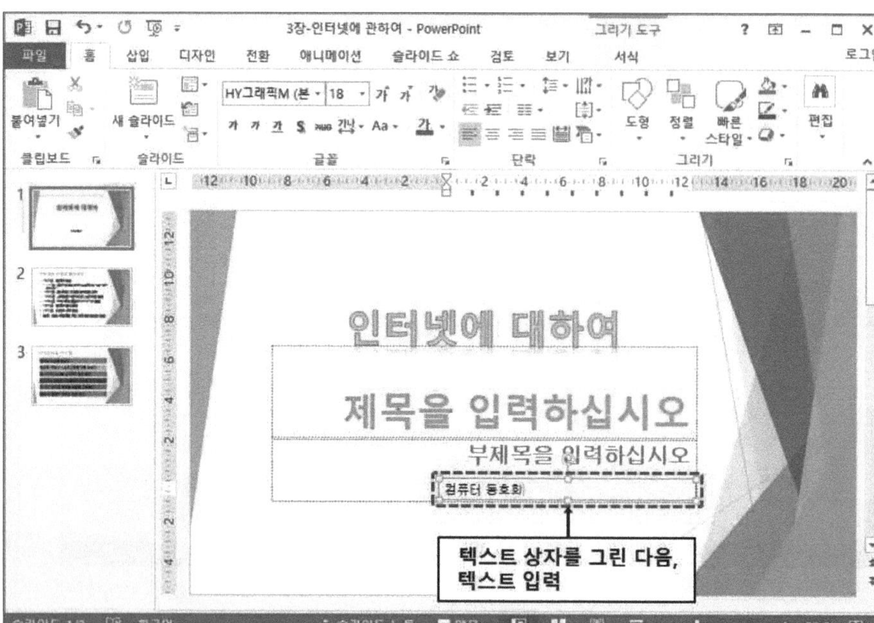

③ 텍스트 상자 테두리를 선택한 다음, [홈]-[글꼴] 탭에서 글꼴을 수정한다.

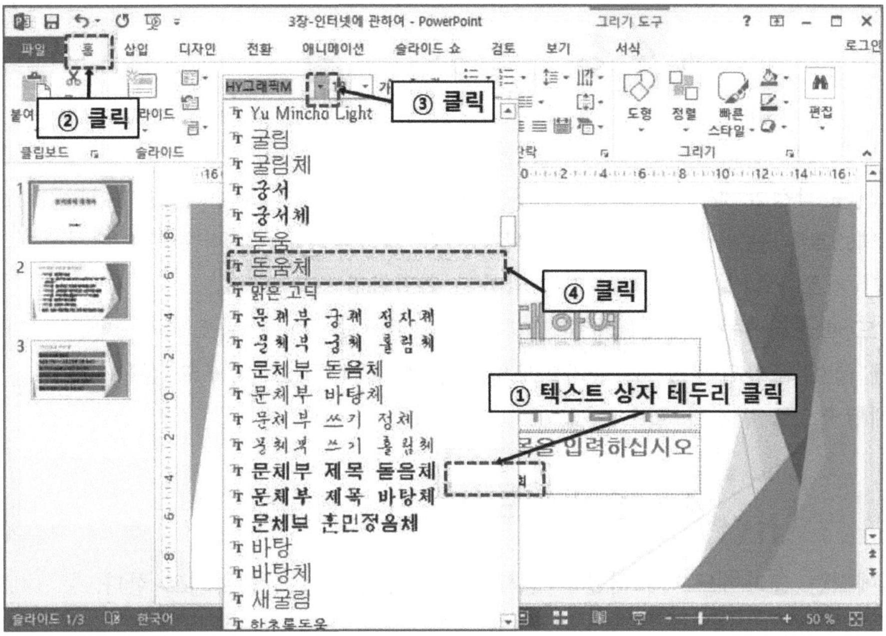

④ 글꼴 크기는 "32"로 지정하고, "굵게", 글꼴 색은 "자주"로 지정한다. 필요 없는 글상자는 삭제하고 마우스를 이용하여 글상자의 크기와 위치를 조정한다.

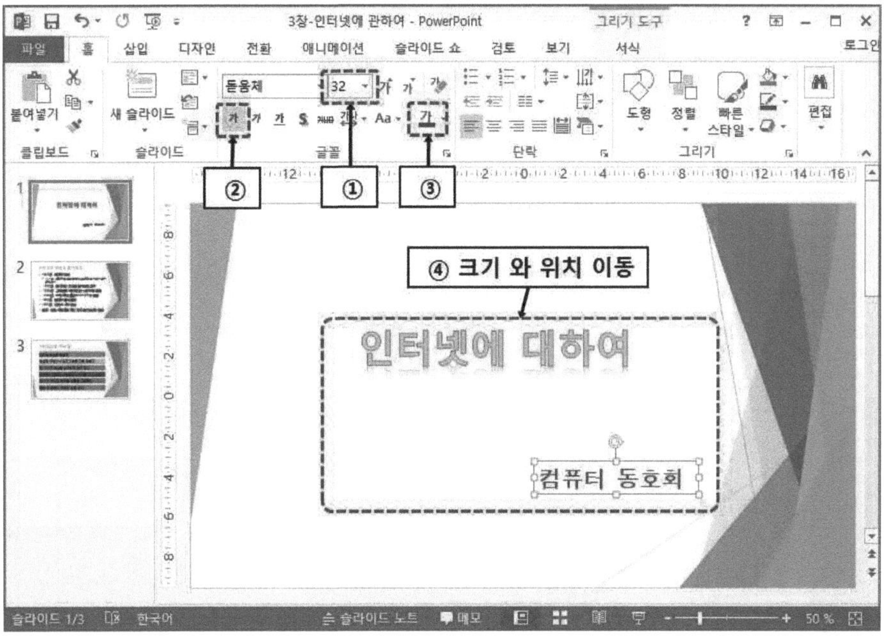

제 4 장 슬라이드 마스터

파워포인트에는 슬라이드 마스터라는 특별한 종류의 마스터가 들어 있다. 마스터란 프레젠테이션을 작성할 때 이용될 요소들을 미리 배치해둔 것을 말한다. 슬라이드 마스터는 "마스터 텍스트"라는 글꼴 종류, 크기, 색과 같은 텍스트 특성을 비롯하여 배경색과 그림자, 글머리 기호 스타일과 같은 특수 효과까지 편집한다.

슬라이드 마스터에는 텍스트 개체 틀과 날짜, 시간 슬라이드 번호 등과 같은 바닥글에 대한 개체 틀이 포함되어 있다. 슬라이드의 모습을 전체적으로 바꾸고 싶을 때는 각 슬라이드를 개별적으로 변경할 필요는 없다.

4.1 슬라이드 마스터 만들기

본 절에서는 슬라이드 마스터를 작성하는 방법에 관하여 살펴보기로 한다.

4.1.1 제목 마스터 설정하기

회사 이름이나 로고와 같은 그림이나 텍스트를 모든 슬라이드에 나타내려면 슬라이드 마스터를 사용한다. 개체는 각 슬라이드에서 슬라이드 마스터와 동일한 위치에 나타난다.

① [파일] 탭-[새로 만들기]를 클릭하고 [새 프레젠테이션]을 클릭한다.

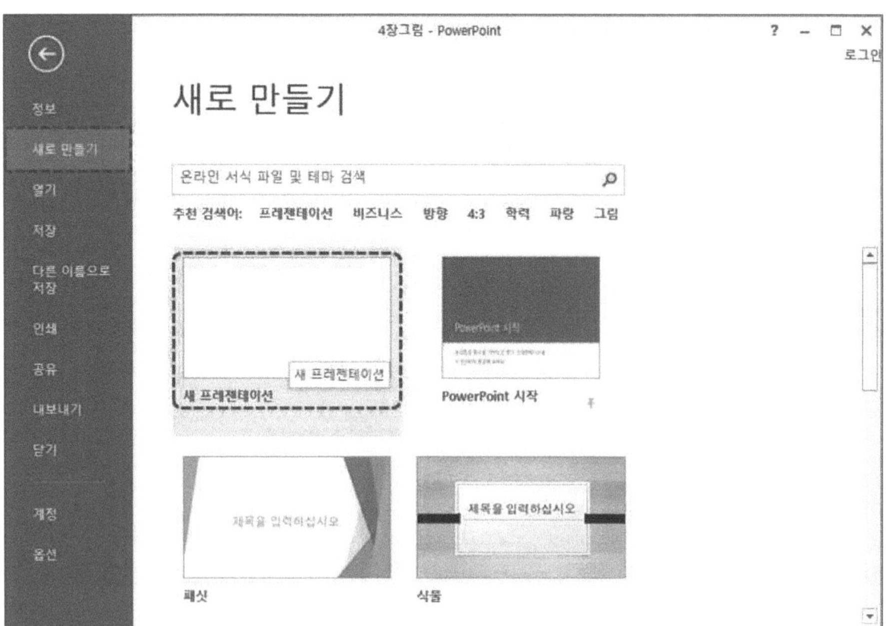

② [보기]-[마스터 보기] 그룹에서 [슬라이드 마스터] 아이콘을 클릭한다.

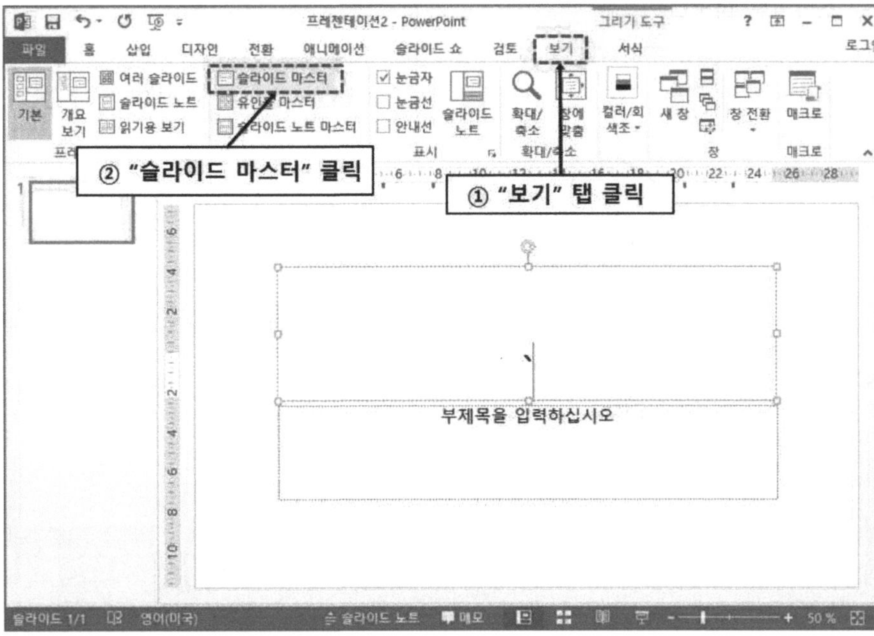

③ 화면이 슬라이드 마스터 보기 상태로 전환되고 [홈] 탭 앞에 [슬라이드 마스터] 탭이 표시된다. 화면이 슬라이드 마스터 보기 상태로 전환된다.

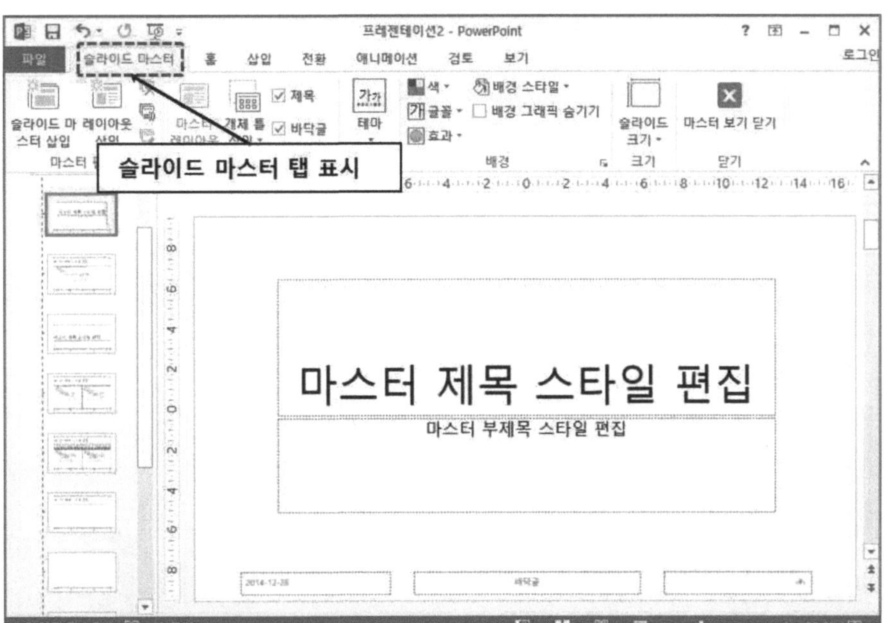

④ [슬라이드 마스터]-[테마 편집] 그룹에서 [테마] 아이콘을 클릭하여 테마를 선택하여 기본 슬라이드 스타일을 바꾼다.

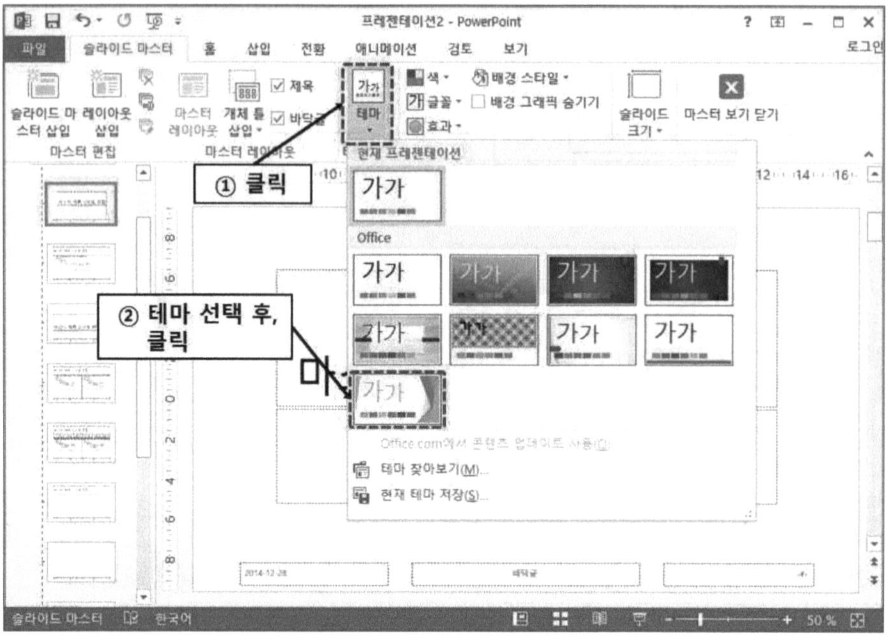

⑤ 사용되는 모든 슬라이드 레이아웃이 선택한 테마 스타일로 변경된다.

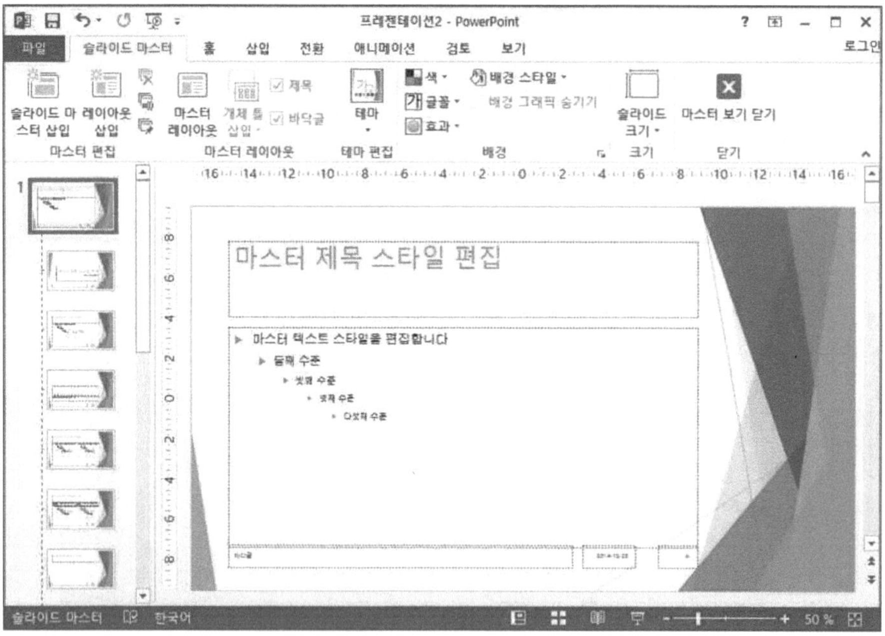

⑥ “제목 마스터” 슬라이드를 클릭한다.

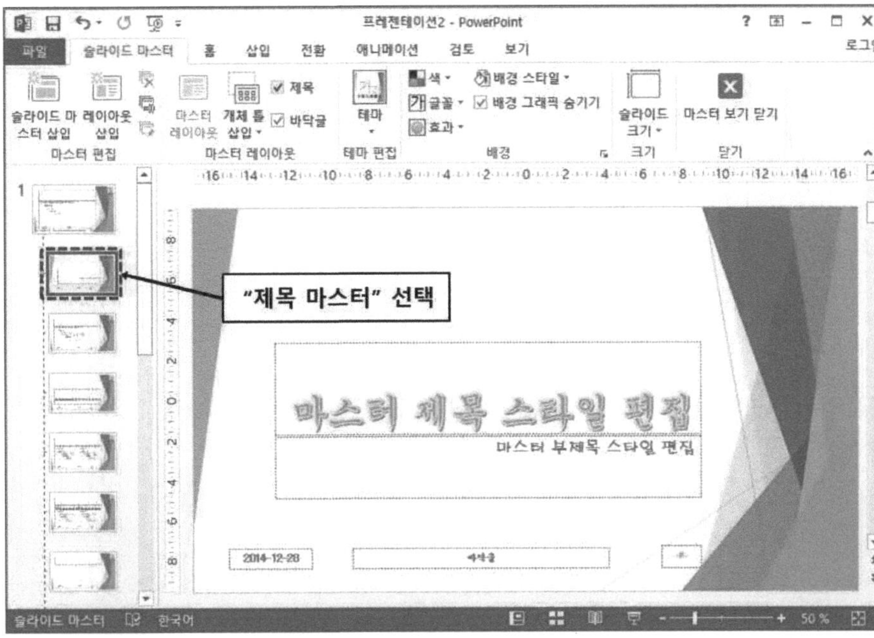

⑦ 제목 마스터의 “제목 텍스트”의 개체 틀을 선택한다.

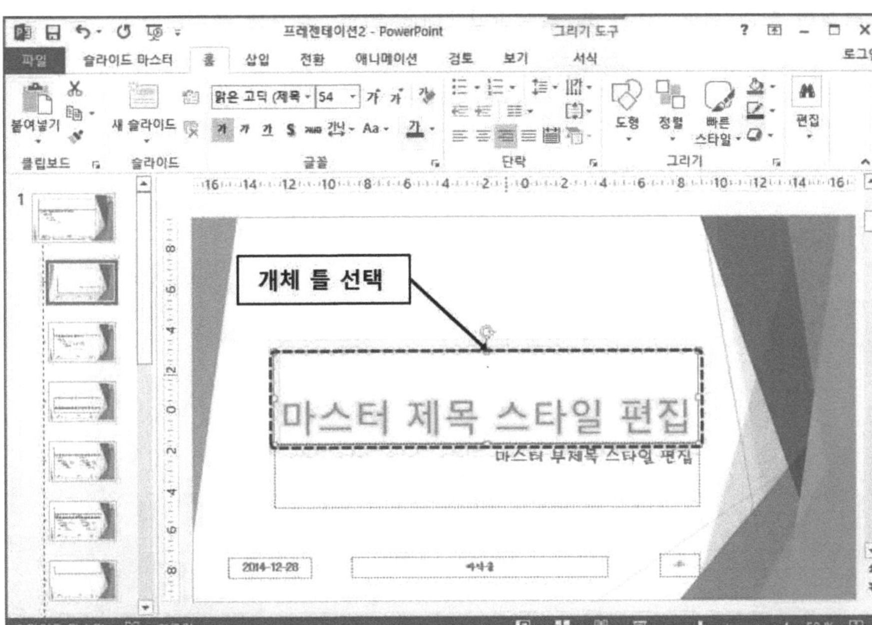

⑧ [홈]-[글꼴] 그룹의 “글꼴 크기” 목록에서 “48”로 선택한다.

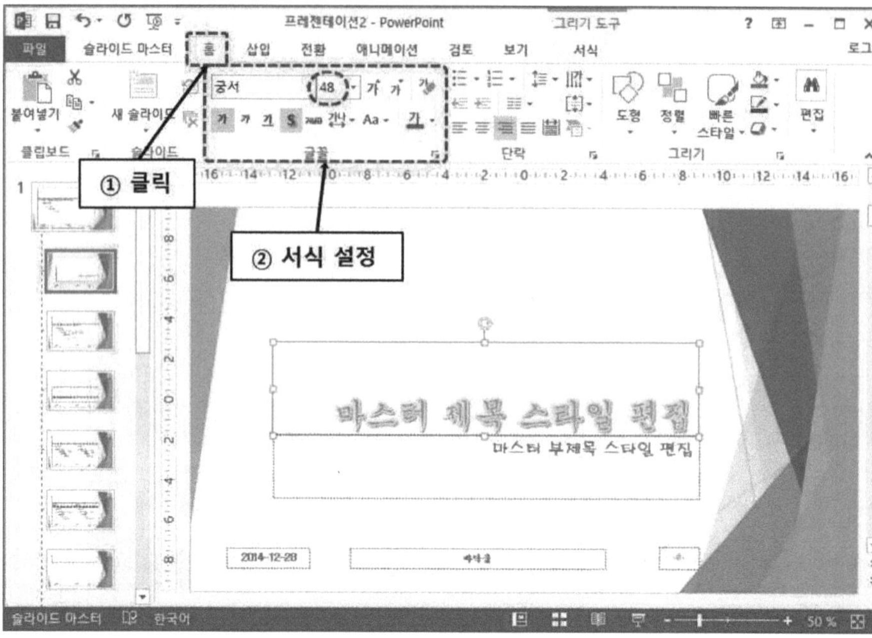

⑨ [그리기 도구]-[서식] 탭의 [WordArt 스타일] 그룹에서 [텍스트 효과] 아이콘을 클릭한 후, 좀 더 확실히 보기 위해 “네온”을 클릭하고 “네온 변형” 효과를 클릭한다.

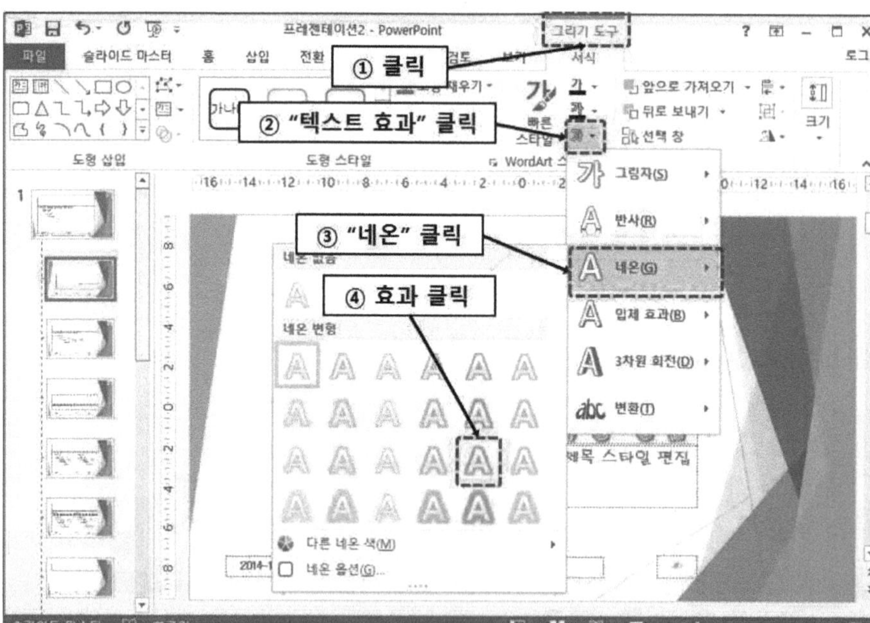

⑩ 제목 마스터가 설정이 끝나면, [슬라이드 마스터] 탭에서 [마스터 보기 닫기] 아이콘을 클릭한다.

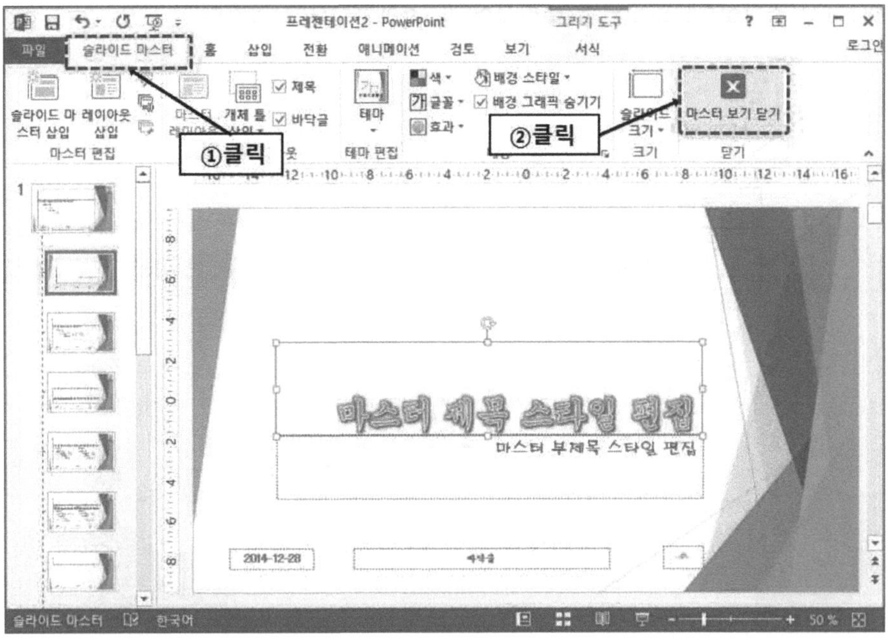

⑪ 슬라이드 편집 환경으로 돌아가고 제목 슬라이드를 열어보면 텍스트 효과가 적용된 모습을 볼 수 있다.

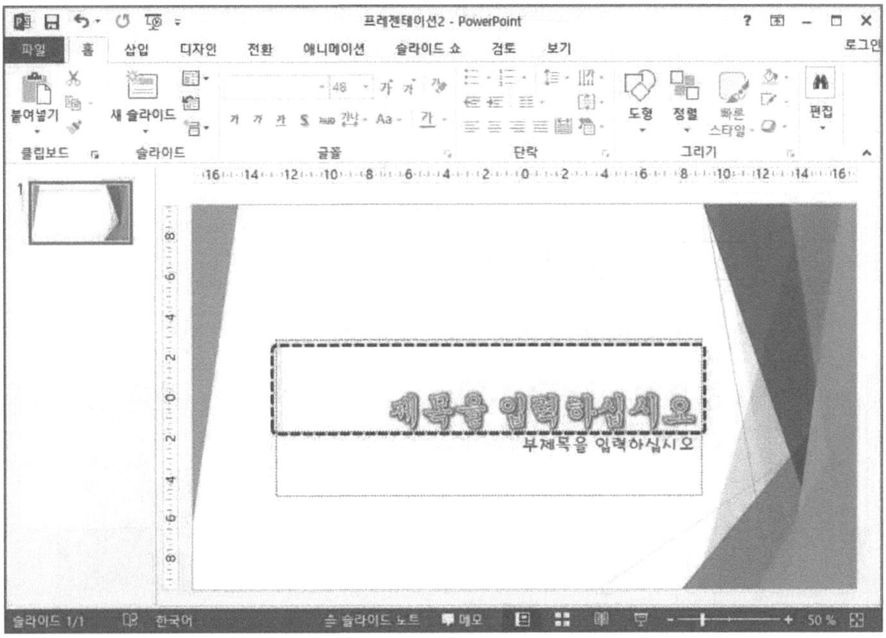

4.1.2 페이지 마스터 만들기

① [삽입]-[새 슬라이드] 아이콘을 클릭하여 새 슬라이드를 삽입한다.

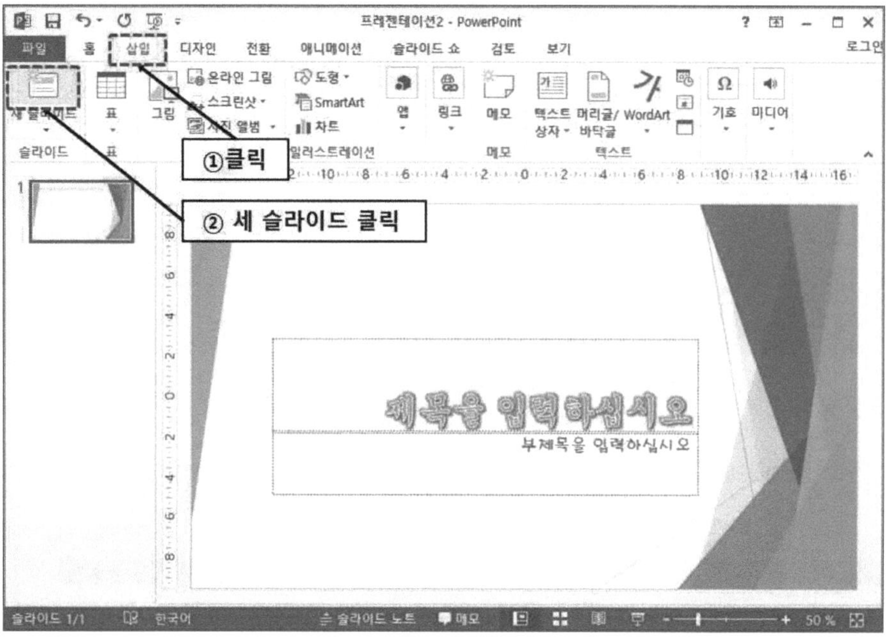

② [보기]-[마스터 보기] 그룹에서 [슬라이드 마스터] 아이콘을 클릭한다.

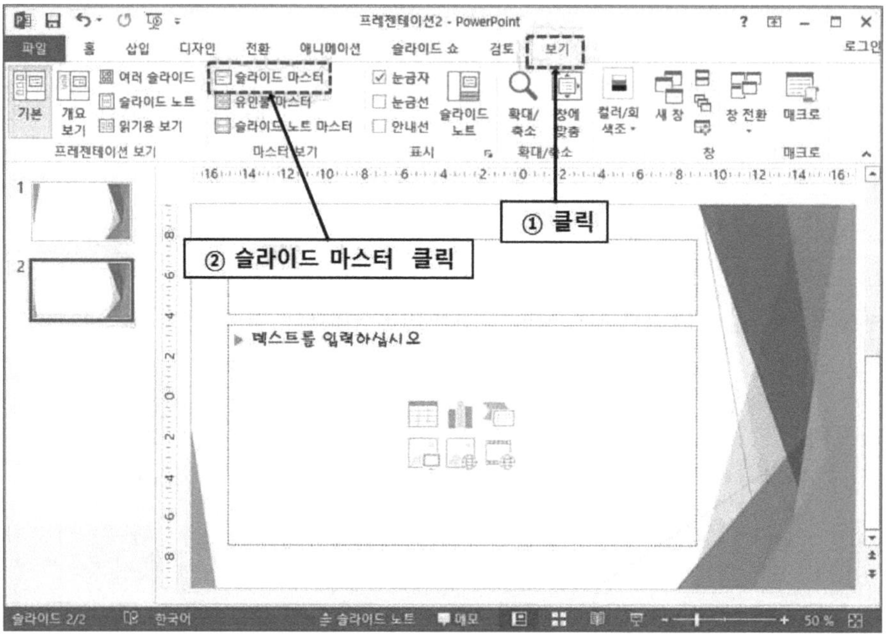

③ 기본 슬라이드 레이아웃의 "제목 개체" 틀을 선택한다.

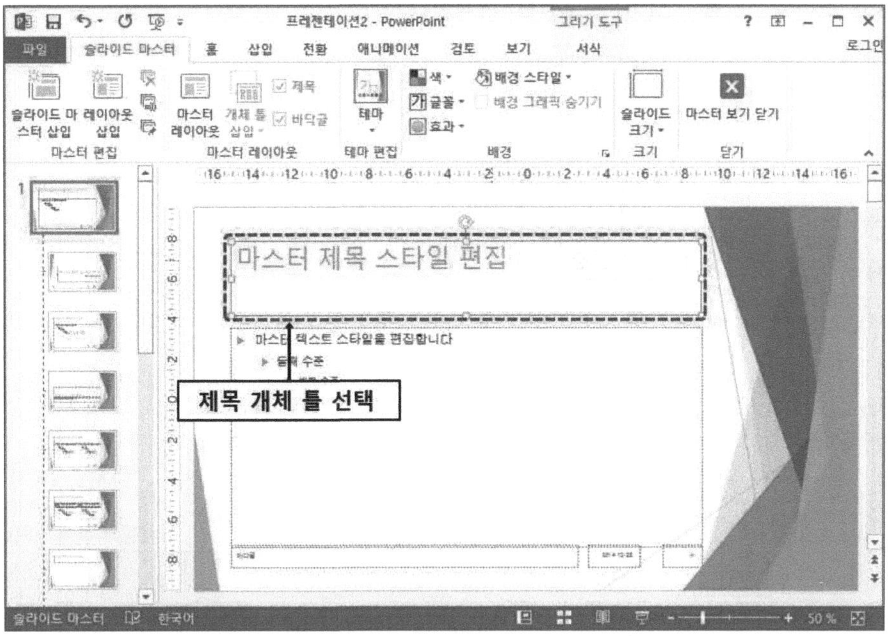

④ 제목의 글꼴을 바꾸기 위해서 [슬라이드 마스터]-[테마 편집] 그룹에서 [글꼴▼] 아이콘을 선택하여 바꾸거나 [홈]-[글꼴▼] 그룹에서 종합적으로 바꿀 수 있다.

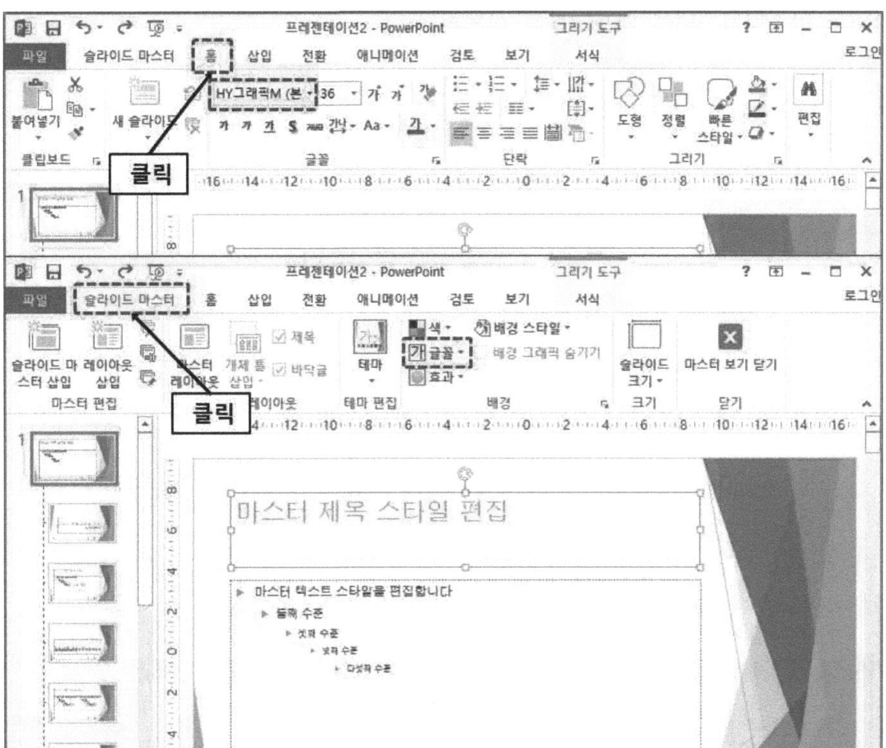

⑤ [홈]-[글꼴] 그룹에서 적합한 글꼴의 서식을 변경한다. 여기에서는 한글 글꼴을 "궁서"로 선택하고 스타일 "보통", 크기는 "44"를 선택한다.

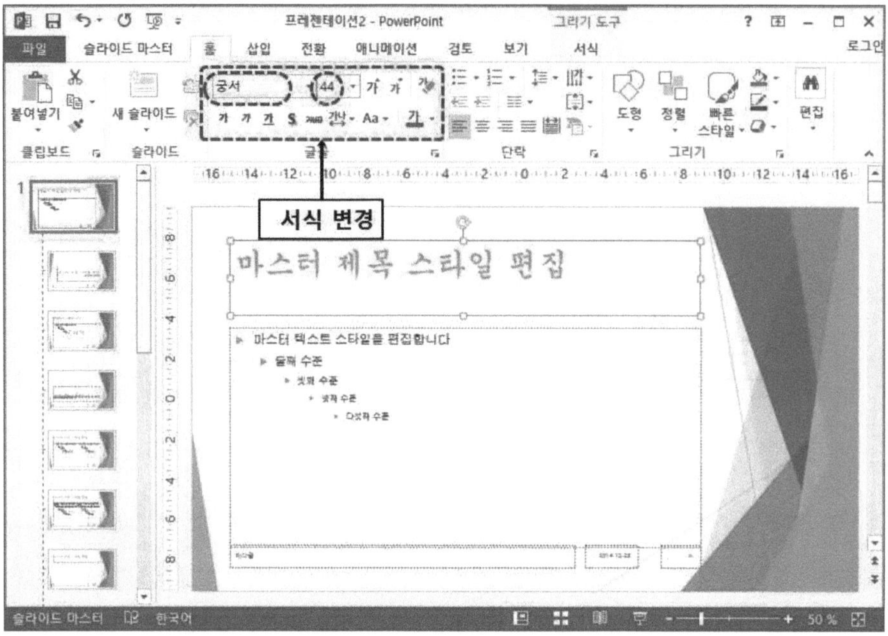

⑥ 슬라이드 마스터의 "내용 개체" 틀을 선택한다.

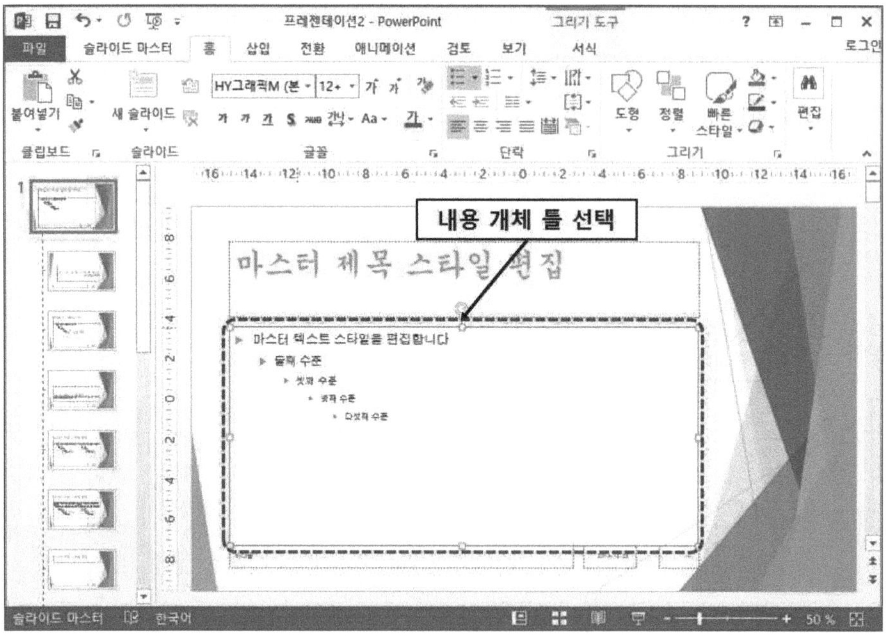

⑦ 글꼴을 새로 적용하기 위해 "글꼴" 항목을 선택한다.

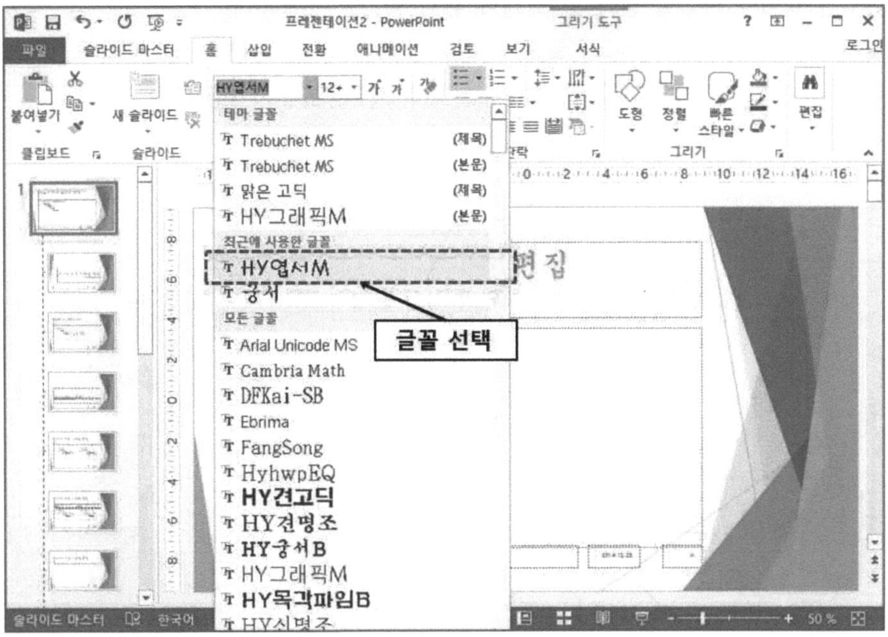

⑧ 텍스트 글꼴이 설정된다. [크기 ▲] 아이콘을 클릭하면 한 단계씩 크기가 증가한다.

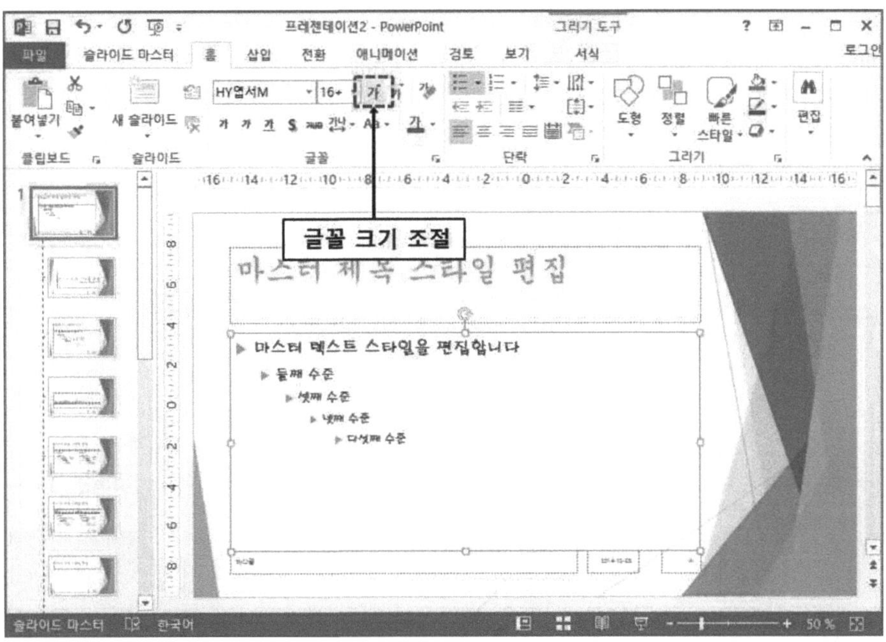

⑨ 같은 방법으로 슬라이드 하단의 "날짜/시간 영역", "바닥글 영역", "번호 영역"의 글꼴을 바꿀 수 있고 단락의 스타일도 변경 및 개체의 위치 변경도 가능하다.

먼저 "날짜/시간" 개체를 선택하고 "글꼴 변경", "가운데 정렬", 위치는 "왼쪽"으로 이동한다.

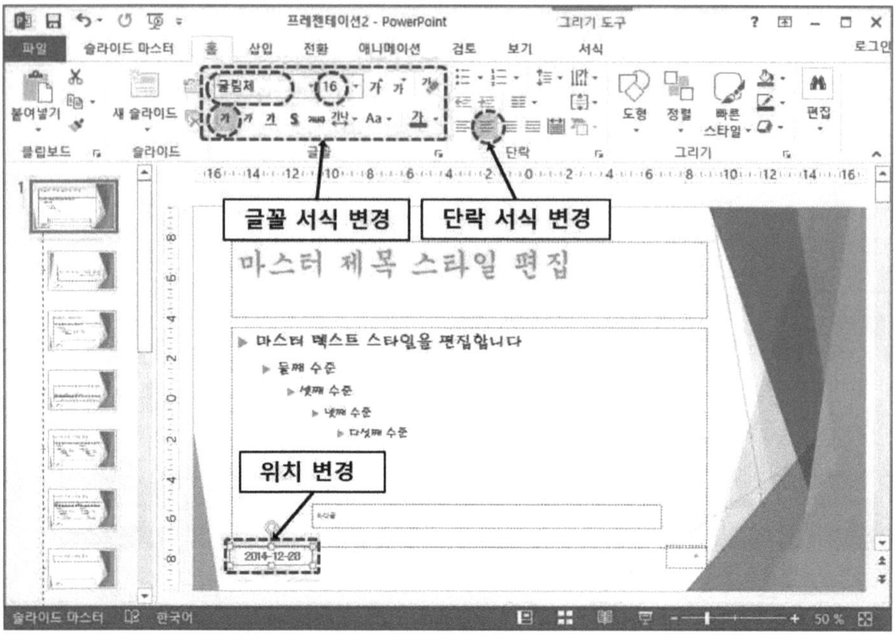

- "바닥글" 개체를 선택하고 "글꼴 변경", "가운데 정렬", 위치는 "가운데"로 이동한다.

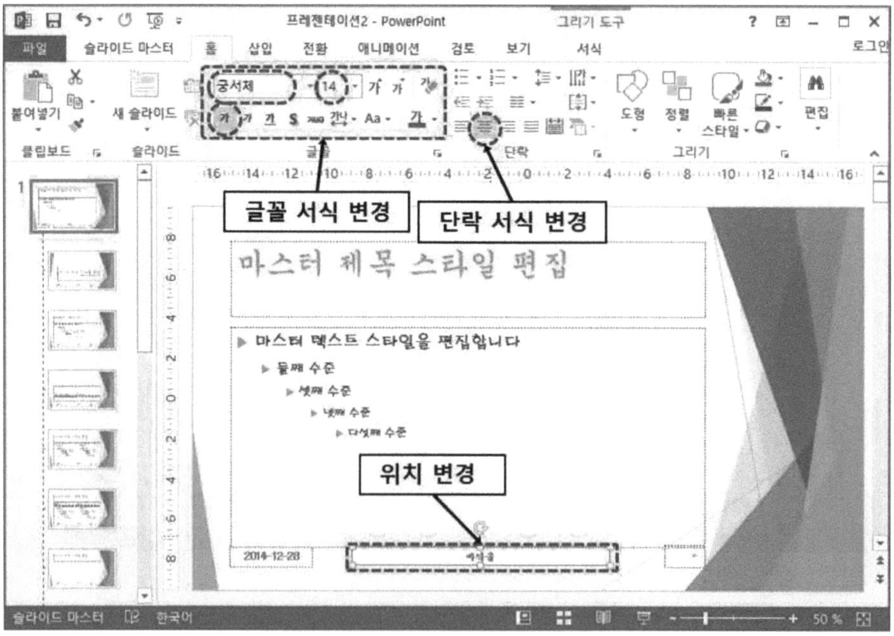

- "페이지 번호" 개체를 선택하고 "글꼴 변경", "가운데 정렬", 위치는 "오른쪽"으로 이동한다.

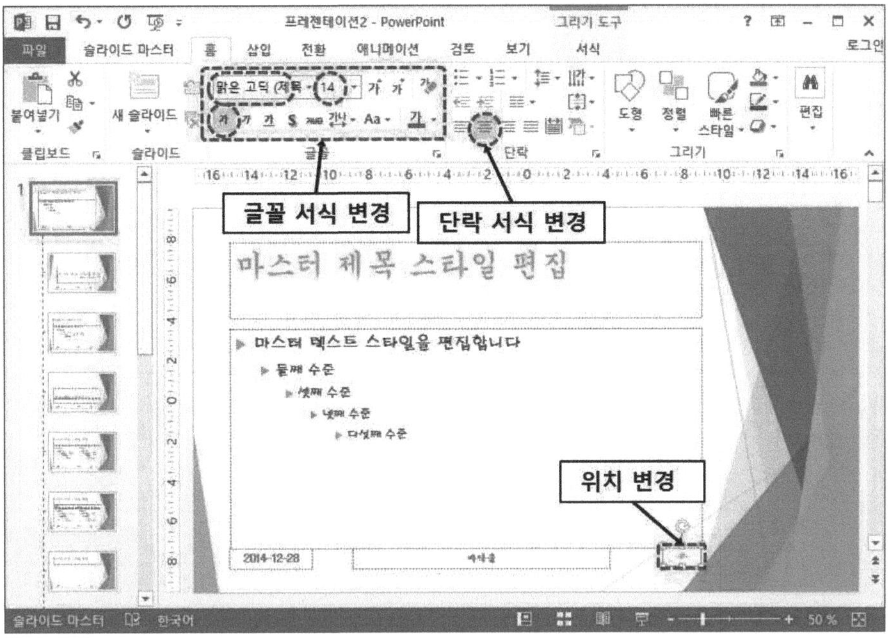

4.1.3 제목 텍스트에 효과주기

텍스트의 효과는 [그리기 도구]의 [서식] 탭에서 [WordArt 스타일] 그룹을 이용한다.

① [WordArt 스타일]-[빠른 스타일]에서 적합한 스타일을 선택하여 제목에 스타일에 적용한다. 알맞은 스타일이 없는 경우에는 [텍스트 채우기]와 [텍스트 윤곽선] 아이콘을 이용한다.

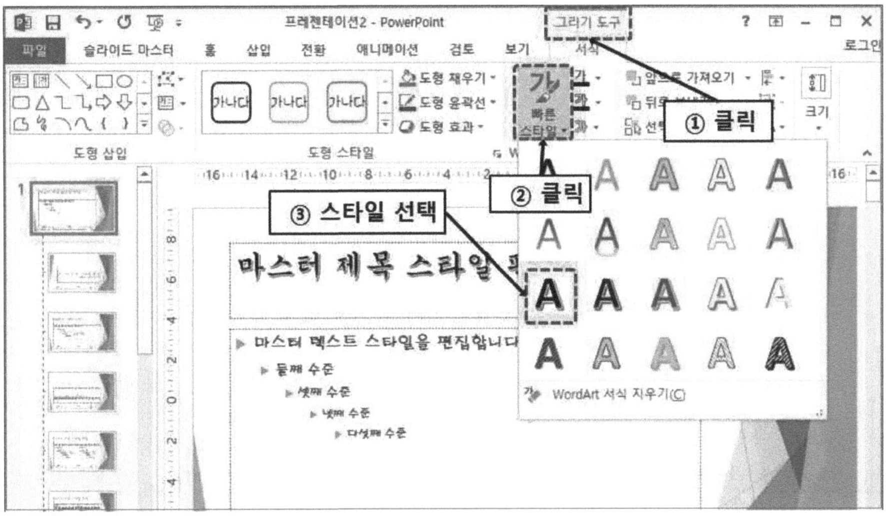

② [텍스트 효과] 아이콘을 클릭하여 다양한 효과를 적용시킨다. 여기에서는 다양한 효과 중에 “네온(G)”에서 “녹색”을 선택했다.

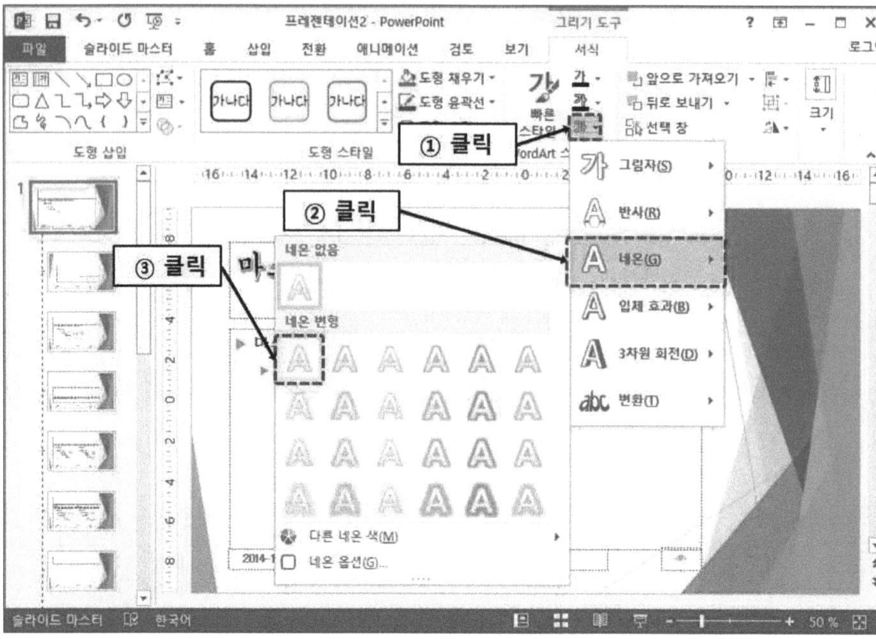

③ 슬라이드 제목 텍스트에 네온 효과가 추가되었다. 이제부터 삽입되는 모든 슬라이드의 제목 텍스트는 네온 효과를 갖게 된다.

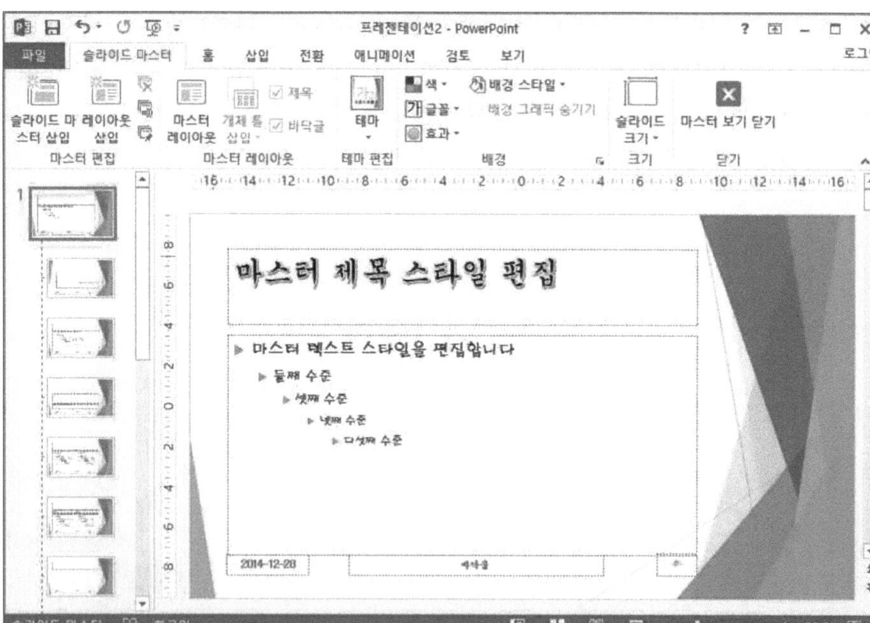

4.1.4 로고 입력하기

슬라이드 마스터에 개체를 삽입하면 모든 슬라이드에 같은 위치에 같은 크기로 개체를 나타낼 수 있다. 회사의 경우 회사 로고나 마크 등을 삽입하면 효과적이다. 슬라이드 마스터에 로고 등의 개체를 삽입하는 방법은 일반 슬라이드에 개체를 추가하는 것과 같은 방법으로 이루어진다. 개체 삽입에는 그림, 온라인 그림, 스크린 샷, 사진 앨범 등 여러 가지 방법이 있다. 여기에서는 온라인 그림으로 로그를 입력하였다.

① [삽입] 탭-[이미지] 그룹에서 [온라인 그림] 아이콘을 선택한다.

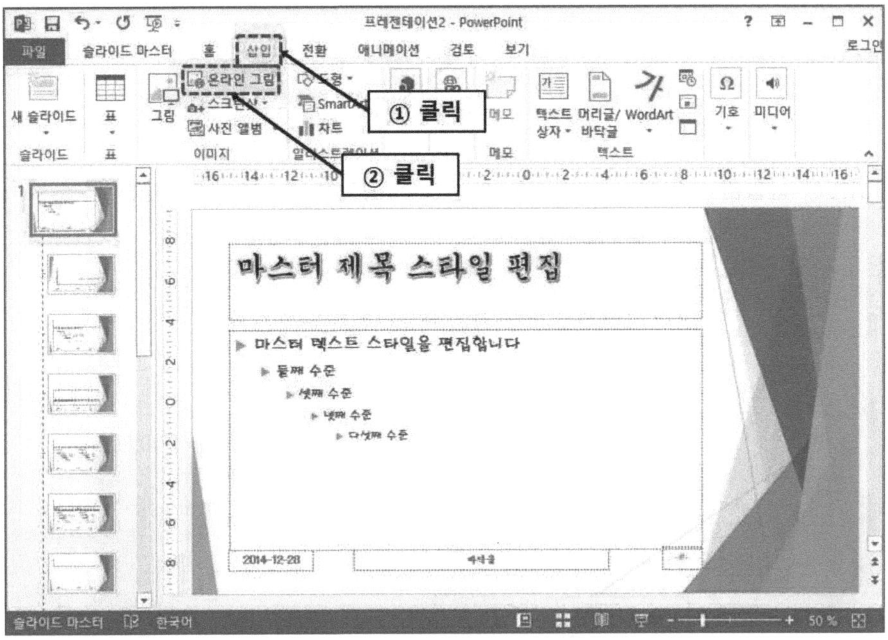

② [그림 삽입] 탐색창이 나타나면 검색할 이미지 정보를 입력하고 Enter↵ 키를 클릭한다.

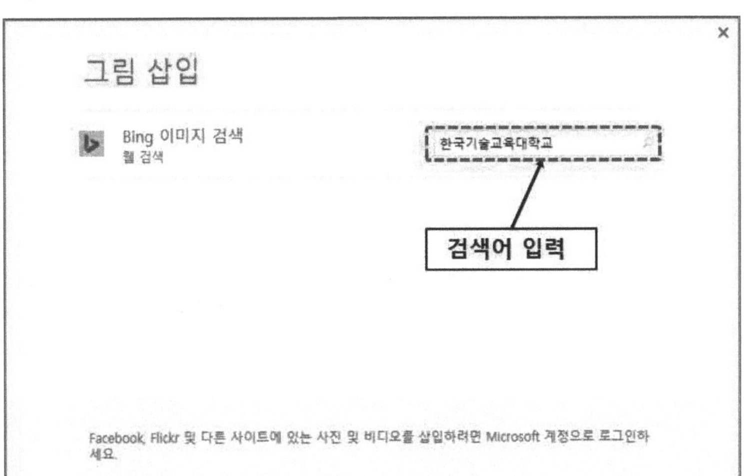

Part 4

③ 원하는 이미지를 선택하고 [삽입] 버튼을 클릭한다.

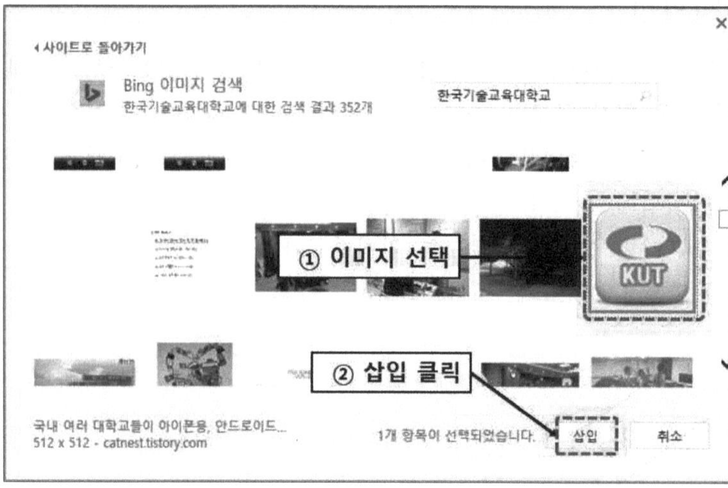

④ 슬라이드에 삽입된 이미지는 마우스를 이용하여 크기를 알맞게 조절한다.

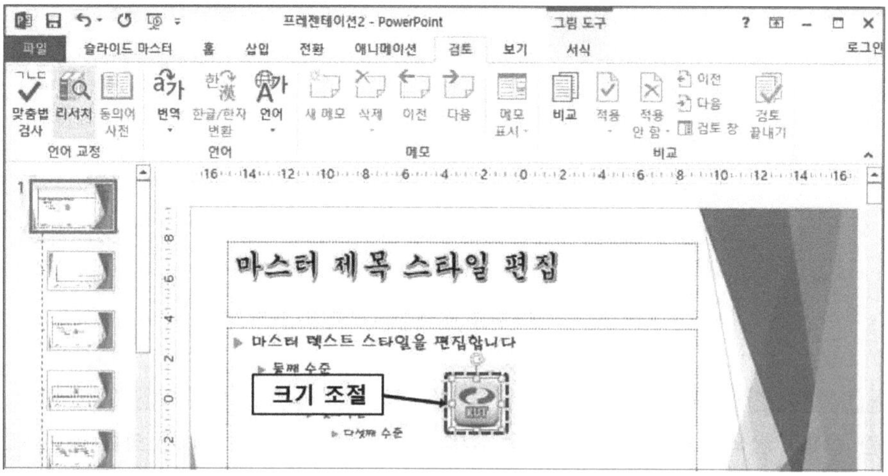

⑤ 마우스나 방향키를 이용하여 크기를 수정한 그림을 본문 상자 위쪽으로 이동시킨다.

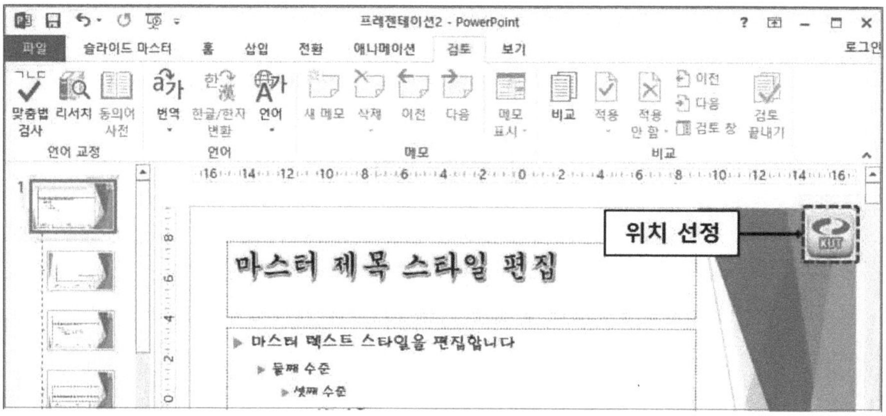

⑥ 설정이 끝나면 [슬라이드 마스터] 탭-[마스터 보기 닫기] 아이콘을 클릭한다.

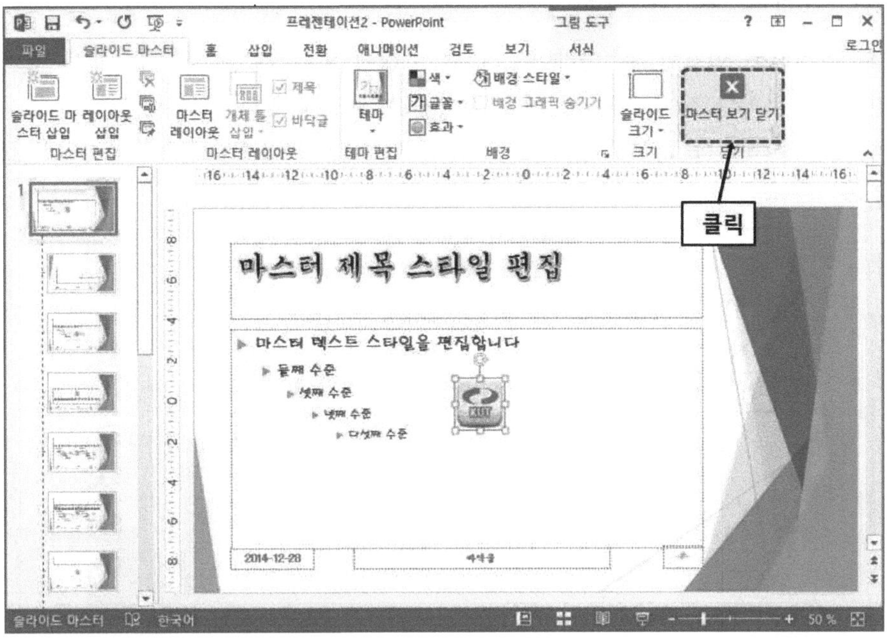

⑦ 그림과 같이 슬라이드 마스터의 설정 내용이 적용되었다.

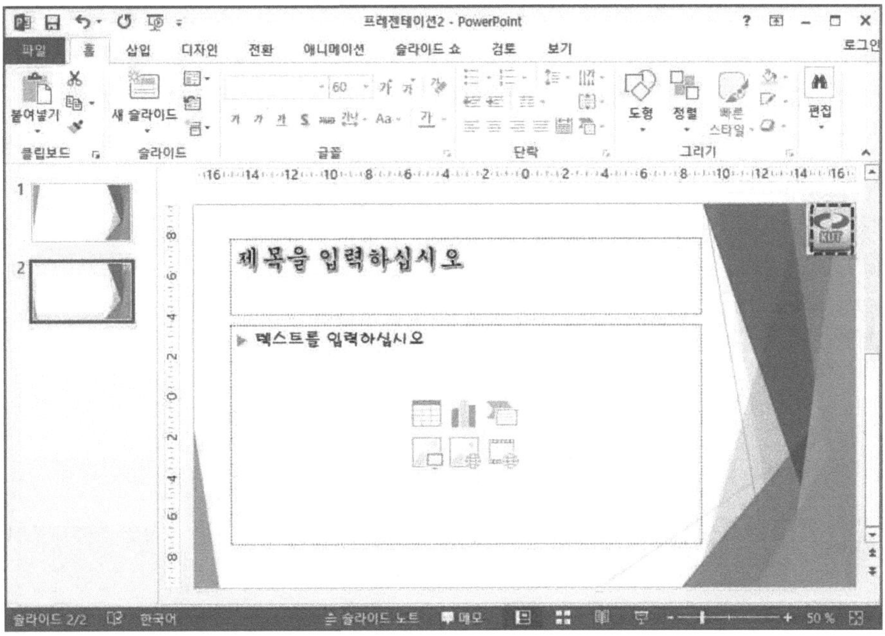

4.1.5 머리글 및 바닥글

슬라이드 마스터를 편집할 때 슬라이드의 맨 아래에 있던 세 개의 작은 개체 상자, 즉 날짜/시간 상자, 바닥글 상자, 페이지 번호 상자들을 설정 하였다.

① 항목들을 입력하거나 설정을 바꾸기 위해서는 [삽입]-[텍스트] 그룹에서 [머리글/바닥글] 아이콘을 선택한다.

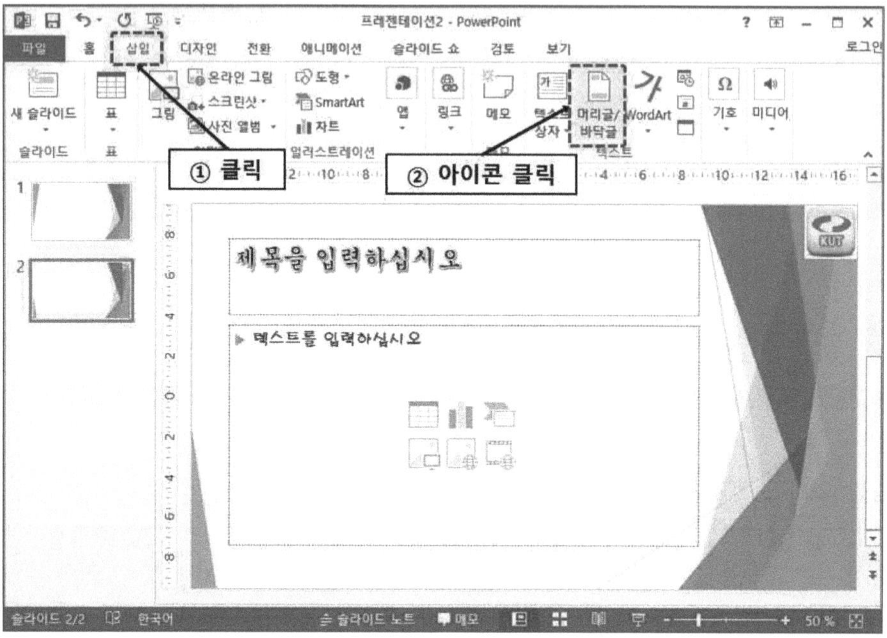

② [머리글/바닥글] 대화상자가 나타나고 [슬라이드] 탭에서 설정을 변경한다. 날짜 및 시간 항목을 선택하면 슬라이드에 날짜 및 시간이 표시된다.

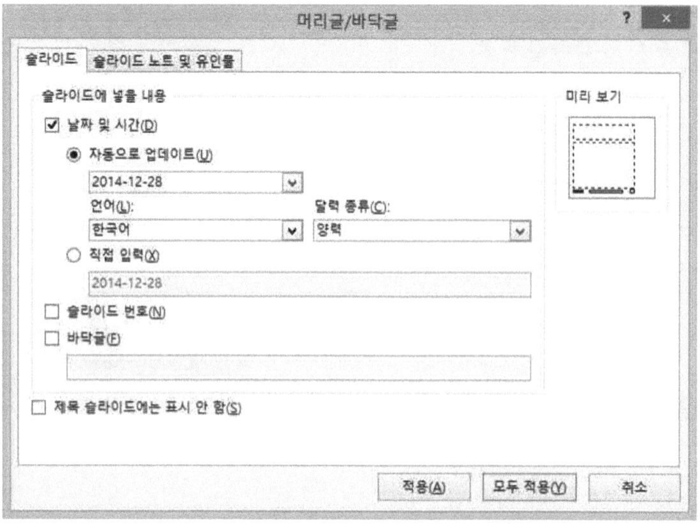

③ 자동으로 업데이트 항목을 선택하면 날짜와 시간이 자동으로 업데이트되면서 삽입된다. 다음과 같이 삽입되는 시간과 날짜 유형은 목록을 통해 선택할 수 있다.

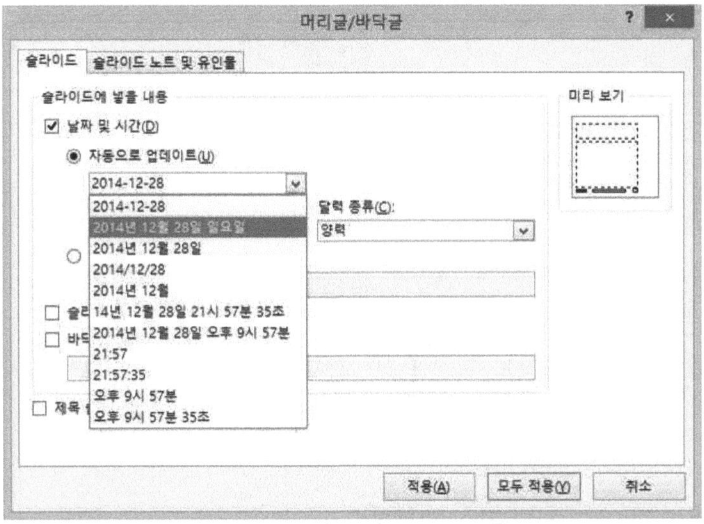

④ 언어 항목에서는 "한국어"와 "영어" 중에서 선택할 수 있으며 달력 종류에서는 "양력"과 "단기" 중에서 선택할 수 있다. "직접 입력" 항목을 선택하면 사용자가 입력한 문자열이 날짜 및 시간으로 사용된다.

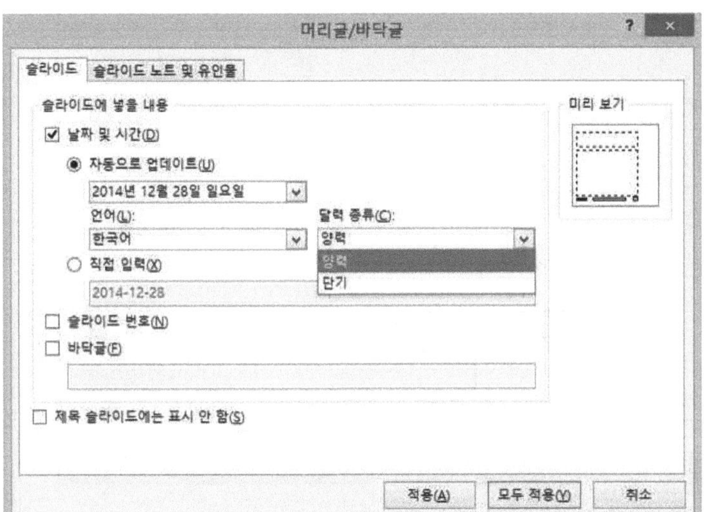

⑥ "슬라이드 번호" 항목을 선택하면 매 슬라이드마다 일련번호가 부여되고 슬라이드에 표시된다. "바닥글" 항목은 사용자가 입력한 텍스트를 슬라이드 하단에 표시된다.

"제목 슬라이드에는 표시 안 함" 여부를 선택한 후 [모두 적용]을 클릭한다.

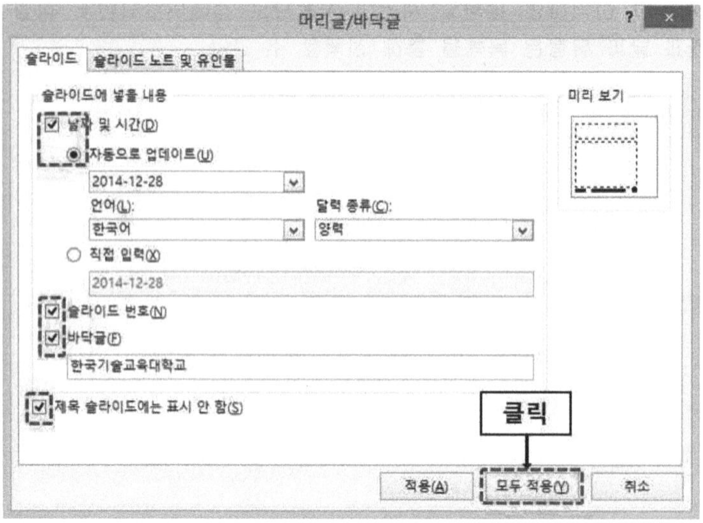

⑦ [모두 적용]을 클릭하면 “머리글/바닥글”이 입력된다.

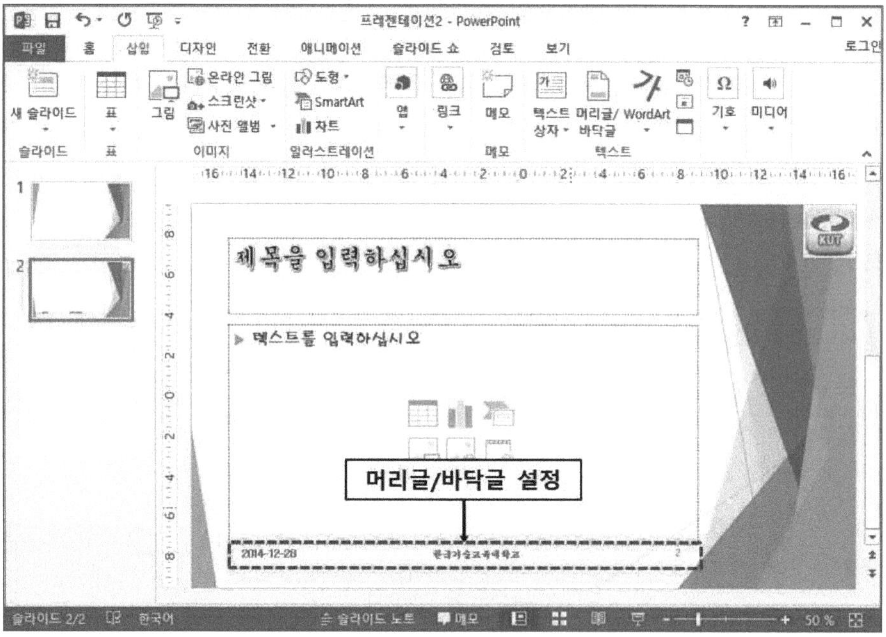

4.1.6 유인물 마스터

유인물 마스터는 청중들의 이해를 돕기 위하여 작성하는 유인물에 대한 기본 서식을 설정한다. 유인물 마스터 작업은 슬라이드 마스터 작업과 비슷하다.

유인물에 그림 문자열 추가 슬라이드가 인쇄된 결과를 보여 주는 윤곽선 상자가 나타난다. 유인물에 그림과 문자열을 나타나게 하려면 윤곽선 상자 바깥쪽에 그림과 문자열을 입력한다.

제목 슬라이드와 제목 및 내용 레이아웃에 다음 내용을 입력하여 간단한 프레젠테이션을 만든다.

<제목 슬라이드 레이아웃> –제목 개체 틀 : "마스터의 세계" <제목 및 내용 레이아웃> –제목 개체 틀 : 마스터란 무엇인가 –내용 개체 틀 : 마스터란 프레젠테이션을 작성할 때 이용될 요소들을 미리 배치해 둔 것을 말한다. 마스터의 종류 슬라이드 마스터 유인물 마스터 슬라이드 노트 마스터 실행 : [보기]탭-[마스터보기]그룹에서 실행

① 유인물 마스터를 보려면 [보기]-[마스터 보기]-[유인물 마스터]를 선택한다.

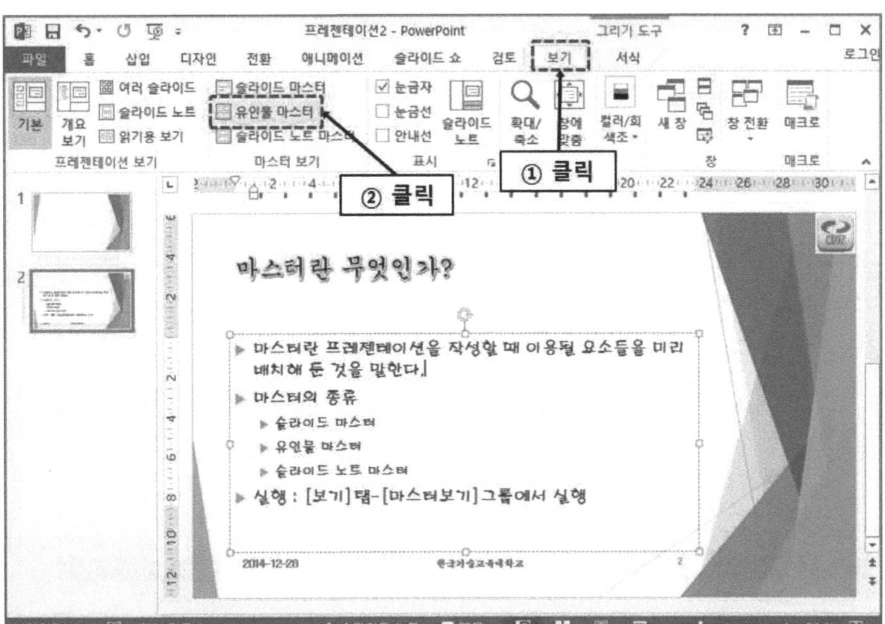

Part 4

② "머리글", "날짜 및 시간", "바닥글", "페이지 번호" 개체들을 선택하여 개체 위치나 글꼴 등의 서식을 변경한다.

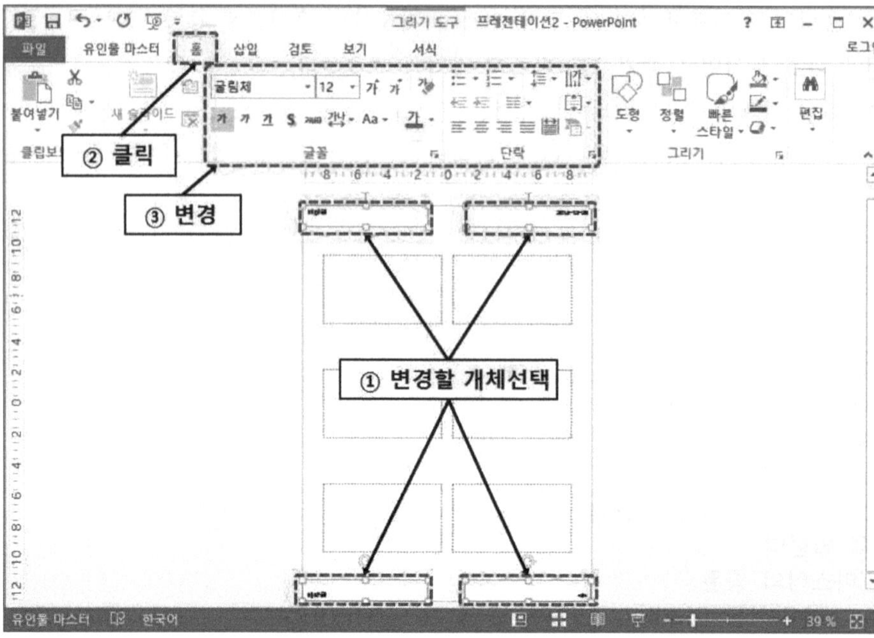

③ 유인물에 "머리글/바닥글"을 설정하려면 [삽입]-[머리글/ 바닥글]을 클릭한다.

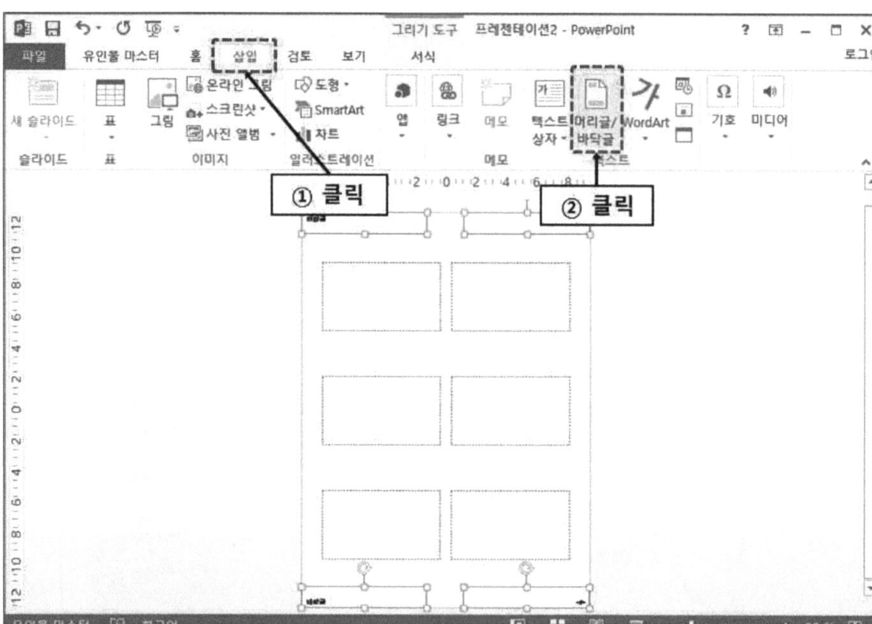

④ [머리글/바닥글] 대화상자에서 “날짜 및 시간”, “머리글”, “페이지 번호”, “바닥글”을 작성한다. 추가한 내용은 유인물에만 나타나며 슬라이드 마스터에는 적용되지 않는다.

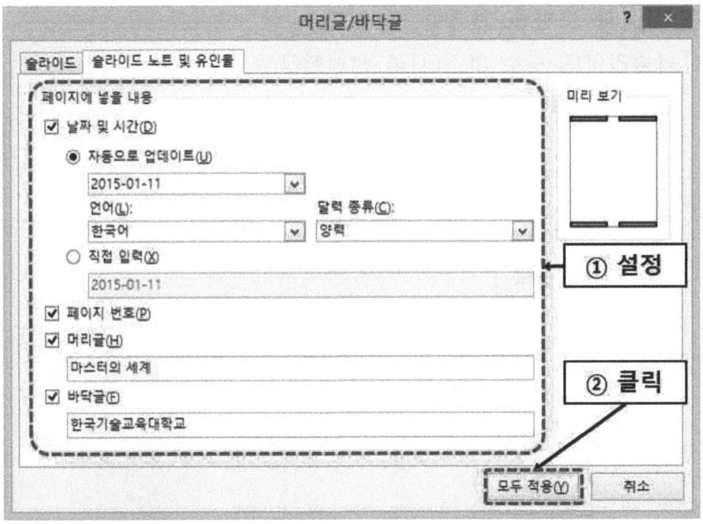

③ 유인물 마스터가 설정이 끝나면, [유인물 마스터] 탭에서 [마스터 보기 닫기] 아이콘을 클릭한다.

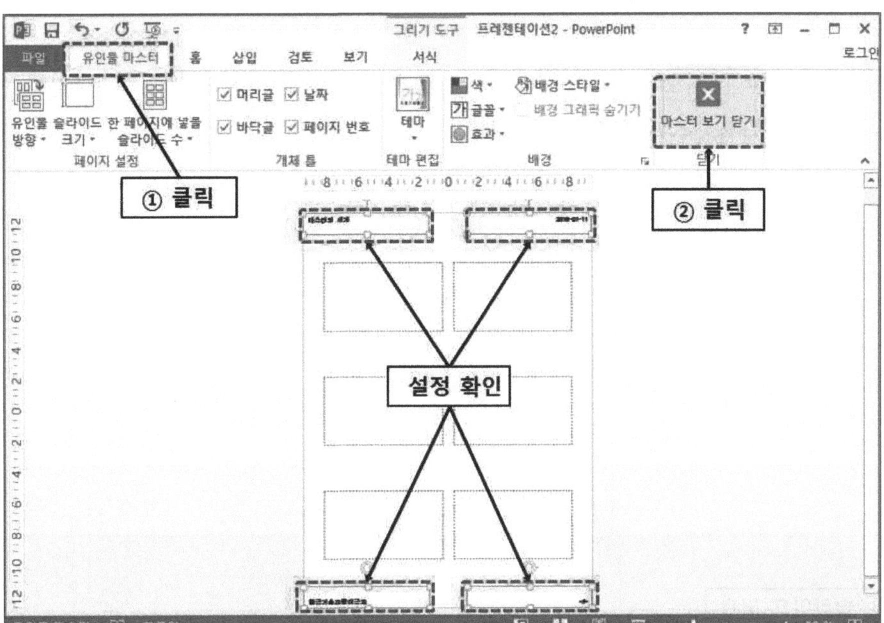

4.1.7 슬라이드 노트 마스터

슬라이드 노트 마스터는 서식과 모양을 설정할 수 있다.

① [보기]-[마스터 보기]-[슬라이드 노트 마스터]를 선택한다.

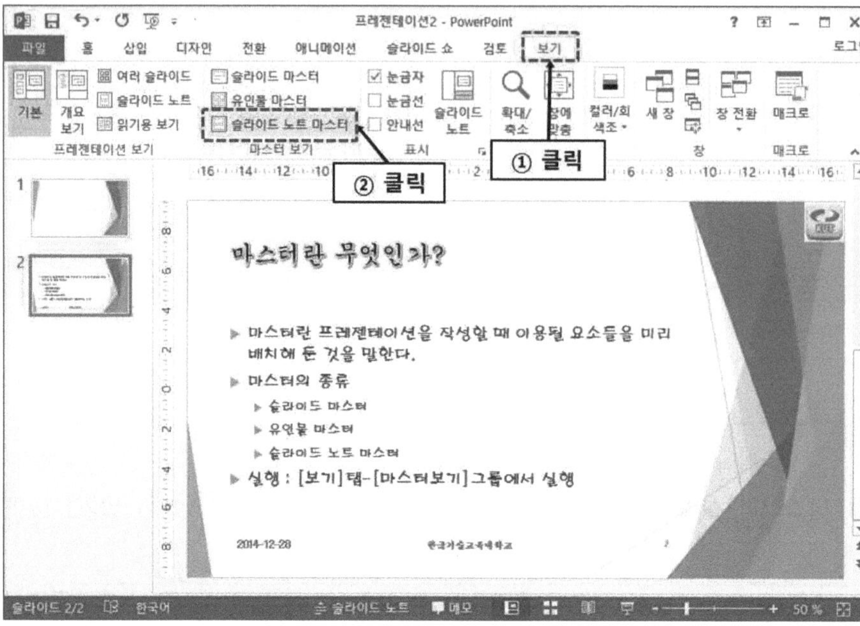

② 슬라이드 노트 상자의 크기와 위치를 조절할 수 있고, "머리글", "바닥글", "날짜 및 시간", "페이지 번호' 등을 설정할 수 있다.

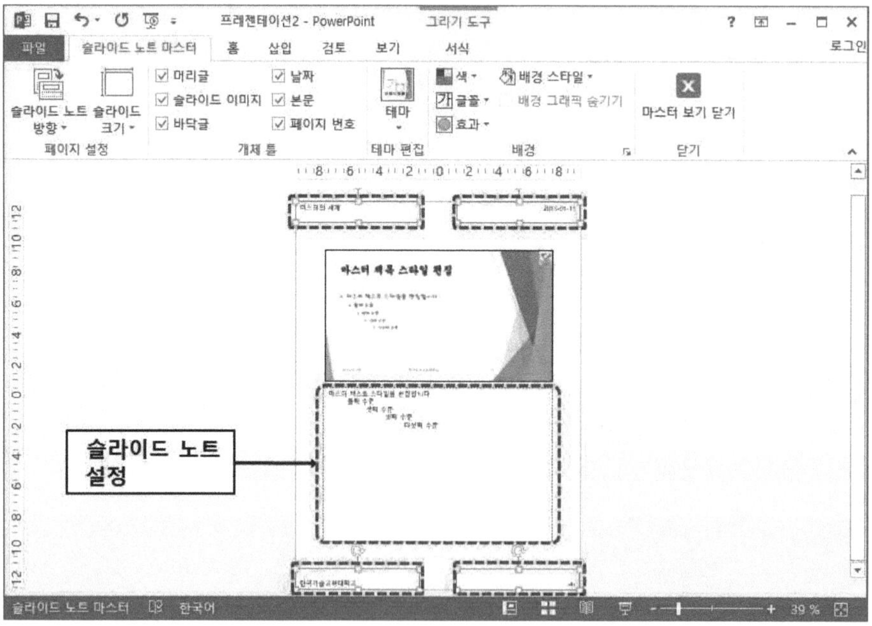

③ 슬라이드 크기를 사용자가 임의대로 지정하거나 유인물 슬라이드 방향을 설정하려면 [슬라이드 노트 마스터]-[페이지 설정] 그룹에서 "슬라이드 노트 방향" 및 "슬라이드 크기" 아이콘을 선택한다.

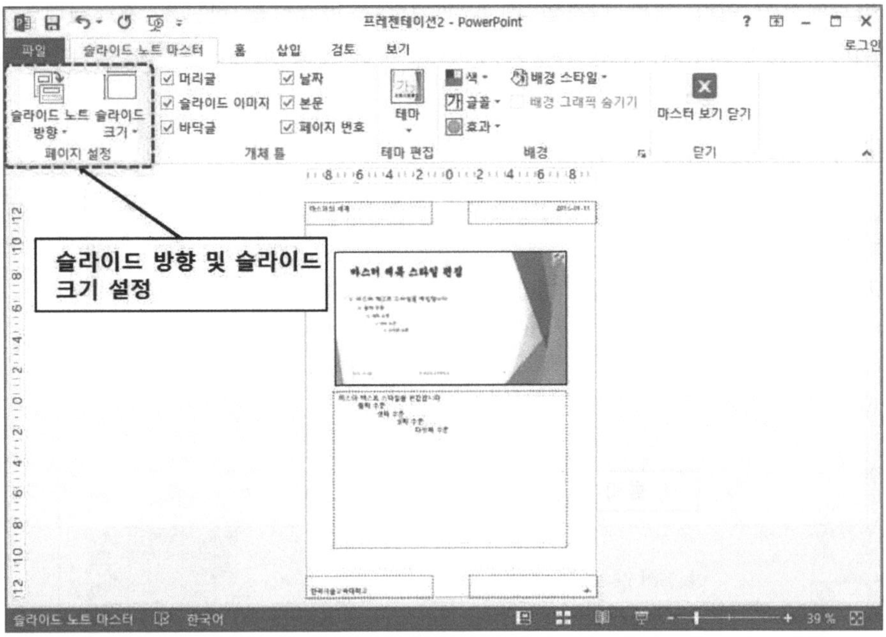

④ 슬라이드 노트 마스터의 설정이 끝나면, [슬라이드 노트 마스터] 탭에서 [마스터 보기 닫기] 아이콘을 클릭한다.

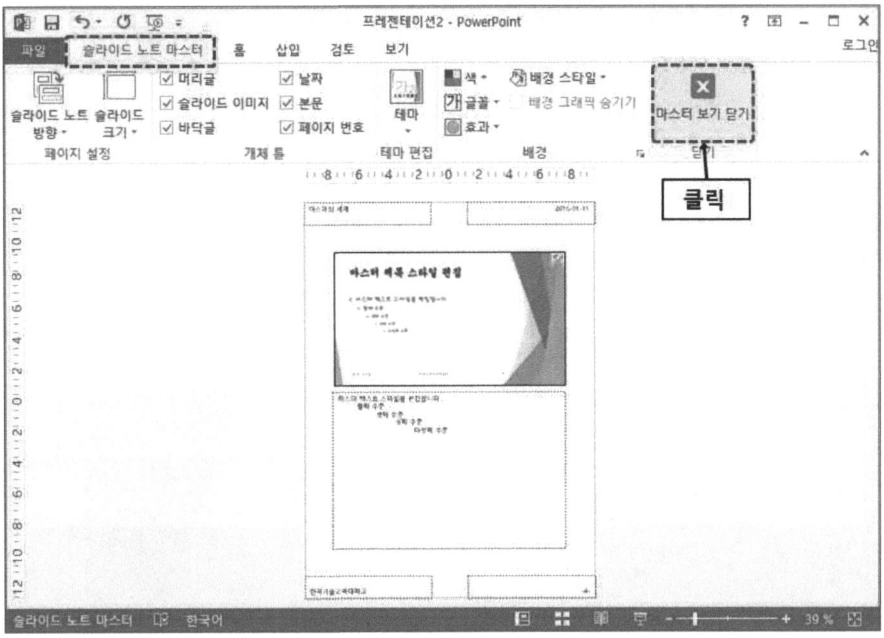

4.2 다중 슬라이드 마스터 만들기

파워포인트에서는 여러 개의 디자인 서식 파일이나 마스터를 하나의 프레젠테이션 파일에 적용할 수 있게 되었다. 또한 사용자가 직접 여러 개의 마스터를 제작할 수 있는 도구와 마스터 화면이 제공된다.

■ 2개의 마스터 적용하기

하나의 프레젠테이션 파일 내에 개별 섹션을 만들어 여러 개의 마스터를 적용할 수 있도록 하였다.

① [보기]-[마스터 보기] 그룹에서 [슬라이드 마스터] 아이콘을 클릭한다.

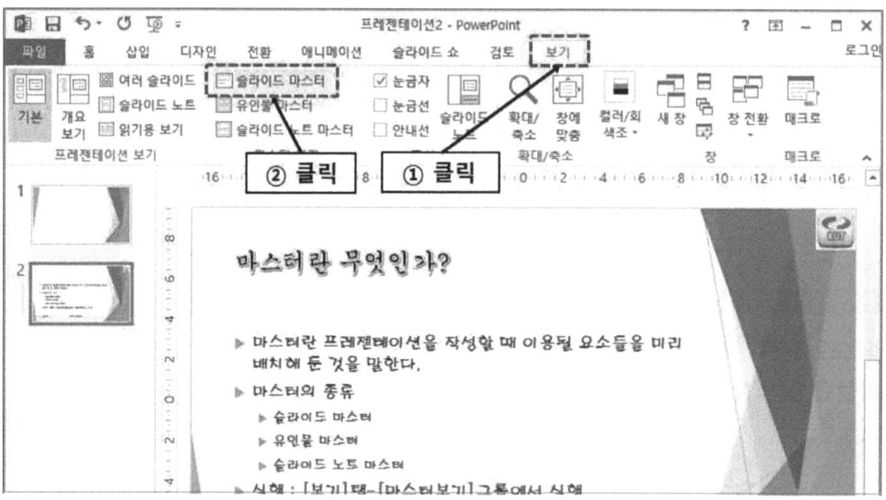

② [마스터 편집] 그룹에서 [슬라이드 마스터 삽입] 아이콘을 클릭하면 두 번째 슬라이드 마스터가 삽입된다.

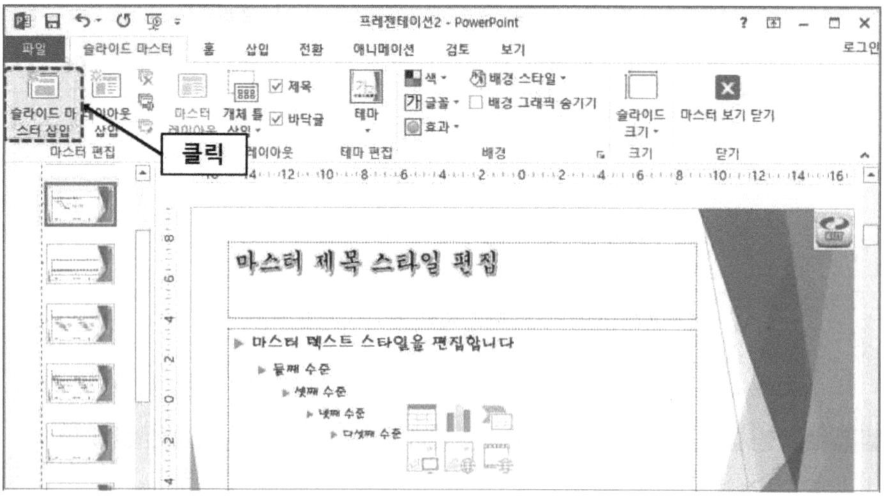

③ 두 번째 슬라이드 마스터가 삽입 확인 후, [마스터 편집] 그룹에서 "보존"을 클릭한다.

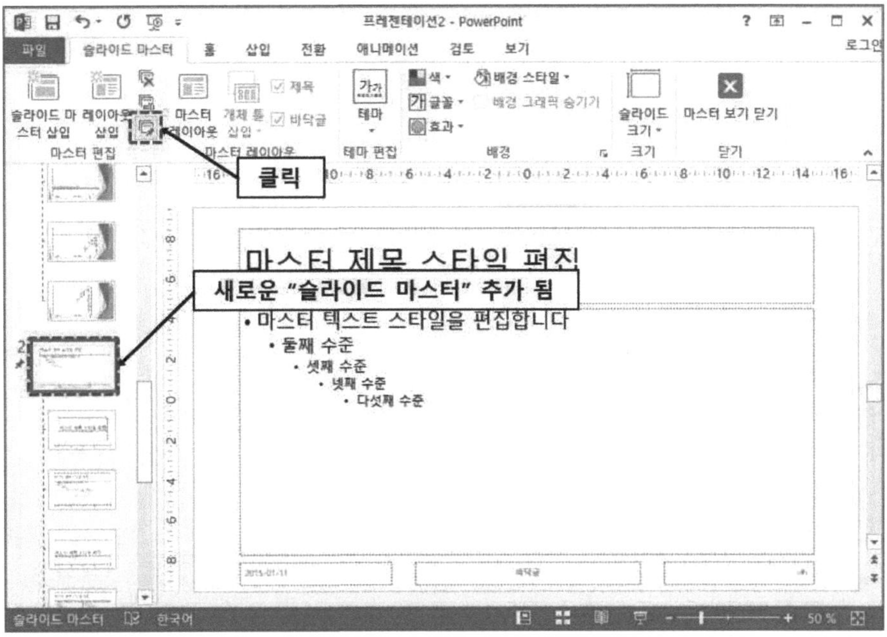

④ [Microsoft Office PowerPoint] 메시지 창이 나오면 [아니요(N)]를 클릭한다. 그러면 2 번째 슬라이드 마스터의 앞쪽에 있는 압정 모양이 사라진다.

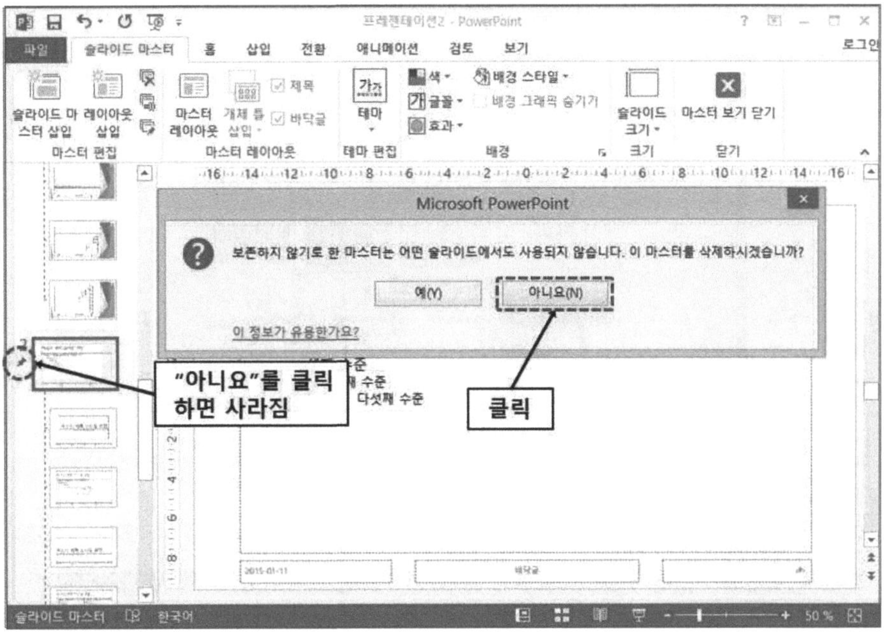

Part 4

⑤ 2번째 슬라이드 마스터를 디자인한다. 먼저 [테마 편집] 그룹의 [테마]를 클릭한다.

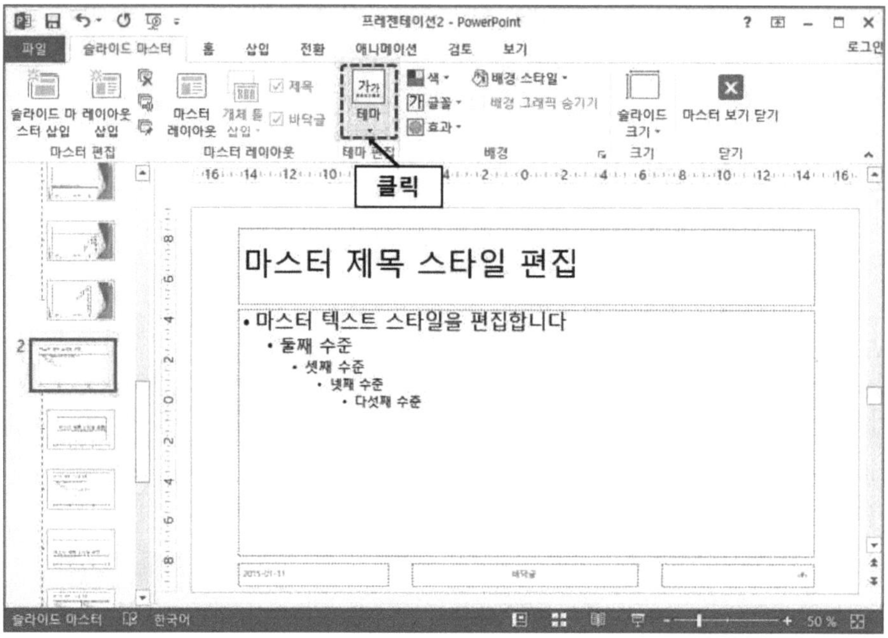

⑥ 여기에서는 기본적으로 제공하는 테마에서 "줄기"를 선택한다.

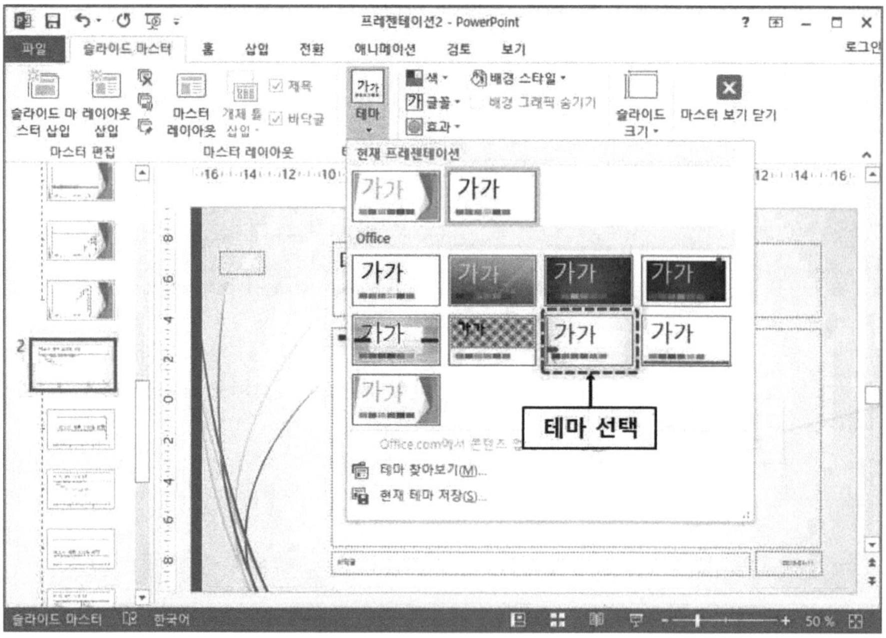

⑦ [배경] 그룹에서 [색] 아이콘을 클릭하고 제공하는 색을 선택한다.

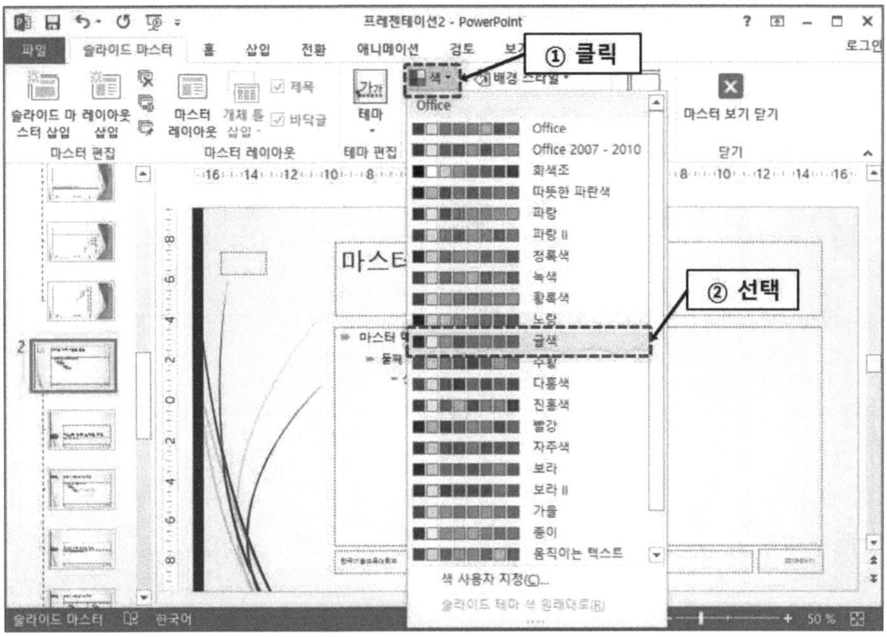

⑧ [마스터 편집] 그룹에서 [이름 바꾸기] 아이콘을 클릭하고 [마스터 이름 바꾸기] 대화상자가 나타나면 바꿀 이름을 입력한 후, [이름 바꾸기] 버튼을 클릭한다.

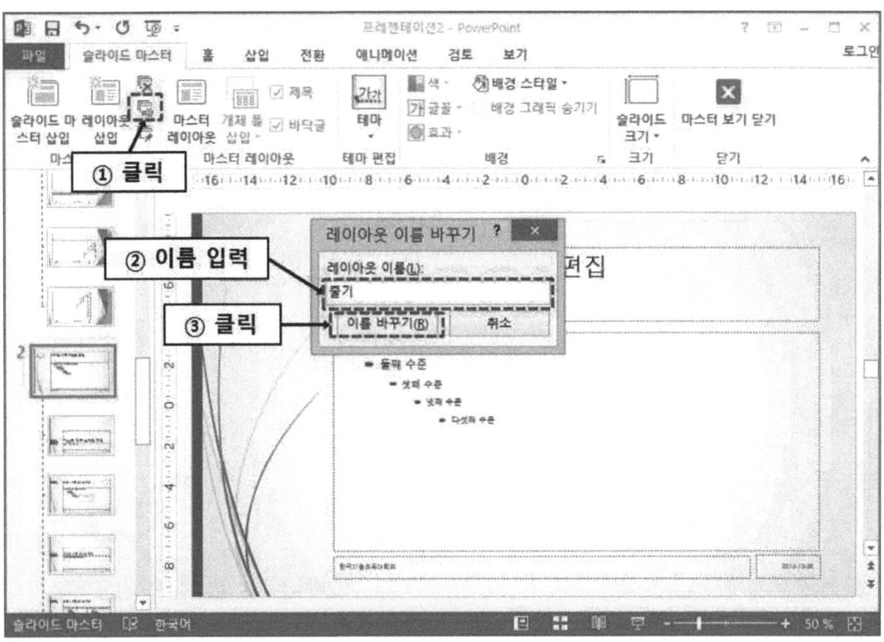

⑨ 2번째 슬라이드 마스터를 클릭하고, [마스터 편집] 그룹에서 [보존]을 클릭한다.

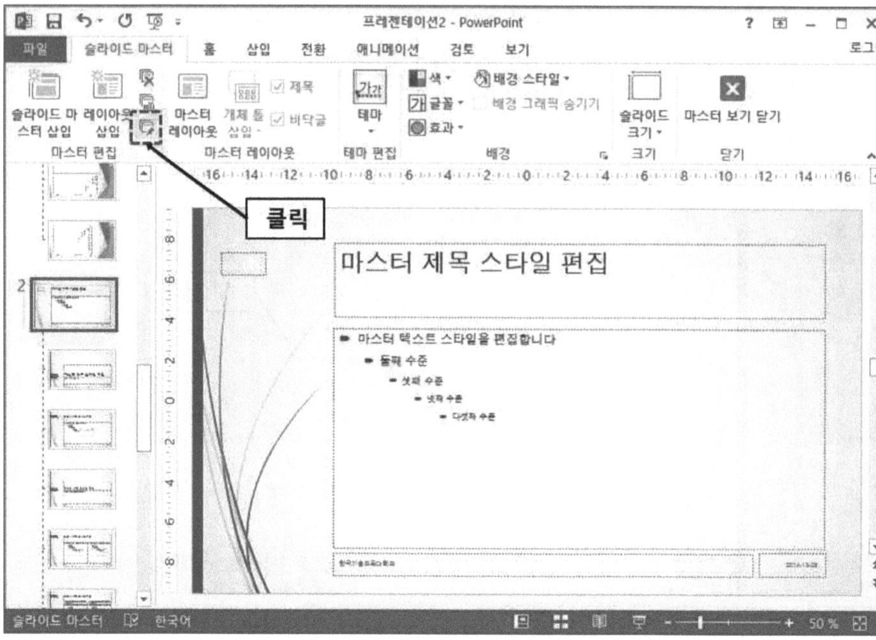

⑩ 1번째 슬라이드 마스터를 클릭하고, [마스터 편집] 그룹에서 [보존]을 클릭한다.

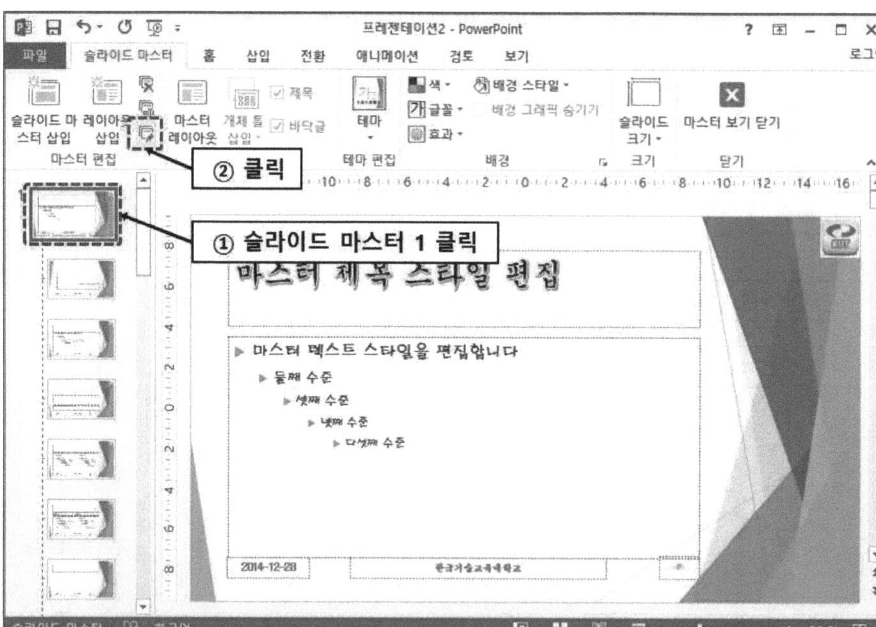

⑪ [슬라이드 마스터] 탭-[닫기] 그룹에서 [마스터 보기 닫기] 아이콘을 클릭한다.

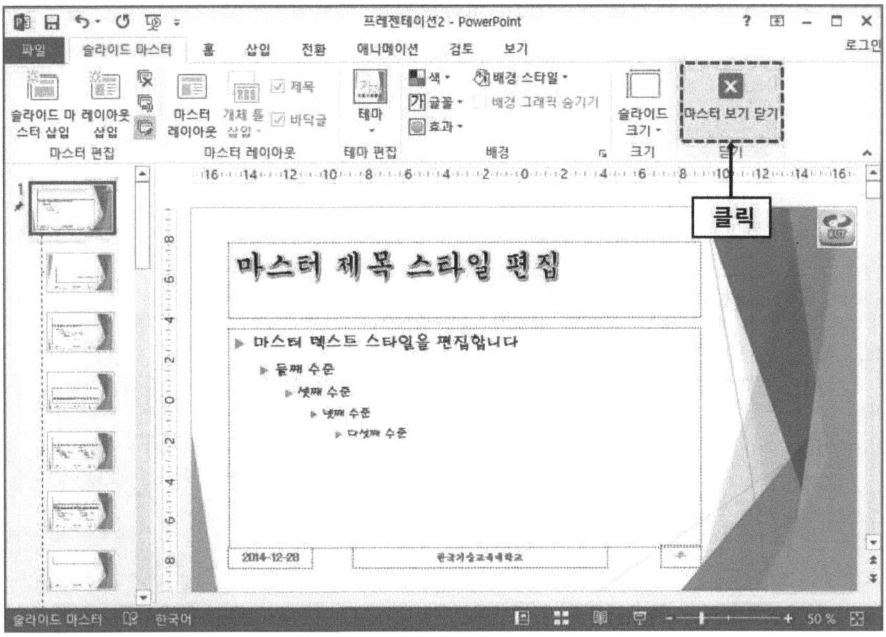

⑫ [디자인] 탭의 [테마] 그룹 앞쪽에 2개의 마스터가 표시된다.

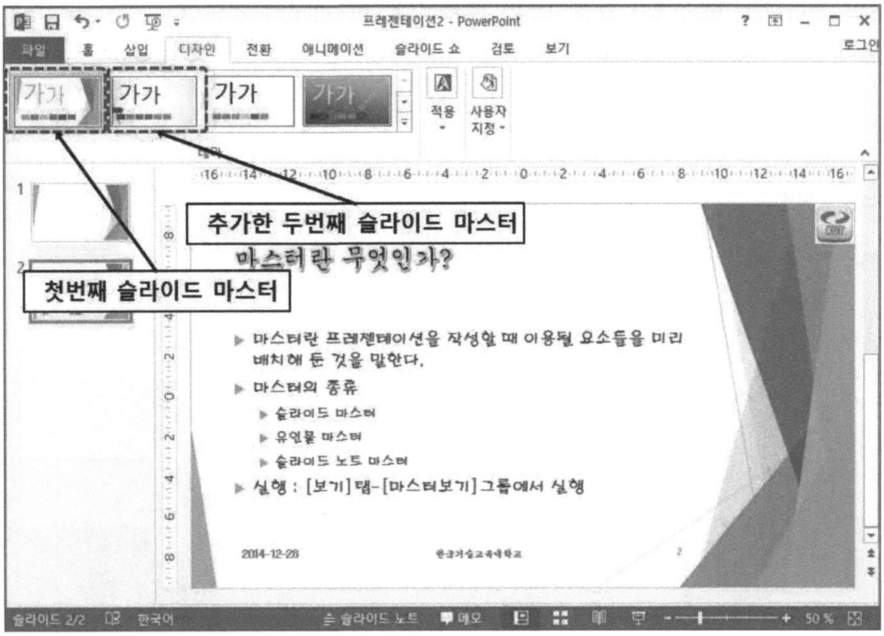

Part 4

⑬ 선택한 슬라이드만 슬라이드 마스터를 적용하려면 [테마] 그룹에서 슬라이드 마스터에 마우스 커서를 놓고 오른쪽 버튼을 클릭하여 적용범위를 선택할 수 있다.

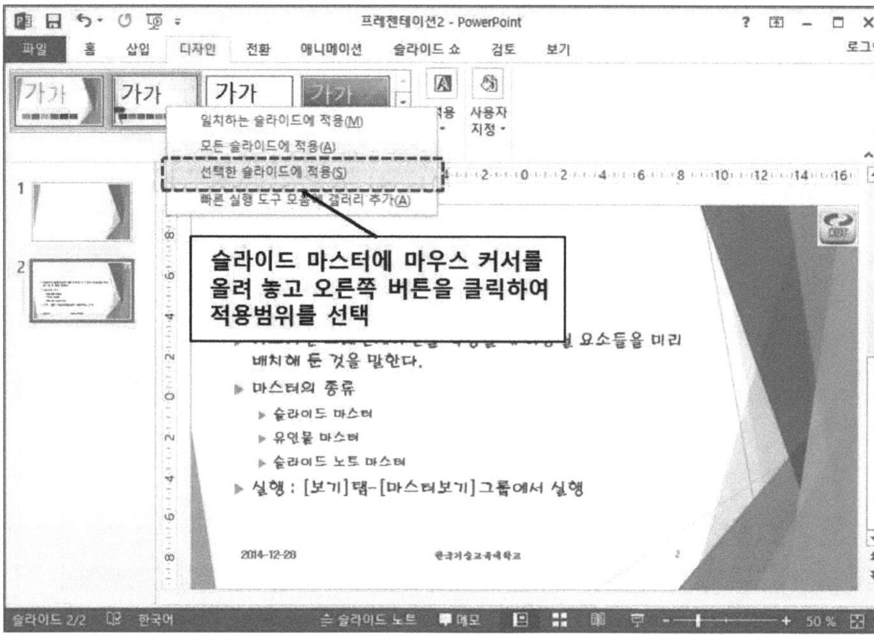

⑭ 선택한 슬라이드 마스터가 슬라이드에 적용된다. 이 파일을 저장하고 나서 다시 불러도 2개의 테마가 계속 표시되어 선택할 수 있다.

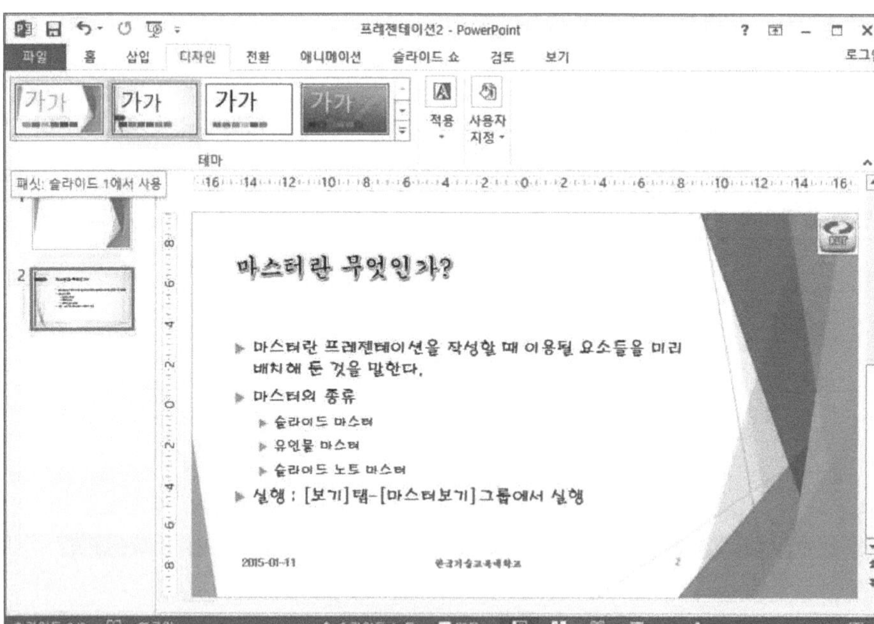

제 5 장 도형 그리기

본 장에서는 삽입 리본 메뉴를 사용하여 도형을 작성하고 편집하는 방법과 서식 설정, 도형에 대한 애니메이션 사용자 정의에 대하여 설명하기로 한다.

파워포인트를 작은 창으로 만들어 설명하고 있기 때문에 전체 화면에서의 아이콘이나 명령문이 설명하는 그림과 다를 수 있다.

5.1 도형 리본 메뉴의 사용

슬라이드에 도형을 작성할 때에는 도형 리본 메뉴를 사용한다. 도형 리본 메뉴는 [삽입] 탭의 [일러스트레이션] 그룹에서 [도형] 아이콘을 선택하여 표시한다.

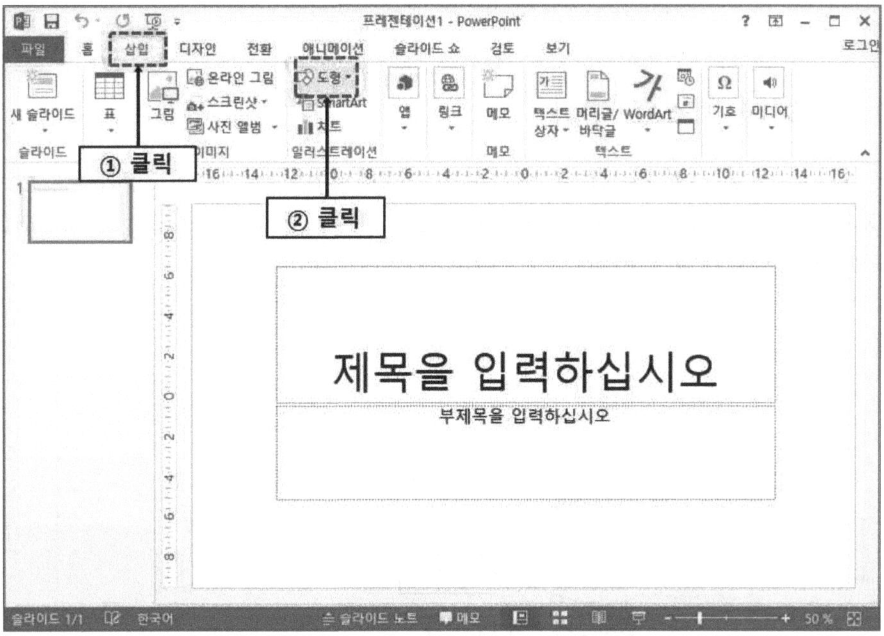

5.1.1 도형 종류

선, 사각형, 기본 도형, 블록 화살표, 수식 도형, 순서도, 별 및 현수막, 설명선 및 실행 단추 등 여러 가지 다양한 도형이 있다.

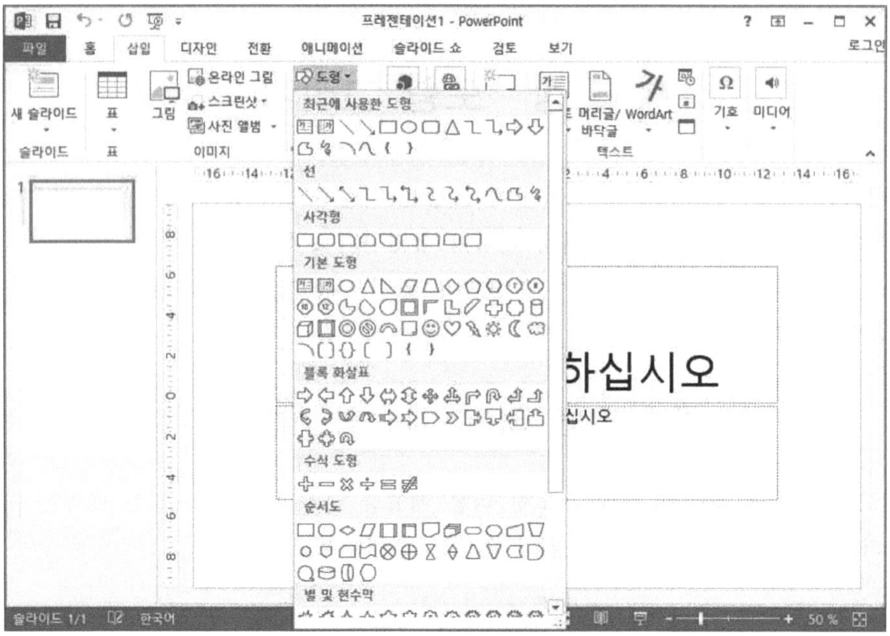

5.1.2 도형에 텍스트 추가

도형을 그리고, 도형 안에 텍스트를 추가하여 프레젠테이션을 만들어 본다.

① [디자인] 탭-[테마]에서 하나를 프레젠테이션 디자인을 선택하고 슬라이드 마스터를 이용하여 프레젠테이션을 디자인 한다.

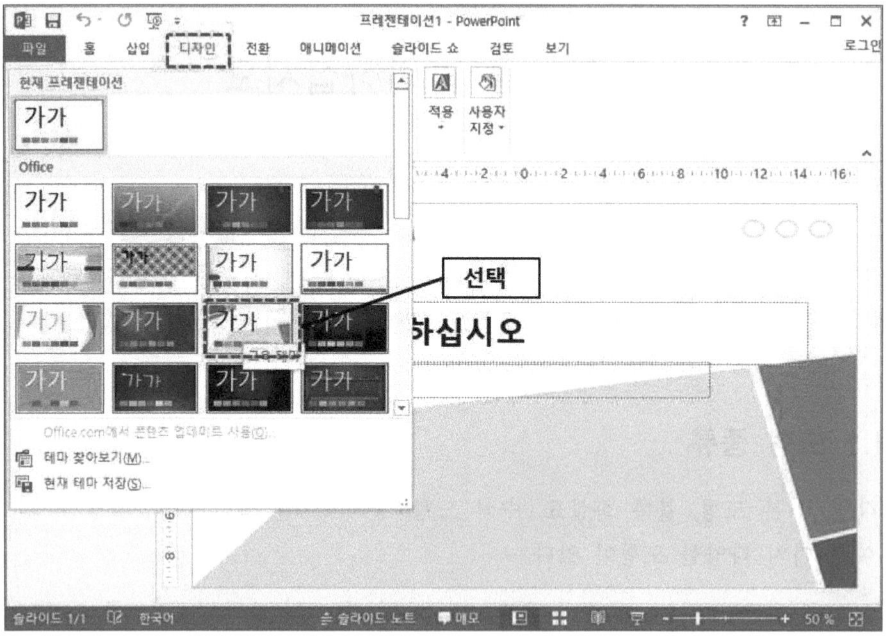

② 제목 슬라이드에 “Web Design Process” 입력하고 [그리기 도구]-[서식] 등을 이용하여 텍스트를 디자인한다. 그리고 새 슬라이드를 삽입한다.

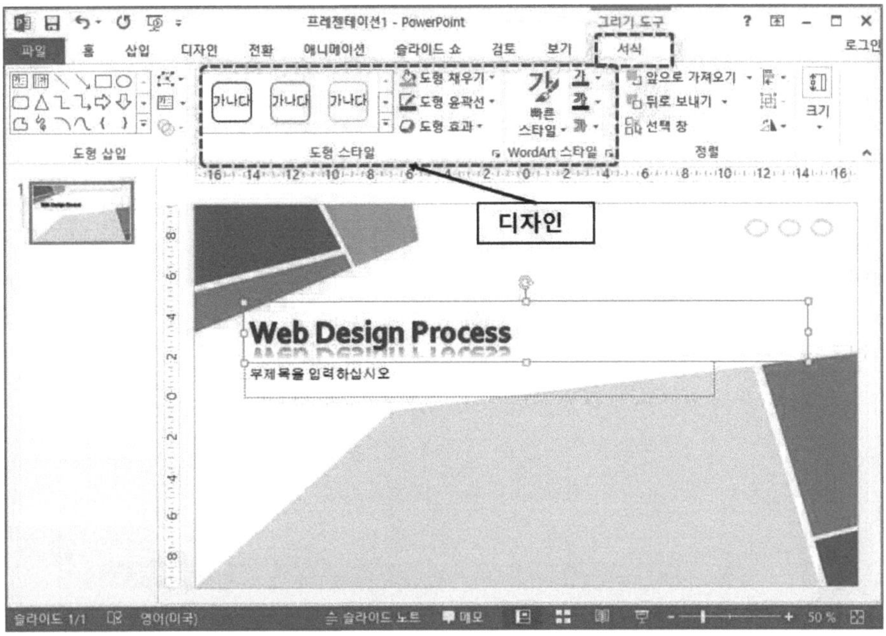

③ 새로 추가된 슬라이드에서 [삽입]-[일러스트레이션] 그룹에서 [도형] 아이콘을 클릭하고 사각형에서 “대각선 방향의 모서리가 잘린 사각형”을 선택한다.

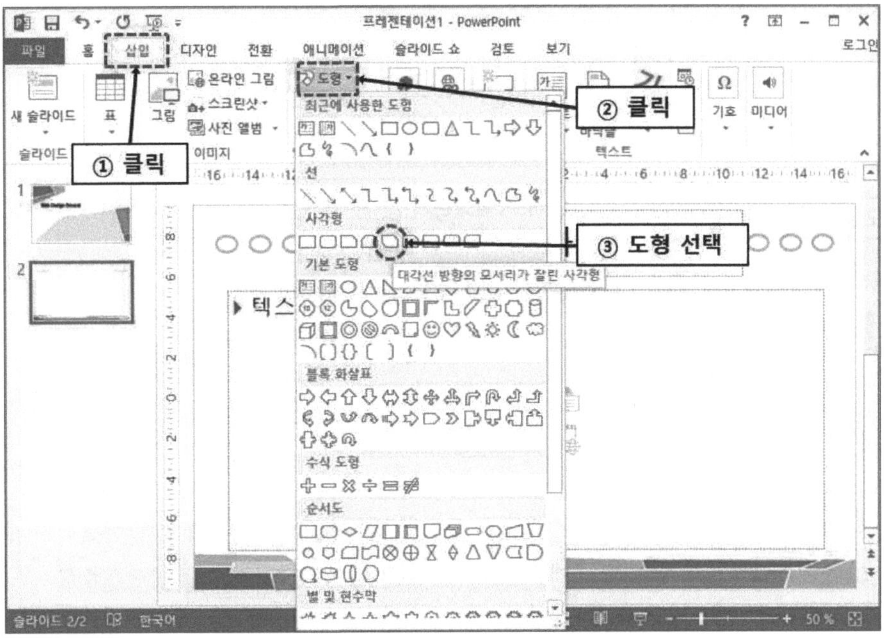

④ 도형을 선택하면, 마우스의 모양이 "십자가 +"로 변경된다. 선택한 도구를 취소하려면 Esc키를 누른다. 도형을 작성할 슬라이드의 적당한 위치에 적당한 크기로 도형을 그린다.

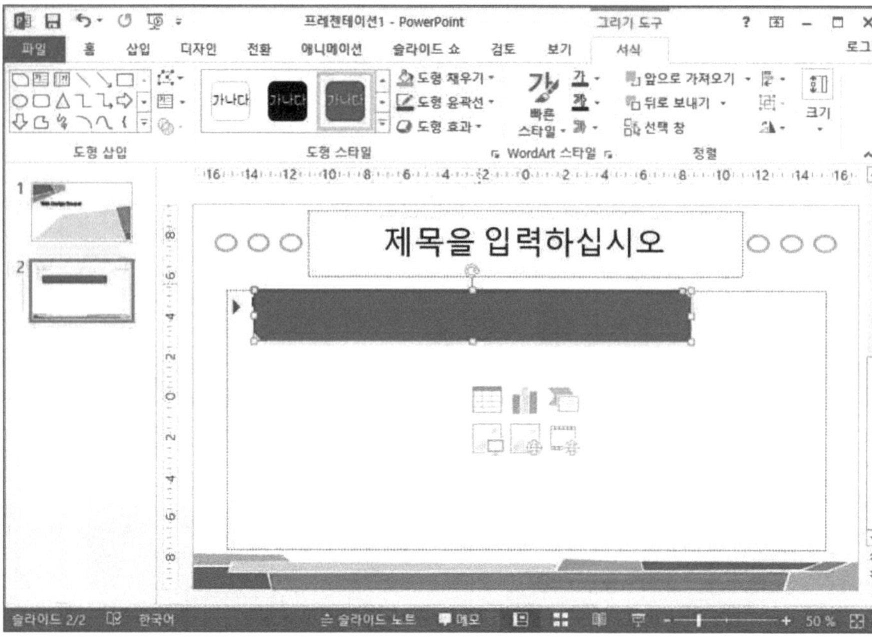

⑤ 원하는 도형의 크기, 모양 변형, 원하는 각도로 회전시켜 도형을 편집한다.

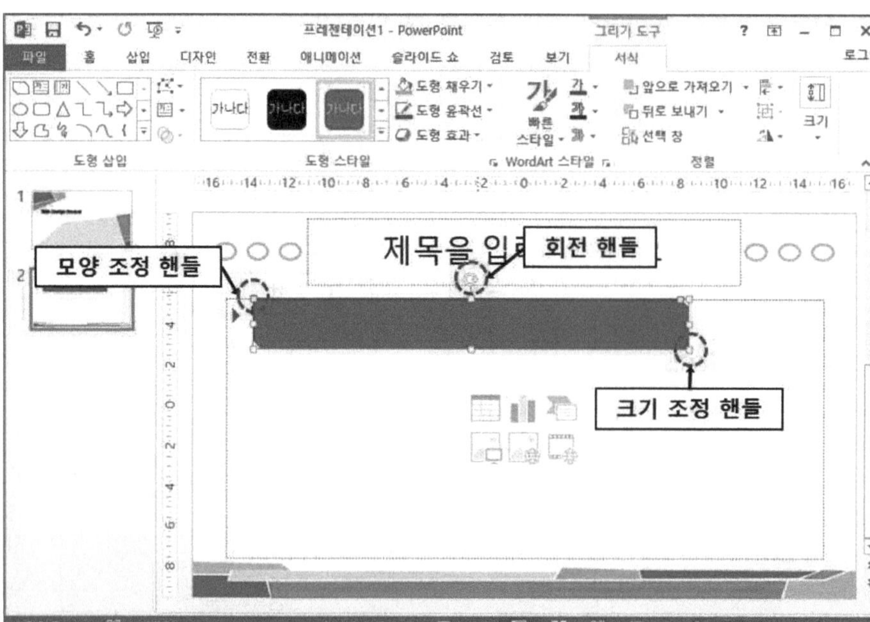

⑥ [그리기 도구]-[서식] 탭의 [도형 스타일] 그룹에서 도형의 스타일을 바꾼다.

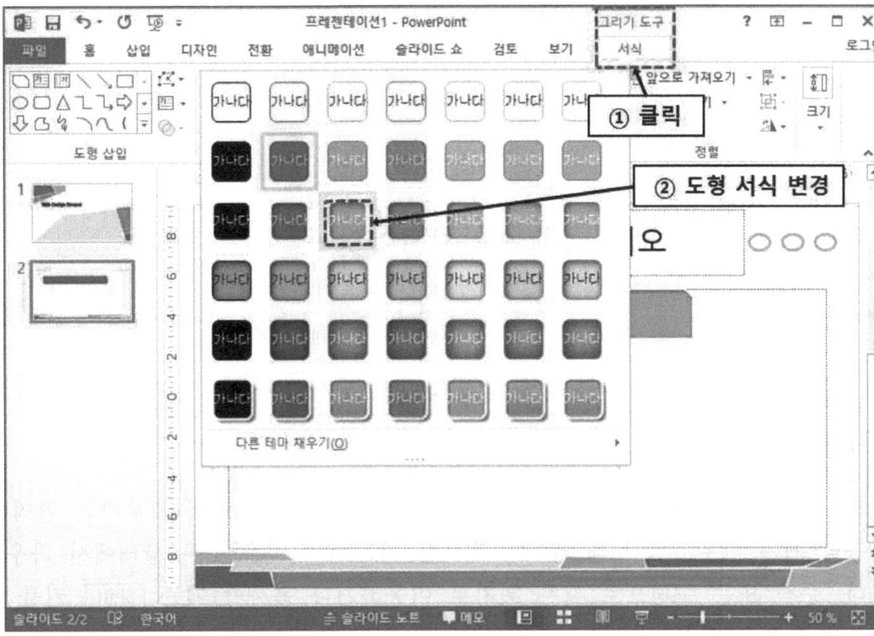

⑦ 도형을 선택하고 오른쪽 마우스를 클릭하여 나타난 팝업 창에서 "텍스트 편집"을 선택하고 텍스트를 입력한다.

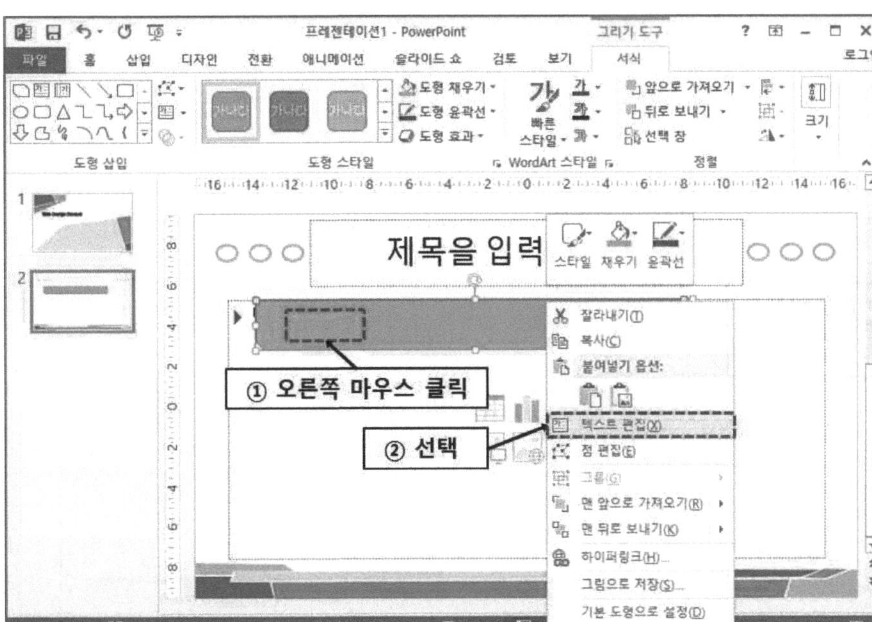

⑧ 도형을 선택한 상태에서 [홈]-[글꼴] 그룹과 [홈]-[단락] 그룹에서 글꼴 서식을 지정한다.

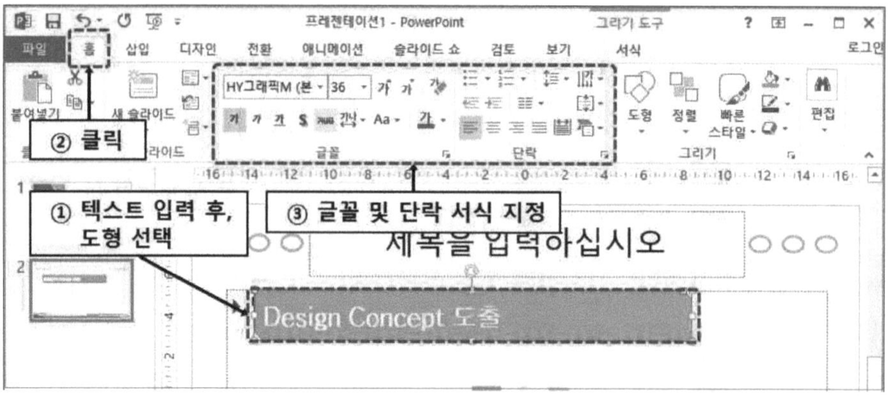

5.1.3 도형 복사하기

여러 개의 똑같은 도형을 작성할 때 한 개만 만들어 놓고 복사해서 사용하면 편리하다. 도형을 이동할 때는 마우스로 드래그하고, 복사할 때는 Ctrl 키을 누른 상태에서 마우스로 드래그 한다. 수직 또는 수평으로 같은 위치로 이동하거나 복사할 때는 Shift 키를 사용하면 편리하게 도형을 복사 이동할 수 있다.

① 슬라이드 2에서 도형을 복사하려고 한다. [홈]-[클립보드] 그룹을 이용하거나, Ctrl 키와 Shift 키를 이용하거나, 단축키를 이용한다. Ctrl+Shift 키를 함께 누르고 도형을 아래로 드래그 하여 도형 4개를 복사한다.

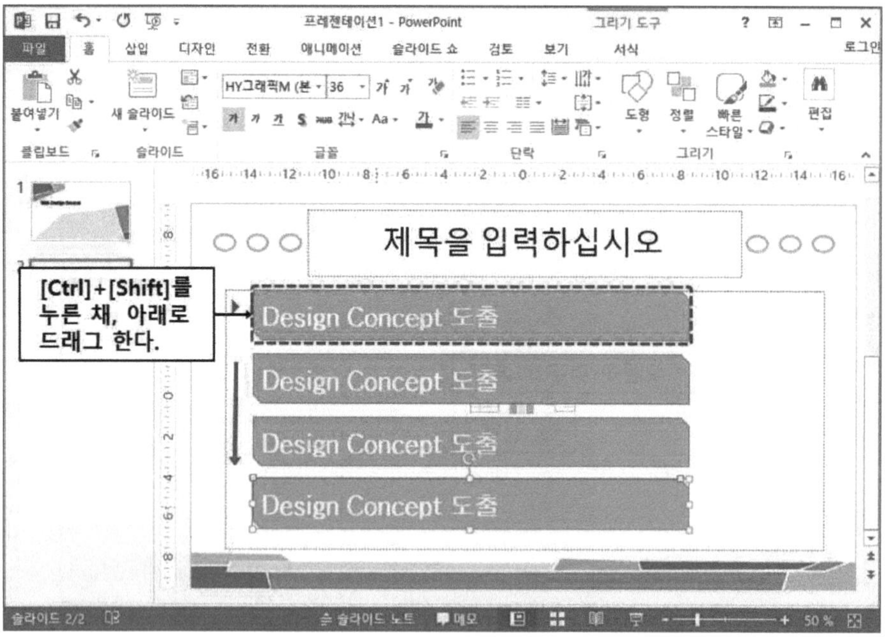

② 각 도형에 텍스트를 입력하고 [홈]-[글꼴] 그룹에서 서식을 수정하거나 [그리기 도구]-[서식]에서 "도형 및 스타일"을 변경한다. 여기에서는 "빠른 스타일"을 이용한다.

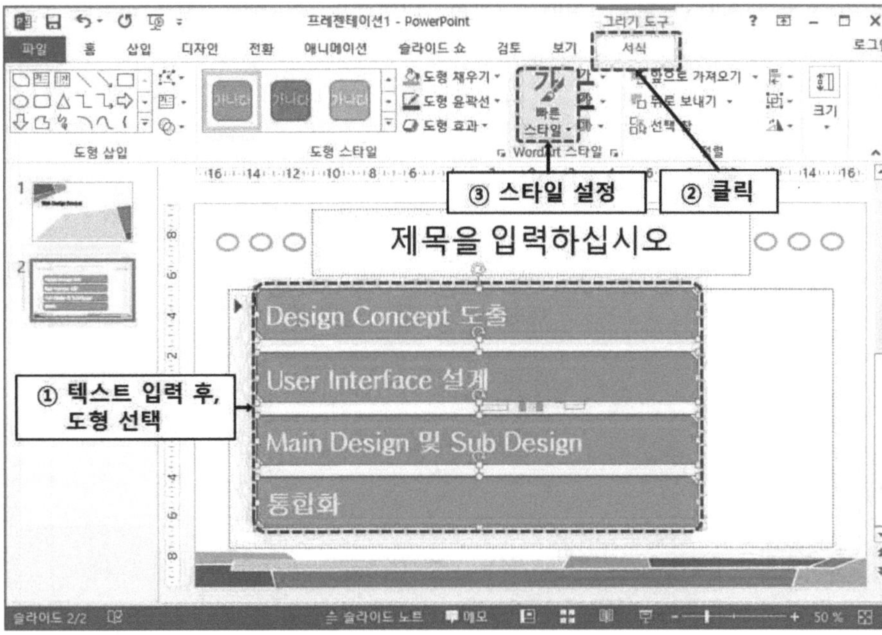

5.1.4 도형 간격 조정하기

여러 개의 도형이 슬라이드에 있을 때 도형과 도형 사이의 간격을 조정하는 편집 기술이다. 파워포인트에는 마키(Marquee) 기능이 있기 때문에 슬라이드 내에 있는 도형, 개체, 문자열 상자 등 작업 대상을 선택하기가 편리하다. 마우스를 끌어서 범위를 설정하면 범위 내에 있는 모든 도형은 자동으로 선택된다.

마키(Marquee) 기능은 그리기 도구 모음에 있는 개체 선택 도구와 동일하지만 도구를 선택하지 않고 실행한다는 것이 다르다.

① 마우스로 드래그 하여 여러 개의 도형을 선택한다.

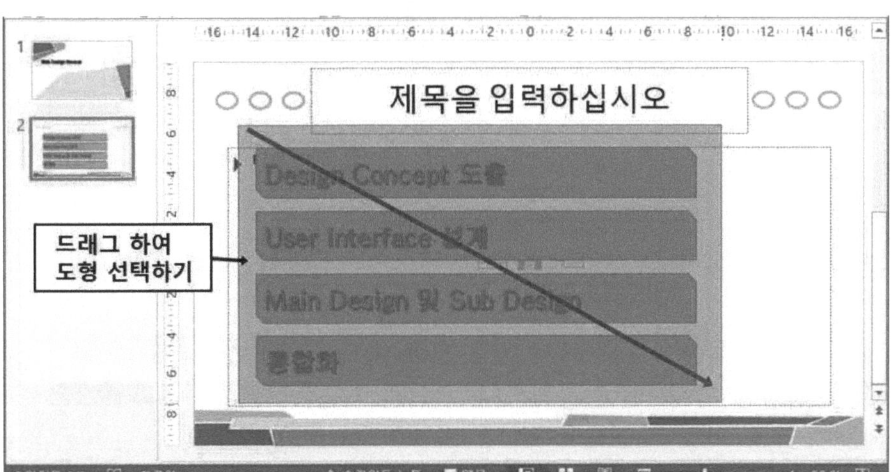

Part 4

② [그리기 도구 서식]-[정렬] 그룹에서 [맞춤] 아이콘을 클릭하고 "세로 간격을 동일하게" 를 선택한다.

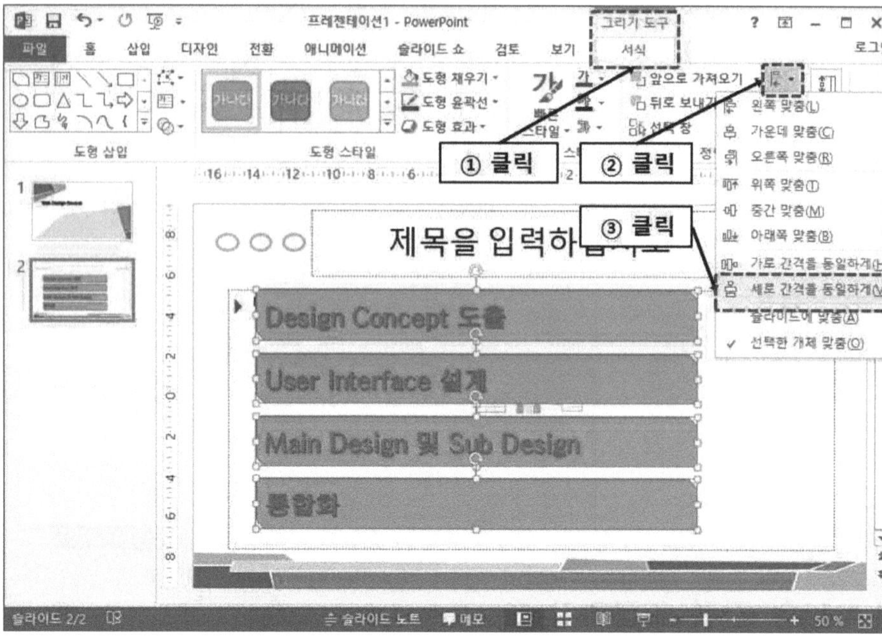

③ 도형을 선택하고 [맞춤] 아이콘을 클릭하고 "왼쪽 맞춤"을 선택한다.

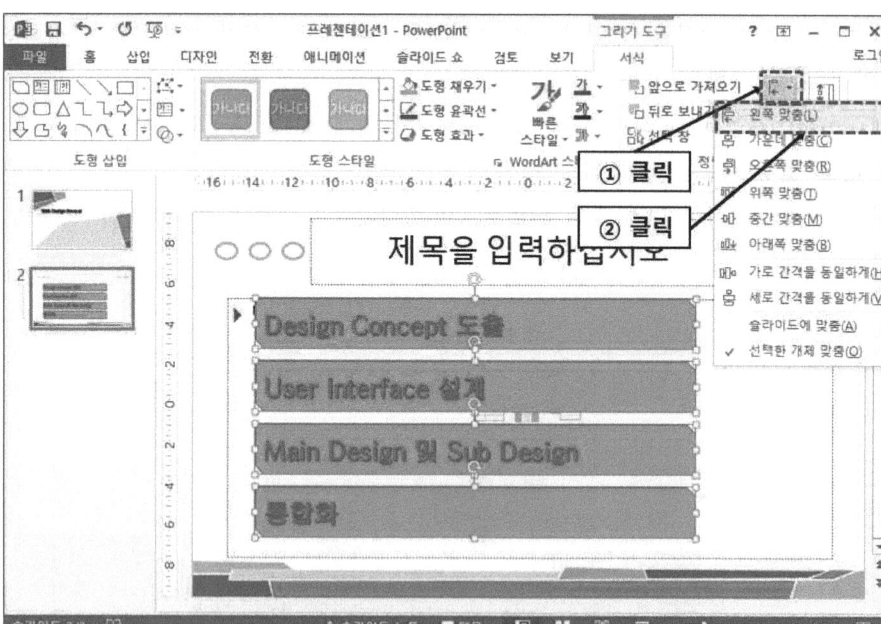

5.1.5 개체 그룹화

여러 개의 도형이 있을 때, 이 도형들을 하나의 도형처럼 인식하도록 하는 방법이다. 도형을 그룹으로 묶으면 그룹 단위로 도형을 한꺼번에 수정할 수 있다. 그룹으로 묶더라도 그룹 안에서 개별적으로 도형을 선택하고 서식을 지정할 수 있다.

① 그룹을 묶을 도형을 드래그 하여 선택하고, [서식]-[정렬] 그룹에서 [그룹]-[그룹]아이콘을 클릭하거나 오른쪽 마우스를 클릭하여 나타난 팝업창에서 [그룹]을 선택한다.

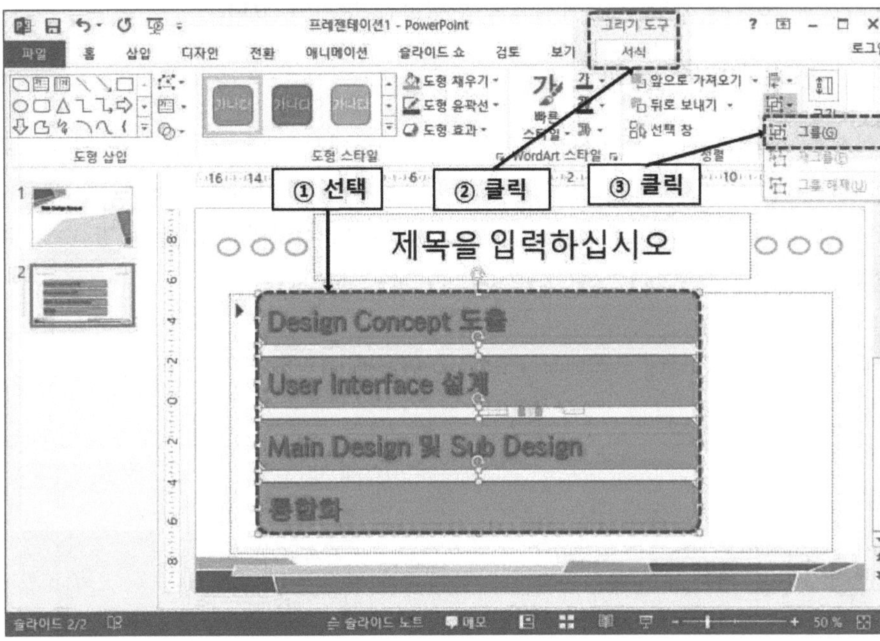

② 여러 개의 도형이 하나의 그룹으로 설정된다.

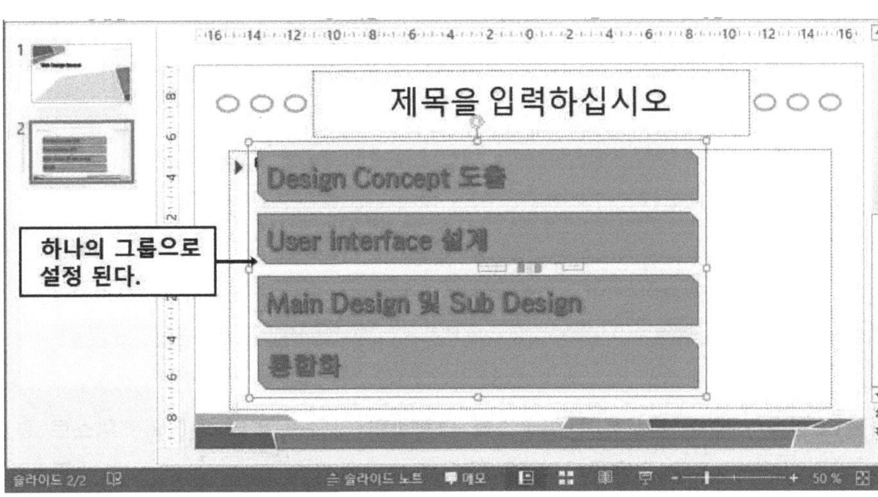

5.2 도형 서식 설정하기

가장 쉬운 방법은 미리 만들어진 도형 스타일을 이용하는 것이다. 도형 스타일에는 채우기와 윤곽선, 도형 효과 등이 적용된다. 도형 채우기 색은 질감, 그림 또는 그라데이션, 패턴 채우기에서 다양하게 변경이 가능하며 도형의 채우기 색의 변경은 도형의 내부와 앞면에만 영향을 준다. 그림자, 네온, 반사, 부드러운 가장자리, 입체 효과, 3차원 회전 등의 효과를 추가하여 도형의 모양을 효과적으로 변경하는 방법이 있다.

5.2.1 그라데이션 효과

그라데이션은 한 색에서 다른 색으로 또는 한 음영에서 같은 색의 다른 음영으로 색 및 음영이 점진적으로 진행 되는 것을 말한다. 즉 두 가지의 색을 이용하여 한 색에서 다른 색으로 부드럽게 변화시켜 채우는 기능으로 슬라이드 디자인의 질을 높일 수 있는 아주 중요한 기능이다.

① [삽입]-[일러스트레이션] 그룹에서 [도형] 아이콘을 클릭하여 “오각형”을 선택하고 그린다.

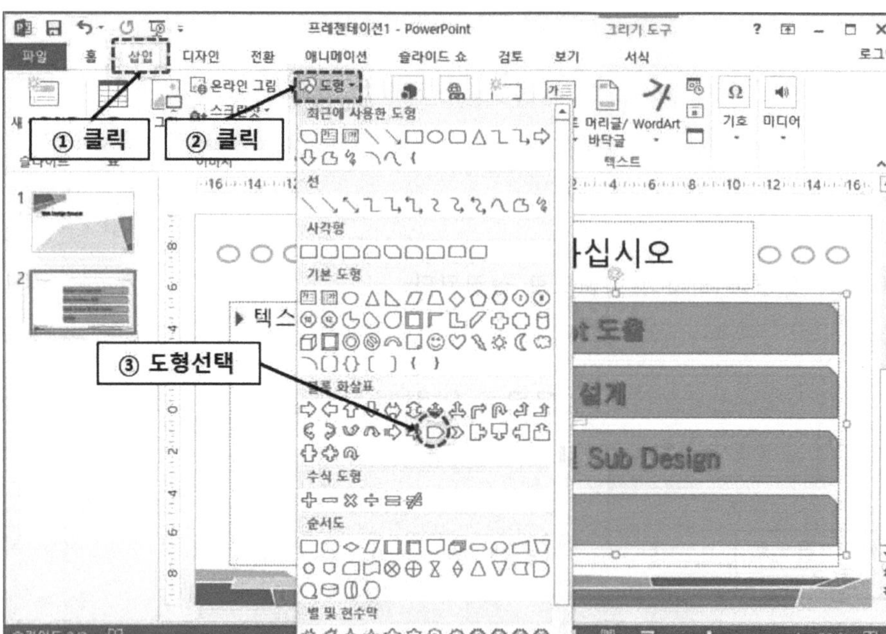

② 추가된 도형을 선택하고 오른쪽 마우스를 클릭하여 나타난 팝업 창에서 “텍스트 편집”을 클릭한다.

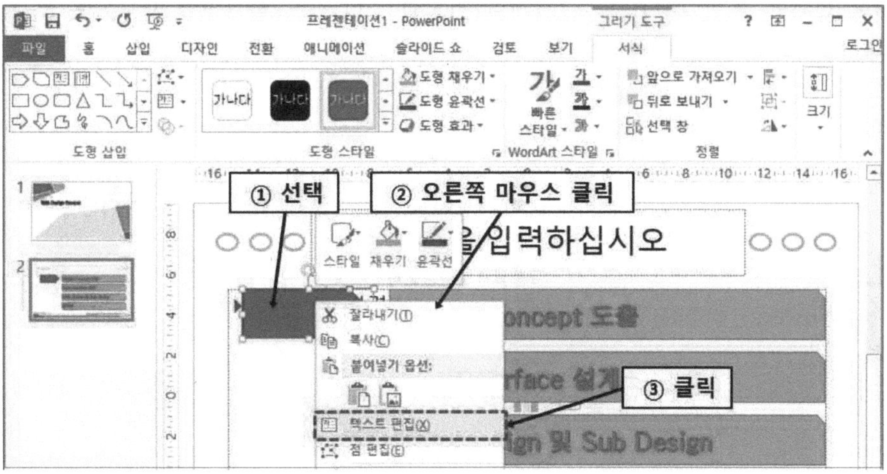

③ 도형에 텍스트를 입력한 후, [홈]-[글꼴] 그룹에서 서식을 변경한다.

④ [그리기 도구]-[서식]을 클릭하고 [도형 스타일] 그룹에서 도형 스타일을 설정한다.

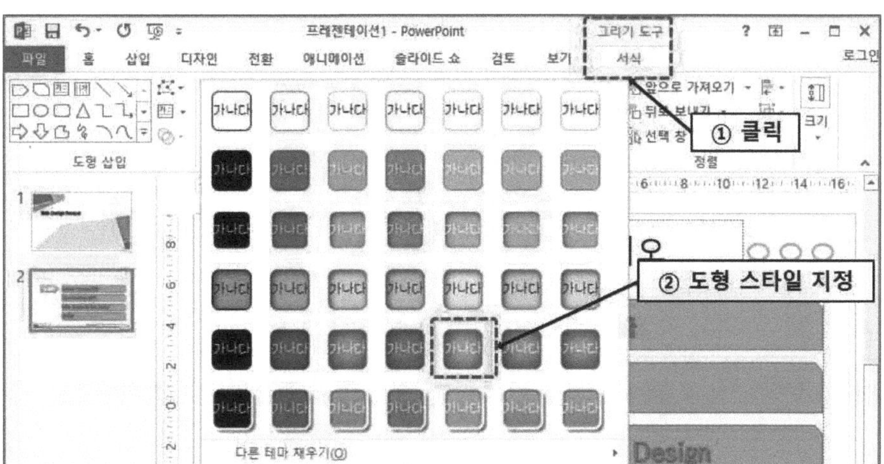

⑤ 도형을 선택한 후, [그리기 도구]-[서식]-[도형 스타일] 그룹 [도형 채우기▼]를 클릭하고 [그라데이션▶]-[기타 그라데이션]을 선택한다.

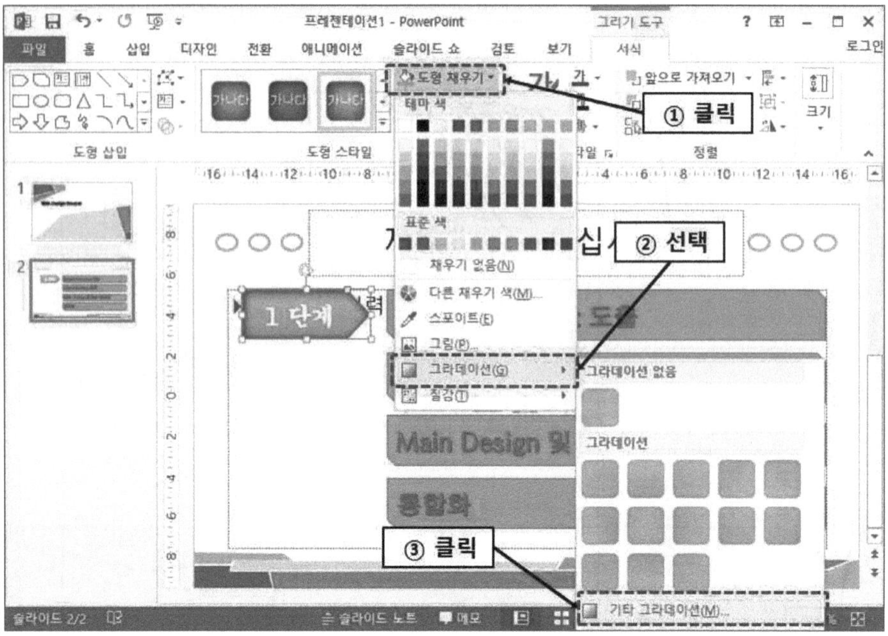

⑥ [도형 서식] 대화상자가 나타나면, [채우기] 옵션에서 "그라데이션 채우기"를 선택한다.

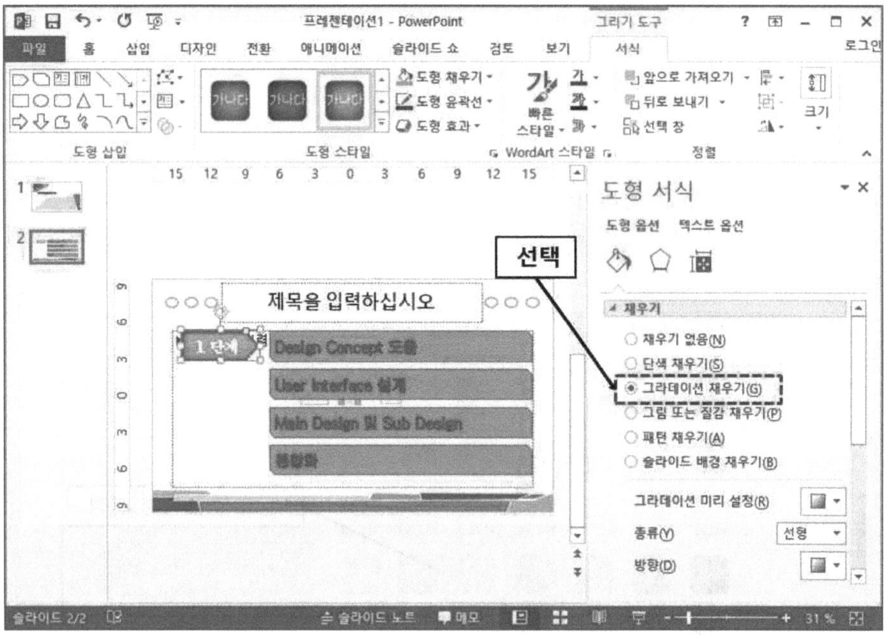

⑦ 기본 설정 색은 그대로 두고 종류를 "선형"으로 선택한다.

"그라데이션 중지점"에서 "중지점 1"의 "위치를 0%", "색"을 "흰색"으로 지정한다. "그라데이션 중지점 추가" 버튼으로 추가하고 "중지점 2"를 마우스를 클릭한 후, "중지점 위치"를 "30%", "색"을 "파랑"으로 지정한다. "그라데이션 중지점 추가" 버튼으로 추가한 후, "중지점 3"은 "60%", "검정"으로 지정하고 "중지점 4"는 "90%", "빨강"으로 지정한다.

그리고 방향은 "선형 오른쪽"으로 선택한다. 설정이 끝나면 닫기를 클릭한다. 중지점의 개수에 따라 다양한 그라데이션을 디자인할 수 있다.

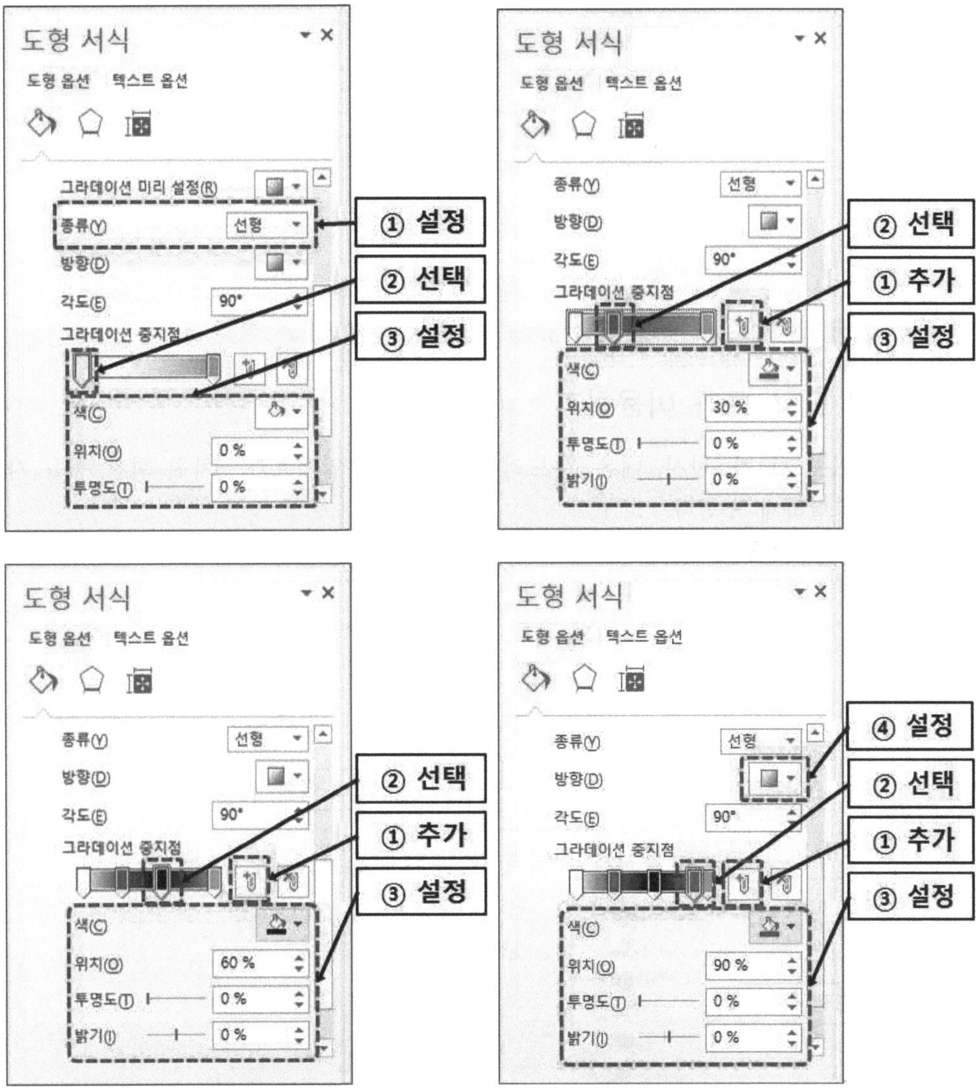

⑧ 다음 그림과 같이 편집한다. 도형을 복사한 다음, 텍스트를 입력하고 [그리기 도구]-[서식] 탭의 정렬에서 "왼쪽 맞춤", "세로 간격을 동일하게"를 실행한다.

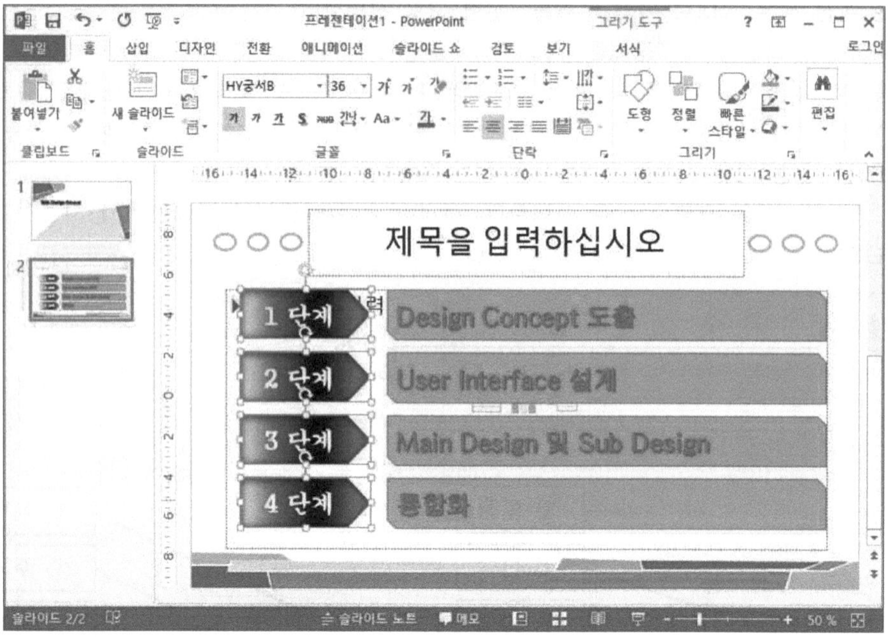

5.2.2 도형 효과 이용하기

도형 효과는 그림자, 반사, 네온, 부드러운 가장자리, 입체효과, 3차원 회전 등을 사용하여 도형을 특별하게 꾸민다.

① 1~4단계 도형을 선택하고, [그리기 도구]-[서식] 탭의 [도형 스타일] 그룹에서 [도형효과▼] 아이콘을 클릭한다.

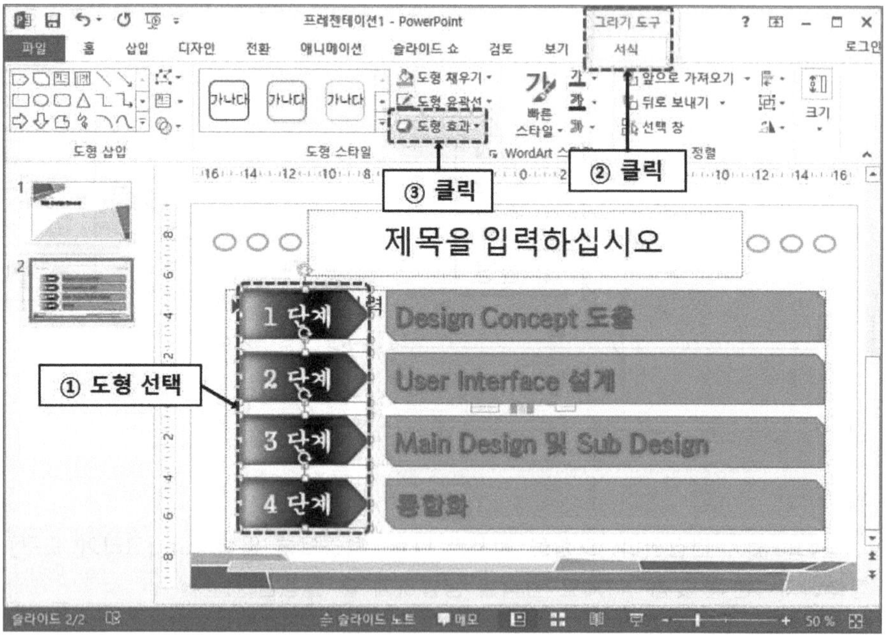

② 여기에서는 "반사"-"반사변형"-"근접반사, 터치"를 선택한다.

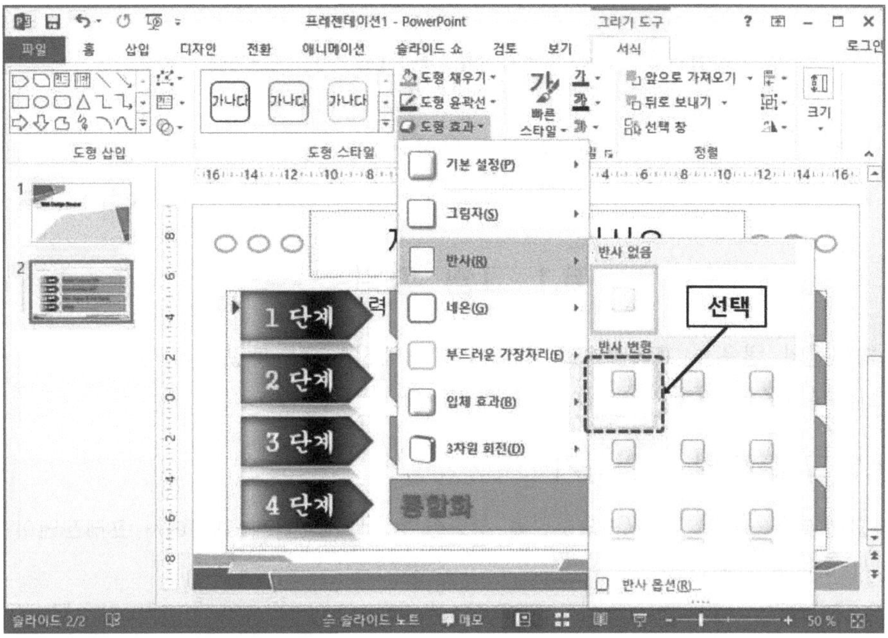

③ 선택한 도형효과가 적용된다.

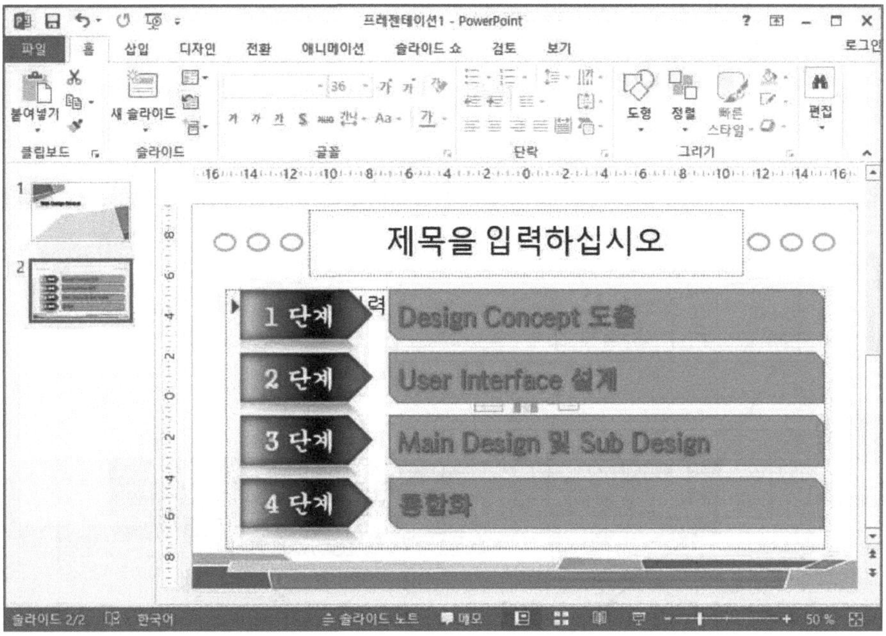

제 6 장 개체 삽입과 편집

파워포인트 2013에서는 그림이나 조직도, 다이어그램 등의 개체를 삽입하거나 편집할 때 보다 쉽고 편리하게 사용할 수 있는 기능들이 대폭 보강되었다.

6.1 그림 파일

프레젠테이션의 내용을 효과적으로 설명하기 위해서 그림 파일을 삽입할 경우가 있다. 필요한 그림 파일을 준비해서 슬라이드에 삽입한다.

6.1.1 그림 파일 삽입하기

① 파워포인트를 실행하고 새 슬라이드를 추가한 후, [디자인]-[테마]에서 프레젠테이션 스타일 중에서 하나를 선택한다.

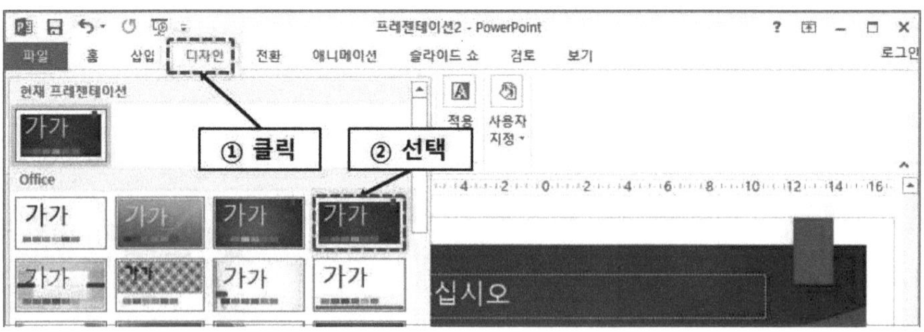

② [삽입]-[이미지]-[그림] 아이콘을 클릭하거나 슬라이드에 나타난 [그림] 아이콘을 클릭한다.

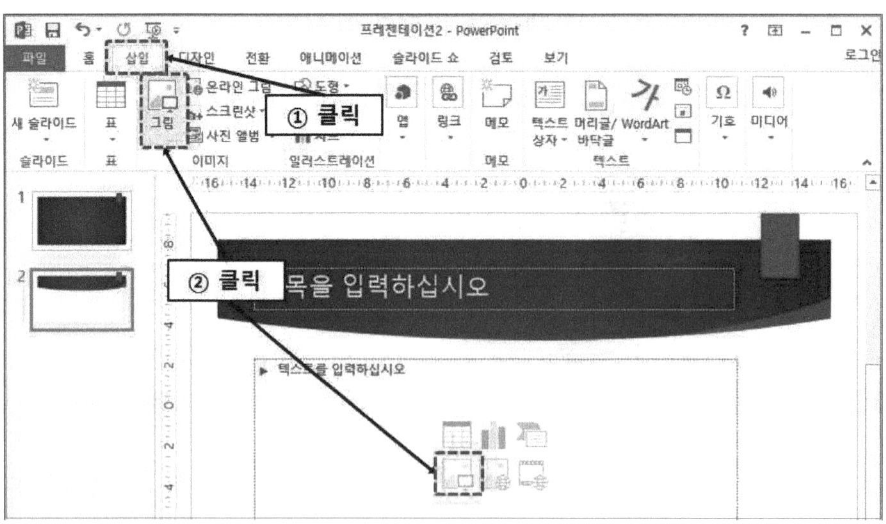

③ [그림 삽입] 대화상자에서 그림 파일 위치를 설정하고 그림 파일을 선택한 다음, [삽입]을 클릭한다.

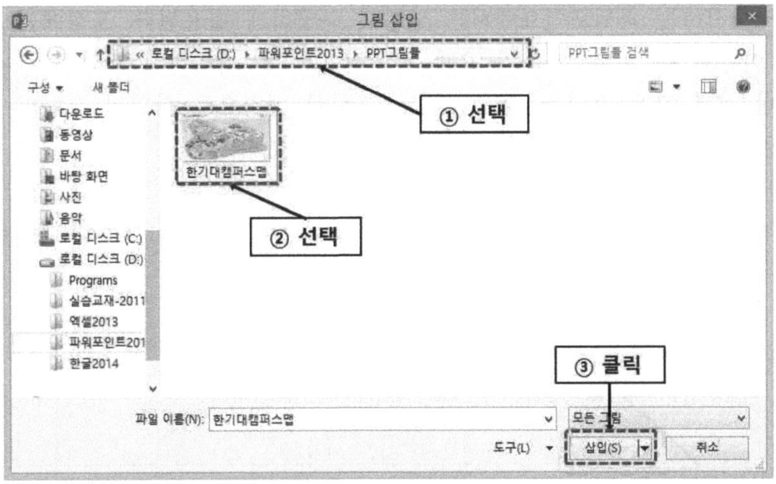

④ 그림이 슬라이드에 삽입되면 크기 조정 핸들을 이용하여 그림 크기를 조절한다.

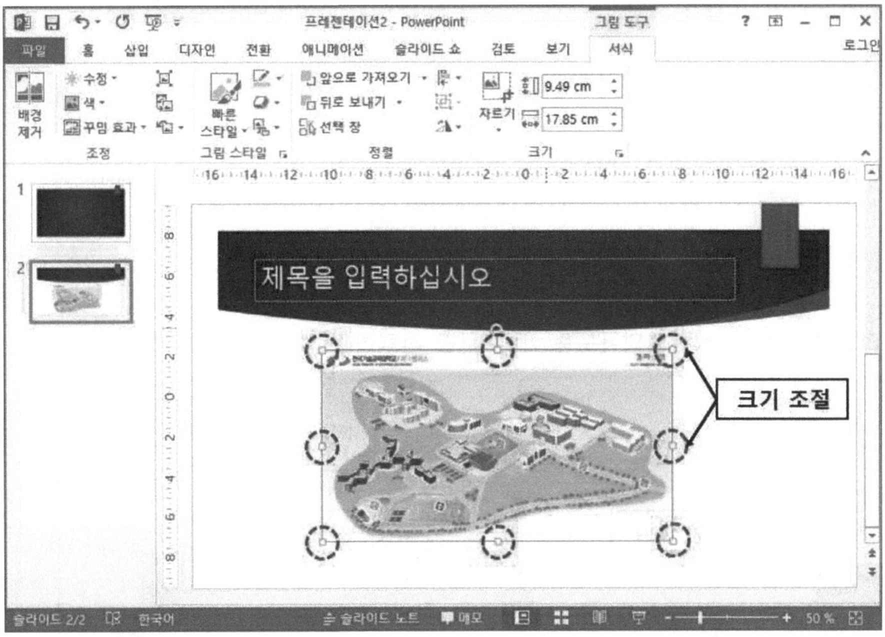

Part 4

6.1.2 도형 안에 그림 채우기

시각적인 효과를 중시하는 파워포인트에서는 도형이 다양하게 활용된다. 도형에는 다양한 채우기 효과를 이용할 수 있다. 채우기 효과 중에서 그림을 삽입하게 되면 그림을 도형 모양대로 오려낸 것과 같은 효과를 줄 수 있다. 도형의 배경으로 삽입된 그림의 경우에는 투명도를 적용하는 등의 추가적인 효과를 적용할 수도 있다.

① 새 슬라이드를 삽입한다.

② [삽입]-[일러스트레이션] 그룹에서 그림을 삽입할 "도형"을 선택하면, + 표시가 나타난다. 이 때 마우스를 이용하여 적당한 위치와 크기로 도형을 그린다.

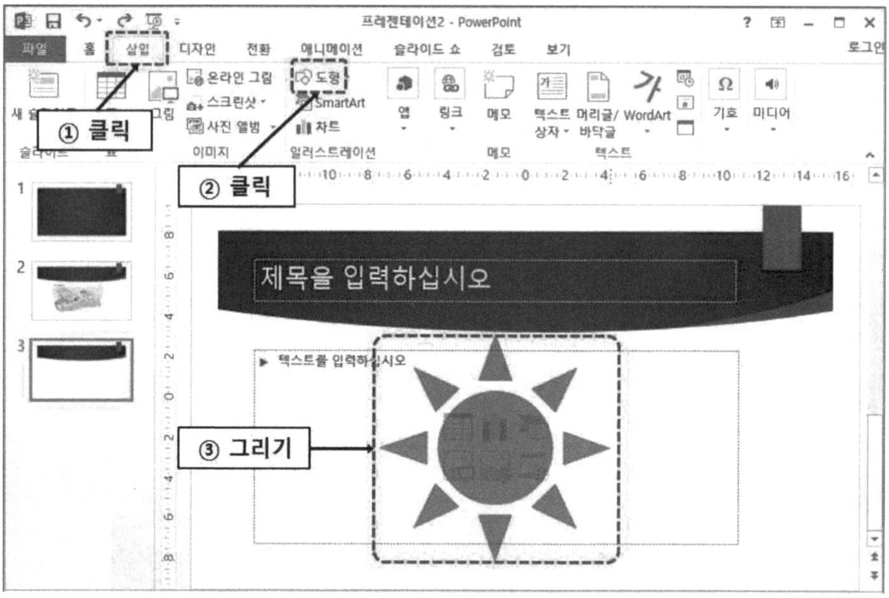

③ [그리기 도구]-[서식] 탭의 [도형 채우기]를 선택하고 "그림"을 선택한다.

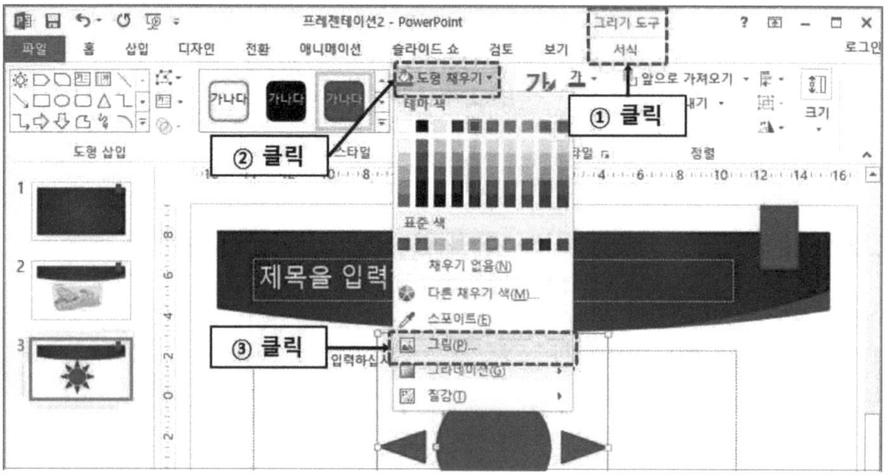

④ [그림 삽입] 대화상자에서 “파일에서” 또는 “이미지 검색”으로 그림을 찾고 그림 파일을 선택한 후, [삽입]을 클릭한다.

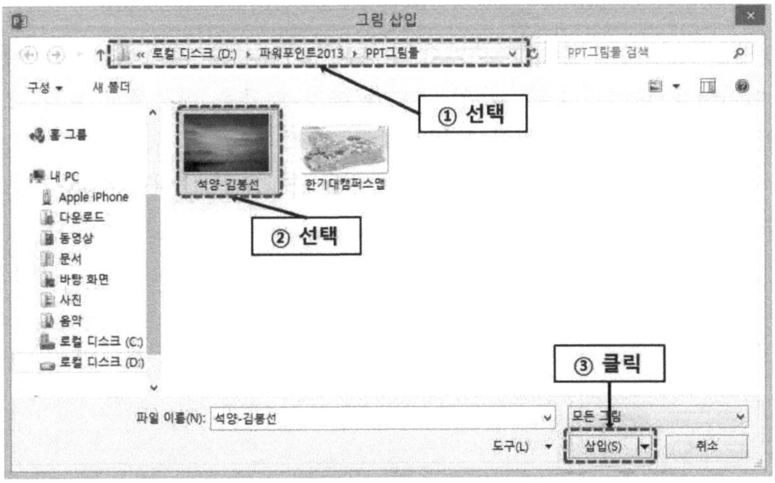

⑤ 그림이 도형에 삽입되면, [그림 도구]-[서식] 탭의 [조정] 그룹에서 “배경제거”, “수정”, “색”, “꾸밈 효과” 등을 조절한다.

⑥ [그림 스타일] 그룹에서 “그림 테두리”나 “효과”를 적용하여 모양으로 변경할 수 있다.

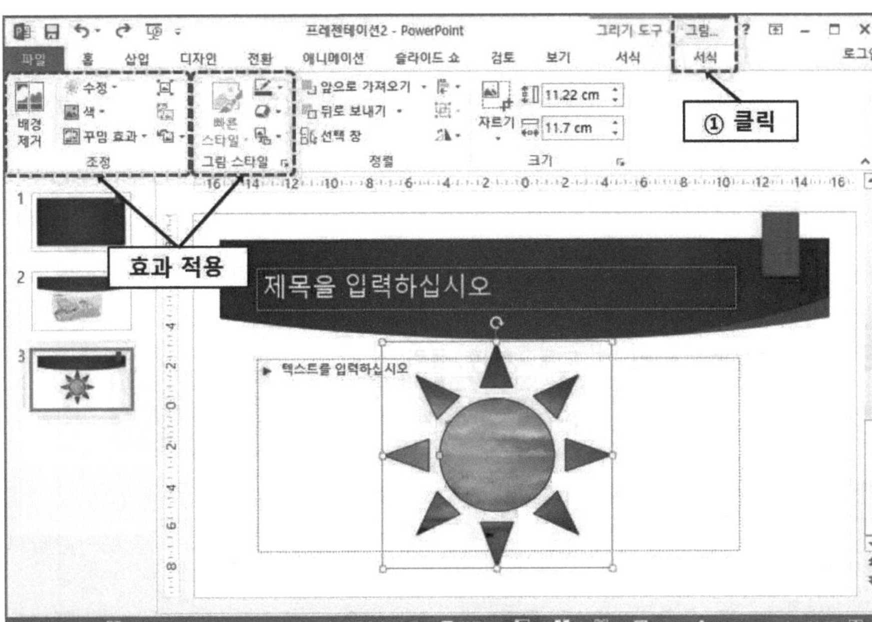

6.2 표 삽입하기

표를 만들고 스타일을 변경하고 효과를 추가할 수 있는 기능이다. 행과 열의 개수를 정해서 표를 만들고 데이터를 입력한다. 표에 있는 크기 조정 핸들을 이용해서 표의 크기를 조정하고 표 스타일을 이용하여 표를 멋있게 변화시킬 수 있다. 또한 워드의 표 또는 엑셀의 셀 그룹을 복사하여 붙여 넣을 수 있을 뿐만 아니라 파워포인트 내에서 엑셀 스프레드시트를 삽입할 수도 있다.

슬라이드에 표를 삽입하고 서식을 지정하는 방법에 대해 설명한다.

① 새 슬라이드를 삽입한다.

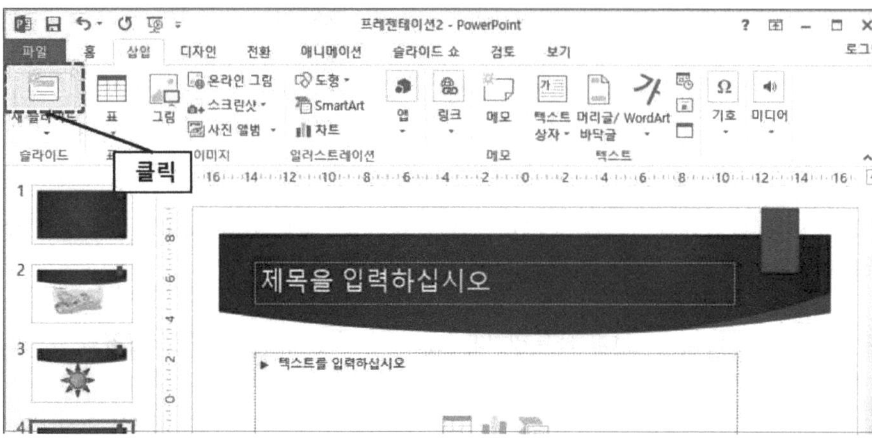

② [삽입]-[표]그룹에서 [표]아이콘을 클릭하고 표의 행과 열을 드래그한 다음, 클릭한다.

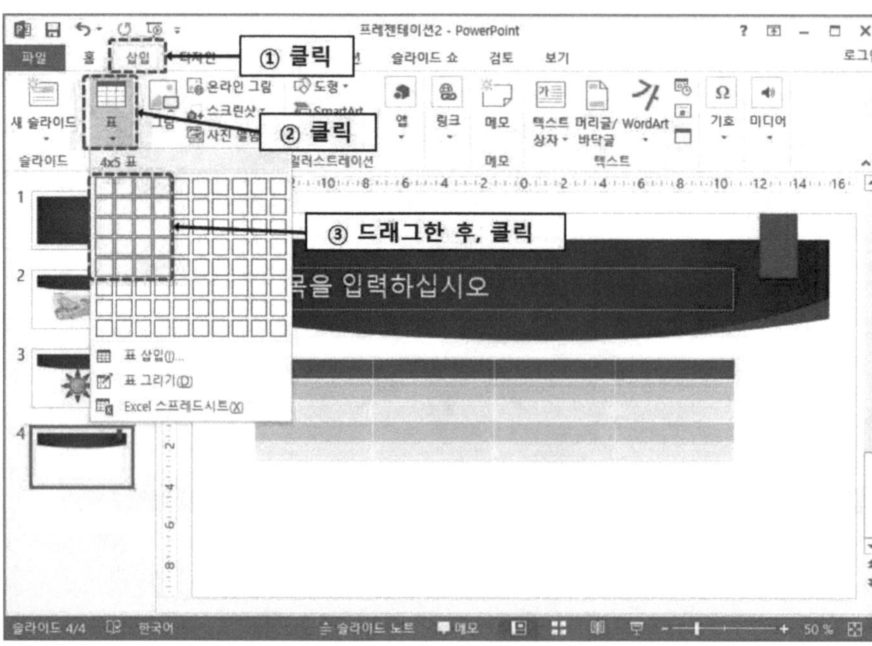

③ [표] 도구-[디자인] 탭의 [표 스타일] 그룹에서 표 스타일을 변경한다.

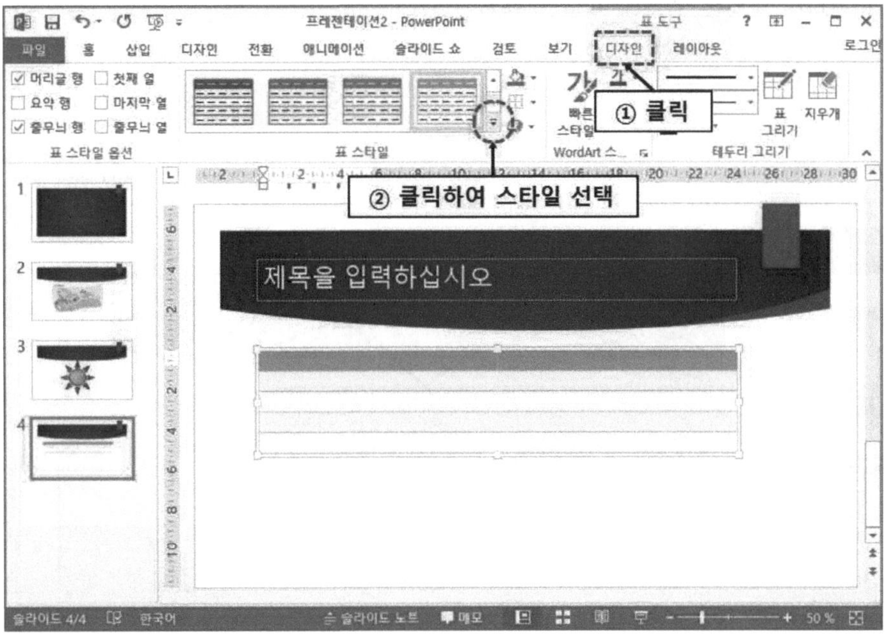

④ 표에 내용을 입력한다. 단축키를 사용하여 이동하려면, (Tab) 키를누르면 다음 셀로 이동하고, Shift+(Tab) 키를 클릭하면 이전 셀로 이동한다.

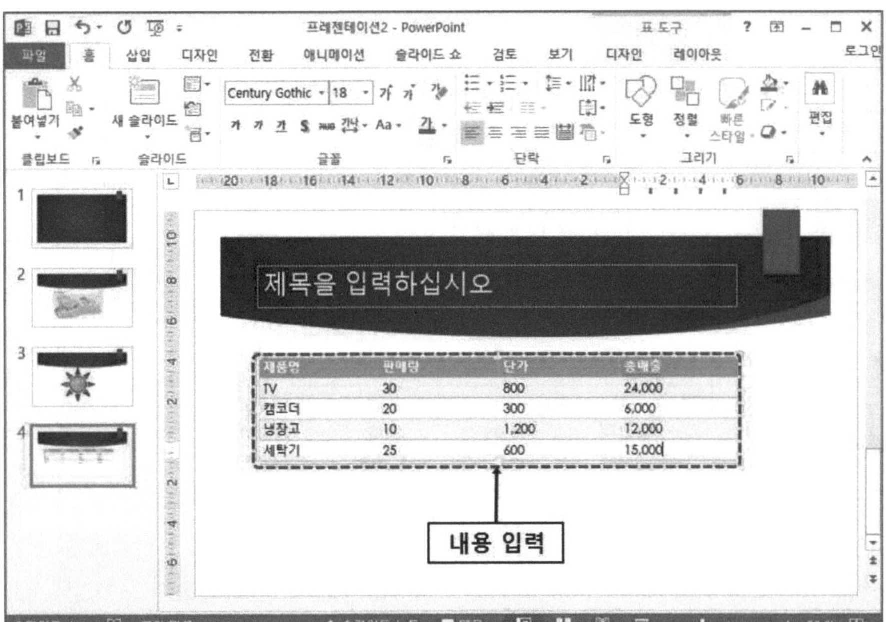

⑤ 표 테두리에 있는 크기 조정 핸들을 드래그 하여 표의 높이와 너비를 조정하고 마우스나 키보드를 이용하여 알맞은 위치에 표를 이동시킨다.

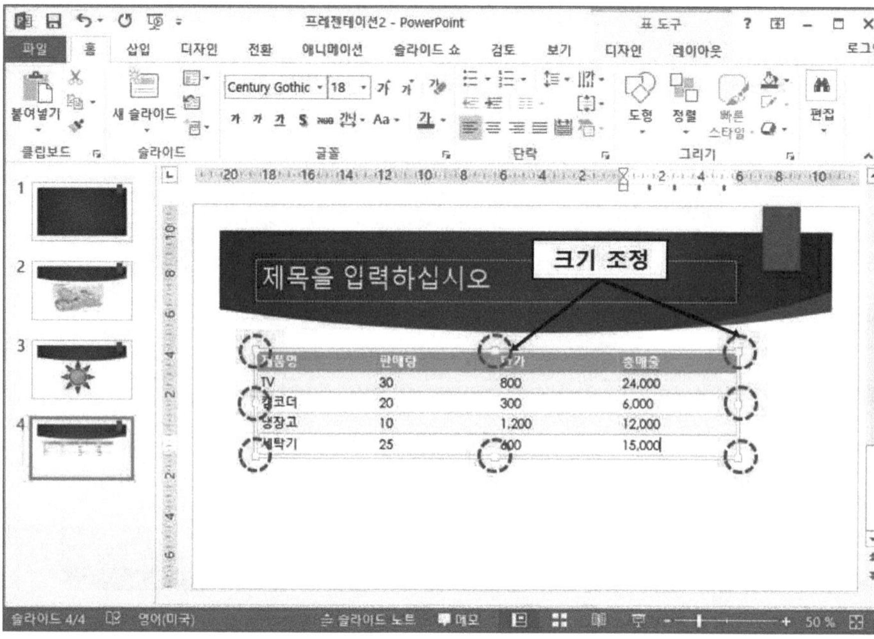

⑥ 표를 선택하고 [홈]-[글꼴] 그룹이나, [단락] 그룹을 이용하여 표를 편집한다.

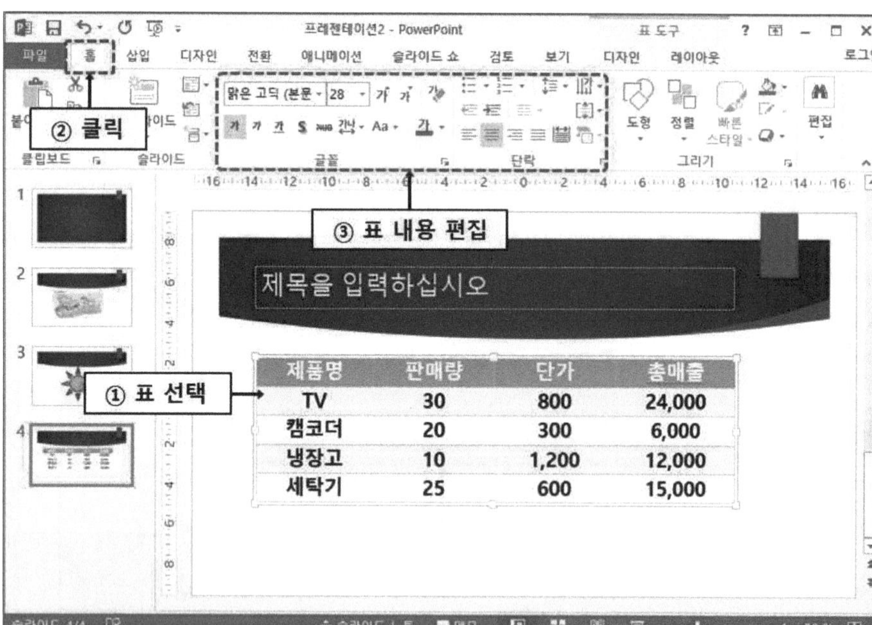

■ [표 도구]의 [디자인] 탭에서 [표 스타일] 그룹을 이용하여 표의 셀을 음영색으로 바꾸거나 [테두리 그리기] 그룹에서 테두리를 설정할 수 있다.

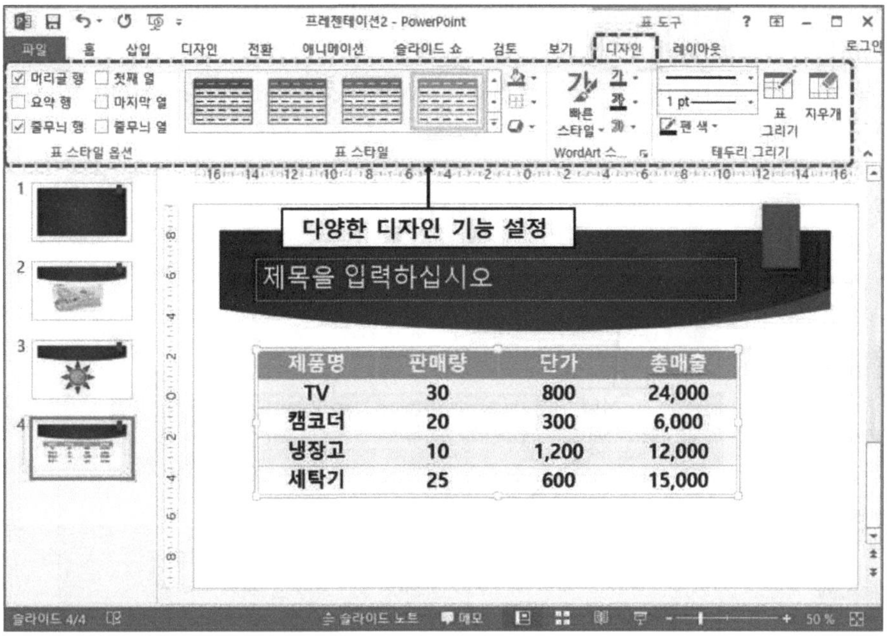

■ [표 도구]의 [레이아웃] 탭에 있는 도구를 사용해서 “행과 열을 삽입 및 삭제”, “셀 병합 및 셀 분할”, “행과 열의 크기” 등을 설정할 수 있다.

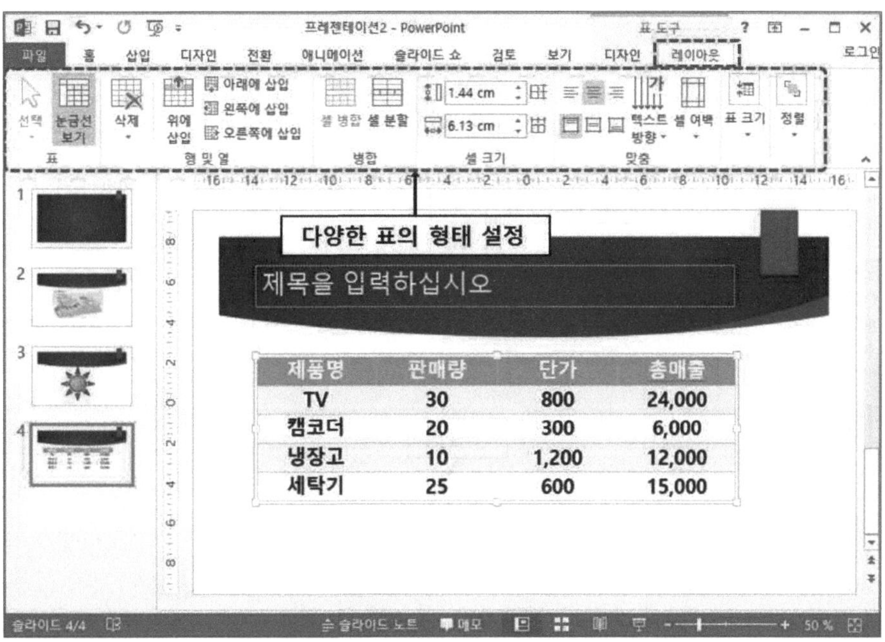

6.3 차트 삽입하기

엑셀과 같은 방법으로 파워포인트에서도 차트를 만들 수 있다.

① 새 슬라이드를 추가하고, [삽입]-[일러스트레이션] 그룹에서 [차트] 아이콘을 클릭하거나, 슬라이드 레이아웃에서 내용 개체에 있는 [차트] 아이콘을 클릭한다.

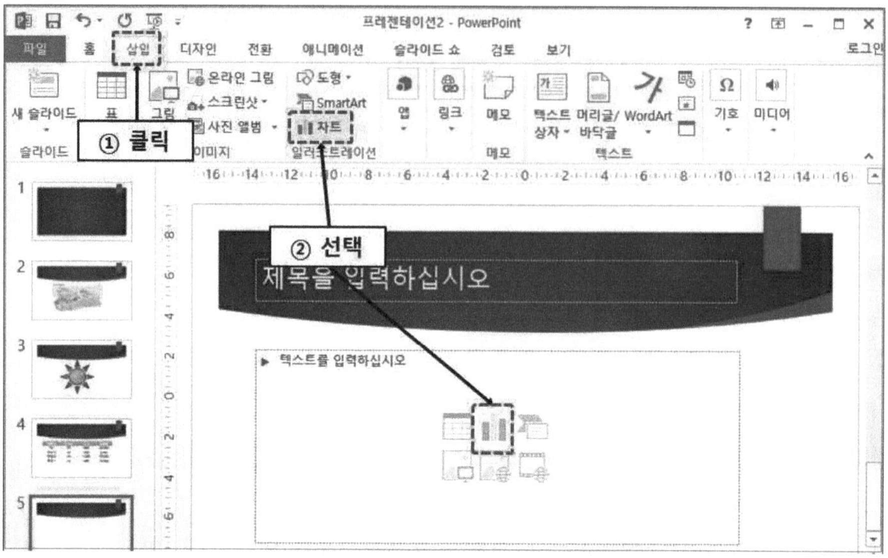

② [차트 삽입] 대화상자가 나타나면 삽입할 차트의 종류를 선택하고 [확인]을 클릭한다.

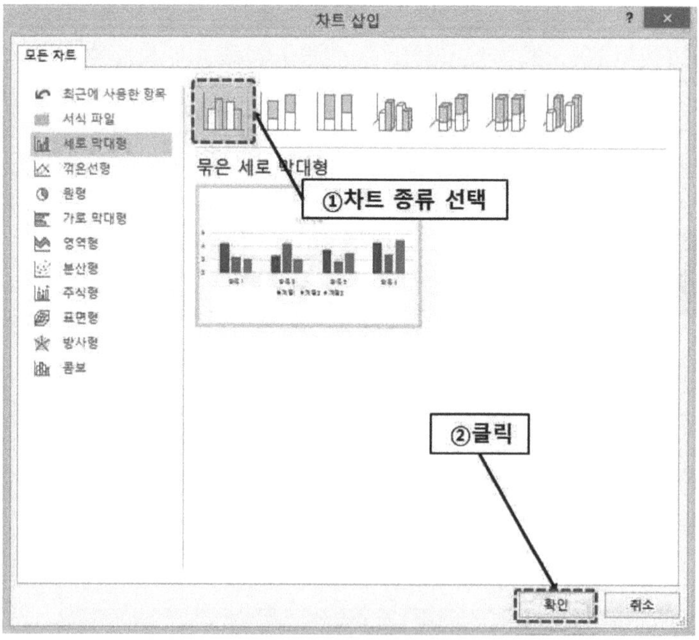

③ 엑셀이 실행되고 셀에 데이터 입력이 끝나면 [닫기]를 클릭한다.

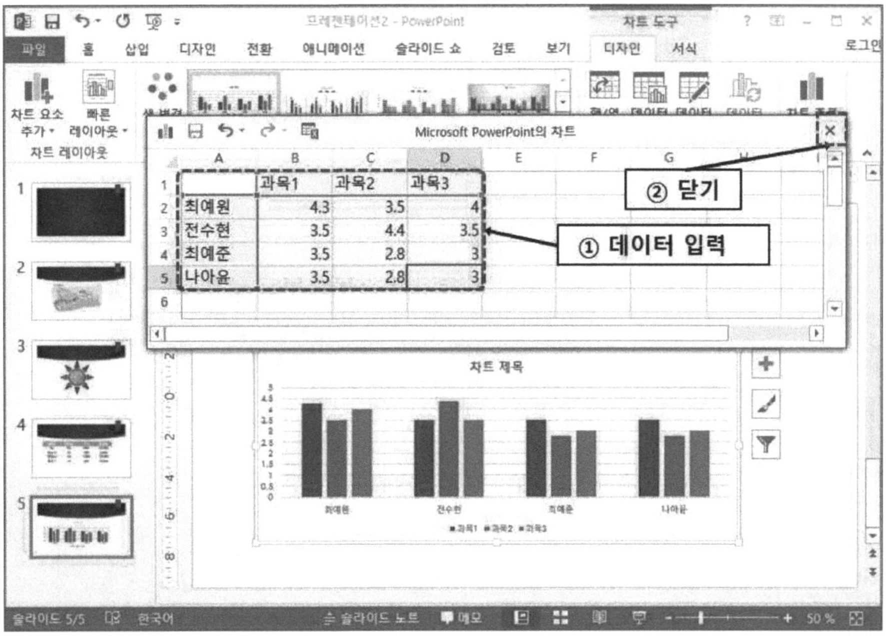

④ [차트 도구]-[디자인]-[차트 스타일] 그룹에서 스타일을 지정한다.

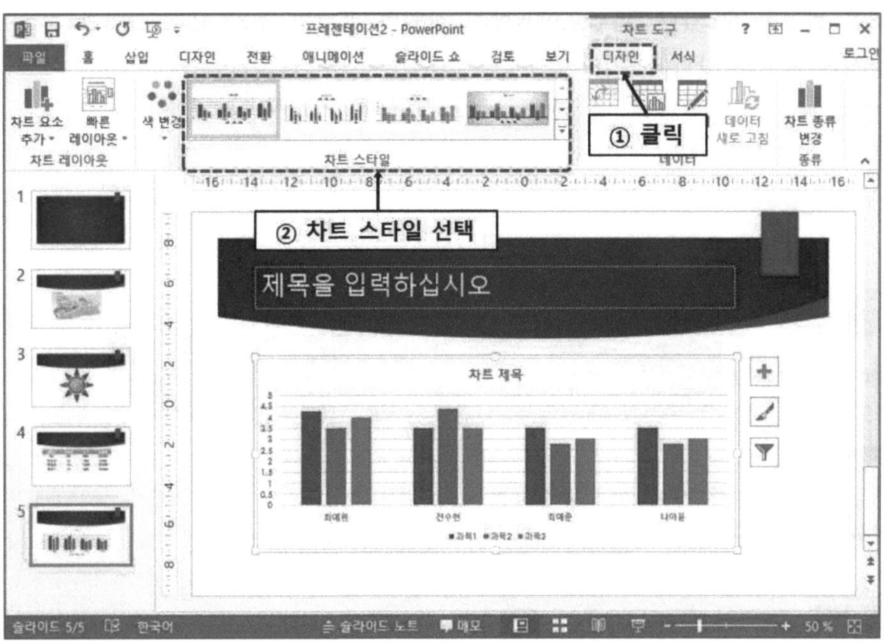

Part 4

⑤ [차트 도구]-[디자인]-[차트 레이아웃]그룹-[차트 요소 추가]에서 차트 제목에 "모의고사"를 입력한다.

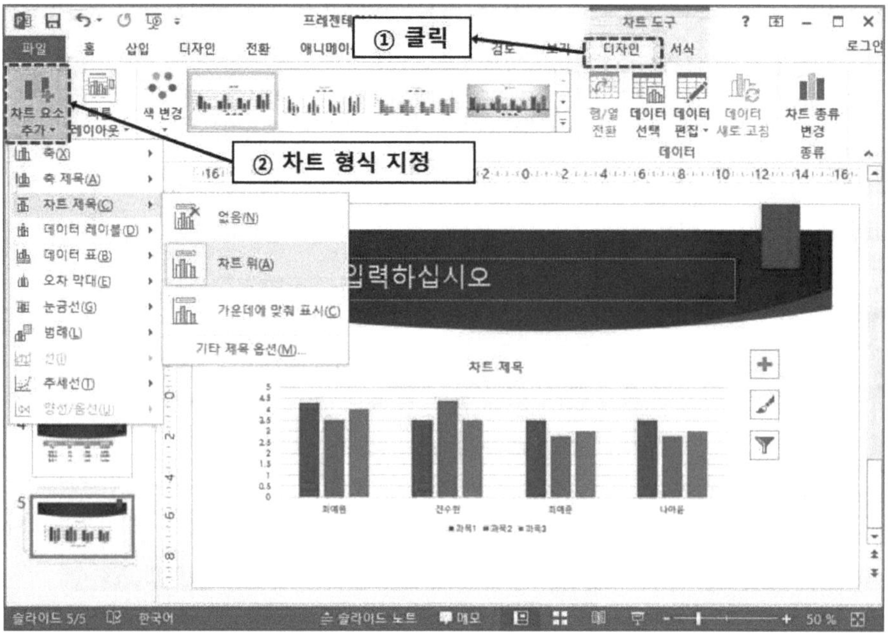

■ [차트 도구]의 [디자인] 탭과 [서식] 탭을 사용하여 디자인을 변경하고 차트의 구성요소의 서식을 변경할 수 있다. 파워포인트에서 삽입한 차트의 추가 요소 삽입과 서식을 지정하는 방식은 엑셀과 같다.

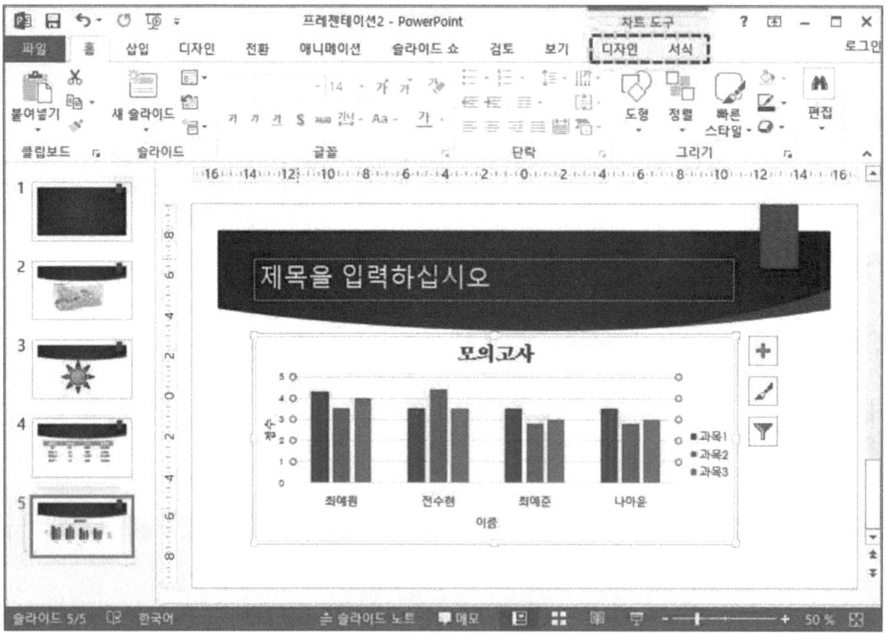

6.4 비디오 클립 삽입하기

프레젠테이션 실행 시 비디오 파일이 자동으로 재생되거나 클릭해서 재생되도록 설정할 수 있다. 슬라이드 문서에 파일을 직접 포함시키는 경우는 모든 파일이 프레젠테이션 문서 내에 존재하기 때문에 파일이 손상될 경우가 없다는 점이 장점이지만, 프레젠테이션 파일의 용량이 커진다는 점이 단점이다. 이 단점은 미디어 파일을 삽입할 때 파일을 포함하지 않고 연결시켜 주면 파일의 용량을 줄일 수 있다.

① [삽입]-[미디어]-[비디오]-[내 PC의 비디오] 클릭하거나 내용 개체에 [비디오 삽입] 아이콘을 클릭한다.

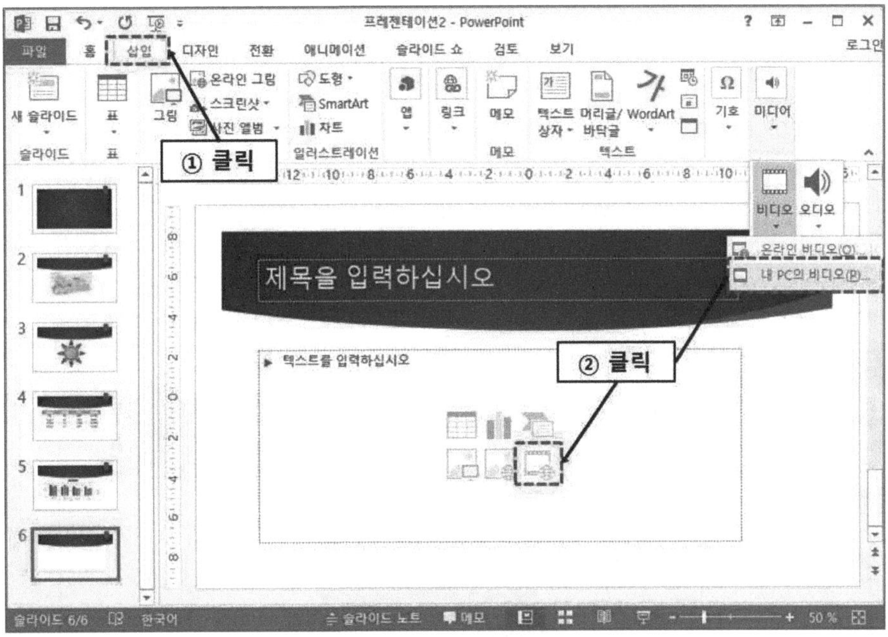

■ [온라인 비디오]는 다양한 비디오를 온라인에서 찾아 삽입할 수 있으며 [온라인 비디오]를 클릭하면 “YouTube”와 “비디오 Embed 태그”를 통해서 삽입이 가능하다.

[비디오 삽입] 아이콘을 클릭하면 “파일에서”, “YouTube”와 “비디오 Embed 태그”를 이용해서 삽입한다.

② [비디오 삽입] 대화상자에서 삽입할 비디오 파일의 위치를 설정하고 비디오 파일을 선택한 후, [삽입▼]을 클릭하여 미디어 파일 연결 방법을 선택한다. “삽입”은 문서 내 포함되고, “파일에 연결”은 문서 내 포함되지 않는다.

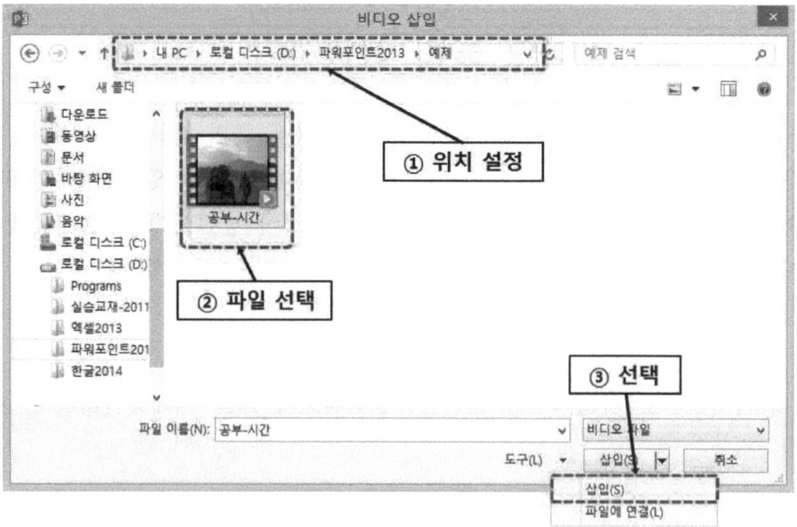

③ 비디오 파일이 중앙에 삽입되면 원하는 위치로 드래그 하여 이동시킨다.

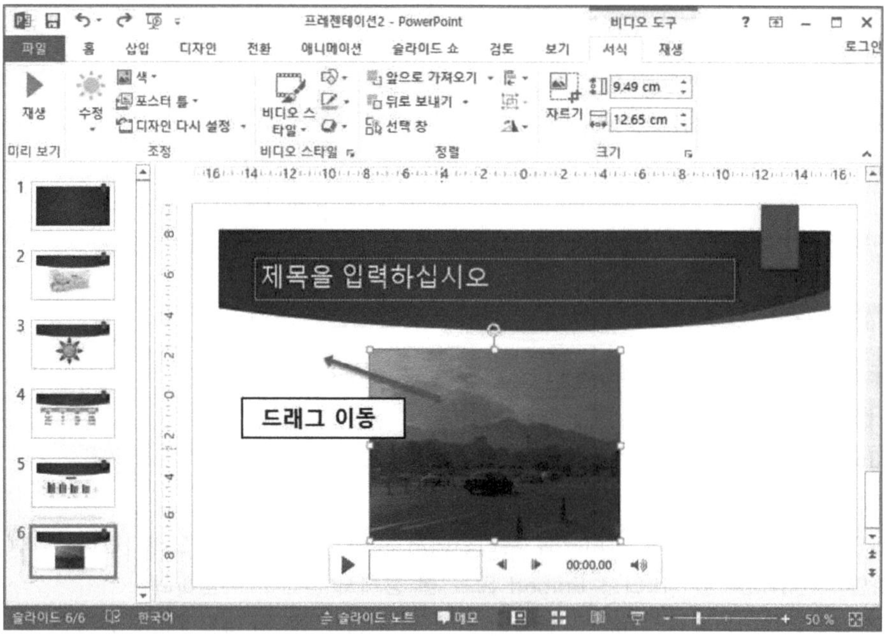

④ 동작점의 모서리 조절점을 이용하여 비디오의 크기를 조절한다.

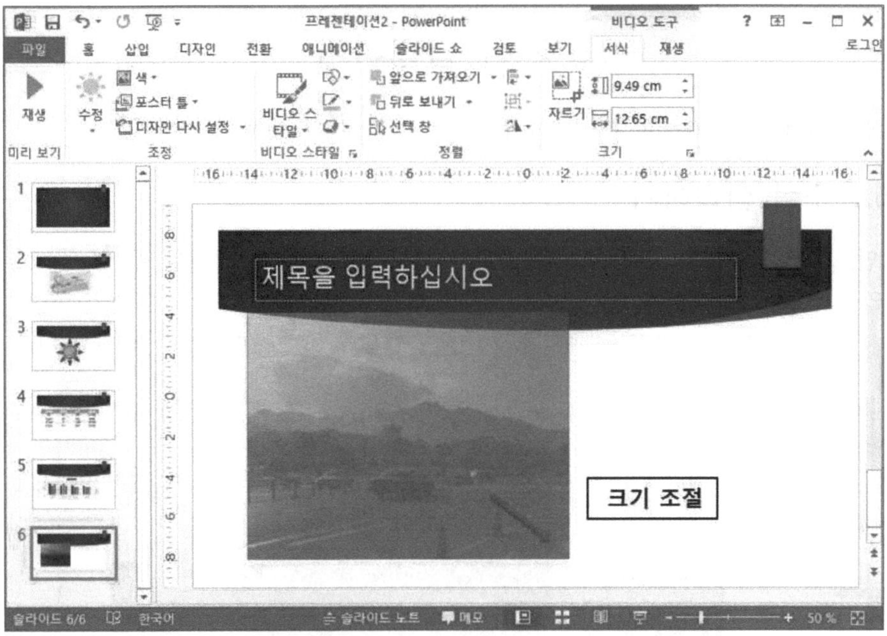

⑤ 비디오 프레임의 재생을 클릭하면 편집 창에서 삽입된 비디오를 확인할 수 있다.

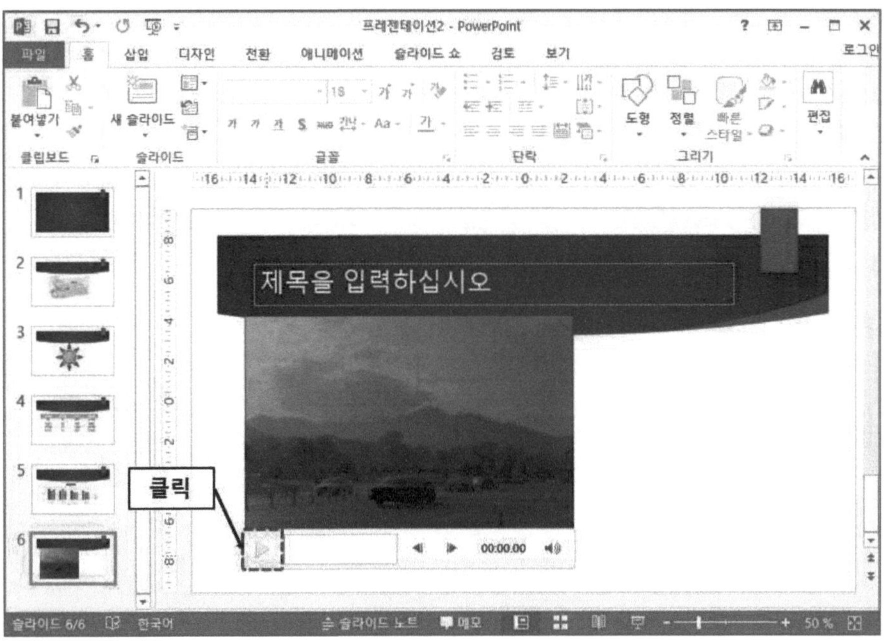

Part 4

6.5 기타 삽입하기

파워포인트에서 실행 가능한 [수식] 삽입과 [스크린 샷]에 대해 설명한다.

6.5.1 수식 삽입하기

파워포인트에서는 별도의 프로그램을 설치하지 않아도 수식을 입력할 수 있다.

① [삽입]-[기호]-[수식▼]을 클릭한다.

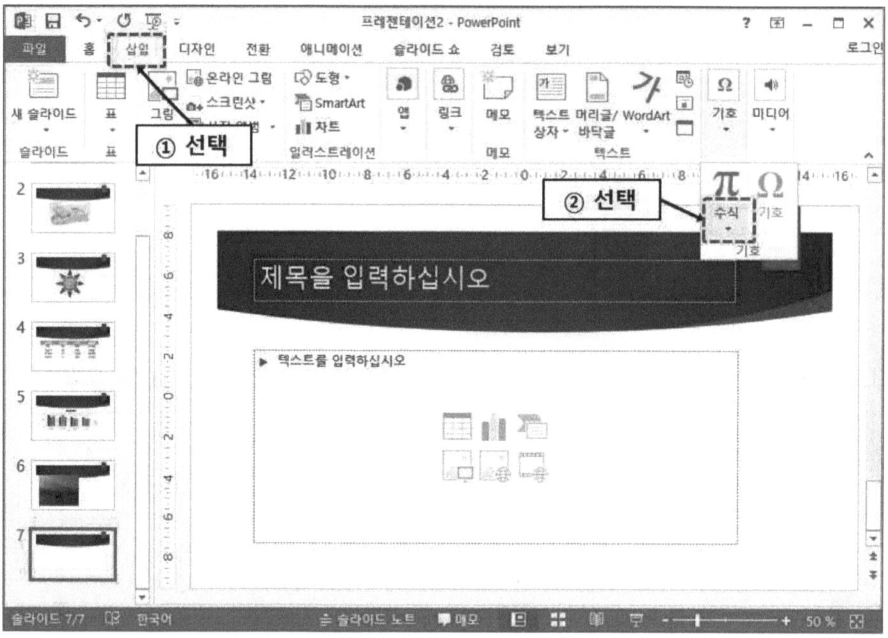

② 여러 가지의 선택 목록에서 수식 형태 하나를 선택한다.

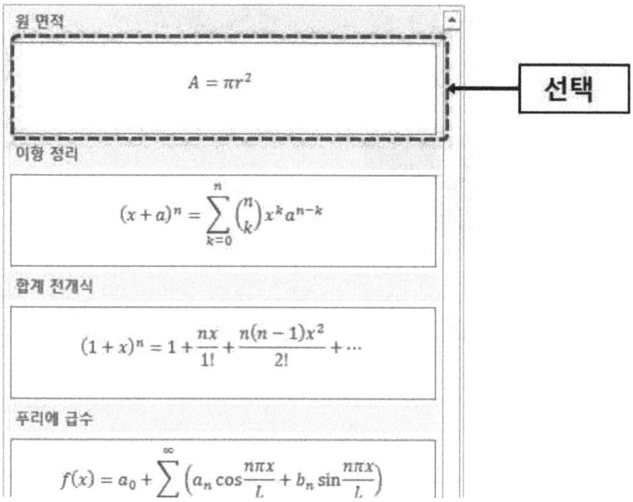

③ [수식 도구]-[디자인]을 선택하면 [도구], [기호], [구조] 그룹을 통해 수식을 쉽게 추가할 수 있다. 또한 [홈] 탭에서 수식의 "글꼴 및 단락"을 설정한다.

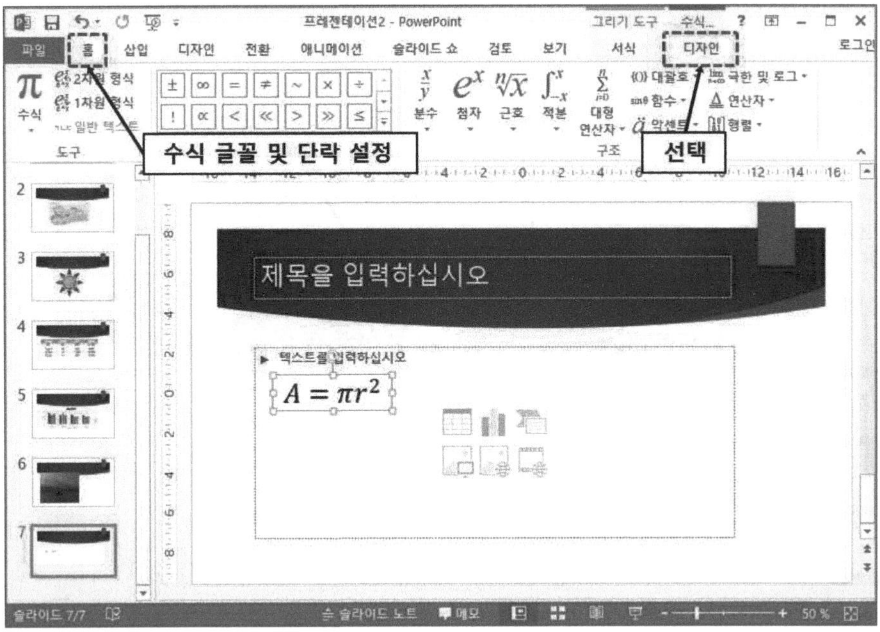

6.5.2 스크린샷

열려 있는 창의 전체나 일부를 캡처하여 슬라이드에 삽입하는 기능이다.

① [삽입]-[이미지]-[스크린샷▼]을 클릭한다.

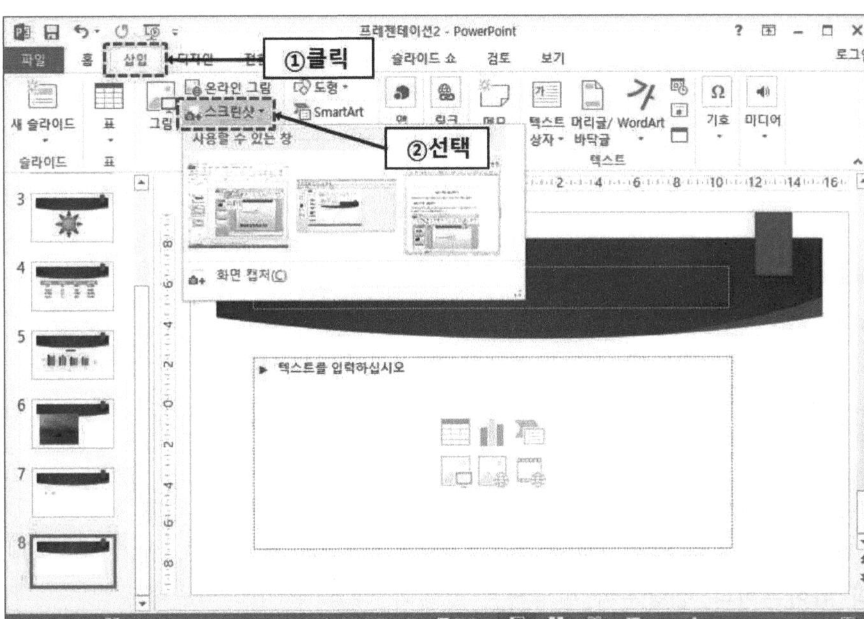

② "사용할 수 있는 창"에서 선택하거나 "화면캡처(C)"를 선택하여 마우스를 캡처할 부분을 드래그하여 선택하면 캡처한 화면이 슬라이드에 삽입된다.

<사용할 수 있는 창>

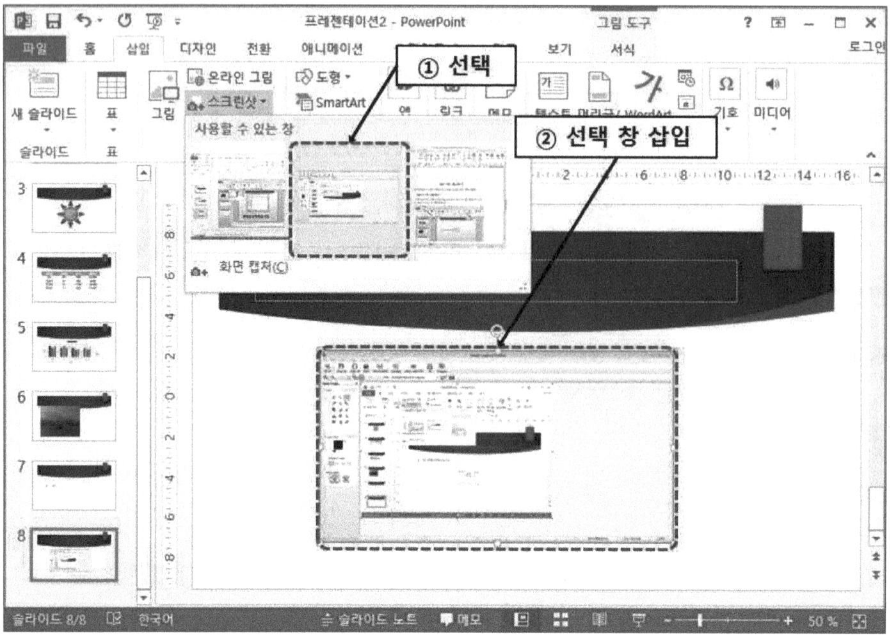

<화면캡처>

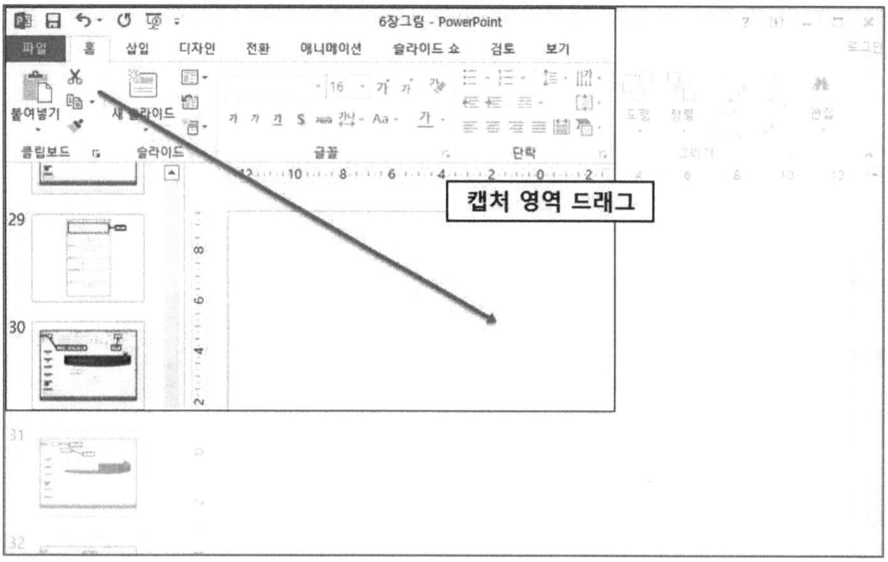

③ [그림 도구]-[서식] 탭을 클릭하고 "그림 스타일", "정렬", "크기" 등을 설정한다.

편집의 편의를 위해 파워포인트를 작은 창으로 만들어 설명하고 있기 때문에 전체 화면에서의 아이콘이나 명령문이 설명하는 그림과 다를 수 있다.

제 7 장 애니메이션

파워포인트에서는 슬라이드에 포함된 각 개체에 애니메이션 효과를 보다 쉽게 적용할 수 있도록 [애니메이션] 리본메뉴가 있고 슬라이드 쇼 실행 시 슬라이드가 바뀔 때 동적인 슬라이드 넘김이 될 수 있도록 [전환] 리본메뉴를 제공한다.

7.1 슬라이드 마스터 애니메이션

모든 슬라이드에 같은 애니메이션을 적용하려면 슬라이드 마스터를 이용하여 애니메이션 기능을 슬라이드에 추가한다.

앞에서 만든 프레젠테이션을 다음과 같이 추가 및 수정한다.

- 프레젠테이션 2페이지에 새 슬라이드를 추가하고 다음과 같이 작성한다.

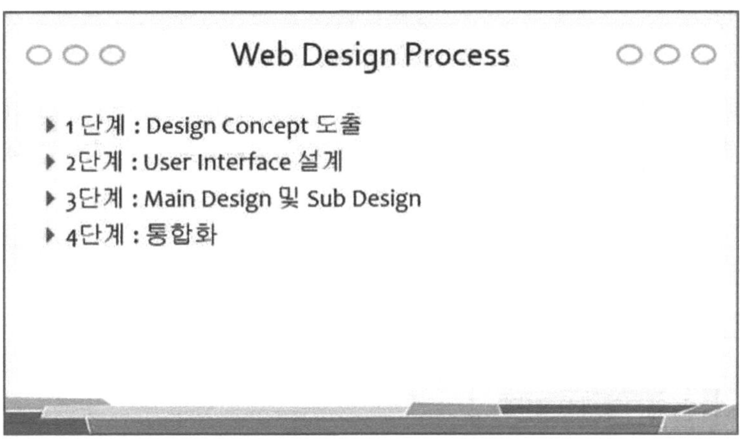

- 프레젠테이션 3페이지 슬라이드를 수정한다.

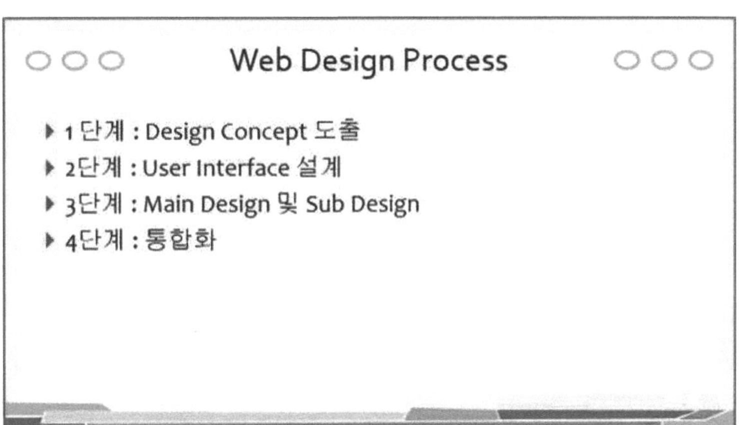

① [보기]-[마스터 보기] 그룹에서 [슬라이드 마스터] 아이콘을 클릭한다.

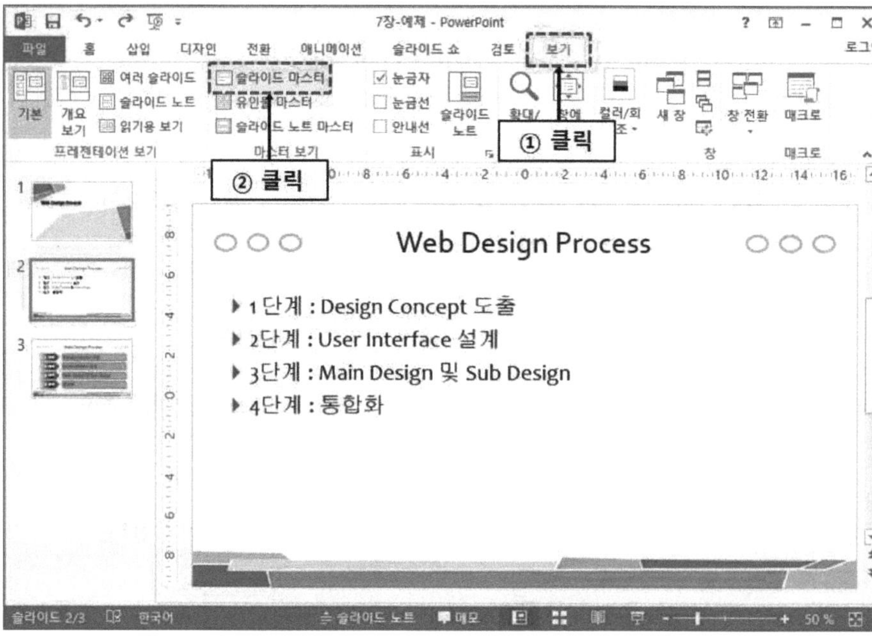

② 제목 개체 를 선택한 다음, [애니메이션]-[애니메이션] 그룹의 [자세히 ▼]을 선택한 다음, “닦아내기”를 선택한다. 그러면 제목 상자에 “1”이라는 숫자가 나타나며 이 숫자는 애니메이션 순서를 나타낸다.

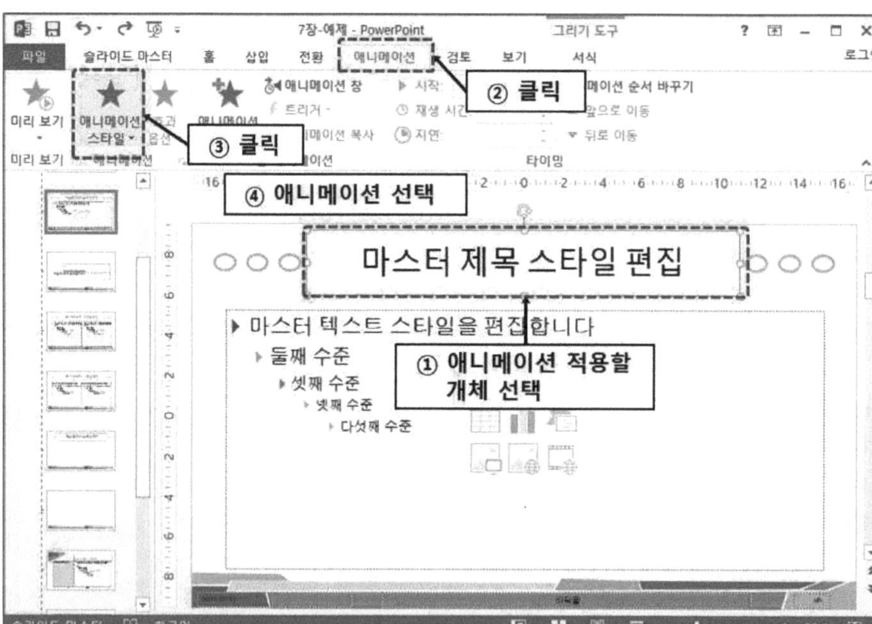

③ [타이밍] 그룹에서 시작의 "이전 효과와 함께"를 선택하면 "1"에서 "0"으로 변경된다. "재생 시간" 및 "지연 시간"을 설정한다.

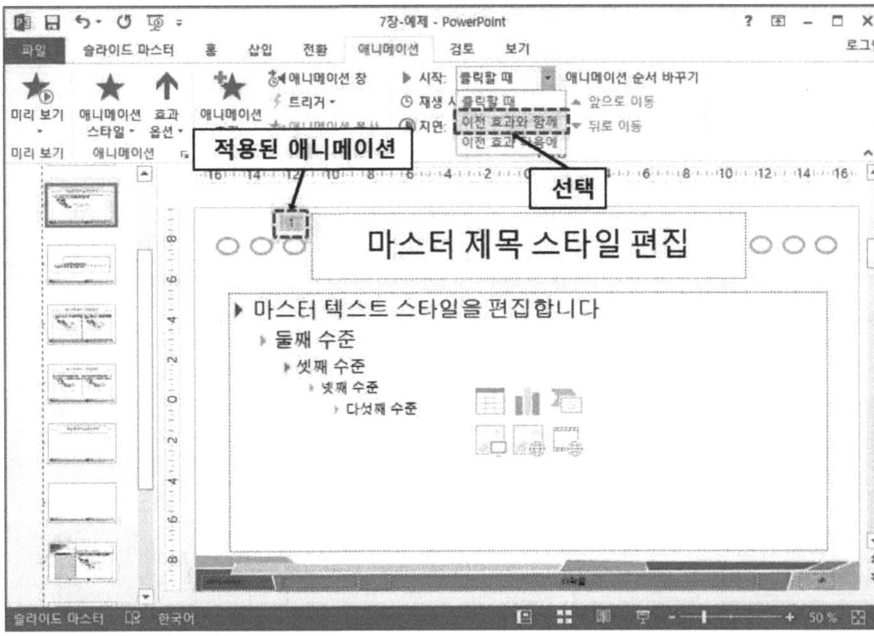

④ 내용 개체 틀을 선택한 후, [애니메이션의 자세히]을 클릭하고 "날아오기"를 선택하면 내용 개체에 "1"의 숫자가 나타난다. 이것은 클릭을 해야만 애니메이션이 실행됨을 나타낸다.

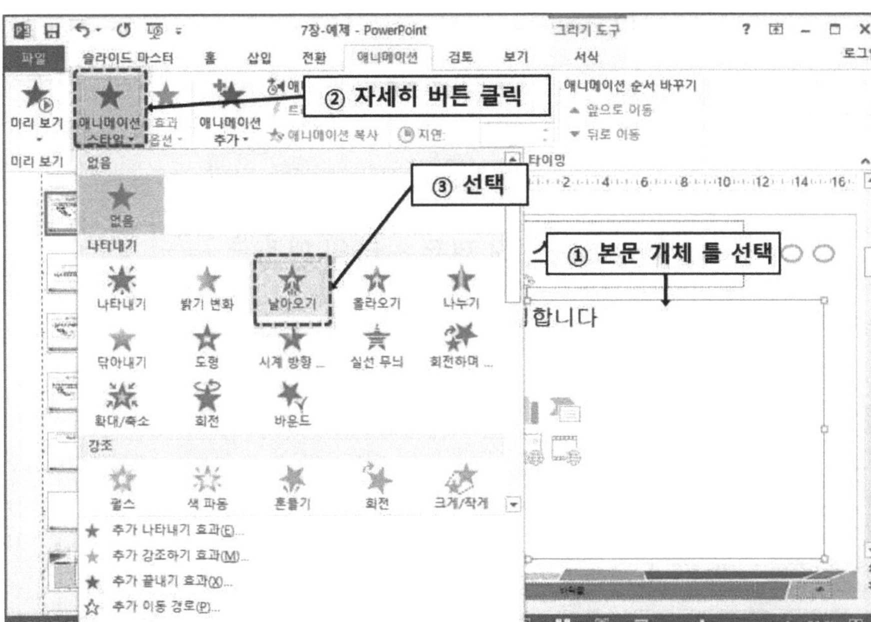

⑤ 제목 개체 애니메이션과 동시에 실행 되도록 하려면 [타이밍] 그룹에서 시작의 "이전 효과와 함께"를 선택한다. 내용 개체의 숫자가 "1"에서 "0"으로 변경되고 이것은 동시에 실행됨을 나타난다. "재생 시간" 및 "지연 시간"을 설정한다.

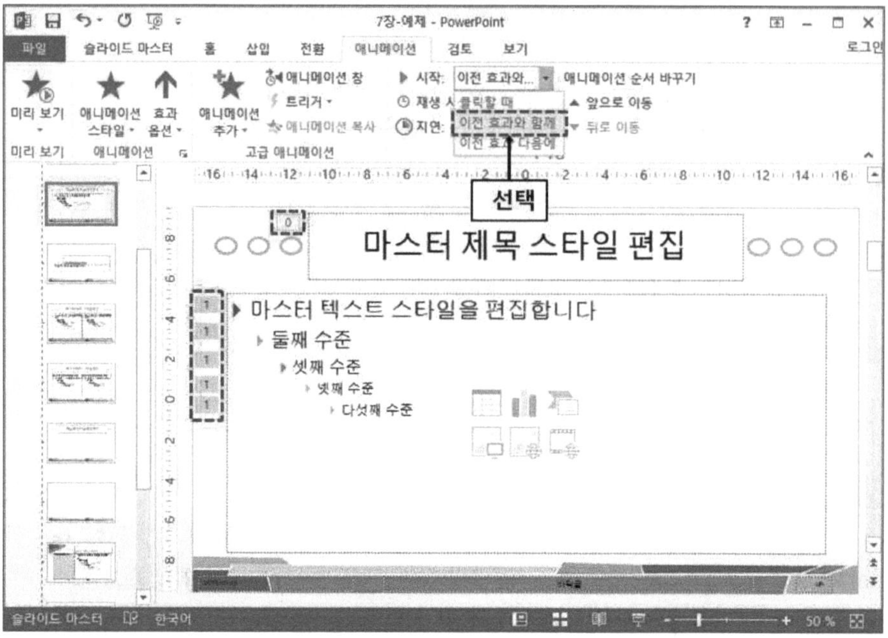

⑥ [슬라이드 마스터]-[닫기] 그룹에서 [마스터 보기 닫기]를 클릭한다.

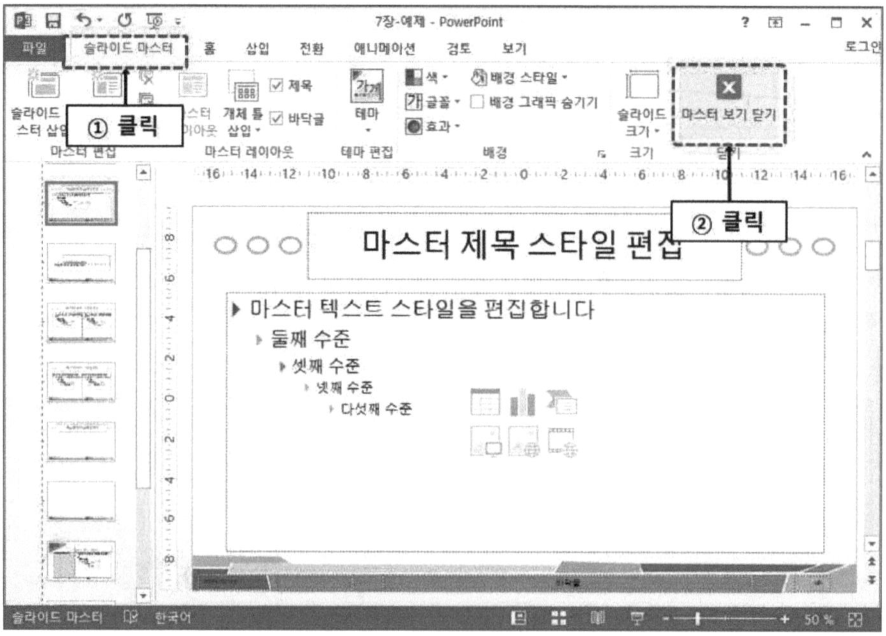

⑦ [슬라이드 쇼]-[슬라이드 쇼 시작] 그룹에서 [현재 슬라이드부터] 아이콘을 클릭한다.

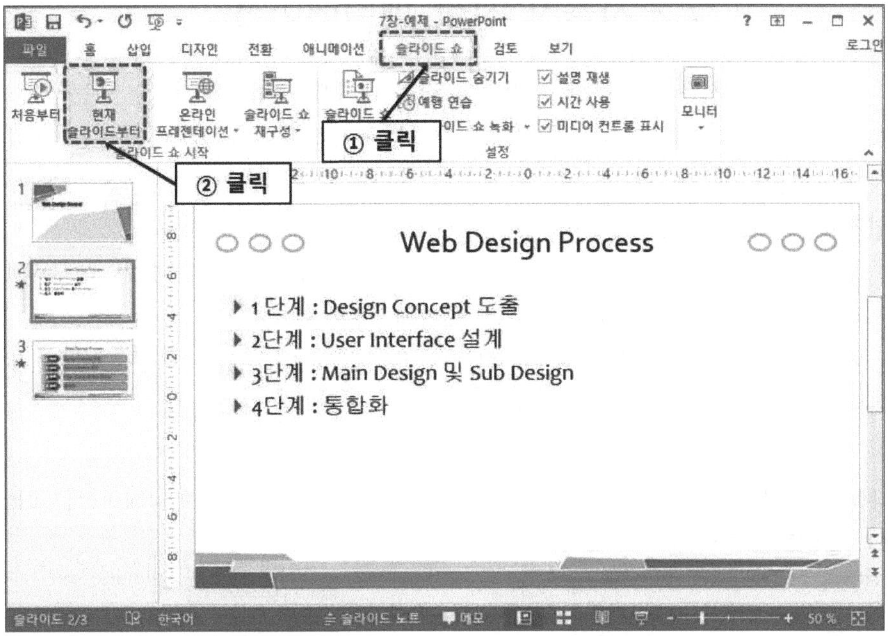

■ 설정한 애니메이션을 확인한다.

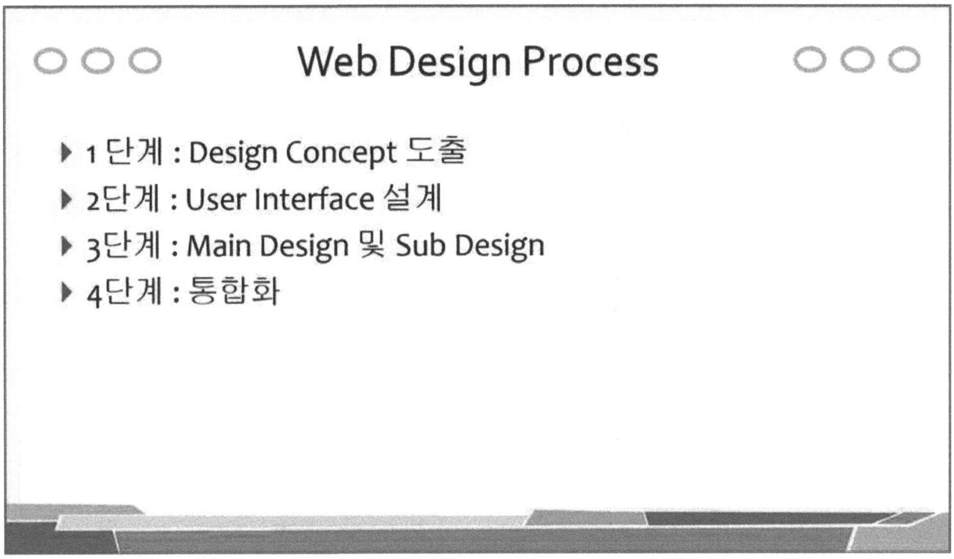

7.2 사용자 지정 애니메이션

사용자 지정 애니메이션은 각 개체에 사용자가 직접 애니메이션을 지정할 수 있는 메뉴이다. 파워포인트는 도형이나 텍스트 등의 개체를 서식 복사하듯이 개체에 적용된 애니메이션을 복사하여 다른 개체에 동일하게 적용할 수 있게 함으로써 여러 번 동일한 애니메이션을 설정하는 번거로움을 해결한다.

편집의 편의를 위해 파워포인트를 작은 창으로 만들어 설명하고 있기 때문에 전체 화면에서의 아이콘이나 명령문이 설명하는 그림과 다를 수 있다.

앞에서 작성한 프레젠테이션을 이용한다. 먼저 슬라이드에 있는 개체들이 그룹으로 묶여 있다면 그 개체들의 그룹을 해제한다.

① 애니메이션 기능을 적용할 개체를 선택하고 [애니메이션] 탭의 [애니메이션] 그룹에서 [자세히▼] 버튼을 클릭한다.

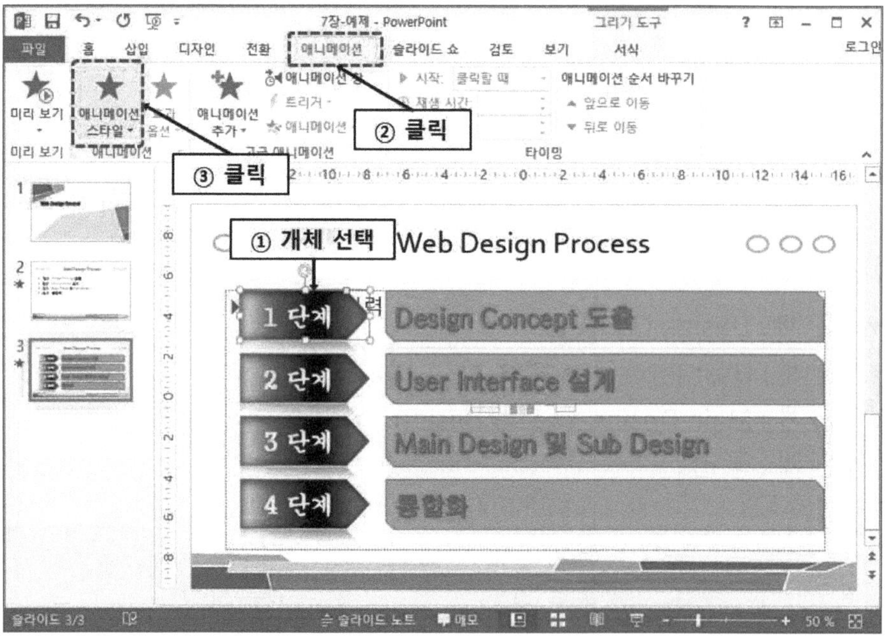

② "나타내기" - "날아오기"를 선택한다.

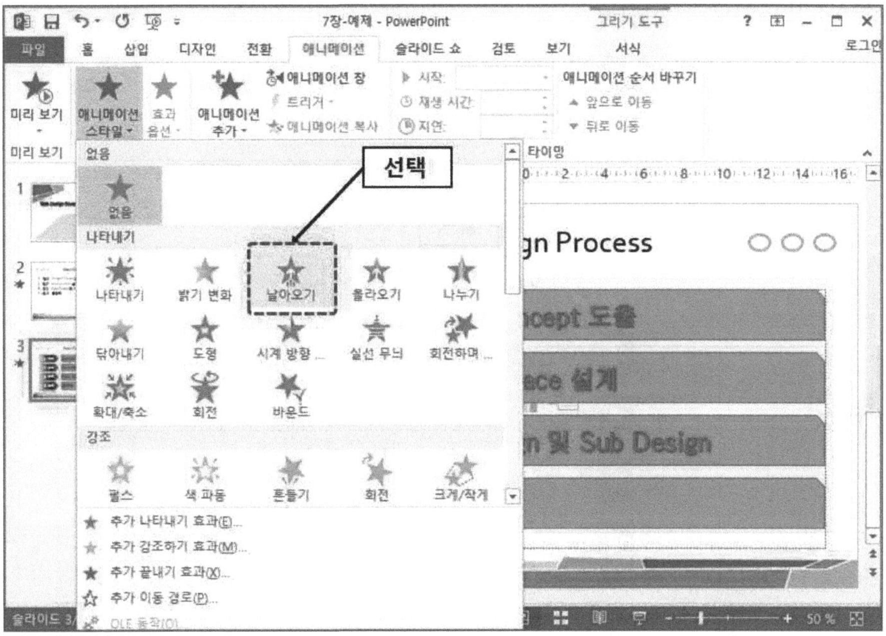

③ "효과 옵션▼" 아이콘을 클릭하고 날아오기 "방향"과 텍스트의 "시퀀스"를 실행한다. 여기에서는 방향은 "오른쪽에서(I)", 시퀀스는 "하나의 개체로(N)"를 선택한다.

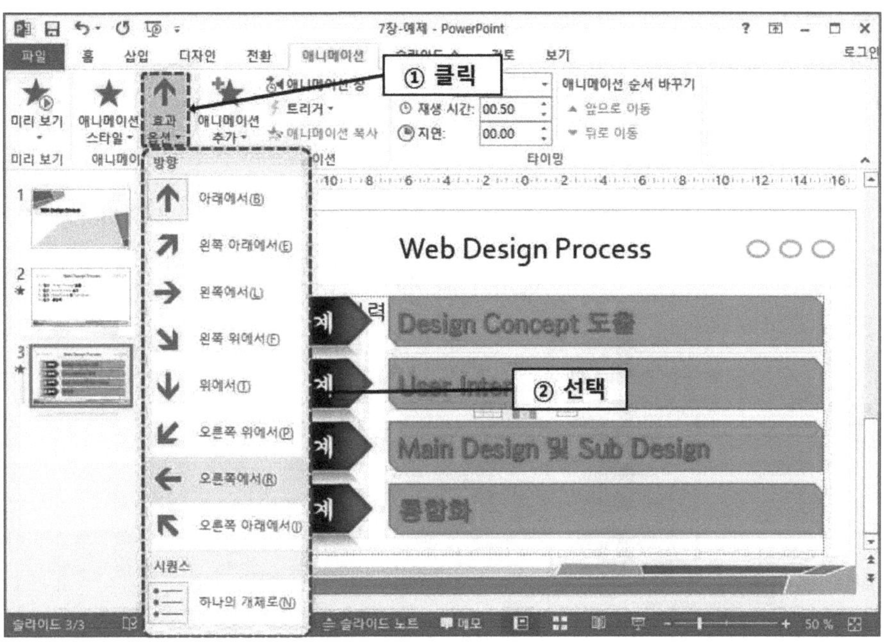

④ 애니메이션이 적용된 개체를 선택한 후, [애니메이션]-[고급 애니메이션] 그룹에서 [애니메이션 복사] 아이콘을 클릭한다.

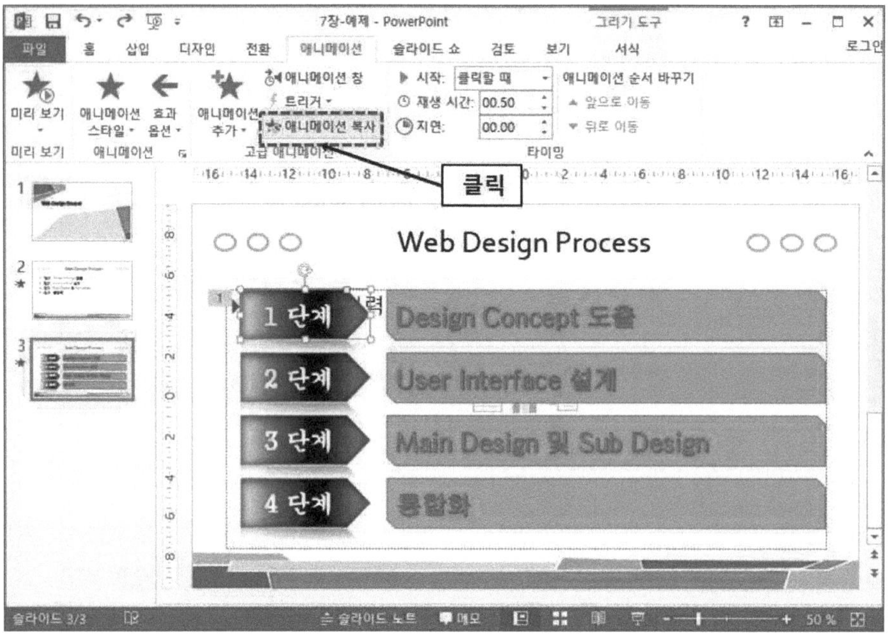

⑤ 마우스 포인터 모양이 변하고 슬라이드에서 애니메이션을 복사할 개체를 클릭하면 애니메이션이 복사된다.

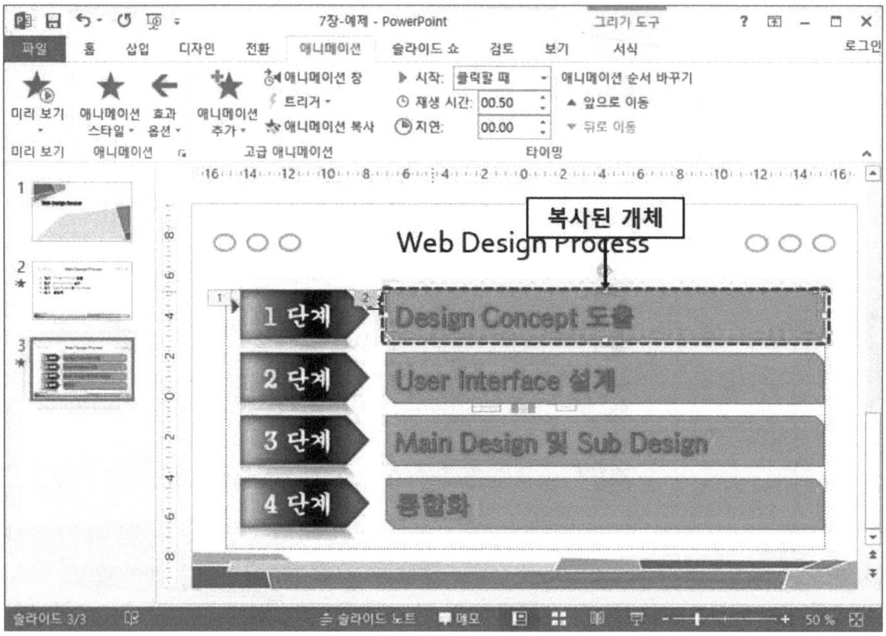

⑥ 2개의 개체를 애니메이션이 동시에 적용하기 위해서 [타이밍]-[시작]을 "이전 효과와 함께"로 설정한다. 그리고 "재생시간" 및 "지연" 기능도 사용자가 알맞게 설정한다.

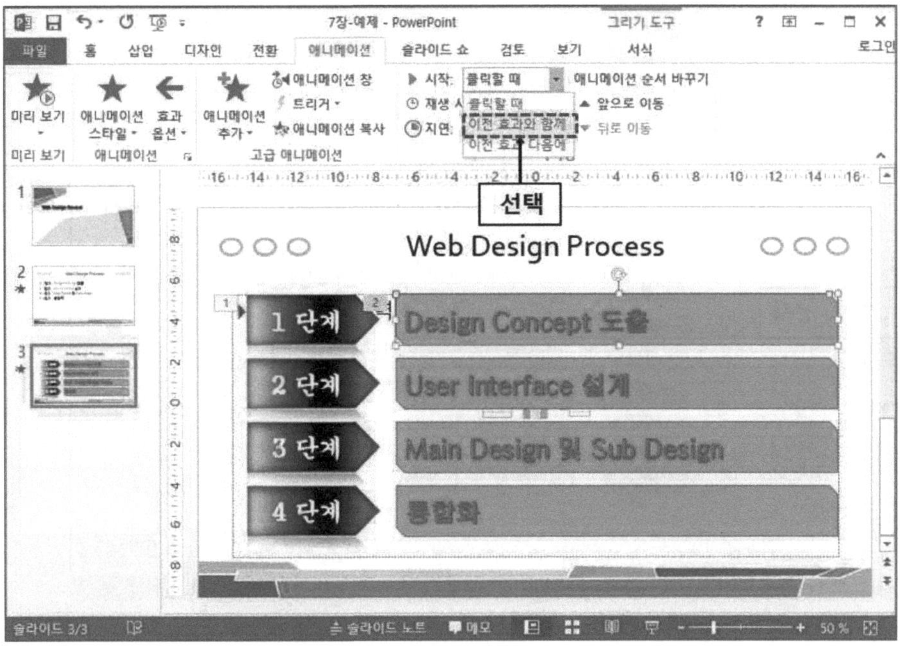

⑦ ①~⑥ 과정을 각각 다른 애니메이션 기능으로 선택하여 실행한다. "1"~"4"까지 다섯 가지의 애니메이션 효과가 적용된다.

⑧ 앞의 개체만 선택하고 [타이밍]-[시작]에서 “이전 효과 다음에”를 클릭한다.

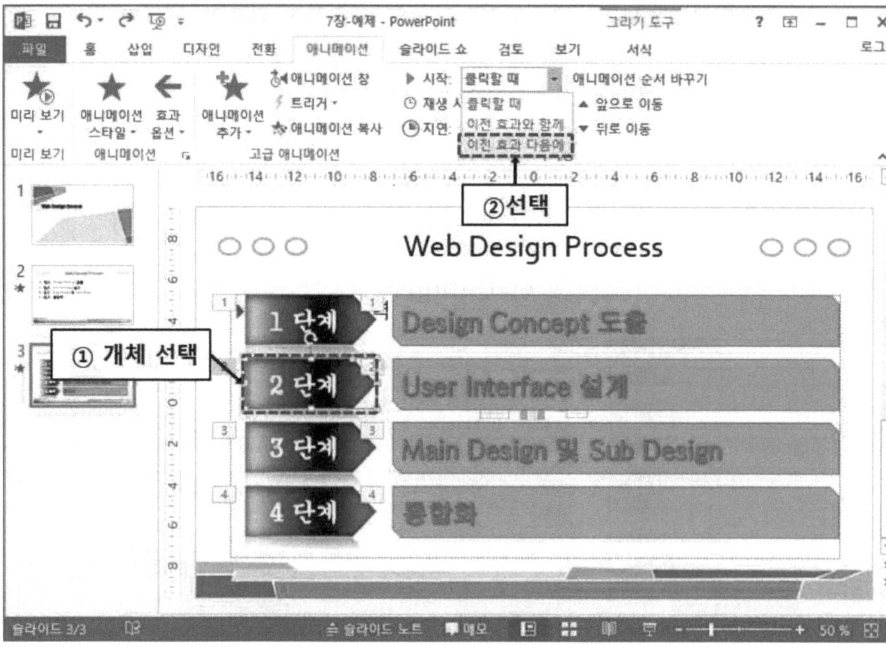

⑨ ⑧과정을 4번 “이전 효과 다음에”로 설정하면 다음과 같이 모든 애니메이션 번호가 모두 “1”로 표시된다.

⑩ [애니메이션]-[미리보기] 그룹에서 [미리보기] 아이콘을 클릭한다.

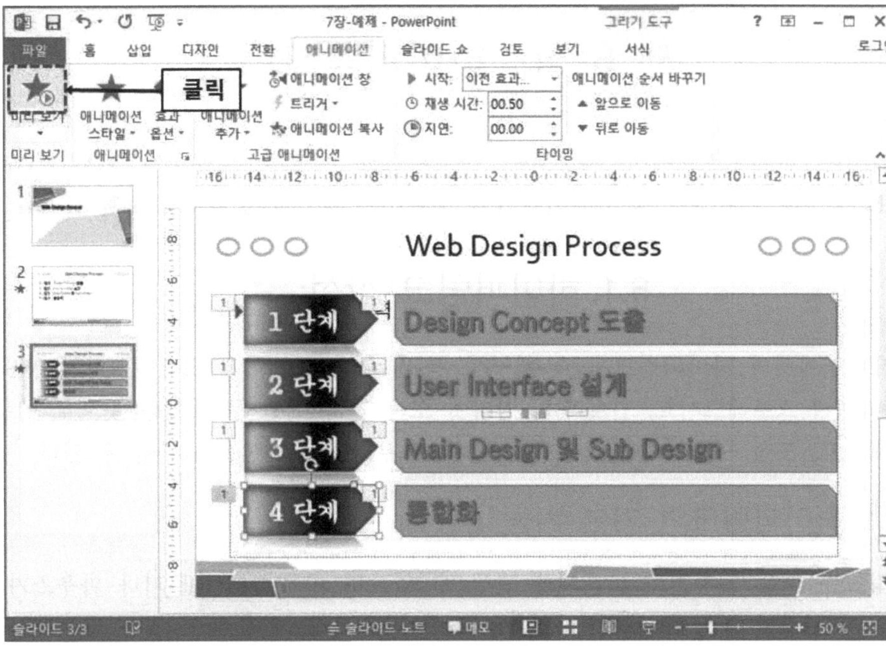

⑪ 설정된 애니메이션 기능을 확인할 수 있다.

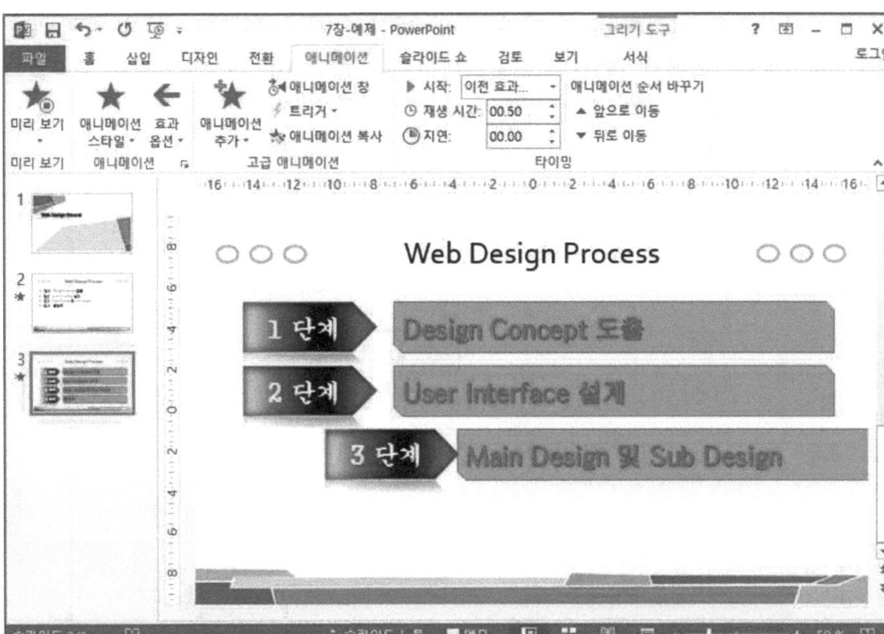

제 8 장 하이퍼링크

본 장에서는 파워포인트에서 제공되는 하이퍼링크 기능을 이용하여 WWW(World Wide Web) 등으로 이동하는 방법과 WWW와 통합하는 방법을 살펴보기로 한다.

8.1 하이퍼링크 작성

프레젠테이션에서의 하이퍼링크는 쇼 재구성, 특정 슬라이드, 다른 프레젠테이션, MS 워드 문서나 Excel 스프레드시트, 인트라넷, 인터넷 또는 전자 메일 등 다양한 곳으로 이동할 수 있다. 텍스트, 도형, 표, 그래프 및 그림 등 개체로부터 하이퍼링크를 만들 수 있다.

8.1.1 하이퍼링크의 기본 기능

하이퍼링크는 모든 문자열이나 개체에 만들 수 있으며 마우스를 누르거나 마우스가 그 위에 있을 때 연결된 기능이 실행된다. 예를 들어 마우스가 개체 위에 있을 때는 음악을 재생시키고, 마우스로 개체를 누르면 다른 슬라이드로 이동할 수 있다. 또한 마우스가 개체 위에 있을 때 이동하도록 설정하면 원하지 않을 때도 이동할 수 있으므로 마우스로 개체를 누를 때 이동하도록 설정할 수도 있다. 한번 방문한 하이퍼링크는 색이 바뀐다.

① [삽입]-[텍스트] 그룹에서 [텍스트 상자] 아이콘을 클릭하여 하이퍼링크를 지정할 텍스트 상자를 만들어 편집하거나 내용 개체 틀에 있는 텍스트를 드래그 하여 설정한다.

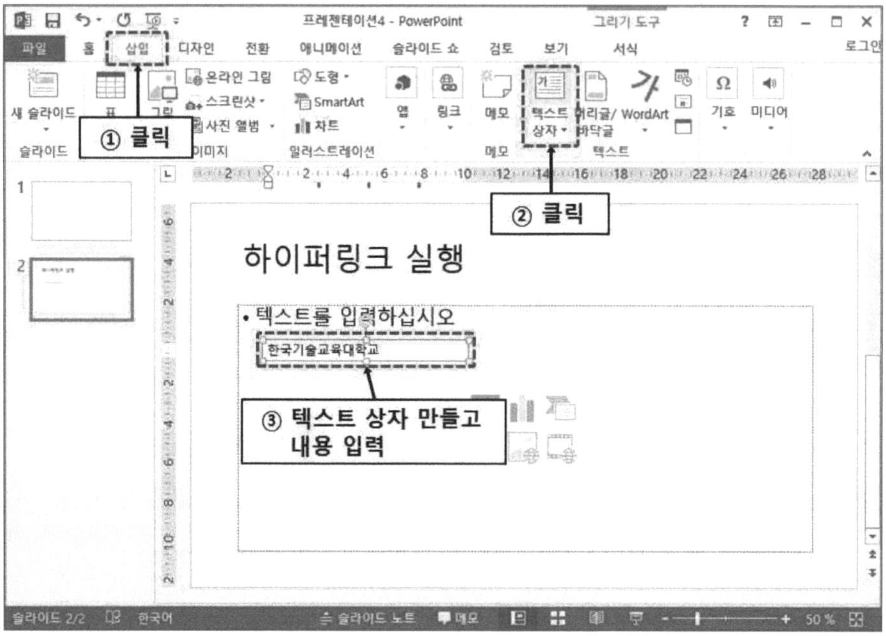

② 텍스트 상자에 텍스트를 입력하고 [홈]-[글꼴 및 단락] 그룹과 [그리기 도구]-[서식] 탭에서 스타일을 변경한다.

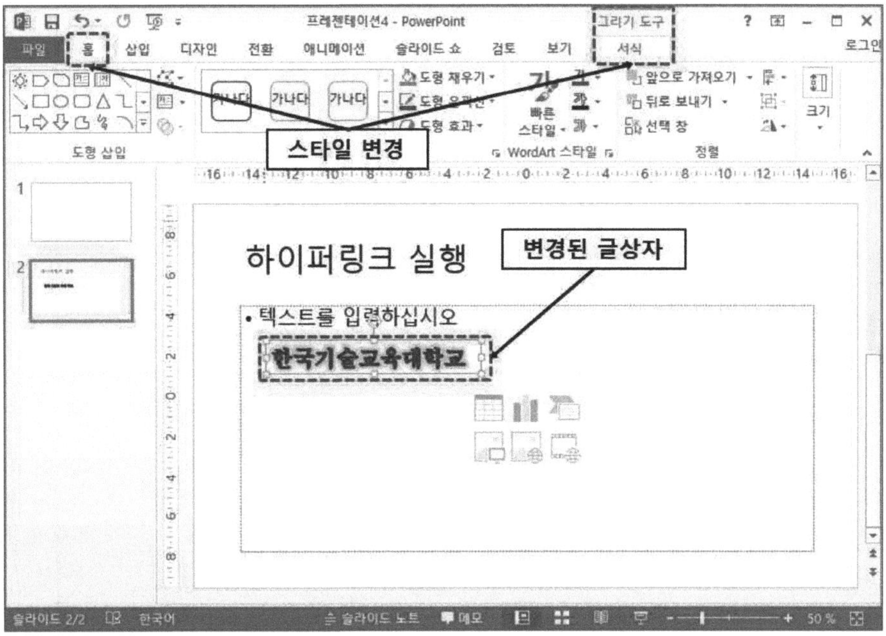

③ 글상자를 선택하고 [삽입]-[링크] 그룹에서 [하이퍼링크] 아이콘을 클릭한다.

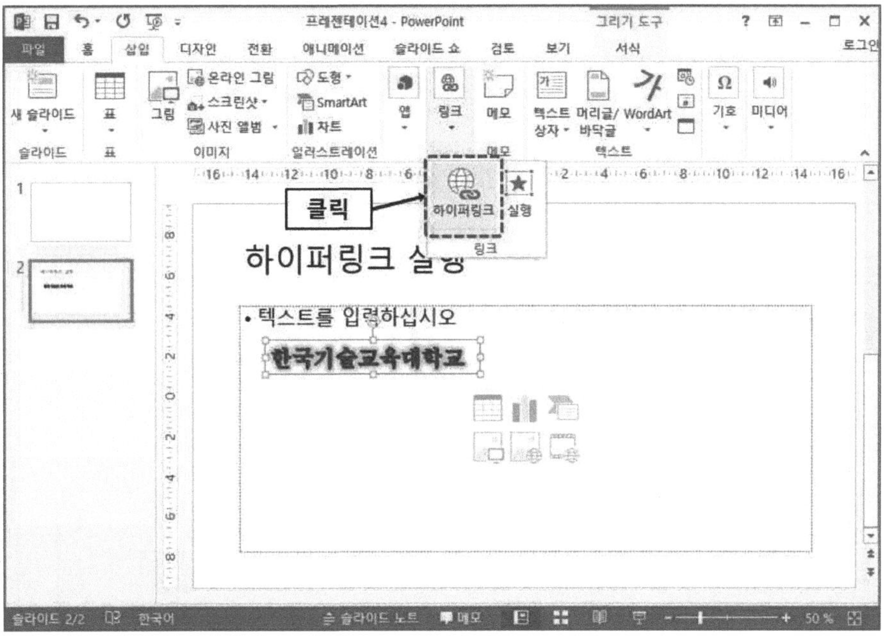

④ [하이퍼링크 삽입] 대화상자에서 "기존 파일/웹 페이지"를 선택하고 주소 란에 URL 주소를 기입한다. (여기서는 http://www.kut.ac.kr을 기입하였다.) 그리고 [확인] 버튼을 누른다.

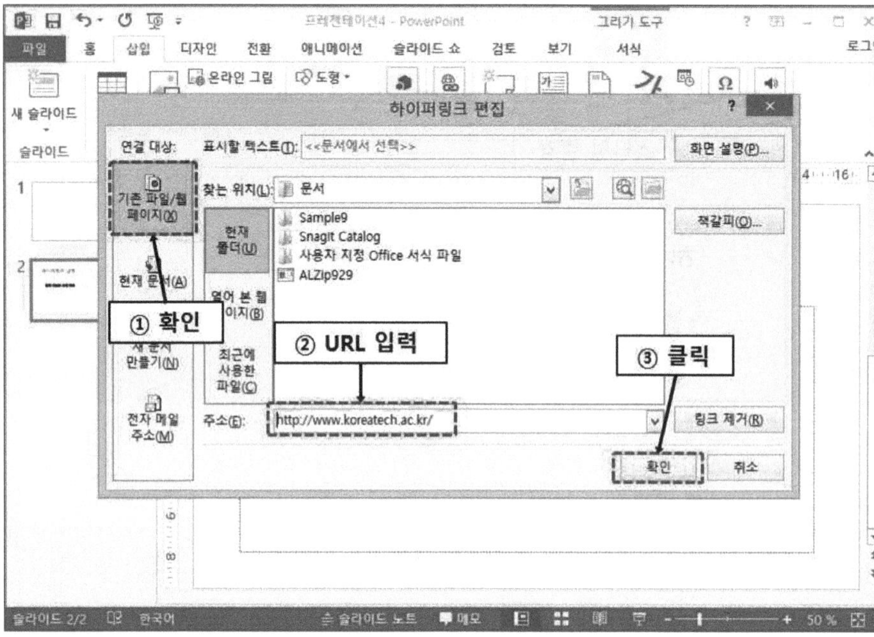

④ [확인]을 클릭하면 슬라이드 문자열에 다음과 같이 하이퍼링크가 설정된다.

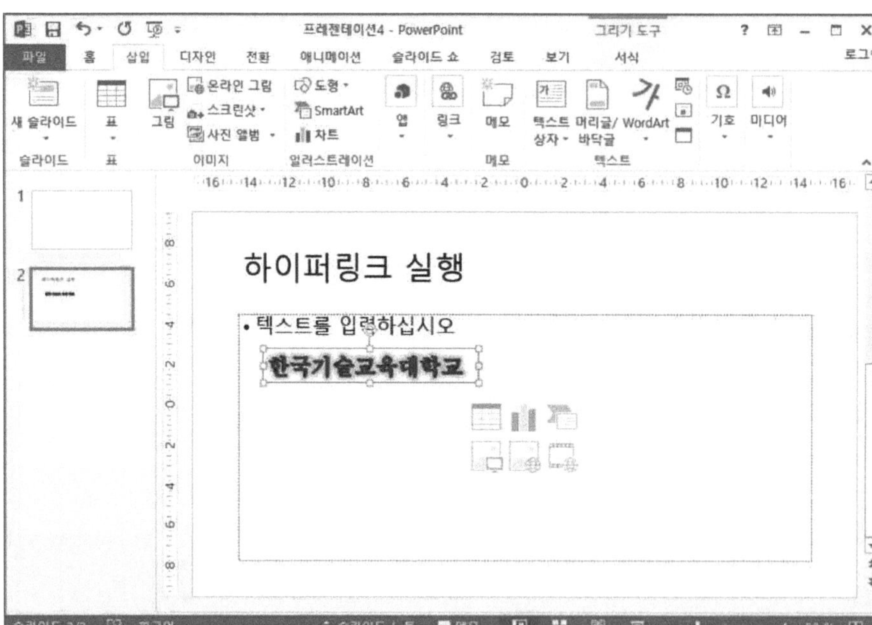

⑤ 슬라이드 쇼를 진행하면 하이퍼링크로 설정된 부분이 손 모양으로 나타나고 누르면 연결된 곳으로 이동한다.

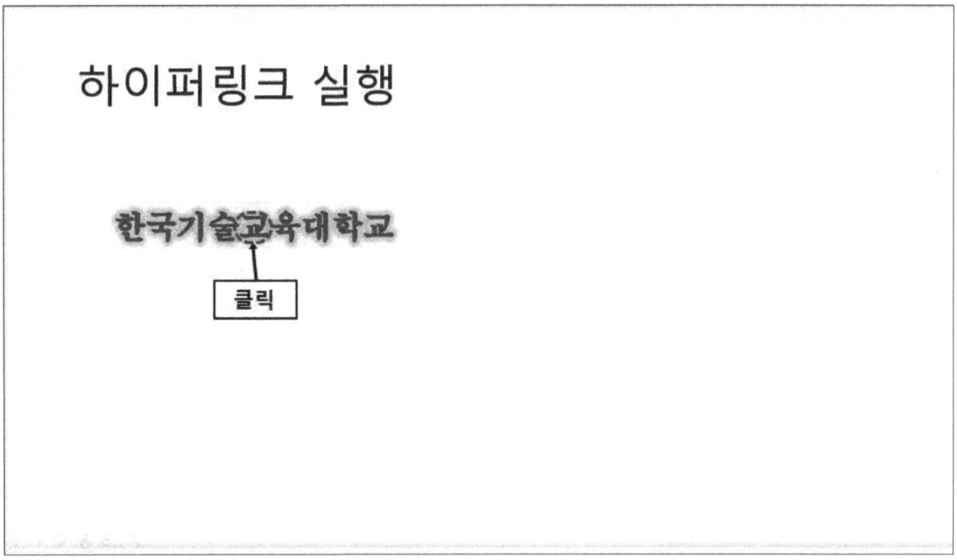

8.1.2 하이퍼링크 삽입

하이퍼링크는 [삽입] 탭의 [링크] 그룹에서 [실행] 아이콘을 클릭하면 [실행 설정] 대화 상자에서 만들 수 있다. 그리고 간단한 방법으로 [하이퍼링크] 버튼을 눌러 만들 수도 있는데 이는 Microsoft Word, Microsoft Excel, Microsoft Access에서도 공통적으로 사용할 수 있는 방법이다.

하이퍼링크 편집 대화 상자에서 문자열, 도형, 표, 그래프, 그림 등 모든 개체에 하이퍼링크를 연결할 수 있다. 또한 한 프레젠테이션 내의 다른 곳, 다른 프레젠테이션, Word 등 다른 프로그램 또는 인터넷 사이트로 이동할 수도 있다. 그리고 하이퍼링크는 슬라이드 쇼를 만들 때는 실행되지 않고 쇼를 실행하면 실행되며 개체를 마우스로 눌렀을 때와 개체 위에 마우스 포인터가 있을 때 서로 다른 기능이 실행되도록 설정할 수 있다. 이 때 하이퍼링크가 설정된 문자열은 밑줄이 그어져 나타나며 색 구성표에 따른 특정한 색으로 나타난다. 하이퍼링크의 목적지를 편집하거나 바꿀 수 있으며 하이퍼링크를 유지하면서 그것이 연결된 개체를 바꿀 수도 있다. 그러나 문자열 전체나 개체 전체를 지우면 하이퍼링크도 삭제된다.

① 하이퍼링크를 지정할 문자열, 도형, 표, 그래프, 그림 등을 블록으로 지정한다. [삽입]-[일러스트레이션]-[도형] 아이콘을 클릭하여 도형을 삽입한다.

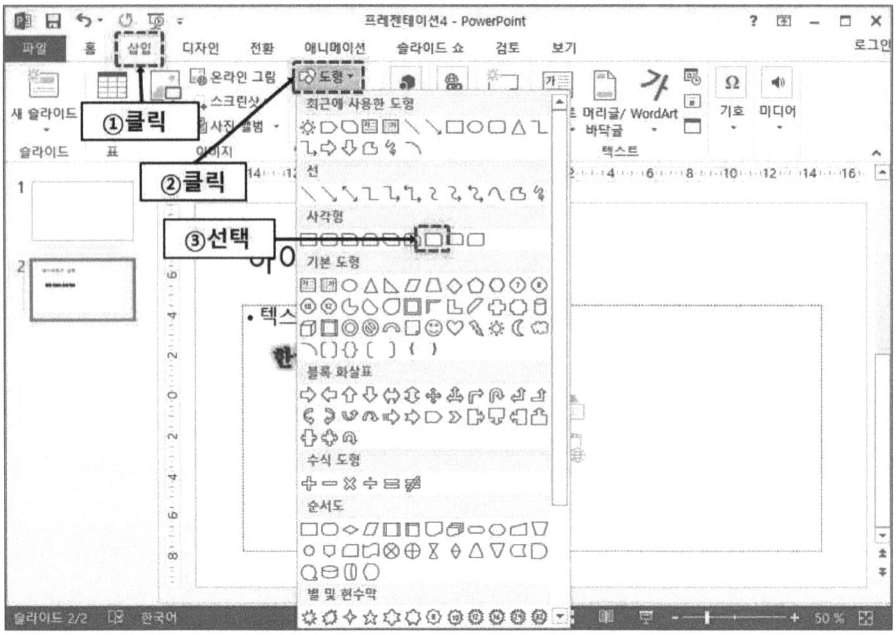

② 도형을 선택하고 오른쪽 마우스를 클릭하면 나타나는 팝업창에서 텍스트 편집을 선택한 후, 텍스트를 삽입한다.

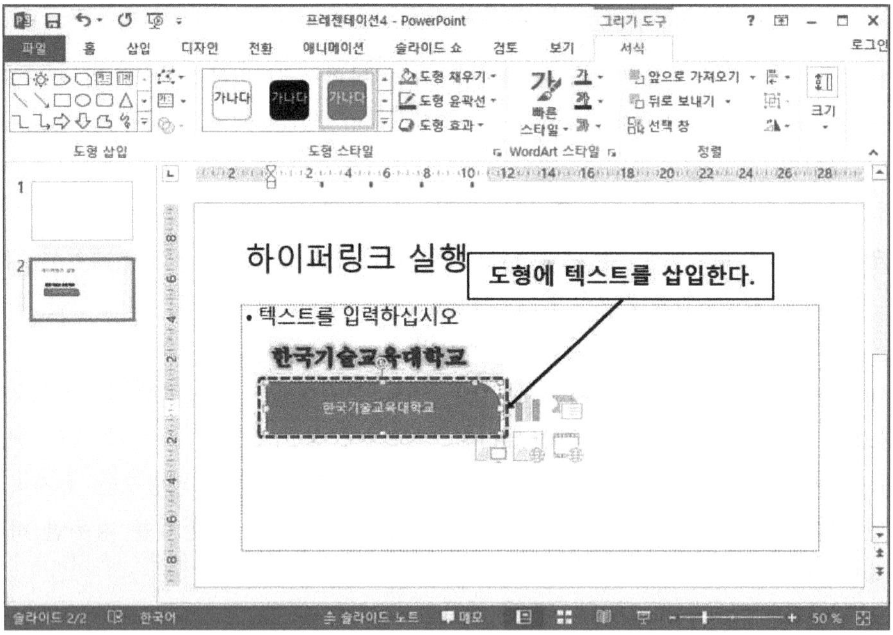

③ [홈]-[글꼴 및 단락] 그룹과 [그리기 도구]-[서식] 탭에서 도형 스타일을 변경한다.

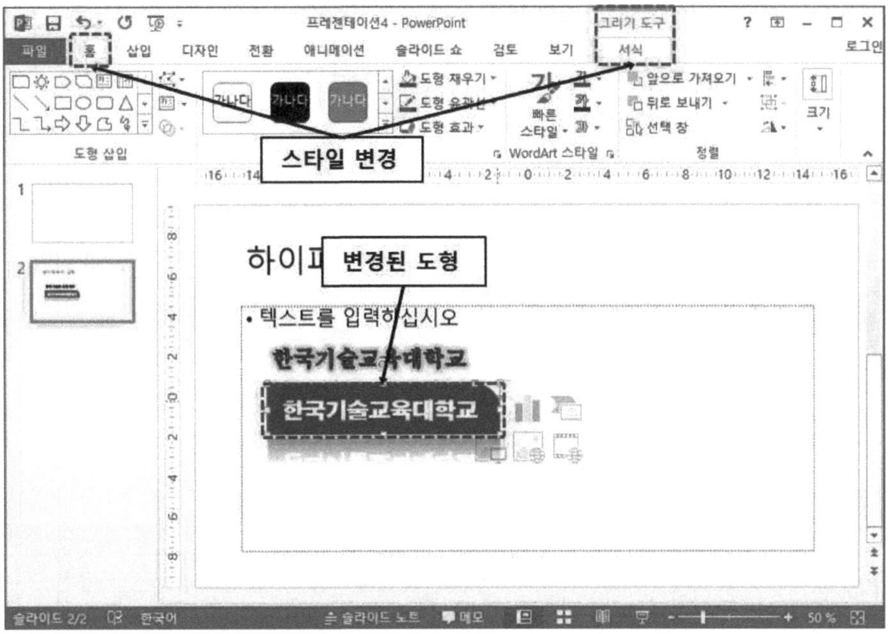

④ [삽입]-[링크]-[실행] 아이콘을 클릭하면, 아래와 같이 [실행 설정] 대화상자가 나타난다.

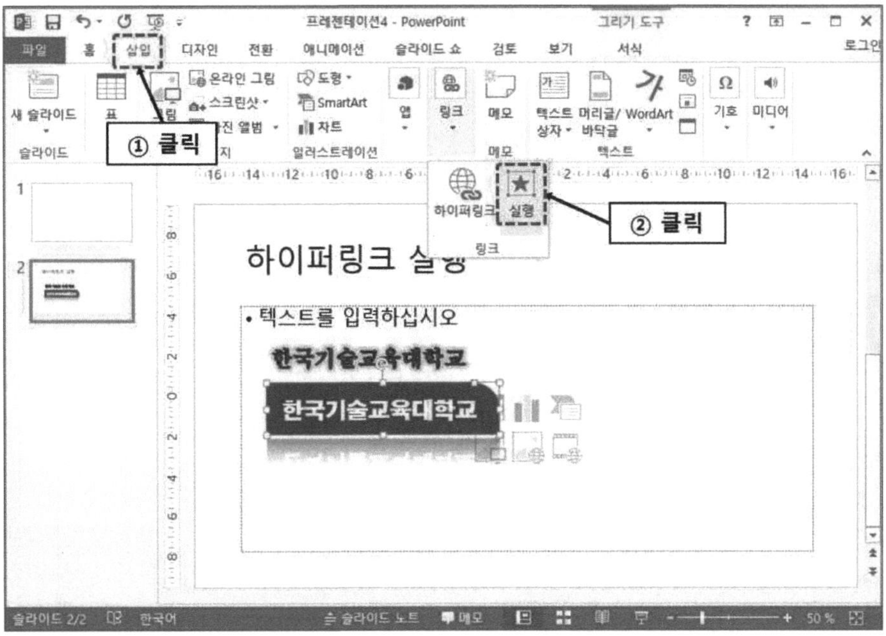

⑤ “하이퍼링크(H)”를 체크하고 “URL”를 선택한다.

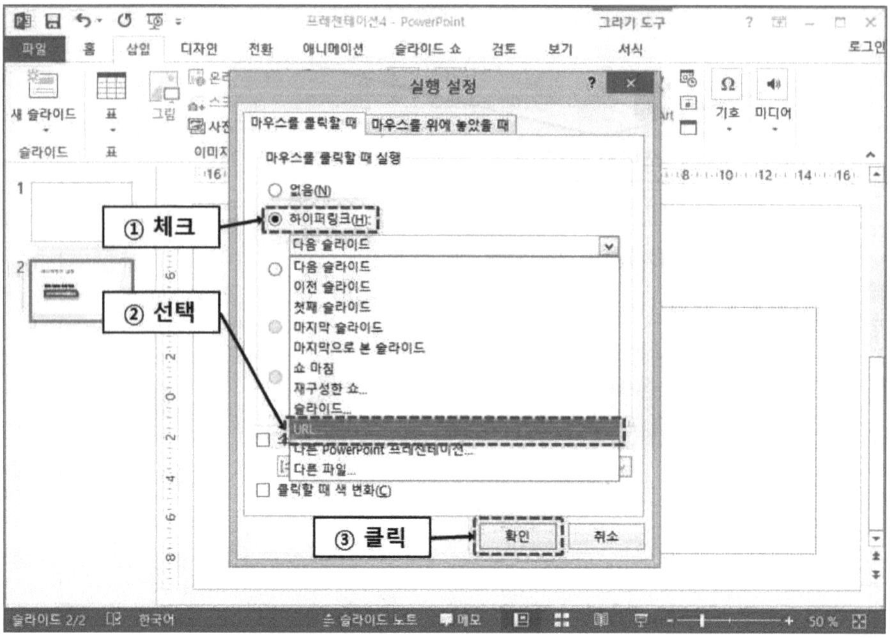

⑥ [URL 하이퍼링크] 대화상자가 나타나면 “주소를 입력”하고 [확인] 버튼을 클릭한다.

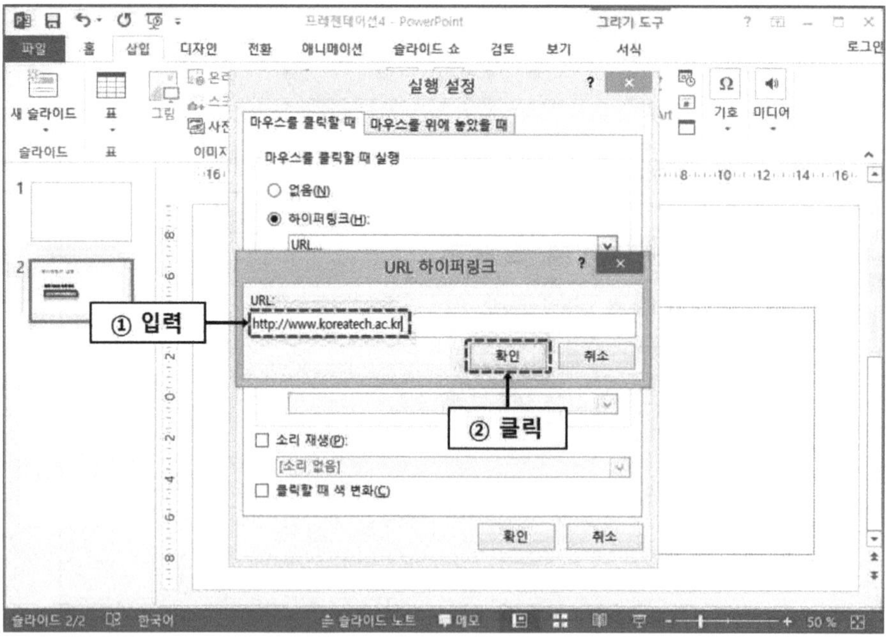

⑦ “URL이 설정”되면 [확인] 버튼을 클릭한다.

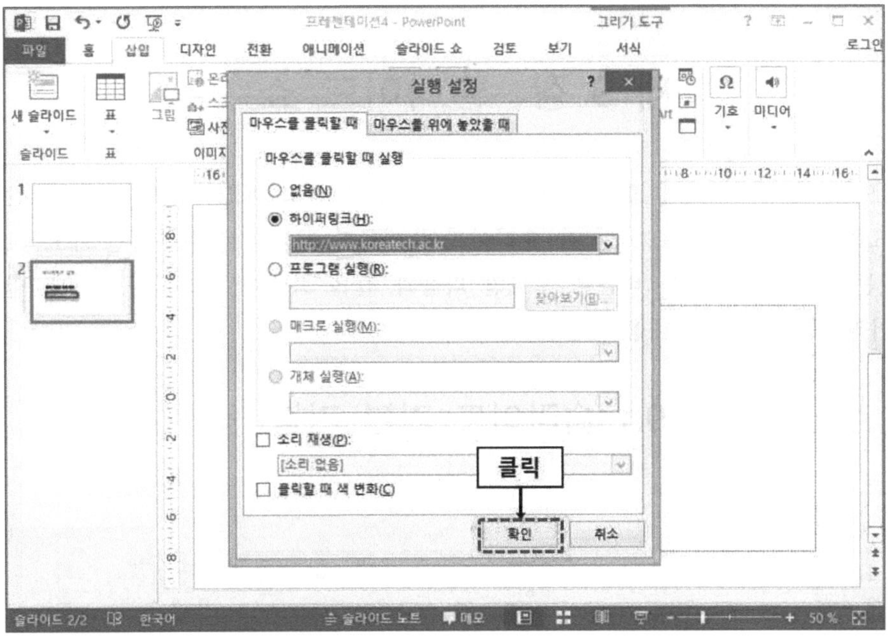

8.1.3 하이퍼링크의 삭제

필요하지 않은 하이퍼링크의 삭제는 삭제할 하이퍼링크를 나타내는 문자열이나 개체를 선택한 후 [삽입] 탭의 [링크] 그룹에서 [실행] 아이콘을 선택한 후, 그림과 같이 [없음(N)]을 체크하면 된다.

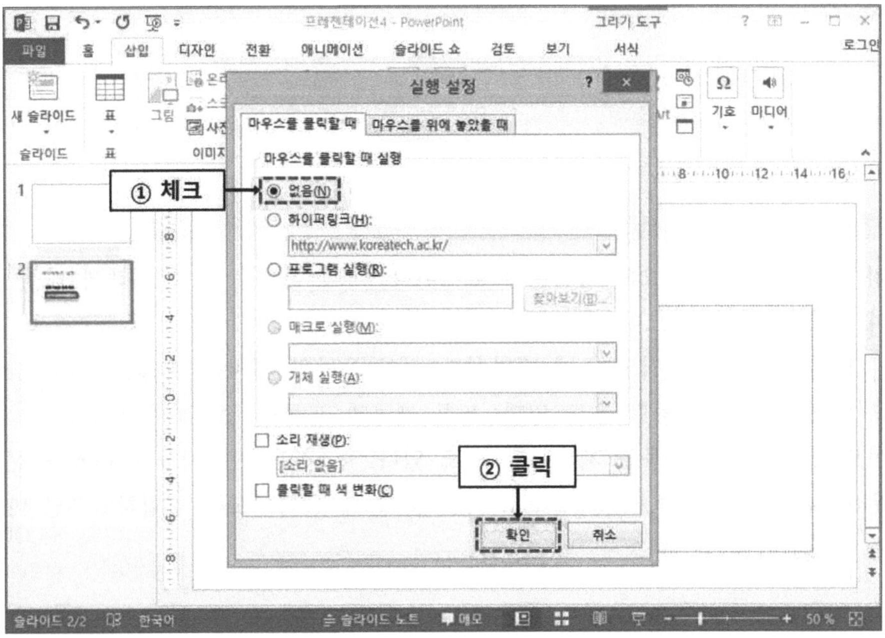

제 9 장 슬라이드 쇼

슬라이드 쇼에 들어가기에 앞서 슬라이드 전체적인 흐름이 매끄러운지 점검해 보는 과정이 필요하게 된다. [개요보기]란 각 슬라이드의 제목과 문자열로 이루어진 개요를 표시할 수 있는 기능으로 [개요] 버튼을 누르면 다음과 같은 화면이 나타난다. 이 때 일관성 있게 글머리표를 사용하여 내용 편집을 한다.

9.1 슬라이드 기본 기능

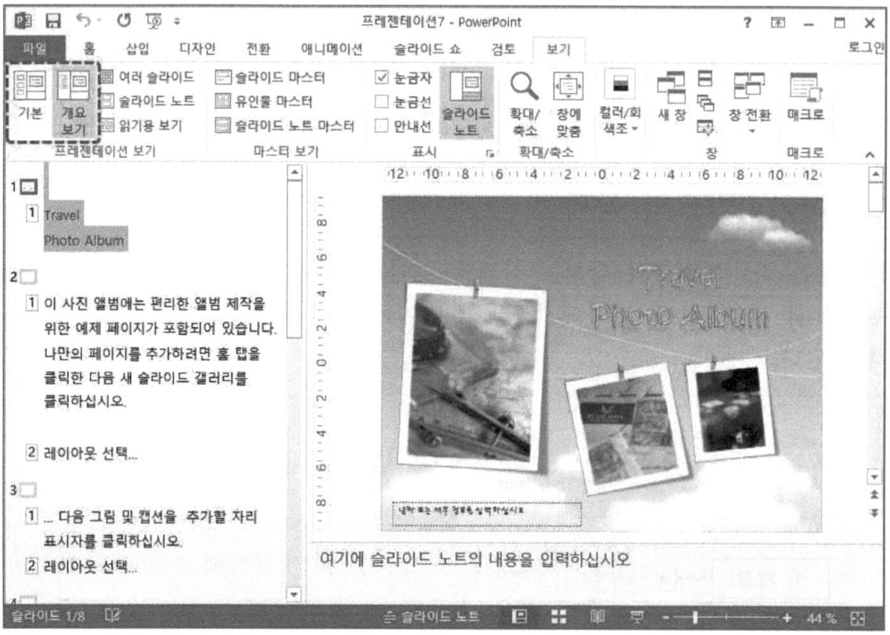

각 슬라이드 제목에는 번호와 아이콘이 표시된다. 이때 본문은 제목 아래에 다섯 단계까지 들여 쓰기를 할 수 있으며 각 제목의 아래에 나타난다.

[보기]-[개요 보기]에서는 작업할 때 슬라이드 내의 문자열 위치를 재조정하거나 슬라이드 전체를 다른 위치로 이동할 수도 있다. 또한 제목과 본문을 선택하여 편집할 수 있으며 슬라이드나 글머리표 항목을 재배열할 수도 있다. 이 경우에는 이동할 내용을 선택하여 새로운 위치로 끌면 된다. 만일 실수로 다른 곳에 새 슬라이드를 삽입하였으면 마우스로 선택한 후 Del 키를 누른다.

9.1.1 슬라이드 번호, 날짜, 시간, 바닥글 추가 또는 변경

머리글이나 바닥글에 프레젠테이션 날짜나 시간, 슬라이드 번호, 쪽 번호, 프레젠테이션의 목적 등 일반적인 슬라이드 정보를 넣는다. 또한 해당 마스터를 이용하여 슬라이드나 슬라이드 노트, 유인물, 개요 등의 머리글, 바닥글의 모양과 위치를 바꿀 수 있다.

① 실행할 프레젠테이션을 만들기 위해 [파일]-[새로 만들기]-[프레젠테이션]-[여행 사진 앨범] 양식을 선택한다.

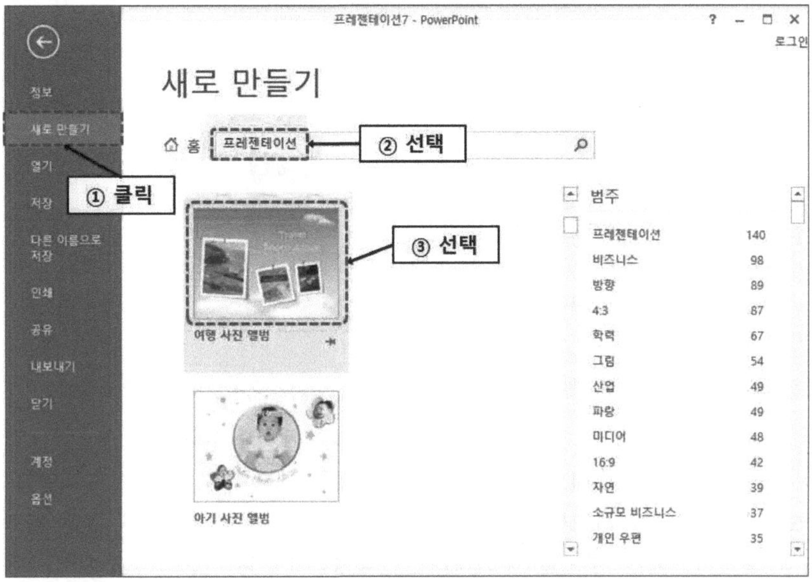

② [만들기]를 클릭하면 프레젠테이션 양식이 제공된다.

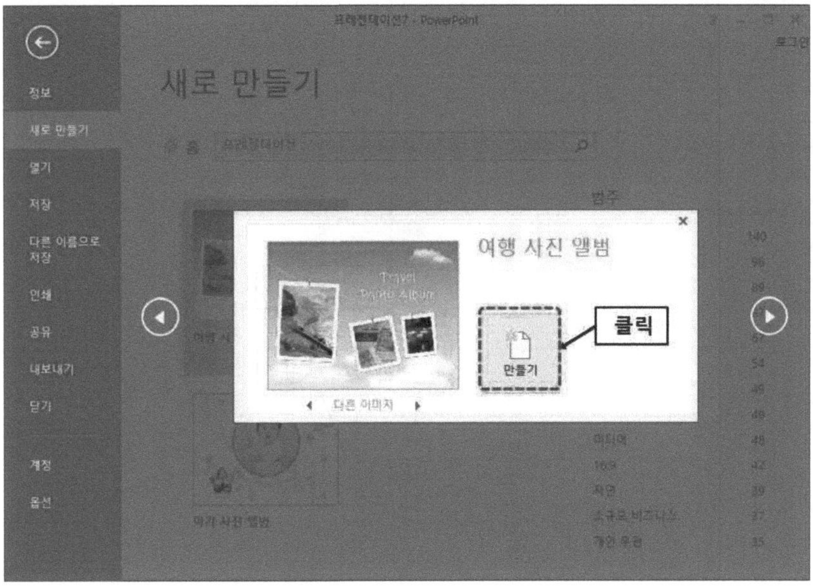

③ 슬라이드 번호, 날짜, 시간, 바닥글 추가 또는 변경하기 위해서는 [삽입]-[텍스트] 그룹에서 [머리글/바닥글] 아이콘을 누른다.

④ 대화상자가 나타났을 때, 슬라이드에 정보를 추가하려면 마우스로 [슬라이드] 탭을 클릭하고, 슬라이드 노트와 유인물에 정보를 추가하려면 [슬라이드 노트와 유인물] 탭을 클릭하면 된다. 그리고 현재 슬라이드에만 정보를 추가하려면 [적용] 버튼을 누르고 슬라이드 전체에 정보를 추가하려면 [모두 적용] 버튼을 누른다.

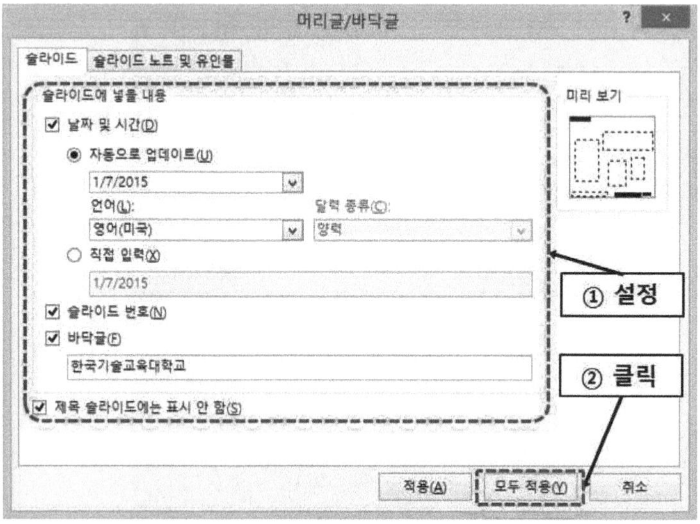

9.1.2 슬라이드 시작 번호 변경

시작할 프레젠테이션이 전체 프레젠테이션의 두 번째 부분인 경우같이 “1”이 아닌 다른 번호에서 슬라이드를 시작할 수 있다.

① [디자인]-[사용자 지정]-[슬라이드 크기▼]-[페이지 설정]-[사용자 지정 슬라이드 크기]를 실행시키면 대화상자가 나타난다.

② [슬라이드 크기] 대화상자에서 [슬라이드 시작 번호]에 시작할 번호를 설정하고 [확인] 버튼을 클릭한다.

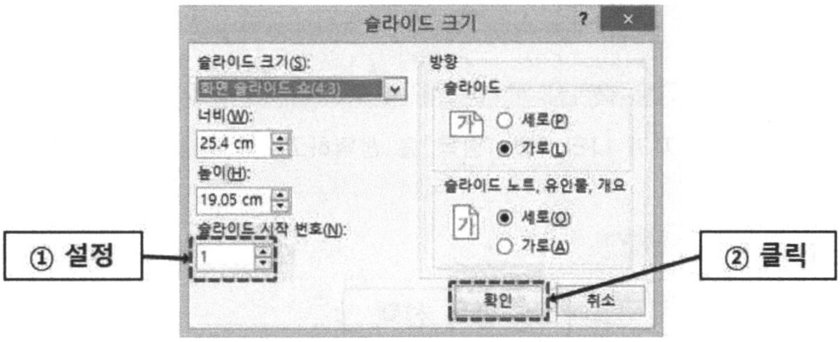

9.2 슬라이드 쇼 녹화하기와 소리 녹음

설명(발표 내용)을 녹음하려면 컴퓨터에 사운드 카드와 마이크가 있어야 한다. 녹음은 슬라이드 쇼를 진행하기 전에 할 수도 있고 프레젠테이션을 진행하는 중에 청중의 목소리까지 함께 녹음할 수도 있다. 또한 설명(발표 내용)이 슬라이드 쇼 전체에 필요하지 않으면 특정 슬라이드나 개체에만 소리나 설명(발표 내용)을 녹음할 수도 있다.

그리고 이미 녹음한 설명(발표 내용)을 변경하려면 해당 설명을 모두 지우고 다시 녹음을 하면 된다. 이 때 설명은 가장 우선순위의 소리로 간주되므로, 설명과 그 외의 소리가 들어있는 슬라이드를 실행하면 설명만이 재생된다.

9.2.1 슬라이드 쇼 중 설명 녹음

① [슬라이드 쇼]-[설정] 그룹에서 [슬라이드 쇼 녹화] 아이콘을 클릭한다.

② [슬라이드 쇼 녹화] 대화상자가 나타나면 "항목"을 선택하고 [녹화 시작] 아이콘을 클릭한다.

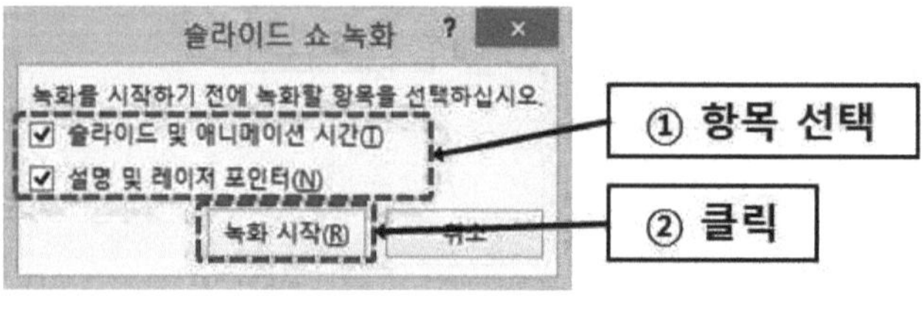

③ 슬라이드 쇼가 실행되고 녹화와 녹음이 시작된다. 녹음은 마이크를 사용한다.

④ 마지막 슬라이드까지 녹음이 끝나면 슬라이드 쇼 시간은 자동으로 저장되며, [보기]-[프레젠테이션 보기]-[여러 슬라이드]를 선택하여, 각 슬라이드의 녹음 시간을 알 수 있다.

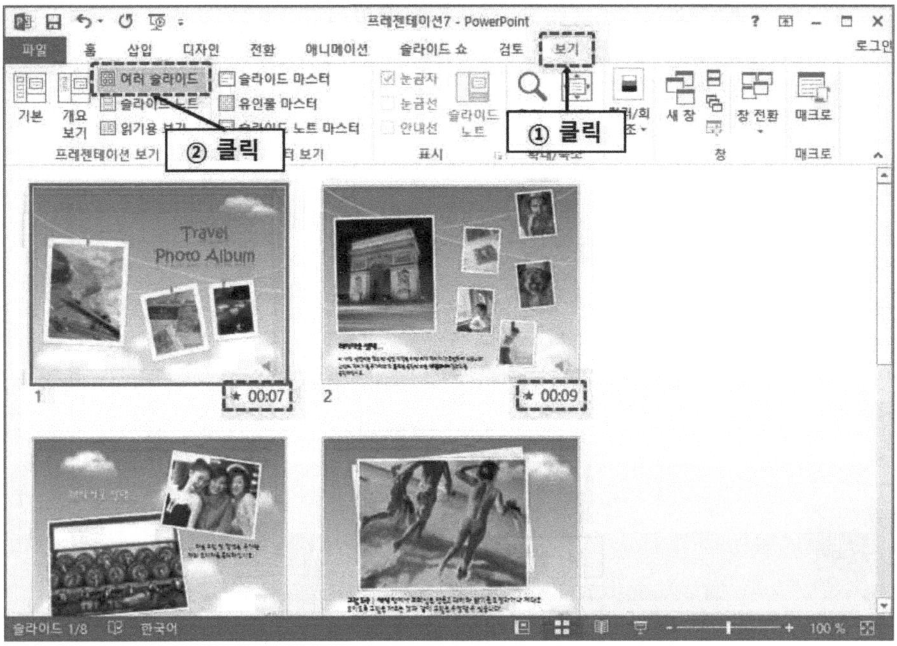

■ 타이밍과 설명을 삭제하려면 [슬라이드 쇼]-[설정]-[슬라이드 쇼 녹화▼]-[지우기]를 클릭하여 "타이밍"과 "설명"을 지울 수 있다.

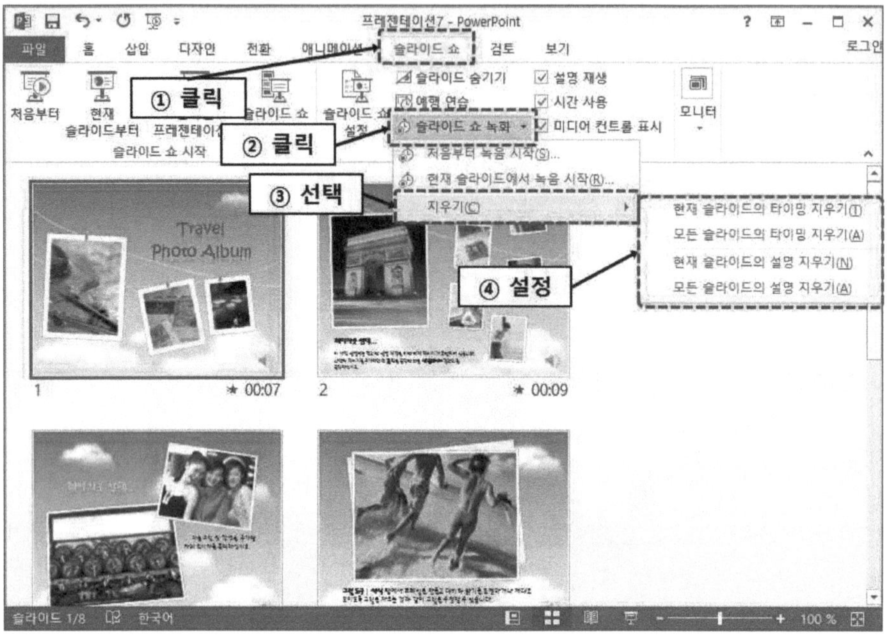

■ 만일 설명을 삭제하지 않고 설명을 재생하지 않으면서 슬라이드 쇼를 실행하려면 [슬라이드 쇼]-[설정] 그룹에서 [슬라이드 쇼 설정] 아이콘을 누르고 "녹음된 설명 없이 보기(N)"를 선택한 후, [확인]을 클릭한다.

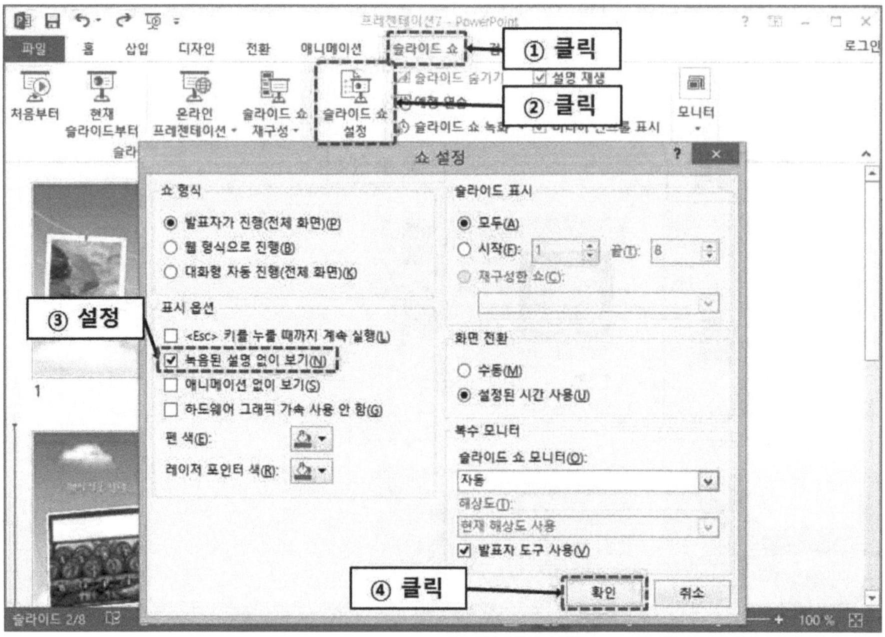

9.2.2 슬라이드에 오디오 녹음하기

슬라이드를 넘기면서 직접 오디오 클립을 만들어서 삽입하는 방법으로, 발표자나 성우의 목소리를 녹음해서 재생한다.

① [삽입]-[미디어]-[오디오▼]를 클릭하고 [오디오 녹음(R)]을 클릭한다.

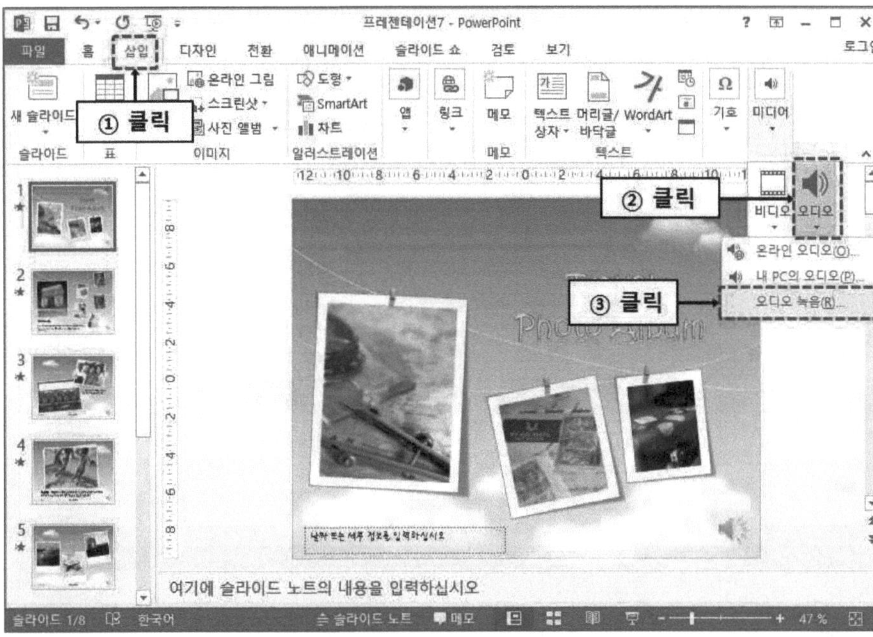

② [소리 녹음] 대화상자에 "이름"을 입력하고, [녹음]을 클릭하면 녹음이 시작된다.

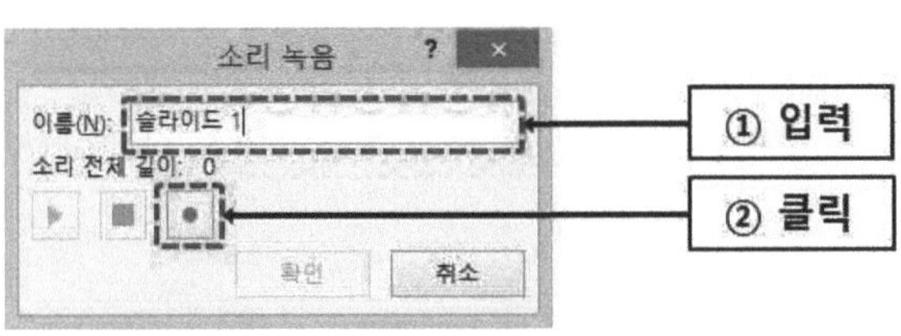

③ 소리 녹음을 마치려면 [중지] 버튼을 클릭하고 [확인]을 클릭한다.

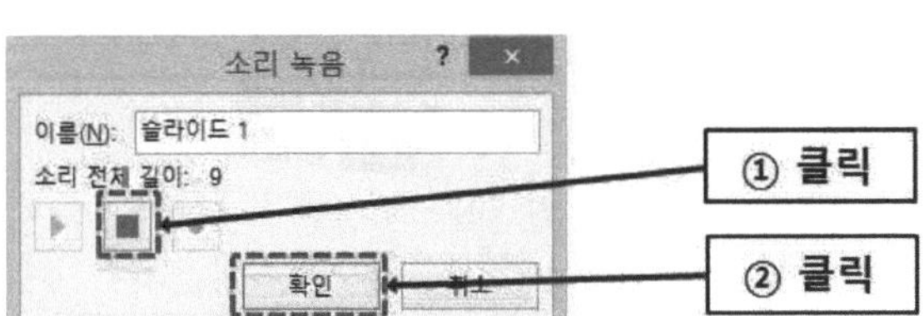

Part 4

④ [소리] 아이콘이 슬라이드에 표시된다. [소리] 아이콘을 선택하고 [오디오 도구]-[재생] 탭의 [오디오 옵션] 그룹에서 [쇼 동안 숨기기]를 선택한다. 그리고 소리 재생은 "시작▼"를 클릭하여 "자동 실행(A)"으로 설정한다. 그러면 슬라이드 쇼 동안 소리 아이콘은 보이지 않고 녹음된 소리는 자동으로 재생된다.

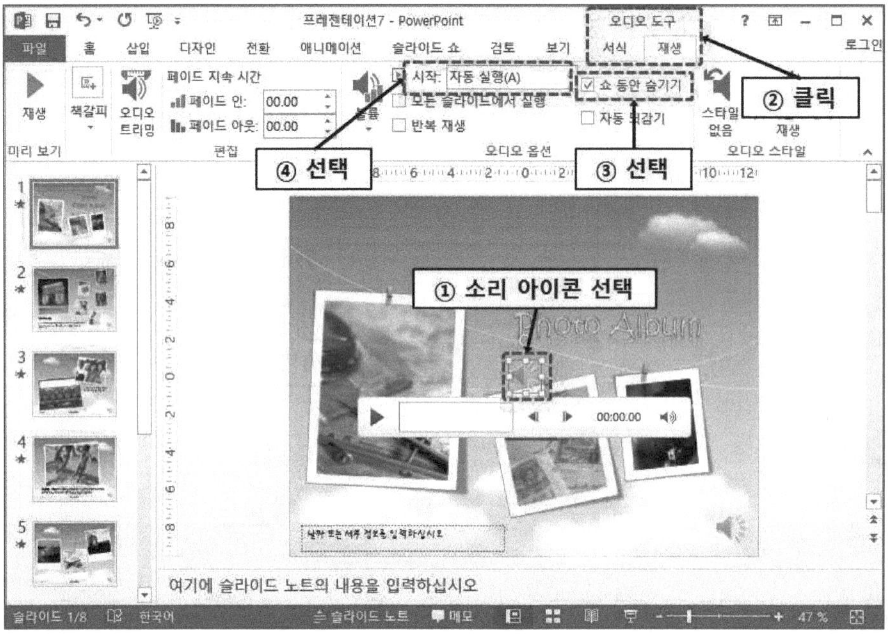

9.3 화면 전환 설정

슬라이드 쇼 중에 현재 슬라이드에서 다음 슬라이드로 이동할 때 사용하는 특수효과이다. 예를 들어 검은색에서 점차 밝아지거나 다른 슬라이드로 중첩(overlap) 시킬 수 있다. 이 때 원하는 화면 전환을 선택할 수 있으며 각각의 속도를 달리할 수도 있다.

화면 전환은 파워포인트 2013에서 더욱 강화된 리본 메뉴로 화면 전환을 설정하고 슬라이드가 전환하는 타이밍을 조절하는 기능이 있다.

9.3.1 동일한 화면 전환

(1) 화면 전환 효과 적용

① [전환]-[슬라이드 화면 전환] 그룹에서 [자세히▼] 버튼을 클릭한다.

② "은은한 효과"에서 "밀어내기"를 클릭한다.

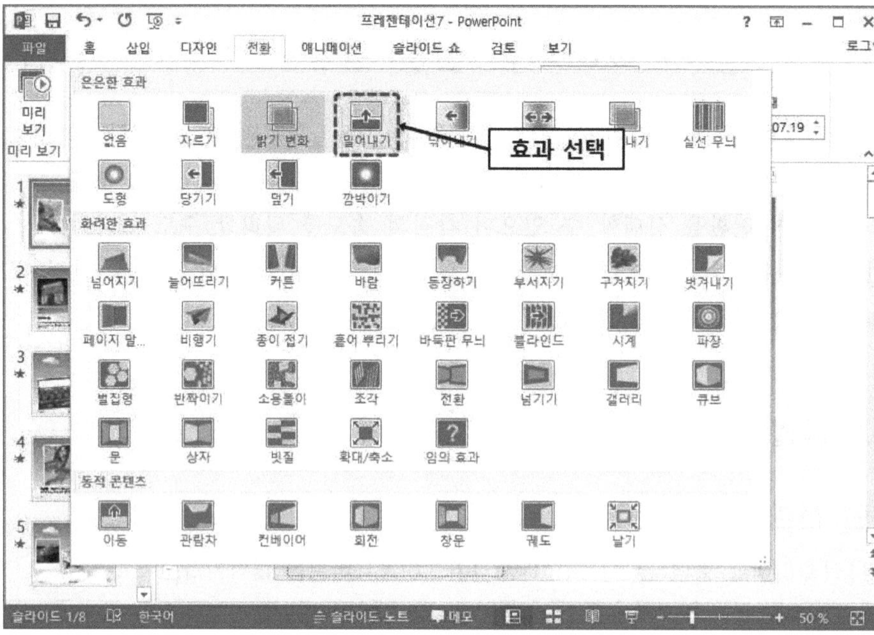

(2) 화면 전환 사운드 지정하기

[전환]-[타이밍] 그룹에서 [소리▼] 버튼을 클릭하고 "클릭" 소리를 선택한다.

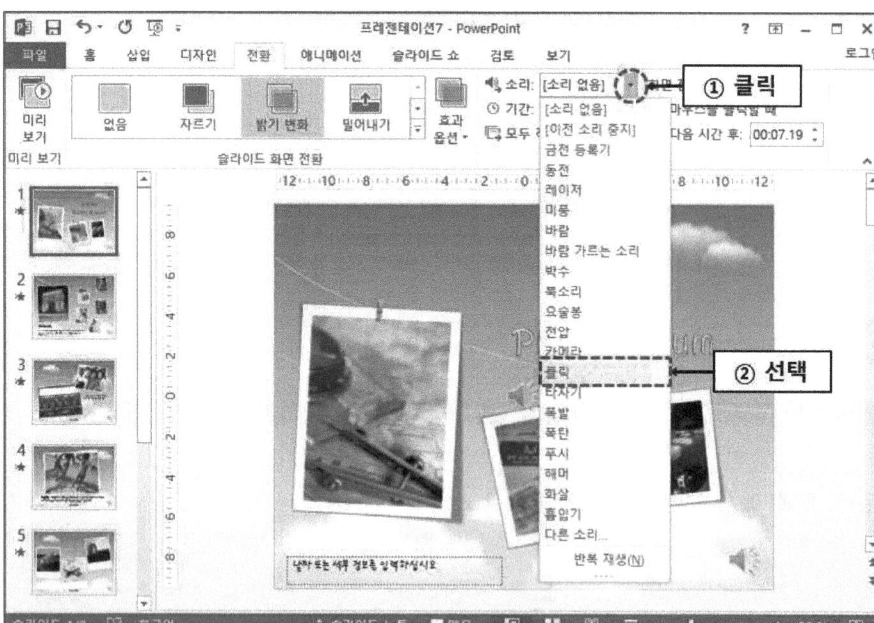

(3) 화면 전환 속도 지정하기

[전환]-[타이밍] 그룹에서 “기간” 에서 전환의 길이(속도)를 조정할 수 있다.

(4) 모든 슬라이드 적용하기

[전환]-[타이밍] 그룹에서 “모두 적용”을 클릭하면 모든 슬라이드에 적용된다.

Part 4

9.3.2 다른 화면 전환 지정하기

(1) 화면 전환 지우기

[전환]-[슬라이드 화면 전환] 그룹에서 [없음] 아이콘을 선택한다.

(2) 소리 지우기

화면 전환 소리는 “소리 없음”으로 선택하고 [모두 적용] 아이콘을 클릭한다.

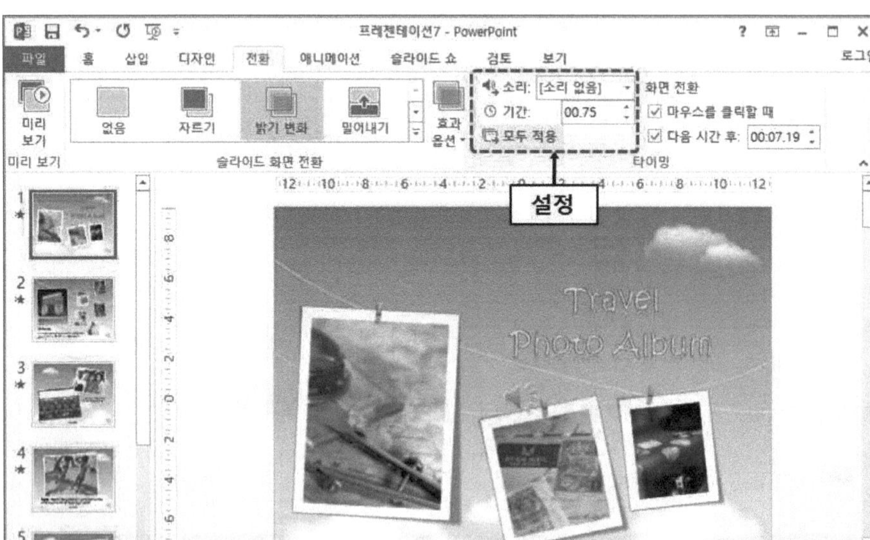

(3) 화면 전환과 반복 소리 지정

① 첫 번째 슬라이드를 선택하고 [슬라이드 화면 전환] 그룹에서 "화려한 효과"에서 "흩어 뿌리기"를 클릭한다.

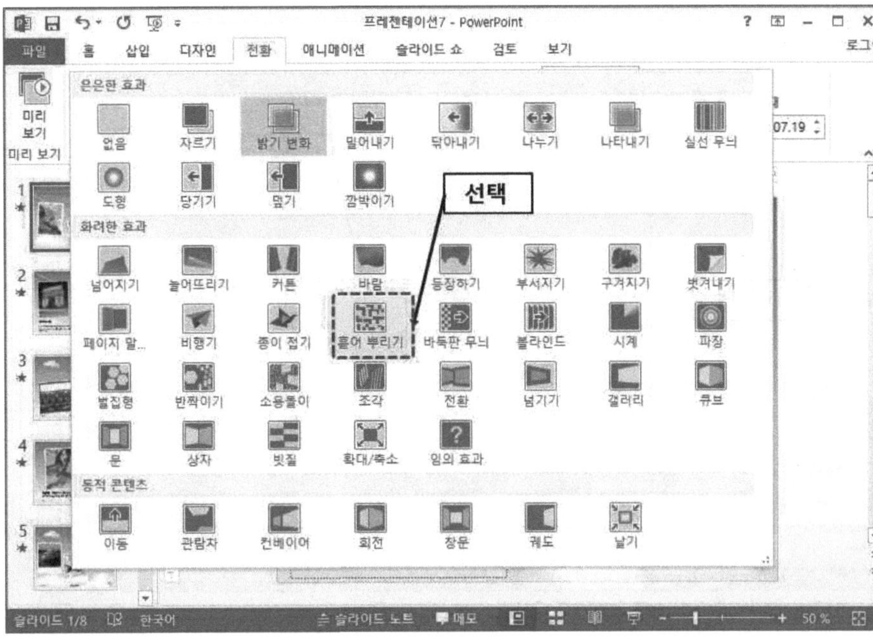

② [소리▼] 버튼을 클릭하고 "반복 재생(N)"을 체크하고 "박수"를 선택한다.

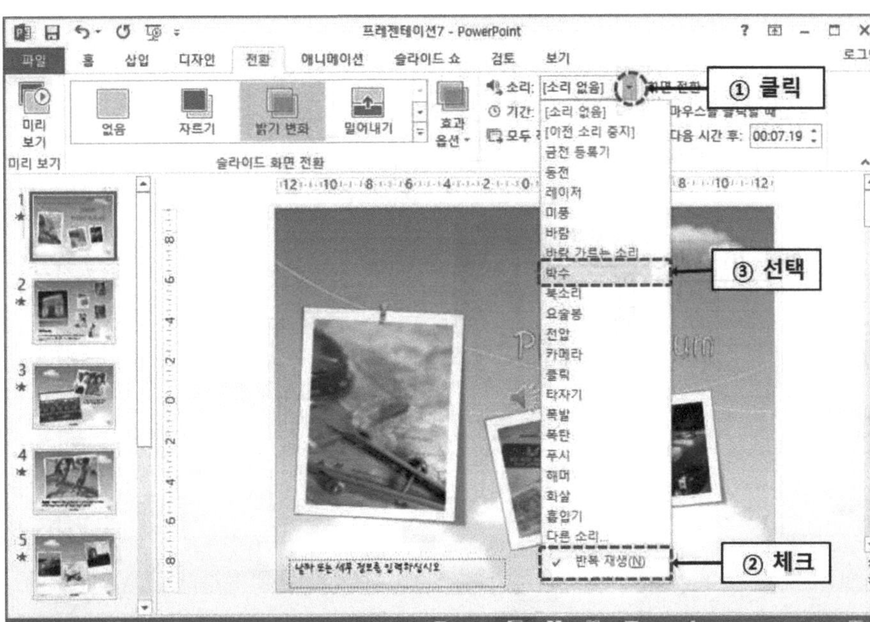

③ 일부분의 슬라이드만 화면 전환 효과를 같게 하려면 그 전환 슬라이드를 선택하고 설정한다. 여기에서는 슬라이드 2 ~ 3번째 슬라이드를 선택하고 [전환]-[슬라이드 화면 전환] 그룹에서 "블라인드"를 선택한다.

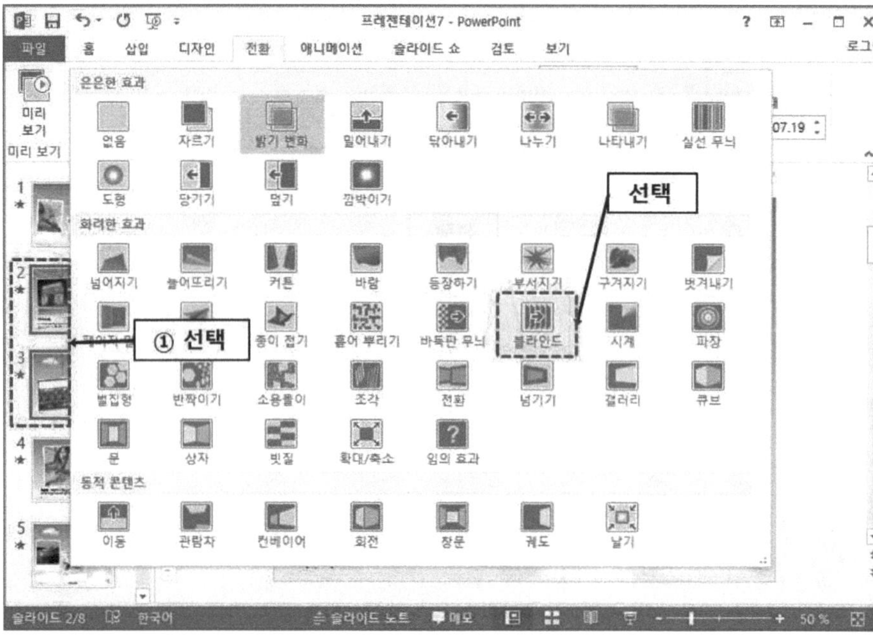

④ 설정된 슬라이드 전환을 보려면 확인 슬라이드를 선택하고 [슬라이드 쇼]-[슬라이드 쇼 시작]-[현재 슬라이드부터]를 클릭한다.

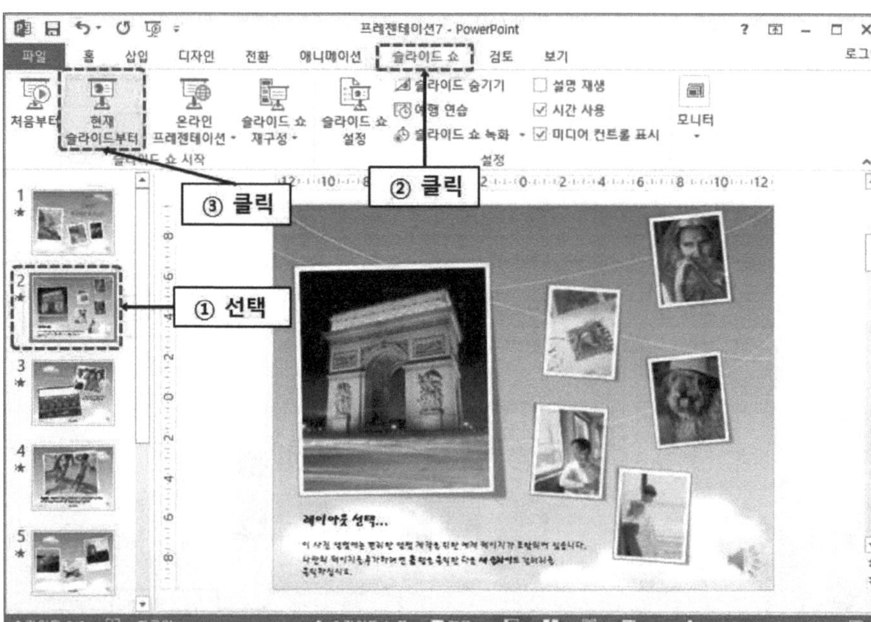

9.4 슬라이드 쇼의 시간 설정

화면전환을 수동으로 하지 않는 방법은 두 가지이다. 하나는 각 슬라이드마다 직접 원하는 시간을 설정하고 슬라이드 쇼를 진행하는 방법이고 다른 하나는 예행연습을 할 때 소요된 시간이 자동으로 기록되는 방법이다.

9.4.1 쇼 시간 수동 설정

슬라이드 쇼 시간을 사용자 수동으로 설정한 다음, 슬라이드 쇼를 실행하면 설정한 시간에 맞춰 슬라이드가 자동으로 다음 페이지로 이동한다.

① [전환]-[타이밍] 그룹에서 "다음 시간 후"를 체크한 후 시간을 초단위로 입력한다.

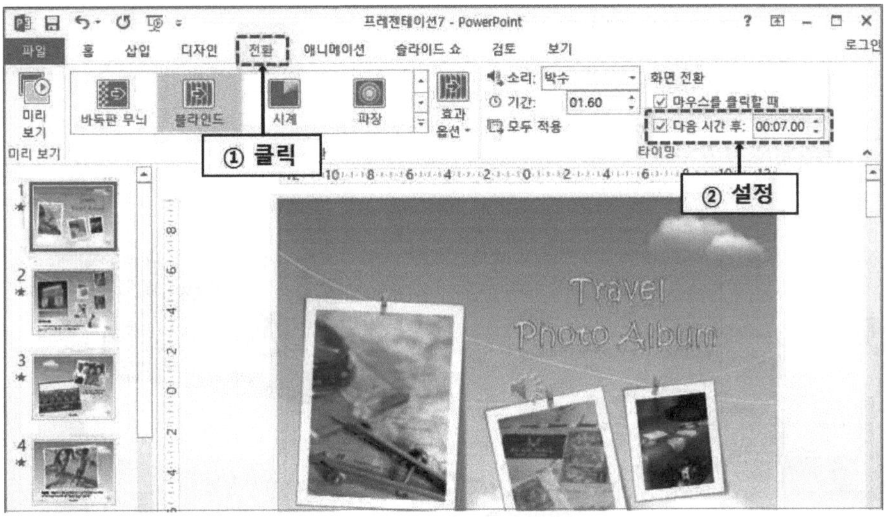

② 설정된 시간을 슬라이드 전체에 적용하려면 [모두 적용] 버튼을 누른다.

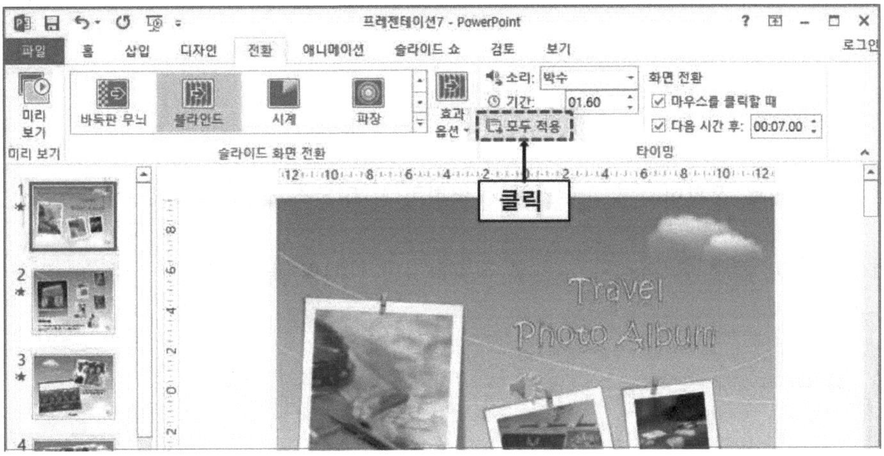

9.4.2 쇼 시간 자동 설정

예행 연습 중에 슬라이드 쇼 시간을 설정하는 경우는 다음과 같다.

① [슬라이드 쇼]-[설정] 그룹에서 [예행 연습] 버튼을 누른다.

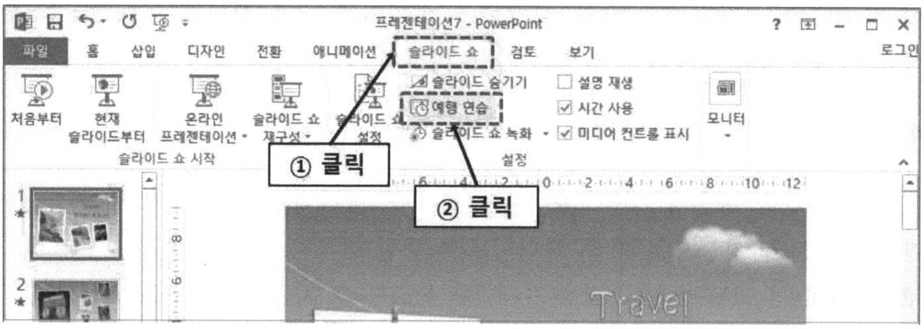

② 슬라이드 쇼가 시작되면서 예행연습을 시작한다.

③ 다음 슬라이드로 전환하려면 마우스를 클릭하거나, 마우스 휠을 돌리거나 PgUp(PgDn) 키를 누른다.

④ 슬라이드 쇼가 끝난 뒤 설정된 시간을 적용하려면 [예]를 클릭한다.

9.5 자동으로 프레젠테이션 실행하기

발표자가 없어도 슬라이드 쇼를 자동으로 반복 실행할 수 있도록 자동 프레젠테이션을 만들 경우가 있을 것이다. 이러한 경우 먼저 슬라이드에 대한 설명의 녹음이 필요하다. 앞에서 언급한 대로 설명을 녹음했다고 가정한다.

① [슬라이드 쇼]-[설정]-[슬라이드 쇼 설정]을 선택한다.

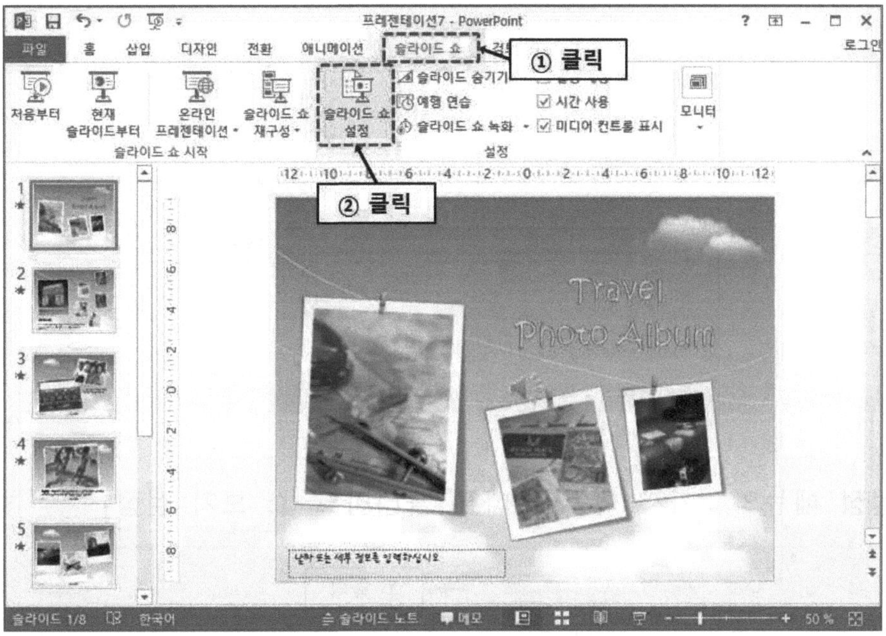

② [쇼 설정] 대화상자에서 표시 옵션의 “<Esc> 키를 누를 때까지 계속 실행”을 체크, 화면 전환에서 “설정된 시간 사용(U)”을 체크하고 [확인]을 클릭한다.

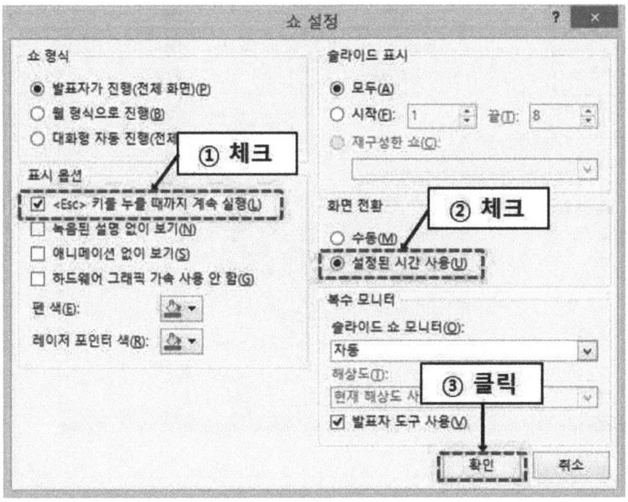

Part 4

③ [전환]-[타이밍] 그룹에서 "다음 시간 후 자동 전환"을 체크하고 "시간"을 초 단위로 설정하고 [모두 적용]을 클릭한다.

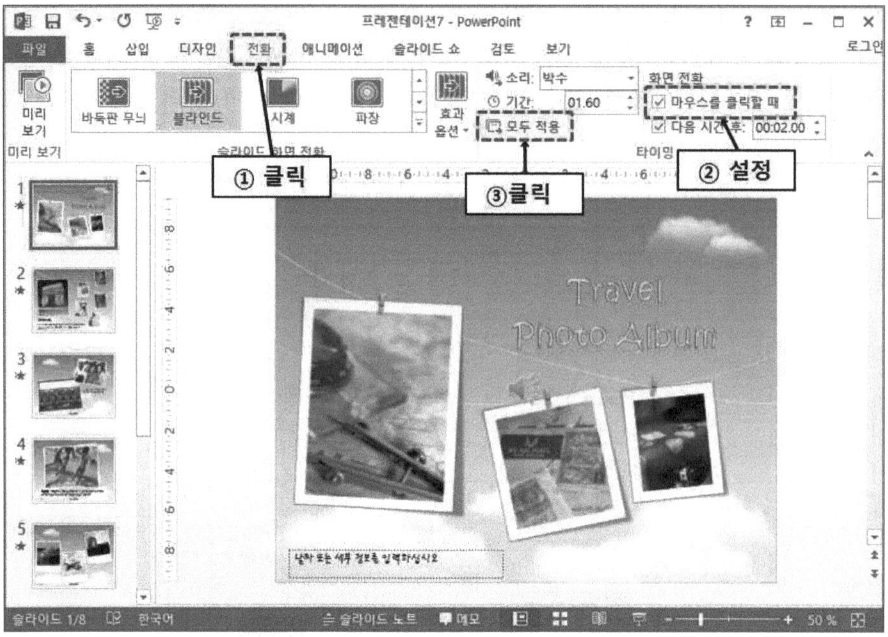

[쇼 설정 메뉴의 3가지 방법에 따른 슬라이드 쇼 보기 설정]

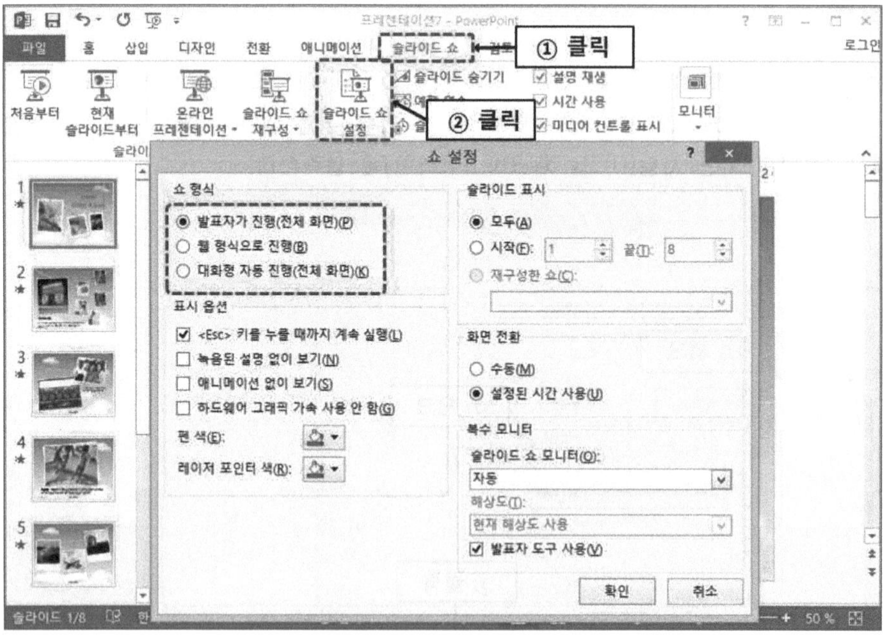

(1) 발표자가 진행(전체 화면)

가장 보편적으로 전체 화면 상에서 쇼의 발표자가 프레젠테이션을 진행할 수 있다. 발표자는 쇼를 완전히 총괄하며 쇼를 자동이나 수동으로 실행할 수 있고 회의록과 할 일을 추가하기 위해 슬라이드 쇼를 멈출 수 있으며 쇼가 진행되는 동안 설명을 녹음할 수도 있다. 또한 슬라이드 쇼를 대형 화면에서 실행하거나 온라인 모임 또는 프레젠테이션 방송을 할 때 이 모드를 사용할 수 있다.

(2) 웹 형식으로 진행

사내 네트워크나 WWW를 통해 소형 화면으로 프레젠테이션을 진행할 수 있다. 프레젠테이션은 작은 창에 나타나며 쇼 간의 이동이나 슬라이드 편집, 복사, 인쇄 명령을 사용할 수 있다. 이 모드에서는 스크롤 막대나 [PgUp] 또는 [PgDn]을 사용해 슬라이드 간에 이동하며 한 번에 여러 프로그램을 실행할 수도 있다.

(3) 대화형 자동 진행(전체 화면)

상업 박람회나 전시장 등에서 자동 실행 프레젠테이션을 실행할 수 있다. 슬라이드 쇼를 진행자 없이 실행하려면 대부분의 메뉴와 명령을 사용할 수 없도록 설정할 수 있다. 쇼가 한차례 끝나면 자동으로 다시 시작하게 설정할 수도 있다. 자동 실행 프레젠테이션은 슬라이드 쇼를 진행할 사람 없이도 정보를 전달할 수 있는 탁월한 방법이다. 자동 실행 프레젠테이션은 프레젠테이션이 끝까지 진행되었거나 수동 진행 슬라이드가 5분 이상 방치되었을 때 다시 시작된다.

9.6 특정 슬라이드 숨기기

특정한 슬라이드를 슬라이드 쇼에서 제외시키기 위한 기능이다.

① 숨길 슬라이드를 선택한 다음, [슬라이스 쇼] 탭을 클릭하고 [설정] 그룹에 있는 [슬라이드 숨기기]를 누른다.

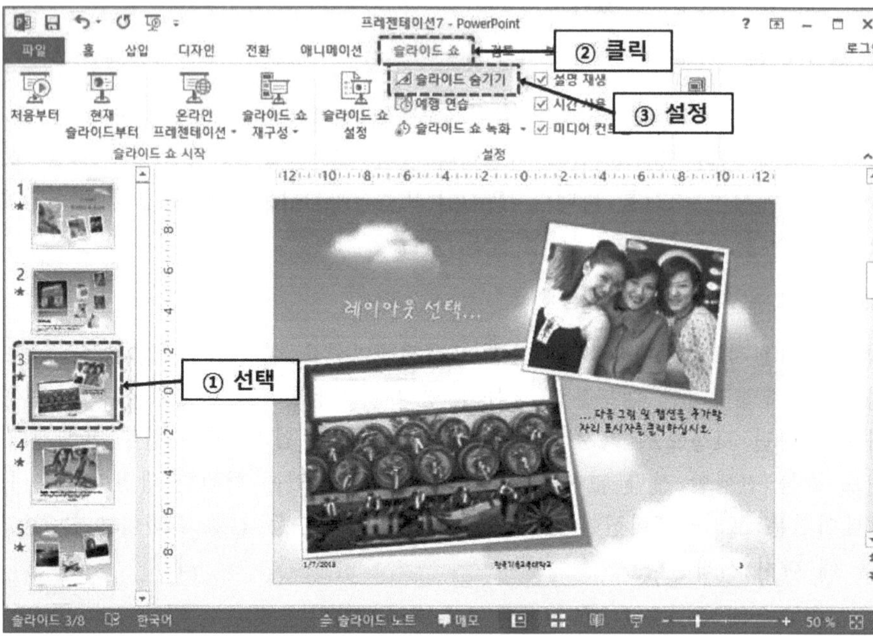

② 슬라이드 번호 위에 숨기기 표시가 나타나고, 슬라이드 쇼에서 보이지 않는다.

③ 여러 장의 슬라이드를 한꺼번에 숨기기 할 경우에는 [보기]-[프레젠테이션 보기]-[여러 슬라이드]를 선택한다.

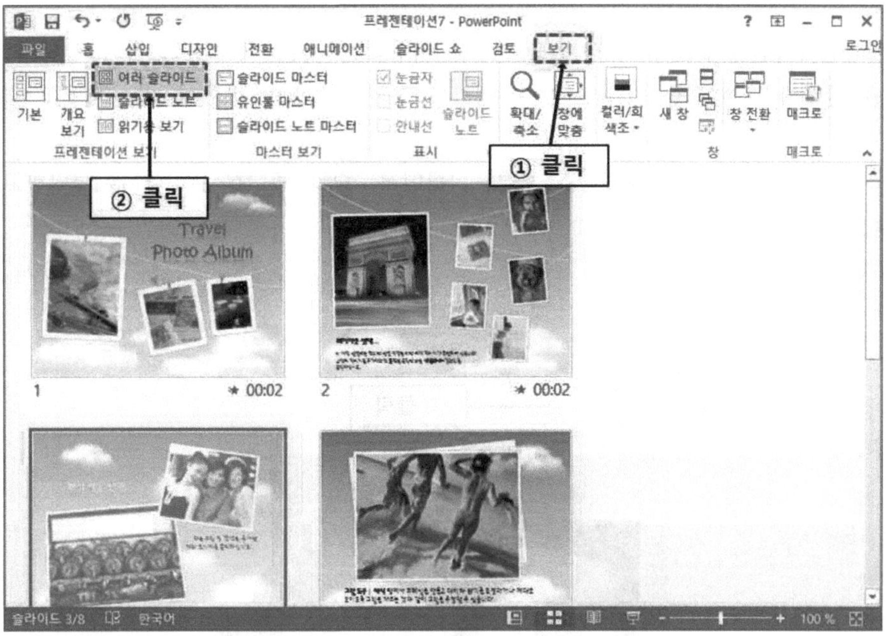

④ 숨길 슬라이드를 선택한 후 [슬라이스 쇼]의 [슬라이드 숨기기]를 누른다.

■ [슬라이드 숨기기] 기능을 해제할 때는 [슬라이드 숨기기]를 다시 클릭하면 된다.

Part 4

9.7 슬라이드 쇼 재구성

실전 프레젠테이션에서 항상 슬라이드 전부를 사용하는 것은 아니다. 목적과 상황에 따라 슬라이드를 선택해 보여야 할 경우도 있다. 이러한 경우에는 쇼의 재구성 기능을 사용한다.

① [슬라이드 쇼] 탭의 [슬라이드 쇼 시작] 그룹에서 "슬라이드 쇼 재구성"을 클릭하고 "쇼 재구성"을 선택한다.

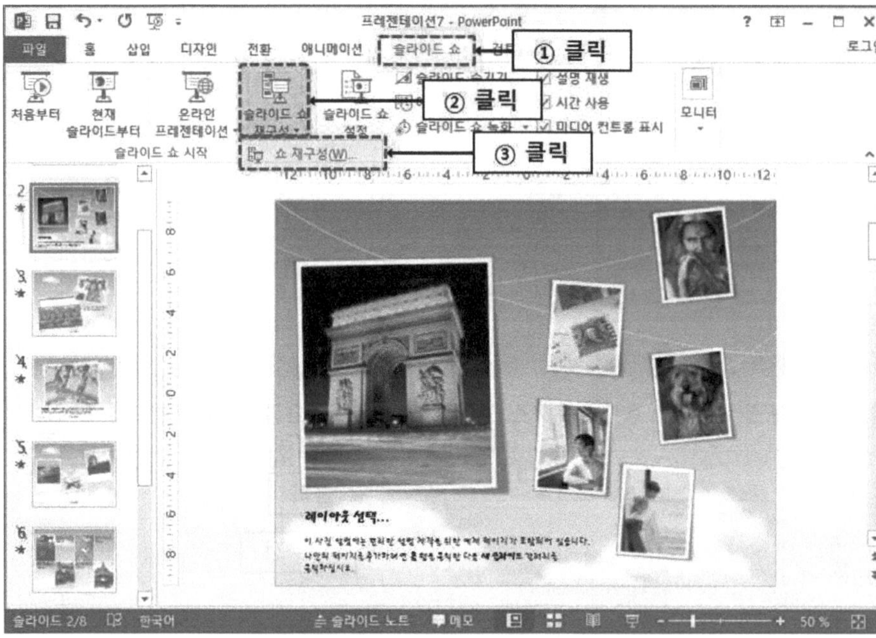

② 쇼 재구성 대화상자에서 [새로 만들기(N)]를 클릭한다.

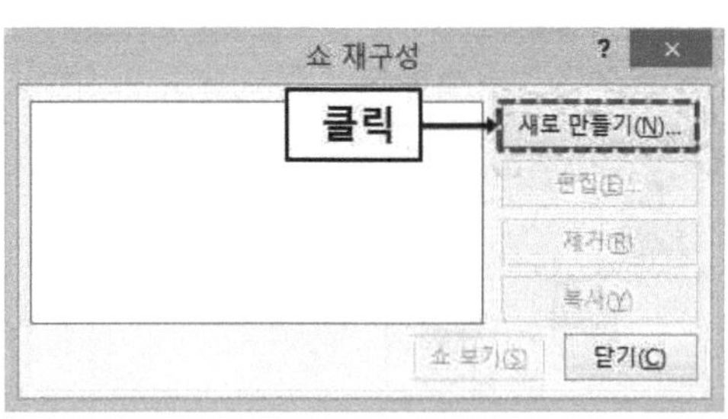

③ [슬라이드 쇼 이름(N)]을 입력한 후 재구성 하고자 하는 슬라이드를 "선택상자"에 체크하고 [추가]를 클릭한 후, [확인] 버튼을 클릭한다.

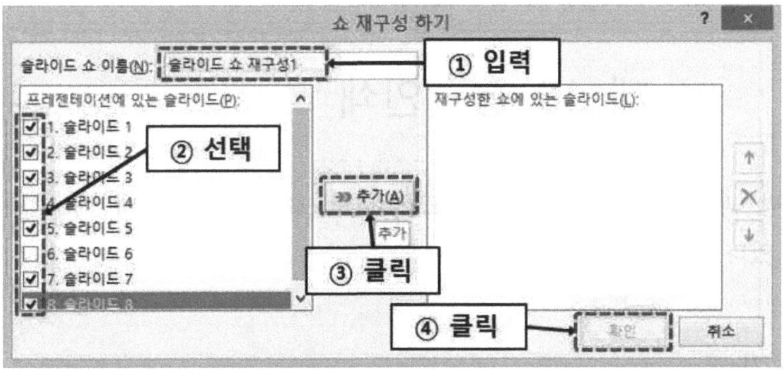

④ [확인]을 누르면 [쇼 재구성] 대화상자 목록에 지정한 슬라이드 이름이 있다. 슬라이드 쇼를 진행하기 원한다면 [쇼 보기]를 누른다.

⑤ 재 구성된 슬라이드를 편집하고자 한다면 [쇼 재구성] 대화상자에서 [편집]을 누르면 된다.

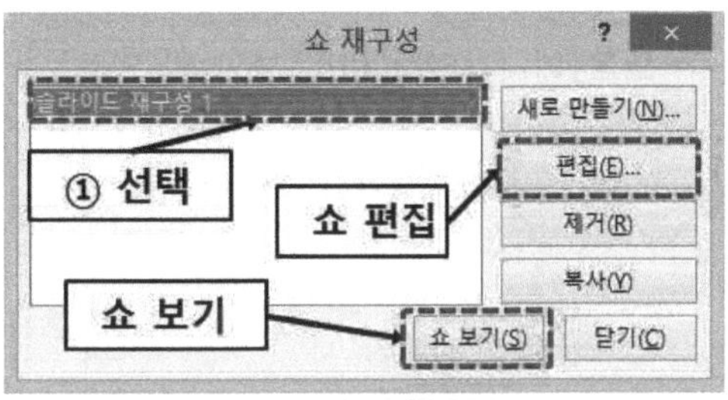

⑥ 앞의 과정을 반복하여 여러 개의 슬라이드 쇼를 재구성할 수 있으며, 실행은 [슬라이드 쇼 재구성▼]을 클릭하여 "재구성된 슬라이드 쇼"를 선택하면 된다.

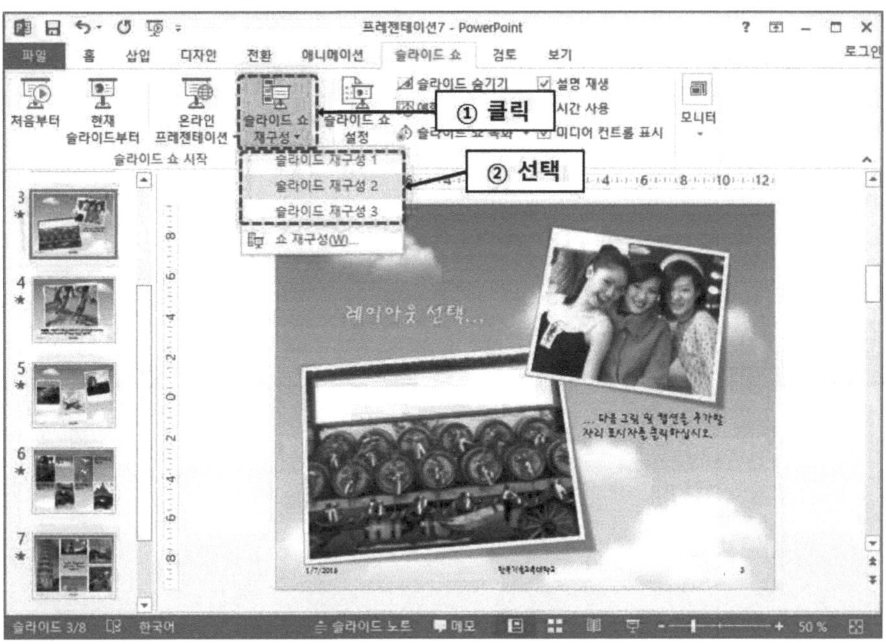

제 10 장 인쇄

프레젠테이션 마지막 과정으로 인쇄될 슬라이드를 미리 보거나 청중에게 배포하는 유인물 등을 인쇄할 수 있다.

(1) 인쇄 미리 보기

인쇄될 모양을 화면을 통해 미리 확인할 수 있는 기능이 제공된다. 슬라이드뿐만 아니라 슬라이드 노트, 유인물, 개요 보기와 같은 다양한 보기 서식을 지원한다. 또한 미리 보기 화면에서 옵션 메뉴를 통해 간단한 인쇄 설정을 할 수 있다.

① [파일]-[인쇄] 선택하거나 [빠른 실행 도구 모음]에서 [인쇄 미리 보기 및 인쇄] 아이콘을 클릭한다.

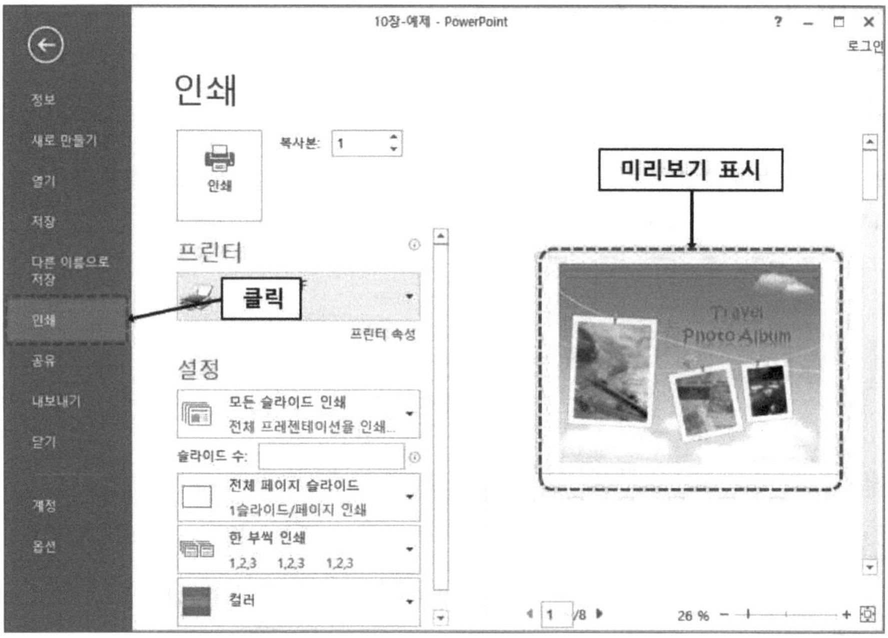

② "전체 페이지 슬라이드"를 클릭하고 인쇄 미리 보기 할 대상, 즉 슬라이드 노트, 개요, 유인물 등을 선택할 수 있다.

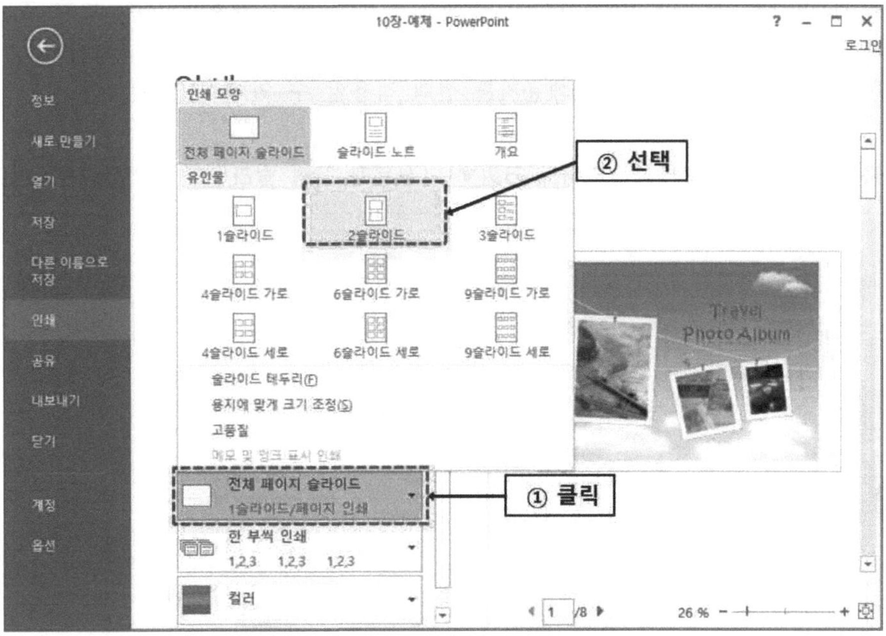

③ "인쇄 방법", "인쇄 방향", "머리글 및 바닥글" 등을 지정할 수 있다.

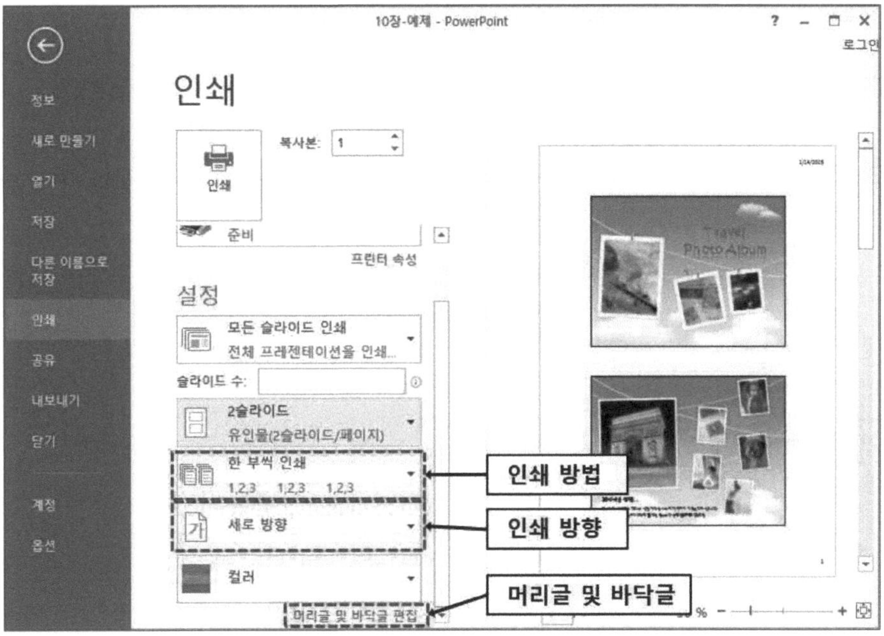

Part 4

(2) 슬라이드 크기의 다양한 지원

슬라이드를 작성할 때 적용할 슬라이드 크기의 종류가 훨씬 다양해 졌다. 다른 응용 프로그램에서 사용할 수 있는 보편적 용지 스타일을 거의 대부분 지원한다. 슬라이드 크기를 변경하면 인쇄할 때 편리하게 인쇄용지를 선택 적용할 수 있게 되었다.

① [디자인]-[사용자 지정]-[슬라이드 크기▼]-[사용자 지정 슬라이드 크기]을 클릭한다.

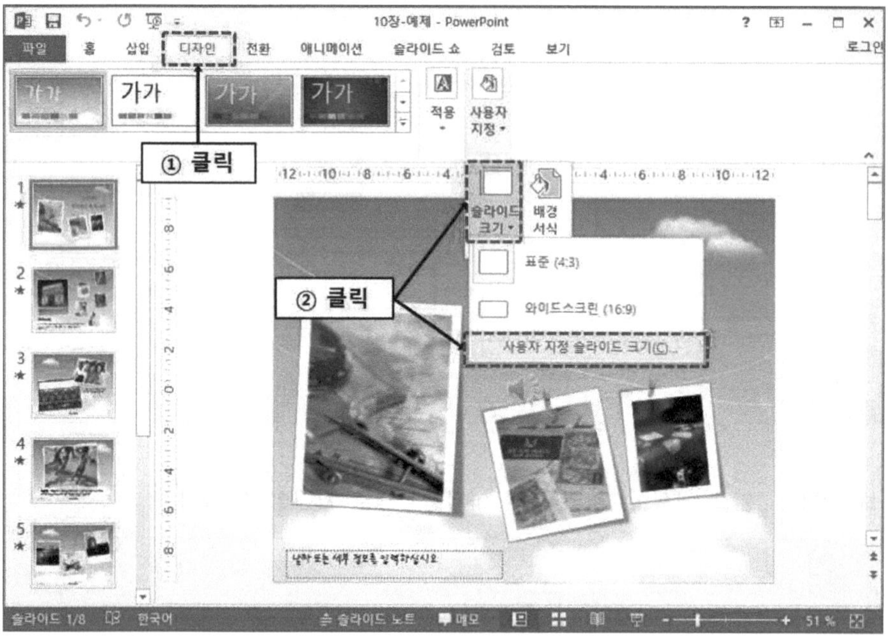

② [슬라이드 크기] 대화 상자의 "슬라이드 크기(S)"에서 적당한 용지를 선택하고 [확인]을 클릭한다.

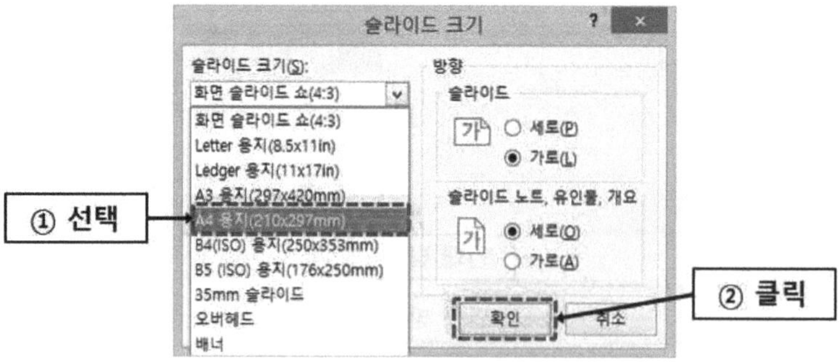

(3) 메모 페이지를 포함한 인쇄

공동 작업이나 검토를 통해 삽입된 메모를 포함해서 인쇄할 수 있다.

① 개체를 선택하고 [검토]-[메모]-[새 메모] 아이콘을 클릭한다.

② 메모창이 나타나면 메모를 입력한다.

③ [파일]-[인쇄]-[전체 페이지 슬라이드]를 클릭한다.

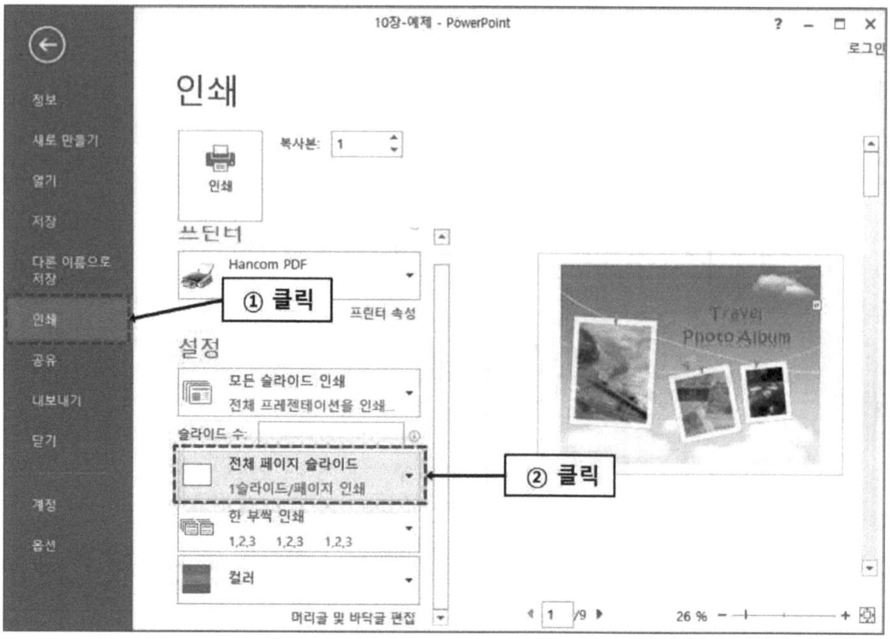

④ [메모 및 잉크 표시 인쇄] 확인란에 체크한다.

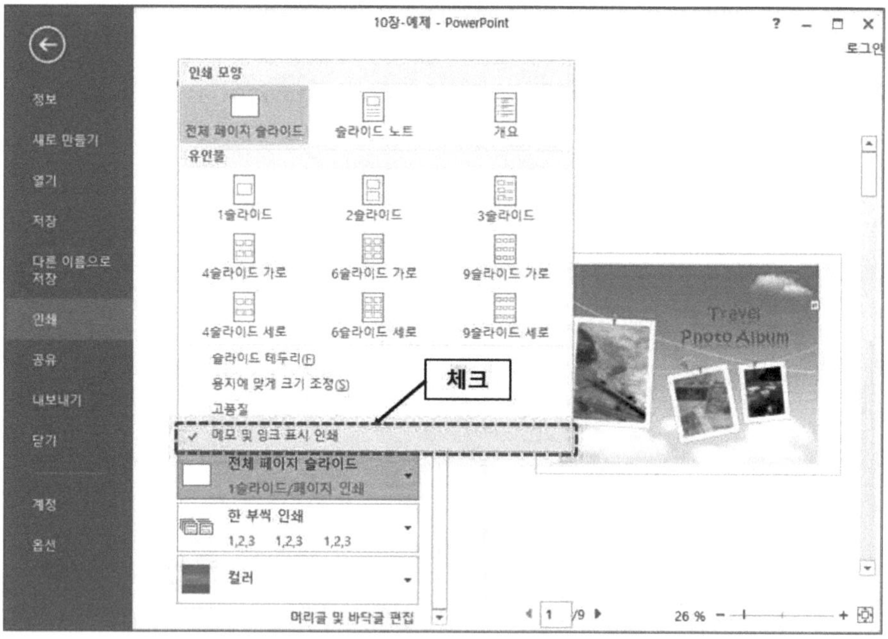

제 11 장 종합 예제 프레젠테이션

지금까지 배운 PowerPoint 기능을 바탕으로 다음 프레젠테이션을 직접 작성해 보도록 한다.

11.1 그리기 도구를 이용한 프레젠테이션 작성

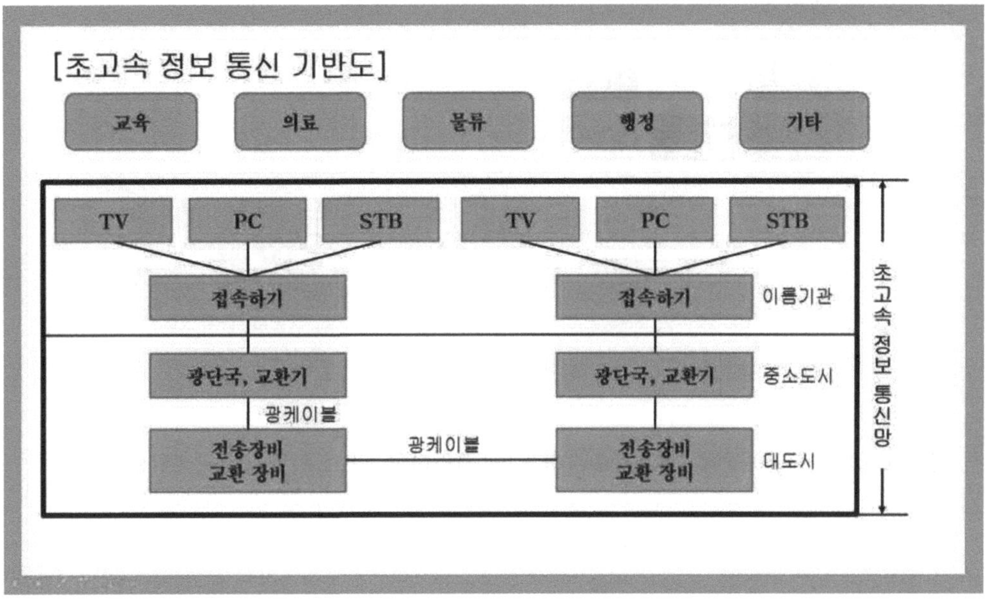

위의 그림은 아래의 실행 순서에 따라서 프레젠테이션을 실행한 결과이다.

여기서 적용되는 그리기 도구, 서식에 있는 도형 스타일, WordArt 스타일, 홈에 있는 글꼴, 단락 등은 작성자의 취향이 맞도록 설정하여 멋있는 프레젠테이션을 만들어 본다.

(설명) 그리기 도구 사용

① 파워포인트를 시작한 후 [디자인] 탭의 [테마] 그룹에서 "기본"을 선택한다.

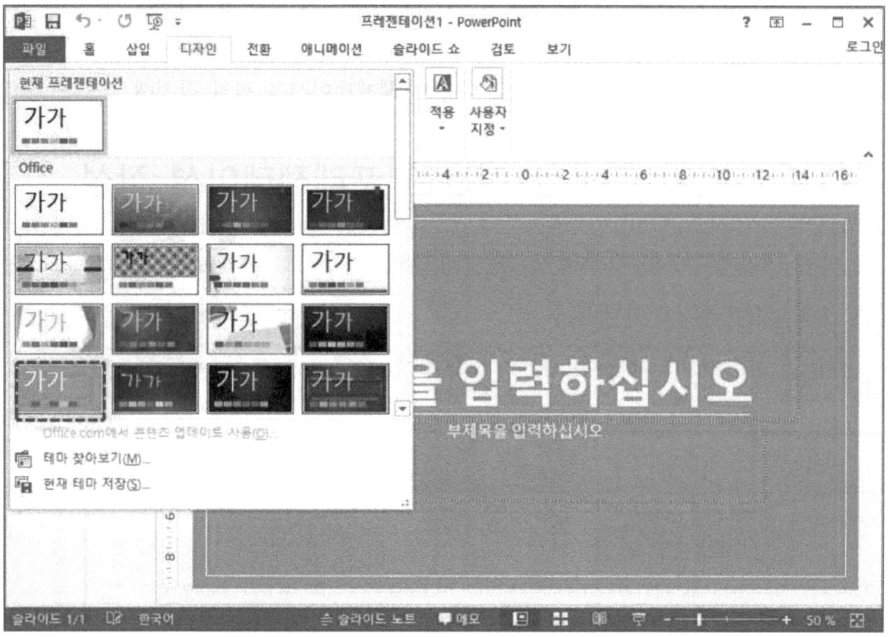

② 슬라이드 레이아웃을 [홈]-[슬라이드]-[레이아웃]-[빈 화면]으로 선택한다.

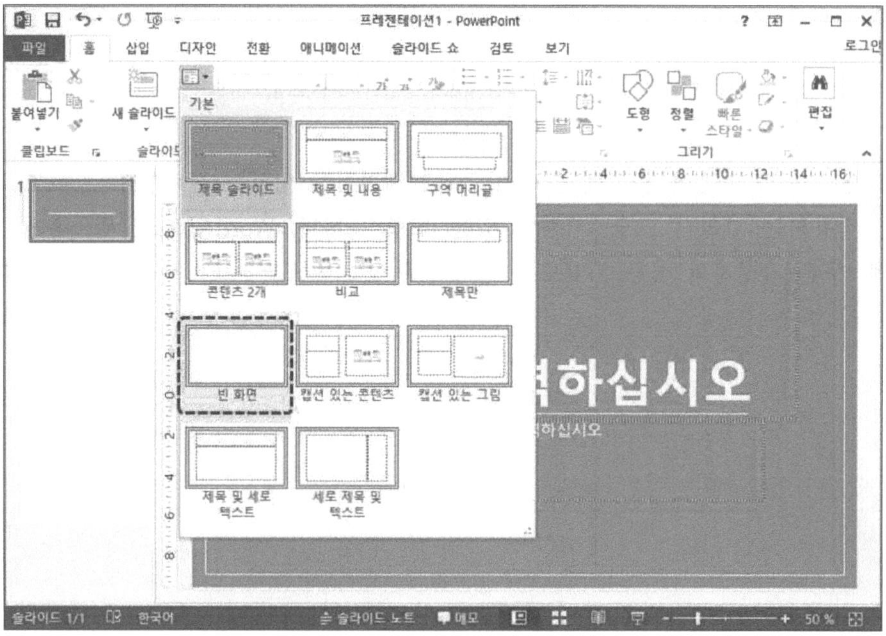

③ [삽입]-[텍스트]-[텍스트 상자]를 선택하여 "초고속 정보 통신 기반도" 라고 입력한다.

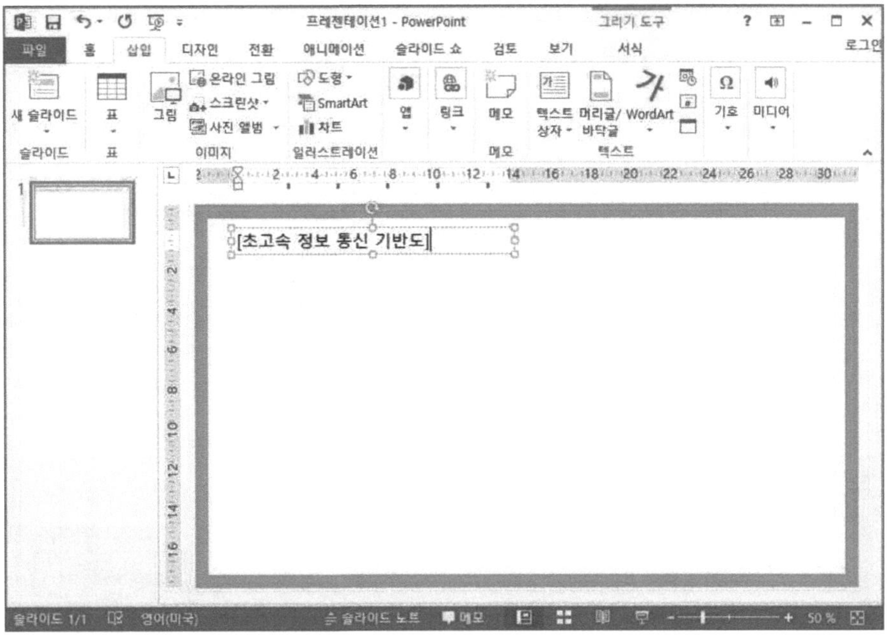

④ [홈]-[글꼴]에서 글꼴 서식을 "굴림" / "굵게" / 크기는 "28"로 정한다.

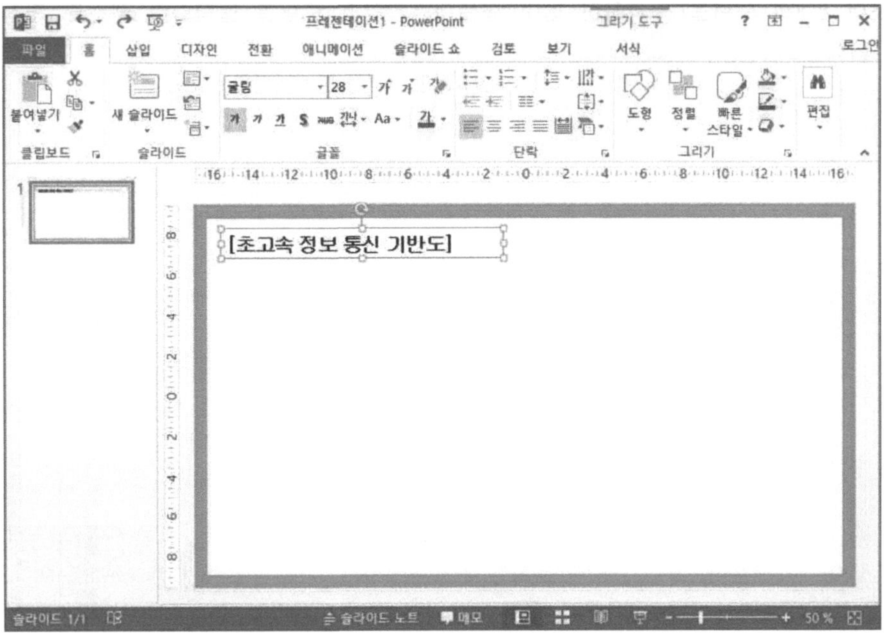

Part 4

⑤ [삽입]-[일러스트레이션]-[도형]에서 "모서리가 둥근 직사각형"을 선택한다.

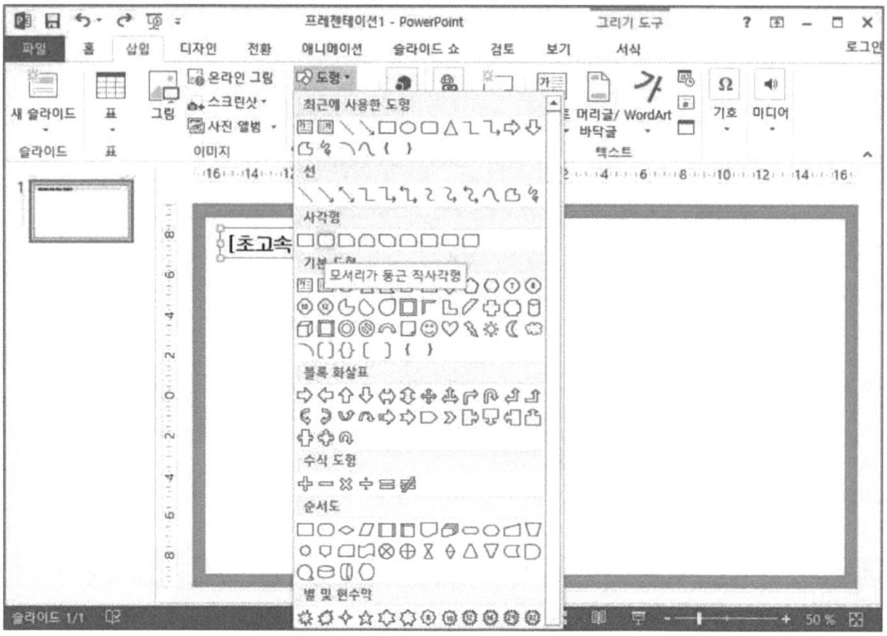

⑥ 도형을 그린 후 마우스 왼쪽 버튼을 선택한 다음, Ctrl+Shift 키를 함께 누르고 마우스로 드래그 하여 5개의 도형을 복사하여 붙여 넣는다. 각각의 도형을 클릭하여 텍스트 편집으로 텍스트를 입력한다.

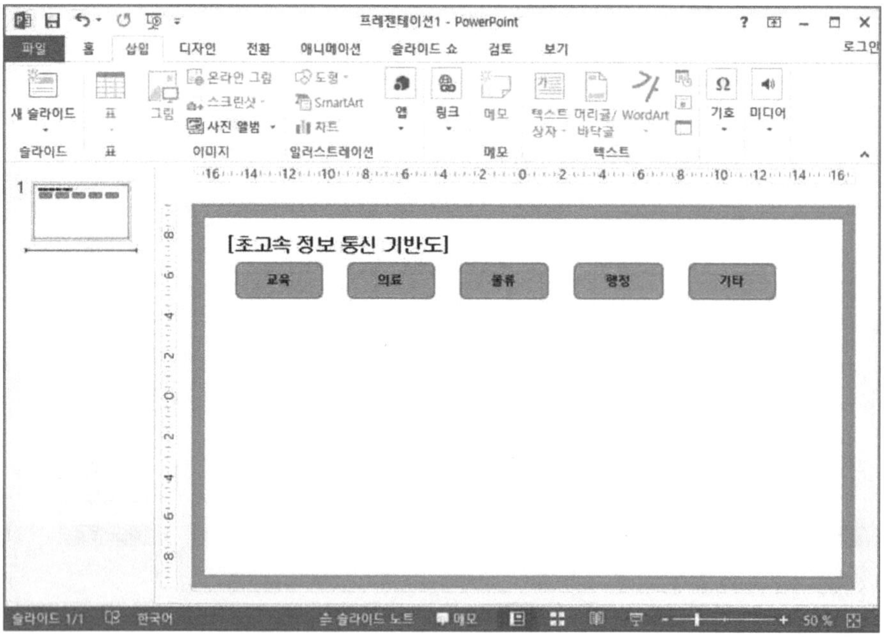

⑦ 그려진 도형을 마우스로 드래그 하여 [그리기 도구]-[서식]-"맞춤"-"가로 간격을 동일하게(H)"를 선택하여 가로 간격을 동일하게 맞춰준다.

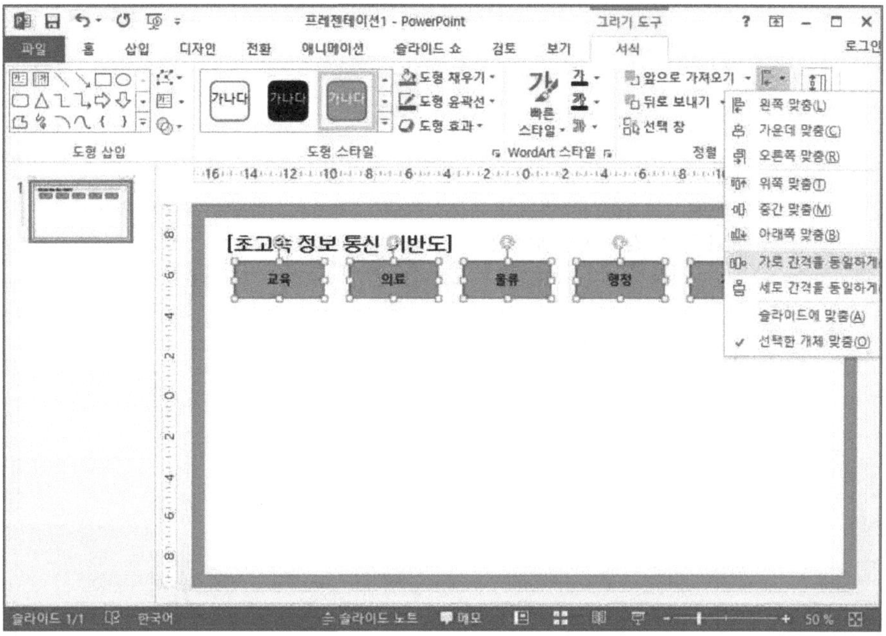

⑧ [삽입]-[도형]에서 "직사각형"을 선택하여 아래 부분에 그린다.

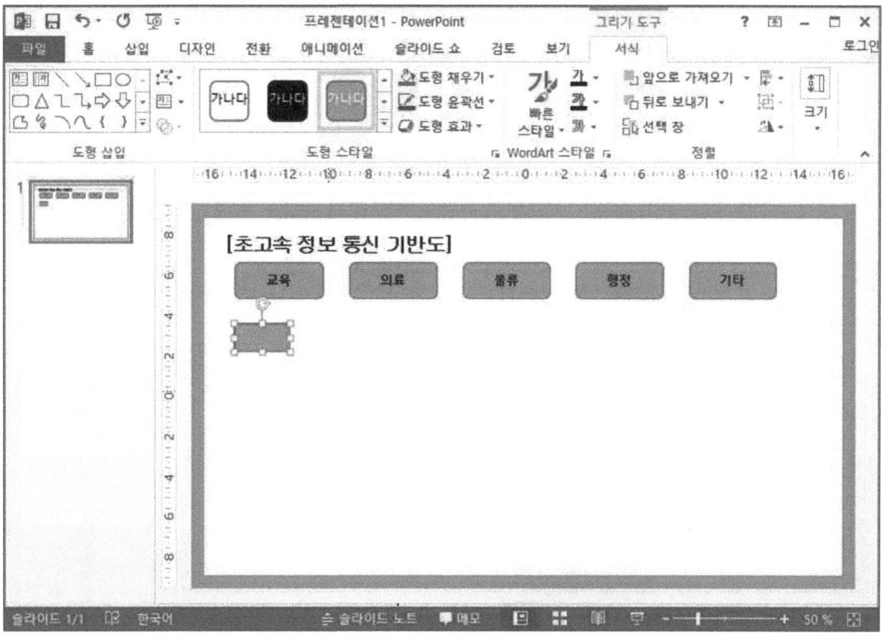

⑨ 아래 그림과 같이 도형을 복사하고 텍스트 편집으로 각각 단어를 입력한다. 그리고 [그리기 도구]-[서식]- “맞춤”에서 도형을 정렬한다.

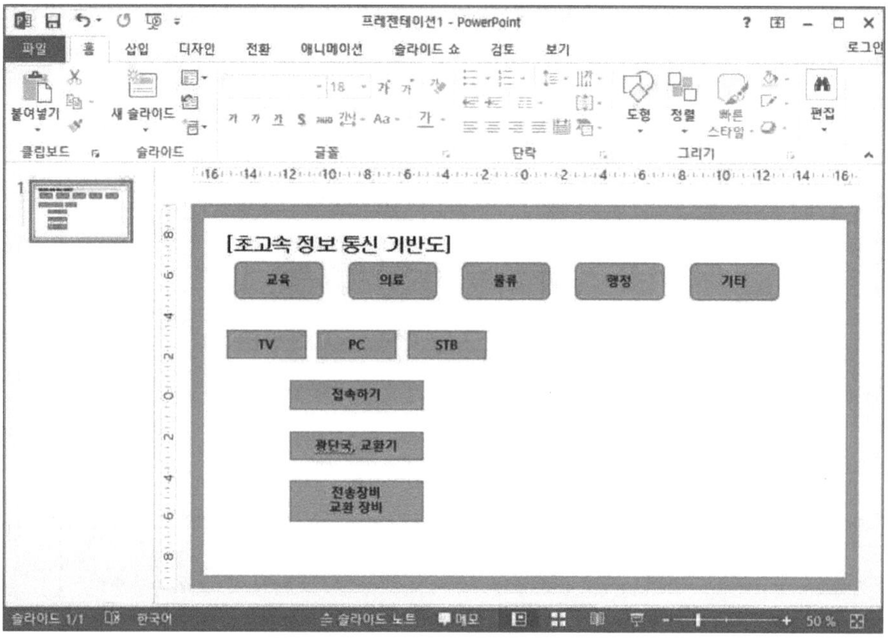

⑩ 도형을 선택하고 단어를 입력하고, [홈]-[글꼴]에서 글꼴: “HY 견명조”, 크기: “18”, “굵게”, 글색: “검정”으로 적용한다.

⑪ [삽입]-[일러스트레이션]-[도형]에서 “선”을 선택하여 그림과 같이 마우스로 그려준다.

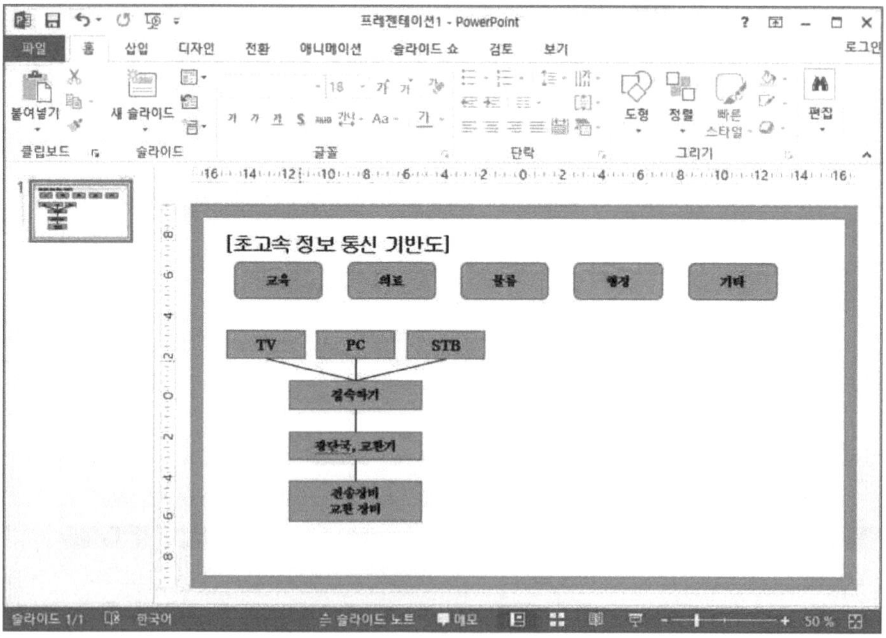

⑫ 그려진 도형을 마우스로 드래그 하여 모두 선택한 다음 [그리기 서식]-[정렬]-[그룹]을 선택하여 하나의 개체로 합친다. 또는 오른쪽 마우스를 클릭하여 팝업창에서 그룹을 선택한다.

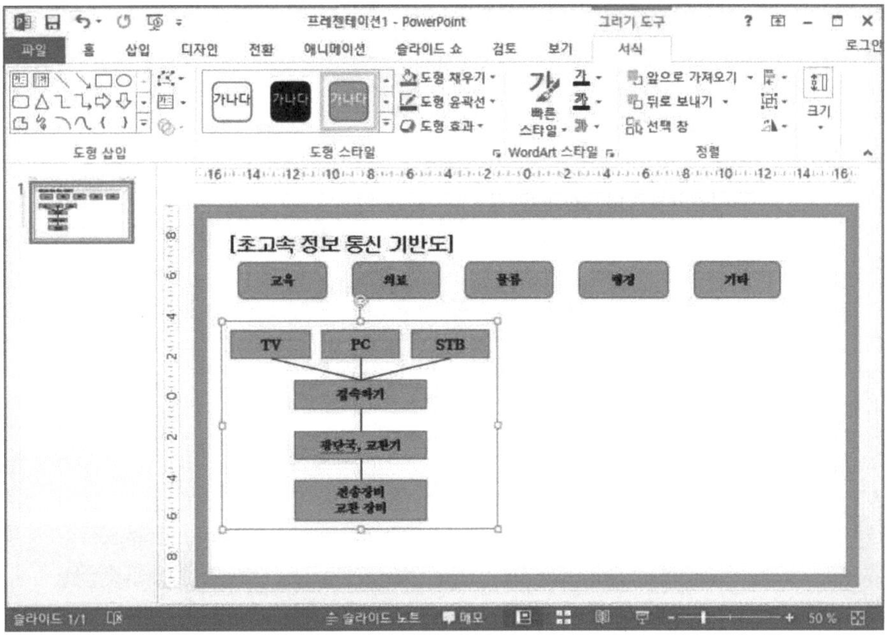

⑬ 합쳐진 개체를 선택하고 Ctrl+Shift 키를 함께 누르고 마우스로 드래그 하여 오른쪽에 붙여 넣도록 한다.

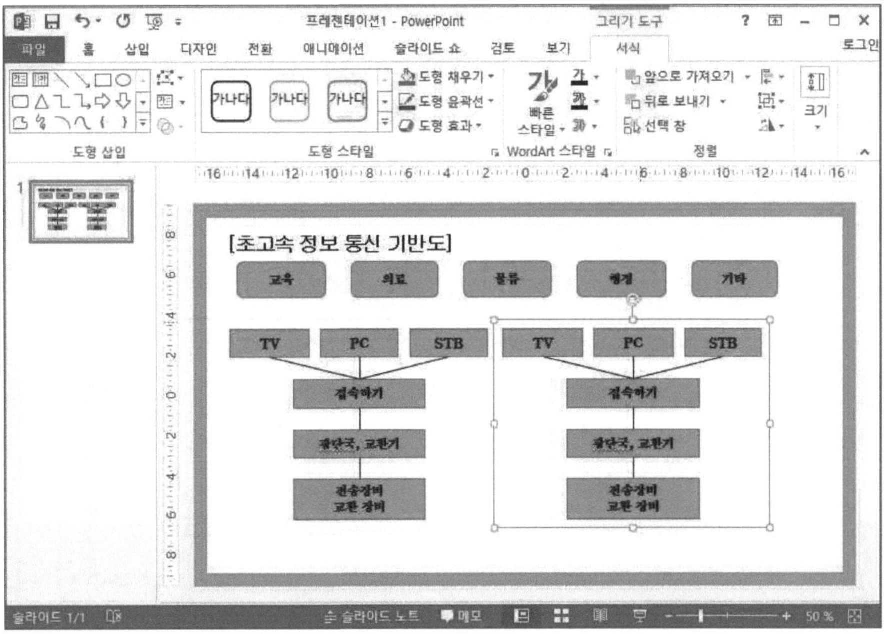

⑭ [삽입]-[일러스트레이션]-[도형]에서 직사각형을 선택하여 아래와 같이 그려준다.

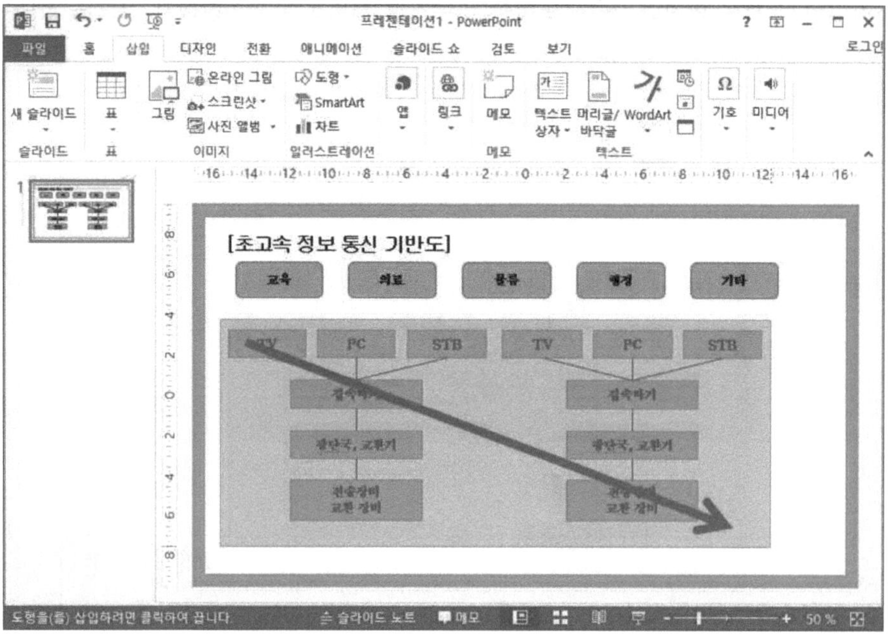

⑮ 그려진 도형을 선택하고 [그리기 도구]-[서식]을 선택한다. "도형 채우기"는 "채우기 없음"으로 선택해 주고, "도형 윤곽선"에서 테마 색은 "검정", 두께는 "4 1/2pt"로 설정한다. 아래와 같이 테두리 선이 그려진다.

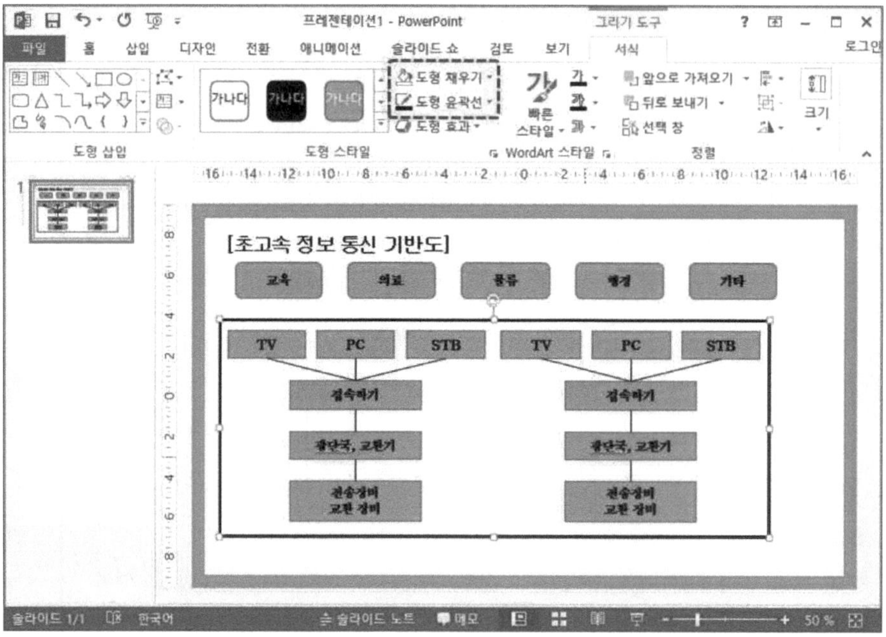

⑯ [삽입]-[도형]-[선]을 선택하여 나머지의 선들을 그려주고, 텍스트 상자를 선택하여 아래와 같이 나머지 글도 입력해 준다. 글꼴 서식은 글꼴: "굴림", 크기: "18", 글자색: "검정"으로 설정한다.

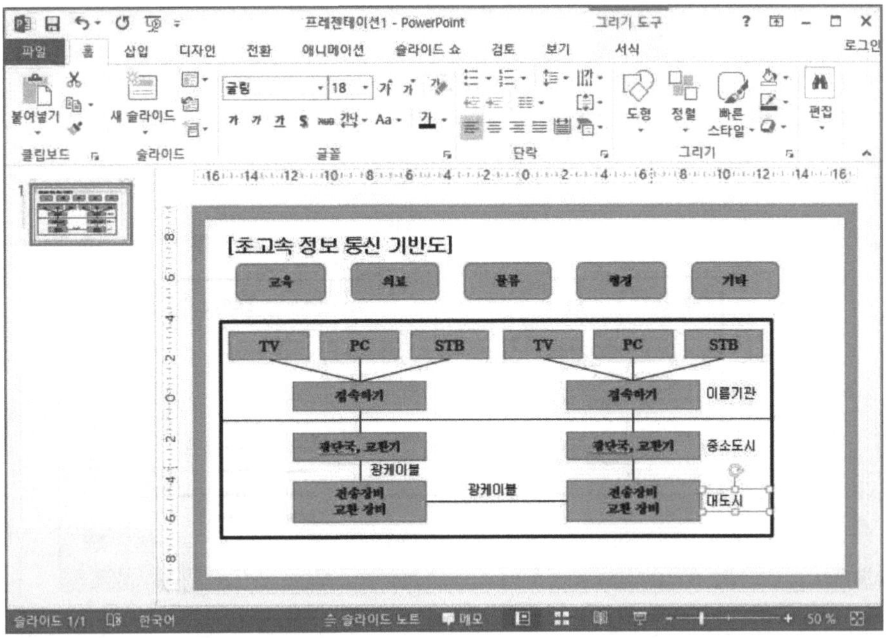

⑰ 도형과 텍스트 상자의 위치와 크기를 조정하고 [삽입]-[일러스트레이션]-[도형]에서 "선"과 "화살표"를 선택하여 오른쪽에 그려준다.

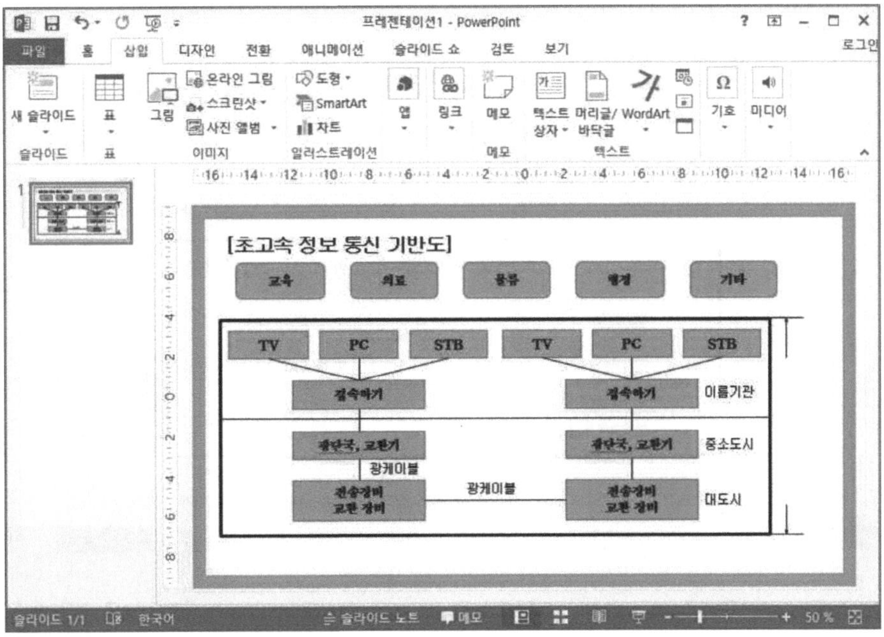

⑱ 화살표를 선택하고 [그리기 도구]-[서식] 탭의 [도형 스타일]에서 [도형 윤곽선] 아이콘을 클릭한 다음, 선의 두께는 "2 1/4pt"로 하고 화살표는 "화살표 스타일"을 선택한다.

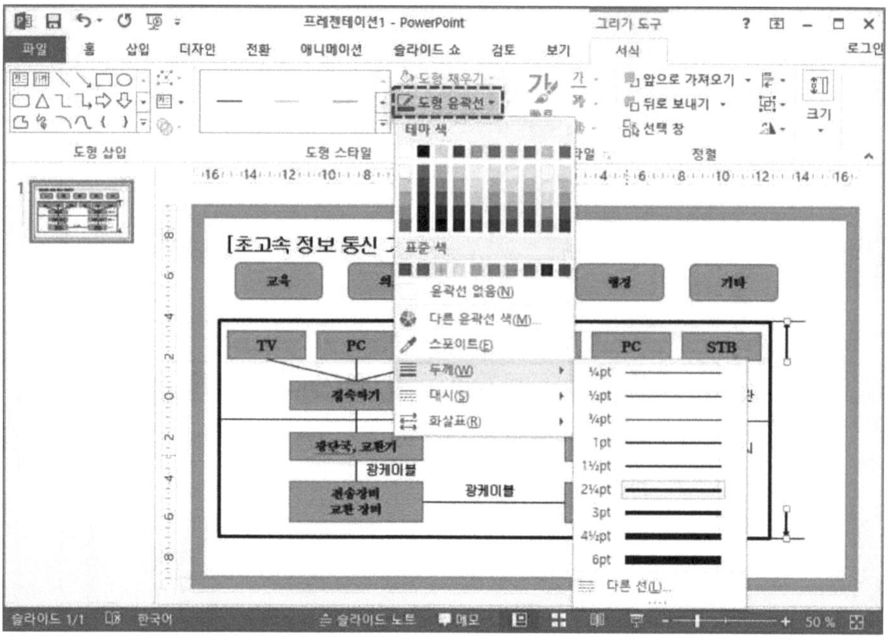

⑲ [삽입]-[텍스트 상자]-[세로 텍스트 상자]를 선택하여 초고속 정보 통신망이라고 화살표의 사이에 써 넣어준다. 그리고 글꼴: "글림", 크기는: "20", "굵게"로 설정한다.

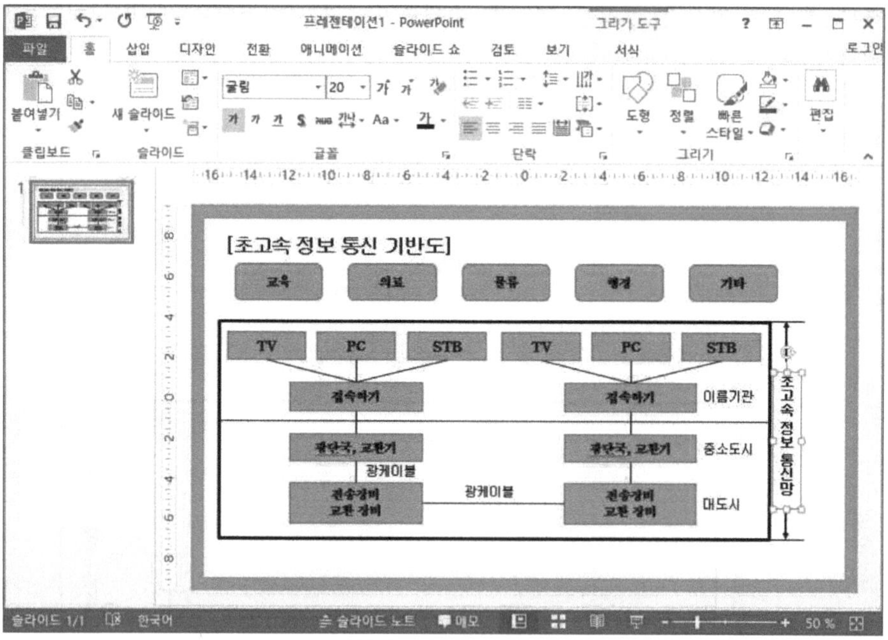

11.2 마스터 슬라이드를 이용한 회사 템플리트 작성

프레젠테이션 슬라이드를 작성할 때마다 어떤 디자인을 선택할 것인지 망설여질 때가 한 두번이 아니다. 파워포인트의 마스터를 이용하여 회사 로고가 작성된 템플리트를 만든 다음 디자인 서식으로 저장하여 회사 표준 서식으로 사용해 보도록 하자.

(설명) 마스터 슬라이드 작성

회사 로고와 같이 모든 슬라이드에 동일하게 들어가는 항목은 마스터에서 작업을 한다. 또한 마스터로 글꼴, 크기, 색 등 제목과 본문의 서식도 설정할 수 있다.

① 파워포인트를 시작한 후 [보기]-[마스터 보기]-[슬라이드 마스터]를 누른다.

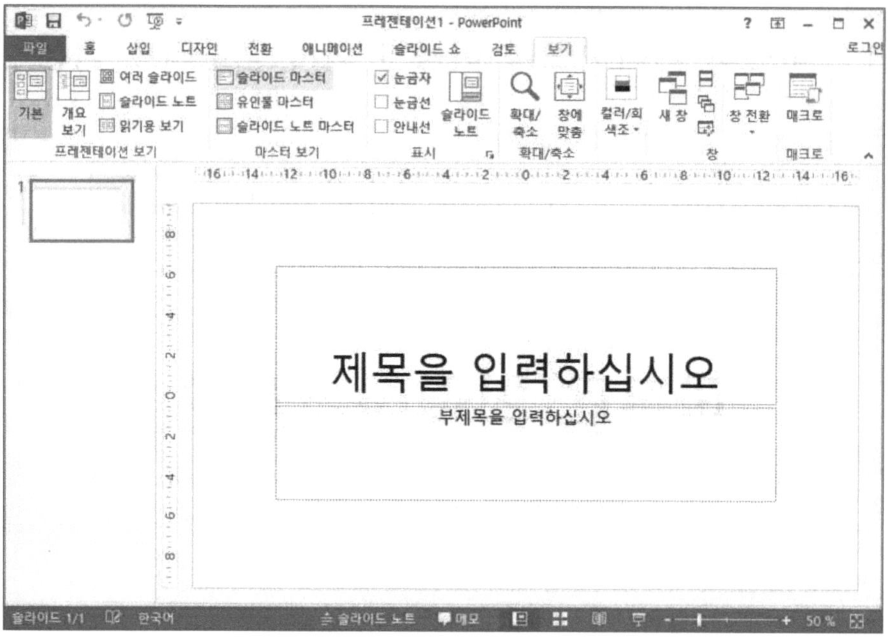

② 슬라이드 마스터가 나타난다. 만일 마스터 보기 상태에서 나가려면 [마스터 도구모음의 닫기]를 누른다.

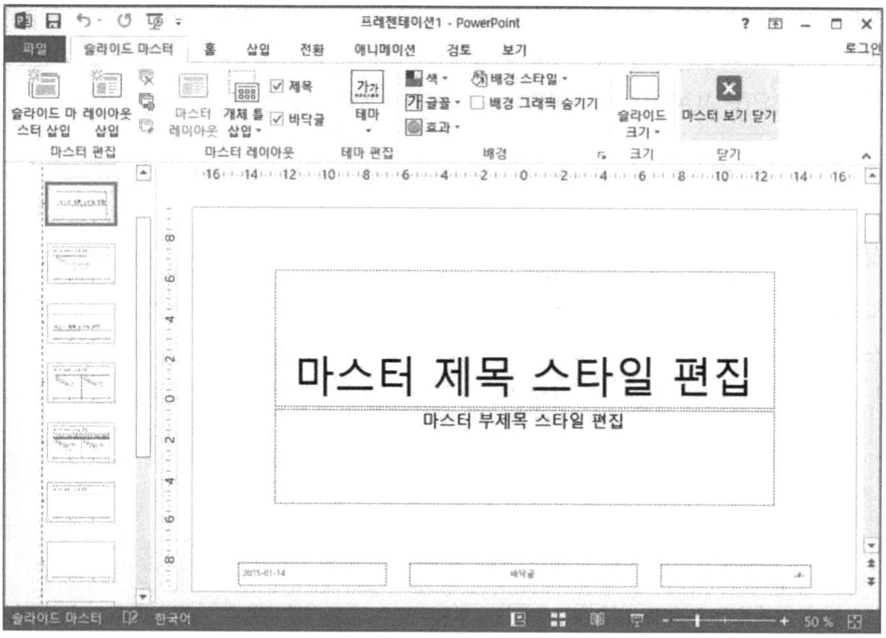

③ [삽입]-[일러스트레이션]-[도형]에서 "직사각형"을 선택한 다음 마우스를 드래그 하여 사각형을 그려 넣는다. 도형의 윤곽선은 검정색, 바탕색은 녹색으로 설정하고 오른쪽 마우스를 클릭하여 "기본 도형으로 설정(D)"한다.

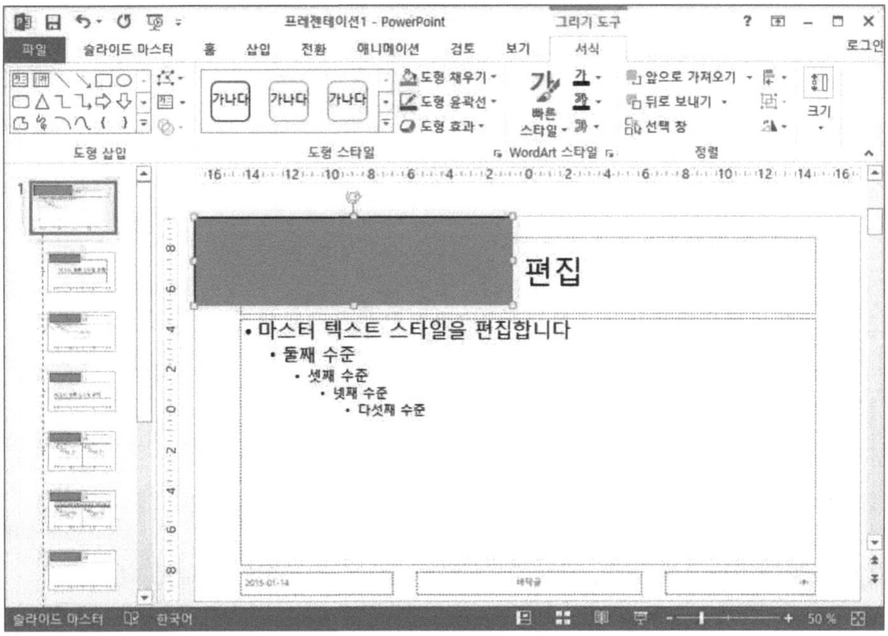

④ 두 번째 도형은 모서리가 둥근 직사각형을 선택하여 만든다. 도형 좌측 상단의 노란색 조절점을 오른쪽으로 드래그 하여 원호를 크게 만든다.

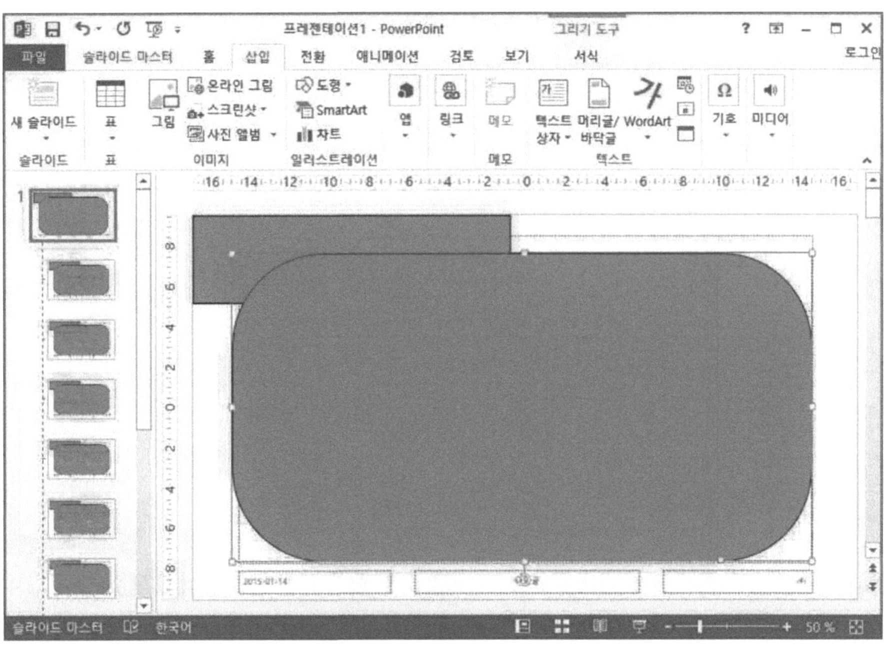

Part 4

⑤ 만들어진 도형의 윤곽선과 바탕색의 변경은 [그리기 도구]-[서식]에서 지정한다. 도형을 선택하고 도형 채우기는 "흰색"으로 윤곽선은 "없음"을 선택한다.

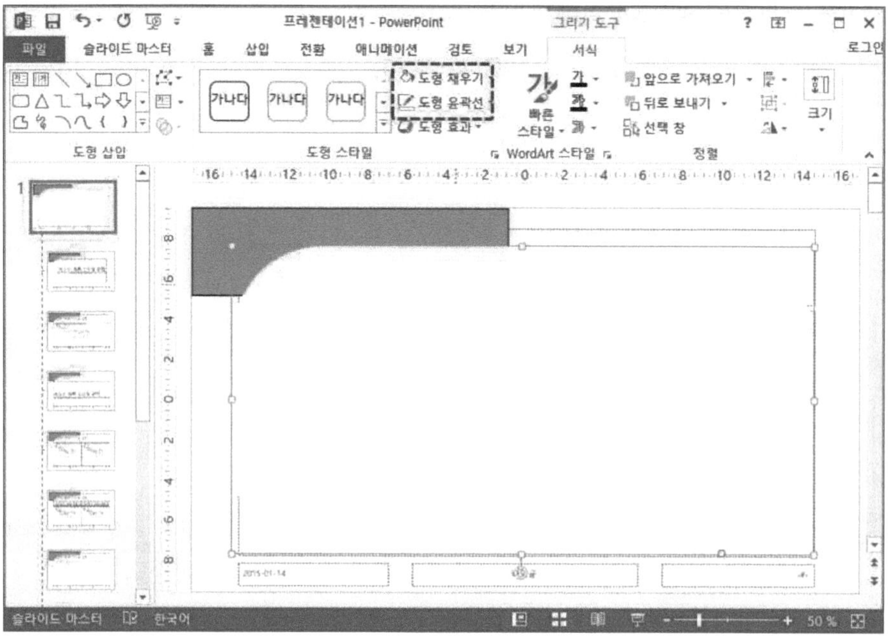

⑥ 두 도형을 Shift + 마우스 클릭하여 모두 선택한 다음, [그리기 도구]-[서식]-[정렬]에서 "그룹"을 선택하여 하나의 개체로 합친다.

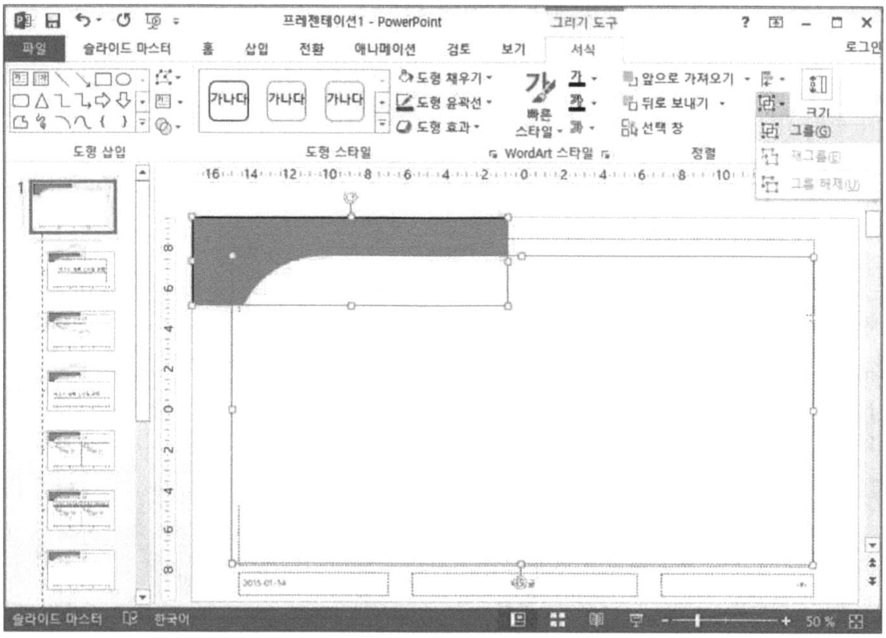

⑦ 합쳐진 그림을 [홈]-[복사]와 [홈]-[붙여넣기]를 하여 하나 더 생성한 다음, [그리기 도구]-[서식]-[정렬]-[회전▼]에서 "상하대칭" 와 "좌우대칭"을 적용하여 마스터 우측 하단에 배치한다.

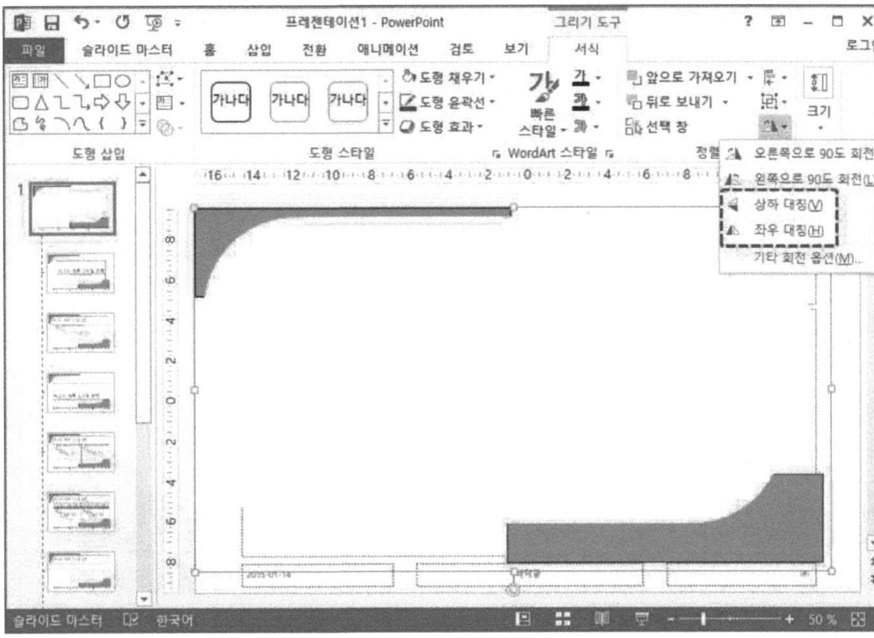

⑧ 이제 상단에 파란색 "서리가 둥근 직사각형"과 "직선"을 마스터에 추가한다.

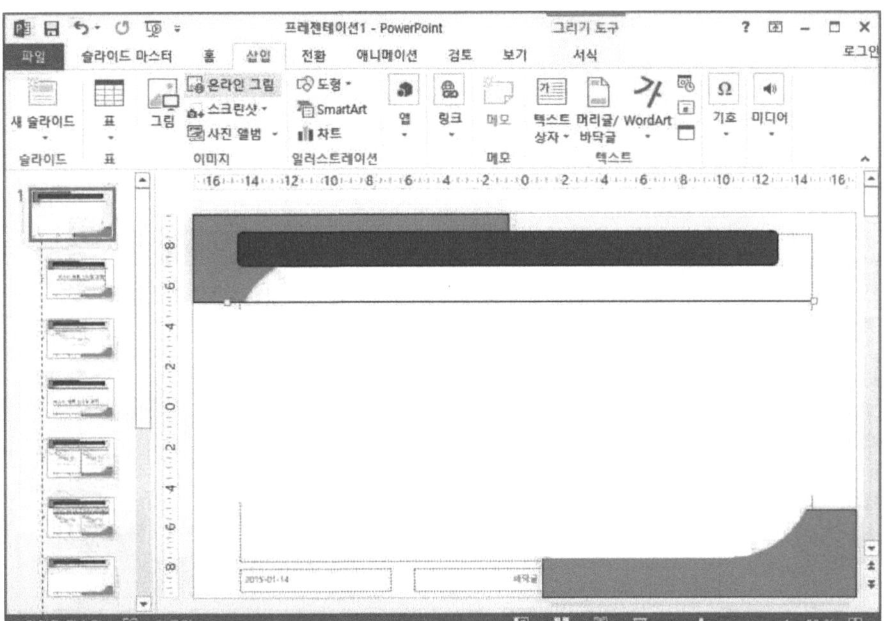

⑨ 이제 도형 내부에 텍스트를 추가할 차례이다. 도형을 선택하고 "고객 만족의 파트너 [파워 투자 정보]"라고 텍스트를 추가한다.

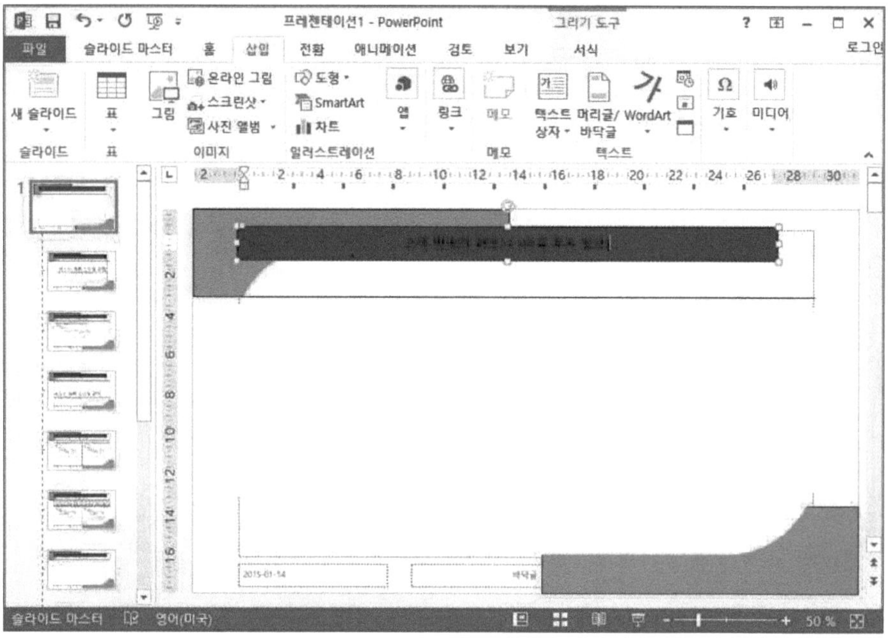

⑩ 텍스트 상자를 선택한 다음, [홈]-[글꼴]에서 텍스트의 글꼴은 "굴림", 크기는 "24포인트", 색은 "흰색"으로 변경한다. 글꼴 스타일은 "굵게"로 변경한다.

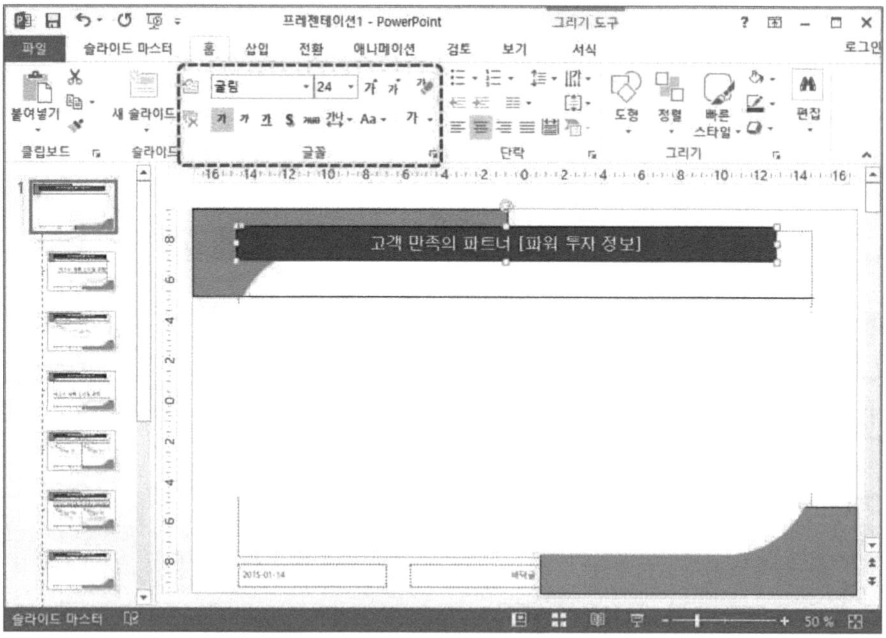

⑪ 투자정보회사에 맞는 이미지와 로고를 삽입한다. 여기에서는 [삽입]-[이미지]-[온라인 그림] 아이콘을 클릭한다.

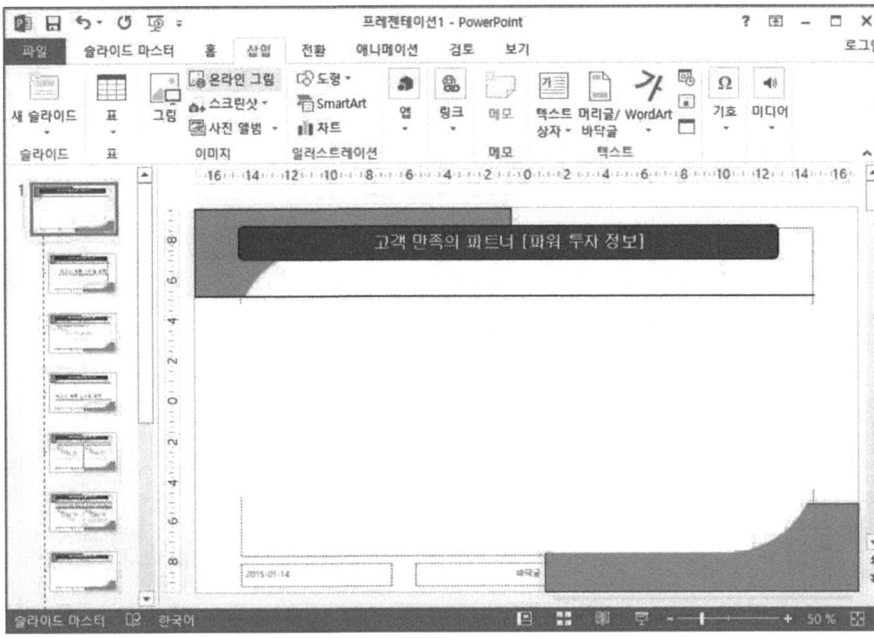

⑫ [온라인 그림 삽입] 대화상자의 "이미지 검색"에 "돈"을 입력한 다음, "찾기"를 클릭하여 원하는 그림을 선택하고 [삽입]을 마우스로 클릭한다.

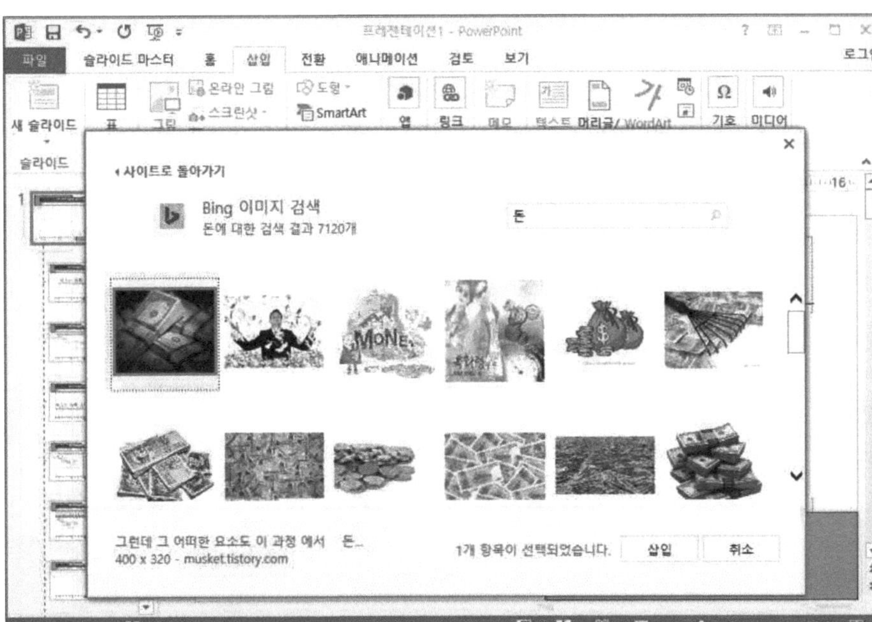

⑬ 슬라이드 중앙에 배치한 그림의 색상이 본문 텍스트와 잘 어울릴 수 있도록 [그림 도구]-[서식]-[조정] 그룹의 [색▼]을 클릭하고 "다시 칠하기"에서 "희미하게"를 선택한다.

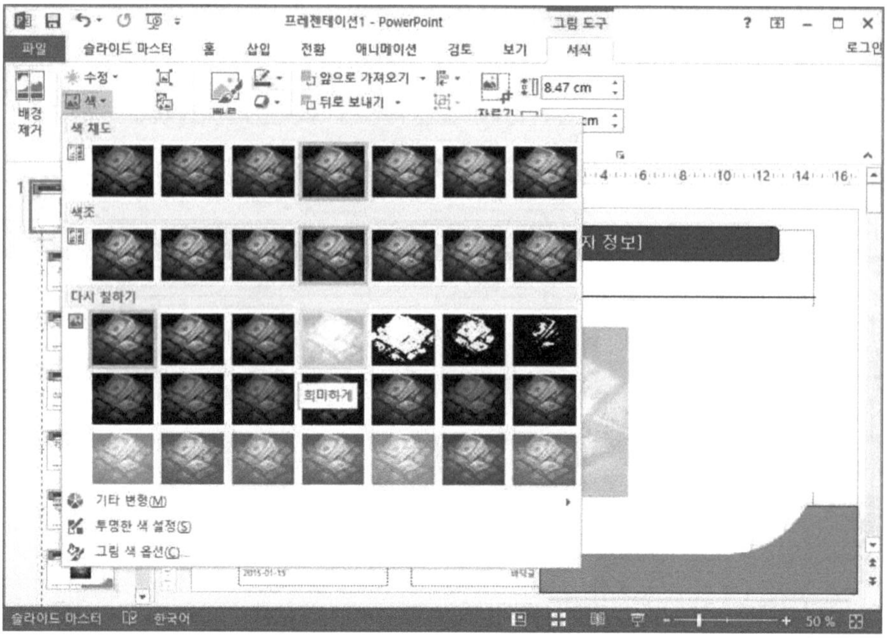

⑭ [그림 도구]-[서식]의 [그림 스타일]에서 "그림 테두리"는 "윤곽선 없음"을 설정한다.

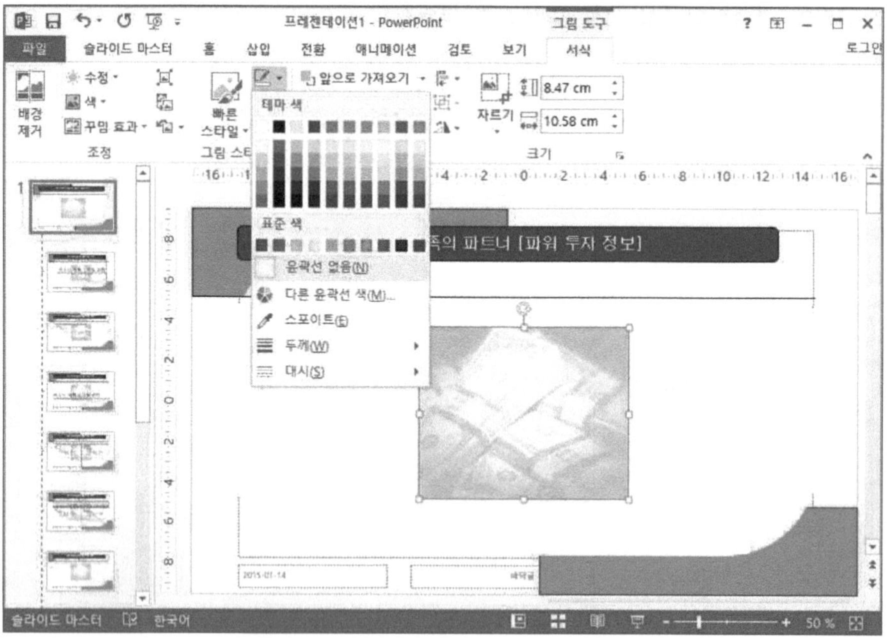

⑮ ⑫와 같은 방법으로 하나의 그림을 왼쪽 하단에 넣고, [그림 도구]-[서식]-[조정] 그룹의 [수정▼]에서 효과를 적용한다.

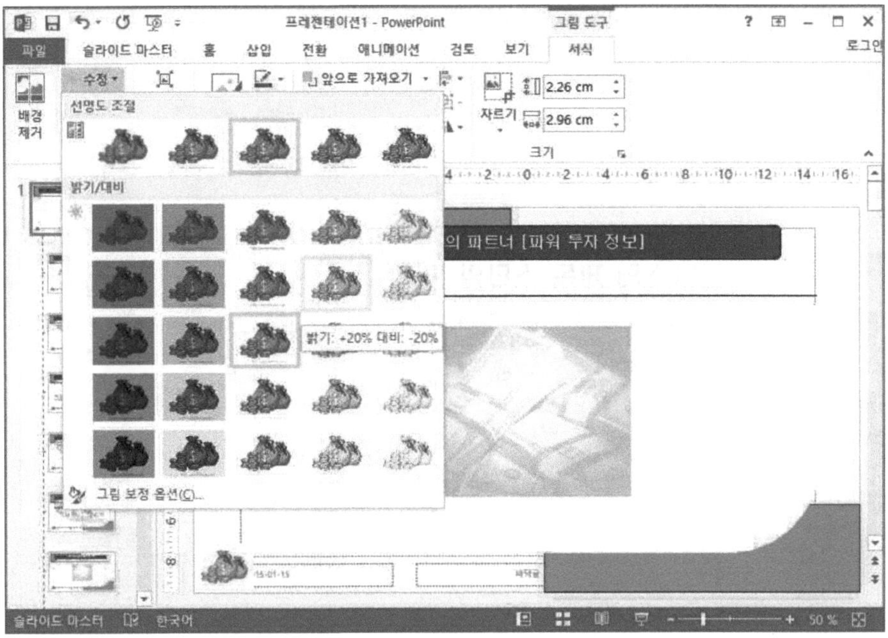

⑯ 제목과 본문 텍스트 상자의 서식을 변경한다. 그림에 가려진 텍스트 상자를 앞으로 가져오기 위해 개체를 선택하고 [그리기 도구]-[정렬]-[앞으로 가져오기▼]에서 "맨 앞으로 가져오기"를 선택한다.

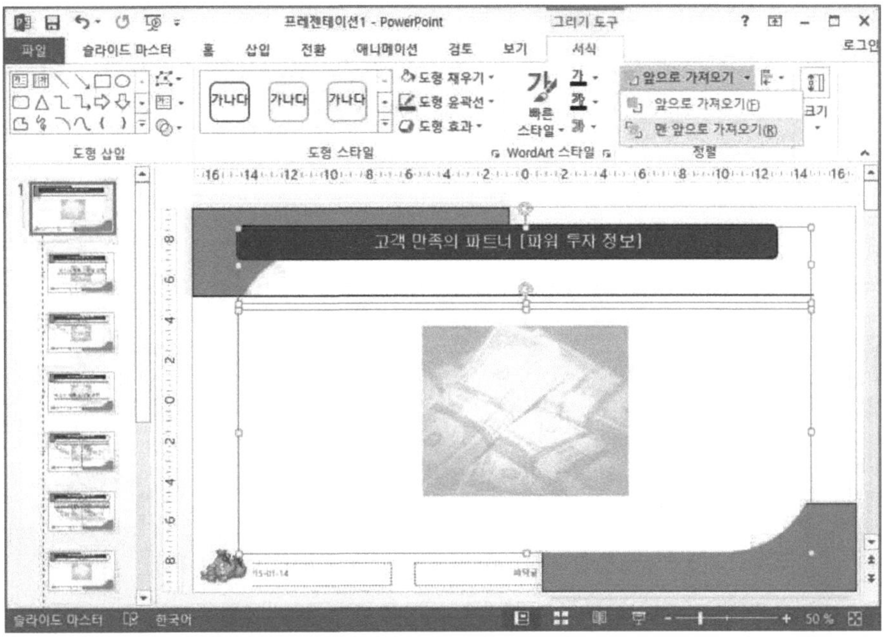

⑰ 텍스트 상자의 크기를 배경에 맞게 이동하고 글꼴의 종류, 크기와 색깔 등을 각각 제목은 "HY헤드라인M", "40포인트"로, 본문은 "HY그래픽M", "굵게"로 변경한다.

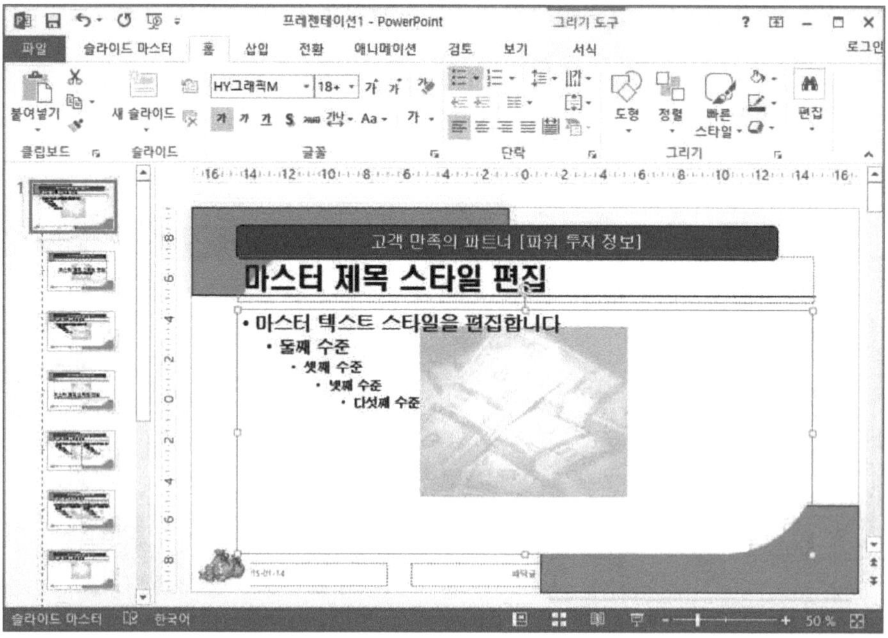

⑱ "마스터 보기 닫기"를 실행한 후, 완성된 마스터 파일을 저장한다. 파일 이름(N)은 "파워투자"로, 파일 형식(T)은 "PowerPoint 서식 파일"로 설정한다. 슬라이드 파일이 아닌 서식 파일로 저장해야만 다른 슬라이드 파일에 마스터에서 만들어진 디자인 서식을 적용할 수 있다.

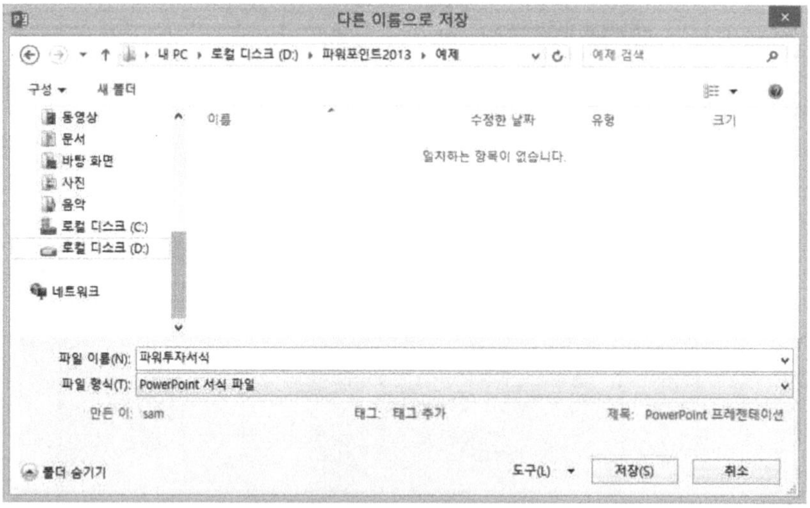

11.3 작성된 회사 템플리트를 이용한 프레젠테이션 작성

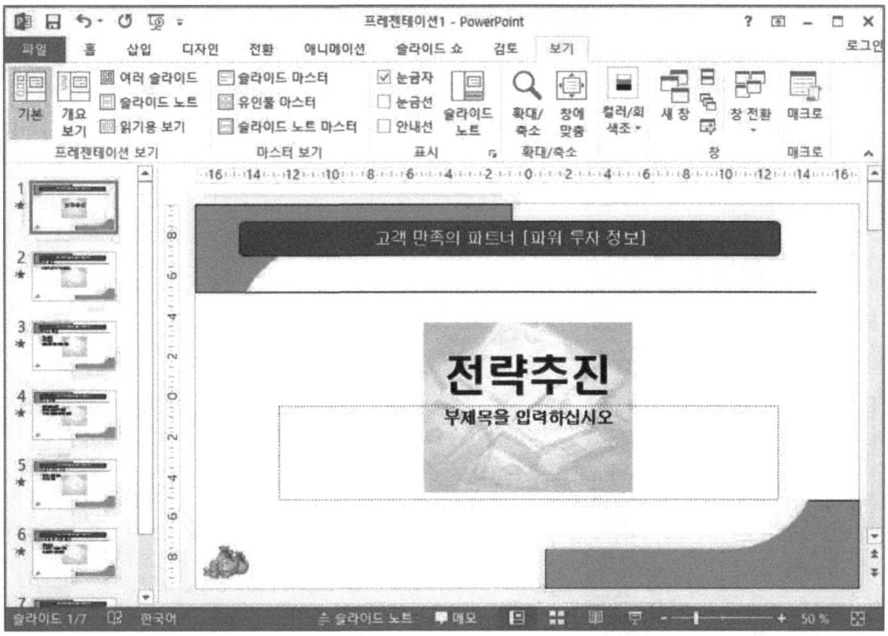

<텍스트 내용>

1 **전략추진**

2 **비전 발표**
- 비전과 장기적 지침 설정표

3 **목적과 목표**
- 목표 설정
- 목적 설정
- 필요하면 여러 관점 사용

4 **현재 상황**
- 현재 상황 요약
- 항목은 단순하게 설명
- 자세한 내용은 구두로 설명

5 **지금까지의 경과**
- 역사적 관련 정보
- 폐기할 가설

6 **사용할 수 있는 옵션**
- 대안 설정
- 각 경우의 장단점 나열
- 각 옵션의 비용 설정

7 **추 진**
- 여러 가지 전략 제안
- 제대로 진행 되었을 경우 결과 요약

(설명) 디자인 서식 적용

① 파워포인트를 실행시키고 주요서식 "파일"에서 "개인"을 클릭하면 사용자가 만든 서식 파일들이 나타난다.

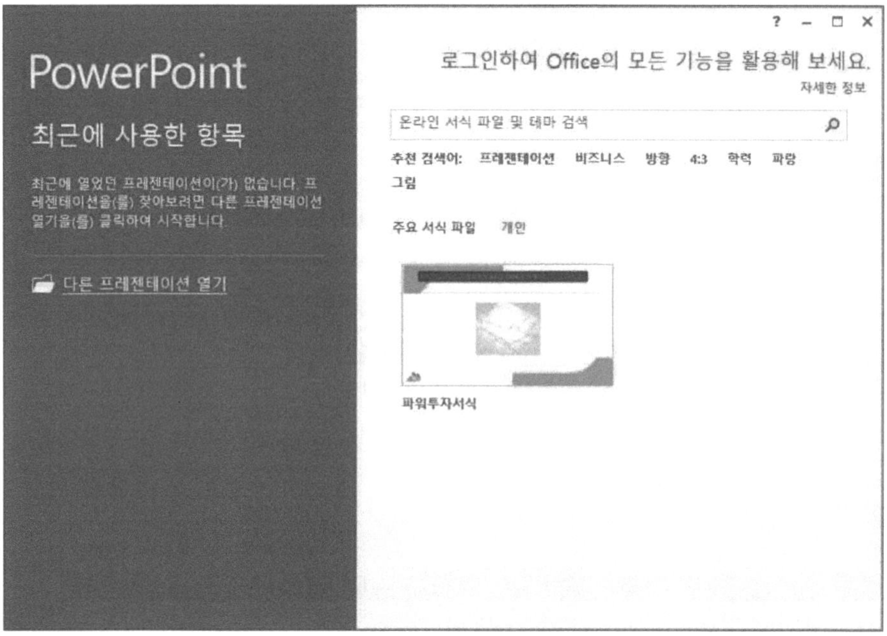

② 서식 파일을 클릭하고 [만들기] 아이콘을 클릭한다.

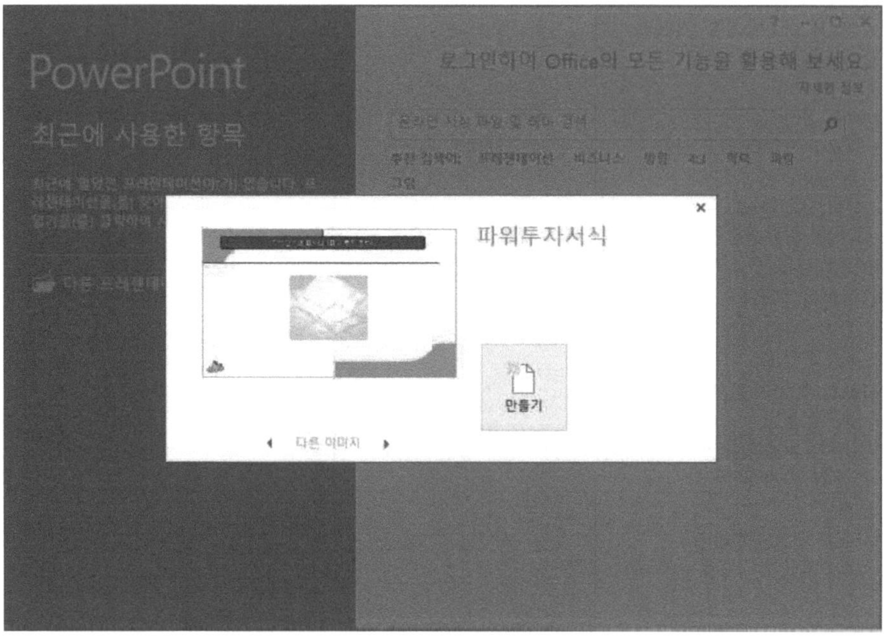

③ 저장해 놓은 디자인 서식이 다음 그림과 같이 열린다.

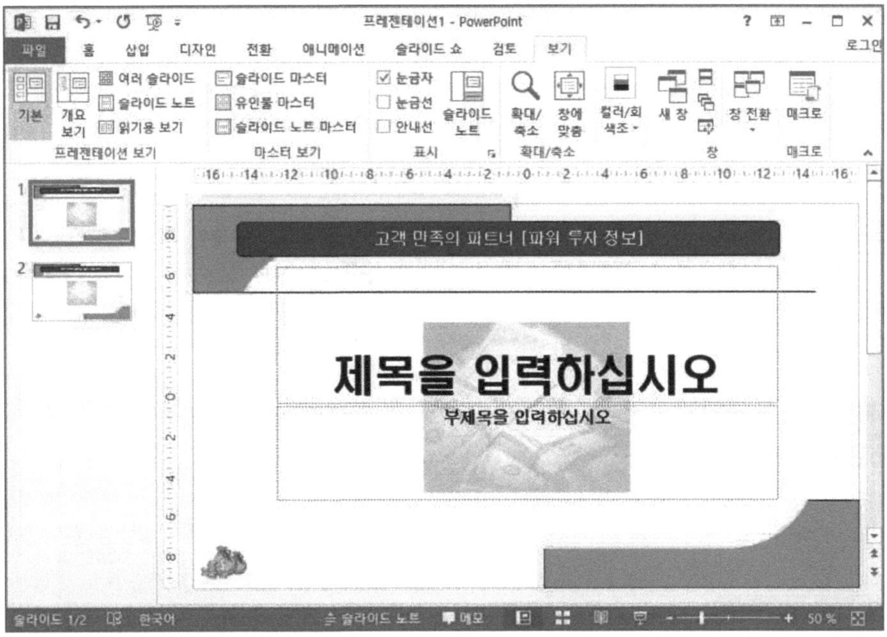

④ 슬라이드를 삽입하여 내용을 입력한다.

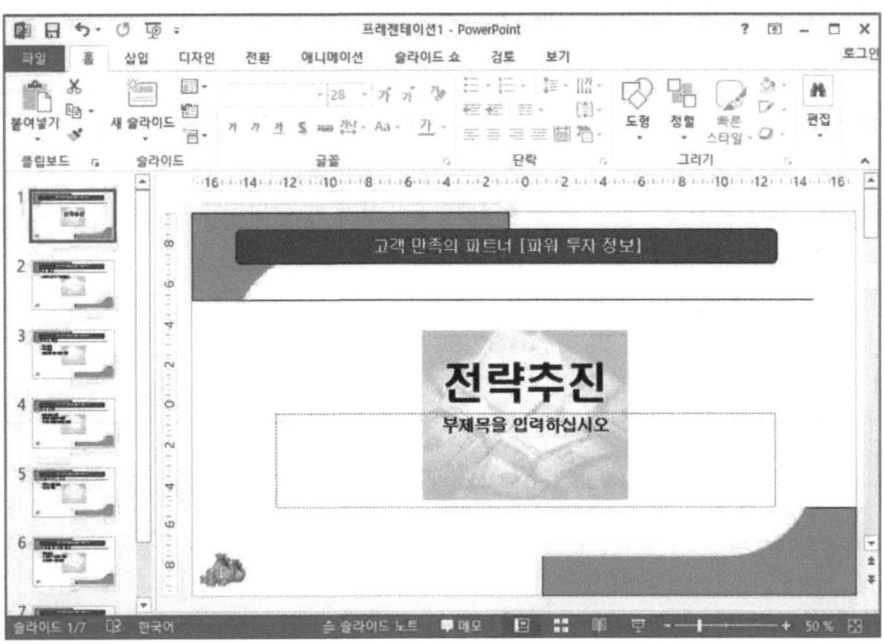

⑤ 입력이 끝났으면, [보기]-[프레젠테이션 보기] 그룹에서 [여러 슬라이드] 아이콘을 클릭한다.

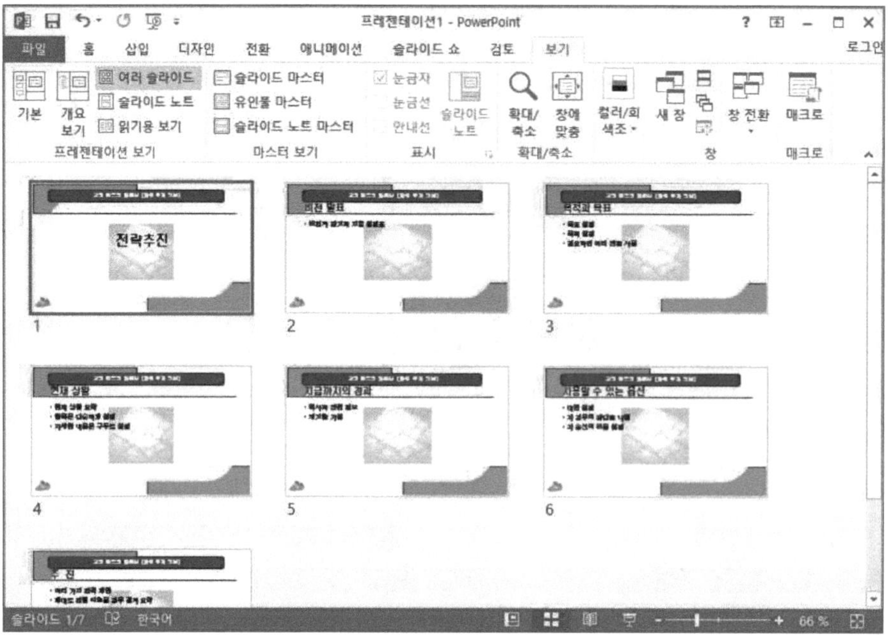

⑥ [전환]-[슬라이드 화면 전환] 그룹에서 [화면 전환]을 선택한다. 페이지에 해당하는 화면 전환 방법 / 기간 등을 차례로 선택해 준다.

<전환 방법>

- ■ 1페이지 : 나누기
- ■ 2페이지 : 밀어내기
- ■ 3페이지 : 블라인드
- ■ 4페이지 : 바둑판 무늬
- ■ 5페이지 : 흩어 뿌리기
- ■ 6페이지 : 궤도
- ■ 7페이지 : 확대/축소

<조　　건>

- ■ 전 페이지 전환 속도 : 1초
- ■ 화면전환 : 마우스로 클릭할 때

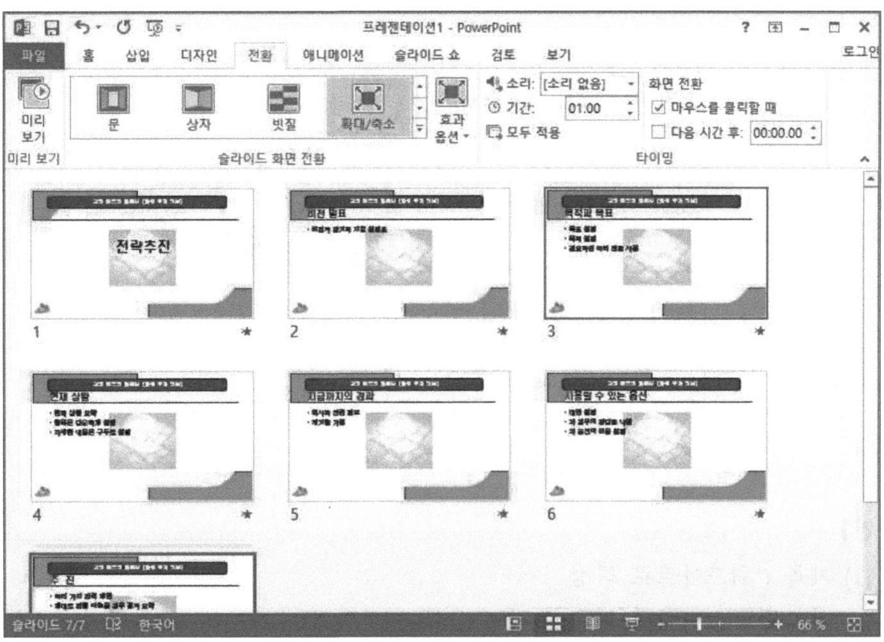

⑦ [슬라이드 쇼]-[슬라이드 쇼 시작]에서 [처음부터] 아이콘을 클릭하여 설정된 화면 전환을 확인한다.

제 12 장 실습 문제

슬라이드의 총 개수는 6개로 구성되어 있으며, 반드시 슬라이드1부터 순서대로 작업하고, 제시된 【작성조건】 대로 한다(단, 【작성조건】 은 입력하지 않는다)

【전체 작성조건】

1) 슬라이드 바탕색은 디자인 적용에서 임의의 것으로 자유롭게 선택
2) 슬라이드 번호와 바닥글을 작성 (1번 슬라이드에는 생략)
3) 클립아트 : 임의의 클립아트 삽입

슬라이드 1

【작성조건】

(1) 제목 : 워드아트로 작성
(2) 부제목 : 그리기 도형을 작성하고 텍스트 입력
(3) 클립아트 : 임의의 클립아트 삽입
(4) 제목(워드아트) 애니메이션 지정 : 나타내기 중 임의의 효과

슬라이드 2

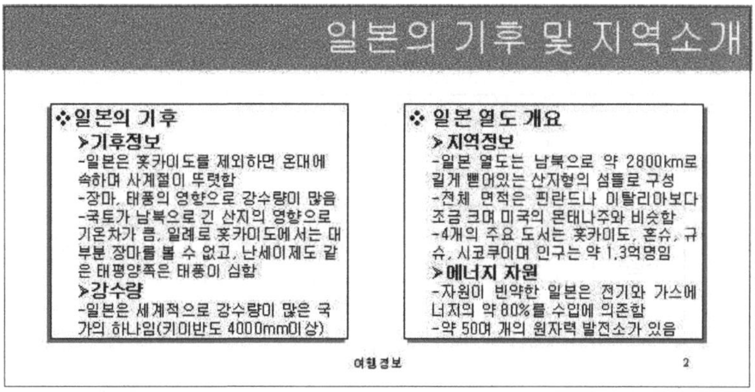

【작성조건】

(1) 슬라이드 제목은 채우기 효과를 적용하고 문자열은 흰색을 적용한다.

(2) 텍스트 상자의 글머리표 사용

(3) 텍스트 상자의 외곽선 표시, 그림자를 적용한다.

(4) 제목 애니메이션효과 지정 : 나타내기 중 임의의 효과, 타자기 소리 삽입

슬라이드 3

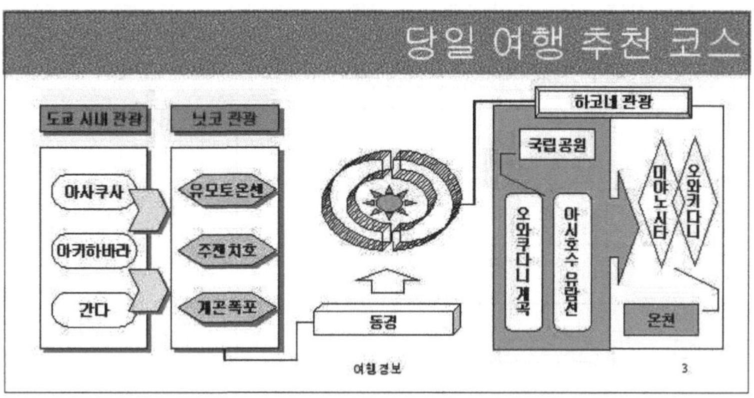

【작성조건】

(1) 슬라이드 제목은 채우기 효과를 적용하고 문자열은 흰색을 적용한다.

(2) 슬라이드와 같이 도형을 배치한다.

(3) 그룹화 설정 : 완성된 모든 도형을 하나의 개체로 그룹화 한다.

(4) 도형 애니메이션효과 지정 : 나타내기 중 임의의 효과, 카메라 소리 삽입

슬라이드 4

도시	항공사	할인요금	단체요금	비고
나고야	JL	420,000	357,600	매일
	KE	400,000	376,400	15일내 귀국
	OZ	470,000	376,400	매일
삿포로	KE	593,000	494,300	월,수,금,일
	NH	460,000	450,000	오사카 경유
		500,000	490,000	동경 경유
오키나와	OZ	623,400	623,000	수,목,토,일

【작성조건】

(1) 슬라이드 제목은 채우기 효과를 적용하고 문자열은 흰색을 적용한다.
(2) 표 작성 기능을 이용하여 슬라이드를 작성한다.
(3) 텍스트 상자를 작성한다.
(4) 표 애니메이션효과 지정 : 나타내기 중 임의의 효과, 카메라 소리 삽입

슬라이드 5

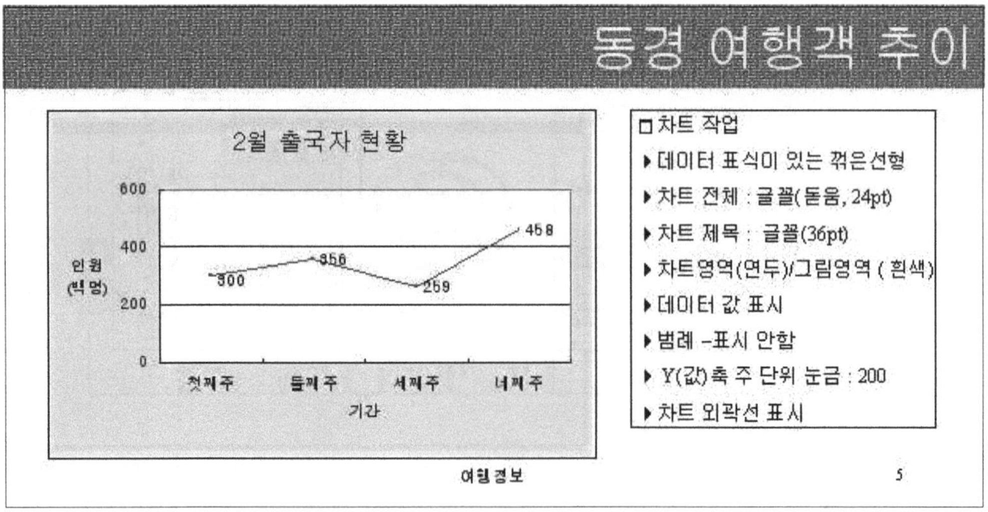

【작성조건】

(1) 슬라이드 제목은 채우기 효과를 적용하고 문자열은 흰색을 적용한다.
(2) 차트 작성 기능을 이용하여 슬라이드를 작성한다.
(3) 텍스트 상자를 작성한다.
(4) 차트 애니메이션효과 지정 : 종류별로

슬라이드 6

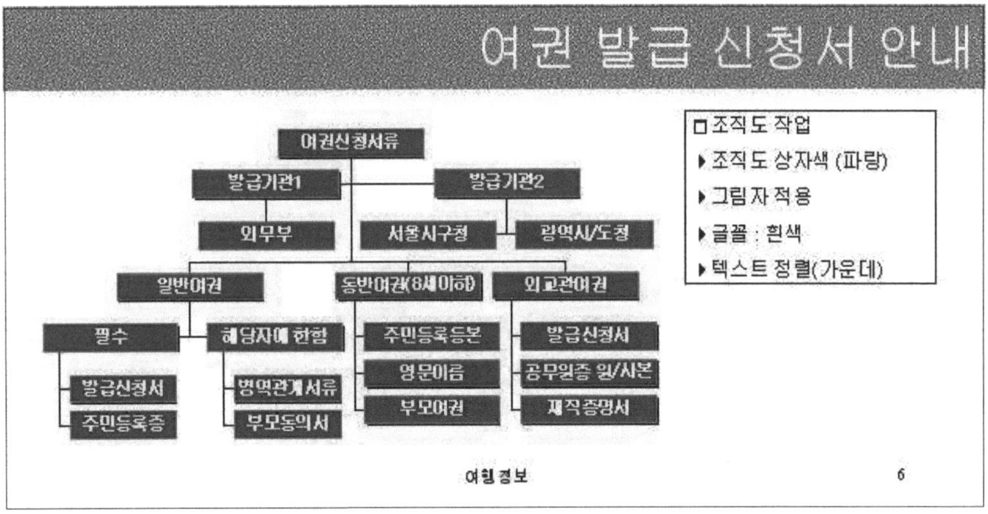

【작성조건】

(1) 슬라이드 제목은 채우기 효과를 적용하고 문자열은 흰색을 적용한다.

(2) 조직도 작성 기능을 이용하여 슬라이드를 작성한다.

(3) 텍스트 상자를 작성한다.

(4) 조직도 애니메이션효과 지정 : 나타내기 중 임의의 효과, 박수 소리 삽입

저자 소개

정 구 철

중앙대학교 박사
한국기술교육대학교 컴퓨터공학부 교수

전공 분야
전자통신공학

대표 경력
독일 하노버 대학교 Post Doctor
한국기술교육대학교 전자계산소 소장
노동부 통신분야 자문위원
한국산업인력관리공단 컴퓨터 분야 출제위원
장영실상 및 신기술인정제도(KT마크) 심사위원
인터넷 기술교육 컨텐츠 개발

저서
인터넷과 홈페이지
엑세스를 활용한 데이터베이스 프로그래밍
정보통신 시스템 이론
컴퓨터 해피투어 등 다수

최 인 찬

중앙대학교 박사
국립농업과학원 농업생명자원부 박사후 연구원

전공 분야
제어 및 시스템 공학

대표 경력
미국 펜실베니아대학교(University of Pennsylvania) Post Doctor
한국기술교육대학교 정보기술공학부 대우교수

저서
실무중심 컴퓨터 가이드북
컴퓨터 와이드 서핑
컴퓨터 개론의 이해
배우기 쉬운 기초 정복 C 언어

저자와의
협의하에
인지생략

필수 오피스 스타팅 북
윈도우 8부터 한글 · 오피스 활용까지

2016년 2월 11일 1판 1쇄 인쇄
2016년 2월 23일 1판 1쇄 발행

저 자 • **정구철 · 최인찬**
발행자 • **이영애**
발행처 • **공감북스**
주 소 • 02011 **서울시 중랑구 중랑천로 256**
전 화 • 02-971-9683
팩 스 • 02-972-9683
등 록 • **제 25100-2015-18 호**
등록일 • **2015년 7월 15일**
e-mail • sympathybook@naver.com
ISBN • 979-11-86898-04-8 (93560)

정 가 • **33,000원**